Kurt Hübner

Glaube und Denken

Dimensionen der Wirklichkeit

Zweite, durchgesehene Auflage

Mohr Siebeck

Kurt Hübner, geboren 1921; Studium der Philosophie in Prag, Rostock und Kiel; 1951 Promotion; 1955 Habilitation; 1961–71 o. Professor an der Technischen Universität, Honorarprofessor an der Freien Universität Berlin; 1971–88 o. Professor an der Universität Kiel; 1969–75 Präsident der Allgemeinen Gesellschaft für Philosophie in Deutschland; 1978–88 Mitglied des Comité Directeur der Féderaton Internationale des Sociétés de Philosophie in Bern.

ISBN 3-16-148429-0

Die Deutsche Bibliothek verzeichnet diese Publikation in der Deutschen Nationalbibliographie; detaillierte bibliographische Daten sind im Internet über *http://dnb.ddb.de* abrufbar.

1. Auflage 2001
2. Auflage 2004 (durchgesehen)

© 2004   Mohr Siebeck Tübingen.

Das Werk einschließlich aller seiner Teile ist urheberrechtlich geschützt. Jede Verwertung außerhalb der engen Grenzen des Urheberrechtsgesetzes ist ohne Zustimmung des Verlags unzulässig und strafbar. Das gilt insbesondere für Vervielfältigungen, Übersetzungen, Microverfilmungen und die Einspeicherung und Verarbeitung in elektronischen Systemen.

Das Buch wurde von Martin Fischer in Tübingen aus der Bembo-Antiqua gesetzt, von Gulde-Druck in Tübingen auf alterungsbeständiges Werkdruckpapier gedruckt und von der Buchbinderei Spinner in Ottersweier gebunden.

Ich will beten mit dem Geist
und will auch beten mit dem Verstand;
ich will Psalmen singen mit dem Geist
und will auch Psalmen singen mit dem Verstand.
Wenn du Gott lobst im Geist, wie soll der,
der als Unkundiger dabeisteht, das Amen sagen können
auf dein Dankgebet?
Ich will in der Gemeinde lieber fünf Worte reden mit
meinem Verstand, damit auch ich andere unterweise,
als zehntausend in Zungen.

                              1Kor 14, 15–16,19

Inhaltsverzeichnis

Vorwort XI

Erster Teil
Der Logos der Offenbarung als Essen vom Baum des Lebens

I. Kapitel: Grundlegende Betrachtungen 1
  1. Allgemeine Metatheorie. Der aspektische Charakter der Wirklichkeit: Wissenschaft, Mythos, Religion 1
  2. Vier Weisen des Zweifels an mythischen und religiösen Wirklichkeitsaussagen 8
    a) Der theoretische Zweifel 8
    b) Der fundamentale Glaubenszweifel 11
    c) Der Auslegungszweifel 12
    d) Der existentielle Glaubenszweifel 14
  3. Der Unterschied zwischen dem Logos der Metaphysik und dem Logos der Offenbarung 15

II. Kapitel: Die Schöpfung 25
  1. Der christliche Monotheismus 25
  2. Der Weltschöpfer 27
  3. Der wissenschaftliche Aspekt des Universums 41
    a) Physikalische Zeit 41
    b) Physikalische Kosmologie 46
  4. Biologische Evolutionstheorie 49
  5. Warum hat Gott die Welt geschaffen? 58

III. Kapitel: Erbsünde und Erlösung 60

A. Die Erbsünde 60
  1. Die biblische Geschichte vom Sündenfall 60
    a) Der Mythos vom Baum der Erkenntnis 61
    b) Die Grundsünde als Dasein zum Tode 65
    c) Der Mythos vom Baum des Lebens 69
    d) Die Geschichte vom Sündenfall als mythische Arché 71
  2. Der mythische Sinn der Erbsünde 73
  3. Der mythische Sinn von Schuld und Schuldgefühl 74
  4. Das jüdische Gesetz als Wiederholung der Arché vom Sündenfall 76

5. Die historische Relativierung des jüdischen Gesetzes durch das Christentum.
   Gesetz und Sündenbewußtsein der Nichtjuden 79

B. Die Erlösung von der Erbsünde 82
   1. Der mythische Sinn der Entsühnung im Grundriß
      der christlichen Erlösungsidee 82
      a) Der Sohn Gottes 84
      b) Der Sohn Gottes als „Sündenbock" und „Opferlamm" 85
      c) Der Opfertod 86
      d) Die Auferstehung 87
   2. Der verborgene Sohn Gottes und die christologia crucis 88
   3. Der offenbarte Sohn Gottes, die christologia gloriae und das Ende
      des Daseins zum Tode im ewigen Leben 89

IV. Kapitel: Die Gnade 91
   1. Der mythische Sinn des Heiligen Geistes 91
   2. Der mythische Sinn der Sakramente und die Kirche 93
   3. Der mythische Sinn der Taufe 93
      a) Die Taufe als pneumatische Erfahrung und Initiationsritus der Kirche . . . 93
      b) Die Taufe als persönliche, sinnlich-leibliche Erfahrung der Entsühnung . . 94
      c) Die Grenze der Taufwirkung 95
   4. Geist und Ungeist. Die substantielle Verfassung des Menschen 95
   5. Das Abendmahl 97
      a) Mythische Tischgemeinschaft mit dem Gotte 98
      b) Das Opfer 100
      c) Die Grenzen in der Gnadenwirkung des Abendmahls 102

V. Kapitel: Die Trinität 103
   1. Die beiden Hauptgruppen der Trinitätslehre 103
   2. Trinität und Transzendenz 105
      a) Heiliger Raum im Mythos und transzendenter Raum im Christentum . . 106
      b) Heilige Zeit im Mythos und transzendente Zeit im Christentum 108
   3. Transzendenz und Heilsgeschichte 109

VI. Kapitel: Das Gottesgericht 111

VII. Kapitel: Christliche Existentialität 118
   1. Heideggers Begriff der Existentialien 118
   2. Kritik an Heideggers phänomenologischer Methode 119
   3. Ein neuer Begriff von Existentialien und ein vierter Grundsatz
      der Allgemeinen Metatheorie 120
   4. Die neu definierte Rolle der Phänomenologie 122
   5. Phänomenologie der Sünde. Ihre Strukturen und ihre Existentialien 123
   6. Die Existentialien des Gewissens und der Schuld in Heideggers Daseinsanalyse 125
   7. Phänomenologische Vertiefung von Heideggers Existentialien
      des Gewissens und der Schuld 126
   8. Existentiale Transzendenz. Sein und Gott 128

9. Das moralische Gewissen 133
10. Die Versuchung und das Böse. Satan 136
11. Die Engel 148

VIII. Kapitel: Christliche Ethik 157
1. Das Jüdische Gesetz 157
2. Das Christliche Gesetz 160
   a) Die Heiligkeit des Gesetzes 160
   b) Das durch Christus bestimmte, neue Verhältnis der Menschen zum Gesetz im NT 160
   c) Wie das neue Verhältnis zum Gesetz dessen Inhalt bestimmt 162
   d) Das Gesetz als ewiges, höchstes Gebot und das Gesetz als historische Lebensgrundlage eines Volkes 164
   e) Luthers Lehre von den zwei Reichen 165
   f) Die Bergpredigt widerlegt nicht Luthers Lehre von den zwei Reichen ... 165
   g) Verallgemeinerung von Luthers lex civilis als Gesetz einer nationalen Kultur 169
   h) Der notwendige Zusammenhang der zwei Reiche als derjenige zwischen dem historischen Gesetz einer nationalen Kultur und dem ewigen Gesetz der Evangelien 171
   i) Ablehnung eines christlichen Naturrechts 178
   j) Vier christliche Regeln, betreffend den Zusammenhang zwischen den zwei Reichen. Die Zehn Gebote als besondere Weisen ihrer Anwendung 181

IX. Kapitel: Die Gnadenwirkung als Existential und christliche, existentiale Lebensgestimmtheit 186
1. Die Grundgestimmtheit des Gnadenempfangs. Ihre Struktur und ihre Existentialien 186
2. Verdichtungen des Gnadenempfangs. Mythisches und Mystisches 188
   a) Phänomenologie des Gebetes 188
   b) Phänomenologie der Wirkung von Taufe und Eucharistie 195
   c) Phänomenologie des mystischen Offenbarungserlebnisses 202
2. Die Bedeutung der Predigt für den Glauben und die christliche, existentiale Lebensgestimmtheit 207
4. Die Bedeutung christlicher Musik für den Glauben und die christliche, existentiale Lebensgestimmtheit 209
   a) Allgemeines zur Musik 210
   b) Zur Frage der in der christlichen Musik erklingenden Gestimmtheit. Ungeschichtliches und Geschichtliches 223
   c) Das Mythische in der christlichen Musik 228
   d) Wirklichkeit, Wahrheit und Erkenntnis in der christlichen Musik 231
5. Die Bedeutung der christlichen Kunst für den Glauben und die Sichtbarkeit des christlichen Divinum und Humanum 232
   a) Allgemeines zu Kunst 232
   b) Zur Frage des in der christlichen Kunst sichtbaren Divinum (Heilsereignisse) und Humanum (Sünde, Hoffnung, Verklärung). Geschichtliches und Ungeschichtliches 241
   c) Das Mythische in der christlichen Kunst 251
   d) Wirklichkeit, Wahrheit und Erkenntnis in der christlichen Kunst 254

Vorwort

Der Glaube, von dem dieses Buch handelt, ist der christliche Glaube. Je schwächer er heute in den einst von ihm beherrschten Ländern wurde, desto stärker begann man sich auch anderen Religionen, diesen Begriff in einem weiteren Sinne genommen, zuzuwenden. So wirken sie heute wie verschiedene Angebote der „Lebensbewältigung", und ähnlich wie man irgendwelche Hypothesen, Theorien oder dergleichen miteinander vergleicht und dabei schließlich dasjenige auswählt, was den erstrebten Zwecken oder persönlichen Neigungen am besten zu entsprechen scheint, so wählt man die eine oder die andere Religion oder man verwirft sie alle, indem man überhaupt das Religiöse als eine vermeintlich endgültig überholte, der Unwissenheit oder dem Aberglauben entsprungene Haltung betrachtet; ein sacrificium intellectus, das eines aufgeklärten Menschen unwürdig sei. Wenn ich mich hier also auf das Christentum beschränke, so deswegen, weil sein Vergleich mit anderen Religionen nicht nur die Grenzen dieses Buches sprengen würde, sondern doch auch voraussetzte, daß man als Europäer zunächst und zuerst tief in seine Botschaft eingedrungen ist. Ebenfalls aus Gründen der Beschränkung habe ich darauf verzichtet, deren Verständnis, wie es hier vorgetragen wird, mit der christlichen Theologie in Geschichte und Gegenwart zu vergleichen, und habe diese nur so weit herangezogen, als es sich unmittelbar und unvermeidlich aus dem Zusammenhang ergibt.

Damit ist bereits der Unterschied angesprochen, der die Theologie von den folgenden Untersuchungen trennt. Denn der Ausgangspunkt dieser Untersuchungen ist ein philosophischer, genauer wissenschaftstheoretischer, und besteht in einer kritischen Prüfung wissenschaftlichen Erkennens und Denkens. Dabei werden dessen meist unbemerkte, metaphysische Grundlagen enthüllt. Aber gerade indem dies geschieht, werden überhaupt erst andere, davon vollkommen verschiedene Formen des Erkennens und Denkens, nämlich diejenigen des Mythischen und der Offenbarung, erkennbar und erscheinen in einem neuen Licht. So zeigt diese Aufklärung über diejenige Aufklärung, die im Zeichen der Wissenschaft steht, nicht nur die sogenannten Grenzen der Wissenschaft, sondern sie zeigt vor allem, daß, entgegen einer heute weit verbreiteten Meinung, das Denken im Umkreis des Mythischen nicht anders als das Denken in der Sphäre der Offenbarung seine eigene Legitimität besitzt, die durch diejenige der Wissenschaft niemals in Frage gestellt werden kann. Die Wirklichkeit hat viele Dimensionen – dies ist die dabei gewonnene Lehre, und es ist ein epochaler, verhängnisvoller Irrtum, sie nur auf eine, nämlich die wissenschaftliche, verengt zu haben. Dennoch stehen sie in einem gewissen Zusammenhang, der zunächst nur für denjenigen zwischen dem Mythischen und der Offenbarung erhellt wird. Mythisches, so wird sich zeigen, kann auch ohne Offenbarung bestehen, niemals aber die Offenbarung ohne das Mythische. Damit ist freilich nicht gemeint, daß die Offenbarung im Mythischen aufgehe, im Gegenteil. Sie ist vielmehr nur so weit mythisch, als Gott in ihr *innerweltlich* dem Menschen begegnet; und sie ist nicht mythisch, sofern dieser Gott ein gegenüber der Welt *transzendenter* und verborgener Gott ist.

Die Theologie hat dies von Anfang an verkannt. Der Grund liegt darin, daß man zunächst die Offenbarung als eine Befreiung vom Mythos verstand, als den Sieg über den Vielgötterglauben. Jede Annäherung an das Mythische stand daher von vornherein in dem Verdacht, den Glauben an den einen Gott in Frage zu stellen. Ja, selbst die Lehre von der Trinität bereitete der Theologie aus diesen Gründen immer wieder Schwierigkeiten, weswegen sie in der Christenheit nicht unumstritten blieb. Erst in jüngster Zeit, als die Theologie weniger einen Rückfall in das Mythische zu befürchten hatte, sondern immer mehr von der wissenschaftlichen Aufklärung ausgehöhlt zu werden drohte, entdeckte man, wieviel Mythisches doch in der heiligen Schrift selbst teils verborgen, teils offen enthalten war, und so wollte man diese dem wissenschaftlichen Denken scheinbar offen ausgesetzte Flanke schließen, indem man die Offenbarung unter dem übrigens bis heute nachwirkenden Schlagwort der „Entmythologisierung" auch noch von ihren letzten mythischen Relikten zu „reinigen" suchte. Damit aber ging der heiligen Schrift nicht nur ihre unermeßliche Fülle an Anschaulichkeit und Lebenswirklichkeit verloren, sondern sie wurde auch ihres substantiellen Gehaltes beraubt.

Dies zu zeigen ist gleichsam das Generalthema im ersten Teil dieses Buches, der den Titel trägt: Der Logos der Offenbarung als Essen vom Baum des Lebens, womit auf jenen Baum inmitten des Gartens Eden hingedeutet wird. Nach dem Nachweis der unantastbaren Legitimität des mythischen Denkens und des Offenbarungsdenkens im ersten Kapitel, wird in den folgenden Kapiteln der mythische Sinn in den christlichen Grundelementen wie Schöpfung (unter Gegenüberstellung mit der modernen Kosmologie und Evolutionstheorie), Erbsünde und Erlösung, Gnade, Trinität und das Jüngste Gericht freigelegt, aber auch deren Bezug auf den transzendenten und verborgenen Gott. Dabei wird von den neuen Erkenntnissen Gebrauch gemacht, zu denen die heutige Mythos-Forschung gelangt ist. Sodann wird untersucht, welches die existentialen und existentiellen Erfahrungen sind, zu denen der Mensch durch die vom Mythos geprägte Offenbarung geführt wird: in seinem Verständnis von Sünde, von den satanischen und himmlischen Mächten, in seinem ethischen Verhalten, in den mannigfaltigen Formen christlicher Lebensgestimmtheit, in seinem Schwanken zwischen Gnade und Verdammnis, im Rätsel seiner Freiheit, in dem Aspekt, unter dem er die Natur sieht und schließlich in seinem Humor. Denn gerade der mythische Sinn der Offenbarung enthüllt ebenso tiefe Freude an der Welt, wie er sich ihre dunkle Kehrseite nicht verschleiert, während der transzendente Sinn der göttlichen Botschaft, das Kerygma, schließlich beides in einer höchsten Verklärung aufhebt.

Es ist nun diese Schritt für Schritt vorgehende Entwicklung, in welcher der Begriff „Logos der Offenbarung" expliziert wird. Der zweite Teil ist dem „Logos der Metaphysik" gewidmet. Wie der Logos der Offenbarung als Grundlage des Glaubens in Anspielung an 1Mose 2,9 als Essen vom Baum des Lebens bezeichnet wird, so ist in Anspielung an dieselbe Stelle der Logos der Metaphysik als Essen vom Baum der Erkenntnis zu verstehen. Im ersten empfängt der Mensch die von Gott geschaffene und bestimmte Wirklichkeit; im zweiten will er ohne den Rückgriff auf Gott, von sich aus, kraft seines Denkens, die Wirklichkeit durchdringen. Und so versucht er, sie seiner autonomen Vernunft begreiflich zu machen und seinen Zwecken zu unterwerfen.

Das metaphysische Denken hat seinen Ursprung in der griechischen Philosophie, die zunächst die alles beherrschende Macht des griechischen Mythos brach. Als aber das Christentum in Erscheinung trat, suchten die Philosophen den Logos der Metaphysik in mannigfaltigen, alles umfassenden und in einem göttlichen Wesen kulminierenden Systemen an die Stelle der Offenbarung zu setzen, sei es, daß dieser als ihre notwendige Ergänzung verstanden wurde, sei es, daß man meinte, ihr überhaupt erst dadurch eine der Vernunft entsprechende Form zu geben, weswegen die Metaphysik im Anschluß an Aristoteles als theologiké epistéme, als Wissenschaft von Gott bezeichnet wurde. Teils lehnte man aber auch ausdrücklich jede Berufung auf die Offenbarung ab oder ließ sie überhaupt unbeachtet. (Die bedeutende Rolle, welche die Metaphysik andererseits für die Theologie spielte, wird hier aus den schon genannten Gründen nur kurz gestreift.) Die lange und wechselvolle Geschichte der Metaphysik als theologiké epistéme im Spannungsfeld der Offenbarung, die im XIV. Kapitel, beginnend mit Plato und Aristoteles und endend mit Hegel und Schelling, an herausragenden Beispielen dargestellt wird, zeugt einerseits ebenso von den bewunderungswürdigen, mit den Mitteln menschlicher Rationalität unternommenen Anstrengungen europäischer Gottsucher, wie sie andererseits doch nichts anderes ist als eine Kette sich immer wiederholenden Scheiterns. Und zwar eines Scheiterns an den Maßstäben eben jener Rationalität, auf die man glaubte, sie stützen zu können. Das aber ist es ja, was diese Geschichte so überaus lehrreich macht. Am Ende schlägt sie in eine Metaphysik der Gottlosigkeit um, wie an den Kapiteln über Nietzsche und Sartre gezeigt wird, die aber schließlich dasselbe Schicksal ereilt wie die Metaphysik als theologiké epistéme.

Heute hat sich zwar die Philosophie von den großen und umfassenden metaphysischen Systemen der Vergangenheit abgewandt und beschäftigt sich hauptsächlich, wie das XVI. Kapitel zeigt, mit Einzelfragen. Der Logos der Metaphysik als Widersacher des Logos der Offenbarung hat aber damit keineswegs ausgespielt, im Gegenteil. Denn wie wenig man das offenbar auch wahrhaben will – alle Untersuchungen, die man in allen diesen Einzelfragen anstellt, führen, wie sich zeigt, am Ende immer wieder an einen Punkt, an dem man sich entscheiden muß, ob man nun den Weg des Logos der Metaphysik oder denjenigen des Logos der Offenbarung einschlagen will. Die größte Bedeutung in diesem Zusammenhang hat aber dabei die Philosophie der empirischen Wissenschaften. Denn wie schon bemerkt, beruhen sie, die heute ebenso unsere geistige Vorstellungswelt wie unser praktisches Leben weitgehend bestimmen und in der Verwerfung des Glaubens eine führende Rolle spielen, ihrerseits auf metaphysischen Grundlagen und vermitteln daher auch nur jenen Aspekt der Wirklichkeit, den diese unter solchen, ihrem Wesen nach niemals absolut gültigen Voraussetzungen bietet. Damit kehrt die Untersuchung wieder zu ihrem Anfang im I. Kapitel zurück. Denn aus diesem geht schon hervor, daß der Logos der Metaphysik eine *Denkform* ist, und es ist diese Denkform, die, bei aller Verschiedenheit der Inhalte, nicht nur in den großen metaphysischen Systemen der Vergangenheit, sondern auch in der philosophischen Einzelforschung der Gegenwart und in den heute alles durchdringenden empirischen Wissenschaften auf verschiedene Weise wirksam ist.

Dies widerspricht allerdings der klassischen Auffassung, die Metaphysik handle von notwendig gültigen und absolut wahren Sätzen, während im Gegensatz dazu das Denken der empirischen Wissenschaften ein deduktiv-hypothetisches sei, und so ihr Pathos gerade darin bestünde, stets der Kritik und der möglichen Widerlegung ausgesetzt zu sein. In Wahrheit aber gibt es diesen Unterschied gar nicht, wie zunächst im I. Kapitel prinzipiell und später im XIV. Kapitel durch die Analyse herausragender metaphysischer Systeme der Vergangenheit exemplarisch nachgewiesen wird. In allen Fällen handelt es sich vielmehr, was immer Philosophen darüber gesagt haben mögen, um Entwürfe von Menschen mit dem Ziele, die umfassende Wirklichkeit in einen durchgehenden, aus *hypothetisch gesetzten Prinzipien* logisch abzuleitenden Zusammenhang zu bringen.

Als sich diese Wahrheit über den Logos der Metaphysik, durch die Triumphe der empirischen Wissenschaften begünstigt, enthüllte und sich damit die mit ihm früher irrtümlich gesetzten dogmatischen Festlegungen auflösten, das hypothetische und kritische Denken also überall freie Bahn zu haben glaubte, entstand jener Pluralismus und mit ihm auch jene Zerrissenheit, die man als den Zustand der Moderne bezeichnet. Er liegt aber nicht nur im Wesen des Logos der Metaphysik selbst beschlossen, sondern er ist auch die Folge davon, daß dieser Logos das mythische Denken und den Logos der Offenbarung in den Hintergrund gedrängt hat, obgleich nachweislich beides im Bewußtsein der Menschen keineswegs erloschen ist, sondern im Grunde ihrer Existenz, vor allem in den Grenzerfahrungen ihres Daseins und seiner durch keine Wissenschaft auflösbaren Rätsel, fortlebt. Das letzte Kapitel zeigt aber, wie gerade der Zustand der Moderne im Lichte des Logos der Offenbarung einer tieferen Ordnung weicht. Denn wie unter den verschiedenen Dimensionen der Wirklichkeit, von denen schon die Rede war, zunächst zwischen derjenigen des Mythos und derjenigen der Offenbarung ein Zusammenhang erkennbar wurde, so stellt sich schließlich ein solcher auch zwischen derjenigen des Logos der Metaphysik in der Gestalt der empirischen Wissenschaften und des Logos der Offenbarung her, ohne daß dabei ihre Gegensätze zum Verschwinden gebracht würden. Denn im Lichte der Offenbarung ist zwar der Aspekt, den die Wirklichkeit unter den Bedingungen des Logos der Metaphysik in Gestalt der empirischen Wissenschaften bietet, derjenige einer gottfernen Erscheinungswelt, wie schon an ihrer vom Mythos und der Offenbarung abweichenden Raum- und Zeitvorstellungen erkennbar ist, aber er ist doch zugleich auch Teil der Heilsgeschichte, also des Weges aus der Gottferne zu Gott. Dieser Heilsgeschichte kann der Christ nicht nur nicht entrinnen, sondern er muß sich ihr auch stellen, weswegen es abwegig ist, ihn, wie so oft geschehen, von den Wissenschaften fernhalten zu wollen. Im Lichte der Offenbarung gesehen wird aber auch der numinose Hintergrund hinter den nachweislich metaphysischen Grundlagen der Wissenschaften erkennbar, von den unzähligen Mysterien abgesehen, auf die wir umso dichter stoßen, je tiefer wir in die wissenschaftlich gedeutete, erfahrene und erkannte Wirklichkeit vordringen. Die Ordnung des Logos der Offenbarung bedeutet also, daß er, was als einander Widersprechendes erscheint – Mythos, Glaube und Wissenschaft – und so den Anschein der Zerrissenheit erweckt, in Wahrheit einem tieferen, einheitlichen Zusammenhang einfügt: der Mythos (zu dem, wie das IX. Kapitel zeigt, auch die Poesie in einem weiten Sinn des Wortes gehört) wird zu einem integralen Teil des Glaubens, der Logos der Metaphysik und der Wissenschaften wird als Widersacher des Logos der Offenbarung zur Grundlage für die Erkenntnis einer heilsgeschichtlich verstandenen Erscheinungswelt, innerhalb welcher sich der Christ zu betätigen hat und in der er doch das Numen ihres transzendenten Ursprungs erkennt.

Das Christentum, so sagt man, stehe heute vor besonderen Herausforderungen, denn die Welt habe sich tiefgreifend verwandelt, und es müsse versuchen, auf damit neu auftauchende Fragen auch neue Antworten zu geben. Vielleicht werde ich daher diejenigen enttäuschen, die um eine solche Aktualität besorgt sind. Die Voraussetzung dafür, christlich in die heutige Lebenswirklichkeit einzuwirken, besteht aber doch nicht darin, kurzatmig dem Zeitgeist nachzulaufen, sondern darin, daß man die Anstrengung auf sich nimmt, zu einer Erkenntnis darüber zu kommen, von welchem Christentum man spricht. Daher ist es gerade dies, was in unserer schwankenden, das Christentum mehr und mehr verdrängenden Zeit höchste Aktualität für sich beanspruchen kann.

Ich schließe mit einigen Worten an den Leser. Auch wenn die Zitate aus dem Alten und Neuen Testament weitgehend protestantischen Übersetzungen folgen, so wäre es doch ein vollkommenes Mißverständnis daraus ableiten zu wollen, diesem Buch liege eine protestantische Deutung des Christentums zugrunde. In Wahrheit wird man darin ebenso viele Elemente der katholischen Dogmatik finden. Ob und wieweit damit etwas für die ökumenische Bewegung zu gewinnen ist, dies zu entscheiden sei denen überlassen, die in dieser tätig sind. – Schließlich: Viele Kapitel oder Abschnitte können auch für sich gelesen werden, obgleich sie selbstverständlich alle in einem durchgehenden Zusammenhang miteinander stehen. Einige von ihnen sind daher, wenn auch in verkürzter Form, einzeln erschienen. Meist handelt es sich dabei um mehr oder weniger ausführliche Essays über ein bestimmtes Thema, so insbesondere in den Untergliederungen des XIV. Kapitels, die sich jeweils mit einem der großen Philosophen aus der Geschichte der Metaphysik befassen.

Kiel, zu Ostern 2000 Kurt Hübner

Erster Teil

Der Logos der Offenbarung als Essen vom Baum des Lebens

I. Kapitel
Grundlegende Betrachtungen

1. Allgemeine Metatheorie. Der aspektische Charakter der Wirklichkeit: Wissenschaft, Mythos, Religion

Das Christentum nennen wir eine Religion. Die Frage, ob man an eine Religion glauben soll, wird als die Frage nach der Wirklichkeit des in ihr Geglaubten verstanden. Die Frage nach der Wirklichkeit wird aber heute, streng gemeint, im Rahmen der empirischen Wissenschaft gestellt, da man sie für den alleinigen Zugang zur Wirklichkeit hält. So beruht ja auch die gegenwärtige Kritik am Christentum weitgehend auf Argumenten, die der wissenschaftlichen Wirklichkeitsauffassung unmittelbar oder mittelbar entlehnt sind. (Ich erinnere nur z.B. an die verbreitete Abweisung der Lehre von der Jungfrauengeburt und der Auferstehung mit u.a. medizinischen und kosmologischen Gründen.) Aber was ist Wissenschaft?

Die empirische Wissenschaft ist eine Weise der Welterklärung, wobei mit Erklärung die Rückführung wahrnehmbarer Phänomene auf Gesetze und Regeln gemeint ist.[1] Sie ist zudem eine systematische Welterklärung, weil sie diese mit Hilfe von empirischen Theorien betreibt, in denen Gesetze und Regeln zu größeren Gruppen zusammengefaßt und in einen logischen Zusammenhang gebracht werden.

Solche Theorien liefern die gesuchten Erklärungen aber nur dann, wenn sie an der Wirklichkeit überprüft werden. Diese Überprüfung verläuft nach folgendem Schema: Erstens werden Einzeltatsachen mit Hilfe von sog. Basissätzen beschrieben. Dann wird zweitens die Aufeinanderfolge dieser Einzeltatsachen daraufhin untersucht, ob sie sich so verhält, wie es nach den durch Allgemeinbegriffe formulierten Gesetzen oder Regeln der Theorie zu erwarten ist. Damit

---

[1] Auf dem Gesetzesbegriff beruhen die Naturwissenschaften, auf demjenigen der (historischen) Regeln die Geistes- und Geschichtswissenschaften. Vgl. K. HÜBNER, Kritik der wissenschaftlichen Vernunft, Freiburg ⁴1993, Kapitel XIII.

tritt ein *Kerngedanke wissenschaftlicher Wirklichkeitsauffassung* hervor: *Ihr zufolge ist die Wirklichkeit bestimmt durch den Unterschied von Allgemeinbegriffen und singulären Tatsachen, die unter diese Allgemeinbegriffe fallen.*

Entgegen der weit verbreiteten Auffassung ist diese Aussage über die Wirklichkeit jedoch *nicht durch Erfahrung* gewonnen. Man mache die Probe aufs Exempel und stelle sich vor, jemand wolle empirisch prüfen, ob uns die Wahrnehmung der Wirklichkeit anders als durch das Medium singulärer Tatsachen, die durch Allgemeinbegriffe erfaßt werden, gegeben werden kann. Dies wäre sinnlos, wenn er unter empirischer Prüfung etwas verstünde, was auf der Grundlage der Unterscheidung von Allgemeinbegriff und Einzelwahrnehmung beruht. Sollte er aber diesen Standpunkt wechseln, so verstünde er unter empirischer Prüfung etwas anderes und könnte ebenfalls das Schema seiner Prüfung nicht selbst wieder empirisch prüfen. Daraus folgt logisch: Die der Wissenschaft zugrunde liegende Annahme, daß die Wirklichkeit durch den Unterschied von abstraktem Allgemeinbegriff und singulärer Tatsache bestimmt wird, ist eine *apriorische Aussage*. Solche apriorische Aussagen über die Wirklichkeit von dem betroffenen Allgemeinheitsgrad nennt man *ontologische Aussagen*.

In diesem Zusammenhang ist es erhellend, die empirische Tatsache zu beachten, daß die apriorische Behauptung, die Wahrnehmung der Wirklichkeit vermittle uns nur singuläre Ereignisse, die von den abstrakten Allgemeinbegriffen scharf zu unterscheiden sind, erst mit der griechischen Philosophie in die Welt kam und sich überhaupt erst mit dem Aufkommen der empirischen Wissenschaften im 17. Jahrhundert weitgehend durchgesetzt hat. Es handelt sich also bei ihr nicht um eine solche der Ontologie schlechthin, sondern um eine solche der *Ontologie der Wissenschaft*.

Daß der für diese Ontologie grundlegende Unterschied von Begriff und Wahrnehmung keineswegs immer bestimmend war, also auf zwingender Erfahrung beruhte, zeigt schon die ungeheure Anstrengung, die es Plato kostete, ihn herauszuarbeiten. Tatsächlich existierte er nicht innerhalb des griechischen Mythos, von dem sich die griechische Philosophie schrittweise löste. Das Allgemeine wurde dort nicht als Begriff dem Besonderen und Einzelnen gegenübergestellt, sondern Allgemeines und Besonderes bildeten miteinander eine so unauflösliche Einheit, daß sie für den mythisch Denkenden nicht einmal als deren Bauelemente erkennbar waren.[2] Deswegen unterschied der Mythos auch nicht zwischen dem allgemeinen Gesetz, das nur in Gedanken zu erfassen ist, und dem Einzelnen der sinnlichen Wahrnehmung, das darunter subsumiert werden kann, sondern *im* Einzelnen sah er die Substanz eines numinosen und individuellen Wesens wirken, eines Gottes zum Beispiel, der *überall* im entsprechenden Phänomenbereich auf gleiche Weise anwesend und auch auf regelhafte (gesetzmäßige) Weise wirksam war.[3] Daher übernehmen im Bereiche des

---

[2] Siehe hierzu K. Hübner, Die Wahrheit des Mythos, München 1985, Kapitel IX.

[3] Es sei z.B. daran erinnert, daß sich mythisch im allgemeinen Rhythmus der Jahreszeiten stets dieselbe individuelle Geschichte einer Gottheit widerspiegelt.

Mythos *numinose Eigennamen* die *Funktion von Allgemeinbegriffen*. So spricht Homer nicht von der Morgenröte, sondern von Eos, nicht von einem Nordwind, sondern von Boreas, nicht von einem Regenbogen, sondern von Iris, nicht von einer Liebe, sondern vom Eros usw. Selbst wo Homer Allgemeinbegriffe nicht ausdrücklich durch numinose Eigennamen ersetzt, verbindet er mit ihnen doch konnotativ einen ganz anderen, dem heutigen Leser oft gar nicht unmittelbar erkennbaren Sinn[4], weil damit die Anwesenheit einer individuellen mythischen Substanz gemeint ist.[5]

Wir müssen jetzt aber die Aufmerksamkeit darauf richten, daß die bisherigen Betrachtungen solche *über* die empirische Wissenschaft und *über* das mythische Denken gewesen sind. In diesem Sinne handelt es sich hier also um *metatheoretische* Aussagen. Mit dem Wort meta wird ausgedrückt, daß deren Gegenstände auch wieder nur Aussagen sind – man spricht daher auch von solchen einer Metasprache über eine Objektsprache; theoretisch aber heißen sie, weil sie selbst den Charakter wissenschaftlicher Aussagen haben, sofern sie sich im Medium des wissenschaftlichen Begriffsverständnisses bewegen. Dabei fällt jedoch auf, daß metatheoretisch in wissenschaftlicher Weise z.B. auch über das nichtwissenschaftliche, mythische Denken geredet werden kann. Und zwar mit dem Ergebnis, daß in dessen grundlegenden Vorstellungen über die Wirklichkeit nicht, wie in der Wissenschaft, der abstrakte Allgemeinbegriff und die singuläre Tatsache scharf voneinander geschieden werden, sondern im Gegenteil beide vollkommen miteinander verschmolzen sind – der Mythos also offenbar auf einer ganz anderen Ontologie als die Wissenschaft beruht. Wir können allerdings nur *metatheoretisch* von einer Ontologie des Mythos sprechen, also *im nur metasprachlich möglichen Vergleich* zwischen Wissenschaft und Mythos, während der *innerhalb des Mythos Denkende* (objektsprachlich) dessen ontologische Verfassung gar nicht formulieren kann oder sich ihrer zumindest nicht bewußt sein mag.[6]

Aber wird nicht der Mythos, wenn man ihn solchermaßen in die wissenschaftliche Sprache übersetzt und begriffswissenschaftlich formuliert, entscheidend verändert oder verfälscht? Dies ist jedoch so wenig der Fall, daß er uns vielmehr, die wir im wissenschaftlichen Zeitalter leben, überhaupt nur durch eine solche Übersetzung in seinem tiefgreifenden Unterschied zur Wissenschaft und damit in seinem eigentümlichen Wesen und seiner eigentümlichen, allgemeinen Wirklichkeitsauffassung erkennbar werden kann. Übersetzt man aber diese allgemeine Wirklichkeitsauffassung in der beschriebenen Weise mit

---

[4] Über die entscheidende Rolle des Konnotativen in der Sprache vgl. K. HÜBNER, Die Zweite Schöpfung, das Wirkliche in Kunst und Musik, München 1994, Kapitel IV.

[5] Vgl. K. HÜBNER, Die Wahrheit des Mythos, a.a.O., Kapitel V.

[6] Ein Grieche in der Zeit des Mythos konnte von der Einheit des Allgemeinen und des Besonderen im angezeigten Sinne gar nicht reden, weil er von deren Unterschied nichts wußte. Andererseits bewegt sich der heutige Mensch, dem dieser Unterschied ganz selbstverständlich ist, häufiger als er denkt in mythischen Vorstellungen, nur ohne sich dessen bewußt zu sein. Vgl. K. HÜBNER, Die Wahrheit des Mythos, a.a.O., Vierter Teil.

den Mitteln der wissenschaftlichen Sprache, so geben wir ihr zugleich die Form einer nunmehr *mythischen Ontologie*, die wir mit der wissenschaftlichen vergleichen können.

Wir haben es also, metasprachlich ausgedrückt, mit mehreren Ontologien zu tun, und solche liegen keineswegs nur Wissenschaft und Mythos zugrunde, sondern ebenso der christlichen Religion, wie noch ausführlich zu zeigen sein wird. Auch erschöpfen sich selbstverständlich Ontologien nicht darin, wie sie den Unterschied zwischen allgemeinen Begriffen und singulären Tatsachen erfassen; sie haben vielmehr weit darüber hinausgehende Grundstrukturen der Wirklichkeit insgesamt zum Inhalt, die sie in systematischer Form zusammenfassen. (Als Beispiel kann hier Kants apriorische Kategorienlehre über Kausalität, Raum und Zeit, Qualität, Quantität usw. dienen, die aller Erfahrung vorausgehen und zugrunde liegen.) Gibt es aber nicht nur eine, sondern viele historisch gegebene und möglicherweise auch denkbare Ontologien, dann stellt sich die Frage, wie oder ob überhaupt zwischen ihnen entschieden werden kann. Gibt es nur die eine, die „wahre" Ontologie, oder können mehrere nebeneinander bestehen? Wie ist überhaupt die Gültigkeit einer Ontologie zu ermitteln?

Auf Erfahrung kann man sich dabei, wie schon gesagt, nicht stützen, da es sich um apriorische Konstruktionen handelt. Versuchte man es aber durch reines Denken, so fragt man sich, welche absolute Evidenz dieses in sich haben sollte? Die klassische Antwort darauf lautet, es gäbe unmittelbare Vernunfteinsichten. Doch gerät man mit ihr in einen unaufhebbaren Zirkel: Um eine Aussage als Ausdruck einer absoluten Vernunfteinsicht zu beurteilen, muß man schon wissen, was eine solche Einsicht ist, und um dies zu wissen, muß man auf Aussagen verweisen, die man für absolute Vernunfteinsichten hält.[7] Wie man sieht, ist dies eine rein *logische Überlegung*, und dasselbe gilt wie bereits gesagt für die Einsicht, daß Ontologien nicht auf Erfahrung beruhen können, weil sie überhaupt erst definieren, was unter dieser (z.B. Überprüfung von Sätzen an der gegebenen Wirklichkeit) zu verstehen ist.

Diese Einsicht wurde einst wie heute immer wieder durch ein allgemein herrschendes, unhistorisches Denken getrübt. Man erkannte nicht, daß die scheinbar absoluten Evidenzen, auf die man sog. Letztbegründungen glaubte stützen zu können, ihre Ursache nur in einer festgefügten Gewöhnung an historisch Etabliertes oder daraus Abgeleitetes hatte. (Es sei nur an Kants Meinung erinnert, die Euklidische Geometrie sei durch die unmittelbar notwendige Evidenz ihrer Axiome begründet.) So bietet die Geistesgeschichte geradezu ein Trümmerfeld immer wieder neuer und immer wieder gescheiterter Versuche, endgültige ontologische Einsichten in die Grundverfassung, die Grundstruktur der Wirklichkeit zu gewinnen.

---

[7] Zu einer ausführlichen Behandlung der Frage, wie ontologische Grundsätze begründet werden können, vgl. K. HÜBNER, Kritik der wissenschaftlichen Vernunft, a.a.O., Kapitel VIII und XIII.

Die vorhin erwähnten, rein logischen Überlegungen sind nun Teil einer *umfassenden Metatheorie*, nämlich derjenigen, die z.B. die Metatheorien der empirischen Wissenschaften und des Mythos miteinander verbindet, indem sie sowohl der Wissenschaft wie dem Mythos das Recht abspricht, auf eine absolute und notwendige Geltung ihrer ontologischen Grundlagen pochen zu dürfen. Im Lichte dieser Metatheorie besitzen sie daher die gleiche logische Modalität, nämlich *kontingent* (nicht notwendig gültig, nur möglich) zu sein. Mehr noch, diese Metatheorie behauptet, wie sich gezeigt hat, die *Kontingenz von Ontologie überhaupt*. Sie sei *Allgemeine Metatheorie* genannt, weil sie unter allen Theorien aus zwei Gründen die allgemeinste ist: Erstens macht sie nur Aussagen über Aussagen von höchstem Allgemeinheitsgrad, nämlich ontologische, und zweitens schränkt sie sich dabei nicht auf eine bestimmte Gruppe ein, sondern ist eine Wissenschaft von Ontologien überhaupt. Wenn im folgenden von Metatheorie die Rede ist, wird sie immer in diesem umfassenden Sinne gemeint.

Aus ihr folgt nun ein allgemeines Toleranzprinzip, welches das *ERSTE ALLGEMEINE TOLERANZPRINZIP* der *Allgemeinen Metatheorie* genannt sei. Es lautet: *In der Hinsicht, daß alle Ontologien kontingent sind und keine eine notwendige Geltung hat, ist keine irgendeiner anderen vorzuziehen.*

Man könnte vielleicht meinen, daß das Toleranzprinzip nur so weit gültig ist, als es die historischen Gründe außer acht läßt, mit denen sich vielleicht doch Ontologien irgendwie begründen ließen. Aber abgesehen davon, daß solche Gründe ja nichts mit der Frage der *prinzipiellen Rechtfertigung* und theoretischen Begründung von Ontologien zu tun haben können, die hier ausschließlich zur Debatte steht, sondern nur faktische Vorgänge betreffen können, wird sich noch zeigen, daß es historische Erklärungen für das Entstehen, Vergehen oder die Rangstellung einer Ontologie in irgendeiner historischen Epoche nur in einem sehr eingeschränkten Sinne geben kann.[8]

Bevor wir das Zweite Toleranzprinzip der Metatheorie erörtern, muß jedoch erst noch ein weiterer ihrer Grundsätze aufgeführt werden, der sich aus ihren folgenden zwei Lehrsätzen ergibt: a) Wenn alle Aussagen über die Wirklichkeit entweder ontologische sind oder, wie bereits am Beispiel des immer notwendiger Weise apriorischen Erfahrungs*begriffes* erkennbar, von ontologischen abhängen[9] und b) wenn das Erste Toleranzprinzip gilt, wonach keine Ontologie hinsichtlich ihrer theoretischen Begründung vor irgendeiner anderen eine Aus-

---

[8] Vgl. das XVI. Kapitel, 5 und 6.
[9] Zur Erläuterung, daß allen einzelnen Aussagen innerhalb der Wissenschaft, des Mythos und, wie sich noch zeigen wird, auch der Religion, ihnen eigentümliche ontologische Wirklichkeitsauffassungen zugrunde liegen, erinnere ich noch einmal an das Beispiel der Kantischen Kategorien, mit denen ja gemeint ist, daß *jede* Aussage über die Wirklichkeit von bestimmten apriorischen Vorstellungen über Kausalität, Raum, Zeit usw. geprägt ist. Der Irrtum Kants bestand nur darin, daß er meinte, mit solchen Vorstellungen könnte immer nur genau derselbe Sinn verbunden werden. Für eine ausführliche Behandlung des Gegenstandes vgl. K. Hübner, Kritik der wissenschaftlichen Vernunft, a.a.O., u.a. Kap. IV.

zeichnung genießt, dann folgt daraus logisch der weitere Grundsatz der Metatheorie: *Die Wirklichkeit hat einen aspektischen Charakter;* oder wie man auch sagen könnte: *Die Wirklichkeit ist mehrdimensional.*

An diesem Punkte der Überlegung angekommen, wird man jedoch förmlich stocken. Bisher enthielt die Allgemeine Metatheorie nur Aussagen über Aussagen (nämlich als rein logische Analyse ontologischer Systeme) – *nun aber handelt sie plötzlich von der Wirklichkeit!* Mehr noch: *Der Grundsatz, daß die Wirklichkeit einen aspektischen Charakter habe, ist ein Satz von höchstem Allgemeinheitsgrad und damit selbst ein ontologischer, weswegen er der* ONTOLOGISCHE GRUNDSATZ DER ALLGEMEINEN METATHEORIE *genannt sei.*

Heißt das aber nicht, daß die Allgemeine Metatheorie, die doch die Kontingenz aller Ontologien behauptet, ihrerseits auf einer Ontologie beruht und damit selbst in den Sog mangelnder Verbindlichkeit gerät? Die Antwort lautet: Jawohl, auch sie beruht auf einer Ontologie. Diese Ontologie aber ist keine andere als diejenige, durch die ich bereits zu Beginn wissenschaftliches Denken gekennzeichnet und vom mythischen unterschieden habe: Es ist die wissenschaftliche Ontologie des Begriffs, der gemäß dieser als das reine Allgemeine, Abstrakte und vom Subjekt Gesetzte, der Wirklichkeit rein singulärer Tatsachen als Fall dieses abstrakten Allgemeinen entgegengesetzt wird. Nur unter dieser Bedingung lassen sich überhaupt Ontologien als apriorische Schemata und Formen der Erkenntnis, lassen sich so etwas wie Ontologieabhängigkeit von Aussagesystemen, das Erste Toleranzprinzip oder der ontologische Grundsatz formulieren. Die Ontologie der Allgemeinen Metatheorie teilt also in diesem Punkte die begriffsontologischen Voraussetzungen *aller* Wissenschaften; da sie es aber außer diesen begriffsontologischen Voraussetzungen nicht weiter mit der Wirklichkeit, sondern nur mit Aussagesystemen über die Wirklichkeit zu tun hat, sind dies die einzigen ontologischen Voraussetzungen, auf die sie sich stützt, während solche ontologische Spezifika wie Kausalität, Raum, Zeit usw. nicht dazu gehören.

Auf der einen Seite sind wir so logisch folgerichtig zu einem Ontologiepluralismus und zum aspektischen Charakter der Wirklichkeit gelangt; auf der anderen Seite aber enthüllt sich nun in der Tat diese ganze Sicht, weil ihrerseits ontologieabhängig, selbst als eine nur kontingente, auf wissenschaftliches Denken begrenzte.

Fassen wir noch einmal zusammen: Aus dem Ersten Toleranzprinzip ergibt sich die Gleichberechtigung aller Ontologien, wissenschaftlicher wie nichtwissenschaftlicher. Der ontologische Grundsatz vom aspektischen Charakter der Wirklichkeit schien diese Beurteilung noch weiter zu vertiefen. Was aber ergibt sich nun daraus, wenn dieser Ontologiepluralismus selbst nur auf einer ontologisch kontingenten Grundlage, eben derjenigen der Allgemeinen Metatheorie, möglich ist?

Um diese Frage zu beantworten, müssen wir zunächst noch einmal festhalten, daß das Erste Toleranzprinzip außerwissenschaftliche Wirklichkeitsauffassungen wie z.B. Mythos und Religion, von denen dieses Buch hauptsächlich handelt, nur insofern einschließt, als diese in der schon angezeigten Weise *metatheoretisch*, also begriffswissenschaftlich und damit *als Ontologien* formuliert werden. Nur dann tritt ja überhaupt erst die Frage nach ihrer Begründbarkeit in Erscheinung, weil sie nur dann, nämlich in ihrer begrifflichen Verfassung, als etwas Gesetztes, Entworfenes, also Begründungsbedürftiges und doch niemals Letztbegründbares in Erscheinung treten. Diese ihre Kontingenz und damit Gleichberechtigung mit allen anderen denkbaren Ontologien erlischt jedoch, sobald man von ihrer *metasprachlichen Außenbetrachtung*, die ja bei ihrer metatheoretischen Formulierung vorliegt, zu ihrer *objektsprachlichen Innenbetrachtung* übergeht. Denn für denjenigen, der *innerhalb* des Mythos oder, wie wir noch sehen werden, der innerhalb der Religion denkt, stellt sich die Wirklichkeit ja gerade nicht als ein Gesetztes, Entworfenes und damit Begründungsbedürftiges dar, sondern als die unwiderrufliche Offenbarung numinoser Wirksamkeit.

Daraus folgt: Soweit Mythos und Religion im Rahmen der Metatheorie aus begriffswissenschaftlicher Sicht als Ontologien formuliert werden, sind sie mit allen anderen Ontologien gleichberechtigt, weil kontingent wie diese; soweit die Metatheorie aber die Sicht, aus der sie diese Formulierungen vornimmt, selbst als eine kontingente verstehen muß, vermag sie Mythos und Religion nicht zu widersprechen, wenn diese sich in der Innenbetrachtung auf notwendig gültige, weil numinose Erfahrungen berufen. Allgemein gesprochen: Gerade indem die Metatheorie notwendigerweise die Kontingenz ihrer eigenen Ontologie wie diejenige jeder anderen behauptet, ist sie gezwungen, auch ganz andere, nicht auf einer begriffswissenschaftlichen Ontologie beruhende Wirklichkeitsauffassungen zu dulden.

Daraus ergibt sich nun das *ZWEITE TOLERANZPRINZIP der Allgemeinen Metatheorie: Nichtontologische, oder von keiner Ontologie abhängige Wirklichkeitsauffassungen mit ihren besonderen (numinosen) Erfahrungen lassen sich wegen dieser Wirklichkeitsauffassungen ontologisch nicht widerlegen, sie seien in der Außenbetrachtung begriffswissenschaftlich in eine Ontologie transformierbar oder nicht.* Das ist das Ergebnis, zu dem die Allgemeine Metatheorie, ausgehend von der Reflexion über Ontologien überhaupt und endend mit der Selbstreflexion ihrer eigenen ontologischen Voraussetzungen, schließlich gelangt.[10]

Das Erste Toleranzprinzip, der ontologische Grundsatz und das Zweite Toleranzprinzip haben für alle weiteren Kapitel eine grundlegende Bedeutung, wovon ich u.a. die folgende hervorhebe: Da dort ontologische Untersuchungen des christlichen Glaubens – im engen Zusammenhang mit solchen des

---

[10] Die Art, wie ich hier dieses Ergebnis erreicht habe, ist in keinem meiner Bücher zu finden und kann dennoch als eine konzise Zusammenfassung der ausführlichen wissenschafts- und erkenntnistheoretischen Untersuchungen betrachtet werden, die ich dort vorgenommen habe. Dabei habe ich mich auf zwei von mir schon vor einigen Jahren veröffentlichte Arbeiten gestützt, deren Titel lauten: Reflexion und Selbstreflexion der Metaphysik (in: Sitzungsberichte der Sudetendeutschen Akademie der Wissenschaften und Künste, Heft 6 Jahrgang 1988) und Die Metaphysik und der Baum der Erkenntnis (in: Hrsg.: D. HENRICH und R.-P. HORSTMANN, Metaphysik nach Kant?, Stuttgart 1988.)

Mythos – eine entscheidende Rolle spielen, können diese ausführlich entwikkelt werden, ohne daß noch einmal auf die Frage ihrer erkenntnistheoretischen oder ontologischen Rechtfertigung eingegangen werden muß. Andererseits wird sich noch zeigen, wie durch das Zweite Toleranzprinzip der Zugang zum Wesen der Offenbarung eröffnet wird, den man sich von vornherein verbaut, wenn man diese, wie es beständig geschah und geschieht, unter dem Gesichtspunkt wissenschaftlicher Begriffsbildung zu erfassen und zu beurteilen sucht. Überhaupt kann es gerade als die Wurzel aller heutigen Mißverständnisse im Hinblick auf den christlichen Glauben betrachtet werden, daß er von vornherein aus dem Blickwinkel wissenschaftsontologischen Denkens betrachtet wird, das aber selbst weitgehend unreflektiert bleibt. Gewiß, den Eindruck, daß es sich hier um Mißverständnisse handelt, mögen viele gläubige Christen haben – und doch bleiben sie damit ohnmächtig, weil ihnen die fundamentale, theoretische Begründung dafür fehlt.

Zur besseren Übersicht sei dieses Kapitel durch folgendes Schema abgeschlossen:

Allgemeine Metatheorie

a) Beschreibung gegebener oder möglicher Ontologien
b) Erstes Toleranzprinzip: Gleichberechtigung aller Ontologien
c) Ontologischer Grundsatz: Aspektischer oder mehrdimensionaler Charakter der Wirklichkeit
d) Zweites Toleranzprinzip: Ontologische Unwiderleglichkeit nicht-ontologischer Wirklichkeitsauffassungen (Wissenschaft, Mythos, Religion)

2. Vier Weisen des Zweifels an mythischen und religiösen Wirklichkeitsaussagen

a) Der theoretische Zweifel

Sofern, wie die vorangegangenen Ausführungen zeigten, eine Ontologie weder durch Vernunft noch Erfahrung begründet werden kann, sondern eine nur kontingente, nur historisch zu verstehende, apriorische Konstruktion ist, ist *jede* Ontologie *hypothetischer Natur*. Folglich haftet ihr *notwendig* ein *fundamentaler und substantieller Zweifel* an. Niemals kann sie den Anspruch auf absolute Gültigkeit erheben. Von dieser hypothetischen Natur ist aber folgerichtig auch jedes wissenschaftliche Denken, jede wissenschaftliche Theorie betroffen, da beides ja stets von jener Begriffsontologie und apriorischen Scheidung zwischen dem Allgemeinen und dem Besonderen geprägt wird, die allen möglichen Ontologien eigentümlich ist. Daher sei der Zweifel, von dem dieser Abschnitt handelt, der *theoretische Zweifel* genannt. Seiner ungeachtet erlag man in der Geschichte des wissenschaftlichen Denkens immer wieder der Versuchung, mit ihm gewonnenen Erkenntnissen das Siegel absoluter Gültigkeit aufzudrücken. (Wissenschaftlicher Dogmatismus)

Der vorige Abschnitt hat aber auch gezeigt, daß mythisches oder religiöses Denken sich zwar in der *Außenbetrachtung* ontologisch beschreiben läßt – z.B. indem man feststellt, daß in ihm die Kategorien des Allgemeinen und Besonderen zu einer Einheit verschmelzen –, daß es aber in der Innenbetrachtung keine ontologische Verfassung hat, weil es gar nicht begriffsontologisch verfährt. Beruht es doch auf numinosen Erfahrungen, in denen zwischen einem Subjekt, das die apriorischen Bedingungen von Erfahrung entwirft – z.B. die Trennung des Allgemeinem vom Besonderen – und dem Objekt, das durch sie bestimmt ist, nicht unterschieden wird.[11] Hier muß das Subjekt nicht erst von sich aus jene schwankende Brücke des Apriorischen zum Objekt schlagen. Denn im Bereiche des Mythischen beruht die Erkenntnis des Göttlichen darauf, daß die Substanz eines Gottes *in uns anwest*, der immer zugleich eine Einheit von Allgemeinem und Besonderem, aber auch von Materiellem und Ideellem verkörpert; im Bereiche des Religiösen, daß wir von der Gottheit durchdrungen werden, für die, in ihrer Allgegenwart und pneumatischen Wirkung, dasselbe zutrifft. In beiden Fällen handelt es sich also um eine *Teilhabe am Göttlichen*, so wie im Platonischen Gleichnis die Sonne nur der sieht, dessen Auge selbst sonnenhaft ist.[12] Der Gott, es sei derjenige des Mythos oder des Religiösen, ist das Heilige, vor dem jede theoretische Fragwürdigkeit erlischt, weil er gar kein Gegenstand theoretischer Erkenntnis ist. Hier bedeutet entsprechend Wahrheit nicht Übereinstimmung der Erkenntnis mit ihrem Gegenstand, sondern die Offenbarung des Gottes, der aus der Verborgenheit in die Unverborgenheit (a-letheia) getreten ist. Wenn also das Selbstverständnis ontologisch-wissenschaftlichen Denkens notwendig dieses ist, hypothetisch zu sein, so notwendig dasjenige des Mythischen und Religiösen, eine *absolute Geltung* zu haben.

Wird nun dieser absolute Anspruch bezweifelt, so kann dies folgendes bedeuten. Entweder man betrachtet Mythos und Religion als Ontologien, denen, wie allen Ontologien, nur eine hypothetische Geltung zukommt; dann hat man sich aber, wie es auch häufig geschieht, von deren oberflächlicher Außenbetrachtung irreführen lassen.[13] Oder man geht zwar auf ihre Innenbetrachtung ein, richtet aber seine Zweifel gerade auf die dabei offenbar werdende nicht-ontologische Verfassung von Mythos und Religion; dann hat man gegen das Zweite Toleranzprinzip der Allgemeinen Metatheorie verstoßen, dem zufolge nicht-ontologische Wirklichkeitsauffassungen mit ihren besonderen, numinosen Erfahrungen nicht widerlegbar sind. In beiden Fällen handelte es sich um einen *theoretischen Zweifel*, da die Argumente ja hier wie dort unter der Voraus-

---

[11] Vgl. die ausführliche Darstellung dieser Zusammenhänge in K. HÜBNER, Die Wahrheit des Mythos, a.a.O., Kap. XVI und XVII.

[12] Der Staat, 508 b.

[13] In meinem Buch „Die Wahrheit des Mythos" wird zwar auf diesen Unterschied zwischen Außen- und Innenbetrachtung hingewiesen, er aber nicht, wie hier, auch terminologisch dadurch hinreichend deutlich gemacht, daß ich nun ausdrücklich, in der Innenbetrachtung, Mythos und Religion als *nicht-ontologisch* bestimmt kennzeichne. Ich hoffe damit früher eingetretene Mißverständnisse ausgeschlossen zu haben.

setzung des keineswegs einzig möglichen ontologischen und theoretischen Denkens erfolgen. Wie sich also zeigt, sind Mythos und Religion, weil sie überhaupt nichts mit theoretischen Erkenntnissen zu tun haben, für den theoretischen Zweifel unangreifbar. Schließlich kann man an Mythos und Religion auch zweifeln, ohne irgendwelche rationale Gründe dafür angeben zu können. Das ist dann eine Frage der existentiellen Verfassung des einzelnen. Aber dann sollte er sich im Klaren darüber sein, daß sein Zweifel nicht-rationaler Natur ist.[14] Man kann es auch so ausdrücken: Niemand kann *a priori begründet* behaupten, daß letztlich *jede* umfassende Wirklichkeitskonzeption, also nicht nur die ontologische, sondern auch jede mythische und religiöse, Menschenwerk ist und daher nur hypothetisch angenommen werden darf. Diese im Rahmen der Allgemeinen Metatheorie *prinzipiell* erfaßte Ohnmacht des theoretischen Zweifels im gegebenen Fall läßt sich durch zahlreiche besondere Fälle theoretischer Kritik an Mythos und Glauben verdeutlichen. Davon werden viele Beispiele in den späteren Abschnitten zeugen, und schon das dieser Grundlegung folgende Kapitel, das von der Schöpfung handelt, wird das Scheitern der Versuche zeigen, sie mit Argumenten naturwissenschaftlicher Theorien zu „widerlegen."

Das Urbild des theoretischen Zweifels aus christlicher Sicht ist der Zweifel des Thomas, von dem das Johannesevangelium berichtet (20, 24–29). Thomas genügte nicht die Zeugenschaft derer, die den Auferstandenen gesehen haben wollen, sondern er wollte *Beweise* dafür, daß es der Auferstandene war; er wollte dessen Wundmale erkennen können, sie mit eigenen Augen sehen und überprüfen. Christus aber, obgleich er ihm willfuhr und die Wundmale zeigte, mahnte ihn: „(...) sei nicht ungläubig, sondern glaube! (...) Weil du mich gesehen hast, darum glaubst du. Selig sind, die nicht sehen und doch glauben!" Von welchem Sehen sprach Christus? Von jenem Sehen, dessen Wirklichkeitserfassung nicht im Lichte der göttlichen Offenbarung, sondern der menschlichen, profanen Erfahrungswelt erfolgt. Gestützt auf die letztere könnte man etwa fragen: Sind die Wundmale nicht auf irgendeine Weise vorgetäuscht? Ein Glaube, der dieser Art Prüfung bedürfte, wäre auf Flugsand gebaut, weil deren Beweise letztlich immer hypothetisch und fragwürdig bleiben, wie „theoretisch abgesichert" sie auch immer scheinen mögen. Deswegen sagte Kierkegaard zurecht, daß die Augenzeugen von Christi Auferstehung keiner geringeren Glaubenskraft bedurft hätten als die Christen aller späteren, noch so entfernten Zeiten.[15] Denn was sie sahen, das sahen sie aus der Sicht der Offenbarung, nicht jener Ontologie der Wirklichkeit, die wir die theoretische nennen.

---

[14] Was, wohlgemerkt, nicht dasselbe ist wie „irrationale Gründe", die ihrerseits immer nur Pseudogründe sein können, weswegen sie hier, wie häufig auch gerade diese vorkommen mögen, als unseriös nicht weiter betrachtet werden müssen.

[15] Kierkegaard fragt: „*Was kann denn also der Gleichzeitige für den Späteren tun?* a) Er kann dem Späteren erzählen, daß er selbst jener Tatsache geglaubt habe; (...) wenn ich jedoch sage: ‚Ich glaube und habe geglaubt, daß dies geschehen ist, dem *zum Trotze daß es dem Verstande eine Torheit ist und dem menschlichen Herzen ein Ärgernis*, so habe ich im gleichen Augenblick gerade alles getan,

Es gibt aber in den synoptischen Evangelien noch andere, wenn auch weniger eindrucksvoll geschilderte Berichte darüber, daß die Jünger an Christi Auferstehung zweifelten. Teils bezweifelten einige von ihnen die Beteuerungen anderer, ihn gesehen zu haben (Mk 16, 10–13), teils zweifelten sogar einige an der Wirklichkeit der für sie sichtbaren körperlichen Erscheinung des Auferstandenen. (Mt 28,17) Es ist erhellend, sich in diesem Zusammenhang Humes zu erinnern. Er forderte, man solle doch in allen solchen Fällen abwägen, was wunderbarer wäre, nämlich daß das Wunder wirklich stattgefunden hätte oder daß man sich getäuscht habe. Wenn nun Hume behauptet, daß eine solche Abwägung nur zuungunsten des Glaubens enden könne, weil ein Wunder den gesicherten Gesetzen der (theoretisch gedeuteten) Erfahrung widerspreche, so handelt es sich hier unverhüllt um eine auf den ontologischen Grundlagen solcher Gesetze beruhende Argumentation; und also ist auch der Zweifel, von dem hier die Rede ist, im Sinne der oben gegebenen Definition ein *theoretischer*. Das Merkwürdige ist allerdings, daß Hume diesen Zweifel schließlich doch wieder entkräftet, weil er diese Gesetze selbst nur als das Ergebnis eines auf bloßen Denkgewohnheiten beruhenden Glaubens betrachtet. Obgleich er freilich darin irrte, stand er damit doch den metatheoretischen Überlegungen, wie sie hier vertreten werden, näher, als man das von diesem Klassiker des theoretischen Zweifels und der Religionskritik meinen möchte.

b) Der fundamentale Glaubenszweifel

Es gibt jedoch noch andere Zweifel als den theoretischen, die im Hinblick auf das Mythische oder Religiöse möglich sind. Dabei müssen wir zunächst von einem grundlegenden Unterschied zwischen beiden ausgehen.

Der Mythos stützt sich ausschließlich auf Erfahrung, allerdings eine a priori mythisch interpretierte und damit, wie gezeigt, theoretisch unangreifbare Erfahrung. Das Mythisch-Numinose tritt ja immer in der sinnlichen und geschichtlichen Erfahrungswelt in Erscheinung. Daher kommt es, daß sich einerseits Menschen in bestimmten Kulturen wie selbstverständlich im Rahmen ihres Mythos als ihrer Erfahrungswelt bewegten, andererseits aber andere, auf anderen Erfahrungen beruhende Mythen gelten ließen. Gingen sie indessen, was ja nicht selten geschah, zu solchen anderen Mythen über, so deswegen, weil sich ihre Erfahrungen geändert hatten, sei es, daß sie neue Lebensräume fanden, sei es, daß sich ihre Lebensverhältnisse grundlegend änderten oder sei es nur, daß sie die Götter derjenigen übernahmen, mit denen sie in kriegerische

---

um irgendeinen anderen daran zu hindern, daß er sich in unmittelbarem Zusammenhang mit mir bestimmt, um mir alle Teilhaberschaft zu verbitten, da ja jeder Einzige sich haargenau auf die gleiche Weise gebaren muß. b) Er kann auf diese Weise den Inhalt der Tatsache erzählen, einen Inhalt, welcher doch nur für den Glauben ist, ganz und gar in dem Sinne, wie die Farben nur sind für das Gesicht und der Schall für das Gehör. In dieser Form mag er es zu tun; in jeder anderen Form redet er lediglich in den Wind ..." KIERKEGAARD, Philosophische Brocken, De omnibus dubitandum est, übers. von E. Hirsch, Köln ²1960, S. 99.

Auseinandersetzungen verwickelt wurden. Mit dem Wandel der Erfahrungen wandelten sich auch die stets nur *in diesen* mythisch faßbaren Götter, und jede geschichtliche Entwicklung bei den Menschen spiegelte daher, mythisch verstanden, nur diejenige ihrer Götter wider. So wird z.B. die mythische Erfahrungswelt der Jägerkultur später durch eine solche der Agrikultur ersetzt, diese wieder durch eine der mit Bronze und Eisen bewaffneten Aristokraten, und alle diese Ereignisse wurden als Wandel alter oder Siege neuer Götter, nicht der Menschen verstanden.[16] Selbst heute, wo mythisches Welterleben noch in der Kunst, in der Politik und in der Naturerfahrung mehr oder weniger unbewußt weiterlebt,[17] zeigt es diese Mannigfaltigkeit. Lebt man also im Umkreis eines an eine bestimmte mythische Erfahrungswirklichkeit gebundenen Mythos, so ergibt es keinen Sinn, an einem anderen, gleichfalls an eine solche Wirklichkeit gebundenen Mythos zu zweifeln. Daran würde sich selbst dann nichts ändern, wenn man bei sich wandelnden Erfahrungen zwischen verschiedenen Mythen schwanken sollte, so wie es z.B., ich erwähnte es schon, früher bei unterworfenen Völkern der Fall gewesen sein mag. Denn die besiegten Götter lebten weiter, und selbst, wenn man ihren Tod verkündet haben sollte (der große Pan ist tot!), so bekräftigte sogar noch dieses, daß es sich bei ihm nicht um eine Fiktion oder Einbildung, sondern um eine Wirklichkeit gehandelt hatte. Selbst wenn uns bestimmte Mythen anderer Kulturen vollständig unverständlich, vielleicht sogar barbarisch erscheinen sollten, bedeutete das doch nichts anderes, als daß sie einer uns vollständig fremden Erfahrungswelt entstammen.[18]

Ganz anders verhält es sich mit dem Religiösen, soweit es nicht nur auf einer bestimmten Interpretation der Erfahrungswelt beruht, wie der Mythos, sondern auch auf ein absolut Ewiges und Transzendentes, und also vollständig Entrücktes bezogen ist. Daher sind Glaube und Zweifel untrennbar miteinander verbunden selbst dann, wenn man legitimer Weise den theoretischen Zweifel zurückweist, und es liegt überhaupt nicht in des Menschen Macht, diesen Zwiespalt zugunsten des Glaubens aus eigener Kraft zu überwinden. Wie es keine theoretischen Argumente gibt, den Glauben zurückzuweisen, so gibt es auch keine Argumente irgendwelcher Art, ihn anzunehmen. Deswegen wird der Glaube auch als eine Gnade verstanden. Den Zweifel, von dem hier die Rede ist, nenne ich den *fundamentalen Glaubenszweifel*, weil er den Glauben überhaupt betrifft.

c) Der Auslegungszweifel

„Ich will beten mit dem Geist" spricht Paulus, „und will auch beten mit dem Verstand; ich will Psalmen singen mit dem Geist und will auch Psalmen singen mit dem Verstand. Wenn du Gott lobst im Geist, wie soll der, der als Unkundi-

---

[16] Vgl. hierzu K. Hübner, Die Wahrheit des Mythos, a.a.O., Kap. XVII.
[17] Vgl. hierzu K. Hübner, Die Wahrheit des Mythos, a.a.O., Vierter Teil.
[18] Es gibt allerdings auch Pseudomythen, besonders im politischen Bereich, auf die ich hier nicht näher eingehen kann. Vgl. hierzu K. Hübner, Die Wahrheit des Mythos, a.a.O., Kapitel XXV.

ger dabeisteht, das Amen sagen können auf dein Dankgebet? (...) ich will in der Gemeinde lieber fünf Worte reden mit meinem Verstand, damit ich auch andere unterweise, als zehntausend in Zungen." (1Kor 14,15–16.19.) Das bedeutet: Der Gnade des Glaubens ungeachtet, muß die Botschaft der Offenbarung auch *verstanden* und d.h. *ausgelegt* werden. Aber ist nicht jede Auslegung anfechtbar, wie schon aus den nie abreißenden Streitigkeiten der Theologen und Konfessionen hervorgeht? Hat nicht Paulus auch geschrieben: „(...) unser Wissen ist Stückwerk, und unser prophetisches Reden ist Stückwerk" (1Kor 13,9), so daß sogar Fragen an den biblischen Text gestellt werden können, die niemals zweifelsfrei zu beantworten sind? Nun mögen zwar bestimmte Auslegungen, beispielsweise die konfessionell gebundenen, Teil des Dogmas und damit des Glaubens sein, aber es wird immer auch innerhalb jeder Konfession oder die Konfessionen übergreifend Auslegungen geben, die zur Disposition stehen. In diesen Fällen liegt das vor, was man den Auslegungszweifel nennen kann. Der entscheidende Punkt ist aber der, daß dieser nicht notwendig den Zweifel am Glauben nach sich zieht, sondern im Gegenteil eher für dessen Lebendigkeit spricht. Zeugt er doch nur von der Fehlbarkeit menschlichen Denkens und ist er doch, christlich betrachtet, wie das soeben aufgeführte Paulus-Zitat zeigt, nur die Folge davon, daß die göttliche Botschaft in der sündigen Welt stets nur in verdunkelter und gebrochener Weise zu vernehmen ist. Auch kann es sich hier darum handeln, in der Anstrengung des Denkens die Gnade der Erleuchtung *vorzubereiten*.[19] Wer sein Gehör nicht geschärft hat, wer die Botschaft nicht, wie immer mangelhaft, zu verstehen sucht, dem wird sie sich nur mehr oder weniger dunkel erschließen. Wahrer Glaube wird also in der mit dem religiösen Auslegungszweifel verbundenen denkerischen Anstrengung nicht geschwächt, wie umgekehrt diese, für sich allein genommen und gleichsam als rein intellektuelles Spiel betrieben, niemals zum Glauben führen kann. Wie Glaube und fundamentaler Zweifel, so stehen daher auch Glaube und Auslegungszweifel in einem unauflöslichen Zusammenhang.

Auf den ersten Blick mag der letztere an Descartes' methodischen Zweifel erinnern. Denn einerseits folgt ja auch bei Descartes die Gewißheit erst dem Durchgang durch diesen Zweifel, und andererseits wird dabei doch von vornherein die zu suchende Gewißheit vorausgesetzt. Eben deswegen ist er eben *nur* ein methodischer Zweifel. Da Descartes dabei aber nicht die Glaubensgewißheit, sondern diejenige der menschlichen Vernunft meinte, hat er diese, die doch gerade das substantiell Hypothetische ist, ins Absolute verkehrt, das substantiell Absolute aber, den Glauben, durch seine sog. „rationalen Gottesbeweise" ins Hypothetische und damit u.a. auch jener Vulgärkritik am Glauben den Boden bereitet, die seit langem in folgenschwerer Entwicklung weite Teile des öffentlichen Bewußtseins beherrscht.

---

[19] Zwar kennt der Mythos als Polytheismus nicht die christliche Gnade, wohl aber kennt auch er die Anstrengung der Auslegung göttlicher Botschaften, z.B. von Orakelsprüchen, Numina und dergl. mit der Kraft des Verstandes.

d) Der existentielle Glaubenszweifel

Diesen Zweifel durchlebt nicht der, welcher dem Glauben von außen in einer Art distanzierter Skepsis gegenübersteht, sondern der, welcher den Glauben schon hatte und ihn wieder verlor, ohne dabei die religiöse Sphäre verlassen zu haben. Deswegen hat der existentielle Zweifel auch weder etwas mit jener ironisch-spöttischen oder verächtlichen Haltung des Aufklärers zu tun, die immer dem theoretischen Zweifel entspringt, noch mit jenem „fröhlichen" Nihilismus des „Nichts ist wahr, alles ist erlaubt!", der meist dieselbe Wurzel hat. Wer aus dem Glauben in den existentiellen Zweifel gestürzt ist, befindet sich auf der verzweifelten Suche nach dem, was er verloren hat. Dieser Zweifel hat ein eigentümliches Pathos, das sich in Fragen äußert wie: „Wo ist Gott geblieben?" „Warum hat er mich verlassen?" „Warum hat er sich von mir abgewendet, so daß ich nicht mehr die Kraft habe, an ihn zu glauben?" Doch ist das Kennzeichnende solcher Fragen als eine Weise der Anfechtung dies, daß sie, scheinbar paradoxer Weise, den Glauben an die Existenz dessen voraussetzen, wonach gefragt wird. So lebt noch im tiefsten, existentiellen Gotteszweifel dunkle Gottesgewißheit.

Jesus am Ölberg – dies ist das neutestamentliche Urbild für den Zweifel, von dem hier die Rede ist, so wie die Geschichte des Thomas das neutestamentliche Urbild für den theoretischen Zweifel ist. Nirgends war Christus so sehr Mensch wie in dieser Szene, wo er zitterte und zagte (Mk 14,33), wo er sich „betrübt bis in den Tod" (Mt 26,38), von Gott verlassen fühlte, ja an seiner Sendung verzweifelte – und eben dieses Gott klagte. Hat er nicht auch in der Todesstunde geschrien: „Mein Gott, mein Gott, warum hast du mich verlassen?" (Mt 27,46) Und doch ist das nur ein Gleichnis für den existentiellen Zweifel, und kann auch nur ein Gleichnis sein: Jesus als Gottes Sohn erduldet ihn nicht im Sinne von sündiger Versuchung (Mk 14,38) und Anfechtung (Mt 26,41), vor der er die unwachsamen Jünger warnt, und seine Gottesgewißheit wird auch in seinem Gotteszweifel nicht verdunkelt, wie sein Zwiegespräch mit Gott zeigt. Aber wenn es auch nur ein Gleichnis ist – nie fühlt sich der Mensch Christus so nahe wie in dieser Szene.

Der existentielle Zweifel ist auf die religiöse Sphäre begrenzt und kommt im Bereiche des Mythos nicht vor. Zwar ist auch dort die Gottesklage möglich, wofür die griechische Tragödiendichtung zahlreiche Beispiele bietet. Aber sie geht nicht Hand in Hand mit dem Zweifel an der Götterwelt überhaupt, die ja als mythische Erfahrungswirklichkeit von ihr gar nicht berührt wird, während der existentielle Zweifel doch gerade in dem scheinbaren Paradoxon besteht, Gott gegenüber zu klagen, daß man überhaupt den Glauben an ihn verloren hat.

In christlicher Sicht zeigt sich aber gerade darin das allen aufgeführten Zweifeln Gemeinsame: Die fundamentale, in der Endlichkeit des Menschen begründete Schwäche. Es liegt in dieser Schwäche, daß er seiner subjektiven und apriorischen Bedingungen der Erfahrung niemals gewiß sein kann, so daß sie immer nur hypothetisch bleiben werden – worauf der theoretische Zweifel beruht; daß er der Gnade der Offenbarung bedarf um zu glauben – worauf der fundamentale Zweifel zurückzuführen ist; daß sein Verstehen der Offenbarung auf Grenzen stößt – worin der Auslegungszweifel wurzelt; und daß ihn schließlich die Glaubensgnade immer wieder verlassen kann – wodurch er der Anfechtung des existentiellen Glaubenszweifels verfällt.

Ein besonderer Fall des existenziellen Glaubenszweifels ist der *Konversionszweifel*. Wird die Glaubensgewißheit nicht dadurch relativiert, daß sie, wie im Falle der Konversion, durch eine andere ersetzt werden kann? Wie können wir sicher sein, daß wir uns nicht wieder getäuscht sehen? Die Antwort lautet: Einerseits wird dem Konvertiten die frühere Gewißheit, verglichen mit der neuen, als eine damals nur vermeintliche erscheinen – sonst wäre er ja nicht konvertiert –, und er wird sie als Folge jener Verdunkelung betrachten, in welcher der sündige Mensch lebt. Andererseits wird er seine neue Gewißheit göttlicher Offenbarung als Gnade verstehen, weswegen es auch keinen Sinn ergibt, nach allgemeinen Kriterien, Bestätigungen oder Beweisen dafür zu suchen, die es aus den schon angegebenen Gründen gar nicht geben kann. Stellte sich der Konvertit selbst die Frage, ob er sich nicht wieder getäuscht sehen könnte, dann würde er seine Konversion bereits wieder sprengen, sie hätte in Wahrheit also gar nicht stattgefunden. Nur ein Außenstehender könnte ihn so fragen, der sich selbst nicht der Gnade teilhaftig weiß. *So muß es ein der Natur der Sache nach dem Dasein unerforschliches Geheimnis bleiben WANN und WIE und WARUM und DASS sich überhaupt Gewißheit im Empfang der göttlichen Botschaft als Gnade ereignet.* Gnade ereignet sich – ohne wenn und aber.

3. Der Unterschied zwischen dem Logos der Metaphysik und dem Logos der Offenbarung

Wir müssen jetzt tiefer auf die nicht-ontologische Verfassung des christlichen Glaubens eingehen. Es empfiehlt sich jedoch, dabei zunächst noch einmal das ontologische Denken aus einer etwas anderen Sicht als bisher darzustellen, und sich dabei seines klassischen Beispiels, nämlich der griechischen Philosophie zu bedienen.

In ihr trat zunächst die Forderung in Erscheinung, für alles einen Logos, nämlich einen Beweis, eine Begründung und vernünftige Erklärung zu finden. Diese Forderung gipfelte in der von Aristoteles zuerst als *Metaphysik* bezeichneten Ontologie. Denn mit ihr ging es nicht mehr darum, dieses oder jenes einer solchen Begründung oder Erklärung zuzuführen, sondern mit ihr ging es darum, das Seiende im Ganzen und den Weltgrund, dem alles entspringt, als ein der autonomen Vernunft des Menschen einsichtiges und damit in sich folgerichtiges System zu begreifen. Subjekt und Objekt sind hier scharf voneinander geschieden: Der Logos der Metaphysik betrifft die Beziehung des Seienden im Ganzen (Objekt) zum menschlichen Denken als Vernunft (Subjekt).

In subjektiver Hinsicht bedeutet das, daß er in der Form der Theorie auftritt: Von allgemeinsten, ontologischen Grundsätzen ausgehend, die in unmittelbarer Evidenz zu erfassen sind, geht er zu Theoremen, Folgerungen und Deduktionsketten über. Das Element, in dem er sich so äußert, ist daher schon vom Ursprung her ausschließlich Geschriebenes als ein vom Philosophen erarbeitetes Werk. Ob er sich vielleicht dabei als vom Göttlichen erleuchtet betrachtet, wie es schon bei Aristoteles und vielen anderen Philosophen nach ihm der Fall war, ist von sekundärer Bedeutung, denn unmittelbar beruft er sich nur auf die Einsichtigkeit der menschlichen Vernunft, nicht auf eine göttliche Offenbarung. In diesem Sinne ist es auch gemeint, wenn Paulus, die griechischen Philosophen im Visier, von der „Weisheit der Weisen" (*Sophía tón sophón*) und vom „Verstand der Verständigen" spricht, den er verwirft. (1Kor 1, 19)

Im Gegensatz zum Logos der Metaphysik tritt im Logos des christlichen Glaubens nicht die Beziehung des Seienden (Objekt) auf das menschliche Denken (Subjekt) in Erscheinung, sondern die Beziehung des Seienden auf Gott. Dieser Logos liegt nicht in dem das Sein bestimmenden Denken des Menschen, sondern in dem *das Sein bestimmenden Wort Gottes*. Hier gibt es daher auch nicht den für den Logos der Metaphysik kennzeichnenden Unterschied zwischen einer objektiven und subjektiven Seite. Denn Gott steht nicht wie der Mensch vor der Aufgabe, eine schon gegebene, geschaffene Welt „auf den Begriff zu bringen", sondern durch Gottes Wort selbst wird ja alles, was ist, geschaffen. Und daher ist der *Ursprung* des christlichen Logos auch nicht wie derjenige des metaphysischen Logos Geschriebenes, sondern das *gesprochene Wort*, mag es auch später aufgeschrieben worden sein. Indem Gottes Wort zugleich Gottes Tat und Gottes Wirken ist, schafft er, indem er spricht und erfüllt damit die Welt mit Licht, mit Leben und mit seiner Liebe.

„Gott sprach: Es werde Licht. Und es ward Licht." (Gen 1,3) „Denn wenn er spricht, so geschieht's; wenn er gebietet, so steht's da." (Ps 33,9) „Also soll das Wort, so aus meinem Munde gehet, auch sein. Es soll nicht wieder zu mir leer kommen; sondern tun, das mir gefällt, und soll ihm gelingen, dazu ich es sende." (Jes 55,11) „Ist mein Wort nicht wie ein Feuer, spricht der Herr, und wie ein Hammer, der Felsen zerschmeißt?" (Jer 23,29) „Denn Gott, der sprach: Licht soll aus der Finsternis hervorleuchten, der hat einen hellen Schein in unsre Herzen gegeben, daß durch uns entstünde die Erleuchtung und Erkenntnis (*photismón tés gnóseos*) der Herrlichkeit Gottes in dem Angesicht Jesu Christi." (2Kor 4,6)

Zum christlichen Logos gehört also nicht nur die Erschaffung der Welt und die Vollstreckung des göttlichen Willens[20], sondern auch die von Gott bewirkte Heilsgeschichte in der Erscheinung Christi und des Kreuzes. So spricht Paulus kurz und bündig vom Logos des Kreuzes (1Kor 1,18), vom Logos der Versöhnung (2Kor 5,19) und vom Logos des Lebens (Phil 2,16). Wie eine Zusammenfassung von all dem heißt es im 1. Kapitel des Johannesevangeliums: „Im An-

---

[20] Mt 15,6 und Mk 7,13 nennt Jesus, Röm 13,9 aber auch Paulus die Zehn Gebote „logos", die ja Dekrete des göttlichen Willens sind.

fang war der Logos, und der Logos war bei Gott, und Gott war der Logos. (1) Alle Dinge sind durch den Logos gemacht, und ohne ihn ist nichts gemacht, was gemacht ist. (3) In ihm war das Leben, und das Leben war das Licht der Menschen. (4) Und der Logos ward Fleisch und wohnte unter uns, und wir sahen seine Herrlichkeit, eine Herrlichkeit als des eingeborenen Sohnes vom Vater, voller Gnade und Wahrheit. (14)"[21]

Es paßt in dieses christliche Verständnis des Wortes Logos, daß es im Neuen Testament zunächst und ganz allgemein etwas Geredetes bedeutet. (Mt 8,8; 15,23; Lk 7,7; 4,32) In ähnlicher Weise wurde es aber schon in der Zeit des Mythos gebraucht. So spricht z.B. Homer von Logoi, wo zu Herzen gehende, tröstende oder überredende, also gerade nicht „theoretische Reden" gehalten werden. (Il. 15,393, Od. 1,56) Und so unterscheidet Paulus ausdrücklich das Geschriebene vom Logos als dem gesprochenen Wort. (2Kor 10,10)

Diese allgemeine, neutestamentliche Beziehung zum mythischen Wortgebrauch ist keineswegs zufällig. Mythisch hat ja das gesprochene Wort keine bloße Darstellungsfunktion, sondern in ihm ist die Wirklichkeit des Gesagten selbst anwesend und durchdringt mit ihrer Kraft die Seele des Hörenden. Dies tritt zwar im kultischen Bereich in besonderer Weise in Erscheinung, gilt aber selbst für das alltägliche Leben, das ja einst weitgehend durch den Mythos bestimmt war. So wird durch die Anrufung des Gottes mit seinem Namen und im Gebet zu ihm dessen Anwesenheit gleichsam herbeigeschworen; in der Rezitation der Mythen wird das Vergangene zu gegenwärtiger Wirklichkeit; im Schwur, im Fluch wird das eigene Leben in die Waagschale geworfen usw. Es ist diese mythische Vorstellungswelt, diese Einheit von Wort und Wirklichkeit, die auch im Alten und Neuen Testament wirksam ist und daher in der christlichen Offenbarung wie selbstverständlich in Erscheinung tritt.[22]

Vom Logos Gottes als Schöpfer der Welt und ihrer Heilsgeschichte ist schon gesprochen worden. Die Spuren dieses Logos lassen sich aber ebenso in den Worten Jesu nachweisen, des Sohnes Gottes.[23] Niemals hat er etwas geschrieben, sein Mittel ist allein die Rede, und zwar eine Rede besonderer Art. Betrachten wir ein Beispiel aus Mt 7,24–29, wo es heißt: „(…) wer diese meine Logoi hört und tut sie, der gleicht dem klugen Mann, der sein Haus auf Fels baute. Als nun ein Platzregen fiel und die Wasser kamen und die Winde wehten und stießen an das Haus, fiel es doch nicht ein; denn es war auf Fels gegründet. Und wer diese meine Logoi hört und tut sie nicht, der gleicht einem törichten Mann, der sein Haus auf Sand baute. Als nun ein Platzregen fiel und die Wasser kamen und die Winde wehten und stießen an das Haus, da fiel es ein, und sein Fall war groß. Und es begab sich, als Jesus diese Logoi vollendet hatte, daß sich das Volk entsetzte über seine Lehre; denn er lehrte sie mit Vollmacht (exusía) und nicht wie die Schriftgelehrten."

---

[21] Dieses Zitat wird in späteren Kapiteln ausführlich interpretiert werden.
[22] Vgl. K. Hübner, Die Wahrheit des Mythos, a.a.O., Kap.V, 2.5.
[23] Vgl. hierzu J. Becker, Jesus von Nazareth, Berlin 1996, 4.3.1.

Dieses Beispiel kann man verallgemeinern: Es sind keine abstrakten und theoretischen Sätze, in denen die „Lehre" Jesu vorgetragen wird, sondern es sind Bilder: „Das habe ich euch in Bildern gesagt," betont er auch ausdrücklich in Joh 16, 25. Und diese Bilder werden wieder an anderen Stellen ein „Gleichnis" (Parabolé) genannt. Aber was bedeutet hier „Gleichnis"? Man darf es nicht im Sinne der Allegorie verstehen, bei der es sich um eine erdachte Geschichte als mehr oder weniger verhüllte Illustration oder Veranschaulichung von etwas ganz anderem (állo) handelt, das selbst in abstrakten Allgemeinbegriffen gedacht wird – in dem Sinne wie wir sagen, dies *be-deutet* das und das.[24] Jesu Gleichnisse sind dagegen keine erdachten Geschichten, die mit einem bestimmten Begriff entschlüsselt werden müssen, sondern sie sind selbst schwer von Bildern des *Lebens,* in denen zugleich die existentielle Beziehung zu Gott *gegenwärtig* wird.

Das läßt sich nicht nur an dem gegebenen Beispiel erkennen, sondern auch an vielen anderen der Evangelien: Da ist die Rede von der wachsamen Sorge um die lebenswichtige Behausung, worin wir die Wachsamkeit vor dem jüngsten Gericht erfassen (Mt 24,42–44), von der Liebe der Eltern zu ihren Kindern, in der sich die Liebe Gottes zu den Menschen spiegelt (Mt 7, 9–11), von der Freude über das wiedergefundene Schaf, die uns über den verlorenen, nun aber reuigen, wiedergefundenen Sünder ergreift (Lk 15,7–10), oder vom Mitleid des Samariters als Bild göttlicher Barmherzigkeit (Lk 10, 30–37). In allen diesen Fällen werden einerseits Urbilder existentieller Gestimmtheitserfahrungen des Menschen *ver-gegenwärtigt*, wie wachsame Daseinssorge, hingebende Menschenliebe, die Freude des Wiederfindens von etwas scheinbar unwiederbringlich Verlorenem und menschliches Mitleid; aber diese Vergegenwärtigung führt zugleich im Hörer diejenige seiner Beziehung auf Gott *mit sich*: Alle Sorge in der Welt wird ihm zur wachsamen Sorge um unser Seelenheil, die Liebe der Eltern zu ihren Kindern sieht er in der Liebe Gottes wurzeln, alle irdische Freude des Wiederfindens mißt er an der Freude um den zu Gott zurückgekehrten Sünder, und es ist Gottes Barmherzigkeit, die aus der Seele des Sama-

---

[24] Das klassische Beispiel hierfür findet man in den Fabeln La Fontaines. Sie bestehen aus kurzen, fiktiven Geschichten, oft aus dem Tierreich, mit allegorischer Bedeutung. So steht der Fuchs für Schlauheit, die Ameise für Fleiß, der Löwe für Herrschaft usw. Der Fabel entspricht ein allgemeiner, moralischer oder gesellschaftskritischer Lehrsatz: fabula docet. Bezeichnender Weise zählte man in der Antike die Fabel zur Rhetorik (Aristoteles, Quintilian), doch hat ihr La Fontaine eine künstlerische Form gegeben. Hier eine Kostprobe davon, die zugleich den gezeigten Gegensatz zu Jesu Gleichnissen deutlich werden läßt: *Der Rabe und der Fuchs.* Im Schnabel einen Käse haltend, hockt/ Auf einem Baumast Meister Rabe./Von dieses Käses Duft herbeigelockt,/ Spricht Meister Fuchs, der schlaue Knabe:/ „Ah! Herr von Rabe, guten Tag!/ Wie nett ihr seid und von wie feinem Schlag!/Entspricht dem glänzenden Gefieder/Nun auch der Wohlklang Eurer Lieder,/ Dann seid der Phönix ihr in diesem Waldrevier."/Dem Raben hüpft das Herz vor Lust. Der Stimme Zier/ Zu künden, tut mit stolzem Sinn/Er weit den Schnabel auf; da – fällt der Käse hin./ Der Fuchs nimmt ihn und spricht: „Mein Freundchen,/ Ein jeder Schmeichler mästet sich (denkt an mich!)/Vom Fette des, der willig auf ihn hört./ Die Lehr ist zweifellos wohl! – einen Käse wert."/ Der Rabe, scham- und reuevoll, /Schwört – etwas spät, – daß niemand ihn mehr fangen soll. (In: J. La Fontaines sämtliche Fabeln, übersetzt von E. Dohm und G. Fabricius, München 1995).

riters leuchtet. Das gehörte Wort *erweckt* im Hörer solche Gotteskindschaft und ruft damit die Wirklichkeit des Gesagten im Hörer hervor.

Ein anderes Urbild des Lebens, wenn auch nicht im Sinne einer Gestimmtheitserfahrung, finden wir im Gleichnis vom Sämann (Mk 4, 3–9). Seine Saat wird teils von den Vögeln gefressen, teils fällt sie auf ungeeigneten Boden und verdorrt, teils auf gutes Land und bringt vielfältige Frucht. Aber auch hier wird in einer fundamentalen Lebenswirklichkeit, diesmal des Ackerbaus, Gott, nämlich als der Schöpfer, faßbar, der ebenso das Schicksal der Samen auf dem Felde wie dasjenige der Menschen in Händen hält. Andererseits gibt es Grenzfälle, wo die Wirklichkeit des Lebensbildes mit der Wirklichkeit des Erlösers vollkommen verschmilzt. So sagt Jesus in Joh 10, 11: „Ich bin der gute Hirte. Der gute Hirte läßt sein Leben für die Schafe", und in Joh 15 lesen wir: „Ich bin der Weinstock und mein Vater der Weingärtner. (1) Eine jede Rebe an mir, die keine Frucht bringt, wird er wegnehmen; und eine jede, die Frucht bringt, wird er reinigen, daß sie mehr Frucht bringe. (2) (…) Wie die Rebe keine Frucht bringen kann aus sich selbst, wenn sie nicht am Weinstock bleibt, so auch ihr nicht, wenn ihr nicht in mir bleibt. (4) Ich bin der Weinstock, ihr seid die Reben. Wer in mir bleibt und ich in ihm, der bringt viel Frucht; denn ohne mich könnt ihr nichts tun. (5)" In beiden Fällen sagt Jesus „Ich bin" – er *ist* das, womit er sich vergleicht. Es ist *dieselbe* göttliche Kraft, die ebenso im guten Hirten wie im fruchtbringenden Weinstock wirkt, und deshalb kann sie sich in einer göttlichen Person, in Jesus Christus personifizieren.

Die Weise des christlich verstandenen Logos in Jesu Worten liegt also darin, daß er durch sie göttliche Wirklichkeit *innerhalb* unmittelbar faßbarer, existentiell-menschlicher Wirklichkeiten offenbart; und zwar nicht so, daß er *über sie* in Form einer theoretischen Beschreibung oder Erklärung spricht (oder gar schreibt), sondern so, daß er diese Wirklichkeiten selbst im Hörenden unmittelbar *wachruft* und entstehen läßt, womit sie im gesprochenen Wort eine mythische Anwesenheit und Gegenwart gewinnen, an welcher der Hörende teilhat, weil er sich hiervon durchdrungen fühlt. Auch hier ist also im Sinne des christlichen Logos das Wort zugleich die Wirklichkeit, die es meint, ist es Schöpfung von Wirklichkeit und nicht deren wie auch immer zu verstehende „Abbildung" oder eine „Übereinstimmung mit ihr", wie es der metaphysische Logos in seiner Scheidung von gegebenem Objekt und es beschreibendem, erklärendem Subjekt auffaßt. Nur so kann man nun auch die bereits zitierte Stelle Mt 7, 27 f. verstehen, wo es heißt: „Und es begab sich, als Jesus diese Logoi vollendet hatte, daß sich das Volk entsetzte über seine Lehre; denn er lehrte sie mit Vollmacht und nicht wie die Schriftgelehrten". Die deutsche Übersetzung kommt hier dem griechischen Urtext viel näher als die Vulgata, die von admirabantur spricht, was so viel wie staunten, wunderten sich bedeutet, während im griechischen *exepléssanto* außer dem Entsetzen auch das Erschrecken, das Erschüttertsein mitschwingt, also jene Gestimmtheiten, welche die Erfahrung des Numinosen als majestas und tremendum begleiten. Der *Leser* kann dies freilich nur noch schwer nachvollziehen. Das Bild, durch das der sorglich sein Haus auf Fels

Bauende mit jenem Fels verbunden wird, der Jesus selbst ist, mag ihm kühn erscheinen, die Erschütterung aber, welche die lauschende Menge ergriff, wird er kaum an sich selbst erfahren. Nur diejenigen, welche die *gesprochene Rede Jesu* hörten, nur die Hörenden konnten auf solche Weise mythisch von seiner Stimme, vom Logos seines gesprochenen Wortes so durchdrungen und erfüllt sein, daß in ihnen selbst die wachsame Daseinssorge erweckt und mit der bangen Sorge um ihr Seelenheil unmittelbar verknüpft wurde.

Die mythische Verfassung der christlichen Logos-Vorstellung zeigt sich aber noch auf eine andere, bisher noch nicht angesprochene Weise. Dieser Logos ist ja vollständig personalisiert: Es ist der eine, persönliche Gott, dessen Kraft in der ganzen Schöpfung und Heilsgeschichte wirkt, und es ist sein Sohn, der in der Welt Fleisch geworden ist und alle vom Fluche der Erbsünde befreit hat (was immer sie für einen Gebrauch davon machen mögen). Indem aber so die göttlichen Personen als Individuen überall substantiell anwesend sind, wirken sie zugleich in allem, und alles ist in ihnen. Ich zitiere noch einmal Joh 15, 4f. „Bleibt in mir und ich in euch (…) Ich bin der Weinstock, ihr seid die Reben. Wer in mir bleibt, und ich in ihm, der bringt viel Frucht (…)". Es besteht demnach in dieser *strukturellen Hinsicht* kein Unterschied zwischen den Göttern des Mythos und dem einen christlichen Gott mit seinem Sohn. Daß die Personifikation mythischer Götter einer vergleichsweise nur begrenzten Wirklichkeit in der Natur und Menschenwelt entspricht, während die christlichen Gott-Personen für die gesamte Natur und Menschenwelt eine bestimmende Bedeutung haben, ist dagegen *inhaltlicher Art* und hat mit der Struktur als mythischer Einheit von Allgemeinem und Besonderem nichts zu tun.

In diesem Zusammenhang sei aber noch einmal auf jene schon erwähnten „Logoi" Jesu verwiesen, bei denen es sich, anders als in dem zuletzt aufgeführten Beispiel von Joh 15,4f., um erzählte Geschichten handelt. Am Anfang dieser Geschichten tritt ja zunächst immer die *Substantialität Adams* in Erscheinung, sofern sie von den durch ihn bestimmten Verhältnissen der Welt und des Daseins handeln, während sie immer damit enden, daß diese Substantialität durch jene andere aufgehoben wird, die in der Gegenwärtigkeit Gottes und des Erlösers besteht. Auch hier also sehen wir das Mythische wirksam: Denn sofern alle diese besonderen Lebenssituationen in der Spannung zwischen Adam und Christus erscheinen, zeigen sie sich im Lichte ebenso allgemein wie in dieser besonderen Situationen wirksamer, numinoser Personen und Kräfte.

Überhaupt wird das mythische Gefüge des christlichen Logos auch daran erkennbar, daß alles, was er enthält, auf *Erzählungen* beruht und daß er somit grundsätzlich *narrativer Natur* ist. Hier ist nicht metaphysisch die Rede von einer bestehenden Wirklichkeit oder Weltordnung mit ihren sie allgemein beherrschenden Gesetzen physischer oder geistiger Art, sie seien ontologisch oder empirisch[25]; sondern wie im Mythos Göttergeschichten als wirklichkeitsbe-

---

[25] Ich erinnere in diesem Zusammenhang zum Kontrast an den metaphysischen Logos der Stoa, für die das Weltganze, also nicht nur die Natur, sondern auch die Vernunft, von einem

stimmend erzählt werden (die Wiederkehr der Proserpina als Beginn des Frühlings), so hier die Geschichte von der Schaffung der Welt durch Gott, die Geschichte von ihrer Verderbnis durch Adam und von ihrer Erlösung durch Gottes Sohn; und wie sich mythisch die numinosen Ereignisse in mannigfaltigen Einzelerscheinungen widerspiegeln und wiederholen, so widerspiegelt und wiederholt sich die Schöpfung in den sieben Tagen der Woche und in der steten Erneuerung der Natur[26], Adams Fall aber und die Erlösung durch Christus in jedem Menschen (vgl. III. Kapitel, A und B.) Es ist dieses durchgehend in singulären Geschichten sich vollziehende, mythische Denken im Logos der christlichen Botschaft, das wir, wie gezeigt, auch in den Gleichnissen Jesu wirksam sehen.

Der Logos in Gottes und Jesu ungeschriebenem, gesprochenem Wort – darauf also beruft sich der Glaube, das ist sein Ursprung und seine Grundlage. Deswegen sagt Jesus von denen, die nicht glauben: „Ihr habt niemals seine Stimme gehört, noch seine Gestalt gesehen, und sein Wort habt ihr nicht in euch wohnen." (Joh 5, 37f.) Moses aber und die Propheten hörten es, wie es im AT geschrieben steht; die Apostel hörten es, Paulus hörte es durch sie und auf seiner Reise nach Damaskus, aber von ihnen hörten es wiederum jene, welche die Evangelien schrieben. Sie alle reden „von Gott her", (*ek theú*, 2Kor 2,17), sie alle berufen sich auf Gottes gesprochenes Wort und nicht auf die, christlich gesprochen, selbstherrliche Vernunft der Philosophen. Deswegen sagt Paulus: „Denn Christus hat mich gesandt (...) das Evangelium zu predigen – nicht mit klugen Worten (*en sophía lógu*), damit nicht das Kreuz Christi zunichte werde. Denn das Wort vom Kreuz ist eine Torheit denen, die verloren werden; uns aber, die wir selig werden, ist's eine Gotteskraft. Denn es steht geschrieben: ‚Ich will zunichte machen die Weisheit der Weisen (*sophían tón sophón*) und den Verstand der Verständigen (*sýnesin tón synetón*) will ich verwerfen.' (Jes 29,14.) Wo sind die Klugen? Wo sind die Schriftgelehrten? Wo sind die Weisen dieser Welt? (Nämlich die Philosophen). Hat nicht Gott die Weisheit der Welt zur Torheit gemacht?" (1Kor 1,17–20) Mögen auch die Juden „Zeichen fordern", die Griechen „nach Weisheit" fragen, beide also nach „Beweisen", nach menschlicher Legitimation in Praxis und Theorie; er, Paulus, predigt „den gekreuzigten Christus, den Juden ein Ärgernis und den Griechen eine Torheit". (22) Und noch einmal heißt es 1Kor 2,5: Der Glaube stehe „nicht auf Menschenweisheit, sondern auf Gottes Kraft".

Nun hat die vorangegangene Explikation des christlichen Logos nicht nur noch viel deutlicher und ausführlicher als es bisher hier der Fall war bestätigt, daß und weshalb diesem eine nichtontologische Wirklichkeitsauffassung zugrunde liegt, sondern sie ließ uns nun auch tiefer als bisher verstehen, was

---

allgemeinen, physischen Gesetz durchwaltet wird, das seinen Ursprung im Feuer habe. Daß auch in diesen Vorstellungen noch mythische Spuren zu finden sind, steht auf einem andern Blatt und kann hier nicht weiter vertieft werden.

[26] Hierauf werden spätere Kapitel ausführlich eingehen.

numinose Erfahrung bedeutet: Wo das Wort mit absoluter Autorität im Menschen wirkt, ihn durchdringt und von göttlicher Substantialität erfüllt, so daß dabei die metaphysisch-ontologische Distanz zwischen subjektiven Erkenntnisbedingungen und objektiven Gegebenheiten verschwindet, da verliert auch die quaestio juris, also die für die Metaphysik so entscheidende Frage nach Begründung und Rechtfertigung ihren Sinn, die Frage nämlich, ob das Subjekt in seinem Denken der Wirklichkeit „entspricht" oder mit ihr „übereinstimmt". So ist in der Tat die Offenbarung für den Menschen, als numinose, eine *absolute Erfahrung*. Im Lichte des christlichen Logos kann also Erkenntnis von Gottes Wort nur *reine Empfängnis* sein. In ihr wird das Objekt dem Menschen nicht durch das Zusammenspiel von empirischer Gegebenheit und apriorischer Voraussetzung erkennbar, sondern es erscheint ihm unvermittelt und von allen solchen hypothetischen Subjektivitäten frei. Ja, selbst das Hören verliert in dem Augenblick seine im biologischen und anthropologischen Zusammenhang der allgemeinen Sinneswahrnehmungen gegebene Relativität und Bedingtheit, wo sich Gott personalisiert und als Person zum Menschen spricht. Und das Entsprechende gilt, wenn er ihm, in welcher Form auch immer, leiblich erscheint (Epiphanie).

Deswegen kann Jesus sagen: „Ich bin der Weg und die Wahrheit und das Leben." (Joh 14,6) Nicht der Mensch sucht seinen Weg, sondern Gott selbst weist ihn; und Jesus ist die geoffenbarte Wahrheit selbst, es gibt nichts hinter, neben oder vor ihr, nichts sie Bedingendes; diese aber, als diejenige Gottes, ist zugleich die Wurzel allen Lebens, sie ist das göttliche Leben selbst. In diesem Zusammenhang tritt nun auch, neben dem Hören und dem Wort, die Rolle des Sichtbaren im Rahmen der Offenbarung hervor, ihre epiphantische Seite. „Wer mich sieht," sagt Jesus, „der sieht den Vater." (Joh 14,9.), und im 2Kor 4,6 heißt es: „Denn Gott, der sprach: Licht soll aus der Finsternis hervorleuchten, der hat einen hellen Schein in unsere Herzen gegeben, daß durch uns entstünde die Erleuchtung zur Erkenntnis der Herrlichkeit Gottes in dem Angesicht Jesu Christi." In und durch Christus also sehen wir das Angesicht Gottes, und es ist ja gerade dies von entscheidender Bedeutung, daß Gott in Jesus sichtbare Menschengestalt annahm. Dennoch: Der Logos der Offenbarung liegt primär im Wort, denn die Epiphanie, so unerläßlich sie den Logos anschaulich stützt, ist doch nur durch ihn das, was sie ist, nämlich Gotteserkenntnis. Epiphanie ist eine sinnliche Erscheinung und bleibt als solche unverstanden, wenn wir nicht das Wort hören, das sie uns vermittelt. Bei einem mythischen Gott die Erzählung, die sich um ihn rankt, bei Gott und seinem Sohn die Verkündigung, wer jener und wer dieser ist.

Noch einmal sei aber daran erinnert, daß die absolute Erfahrung, von der hier die Rede ist, in keinem Widerspruch zu den im Umkreis des Religiösen überhaupt möglichen Zweifeln steht. Nicht zum theoretischen, weil er hier gar nicht zuständig ist; nicht zum fundamentalen, weil er nur im Vorfeld der absoluten Erfahrung auftritt; nicht zum Auslegungszweifel und nicht zum existentiellen Zweifel, weil beide nur in der menschlichen Schwäche wurzeln, von dieser Erfahrung vollkommen durchdrungen zu werden oder für immer in ihrem Zustand, der ja zugleich derjenige der absoluten Erleuchtung ist, zu verharren. Denn der Glaube kann sich nur als Gnade ereignen, die Gnade aber ist, als solche, kein verfügbares Gut.

Eine weitere Vertiefung der vorangegangenen Kapitel durch das vorliegende liegt darin, daß nun in vollkommener Klarheit deutlich geworden sein dürfte, was unter der im Zweiten Toleranzprinzip angesprochenen begriffswissenschaftlichen Transformation einer nichtontologischen Wirklichkeitsauffassung in eine Ontologie zu verstehen ist. Kann doch die nichtontologische Verfassung des christlichen Logos nur dadurch erkennbar werden, daß, wie es soeben geschehen ist, metatheoretisch *über ihn* gesprochen wird. Von der Einheit des Allgemeinen und Besonderen, von Subjekt und Objekt usw. kann man ja nur reden, wenn man auch deren mögliche Unterscheidung kennt, und indem man beides miteinander vergleicht, denkt man notgedrungen auch diese Einheit – wie diese Unterscheidung – in Allgemeinbegriffen. Objektsprachlich betrachtet dagegen, also im Rahmen des christlichen Logos selbst, kann man solches nicht einmal denken, und es bedurfte der historischen Entstehung der griechischen Philosophie, es überhaupt denkbar werden zu lassen. Doch können wir dieses Kapitel nicht schließen, ohne auf die große und erstaunliche Ausnahme in dieser Philosophie hinzuweisen. Ich meine Heraklit.

Rein formal betrachtet, kommt er unter allen Griechen dem, was christlich unter Logos zu verstehen ist, am nächsten. Dies zeigt sich bereits an dem grundlegenden Fragment B1: „Im Hinblick auf den Logos, der ewig ist," heißt es dort, „verhalten sich die Menschen verständnislos, sowohl vor dem Hören wie nach dem Hören. Denn obgleich alles nach diesem Logos geschieht, so erscheinen sie doch als Unkundige, wenn sie sich versuchen an solchen Reden und Werken, wie ich sie darlege, jegliches nach seiner Natur unterscheidend und erklärend, wie es sich verhält." Auch hier also ist der Logos das göttliche (ewige) Wort, das die Welt regiert, aber nicht von allen verstanden wird, obgleich es ihnen der Priester-Philosoph durch seine Reden und Werke verkündet. Dieser Logos ist zugleich das Eine, das Weltgesetz: „Wenn sie (...) auf den Logos hören, so werden sie darin übereinstimmen, daß das Geistige (*sophón*) von allem eines ist." (B 50) Aber: „Dieses allein Geistige will und will nicht mit dem Namen des Zeus genannt werden." (B 32) Es ist also zwar der eine, höchste Gott, aber nicht derjenige des Mythos. Der Logos des einen Gottes ist das in allem, vornehmlich in seinem prophetischen Verkünder wirkende Wort, selbst in den es Hörenden und doch nicht Verstehenden, so daß Heraklit zusamenfassend sagt: „Aber das Meiste des Göttlichen wird nicht erkannt des Unglaubens wegen." (B 86.) Dies alles findet man auch im christlichen Logos. Es ist aber der *Inhalt*, in dem sich Heraklits Logos vom christlichen unterscheidet. Zwar ist das Substantielle des Feuers, in dem Heraklits Logos sichtbar in Erscheinung tritt, nicht mit dem physischen Element zu verwechseln, denn dieses Substantielle ist nichts anderes als der Geist des einen Gottes: das Weltgesetz als die Einheit der Gegensätze, die nur im Feuer am unmittelbarsten erfaßt wird. Aber mit der christlichen Botschaft hat das selbstverständlich nichts mehr gemein.- So ist Heraklit der einzige unter den griechischen Philosophen, für den der Logos nicht ein durch menschliches Denken hervorgebrachtes, ontologisches oder methodisches Prinzip ist, sondern das allmächtige Wirk-Wort des einen Gottes, das aus seinem Propheten-Philosophen spricht. Und wie im christlichen Logos zeigt sich dies auch in der Weise seiner verrätselten Gleichnisse und seines Verkündungstones, der so gar nichts von einem philosophischen Traktat an sich hat. Hier lebt noch der Geist des Mythos mächtig fort, dem ja der über alles entscheidende Götterspruch vertraut war. Diese Nähe zum Mythos ist zwar auch bei den anderen sog. Vorsokratikern deutlich spürbar, aber nirgends wie bei Heraklit ist dies so ausdrücklich gerade in Beziehung auf den Logos-Begriff der Fall, jenes Begriffes also, in dem sich später Metaphysik und Christentum tiefgreifend scheiden sollten. Ob und auf welchen Umwegen Heraklit vielleicht in diesem auf die Terminologie des NTs gewirkt hat, liegt aber weitgehend im Dunkeln.[27]

---

[27] Aus der hierzu zahlreichen Literatur, auf die ich hier nicht näher eingehen kann, sei im gegebenen Zusammenhang hervorgehoben: B. JENDORFF, Der Logosbegriff. Seine philosophische Grundlegung bei Heraklit von Ephesos und seine theologische Indienstnahme durch Johannes den Evangelisten, 1975 (EHS, Phil 19).

II. Kapitel
Die Schöpfung

1. Der christliche Monotheismus

Den Monotheismus, von dem hier die Rede ist, darf man nicht abstrakt verstehen, etwa in dem Sinne, daß darin so etwas wie die Logik des Einheitlichen, der Reduktion auf eine letzte, absolute Instanz zum Ausdruck käme. (Entia non sunt multiplicanda praeter necessitatem.)[1] Dieser Monotheismus ist vielmehr nur aus dem Zusammenhang mit dem Propheten Johannes und der Botschaft durch Gottes Sohn verständlich. Nicht logische Überlegung, sondern die Verkündigung durch das *Wort*, also den *Logos der Offenbarung*, wie er im vorangegangenen Kapitel erörtert wurde, führt zu ihm. Zwar ist seine Erkenntnis schon durch den Gott Abrahams, Mose und der alttestamentarischen Propheten vorbereitet worden, die, wie ihr hebräischer Name Nabi sagt, „Rufer" und „Berufene" waren, da sie die Stimme Gottes hörten und aus seinem Geiste redeten; auch ist er der Gott der Zehn Gebote, der Gott, der die Juden aus Ägypten führte usw.; aber erst christlich betrachtet ist er der Gott nicht nur der Juden, sondern der Menschheit, ist er der Gott, der durch seinen Sohn die Menschheit von der Erbsünde erlöste und durch ihn am Ende Gericht halten wird über die Guten und Bösen. Diese totale Vollmacht kann nur *einer* besitzen. Der Monotheismus als *christlicher* ergibt sich also nicht aus der Logik der Vereinheitlichung als ein Prinzip der Vernunft, sondern ist zugleich mit der allgemeinen Erlösungsidee und der ihr korrespondierenden allgemeinen Erlösungsbedürftigkeit unauflöslich verbunden. Was das alles, was der Inhalt der christlichen Botschaft insgesamt bedeutet, wie in seinem Zusammenhang die einzelnen Prädikate Gottes (Allmacht, Allgüte) zu verstehen sind, wird erst in den folgenden Kapiteln verdeutlicht werden. Die christliche Botschaft ist ein Ganzes, das sich nicht axiomatisch aufbauen läßt, weil in ihr jeder Teil bereits das Ganze einschließt. Doch kann ihre Kenntnis so weit vorausgesetzt werden, daß die vorangegangenen Hinweise genügen mögen, um den christlichen Monotheismus als durch den Logos der Offenbarung, nicht durch Logik gegeben zu erfassen.

Wir müssen uns aber auch fragen, ob die Logik der Vereinheitlichung wirklich ein Prinzip der Vernunft ist, sozusagen eine Leitregel, von der man nur gezwungenermaßen abweichen darf. Daß es sich hier um eine solche Leitregel

---
[1] Seiendes darf nicht ohne Notwendigkeit vervielfältigt werden. W. v. OCKHAM.

handelt, ist heute auch in der Wissenschaft weitverbreitet, wo sie meist unter dem Schlagwort „Reduktionismus" Verwendung findet. Ich kann hierauf und auf die heute darum entbrannte Debatte nicht näher eingehen, doch möge der folgende Hinweis genügen. Wenn es sich um ein Prinzip der Vernunft handelte, die doch allen Menschen eigen sein müßte, dann wäre es unverständlich, daß sich die Menschen im mythischen Zeitalter offenbar daran nicht gehalten haben. Denn der Mythos ist *polytheistisch*. Sollte man aber meinen, die Menschen seien eben erst allmählich zur Vernunft gekommen, so verweise ich auf den vorangegangenen Abschnitt „Grundlegende Betrachtungen", Kapitel 1, in dem ja gezeigt wurde, daß mythisches Denken prinzipiell eine legitime Form der Wirklichkeitsbetrachtung ist. Der christliche Monotheismus hat also nicht etwa schon deswegen die Vernunft auf seiner Seite, weil er ein Monotheismus ist.

Es ist jedoch nicht möglich, im christlichen Monotheismus einfach einen Gegensatz zum mythischen Polytheismus zu sehen. Der Mythos kündet zwar von mehreren Göttern, doch ist ihm der Gedanke nicht fremd, daß einer von ihnen als der höchste über alle anderen herrscht (z.B. Zeus); und ist denn nicht auch der christliche Gott von himmlischen Heerscharen umgeben? Leugnet denn das Christentum, daß die Welt, in der wir leben, von kleinen und großen Göttern, von Dämonen, guten und bösen Engeln behaust ist, sie alle aber unter dem einen höchsten Herrscher stehen? Andererseits liegen die Unterschiede zwischen einem höchsten mythischen Gott und demjenigen des Christentums auf der Hand. Zum einen ist der mythische Gott insofern nur primus inter pares, als seine Herrschaft, anders als diejenige des christlichen Gottes, keine absolute ist und die Göttergeschichten ja oft genug von seiner Bedrohung durch andere, ja, von seinem Sturz und seiner Ablösung erzählen. (Uranos – Kronos – Zeus). Zum andern ist der höchste mythische Gott wie alle mythischen Götter Teil der Welt und hat in ihr seine Wohnstätte (Olymp), mag diese auch, wie sich noch zeigen wird, eine relative Transzendenz besitzen. Der christliche Gott hingegen ist, wie er absoluter Herrscher ist, so auch absolut jenseitig, obgleich er sich diesseitig offenbaren kann – z.B. auf dem Berge Sinai. Dann aber nimmt er wieder eine mythische Form an, denn seine Epiphanie unterscheidet sich formal nicht von derjenigen eines mythischen Gottes: Beide nehmen darin eine menschliche oder zumindest dem Menschen faßbare Gestalt an.[2]

Wenn ich vorhin sagte, daß der christliche Monotheismus nicht schon deswegen die Vernunft auf seiner Seite hat, weil er ein Monotheismus ist, so läßt sich andererseits unter Berufung auf die vorangegangenen „Grundlegenden Betrachtungen" sagen, daß es keinen vernünftigen Grund gibt, diesen Monotheismus a priori abzuweisen. Handelte es sich dabei doch notgedrungen um theoretische Argumente (theoretischer Zweifel), die sich, wie gezeigt, auf eine ganz andere Wirklichkeitsdimension beziehen als diejenige, die im Logos der

---

[2] Als Zeus Semeles Bitte erfüllte, sich ihr in seiner göttlichen, nicht vermenschlichten Gestalt zu zeigen, wurde sie sogleich durch seinen bloßen Anblick getötet.

Offenbarung in Erscheinung tritt. Theoretisch läßt sich also ebenso wenig etwas für wie gegen den christlichen Monotheismus „beweisen".

2. Der Weltschöpfer

Der christliche Monotheismus hatte zwar den jüdischen Gott in den Erlösergott für die ganze Menschheit verwandelt, aber an der alttestamentarischen Offenbarung Gottes als Schöpfer hat sich damit nichts geändert. So spricht Mk 4,6 ff. von dem Samen, den Gott aufgehen oder Frucht bringen lasse, Lk 12,22 ff. von Gott als dem Allernährer, und in der Apostelgeschichte lesen wir: „Wir (…) predigen euch das Evangelium, daß ihr euch bekehren sollt (…) zu dem lebendigen Gott, der Himmel und Erde und alles, was darin ist, gemacht hat (…) er hat sich selbst nicht unbezeugt gelassen, hat viel Gutes getan und euch vom Himmel Regen und fruchtbare Zeiten gegeben, hat euch ernährt und eure Herzen mit Freude erfüllt." (14,15–17) Aber dieser Erlösergott nährt nicht nur die Seinen und kümmert sich barmherzig um ihr natürliches Wohl, sondern straft auch die Bösen und am Ende wird er die Welt wieder untergehen lassen und sein Sohn wird zum Jüngsten Gericht rufen. Nur der Schöpfer der Welt kann auch die Gewalt haben, sie wieder aufzuheben. Christus faßt diese Botschaft gleichsam zusammen, wenn er spricht: „Ich preise dich, Vater, Herr des Himmels und der Erde." (Lk 10,21)[3]

Wenn ich mich nun der Schöpfungsgeschichte des ATs zuwende, so sei vorab bemerkt, daß es dabei darum geht, deren mythischen Sinn freizulegen, während ihre Gegenüberstellung mit der heutigen kosmologischen Physik erst in dem Abschnitt 3 dieses Kapitels erfolgen wird. Lesen wir also zunächst die ersten drei Verse: (1 Mose 1)[4]: 1. Am Anfang schuf Gott Himmel und Erde. 2. Und die Erde ward wüste und leer, und es war finster auf der Tiefe; und der Geist Gottes schwebte auf dem Wasser. 3. Und Gott sprach: Es werde Licht. Und es ward Licht.

Ich kann hier nicht auf den Streit unter den Alttestamentlern eingehen, ob diesen Versen zu entnehmen ist, daß Gott die Welt aus dem Nichts erschaffen hat oder aus dem Chaos, so daß es auch verschiedene, voneinander abweichende Übersetzungen dieses Anfangs gibt. Jedenfalls wird bereits im zweiten Vers das Chaos beschrieben: Dort ist von Wüste, Leere, Finsternis und Urflut die Rede. Unverkennbar sind darin Übereinstimmungen der Genesis mit altorientalischen, vor allem mesopotamischen und ägyptischen Weltentstehungsmythen zu erkennen. Es handelt sich hier also um eine *mythische Metaphorik*, womit das Ungestaltete, Ungeordnete und Lebensfeindliche bezeichnet wird. Auf dieselbe Art Metaphorik stoßen wir, wenn es heißt: Es werde Licht. Denn wie Wüste, Leere, Finsternis das Chaos, so bedeutet das Licht den Kosmos, also

---

[3] Zitate aus dem NT erfolgen hier in der Regel nach der Übersetzung, die von der Evangelische Kirche in Deutschland im Jahre 1984 herausgegeben wurde.
[4] Nach Luther in heutiger Rechtschreibung.

nicht etwa das Licht der Sonne, die ja erst am vierten Tag mit den anderen Gestirnen geschaffen wird. Das Licht ist hier vielmehr das Sinnbild des Gestalthaften. Erst im Lichte erhält alles Kontur und Abgrenzung, werden geordnete Beziehungen erkennbar. In diesem Sinne hat die Sonne an der mythischen Substanz des Lichtes teil, wie wir noch genauer sehen werden, nicht aber ist sie der Ausgangspunkt des Lichtes.

Die mythische Metaphorik besteht nun darin, daß mit ihr alles Materielle zugleich einen ideellen Sinn erhält, weil sie es stets in unmittelbare Beziehung zum Göttlichen und Menschlichen setzt. Wüste, Leere, Finsternis, Licht sind gewissermaßen poetische Bezeichnungen, und doch werden sie als Wirklichkeiten verstanden. Die Schöpfung wird durchgängig teleologisch gesehen, sie wird als mit numinosem Leben erfüllt verstanden und beurteilt. Was aber die Formel „Gott sprach, es werde Licht" betrifft, so hat sich im I. Kapitel, 3 gezeigt, daß sie gleichsam die *Grundformel des christlichen Logos ist*: die Schöpfung durch das göttliche Wort, wobei diejenige des Kosmos nur das Urbild der Schöpfung aller einzelnen Dinge darin ist. Dies bedarf also hier keiner weiteren Erläuterung mehr.

Weiter heißt es: 4. Und Gott sah, daß das Licht gut war. Da schied Gott das Licht von der Finsternis. 5. Und nannte das Licht Tag, und die Finsternis Nacht. Da wurde aus Abend und Morgen der erste Tag.

Wie man sieht, verschwindet das Chaos nicht, sondern bleibt als ständige Bedrohung des Kosmos und des Lebens bestehen. Warum aber wird das Licht „Tag" genannt und die Finsternis Nacht, obgleich doch die Gestirne, insbesondere die Sonne, erst einem späteren Schöpfungsakt vorbehalten sind? Auch hier ergibt sich die Anwort aus der dem Mythos eigentümlichen Denkweise: Das Licht ist die *mythische Substanz* der kosmischen Ordnung und diese als das gestalthaft Sichtbare ist in mythischer Metaphorik der Tag. Hier wird also noch deutlicher, daß, wie bereits gesagt, mythisch die Sonne an der Substanz des Lichtes teilhat und nicht umgekehrt die Quelle des Lichtes ist.

In gewissem Sinne entsprach das ursprünglicher Erfahrung. Für diese ist ja der Zusammenhang zwischen dem Licht der Sonne und der Tageshelle nicht unmittelbar erkennbar. Tageshelle tritt bereits ein, bevor die Sonne aufgegangen ist und verschwindet auch erst längere Zeit nach ihrem Untergang. Andererseits beobachtet man, daß ein Licht, z.B. eine Fackel, auch in der sie umgebenden Finsternis leuchten kann. Dieser unmittelbar sinnlichen Erfahrung zufolge trennte der Mythos die Gottheit der Morgenröte vom Sonnengott, sah man die Nacht den Tag gebären und nicht etwa die Sonne. (Man vgl. Hesiods Kosmogonie.) Spuren dieser Vorstellungen finden wir selbst noch bei Platon, nach dessen Weltschöpfungslehre der Demiurg zuerst den Himmel und dann erst die Gestirne schuf, durch die uns die Zeitmaße gesetzt werden.[5] Wollte man dem Mythos eben diese Berufung auf die unmittelbar sinnliche Erfahrung vorwerfen und ihm das heutige Wissen um die physikalischen Zusammenhänge

---

[5] Timaios, 37 d, e; 38c.

von Morgenröte, Sonne, Licht, Tag und Nacht vorhalten, so folgte bereits aus dem I. Kapitel, daß man sich dabei auf einen ganz anderen Wirklichkeitsaspekt im Rahmen einer ganz anders interpretierten Erfahrung stützte, als es derjenige ist, den der Mythos im Auge hat. Damit verstieße man aber gegen die Toleranzprinzipien der Allgemeinen Metatheorie.[6]

Sind nun im Gegensatz zur Physik die aufgezählten Elemente zugleich etwas Materielles *und* Ideelles, etwas Allgemeines *und* Besonderes, so tritt in ihnen jeweils ein individuelles, numinoses Wesen in Erscheinung. Damit ist aber nicht nur, was unter mythischer Substanz zu verstehen ist, näher charakterisiert, eben ein numinoses Wesen der bezeichneten Art, sondern auch, in welcher Beziehung solche Substanzen zueinander stehen können, nämlich in derjenigen der Ähnlichkeit und Kausalität. In Morgenröte, Sonne und Tag ist Lichthaftes, so wie in der Nacht Chaotisch-Finsteres. Daher ist das Licht der mythische Schoß, dem u.a. die Morgenröte, Sonne und der Tag entspringen, das Chaos aber der Schoß, dem u.a. die Nacht, der Schlaf und der Traum angehören.[7] Was physikalisch in einem bestimmten, ausschließlich materiellen Zusammenhang miteinander steht, ist mythisch durch ein materiell-ideelles Band miteinander verbunden.

Kehren wir nun zum Vers 5 der Genesis zurück. Aus der Lichtsubstanz (der Grundsubstanz des Kosmos als Gestalt und Ordnung) machte Gott den Tag, und schied sie von der Substanz der Finsternis, aus der er die Nacht machte. Der Tag aber wird dadurch bestimmt, daß er aus Abend und Morgen entspringt. Warum heißt es nicht umgekehrt Morgen und Abend, wie es doch dem gewohnten Ablauf eher entspräche? Der Abend bringt die Nacht, aber der Morgen den Tag. In der Reihenfolge Abend-Morgen soll die zuversichtliche Gewißheit zum Ausdruck gebracht werden, daß der Tag aus der Nacht entsteht,

---

[6] Schon die von ihrer mythischen Interpretation abstrahierte unmittelbar sinnliche Erfahrung wird ja oft in mißverständlicher Weise erkenntnistheoretisch als „subjektiv" bezeichnet, und deswegen die Meinung, sie zeige uns Wirkliches, als „naiver Realismus" abgewertet. Dabei wird übersehen, daß diese Erfahrung auf der Wechselwirkung zwischen einem Objekt und unserem Organismus beruht, z.B. das Sehen von Farben, und daß diese Wechselwirkung ein nicht weniger objektiver Vorgang ist als die Bewegung von elektromagnetischen Wellen. In ihm wird die *objektive Koinzidenz* eines physikalischen Ereignisses mit den Funktionen unseres Sehorgans erfaßt. Der Unterschied zur mythischen Erfahrung ist nur der, daß in dieser nicht die Wechselwirkung zwischen einem Objekt und unserem Organismus in Erscheinung tritt, sondern die Wechselwirkung zwischen einem Objekt und einem seelisch geistigen Wesen innerhalb einer historischen gegebenen, nämlich mythischen Kulturwelt. Im gegeben mythischen Zusammenhang wirkt *so* das Objekt auf das Subjekt (z.B. die Morgenröte auf den Betrachter) und wird von ihm daher entsprechend interpretiert, und *daß* es so wirkt, ist nicht weniger eine Wirklichkeit, wie daß es in dieser und jener Weise auf unseren Organismus wirkt. Ganz ähnlich liegt der Fall, wenn wir von einer künstlerischen Erfahrung sprechen, die ja der mythischen eng verwandt ist (vgl. K. HÜBNER, Die zweite Schöpfung, das Wirkliche in Kunst und Musik, München 1994), oder von derjenigen der Kinder, für die das Gleiche gilt, bevor sie, um es salopp auszudrücken, in der Schule Physik gelernt haben. Man übersehe aber nicht, daß diese erläuternden Bemerkungen im Sinne des I. Kapitels zur Außenbetrachtung des Mythos gehören, sich also schon im Rahmen der Subjekt und Objekt trennenden Ontologie bewegen.

[7] Zu einer ausführlichen Analyse der mythischen Substanz vgl. K. HÜBNER, Die Wahrheit des Mythos, a.a.O., Kapitel V und IX.

daß immer wieder der Morgen kommen, der Kosmos gerettet werden wird.[8] Bleibt noch anzumerken, daß hier wieder im Sinne des Logos der Offenbarung das *Wort* die Wirklichkeit schaffte: Gott „nannte" das Licht Tag und die Finsternis Nacht.

Hierauf folgt nun die Schöpfung des Firmamentes: 6. Und Gott sprach: Es werde eine Feste zwischen den Wassern; und die sei ein Unterschied zu den Wassern. 7. Da machte Gott die Feste, und schied das Wasser unter der Feste, von dem Wasser über der Feste. Und es geschah also. 8. Und Gott nannte die Feste Himmel. Da war aus Abend und Morgen der andere Tag. 9. Und Gott sprach: Es sammle sich das Wasser unter dem Himmel an besondere Orte, daß man das Trockene sehe. Und es geschah also. 10. Und Gott nannte das Trockene Erde, und die Sammlung der Wasser nannte er Meer. Und Gott sah, daß es gut war.

Die Urflut wird also geteilt, indem Gott ein Festes, nämlich den Himmel, (das Firmament) in sie einzieht. Und zwar so, daß das Wasser darüber und darunter ist. Das Wasser der Urflut dringt nun auch durch den Himmel, so daß es sich unter ihm sammelt. Gott aber scheidet es dort vom Trockenen. Dieses etwas undeutlich scheinende Bild war den Menschen des AT jedoch vollkommen klar: Die Erde war etwas, auf dem es Meer und Land gab, und das Wasser, das die Meere immer wieder unerschöpflich auffüllte, kam vom Himmel.

Mit diesen Vorstellungen tritt die Genesis aber nun aus dem Umkreis mythischen Denkens heraus, in dem sie sich bisher bewegt hatte. Der unmittelbar ins Auge springende Zusammenhang zu altorientalischen, mesopotamischen, äygptischen und anderen Quellen ist hier abgebrochen und ein neuer wird erkennbar: derjenige zum *Logos der griechischen Philosophie* und seiner Forderung nach dem *lógon didónai*, der Forderung also, für alles eine *Begründung* und einen *Beweis* zu geben. Bevor ich jedoch auf diese innerhalb der Genesis erkennbare Wende eingehe, sei dieser Logos der Philosophie in seiner Anfangsphase etwas erläutert. Zwar ist Begründen und Beweisen auch dem mythischen Denken keineswegs fremd, sofern es sich ja innerhalb eines bestimmten Erfahrungssystems bewegt und folglich auch in diesem Rahmen argumentiert; aber da für dieses Denken die Welt voller numinoser Wesen und Götter ist, um es mit Thales zu sagen, so erwartet es von vornherein nicht von der Wirklichkeit, daß sie in einen logisch geschlossenen Zusammenhang gebracht werden kann. Indem der Logos aber gerade dieses will, gehört es weiter zu seinem Wesen, alles Gegebene auf letzte, Einheit stiftende *Prinzipien* zurückzuführen. Nur Prinzipien können einem streng deduktiven System die notwendige Grundlage vermitteln. Mit solchen Prinzipien tritt aber erstmals zugleich der *Begriff* als eine *Abstraktion* hervor, wovon hier bereits im ersten Kapitel über Grundlegende Betrachtungen die Rede war. So veränderte sich durch den Logos insgesamt

---

[8] Der eigentliche und tiefere Sinn von V 5 wird nicht erfaßt, wenn man z.B. in heutigen Übersetzungen liest: „Es ward Abend, und ward Morgen: ein erster Tag" usw. Daß die Nacht den Tag hervorbringt (gebiert) und nicht umgekehrt, ist weithin mythisches Gemeingut.

das Verhältnis zur Wirklichkeit. Denn wer sie in ein System bringen will, der unterwirft sie seiner autonomen Urteilskraft und löst sich aus ihren mannigfaltigen, numinosen Beziehungen. Damit war die Zerstörung des Mythos eingeleitet. So haben die Vorsokratiker die gesamte Welt der Erscheinungen aus dem Wasser, dem Feuer, der Luft und dergleichen erklärt und damit den mannigfaltigen Zuständigkeitsbereichen numinoser Wesen den Boden entzogen. Sie verschwanden vor solchem Reduktionismus, auch wenn die aufgezählten Elemente selbst gewiß nicht rein physikalisch zu verstehen sind, worauf aber hier nicht näher eingegangen werden kann. Ich erinnere nur kurz an einige vorsokratische Thesen, die an Genesis 6–10 erinnern: Thales lehrte, daß die Erde wie ein Brett auf dem Wasser schwimme; Anaximander, daß die Region des Himmels das Feurige sei (Gestirne), diejenige der Erde aber das Kalte und Feuchte; nach Heraklit kommt das Wasser vom Himmel, bildet das Meer und steigt wieder zum Himmel empor; für Thales gab es verschiedene Sphären: in der Mitte diejenige der Erde, darüber das Meer, dann die Luft, und schließlich das Himmelsfeuer usw.

Es ist darüber gestritten worden, ob in dem Bemühen der Vorsokratiker die Geburtsstunde wissenschaftlichen Denkens gesehen werden kann. Dennoch besteht kein Zweifel, daß dieses Bemühen den Ansprüchen wissenschaftlichen Denkens nicht genügt. Das liegt daran, daß es zwar auf eine streng systematische Erklärung der erfahrbaren Wirklichkeit abzielt, dabei aber rein spekulativ verfährt, also der nötigen wissenschaftlichen Methoden ermangelt, welche die Verwendung des abstrakten Begriffs flankieren müssen. So wirkte zwar der Logos der Vorsokratiker entmythisierend, kam aber doch andererseits in seinem Versuch, eine rein immanente, auf göttliche Transzendenz verzichtende Weltdeutung zu geben, über bloß abstrakt-spekulative Vorstellungen nicht hinaus. Daher kann er nur als eine vorwissenschaftliche Erscheinung beurteilt werden.[9]

Nun zum Wandel vom Mythos der ersten fünf Verse der Genesis zum Logos der frühen griechischen Philosophie in den Versen 6–10. Er springt sogleich ins Auge, wenn man die darin erkennbare Weltkonstruktion mit entsprechenden, rein mythischen Vorstellungen bei Homer vergleicht. Dort werden dem Himmel (oben), der Erde (Mitte) und dem Tartaros (unten) keine geometrischen Formen zugeordnet (Kugel, Scheibe), und es werden auch keine näheren physikalischen Angaben darüber gemacht (Wasser, Feuer, Trockenes usw.). Der Himmel nämlich, wo die Götter wohnen, ist bei Homer keineswegs mit dem sichtbaren Himmel identisch, denn er sowohl wie der Tartaros sind als numinose, ideelle Orte geometrisch nicht bestimmt und daher Utopien.[10] Durch das *physisch Sichtbare* des Oben wie des Unten wird eine numinose Welt trans-

---

[9] Zu einer ausführlichen Betrachtung des griechischen Logos in seinem Verhältnis zu Wissenschaft und Mythos vgl. K. HÜBNER, Aufstieg vom Mythos zum Logos? Eine wissenschaftstheoretische Frage, in: Hrsg.: P. KEMPER, Macht des Mythos, Ohnmacht der Vernunft?, Frankfurt/Main 1989.

[10] Vgl. K. HÜBNER, Die Wahrheit des Mythos, a.a.O., S. 265 f.

parent, die zwar von Göttern beherrscht und durchwaltet wird, nicht aber physisch verortet werden kann.

Im Gegensatz hierzu wird in den Versen 6–10 die Weltvorstellung des AT geometrisch wie physikalisch festgelegt. Der Himmel ist eine Halbkugel aus festem Stoff. Darüber und darunter ist Wasser, von dem von oben der Regen kommt und von unten die Quellen gespeist werden. Die Erde ist aber eine Scheibe usw. Es ist der Logos der frühen griechischen Philosophie, der hier versucht, alles auf mehr oder weniger genaue materielle Verhältnisse zurückzuführen und damit deren vom Mythos erfaßte, ideell-numinose Kehrseite in den Hintergrund zu drängen. Ob zwischen den Priestern, die um 500 v. Chr. in der babylonischen Gefangenschaft die Weltschöpfungslehre von Genesis 1 aufschrieben und den Vorsokratikern ein unmittelbarer Zusammenhang bestand, ist zwar meines Wissens nicht nachweisbar, aber es ist deutlich, daß auch die Priester vom Logos der vorsokratischen Philosophie ergriffen worden sind, der damals allenthalben in Erscheinung getreten sein muß.

Wie dem auch sei: Das vom philosophischen Logos entworfene Weltbild ist im Gegensatz zu demjenigen des Mythos wissenschaftlich anfechtbar. Allmählich mußte sich die Frage nach den Grenzen der das Firmament umgebenden Wasserflut stellen, die Frage nach der genauen Entfernung des Firmaments vom Erdmittelpunkt, nach der genauen Gestalt der Erde usw. Das schließliche Ergebnis solcher Nachforschungen ist bekannt. Dagegen können im Bereiche des Mythos, der, wie wir noch sehen werden, von einer ganz anderen als der durch den philosophischen Logos und seine Ontologie begründeten Raumvorstellung ausgeht, solche Fragen überhaupt nicht auftauchen. So kommt es, daß die mythische Auffassung vom *Kosmos als Ordnung numinoser Mächte und ihrer Beziehung zur Lebenswelt* im Bereiche des Religiösen, der Kunst und Poesie fortlebt, die bei den Vorsokratikern und im AT durch den Logos der Philosophie bestimmte aber nicht mehr akzeptabel ist. Mit Entmythologisierung hat freilich diese Ablehnung nichts zu tun. Bezieht sie sich doch gerade nicht auf die mythischen, sondern die vom aufkommenden Logos der Philosophie verbundenen Teile der biblischen Schöpfungsgeschichte.

Fragen wir jetzt noch nach dem Sinn der sog. Billigungsformel. Gott „sah", daß das Licht als die Substanz der kosmischen Ordnung und die Ausführung dieser Ordnung in der Schöpfung von Himmel und Erde „gut" war. Man könnte diese Bemerkung als überflüssig ansehen, doch war man mit der Existenz vieler Götter vertraut, die jenseits von Gut und Böse zu sein schienen. So soll gleich zu Beginn der Schöpfung feststehen, daß es der *gute Gott* ist, der alles geschaffen hat, und diese Feststellung ist um so notwendiger, als ja die weitere Geschichte der Genesis von dem Fluche berichtet, der hinfort über der Welt lasten wird.[11]

---

[11] Da in den später folgenden Schöpfungstagen zwei, vier und sechs dem Schöpfungswort „sprach" das Tatwort „machte" oder „schuf" folgt (z.B. V. 14: „Gott sprach: es werden Lichter" und V. 16: „Und Gott machte zwei große Lichter"), vermuteten einige Ausleger, Genesis 1 habe zwei verschiedene Quellen gehabt, die dann in der Priesterhandschrift miteinander verbunden

Der Weltschöpfer 33

Im Gegensatz zu den Versen 6–10 verraten die nun folgenden wieder genuin mythisches Denken. Sie lauten: 11. Und Gott sprach: Es lasse die Erde aufgehen Gras und Kraut, das sich besame, und fruchtbare Bäume, da ein jeglicher nach seiner Art Frucht trage, und habe seinen eigenen Samen bei sich selbst auf Erden. Und es geschah also. 12. Und die Erde ließ aufgehen Gras und Kraut, das sich besamte, ein jegliches nach seiner Art; und Bäume, die da Frucht trugen, und ihre eigenen Samen bei sich selbst hatten, ein jegliches nach seiner Art. Und Gott sah, daß es gut war. 13. Da ward aus Abend und Morgen der dritte Tag.

Hier liegt das Mythische darin, daß die Erde von Gott zur Allmutter gemacht wird, aus deren Schoß alles wächst und in den es wieder zurückkehrt. Gott sagte nicht, es solle Gras und Kraut auf der Erde aufgehen, sondern „es lasse die Erde aufgehen Gras und Kraut". An dem mythischen Sinn der Rede von der Erde als Mutter und damit also personifiziertes Wesen kann schon deswegen kein Zweifel sein, weil diese Vorstellung zur Zeit der Abfassung von Genesis 1 Allgemeingut war und in zahlreichen Erd-Mutter-Göttinnen Gestalt annahm.

Es folgt nun die Schöpfung der Gestirne: 14. Und Gott sprach: Es werden Lichter an der Feste des Himmels, die da scheiden Tag und Nacht, und geben Zeichen, Zeiten, Tage und Jahre. 15. Und seien Lichter an der Feste des Himmels, daß sie scheinen auf Erden. Und es geschah also. 16. Und Gott machte zwei große Lichter; ein großes Licht, das den Tag regiere, und ein kleines Licht, das die Nacht regiere, dazu andere Sterne. 17. Und Gott setzte sie an die Feste des Himmels, daß sie scheinen auf die Erde, 18. Und den Tag und die Nacht regierten, und schieden Licht und Finsternis. Und Gott sah, daß es gut war. 19. Da ward aus Abend und Morgen der vierte Tag.

Wie man sieht, werden die Gestirne von vornherein teleologisch gesehen: Sie haben den Zweck, die *Zeitmaße* und damit die *Metrik* der Tage und Jahre zu bestimmen, die Erde zu erhellen und das *irdische* Licht von der *irdischen* Finsternis zu scheiden. Doch liegt darin bereits, daß es sich um andere Tage handelt als es diejenigen der Schöpfungstage sind und um ein anderes Licht, eine andere Finsternis als in den ersten Versen. Die Schöpfungstage gehören einer mythischen Zeit an, die als „heilige Zeit" aufgefaßt wird und von einer profanen, der „Zeit der Sterblichen" unterschieden wird.[12]

Die mythische Zeitbestimmung ist geprägt durch das, was die Griechen Archaí nannten. Dabei handelte es sich um Ursprungsgeschichten, z.B. den Raub der Proserpina und ihre Wiederkehr, womit die Jahreszeiten begründet wurden. (Der Raub leitete den Winter, die Wiederkehr den Frühling ein.) Eine solche Ursprungsgeschichte ist nicht in einem angebbaren Zeitpunkt entstanden, ja, sie ist überhaupt kein Ereignis in der profanen Zeit; auch sind ihre

---

wurden. Eine solche Trennung von Wort und Tat im Bereiche der Gottheit war jedoch dem mythischen Denken der damaligen Zeit ebenso fremd wie dem Logos der Offenbarung, der mit ihm in der angezeigten Weise eng verbunden war.

[12] Zu einer ausführlichen Darlegung vgl. K. HÜBNER, Die Wahrheit des Mythos, a.a.O., Kapitel VII.

Vorkommnisse und Gegenstände nicht auf irgendwelche Gesetze zurückzuführen, sondern es handelt sich bei ihnen um eine ganzheitliche Gestalt, die keiner weiteren Erklärung oder Reduzierung auf irgend etwas anderes bedarf. Da sie aber doch in sich einen zeitlichen Ablauf enthält (Raub und Wiederkehr der Proserpina), kann man sie auch eine *Zeitgestalt* nennen. Das bedeutet, daß die in ihr vorkommende Zeitfolge ausdrücklich in ihrem *Inhalt* beschlossen ist. Kennzeichnen wir diese Folge mit den Buchstaben A, B, C, D. Da diese Folge nicht *in* die fortlaufende, profane Zeit eingebettet ist, gibt es auch kein *vor A* und *nach D*. Sie hat also niemals in einem bestimmten Zeitpunkt angefangen und kann niemals in einem bestimmten Zeitpunkt aufhören zu existieren. Und deswegen kann auch das Frühere *innerhalb ihrer* nicht durch das Spätere verdrängt werden, so daß es in der uns vertrauten Weise jeweils ein ausgezeichnetes, aber vorübergehendes *Jetzt* gäbe, z.B. das C. Mit anderen Worten: Diese Zeitfolge ist nicht als Zeit*fluß* zu verstehen. Jedes Ereignis der Reihe existiert auf ewig – sie „steht" gleichsam wie ein ewiges Urbild. Eine solche Zeitstruktur nennen wir *zyklisch*. Die Ereignisreihenfolge beginnt mit A und endet mit A, doch so, daß A nicht das Nach-D ist, weil das A im Ursprung identisch mit dem A ist, zu dem die Folge in sich zurückläuft, so daß das Ursprungs-A mit dem End-A identisch ist, also von ihm gar nicht unterschieden werden kann.

Die Sterblichen projizieren aber nun diese ewigen Zeitgestalten der heiligen Zeit in ihre profane Zeit, in der beständig alles entsteht und vergeht, so daß sie darin wie eine ewige Wiederkehr des Gleichen erscheinen: Das Ereignis A hat nun immer neue und andere zeitliche Vorgänger und das C immer neue und andere zeitliche Nachfolger. So werden zwar die Jahreszeiten als ein ewiges, sich immer gleich bleibendes Urereignis aufgefaßt, das zu keinem denkbaren Zeitpunkt entstanden und wieder vergangen ist, das aber gleichsam in die Sphäre der Sterblichen eindringt, darin eingebettet wird und sich dort in der Form eines zeitlichen Flusses immer wieder identisch wiederholt. Es ist immer wieder *derselbe* Frühling, der jährlich wiederkehrt, das Proserpina-Ereignis wird gleichsam „wieder und wieder geholt" und in unmittelbar faßbare Gegenwart verwandelt, wenn auch die Blumen und Blüten, die damit hervorsprießen, immer wieder andere sind. Die mythische Identität dieses Vorgang ist das in ihm Substantielle, seine Verschiedenheit das Akzidentelle. Dies wird besonders in den kultischen Festen erkennbar, in denen eben dieses Substantielle durch die Feier der Frühlingsgottheit zur Erscheinung kommt.

Mythische Schöpfungsmythen stellen nun insofern den Grenzfall einer Arché dar, als sie zwar im kultischen Feste wiederholbar sind, z.B. durch „symbolische" Darstellungen auch der Uranfänge, aber nur bedingt innerhalb der profanen Zeit erscheinen können, nämlich nur unter Ausschluß des Anfangs, des *Entstehens des gesamten Kosmos aus dem Chaos*. Und doch werden sie den Menschen auch innerhalb der profanen Zeit, auch in dieser Begrenzung, mythisch erfahrbar: Überall beginnt ja die Erde jährlich neu zu grünen, um in den biblischen Redewendungen zu bleiben, immer wieder läßt sie überall „Gras und Kraut aufgehen", immer wieder entsteht Licht aus Finsternis, Ordnung aus Chaos. Oder betrachten wir Hesiods Weltentstehungsmythos: Jedesmal gebiert die „heilige Nacht" aufs Neue den „heiligen Tag", läßt die Erde aus ihren Quellen das Wasser sprudeln, ohne daß die Entstehung der Erde selbst aus dem Chaos wiederholt wird. In diesem Sinne erfährt der Mensch mythisch in gleichsam zeitlich gebrochener Form das Schöpfungsgeschehen in der Natur. Es setzt sich innerhalb seines unwiederholbaren Rahmens beständig fort und so spiegelt sich sein ewiges Ereignis im Zeitlichen. Hier zeigt sich auch, welche Erklärungsfunktion mythische Archaí haben, und wie sie mit den sinnlichen Erfahrungen der Menschen zusammenhängen. In dieser Erklärungsfunktion treten sie an die Stelle der uns vertrauten Naturgesetze, wobei, *formal betrachtet*, auch kein Unterschied in dem Zusammenhang von solchen Gesetzen und Erfahrungen einerseits und Archaí und Erfahrungen andererseits besteht. Nur die Inhalte sind völlig verschieden. Im Lichte der Außenbetrachtung (vgl. das Kapitel „Grundlegenden Betrachtungen", 1) sind ja beide, Naturgesetze wie Archaí, Interpretationsschemata auf der apriorischen Grundlage von Erfahrungssytemen (ontologischer oder nicht-ontologischer Art), die definieren, was Erfahrung überhaupt ist, welcher Aspekt der Wirklichkeit eingenommen wird, und was in diesem Zusammenhang eine Erklärung, was eine Bestätigung oder Widerlegung einer Erklärung bedeuten.[13]

Bisher wurde in den Versen 17–19 nur das Mythische betrachtet. Und doch ist auch hier die Auswirkung des Logos im Sinne der Philosophie erkennbar. Die Gestirne werden ja im Gegensatz zur Erde nicht, wie es dem Mythos vertraut ist, als numinose Wesen oder Götter verstanden, sondern sie sind nur wie Fackeln, die entzündet werden, um der Menschenwelt eine Zeitordnung und Licht zu geben.[14] Daß andererseits mit der Rede, die Gestirne schieden Licht und Finsternis, doch wieder auf die mythischen Substanzen von Licht- und Finsternis verwiesen wird, aus denen die Gestirne bestünden, ändert an der Nähe zum philosophischen Logos nichts. Dürfen doch auch die Ursprungs- und Grundsubstanzen, die seine Vertreter, die Vorsokratiker lehrten (Feuer, Wasser, Luft usw.), keineswegs rein physikalisch verstanden werden, wie schon bemerkt, sondern zeigen selbst immer noch Spuren einer mythischen Deutung, und nur die strikte logische Reduktion aller Dinge auf solche „Prinzipien" ist das eigentlich Kennzeichnende für ihn. In diesem Sinne steht auch die mythische Anrede an die Erde in V 11 in keinem Gegensatz zum philosophischen Logos.

Die Nachwirkungen dieses Logos in der Beschreibung des vierten Schöpfungstages finden sich aber auch darin, daß in ihr die Entstehung des bestirnten

---

[13] Zu einer ausführlichen Analyse des mythischen Erfahrungssystems im Vergleich zum wissenschaftlichen, vgl. K. HÜBNER, Die Wahrheit des Mythos, a.a.O., Dritter Teil.

[14] Man könnte auf den Gedanken kommen, diese „Entmythisierung" der Gestirne mit dem Monotheismus in Zusammenhang zu bringen. Doch widerspräche das nicht nur der Deutung der Erde in V 11f., sondern auch den mythischen Vorstellungen des Alten und Neuen Testaments, von denen bereits im vorangegangenen Kapitel die Rede war.

Himmels *nach* derjenigen der Erde erfolgt und nicht umgekehrt. Denn die durch den philosophischen Logos beeinflußte Vorstellung, daß der Kosmos aus einer Halbkugel bestehe, macht ja diese mit der sie unten begrenzenden Erdscheibe zur Voraussetzung der daran angehefteten Gestirne. („Es seien Lichter *an* der Feste des Himmels.")

Dennoch ist, wie ich schon hier anmerken möchte, obgleich ich darauf noch einmal im Zusammenhang mit der Genesis zurückkommen werde, die Schöpfungsfolge Erde – Himmel auch dem Mythos nicht fremd, obgleich sie dort auf andere Weise dargestellt wird. Als Beispiel kann die Theogonie Hesiods dienen. Hesiod zufolge gebar die Erde den Himmel und mit diesem zeugte sie die Götter. Die Götter sind hier das Telos, das Ziel der Schöpfung, und eben deswegen wird ja auch Hesiods Schöpfungsbericht als *Theogonie*, als Götterentstehung bezeichnet. Die Schöpfungsreihenfolge bei Hesiod ergibt sich also, anders als im biblischen Schöpfungsvorgang, allein aus der numinosen Sicht des Polytheismus. Der Mythos beschreibt die Entstehung des Kosmos, *sofern* er, und *sofern* Erde und Himmel als *numinose Wesen* in Erscheinung treten. Nur von der Schöpfung *dieses* Kosmos ist überhaupt die Rede, und der rein physikalische Aspekt kommt gar nicht in Betracht. Dieser Aspekt beträfe buchstäblich einen anderen Gegenstand, eine andere Wirklichkeit als es jene ideell-materielle ist, die den Mythos kennzeichnet und ihre *eigenen Entfaltungsformen* hat: Die Erde, der Mittel- und Ausgangspunkt der sinnlichen, mythischen Erfahrungswelt, ist die Urgöttin, und entstammt zusammen mit Eros dem Chaos – dieses war die Welt, bevor sie sich göttlich belebte, die Welt in ihrer reinen Materialität, man könnte biblisch sagen: in der Finsternis, die außerhalb einer göttlichen Weltordnung herrscht. Aber mit der Erdgöttin, mit Gaia, dem Ursprung alles Lebens, tritt auch der Himmel vermittelst des Eros als ein göttliches Wesen in Erscheinung und wird damit überhaupt erst als ein solches geboren.

Diese Entstehungsgeschichte ist demnach die Geschichte der Entstehung der *numinosen Animation des Kosmos,* es ist die Geschichte seiner göttlichen Belebung, durch die er überhaupt erst wahrhaft *der Kosmos als eine göttliche Weltordnung wird*, und diese bildet sich in der *ihr eigentümlichen Reihenfolge*. Denn die Erde ist die Mutter aller Dinge, auch der Menschen und Götter, und zwar derjenigen, die in oder auf ihr leben, wie derjenigen in der Höhe des Himmels. Dies ist der Grund, warum z.B. im griechischen Mythos die Götter des Olymp der Erdgöttin Gaia auf mannigfaltige Weise verpflichtet bleiben, so daß sie, um nur dieses zu erwähnen, stets beim Styx schwören, wenn sie schwören, dem Fluß des chthonischen Mythos. Mit Erde und Himmel ist gleichsam die Bühne gebaut, auf der die Götter hinfort agieren, das Haus, in dem sie wohnen werden.

Ein Gleichnis: Eichendorff dichtet: „Es war, als hätt' der Himmel die Erde still geküßt." Käme jemand auf den Gedanken zu sagen: Das ist doch physikalisch gar nicht möglich, wie könnte ein Eros zwischen Himmel und Erde entstehen? Anderseits, wenn es auch Poesie ist, so sagt es doch etwas Wahres aus, es schwingt darin eine bestimmte Erfahrung, die Menschen angesichts des nächtlichen Himmels machen, mögen sie diese auch, gefangen in die uns heute beherrschende, einseitig ontologische Weltbetrachtung, als „nur subjektiv" beurteilen. Fällt eine solche theoretisch in Wahrheit gar nicht begründbare Abwertung aber weg, dann vermag sich der Zugang zur mythischen Wirklichkeitserfahrung zu öffnen, aus deren verborgener Wurzel Eichendorffs Gedicht entspringt.

Wir kommen jetzt zur Schöpfung der Tiere. 20. Und Gott sprach: Es errege sich das Wasser mit webenden und lebendigen Tieren, und mit Gevögel, das auf Erden unter der Feste des Himmels fliege. 21. Und Gott schuf große Walfische, und allerlei Tier, das da lebet und webet, und vom Wasser erregt ward, ein jegliches nach seiner Art. Und Gott sah, daß es gut war. 22. Und Gott segnete sie und sprach: Seid fruchtbar und mehret euch, und erfüllet das Wasser im Meer; und das Gevögel mehre sich auf Erden. 23. Da ward aus Abend und Morgen der fünfte Tag. 24. Und Gott sprach: Die Erde bringe hervor lebendige Tiere, ein jegliches nach seiner Art; Vieh, Gewürm und Tiere auf Erden, ein jegliches nach seiner Art. Und es geschah also. 25. Und Gott machte die Tiere auf Erden, ein jegliches auf seine Art, und das Vieh nach seiner Art, und allerlei Gewürm auf Erden nach seiner Art. Und Gott sah, daß es gut war.

Hier könnte man zunächst meinen, daß die Redeweise „Es errege sich das Wasser" und später „Die Erde bringe hervor" eine ähnliche mythische Bedeutung habe wie die vorangegangene Redeweise „es lasse die Erde aufgehen Gras." Dem widerspricht aber im folgenden, daß Gott dann doch unmittelbar selbst alle Tiere schuf. Diese Stelle bleibt merkwürdig, da sie sich weder aus der Sichtweise des Mythos, noch derjenigen des Logos der Vorsokratiker zu ergeben scheint. Beiden war ja der Gedanke nicht fremd, daß Tiere wie Menschen einer Ursubstanz entsprungen sind, womit einfach gemeint war, daß sie alle an ihr teilhaben. Hier ein Beispiel aus dem Mythos: Man erinnere sich der Sage des Kadmos, wo aus den in den Boden gepflügten Zähnen des erschlagenen Drachen Menschen hervorwuchsen, also der Erdsubstanz entsprangen; und nun ein Beispiel aus der vorsokratischen Philosophie: man erinnere sich an Thales, der das Wasser für den Ursprung aller Dinge hielt, womit er, wie gesagt, ebenfalls eine mythische und nicht etwa physikalische Ursubstanz im Auge hatte. Ist hier das AT in der Richtung des philosophischen Logos noch einen Schritt weitergegangen, nämlich in Richtung einer entmythisierten Empirie, indem es sich an die unmittelbar gegebene Erfahrung hielt, der zu Folge zwar alle Pflanzen ersichtlich der Erde entsprießen, die Fische aber ebenso wenig dem Wasser wie die Landtiere der Erde?

Nun die Schöpfung des Menschen. 26. Und Gott sprach: Lasset uns Menschen machen, ein Bild, das uns gleich sei, die da herrschen über die Fische im Meer, und über die Vögel unter dem Himmel, und über das Vieh, und über die ganze Erde, und über alles Gewürm, das auf Erden kriecht.

Zu wem spricht hier Gott? Zu sich selbst, nämlich im pluralis majestatis? Oder wendet er sich an die himmlischen Heerscharen sowie an die kleinen und großen Götter, die ja mit der Schaffung der Welt mitgeschaffen wurden, also beispielsweise auch die fruchtbringende Mutter-Erde und vor allem die Engel, auf die im VII. Kapitel 11 ausführlich eingegangen wird? Ich lasse es dahingestellt und wende mich der Frage der Gottebenbildlichkeit und des Herrschaftsauftrags an den Menschen zu.

Was ist hier zunächst mit „Bild" gemeint? Um diese Frage zu beantworten ist es aufschlußreich, altägyptische Quellen heranzuziehen. Auch wenn es meines Wissens keine Beweise dafür gibt, daß die Verfasser der alttestamentarischen Schöpfungsgeschichte von ihnen unmittelbar beeinflußt waren, so entspringen sie doch jenem mythischen Denken, das damals allgemein verbreitet war. Beispielsweise spricht auf einer Stele im Totentempel Amenophis III der Gott Amon-Re folgendermaßen zum König: „Du bist mein geliebter Sohn, der aus meinen Gliedern hervorgegangen ist, mein Abbild, das ich auf Erden eingesetzt habe."[15] Nun ist das auf dieser Stele gewählte Wort für „Bild" synonym mit dem Wort für „Kultbild". Was aber mit diesem gemeint ist, verrät das sog. „Denkmal memphitischer Theologie", wo es heißt: „Er (d.i. Ptah) schuf die Götter, (...) er setzte die Götter in ihre Kultstätten, (...) richtete ihre Heiligtümer ein, er machte ihnen Leiber (...) So treten die Götter ein in ihren Leib aus allerlei Holz, allerlei Mineral und allerlei anderen Dingen (...)"[16] Im Kultbild ist also der jeweilige Gott zwar an-wesend, doch nicht mit ihm identisch, was schon daraus hervorgeht, daß es mannigfaltige Formen annehmen kann. Das Kultbild ist damit weder ein rein physisches Abbild des Gottes oder gar er selbst (wie es in magischen Kulturen der Fall sein mag), noch ist in ihm nur dessen „Geist", da er sich ja trotz allem in seinem Bild, der mythischen Einheit von Ideellem und Materiellem entsprechend, materialisiert hat. Das bedeutet: Im Kultbild ist die mythische Substantialität, die numinose Wirksamkeit des Gottes, und das ist auch der genaue Sinn seiner An-Wesenheit. Es ist dieser *funktionale Zusammenhang* zwischen dem Gott und seinem Götterbild, der in diesem gesehen wird. Eine derartige Vorstellung war also keineswegs eine speziell ägyptische, sondern selbstverständliches Allgemeingut der im Mythos lebenden Zeit, und so herrschte sie auch im antiken Griechenland und seinen Tempeln. Wenn somit das auf der Stele im Totentempel des Amenophis III gewählte Wort für Bild mit dem Kultbild synonym ist, so bedeutet das, daß der König ein Bild Gottes in demselben mythischen und funktionalen Sinne ist, wie es die Götterbilder sind, daß also in ihm Gott an-west, daß er in ihm wirkt und er an der numinosen, ideell-materiellen Substanz des Gottes teilhat.

Nun ist das im AT verwandte Wort für „Bild Gottes" ebenfalls vorwiegend zur Bezeichnung von Götterbildern verwendet. Damit erfassen wir den Sinn, der sich in der Genesis mit der Vorstellung, der Mensch sei ein Ebenbild Gottes, verbindet. War die mythische Substantialität, die in Götterbildern anweste, ägyptisch allein auf den König übertragen worden, so hat nun im AT und

---

[15] Nach E. ZENGER, Gottes Bogen in den Wolken, in: Hrsg: MERKLEIN/ZENGER, S. 86.
[16] Übers. v. H. JUNKER, Die Gotteslehre von Memphis, Abhandlungen der Preußischen Akademie der Wissenschaften, Philosophisch-historische Klasse, Berlin 1940, S. 65.

christlich der Mensch als solcher daran Teil, zumindest bei seiner Schöpfung, also vor dem Fall, und auch nach ihm konnte diese Beziehung zu Gott nur gestört werden, nicht vollends erlöschen, eben weil der Mensch durch sie definiert ist, weil er Gottes Geschöpf ist und bleibt. Wo immer er daher wahrhaft Mensch ist und nicht im Bösen ent-menscht wird, lebt seine Wirksamkeit aus Gottes Wirksamkeit, west Gott in ihm an, besteht zwischen ihm und Gott jener funktionale Zusammenhang, jenes mythische Verhältnis, das in der Teilhabe an dessen ideell-materieller Substantialität liegt. Man nennt diese alltagssprachlich zwar meistens „Gottes Geist", aber es wird sich in den späteren Abschnitten noch zeigen, daß der genaue Sinn davon eben jene Substantialität ist, die Gott stets annimmt, wenn er, sei es in einer Epiphanie (Sinai), sei es in seiner Kommunikation mit den Menschen, im irdischen Bereich wirksam wird. Wendet sich der Mensch aber gegen Gott, so wendet er sich in Wahrheit gegen sich selbst, gegen das, was er eigentlich ist: Gottes Ebenbild.

Der Sinn dieser Ebenbildlichkeit erschließt uns nun den Sinn des an den Menschen ergangenen Herrschaftsauftrages. Ein entsprechender Auftrag ist ebenso an den zur Gottähnlichkeit geschaffenen ägyptischen König ergangen. Teils ist er allerdings eher kriegerisch gemeint, teils aber ist damit auch die Rolle des Königs als eines guten Hirten zu verstehen. Betrachtet man nun den alttestamentarischen Text, so kann kein Zweifel bestehen, daß dort der Herrschaftsauftrag nur im letzteren Sinne zu verstehen ist. Denn dort ist ja nur von des Menschen Herrschaft über die Tiere und über „die ganze Erde" die Rede, er soll also herrschen als *Hüter der Schöpfung*. Es ist der Gott der Barmherzigkeit, der hier schon mitgemeint ist, einer Barmherzigkeit zugleich, die im Gegensatz zu demjenigen der Ägypter *allen* Menschen gilt.

Fassen wir zusammen: Ebenbild Gottes bedeutet aus alttestamentarischer und christlicher Sicht, daß der Mensch wie ein Götterbild von göttlicher Substanz erfüllt, göttliches Wirken repräsentiert und göttliches Offenbarungsmedium ist; daß er die von Gott geschaffene Lebensordnung sichern und schützen und dem Werke seines Schöpfer-Vaters in Liebe und Ehrfurcht dienen soll. So ist der Mensch in der Tat die Krönung der Schöpfung und die letzte Schöpfungstat.

Es folgen nun die Scheidung in Mann und Frau, die Segnung mit der Aufforderung, fruchtbar zu sein und sich zu mehren, die nochmalige Aufforderung, Sachwalter Gottes auf Erden zu sein und schließlich die Verheißung der Lebensspeise für alle. Von dieser werden aber nur Kraut und Früchte der Bäume, aber kein Fleisch erwähnt. Keines also tötet das andere. Damit ist der Anfang der Schöpfung als Goldenes Zeitalter, als Paradies umschrieben: Es ist vom Geiste des barmherzigen und gütigen Gottes durchdrungen, es herrscht Gottesfriede zwischen allen. Von der Unsterblichkeit des Menschen in diesem uranfänglichen Zustand ist dagegen nirgends die Rede. Wie der Mensch darin offensichtlich leiblich lebt, so arbeitet er auch darin und ist tätig, soll er doch der Hirte der Schöpfung sein. Ja es gibt darin Zeiten der verordneten Ruhe, wie der noch folgenden Deutung von Genesis 2, Vers 3 zu entnehmen sein wird. Wieder erkennen wir darin einen weit verbreiteten Mythos, und ich erinnere nur an die griechische Vorstellung vom Goldenen Zeitalter unter der Herrschaft des Kronos, wo die Menschen, wie Hesiod erzählt, „Gern und froh ihre Werke vollbrachten, gesegnet mit Gütern in Fülle."[17]

Die abschließenden Worte der Schöpfung lauten nun: 31. Und Gott sah an alles, was er gemacht hatte; und siehe da, es war sehr gut. Da ward aus Abend Morgen der sechste Tag. – Wir fügen jedoch noch zwei Verse des Beginns von Genesis 2 hinzu: 2. Und also vollendete Gott am siebenten Tag seine Werke, die er machte; und ruhte am siebenten Tage von allen seinen Werken, die er machte; 3. Und segnete den siebenten Tag, und heiligte ihn, darum, daß er an demselben geruhet hatte von allen seinen Werken, die Gott schuf und machte.

Der Charakter der Schöpfung als mythische Arché und heilige Zeitgestalt tritt hier noch einmal hervor. Wenn Gott am siebenten Tag von seinen Werken ruhte, so bedeutet das ja weder, daß es einen achten gab, an dem er wieder tätig wurde, noch, daß er hinfort alle folgenden Tage in Ruhe verbrachte. Dem Anfangsereignis einer Arché ist ebenso wenig etwas vorangegangen, wie seinem Endereignis etwas gefolgt ist. Die heilige Zeit einer Arché ist vielmehr ein ewiger Zyklus, der zwar eine innere Zeitfolge aufweist, aber keinen Zeitfluß kennt, sondern gleichsam in Ewigkeit „steht". Dennoch spiegelt sich die Schöpfung als Arché, wie bereits gezeigt, innerhalb der irdisch profanen Zeit, z.B. im Kreislauf der Natur und wird im Kult wiederholt, nämlich in der Form der Wochentage und der Heiligung des siebenten.

Für die Einteilung der Schöpfung in sieben Tage hat gewiß die heilige Zahl Sieben eine Rolle gespielt, doch ergibt sich diese Anzahl auch rein systematisch. So hat E. Zenger darauf hingewiesen[18], daß sich der erste, der vierte und der siebente Tag auf das zeitliche Gerüst der Schöpfung beziehen (Anfang, Gestirns-Zeitmetrik, Ende), in den dazwischen liegenden Tagen das Haus gebaut wird, in dem die Menschen hausen werden (Himmel und Erde), während in den folgenden schließlich dieses Haus mit den Lebewesen bevölkert wird (Fische und Vögel, Landtiere und Menschen). Zwar kommt die Zahl Sieben nur durch die Zusammenfassung von Fischen und Vögeln einerseits, von Landtieren und Menschen andererseits zusammen, doch hat diese durchaus die Logik auf ihrer Seite und wirkt deswegen keineswegs gekünstelt.

Betrachten wir abschließend die Billigungsformel in V. 31: Ich habe schon darauf hingewiesen, daß diese Formel den Schöpfer sogleich als den barmherzigen Gott ausweisen sollte, da es keineswegs selbstverständlich ist, daß ein Gott nur Gutes bringt. Nun, da die Schöpfung vollendet ist, lautet die Billigungsformel aber nicht mehr „gut", wie sie zu den einzelnen Schöpfungstagen ausgesprochen wurde, sondern „sehr gut". Doch was bedeutet hier eigentlich „gut" und „sehr gut"? Darauf werde ich ausführlicher an gegebener Stelle zurückkommen, nämlich in der Deutung von Genesis 2, die ja die Frage von Gut und Böse zum Hauptthema hat.

---

[17] Hesiod, Erga, V. 119.
[18] E. Zenger, Gottes Bogen, a.a.O., S. 38.

3. Der wissenschaftliche Aspekt des Universums

Dessen ungeachtet, daß, wie schon dem I. Kapitel zu entnehmen ist, die Legitimität einer mythischen Sicht des Kosmos und seiner christlichen Offenbarung als Schöpfung niemals Gegenstand eines theoretischen Zweifels sein können, werden solche heute immer wieder mit Argumenten vorgebracht, die teils der physikalischen Kosmologie, teils der Evolutionstheorie entnommen sind. Diese Argumente seien nun im folgenden geprüft.

a) Physikalische Zeit

Betrachten wir zuerst die physikalische Zeitvorstellung, die ja nach allgemeiner Meinung diejenige des Mythos in das Reich der Phantasie versetzt. Gemeinhin wird geglaubt, die physikalische Zeit stimme mit der Zeit des Alltagslebens überein (Alltagszeit), also, mythisch gesprochen, mit der profanen Zeit der Sterblichen. Dieser Glaube heiße die *Alltagszeithypothese*. Die mit ihr gemeinte Zeit wird folgendermaßen charakterisiert: *Erstens*: Die Zeit ist *irreversibel* und hat eine *Richtung*. *Zweitens*: Es gibt ein ausgezeichnetes *Jetzt* als Gegenwart. *Drittens*: Die Zeit *fließt* von der Vergangenheit in die Zukunft in dem Sinne, daß vergangene Ereignisse nicht mehr, und zukünftige Ereignisse noch nicht existieren. Der erste und der dritte Punkt dieser Beschreibung bestimmen eine *offene Zeit*. Es läßt sich nun zeigen, daß die physikalische Zeit einige überraschende strukturelle Analogien zur mythischen Zeitvorstellung zeigt, die den im AT beschriebenen Schöpfungsvorgängen zugrunde liegen.

Zunächst steht folgendes fest: Wenn es in der Physik überhaupt eine theoretische Grundlage für die Alltagszeithypothese gibt, dann können wir sie nur in der Thermodynamik oder in der Quantenmechanik finden. Nach dem Zweiten Hauptsatz der Thermodynamik sind Vorgänge, in denen die Entropie zunimmt, irreversibel und haben eine Zeitrichtung; die Quantenmechanik lehrt, daß wir durch den Meßakt eine Zustands-Funktion ändern und so statistisch die Zukunft, nicht aber die Vergangenheit bestimmen, und auch dies ist ein irreversibler Prozeß, der eine Zeitrichtung enthält. Insofern läßt sich sagen, daß die Thermodynamik und die Quantenmechanik mit dem ersten Punkt der Beschreibung der Alltagszeit übereinstimmen. Sind sie auch in Übereinstimmung mit den anderen Punkten? Ich komme darauf zurück.

Sonderbarer Weise glauben die meisten, Irreversibilität und Zeitrichtung könnten auf das Kausalprinzip der klassischen Mechanik gestützt werden. Kant, der Vater dieses Gedankens, argumentierte so: Alles, was geschieht, setzt etwas voraus, worauf es nach allgemeinen Regeln folgt, also gibt es eine objektive Zeitrichtung, nämlich von der Ursache zur Wirkung. Unter solchen allgemeinen Regeln verstand Kant vornehmlich die Gesetze der klassischen Mechanik. Diese bleiben jedoch davon unberührt, ob wir die in ihnen auftretende Zeitvariable t als +t oder -t kennzeichnen; also gibt es in der klassischen Mechanik keine Irreversibilität und keine Zeitrichtung. Im übrigen sind alle Versuche, diesen Tatbestand zu unterlaufen, zum Scheitern verurteilt.[19]

Kehren wir jedoch zunächst zur Thermodynamik zurück. Sie beruht auf der Maxwell-Boltzmannschen Wahrscheinlichkeitsmetrik, nach der alle Arrangements eines Systems von Makroteilchen in einem begrenzten Phasenraum gleich wahrscheinlich sind. Auf Grund dieser Metrik werden Arrangements eines solchen Systems mit hoher Entropie oder geringer Geordnetheit weit öfter vorkommen als solche mit niederer Entropie und hoher Geordnetheit. Darauf stützt sich der zweite Hauptsatz der Thermodynamik. Andererseits ist jedoch eben aufgrund der genannten Metrik die Wahrscheinlichkeit von Arrangements mit niederer Entropie keineswegs gleich Null. Die Entropiekurve wird also mehr oder weniger regelmäßig auf und ab gehen, aber meistens auf demselben Niveau verharren.

Wenn wir uns demnach in einem Zeitabschnitt der Kurve mit hohem Entropieniveau befinden, so können wir sagen, daß wir einige Zeit später wieder mit hoher Wahrscheinlichkeit ein hohes Entropieniveau beobachten werden und daß wir bereits einige Zeit vorher mit hoher Wahrscheinlichkeit ein hohes Entropieniveau beobachtet haben müssen, auch wenn es in der Zwischenzeit mehr oder weniger kurze Abschnitte niederer Entropie gegeben hat oder geben wird. Daraus folgt: Die Entropie-Kurve zeigt keinerlei Richtung; sie macht nur hohe Entropiewerte wahrscheinlicher als niedrige, und daher kann sie auch nicht dabei helfen, irgendeine besondere Zeitrichtung auszuzeichnen.

Bedeutet das nun, daß die Thermodynamik doch nicht mit dem ersten Punkt der Beschreibung der Alltagszeit übereinstimmt, wie es zunächst schien? Die Antwort lautet ja und nein. Die Thermodynamik ist in Übereinstimmung mit dem ersten Punkt der Beschreibung der Alltagszeit, wenn wir uns nicht auf einzelne Systeme beschränken. Nehmen wir nämlich eine große Zahl von ihnen, so werden wir statistisch eine überwältigende Mehrzahl von Fällen finden, in denen die Entropie zunimmt. Wenn wir dagegen ein einzelnes System für sich betrachten, dann ist die Thermodynamik *nicht* in Übereinstimmung mit der Alltagszeit, weil die Entropie auch immer wieder fallen wird. Nun ist z.B. das Universum als Ganzes ein solches einzelnes System. Das bedeutet: Wir können die Richtung und Irreversibilität der Zeit nicht auf das Universum übertragen.

Sieht die Lage der Alltagszeithypothese besser aus, wenn wir uns der Quantenmechanik zuwenden? Ich erwähnte die Irreversibilität der Meßprozesse. Da jedoch diese Irreversibilität nach unserer gegenwärtigen Auffassung nur die Mikrophysik betrifft, so kann sie nicht viel dazu beitragen eine Hypothese zu stützen, die sich auf einen *allgemeingültigen* Zeitbegriff bezieht. Ferner erinnere ich an die sog. Zeitparadoxien, die sich ebenfalls aus der Quantenmechanik ergeben haben, und die Reichenbach als den „ernstesten Schlag" bezeichnet hat, „den der Zeitbegriff" – er meint den des Alltags – „jemals in der Physik

---

[19] Vgl. A. GRÜNBAUM, Philosophical Problems of Space and Time, Dordrecht 1973, Kapitel 7.

erhalten hat."[20] Diese Paradoxien sind durch Stückelberg und Feynmann aufgezeigt worden. Nach ihnen sind bestimmte Fotos, die in einer Wilson-Nebelkammer gemacht wurden, in zweifacher Weise deutbar. Gemäß der *ersten Deutung* werden die Massenteilchen Elektron und Positron anläßlich eines γ-Strahls am selben Ort durch „nichts" erzeugt, nämlich durch keine Masse, um dann verschiedenen Bahnen zu folgen. Gemäß der *zweiten Deutung* gibt es nur ein Teilchen, nämlich ein Elektron; anfänglich bewegt es sich in der Zeit vorwärts, an einem bestimmten Punkt bewegt es sich plötzlich in der Zeit rückwärts, wobei ein γ-Strahl ausgestoßen wird. Beide Deutungen sind in dem Sinne gleichwertig, daß die durch sie beschriebenen Vorgänge den gleichen physikalischen Effekt haben und keinen Unterschied in der Beobachtung ergeben. Eine Umkehrung in der Zeit kann also in der Physik nicht ausgeschlossen werden; dies aber widerspricht klar dem ersten Punkt in der Beschreibung der Zeitvorstellung des Alltags. Es sei auch betont, daß die erwähnte Umkehr in der Zeit schwerer wiegt als die bereits erwähnte Umkehrbarkeit von Ereignissen in der klassischen Mechanik. In der klassischen Mechanik gibt es überhaupt keine Zeitrichtung und folglich kann die Richtung auch nicht geändert werden; allein im Falle des Elektrons, das sich in der Zeit vor- und zurückbewegt, gibt es eine bestimmte Zeitrichtung, wenn sie auch immer wieder umkehrbar ist.

Bisher habe ich nur den ersten Punkt der Beschreibung des Zeitbegriffs unseres Alltags diskutiert – aber wie steht es mit den beiden anderen Punkten? Gibt es ein ausgezeichnetes Jetzt in der Physik, und gibt es einen Fluß der Zeit in dem Sinne, daß vergangene Ereignisse nicht mehr, künftige aber noch nicht existieren?

Erinnern wir uns an Einsteins spezielle Relativitätstheorie, nach welcher es kein ausgezeichnetes *Jetzt* gibt, da die Klasse der gleichzeitigen Ereignisse teilweise von der Definition der Gleichzeitigkeit, teilweise vom gewählten Bezugssystem abhängt. Erinnern wir uns auch daran, daß nach eben dieser Theorie die Zeit bewegter Bezugsysteme für ruhende Beobachter langsamer verläuft als ihre Eigenzeit. Selbst wenn die Kosmologen das Weltalter berechnen, so sind sie sich dessen wohl bewußt, daß ihre Berechnung nur für jene ausgezeichnete Gruppe von Koordinatensystemen gültig ist, die relativ zu dem, was sie das kosmische Substrat nennen, in Ruhe ist. Der Unterschied zwischen dem makrophysikalischen Zeitbegriff und demjenigen der Alltagszeit ist jedoch noch viel größer und radikaler als diese Beispiele zeigen.

Es war, so weit ich sehe, H. Bergmann, der als erster entdeckte, daß es in der Makrophysik überhaupt nicht so etwas wie ein *Jetzt* und einen Fluß gibt, zumindest nicht im Sinne der Zeitvorstellung des Alltags.[21] Jeder Wert, den wir für die Zeitvariable in physikalischen Gleichungen einsetzen, kann ein Jetzt sein. Nach diesen Gleichungen gibt es zwar ein Früher oder Später in dem

---
[20] H. Reichenbach, The Direction of Time, Berkeley 1956, S. 268.
[21] H. Bergmann, Der Kampf um das Kausalgesetz in der jüngsten Physik, Braunschweig 1929.

Sinne, daß 1897 früher ist als 1997 und 1997 später als 1897; aber die Physik zeichnet keinen Punkt in dieser Kontinuität als das Jetzt unserer Beobachtung aus. Wann immer wir „jetzt" sagen, haben wir die „objektive" Welt der Physik in die „subjektive" unserer Erfahrung übertragen. Offenbar ist das Kriterium für die Auswahl eines bestimmten Jetzt die Beobachtung von etwas *Existierendem*. Wenn folglich die Makrophysik kein Kriterium dafür hat, ein bestimmtes Jetzt auszuwählen, so kommt das daher, daß sie in sich kein Mittel hat, im alltäglichen Sinne das Existierende vom Nichtexistierenden zu unterscheiden. Hieraus müssen wir weiter schließen, daß die Makrophysik als solche das Frühere nicht mit dem nicht mehr Existierenden identifizieren kann und das Spätere nicht mit dem noch nicht Existierenden.

Die Frage war, ob die Thermodynamik oder die Quantenmechanik mit dem zweiten und dem dritten Punkt der Beschreibung des Zeitbegriffs unseres Alltags übereinstimmen. Was die Thermodynamik betrifft, so ist dies offensichtlich nicht der Fall, aber nicht wegen der Besonderheiten dieser Theorie, sondern aus dem allgemeinen Grund, daß es in der Makrophysik überhaupt kein ausgezeichnetes Jetzt und keinen Zeitfluß gibt. Dies aber ist wohl der wichtigste Unterschied zwischen dem Zeitbegriff der Makrophysik und demjenigen unseres Alltags. Was die Quantenmechanik betrifft, so liegt die Sache etwas anders, aber es würde zu weit führen, wollte ich diese sehr komplizierte und noch keineswegs hinreichend geklärte Frage hier behandeln.

Mir scheint, H. Weyl hat mit Hinblick auf die Makrophysik dasselbe gemeint wenn er schrieb: „Die objektive Welt *ist schlechthin, sie geschieht nicht*. Nur vor dem Blick des in der Weltlinie meines Leibes emporkletternden Bewußtseins ,lebt' ein Ausschnitt dieser Welt auf und zieht an ihm vorüber als räumliches, in zeitlicher Wandlung begriffenes Bild."[22] Ähnlich unterschied E. Cassirer sozusagen eine niedrigere von einer höheren ontologischen Ebene. Diese niedrigere besteht aus einem Koordinatensystem, z.B. demjenigen der Erde. Er nennt sie „den letzten Erdenrest" der Relativitätstheorie. Die höhere Ebene ist durch die Allgemeinen Feldgleichungen ausgedrückt, die hinsichtlich der verschiedenen Koordinatensysteme kovariant sind und sich daher auf eine Wirklichkeit von Weltlinien, Koinzidenzen usf. beziehen, die von diesen Systemen unabhängig sind.[23]

---

[22] H. WEYL, Philosophie der Mathematik und der Naturwissenschaften, Darmstadt 1966, S. 150.

[23] Seit dem Entstehen der Relativitätstheorie kann man allerdings auch Wiederbelebungsversuche einer absoluten Raum-Zeit beobachten. De Sitter und Taub haben gezeigt, daß für ein leeres Universum Lösungen der Feldgleichungen möglich sind, auch wird die übliche Schwarzschild-Lösung für ein Koordinatensystem bestimmt, in dem der Metriktensor im Unendlichen pseudoeuklidisch ist. Das bedeutet nach A. GRÜNBAUM, daß die Randbedingungen im Unendlichen die Rolle einer absoluten Raum-Zeit einnehmen. (A. GRÜNBAUM, a.a.O., S. 420) Es scheint mir jedoch, daß in allen diesen Fällen das Wort „Zeit" eine Bedeutung hat, die vollständig von derjenigen des alltäglichen Zeitbegriffs verschieden ist. Dies kommt daher, daß jede Art von absoluter Raum-Zeit durch Metriktensoren und partiellen Differentialgleichungen definiert ist und daher niemals so etwas wie ein ausgezeichnetes Jetzt liefern kann. Wir können höchstens die

Nachdem ich die Grenzen der Alltagszeithypothese aufgezeigt habe, wende ich mich nun der erwähnten strukturellen Analogie zwischen dem physikalischen und dem mythischen Zeitbegriff zu. Erinnern wir uns noch einmal an die Struktur der mythischen Zeit, wie sie im vorangegangenen Kapitel an Hand der Archaí, der mythischen Ursprungsgeschichten beschrieben wurde: *Erstens*: Die mythische Zeit ist zyklisch und hat eine Richtung. *Zweitens*: Es gibt darin kein ausgezeichnetes Jetzt als Gegenwart. *Drittens*: Die mythische Zeit fließt nicht von der Vergangenheit in die Zukunft in dem Sinne, daß vergangene Ereignisse nicht mehr und künftige noch nicht existieren.

Der mythischen Zeit steht die profane der Sterblichen gegenüber. Aus der Sicht der Sterblichen erscheinen die Archaí als in die profane Zeit eingebettet (Jahreszeiten, kultische Wiederholung einer Arché), so daß sie dort im Fluß der profanen Ereignisabfolgen auftreten. Bezeichnen wir die betreffende Arché, mit A, die profanen Ereignisse aber mit Kleinbuchstaben, so ergeben sich also mannigfaltige Zyklen der Art Abcd .. Aefg ... Ahij ... usw. Solche Folgen nennen wir *polyzyklisch* im Gegensatz zum *Monozyklus* der heiligen Zeit, der sich nie wiederholt. Während nun die mythische Zeit mit der Alltagszeit nur das gemein hat, daß sie eine Richtung hat, sonst aber nichts, liegt der Fall in der Tat anders, wenn wir sie mit den in der Physik entwickelten Zeitbegriffen vergleichen. Daß die physikalische Zeit kein ausgezeichnetes Jetzt und damit auch keinen Zeitfluß kennt, ist schon bemerkt worden. Dagegen bietet sie kein eindeutiges Bild, wenn es sich um die Zeit-Richtung handelt, also dem einzigen Punkt, in dem Alltagszeit und mythische Zeit miteinander übereinstimmen. Bleibt noch die Frage, ob die physikalische Zeit auch Zeit-Zyklen kennt.

Betrachten wir nun zunächst die Thermodynamik. Nach der Maxwell-Boltzmannschen Wahrscheinlichkeitsmetrik und ihrer Ableitung aus den klassischen Bewegungsgleichungen durch von Neumann und Birkhoff sind Wiederholungen identischer Verteilungszustände möglich. Folglich kann die Zeit, wenn sie durch die Thermodynamik bestimmt wird, auch zyklisch sein. Als weiteres Beispiel sei die relativistische Kosmologie erwähnt. Sie enthält Weltmodelle, die als oszillierend gedeutet wurden. In diesen Modellen entsteht das Universum mit einem Urknall; dann dehnt es sich aus und zieht sich später wieder zu einem Punkt zusammen; darauf erfolgt ein neuer Urknall, das Weltall dehnt sich wieder aus usf. Auf der einen Seite wären also bei diesen Wiederholungen jeder Ursprung und jedes Ende des Universums identisch das gleiche, wenn die globalen Konstanten wie die Gesamtmasse, die Gesamtladung, der Gesamtdrehimpuls bewahrt werden, während die Feinstruktur vollständig verschwindet; auf der anderen Seite würden aus jedem Urknall verschiedene Universen mit verschiedener Feinstruktur entstehen. Daher wäre die Zeit solcher oszillierender Universen polyzyklisch.

„niedrigere Wirklichkeit" im vorhin genannten Sinne an diese „höhere" ankoppeln, indem wir gemäß unserer „subjektiven" Jetzt-Erfahrung in die Feldgleichungen einen bestimmten Zeitwert für die Zeitvariable einsetzen.

Eine weitere überraschende Analogie gibt es zwischen der Beziehung „profane-heilige Zeit" auf der einen und der Beziehung „subjektive-makrophysikalische Zeit" oder „niedrigere und höhere Wirklichkeit" auf der anderen Seite. Wie wir gesehen haben, finden sich ein ausgezeichnetes Jetzt und ein Zeitfluß in der profanen und subjektiven Zeit, während derartiges in der heiligen und makrophysikalischen Zeit fehlt.

Mit solchen Analogien soll und kann nichts zugunsten jener mythischen Zeitverhältnisse gesagt werden, die den biblischen Schöpfungsmythos bestimmen. Wie gezeigt, entzieht sich dieser jeglicher theoretischer Betrachtung, weil er dem Logos der Offenbarung und nicht der Metaphysik entspringt, darin aber auch seine unantastbare Legitimität besitzt. Andererseits ist es lehrreich, die so vielen befremdlich und unannehmbar erscheinende mythische Zeitstruktur unvermutet im Schoße einer Wissenschaft auftauchen zu sehen, der wir gerne eine ideale und paradigmatische Bedeutung für die Wissenschaft überhaupt zusprechen: der Physik. Damit wird aber auch dem heute für die Akzeptanz der Schöpfungsgeschichte so hinderlichen, verbreiteten Eindruck entgegengetreten, die mythische Zeitvorstellung sei irrational oder ermangle zumindest einer präzisen und rationalen Struktur.[24]

b) Physikalische Kosmologie

Zwar handelt diese auch von der Entstehung und Entwicklung des Universums, doch ist sie im Gegensatz zur biblischen Schöpfungsgeschichte in der Sprache der Physik geschrieben. Wählen wir als Beispiel die Relativistische Kosmologie, welche die wichtigste ist und uns als klassisches Modell dienen kann. Zum einen beruht sie auf der Einsteinschen Feldgleichung, welche die Abhängigkeit der geometrischen Verhältnisse des Weltraums von der Verteilung der gesamten Materie beschreibt. Zum andern stützt sie sich auf zwei Postulate, das Postulat über das Weltsubstrat (PW) und das sog. Kosmologische Prinzip (KP). Das PW fordert, daß die Materie im Weltraum nach Art eines Gases mit gleichförmiger Dichte verteilt ist, dessen Moleküle, die Galaxienhaufen, sich zu ihrer näheren Umgebung in Ruhe befinden. Das KP besagt, daß das Universum für alle Beobachter, die sich mit dem Weltsubstrat bewegen, den gleichen Anblick bietet. Das KP und das PW werden Prinzipien der Einfachheit genannt, weil sie dem Universum eine durchgängig einheitliche Form unterstellen. Mit diesen Voraussetzungen gelangt man schließlich zu einer Weltformel, die mehrere Lösungstypen enthält und damit mehrere Verläufe der Geschichte des Universums zuläßt. Hat also nach der Genesis Gott die Welt erschaffen, so ist deren Entstehung nach der wissenschaftlichen Kosmologie auf natürliche, und das heißt kausalgesetzliche Weise zu erklären. Schöpfungs-

---

[24] Zu einer umfassenden Diskussion verschiedener Zeitbegriffe vgl. W. DEPPERT, Zeit. Begründung des Zeitbegriffs, seine notwendige Spaltung und der ganzheitliche Charakter seiner Teile. Stuttgart 1989.

geschichte und Kosmologie stehen daher einander wie These und Antithese gegenüber.

Es fehlte freilich nicht an Versuchen, beide miteinander zu vereinen. Einige der erwähnten Lösungstypen für die kosmologische Weltformel enthalten nämlich den schon erwähnten Urknall, eine Urexplosion also, woraus das Weltall entstanden sein soll. Es wird nun geglaubt, im Urknall ein Indiz für die biblische Erzählung von der Schöpfung aus dem Nichts oder aus dem Chaos erblicken zu können, wobei das Chaos mit jenem Zustand gleichzusetzen wäre, in dem sich die Weltmaterie vor der großen Explosion befand, als sie noch in einem gestaltlosen Punkt zusammengedrängt war, und hinterher, solange sich noch nicht jene Bedingungen herausgebildet hatten, unter denen Leben grundsätzlich möglich ist. Einen weiteren Anhaltspunkt für eine derartige Vermittlung zwischen der religiösen und physikalischen Betrachtungsweise der Weltentstehung bietet die neuerliche Einführung des sog. *Anthropischen Prinzips* in kosmologische Theorien, die schließlich zu neuen Modellen geführt hat, worauf ich aber nicht näher eingehen kann. Scheint doch dieses Anthropische Prinzip eine Rückkehr der Physik zu teleologischen Vorstellungen zu verraten, die, wie gezeigt, auch in der biblischen Schöpfungsgeschichte leitend waren. Der Astrophysiker Carter hat es mit den Worten „cogito, ergo mundus talis est" formuliert. Damit ist gemeint, daß der gegenwärtige Zustand des Universums, sein Alter und seine Dauer, aus der Existenz intelligenter Wesen abgeleitet werden können. Die Stelle der Zeit, an der sich Menschen befinden, ist insofern eine privilegierte, als nur ein bestimmter Ausschnitt der Weltzeit jenen physikalischen Zustand aufweist, in dem Menschen existieren können.

Man sollte jedoch die Hoffnung fahren lassen, mit solchen Elementen der physikalischen Kosmologie eine Art Synthese zwischen ihr und der biblischen Genesis herstellen zu können. Denn der Urknall ist keine wissenschaftliche Tatsache, wie er gemeinhin hingestellt wird, sondern Gegenstand einer durchaus fragwürdigen Hypothese. Was für sie spricht, ist die sog. Hintergrundstrahlung. Von einer Gewißheit kann aber um so weniger die Rede sein, als sie auf einer physikalisch unerlaubten Extrapolation beruht. Wird nämlich das Universum vor dem Urknall als realer Punkt vorgestellt, dann widerspricht dies fundamentalen physikalischen Erhaltungsgesetzen (Erhaltung der Baryonenzahl); faßt man diesen Punkt aber als Singularität auf, dann hat die Aussage über den Urknall keinen Realitätsgehalt.[25] Dabei sollte auch nicht vergessen werden, daß die Diskussion darüber, ob es überhaupt so etwas wie eine allgemeine Weltzeit gibt, in welcher der Urknall lokalisierbar wäre, bisher zu keinem befriedigenden Ergebnis geführt hat. Denn nach den Prinzipen der Allgemeinen Relativitätstheorie sind alle Koordinatensysteme gleichberechtigt, aber nur eine bestimmte Auswahl unter ihnen, nämlich derjenigen, für die das PW und das KP zutrifft, liegt der relativistischen Kosmologie zugrunde, von der hier die Rede ist. Was aber nun das Anthropische Prinzip betrifft, so stellt es in Wahrheit

---

[25] Vgl. K. HÜBNER, Kritik der wissenschaftlichen Vernunft, a.a.O., Kapitel X, 3.

keine Rückkehr zu früheren teleologischen Betrachtungsweisen dar, weil es eine ausschließlich heuristische Funktion hat. Es wird nämlich damit nicht etwa unterstellt, daß der Mensch das Ziel des Universums sei, sondern es wird nur gefragt, wie es zu den physikalischen Bedingungen gekommen sein muß, die menschliches Leben möglich machen.

Doch ist damit das ganze Ausmaß des hypothetischen Charakters der relativistischen Kosmologie noch keineswegs erfaßt. Aus ihr läßt sich eine Gleichung ableiten, welche die Abhängigkeit der beobachteten Strahlungsmenge einer Galaxie von der Rotverschiebung des Lichtes ausdrückt. Diese Gleichung enthält vier Lösungstypen. Also wäre die relativistische Kosmologie falsifiziert, wenn die beobachteten Daten der beiden Parameter mit keinem dieser Typen vereinbar wären. Wie sich nun aber herausgestellt hat, liefert die Gleichung die überprüfbare Abhängigkeit nur dann, wenn man das Kosmologische Prinzip (KP) dabei voraussetzt. Dieses Prinzip ist also in der relativistischen Kosmologie nicht nur die Grundlage für ihre Weltformel, worauf ich schon hingewiesen habe, sondern es ist auch die Grundlage für die Überprüfung dieser Weltformel.[26] Daraus folgt, daß es kein Gegenstand der Erfahrung sein kann, so daß es dieser vielmehr a priori vorausgeht. Wollte man es rechtfertigen, müßte man es, da es sich wie gesagt um ein Prinzip der Einfachheit handelt, aus einem allgemeineren Prinzip dieser Art ableiten. Das aber wäre nur in einem größeren philosophischen Zusammenhang möglich, ja, man müßte die Grenzen zur Metaphysik überschreiten. Dasselbe gilt für das Postulat über das Weltsubstrat (PW). Diese Feststellung läßt sich verallgemeinern. Letztlich stoßen wir auch bei den von unserem klassischen Modell abweichenden Kosmologien auf philosophische und metaphysische Grundlagen, die sowohl ihren Inhalt wie ihre empirische Überprüfung bestimmen.[27]

So enthüllt sich also die heute so verbreitete Überzeugung, die biblische Schöpfungsgeschichte sei, verglichen mit den wissenschaftlichen Kosmologien, ein mythisches Märchen, als ein Fall naiver Wissenschaftsgläubigkeit, vor der die Wissenschaft in dem ihr eigentümlichen selbstkritischen Denken in Schutz genommen werden muß. Auch ist schon der Vergleich zwischen beiden, den Kosmologien und der Schöpfungsgeschichte, absurd, weil sie von ganz verschiedenen, aber gleichberechtigten Aspekten der Wirklichkeit ausgehen – metasprachlich ausgedrückt: von ganz verschiedenen Ontologien. (Siehe das I. Kapitel). Dessen ungeachtet bleibt aber noch ein ungeklärter Punkt. Denn aller Hinweise auf die verschiedenen Wirklichkeitsaspekte ungeachtet scheint

---

[26] Ähnlich liegen die Verhältnisse bei anderen Tests, wie dem Dichtetest oder Alterstest.

[27] Kürzlich hat eine Reihe von Kosmologen die wichtigsten Klassischen Prinzipien der Einfachheit, darunter das Kosmologische Prinzip auf einen nur kleinen Teil des Universums beschränkt, eben jenen, der für uns noch überschaubar ist. Man könnte darin eine gewisse Rückkehr zum Ptolemäismus sehen, weil damit der uns bekannte Teil des Universums eine Auszeichnung erfährt. Vgl. V. WEIDEMANN, Die Entstehung der Welt aus dem Nichts, Kosmologie an den Grenzen der Wissenschaft, in: H. LENK (Hrsg.), Zur Kritik der wissenschaftlichen Rationalität, Freiburg 1986.

doch damit der Widerspruch noch nicht restlos beseitigt, daß, kosmologisch betrachtet, die Schöpfung der Erde derjenigen der Gestirne nachgefolgt ist, dieser Vorgang aber mythisch gerade umgekehrt verlaufen sein soll.

Damit komme ich noch einmal auf jenen Typus von Weltschöpfungsmythen zurück, den ich am Beispiel von Hesiods Theogonie erläutert habe. Da zeigte sich, daß solche Mythen erzählen, wie die Welt als Haus der Götter und mit ihnen der Menschen gebaut wurde, gleichsam der Vorgang der numinosen Animation des Chaos, dem der Kosmos als göttliche Ordnung und als Einheit des Materiellen mit dem Ideellen entsprungen ist. Dabei mußte aber, in diesem Erwachen zum Göttlichen, zuerst die Erde aus dem Chaos hervortreten, denn sie ist die eigentliche Bühne für das Ineinanderwirken von Göttern und Menschen, demgegenüber der bestirnte Himmel ein Zweites ist, wenn auch mit ihr in ewiger Einheit verbunden. Dagegen besteht der Unterschied zwischen Hesiods Weltschöpfungsmythos und demjenigen der Genesis hauptsächlich darin, daß in dieser von der Erde nicht als dem Ort des Ineinanderwirkens von Göttern und Menschen, sondern der Beziehung zwischen Gott und Mensch die Rede ist, daß in ihr also vornehmlich das Haus entsteht, in dem der Mensch mit Gott Umgang pflegen kann. Und insofern ist sie zunächst und zuerst das *Paradies*, dem der bestirnte Himmel das göttliche Licht liefert. Der Unterschied zwischen der Genesis und der physikalischen Kosmologie ist daher nicht nur in der beschriebenen Weise ein aspektischer desselben Gegenstandes, sondern er besteht auch darin, daß die Genesis von der *Arché* des Kosmos handelt, also von dem weder in der profanen, physikalischen Zeit noch dem profanen, physikalischen Raum lokalisierbaren *Ursprung jenes Universums*, mit dem sich die physikalische Kosmologie beschäftigt. Wie die Genesis die Entstehung des Paradieses beschreibt, so die Kosmologie das Universum, das aus diesem nach dem Fall entstanden ist und daher auch in adäquater Weise mit physikalischen Methoden untersucht werden kann. Doch kann dieser Zusammenhang erst dann vollständig einsichtig werden, wenn das Wesen des Falles, damit der Zusammenbruch der ursprünglichen Schöpfung als Arché und, im Zuge der Heilsgeschichte, am Ende auch wieder die Aufhebung des Falles und damit der in der Apokalypse beschriebene Untergang der aus ihm hervorgegangenen Welt in den folgenden Kapiteln geklärt worden ist. Wie sich auch noch der letzte, scheinbare Widerspruch zwischen der Genesis und der Kosmologie auflöst, davon wird daher erst der Schluß dieses Buches handeln.

4. Biologische Evolutionstheorie

Weit mehr noch als die physikalischen Kosmologien hat die biologische Evolutionstheorie (ET) dazu beigetragen, die biblische Schöpfungsgeschichte als „überholt" und nicht mehr ernst zu nehmen anzusehen. Ist doch diese Theorie im Gegensatz zu den physikalischen Kosmologien leicht begreiflich, und erklärt sie doch auf scheinbar ganz natürliche Weise die Entstehung von Pflanzen, Tieren und Menschen.

Die ET stützt sich hauptsächlich auf 3 Gruppen von Tatsachen: *Erstens*: Die paläontologischen Funde, aus denen hervorgeht, daß Organismen in verschiedenen Zeiträumen aufgetreten oder wieder ausgestorben sind, und daß im Laufe dieses Prozesses immer wieder höhere Formen ausgebildet wurden, bis sie schließlich im Menschen kulminierten. *Zweitens*: Die unter den Organismen zu beobachtenden *anatomischen, physiologischen, chemischen und verhaltensbestimmten Homologien*. Als Beispiel für anatomische Homologie sei die Formenverwandtschaft im Gliederbau und den Organen der Wirbeltiere genannt, die eben deswegen zu einer Gruppe zusammengefaßt werden können. Andererseits sind die Unterschiede der in dieser Gruppe zusammengefaßten Tiere z.B. dadurch gegeben, daß formverwandte Glieder verschiedene Funktionen ausüben. So treten etwa die Vorderextremitäten als Flossen, Laufbeine, Grabwerkzeuge, Flügel usw. auf. – Als physiologische Homologie seien der Atmungs- und Nahrungsstoffwechsel oder die Bauelemente Zelle, Zellkern, Chromosomen usw. aufgeführt. Ferner gehören hierzu chemische Homologien der Körpereiweiße, des Blutfarbstoffes, der Enzyme, der Immunstoffe usw. – Beispiele für verhaltensbestimmte Homologien sind z.B. Überlebensstrategien wie Konformität mit der Umwelt, Emanzipation, Migration, Opportunismus, Symbiosen und Antibiosen. *Drittens*: Die Keimbildung oder Ontogenese. Es scheint sich in manchen Fällen eine Entwicklung von niederen zu höheren Formen zu wiederholen, weshalb sie von Haeckel als kurze Rekapitulation der Phylogenie bezeichnet wurde. Doch gilt dies keineswegs so allgemein wie man früher annahm und trifft für viele gerade nicht zu. Beispielsweise darf man nicht von den Kiemen der Libellenlarven schließen, daß erwachsene Libellen früher im Wasser lebten.

Der erste Schritt der ET besteht nun darin, aus diesen Tatsachen phylogenetische Beziehungen zu erschließen. So werden Stammbäume entworfen, nach welchen die einzelnen Typen einer Gruppe wie Zweige an einem gemeinsamen Ausgangspunkt dargestellt werden.

Um Mißverständnisse zu vermeiden sei klargestellt, daß hier nur von phylogenetischen Beziehungen im *Makrobereich* die Rede ist, nicht von denjenigen im Mikrobereich. Der Makrobereich wird durch folgende Begriffe definiert: 1. Stamm (z.B. Wirbeltiere), 2. Klasse (z.B. Säugetiere), 3. Ordnung (z.B. Raubtiere), 4. Familie (z.B. hundeartig). Zum Mikrobereich zählen: 1. Gattung (z.B. Wolf *und* Fuchs, Pferd *und* Esel), 2. Art (Wolf, Fuchs) und schließlich 3. Rasse (z.B. Schäferhund).[28]

---

[28] Wie sich noch zeigen wird, ist der Versuch der ET, für das aufgeführte und gleich noch näher zu erläuternde Tatsachenmaterial im Makrobereich eine *theoretische Erklärung* zu finden, schwerwiegenden induktionslogischen und wissenschaftstheoretischen Einwänden ausgesetzt. Dies gilt nicht in Beziehung auf den Mikrobereich, wo die Evolution z.B. von einer Art zur anderen Gegenstand unmittelbarer empirischer Beobachtung sein kann. So gibt es die Entstehung einer Art aus einer anderen, die durch sog. Isolation zustande kommt. Beispielsweise bildeten sich auf den kanarischen Inseln zwei Arten von Buchfinken aus, die nicht miteinander bastardisieren. Der Grund liegt in einer durch Mutation hervorgerufenen Änderung des Genoms einer früher eingewanderten Finkenpopulation, welche die später nachkommende nicht mitgemacht hat.

Die ersten bakterienartigen Organismen finden sich schon im Präkambrium. Später treten Hefepilze und andere primitive, kernhaltige Organismen auf. Im Kambrium, vor etwa 550 Millionen Jahren, sind bereits alle Stämme der Tiere vorhanden, mit einer Fülle komplizierter Organismen. Für einen phylogenetischen Urstamm kann es keinen Beweis geben, da reine Weichteile selten Fossilien bilden.

Es gab und gibt nun verschiedene Methoden, die verzweigten Zusammenhänge in den Erscheinungen dieser und der späteren Evolution aufzudecken und damit eine Abstammungslehre zu begründen. Keine von ihnen hat sich jedoch als hinreichend befriedigend erwiesen. Das gilt auch für den sog. Kladismus[29] W. Hennigs (1950)[30], der zwar einen methodischen und logischen Fortschritt brachte, doch mit dem Mangel, daß sich die Komponenten der Phylogenie, die er berücksichtigte, als zu eng erweisen. Die damit zusammenhängende Problematik hat A. Portmann am Beispiel des die Anthropoiden und Homiziden betreffenden Tatsachenmaterials zu verdeutlichen gesucht.[31] Der rein biologisch Denkende betrachtet nur die fossilen Funde und ordnet sie nach ihren Ähnlichkeiten in eine bestimmte Reihe, die er phylogenetisch deutet. Andere gehen dagegen von dem Spezifischen, Eigenartigen des menschlichen Lebens aus und sehen darin eine komplexe Einheit, für die vor allem geistige Fähigkeiten des Lernens, der Beweglichkeit und der Anpassung kennzeichnend sind, kurz das, was Portmann unter „Geschicklichkeit" zusammenfaßt. Wenn man also das Ursprungsproblem des Menschen lösen wolle, so müsse man von dieser seiner komplexen Art ausgehen und könne nicht einfach zu seiner tierischen Grundlage das Menschliche hinzuaddieren.

Überhaupt besteht die Grundschwierigkeit der Phylogenie darin, daß sie in hohem Maße zur Überbrückung von Lücken zu dem Mittel der Extra- und Interpolation greifen muß. Dies ist zwar ein legitimes wissenschaftliches Verfahren, doch müssen dabei auch bestimmte Grenzen beachtet werden. Im Falle der Phylogenie geht das Extra- und Interpolieren oft so weit, daß es bereits den Charakter von wissenschaftstheoretisch fragwürdigen ad-hoc-Hypothesen annimmt, mit denen man Schwachstellen oder gar Falsifizierungen im Tatsachenmaterial auszugleichen sucht. Die ad-hoc-Hypothesen bestehen hier in der Annahme einer unübersehbar großen Zahl zusätzlicher, noch unbekannter Tatsachen, die den fehlenden phylogenetischen Zusammenhang herstellen sollen. Man könnte also auch von einem äußerst schwachen, manchmal fast schon absurden Indizienbeweis sprechen.

Alle diese und andere Gründe haben J. Illies bewogen, den Gedanken eines Stammbaums als eine bloße Idee im Sinne Kants zu verstehen.[32] Diesem Ge-

---

[29] Von griech. Klados, der Zweig.
[30] W. Hennig, Grundzüge einer Theorie der phylogenetischen Systematik, Berlin 1950. Vgl. ferner W. Sudhaus/K. Rehfeld, Einführung in die Phylogenetik und Systematik, Stuttgart 1992.
[31] A. Portmann, Das Ursprungsproblem, in: Biologie und Geist, TB 124.
[32] J. Illies, „Die Wunderwelt der Stammbäume", in: A. Locker (Hrsg.), Evolution – kritisch gesehen, Salzburg 1983.

danken war zunächst derjenige einer Leiter vorausgegangen, wie ihn C.H. Bonnet 1779 in seiner „idée d'une echelle des etres naturels" entwickelt hat. Bonnet verband damit freilich noch keinen Entwicklungsgedanken, sondern nur die Ordnung der Schöpfung, die von den Pflanzen über die Insekten, Fische, Vögel und Affen zu den Menschen reicht. Allerdings hat er damit nur die schon im Mittelalter bestehende Vorstellung von einer hierarchischen Ordnung der Schöpfung näher präzisiert. Aber schon 1766 hatte P.S. Pallas den Gedanken eines solchen Schemas als zu primitiv verworfen. Wie z.B. sollte man die verschiedenenen Arten von Reptilien, Vögeln, Fischen usw. auf einander folgenden Leitersprossen unterbringen? Daher schlug Pallas vor, lieber das Bild eines sich verzweigenden Baumes zu gebrauchen und benützte es zur Darstellung verschiedener Erdbeerrassen. Erst bei Lamarck wurde aus einem bloßen Bild und Schema ein ens reale, und erst Darwin diente es 1859 zur Darstellung einer naturalistischen Genese. Was zweifellos für Arten und Rassen zutrifft, daß sie nämlich in einem wirklichen Stammbaum zusammenhängen, wurde nun von Darwin durchaus spekulativ, weil keineswegs empirisch hinreichend belegt, auf die makrobiologische Evolution übertragen, wobei er dabei allerdings die gebotene Vorsicht walten ließ und keineswegs mit jener Selbstgewißheit auftrat, wie es bei seinen heutigen Nachfolgern der Fall ist. Schließlich setzte sich E. Haeckel über alle Bedenken hinweg und sprach 1866 in seiner „Generellen Morphologie" von einer Genealogie oder Stammbaumkunde.

Heute ist bei ernüchterter Betrachtung der Fossilien aus dem Bild des Stammbaums eher ein Bild von Büscheln und Garben geworden, die weder in sich noch mit anderen Garben in einem eindeutigen phylogenetischen Zusammenhang gebracht werden können. Solche Darstellungen werden, wie Illies bemerkt, nur noch aus Tradition „Stammbäume" genannt, während sie doch in Wirklichkeit durch den geschwungenen Verlauf ihrer dünnen, jede Berührung untereinander vermeidenden und in ungewisse Tiefe sich hinziehend gezeichneten Äste letztlich nur zu erkennen geben, daß der Verfasser „trotzig zu der Ansicht steht: Irgendwann *müssen* ja schließlich diese Linien einmal zusammengehört haben!"[33] Illies spricht von einem „Verbuschungsprozeß", wobei das Nebeneinander getrennter Entwicklungsverläufe „das eigentlich sensationelle Ergebnis der Paläontologie" sei.[34] So bezeichnet Illies schließlich die Stammbaumphilosophie als eine „spekulative Sackgasse"[35]. Ebenso könnte man einen Stammbaum „musikalischer Kunstwerke erdenken, Bachs Werke als breiten Stamm, Beethovens und Mozarts Stücke als Äste mit ihren Blättern daraus hervorgehend. Und auch hierbei wäre viel musikalischer Sachverstand zu investieren, denn es gibt ja in der Tat gemeinsame Züge, Ähnlichkeit und Verwandtschaft wie die gleiche wohltemperierte Tonleiter, den gleichen Quintenzirkel, die gleichen Harmoniegesetze. Allein wie ähnlich sie einander auch sein

---

[33] A.a.O., S. 114.
[34] A.a.O., S. 118f.
[35] A.a.O., S. 119.

mögen: Mozarts und Beethovens Musik stammt eben *nicht* von derjenigen Bachs ab, der Unterschied ist wesenhaft unüberbrückbar, und eben in dieser Einmaligkeit liegt der eigentliche Sinn und Wert ihrer Stücke."[36]

Wenden wir uns nun, nach der kritischen Diskussion des Tatsachenmaterials, den Versuchen zu, dafür theoretische Erklärungen zu finden, und prüfen wir die dabei verwandten wissenschaftstheoretischen, vor allem induktionslogischen Methoden.

Die Behauptung einer phylogenetischen Beziehung ist diejenige verzweigter Kausalreihen. Wenn wir z.B. feststellen, daß zwischen zwei Menschen eine enge Familienähnlichkeit besteht, dann werden wir u.U. daraus schließen, daß sie die gleiche Ursache, nämlich die gleichen Eltern haben, und dies als Erklärung für ihre Ähnlichkeit betrachten. Aber dieses Beispiel zeigt sogleich den entscheidenden Unterschied zwischen der Annahme, zwei makrobiologische Tiergruppen hätten dieselben Ahnen, und der Annahme, zwei Menschen hätten die gleichen Vorfahren. Im letzteren Fall liegt zwar die Ursache in der Vergangenheit, doch läßt sich auf sie induktionslogisch in korrekter Weise schließen. Wissen wir doch, wie Kinder gezeugt werden, und eine solche Zeugung läßt sich auch jederzeit wiederholen. Wir können hier also aus einem allgemein bekannten Ursache-Wirkungszusammenhang auf den gleichen Vorgang in der Vergangenheit schließen und ihn auf diese Weise erklären. Im ersteren Fall dagegen liegt die Ursache nicht nur in der Vergangenheit, sondern sie ist auch nicht reproduzierbar, und wir können deswegen über sie höchstens Vermutungen anstellen. Wenn wir daher aus dem bekannten Vorgang der Zeugung und den daraus resultierenden Familienähnlichkeiten folgern, daß auch überall dort eine gemeinsame Abstammung vorliegt, wo überhaupt Homologien auftreten, dann handelt es sich nicht um einen Induktions-, sondern um einen *Analogieschluß*.

Analogieschlüsse haben aber wissenschaftstheoretisch eine rein *heuristische Funktion*, so etwa, wenn im vorigen Jahrhundert Forscher auch die Phänomene der Wärme auf mechanische Weise zu erklären suchten. Erst als dies schließlich gelungen war, konnte man von einer *Theorie* der Thermodynamik sprechen. Die darwinistischen Evolutionstheoretiker aber verwechseln einen solchen Analogieschluß bereits mit der Wirklichkeit der Sache selbst und befinden sich damit, wissenschaftlich gesehen, in einem archaischen Zustand.

In der Tat beschreibt das beschriebene Tatsachenmaterial, phylogenetisch betrachtet, *nur Wirkungen*, und das gilt eben auch für die Ontogenese, die man als *Folge* der paläontologischen Entwicklung ansieht. Wo wir aber nur von den Wirkungen auf die Ursache schließen, die Ursache aber nicht reproduzierbar ist, sondern nur hypothetisch vermutet werden kann, da liegt folgendes logisches Schema vor: Wenn A, dann B. Nun ist aber nur B bekannt; also kann jede Annahme über A wahr oder falsch sein. Dem entrinnen wir auch dann nicht, wenn diese Annahme, wie gezeigt, auf Analogieschlüssen beruht.

---
[36] A.a.O., S. 119.

Wir müssen uns aber fragen, warum uns solche Analogieschlüsse heute so überaus plausibel erscheinen. Könnten wir nicht im Hinblick auf das, was das Tatsachenmaterial wirklich hergibt, ebenso gut, wie schon Paulus (Röm 1, 20), auf einen Schöpfergott schließen, der alle diese Formen hervorgebracht hat, wobei wir uns doch ebenfalls einer Analogie bedienten, nämlich derjenigen zum Schaffen durch Menschenhand? Warum kommt uns aber *dieser* Analogieschluß so viel weniger plausibel als der andere vor, obgleich sie doch beide gleich viel oder gleich wenig wert sind? Offenbar liegt dies an der allgemeinen, wissenschaftlichen Mentalität, die uns, Kindern unserer Zeit, aufgeprägt ist, und so sind uns eben alle sog. natürlichen Erklärungen naheliegender als transzendente. *Aber es gibt ebenso wenig einen zwingenden theoretischen, empirischen oder vernünftigen Grund, die evolutionstheoretische Deutung des gegebenen Tatsachenmaterials der biblischen Schöpfungsgeschichte vorzuziehen, wie es einen Grund gibt, ihr die physikalische Kosmologie vorzuziehen.*

Die ET, soweit sie bisher betrachtet wurde, ist also nichts weiter als eine sog. „Plausibilitätshypothese". Gesetzt nun, man hält sie für wahr, für eine hinreichende Erklärung der wirklichen Vorgänge, so bedürfte sie, um zu einer wissenschaftlichen Theorie zu werden, der folgenden Ergänzung: Eine Theorie besteht, grob gesprochen, aus einem axiomatischen Verbund von Gesetzen, die dadurch überprüfbar sein müssen, daß bei empirischer Gegebenheit einer von ihnen erfaßten Ursache die vorausgesagte Wirkung eintritt, oder daß der Zusammenhang von Ursache und Wirkung, wenn er schon nicht real wiederholbar ist, weil er z.B. in der Vergangenheit liegt, zumindest prinzipiell rekonstruiert werden kann. Worin besteht nun der *Verbund von Gesetzen,* der in der ET die zu ihrer Plausibilitätshypothese notwendige Ergänzung darstellt?

Er besteht aus zwei Elementen: *Erstens* der Evolution durch *Mutation* (oder Variation), und *zweitens* durch *Selektion.* Unter Mutation werden spontane Änderungen der Gene innerhalb einer Population verstanden, die makrobiologisch neue biologische Formen erzeugen. Durch Selektion aber werden diejenigen von ihnen ausgewählt, welche die „günstigsten Eigenschaften" haben. So bringt nach Auffassung der Evolutionstheoretiker die Selektion in den Evolutionsprozeß jene Richtung, die letztlich vom Einzeller zum Menschen geführt hat.

Betrachten wir zunächst die Mutation. Ist sie makrobiologisch überhaupt ein Gesetz, wie es eine axiomatische Theorie verlangte? Man könnte vielleicht auf den Gedanken kommen, sie nach dem Modell der Prozesse im bereits definierten Mikrobereich als ein statistisches Gesetz zu betrachten. In diesem lassen sich nämlich innerhalb bestimmter Arten sehr wohl Mutationen von statistischer Häufigkeit feststellen, und diese Häufigkeit ist sowohl physikalisch wie chemisch auslösbar, ja sie können dadurch sogar verändert werden.[37] Im Makro-

---

[37] Als Mutationsauslöser wirken physikalisch Röntgen-Strahlen, chemisch Senfgas, Urethane, Alkaloide usf. Solche Auslöser führen allerdings überwiegend zu negativen Mutationen, die zur Zerstörung von Nachkommen führen können.

bereich aber können wir Mutationen nicht als statistische Gesetze formulieren. Unter einem solchen Gesetz versteht man ja die Verteilung bestimmter Gegenstandstypen oder Eigenschaftstpyen dieser Gegenstandstypen als Funktion der Zeit. Hieraus können wir unter gegebenen Randbedingungen die Wahrscheinlichkeiten künftiger Verteilungen errechnen. Im paläontologischen Makrobereich sind uns aber solche Verteilungsmengen ganz unbekannt, und wir können daher dort auch keine statistischen Berechnungen anstellen. Das bedeutet, daß, makrobiologisch gesehen, eine paläontologische Mutation überhaupt kein Gesetz ausdrückt, und daher, folgte man dem heutigen Sprachgebrauch, als Zufall bezeichnet werden müßte. Doch ist die Rede vom Zufall, logisch betrachtet, äquivalent der Rede von *wissenschaftlicher Unerklärbarkeit* und dient nur der falschen Suggestion, als ob wissenschaftlich die Annahme transzendenter Einwirkungen überflüssig geworden sei.

Betrachten wir nun die Selektion. Im Gegensatz zur Mutation wird sie zweifellos mit Gesetzen in Verbindung gebracht. Als Beispiele werden angeführt: Insekten, die bisweilen zur Flugunfähigkeit mutieren und gerade dadurch davor bewahrt werden, durch den Wind aufs offene Meer getrieben zu werden; durch Mutation gegen Gifte resistente Bakterien; Industriemelanismus, wonach verschmutzte und geschwärzte Baumstämme zum Dunkeln mutierenden Nachtfaltern größere Überlebenschancen bieten; die Darwin-Finken, die auf den verschiedenen Galapagos-Inseln unter unterschiedlichen Umweltbedingungen leben und damit mehrere Arten ausbildeten; bestimmte Kohlmeisen, Raben und Nebelkrähen, die sich durch lang andauernde Separation so voneinander entfernt haben, daß sie nicht mehr miteinander bastardisieren usw.

Über das Selektionsprinzip ist im Für und Wider viel gestritten worden. Z.B. leidet das soeben aufgezeigte Tatsachenmaterial an dem Mangel, daß es sich ausschließlich auf den Mikrobereich bezieht. Für den Makrobereich fehlt uns weitgehend die Kenntnis der einzelnen Selektionsbedingungen. Andererseits gibt es viele Eigenschaften, die keinen Selektionswert zu besitzen scheinen, wie z.B. bestimmte Farben oder Zeichnungen auf Gefieder und Fell. Auch müßte die Selektion oft unter gleichen Bedingungen zu sehr verschiedenen Formen geführt haben, wie die Placentalia und die Beuteltiere zeigen. Denn sie zeigen nur in ihren kleinen Exemplaren starke Ähnlichkeiten, während sich die großen Huftiere auffallend voneinander unterscheiden.

In Anbetracht all dessen wurde von manchen das Selektionsprinzip überhaupt als tautologisch angesehen. Ist doch die allgemeine Form, die man ihm geben könnte, nämlich z.B., daß das Lebensfähigere überlebt oder das Angepaßtere, also dasjenige mit günstigeren Eigenschaften, teils zu vage, teils empirisch kaum überprüfbar. Man könnte daher in einer großen Zahl von Fällen nur sagen, etwas ist lebensfähiger, angepaßter, günstiger disponiert usw., weil es überlebt hat, und es hat überlebt, weil es lebensfähiger, angepaßter usw. ist.

Diese Kritik am Selektionsprinzip, obgleich in vielen Fällen nicht ohne Berechtigung, geht dennoch zu weit. Es ist nicht nur sehr wahrscheinlich, daß bestimmte Tiergruppen im Laufe der Erdgeschichte an einer veränderten Umwelt zugrunde gingen, sondern dies können wir ja auch heute beobachten. Ferner trifft es gewiß zu, daß das Selektionsprinzip schon insofern wirksam ist, als durch Mutation entstandene Formen nur existieren können, wenn sie überhaupt den allgemeinen Lebensbedingungen auf der Erde genügen, also z.B., indem sie Atmungsorgane besitzen.

Welche Gründe immer man aber für oder gegen das Selektionsprinzip vorbringen mag: In keinem Falle trifft die Behauptung zu, es erkläre jene *Richtung*, die von den niederen schließlich zu den höchsten Organismen geführt habe. Denn was hülfe alle Selektion, wenn die Mutation beständig makrobiologische Formen auf demselben Niveau produzierte? Selektion kann zu neuen solchen Formen Ja oder Nein sagen, daß sie aber selbst zu ihrer Gestaltung beitrage, dafür gibt es makrobiologisch keinen Beweis. Die gesuchte Richtung kann also nur in der Mutation selbst gelegen haben, so daß die Rolle des Zufalls noch weit größer ist, als eine Überstrapazierung des Selektionsprinzip uns weismachen will.

Fassen wir zusammen: Die ET hat nicht den Rang einer echten wissenschaftlichen Theorie, weil sie für die Erscheinungen ihres Bereiches nur in sehr begrenztem Maße Erklärungen liefert (Selektion), gerade in ihrem wesentlichen Teil aber, der Entstehung des makrobiologisch Neuen, also der Evolutions*richtung*, solche vermissen läßt. Denn da beruft sie sich auf den Zufall und verzichtet damit implizit auf wissenschaftliche Erklärbarkeit. Hinzu kommt, daß sie nicht Tatsachen, sondern einer Hypothese über Tatsachen die notwendigen Erklärungen zu beschaffen sucht, der Hypothese nämlich, daß die Evolution überhaupt auf dem Prinzip einer durchgehenden Abstammung beruht.

Die bisherigen Ausführungen zur ET sind insofern unvollständig, als sie die neuesten Entwicklungen auf dem Gebiet der Molekularbiologie, so weit sie für den vorliegenden Zusammenhang von Bedeutung sein können, nicht einbezieht. Da ich auf die Molekularbiologie wegen ihrer Kompliziertheit jedoch nicht näher eingehen kann, beschränke ich mich exemplarisch und, wie ich hoffe, gemeinverständlich auf eine kurze Darstellung der kontroversen Debatte über die Art, wie sie für die ET Verwendung findet.

Folgt man M. Eigens berühmt gewordener molekularbiologischer Theorie des Lebens[38], so entstanden die längeren DNS-Ketten, die als Träger der genetischen Information die Grundlage des Lebens bilden, aus der sog. Ursuppe durch Mutation und Selektion. Dem ist durch den Polymerchemiker B. Vollmert[39] mit folgenden Gründen widersprochen worden: Erstens gab es in dieser Ursuppe überwiegend monofunktionale Moleküle, die nur an einer Seite „kleben" und nicht an zwei, wie die bifunktionalen, weswegen Ketten eher abbrechen als fortgesetzt werden. Zweitens mußte einerseits das vorhandene Wasser den Aufbau der Ketten stören, Trockenheit ihn aber behindern. Drittens fehlten die für

---

[38] M. Eigen, Selforganisation of Matter and the Evolution of Biological Macromolecules, in: Die Naturwissenschaften, Bd. 58,1971.
[39] B. Vollmert, Das Molekül und das Leben, Reinbek 1965.

die Weiterbildung der DNS-Ketten und gegen ihren Zerfall wirkenden Reparaturenzyme, die ja die Bildung von DNS-Kettem zur Voraussetzung haben. Eigen kann also nach Vollmerts Meinung die Entstehung des Lebens molekularbiologisch schon deswegen nicht erklären, weil die Entstehung der dafür erforderlichen DNS-Strukturen durch bloß statistische Polykondensation, also ohne Eingriff eines planenden Willens, wie er z.B. bei der Herstellung von polymerchemischen Stoffen im Labor oder in der industriellen Produktion geschieht, gar nicht möglich ist. Wie sollte ferner eine Selektion der DNS-Strukturen nach Eigens Lehre möglich sein, da diese doch auf der Auswahl der stabilsten und reparaturfähigsten beruhen soll, Stabilität aber aus den genannten Gründen gerade nicht möglich war, und auch die für die Replikation notwendigen Enzyme noch fehlten?

Aber diese Kritik trifft nicht nur die molekularbiologische Lehre von der Entstehung des Lebens, sondern auch den Versuch, molekularbiologisch die auf diese Entstehung folgende Makroevolution durch Mutation und Selektion zu erklären. Beruht doch die Makroevolution auf einem Anwachsen der Gene an bestehende DNS-Ketten und gerade nicht auf deren Mutation. Es genügte aber nicht, daß irgendein solches Wachstum stattfindet, sondern es mußten auch die passenden zu den bereits entstandenen Genen hinzukommen. So wäre es beispielsweise für einen in Evolution befindlichen Wurm nutzlos, wenn er ein für das menschliche Hirn notwendiges Gen erhielte. Vollmert stellt in diesem Zusammenhang eine Wahrscheinlichkeitsrechnung auf, die gar nichts mit der Statistik von Mutanten und deren Zufallsergebnissen zu tun hat, mit der die bisherige ET ausschließlich operiert. Geht man nämlich davon aus, daß sich von einer Klasse von Organismen zu einer höheren die Zahl der Gene ungeheuer vermehrt, wobei diese etwa 50.000 Gene besäße, nähme man ferner an, daß bei jedem für das Entstehen einer neuen Klasse notwendigen Wachstum immer nur *ein* bestimmtes Gen und die Nukleotide immer nur in der richtigen Reihenfolge hinzukommen müssen, daß ferner in diesem Zusammenhang eine Vielzahl neuer Stoffe erforderlich ist, deren jeder nur in fünf bis zwanzig Synthesenstufen entstehen kann, dann kommt man schließlich für den Übergang von einer dieser Entwicklungsstufen zur nächst höheren zu einer Wahrscheinlichkeit, die praktisch gleich Null ist. Dabei sei nur am Rande erwähnt, daß selbst nach der Eigenschen Theorie auf der Erde kaum wieder Leben entstünde, wenn sie noch einmal unter gleichen Bedingungen wie einst entstünde.

Aber damit noch nicht genug. Da schon sehr viele passende Gene zusätzlich an bereits bestehende DNS-Ketten angefügt oder in sie eingefügt werden müssen, damit dies einen neuen Phänotypus ergibt, tritt dieser als eine ganz neue Klasse in Erscheinung, die nicht durch einfache Mutation oder Selektion gebildet sein kann. Durch Mutation nicht, weil sie nicht auf einer sprunghaften Veränderung bestehender Strukturen erfolgt (weswegen ja derartige Mutationen immer nur innerhalb einer Art stattfinden); und nicht durch Selektion, weil es sich ja nicht um eine Reihe von phänotypischen Veränderungen handelt, die dann der natürlichen Auswahl preisgegeben werden könnten. Die neue Klasse muß sich vielmehr auf Grund eines statistisch absolut unwahrscheinlichen Vorgangs im Wachstum der DNS-Ketten latent gebildet haben, um dann *plötzlich, als Ganzes*, in Erscheinung zu treten.

So kommt Vollmert schließlich zu dem Ergebnis: „Je strenger sich meine Argumentation im exaktwissenschaftlichen Rahmen bewegt, in dem ich die Bioevolution ganz im neodarwinistischen Sinne als Zufallsgeschehen, nämlich (in der Fachsprache des Polymerchemikers) als statistische Copolykondensation behandle, desto weniger Scheu habe ich, als Alternative zum Darwinismus die Erschaffung der Welt durch einen allmächtigen Schöpfergeist zu sehen (…)"[40] Und Eigen selbst bekennt: „Wer heute behauptet, das Problem des Ursprungs des Lebens auf unserem Planeten sei gelöst, der sagt mehr, als er wissen *kann*."[41]

Wir sollten uns also vor der trügerischen Gewißheit hüten, als habe zumindest die molekularbiologisch begründete ET die Schöpfungsgeschichte „widerlegt" oder könne dies auch nur in Zukunft tun, von der hier schon mehrfach angesprochenen Fragwürdigkeit, überhaupt eine solche „Widerlegung" mit wissenschaftlichen Mitteln zu versuchen, ganz abgesehen. Aber auch wenn Vollmert im Gegenteil bekennt, er scheue sich nicht, gerade mit Hinblick auf die molekularbiologische Begründung der ET einen Schöpfergeist anzunehmen, so spricht er dabei aus denselben Gründen, die sich gegen eine „Widerlegung" richten, trotz allem als Glaubender, nicht als Wissenschaftler. Damit sei keineswegs geleugnet, daß die molekularbiologische ET, weit davon entfernt das Mysterium des Lebens aufzulösen, uns dieses vielmehr um so eindringlicher vor Augen führt, je weiter sie vordringt. Irgendwo las ich einmal in diesem Zusammenhang den Satz: „I am as puzzled as before, but on a much higher level." (Wie vorher stehe ich vor einem Rätsel, aber auf einem viel höheren Niveau.)

5. Warum hat Gott die Welt geschaffen?

Mit dieser Frage sei das Kapitel über die Schöpfung abgeschlossen. Um es gleich vorweg zu nehmen: Diese so oft gestellte Frage ist sinnlos, weil sie absolut unbeantwortbar ist.

Einerseits ist Gott derjenige, der sich uns offenbart hat. Aber er hat sich uns nur so weit offenbart, als wir in dieser Welt leben. So offenbarte er uns die Entstehung dieser Welt durch seine Schöpfung, so offenbarte er sich in Epiphanien, womit er eine innerweltliche Gestalt annahm (Sinai), und so offenbarte er sich durch Jesus Christus, der damit Mensch und Gott in einem war. Alles, was der Welt voraus oder jenseits von ihr liegt, bleibt uns, die wir *in* dieser Welt leben, verborgen, weswegen er auch der verborgene Gott, der deus absconditus genannt wird. Nur daß er auch jenseits dieser Welt ist, geht aus seiner Offenbarung hervor, und daß uns selbst ein Leben jenseits dieser Welt in seinem Angesicht

---

[40] B. VOLLMERT, a.a.O., S. 26.
[41] M. EIGEN, Die Entwicklung des Lebens, in: Natur, 3/83.

hoffnungsvoll verheißen ist; aber mehr wissen wir darüber nicht.[42] Zwar hat die Metaphysik im Laufe ihrer Geschichte immer wieder über die Gründe für seine Schöpfung spekuliert, doch ist sie damit stets gescheitert und konnte auch damit nur scheitern, wie noch im XIV. Kapitel ausführlich gezeigt werden wird.[43]

Diese Einsicht aber ist von großer Tragweite, denn mit ihr wird auch die alte Frage abgewiesen, wie sich angesichts des Elends in dieser Welt Gottes Allmacht mit seiner Allgüte vertrage. Daß Gott allmächtig ist, folgt aus dem christlichen Monotheismus, denn seine Allmacht könnte ja nur durch einen anderen Gott beschränkt werden. Wie aber will man über Gottes Allgüte urteilen, wenn man, wie gezeigt, gar nichts über die „Gründe" für seine Schöpfung sagen kann? Wenn jemand die Tat eines Menschen als Beweis seiner mangelnden Güte betrachtet, wird man da nicht gerechter Weise fordern, sich nicht mit dem Anschein dieses Mangels zufrieden zu geben, sondern die „wahren Gründe" näher zu erforschen, die ihn zu ihr gebracht haben? Diese sind uns aber im Fall Gottes nicht nur unerforschlich, sondern es ist auch fraglich, ob sich überhaupt die zur Struktur des menschlichen Denkens gehörende Grund-Folge-Beziehung auf den Geist Gottes übertragen läßt. Ist, wie der Logos der Offenbarung zeigt, sein Wort nicht schon die Wirklichkeit, so daß es für Gott auch kein Erwägen von Gründen gibt? Ja, selbst wenn wir von seiner Existenz sprechen, ist das doch nur eine innerweltliche Redeweise, denn was Existieren im Transzendenten bedeutet, liegt jenseits unserer Vorstellung, wir können davon, mit Kant zu reden, nur im negativen Verstande sprechen, d.h. ohne damit irgendeinen anschaulichen Inhalt zu verbinden.

Hier war nur gefragt worden: „Warum hat Gott die Welt geschaffen?" Man kann aber auch fragen, warum geschehen die Dinge so, wie sie *in* der Welt einst geschehen sind, jetzt geschehen und in Zukunft geschehen werden? Doch ist damit bereits das Thema der Heilsgeschichte angesprochen, das uns erst in den folgenden Abschnitten beschäftigen wird. Nur auf eines sei abschließend hier noch hingewiesen. Die Irritation durch die Erforschung der biologischen Evolution ist heute schon so weit gegangen, daß man aus dem nachweislichen Aussterben früherer Spezies auf Gott als eine Art Experimentator oder ein sich in seinen Absichten wandelndes Wesen geschlossen hat. Die Antwort auf diese absurde Vermutung ist mit den vorangegangenen Ausführungen schon gegeben, doch sei noch hinzugefügt: Eine solche Vorstellung überträgt die Schöpfung in die profane Zeitordnung, wo es ein ausgezeichnetes Jetzt gibt, die Zukunft aber als noch nicht existierend im Dunkel liegt. Für Gott aber, der in der definierten heiligen Zeit wirkt, ist alles von Ewigkeit her immer schon Gegenwart.

---

[42] Hölderlin sagte von den Göttern, sie seien weiter als ihr Feld und meinte damit, daß sie sich nicht in der sinnlichen Gestalt erschöpfen, in der sie uns erscheinen („Friedensfeier" I).

[43] Oft freilich stellte die Metaphysik die Frage so: „Warum gibt es etwas und nicht vielmehr nichts?" Doch ist sie auch in dieser Form unbeantwortbar, weil wir uns immer nur im Umkreis der Welt bewegen können, weswegen auch Heidegger in ihr die Gefahr sah, daß sie dazu führte, das Nichts des In-der-Welt-seins, das etwas ganz anderes bedeutet, nämlich die Nichtigkeit des Daseins, wovon im folgenden viel die Rede sein wird, als ein Nichts *vor* der Entstehung der Welt zu mißdeuten.

III. Kapitel
Erbsünde und Erlösung

A. Die Erbsünde

1. Die biblische Geschichte vom Sündenfall

Die christliche Offenbarung ist die Offenbarung von der Erlösung des Menschen aus seiner Gottesferne. Dieser Zustand wird als derjenige des *status corruptionis*, der Sünde, genauer der Erbsünde bezeichnet. Ihn muß man folglich zuerst verstehen, wenn man die christliche Erlösungslehre begreifen will.

In 1Mose 2 lesen wir[1]: 9. Und Gott der Herr ließ aufwachsen aus der Erde allerlei Bäume, lustig anzusehen und gut zu essen, und den Baum des Lebens mitten im Garten und den Baum des Erkenntnisses Gutes und Böses. – 15. Und Gott der Herr nahm den Menschen und setzte ihn in den Garten Eden, daß er ihn bauete und bewahrte.[2] 16. Und Gott der Herr gebot dem Menschen und sprach: Du sollst essen von allerlei Bäumen im Garten; 17. Aber von dem Baume des Erkenntnisses Gutes und Böses sollst du nicht essen. Denn welches Tages du davon issest, wirst du des Todes sterben. – Und weiter heißt es in 1Mose 3: 1. Und die Schlange war listiger denn alle Tiere auf dem Felde, die Gott der Herr gemacht hatte, und sprach zu dem Weibe: Ja, sollte Gott gesagt haben: Ihr sollt nicht essen von allerlei Bäumen im Garten? 2. Da sprach das Weib zu der Schlange: Wir essen von den Früchten der Bäume im Garten; 3. Aber von den Früchten des Baumes mitten im Garten hat Gott gesagt: Esset nicht davon, rühret es auch nicht an, daß ihr nicht sterbet. 4. Da sprach die Schlange zum Weibe: Ihr werdet mitnichten des Todes sterben; 5. Sondern Gott weiß, daß, welches Tages ihr davon esset, so werden eure Augen aufgetan, und werdet sein wie Gott und wissen, was gut und böse ist. 6. Und das Weib schauete an, daß von dem Baum gut zu essen wäre und lieblich anzusehen, daß es ein lustiger Baum wäre, weil er klug machte; und nahm von der Frucht und aß und gab ihrem Manne auch davon, und er aß. 7. Da wurden ihrer beider Augen aufgetan, und wurden gewahr, daß sie nackend waren; und flochten Feigenblätter zusammen, und machten ihnen Schürzen.

---

[1] Nach Luther in heutiger Rechtschreibung.
[2] Hier wird noch einmal die Aufgabe des Menschen als Hirte der Schöpfung in aller Deutlichkeit ausgesprochen.

a) Der Mythos vom Baum der Erkenntnis

Beginnen wir mit dem Baum der Erkenntnis des Guten und Bösen. Was ist zunächst mit dem *Guten und Bösen* gemeint? Die Kommentatoren sind heute, so weit ich sehe, darin einig, daß darunter das dem Menschen Heil oder Unheil Bringende zu verstehen ist, das, was dem Menschen frommt oder nicht frommt; was ihm ziemt oder nicht ziemt; was er bezwecken oder nicht bezwecken soll; es bezieht sich also auf den *ganzen Lebensbereich* und *nicht nur auf das Moralische*. Darauf verweist auch das Neue Testament (NT), wo das griechische Wort Hamartía, das dort für Sünde steht, im weiteren Sinne überhaupt Fehlen, Irren, unziemliches Handeln usw. bedeutet. Unter *Erkenntnis* aber ist hier die Hybris gemeint, daß sich der Mensch selbst, aus eigener Kraft, ohne der Gottheit zu bedürfen und ohne Rückbeziehung (religio) oder Rücksicht auf Gott, das Wissen über das so zu verstehende Gute und Böse anmaßt.

Diese Vorstellung von Sünde als Hamartía und Hybris ist genuin mythisch. Es ist kennzeichnend für den Mythos, daß er die *Ursünde des Menschen* in der Mißachtung der Gottheit bei entscheidenden Lebensfragen in der Hybris erblickte. Wie stark diese Vorstellung sogar noch wirksam war, als der Logos der griechischen Philosophie bereits in Blüte stand, zeigt die Rolle, die das sog. Daimonion bei Sokrates spielte. Sie erläutert zugleich das Wesen der Hybris. Als Sokrates vom Delphischen Orakel erfuhr, daß er der Weiseste aller sei, verstand er den Spruch des Gottes zunächst nicht und wollte ihn nicht glauben. Also ging er herum und fragte die Handwerker und die Staatsmänner, überhaupt alle möglichen Menschen der verschiedensten Berufe, aber in vielem erschienen sie ihm klüger zu sein als er selbst. Da ging ihm plötzlich auf, daß sie zwar trotz allen ihren Kenntnissen und Geschicklichkeiten im Hinblick auf das einzig Entscheidende ebenso wenig wußten wie er: was nämlich für den Menschen das *eigentlich Gute* und ihm *Heilbringende* sei, daß er sich jedoch im Gegensatz zu ihnen dieses Nichtwissens wohl bewußt war, die andern aber nicht. Allein in diesem Wissen seines Nichtwissens vermochte er sich im Gegensatz zu ihnen dem Ratschluß des Gottes zu öffnen und auch dort auf ihn zu vertrauen, wo er ihm unverständlich blieb. Demütig und dem Gotte ergeben, suchte er die innere Stimme des Daimonions zu vernehmen, das ihn – nach Platons Auskunft – vor allem Schädlichen warnte oder ihm – nach der Version des Xenophon – riet, was zu tun sei. Stand nicht über der Pforte des Delphischen Heiligtums: Erkenne Dich selbst? Womit freilich nicht die Aufforderung zu einer Art psychologischer Introspektion oder Selbstfindung gemeint war, sondern einfach dies: Erkenne, daß Du ein Mensch bist, erkenne Deine Grenzen und wisse vertrauensvoll, daß Dein Schicksal nicht in Deinen, sondern in Gottes Händen liegt.

Und weiter ist es mythisches Gemeingut, daß jene Selbstherrlichkeit, in der sich der Mensch aus der göttlichen Ordnung herauslöst und sich vom Quell allen Lebens abwendet, Strafe und Verderben zur Folge haben muß. Durch die Hybris seiner numinosen Wurzeln beraubt, gerät er in Wirrnis, in der er schließlich geistig und seelisch abstirbt und umkommt. Das macht es aber auch unmittelbar einsichtig, warum die erste Folge des Essens vom Baum der Erkenntnis darin besteht, daß sich der Mensch seiner Nacktheit bewußt wird – denn mit der Übertretung des göttlichen Gebotes hat er zugleich die Unschuld des Kreatürlichen verloren. Diese ist ja nichts anderes als die ungebrochene Identität von Natur und göttlicher Schöpfung, die durch die Hybris des Menschen zerstört wird.

Auf die Todesdrohung und die Rolle der Schlange komme ich noch zurück. Die Frage aber, warum zuerst das Weib und nicht der Mann das Verbot übertritt, kann hier unberücksichtigt bleiben, da dies in rein kulturgeschichtlich bestimmten Vorstellungen gründet, die für die hier verhandelte Frage nach dem Baum der Erkenntnis ohne Bedeutung sind. Nur darauf sei zum bisher gedeuteten Teil der Geschichte vom Sündenfall noch hingewiesen, daß es eine *Speisung* war, wodurch die Sünde in die Welt gekommen ist. Denn auch dies entspricht der Typik mythischen Denkens.

Dazu folgendes: Der Jahwist, der die Geschichte vom Sündenfall zwischen 950 und 900 v. Christus geschrieben hat, lebte ja in einer vom Mythos weitgehend beherrschten Welt, und obgleich die jüdische Religion keineswegs darin aufging, sondern im Gegenteil sich weitgehend davon abgrenzte, enthielt sie doch unvermeidlicher Weise noch substantielle Elemente mythischen Denkens, wie sie allgemein verbreitet waren. Dazu gehörte ganz besonders die Vorstellung vom Opfermahl. Ihm zufolge kommt der Gott als Gast zu Tische (Theoxenie) und man teilt das Mahl mit ihm. Die Speise wird dadurch geheiligt, es sei das Opferfleisch, die Opfergerste, der Wein oder was immer, und mit ihr nimmt der Mensch göttliche Kraft in sich auf.

Daß auch der Gott von derselben Speise, wenn auch vielleicht nur mit auserlesenen Stücken, genießt, bezeugt gerade die unio mystica dieses Vorganges, besiegelt die Nähe von Gott und Mensch im Opfermahl. Zwar verzehrt er damit gewissermaßen seine eigene Substanz, weil ja die Opferspeise durch seine Gegenwart von ihm durchdrungen wird, doch wurde darin kein Widerspruch gesehen. Denn es gehörte zur absoluten Selbstgenügsamkeit des Gottes, daß er sich selbst genießen kann. So hat auch Christus in der Eucharistie zunächst den Wein mitgetrunken, den er in sein Blut verwandelt hatte (Lk 22,18), und später, nach seiner Auferstehung, hat er mit seinen Jüngern auch das Brot verzehrt, das er in seinen Leib verwandelte. (Apg 10,41)

Aber wie sich mythisch stets das Göttliche materialisiert und ganz substantiell aufgefaßt wird, so daß es selbst auf die vitalste, nämlich leibliche Weise als Speise aufgenommen werden kann, so kann sich auch das dem Göttlichen Feindliche materialisieren und als Speise in den Menschen dringen. Es mag merkwürdig klingen, aber das Essen vom Baume der Erkenntnis entspringt ganz derselben Vorstellungswelt, der auch das Opfermahl, biblisch die Eucharistie, entspringt.

Doch fahren wir in der Deutung der Geschichte vom Sündenfall fort. 8. Und sie hörten die Stimme Gottes des Herrn, der im Garten ging, da der Tag kühle geworden war. Und Adam versteckte sich mit seinem Weibe vor dem Angesicht Gottes des Herrn, unter die Bäume im Garten. 9. Und Gott der Herr rief Adam und sprach zu ihm: Wo bist du? 10. Und er sprach: Ich hörete deine Stimme im Garten und fürchtete mich, denn ich bin nackend; darum versteckte ich mich. 11. Und er sprach: Wer hat dir gesagt, daß du nackend bist? Hast du nicht gegessen von dem Baum, davon ich dir gebot, du solltest nicht davon essen? 12. Da sprach Adam: Das Weib, das du mir zugesellt hast, gab mir von dem Baum, und ich aß. 13. Da sprach Gott der Herr zum Weibe: Warum hast du das getan? Das Weib sprach: Die Schlange betrog mich also, daß ich aß.

Auch aus diesen Versen spricht uns mythisches Denken an. Gott lustwandelt im Garten wie Pan in seinem Hain. Es handelt sich hier also, griechisch ausgedrückt, um einen heiligen Ort, einen Témenos. Mythisch ist der Gott der Geist seines Témenos, und es gibt Stunden wie die Abendkühle, die Morgenkühle oder die Mittagshitze, wo dort seine Gegenwart am stärksten zu fühlen ist, ja, wo wir ihm sogar in einer Epiphanie begegnen können. Andererseits geht der Gott niemals in dieser seiner möglichen sinnlichen Verdichtung auf, die allein es den Menschen gestattet, mit ihm in Verbindung zu treten. Das meinte Hölderlin in seinem Gedicht „Friedensfeier", wo er sagte: „Ein Gott ist immer größer, denn sein Feld".

Erfahrungen von der gefühlten Anwesenheit und Gegenwärtigkeit eines numinosen Wesens in stillen Naturbegegnungen sind uns auch heute noch nicht völlig fremd, selbst wenn wir sie, Kinder unserer Zeit, nur als Produkte der eigenen Phantasie betrachten. Die Kunst aber hat nie aufgehört, sich ihrer als eines besonderen Aspektes der Wirklichkeit zu bedienen.[3] So hat auch Thomas Mann in seinem Romanwerk „Joseph und seine Brüder" solche Erfahrungen geradezu phänomenologisch exakt beschrieben, und wenn sie sich dort teilweise auch unmittelbar auf das alte Ägypten beziehen, springt doch ihre allgemeine Gültigkeit deutlich ins Auge. Ich zitiere: „Ist nicht der Strom ein Gott, (…) hat er das Land nicht geschaffen, und nährt er es nicht? Das hindert nicht ein sachliches Verhalten zu seinem Wasser, nüchtern gleich diesem: man trinkt's, man befährt es, man wäscht sein Linnen darin, und nur das Wohlgefühl, das man empfindet beim Trinken und Baden, mag einer Mahnung an höhere Gesichtspunkte gleichkommen. Zwischen Irdischem und Himmlischem ist die Grenze fließend, und nur ruhen zu lassen brauchst du dein Auge auf einer Erscheinung, damit es sich breche ins Doppelsichtige. Auch gibt es Zwischen- und Vorstufen des Göttlichen, Andeutungen, Halbheiten, Übergänge."[4]

Offenbarte sich aber der Gott in seiner wahren, nicht in der dem Menschen angemessenen, sinnlichen Gestalt, so tötete er ihn damit zugleich, wie der

---

[3] Vgl. das IX. Kapitel 4 und 5, ferner K. HÜBNER, Die zweite Schöpfung, das Wirkliche in Kunst und Musik, München 1994.
[4] Joseph in Ägypten, Bonn 1991, S. 217. Hierbei ist auch die Nähe zu Hölderlins Dichtung „Der Rhein" unverkennbar, um nur dieses Beispiel zu nennen.

Mythos von Semele zeigt, und Moses verhüllte sein Angesicht vor Gott, denn er fürchtete sich, ihn zu schauen. (2Mose 3,6.) Daher ist es mythisch kein Widerspruch, wenn Adam und Eva sich vor Gott verstecken, und er, der doch der Allwissende und Allmächtige ist, nach Adam ruft: Wo bist du? Denn dies ist die Art, wie ein Gott mit Menschen Umgang pflegt und ihnen faßbar wird. Man denke auch an Apg 9,3 f. wo es heißt: „Und da er auf dem Wege war, und nahe bei Damaskus kam, umleuchtete ihn plötzlich ein Licht vom Himmel. Und er fiel auf die Erde, und hörte eine Stimme, die sprach zu ihm: Saul, Saul, was verfolgst du mich?"

Wie wir aber jetzt sehen, bewirkt das Essen vom Baum der Erkenntnis nicht nur, daß der Mensch nun seine kreatürliche Unschuld verliert und sich seiner Natürlichkeit schämt, sondern es bewirkt auch, daß nun der Gottesfriede der Ich- und Selbstbezogenheit weicht, und Streit wie Zwietracht ausbrechen: Adam bezichtigt Eva, die Schuldige zu sein, diese aber die Schlange. Der Brudermord Kains an Abel hat hier schon seine Wurzel.

Wieder übergehe ich zunächst die Verse 14 und 15, die sich auf die Schlange beziehen und setze bei Vers 16 ein: Und zum Weibe sprach er: Ich will dir viele Schmerzen schaffen, wenn du schwanger wirst; du sollst mit Schmerzen Kinder gebären, und dein Wille soll deinem Manne unterworfen sein, und er soll dein Herr sein. 17. Und zu Adam sprach er: Dieweil du hast gehorchet der Stimme deines Weibes und gegessen von dem Baum, davon ich dir gebot, und sprach: Du sollst nicht davon essen; verflucht sei der Acker um deinetwillen, mit Kummer sollst du dich darauf nähren dein Leben lang. 18. Dornen und Disteln soll er dir tragen, und sollst das Kraut auf dem Felde essen. 19. Im Schweiße deines Angesichts sollst du dein Brot essen, bis daß du wieder zu Erde werdest, davon du genommen bist. Denn du bist Erde und sollst zu Erde werden.

Das Essen vom Baum der Erkenntnis, wodurch der Mensch seine Geborgenheit in Gott aufgegeben und sich zum selbstherrlichen Wissen und zur Selbstbestimmung darüber erhoben hat, was das Gute sei, führt also nicht nur zu Zwietracht und Streit, wie wir bereits den Versen 12 und 13 entnehmen konnten, sondern trifft auch überhaupt das einzelne Menschenleben, dessen substantielles Wesen in Arbeit und Gebären besteht, an seiner Wurzel. Denn nun, nach der Lösung von Gott, ist die Arbeit, die der Mensch als Hirte der Schöpfung zu vollbringen hat[5], nicht mehr Quell göttlicher Freude, sondern der Qual, ja, oft vergeblicher Mühsal, und auch das Gebären wird zum Schmerz.[6]

---

[5] 1Mose 2, 15 und 1Mose 1, 26.

[6] Hier kann ich wieder die Rolle übergehen, die der Frau im Verhältnis zum Manne zugesprochen wird (Vers 16), weil sie für die allgemeingültige Frage nach dem Baum der Erkenntnis und des Lebens unerheblich ist und allein aus kulturgeschichtlich bestimmten, von der Arbeit als harter Landarbeit geprägten Vorstellungen verstanden werden kann. Denn sobald diese Arbeit als Folge göttlicher Strafe zu endloser Mühe wurde, konnte sie sich das Weib, das nunmehr ebenfalls nur unter Schwierigkeiten gebar, nicht mehr in gleichem Maße mit dem Manne teilen, und mußte sich ihm, der nunmehr alleiniger Ernährer war, fügen.

b) Die Grundsünde als Dasein zum Tode

Jetzt, im Lichte der Verse 17–19, kann auch versucht werden, die Todesdrohung von 1Mose 2,17 zu deuten, die ich bisher übergangen habe: „Denn welches Tages du davon issest, wirst du des Todes sterben". Nun erst enthüllt die Drohung ihren eigentlichen Sinn: Sie meinte keine Hinrichtung, so daß der Mensch etwa an diesem Tage tot umfällt, auch nicht einfach, daß er nun dem biologischen Schicksal der Sterblichkeit unterworfen wird, dem auch die Tiere unterliegen, sondern sie verkündete, daß im gegebenen Falle der Tod in die Welt treten werde als ein unausweichlicher Abgrund menschlichen Lebens und *Bewußtseins*. Und so lautet auch die Vollstreckung der angedrohten Strafe in Vers 19,1 Mose 3: „Im Schweiße deines Angesichts sollst du dein Brot essen, bis daß du wieder zu Erde werdest, davon du genommen bist. Denn du bist Erde und sollst zu Erde werden." Nicht dieses ist also die Strafe, daß Adam wieder zu Erde werden soll, denn er *ist* ja in Wahrheit nichts anderes als Erde, wie dieser Vers sagt, und damit Vergängliches; sondern die Strafe besteht darin, daß er bis zu diesem seinem natürlichen Ende sein Leben in *Sorge und Mühe* verbringen soll, ja daß gerade diese Sorge und diese Mühe *vor allem* seinem Ende gelten, das sie nun, wie das äußerste Schrecknis, vor allem antreibt. Im Zustand der Sünde sein, daß heißt demnach für den Menschen, den Tod nicht als Rückkehr zu Gott, sondern wie einen unausweichlichen Abgrund seines Lebens und Bewußtseins zu erfahren und von seinem Schrecken sein „leben lang" (Vers 17) ebenso begleitet zu sein wie von Sorge und Mühsal. Daß so die Mühsal des Lebens durch den Tod bestimmt ist, daß Leben Sterben heißt, das ist der Sinn der Worte: „Denn welchen Tages du davon issest, wirst du des Todes sterben." *Das Dasein, das in Sünde lebt, ist das Dasein zum Tode.* Ob der Mensch vor dem Sündenfall unsterblich war oder etwa nur vom Tode nichts wußte, oder ob er für ihn, in seiner Gottbefohlenheit, seinem Gottvertrauen, gar kein Abgrund war, darüber sagt der Text nichts. Er spricht nur vom Tode, wie er beständig in das Leben hineinragt und es so substantiell mit Sorge und Mühsal durchdringt.

Wenn nun Paulus verkündet, der Tod sei der Sünde Sold (Röm 5,12), so würde man die Tiefe dieses Gedankens verfehlen, wollte man ihn so verstehen, daß der Tod einfach nur als die *äußere* Folge der Sünde zu betrachten wäre, also etwa wie im juristischen Sinne dem Vergehen die Strafe folgt.[7] Denn juristisch steht ja die Strafe in keinem unmittelbar inhaltlichen Zusammenhang mit dem begangenen Vergehen, was schon daraus hervorgeht, daß ganz Verschiedenes auf dieselbe Weise geahndet werden kann. Wir müssen uns vielmehr fragen, wie der Abgrund des Todes als unausweichlicher Teil menschlichen Lebens und Bewußtseins mit eben jener Ursünde *innerlich* zusammenhängt, die im Essen vom Baume der Erkenntnis besteht. Wie kann er notwendig Element jenes von Hybris geleiteten Menschen sein, der das Wissen um das Heil oder Unheil

---
[7] In welcher Weise die Theologie diesem Irrtum immer wieder und mit schwerwiegenden Folgen verfallen ist, kann hier nicht erörtert werden.

Bringende selbst, ohne Gottes zu bedürfen und ohne Rückbeziehung (religio) oder Rücksicht auf Gott, zu gewinnen sich entschlossen hat?

Die Antwort auf diese Frage enthüllt uns überraschender Weise Heideggers Existentialanalyse[8] – überraschender Weise, denn unmittelbar ist bei ihm ein solcher biblischer Zusammenhang nicht zu erkennen. Nach dieser Analyse geht es dem menschlichen Dasein *um es selbst*, und darin enthüllt sich sein substantielles Wesen. Indem es aber nun dem Dasein um es selbst geht, besteht die Art seines „In-der-Welt-seins" und seiner mannigfaltigen Bezüglichkeiten zu Dingen und Mitmenschen vornehmlich und notwendig in dem unaufhörlichen Versuch, Möglichkeiten für die Gestaltung dieses seines Lebens zu erkennen. Die Beziehung oder Rücksicht auf Gott spielt dabei keine Rolle, weswegen sie bei Heidegger auch nicht als existentiale Kategorie vorkommt. Dasein, wie er es versteht, sucht, biblisch gesprochen, aus eigener Kraft, ohne göttlichen Beistand, das Heil oder Unheil Bringende zu finden.

So hat das Dasein, von dem Heidegger redet, sein mythisches Urbild in demjenigen Dasein, das vom Baum der Erkenntnis gegessen hat. In ruheloser Arbeit und Mühe („[…] mit Kummer sollst du dich (…) nähren dein lebenlang") ist es ein ständiges Sich-Entwerfen auf Existenzmöglichkeiten, die es gleichwohl niemals vollständig in den Griff bekommen kann. Denn einerseits findet es sich immer schon in einer bestimmten Situation vor, in die es „geworfen" wurde; andererseits ist es immer schon entwerfend über diese Situation hinaus, ohne doch Herr seiner Zukunft zu sein. So ist nach Heidegger die grundlegende Verfassung des Daseins *die Sorge*.

Das Ganze eines solchen „In-der-Welt-seins" erschließt sich dem Menschen aber, wie die Existenzialanalyse weiter enthüllt, in der ständigen Befindlichkeit einer Grundstimmung, welche *die Angst* ist. In der Angst wird offenbar, daß das Dasein in seiner Sorge niemals in das endgültig Geborgene, Gesicherte, Gewisse gelangt, daß es im Grunde das „Un-zuhause" ist, in dem die „alltägliche Vertrautheit" immer wieder in sich zusammenbricht. Auf verschiedene Weisen versucht der Mensch zwar, vor der Angst zu fliehen und sich Entlastung zu schaffen, etwa, indem er sich an scheinbar Festgefügtes, Gewohntes, kurz an das hält, was Heidegger das Man nennt (was man sagt, was man denkt, was man glaubt), oder er kann sich auch dem Frohsinn hingeben und anderes mehr; aber dies alles verbirgt nur höchstens vorübergehend die wahre Verfassung seines von Sorge und Angst gezeichneten Lebens. Es ist nicht die Angst vor etwas Bestimmtem, im Gegenteil, sie ist insofern ganz unbestimmt, als sich der Mensch in ihr vor dem „In-der-Welt-sein" als Ganzem ängstigt, wo sein Dasein

---

[8] Sein und Zeit, Halle 1941. Auch R. BULTMANN hat sich zur Beschreibung des Zustandes der Sünde und Gottvergessenheit auf Heideggers existentiale Analytik gestützt. (Kerygma und Mythos I und II, Hamburg 1948 und 1952.) Er hat aber nicht erkannt, daß diese Analytik, die er doch ausdrücklich der mythischen Deutung der Sünde entgegensetzen wollte, gerade zur Interpretation der mythischen Vorstellungen von Hybris und damit des *Mythos* vom Sündenfall dienen kann, ja daß sie sogar, wie sich weiter unten noch zeigen wird, als integraler Bestandteil der mythischen Deutung von der Erbsünde zu betrachten ist.

gleichsam bodenlos ist. *Die tiefste Wurzel der Angst aber liegt im Todesbewußtsein.* Wenn Sorge ein, wie Heidegger es nennt, Sich-vorweg-sein in die mannigfaltigen Möglichkeiten ist, so ist die Angst als das Verhältnis zum Tode das Sich-vor-weg-sein in die äußerste, letzte, endgültig und durch nichts mehr überholbare Möglichkeit. Indem Heidegger den Tod als Möglichkeit bezeichnet, will er damit seine Unberechenbarkeit aufzeigen: Er ist jederzeit möglich und auch in dieser Hinsicht nichts für das Dasein Berechenbares und Verfügbares, etwa in dem Sinne wie man das Verhältnis zu ihm zu verdrängen sucht, indem man sagt: Der Tod kommt später, wenn man alt ist, und spielt daher in meinem Dasein noch keine Rolle. Dasein stirbt, so lang es lebt. Der Tod ragt beständig in das Dasein hinein, dem es substantiell um sein Sein und sonst nichts geht, und in der Angst enthüllt sich das In-der-Welt-sein als unlöslich mit ihm verbunden.

Das Substantielle der Grundsünde als hybride Gottesferne, so können wir den Mythos vom Baum der Erkenntnis nun deuten, das peccatum originale, das theologisch vom peccatum actuale, der einzelnen, aus dieser Wurzel entspringenden Sünde unterschieden wird, ist also zugleich das Dasein zum Tode. Der Tod ist der Sünde Sold heißt daher nicht, daß die Sünde den Tod als Strafe nach sich zieht, sondern, daß er, in der Weise seines existentialen Sinns, mit ihr bereits gesetzt ist.

Hier ist nun der Ort, um auf die Rolle der Schlange einzugehen. 1Mose 3,1 heißt es: „Und die Schlange war listiger, denn alle Tiere, die Gott der Herr gemacht hatte, und sprach zu dem Weibe: Ja, sollte Gott gesagt haben: Ihr sollt nicht essen von allerlei Bäumen im Garten?" Als Eva darauf antwortete, von den Früchten des Baumes mitten im Garten habe Gott verboten zu essen, „daß ihr nicht sterbet", sprach die Schlange: „Ihr werdet mitnichten des Todes sterben; Sondern Gott weiß, daß, welches Tages ihr davon esset, so werden eure Augen aufgetan und werdet sein wie Gott und wissen, was gut und böse ist."

Versteht man in der geschilderten Weise den Zusammenhang zwischen der Selbstherrlichkeit des Menschen, in Absehung von Gott zu entscheiden, was gut oder böse ist, mit dem Dasein zum Tode, so hat die „listige" Schlange Eva arglistig getäuscht. Verschleiert sie doch den Preis, den die Gottähnlichkeit hat, indem sie den Sinn der göttlichen Drohung in vordergründiger Weise umdeutet. Denn nur von *dem* Tod sprach Gott, wie ihn die Menschen ja wahrlich nach dem Sündenfall erfahren haben, nämlich als das schlechthin Schreckliche, das ganze Leben mit Angst Vergiftende, in das Leben ständig übermächtig Hineinragende; es ist *dieser* Tod, den wir als von Gott Abgefallene sterben, aus dem es keine Auferstehung und Erlösung geben kann und durch den uns überhaupt erst die ganze Bodenlosigkeit und Gottverlassenheit unseres Lebens bewußt wird.

Es mag dahingestellt sein, ob die Schlange im Rahmen des AT als Satan verstanden wurde[9] – aus der Sicht des NT und seiner fundamentalen Vorstellung vom Tode als der Sünde Sold ist dies aber zwingend. Diese Deutung steht

---

[9] Vgl. hierzu G. VON RAD, Das erste Buch Mose, Genesis. Das Alte Testament Deutsch 2/4, Göttingen [4]1972.

auch in vollem Einklang mit dem Text der Genesis. Denn abgesehen davon, daß die Schlange das Ungeheuerliche wagt, Gott der Lüge zu bezichtigen, trifft sie ja auch der göttliche Bannstrahl mit einer Wucht, die, wäre sie *nur* ein Tier, das bloß listiger als andere Tiere sein soll, ganz unverständlich wäre. Heißt es doch in 1Mose 3, 14 und 15: „Da sprach Gott der Herr zu der Schlange: Weil du solches getan hast, seist du verflucht vor allem Vieh und vor allen Tieren auf dem Felde. Auf deinem Bauch sollst du gehen und Erde essen dein Leben lang. Und ich will Feindschaft setzen zwischen dir und dem Weibe und zwischen deinem Samen und ihrem Samen. Derselbe soll dir den Kopf zertreten; und du wirst ihn in die Ferse stechen." Der Mythos bleibt immer im Bildhaften. Warum er sich hier der Schlange bedient, um das Böse sinn-bildlich zu machen, dies können wir, wie die Rolle der Eva, der kulturhistorischen Forschung überlassen. Worauf es ankommt ist der Fluch, der über die arglistige Verführerin ausgesprochen wird und die Erzfeindschaft, die hinfort zwischen dem Samen des Menschen und dem Samen der Schlange bestehen wird, sofern das paradiesische, gottnahe Leben nunmehr endete und dem beständigen Kampf zwischen dem Guten und Bösen gewichen ist.

Ist aber die Schlange Satan, so führt kein Weg daran vorbei, daß dieser als Dämon, als Engel des Bösen selbst schon ein von Gott abgefallenes Wesen ist. Daher heißt es auch im 2. Petrus-Brief, 2,4: „Denn Gott hat selbst die Engel, die gesündigt haben, nicht verschont, sondern hat sie mit Ketten der Finsternis in den Tartarus gestoßen" („auf deinem Bauch sollst du gehen und Erde essen dein Leben lang"); oder wenn im Briefe Jud 6 geschrieben steht: „Auch die Engel, die ihren Ursprung nicht bewahrten" – wie der Mensch von Gott abfielen – „hat er für das Gericht des großen Tages festgehalten mit ewigen Banden der Finsternis."

Die Genesis erzählt also den Fall Satans *und* den Fall des Menschen als *ein und dieselbe* Geschichte. Die Schlange Satan ist böse, indem sie den Menschen mit arglistiger Täuschung in Versuchung führt, und der Mensch ist böse, indem er dieser Versuchung nachgibt. Die mythische Einheit der Welt, worin Götter und Menschen miteinander in einem unlöslichen Zusammenhang stehen, tritt auch hier in Erscheinung. Mit dem Sündenfall entspringt *gleichursprünglich* jene Welt, in der von Gott abgefallene Menschen *und* von Gott abgefallene Engel und Dämonen hausen. So ist Satan eine mythische Gottheit des Bösen, die so wie jeder andere mythische Gott Teil der Welt ist und insofern, als Gottheit, im Gegensatz zu Gottes absoluter, eine *immanente Transzendenz* besitzt. Und insofern ist er auch selbst Teil einer spezifisch mythischen Erfahrung, worauf noch ausführlich eingegangen werden wird.[10]

Lesen wir jetzt noch den Schluß von 1Mose 3, 19. Und Adam hieß sein Weib Eva, darum, daß sie eine Mutter ist aller Lebendigen. 20. Und Gott der Herr machte Adam und seinem Weibe Röcke von Fellen und zog sie ihnen an. 22. Und Gott der Herr sprach: Siehe, Adam ist geworden als unser einer und

---

[10] Vgl. das VII. Kapitel.

weiß, was gut und böse ist. Nun aber, daß er nicht ausstrecke seine Hand und breche vom Baume des Lebens und esse und lebe ewiglich; 23. Da ließ ihn Gott der Herr aus dem Garten Eden, daß er das Feld bauete, davon er genommen ist. 24. Und trieb Adam aus und lagerte vor dem Garten Eden den Cherubim mit seinem bloßen hauenden Schwert, zu bewahren den Weg zu dem Baum des Lebens.

Für das Verständnis von Vers 19 ist es wichtig, sich den Vers 28 in 1Mose 1 in Erinnerung zu rufen. Dort heißt es: „Und Gott segnete sie, und sprach zu ihnen: Seid fruchtbar und mehret euch und füllet die Erde und machet sie euch untertan und herrschet über Fische im Meer und über Vögel unter dem Himmel und über alles Tier, das auf Erden kriechet." Indem nun Adam Eva in Vers 19 als Mutter aller Lebendigen bezeichnet, wird noch einmal ausdrücklich bekräftigt, daß diese Segnung auch nach dem Sündenfall nicht erloschen ist. Ebenso ändert sich nichts an der Ebenbildlichkeit des Menschen mit Gott, sofern er Hirte der Schöpfung ist (1Mose 1, 26), und Gott rüstet ihn selbst für seine Aufgabe unter den veränderten Bedingungen aus, indem er ihn, den nunmehr Schamhaften, bekleidet. Wieder zeigt sich hier typisch Mythisches: Darin sind es immer die Götter, welche die wichtigsten Tätigkeiten einmal in unvordenklicher Zeit dem Menschen „gezeigt" haben, sei es die Jagd, das Kriegshandwerk, das Pflügen, das Pflanzen des Weinstocks usf. und eben auch das Sich-Kleiden.

Nachdem gezeigt wurde, was der Baum der Erkenntnis ist, wenden wir uns nun der Frage zu: Was bedeutet der Baum des Lebens?

c) Der Mythos vom Baum des Lebens

Er stand, wie der Baum der Erkenntnis, in der Mitte des Gartens Eden (1Mose 2,9), aber nur von den Früchten des Baumes der Erkenntnis hat Gott ausdrücklich verboten zu essen, über den Baum des Lebens dagegen hat er dabei nichts gesagt. Davon erfahren wir erst Näheres im zuletzt zitierten Stück, Vers 22. Adam, so hören wir nun, ist nach dem Essen vom Baum der Erkenntnis wie Gott geworden („als unser einer"), *sofern* er nun selbst über das Heil oder Unheilbringende bestimmt („und weiß, was gut und böse ist"); „Nun aber, daß er nicht ausstrecke seine Hand und breche auch" – noch – „vom Baume des Lebens und esse und lebe ewiglich." Diese Wirkung tritt also offenbar nur dann ein, wenn der Mensch *zuvor* vom Baum der Erkenntnis gegessen hat, sonst aber nicht. Andernfalls hätte Gott ja von vornherein ebenso das Essen vom Baum des Lebens verbieten müssen wie das Essen vom Baum der Erkenntnis. Warum aber ist das so? Was ist der Baum des Lebens und in welchem Zusammenhang steht er mit dem Baum der Erkenntnis?

Der Baum des Lebens war schon zur Zeit des Jahwisten eine weit verbreitete mythische Vorstellung. Von seinen Früchten habe sich der erste Mensch ernährt und Unsterblichkeit gewonnen (iranisch-indischer Mythenkreis). Auch wird im AT nicht nur in Gen 3 vom Baum des Lebens gesprochen, sondern auch an zwei weiteren Stellen, nämlich Hes 31 und Dan 4. In Hes 31 wird er so beschrieben: 4. Die Wasser machten, daß er groß ward, und die Tiefe, daß er hoch wuchs. Seine Ströme gingen rings um seinen Stamm her und seine Bäche zu allen Bäumen im Felde. 6. Alle Vögel des Himmels nisteten auf seinen Ästen, und alle Tiere im Felde hatten Junge unter seinen Zweigen; und unter seinen Schatten wohneten alle Völker. Ähnlich heißt es in Dan 4: 7. Dies ist aber das Gesicht, das ich gesehen habe auf meinem Bette: Siehe, es stand ein Baum mitten im Lande, der war sehr hoch, 8. Groß und dick; seine Höhe reichte bis in Himmel und breitete sich aus bis ans Ende des ganzen Landes; 9. Seine Äste waren schön und trugen viele Früchte, davon Alles zu essen hatte; alle Tiere auf dem Felde fanden Schatten unter ihm, und die Vögel unter dem Himmel saßen auf seinen Ästen, und alles Fleisch nährte sich von ihm.[11]

Jetzt verstehen wir, warum Gott ursprünglich nicht verbot, vom Baume des Lebens zu essen. Enthält dieser doch die göttliche Speisung, welche die Wurzel göttlichen Lebens überhaupt ist. Ähnliche mythische Vorstellungen finden wir insbesondere bei dem schon angesprochenen Ritus des Opfermahls, der ja dem Jahwisten vertraut war; wo das Leben auf heilige Weise stets erneuert wird, nicht nur das physische, sondern auch das geistige, und der Mensch im Mysterium von Speisung der Kraft des Göttlichen teilhaftig wird. Dem Gotte *gleich* wird der Mensch freilich dadurch nicht, und zwar deshalb, weil ihm so immer wieder das Leben nur geschenkt wird, weil er dabei stets nur der Empfangende bleibt und sich die Gnade und Kraft des Lebens niemals selbst geben kann. Im Baum des Lebens tritt unmittelbar ins Bild, daß alles Leben im Grunde einen göttlichen, niemals versiegenden und ständig fortwirkenden Ursprung hat, daß es letztlich nur als durch einen solchen Ursprung möglich betrachtet werden kann.

Nun aber hat Adam vom Baume der Erkenntnis genossen. Aus eigener Kraft bestimmt er jetzt über das Gute und Böse, über das Heil oder Unheil Bringende, darüber, was dem Menschen frommt oder nicht frommt, was ihm ziemt oder nicht ziemt, was er bezwecken oder nicht bezwecken soll, und so horcht er nicht mehr auf Gott, sondern spielt sich zum Gotte auf. („Adam ist geworden als unser einer.") Bräche er nun auch vom Baume des Lebens, so wüchse ihm dadurch noch zusätzlich die göttliche Lebenskraft zu, seine selbstherrliche Bestimmung des Guten und Bösen ohne Gottes Hilfe in die Tat umzusetzen, und der Mensch würde tatsächlich wie Gott selbst: nämlich sein eigener Ursprung, ein Absolutes ohne irgendeine überirdische Empfängnis und *damit* unsterblich.

Es wäre freilich ein grobes, wenn auch immer wieder gehörtes Mißverständnis, glaubte man in den Versen 22–24 von 1Mose 3 die Attitüde des „eifersüchtigen" Gottes oder „Götterneid" erblicken zu müssen. Denn so wenig wie durch das Brechen vom Baum der Erkenntnis dem Adam das Wissen über das

---

[11] Zwar dient der Baum des Lebens sowohl in Hes 31 wie in Dan 4 nur als Gleichnis für gottgleiche Macht, dort des Königs Pharao, hier des Königs Nebucad-Nezar, deren prophezeiter Sturz mit dem Fällen dieses Baumes geschildert wird, aber was man sich unter diesem Baume vorstellte, wird dabei dennoch klar erkennbar.

Gute und Böse *im Sinne Gottes* bringt (als ob er nun wüßte, was bisher nur Gott gewußt hat), sondern nur *seine* künftige, anmaßende und gottferne Entscheidung darüber, so wenig kann auch nur die Möglichkeit ins Auge gefaßt werden, er könne sich sogar noch durch das Speisen vom Baume des Lebens endgültig zum Gotte machen. Wenn Gott dies durch die Austreibung Adams aus dem Garten Eden, wo der Baum steht, und durch den Cherubim „verhindert", so geschieht doch nur das, was gar nicht anders geschehen *kann*, und es ist wieder nur die Sprache des Mythos, die, aus den bereits genannten Gründen, Gott „menschlich" reden läßt (als ob es hier etwas zu erwägen gälte). *Wie mit der Sünde in der bereits erläuterten Weise der angstvolle Tod bereits gesetzt ist, so ist die Speisung vom Baum des Lebens mit dem Brechen vom Baum der Erkenntnis schon zunichte gemacht.* Zwar lebt der Mensch weiter, aber in Gottesferne ohne die *unmittelbare Empfängnis* göttlicher Speisung und Kraft, die ihm noch im Garten Eden zuteil wurde.

Die Verse 23 und 24 von 1Mose 3 beleuchten noch einmal die Bedeutung des Garten Edens als ein mythischer Témenos. Adam soll nun *das* Feld bauen, *davon* er genommen ist, heißt es dort. Dasselbe Feld, einst Teil des Gartens Eden, wo Gott wandelte und Adam schuf, wird nun zum gottverlassenen, steinigen Acker. Gott hat sich, mit Hölderlin zu reden, in sein „größeres Feld" zurückgezogen, sein „Geist" hat den Ort verlassen, wo der Mensch mit ihm Umgang pflegte und sich von den Früchten des Lebensbaumes ernährte. So wurde aus dem Garten Eden *diese Welt*. Der Ort, der Témenos, wo Gott weiterhin haust und der Baum des Lebens steht, ist nun Utopia. Innerweltlich nirgends, kann er von niemandem betreten werden, wofür der Cherubim das Zeichen ist. Der Garten Eden entschwindet aus dem Reich der Erscheinung in das Reich des Transzendenten.

d) Die Geschichte vom Sündenfall als mythische Arché

So trägt die Geschichte vom Sündenfall auch die unverkennbaren Kennzeichen einer mythischen Ursprungsgeschichte, einer *Arché*: irgendeinmal in undatierbarer Zeit und in einem nicht bestimmbaren Ort (utopisch) hat sich der Mensch aus der unmittelbaren Gottgebundenheit gelöst und verfiel dem göttlichen Fluch. Aber ein Kennzeichen solcher mythischer Ursprungsgeschichten und Archaí ist nicht nur, daß sie sich in einer mythischen Zeit und an einem mythischen Ort ereignen, sondern auch, wie jetzt weiter beachtet werden muß, daß sie *in die profane Raum-Zeit-Welt hineinwirken und sich so im sinnlich faßbaren Bereich in unendlichen Varianten beständig wiederholen*. Dies kann, wie gezeigt, auf verschiedene Weise geschehen: in den Zyklen der Natur, in kultischen Festen, aber auch im einzelnen, engeren Lebensbereich oder in größeren, ja weltgeschichtlichen Zusammenhängen.

Für die Zyklen der Natur in mythischer Sicht sind schon mehrere Beispiele ausgeführt worden. Hier nun ein solches aus dem kultischen Bereich. Alljährlich wurde die Geburt der Göttin Athene im Panathenäenfest wiederholt im

Sinne von wieder-holen, und obgleich die sinnlichen Bedingungen, unter denen dies sich abspielte, stets wechselten (verschiedene Zeitpunkte der Aufführungen, verschiedene Personen, die als Verkörperung der dabei auftretenden Götter dienten usw.), so wurde doch in diesem, jeweils vorübergehenden Ereignis, die unmittelbare Präsenz der mythischen und ewigen, weil raum- und zeittranszendenten Ursprungsgeschichte gesehen. Daß ein solcher, strukturell gleicher Vorgang, bei vollständig anderen und keineswegs nur mythischen Inhalten auch in der christlichen Eucharistie stattfindet, wird uns noch später ausführlich beschäftigen. Was nun die Beispiele für die Wirkung von Archaí in den einzelnen, engeren Lebensbereichen betrifft, so sei daran erinnert, daß der Mensch in mythischer Sicht jeweils eine Arché z.B. in Sitten und Gebräuchen wiederholt, die ja allesamt auf mythische Vorbilder zurückgehen. Einmal hat „zuerst" ein Gott gezeigt, wie man jagt, wie man das Feld bestellt, schlachtet, den Wein anbaut und töpfert, wie man eine Gastfreundschaft ausübt, das Kriegshandwerk betreibt usw. Und ebenso: Überall, wo Menschen sich von Gott abwenden und damit dem Dasein zum Tode verfallen, haben sie, im gleichen Verständnis, vom Baum der Erkenntnis gegessen und ermangeln der Früchte vom Baume des Lebens. Ihre Mühen werden zur Sisyphus-Arbeit, selbst im Erfolg erfahren sie letztlich ihr Scheitern angesichts der „unüberholbaren Möglichkeit", und das Dasein, in Irrungen und Wirrungen verfangen, wird zur sich dahinschleppenden Last, der man nur zeitweise und nur scheinbar entflieht. Das Alte und Neue Testament sind voll von solchen profanen Wiederholungen des Adamitischen Falls und der Vertreibung aus dem Gottesfrieden. Betrachten wir nun noch Beispiele für die Wirkung von Archaí in weltgeschichtlichen Zusammenhängen. So verstanden die Griechen die Perserkriege in der Nachfolge der trojanischen Ereignisse, die ganz im Lichte des homerischen Mythos gesehen wurden[12], und so wurde auch vor der Schlacht bei Salamis ein Schiff nach Ägina geschickt, das die Hilfe der Ajakiden, also eines der Heroengeschlechter dieses Mythos, bringen sollte.[13] Auch berief sich auf ihn Athen, als es mit Mytilene um Sigeion kämpfte, das an der Stelle Trojas erbaut worden war.[14] Hier überall handelt es sich also um eine Wiederholung archetypischer Vorgänge. Was aber die Wiederholungen der Arché vom Sündenfall nicht nur im einzelnen, sondern auch im epochalen Zusammenhang betrifft, so werden solche ausführlich im folgenden Abschnitt 5, der vom Jüdischen Gesetz handelt, wie auch in den Kapiteln XI und XIV zur Sprache kommen.

Zur unendlichen Wiederholung dieser Arché gehört jedoch nicht nur das immer wieder neue Brechen vom Baum der Erkenntnis, sondern auch das damit verbundene utopische Bewußtsein des Gartens Eden. Dieses kann dunkel in der Erfahrung einer einst gottgeborgenen Kindheit, in der Erinnerung an

---

[12] Herodot, I, 1–5.
[13] Herodot VIII, 83 f.
[14] Herodot V, 94.

einen verlorenen Glauben bestehen, es kann sich in der unstillbaren, aber resignierten Sehnsucht nach einem tröstenden und beglückenden Erfülltsein vom Göttlichen oder gerade dem trotzigen Verzicht darauf bemerkbar machen. Und all dies vollzieht sich ebenfalls nicht nur im Leben des Einzelnen, sondern auch im Bewußtsein ganzer Epochen. Wie jedoch niemals diese Spannung zwischen dem Baum der Erkenntnis und dem Baum des Lebens bei solchen Wiederholungen fehlen kann[15], so kann auch, unter den sterblichen Bedingungen ihrer Erscheinung, niemals das Vor- oder Nach des Brechens vom Baume der Erkenntnis in der gleichen Reinheit Ereignis werden, wie sie im Urbild erfaßt ist. Über das theoretische Recht, solche wirkende Urbilder mythisch als etwas *Wirkliches* zu denken, ist aber schon in den vorhergegangenen „Grundlegenden Betrachtungen" des I. Kapitels das Nötige gesagt worden.

2. Der mythische Sinn der Erbsünde

In der sich ständig wiederholenden Arché und Ursprungsgeschichte vom Sündenfall liegt aber auch die *mythische Deutung der Erbsünde*. Um dies verständlich zu machen, sei zunächst an jene Archaí erinnert, auf die mythisch der Ursprung einer Sippe zurückgeführt wurde. Meistens handelte es sich dabei um eine numinose Geschichte, etwa die Zeugung eines der Väter durch einen Gott. Es ist nun diese bestimmte und individuelle Geschichte, die das Selbstbewußtsein, den Charakter, das Denken, Fühlen und Wollen, eben die Identität der Sippe seither prägt und so in allen ihren Mitgliedern substantiell wirksam ist. Sie alle haben daran Teil. Im weiteren Sinne gilt dies nun aber auch für die Polis und den Staat. In jedem Athener lebte Athene, und was Athene bedeutete, war wieder durch die Mythen gekennzeichnet, die man von ihr erzählte. Doch kann eine die Sippe bestimmende Arché auch etwas Unheilvolles sein, wie wir an dem Geschlecht der Tantaliden sehen können. Dort ist es Tantalos, der den Urfrevel durch den grausigen Mord an seinem eigenen Sohn Pelops begeht, ein Verbrechen, das sich nun durch die Kette der nachfolgenden, von Mord, ja Kindes- Bruder- und Muttermord heimgesuchten Geschlechter fortpflanzt. Nur an einiges davon sei in wenigen Stichworten erinnert: Pelops, von den Göttern wieder zum Leben erweckt, tötete seinen Helfer Myrtilos; die Söhne des Pelops, Atreus und Thyestes, ermordeten ihren Halbbruder Chrysippos; Agamemnon, Sohn des Atreus, opferte seine Tochter Iphigenie; Aigisthes, Sohn des Thyestes, ermordete Agamemnon, den Sohn des Atreus, und Orest schließlich, Sohn der Klytemnästra und Agamemnons, ermordete seine eigene Mutter.

So weit stimmt nun die mythische Vorstellungswelt, die sich hier äußert, *strukturell* vollkommen mit derjenigen überein, die in der biblischen Urprungs-

---

[15] Dies ist übrigens ganz analog der alten Vorstellung der Philosophen, daß das Endliche, Sterbliche gar nicht ohne das Unendliche, Göttliche zu denken ist: Definitio est determinatio, die Definition besteht in der Abgrenzung von dem, was *nicht* zu dem zu definierenden Begriff gehört.

geschichte vom Sündenfall lebt, und so wirkt auch in dieser die frevelhafte Tat von Geschlecht zu Geschlecht fort. Wie Tantalus in allen Angehörigen seiner Sippe, so ist Adam in der ganzen Menschheit präsent. Das peccatum originale Adams spielt daher die Rolle einer hinfort unentrinnbaren *Grunddisposition* aller Menschen und führt schließlich, unter unendlich verschiedenen und mannigfaltigen Gegebenheiten jeweils angefacht, zum peccatum actuale, zur unmittelbaren, von der Substanz des peccatum originale geprägten Tat.

Und dennoch liegt hier ein entscheidender, nicht die Struktur, sondern den *Inhalt* betreffender Unterschied vor, zumindest dann, wenn man die Genesis aus christlicher Sicht betrachtet, auf die es ja auch im gegebenen Zusammenhang alleine ankommt. Christlich betrachtet ist das peccatum originale nicht eine *Tat* als Urfrevel, sondern der *allgemeine Geist des Daseins zum Tode*, dem sie überhaupt erst entspringt. (Vom Baum der Erkenntnis essen wollen.) Deswegen kann es christlich sehr wohl sein, daß etwas, von außen betrachtet, als „gute" Tat erscheinen mag, in Wahrheit aber, weil ohne religio, ohne Rückbeziehung auf Gott vollbracht, im Umkreis der Sünde verbleibt. Ja, es ist selbst ein Zeichen des in uns fortwirkenden status corruptionis, daß wir im Grunde niemals wissen, welchem tiefsten Grund letztlich unsere Taten entspringen. Auch steigen beständig in uns Gedanken und Wünsche auf, die wir verwerfen, ohne etwas gegen sie tun zu können, ohne sie letztlich loszuwerden. Und selbst wenn es nur bei diesen Gedanken und Wünschen bleibt, so verraten sie doch so viel über die Abgründe in uns, daß wir uns auch bei den mit bewußtem Willen betriebenen Handlungen niemals sicher sein können, welche verborgenen Beweggründe sie hervorgerufen haben. So zeigt sich: *Der christliche Sinn von Sünde als Dasein zum Tode enthüllt in der Genesis als Erbsünde seine mythische Struktur.*

3. Der mythische Sinn von Schuld und Schuldgefühl

Der Widerspruch, den man gemeinhin darin sieht, daß biblisch-mythisch im Falle der Erbsünde von Schuld die Rede ist, obgleich sie nicht in der Verantwortung des einzelnen liegt, besteht in Wahrheit gar nicht, sondern kommt nur dadurch zustande, daß man dabei von einem ganz *anderen, insbesondere heute bestimmenden, ausschließlich individualistischen Schuldbegriff* ausgeht. Doch handelt es sich auch hier wieder um *theoretisch nicht entscheidbare Unterschiede*: Dort ist der mythische, substantielle Zusammenhang der Menschen gemeint, hier werden die auf der ontologischen Trennung des Allgemeinen vom Besonderen beruhenden, nur für sich betrachteten Elemente hervorgehoben – die Individuen.

Andererseits sind auch hier wieder Mythos und Christentum, wenn auch nicht strukturell, so doch inhaltlich verschieden. Der mythische Sinn von Schuld ist wie derjenige des Frevels die *Tatsache der gegen das Gebot der Götter begangenen Tat*; der christliche Sinn von Schuld aber ist nicht die Tat selbst, sondern wie gezeigt die *Tatsache des ihr zugrunde liegenden Geistes der Gottesferne,* die Tat selbst für sich genommen mag gut oder böse erscheinen. Der *individualistische Schuldbegriff* wiederum bezieht sich weder auf die bloße Tathandlung, noch auf die ihr zugrunde liegende, *substantielle Gottferne*. Im Gegensatz zum mythischen Verständnis betrifft er nur das *Motiv der Tat*, z.B., ob sie bewußt gewollt wurde; im Gegensatz zur christlichen Auffassung aber betrifft er nur *solche Motive*, die entweder ausschließlich als in der Verantwortung des einzelnen gelegen betrachtet werden oder ihn gerade hindern, diese auszuüben (Fremdbestimmung).

Es ist in diesem Zusammenhang erhellend, daß der für das allgemeine Leben so grundlegende *ökonomische Schuldbegriff* dem mythischen analog ist. Auch ökonomisch fällt die „Tat" im Sinne von „Schulden *machen*" mit der Schuld im Sinne von „Jemandem-etwas-schuldig-*sein*" zusammen, und ist die „Strafe" als Rückzahlung der Schuld schon mit der Tat gesetzt. Ferner wird ökonomische Schuld ebenso vererbt wie mythische, denn für die Schulden des Erblassers haften seine Erben. Diese Analogie dürfte darin ihre Wurzeln haben, daß früher die verschiedenen Lebensbereiche einheitlicher und überschaubarer waren, so daß die beständige Neigung bestand, die Verhältnisse des einen auf diejenigen des anderen zu übertragen. So wird sogar noch im NT der Schuldbegriff gelegentlich in der Form ökonomischer Gleichnisse erläutert, etwa Mt 18, 23–35, wo das Himmelreich mit einem König verglichen wird, der mit seinen Knechten abrechnet, oder Lk 7, 41 f., wo vom Gläubiger die Rede ist, der seinen Schuldnern die Schuld erläßt und von ihnen deswegen geliebt wird. Auch in der lutherischen Formulierung des Vaterunser (Mt 6, 12.): „Vergib uns unsere Schulden, wie auch wir unseren Schuldigern vergeben" klingt der ökonomische Sinn von Schuld noch nach, wie das ja auch im griechischen Text (ta opheilémata) und im lateinischen (debita) der Fall ist. Die heute übliche Gebetsformel „Vergib uns unsere Schuld" bringt daher das christliche Verständnis von Schuld deutlicher zum Ausdruck. Andererseits tritt im NT der Begriff der Schuld auffallend hinter dem Begriff der Sünde zurück und kommt nur selten vor, was sich eben dadurch erklärt, daß die Assoziation des Begriffes der Schuld mit dessen ökonomischen oder mythischen Sinn damals noch allzu nahelag, während der Begriff der Sünde als Hamartía, Verirrung besser den bösen *Geist* zum Ausdruck brachte, um den es ja in Wahrheit alleine ging.

Wie sich der mythische, christliche und individualistische Schuldbegriff voneinander unterscheiden, so auch die ihnen entsprechenden *Schuldgefühle*. Zur Erläuterung solcher Gefühle als mythische sei wieder an bekannte Beispiele erinnert, diesmal solche aus der griechischen Tragödiendichtung. Erstes Beispiel: In den „Weihgußträgerinnen" des Aischylos tötet Orest seine Mutter, um an ihr den Vatermord zu rächen. Kaum aber ist die Tat begangen, zu der er doch von Apollo, dem Beschützer des patriarchalischen Staats-Rechts, gezwungen wurde, da faßt ihn schon vor ihr das Grausen. Mit Entsetzen sieht er die Rachgöttinnen nahen, die Erinyen, „das Haar umflochten rings/ mit Schlangenknäueln", sie „werden mehr und mehr;/ Und aus den Augen tropfen Blut (...)"[16] Zweites Beispiel: Im „König Ödipus" des Sophokles hat Ödipus unwis-

---

[16] Aischylos, „Weihgußträgerinnen", Verse 1048–49, 1057–58. (Übers. von O. WERNER, Aischylos, München.)

send seinen eigenen Vater erschlagen und unwissend seine eigene Mutter geheiratet. Als er das entdeckt, mildert seine Unwissenheit keineswegs die Qual, die er wegen des begangenen Frevels empfindet. In schrecklicher Klage sieht er sich als den „allerverfluchtesten, Göttern verhaßtesten/ unter den Sterblichen". Wie könne er, nach solcher Greuel, den Göttern noch in die Augen sehen?[17]

Auf den ersten Blick scheinen die Verse des Aischylos und des Sophokles zu zeigen, daß sich, rein qualitativ betrachtet, das Schuldgefühl bei mythischer Schuld nicht von jenem unterscheidet, das Schuld auch in ihrem heutigen, individualistischen Verständnis hervorrufen kann. Zeigen die aufgeführten Beispiele nicht dieselbe Qual, dasselbe Grauen? Und wenn der Chor die Erinyen für Wahnbilder hält, weil er sie nicht sieht, die sich dem Orest gräßlich nähern, könnte man da nicht daraus folgern, daß die Erinyen nur äußere Projektionen eines Zustandes sind, der jener Gewissensnot gleicht, wie sie uns vertraut ist?

Und doch liegt hier ein entscheidender Unterschied vor. Die individualistische Gewissensnot beruht darauf, *mit sich selbst zerfallen zu sein*, in seiner Verantwortung versagt, die Würde seines Menschseins, das in der sittlichen Existenz liegt, verraten zu haben; das mythische Schuldgefühl dagegen beruht darauf, wie die aufgeführten Beispiele zeigen, *mit den Göttern zerfallen zu sein*; es ist das Gefühl des nach unerforschlichem Ratschluß erfolgten Gnadenentzugs, des von ihnen Getrennt- und Verstoßenseins, des unerträglichen Verlustes ihrer alles Leben spendenden, durchdringenden Kraft, des absterbenden Siechtums in der Ermangelung jener Früchte vom Baume des Lebens, die nur sie zu spenden vermögen; es ist der Sturz aus der göttlichen Ordnung in die Bodenlosigkeit, ins Unbehauste. *Individualistische Gewissensnot ist Leiden an seinem eigenen Willen, mythisches Schuldgefühl und christliches, soweit es strukturell mythisch ist, besteht dagegen im Leiden an einem dem Menschen widerfahrenen, numinosen Unglück und Schicksal.*

Hier ging es zunächst nur um eine rein phänomenologische Analyse der verschiedenen Begriffe von Sünde und Schuld und der ihnen jeweils zugeordneten Schuldgefühle. Die damit zusammenhängende Frage der Freiheit wird uns in einem späteren Kapitel beschäftigen.

4. *Das jüdische Gesetz als Wiederholung der Arché vom Sündenfall*

Der Mythos vom Sündenfall ist die erste und grundlegende Quelle für das christliche Sündenverständnis. Wir müssen uns jetzt seiner zweiten, historischen, zuwenden, und das ist das jüdische Gesetz. Dieses Gesetz oder die Thora

---

[17] Sophokles, König Ödipus, Verse 1373–1418. (Übers. von W. WILLIGE, Sophokles, München.) Es steht auf einem anderen Blatt, daß bei Sophokles, besonders in seiner Tragödie „Ödipus auf Kolonos", ein neuer Schuldbegriff, der sich nicht allein auf die Tat beschränkt, bereits auftaucht, wie sich ja überhaupt in der klassischen griechischen Tragödiendichtung die Krise des Mythos spiegelt. (Vgl. K. HÜBNER, Die Wahrheit des Mythos, a.a.O:, Kap. XII). Aber gerade indem so das Ringen zwischen dem alten und einem neuen Schuldbegriff zum Stoffe wird, treten auch ihre Unterschiede klar zutage.

beruht auf dem Pentateuch, also den fünf Büchern Mose. Hinzu kommt deren weitverzweigte und in mannigfaltige Einzelheiten gehende Auslegung durch die Schriftgelehrten.[18]

Wie sich nun gezeigt hat, daß der Sinn von Gut und Böse im Mythos der Genesis keineswegs nur auf das Moralische eingeengt werden darf, sondern allgemein das dem Menschen Heil oder Unheil Bringende betrifft (das, was ihm frommt oder nicht frommt, was ihm ziemt oder nicht ziemt usw.), so handelt es sich auch bei dem jüdischen Gesetz nicht um einen bloßen Moralkodex. Es besteht vielmehr aus zahlreichen, das ganze Leben, ja den Tagesverlauf durchgehend leitenden Vorschriften und Regeln wie z.B. für den Sabbat, das Passahfest, die Ehescheidung und Eheschließung, die Beschneidung, es enthält Regeln über das Reine und Unreine, Verbote bestimmter Speisen, Rituale verschiedenster Art usf. Das Gesetz hat ursprünglich Moses nach alttestamentarischer Auffassung unmittelbar von Gott auf dem Berge Sinai empfangen, und es ist daher, ebenso wie die durch reine Deduktion hieraus entstandenen Auslegungen und Erweiterungen der Schriftgelehrten, für die Juden von unantastbarer Heiligkeit.

Diese Heiligkeit bleibt nun zwar im NT unangetastet[19], jedoch nur dadurch, daß es zugleich neu gedeutet wird, womit wir uns aber erst im VIII Kapitel, 2 ausführlich beschäftigen werden. Worauf es dagegen hier ankommt ist, daß im NT *das Verhältnis des Menschen zum Gesetz* auf eine für das Judentum umstürzende Weise in Frage gestellt wird. Der Mensch, so lehrt es, kann das Gesetz gar nicht wahrhaft erfüllen, weil er der Träger der Erbsünde ist und daher unausweichlich im Zustand der Gottferne verharrt. Dies zeige sich einerseits daran, daß gerade das Gesetz die Begierde nach seiner Übertretung hervorruft. „Denn ich weiß", schreibt Paulus, „daß in mir, das heißt in meinem Fleisch, nichts Gutes wohnt. Wollen habe ich wohl, aber das Gute vollbringen kann ich nicht. Denn das Gute, das ich will, das tue ich nicht; sondern das Böse, das ich nicht will, das tue ich."[20] Andererseits kann selbst die buchstäbliche Einhaltung des Gesetzes sündig sein, wenn sie dem Menschen nur dazu dient, seine *Eigengerechtigkeit* aufzurichten, womit der *Adam im Menschen nur schlecht verhüllt*, seine Selbstgewißheit und Hybris vor Gott jedoch gerade bekräftigt wird. Dazu lesen wir in Lukas 18: „Er sagte aber zu einigen, die sich anmaßten, fromm zu sein, und verachteten die andern, dies Gleichnis: Es gingen zwei Menschen hinauf in den Tempel um zu beten, der eine ein Pharisäer, der andere ein Zöllner. Der Pharisäer stand für sich und betete so: Ich danke dir, Gott, daß ich nicht bin wie die andern Leute, Räuber, Betrüger, Ehebrecher oder auch wie dieser Zöllner. Ich faste zweimal in der Woche und gebe den Zehnten von allem, was ich einnehme. Der Zöllner aber stand ferne, wollte auch die Augen nicht aufheben

---

[18] Erst im 2. Jahrhundert v. Chr. erfolgte in dem die Mischna enthaltenden Talmud eine schriftliche Sammlung jüdischer Gesetzestexte.
[19] Paulus schrieb: „Ist das Gesetz Sünde? Das sei ferne." (Röm 7,7) „So ist also da Gesetz heilig, und das Gebot ist heilig, gerecht und gut." (Röm 7,12)
[20] Röm 7,18–19.

zum Himmel, sondern schlug an seine Brust und sprach: Gott, sei mir Sünder gnädig. Ich sage euch: Dieser ging gerechtfertigt hinab in sein Haus, nicht jener. Denn wer sich selbst erhöht, der wird erniedrigt werden; und wer sich selbst erniedrigt, der wird erhöht werden."[21] Der *Buchstabe* des Gesetzes ist leicht erfüllbar, nicht aber der *Geist*, nämlich als Gottesliebe. Und es ist der Geist dieser Liebe und Gottesnähe, den zu erfüllen die adamitische Selbstsucht den Menschen immer wieder hindert. So faßt Christus dies gleichsam alles zusammen, wenn er zu den Schriftgelehrten spricht: „Wie fein hebt ihr Gottes Gebot auf, damit ihr eure Satzungen aufrichtet!"[22]

Die Erkenntnis der Unerfüllbarkeit des jüdischen Gesetzes macht aber nun den Menschen überhaupt erst ihre Gottferne und sündige Verfassung bewußt. „Durch das Gesetz kommt Erkenntnis der Sünde", sagt daher Paulus[23]; durch das Gesetz wird „allen der Mund gestopft und alle Welt vor Gott schuldig"[24], weil kein Mensch durch die Werke des Gesetzes vor ihm gerecht sein kann".[25] Wer aber dies bestreitet und damit seine eigene Gerechtigkeit vor Gott, aus eigener Kraft und in eigenem Urteil, selbstherrlich glaubt aufrichten zu können, der hat das wahre Wesen der Sünde und der Adamitischen Verstrickung des Menschen nicht erfaßt.

Hier stoßen wir nun aber auf einen entscheidenden Punkt: Die christliche Wende vollzieht sich in jenem *historischen Augenblick*, in dem den Juden das Verhältnis zum Gesetz in der geschilderten Weise fundamental fragwürdig geworden war. Sei es, daß sie die Unmöglichkeit einer Rechtfertigung durch das Gesetz erkannten, wie die Qumram-Funde bezeugen, aber teilweise auch das pharisäische Schrifttum und dasjenige des hellenistischen Judentums, sei es, daß sie unter den erstarrten Buchstaben-Geboten der Schriftgelehrten zu leiden hatten.[26] *So entstand das Bewußtsein einer historisch konkreten Wiederholung der Arché vom Sündenfall, und zwar nunmehr als ein epochales, nicht nur einzelne Vorkommnisse betreffendes Ereignis*. Wieder haben Menschen, nämlich die Juden, vom Baum der Erkenntnis gegessen, indem sie glaubten, das göttliche Gesetz über Gut und Böse selbst in die Hand nehmen und darin ihre eigene Rechtfertigung finden zu können (Buchstabenerfüllung), und wieder folgt dieser Hybris die furchtbare Entdeckung der Gottesferne und des Daseins zum Tode. Hören wir Paulus: „Und so fand sich's, daß das Gebot mir den Tod brachte, das doch zum Leben gegeben war."[27] „Als aber das Gebot kam, wurde die Sünde lebendig, ich aber starb."[28] „Denn so lange wir dem Fleisch verfallen waren, da waren

---

[21] Röm 9–14. Hierher gehören auch die Seligpreisungen in Lk 6,20–22, die darauf hinweisen, daß die Leidenden eher vor der Grundsünde des Eigendünkels bewahrt werden als diejenigen, denen es wohlergeht.
[22] Mk 7,9.
[23] Röm 3,20.
[24] Ebenda 19.
[25] Ebenda 20.
[26] Vgl. M. LIMBECK, Das Gesetz im A.T., Darmstadt 1997, S. 116f., 144.
[27] Röm 7,10.
[28] Ebenda, 9.

die sündigen Leidenschaften, die durchs Gesetz erregt wurden, kräftig in unsern Gliedern, so daß wir dem Tode Frucht brachten."[29] „Ich elender Mensch! Wer wird mich erlösen von diesem todverfallenen Leibe?"[30] Mit dem „todverfallenen Leib" ist freilich ebenso wenig dessen rein biologische Verfassung gemeint, wie der Ausdruck „Fleisch" bei Paulus wörtlich verstanden werden darf. In beiden Fällen handelt es sich vielmehr um jene besondere Verfassung des Menschen, die ich im Abschnitt I, b dieses Kapitels als das Dasein zum Tode bezeichnet habe. „Fleisch" und „Leib" sollen nur in plastisch-anschaulicher und dem damaligen Wortgebrauch folgender Sprache den Gegensatz zum Göttlichen als dem wahren „Geist" zum Ausdruck bringen. So heißt es in Gal 5,17: „Denn das Fleisch begehrt auf gegen den Geist und der Geist gegen das Fleisch; die sind gegeneinander, so daß ihr nicht tut, was ihr wollt."

In dem historischen Augenblick also, in dem Christus auftrat, in diesem Kairós, hat das Verhältnis zum Gesetz unter den Juden eine derart erdrückende Zuspitzung erfahren, daß die Erkenntnis seiner verzweifelten Unerfüllbarkeit und der hoffnungslosen Sündenverstrickung des Menschen ebenso auf fruchtbaren Boden fallen mußte wie die Bereitschaft, die Botschaft der Gnade und der Erlösung zu empfangen. Das meinte Paulus als er schrieb: „Das Gesetz aber ist dazwischen gekommen, damit die Sünde mächtiger würde.[31] Wo aber die Sünde mächtiger geworden ist, da ist doch die Gnade noch viel mächtiger geworden, damit, wie die Sünde geherrscht hat zum Tode, so auch die Gnade herrsche durch die Gerechtigkeit zum ewigen Leben durch Jesus Christus, unsern Herrn."[32] „So ist das Gesetz unser Zuchtmeister gewesen auf Christus hin (…)"[33]

5. Die historische Relativierung des jüdischen Gesetzes durch das Christentum. Gesetz und Sündenbewußtsein der Nichtjuden

Wenn es nun aber auch das Gesetz und der Monotheismus der Juden war, wo die Gottferne auf einzigartige Weise erkennbar werden und sich damit auch auf einzigartige Weise das Erscheinen des Erlösers ereignen konnte, so mußte doch diese Erkenntnis und dieses Erscheinen eine Gültigkeit für *alle* Menschen haben, da doch alle, nicht nur die Juden, vom Geiste Adams geprägt sind.

Auch die Heiden, mit denen Paulus die Nichtjuden meint, hatten ihr Gesetz, und dieses überschnitt sich teilweise mit demjenigen der Juden. Bei dieser

---

[29] Ebenda, 5.
[30] Ebenda, 24.
[31] Der Ausdruck „dazwischen gekommen", eine etwas irreführende Übersetzung der hier zitierten Ausgabe des NT von griech. pareisélthen und lat. subintravit, wie ich meine, muß aus dem Zusammenhang des vorangehenden Textes verstanden werden, der vom Sündenfall Adams spricht. Es bedeutet also sinngemäß: Nach oder seit dem Sündefall hat sich aber das Gesetz eingeschlichen, um dem Menschen erneut und mit nie dagewesener Schärfe das wahre Wesen der Sünde zu enthüllen.
[32] Röm 5,20–21.
[33] Gal 3,24.

Überschneidung denkt Paulus vornehmlich an den Dekalog und allgemeine moralische Gebote. Auch die Heiden verwerfen, wie er aufzählt, „Ungerechtigkeit, Schlechtigkeit, Habgier, Bosheit, Neid, Mord, Hader, List, Niedertracht, Zuträger, Verleumder, Gottesverächter, Frevler, Hochmut, Prahlerei, Unvernunft, Treulosigkeit, Lieblosigkeit" usw.[34], und auch die Heiden haben ein natürliches Gottesbewußtsein, vor dem ihnen solches als Sünde bewußt ist: „Denn was man von Gott erkennen kann, ist unter ihnen offenbart. Denn Gottes unsichtbares Wesen, das ist seine ewige Kraft und Gottheit, wird seit der Schöpfung der Welt ersehen aus seinen Werken, wenn man sie wahrnimmt, so daß sie keine Entschuldigung haben."[35] Deswegen werden auch „alle, die ohne" – das jüdische – „Gesetz gesündigt haben, verloren gehen; und alle, die unter dem" – jüdischen – „Gesetz gesündigt haben, werden durchs Gesetz verurteilt werden."[36] Und „wenn Heiden, die das" – jüdische – „Gesetz nicht haben, doch von Natur tun, was das Gesetz fordert," – was sich immer nur auf das beziehen kann, worin sich das Gesetz der Juden und der Heiden in der erwähnten Weise überschneidet – „so sind sie, obwohl sie das" – jüdische – „Gesetz nicht haben, sich selbst Gesetz"[37], womit Paulus meint, daß „in ihr Herz geschrieben ist, was das" – jüdische, sich mit dem heidnischen überschneidende – „Gesetz fordert, zumal ihr Gewissen es ihnen bezeugt."[38]

Das christliche Sündenverständnis erwachte also zwar aus den angegebenen Gründen an dem bestimmten, historischen Fall des jüdischen Gesetzes, doch war dieses nur ein auslösendes Ereignis für die allgemeine Erkenntnis, daß allenthalben Menschen unter einem Gesetz stehen (es sei moralischer oder anderer Natur) und es dennoch, als Kinder Adams, nicht nur nicht wahrhaft erfüllen, sondern es auch gar nicht erfüllen können (nämlich nicht in eigener Beziehung, sondern in solcher auf Gott.) Deswegen bleiben sie alle, wie sehr sie sich es auch auf diese oder jene Weise verschleiern mögen, dem Dasein zum Tode verfallen.

So weit aber das Gesetz der Juden in seinem eigentlichen, vollen, den ganzen Tagesablauf und das ganze Leben mit all seinen einzelnen Vorschriften, Riten und dergl. bestimmenden Sinne genommen wird, z.B. in seinem Beschneidungsritual, da wird es nun zwar im Ganzen nicht verworfen, aber es hat nur eine *historische*, keine allgemein verbindliche Bedeutung mehr für das Verhältnis zu Gott: „Die Beschneidung nützt etwas, wenn Du das Gesetz hältst;" – womit Paulus wieder das Juden und Heiden gemeinsame Gesetz meint – „hältst du aber das" – dieses – „Gesetz nicht, so bist du aus einem Beschnittenen schon ein Unbeschnittener geworden. Wenn nun der Unbeschnittene hält, was nach dem Gesetz recht ist, meinst du nicht, daß dann der Unbeschnittene vor Gott als

---

[34] Röm 1,29–31.
[35] Röm 1,19–20.
[36] Röm 2,12.
[37] Röm 2,14.
[38] Röm 2,15.

Beschnittener gilt? Und so wird der, der von Natur unbeschnitten ist und das Gesetz erfüllt, dir ein Richter sein, der du unter dem Buchstaben und der Beschneidung stehst und das Gesetz übertrittst. Denn nicht der ist ein Jude, der es äußerlich ist, auch ist nicht das die Beschneidung, die äußerlich am Fleisch geschieht, sondern der ist ein Jude, der es inwendig verborgen ist, und das ist die Beschneidung des Herzens, die im Geist und nicht im Buchstaben geschieht. Das Lob eines solchen ist nicht von Menschen, sondern von Gott"[39] – denn es folgt nicht menschlicher Hybris als Selbstherrlichkeit und Eigendünkel, sondern ist Gottes Urteil. „Was sagen wir nun? Haben wir Juden einen Vorzug? Gar keinen. Denn wir haben soeben bewiesen, daß alle, Juden wie Griechen, unter der Sünde sind, wie geschrieben steht: ‚Da ist keiner, der gerecht ist, auch nicht einer. Da ist keiner, der verständig ist; da ist keiner, der nach Gott fragt (...) Es ist keine Gottesfurcht unter ihnen.'"[40]

Nun ist aber biblisch das Gute und Böse, worauf ich bereits hingewiesen habe, keineswegs nur in dem engeren moralischen Sinne zu verstehen, wie es die vorangegangenen Paulus-Zitate erscheinen lassen mögen, sondern betrifft überhaupt das dem Menschen Heil oder Unheil Bringende, was ihm frommt oder nicht frommt, was ihm ziemt oder nicht ziemt, also den ganzen Umfang seiner jeweiligen Lebenswirklichkeit, und so zeigt es ja ebenso das jüdische Gesetz. Aber wie verschieden die jeweiligen Umstände auch sein mögen, wie unterschiedlich, relativ und historisch bedingt die gesamte Lebenswirklichkeit in Erscheinung treten mag, nicht nur die moralische, so kann darin das Gute doch immer nur das Eine bedeuten: *daß alles aus dem Geiste der Rückbeziehung (religio) oder Rücksicht auf Gott beurteilt wird*, und nicht der Mensch das Maß aller Dinge ist. Wo aber solche Gottesfurcht leitet, da ist Toleranz geboten, mögen auch die umfassenden Lebensbedingungen noch so verschieden sein. Wie es mit dem Guten in diesem biblisch umfassenden Sinne steht, das hat Paulus auf eine überaus konzise und anschauliche Weise unmißverständlich in Röm 14, 1–8 zum Ausdruck gebracht: „(...) streitet nicht über Meinungen. Der eine glaubt, er dürfe alles essen; wer aber schwach ist, der ißt kein Fleisch. Wer ißt, der verachte den nicht, der nicht ißt; und wer nicht ißt, der richte den nicht, der ißt; denn Gott hat ihn angenommen. Wer bist du, daß du einen fremden Knecht richtest? Er steht oder fällt seinem Herrn. Er wird aber stehen bleiben, denn der Herr kann ihn aufrecht halten. Der eine hält einen Tag für höher als den anderen; der andere aber hält alle Tage für gleich. Ein jeder sei in seiner Meinung gewiß. Wer auf den Tag achtet, der tut's im Blick auf den Herrn; wer ißt, der ißt im Blick auf den Herrn, denn er dankt Gott; und wer nicht ißt, der ißt im Blick auf den Herrn nicht und dankt Gott auch. Denn unser keiner lebt sich selber, und keiner stirbt sich selber. Leben wir, so leben wir dem Herrn; und sterben wir, so sterben wir dem Herrn. Darum: wir leben oder sterben, so

---

[39] Röm 2,26–29.
[40] Röm 3,9–18.

sind wir des Herrn." Der genaue Sinn dieser Toleranz, die freilich die religio als Gottrückbeziehung voraussetzt, wird erst im VIII. Kapitel, 2 i ausführlich erläutert werden können.

B. Die Erlösung von der Erbsünde

1. Der mythische Sinn der Entsühnung im Grundriß der christlichen Erlösungsidee

Nachdem sich der mythische Sinn der Erbsünde enthüllt hat, soll nun der mythische Sinn der Erlösung durch Entsühnung deutlich werden. Dazu müssen wir aber noch auf weitere Elemente der mythischen Verfassung menschlicher Zustände hinweisen.

Betrachten wir hierzu wieder einige Beispiele des griechischen Mythos: In der Liebe sind Aphrodite oder Eros anwesend und wirksam, in der kriegerischen Handlung Ares, in der klugen und besonnenen Haltung Athene usw. Dabei handelt es sich jedoch nicht um etwas rein Psychisches, wie schon daran erkennbar wird, daß Liebe, kriegerischer Sinn usw. personalisiert und in individuellen Götter- und Dämonengestalten materialisiert werden. Wieder sind also hier mythisch Materielles und Ideelles nicht getrennt, sondern bilden eine unauflösliche Einheit. Deswegen ist hier auch die Anwesenheit und Wirksamkeit numinoser Wesen als diejenige einer *mythischen Substanz* zu verstehen, die, im Gegensatz etwa zu einer rein physikalischen, eben durch eine solche Einheit vorgestellt wird.

Jedes der aufgeführten numinosen Individuen repräsentiert hier einerseits etwas Allgemeines, nämlich einen allgemeinen menschlichen Zustand, und ist doch andererseits etwas Besonderes, eben ein Individuum mit einer bestimmten, unverwechselbaren Geschichte (Arché). Ferner ist es stets identisch die gleiche mythische Substanz (der Aphrodite, des Eros, des Ares, der Athene usw.), die in mannigfaltigen menschlichen Zuständen wirkt; sie ist also, im Sinne des mythischen Verhältnisses von Ganzem und Teil, in allen ihren Teilen identisch anwesend. Man kann es mit einer farbigen Fläche vergleichen: Auch wenn man sie in beliebige Teile zerlegt, enthält doch jeder von ihnen identisch die gleiche Farbe.

Kehren wir jetzt noch einmal zur Erbsünde zurück. Auch die soeben genannten mythischen Strukturen sind in ihr, wie jetzt noch nachzutragen ist, eindeutig erkennbar: Auch hier handelt es sich ja um einen allgemeinen menschlichen Urzustand, nämlich demjenigen der Gottesferne, in dem ein numinoses Wesen, nämlich der durch die Arché des Sündenfalls gekennzeichnete Adam, wirksam und anwesend ist; auch hier wird also ein ideeller Zustand in einer individuellen Gestalt materialisiert und damit die Anwesenheit und Wirksamkeit dieses Wesens in allen Menschen als diejenige einer mythischen Substanz vorgestellt. In dem besonderen Individuum Adam ist zugleich das Allgemeine des menschlichen Grundzustandes präsent und seine Substanz ist in jedem einzelnen Menschen als Teil der Menschheit identisch und als Ganzes wirksam.

Nun gehört aber zur mythischen Struktur einer Urschuld auch die Möglichkeit der Reinigung und Entsühnung. Sie erfolgt, wie die entsprechenden mythischen Rituale zeigen, in einer der Urschuld strukturell genau entsprechenden Weise.

Zunächst muß die Anwesenheit jenes numinosen Wesens gesichert sein, dessen mythische Substanz diejenige der Urschuld durchdringen und aufheben soll. Es geht also um seine rituelle Herbeirufung. Doch ob diese durch die Anwesenheit des Heiligtums, durch bestimmte Laute, Worte, Gebetsformeln, sakrale Gegenstände oder Handlungen erfolgt (oder all dies zusammengenommen), stets wird auch das darin materiell Faßbare zugleich etwa Ideelles sein, eben die herbeigerufene mythische Substanz. Damit aber die so herbeigerufene Substanz diejenige der Urschuld aufheben kann, muß auch diese anwesend sein oder ebenfalls durch entsprechende rituelle Handlungen herbeigerufen werden. Das geschieht in der Präsentation des Sühneopfers. Und wieder ist dann der Vorgang der Entsühnung ein ideell-materieller: Die physische Vernichtung des Opfers löscht zugleich die Urschuld aus, die neue mythische Substanz tritt an die Stelle der alten oder drängt sie zurück. Wegen der Einheit des Allgemeinen mit dem Besonderen hat schließlich dieser besondere Vorgang des Opfers zur Folge, daß die Entsühnung in allen von der Urschuld Betroffenen wirksam werden kann, und wegen der Einheit des Ganzen mit dem Teil vollzieht sie sich identisch in jedem von ihnen.

Für solche mythische Entsühnungen gibt es zahlreiche Beispiele, die freilich dem Inhalt nach sehr verschieden sein können. Man denke nur an Ödipus: Durch seine Untat wurde die ganze Stadt von Unheil befallen, durch sein Sühneopfer konnte sie davon wieder befreit werden. Hier können wir uns aber auf das AT beschränken: Nach 3Mose 16 wurden am Fest des Versöhnungstages vor dem Heiligtum, in dem Gott anwest, zwei Böcke geopfert: der eine wurde geschlachtet; das war das Sündopfer; der andere wurde in die Wüste hinausgetrieben, nachdem man ihm durch rituelle Handlungen die Sünden des Volkes übertragen hatte: das war der Sündenbock.

Hat also die Erbsünde eine mythische Struktur, wie sich gezeigt hat, so muß auch die Erlösung von ihr als Entsühnung in den Strukturen des Mythos verstanden werden. Inhaltlich allerdings ist sie von den üblichen Reinigungsriten scharf zu unterscheiden, da solche Riten es stets mit einzelnen Verstößen gegen das Göttliche, Numinose usw. zu tun haben, die Erbsünde aber einen umfassenden, fundamentalen und vom Menschen selbst gar nicht aufhebbaren Zustand betrifft. Schon der Versuch, sich aus ihm aus eigener Kraft zu erheben, wäre ja nur wieder ein Indiz menschlicher Selbstgerechtigkeit und Selbstherrlichkeit.

Das bedeutet: Gott allein kann eine solche, nur im mythischen Zusammenhang verstehbare Entsühnung leisten, und ebenfalls in diesem Zusammenhang kann die Entsühnung nur dann wirklich erfahrbar, erkennbar werden, wenn sie innerweltlich geschieht. Denn alles Mythische zeigt sich konkret sinnlich. *Daraus ergibt sich der sinnfällige Vollzug der Entsühnung von der Erbsünde*: Gott tritt sichtbar als Mensch in Erscheinung; er selbst übernimmt stellvertretend für die ganze Menschheit die Rolle des Opfer- und Sündenbocks, weswegen das Entsühnungsmoment der Herbeirufung hier entfällt, und wird getötet; nach seiner Hinrichtung aber steht er, zum Zeichen des neuen, gereinigten Lebens, leiblich wieder auf. (Einheit des Materiellen und Ideellen.)

Indem er Mensch wird und, als Opfer- und Sündenbock, die mythische Substantialität der Erbsünde auf sich lädt (Einheit des Besonderen und Allgemeinen), verliert sie zugleich an ihm, dem Sündenlosen, ihre Kraft und damit auch an allen anderen Menschen, die ja an dieser Substantialität identisch teilhaben. (Einheit von Ganzem und Teil.) So lesen wir: „Das Blut Jesu (...) macht uns rein von aller Sünde." (1 Joh 1,7) „Christus lebt in mir" (Gal 2,20), „Ihr aber seid der Leib Christi und jeder von euch ein Glied" (1Kor 12,27), „Denn wie wir an *einem* Leib viele Glieder haben, aber nicht alle Glieder dieselbe Aufgabe haben, so sind wir viele *ein* Leib in Christus (...)" (Röm 12,4.) Das Dasein zum Tode weicht durch Christus dem Dasein zum göttlichen Leben.

Da nun alles darauf ankommt, den *Grundriß der christlichen Erlösungsidee* richtig zu verstehen, sei noch einmal zusammenfassend wiederholt: *Die christliche Erlösungsidee entspricht der allgemeinen mythischen Struktur der Entsühnung, unterscheidet sich aber von deren zahlreichen, inhaltlich sehr verschiedenen Beispielen in fundamentaler Weise dadurch, daß sich hier die Entsühnung nicht auf diese oder jene einzelne Schuld bezieht, sondern auf die universale, sündhafte, nur von Gott selbst aufhebbare Grundverfassung der Menschheit. Diese mythische Entsühnung wird aber dadurch erfahrbar und sinnfällig vollbracht, daß Gott Mensch wird, die Rolle des Opfer- und Sündenbocks übernimmt und nach dem Tode wieder aufersteht.* Dieser Grundriß der christlichen Idee ist nun im einzelnen zu entfalten.

a) Der Sohn Gottes

Gott wird Mensch – ein Mensch freilich, der, als Gott, der Sünde ledig ist. Der Mensch-Gott wird Gottes Sohn[41] und Christus genannt. So lesen wir: „Dies ist mein lieber Sohn, an dem ich Wohlgefallen habe" (Mt 3,17), und: „(...) Christus, der da ist Gott" (Röm 9,5), der von sich sagt: „Mir ist gegeben alle Gewalt im Himmel und auf Erden." (Mt 28,18)[42]

Darin aber, daß Gott Mensch wurde, um den Menschen zu entsühnen, offenbart sich seine Liebe zum Menschen: „Denn also hat Gott die Welt geliebt, daß er seinen eingeborenen Sohn gab, damit alle, die an ihn glauben,

---

[41] Daß er männlich und nicht weiblich erscheint, hängt mit den zu seinem Menschsein gehörigen historischen Bedingungen seines Erscheinens, also mit den Verhältnissen des Judentums seiner Zeit und der darin gegebenen Rolle des Mannes zusammen.
[42] Vgl. auch Joh 10,30: „Ich und der Vater sind eins."

nicht verloren werden (…)" (Joh 3,16) Diese Liebe, dieses äußerste Zeugnis der Solidarität mit dem Menschen, diese Bereitschaft, ihn trotz seiner sündhaften Gottesferne in die Gemeinschaft mit Gott zurückzuführen, ist zugleich zu verstehen als die Liebe Gottes zu seiner eigenen Schöpfung.

Da Gott Mensch geworden war, wurde er auch wie ein solcher geboren und starb. Und doch konnte er als Gott nicht in die Kontinuität irdischer Kausalketten eingeordnet werden: Seine Geburt war daher ein Eingeborenwerden, er entsprang dem Schoße einer Jungfrau; sein Leben war die Verkündung des Wesens der Sünde als menschliche Selbstherrlichkeit und Selbstgerechtigkeit, aber auch der Verheißung, daß das rechte Verhältnis zu Gott durch seine Liebe und Gnade wiederhergestellt werde; sein Opfertod und seine Auferstehung offenbaren den Vollzug dieser Wiederherstellung.

b) Der Sohn Gottes als „Sündenbock" und „Opferlamm"

Der Opfertod bedeutet, daß der Sohn Gottes zum Sündenbock wird und die Sünde der Welt auf sich lädt. Da er aber selbst sündenlos ist, kann sie nicht in ihm selbst tätig werden, sondern er kann sie nur *an* sich erdulden. Daraus folgt, daß zum einen die Sünde im höchstem Maße an ihm in Erscheinung tritt, daß er aber zum andern all den Leiden ausgesetzt wird, die der Sold der Sünde sind.

Zum ersten: Die Sünde tritt im höchsten Maße an Gottes Sohn in Erscheinung. Dazu muß sie eine konkrete, sinnlich wahrnehmbare Gestalt annehmen, worin das Allgemeine der Sünde auf besondere Weise hervortritt, dieses Besondere also wahrhaft als stellvertretend für das Allgemeine erkannt werden kann. Dies geschieht dadurch, daß Christus von den Hohepriestern, den Repräsentanten des Jüdischen Gesetzes getötet wird – jenes Gesetzes also, an dem das Wesen der Sünde und die vom Menschen unaufhebbare Verstrickung in sie erkennbar wurde. (Vgl. III,A) Auch wird er, der doch der Sohn Gottes ist, von ihnen nach Verhöhnung und Marter zu einer Form der Hinrichtung verurteilt, die nach dem Gesetz als Zeichen höchster Verfluchung gilt: durch das Kreuz. Darauf nimmt Gal 3,13 ausdrücklichem Bezug, wo es unter Berufung auf 5Mose 21,23 heißt: „Verflucht ist jeder, der am Holze hängt." *So versammelt sich verdichtet über dem Haupt des Sohnes Gottes das ganze Ausmaß der Sünde der Welt (mythische Substantialität) und wird darin offenbar.*

Zum zweiten: Wie sich an Christus stellvertretend die Sünde der Welt in ihrer höchsten Exposition versammelt, erleidet auch Christus stellvertretend all die Leiden, die der Sünde Sold sind und dem Dasein zum Tode entspringen: die *Versuchung*, die *Todesangst*, die *Gottverlassenheit* und schließlich der *einsame, schreckliche Tod* selbst. Die Versuchung – denn er „ist versucht worden (…) in allem wie wir" (Hebr 4,15); die Todesangst – „Und er (…) fing an zu zittern und zu zagen und sprach zu ihnen: Meine Seele ist betrübt bis an den Tod" (Mk 14, 33f., Mt 26,38), „Und er rang mit dem Tode (…) und sein Schweiß wurde wie Blutstropfen, die auf die Erde fielen" (Lk 22, 44), „Und er hat in den Tagen seines irdischen Lebens Bitten und Flehen mit lautem Schreien und mit Tränen dem dargebracht, der ihn vom Tod erretten konnte" (Hebr 5,7); die Gottverlassenheit – „Verflucht ist jeder, der am Holze hängt" (Gal 3,13); schließlich der einsame, schreckliche Tod selbst – „Mein Gott, mein Gott, warum hast du mich verlassen?" (Mt 27, 46; Mk 15,34) Wie am Kreuze die ganze Sünde der Menschheit sichtbar wird und im Sinne mythischer Substantialität anwest, so hängt auch am Kreuze die ganze unter der Sünde leidende Menschheit. Damit treten die Grundelemente mythischer Entsühnung, nämlich „Opfer- und Sündenbock", im Heilsereignis der Kreuzigung unverkennbar hervor.

Dies war den Verfassern des NT auch bewußt, obgleich das Bild des Opferlamms das alttestamentarische des Bocks verdrängte, weil es der Unschuld des Geopferten besser entsprach. „Denn auch wir haben ein Passahlamm," heißt es deshalb 1 Kor 5,7 „das ist Christus, der geopfert ist." Weitere enge Beziehungen zu den alten Entsühnungsriten finden wir ferner in Eph 5,2, wo in Anspielung an den Opferrauch von Christi stellvertretender Selbsthingabe als einem „lieblichen Geruch" gesprochen wird, und in Röm 3,25, wo wir lesen: „Den hat Gott (...) hingestellt als Sühne in seinem Blut (...) indem er die Sünden vergibt (...)" Wie eine Zusammenfassung lassen sich schließlich die folgenden Zitate aneinanderreihen: Christus „entäußerte sich selbst, und nahm Knechtsgestalt an, ward dem Menschen gleich" (Phil 2,7) und ist „gestorben für unsre Sünden" (1 Kor. 15,3) „in der Gestalt des sündigen Fleisches." (Röm 8,3)

c) Der Opfertod

Wenden wir uns nun der vollzogenen Hinrichtung zu, dem Tode des „Opfer- und Sündenbocks", jenem weiteren Element mythischer Entsühnung, in dem die stellvertretend und sinnlich faßbar in Erscheinung getretene Schuld ausgelöscht wird und sich ein neues, von ihr freies Leben eröffnet. Es ist kein Widerspruch zu dem Bericht von Mt und Mk, wenn die letzten Worte Christi bei Joh 19,30 nicht, wie dort lauten: „Mein Gott, mein Gott, warum hast du mich verlassen?", sondern: „Es ist vollbracht." Denn bei Johannes ist vom *Vollzug der Entsühnung* die Rede, worauf auch die letzten Worte Christi hinweisen, die von Lk 23,46 überliefert sind: „Vater, ich befehle meinen Geist in deine Hände!"; bei Mt und Mk dagegen wird die ihr vorausgehende höchste Erfahrung der Sünde ausgesprochen. Und wie sich die Sünde im Opferlamm stellvertretend in der Einheit von Allgemeinem und Besonderem, von Ganzem und Teil versammelte, so erfolgt auf dieselbe Weise durch den stellvertretenden Tod des Opferlamms die Entsühnung für alle und die Versöhnung mit Gott. (Röm 5,10; 2 Kor 5,18) Mit höchster Klarheit hat Paulus die hier leitende mythische Idee ausgesprochen, als er noch einmal den Bogen von Adam zu Christus spannte: „Wie nun durch die Sünde des Einen die Verdammnis über alle Menschen gekommen ist, so ist auch durch die Gerechtigkeit des Einen für alle Menschen die Rechtfertigung gekommen, die zum Leben führt. Denn wie durch den Ungehorsam des einen Menschen die Vielen zu Sündern geworden sind, so werden auch durch den Gehorsam des Einen die Vielen zu Gerechten." (Röm 5, 18 und 19)

d) Die Auferstehung

Erst in der leiblichen Auferstehung (Einheit des Materiellen und Ideellen) wird aber die Entsühnung manifest, offenbart sich das Ende der Sünde als das Dasein zum Tode und das ewige Leben. Beides, das Ende des Daseins zum Tode und das ewige Leben hängen unauflöslich miteinander zusammen, ohne doch, wie sich noch zeigen wird, das Gleiche zu sein.

Mit der leiblichen Auferstehung treten wir nun aber zunächst in eine neue Wirklichkeitsdimension ein, welche die mythischen Grenzen sprengt, in denen sich die christliche Erlösungsidee, so weit sie bisher betrachtet wurde, gehalten hat. Die Auferstehung ist ein die Gesetze der Natur aufhebendes Wunder; solche Wunder sind jedoch dem Mythos fremd, der sich ja gerade auf diese Gesetze, wenn auch auf eine bestimmte, nämlich numinose Weise bezieht. Man denke an die Naturmythen, z.B. der Jahreszeiten, die durchaus die Ordnung der Natur zum Gegenstande haben, oder man denke an die Mythen, in deren Licht das menschliche Regelverhalten in Gesellschaft und Geschichte gesehen wird.[43] Eben deswegen bildet der Mythos, metasprachlich gesprochen, nicht anders als die Wissenschaft, ein Erfahrungssystem, in dem Wunder nicht vorkommen, freilich ein Erfahrungssystem ganz eigenen und unverwechselbaren Inhalts. Wo dennoch von Wundern innerhalb einer mythischen Kultur die Rede ist, gehört es in den Bereich der Mythologie, die zwar auf dem Boden des Mythos wächst, aber von ihm schon dadurch unterschieden ist, daß sie nicht als eine für die mythische Wirklichkeitserfahrung und Gestaltung verbindliche Grundlage betrachtet wird. So hat sie z.B. auch keinen festen Platz im Kult.[44] An Goethe anknüpfend könnte man sagen: Das Wunder ist nur des Glaubens, nicht des Mythos liebstes Kind.

Wie aber hängt das Ende des Daseins zum Tode mit dem ewigen Leben zusammen? Daß beides nicht schlechthin äquivalent ist, geht schon daraus hervor, daß Adam im Paradies zwar vor dem Fall vom Dasein zum Tode frei war, gleichwohl dabei von einem ewigen Leben aber nicht nur nirgends die Rede ist, sondern sogar ausdrücklich auf seine Herkunft aus Erde, also seine durchaus irdische Verfassung, hingewiesen wird (3Mose 19).[45] Um diesen Unterschied zwischen dem ursprünglichen Paradiese und dem ewigen Leben zu

---

[43] Vgl. K. HÜBNER, Die Wahrheit des Mythos, a.a.O., V. Kapitel.
[44] Vgl. K. HÜBNER, Über die Beziehungen und Unterschiede von Mythos, Mythologie und Kunst in der Antike. In: Hrsg. E. BÖHR und W. MARTINI, Studien zur Mythologie und Vasenmalerei, Festschrift für K. Schauenburg, Mainz 1986.
[45] Auch wenn 1Mose 1,29,30, darauf hinzuweisen scheint, daß Mensch und Tier sich im Paradiese ausschließlich von Pflanzen nährten, so ist dies wohl nur als Metapher für einen allgemeinen Gottesfrieden zu verstehen, aber über die Sterblichkeit von Mensch und Tier ist freilich auch damit nichts gesagt.

verstehen, muß man zugleich den Zusammenhang von Anfang und Ende der Schöpfung ins Auge fassen.

Wie im II. Kapitel, 5 gezeigt, ist es eine exakt sinnlose Frage, warum Gott die Welt geschaffen hat, die schon deswegen keine vollkommene Einheit mit ihm bildete, als in ihr der Sündenfall überhaupt möglich war. Da sie aber keine vollkommene Einheit mit ihm bildete, konnte auch Adams Paradies kein vollkommenes sein. Seine Glückseligkeit war daher von jener Art, wie sie sich später in den Heiligen wiederholte, also jenen Menschen, die mit Christi Hilfe schon zu Lebzeiten vom Adamitischen Fluch und damit auch vom Dasein zum Tode vollständig befreit sind: „In der Welt habt ihr Angst: aber seid getrost, ich habe die Welt überwunden." (Joh 16,33) In ihrer Gottseligkeit fürchten sie den Tod nicht mehr, obgleich sie ihn noch nicht aufheben können: „Der Tod ist verschlungen vom Sieg. Tod, wo ist dein Sieg? Tod, wo ist dein Stachel?" (1Kor 15,55) Und doch leben die Heiligen nicht, wie ursprünglich Adam, im Paradiese, weil sie dieses Glück nur inwendig haben, sonst aber im Umfeld der adamitischen Sünde leben. Das Paradies war also zwar Teil der Schöpfung und insofern ein innerweltlicher Ort, aber aus der Sicht der durch die Sünde vollkommen gewandelten Welt wurde dieser Ort utopisch, er schrumpfte gleichsam zu einer nostalgischen Idee, und war somit fürderhin innerweltlich nirgends mehr. Die Welt wurde zur Wüste, in der es ja auch Leben gibt.

Unter dem durch die Auferstehung geoffenbarten ewigen Leben ist also nicht eine *Rückkehr* ins adamitische Paradies, sondern das Ende der Welt, der von Gott getrennten Schöpfung überhaupt und damit die Apokatástasis, die vollendete und vollständige Wiederherstellung der Einheit von Gott und Welt zu verstehen. Der tiefere Sinn dieser Wiederherstellung ist damit allerdings noch nicht erfaßt, sondern kann erst im folgenden geklärt werden.

2. Der verborgene Sohn Gottes und die christologia crucis

Das Ende des Daseins zum Tode und die Auferstehung zum ewigen Leben ist freilich, wenn auch bereits mythisch vollzogen und *an sich* manifest, für die Menschen eher nur *Verheißung im Glauben* als unmittelbar erkennbare, gegebene Wirklichkeit. Denn die Entsühnung enthält ja die Dialektik, daß Gott, indem er zu ihrem Zwecke innerweltlich erschien und Mensch wurde, gerade in dieser seiner menschlichen Erscheinung für die unmittelbare Wahrnehmung zugleich immer nur ein verborgener Gott bleiben kann. Wie hätte er sonst verkannt, verachtet, den schrecklichsten Leiden ausgesetzt und schließlich schmachvoll hingerichtet werden können? „(...) wir reden von der Weisheit Gottes, die im Geheimnis verborgen ist, (...) die keiner von den Herrschenden dieser Welt erkannt hat; denn wenn sie die erkannt hätten, so hätten sie den Herrn der Herrlichkeit nicht gekreuzigt." (1Kor 2, 7)

Zwar hat Gott den Auferstandenen erscheinen lassen, „aber nicht dem ganzen Volk", sondern nur den Aposteln, „den von Gott vorher erwählten Zeugen, die (...) mit ihm gegessen und getrunken haben, nachdem er auferstan-

war von den Toten." (Apg 10,41) Nur sie, denen er so nahe vertraut war, konnten ihn erkennen und das Unmögliche für wahr halten. Und doch kann auch ihnen nur *geglaubt* werden, zumal die Berichte darüber schwanken. Das gilt ebenso für die fünfhundert Brüder, denen der Auferstandene gleichzeitig erschienen sein soll (1Kor, 15,3), dies gilt erst recht für die wunderbaren Vorkommnisse, die sich um die Auferstehung selbst ranken; und was das leere Grab betrifft, so wird es zwar einheitlich bezeugt, doch ist schon von den Juden behauptet worden, die Christen hätten den Leichnam selbst weggeschafft. (Mt 28, 13ff.)

Die Entsühnung, obgleich sie durch Gottes Heilstat *an sich* manifest ist, kann also nur im Glauben auch *für uns* manifest sein. Das aber bedeutet, daß ihre Gewißheit beständig bedroht ist. Denn der Glaube ist seinem Wesen nach kein objektiv jederzeit verfügbares Gut, er kann nur im Zusammenhang eines sich wandelnden und immer wieder erneuernden Lebens etwas Lebendiges sein und ist eben deswegen beständig vom Zweifel bedroht. (Vgl. I. Kapitel, 2) Wie Christus der verborgene Gott ist, so ist auch die Entsühnung, die ausnahmslos alle betrifft, eine verborgene und kann sich nur im Glauben offenbaren.

Diese Verborgenheit, die ja diejenige Gottes *in einem Menschen der Welt* ist, kann erst endgültig aufgehoben werden, wenn die Welt selbst zu Ende ist. Solange die Schöpfung existiert, kann Gott in ihr nur als Verborgener in Erscheinung treten und seine Liebe zu ihr, ihre Entsühnung und Gottnähe nur im Glauben offenbaren. Wenn auch im Glauben der Tod seinen „Stachel" verloren hat, so hat der Tod damit doch noch nicht aufgehört zu existieren und drängt den Menschen immer wieder in die Angst und das Dasein zum Tode zurück. „Denn wir sind zwar gerettet," heißt es deswegen bei Paulus, „aber auf Hoffnung." (Röm 8,24) Mit Beziehung auf diesen Äon der noch nicht vollkommenen Offenbarung spricht man daher von der christologia crucis und unterscheidet sie von der christologia gloriae, die im folgenden Abschnitt zur Sprache kommt.

3. Der offenbarte Sohn Gottes, die christologia gloriae und das Ende des Daseins zum Tode im ewigen Leben

Am Ende aller Tage hebt die göttliche Liebe, die zum Martyrium und Opfertod bereit war, die Einschränkung auf den Glauben auf, indem sie den nach Gott strebenden Menschen auch vom physischen Tod befreit und zum ewigen Leben führt. „Denn ihr seid gestorben, und euer Leben ist mit Christus verborgen in Gott. Wenn aber Christus, euer Leben, sich offenbaren wird, dann werdet ihr auch offenbar werden mit ihm in Herrlichkeit." (Kol 3, 3f.) Gott, der aus unerforschlichem Grund die Welt geschaffen hat, nimmt sie schließlich in seiner Liebe wieder zurück. Die christologia crucis ist daher nur die Kehrseite der christologia gloriae, in welcher die Herrlichkeit Gottes endgültig offenbar wird. Das Ende des Daseins zum Tode findet erst im ewigen Leben seine Vollendung.

Die unermeßliche, unendliche, göttliche Liebe sprengt schließlich mit ihrem Opfer die Grenzen ihrer selbstauferlegten Verborgenheit und tritt, *ihrer selbst getreu*, für den Menschen unverhüllt in Erscheinung. Deswegen ist Christi Auferstehung nicht nur das sichtbare Zeichen der durch ihn erfolgten Entsühnung als Ende des Daseins zum Tode, sondern auch die Verheißung des ewigen Lebens in Gott und damit der Auferstehung von den Toten aller zu Gottstrebenden. „Nun aber ist Christus auferstanden von den Toten als Erstling unter denen, die entschlafen sind." (1Kor 15,20)

Diese Nachfolge der Menschen ergibt sich aber nun wieder zum einen aus ihrer Teilhabe an jener mythischen Substanz, durch die sie Christus stellvertretend entsühnt hat, zum anderen aus der Einheit von Ganzem und Teil, durch die Christus in allen Entsühnten lebt. So heißt es bei Paulus: „Wenn nun der Geist dessen, der Jesus von den Toten auferweckt hat, in euch wohnt" (Teilhabe), „so wird er, der Christus von den Toten auferweckt hat, auch eure sterblichen Leiber lebendig machen durch seinen Geist, der in euch wohnt." (Röm 8,11) (Identisches widerfährt dem Teil und dem Ganzen.) „Sind wir aber Kinder, so sind wir auch Erben, nämlich Gottes Erben und Miterben Christi, wenn wir denn mit ihm leiden, damit wir auch mit zur Herrlichkeit erhoben werden." (Röm 8, 17)

Die Auferstehung Christi als Zeichen der Entsühnung war, im Sinne der mythischen Einheit des Materiellen mit dem Ideellen, eine leibliche. Im Sinne der Teilhabe an seiner mythischen Substanz und der mythischen Einheit von Ganzem und Teil kann daher auch die ihm nachfolgende Auferstehung der Toten zum ewigen Leben nur eine leibliche sein, freilich eine leibliche, welche die ideelle Einheit mit einer anderen als der adamitischen Substanz eingegangen ist. So schreibt Paulus: „Es wird gesät verweslich und wird auferstehen unverweslich. Es wird gesät in Niedrigkeit und wird auferstehen in Herrlichkeit. Es wird gesät in Armseligkeit und wird auferstehen in Kraft. Es wird gesät ein natürlicher Leib" (in Adam) „und wird auferstehen ein geistlicher Leib." (in Christo.) „Gibt es auch einen natürlichen Leib, so gibt es auch einen geistlichen Leib." (1Kor 15,42–44) „Und wie wir getragen haben das Bild des irdischen," (von irdischer Substantialität) „so werden wir auch tragen das Bild des himmlischen." (49) (Von himmlischer Substantialität) „Denn das Verwesliche muß anziehen die Unverweslichkeit und das Sterbliche muß anziehen die Unsterblichkeit." (53) (Wird substantiell von ihr durchdrungen.)

IV. Kapitel
Die Gnade

1. Der mythische Sinn des Heiligen Geistes

Die letzten Abschnitte des vorangegangenen Kapitels haben gezeigt, warum der Sohn Gottes als verborgener auftritt und damit die Erlösung, die er bringt, zwar an sich manifest und wirksam ist, für die Menschen jedoch nur im mehr oder weniger schwankenden Glauben offenbar werden kann. Wir müssen uns aber jetzt fragen: Wie vermittelt Gott dem Menschen überhaupt das Heilsereignis? Die Antwort lautet: durch den Heiligen Geist.

Das deutsche Wort „Geist" als Übersetzung des im griechischen Text stehenden „Pnéuma" und im lateinischen stehenden „Spiritus" ist irreführend. Es fehlt ihm, zumindest im heutigen Gebrauch, die in den klassischen Sprachen damit verbundene Konnotation, und daran ändert auch das Adjektiv „heilig" nichts, das man ihm noch beigibt, zumal auch die Bedeutung dieses Wortes von den Sedimentschichten heutiger Denkweise fast vollständig verdeckt ist. „Pnéuma" und „Spiritus" bedeuten auch Hauch, Atem, Lebenskraft.[1] Wieder spiegelt sich hier das mythische Denken, das alles Ideelle, Geistige immer auch als etwas Substanzhaftes, Materielles vorstellt. Deswegen heißt es in Röm 5,5: „Denn die Liebe Gottes ist *ausgegossen*[2] in unsere Herzen durch den Heiligen Geist, der uns gegeben ist." Dies erinnert an die beständig in der Sprache des griechischen Mythos wiederkehrende Redensart, daß, wann immer sich ein bedeutender „geistiger" Vorgang abspielt, z.B. Liebe oder Zorn einen Menschen erfüllen oder ihm eine Erleuchtung kommt, er einen Entschluß faßt usw., ein Gott ihm das eingegeben, eingeflößt, eingeworfen habe: embállei.[3] Entsprechend: Wer vom christlichen Pnéuma erfüllt ist, den hat Gott substantiell durchdrungen, den erfüllt er mit seiner Liebeskraft, seiner Sühnekraft und offenbart ihm die Heilsbotschaft, das Heilsereignis im Glauben. So wird er ein vom göttlichen Pneuma Erleuchteter.

Diese mythische Substantialität des Heiligen Geistes als Pneuma verrät sich auch in seiner griechischen Bezeichnung: Paraklet (Joh 14, 16 ff. 26). Paráklesis aber heißt Herbeirufung, und so ist der Paraklet der Herbeigerufene. Mythisch wird ja im Gebet, im Opfermahl, die göttliche Substanz herbeigerufen; in der

---

[1] Daß dies auch eine negative Bedeutung haben kann, davon wird später die Rede sein.
[2] Unterstrichen vom Verf.
[3] Vgl. K. HÜBNER, Die Wahrheit des Mythos, a.a.O., Kapitel V, 2.3.

Einheit des Ideellen und Materiellen west sie in gewissem Grade schon dadurch an, daß man ihren Namen, den Namen des Gottes ausspricht oder ihn damit anruft. Und selbst wenn der Paraklet nicht unmittelbar personifiziert wird, so ist eine solche Personifikation doch latent vorhanden. Der Ausdruck „der Paraklet" verweist ja, wenn auch unbestimmt, auf etwas Personales, wie auch sein Sinnbild, die Taube, bezeugt. „Und siehe, da tat sich ihm der Himmel auf, und er sah den Geist" (das Pnéuma) „Gottes wie eine Taube herabfahren und über sich kommen." (Mt 3, 16)

Sehr erhellend ist hier die Gegenüberstellung von Pnéuma bzw. Spiritus mit Nóos bzw. Mens in 1 Kor 14,15 ff. Dort heißt es, wobei ich nun an dieser Stelle das Wort „Pnéuma" für „Geist" setze, dagegen die deutsche Übersetzung von „Nóos/Spiritus" mit „Verstand" als unmißverständlich stehen lasse: „Ich will beten im Pneuma und will auch beten mit dem Verstand; Ich will Psalmen singen im Pneuma und will auch Psalmen singen mit dem Verstand. Wenn du Gott lobst im Pneuma, wie soll der, der als Unkundiger dabeisteht, das Amen sagen auf dein Dankgebet, da er doch nicht weiß, was du sagst? Dein Dankgebet mag schön sein, aber der andere wird dadurch nicht erbaut." Mit Verstand ist hier die kognitive Seite der Heilserkenntnis gemeint: Man muß zunächst *begreifen*, was man glaubt; aber daß man das Begriffene auch wirklich glaubt, daß es einen ganz erfüllt und durchdringt und ein wirklicher Teil des eigenen Lebensatems, eine Lebenskraft wird, in der Gottes Botschaft nicht nur verstanden, sondern auch an einem selbst erfahren wird – dies alles liegt in dem Wort „erbaut werden" –, das kann man nicht durch Denken gewinnen, sondern das kann uns nur im Pnéuma von Gott selbst gegeben, eingeflößt werden.

Damit wird aber nun auch noch eine weitere Konnotation des Wortes „Paraklet" für den Heiligen Geist angerührt: Denn „Parákletos" bedeutet auch „Tröster", weswegen man schon seit Luther zutreffend im gegeben Zusammenhang auch dieses letztere Wort zur Übersetzung verwendet. Z.B. in Joh 15, 26: „Wenn aber der Tröster kommen wird, den ich euch senden werde vom Vater, das Pnéuma der Wahrheit, das vom Vater ausgeht, der wird Zeugnis geben von mir." Oder Joh 14,26: „Aber der Tröster (…), der wird euch alles lehren und euch an alles erinnern, was ich euch gesagt habe." Was er aber lehrt und uns erkennen läßt, wenn er kommt, das wird zusammengefaßt in den Worten: Er wird „der Welt die Augen auftun über die Sünde und über die Gerechtigkeit und über das Gericht; über die Sünde: daß sie nicht an mich glauben; über die Gerechtigkeit: daß ich zum Vater gehe und ihr mich hinfort nicht seht[4]; über das Gericht: daß der Fürst der Welt gerichtet ist." (Joh 16, 8 ff.)

Nur im Heiligen Geist, *als Pnéuma verstanden*, wie man im folgenden stets im Auge behalten muß, erfassen wir die Wahrheit, welche die Welt von sich aus nicht empfangen kann; sie sieht sie nicht und sie kennt sie nicht (Joh 14,17), denn sie bleibt in der Unwahrheit der Sünde, die Gott verleugnet, verstrickt. „Wenn aber jenes, der Geist der Wahrheit, kommen wird, wird er euch in alle

---

[4] Der künftige Entzug ist gerecht, weil das Ende der Welt noch nicht da ist.

Wahrheit leiten. Denn er wird nicht aus sich selber reden," – nicht aus dem Menschen – „sondern was er hören wird", – von Gott nämlich – „das wird er reden, und was zukünftig ist, wird er euch verkünden" – das ewige Leben als endgültige Erlösung. (Joh 16,13) „Gott ist Geist, und die ihn anbeten, die müssen ihn im Geist und in der Wahrheit anbeten." (Joh 4, 24)

2. Der mythische Sinn der Sakramente und die Kirche

Die Offenbarung darf aber nicht der mehr oder weniger verstreuten, schwankenden und individuellen Erfahrung überlassen bleiben. Daher die Sakramente: In ihnen, z.B. in Taufe und Abendmahl, ist nicht nur die Wirkung des Heiligen Geistes, genauer seiner pneumatischen Substantialität als Mittel der göttlichen Offenbarung auf besondere Weise gegenwärtig, sondern sie bilden auch in ihrer Ritualität, in ihrer festen Wiederholbarkeit und durch heilige Gegenstände objektivierten Form (mythische und numinose Einheit des Ideellen und Materiellen z.B. in Wasser, Brot und Wein) die unverrückbare Grundlage der sichtbaren Kirche als *institutionalisierte Gemeinschaft der Gläubigen*. So sind die Sakramente und so ist die Kirche, in deren Raum allein sie stattfinden können, ein unerläßliches Vehikel kontinuierlich befestigter Offenbarung.

Das Wort „Sakrament" im Sinne der Kirche ist durch Tertullian (um 160 n.Chr.) als Bezeichnung für Handlungen zur Kommunikation mit dem christlichen Gott eingeführt worden. Auch hier griff man zwar wieder, wie sich noch zeigen wird, auf die überlieferten und allgemein verbreiteten Formen der mythischen Kulturwelt in der Antike zurück, wie schon das Wort „Sakrament" zeigt, das ja eine lateinische Übersetzung von „Mystérion" ist, dem Sammelnamen für Rituale göttlicher Wiedergeburt; doch auch hier werden damit zugleich die mythischen Inhalte gesprengt. Ich beschränke mich im folgenden auf die Taufe und das Abendmahl als die fundamentalen Sakramente des christlichen Glaubens.

3. Der mythische Sinn der Taufe

a) Die Taufe als pneumatische Erfahrung und Initiationsritus der Kirche

Wie jedes Sakrament besteht die Taufe aus der Handhabung mit sichtbaren, materiellen Gegenständen[5], in diesem Falle aus dem Eintauchen des Täuflings in Wasser[6], sowie aus dem diesen Vorgang begleitenden Wort, der Anrufung des Vaters, des Sohnes und des Heiligen Geistes (Taufformel). Erst durch dieses Wort wird (mythisch) die Anwesenheit Gottes herbeigerufen und dem Wasser die Gnadengabe (Charisma) und die heilige Kraft des Pneumas verliehen[7],

---

[5] Augustin nennt es das signum, Th. von Aquin die materia des Sakraments.
[6] Wobei die Weise, in der das geschieht, verschieden sein kann.
[7] Augustin nennt es die dem signum hinzukommende res, Th. von Aquin die der materia aufgeprägte forma. Luther sagt, Gottes Name „klebet" am Wasser.

deren numinose Substantialität dann in den Täufling eindringt und ihm offenbar wird.[8] Darin liegt, wie Augustin sagt, der effectus, den die Taufe als causa instrumentalis in ihm bewirkt. Der Täufling wird „erleuchtet", er „schmeckt die himmlische Gabe" und „das gute Wort Gottes"[9].

Auf den ersten Blick scheint dies der Kindstaufe zu widersprechen, wo ja, unter Mitwirkung der glaubenden Anwesenden (Priester, Eltern, Paten usw.) nur die Grundlage für eine spätere Aktualisierung gelegt werden kann. Doch liegt das Hauptargument für sie darin, daß sie als Initiationsritus der kirchlichen Gemeinde anzusehen ist, die sich ja durch die Taufe definiert. Die Erwachsenentaufe würde dieses klare Unterscheidungsmerkmal der Gemeindemitglieder von anderen Menschen verwischen und damit jenes Schwanken und jenes Zufallsmoment gestatten, das ja die Vermittlung des Glaubens durch den Heiligen Geist in den Sakramenten der Kirche gerade vermeiden soll.

Wenn nun die Gabe des Heiligen Geistes durch die Taufe nichts anderes ist als die verstreuter Erfahrung entrissene, weil im institutionalisierten Raum der Kirche gespendete Gabe des Heiligen Geistes, wodurch in konkreter, weil sinnlich-leiblicher Weise das Heilsgeschehen nicht nur an sich, sondern auch für den Menschen offenbar wird, dann bedeutet das zugleich, daß durch sie dem Menschen seine Teilhabe an der die Kirche beherrschenden mythischen Substantialität bewußt wird. Diese Substantialität ist es, die als *Leib der Kirche* bezeichnet wird, der zugleich der Leib Christi ist. (Numinose Einheit des Materiellen und Ideellen, von Ganzem und Teil) „Denn wie der Leib *einer* ist und doch viele Glieder hat, alle Glieder des Leibes aber, obwohl sie viele sind, doch *ein* Leib sind: so auch Christus. Denn wir sind durch *einen* Geist alle zu *einem* Leib getauft." (1Kor 12, 12f.) „Christus lebt in mir." (Gal 2, 20) „Denn ihr alle, die ihr auf Christus getauft seid, habt Christus angezogen." (Gal 3, 27)[10]

b) Die Taufe als persönliche, sinnlich-leibliche Erfahrung der Entsühnung

Zwar ist das „ihr seid reingewaschen, ihr seid geheiligt, ihr seid gerecht geworden durch den Namen des Herrn Jesus Christus" (1Kor 6, 11) schon geschehen, die Erlösung von der Sünde durch den Opfertod schon vollzogen, und insofern bedarf es des Taufwassers nicht; aber durch das Taufwasser vermittelt es uns der Heilige Geist in sinn-fälliger, sinnlich-leiblicher Weise, wird der Glaube daran aktualisiert und befestigt, verliert die Verheißung der Wiedergeburt und des ewigen Lebens ihre auf eine unsägliche Zukunft gerichtete Abstraktheit und wird in der Gewißheit des Jetzt schon vorweg-

---

[8] 1Kor 12,7. Augustin spricht von der infusio caritatis per spiritum sanctum.

[9] Dieses Zitat aus Gal 6,5 bezieht sich zwar nicht unmittelbar auf die Taufe, aber die Hervorhebung der sinnlich-leiblichen Seite der pneumatischen Erfahrung verweist doch auf deren Einheit von materiellem Zeichen (signum, materia) und ideellem Wort (res, forma).

[10] Paulus spricht vom Leib Christi stets im Zusammenhang mit den durch die Leiblichkeit ihrer Gegenstände gekennzeichneten Sakramenten.

genommen: „Siehe, jetzt ist die Zeit der Gnade, siehe, jetzt ist der Tag des Heils." (2Kor 6,2)

Das Heilsereignis der Erlösung, von dem *alle Menschen* betroffen sind, wiederholt sich so in nuce durch die Reinwaschung der Taufe auf eine den Täufling ganz persönlich betreffende Weise. Der Bund der Liebe zwischen Gott und Mensch wird in der Taufe mit jedem einzelnen Täufling besiegelt.[11] Damit kommt ihm zu unmittelbarem Bewußtsein und zu unmittelbarer Erfahrung, was an sich schon an ihm geschehen ist.[12] Daran wird nichts geändert, wenn sich dies, wie bei der Kindstaufe, nicht im Taufakt selbst, sondern erst im späteren Wissen darum, getauft zu sein, einstellt.

c) Die Grenze der Taufwirkung

Der Sohn Gottes ist, insofern er als Mensch in der Welt erscheint, der verborgene Gott. Davon handelte bereits der Abschnitt B 2 des III. Kapitels. Diese Verborgenheit im Weltlichen ist aber nichts anderes als die Verborgenheit durch die Sünde und damit die Ursache für die Schwäche, die dem Glauben je innewohnt und nur eine begrenzte Wirkung des Heiligen Geistes gestattet. Eine Grenze, die erst am Ende der Schöpfung und im ewigen Leben überwunden werden kann. „Wir sehen jetzt durch einen Spiegel ein dunkles Bild; dann aber von Angesicht zu Angesicht. Jetzt erkenne ich stückweise, dann aber werde ich erkennen, wie ich erkannt bin." (1Kor 13, 12) Diese Grenze wird entsprechend auch in jener konkretisierten, weil unmittelbar sinnlich-leiblichen Wirkung des Heiligen Geistes sichtbar, welche die Taufe ist. Davon handeln die folgenden Abschnitte.

4. Geist und Ungeist. Die substantielle Verfassung des Menschen

Wir müssen uns zunächst klarmachen, daß, im Sinne der mythischen Substanzlehre, die Erleuchtung des Menschen durch den Heiligen Geist ein Gnadenakt ist, und folglich auch der Mangel dieser Erleuchtung nicht von ihm verantwortet werden kann. In beiden Fällen handelt es sich um Zuständlichkeiten, die nicht seinem Willen unterliegen.[13] Unmißverständlich heißt es in diesem Zusammenhang bei Paulus: „(...) wir reden von der Weisheit Gottes, die im Geheimnis verborgen ist, die Gott vorherbestimmt hat vor aller Zeit zu unserer Herrlichkeit (...)" (1Kor 2,7) „Der natürliche Mensch aber vernimmt nichts

---

[11] Im Wort der Wahrheit seid auch ihr, „als ihr gläubig wurdet, versiegelt worden mit dem Heiligen Geist (...)" (Eph 1,13) „Und betrübt nicht den Heiligen Geist Gottes, mit dem ihr vesiegelt seid für den Tag der Erlösung." (Eph 4,30)
[12] Mit Hegel könnte man sagen: Das An-sich-Sein des Heilsereignisses wird zu einem An- und-für-sich-Sein.
[13] Auch hier weise ich darauf hin, daß die Frage der menschlichen Willensfreiheit, die unvermeidlich in diesem Zusammenhang auftaucht, später behandelt werden wird.

vom Geist Gottes; es ist ihm eine Torheit und er kann es nicht erkennen; denn es muß geistlich beurteilt werden." (1 Kor 2,14)

Dieser dem Willen des Menschen entzogenen Zuständlichkeit gemäß spricht Paulus sogar auch, Jesaja 29,10 zitierend, von einem Pnéuma des Ungeistes, das er demjenigen des Geistes entgegenstellt: „Gott hat ihnen einen Geist" (Pnéuma) „der Betäubung gegeben, Augen, daß sie nicht sehen, und Ohren, daß sie nicht hören, bis auf den heutigen Tag." (Röm 11, 8) Pnéuma, das ersehen wir aus diesem Zitat, ist also zunächst und zuerst mythische Substantialität überhaupt als grundlegende Vorstellung mythischer Anthropologie und kennzeichnet die durchgehende Bestimmtheit des Menschen in der numinosen Einheit von Ideellem und Materiellem, sei diese eine heilige oder sündige. Auch die mythische Substantialität der Sünde hat ja ihre Personifikation, nämlich im „Fürsten der Welt": „Ein jeder Geist, der bekennt, daß Jesus Christus in das Fleisch gekommen ist, der ist von Gott; und ein jeder Geist, der Jesus nicht bekennt, der ist nicht von Gott. Und das ist der Geist" – das Pnéuma – „des Antichrist, von dem ihr gehört habt, daß er kommen werde, und er ist jetzt schon in der Welt." (1 Joh 4, 2–3)

Ausführlich geht Paulus auf die durchgehende pneumatische Bestimmung des Menschen ein: „Denn welcher Mensch weiß, was im Menschen ist, als allein der Geist (das Pnéuma) des Menschen, der in ihm ist?" (1 Kor 2,11) „Es sind verschiedene Gaben, aber es ist *ein* Geist. Und es sind verschiedene Ämter; aber es ist *ein* Herr. Und es sind verschiedene Kräfte; aber es ist *ein* Gott, der da wirkt alles in allen. In einem jeden offenbart sich der Geist zum Nutzen aller; dem einen wird durch den Geist gegeben, von der Weisheit zu reden; dem andern wird gegeben, von der Erkenntnis zu reden, nach demselben Geist; einem andern Glaube, in demselben Geist; einem andern die Gabe, gesund zu machen, in dem *einen* Geist; einem andern die Kraft, Wunder zu tun; einem andern prophetische Rede; einem andern die Gabe, die Geister zu unterscheiden; einem andern mancherlei Zungenrede; einem andern die Gabe, sie auszulegen. Dies alles aber wirkt derselbe *eine* Geist und teilt einem jeden das Seine zu, wie er will." (1 Kor 12, 4–11)[14] Dann die Kehrseite: sie „(...) haben alle dieselbe geistliche Speise gegessen und haben alle denselben geistlichen Trank getrunken (...) Aber an den meisten von ihnen hatte Gott kein Wohlgefallen (...)" (1 Kor 10,3–5)

Dieser mythischen Anthropologie entsprechend kann das göttliche Pnéuma das Pnéuma des Fürsten der Welt zwar verdrängen, aber noch nicht endgültig auslöschen, so lange die Welt steht, es wirkt in Graden, die vom Heiligen bis zum Todsünder reichen. Solange die Sünde nicht wirklich aufgehoben ist, weil das Pnéuma des Heiligen Geistes durch sie immer wieder verborgen, verhüllt wird, kann es für den Menschen nur Hoffnung, ja, Verheißung, aber noch nicht Gewißheit geben.

---

[14] Vgl. auch Röm 12,6f. und schließlich Mk 13,11, wo es heißt: „Denn Ihr seid's nicht, die da reden, sondern der Heilige Geist."

So erklärt sich auch, was bei Paulus wie ein Paradox formuliert ist, ohne es in Wahrheit zu sein. Denn auf der einen Seite heißt es bei ihm: „Wir wissen ja, daß unser alter Mensch mit ihm gekreuzigt ist, damit der Leib der Sünde vernichtet werde, so daß wir hinfort der Sünde nicht dienen." (Röm 6,6) Aber auf der anderen Seite lesen wir: „So laßt nun die Sünde nicht herrschen in eurem sterblichen Leibe, und leistet seinen Begierden keinen Gehorsam." (Röm 6,12) Damit ist gesagt: Die Entsühnung der Menschen durch das göttliche Opferlamm ist zwar bereits vollbracht, aber sie kann für den einzelnen wieder verloren gehen, so lange die Welt noch steht und damit die Verborgenheit Gottes in der Sünde andauert. „Denn das Fleisch begehrt auf gegen den Geist und der Geist gegen das Fleisch (...)" (Gal 5,17)

In der Gottnähe vor dem Sündenfall war es möglich, nicht zu sündigen; in der Gottferne nach dem Sündenfall war es unmöglich, nicht zu sündigen, nämlich in dem Sinne, daß es unmöglich war, nicht in Gottferne zu leben (Dasein zum Tode), denn selbst das „Gute" entsprang ja in Wahrheit nur der Selbstgerechtigkeit des Menschen oder dem Willen von Göttern, nicht aber der Beziehung zu Gott; nach der Entsühnung durch das Gottesopfer, der Wiederherstellung der Gottesnähe und Gottesliebe und bekräftigt in der Taufe, ist es wieder möglich, nicht zu sündigen, im status gloriae des ewigen Lebens ist es unmöglich, zu sündigen.[15] Der Mensch gewinnt eine neue Kraft und in *dieser Fähigkeit* einen charakter indelebilis, wie die Scholastik sagte, also eine unzerstörbare, weil endgültige Prägung. Aber die Befreiung von der Zwangsherrschaft der Sünde, also von der Unmöglichkeit, nicht zu sündigen, schließt ja die Möglichkeit zu sündigen noch nicht aus. Trotz aller Wiedergeburt bleibt eine Schwäche des Menschen zurück.[16] Keine Sünde kann zwar den charakter indelebilis, die durch das Kreuz der Menschheit ein für allemal verliehene, in der Taufe bekräftigte *Fähigkeit*, von der Gottferne frei zu sein und nicht sündigen zu müssen, wieder auslöschen, und insofern ist auch die durch die Taufe erfolgte „Versiegelung" davon unabhängig, ob sie vom Täufling geglaubt oder nicht geglaubt wird. Aktualisiert aber kann die ihr innewohnende numinose Fähigkeit freilich nur im Glauben werden.

5. Das Abendmahl

Ist die Taufe das für den Täufling einmalig empfangene Sakrament der persönlich und leiblich erfahrenen, ein für allemal erfolgten Entsühnung im Sinne der unverlierbaren Fähigkeit, nicht zu sündigen (charakter indelebilis), so ist das Abendmahl das auf dieser Gabe des Heiligen Geistes beruhende Sakrament der nunmehr beständig wiederholbaren, persönlichen Begegnung mit dem göttli-

---

[15] Augustin spricht von den drei Phasen des ante legem, sub lege und sub gratia. Ihnen entspreche das posse non peccare, non posse non peccare und die libertas restituta durch die infusio gratiae. Daß es aber im Zustande des ante legem, demjenigen Adams im Paradiese also, unmöglich gewesen wäre zu sündigen, trifft nicht zu, wie sein Fall zeigt, sondern kann erst sub gratia erwartet werden.

[16] Augustin nennt es languor, die Scholastik fomes peccati, Zündfunken der Sünde.

chen Erlöser in dessen sinnlicher Gegenwart und Anwesenheit (Kommunion). Das Abendmahl ist die der Erlösung von der Sünde als Gottesferne entsprechende Wiederherstellung innigster, ja leiblicher Gottesnähe. Auch diese Begegnung ist eine verstreuten Erfahrungen entrissene, weil als eucharistische Feier im institutionalisierten Raum der Kirche sich ereignende Gabe des Heiligen Geistes.

Die Synoptiker Matthäus, Markus und Lukas berichten im Wesentlichen übereinstimmend die Worte, die Jesus bei seiner letzten Tischgemeinschaft mit den Jüngern gesprochen hat. Es genügt daher, sich stellvertretend Mt 26,26–28 ins Gedächtnis zu rufen: „Als sie aber saßen, nahm Jesus das Brot, dankte und brach's und gab's den Jüngern und sprach: Nehmet, esset; das ist mein Leib. Und er nahm den Kelch und dankte, gab ihnen den und sprach: Trinket alle daraus; das ist mein Blut des Bundes, das vergossen wird für viele zur Vergebung der Sünden." Bei Lk 22, 19f. findet sich außerdem noch die Aufforderung: „das tut zu meinem Gedächtnis." Noch deutlicher drückt das Paulus aus, wenn er gleichsam diesen Worten hinzufügt (1Kor 11, 25f.): „denn sooft ihr von diesem Brot eßt und aus dem Kelch trinkt, verkündigt ihr den Tod des Herrn, bis er kommt." Und 1Kor 10,16f. heißt es: „Der gesegnete Kelch, den wir segnen, ist der nicht die Gemeinschaft des Blutes Christi? Das Brot, das wir brechen, ist das nicht die Gemeinschaft des Leibes Christi?" So wird, bei Lukas angedeutet, bei Paulus ausgesprochen, das letzte Abendmahl zu einer die göttliche Speisung von Christi Leib und Blut von den Glaubenden beständig wiederholten kultischen Feier.

Johannes berichtet zwar nicht über das Abendmahl, aber die damit verbundenen Vorstellungen hat auch er, und das in einer besonders drastischen Weise, zum Ausdruck gebracht: „Wahrlich, wahrlich, ich sage euch: Wenn ihr nicht das Fleisch des Menschensohns eßt und sein Blut trinkt, so habt ihr kein Leben in euch. Wer mein Fleisch ißt und mein Blut trinkt, der hat das ewige Leben, und ich werde ihn am Jüngsten Tage auferwecken. Denn mein Fleisch ist die wahre Speise, und mein Blut ist der wahre Trank. Wer mein Fleisch ißt und mein Blut trinkt, der bleibt in mir und ich in ihm." (6, 53–56) Daß dies aber nicht mit einem plumpen Magismus zu verwechseln ist, wie offenbar viele glaubten, die über solche „harte Rede" murrten (V. 60), das hat Jesus durch die folgenden, ergänzenden Worte klargestellt: „Der Geist ist's, der lebendig macht; das Fleisch ist nichts nütze. Die Worte, die ich zu euch geredet habe, die sind Geist und sind Leben." (V. 63) Es ist also erst der Heilige Geist, der aus dem Brot den Leib und aus dem Wein das Blut macht, womit ja wieder nichts anderes gesagt ist, als daß, im Zusammenhang mit sakramentaler Rede (seine Herbeirufung durch Gebet und Wort), die profane in eine mythische Substanz verwandelt wird. (Einheit des Ideellen und Materiellen.)

a) Mythische Tischgemeinschaft mit dem Gotte

Die *mythischen Denkformen*, die hier zur Anwendung kommen, lagen, freilich bei völlig verschiedenem Inhalt, auch den schon erwähnten Theoxenien der

Griechen zugrunde, wo der Gott zu Gaste war.[17] Diese Theoxenien bildeten, in ihrer verstreuten Erfahrungen (z.B. Epiphanien) enthobenen, weil beständig wiederholbaren Weise (z.B. zyklische Feste), die Grundlage mythischer Lebenswirklickeit als Begegnung mit der Gottheit. Betrachten wir deren Ritual.

Ein von göttlichem Ménos[18] oder Ólbos[19] erfüllter Mann ruft den Namen des Gottes und bittet ihn zum Mahle. Dabei wird auch dessen Ursprungsgeschichte wiederholt, sei es durch Erzählung, sei es durch eine dramatische Aufführung. Eine solche Wiederholung wird nicht als ein bloß ideelles Gedächtnis, sondern als Wieder-Holung eines Vergangenen, als seine *Gegenwärtigkeit* verstanden. Damit ist der Gott anwesend.

Hier zeigt sich wieder das mythische Zeitverständnis, demzufolge das ewige Urbild der Arché in die profane Zeitlichkeit hereinbricht und deren Unterscheidung von Vergangenheit, Gegenwart und Zukunft aufhebt.

Nach der Anrufung wäscht der Opfernde seine Hände und bietet die Opfergaben dar. Durch entsprechende Gebetsformeln, welche den Opfervorgang begleiten, wird dann in der herbeigerufenen Gegenwart des Gottes die Durchdringung der Materialität der Opferspeisen von dessen mythischer Substantialität vorbereitet. Der Vorgang dieser Wandlung geschieht im Schweigen der Anwesenden (Euphemía). Ist ihr Vollzug geglückt, hat der Gott die Gebete erhört, erklingt der Jubelruf (Ololygé), dem sich das Opfermahl anschließt.

Die entsprechende mythische Verfassung der Abendmahlsfeier hat sich am deutlichsten im Ritus der katholischen Messe erhalten. Auch dort haben wir die Gebete eines gotterfüllten Mannes, in diesem Falle des geweihten Priesters,[20] der auch die Epistellesung spricht, womit die Beziehung zu den „urgeschichtlichen" Ereignissen des NT in der Wieder-Holung hergestellt ist. Damit ist Christus anwesend und gegenwärtig. Auch hier bricht also das Ewige in die profane Zeitlichkeit ein und hebt ihre Dimensionen auf. Ebenso folgt nun die Zubereitung der Elemente für das Opfer (Offertorium) unter Händewaschen, ferner das Schweigen, das Sekret genannte Stillgebet und, den Vollzug der Handlung (Canon actionis) als Wandlung von Brot und Wein in die Substantia-

---

[17] Vgl. hierzu K. Hübner, Die Wahrheit des Mythos, a.a.O., Kapitel XI,3, ferner O. Casel, Altchristlicher Kult und Antike, in: Jahrbuch für Literaturwissenschaft, Münster 1923. Daß ich hier die griechischen und nicht, wie es naheliegen könnte, die entsprechenden alttestamentarischen Kulte zum Vergleiche heranziehe, ist darin begründet, daß auf diese Weise die Allgemeinheit der vorliegenden mythischen Strukturen deutlicher zur Geltung kommt.

[18] Göttlich erfüllte Kraft.

[19] Göttlicher Segen.

[20] Mit der Gotterfülltheit des Priesters ist selbstverständlich nicht seine individuelle Person gemeint, die oft genug fragwürdig sein mag. Aber wie die Rechtfertigung des Menschen durch Christus eine prinzipielle ist, ein charakter indelebilis, demzufolge es für ihn überhaupt wieder möglich ist, nicht zu sündigen, was immer er persönlich daraus machen mag, so ist, ohne daß ich hier näher darauf eingehen kann, auch die durch die Priesterweihe gewonnene Befähigung, durch Wort und Gebet die Gegenwart Christi in der Feier der Eucharistie zu bewirken, von dem persönlichen Lebenswandel des Priesters unabhängig. Dies ist das Thema in G. Greenes großem Roman „Die Kraft und die Herrlichkeit".

lität von Christi Leib und Blut abschließend, das jubelnde Sanctus und das Benedictus. In einer Art dramatischer Darbietung hebt der Priester die Opfergaben empor und genießt das nunmehr gewandelte Brot und den gewandelten Wein. (Opfer in beiderlei Gestalt) Daß dem in der katholischen Messe die Gemeinde nur im Brot-, nicht auch im Weingenuß folgt, hat besondere Gründe (z.B. Verschüttungsgefahr), die aber hier, wo es um die fundamentalen Gemeinsamkeiten geht, ebenso ohne Bedeutung sind wie andere Unterschiede zum einstigen griechischen Ritual, wo ja z.B. neben Brot und Wein, auch und vor allem Fleisch genossen wurde.

Der Zusammenhang zwischen Abendmahl und griechischem Mythos wird auch durch folgendes beleuchtet: Als der Soldat seinen Speer in die Seite Christi stieß, flossen Blut und Wasser heraus. (Joh 19, 34) Darauf bezieht sich offensichtlich auch das folgende Zitat in 1Kor 5, 6ff.: „Dieser ist's, der gekommen ist durch Wasser und Blut, Jesus Christus; nicht im Wasser allein, sondern im Wasser und im Blut, und der Geist ist's, der das bezeugt, denn der Geist ist die Wahrheit. Denn drei sind, die das bezeugen: der Geist und das Wasser und das Blut: und die drei stimmen überein." Entspricht dies nicht der mythischen, von Homer wie auch noch von Plutarch bezeugten Auffassung, Götter unterschieden sich von den Menschen u.a. dadurch, daß in ihren Adern nicht nur Blut, sondern ein Gemisch von Blut und Wasser fließe? Und ist nicht auch in der katholischen Messe dem Wein etwas Wasser beigemischt? Schließlich sei noch darauf hingewiesen, daß ursprünglich zwischen dem Brot- und dem Kelchwort eine ganze Mahlzeit stattfand, auch hierin also noch der alte Charakter der Theoxenie erkennbar ist

Wie die Taufe die innigste, weil auch leibliche und persönliche Entsühnungserfahrung vermittelt, so ist die Verspeisung des Leibes und Blutes Christi die innigste Kommunion und Gottesnähe. Und dies ist auch der Grund, warum Jesus im letzten Abendmahl von einem Bund spricht. Daß dies im unmittelbaren Zusammenhang mit der Darreichung des Kelches und nicht des Brotes geschieht, dürfte in dem alten Brauch begründet sein, daß es die Besiegelung mit Blut ist, die einem Bund das höchste Gewicht verschafft.

b) Das Opfer

Die allgemeinen mythischen Denkformen, die der eucharistischen Feier zugrunde liegen, erschöpfen sich aber nicht in der durch die göttliche Speisung bewirkten innigsten Gottnähe. Hierzu gehört vielmehr auch der Gedanke des Opfers, der ja ebenfalls in der griechischen Theoxenie hervortritt.

Das Opfer besteht dort zunächst in der Darbietung von Speisegaben für den Gott, wozu, wie jetzt noch nachzutragen ist, auch das Gebet für die Annahme des Opfers gehört. Der griechische Gott nimmt am Mahle teil und ihm werden die besten Stücke davon dargeboten. Da diese aber andererseits ja von seiner eigenen Substanz durchdrungen sind, wird der Gott nicht nur genossen, sondern genießt sich dabei auch selbst. Wie schon bemerkt, ist daran nichts Befremdliches, obgleich es vielleicht auf den ersten Blick so scheinen mag, sondern es ist nur ein Indiz göttlicher Selbstgenügsamkeit.²¹

Wieder ist es die katholische Messe, in der sich hier die Spuren der Theoxenie am deutlichsten erhalten haben. Denn daß auch in der Messe die Darbringung von Brot und Wein als Opfer verstanden wird, zeigen die sog. Supplices, die Bitten um die Annahme des Opfers und seiner Frucht. Was aber den Selbstgenuß des Gottes betrifft, so ist zwar bei den Synoptikern nicht ausdrücklich gesagt, daß Jesus beim Abendmahl das Brot, das er brach, auch selbst gegessen und den Wein, den er reichte, auch selbst getrunken hat; doch darf dies aus seinen, auf die Gabe von Brot und Wein folgenden Worten geschlossen werden: „Ich sage euch: Ich werde von nun an nicht mehr von diesem Gewächs des Weinstocks trinken bis auf den Tag, an dem ich von neuem davon trinken werde mit euch in meines Vaters Reich." (Mt 26,29, wobei dieses Zitat wieder als stellvertretend für die dabei im Wesentlichen übereinstimmenden Synoptiker betrachtet werden darf.)

Und doch ist es gerade der tiefere Sinn des Opfergedankens, durch den sich die einstige griechische Theoxenie inhaltlich vom christlichen Abendmahl fundamental unterscheidet: Dem griechischen Gott wird geopfert, dem christliche dagegen wird nicht nur geopfert, sondern er opfert sich auch selbst. Und so bedeutet entsprechend das Opfer in der eucharistischen Feier zweierlei: zum einen die dem Gott dargereichte Gabe von Brot und Wein, zum andern die aus göttlicher Liebe erfolgte Hingabe seines Leibes und seines Blutes, die in der heiligen Speisung der Messe wiederholt wird. Daher enthält auch die Geschichte von der letzten Tischgemeinschaft Christi mit den Jüngern zugleich die Verkündigung seines unmittelbar bevorstehenden Todes und seiner Auferstehung, womit das zwiefach gemeinte Opfer überhaupt erst seinen eigentlichen Sinn enthüllt. Alle Synoptiker erzählen ja einhellig, daß Christus dabei von seinem nahen Dahingang gesprochen hat (Mt 26,24; Mk 14,21; Lk 22,22), und sein Hinweis auf die Auferstehung ist schon zitiert worden.

So läßt sich zusammenfassend sagen: In der katholischen Messe wird das letzte Abendmahl wiederholt, bei dem sich die innige communio mit dem Gotte ereignete, der sich am Kreuze geopfert hat und wieder auferstanden ist. In diesem Sinne wird es wie eine mythische Arché aufgefaßt. Denn obgleich es sich von einer Arché dadurch unterscheidet, daß sie ein Ereignis außerhalb der profanen Zeit betrifft, während das letzte Abendmahl ja als geschichtliches Ereignis eben dieser profanen Zeit zuzurechnen ist, so hat es doch das entscheidende Gemeinsame mit ihr, daß es wie eine göttliche Ursprungsgeschichte immer wieder als ein gegenwärtiges wiederholt wird und damit den profanen Zeitfluß durchbricht.²²

---

[21] Daß ein Gott sich selbst genießt, ist eine auch der abendländischen Metaphysik und Mystik durchaus geläufige Idee, obgleich sie dort, verglichen mit ihrem konkreten Ursprung im griechischen Mythos, meist in mehr oder weniger abstrakter Form auftritt. Vgl. hierzu K. HÜBNER, Die Wahrheit des Mythos, a.a.O. S. 192.

[22] Im Sinne dieser Wiederholung als Wieder-Holung der Gegenwart Jesu Christi beim letzten Abendmahl ist der amtierende Priester dessen Stellvertreter. Daher ist auch die heute

c) Die Grenzen in der Gnadenwirkung des Abendmahls

Wie das göttliche Pnéuma in der Taufe das Pnéuma des Fürsten der Welt nur verdrängen, aber noch nicht endgültig auslöschen kann, so kann auch die Aufnahme der mythischen und numinosen Substanzen von Christi Leib und Blut im Sakrament des Abendmahls das sündige Wesen des Menschen nur schwächen, aber nicht vollends aufheben. Und wie die Taufe vom Glauben des Täuflings unabhängig ist, weil sie, als Versiegelung des Menschen mit einem charakter indelebilis, nämlich der Fähigkeit, nicht zu sündigen, im Unglauben gleichsam nur brachliegt, aber jederzeit im Glauben aktualisiert werden kann, so werden auch der Leib und das Blut Christi in der heiligen Kommunion unabhängig vom Glauben empfangen, sofern die Wandlung von Brot und Wein bereits stattgefunden hat, obgleich dieser Empfang seine volle Segenswirkung nur im Glauben entfalten kann.[23] In jenem Glauben freilich, der selbst immer nur ein gebrechlicher, schwankender sein wird, so lange sich der Mensch in der Welt befindet und ihm die Offenbarung nicht in voller Klarheit möglich ist. Daher sagt Christus: „Ich habe euch noch viel zu sagen; aber ihr könnt es jetzt nicht ertragen. Wenn aber jener, der Geist der Wahrheit, kommen wird, wird er euch in alle Wahrheit leiten." (Joh 16,12f.)

Die bisherigen Kapitel III und IV enthalten einen systematischen Aufriß der christlichen Erlösungslehre, worin ihre innere Logik erkennbar werden sollte, eine Logik freilich, die nur zustande kommt, wenn man ihren teilweise mythischen Kern freilegt. Das folgende Kapitel vollendet nun diese Systematik, indem es die Frage des Zusammenhanges von Gott, Gottes Sohn und heiliger Geist behandelt.

---

verbreitete Forderung widersinnig, diese seine Rolle ebenso Frauen zu überlassen. Mit Frauenfeindlichkeit hat, wie man sieht, das Festhalten der katholischen Kirche am männlichen Priester nicht das geringste zu tun. Im übrigen sind solche Forderungen nur ein Zeichen dafür, daß man wieder einmal, wie ja schon so oft in der Geschichte des Christentums, die Konkretheit der Eucharistie als eine Sache von Fleisch und Blut einem abstrakten und bläßlichen Symbolismus aufopfern möchte.

[23] Genau dies drückt Luther mit seiner Formulierung der manducatio impiorum aus, des Essens der Ungläubigen, die jedoch nicht weniger eine heilige manducatio oralis, ein heiliger Mundverzehr ist, wie die manducatio der Gläubigen.

V. Kapitel
Die Trinität

1. Die beiden Hauptgruppen der Trinitätslehre

Im Gegensatz zu den bisher vorgetragenen Elementen der christlichen Erlösungslehre wird die Trinität im NT nur angedeutet. So heißt es Mt 28,18: „Taufet sie auf den Namen des Vaters, des Sohnes und des Heiligen Geistes", und 2Kor 13,13 lesen wir: „Die Gnade unseres Herrn Jesus Christus und die Liebe Gottes und die Gemeinschaft des Heiligen Geistes sei mit euch allen!" Während sich daher die früheren Abschnitte weitgehend auf die Texte des NTs selbst stützen konnten, muß jetzt näher auf die Versuche der Theologie eingegangen werden, den Gedanken der Trinität zur vollen Klarheit zu bringen. Dabei müssen wir prüfen, ob auch dieser sich in den systematischen Zusammenhang einordnen läßt, von dem am Ende des vorangegangenen Abschnitts die Rede war.

Blickt man auf die Geschichte der Theologie zurück, in der sich der Gedanke der Trinität allmählich herausbildete, so zeigt sich, daß die dabei hervorgetretenen, verschiedenen Meinungen in zwei große Gruppen zerfallen: in die Gruppe derjenigen, die den Gedanken der Trinität ablehnten, weil sie, wenn auch mit verschiedenem Nachdruck, das Menschsein Jesu in den Vordergrund rückten, und in die Gruppe derjenigen, die ihn annahmen, weil sie die Gottheit Christi ins Auge faßten.

Zur ersten Gruppe gehören, in rein systematischer und vereinfachter, nicht historischer und spezifizierter Reihenfolge, der *Unitarismus* und *Monarchianismus*, die in der Trinität einen Verstoß gegen das Prinzip des Monotheismus sahen und darin einen verkappten Polytheismus witterten, der *Arianismus*, für den Jesus nur ein gottbegnadeter Mensch war, und schließlich der *Adoptianismus*, für den zwar Jesus zunächst nur ein Mensch war, dann aber durch die Taufe zum göttlichen Sohne erhoben (adoptiert) wurde. Alle zu dieser Gruppe gehörenden Auffassungen widersprechen der im Vorangegangenen entwickelten Logik und Systematik der Erlösungslehre, nach der nur Gott selbst in irdischer Erscheinung die Entsühnung der Menschheit vollbringen konnte, und müssen daher, unter dieser Voraussetzung, verworfen werden.[1] Man kann

---
[1] Man könnte vielleicht meinen, daß der Adoptianismus mit dieser Logik gerade noch verträglich ist. Da er jedoch die Jungfrauengeburt ausschließt, läßt er eines der konstitutiven Elemente für die Bestimmung des Sohnes Gottes fallen.

die Wesenseinheit von Gott und Christus nicht aufgeben, ohne das Fundament der christliche Lehre, wie es hier verstanden wird, zu sprengen.

Zur zweiten Gruppe gehören, wieder in systematischer und vereinfachter Aufzählung, der *Subordinationismus*, demzufolge Christus Gott, und der Heilige Geist Christus untergeordnet ist, ferner die dazu scheinbar im Gegensatz stehende Lehre von der *Gleichstellung* aller drei, und schließlich der sog. *Modalismus* und die *ökonomische Trinitätslehre*. Nach dem Modalismus sind Vater, Sohn und heiliger Geist nur drei verschiedene Namen desselben, aber Christus ist Gott in der Erscheinung und der Heilige Geist das in ihm verborgene Wesen des Vaters; die ökonomische Lehre unterscheidet sich hiervon hauptsächlich dadurch, daß sie diesen Zusammenhang als ein zeitliches Auseinander-Hervorgehen, als ein das Heilsgeschehen bestimmendes Nacheinander versteht.

Man kann sich jedoch fragen, ob der Unterschied zwischen diesen verschiedenen Auffassungen nicht alleine darin zu suchen ist, daß jede von ihnen nur einen bestimmten Aspekt des Zusammenhanges zwischen Vater, Sohn und heiliger Geist hervorhebt, die anderen aber vernachlässigt. So kann sich z.B. der Subordinationismus auf Joh 8,3 stützen, wo die Rollenverteilung von Vater und Sohn angesprochen wird: der Vater als der Schöpfer aller Dinge, der Sohn als der Erlöser der Schöpfung; oder auf Kol 1,15, wo von Christus als Ebenbild Gottes gesprochen wird. Was nun die Gleichstellungslehre betrifft, so verweist sie zurecht auf die andererseits doch trotz solcher Subordination als bloße Rollenverteilung bestehende Wesenseinheit von Vater, Sohn und heiliger Geist, während der Modalismus dabei nur die sinnliche Erscheinung des Vaters im Sohne, und schließlich die ökonomische Trinität nur deren zeitliches Nacheinander im heilsgeschichtlichen Prozeß hervorhebt.

Alle diese verschiedenen Auffassungen wurden zugleich mit dem begrifflichen Instrumentarium der griechischen Philosophie entwickelt, so etwa, wenn man die Wesenseinheit von Vater, Sohn und heiliger Geist als diejenige einer Usia mit drei Hypostasen oder als una substantia et tres personae auffaßte (Kappadozier), womit die dreigliedrige Vielheit in der Einheit erfaßt werden sollte. In den Konzilien zu Nicäa (325) und Konstantinopel (381) wurde die Lehre, daß die göttliche Trinität der Substanz nach eines und gleich ewig ist, kanonisiert, wobei sich allerdings die Ost- von der Westkirche fundamental dadurch unterschied, daß die Westkirche das Hervorgehen des Heiligen Geistes aus dem Vater *und* dem Sohne (filioque) lehrte, die Ostkirche dagegen den Heiligen Geist allein auf den Vater zurückführte.

Daß es sich nun in der Tat bei den aufgezählten, theologischen Versuchen, über die Trinität Klarheit zu gewinnen, nur um verschiedene Aspekte des Gleichen handelt, ergibt sich, wenn man dabei die in den vorangegangenen Kapiteln entwickelte Systematik der christlichen Erlösungslehre zugrunde legt.

Dort wurde gezeigt, daß die Erlösung, um die es hier geht, nämlich diejenige von der mythisch zu verstehenden menschlichen Urschuld, nur durch Gottes eigenes Erscheinen in der Welt und das heißt, nur durch seine Menschwerdung möglich ist; das aber stimmt ebenso mit der *Gleichstellungslehre* wie mit dem

Modalismus überein, denn nach deren Auffassung *ist* ja Christus der inkarnierte Gott, und der Heilige Geist ist das beiden eigentümliche Wesen. Woraus auch folgt, daß die Westkirche im Recht ist, wenn sie darauf besteht, den Ursprung des Heiligen Geistes in beiden, im Vater *und* im Sohne zu suchen (filioque). Andererseits, und darin steht die in den vorangegangenen Kapiteln entwickelte Systematik wiederum mit dem *Subordinationismus* im Einklang, ist der Sohn Gottes, *soweit er als Mensch in Erscheinung tritt*, dem Vater untergeordnet, wie es besonders in den Leiden Christi als sühnendes Opferlamm zum Ausdruck kommt, wobei nun auch, unter diesem Aspekt, der Heilige Geist die dienende Rolle der geistigen Ausbreitung des Evangeliums übernimmt. Der Vater ist der Schöpfer, *aus* dem alles kommt (ex), der die Schöpfung leidend erlöst (Patripassionismus), obgleich diese Erlösung unmittelbar *durch* (dia, per) den Sohn geschieht, und es ist schließlich auch der Vater *selbst*, der in dieser seiner Erscheinung als Mensch die Welt mit seinem Geist erleuchtet, obgleich auch diese Durchleuchtung unmittelbar durch seinen Sohn möglich wird. Die Heilstat aber ist, wie gezeigt, mythisch als ein Einbruch der göttlichen Sphäre in die profane Zeitlichkeit zu verstehen und insofern ein geschichtliches Ereignis, womit nun auch in der hier vorgetragenen Systematik der Aspekt der *ökonomischen Trinitätslehre* zur Geltung kommt. So betrachtet, bedarf die Lehre von der Trinität keiner Hilfestellung durch die griechische Philosophie, obgleich sie ihr historisch viel verdankt.

2. Trinität und Transzendenz

Im NT ist aber nicht nur die Trinität angedeutet, sondern aus ihm ist auch deren Transzendenz zu erschließen. Dies zeigt schon Kol 1,15, wo es in unmittelbarem Anschluß an den bereits zitierten, auf Christus bezogenen Satz: „Er ist das Ebenbild des unsichtbaren Gottes" heißt, er sei „der Erstgeborene *vor aller* Schöpfung."[2] Von besonderem Gewicht ist aber hier vor allem der Anfang des Johannesevangeliums. Wir lesen: „(1) Im Anfang war der Lógos[3] und der Lógos war bei Gott und Gott war der Lógos. (2) Derselbe war im Anfang bei Gott. (3) Alle Dinge sind durch denselben gemacht und ohne denselben ist nichts gemacht, was gemacht ist (...) (14) Und der Lógos ward Fleisch."

Da sich „der Logos ward Fleisch" eindeutig auf Christus bezieht, so kann auch mit den Sätzen „der Logos war *bei* Gott" (prós tón theón) und er „war im Anfang *bei* Gott" nur Christus gemeint sein. Dies wird noch bekräftigt durch die Formel „alle Dinge sind *durch* denselben gemacht", die man ebenso 1Kor 8,6 entnehmen kann. Denn dort steht: „(...) so haben wir doch nur *einen* Gott, den Vater, *von dem* (ex) alle Dinge sind (...) und *einen* Herrn, *durch den* (dia, per) alle Dinge sind und wir durch ihn." Alles stammt also zwar von Gott her (ex), aber *durch* Christus *als Erlöser der Welt*, der „im Anfang" (von Anfang an) bei

---

[2] Vom Verfasser unterstrichen.
[3] In Abweichung von der hier benutzten Übersetzung habe ich dem Urtext entsprechend „Logos" für „Wort" gesetzt.

Gott war, wird alles im Namen Gottes, des Vaters, im Heiligen Geiste beherrscht und durchdrungen.

Damit ist aber nicht nur in Übereinstimmung mit den bereits dargestellten Trinitätslehren des Modalismus, der Gleichstellung und des Subordinationismus die Erscheinung Gottes in Christus und die Wesenseinheit von Vater, Sohn und heiliger Geist zum Ausdruck gebracht, somit die innere Gliederung dieser Einheit, ohne welche sie ein bloßes Einerlei wäre, sondern darin liegt auch die *Begründung der Transzendenz der Trinität und damit der Präexistenz Christi und des Heiligen Geistes.* Denn auf Grund der Wesenseinheit von Vater, Sohn und heiligem Geist schließt die Transzendenz des Vaters diejenige von Sohn und heiligem Geist ein; sind aber der Sohn und der Heilige Geist transzendent, also in ihrer Wesenseinheit mit Gott in der Sphäre absoluter Jenseitigkeit angesiedelt, so sind sie auch mit dem Vater von Ewigkeit her präexistent, also keine Geschöpfe, wie sie der Schöpfung und dem innerweltlichen Bereich entspringen.

Bei der Lehre von dieser Transzendenz stoßen wir aber aufs neue darauf, wie das Religiöse die Grenzen des Mythischen sprengt, innerhalb derer es sich doch andererseits weitgehend bewegt. Das Mythische kommt ja immer nur so weit ins Spiel, als die sinnliche Erscheinung betroffen ist, also, auf die Trinität bezogen, soweit diese irdisch in Christus und dem Heiligen Geist zur Erscheinung kommt. Die der Trinität aber ebenfalls eigentümliche, absolut transzendente Seite liegt dagegen ganz außerhalb der Sphäre des Mythos. Auf diesen Unterschied müssen wir jetzt ausführlicher eingehen.

a) Heiliger Raum im Mythos und transzendenter Raum im Christentum

Obgleich, wie sich gezeigt hat, die mythischen Archaí nicht in den profanen Zeitverlauf eingeordnet werden können, so durchdringen sie doch andererseits die sinnliche Erscheinung und sind als Ursprungsereignisse und Urbilder *integraler Teil diesseitiger Erfahrung.* Insofern sind sie auch nichts Transzendentes, jedenfalls nicht im strengen und absoluten Sinne des Wortes, das etwas alle Erfahrung Übersteigendes meint. An solcher Diesseitigkeit des Mythos wird auch dadurch nichts geändert, daß es ihm zufolge eine Wohnung der Götter und ein Reich der Toten gibt, ja gerade darin tritt der Unterschied zu einer wahrhaft transzendenten Wirklichkeit nur um so deutlicher hervor.

Wenn wir verstehen wollen, was mythisch die Wohnung der Götter oder das Totenreich bedeuten, müssen wir uns die allgemeine mythische Raumvorstellung vergegenwärtigen. Der mythische oder heilige Raum ist mit dem profanen eng verflochten: Wie nämlich die Archaí in die profane Zeit, so ist er in den profanen Raum eingebettet. Das ist daran zu erkennen, daß er aus einer topologischen und metrischen Uminterpretation dieses uns geläufigen, profanen Raumes entsteht, ohne daß dies hier genauer dargelegt werden kann.[4] Doch sei versucht, es auch dem unkundigen Leser zu veranschaulichen.

---

[4] Für eine ausführliche Darstellung vgl. K. HÜBNER, Die Wahrheit des Mythos, a.a.O., Kapi-

Mythisch gibt es keinen einheitlichen Weltraum, sondern die verschiedenen Räume sind den verschiedenen Göttersphären zugeteilt. Deswegen ist auch der Raum kein für sich bestehendes Ganzes, in dem Inhalte auftreten, sondern jeder Raumteil ist das Attribut einer Gottheit, ein Témenos, wie es die Griechen nannten: In diesem Hain herrscht Pan, in dieser Stadt Athene, auf dieser Insel Aphrodite usw. Mythisch haben entsprechend Raumorientierungen wie Oben, Unten, Rechts und Links keine nur relative, sondern eine absolute Bedeutung. Oben ist die Wohnung der Götter, die, um beim griechischen Mythos zu bleiben, als Olymp bezeichnet wird, unten ist das Reich der Unterwelt, der Tartaros.

Der mythische Raum ist folglich nichts anderes als eine „heilige Geographie"[5], und es ist diese uns bekannte, sichtbare Raumwelt, in welche die heilige projiziert wird, oder umgekehrt, die heilige Geographie läßt sich mit Hilfe einer besonderen Topologie und Metrik aus der profan gegebenen entwickeln. In dieser heiligen Geographie stellen zwar Olymp und Tartaros als das absolute Oben und Unten sog. Singularitäten dar, worunter man versteht, daß ihnen kein Teil des profanen Raumes exakt zugeordnet werden kann[6], aber auch als solche Singularitäten sind sie doch immer noch integraler Bestandteil der aus dem profanen Raum hervorgegangenen mythischen Uminterpretation.

Die absolute Transzendenz der „Wohnung" des christlichen Gottes dagegen ist etwas mit der Wohnung der Götter ganz Unvergleichliches, wie sehr sich auch die abendländische Kunst und Literatur bemühte, sie, z.B. in Analogie zum Olymp, in mythische Bilder zu bringen; und entsprechend ist auch das christliche Reich der auferstandenen Toten etwas ganz anderes als der Tartaros, der immer noch Teil der heiligen Geographie ist. Haben doch mythisch die Toten im Gegensatz zur christlichen Vorstellung von den Auferstandenen nur so weit Wirklichkeit, als sie noch unmittelbarer Bestandteil des Lebens selbst sind: in der Gegenwart der Erinnerung als ideell-materielle Einheit (man denke an die Penaten und den Totenkult), als Vor- oder Abschreckungsbild für die Lebenden, in jedem Falle als konstitutiver Teil mythischer *Wirklichkeitserfahrung*. Mythisch bleiben die Toten, was sie zu Lebzeiten waren, und so behalten sie auch im Totenreich ihre soziale Stellung. Während sie also nach christlichem Glauben am jüngsten Tage in ein absolut transzendentes Jenseits entrückt werden, leben sie mythisch in der Gemeinschaft mit den Lebenden weiter, sei es, daß sie darin, von diesen beschworen, hilfreich oder Verderben bringend weiterwirken[7], sei

---

tel VIII. Dort wird gezeigt, wie man vom profanen zum heiligen dadurch gelangt, daß man ihm eine andere Topologie und Metrik zugrunde legt.

[5] Vgl. J. EVOLA, Revolution gegen die moderne Welt, Interlaken 1982, S. 53.

[6] Sie sind in diesem Sinne ein Nirgendwo, so daß kein Sterblicher, zumindest ohne göttliche Hilfe, je räumlich zu ihnen gelangen kann, obgleich ihre grobe Lokalisation im Oben und Unten gegeben ist. Der Begriff der Singularität entstammt der Mathematik, im gegebenen Fall dem Problembereich mathematischer Projektionen, wie sie bei der Abbildung eines Raumes auf einen anderen eintreten.

[7] Wie es bei den Griechen im chthonischen Mythos der Fall war.

es, daß ihre Rolle auf Forderung, Ansporn und Mahnung beschränkt bleibt, die sie an die Lebenden richten.[8]

Allerdings werden die Toten, soweit sie noch als ein unaufhebbarer Teil menschlicher Wirklichkeit ins Leben hineinragen, auch innerhalb der christlichen Vorstellungswelt mythisch erfahren: in ihrer durchaus ideell-materiellen Gegenwärtigkeit, z.B. im Gräberkult, wo wir auch christlich wieder dem heiligen Raum des Mythos begegnen, in der unverlierbaren Erinnerung an sie, in ihrem Vorbild oder ihrer Abschreckung. Und doch ist der in die Transzendenz entrückte, der *christlich auferstandene*, jenseitige Tote etwas davon substantiell Unterschiedenes: „Gibt es einen natürlichen Leib, so gibt es auch einen geistlichen Leib." (1Kor 15,44) „Und wie wir getragen haben das Bild des irdischen, so werden wir auch tragen das Bild des himmlischen." (49) Dieses Himmlische als transzendente Verfassung kennt der Mythos nicht, und deswegen ist dort auch der Sinn von Unsterblichkeit ein ganz anderer. Es ist aber dieser ganz andere Sinn, der in den folgenden Worten liegt: „Denn das Verwesliche muß anziehen die Unverweslichkeit und das Sterbliche muß anziehen die Unsterblichkeit." (53) Diese Worten leiten uns bereits zum folgenden Abschnitt über.

b) Heilige Zeit im Mythos und transzendente Zeit im Christentum

Wie wir bereits gesehen haben, besteht die mythisches Zeit aus ewigen Zeitgestalten mit bestimmten Ereignisfolgen, in denen es jedoch kein ausgezeichnetes Jetzt gibt, so daß in ihnen die Unterschiede von Vergangenheit, Gegenwart und Zukunft aufgehoben sind. Erst wenn sie als Archaí in die profane Zeit eingebettet werden, bekommen sie den Charakter eines sich stets identisch wiederholenden Zyklus, und kann diese beständige Wiederholung im Sinne der seriellen Abzählung metrisch bestimmt werden.

Wie sich nun in dem Kapitel über die Schöpfung gezeigt hat, lassen sich auch die sieben Tage der biblischen Schöpfungsgeschichte weitgehend mit der heiligen Zeit des Mythos vergleichen, da sie einerseits eine ewige Zeitgestalt haben – die Metrik einer seriell abzählbaren Zeit wird ja erst am vierten Tag mit den Gestirnen geschaffen – andererseits aber teilweise wie eine Arché projiziert auf die profane Zeit beständig wiederholt werden – Kreislauf der Natur als beständige Neuschöpfung usw. Und doch sind es gerade die ersten vier Schöpfungstage bis zur Schaffung der Gestirne, wo man auf die Grenze dieses Vergleichs stößt. Denn wenn man, wie gesagt, den mythischen Raum eine heilige Geographie nennen kann, womit seine unauflösliche Beziehung zu den irdischen Verhältnissen gekennzeichnet ist, die mythische Zeit aber nun entsprechend eine heilige Historiographie, weil sie sich in die Natur- und Menschengeschichte abbildet, so trifft dies doch für die ersten vier Schöpfungstage nicht zu, an denen überhaupt erst das Haus geschaffen wurde, das einen mythischen oder

---

[8] So sah es z.B. der olympische Mythos. Vgl. K. HÜBNER, Die Wahrheit des Mythos, a.a.O., Kapitel XIII.

profanen Raum und eine mythische oder profane Zeit haben kann, weswegen diese Schöpfungstage ja auch nicht, wie andere Archaí der Natur (Jahreszeiten), im strengen Sinne des Wortes wiederholt werden können. Für sie ist daher nicht nur der transzendente Raum des Weltschöpfers vorauszusetzen, sondern auch eine transzendente Zeit seines Wirkens, die nicht mit der heiligen Zeit des Mythos, welche die irdische Erscheinung bestimmt, zusammenfällt. Der mythische Raum und die mythische Zeit sind in den Projektionen der Archaí auf den profanen Raum und die profane Zeit mittelbar erkennbar, der transzendente Raum und die transzendente Zeit sind dagegen jeder möglichen Anschauung entzogen. Auch hier werden wir an die sog. reinen Verstandesbegriffe oder Noumena erinnert, die Kant einführte, um das Ding an sich zu bezeichnen. Noumena, sagt er, seien „nur von negativem Gebrauche" (Kritik der reinen Vernunft, B 310), womit er meint, daß wir keinen anschaulichen Sinn damit verbinden können, obgleich dieser Gebrauch unvermeidlich ist, wenn vom Ding an sich, das aber doch *notwendig* vorausgesetzt werden muß, die Rede ist. In diesem Sinne ist alle Theologie, da sie den transzendenten und somit unfaßbaren Gott notwendig voraussetzt, „negative Theologie".

3. Transzendenz und Heilsgeschichte

Die Heilsgeschichte ist Teil der profanen Zeit, sofern das Leben und Wirken Christi in einem historisch datierbaren Zeitpunkt geschah, und sie ist Teil der mythischen Zeit, sofern dieses Ereignis zugleich, wie sich gezeigt hat, im Medium des Mythos auftritt und diesem zufolge im Kult als stets wiederholbare Wirklichkeit eines Urgeschehens, einer Arché erfahren wird. Aber das ist doch nur die Art, wie die Heilsgeschichte für uns Menschen *in Erscheinung* treten und vermittelt werden kann. Was jedoch so zur Erscheinung kommt und nur so für uns faßbar ist, entspringt andererseits einer göttlichen Sphäre transzendenter Ewigkeit und Zeit. In dieser Sphäre ist „das Haus" der Trinität, die das Heilsgeschehen bewirkt. Wie also die mythische Zeit in die profane hineinleuchtet und doch etwas von ihr streng Geschiedenes ist, so leuchtet die transzendente in die mythische *und* profane hinein und bleibt doch streng von beiden getrennt. *Wieder haben wir es hier mit ganz verschiedenen Wirklichkeitssphären zu tun. Derjenigen des transzendenten Gottes in seiner Einheit mit dem Sohn und dem Heiligen Geist, derjenigen seiner mythischen und derjenigen seiner profanen Erscheinung.*

In der transzendenten Zeit, welche die Ewigkeit ist, ist alles eingeschlossen, die Trinität, die Weltschöpfung, der Sündenfall, das Heilsgeschehen, und schließlich das Ende der Welt am jüngsten Tag. Die transzendente zeitliche Verfassung dieses alles umfassenden Ereignisablaufes hat zwar mit derjenigen mythischer Zeitgestalten gemein, daß es hierbei keine Auszeichnung eines Jetzt und damit keinen Fluß von der Vergangenheit über die Gegenwart in die Zukunft gibt – er „steht" gleichsam von Ewigkeit zu Ewigkeit – aber er unterscheidet sich von den mythischen Zeitgestalten doch dadurch, daß er, als *Ganzes*, also einschließlich seines Anfangs und Endes, nicht wie diese in die profane Zeit abgebildet werden kann. Denn die Weltschöpfung und das Weltende kommen ja gar nicht im sinnlichen Bereich zur Erscheinung. Die Schöpfung, der Abfall von Gott, die Versöhnung mit ihm und die endgültige Verklärung am Ende der Welt sind *innerhalb der Sphäre Gottes* nicht die Eckpfeiler einer *historischen Entwicklung*, sondern es könnte so ausgedrückt werden: *Für Gott* war die Welt immer schon von ihm abgefallen und immer schon durch ihn selbst erlöst, und es sind nur die irdisch – zeitlichen Bedingungen, unter denen uns Wirklichkeit erkennbar und gegeben wird, die dies als eine Heils*geschichte* erscheinen lassen.[9] Und bezogen auf diesen Aspekt hat auch die ökonomische Trinitätslehre ihre Berechtigung.

---

[9] Mit dem sog. Doketismus, der im Zusammenhang mit der Lehre von der Präexistenz Christi aufgetreten ist, hat das nichts zu tun. Unter Doketismus versteht man die Auffassung, der tranzendente Christus sei nur dem Scheine nach als Mensch in der Welt erschienen, während er in Wahrheit bei Gott wohnte. Hier werden – ein altes Mißverständnis! – Schein und Erscheinung miteinander verwechselt. So wenig aber wie in der Kantischen Philosophie die sinnliche Erscheinung bloßer Schein ist, weil sie ja nur der Art endlicher Wesen entspringt, das für sie transzendente Ding an sich zu erkennen, so wenig ist die sinnliche Erscheinung des Sohnes Gottes in Raum und Zeit nur Schein, sondern entspringt ebenfalls nur der Art endlicher Wesen, die für sie an sich transzendente Wirklichkeit Gottes zu erkennen.

VI. Kapitel
Das Gottesgericht

Der Mensch ist das Dasein in der Sünde und damit das Dasein zum Tode. Darin spiegelt sich die substantielle Gottferne der Schöpfung, die, als das von Gott Unterschiedene, auf dessen unerforschlichen Ratschluß zurückgeht. Der Mensch bleibt daher in sie gebannt, solange er lebt und damit Teil dieser von Gott notwendig geschiedenen Welt ist. Aber durch Christi Menschwerdung, seinen Opfertod und seine Auferstehung erhielt der Mensch die Botschaft von Gottes Solidarität mit ihm, von seiner Liebe und Gnade und damit der Verheißung der Erlösung und der eigenen Auferstehung vom status corruptionis zum status gloriae – der Gottesnähe. Noch kann sich die Verheißung nicht vollenden, noch ist der Mensch, so lange er lebt, Teil dieser Welt, und noch kann daher die Verheißung an ihm scheitern, nämlich dann, wenn er nicht an diese Botschaft glaubt, nicht nach ihr *lebt* oder sie gar verwirft.

Doch ist es von großer Wichtigkeit festzuhalten, daß es nicht nur keine Sicherheit für die Erlösung, sondern auch keine für die Verdammnis gibt. Der Glaubende, aus dem Glauben Lebende, kann getrost hoffen – mehr nicht. Denn niemand kann von sich sagen, er habe ein *Recht* auf das ewige Leben erwirkt, und bedürfe daher, in angemaßter Selbstgerechtigkeit, der göttlichen Gnade nicht. Aber selbst wenn einer nicht an die Botschaft glaubt, nicht nach ihr lebt oder sie gar zurückweist, ist es angesichts der unermeßlichen Gnade Gottes keineswegs gewiß, daß ihm die Erlösung verweigert werden wird. Niemand darf ihn nur nach seinen Taten oder Worten beurteilen, niemand kann ihm ins Herz sehen – ja er selber kann es nicht ohne die Gefahr der Selbsttäuschung. Vielleicht bildet er sich nur in Verzweiflung ein, nicht zu glauben, vielleicht lebt er nur auf Grund schwerer Versuchungen und schicksalhafter Verstrickungen nicht nach dem Glauben, vielleicht verwirft er diesen über-

---

[1] Die Frage der Hoffnung auf das ewige Leben gerade für scheinbar hoffnungslos Verdammte ist das zentrale Thema von Graham Greens dichterischem Werk. Am Schluß seines Romans „Das Herz aller Dinge" erfährt die streng gläubige Frau des britischen Offiziers Scobie, daß ihr Mann Selbstmord begangen hat. Mit einem Priester, dem sie sich in Verzweiflung anvertraut, entwickelt sich das folgende Gespräch: Die Witwe: „Er muß gewußt haben, daß er sich damit in die ewige Verdammnis stürzte (…) Es hat nicht einmal Sinn, für ihn zu beten (…)" Der Priester: „Ich bitte Sie, Mrs. Scobie, bilden sie sich nur nicht ein, daß sie – oder ich – etwas von Gottes Barmherzigkeit wissen." „Aber die Kirche lehrt doch (…)" „Ich weiß, was die Kirche lehrt. Die Kirche

haupt nur aus theoretischen Erwägungen, die jenem verirrten und fehlgeleiteten, reflektierenden Denken entspringen, von dem im I. Kapitel die Rede war.[1]

Wie dem aber auch sei – erst nach Vollendung des irischen Lebens kann, ja muß über Erlösung oder Verdammnis entschieden werden. Es ergibt keinen Sinn, zwar an Christus zu glauben, nicht aber an die Auferstehung des Menschen und das ihr folgende Gottesgericht. Christi Opfer, seine Botschaft und Verheißung galt *jedem* Menschen, und *jeder* Mensch wird dadurch vor die endgültige Entscheidung gestellt. Wenn jemand sagt – wie es nicht selten geschieht –, daß der Glaube an das ewige Leben den einzelnen Menschen zu wichtig nehme, so ist ihm zu erwidern: Nicht der Mensch, sondern nur sein Schöpfer kann aus der Sicht des Glaubens über die ewige Bedeutung des Menschen urteilen, und dieses Urteil ist bereits mit dem Opfertod von Gottes Sohn, welcher der *ganzen* Menschheit dargebracht wurde, gesprochen worden. Die Hybris liegt also nicht darin, an das ewige Leben des Menschen zu glauben, sondern im Gegenteil darin, selbst dem Menschen denjenigen Wert abzusprechen, der ihm dieses Leben ermöglichen kann. Der Gedanke des endgültigen Gottesgerichtes folgt daher notwendig aus Christi Sendung. Doch ist dieser Gedanke bisher nur in seinen Umrissen erkennbar und muß nun weiter vertieft werden.

Wonach richtet sich das Urteil? Röm 2,5 heißt es, Gott gebe jedem „nach seinen Werken", und Mt 7,16ff spricht von den Früchten, an denen der Mensch erkennbar werde. (Ähnlich Lk 13,6ff.) Daß damit jedoch nicht etwa „Werkgerechtigkeit" gemeint ist, geht aus Joh 2,13 hervor: „Denn es wird ein unbarmherziges Gericht über den ergehen, der nicht Barmherzigkeit getan hat. Barmherzigkeit aber triumphiert über das Gericht." Können doch sog. gute Werke sehr wohl aus Eigensucht begangen werden, während in christlicher Sicht Werke nur dann wahrhaft gut sein können, wenn sie aus dem Geiste der Gottes- und Menschenliebe geschehen. Und noch an das folgende Wort Jesu sei hier erinnert: „Denn wer sein Leben erhalten will, der wird es verlieren; und wer sein Leben verliert, der wird's erhalten." (Mk 8,35)

Nun zum Vorgang des Gottesgerichts selbst. „(...) wir müssen alle offenbar werden vor dem Richterstuhl Christi, damit jeder seinen Lohn empfange für das, was er getan hat bei Lebzeiten, es sei gut oder böse." (2Kor. 5,10. Vgl. auch 2Tim 4,1.) Warum aber wird es Christus sein, der richten wird, und nicht Gott? Weil zwar, wie im vorangegangenen Kapitel erörtert, alles von Gott her (ex) stammt, aber andererseits alles *unmittelbar durch (per) Christus* als dem Erlöser der Welt gnadenreich durchdrungen und beherrscht wird. So ist er es, der jedem die Erlösung darbietende *Herrscher der Welt im Namen Gottes*, der das Richteramt über alle ausüben wird. Eine veranschaulichende Schilderung des Gottes-

---

kennt alle Gesetze. Aber sie weiß nicht, was im Herzen auch nur eines einzigen Menschen vorgeht." „Sie meinen also, daß noch Hoffnung besteht?" „Sind Sie so bitterböse auf ihn?" „In mir ist keine Bitterkeit mehr." „Und glauben Sie, daß Gott bitterer zürnt als eine Frau?" (Übers. von W. PUCHWEIN, Hamburg 1949).

gerichts finden wir im 1Thess 4,16–18: „Denn er selbst, der Herr, wird, wenn der Befehl ertönt, wenn die Stimme des Erzengels und die Posaune Gottes erschallen, herabkommen vom Himmel, und zuerst werden die Toten, die in Christus gestorben sind, auferstehen. Danach werden wir, die wir leben und übrigblieben, zugleich mit ihnen entrückt werden auf den Wolken in die Luft, dem Herrn entgegen und so werden wir bei dem Herrn sein allezeit."

Schon diese Beschreibung zeigt, daß das Jüngste Gericht nicht mit den Totengerichten, die in mannigfaltigen Varianten auch in der mythischen Vorstellungswelt auftreten, vergleichbar ist. Diese finden, wie schon der Name sagt, ausnahmslos im Jenseits statt. Das Jüngste Gericht aber ereignet sich jedenfalls insofern auf Erden, als ja nicht nur die Toten, sondern auch die Lebenden dazu gerufen werden, wie Jesu Warnung bezeugt: „Darum wachet, denn ihr wißt nicht, an welchem Tag euer Herr kommt (…) Darum seid auch ihr bereit, denn der Menschensohn kommt zu einer Stunde da ihr's nicht meint." (Mt 24,42 und 44) Oder man erinnere sich an das Gleichnis von den törichten Jungfrauen, die im Gegensatz zu den klugen in der entscheidenden Stunde, da der Bräutigam kam, nicht gerüstet waren. (Mt 25,1 ff.) Sofern das Jüngste Gericht auf Erden stattfindet, fällt es aber doch zugleich mit dem *Ende der Welt* überhaupt zusammen, und auch darin unterscheidet es sich von den mythischen Totengerichten. Denn das Eschaton ist dem Mythos fremd, und wenn er auch, wie gezeigt, einen heiligen Ort und eine heilige Zeit kennt, die nicht mit dem profanen Ort und der profanen Zeit identifizierbar sind, so sind doch selbst noch diese nichts schlechthin Außerweltliches, wie wir am Olymp und am Tartaros erkennen können, die zwar nicht lokalisierbar sind, dennoch aber in dem schon erwähnten Sinne der „heiligen Geographie" angehören.

Das Ende der Welt, das Eschaton dagegen ist nicht wiederholbar, und die Idee eines Gerichts auf der Erde bei gleichzeitiger Bedingung ihres Endes wie überhaupt des Endes der Welt läßt sich zwar denken, bezieht sich jedoch auf etwas absolut Transzendentes. Obgleich bildende Kunst und Literatur oft genug und auf eindrucksvolle Weise ausgemalt haben, wie die Lebenden vom Jüngsten Gericht überrascht werden, die Toten aus ihren Gräbern auferstehen und der Weltenrichter den einen die Pforten des Paradieses, den anderen diejenigen der Hölle öffnet,[2] so kann doch dies alles nur ein Gleichnis sein für etwas, was sich ganz unserer Vorstellungskraft und Anschaulichkeit entzieht. Auch die Beschreibung durch den Apostel macht davon keine Ausnahme. Hat er nicht gesagt, daß wir zwar leiblich auferstehen werden, unser Leib aber dann nicht mehr ein natürlicher, sondern geistlicher sein wird? (1Kor 15,44) Auch dies können wir zwar begrifflich erfassen, anschaulich vorstellen können wir uns es jedoch nicht. Mit dem Jüngsten Gericht läßt sich also kein mythischer Sinn verbinden – die Erde unter den Bedingungen des Weltendes, des Eschaton, der Eingang ins ewige Leben als Rückkehr zu Gott oder die Verdammnis zu ewiger

---

[2] Ich erinnere nur an Michelangelos Jüngstes Gericht, an Dantes „Göttliche Komödie" und Miltons „Das verlorene Paradies".

Gottferne, dies alles bezieht sich auf Vorgänge religiöser und damit absoluter Transzendenz, die mit der relativen des Mythos nichts mehr gemein hat.

Daran ändert auch die Offenbarung Johannis nichts. Zwar ist ihre Veranschaulichung des Jüngsten Gerichts den „Stilmitteln" des Mythos entnommen; doch kann sie nur als in Gleichnissen redend, als *allegorisch*, aufgefaßt werden, während der Mythos immer *tautegorisch* spricht, also eine Wirklichkeit meint. Das bedeutet: Die Offenbarung Johannis ist nicht mythischer, sondern *mythologischer* Natur.[3] Zwar bezeugt Jesus ausdrücklich selbst das Geoffenbarte (22, 16.18ff), doch kann auch er in diesem Fall zu den Menschen nur in bildhaften Gleichnissen reden und nur darauf kommt es also im gegebenen Fall an, daß diese Gleichnisse nicht nur vollkommen zutreffend sind (so etwa wie es eine im Rahmen des Möglichen vollkommen zutreffende Übersetzung eines Gedichtes in eine andere Sprache geben kann), sondern auch darauf, daß die beeindruckende Gewalt der Sinnbilder jene Gestimmtheit im Menschen erweckt, die der Größe des zu erwartenden Ereignisses angemessen ist und sie darauf hinleben läßt. Die folgenden Zitate aus der Offenbarung des Johannes mögen dies verdeutlichen:

20, „11. Und ich sah einen großen, weißen Thron, und den, der darauf saß; vor seinem Angesicht flohen die Erde und der Himmel, und es wurde keine Stätte für sie gefunden. 12. Und ich sah die Toten, groß und klein, stehend vor dem Thron, und Bücher wurden aufgetan. Und ein anderes Buch wurde aufgetan, welches ist das Buch des Lebens. Und die Toten wurden gerichtet nach dem, was in den Büchern geschrieben steht, nach ihren Werken (...) 14. Und der Tod und sein Reich wurden geworfen in den feurigen Pfuhl. 15. Und wenn jemand nicht gefunden wurde geschrieben in dem Buch des Lebens, der wurde geworfen in den feurigen Pfuhl." 21, „1. Und ich sah einen neuen Himmel und eine neue Erde, denn der erste Himmel und die erste Erde sind vergangen, und das Meer ist nicht mehr. 2. Und ich sah die heilige Stadt, das neue Jerusalem, von Gott aus dem Himmel herabgekommen, bereitet wie eine geschmückte Braut für ihren Mann. 3. Und ich hörte eine große Stimme vom Thron her, die sprach: Siehe da, die Hütte Gottes bei den Menschen! Und er wird bei ihnen wohnen, und sie werden sein Volk sein, und er selbst, Gott mit ihnen, wird ihr Gott sein; 4. und Gott wird abwischen alle Taten von ihren Augen, und der Tod wird nicht mehr sein, noch Leid noch Geschrei noch Schmerz wird nicht mehr sein; denn das Erste ist vergangen. 5. Und der auf dem Thron saß, sprach: Siehe, ich mache alles neu! (...) 6. Und er sprach zu mir: Es ist geschehen. Ich bin das A und das O, der Anfang und das Ende (...) 10. Und er führte mich hin im Geist auf einen großen und hohen Berg und zeigte mir die heilige Stadt Jerusalem herniederkommen aus dem Himmel von Gott, 11. die hatte die Herrlichkeit Gottes (...) 23. Und die Stadt bedarf keiner Sonne noch des Mondes, daß sie ihr scheinen. Denn die Herrlichkeit Gottes

---

[3] Zur Frage des Mythologischen vgl: K. HÜBNER, Über die Beziehungen und Unterschiede von Mythos, Mythologie und Kunst in der Antike, in: Hrsg. BOHR/MARTIN, Studien zur Mythologie und Vasenmalerei, Festschrift K. Schauenburg, Mainz 1986.

erleuchtet sie, und ihre Leuchte ist das Lamm." 22, „3. Und der Thron Gottes und des Lamms wird in der Stadt sein, und seine Knechte werden ihm dienen 4. und sein Angesicht sehen (...)"

Daß Erde und Himmel „flohen" und keine „Stätte" mehr haben (20,11), ist eine Metapher für das Ende der Welt. Ebenso sind Thron, Richter, Buch (12) Metaphern, nämlich solche für das Gericht. Nun folgt eine reine Tatsachenaussage, wenn sie für sich auch nicht zu veranschaulichen ist: Verdammt wird der Tod und sein Reich, nämlich die irdische Welt (Erde und Himmel) als Ort der Gottferne und Sünde, und verdammt werden die Sünder (14). Aber auch diese Tatsachenaussage wird sogleich in eine Metapher gekleidet, nämlich diejenige der totalen Vernichtung durch Verbrennung – den „feurigen Pfuhl" (14). Wieder folgt eine nicht zu veranschaulichende Tatsachenaussage, diesmal über den neuen Himmel und die neue Erde, welche den ersten Himmel, die erste Erde und das Meer, – als vorangegangene – ablösen (21, 1); und wieder verwandelt sich diese Tatsachenaussage in eine Metapher, nämlich diejenige vom heiligen Jerusalem, das, „vom Himmel herabgekommen" (2), die Vereinigung des neuen Himmels mit der neuen Erde, das Reich Gottes also, sinnbildlich faßbar machen soll. Wie um zu betonen, daß es sich hier um Gleichnisse handelt, spricht Johannes davon, daß er der heiligen Stadt auf einem hohen Berg ansichtig wurde, auf den ihn Gott „*geistig*" führte (10). So ist nun in der Tat „das Erste" vergangen (4) und Christus hat „alles neu" gemacht (5), nämlich die alte Schöpfung der Gottferne durch eine solche der Gottnähe ersetzt. Deswegen kann er von sich sagen „Ich bin der Anfang und das Ende, das A und das O." (6) Die neue Erde bedarf des alten Himmels mit seinen erleuchtenden Gestirnen, Sonne und Mond, nicht mehr, denn es ist Gottes Licht, das auf ihr leuchtet (23).

Das Jüngste Gericht ist also Apokatastasis, Wiederherstellung der durch die Schöpfung und den Fall zerrissenen Einheit mit Gott. Dabei kommt es nur auf die Wiederherstellung dieser *Einheit* an, nicht etwa auf eine bloße Wiederholung des ursprünglich paradiesischen Zustandes von Adam und Eva, also jenes Zustandes, der noch *ohne* Christi Heilsvermittlung gegeben war. Das ist auch in der Apg 3, 21 gemeint, wo die einstige Rückkehr Christi zu den *Zeiten der* (durch *ihn* erst möglichen und von *ihm* erst vollendeten) *Wiederherstellung von allem* verkündet wird (*apokatástasis pánton*). Die Wiederherstellung, von der hier die Rede ist, hat also nichts mit der gnostischen zu tun, die eine einfache Wiederkehr des Gleichen ist, sondern sie folgt aus Christi Opfer und Auferstehung, und ist somit nichts anderes als das hierdurch angezeigte Ziel der Heilsgeschichte, in dem sie sich vollendet. Darin ist es auch begründet, warum das Gottesgericht nicht über jeden einzelnen gesondert *unmittelbar* nach seinem Tode gehalten wird, sondern mit dem Weltende zusammenfällt. Denn selbst der Tote gehört noch in seinem Staub der alten Erde und damit dem „Reich des Todes" an (14) und kann erst daraus auferstehen, wenn Himmel und Erde vergehen.

Dies wird durch den griechischen Text des NTs sehr deutlich. Nennt er doch dieses Reich in Übereinstimmung mit den Mythen der Antike „Hades", und entsprechend verwendet die Vulgata das Wort „infernus". Auch besteht über den Ort dieses Reiches im Rahmen der heiligen Geographie kein Zweifel, wie aus Jesu Verkündung seiner „Höllenfahrt" hervorgeht. Denn der Menschensohn, sagte er, werde „drei Tage und drei Nächte im Herzen[4] der Erde sein (*en té kardía tés gés*; in corde terrae)" (Mt 12,40), in deren Tiefe also, wie es der Mythos verstand. Daß das Reich der Toten in der Erde liegt, zeigt auch Mt 27,52 f.: „Und die Erde erbebte, und die Felsen zerrissen, und die Gräber taten sich auf, und viele Leiber der entschlafenen Heiligen taten sich auf und gingen aus den Gräbern nach seiner Auferstehung."

Das Totenreich hat demnach nur eine mythisch-relative, nicht aber absolute Trandzendenz wie jenes nach dem Untergang der Welt erscheinende Reich, in dem die Auferstandenen im Angesicht Gottes leben, oder jenes, an dem hinfort die Verdammten hausen werden. So sehen wir auch hier, wie das Religiöse mit dem Mythos verschmilzt, wenn es innerweltlich in Erscheinung tritt, während der Anfang und das Ende, das Alpha und das Omega, seiner Sphäre entrückt sind.

Die Apokatástasis ist also nicht stückweise, individuell zu haben, sondern erst, wenn auch die Erde aufgehoben wird, die zugleich das Reich des sie beherrschenden Todes und des Totenreichs ist, dem jeder einzelne nach seinem Ableben zunächst angehört. Christus aber ist deswegen vor seiner Auferstehung in dieses Totenreich hinabgestiegen, um auch den Abgeschiedenen, die vor ihm lebten, seiner Botschaft teilhaftig werden zu lassen. „Denn dazu ist auch den Toten das Evangelium verkündigt", heißt es in 1Petr 4,6, „daß sie zwar nach Menschenweise gerichtet werden im Fleisch, aber nach Gottes Weise das Leben haben im Geist." 1Petr 3,19 erläutert dies am Urbeispiel schwerster Sünde nach dem Fall: Christus sei hingegangen und habe gepredigt „den Geistern im Gefängnis, die einst ungehorsam waren, als Gott harrte und Geduld hatte zur Zeit Noahs."

Das Jüngste Gericht ist indessen nicht nur ein künftiges Ereignis, mögen die einen es auch als nahe bevorstehend erwarten, die andern aber nicht. Denn das Gericht wird schon bei Lebzeiten vorweggenommen in der Gewissensangst, in der Hoffnungslosigkeit der Verdammnis[5] oder umgekehrt im Trost und in der Hoffnung des Glaubens. So lesen wir im Ps 27,9: „Verbirg dein Antlitz nicht vor mir,/ verstoße nicht im Zorn deinen Knecht!/ Denn du bist meine Hilfe; verlaß mich nicht/ und tu die Hand nicht von mir ab, Gott, mein Heil!" Und

---

[4] Die hier verwandte deutsche Übersetzung spricht an dieser Stelle vom „Schoß der Erde". Der Sinn ist der gleiche, doch kommt es hier auf die genaue Übereinstimmung mit dem griechischen und lateinischen Text an.

[5] Während in G. GREENS bereits zitiertem Roman „Das Herz aller Dinge" diese Hoffnungslosigkeit eine Witwe *für* ihren verstorbenen Gatten empfindet, ist es in seinem Buch „Am Abgrund des Lebens" (Hamburg 1950) die Hauptfigur, ein Schwerverbrecher selbst, der *in sich* von ihr zur Verzweiflung getrieben wird.

Joh 3,17 heißt es: „Wer an mich glaubt, der wird nicht gerichtet, wer aber nicht glaubt, der ist schon gerichtet." Doch immer noch ist es Zeit, so lange der Mensch lebt. „Weißt du nicht", sagt daher Paulus im Röm 2,4, „daß dich Gottes Güte zur Buße leitet?" In diesem Zusammenhang kann es auch geschehen, daß Schicksalsschläge als Prüfungen und Warnungen Gottes verstanden werden, wobei es lächerlich wäre, dafür „empirische Beweise" zu verlangen. Denn es ist eine Sache des Glaubens, wenn der Mensch in ihnen ein Numen sieht, das bewirkt, daß er hinfort sein Leben ändert. Die Gewißheit, die sich damit verbindet, kann immer nur seine eigene, in der Tiefe seines Herzens sein, denn er alleine ist es ja auch, zu dem in diesem Falle Gott warnend spricht, und da er folglich diese religiöse Erfahrung mit niemandem zu teilen vermag, läßt sie sich auch nicht „intersubjektiv begründen". Wer sie aber eben deswegen anzweifelt, bewegt sich im Rahmen des schon abgehandelten theoretischen Zweifels, der selbst niemals eine absolute Geltung haben kann. (Vgl. das I. Kapitel)

VII. Kapitel
Christliche Existentialität

Die vorangegangenen Kapitel dienten dazu, die christliche Erlösungsidee in ihrer inneren Logik zu entfalten. Nun ist zwar diese Logik für die Offenbarung unverzichtbar, da man doch, wie der Apostel sagt, lieber fünf Worte reden solle mit dem Verstand als zehntausend Worte in Zunge (1Kor 14, 15ff.), aber der Offenbarung entsprechen auch eigentümliche Gestimmtheiten, Befindlichkeiten und Verhaltensweisen, wodurch sie überhaupt erst im Sinne einer tiefen Wandlung in das menschliche Leben eingreift und es von Grund auf als ein christliches prägt.

Diese nicht-begriffliche Seite der Offenbarung kam zwar bereits zur Sprache, besonders dort, wo von der Sünde, der Adamitischen Schuld sowie den Wirkungen des Heiligen Geistes in Sakramenten und Kirche die Rede war; aber wir müssen sie nun auch in ihrer Tiefe, in ihren einzelnen Entfaltungsformen und fundamentalen Strukturen erhellen. Dabei wird sich erneut Heideggers existentiale Analytik als hilfreich erweisen. Denn es wird sich zeigen, daß diese Strukturen den *Existentialien* entsprechen, die in seiner Analytik eine fundamentale Rolle spielen.

1. Heideggers Begriff der Existentialien

Was unter Sünde im Gegensatz zu ihren vulgären Mißverständnissen christlich zu verstehen ist, zeigte sich im III. Kapitel, A 1. Dort wurde sie als das Dasein zum Tode gekennzeichnet, dessen Strukturen Heideggers Daseinsanalyse entnommen wurden.[1] Nun nennt Heidegger diese eine Fundamentalontologie. Betreffe sie doch das Dasein des Menschen selbst, worin, wie er glaubt, alle anderen möglichen Ontologien ihren Ursprung haben. Gleichzeitig erhebt er mit ihr in der klassischen Weise der Metaphysik den Anspruch, etwas absolut Gültiges, Evidentes und damit Geschichtsloses geschaffen zu haben.

---

[1] Ich weise noch einmal darauf hin, daß ich in diesem Punkte mit Bultmann vollkommen übereinstimme. Dennoch unterscheide ich mich von ihm grundlegend in zweierlei Weise: Erstens dient mir, wie ich schon zeigte, Heideggers Daseinsanalyse nicht wie ihm zum Vehikel einer Entmythologisierung des Christentums, sondern sie ist für mich im Gegenteil ein Element seiner unverzichtbaren mythischen Grundlagen; und zweitens werde ich im folgenden Heideggers in dieser Analyse gewonnene Existentialien, die Bultmann gleichsam naiv übernimmt, kritisch überprüfen und sie damit einem neuen Verständnis zuführen.

Damit ist schon gesagt, daß das Dasein zum Tode, wie es Heidegger versteht, nicht etwa eine Art Lebenserfahrung ist. Denn wie bereits in den „Grundlegenden Betrachtungen" des I. Kapitels ausgeführt, beruht eine Ontologie, welche es auch sei, nicht auf Erfahrung, sondern ist umgekehrt deren Grundlage. (Eben derjenigen, die durch sie definiert, geleitet und organisiert wird.) Die Daseinsanalyse Heideggers, als Fundamentalontologie verstanden, will also das A priori menschlicher Existenz enthüllen. Eben um dies zum Ausdruck zu bringen, werden deren notwendig gültige Strukturen und einzelne Ausgliederungen wie die Sorge, die Angst, das In-der-Welt-sein usw. von Heidegger *Existentialen* genannt. Diese Existentialien können also in Analogie zu den Kantischen apriorischen Kategorien verstanden werden, nur mit dem entscheidenden Unterschied, daß sie die a priori notwendigen und grundlegenden *Befindlichkeiten* des Daseins betreffen und nicht, wie Kants Kategorien, die a priori notwendigen Grundlagen kognitiv-begrifflicher Erkenntnis.[2] Daraus folgt aber auch, daß Heideggers Daseinsanalyse nicht mit einer unter diesem Begriff immerhin ja auch denkbaren empirischen Psychologie oder Anthropologie verwechselt werden darf. Beide würden nach Heidegger auf ungeklärten Grundlagen arbeiten, setzten sie dabei nicht die Erhellung menschlichen Daseins durch die Fundamentalontologie voraus.

2. Kritik an Heideggers phänomenologischer Methode

Der im Stile der klassischen Metaphysik erhobene Anspruch Heideggers, mit dieser Fundamentalontologie etwas von absoluter, evidenter Gültigkeit geschaffen zu haben, steht nun aber in offenkundigem Widerspruch zu der in den „Grundlegenden Betrachtungen" des I. Kapitels vorgetragenen These, daß Ontologien, obgleich etwas Apriorisches, keiner solcher Auszeichnung und Rechtfertigung fähig sind, wenn man von bestimmten Ausnahmen im Bereiche der Allgemeinen Metatheorie absieht, von denen hier jedoch gar nicht die

---

[2] Daß auch der kantischen Kategorienlehre solche Befindlichkeiten entsprechen, wird auf mehrfache Weise erkenntlich. So spricht Kant von einem Gefühl, das „nicht empirischen Ursprungs ist und a priori erkannt wird", womit er die Achtung vor dem moralischen Gesetz als Triebfeder moralischen Handelns versteht. (Drittes Hauptstück der Kritik der praktischen Vernunft) Auch die berühmte Stelle, wo Kant mit emphatischen Worten die Bewunderung und Ehrfurcht vor dem bestirnten Himmel über uns und dem moralischen Gesetz in uns preist, muß hier erwähnt werden (Beschluß des genannten Werkes); handelt es sich doch hier wie dort um jene existentielle Grundgestimmtheit des Menschen, die nach Kant seinem durch die Kategorienlehre überhaupt erst möglichen Freiheithsbewußtsein entspringt.- In diesem Zusammenhang ist auch die frühe Rezeptionsgeschichte von Kants Werk aufschlußreich, in welcher der zunächst niederdrückende Eindruck, den es machte – Moses Mendelssohn sprach von dem „alles zermalmenden Kant" – später korrigiert wurde und dem erhabenen Gefühl wich, als Mensch, trotz allem, des intelligiblen Reiches teilhaftig zu sein und auf ein ewiges Leben hoffen zu dürfen. (Vgl. hierzu N. HINSKE, Die Kritik der reinen Vernunft und der Freiraum des Glaubens. Zur Kantrezeption des Jenaer Frühkantianismus, in: Hrsg. HÜBNER, OISERMAN, KASSAVINE: Wissenschaftliche und außerwissenschaftliche Denkformen, Moskau 1995).

Rede ist. Wie aber begründet Heidegger seinen Anspruch? Er begründet ihn mit der Anwendung der phänomenologischen Methode, die er von E. Husserl übernommen hat.

Nach seiner Auffassung besteht diese Methode, kurz zusammengefaßt, darin, zu den Phänomenen selbst in ihrer unmittelbar faßbaren Evidenz vorzudringen, indem man dabei alle ihre vorgängigen Deutungsmuster und Vor-Urteile ausschaltet. Dies geschähe durch ihre „apophantische" Freilegung aus dem Verborgen- und Verschüttetsein, so daß sie schließlich als das Sich-Selbst-Zeigende erfaßt würden. Doch sind das alles nur phänomenologische Beschwörungsformeln, die nicht die geringste Garantie dafür bieten, daß man im gegebenen Fall wirklich so etwas wie das Phänomen an sich selbst in unmittelbarer Evidenz erfaßt hat. Das zeigt gerade Husserls Philosophie, deren Ergebnisse, mit der gleichen Methode gewonnen und dem gleichen Anspruch vorgetragen, teilweise in fundamantalem Gegensatz zu denjenigen Heideggers stehen.[3] Damit ist jedoch keineswegs die Phänomenologie insgesamt verworfen, sondern allein ihr Anspruch, so etwas wie irgendeine Art absoluter Fundamentalontologie hervorbringen zu können. Wie verwendbar, ja unverzichtbar die Phänomenologie dennoch sein kann, sei nun gerade an Heideggers Daseinsanalyse gezeigt.

3. Ein neuer Begriff von Existentialien und ein vierter Grundsatz der Allgemeinen Metatheorie

Heideggers Daseinsanalyse enthüllt zwar nicht, wie von ihm beansprucht, die Grundlagen menschlichen Daseinsverhaltens überhaupt; was sie aber in Wahrheit beschreibt, das ist die existentielle Seite einer ganz bestimmten, geschichtlich in Erscheinung getretenen Ontologie, das sind also jene Befindlichkeiten, die nun in der Tat a priori und notwendig mit ihr verbunden sind. Heidegger erfaßt daher in Wahrheit nur jene epochale Gestimmtheitslage des Menschen, die notwendig eintritt, wenn aus einem geschichtlich siegreichen, alles umfassenden, ontologischen Konzept Götter und Gott verschwunden sind, wie es heute weitgehend der Fall ist, während sie früher darin eine zentrale Stelle einnahmen.

Damit können wir den bereits aufgeführten drei Grundsätzen der Allgemeinen Metatheorie, wie ich sie in der „Grundlegung" entwickelt habe, den folgenden vierten hinzufügen: *Jeder Ontologie als ein Begriffsystem korreliert notwendig*

---

[3] So widerspricht Heidegger Husserl, wenn dieser eben unter Benutzung der phänomenologischen Methode in der Wahrnehmung das Urbeispiel und die Grundlage aller anderen intentionalen Erlebnissse zu erkennen glaubt, weil sie insgesamt auf ihr aufbauten. Denn Dasein, so Heidegger, sei a priori gar nicht auf Wahrnehmung des Vorhandenen gerichtet, sondern, indem sein In-der-Welt-sein immer schon eine Weise des Besorgens ist (es geht dem Dasein um es selbst), fasse es im Gegenteil alles sogleich als ein Um-zu, ein Zuhandenes usw. auf. Wahrnehmung, wie sie Husserl versteht, ist daher für Heidegger nur ein defizienter Modus von Dasein, eine künstliche Ausblendung und damit auch Verdeckung von dessen fundamentalen Strukturen.

ein existentielles Verhalten des Menschen, eine ihr eigentümliche Mannigfaltigkeit von Befindlichkeiten, die als zu dieser Ontologie gehörige Existentialien zu bezeichnen sind.

Diese Befindlichkeiten beruhen daher in der Tat genauso wenig auf Erfahrung, wie die Ontologie, der sie entsprechen. Sie geben vielmehr die Grundgestimmtheit an, welche die im Banne dieser Ontologie lebenden Menschen a priori leitet. Wie jede im Begriffe erfaßte empirische Erkenntnis in der geschilderten Weise von den apriorischen Kategorien und Grundbegriffen einer bestimmten Ontologie abhängig ist, weil sie überhaupt nur in deren Koordinatensystem auftreten kann, so ist auch jede einzelne Erfahrung der bezeichneten Befindlichkeiten von der a priori alles durchdringenden Grundgestimmtheit abhängig, die ich oben als zur existentiellen Seite der Ontologie gehörig bezeichnet habe.[4]

Wenn ich hier von einer Grundgestimmtheit spreche und nicht den durchaus gebräuchlichen Begriff eines allgemeinen Lebensgefühls verwende, so hat das folgenden Grund. Ein Gefühl bezieht sich immer auf einen bestimmten, kognitiv faßbaren Gegenstand. Man liebt, man haßt etwas Bestimmtes, man freut sich über etwas Bestimmtes, man fürchtet sich vor etwas Bestimmten usw. Die Grundgestimmtheit aber bezieht sich, mit Heidegger zu reden, auf eine allgemeine Weise des In-der-Welt-seins überhaupt, wie ja auch die zu ihr korrelative Ontologie ein solches allgemeines In-der-Welt-sein, nun freilich in seiner begrifflich faßbaren Seite, betrifft.[5] Da nun jedes Gefühl auf einen bestimmten und damit empirisch gegebenen Gegenstand bezogen ist – im Gegensatz zu jener der Ontologie eigentümlichen, a priori allgemeinen Vorstellung eines Gegenstandes überhaupt –, so folgt daraus, daß Gefühle insgesamt eine Weise der Erfahrung sind. Die Grundgestimmtheit dagegen, die eben keinem bestimmten, empirischen Gegenstand korreliert, sondern nur der Weise, wie im Rahmen einer Ontologie a priori Gegenstände überhaupt in Erscheinung treten können, z.B. als a priori in einem numinosen Zusammenhang stehend oder a priori nicht in einem solchen Zusammenhang stehend, diese Grundgestimmtheit beruht so wenig auf Erfahrung wie die allgemeine Welt- und

---

[4] Hier sei sogleich für die folgende Klarstellung gesorgt, um eventuelle Mißverständnisse auszuschalten. Von der historischen Existenz einer bestimmten Ontologie können wir ebenso nur durch Erfahrung wissen, wie von der Existenz der ihr korrelierenden Grundgestimmtheit. Aber aus diesem empirischen Wissen folgt nicht, daß dasjenige, wovon man durch Erfahrung Kenntnis nimmt, selbst die Folge von Erfahrung ist, oder ihr zugrunde liegt. So erfährt man ja auch von Kants apriorischer Kategorienlehre durch ihr Studium. Wie aber etwas zur historischen Existenz kommen kann, das selbst nicht auf Erfahrung beruht, wie Ontologien und die ihnen zugeordneten Grundgestimmtheiten historisch entstehen, das habe ich ausführlich in meinem Buch „Kritik der wissenschaftlichen Vernunft" behandelt. (a.a.O., Kap. VIII).

[5] Über den Unterschied von Gefühl und Gestimmtheit siehe auch K. HÜBNER, Die zweite Schöpfung, München 1994, Kapitel IV, 1. und 2. Dort habe ich ferner an Hand einer sprachphilosophischen Untersuchung gezeigt, daß mit jedem kognitiven Inhalt notwendig ein konnotativer, von Gestimmtheit wesentlich geprägter, verbunden ist. Die Korrelation zwischen Ontologie und Gestimmtheit ist also nicht nur eine faktische, sondern sie entspringt dem Wesen des Denkens als Sprache.

Wirklichkeitsbestimmung, welche die ihr zugehörige Ontologie entwirft. Es besteht also zwischen der Gefühlswelt und der Grundgestimmtheit ein Fundierungsverhältnis. Man kann ein solches Verhältnis auch an Beispielen der Psychologie erläutern, obgleich sich diese freilich auf rein empirischem Gebiet bewegt. So kann z.B. die gesamte Gefühlswelt eines Menschen in den Sog einer ihn allgemein erfassenden, tiefen Grundgestimmtheit des Glücks getaucht werden, oder, umgekehrt, in diejenige einer allgemeinen Schwermut.

In diesem Zusammenhang ist aber vor allem ein Blick in die Kulturgeschichte der Gefühle außerordentlich aufschlußreich. Es ist ein allgemeiner Irrglaube zu meinen, die Menschen wären, bei aller historischer Wandlung im allgemeinen, immer von den gleichen Gefühlen bewegt gewesen. Zwar ist es wahr, daß überall, wo es Menschen gibt, geliebt, gehaßt, gefürchtet, gesehnt, geneidet usw. wird. Doch handelt es sich hier nur um bestimmte allgemeine, anthropologische Veranlagungen und Dispositionen, gleichsam Leerformeln, die mit ganz unterschiedlichen Inhalten gefüllt werden können. So bestehen z.B., mit Wittgenstein zu reden, nur Familienähnlichkeiten zwischen der Weise, wie Achilleus seine Briseis, Salome ihren Jochanaan, Tristan seine Isolde oder Werther seine Lotte liebte. Denn die Liebe des Achilleus ist unlöslich mit der homerischen Götterwelt, diejenige der Salome eng mit einer christlich-jüdischen Welt verwoben, diejenige des Tristan ist in dem einen Falle mittelalterlich-höfischer Kultur, im anderen Schopenhauer-Wagnerscher Philosophie verpflichtet, während Werthers Liebe geradezu als kennzeichnend für die deutsche Sturm-und-Drang Periode gelten kann. Wie diese Stichworte zeigen, spielen sich die verschiedenen Erfahrungen der Liebe je im Rahmen eines historisch bestimmten ontologischen Konzeptes und der ihm zugeordneten Grundgestimmtheit ab, womit die weit verzweigten, qualitativen Unterschiede in den historisch so verschiedenen Erscheinungen der Liebe zu erklären sind. Nur einer sehr grobschlächtigen Anthropologie und Psychologie mit ihrer Neigung zum Ausblenden alles Geschichtlichen und zu einem alles verallgemeinernden, alles auf einen Nenner bringen wollenden Reduktionismus, kann diese unendliche Mannigfaltigkeit, Vielfalt und Tiefe entgehen.[6]

4. Die neu definierte Rolle der Phänomenologie

Kehren wir jetzt noch einmal zur Frage der Phänomenologie zurück. Auch wenn Heidegger mit ihr nicht leistet, was er glaubte geleistet zu haben, nämlich die Erarbeitung einer absolut gültigen Fundamentalontologie als Daseinsanalyse, so erwies sie doch, wie sich zeigte, ihre Nützlichkeit im Aufweisen bestimmter Existentialien, die korrelativ zu einer bestimmten, säkularisierten Ontologie auftreten, und es bleibt allein noch die Frage, ob ein solcher Aufweis nur durch die phänomenologische Methode gelingen kann. Diese Frage muß man bejahen.

---

[6] Vgl. K. HÜBNER, Grundriß einer geschichtlichen Psychologie, in: Hrsg. JÜTTEMANN, Individuelle und soziale Regeln des Handelns, Heidelberg 1991.

Als Erfahrungssystem beruht jede Ontologie auf einer begrifflichen Konstruktion. Deswegen ist sie ja auch Ausgangspunkt zahlreicher kognitiver Operationen. Fortlaufend werden bewußt oder unbewußt Schlußfolgerungen aus ihren Kategorien gezogen, Argumente auf ihrer Grundlage durchgeführt, Anwendungen diskutiert usw. Aber die zu einer Ontologie korrelative Gestimmtheitslage und Befindlichkeit ist kein Gegenstand solcher begrifflicher Operationen, und folglich muß sie auch auf eine ganz andere Weise erfaßt werden. Diese Weise ist es, die mit dem Wort Phänomenologie bezeichnet werden soll.

Grundgestimmtheiten können nur beschrieben werden. Die Phänomenologie ist nun jene Methode, die im gegebenen Falle auf eine solche Beschreibung in Evidenz und mit anschaulicher Abklärung nach allen Seiten hin abzielt, indem sie durch die empirische Mannigfaltigkeit existentieller Befindlichkeiten hindurchdringt, ihre allgemeine, sie alle umfassende apriorische Struktur freilegt und so die zu einer bestimmten Ontologie korrelativen Existentialien entfaltet. Hier liegt der wahre und nüchterne Kern jener prätentiösen „Wesensschau", welche die klassische Phänomenologie für sich in Anspruch genommen hat; hier bewegt man sich aber auch außerhalb jenes nicht minder prätentiösen Rahmens der klassischen Phänomenologie, die auf so etwas wie das absolute „Sich-selbst-Zeigende", das aus dem Verborgenen ans Licht gehobene An-sich-Sein der Phänomene überhaupt abzielte. Beschränkt sich die Phänomenologie aber auf deren in Wahrheit doch immer nur relative Bedeutung im historischen und damit kontingenten Kontext von Ontologien, so vermeidet sie nicht nur einen fundamentalen Irrtum, sondern dann vermag sie sich auch, in dieser Bescheidung und Begrenzung, auf eine Evidenz und Anschaulichkeit zu stützen, die nichts zu wünschen übrig läßt.[7]

5. *Phänomenologie der Sünde. Ihre Strukturen und ihre Existentialien*

Diesem Abschnitt sei zunächst noch ein kurzer Exkurs über das biblische Synonym von Fleisch und Sünde vorangestellt, weil sich vor allem hier die gröbsten Mißverständnisse in jener vulgären Deutung des Christentums eingebürgert haben, die heute mehr denn je verbreitet wird. So entsteht vor allem

---

[7] Es würde zu weit führen und es ist auch nicht notwendig, hier näher auf das erkenntnistheoretische Problem von Evidenz und Anschaulichkeit im allgemeinen einzugehen, wie es sich allerdings in der klassischen Phänomenologie deswegen geradezu aufdrängt, weil dort Evidenz zur Begründung apodiktischen und absolut gültigen Wissens dienen soll, die immer fragwürdig sein wird. Von solcher Begründungsnot ist die Phänomenologie, wie ich sie hier verstehe, frei, weil sie nur auf die existentielle Seite einer gegebenen Ontologie, also ein sehr begrenztes, und darin leicht überschaubares Bedingungsverhältnis abzielt. Und selbst wenn man zugibt, daß auch dieses im einzelnen Gegenstand von Kritik sein kann, so wird man doch nicht leugnen können, daß hier der Grad von Fragwürdigkeit weit geringer ist als derjenige, den wir bei den Analysen der klassischen Phänomenologie antreffen. Um dies einzusehen, muß man nur etwa Husserls Phänomenologie des Zeitbewußtseins mit der Daseinsanalyse Heideggers vergleichen, wenn diese, ihres fundamentalontologischen Anspruches entledigt, nur den Zustand des Menschen unter den Voraussetzungen einer säkularisierten Ontologie beschreibt.

der Eindruck, das Christentum sei notwendig sinnen- und lebensfeindlich, weil es eine zur Heuchelei führende Unterdrückung der natürlichen Begierden, vor allem im Geschlechtlichen, verlange.

In Wahrheit aber ist „Fleisch" in seiner augenscheinlichen Verweslichkeit nur der in der archaischen Sprache der Bibel bildkräftige Ausdruck für alles Gottferne, Nichtige. Dazu kann auch etwas in unseren heutigen Augen rein Geistiges gehören wie z.B. jene Philosophie, die letztlich doch nur der Selbsterhöhung oder Selbstrechtfertigung des Menschen dient, mag sie sich auch noch so moralisch geben. Fleisch wird biblisch der ganze Mensch in seiner leiblichen wie geistigen Erscheinung genannt, wenn er dem vom Tode gezeichneten In-der-Welt-sein verfallen ist.

So heißt es schon im AT, Jes 40, 5–8: „Denn die Herrlichkeit des Herrn soll geoffenbart werden; und alles Fleisch miteinander wird sehen, daß des Herrn Mund redet. / Es spricht eine Stimme: Predige! Und er sprach: Was soll ich predigen? Alles Fleisch ist Heu, und alle seine Güte ist wie eine Blume auf dem Felde. / Das Heu verdorret, die Blume verwelket; denn des Herrn Geist bläset darein. Ja, das Volk ist Heu./ Das Heu verdorret, die Blume vewelket; aber das Wort unseres Gottes lebt ewiglich." Entsprechend ist im 1Kor, 1, 26 von den „Weisen nach dem Fleisch", im 2Kor 1,12 von der „fleischlichen Weisheit" die Rede, die der Gnade Gottes und, wie es in Röm 8,3f. heißt, „dem Geist" Gottes entgegenstehe.

Erneut sei auch an die mißverständlichen Assoziationen erinnert, die im deutschen Sprachgebrauch des Wortes „Sünde" liegen.[8] Der im NT dafür verwandte griechische Ausdruck Hamartía steht zunächst allgemein für Verirrung und bedeutet keineswegs notwendig etwas moralisch Verwerfliches. In diesem Sinne ist Sünde als Gottferne grundsätzlich ein religiöser, nicht moralischer Begriff, obgleich zwischen beiden ein Zusammenhang besteht, wovon der folgende Abschnitt 9 handeln wird.

Das Fleisch ist also, biblisch gesprochen, nichts anderes als das Dasein zum Tode, dessen Struktur und Existentialien nun mithilfe der im vorigen Abschnitt neu definierten Phänomenologie näher untersucht werden sollen. Dabei werde ich in einer von Heidegger abweichenden Weise vorgehen und nicht nur seine Daseinsanalyse anders aufbauen, sondern auch durch Einführung neuer Existentialien deren christlichen Aspekte hervorheben. Zu ihnen hat sich Heidegger, bei seinem in die Irre gehenden Versuch einer absoluten, ganz in sich ruhenden und abgeschlossenen Fundamentalontologie, den Zugang verbaut.[9]

So beginne ich anders als Heidegger mit der Weltangst des Daseins, dem es nur um es selbst geht, indem es in Gottferne lebt. Der Mensch ohne Gott lebt in der Ungeborgenheit, im Unzuhause, im Bodenlosen, weil er nirgends jenen absoluten Grund findet, durch den allein er wahrhaft gestützt werden könnte.

---

[8] Vgl. auch Kapitel XIV, 1.

[9] Auf die im folgenden hervortretenden, näheren Unterschiede werde ich nicht im einzelnen eingehen. Den Kennern der Heideggerschen Philosophie werden sie ohnehin gleich auffallen, für die anderen sind sie hier ohne unmittelbares Interesse.

Auf nichts kann er sich absolut verlassen, auch auf sich selbst nicht; nichts hat er wirklich in der Hand, ja, die Wirklichkeit bleibt ihm letztlich, in ihrer Undurchschaubarkeit und Unberechenbarkeit, das Ergebnis eines sinnlosen Zufalls. Alles ist vergänglich, und am Ende steht der Tod, das letzte, unabänderliche Siegel alles Zunichtewerdens, aller Nichtigkeit. *So ist die Weltangst substantiell Todesangst, und die Weltangst als Todesangst ist die Grundgestimmtheit, das Grundexistential der Sünde als Gottferne und Dasein zum Tode.* Diese Grundgestimmtheit taucht alles in ein fahles Licht; die Welt ist Fremdheit und Leere, wo man vergeblich ein letztes Zuhause und eine letzte Geborgenheit suchte.

Nun ist der Tod jenes Ereignis, in dem jeder menschliche Beistand, jede menschliche Hilfe endgültig aufhört. Ob man ihn einst mit Bewußtsein erleiden wird oder nicht, ob man ihn einst preisen wird oder nicht: Der Tod steht dem Dasein, dem es nur um es selbst geht, bevor als das Ereignis vollständigen Verlassenseins. So entspringt der Welt- und Todesangst das *Existential einer letzten, unaufhebbaren, und damit absoluten Einsamkeit.* Der Welt und Todesangst, welche die Nichtverfügbarkeit aller Dinge erschließt, entspringt aber auch das *Existential einer nie endenden Sorge.* Im ständigen Bemühen des Daseins, seiner Bodenlosigkeit wenigstens vorübergehend Herr zu werden, ist es unentwegt bemüht, Möglichkeiten für die Erhaltung und Gestaltung seines Lebens zu erkunden; es ist ein dauerndes sich Entwerfen auf Zukünftiges aus einer dem Dasein zugespielten, von ihm letztlich nicht verantworteten Situation heraus (von Heidegger Geworfenheit genannt); ein Entwerfen, das gleichwohl niemals zur Ruhe kommt. Darin wurzelt das weitere Existential des Ekels an der Eitelkeit aller Dinge. Faßt so nicht der Teufel in Goethes „Faust" das Leben in der Sünde als Dasein zum Tode zusammen, wenn er sagt: „Ich bin der Geist, der stets verneint!/ Und das mit Recht; denn alles, was entsteht, / Ist wert, daß es zugrunde geht"?

6. Die Existentialien des Gewissens und der Schuld in Heideggers Daseinsanalyse

In der Welt- und Todesangst, dieser Grundgestimmtheit, die den Zustand der Sünde kennzeichnet, erschließt sich die Nichtigkeit des Daseins als dasjenige, das sich selbst zu übernehmen hat und doch zugleich niemals der Grund seiner selbst sein kann. Diese fundamentale Wahrheit seiner Existenz verbirgt es sich zwar immer wieder durch verschiedene, noch zu behandelnde Weisen, ihr zu entrinnen; doch weiß es letztlich um sie durch eine unüberhörbare, innere, verschwiegene Stimme, die es lautlos aus aller Zerstreuung in die Überlassenheit an es selbst und das Nichts, vor dem es steht, zurückruft.

Diese innere Stimme wirkt in einer dem Gewissen analogen Weise. Indem sie nämlich das Dasein in seine Wahrheit zurückruft, also in die unverhüllte Erschlossenheit des In-der-Welt-seins durch Welt- und Todesangst, führt sie ihm, wie Heidegger zeigt, zugleich sein wesenhaftes Schuldigsein vor Augen. Darunter versteht er, daß das Dasein das, was es zu übernehmen hat, nämlich sein eigenes Dasein, gar nicht übernehmen kann, daß es in seiner Geworfenheit der Grund seines Daseins gar nicht sein kann, auf den hin es sich doch beständig entwirft. Schuldigsein ist hier also im Sinne von „jemandem etwas schulden" zu verstehen, und es ist das Dasein selbst, das sich gegenüber beständig schuldig bleibt, indem ebenso sein Grund wie sein Entwurf des Seinkönnens in seiner Endlichkeit letztlich nichtig ist.

Die Stimme des Gewissens ruft gemeinhin in die Schuld. Im gegeben Fall bedeutet das jedoch, sie ruft das Dasein in die Wahrheit seines wesenhaften Schuldigseins, in das, was es eigentlich ist. So verstanden sind auch das hier gemeinte Schuldigsein und Gewissen Existentiale, weil sie unlöslich mit der Ontologie und Erschlossenheit des Daseins zum Tode verbunden sind. Wo aber das Dasein diesem Gewissen ausdrücklich folgt und sich der Wahrheit stellt, tritt es, wie es Heidegger nennt, in seine Eigentlichkeit, in seine eigentliche Wahrheit ein und bezeugt damit das, was Heidegger Entschlossenheit nennt.[10]

Heideggers Begriff der Eigentlichkeit und Entschlossenheit darf jedoch nicht etwa im Sinne der stolzen Größe eines die Wahrheit des Daseins aushaltenden, sie nicht fliehenden Menschen mißverstanden werden. Sie hat so wenig den Beigeschmack des Heroischen, wie das verschwiegene Eingeständnis eines Todkranken, daß er seinen einsamen Tod sterben muß und nichts daran vorbeiführt. Nur dieses DASS wird hier enthüllt. Wie er sich im übrigen demgegenüber verhalten mag, ob in einer Art prometheischen Aufbegehrens oder in Verzweiflung oder wie auch immer, davon ist gar nicht die Rede. Das Dasein in der Sünde, so können wir, zum christlichen Aspekt der heideggerschen Analyse zurückkehrend, sagen, ist in Wahrheit das Dasein im halt- und grundlosen Nichts.

7. Phänomenologische Vertiefung von Heideggers Existentialien des Gewissens und der Schuld

Heideggers existentialer Begriff von Schuld und Gewissen – der ja unmittelbar gar nichts mit dessen Bedeutung im engeren moralischen Sinne zu tun hat – bleibt von ihm dennoch nicht ausreichend interpretiert. Das existentiale Gewissen ruft eben doch nicht nur in die unverhüllte Wahrheit des Nichts, und die existentiale Schuld erschöpft sich eben doch nicht nur in dem Faktum, daß das Dasein, das sein Sein zu übernehmen hat und es doch nicht kann, sich selbst gegenüber immer schuldig bleibt. Sondern die besondere Gestimmtheit, die sich mit dem Ruf dieses Gewissens und mit dieser Art unentrinnbaren Schuldigseins verbindet, weist, wie gerade ihre phänomenologische Bestimmung zeigt, über die existentiale in eine transzendente Dimension hinaus.

Lesen wir zunächst die folgenden Zitate aus Heideggers „Sein und Zeit": „Der Rufer" (das Gewissen) „ist in seinem WER ‚weltlich' durch nichts be-

---

[10] „Diese ausgezeichnete, im Dasein selbst durch sein Gewissen bezeugte eigentliche Erschlossenheit – *das verschwiegene, angstbereite Sichentwerfen auf das eigenste Schuldigsein* – nennen wir die *Entschlossenheit*." M. HEIDEGGER, Sein und Zeit, Halle 1941, S. 296 f.

stimmbar. Er ist das Dasein in seiner Unheimlichkeit, das ursprüngliche geworfene In-der-Welt-sein als Un-zuhause (...) Der Rufer ist (...) so etwas wie eine fremde Stimme."[11] „Der Ruf ‚sagt' nichts, was zu bereden wäre ... Der Ruf weist das Dasein vor auf sein Seinkönnen und das als Ruf aus der Unheimlichkeit. Der Rufer ist zwar unbestimmt – aber das Woher, aus dem er ruft, bleibt für das Rufen nicht gleichgültig. Dieses Woher – die Unheimlichkeit der geworfenen Vereinzelung – wird im Rufen mitgerufen, d.h. miterschlossen."[12] „Das Faktum der *Gewissensangst* ist eine phänomenale Bewährung dafür, daß das Dasein im Rufverstehen vor die Unheimlichkeit seiner selbst gebracht ist."[13]

Gerade phänomenologisch betrachtet sind aber die Unheimlichkeit, das Unzuhause, das Nichts, die fremde Stimme, die Gewissensangst niemals nur abstrakte, sondern auch höchst konkrete Erfahrungen, konkret nämlich in dem Sinne, daß in ihnen stets etwas *Personales* in Erscheinung tritt. *Die Unheimlichkeit hat Augen, die wir zwar nicht sehen, die uns aber anschauen*; das *Nichts* ist wie der Abgrund, der sich zwar nicht gegenständlich fassen läßt, der uns *aber dennoch „verschlingen"* will; die fremde Stimme als der schweigende Rufer, gehört zwar niemandem Bestimmbaren an, meldet sich aber ohne unseren Willen wie *das Tremendum einer fremden Macht*; und die Gewissensangst ist die Angst vor diesem Rufer in die Wahrheit.

Die Personalität, der wir so innerweltlich auf dem Grunde des Dasein begegnen, ist also nicht in der Welt lokalisierbar; sie ist einerseits ein Teil des In-der-Welt-seins und ist andererseits doch nirgendwo. Damit aber gibt sie sich phänomenologisch als ein *Numinoses*, als ein nur im mythischen Denken Faßbares zu erkennen. So sind ja auch Götter Personen, von denen wir uns angeschaut fühlen, die uns bedrohen, zu uns sprechen, deren Macht wir unterworfen sind und die wir doch nicht gegenständlich in die profane Welt raum-zeitlich einordnen können. Das bedeutet: Das Personale, das sich unvermeidlich mit jener Gestimmtheit verbindet, die das existentiale Gewissen und Schuldigsein hervorrufen, hat die Verfassung des Mythischen. Es zeigt die für das Mythische typische Einheit des Abstrakten und Konkreten, des Einbruchs eines Transzendenten, also nicht Lokalisierbaren und gegenständlich Faßbaren, in die innerweltlich profane Sphäre. Mythisch ist hier also nicht nur die bereits beschriebene Vorstellung von Schuld, der zu Folge man jemandem etwas schuldet, gleichgültig, ob man im heutigen Verständnis dieses Begriffs daran wirklich Schuld trägt, sondern mythisch ist auch der im Gewissen mahnende Rufer.

Legt man nun aber diese phänomenologisch tiefere Schicht des von Heidegger bestimmten existentialen Gewissens und existentialen Schuldigseins frei – tiefer, weil sie die innere Gestimmtheit einbezieht, die sich damit verbindet –, dann ändert sich schließlich auch der Sinn von beidem. Denn zwar ist nach Heidegger

---

[11] Sein und Zeit, a.a.O., S. 276 f.
[12] Sein und Zeit, a.a.O., S. 280.
[13] Sein und Zeit, a.a.O., S. 296.

das Woher des Gewissensrufes die Unheimlichkeit der geworfenen Vereinzelung; aber damit wird doch zugleich, in der damit implizierten Personalisierung, das Dasein vor jenen Rufer gestellt, der da aus der Unheimlichkeit ruft. Und entsprechend bedeutet auch das existentiale Schuldigsein eben nicht nur, daß das Dasein sich immer selbst schuldig bleibt, weil es sein Dasein, das es doch übernehmen soll, dennoch letztlich nicht übernehmen kann, sondern es bedeutet auch, daß es vor den Rufer in diesem seinem Schuldigsein, in dieser seiner Nichtigkeit tritt, vor ihn, der dem Dasein im Gewissensruf sein existentiales Scheitern enthüllt und damit selbst eine davon unberührte, transzendente Instanz ist.

So vor den mythischen Rufer gestellt, entspricht das Schuldigsein nicht nur dem beschriebenen mythischen Sinn von jemandem etwas schuldig sein, sondern auch jenem anderen mythischen Sinn, dem zufolge Schuld (Vgl. Kapitel III, A 3) den Zustand der Gottferne betrifft, so daß sie nicht Menschen gegenüber, sondern dem transzendenten Rufer gegenüber besteht. Und doch bleibt dieser Rufer dabei, wenn man sich auf die Analyse des Daseins als Sein zum Tode, als, christlich gesprochen, Dasein in der Sünde beschränkt, in seiner absoluten Anonymität verborgen. Das In-der-Welt-sein wird durch ihn so wenig durchbrochen, daß er vielmehr nur als dessen immanentes Element erscheint. Deswegen ruft er auch nicht zur Erlösung, sondern er ruft nur in die Wahrheit der Sünde.

8. Existentiale Transzendenz. Sein und Gott

Halten wir fest: Transzendenz tritt hier als Element des Daseins in Erscheinung, sie wird zum integralen Teil der existentialen Analytik. In seiner Schrift „Was ist Metaphysik"[14] hat das später Heidegger ausdrücklich bestätigt, wenn auch so, daß wieder seine phänomenologische Ausleuchtung dieses Tatbestandes unbefriedigend bleibt.

Dort verweist er zunächst noch einmal darauf, daß die in der Angst offenbarte Nichtigkeit des In-der-Welt-seins das Seiende als das, was es eigentlich ist, enthüllt, nämlich als das Bodenlose, an dem es letzlich keinen Halt gibt; während diese Bodenlosigkeit dem Menschen, indem er sich besorgend beim Seienden aufhält und einrichtet und darin seinen Halt sucht, meist verdeckt bleibt. Es ist also das Nichts, in dem die Wahrheit des Seienden im Ganzen überhaupt erst eigentlich zur Erscheinung kommt und dieses in seiner Nichtigkeit bewußt wird.[15] Dieses Hineingehaltensein des Daseins in das Nichts auf dem Grunde der meist verborgenen Angst nennt Heidegger deswegen – und darin geht er

---

[14] Frankfurt 1949.
[15] „Das Wesen des ursprünglich nichtenden Nichts liegt in dem: es bringt das Da-sein allererst vor das Seiende als solches." A.a.O., S. 31." „Das Nichts ist die Ermöglichung der Offenbarkeit des Seienden als eines solchen für das menschliche Dasein. Das Nichts gibt nicht erst den Gegenbegriff zum Seienden her, sondern gehört ursprünglich zum Wesen selbst. Im Sein des Seienden geschieht das Nichten des Nichts." A.a.O., S. 32.

nun über „Sein und Zeit" hinaus – das Übersteigen des Seienden im Ganzen und damit die sich dem Dasein offenbarende *Transzendenz*. Wegen ihrer damit klar hervortretenden konstitutiven Bedeutung für die Existentialanalyse scheint es mir folgerichtig und nützlich, sie *existentiale Transzendenz* zu nennen.

In dieser existentialen Transzendenz wird aber nun, wie er meint, das Dasein überhaupt erst auf den dem Seienden voraus liegenden Urgrund verwiesen, den er das Sein nennt. Denn, wie die Metaphysik schon immer lehrte, ist das Seiende nicht mit dem Sein identisch oder sein allgemeinstes Prädikat, so wie man vielleicht sagen könnte „Seiendes ist", sondern das Seiende ist vielmehr dasjenige, das im Sein seine Wurzel hat und ihm entspringt. So unterscheidet beispielsweise Thomas von Aquin das, was ist (z.B. eine Art-Bestimmung), von dem, daß es Sein hat. Sein ist nicht ein hinzukommendes Prädikat, sondern es ist der actus, durch den etwas so und so Prädiziertes Wirklichkeit wird. Dieser actus, an dem jedes Seinde teilhat, ist also selbst nicht wie dieses kategorialen Bestimmungen unterworfen, etwa als höchste Gattung, sondern er ist etwas jedem, nur durch solche prädizierenden Bestimmungen in seinem Wassein begreiflichen Seienden, Hinzukommendes und *Verliehenes*. Seine Quelle aber ist für Thomas Gott, der nicht Sein *hat*, wie alles Seiende, sondern dessen Wesen Sein ist (actus purus.) Was nun Heidegger betrifft, so öffnet sich für ihn überhaupt erst in der Nichtung des Seienden, bei dem das Dasein je besorgend ist, so etwas wie die Möglichkeit, sich von der Befangenheit im Seienden abzukehren und eben dadurch der rätselhaften Anwesenheit des Seins im Seienden allererst inne zu werden.[16] Das Nichts vernichtet also nicht etwa das Seiende, sondern offenbart es uns gerade als das, was es eigentlich ist, nämlich ein auf ein Tieferes Angewiesenes und darin zur Erscheinung Kommendes. Das Nichts ist daher für Heidegger nur der Schleier des Seins[17], das Nichts west als das Sein.[18] Und wie das Sein nicht im besorgenden Willen des Daseins denkend erzwungen und erfaßt werden kann, sondern durch ihn gerade verschlossen bleibt, so öffnet es sich auch nur in der Gunst[19], die es seinem das Nichts aushaltenden Wächter erweist. „Der klare Mut zur wesenhaften Angst verbürgt die geheimnisvolle Möglichkeit der Erfahrung des Seins. Denn nahe bei der wesenhaften Angst als dem Schrecken des Abgrunds wohnt die Scheu. Sie lichtet und umhegt jene Ortschaft des Menschenwesens, innerhalb deren er heimisch bleibt im Bleibenden."[20] In diesem Sinne ist für Heidegger das Sein, von dem der Denker spricht, das Heilige, das der Dichter nennt.[21]

---

[16] „Was (…) dem Menschen jederzeit schon in einer rätselhaften Unkenntlichkeit näher ist als jedes Seiende, darin er sich und sein Vorhaben einrichtet, kann zuweilen das Wesen des Menschen in ein Denken stimmen, dessen Wahrheit keine ‚Logik' zu fassen vermag." Ein solches Denken heiße „das wesentliche Denken. Statt mit dem Seienden auf das Seiende zu rechnen, verschwendet es sich im Sein für die Wahrheit des Seins." (A.a.O., S. 44).
[17] A.a.O., S. 46.
[18] A.a.O., S. 41.
[19] A.a.O., S. 44.
[20] A.a.O., S. 42.
[21] A.a.O., S. 46.

Die Fragwürdigkeit dieser Gedankengänge liegt darin, daß Heidegger den in der Gestimmheit der Angst sehr konkret faßbaren phänomenologischen Tatbestand einer das Seiende im Ganzen nichtenden Transzendenz mit einer abstrakten Seinsmetaphysik verbindet. Wie immer er auch seine Metaphysik der traditionellen dadurch entgegensetzen mag, daß er das Sein nicht wie diese in einem durch den Willen geleiteten Dasein *vom Begriff* her sucht, sondern in der über den Menschen kommnenden Gestimmtheit der Angst – soweit er überhaupt vom *Sein* spricht, bewegt er sich schon nolens volens in dessen abstrakter Sphäre. Andererseits, in dem Augenblick wo er von dessen „Gunst" (sagen wir doch gleich Gnade!) spricht, von der Scheu und dem Heiligen, befinden wir uns doch phänomenologisch gleich wieder in jenem numinosen Bereich, zu dem auch der Rufer, die lautlose Stimme, die Unheimlichkeit usw. gehören, wie sie schon in Heideggers „Sein und Zeit" zur Sprache kommen – denn die der Gunst (Gnade) zugeordnete Gestimmtheit sowie diejenige der Scheu und des Heiligen kann ihrem konkreten Gehalt nach immer nur auf etwas, wenn auch unnennbar Personales bezogen werden, das uns Gunst (Gnade) erweist und vor dem wir eine heilige Scheu haben.

Wir müssen aber auf den erwähnten Unterschied zwischen Heideggers Seinsmetaphysik und der traditionellen noch weiter eingehen. Es sei, so Heidegger, das „Wesensgeschick der traditionellen Metaphysik, daß sich ihr der eigene Grund entziehe[22], weil sie als Ontologie nach dem Sein frage und es doch zugleich verberge. Denn „das Sein", so schreibt er, „ist kein Erzeugnis des Denkens" wie die Metaphysik. „Wohl dagegen ist das wesentliche Denken ein Ereignis des Seins."[23] Was aber heißt dieses „wesentliche Denken", das Heidegger demjenigen der Metaphysik entgegensetzt? Ich werde auf diese Frage im folgenden so antworten, daß ich überall, wo vom Heideggerschen Sein die Rede ist, das Wort „Gott" daneben setze, womit insbesondere dort, wo ich Heidegger wörtlich zitiere, erkennbar wird, daß alles, was er im gegebenen Zusammenhang sagt oder meint, in einen religiösen Text übersetzt werden kann, ohne daß darin die geringste Einbuße an verständlichem Sinn zu verzeichnen wäre.

So lesen wir zunächst, „daß wir gerade nicht durch eigenen Beschluß und Willen uns ursprünglich vor das Nichts bringen können"[24]; jenes Nichts also, das uns doch überhaupt erst das Transzendieren des Seienden im Ganzen und damit den Zugang zum Sein/zu Gott zu eröffnen vermöchte! Andererseits aber sei nur dieses Denken, das keinen falschen Anhalt im Seienden suche, in der Lage, „auf die langsamen Zeichen des Unberechenbaren" zu achten und „in diesem die unvordenkliche Ankunft des Unabwendbaren" zu erkennen. Wesentliches Denken ist demnach, „aufmerksam auf die Wahrheit des Seins"/ Gottes/" zu sein und hilft so, daß es/daß er/ „im geschichtlichen Menschtum seine Stätte findet."[25] „Im Sein"/in Gott/"hat sich anfänglich jedes Geschick

---

[22] A.a.O., S. 44.
[23] A.a.O., S. 43.
[24] A.a.O., S. 46.
[25] A.a.O., S. 45.

des Seienden schon vollendet."²⁶ Und schließlich noch die folgenden Zitate: „Der klare Mut zur wesenhaften Angst verbürgt die geheimnisvolle Möglichkeit der Erfahrung des Seins"/Gottes/. „Denn nahe bei der wesenhaften Angst als dem Schrecken des Abgrunds wohnt die Scheu. Sie lichtet und umhegt jene Ortschaft des Menschenwesens, innerhalb derer es heimisch bleibt im Bleibenden."²⁷

Wird nicht in der Tat durch diese Nebenbeinandersetzung der Worte „Sein" und „Gott" erkennbar, wie mühelos deren Austausch vonstatten gehen kann? Zwar sinnverändernd, aber keineswegs sinnentstellend oder gar sinnverwirrend? Die Ankunft des Seins wird als unvordenklich, unabwendbar, unberechenbar, als geheimnisvolle Möglichkeit der Erfahrung, als Geschick verstanden – müßte man nicht das Ereignis der Gnade in der Offenbarung des Glaubens auf ganz dieselbe Weise beschreiben? Ereignet sich darin nicht auch die Wahrheit Gottes, im Sinne seines unvordenklichen, unabwendbaren, unberechenbaren, geheimnisvollen Hervortretens in die Unverborgenheit? Heißt das nicht, daß Gott damit eine „Stätte" im „geschichtlichen Menschtum" findet? Hat sich nicht auch in Gott anfänglich jedes „Geschick" des Seienden „schon vollendet", in ihm, dem Urquell aller Dinge? Und andererseits: Müßte man nicht das religiöse Denken auf die gleiche Weise wie Heideggers „wesenhaftes Denken" beschreiben? Nämlich als ein Denken, das seiner Endlichkeit und Nichtigkeit inne werdend, dem selbstherrlichen Willen jenes Daseins entsagt, dem es nur um es selbst geht und das sich eben dadurch Gott zuwendet? Dem es also fremd ist, in der Weise der Metaphysik Gott zum Gegenstand seiner nichtigen, besorgenden Vernunft zu machen? Das gerade in der Verzweiflung an sich und im Zweifel, der göttlichen Botschaft in irgendeiner Weise mächtig zu werden, deren gnadenhafte Empfängnis vorbereitet? So daß schließlich „jene Ortschaft des Menschenwesens" „gelichtet" und „umhegt" wird, innerhalb derer es „heimisch bleibt im Bleibenden"? Eine solche, gewaltlos mögliche, religiöse Umdeutung von Heideggers Ausdruck „wesenhaftes Denken" als behutsame Erwartung der göttlichen Gnade hat eine zweitausendjährige christliche Erfahrung auf ihrer Seite und spricht leicht unsere Vorstellungskraft an; Heideggers vage Seins-Erwartung dagegen läßt uns eher ratlos.

Warum, so fragt man sich, ist Heidegger auch dann noch zum religiösen, insbesondere christlichen Bereich auf Distanz geblieben, als er das dem Offenbarungsdenken doch so wesensverwandte „wesentliche Denken" entdeckte? Der Grund liegt offenbar darin, daß Heidegger die mit dem „wesentlichen Denken" eng verknüpfte Vorstellung von der Geschichtlichkeit und Geschicklichkeit des Seins für unvereinbar mit dem Glauben an einen unwandelbaren, weil ewigen und absoluten Gott hielt.

Was versteht Heidegger unter der Geschichtlichkeit und was unter der Geschicklichkeit des Seins? Geschichtlich ist es für ihn insofern, als es die Ge-

---

²⁶ A.a.O., S. 46.
²⁷ A.a.O., S. 45.

schichte ist, in der sich die Verborgenheit oder Lichtung des Seins ereignet; geschicklich aber insofern, als dieses geschichtliche Ereignis von Verborgenheit oder Lichtung unbeeinflußt vom Menschen geschieht, also Schickung ist. Die sich aus der Existentialität des Menschen ergebende Transzendenzbeziehung ist ja nicht nur eine solche des Individuums, sondern vollzieht sich zugleich im Zusammenhang geschichtlicher Epochen, z.B. derjenigen des griechischen Mythos oder der großen Weltreligionen usf. Ob sich dort das Walten des Seins als Walten von Göttern oder eines Gottes ereignete oder vielleicht sogar auch Seinsverborgenheit und Seinsverfallenheit vonstatten ging, die wir ja nach Heideggers Auffassung selbst in gewissen Erscheinungen des Mythos oder der Religionen finden können[28], kann hier nicht erörtert werden. Mit Sicherheit glaubt aber Heidegger Seinsverborgenheit in der abendländischen Metaphysik oder in der heutigen Kultur des „Gestells", wie er das Technische Zeitalter nennt, erkennen zu können.

Es ist nun diese Geschichtlichkeit und Geschicklichkeit des Seins, weswegen für Heidegger die tradierten Mythen und Religionen etwas unwiederbringlich historisch Vergangenes sind. Was dagegen bleibt, ist die selbst in der Gottferne niemals vollends erloschene Transzendenzbeziehung überhaupt, wie sie die Existentialanalyse aufdeckt, und diese zum Dasein notwendig gehörende Transzendenzbeziehung ist es auch, die uns nach Heidegger heute wieder eine in der Zukunft liegende Lichtung des Seins erwarten läßt. Daran ändert auch nichts Heideggers pessimistische Feststellung in seinem berühmt gewordenen Spiegel-Interview: „Nur noch ein Gott kann uns retten."[29] Heidegger faßt das alles gleichsam wie in einem Brennpunkt zusammen, wenn er schreibt: „Ohne die theologische Herkunft wäre ich nie auf den Weg des Denkens gelangt. Herkunft aber bleibt stets Zukunft."[30]

Doch ist auch in der Lehre von der Geschichtlichkeit und Geschicklichkeit des Seins jene „theologische Herkunft" unverkennbar, zu der sich Heidegger so ausdrücklich bekennt. Auch christlich betrachtet ist ja die Verborgenheit Gottes oder seine Offenbarung nicht nur eine Sache des einzelnen Individuums, sondern eine die historischen Epochen bestimmende Heilsgeschichte. Dieser zufolge war die Zeit vor der Offenbarung durch Christus keineswegs ohne das Göttliche, strebte aber auf die Offenbarung hin; und andererseits stand die Zeit nach der Offenbarung keineswegs nur im Zeichen Gottes, sondern führte schließlich sogar zu jener äußersten Gottferne, in der Nietzsche verkünden konnte: „Gott ist tot."

Dennoch liegt in der Tat der Unterschied zu Heideggers Vorstellung von der Seinsgeschichtlichkeit und Seinsgeschicklichkeit auf der Hand. Er besteht nicht nur darin, daß Heidegger abstrakt vom Sein spricht, sondern auch und vor allem darin, daß christlich der in der Heilsgeschichte sich verbergende oder

---

[28] A.a.O., S. 48.
[29] Der Spiegel, 30. Jg., (1976), Nr. 23.
[30] HEIDEGGER, Unterwegs zur Sprache, Pfullingen ⁵1976, S. 96.

offenbarende und in der Transzendenzbeziehung gemeinte Gott das absolut Bleibende ist, während Heideggers Sein sich in seiner Geschichtlichkeit und Geschicklichkeit jeder solchen absoluten Bestimmung entzieht.

Wir stoßen hier jedoch auf einen weiteren, grundlegenden Irrtum Heideggers. Er meinte nämlich, daß die konkrete Gegenstandsbestimmung des Seins als Gott sogleich wieder in das Feld des besorgend Verfügbaren, also in das tradierte ontologische Denken zurückführe und damit das Gesuchte gerade verberge, so wie es ja seiner Meinung nach auch das Schicksal der traditionellen Metaphysik gewesen ist. Und tatsächlich ist die Theologie oft genug dadurch fehlgeleitet worden, daß sie der Versuchung erlag, sich Gottes im systematischen Denken zu versichern. Heidegger entgeht es jedoch, daß, recht verstanden, das christliche Offenbarungsdenken in Wahrheit keineswegs dieser Gefahr ausgesetzt ist, weil die in ihm kognitiv faßbaren und erkennbaren Gegenstände wie das Numinose und Gott eben nicht den apriorischen Konstruktionsbedingungen jener Erfahrung unterworfen sind, von denen das seinsvergessene, besorgende Dasein geleitet wird. Denn im Offenbarungsdenken, so zeigte sich in den „Grundlegenden Betrachtungen" des I. Kapitels, erlischt mit dem nichtigen Dasein auch der Apriorismus, den das besorgende Dasein dem Seienden unterlegt, um es seinen Zwecken zu unterwerfen. Und insofern ist auch das Offenbarungsdenken, wie ebenfalls aus den „Grundlegenden Betrachtungen" hervorgeht, nur in der Außenbetrachtung ontologisch beschreibbar, in der Innenbetrachtung jedoch etwas ganz anderes. Denn das ontologische Denken vollzieht sich ja stets vom Subjekt her, es ist, mit Heidegger zu sprechen, ein Entwurf des Daseins, während sich das Offenbarungsdenken – jedenfalls in der Innenbetrachtung – von Gott her versteht.[31]

9. Das moralische Gewissen

Wie bereits gesagt, ist Heideggers Existentialanalyse in Wahrheit eine Gestimmtheitsanalyse korrelativ zu jenem historisch siegreich gebliebenen ontologischen Konzept, aus dem Götter und Gott verschwunden sind. So ist auch der große Eindruck, den Heideggers Philosophie bei ihrem Erscheinen hervorrief, nicht zuletzt darauf zurückzuführen, daß darin unmittelbar die Lage des modernen Menschen erkennbar wurde. Heilsgeschichtlich gesehen, handelt es sich dabei freilich nur um eine Epoche, die den status corruptionis auf exzessive Weise zur Erscheinung bringt. Aber die Geschichtlichkeit der Existentialanalyse verrät sich auch dadurch, daß sie, wie gezeigt, die Herkunft aus christlichen Grundvor-

---

[31] Ergänzend sei darauf hingewiesen, daß Heidegger in seiner Schrift „Was ist Metaphysik?" der christlichen Dogmatik auch vorwarf (Frankfurt/M. 1949), sie habe mit der von ihr behaupteten Schöpfung der Welt aus dem Nichts gerade das Bedenken des Nichts als existentialer Ausgangspunkt für die Erwartung des Seins verdunkelt. (S. 35) Aber selbst wenn wir es dahingestellt lassen wollen, wie dieses Nichts in der Schöpfungsidee zu verstehen ist (Vgl. das II. Kapitel), so handelte es sich doch dabei in jedem Fall um eine ganz andere Vorstellung vom Nichts als es jene ist, die im existentialen Zusammenhang in Erscheinung tritt.

stellungen nicht verleugnen und eben deswegen so leicht in diese übertragen werden kann. Dies wird weiterhin deutlich, wenn man die Existentialien Gewissensangst und Schuldigsein mit ihren moralischen Bedeutungen vergleicht.

Zu diesem Zwecke sei noch einmal aus „Sein und Zeit" zitiert[32]: „Das Faktum der *Gewissensangst* ist eine phänomenale Bewährung dafür, daß das Dasein im Rufverstehen vor die Unheimlichkeit seiner selbst gebracht ist." Wie man leicht sehen kann, sind phänomenologisch die Strukturen der Gewissensangst im existentialen Sinne denjenigen im moralisch-christlichen analog. Entspricht nicht dem existentialen Rufer moralisch „die Stimme des Gewissens", wie wir in gängiger Redeweise sagen? Weist nicht auch der Rufer dieser Stimme auf das „Seinkönnen", sofern nämlich das Dasein sich selbst zu übernehmen hat, sich selbst verantwortlich ist und darin schuldig wurde? Ist nicht auch hier der Rufer „unbestimmt", das „Woher" seines Rufes aber „die Unheimlichkeit der geworfenen Vereinzelung"? Nämlich nunmehr in dem besonderen Sinne, daß einerseits niemandem seine moralische Schuld abgenommen werden kann, sie aber andererseits als vergangene die Situation ist, in die er sich unentrinnbar „geworfen" sieht? Und auch die moralisch-christliche Gewissensangst ist niemals nur eine abstrakte, sondern sehr konkrete Erfahrung, so daß die Stimme, die hier ruft, unvermeidlich und mehr oder weniger bewußt *personalisiert* wird. Denn selbst wenn niemand auf der Welt etwas von der eigenen Schuld wüßte oder je wissen könnte: Die moralische Gewissensangst ist unlöslich mit der Vorstellung *eines Zeugen* für sie verbunden, vor dem man sich gerade in dessen unbestimmter und daher unvertrauter Anonymität ängstigt. Dieser Zeuge hat *Augen*, mit denen er alles gesehen hat, und von denen wir uns auf unheimliche Weise angeschaut fühlen. Eine unüberhörbare, verschwiegene Stimme spricht zu uns, lautlos ruft sie uns aus aller Zerstreuung und Flucht mit unentrinnbarer Macht in die schuldhafte Wahrheit, in die Überlassenheit an uns selbst zurück. In dieser Unentrinnbarkeit liegt jenes Tremendum, das nur dem *Numinosen* zukommt. Gewissensangst in dem phänomenologisch beschriebenen Sinne ist also auch im Christlichen etwas *Mythisches*, und ich brauche hier nicht erneut darauf einzugehen, wie vergeblich die heute gängigen Versuche sind, dieses Phänomen theoretisch mit Hilfe der Psychologie oder Soziologie wegzuargumentieren.

Selbst wenn moralische Gewissensangst in der modernen, säkularisierten Welt nicht im Rahmen eines bewußt christlichen oder mythischen Verständnisses auftritt – und dies ist durchaus weitverbreitet der Fall – so zeigt sie doch ihren einst religiösen oder mythischen Ursprung: *Jede Gewissensangst* hat ein Wovor, *vor* dem sie sich ängstigt, ganz unabhängig davon, ob eine Entdeckung *in der Welt* zu befürchten ist oder nicht. Aber eben weil sie ganz unabhängig von einer solchen möglichen Entdeckung auftritt, kann dieses Wovor nicht etwas *in der Welt* sein. Also ist die Gewissensangst, wo immer sie auftritt, ob innerhalb einer säkularisierten oder religiös-mythischen Vorstellungswelt, *zugleich* Bezie-

---

[32] A.a.O., S. 296.

hung auf Transzendenz, und zwar auf dieselbe, aus welcher auch der Ruf in die existentiale Eigentlichkeit und Wahrheit kommt, so daß alle Verschleierungen und Fluchtversuche des In-der-Welt-seins daran zunichte werden.

Der Unterschied zwischen dem existentialen und dem moralischen Schuldigsein, der existentialen und moralischen Gewissensangst entspricht dem in der Theologie geläufigen Unterschied zwischen dem *peccatum originale* und dem peccatum actuale. Die existentialen Begriffe bezeichnen, christlich gesehen, den allgemein Zustand des Daseins in der Sünde, die *allgemeine adamitische Verfassung des Menschen*, das *allgemeine Schuldigsein*, den status corruptionis überhaupt – peccatum originale; die entsprechenden moralischen Begriffe aber betreffen eine in dieser allgemeinen Verfassung des Menschen begangene, *besondere und individuelle Schuld* – peccatum actuale.

Warum hat Heidegger nicht den moralischen, sondern nur den existentialen Aspekt von Gewissensangst hervorgehoben? Die Antwort lautet: Seine Existentialanalyse betrifft nur das Dasein zum Tode, also jenes Dasein, für das *auch moralische Werte und Gebote, es fände sie geschichtlich vor oder erschaffe sie gar, Teil des In-der-Welt-seins sind. Teil jenes Besorgens also, bei dem es dem Dasein nur um es selbst geht*. In der Erfahrung der Nichtigkeit des In-der-Welt-seins erweisen sich also auch die moralischen Verfügbarkeiten des In der-Welt-seins als nichtig (Buchstabe des Gesetzes, was man tun oder nicht tun soll), wird auch die pharisäische und beruhigte moralische Selbstgewißheit des Daseins, dem es nur um es selbst geht, niedergeschlagen (Werkgerechtigkeit). Es ist, wie Heidegger es nennt, die Welt des Man, von der hier die Rede ist, sie sagt, was man tun und was man nicht tun soll und schafft damit die Täuschung trügerischer und selbstherrlicher Sicherheit. Die moralischen Werte des Man aber können niemals so etwas wie Gewissensangst hervorbringen, sondern nur Furcht vor Entdeckung, denn sie verschleiern ja gerade die Wahrheit, daß alles rein menschliche Mühen, auch ein moralisches, in Zweifel und Nichtigkeit endet.

Die Phänomenologie der existentialen und der moralischen Gewissensangst ergab zunächst eine reine *Analogie* zwischen beiden. Ich wiederhole noch einmal Heideggers sowohl für die existentiale *wie* für die moralische Gewissensangst gleich geltendes und gleich grundlegendes Zitat: „Das Faktum der *Gewissensangst* ist eine phänomenale Bewährung dafür, daß das Dasein im Rufverstehen vor die Unheimlichkeit seiner selbst gebracht ist." Aus christlicher Sicht zeigt sich nun aber darüber hinaus der *notwendige Zusammenhang* zwischen beiden Arten der Gewissensangst: Denn *der existentialen Eigentlichkeit, in die christlich der transzendente Rufer den Menschen aus den täuschenden Geborgenheiten des In-der-Welt-seins und damit der Sünde als Gottferne zurückholt, entspringt auch jene christlich-moralische Eigentlichkeit, die ihn damit zugleich aus den scheinbaren moralischen Gewißheiten und Selbstgewißheiten (Selbstgerechtigkeit, Werkgerechtigkeit, Pharisäismus usw.) in die Ungeborgenheit seines Gewissens zurückführt und ihn unmittelbar vor den transzendenten Rufer stellt.*

Vergegenwärtigen wir uns jetzt noch einmal die entscheidenden Schritte, die wir in diesem Kapitel über christliche Existentialität gegangen sind. *Erstens*: Die

Existentialanalyse erwies sich als eine Phänomenologie der Daseinsgestimmheit unter den ontologischen Bedingungen der Gottferne. (status corruptionis). *Zweitens*: In phänomenolgischer Vertiefung der diesem Dasein zugehörigen, existentialen Gewissensangst enthüllte sich deren kognitive Beziehung auf einen transzendenten Rufer als mythische Personalisierung und in christlicher, die Existentialanalyse bereits überschreitender Offenbarung, als Gott. *Drittens*: Rein phänomenologisch gesehen, erweisen sich die beiden Formen der Gewissensangst, der existentialen und der christlich-moralischen, als vollkommen analog. *Viertens*: Wieder in christlicher, die rein phänomenologische Existentialanalyse überschreitender Offenbarung, enthüllte sich ein notwendiger Zusammenhang zwischen den beiden Analoga, dem existentialen Gewissen und seiner zugehörigen existentialen Eigentlichkeit einerseits und dem moralischen Gewissen und seiner zugehörigen moralischen Eigentlichkeit andererseits. Denn derselbe transzendente Rufer, nämlich Gott, ruft uns nicht nur zur unbeschönigten Einsicht in die Nichtigkeit des In-der-Welt-seins, sondern auch zur unbeschönigten Einsicht in die mit dem In-der-Welt-sein verbundene Sünde als Gottferne. Dazu gehört unter anderem auch die moralische Sünde. Wieder zeigt sich, daß Sünde nicht nur einen moralischen Sinn hat, sondern die Sünde im Sinne des Moralischen nur ein Teil von jener Grundsünde ist, die in der Verlorenheit an das gottferne In-der-Welt-sein, in das eigene Dasein besteht.

Wird aber das Dasein durch Gott als den transzendenten Rufer in die moralische Eigentlichkeit gerufen, dann wird nicht nur der Schein der moralischen Wertewelt des Man, also des In-der-Weltseins entlarvt, denn alle seine Gebote wären ja wieder nur durch das besorgende Dasein gesetzt und damit nichtig; sondern dann enthüllt sich auch, woran gemessen dieser Schein besteht. Der Ruf in die moralische Eigentlichkeit ist also christlich zugleich der Ruf, die göttlichen Gebote zu befolgen. Bevor wir uns aber diesen Geboten zuwenden, müssen wir erst noch ein weiteres, mit dem transzendenten Rufer mitgesetztes Phänomen erörtern.

10. Die Versuchung und das Böse. Satan

Setzt nicht jene Grundgestimmtheit der Sorge und Weltangst, in der wir das In-der-Welt-sein transzendieren, eine andere Grundgestimmtheit voraus, die uns dazu drängt, der existentialen Wahrheit und Eigentlichkeit zu entfliehen, der Last der Sorge und Weltangst ledig zu werden? Kann überhaupt Eigentlichkeit ohne Uneigentlichkeit erfahren, verstanden werden, so daß auch sie als eine existentiale Kategorie zu betrachten ist?

Und in der Tat: Der Eigentlichkeit stellt Heidegger die Uneigentlichkeit als gleichursprünglich entgegen, nämlich so, daß das sorgende und sich ängstigende Dasein notwendig versucht, der Eigentlichkeit zu entfliehen, indem es sich die Wahrheit seines nichtigen Zustandes verschleiert. Diese Verschleierung findet in der Welt des Man statt, die bereits angesprochenen wurde, jetzt aber noch weiter expliziert werden muß. Es ist die Welt der Alltäglichkeit, in ihr erscheint dem Dasein alles „besorgt, d.h. verwaltet und verrechnet"[33], und in dieser „Verfügbarkeit" ist vermeintlich „die Sicherheit, Echtheit und Fülle aller Möglichkeiten seines Seins" „verbürgt." „Die Selbstgewißheit und Entschiedenheit des Man verbreitet eine wachsende Unbedürftigkeit hinsichtlich des eigentlichen befindlichen Verstehens." Die darin liegende „Vermeintlichkeit des Man, das volle und echte ‚Leben' zu nähren und zu führen, bringt eine Beruhigung in das Dasein, für die alles in bester Ordnung ist und der alle Türen offenstehen."[34] Das „volle und echte Leben": eben jenes, das nicht vom Nichts bedroht und eingeschränkt wird, das ganz sich selbst hingegeben und sorglos in vollen Zügen genossen werden kann. Ein solches Leben nennt Heidegger ein Dasein in der „Verfallenheit." „Die verfallende Flucht in das Zuhause der Öffentlichkeit" (des Man) „ist Flucht vor dem Unzuhause, d.h. der Unheimlichkeit, die im Dasein als geworfenen, ihm selbst in seinem Sein überantworteten In-der-Welt-sein liegt."[35] Auch die Verfallenheit ist also ein *existentialer* Zustand, womit gesagt ist, daß sie zum Dasein so notwendig gehört wie, christlich verstanden, die Erbsünde. Es ist ja auch dieser Zustand, der dem Menschen in der Eigentlichkeit der Gewissensangst überhaupt erst in seiner Nichtigkeit bewußt wird.

So ist es nun unmittelbar einleuchtend, wenn Heidegger die Flucht in die Verfallenheit als eine ständige *Versuchung* kennzeichnet: „(…) das Dasein bereitet ihm selbst die ständige Versuchung zum Verfallen. Das In-der-Welt-sein ist an ihm selbst versucherisch."[36] Gibt es aber eine Stimme des Versuchers, so wie es eine Stimme des Rufers, eine Stimme des Gewissens gibt? Und müßte die Versuchung nicht zum einen darin bestehen, der existentialen Neigung des Menschen nachzugeben, das existentiale Gewissen zu verdrängen, zum anderen darin, das moralische Gewissen zum Schweigen zu bringen? Im ersten Fall handelte es sich um eine *die Fundamente des Daseins*, das In-der-Welt-sein als Ganzes und allgemein betreffende Entscheidung, im zweiten Fall dagegen um eine Entscheidung zu einem *konkreten Verhalten innerhalb* des In-der-Welt-seins. Die erstere betrifft das Verfallensein überhaupt, christlich verstanden die Erbsünde der Gottesferne (peccatum originale), die zweite eine bestimmte Art des Verfallenseins, christlich verstanden die einzelne Sünde (peccatum actuale).

Betrachten wir zunächst die existentiale Versuchung. Das archetypische Beispiel dafür ist diejenige Jesu durch Satan. Mt 4, 8–11 heißt es: „Darauf führte ihn der Teufel mit sich auf einen sehr hohen Berg und zeigte ihm alle Reiche der Welt und ihre Herrlichkeit und sprach zu ihm: Das alles will ich dir geben, wenn du niederfällst und mich anbetest. Da sprach Jesus zu ihm: Weg mit Dir, Satan! Denn es steht geschrieben (5Mose 6,13): ‚Du sollst anbeten den Herrn, deinen Gott, und ihm allein dienen.' Da verließ ihn der Teufel." Der hohe

---

[33] Sein und Zeit, a.a.O., S. 189.
[34] A.a.O., S. 177.
[35] A.a.O., S. 189.
[36] A.a.O., S. 177.

Berg, von dem man die ganze Welt überschaut, läßt sinnbildhaft das In-der-Welt-sein im Ganzen sichtbar werden, und die Versuchung besteht also darin, daß Satan die *eigentliche* Wahrheit über das In-der-Welt-sein im Ganzen verschleiert, so als ob dort das Dasein triumphierte und nicht in der unaufhebbaren Sorge um sich angstvoll seiner fundamentalen Nichtigkeit und Bodenlosigkeit ausgesetzt wäre. Jesus aber widersteht der Versuchung dadurch, daß er, gerade in dem Augenblick, wo er (am Gipfel des Berges) das In-der-Welt-sein im Ganzen erschaut, dessen Bodenlosigkeit und Nichtigkeit erkennt, so daß er das In-der-Welt-sein transzendiert und so der Wahrheit des transzendenten Rufers innewird. Man könnte sagen: In dieser Geschichte aus dem Matthäusevanglium schauen wir gleichsam die existentiale Versuchung in ihrem Archetypus an. Aber aus ihm schöpften auch mit Heidegger zeitgenössische Schriftsteller von höchstem Rang wie z.B. Th. Mann in seinem „Doktor Faustus" und G. Bernanos in seinem Buch „Die Sonne Satans". Es ist dieser aktuelle Bezug, weswegen ich nun diese Werke zum Zwecke der weiteren Erläuterung und Veranschaulichung auswähle.[37]

In Th. Manns „Doktor Faustus" will Satan dem Komponisten Leverkühn „Zeit verkaufen", sein Sinnbild ist das Stundenglas, wodurch der Sand nur sehr langsam rinnt, so langsam, daß man das Ende dabei vergessen kann. Die Zeit bleibt gleichsam stehen, zumal sie vom Rausche ständiger Triumphe erfüllt wird. Darin gibt es „Aufschwünge", „Erleuchtungen", „Erfahrungen von Enthobenheit, Entfesselung, von Freiheit, Sicherheit, Leichtigkeit, Macht- und Triumphgefühl, (…) eingerechnet noch obendrein die kolossale Bewunderung für das Gemachte, (…) die Schauer der Selbstverehrung (…)", so daß sich der Mensch „schlecht und recht für einen Gott halten mag."[38] „Die Zeit verkaufen" beruht also auf dem Betrug, als stünde die Zeit fortan stille, während sie in Wahrheit, wenn auch kaum bemerkt, unaufhörlich weiterfließt. Das Dasein ist so seiner fundamentalen Sorge „enthoben", fühlt sich „frei", sicher", „leicht", und indem seine Weltangst schwindet, glaubt es aller Dinge mächtig, glaubt es wie Gott zu sein. (Eritis sicut Deus.) Dennoch kann auch der Versucher die Wahrheit nicht ganz vergessen machen, in welcher sich die nichtige Bodenlosigkeit des In-der-Welt-seins enthüllt. Deswegen warnt er vorbeugend und gleichsam im voraus beruhigend vor zwischendurch auftretenden Phasen von „Melancolia", von „Leere und Öde und unvermögender Traurigkeit".[39]

Als im weiteren Gespräch die Frage seines Namens auftaucht, gibt Satan zu verstehen, daß er bei keinem Namen genannt sein wolle außer dem einen, der eigentlich gar kein Name ist, sondern ein Wesensbezeichnung, nämlich Sammael und das bedeutet nichts anderes als „Engel des Giftes" – also der Versucher schlechthin, welcher das Dasein in seiner Wurzel vergiftet, indem er es um

---

[37] Auf Goethes „Faust", an den man hier wohl zuerst denkt, werde ich in einem eigenen Kapitel ausführlich eingehen.
[38] TH. MANN, Doktor Faustus, Frankfurt/Main, 1967, S. 307.
[39] A.a.O., S. 307.

seine fundamentale Wahrheit bringt. Und schließlich: Er hat nicht nur keinen bestimmten Namen, sonder er hat auch kein bestimmtes Äußeres, so daß er sich während des Gespräches mit Leverkühn ständig wandelt wie Wolkengestalten, die nur das eine gemeinsam haben: mit der näselnden Stimme eines schlechten Schauspielers zu sprechen und im Betrachter Ekel hevorzurufen. Leverkühn hält ihn deswegen für eine dem Fieber entsprungene Phantasmagorie, worauf Satan ihm antwortet: „Deine Neigung, Freund, dem Objektiven der sogenannten Wahrheit nachzufragen, das Subjektive, das reine Erlebnis als unwert zu verdächtigen, ist wahrhaft spießbürgerlich und überwindenswert. Du siehst mich, also bin ich dir. Lohnt es zu fragen, ob ich wirklich bin? Ist wirklich nicht, was wirkt, und Wahrheit nicht Erlebnis und Gefühl? Was dich erhöht, was Dein Gefühl von Kraft und Macht und Herrlichkeit vermehrt, zum Teufel, das ist die Wahrheit – und wäre es unterm tugendhaften Winkel gesehen zehnmal eine Lüge."[40] Auch dies ist freilich eine für Satan typische Verschleierung: Denn aus der *Wahrheit des Lügners* folgt nicht die Wahrheit seiner Lüge. Satans Zeitverkauf ist Lüge, nämlich die Verschleierung der existentialen Wahrheit; die Annahme aber, daß die Stimme des Versuchers und des Lügners selbst nur die Ausgeburt subjektiver Fieberträume ist, obgleich sie doch in der Tat mächtig auf Leverkühn wirkt, entspringt eher dem Verlangen, der teuflischen Erscheinung zu entfliehen; sie auf jeden Fall zu entschärfen, zu verharmlosen und die Macht des Versuchers gleichsam erkenntnistheoretisch wegzuerklären. Und doch verrät dieser sich unvermeidlich selbst. Strömt er doch eine unerträgliche, sich ständig verschärfende Eiseskälte aus, so daß er selbst Leverkühn warnt, sich warm anzuziehen. Es ist die Kälte des Nichts, das sich in der Wahrheit der Weltangst offenbart, und Satan selbst bekennt, daß er diese Ausstrahlung nicht vermeiden könne: „Wie sollte ich's sonst aushalten und es wohnlich befinden dort, wo ich wohne?"[41] Es ist die Hölle.

Satan hat mit Leverkühn einen Vertrag geschlossen, eine „Abrede auf Zeit und Ewigkeit"[42]. Dieser besteht darin, daß Leverkühn den von ihm leidenschaftlich gesuchten Durchbruch zu einer neuen Musik mit Satans Hilfe nur unter der Bedingung erreichen werde, daß er „absage allen, die da leben, allem Himmlischen und allen Menschen." Zusammengefaßt: „Du sollst nicht lieben."[43] Wie Alberich der Liebe entsagte, um die Macht des Goldes zu erringen, so hat auch Leverkühn ihr entsagt, um die höchsten Triumphe als Künstler zu feiern. Die vollständige Entsagung der Liebe aber ist Dasein in Sünde par excellence, nämlich jenes Dasein, *dem es nur um es selbst geht*, und das doch eben in dieser seiner Existenz zum Scheitern und zur Verzweiflung verurteilt ist.

---

[40] A.a.O., S. 323.
[41] A.a.O., S. 302.
[42] A.a.O., S. 305.
[43] A.a.O., S. 331. Daß die neue Musik ohne Liebe möglich sei, ergibt sich frohlockend für Satan daraus, daß sie nach dem Verlust der alten, auf harmonische Versöhnung, ja das Religiöse abzielende, Tollheit und Barbarei zum Siege vehelfen werde. S. 324.

Zwar klammert sich Leverkühn daran, daß Kain gerade deswegen auf Gnade hoffen durfte, weil er selbst vollkommen überzeugt davon gewesen sei, seine Sünde sei größer, als daß sie ihm je verziehen werden könne. Sei aber nicht solch tiefste und letzte Zerknirschung am unwiderstehlichsten für die Gnade und damit der Erlösung gerade am allernächsten? Existential ausgedrückt: Enthüllt sich nicht eben darin jene Wahrheit der Eigentlichkeit, die bereits zur Transzendenz zurückführt? Aber Satan verweigert Leverkühn solchen Ausweg, weil derjenige, der schlau auf die Gnade seiner Zerknirschung wegen hoffte, sie zugleich verwirke.

Die Situation, in der Th. Mann Satan auftreten läßt, ist von derjenigen, in welcher er bei G. Bernanos erscheint, grundverschieden. Bei Mann ist er der gegenüber dem Künstler Leverkühn überlegene, seines Sieges sichere Versucher; bei Bernanos aber unterliegt er einem Heiligen in Gestalt des Kaplans Donissan. Bei Mann triumphiert er durch das Blendwerk eines Daseins ohne die existentiale Wahrheit; bei Bernanos wird er zunichte dadurch, daß diese existentiale Wahrheit an ihm selber offenbar und enthüllt wird.

Diese Enthüllung hat schon darin ihre Voraussetzung, daß Satan dem Kaplan Donissan nicht wie Leverkühn im „winterwarmen Zimmer"[44] erscheint, sondern an einem Ort, der dem mythischen Raum angehört, also nicht dem profanen des vertrauten Alltagslebens eingeordnet werden kann. Nur wer Satan dort begegnet, dem zeigt er sich in seiner *immanenten Transzendenz* als *mythische Gottheit*.[45] So kommt der Kaplan, der in einer nahegelegenen Gemeinde die Messe lesen sollte, vom Wege ab, irrt stundenlang mit zunehmender Anstrengung und Ermüdung bei hereinbrechender Dunkelheit umher, bald meinend, den rechten Pfad gefunden zu haben, bald wieder, darin getäuscht worden zu sein, bis ihm schließlich alles fremd erscheint. Plötzlich bemerkt er, daß jemand neben ihm geht – es ist Satan.

Zunächst erkennt er ihn nicht, fühlt aber nach der „Kette unerklärlicher Ereignisse", die ihn von seinem Zielort entfernt hatten, den „kindlichen Wunsch nach einem zuverlässigen, hilfsbereiten Arm."[46] Es werden die in solchen Situationen üblichen Worte gewechselt wie: „eine dunkle Nacht", „der Tag ist noch weit", „wohin gehen Sie?", und als der Kaplan seinen Begleiter fragt, wo er wohne, antwortete dieser doppelsinnig: „Ich wohne sozusagen nirgends. Ich reise für einen Pferdehändler."[47] Satan gibt sich als Ortskundiger aus und bietet sich an, den Kaplan ein Stück weit zu geleiten. Doch ist dieser bereits zu erschöpft. Da schlägt ihm Satan eine Rast vor, breitet seinen Mantel aus und nötigt ihn, sich niederzulassen. Dem Kaplan erscheint er nun wie der Samariter, wie jemand, der die Barmherzigkeit des Evangeliums verwirklicht. Am Rande seiner Kräfte, fast willenlos, lehnt er den Kopf an die Schultern des seltsamen

---

[44] A.a.O., S. 297.
[45] Vgl. V. Kapitel, 2.
[46] G. Bernanos, Die Sonne Satans, Hamburg 1950, übers. von F. Burschell und J. Hegner, S. 131.
[47] A.a.O., S. 131.

Gefährten und klammert sich an dessen Arm. Da erfaßt ihn ein Schwindel, ihm ist, als glitte er auf schräger Bahn in ein Schweigen, das Gleiten wird zum Fallen, immer schneller und unaufhörlich, so daß er sich mit beiden Armen an des Mannes Schultern klammert. „(...) sein einziges Gefühl bestand in dem Halt, dem er begegnete, in der Dichtigkeit, in der Festigkeit des Widerstandes, der ihn vor dem eingebildeten Abgrund zurückhielt."[48] Wie sollte er sich das erklären? Doch erkennt er plötzlich, daß er endlich gefunden hatte, wovor er während der langen, gräßlichen Nacht geflohen war und hat ein „Vorgefühl", das ihm „sein Schicksal" zeigt.[49]

Bernanos, der dies alles aus der Perspektive des Kaplans berichtet, überläßt es dem Leser, zu erraten, was mit all dem gemeint ist: daß nämlich die Versuchung Satans gerade darin besteht, dem vor der Wahrheit, vor den Abgründen des Lebens von Schwindel Erfaßten und fliehen Wollenden einen festen Halt vorzutäuschen, und daß der Kaplan in einem plötzlichen Vorgefühl die alles entscheidende Wegkreuzung erkennt, zu der er nun gelangt ist. Dieses Vorgefühl wird gleich darauf zu schrecklicher Gewißheit. „Schlaf bei mir," spricht Satan zu ihm," Kind meines Herzens, halte mich fest, du dummes Tier, Pfäfflein, lieber Kamerad. Ruhe dich aus. Ich habe dich lange gesucht, lange gejagt", worauf er ihm schließlich einen Kuß auf den Mund gibt, und ihm auch noch offenbart, was er bedeutet: „Ich küsse euch alle, im Wachen oder im Schlummer (...) ihr tragt mich in eurem dunklen Fleisch (...) Keiner von euch entgeht mir."[50] Jetzt durchdringt den Kaplan hellsichtiges Erkennen und läßt ihn in entsetzlichem Grausen erstarren.

In diesem Augenblick tritt die Wende ein. Beunruhigt erfaßt Satan den Zustand des Kaplans, in dem dieser ihm zu entgleiten droht. „Kaplan, Herr Kaplan," schreit er, „(...) stehen Sie auf, Himmeldonnerwetter!"[51] In ängstlicher und fieberhafter Hast schiebt er die Finger unter dessen Soutane, befühlt sein Herz, berührt seine Stirn, die Augen, den Mund, faßt seine Hände, die er mit seinem Atem anhaucht. Jetzt weiß er, daß er ihm unwiderruflich entglitten ist, daß er das Spiel bereits verloren hat. Die nun folgende Szene steht in einem sonderbaren Zusammenhang und doch auch wieder Gegensatz zu Th. Manns Satansgeschichte. „Plötzlich griff er" – Satan – „sich an die Brust, ein starker Schauer überfiel ihn, als wenn er langsam in tiefes, eiskaltes Wasser getaucht wäre (...)" Und nun sagt er zum Kaplan: „(...) Ich wundere mich, daß Sie noch immer unbeweglich hier auf dem gefrorenen Schmutz sitzen (...) was mich angeht, so friere ich offengestanden (...) Ich friere immer (...) Das sind so Dinge, über die ich nicht gerne spreche (...) trotzdem sind sie wahr (...) Ich bin die Kälte selbst. Das Wesen meines Lichts ist unerträgliche Kälte."[52] Daß Satan unerträgliche Kälte ist, davon erzählt ja auch Mann in seinem Doktor Faustus.

---
[48] A.a.O., S. 135.
[49] A.a.O., S. 135.
[50] A.a.O., S. 136 f.
[51] A.a.O., S. 137.
[52] A.a.O., S. 138.

Aber während es dort Satans Opfer, nämlich Leverkühn ist, der unter ihr leidet, ist es hier Satan selbst. Warum? Weil Satan vor dem Kaplan, der im Gegensatz zu Leverkühn der Versuchung widersteht, sein wahres Wesen nicht mehr verschleiern kann. An dem Heiligen Donissan wird Satan auf seine eigene, verzweifelte Existenz zurückgewiesen. Denn er ist Kälte und er haust in der Kälte der Finsternis und des Nichts. Dorthin wurde er zugleich mit dem Sündenfall verbannt. „Ich werde Sie nicht vergessen" spricht er nun zum Kaplan. „Ihre Hände haben mir sehr weh getan (…) auch Ihre Stirn, Ihre Augen und Ihr Mund (…) an ihnen ist mir buchstäblich das Mark in den Knochen zu Eis gefroren; das kommt gewiß von den Salbungen her, von eurer verfluchten Sudelei mit geweihtem Öl (…)"[53] „Seit einer Minute habe ich keine Macht mehr über dich."[54] Da sagt der Kaplan zu ihm: „Mir ist gegeben, dich zu sehen. (…) Ich sehe dich unter deinem Leid zermalmt, bis an die Grenze des Vernichtetseins – aber es wird dir nicht bewilligt werden, du gequältes Geschöpf."[55] Doch sind es gerade diese Worte, die Satan am tiefsten treffen: Sei doch das Mitleid das, was er von allem auf der Welt am meisten fürchte[56] – sein eigenes Gegenteil nämlich: Die Liebe. „Wer," schreibt Bernanos, „hätte nicht mit Grauen diese Klage vernommen, die mit Worten vorgebracht wurde – und dennoch außerhalb der Welt?"[57]

Aber noch ist die Erkenntnis Satans durch den Kaplan nicht vollendet. Auf einmal geht eine plötzliche Veränderung mit ihm vor, seine Gestalt verschwimmt und wandelt sich, bis sie langsam wieder auftaucht: Da sieht der Kaplan an Stelle Satans seine eigene Gestalt in vollkommen genauer Ähnlichkeit, doch nicht so, wie sie ein Spiegel zeigt, sondern als vollkommene Spiegelung seines eigenen Wesens. Er sieht sich als Ganzes „in allen Einzelheiten, seine Gedanken mit ihren Wurzeln und Trieben, das unendliche Netz, das sie untereinander verknüpft, die geringsten Schwingungen seines Willens, wie ein bloßgelegter Körper in der Zeichnung der Adern und Venen das Pulsen des Lebens erkennen lassen würde." Und so tritt ihm in Satan nicht nur seine eigene Gegenwart entgegen, sondern auch seine Vergangenheit und Zukunft, sein ganzes Leben. Es ist er selbst, den er in Satan sieht. Da fragt er in Verzweiflung: „Sind wir denn, Herr, für den Feind, der uns belauert, so ganz durchsichtig? Sind wir so willenlos den Gedanken seines Hasses ausgeliefert?"[58] Donissan erkennt also in dieser Erscheinung den „im eigenen Fleisch auftretenden Gegner."[59] Er nistet in ihm, er weiß alles von ihm, sucht in jedem Winkel seine Verfallenheit und Sünde, nur das Ausmaß der an ihm wirkenden Gnade kann ihn, wie ersichtlich, überraschen. Als nun der Kaplan nach der Erscheinung, die Satan in seiner,

---

[53] A.a.O., S. 138.
[54] A.a.O., S. 139.
[55] A.a.O., S. 142.
[56] Ebenda.
[57] Ebenda.
[58] A.a.O., S. 144.
[59] Ebenda. Hervorhebung vom Verfasser.

Donissans, eigenen Gestalt ist, die Hand ausstreckt und „Weiche, Satan" ruft, verschwindet alles. Der freundliche Pferdehändler taucht in alter Gestalt wieder vor ihm auf. Doch zittert er am ganzen Körper und lauscht, als hörte er feindliche Schritte verklingen. „Ich fürchte (…) weniger dich und deine Gebete", sagt er zum Kaplan, „als ihn (…) Er ist nicht weit (…) ich wittre ihn seit einer Weile (…) Heute ist dir eine Gnade widerfahren."[60] „Es ist wahr, daß Er uns seinen Plänen dienstbar gemacht hat, denn sein Wort ist unwiderstehlich: Es ist wahr, (…) daß unser Unternehmen heute nacht zu meiner Beschämung auszugehen scheint (…) (Ach, als ich vorhin dich bedrängte, hat sein Gedanke auf dir geruht, und selbst dein Engel erbebte in dem kreisenden Blitz!) Doch deine Augen aus Dreck haben nichts gesehen."[61] Da stürzt sich plötzlich der Kaplan auf Satan – aber er trifft nur Leere und Dunkelheit – das Nichts.

Gegen diese teils dem NT teils der Dichtung entnommenen Beispiele existentialer Versuchung könnte man nun einwenden, daß zwar der existentiale Rufer phänomenologisch *aufweisbar* sein mag, in jenem Vorgang nämlich, in dem das Dasein das In-der-Welt-sein als Nichtiges transzendiert und damit in seine Wahrheit und Eigentlichkeit zurückkehrt, dagegen von den aufgeführten Beispielen für die Erfahrung der existentialen Versuchung das eine, nämlich die Versuchung Jesu, Sache des Glaubens ist, die anderen aber, als Romanen entnommen, Produkte der Phantasie sind.

Zunächst müssen wir uns aber klarmachen, daß ja auch die Stimme des Rufers nicht etwa einfach zum Zwecke ihrer Feststellung herbeigeführt werden kann. Daher sagt Heidegger: „Die Angst kann in den harmlosesten Situationen aufsteigen. Es bedarf nicht der Dunkelheit, in der einem gemeinhin leichter unheimlich wird." „Diese Unheimlichkeit setzt dem Dasein ständig nach und bedroht, wenngleich unausdrücklich, seine alltägliche Verlorenheit an das Man. Diese Bedrohung kann faktisch zusammengehen mit einer völligen Sicherheit und Unbedürftigkeit des alltäglichen Besorgens."[62] Das bedeutet, daß sich das existentiale Gewissen teils in bestimmten Augenblicken existential betonter Gestimmtheit ereignet, teils nur latent vorhanden ist. Daß es aber auch nur in jenen Augenblicken zu jener Verdichtung kommt, in der sich unwiderstehlich mythisches Denken einstellt und die Personifikation des Rufers stattfindet. Steht es aber nun mit der Stimme des Versuchers im existentialen Sinne nicht ebenso? Der Zustand der Eigentlichkeit ist ja ohne denjenigen der Verfallenheit nicht denkbar. Also wird auch die existentiale Versuchung, die ebenfalls nicht dieses oder jenes, sondern das In-der-Welt-sein als Ganzes betrifft, sich teils in bestimmten Augenblicken so verdichtet ereignen, daß sie in unwillkürlichem mythischen Denken zur Personifikation des Versuchers führt, teils das Dasein nur beständig latent begleiten. Was also die aufgeführten Beispiele aus der Dichtung betrifft, so sind sie keineswegs reine Er-dichtungen, sondern zeigen

---

[60] A.a.O., S. 146.
[61] A.a.O., S. 147.
[62] Sein und Zeit, a.a.O., S. 189.

eine *existentiale Grenzerfahrung* auf, in der das stets latent vorhandene existentiale Phänomen *unmittelbar sichtbar* in Erscheinung tritt. Mehr oder weniger bewegen sich alle jene an dieser Grenze, die sich bewußt und aus Prinzip dem Bösen verschrieben haben, vom Jago in Shakerspeares Othello bis zu den Ausgeburten der Hölle in den Romanen des Marquis de Sade, von Gestalten wie Bruder Medardus in ETA Hoffmanns „Elixieren des Teufels" bis zu Dostojewskischen Figuren wie der Fürst in den „Erniedrigten und Beleidigten" oder Iwan Karamasow in „Die Brüder Karamasow", um nur einiges aufzuzählen. Das Gleiche kann aber auch, wie Bernanos' Beispiel zeigt, den Heiligen widerfahren, überhaupt allen jenen herausragenden Menschen, welche die Entscheidung zwischen Eigentlichkeit und Verfallenheit in höchster Verdichtung und Klarheit an sich erleiden.[63] Die Stärke des mythischen Bewußtseins kann dabei schwanken, und wenn der moderne Mensch, etwa im Gegensatz zum mittelalterlichen, allenfalls noch Gott, keinesfalls aber den Teufel akzeptieren will, so verhält es sich damit wie mit allen anderen mythischen Erfahrungsweisen: Sie ereignen sich unwillkürlich, weil mythisches Bewußtsein niemals volkommen erloschen ist; aber zuzeiten „fehlen die Namen", wie Hölderlin sagt. Nicht das Phänomen selbst ist verlorengegangen, sondern, in einem rein geschichtlich zu verstehenden, keineswegs theoretisch begründeten Prozeß, nur seine „Objektivierung". So dringt auch die phänomenologisch begründete Existenzialanalyse über den mythisch personifizierten Rufer oder Versucher in seiner anonymen (namenlosen) Unbestimmtheit nicht hinaus. Und doch ist die in ihr erfaßte, gottferne Existenzialität des Menschen als seine Grundbefindlichkeit die Voraussetzung für das Ereignis der Offenbarung, so daß der Mensch im Rufer Gott, im Versucher Satan erkennt.

Zur Erhellung sei noch etwas näher auf das Beispiel Iwan Karamasow eingegangen. Iwan erscheint Satan nicht leiblich, dazu hat er sich schon, äußerlich im übrigen eine eher „normale" Existenz, zu sehr mit seinem Zeitalter vom Mythos entfernt. Wohl aber erleidet er die mit Satan verbundene existentiale Grunderfahrung und teilt sie in Form einer Erzählung seinem Bruder Aljoscha mit: Von seiner göttlichen Barmherzigkeit getrieben, sei Christus zur Zeit der in Spanien wütenden Inquisition auf die Erde zurückgekehrt. Sogleich wird er von den Menschen erkannt, die ihm in Scharen zuströmen. Da läßt ihn der Großinquisitor ergreifen und in den Kerker werfen. Dort tritt er ohne Gefolge vor ihn hin und klagt ihn des völligen Versagens vor der Wirklichkeit des Menschen an. Habe ihn, Christus, nicht einst der Versucher zum ersten dazu gedrängt, aus Steinen Brot zu machen, zum zweiten sich von der Zinne herabzustürzen, um Gottes Rettung zu provozieren, und zum dritten, alle Macht der Welt zu gewinnen? Und habe nicht Christus alle diese Versuchungen im Namen einer Freiheit zurückgewiesen, welcher der Mensch nicht gewachsen sein kann? Der Freiheit nämlich, das Wort Gottes für nicht geringer als Brot zu achten, der Freiheit, im Glauben nicht des Wunders zu bedürfen, und der

---

[63] Es sei an Luthers von ihm selbst bezeugte Begegnung mit dem Teufel erinnert.

Freiheit schließlich, der Sogkraft zu widerstehen, welche irdische Macht ausübt? Habe nicht schon die Idee der Freiheit schließlich zu jener Pervertierung geführt, wie wir sie in Vernunft und Wissenschaft finden? Zu jener Pervertierung, die in der Verwirrung eines neuem Turms zu Babel endete? So habe Christus mit seiner Botschaft die Menschen von ihren Leiden nicht nur nicht erlöst, sondern diese sogar noch unendlich vermehrt. Man nehme ihnen daher die Freiheit, man erkenne die Menschen als das, was sie sind und immer sein werden, ein Ameisenhaufen, der sein Glück, den drei großen Versuchungen durch Satan entsprechend, erstens darin findet, daß die Sorge um das tägliche Brot und die Entscheidung über sein Gewissen einem Herrscher übergeben wird, zweitens, daß dieser Herrscher ihm vorgaukelt, über Wunderkräfte zu verfügen und drittens, im Besitze aller Macht zu sein, um die endgültige Erlösung im ewigen Leben bewirken zu können. Dieser Herrscher sei die Kirche. Sie allein wisse um ihre Lüge, aber eben in dieser Lüge bestehe das Opfer ihrer Priester, das sie um der Barmherzigkeit willen dem Glücke der Menschheit darbrächten. Christus stünde mit seiner Lehre von der Freiheit im Glauben diesem Glück entgegen – er solle daher die Erde wieder verlassen. Ich zitiere nun den Schluß von Iwans Erzählung: „Nachdem der Inquisitor verstummt ist, wartet er noch eine Weile, was der Gefangene ihm antworten werde (…) Er aber", der bisher kein einziges Wort gesagt hatte, „nähert sich schweigend dem Greise und küßt ihn still auf die blutleeren neunzigjährigen Lippen. Das ist seine ganze Antwort. Der Greis zuckt zusammen. Und dann erbebt etwas an den Mundwinkeln des greisen Großinquisitors; er geht zur Tür des gewölbten Verlieses, öffnet sie und sagt zu ihm: ‚Geh und komme nie wieder (…)!' Und er läßt ihn hinaus in die ‚dunklen Gassen der Stadt'."[64]

Diese Geschichte, in der sich die fundamentale Lebensentscheidung Iwans widerspiegelt, ist ein vollkommenes Gleichnis für das Erliegen vor der existentialen Versuchung. Ist doch die Freiheit, von der sie spricht, die Freiheit der Eigentlichkeit, in welcher der Mensch die Sorge (Brot) auf ein ursprünglicheres Sein hin transzendiert (Gott), sich der Wahrheit des In-der-Welt-seins stellt (wo ihn keine Wunder erwarten) und dessen Nichtigkeit durchschaut (die gerade auf dem Grunde seines höchsten Glanzes, der Macht lauert). Und obgleich hier im besonderen von der Freiheit durch Christus die Rede ist, so ändert das doch nichts an dieser ihrer existentialen Verfassung. Es ist also die Freiheit als christliche Eigentlichkeit, vor welcher die Menschheit aus Barmherzigkeit retten zu müssen der Großinquisitor vorgibt, indem er ihr das Scheinglück des Ameisenhaufens vermittelt, der Welt des Man also, in der sich der einzelne trügerisch aufgehoben und geborgen fühlt, wo ihm die Sorge um sein Brot und sein Gewissen abgenommen wird von einem Herrscher, eben der Kirche, die im Hintergrunde alle Macht der Welt in Händen hält. Daß es sich um eine existentiale Täuschung über die Wahrheit des Daseins, um eine fundamentale Lüge handelt, wird offen ausgesprochen. Das eigentlich satanische Element zeigt sich

---

[64] Die Brüder Karamasow, übers. v. E.K. RAHSIN, München 1985, S. 428.

aber vornehmlich darin, daß diese Lüge als der Barmherzigkeit entsprungen dargeboten wird. Kann doch jene Barmherzigkeit, die den Menschen von der endlosen Daseinssorge, vom Sein zum Tode und von der Nichtigkeit seines gottfernen In-der-Welt-seins erlöst, nur in Gott selbst entspringen, und besteht sie doch gerade darin, daß Gott den Menschen in die Eigentlichkeit ruft, nämlich sich der Wahrheit dieses Nichtigsein zu stellen und es eben dadurch zu transzendieren. Es ist diese grenzenlose, göttliche Barmherzigkeit, die aus dem Schweigen spricht, womit Christus die Rede des Großinquisitors erduldet, und dem Kuß, den er ihm am Ende auf die Lippen drückt. Aber das bis ins letzte sich durchhaltende Teuflische, ja, die Pointe liegt darin, daß sich Iwan nicht etwa durch diesen Kuß widerlegt sieht, sondern daß er an dessen Vergeblichkeit unbeirrt glaubt und die darin liegende göttliche Liebe unbeirrt zurückweist, weil er behauptet, daß sie die Verdammnis der überwältigenden Mehrheit (mit Ausnahme der wenigen Heiligen) nicht verhindert. So gibt sich die Zurückweisung des Opfers Christi heuchlerisch als Eintreten für die Gerechtigkeit und Barmherzigkeit im Namen dieser Mehrheit, womit Gott zum eifersüchtigen Hüter einer Elite herabgewürdigt und die unendlich Fülle der Gnade verleumdet wird.

Wenden wir uns nun nach dieser Erläuterung der existentialen Versuchung der moralischen zu. Hier werden wir uns kürzer fassen können, denn während es sich bei der existentialen Versuchung teils um eine nur in seltenen Augenblicken mögliche Grenzerfahrung, teils um eine allgemeine, daher nicht immer ausdrücklich bewußte Disposition handelt wie das peccatum originale, ist uns die Stimme des moralischen Gewissens aus alltäglicher Erfahrung ebenso vertraut wie die Stimme der moralischen Versuchung. Doch verdichtet auch diese sich zur mythischen Personifizierung in Grenzfällen. So stellt sich oft im Bereiche schwerer Kapitalverbrechen der Eindruck dämonischer Einwirkung ein, deren Opfer nach eigener Bezeugung plötzlich und ganz wider ihren eigenen Willen unter einer unwiderstehlichen Versuchung leiden, die sie mit furchtbarer Angst erfüllt. Dem Menschen widerfährt diese Versuchung als etwas ihm selbst vollkommen Fremdes, ihn seiner selbst Ent-fremdendes, als eine ihn von außen bedrängende, gleichwohl in seinem Inneren aufsteigende Macht, die ihn mit Entsetzen erfüllt und seinen Willen zu lähmen droht. So ist es nur folgerichtig, wenn dann der gläubige Christ das Kreuzeszeichen macht, also die andere transzendente Macht, eben Christus, zu Hilfe ruft. Man spricht in solchen Fällen von dämonischer Besessenheit, und wenn das heute auch meist nur als eine façon de parler verstanden wird, so war es doch früher ernst gemeint, ohne daß wir darüber ein theoretisches Verdikt aussprechen können, wie sich in den „Grundlegenden Betrachtungen" des I. Kapitels gezeigt hat. Auch wird damit der gemeinte Zustand rein phänomenologisch vollkommen exakt beschrieben. Es gibt also nicht nur keinen theoretischen Grund, sich an den zahlreichen Dämonenaustreibungen durch Jesus zu stoßen (ganz unbeschadet der ganz anderen Frage, ob wir an derartiges glauben oder nicht), sondern Dämonen sind auch wider alles Gerede moderner, sog. aufgeklärter Theologen ein ebenso substantieller wie legitimer Teil christlicher Offenbarung.[65] Wie die der fundamentalen, existentialen Versuchung entsprechende mythische Personifikation Satan selbst ist, so sind die der vereinzelt auftretenden, moralischen Versuchung entsprechenden mythischen Personifikation die Dämonen. Das Böse kann in seiner höchsten Potenz, aber auch aufgesplittert in mehr oder weniger Böses erfahren werden. Es handelt sich hier um die dem Mythos stets eigentümliche Tendenz, alles numinos zu konkretisieren und zu veranschaulichen, wobei sich im gegebenen Fall nach Maßgabe der Gewichtung eine gewisse Rangordnung ergibt. (So werden Dämonen gelegentlich als „Unterteufel" bezeichnet.)

Aber wir müssen gar nicht zu so extremen Beispielen greifen wie es die Versuchungen bei Kapitalverbrechen sind. Wer wollte bestreiten, daß ihm die teuflische Ein-gebung gänzlich fremd wäre, auch wenn er sie in sich mit Abscheu zurückgewiesen haben mag? Wie es darin mit dem Menschen steht, hat Schelling in seiner „Philosophie der Offenbarung" auf eindrucksvolle Weise zusammengefaßt. Nur eine seichte Philosophie, schreibt er dort, könne an dem radikal Bösen der menschlichen Natur zweifeln, eine Philosophie, „der selbst die Erfahrungen der gewöhnlichsten Menschennatur mangeln, jene niederschlagenden Erfahrungen, die zum Teil schon Kant in seiner Schrift über das radikal Böse angeführt hat: die Erfahrungen von einem herzlichen Wohlwollen, welches jedoch die Bemerkung zuläßt, ‚es sei in dem Unglück des Freundes etwas, das uns nicht mißfalle', von einer geheimen Falschheit selbst bei der innigsten Freundschaft, welche die Mäßigung des Vertrauens auch zwischen den besten Freunden zur Maxime der Klugheit macht, von dem Hange, denjenigen zu hassen, dem man verbindlich ist, wo noch, der in der Lage gewesen, einen anderen bedeutend zu fördern, fast gewiß sein kann, an ihm einen heimlichen, nur um so giftigeren Feind zu haben (…)" Und handelt es sich hier nicht um Erfahrungen einer *Selbstentfremdung*, vor der man zurückschaudert, so als ob sich unwillkürlich etwas uns Fremdes, Abscheuliches in unsere Seele

---

[65] Die heute übliche Behandlung „Besessener" mit psychologischen oder pharmakologischen Mitteln, nunmehr entsprechend „psychisch Kranke" genannt, kann nicht als Argument gegen die mythische Sichtweise des Phänomens verwendet werden. So hilft ja auch kein Hinweis auf die chemische Zusammensetzung der Hostie oder den psychologisch (also wissenschaftlich gedeuteten) Zustand ihres Empfängers, um die Transsubstantiation zu entkräften. Wie das Kapitel über die „Grundlegung" gezeigt hat, handelt es sich hier wie dort um ontologisch verschiedene Argumentations- und Deutungsebenen. Im übrigen sind Pharmaka mythischen Kulturen ja keineswegs fremd, wenn sie dort auch etwas vollkommen anderes bedeuten, wie z.B. die Bezeichnung „Gott des Rausches" zeigt. Was aber schließlich die psychologische Behandlung betrifft, so ist die Frage, wie man ihren Erfolg, falls er eintreten sollte, beurteilt. Christlich betrachtet kann dieser doch nur darin bestehen, daß der Besessene *zu Gott zurückfindet* – dies aber kann niemals auf psychologische Weise bewirkt werden. Schließlich sei noch darauf hingewiesen, daß der abergläubische Mißbrauch sog. Teufelsaustreibungen genauso wenig über die mythische Deutung der Besessenheit besagt, wie wissenschaftliche Scharlatanerie gegen die Wissenschaft. Kommt es doch heute keineswegs selten dazu, daß „Triebtäter" als geheilt entlassen wurden, obgleich sie alsbald ihr Unwesen fortsetzten.

drängte, das wir gar nicht selbst sind? Deswegen bezeichnet Schelling dieses Fremde und Abscheuliche in einer uns ganz geläufigen Weise, indem er fortsetzend schreibt: „Jener Geist" – also derjenige Satans – „(...) spielt (...) in allen Formen, Farben und Gestalten"[66], von ihm „ist der Wille des Menschen gleichsam beständig (...) umlagert; stets auf der Lauer, ist er jeden Augenblick bereit, jede Blöße, jede offene Stelle zu benutzen, durch welche der menschliche Wille ihm Eingang in sich verstattet."[67] Das NT aber, so bemerkt Schelling zurecht, ist in voller Übereinstimmung mit dieser Phänomenologie des Bösen. Denn dort ist der versuchende Geist in vielen Gestalten, Masken und Dämonen „vorgestellt als außer dem Menschen seiend und als einen Eingang in seinen Willen suchend"[68]

So weit die Versuchung und das Böse. Wie aber steht es mit den Engeln?

11. Die Engel

Wie die existentiale Versuchung als solche in Satan, ihre mannigfaltigen Erscheinungsweisen aber in den teuflischen Dämonen ihre mythische Personifikation finden, so finden das existentiale Gewissen als Ursprung der Gnadenerfahrung im Rufer, die mannigfaltigen Weisen der Gnadenerfahrung aber in den Engeln ihre mythische Personifikation.

In Sinne der christlichen Offenbarung sind daher Engel *Diener und Boten Gottes* und zwar als Botschafter, als Deuter von Heilsereignissen, Vollstrecker des göttlichen Willens, auch als Elementargeister und schließlich als Helfer und Schützer. Hier einige einschlägige Beispiele aus dem NT für diese verschiedenen Weisen, Gott zu dienen. *Botschafter*: Ein Engel verkündigt Maria die unbefleckte Empfängnis und den Hirten die Geburt Christi; ein Engel forderte Josef auf, nach Ägypten zu fliehen und später, nach Israel zurückzukehren; ein Engel verkündigt das Gesetz auf dem Berge Sinai, und nicht, wie im AT, Gott selbst, (Apg 7, 38.53; Hebr. 2,2; Gal 3,19), denn das Gesetz war neutestamentlich ja nur etwas Vorläufiges, noch nicht die eigentliche Offenbarung. *Deuter*: Es ist ein Engel, der angesichts des leeren Grabes auf Christi Auferstehung verweist (Mk 16, 5–7), und Engel trösten die Apostel mit Christi Wiederkehr (Apg 1,10). *Vollstrecker des göttlichen Willens*: Ein Engel entfernt den Grabstein, bestraft Zacharias mit Stummheit, weil er der Verkündigung nicht glauben wollte (Lk 1, 19–22), und ein Engel tötet Herodes (Apg 12,23). *Wirken als Elementargeister*: Es gibt Wasserengel (Apk 16,5) und Sternengel, besonders in Korrelation zu den sieben Planeten (Apk 5,6), und es heißt: „du machst Winde zu deinen Boten und Feuerflammen zu deinen Dienern." (Ps 104,4; Hebr 1,7) *Schützer und Helfer*: Jesus verweist auf die zwölf Legionen

---

[66] Schellings Werke 1857, Philosophie der Offenbarung, Bd. XIV, S. 270.
[67] A.a.O., S. 271.
[68] A.a.O., S. 273.

Engel, die ihm Gott zu Hilfe schicken könnte (Mt 26, 53), Engel treten ihm dienend zur Seite, als er den Versucher überwunden hatte (Mt 4,11) und ein Engel erscheint ihm auf dem Ölberg und stärkt ihn (Lk 22, 43). Engel befreien die Apostel aus dem Gefängnis (Apg 5, 19; 12,7), und Kinder haben Schutzengel (Mt 18,10).

Alle diese Fälle zeigen, daß Engel numinose Wesen sind, die sich, formal betrachtet, in ihrem Wirken und ihren Epiphanien vom Wirken und den Epiphanien mythischer Götter und Genien in keiner Weise unterscheiden. Auch diese wirken doch als Boten, Weissager, Vollstrecker und Elementargeister. Der Unterschied liegt wieder nur im *Inhaltlichen*: Die Engel sind auf Gott hin zentriert und der einen Offenbarung unterworfen. Wie aber Wirkung und Epiphanie hier formal übereinstimmen, so auch die *Art der Erfahrung*, mit der beides wahrgenommen wird: Es ist die *mythische*. Diese ist ja u.a. dadurch gekennzeichnet, daß das Gegebene und Wahrgenommene (eine innerlich vernommene Stimme, eine Traumerscheinung, ein zerstörerischer Blitzschlag, ein aufkommender Meeressturm, eine plötzliche, wunderbare Rettung), a priori im Lichte der mythischen Denkweise gedeutet wird, wodurch jedes Ereignis eine numinose Bedeutung hat, und der Kontext darüber entscheidet, welcher Gott, welche Göttin oder welcher Genius anwest. (Man denke an die Warnung Athenes, wie Achilleus zornentbrannt das Schwert gegen Agamemnon ziehen will. usw.) In einem Kulturkreis aber, wo einzelne Ereignisse als Wirken und Anwesenheit numinoser Mächte gedeutet und erfahren werden, können sich diese Wesen in Grenzfällen auch zu einer Epiphanie verdichten und damit unmittelbar Gegenstand der Wahrnehmung sein.

In der heutigen Welt, die sich mythischen Vorstellungen weitgehend entfremdet hat, sind im Gegensatz zu früheren Zeiten Erfahrungen solcher Art, besonders Epiphanien, zwar selten, doch sind sie, auch und gerade in ihrem christlichen Verständnis, ebenso wenig vollkommen erloschen, wie andere Arten mythischen Welterlebens.[69] Aber wie meistens in solchen Fällen, sind sie nur halbbewußt oder kommen nicht zu ihrer vollen Entfaltung, weil sie sogleich durch jene heute alles beherrschende Ontologie überlagert werden, die dem wissenschaftlichen Denken eigentümlich ist. Deshalb stellen sich am ungebrochensten Erfahrungen dieser Art bei Kindern ein, besonders bei Gelegenheit christlicher, ja immer noch gebräuchlicher Festeszeiten, und so finden wir Engeldarstellungen in Kinderbüchern und Kinderstuben, nicht selten auch auf von Kindern gemalten Bildern. Redewendungen wie „Du bist ein Engel", „ein Engel schwebte durch den Raum", „Ich hatte in diesem Augenblick einen Schutzengel", „sein guter Engel sagte ihm" usw. sind noch gebräuchlich, und mehr oder weniger bewußt schwingt darin unverändert eine Gestimmtheit mit,

---

[69] Vgl. K. HÜBNER, Die Wahrheit des Mythos, wo mythisches Denken heute auch in den Bereichen der Politik und der Kunst nachgewiesen wird. Zum Mythischen in der Politik hat sich der Verf. ausführlicher in seinem Buch „Das Nationale. Verdrängtes-Unvermeidliches-Erstrebenswertes" (Graz 1991) und zum Mythischen in Kunst und Musik in seinem Buch „Die zweite Schöpfung. Das Wirkliche in Kunst und Musik" (München 1994) geäußert.

die durchaus über das Floskelhafte solcher Ausdrücke hinausgeht. Am deutlichsten wird das in besonders ernsten oder besonders glücklichen Momenten, z.B. in einem plötzlich auftretenden, wunderbaren und tiefen Vertrauen angesichts einer drohenden Gefahr oder in der wunderbaren, unvermittelten Wendung zu einer Rettung. So fühlte sich D. Bonhoeffer vor seiner Hinrichtung „von guten Mächten wunderbar geborgen", aber es bedarf gar nicht solcher extremer Erfahrungen, sondern es ist uns auch, wie es P.L. Berger verstanden hat[70], der Einbruch der Transzendenz in die Alltagswirklichkeit nichts Unbekanntes. Wem ist die Erfahrung erspart geblieben, im Straßenverkehr haarscharf einer Katastrophe entronnen zu sein? Und stellt sich nicht hinterher ganz unwillkürlich das Gefühl der Dankbarkeit vor einer Macht ein, die unser Schicksal in Händen hielt, womit, in durchaus exakter Beschreibung, so etwas wie ein Schutzengel gemeint ist? Und ist nicht auch dies eine geläufige, auf viele Erfahrungen gestützte Redeweise, daß Kinder einen Schutzengel haben?

Freilich handelt es sich hier um eine *gedeutete* Erfahrung, aber die heute geläufige Alternative, daß nämlich ein Zufall vorliege, ist ja auch eine gedeutete, allerdings sogar eine irreführend gedeutete, worauf ich bereits im II. Kapitel, 4 hingewiesen habe. Denn eigentlich könnte man nur sagen, daß das betroffene Ereignis nicht wissenschaftlich erklärbar sei. Doch geht es im gegebenen Zusammenhang nicht um die bereits hinreichend behandelte Erkenntnisfrage, sondern es geht darum zu zeigen, daß die Engelserfahrung ein *konstitutiver Teil* christlicher Existenz und Erfahrung ist, nicht anders und nicht weniger als die ihr vorausgehende und zugrunde liegende Erfahrung des Rufers im Lichte der Offenbarung. Ein sicheres Zeichen hierfür ist auch die bedeutende Rolle, welche die Engel in der Kunst und Literatur spielen und das selbst in einer Zeit, die längst im Banne der Säkularisation und wissenschaftlicher Rationalität steht. Ich erwähne nur Barlach, Marc Chagal, Lagerlöf, Cocteau und Rilke. Auf ihn, den man geradezu den Dichter des Engels nennen könnte, komme ich noch zurück.

Bisher war nur die Rede von den Engeln in ihrer mythischen Bedeutung und als Gegenstände mythischer Erfahrung. Insofern haben sie, wie auch die Dämonen, *eine mythische, eine immanente Transzendenz*. (Vgl. V. Kapitel, 2 und 3.) Denn einerseits sind ja Engel und Dämonen wie die mythischen Götter weltimmanent, gehören aber andererseits ebenso wenig wie diese der engeren, profanen Sphäre an, wenn sie auch in diese hineinwirken und insofern Gegenstand mythischer Erfahrung sein können. Die Engel haben aber nicht nur eine innerweltlich-mythische, sondern auch eine außerweltlich-transzendente Dimension. Sehen sie doch, wie es Mt 18,10 heißt, das Angesicht des transzendenten Gottes; im Jüngsten Gericht, nach dem Untergang der Welt, scheiden sie die Guten von den Bösen (Mt 24,31; Mk 13,27), ja sie gehören überhaupt zum Forum des Gerichtes. (Lk 12,8; 15,10; 1Tim. 5,21) Engel bewachen den Eingang zum Jenseits der Welt, welches das Paradies ist, und es ist von Hierarchien der Engel wie von einem himmlischen Hofstaat die Rede (Cherubim,

---

[70] P.L. BERGER, Auf den Spuren der Engel, München 1970.

Serafim, Erzengel). Schließlich sind sie als Diener des absolut transzendenten Gottes Vermittler zwischen ihm und der Welt. Insofern befinden sie sich, im Gegensatz zu den Menschen, in unmittelbarer Gottesnähe (sie sehen das Angesicht Gottes) und werden daher als „reine Geister" bezeichnet.

Um diese scheinbare Zwiespältigkeit in der Bestimmung der Engel richtig zu verstehen, muß man zunächst festhalten, daß das NT Engel eindeutig als *Geschöpfe* betrachtet. Denn wenn es im Kol 1,16 heißt, alles im Himmel und auf Erden sei durch Christus geschaffen worden, das Sichtbare und das Unsichtbare, so sind doch auch die Engel darin eingeschlossen.[71] Daher heißt es weiter im Kol 1, 20: „Denn es hat Gott wohlgefallen,/daß in ihm" (Christus) „die Fülle wohnen sollte/und er durch ihn alles mit sich versöhnte,/es sei auf Erden oder im Himmel,/ indem er Frieden machte durch sein Blut auf Erden." Nicht nur die Menschen, sondern auch *die mythischen Götter, Geschöpfe wie alles der Welt Immanente*, sind also der Gnade teilhaftig geworden. Wo sie aber die Gnade annahmen, wirken sie nunmehr als himmlische Engel. Der bezeichnete Zwiespalt in der Bestimmung der Engel löst sich somit dahingehend auf, daß sie, zwar Geschöpfe wie die Menschen, aber nicht wie diese in das Profane gefesselt, sondern im Besitze mythischer Transzendenz, schon jetzt „lobpreisend" Gottes Angesicht sehen, womit nichts anderes gemeint ist, als daß sie bereits der überirdischen Freude teilhaftig sind. Eben daraus ergibt sich auch die weitere Vorstellung von den himmlischen Heerscharen und ihrer Teilhabe am Jüngsten Gericht. *So sind die Engel die christliche Transposition der mythischen Götterwelt in das Äon der Erlösung durch Jesus Christus.* Die Welt in ihrem umfassend mythischen Sinn, so zeigt sich auch hier, ist und bleibt daher eine Grundlage des christlichen Glaubens.

Wenn ich nun, wie angekündigt, auf Rilkes Engelsdichtung zurückkomme, so deswegen, weil gerade in ihr deutlich wird, wie die Engelserfahrung auch unter weitgehend säkularisierten Bedingungen fortlebt, selbst wenn sie dabei, verglichen mit den Zeiten ungebrochenen Glaubens, einer tiefgreifenden Wandlung unterworfen wurde. Angesichts von Rilkes umfassender Engelsdichtung beschränke ich mich auf ihren bedeutendsten Teil, die *Duineser Elegien*.

Schon die erste beginnt, gleichsam das Thema einer gewaltigen Fuge anschlagend, mit der Klage um die unerreichbar gewordenen Engel: „Wer wenn ich schriee, hörte mich denn aus der Engel Ordnungen?" Die Engel haben sich entfernt, sie sind uns unerreichbar geworden, so daß nun jene dem Numinosen von Göttern eigentümliche majestas, jenes fascinans und tremendum die milderen, den Menschen näher rückenden Erscheinungsformen von Engeln verdrängt haben: „und gesetzt selbst, es nähme mich einer plötzlich ans Herz: Ich verginge von seinem/ stärkeren Dasein." (majestas) „Denn das Schöne" (fascinans) „ist nichts/ als des Schrecklichen Anfang, den wir noch gerade ertragen,/ und wir bewundern es so, weil es gelassen verschmäht,/ uns zu zerstören."

---

[71] Zum Unterschied der Redewendung „durch Chistus geschaffen" und „von Gott her geschaffen", vgl. das V. Kapitel, 2.

Ein jeder Engel ist schrecklich" (tremendum). Um dieses Unerreichbar-Gewordensein erklingt die Klage: „Und so verhalt ich mich denn und verschlucke den Lockruf/ dunkelen Schluchzens." Was bleibt uns nach diesem Verlust? Es gibt wohl den Zauber des Unmittelbaren, der kleinen, vertrauten Dinge, vor allem die Liebe – allein das Ewige ist aus unserem Leben entschwunden. Denn „Bleiben ist nirgends." Und doch vernehmen wir unverändert die Botschaft aus jener anderen Welt, die, wie immer sie sich entfernt haben mag, zu uns dringt: „Stimmen, Stimmen. Höre mein Herz, wie sonst nur/ Heilige hörten: daß sie der riesige Ruf/ aufhob vom Boden; sie aber knieten,/ Unmögliche, weiter und achtetens nicht:/ So waren sie hörend. Nicht daß du Gottes ertrügest/ die Stimme, bei weitem. Aber das Wehende höre,/ die ununterbrochene Nachricht, die aus Stille sich bildet. Es rauscht jetzt von jenen jungen Toten zu dir." So wie Heilige können wir nicht mehr hören – aber wir vernehmen die Botschaft der Toten, die ja immer noch in unser Leben hineinreichen, und so übersteigen wir dennoch unwiderstehlich das nur Hiesige. „Könnten wir sein ohne sie?" Ist es nicht das Nahsein der Toten, wodurch „das Leere in jene/ Schwingung geriet, die uns hinreißt und tröstet und hilft"? „(...) Lebendige machen/ alle den Fehler, daß sie zu stark unterscheiden./ Engel (sagt man) wüßten oft nicht, ob sie unter/ Lebenden gehn oder Toten. Die ewige Strömung/ reißt durch beide Bereiche alle Alter/ immer mit sich und übertönt sie in beiden." Das Dasein ist die das Hiesige *und* Jenseitige umfassende Dimension, was den Engeln selbstverständlich ist, wie sehr sie sich auch uns heute entrückt haben mögen. Nur im Bezug auf beide Bereiche, selbst uns Heutigen immer noch vermittelt durch die Toten, die ja nicht aufhören, Teil unseres Lebens zu sein, ergreift uns der hinreißende Zauber und die Fülle des Daseins.

Die zweite Elegie nimmt die Klage um die aus dem Leben in unerreichbare Ferne entwichenen Engel wieder auf. „Jeder Engel ist schrecklich. Und dennoch, weh mir,/ ansing ich euch, fast tödliche Vögel der Seele, wissend um euch." Wo sind die Zeiten, da uns Engel erschienen und trösteten und halfen: „Wo sind die Zeiten Tobiae,/ da der Strahlendsten einer stand an der einfachen Haustür,/ zur Reise ein wenig verkleidet und schon nicht mehr furchtbar;/ (Jüngling dem Jüngling, wie er neugierig hinaussah). Träte der Erzengel jetzt, der gefährliche, hinter den Sternen nur nieder und herwärts: hochauf-/schlagend erschlüg uns das eigene Herz (...)" Die Engel sind uns nicht mehr vertraut, abgewandt von uns, zeigen sie nur noch ihr unnahbar göttliches Dasein: „Wer seid ihr?/ Frühe Geglückte, ihr Verwöhnten der Schöpfung,/ Höhenzüge, morgenrötliche Grate/ aller Erschaffung, – Pollen der blühenden Gottheit, Gelenke des Lichtes, Gänge, Treppen, Throne,/ Räume aus Wesen, Schilde aus Wonne, Tumulte/ stürmisch entzückten Gefühls und plötzlich, einzeln/ Spiegel: die die entströmte eigene Schönheit/ wiederschöpfen zurück in das eigene Antlitz." Wir aber sind die Flüchtigen und Schwindenden, „ach wir/ atmen uns aus und dahin; von Holzglut zu Holzglut/ geben wir schwächern Geruch." Engel und Menschen scheinen nichts mehr gemein zu haben: „Fangen die Engel/ wirklich nur Ihriges auf, ihnen Entströmtes,/ oder ist manchmal, wie aus Versehen, ein wenig / unseres Wesens dabei? Sind wir in ihre/ Züge soviel gemischt wie das Vage in die Gesichter/schwangerer Frauen?"

In der siebenten Elegie insbesondere enthüllt sich die Verwandlung der Welt, welche die Entfernung der Engel zur Folge hatte: „Weite Speicher der Kraft schafft sich der Zeitgeist, gestaltlos/ wie der spannende Drang, den er aus allem gewinnt./ Tempel kennt er nicht mehr." Aber wir erinnern uns vergangener Zeiten: „Dies stand einmal unter Menschen,/ (...) wie seiend, und bog / Sterne zu sich aus gesicherten Himmeln, Engel,/ dir noch zeig ich es, da! In deinem Anschaun / steht es gerettet zuletzt, nun endlich aufrecht./ Säulen, Pylone, der Sphinx, das strebende Stemmen,/ grau aus vergehender Stadt oder aus fremder, des Doms./ War es nicht Wunder? (...) ein Turm war groß, nicht wahr? O Engel, er war es, – / groß auch noch neben dir? Chartre war groß – und Musik/ reichte noch weiter hinan und überstieg uns (...)" Und doch ist dies alles „das Frühere" und nicht mehr wiederzuholen. „Glaub nicht, daß ich werbe. Engel, und würb ich dich auch! Du kommst nicht (...)"

Sind wir also unwiederbringlich Verlorene? Nein. Was schon in der ersten Elegie anklang, der in dem Bezug zu beiden Bereichen entspringende Zauber das Daseins, dem Hiesigen und Jenseitigen, wird nun in der siebenten tiefer erfaßt. Zwar kennen wir Tempel nicht mehr. Aber „Diese, des Herzens Verschwendung/ sparen wir heimlicher ein. Ja, wo noch eins übersteht,/ ein einst gebetetes Ding, ein gedientes, gekniees –, /hält es sich, so wie es ist, schon ins Unsichtbare hin./ Viele gewahrens nicht mehr, doch ohne den Vorteil,/ daß sie's nun innerlich baun, mit Pfeilern und Statuen, größer!" Was ist damit gemeint?

Nicht, daß diese Weltverinnerlichung die verlorene Transzendenz etwa auf Umwegen wieder zurückholte. Die Kluft, die uns von ihr trennt, das zeigt die neunte Elegie, bleibt unüberbrückbar. Das auf sie Verweisende, das Unsägliche des Daseins, seine geheimnisvolle, unergründliche Tiefe, ahnen wir zwar in den Tiefen von Gefühlen wie Trauer und Liebe – „also die Schmerzen (...) also vor allem das Schwersein, also der Liebe lange Erfahrung"; wahrhaft offenbarte sich aber Unsägliches erst in dem uns unerreichbar gewordenen, „andern Bezug": Denn später, unter den dortigen Sternen, zeigte sich: „die sind besser unsäglich."

Also bedeutet Rilkes Weltverinnerlichung: Feier des Daseins. „Hier ist des Säglichen Zeit, hier seine Heimat." „Preise dem Engel die Welt, nicht die unsägliche, ihm/ kannst du nicht großtun mit herrlich Erfühltem; im Weltall,/ wo er fühlender fühlt, bist du ein Neuling. Drum zeig/ ihm das Einfache, (...) Sag ihm die Dinge. Er wird staunender stehn (...)" Gemeint sind die verinnerlichte, einfache, alltägliche Arbeit und Tätigkeit, sind die uns nahestehenden, geliebten Dinge – „Zeig ihm, wie glücklich ein Ding sein kann, wie schuldlos und unser,/ wie selbst das klagende Leid rein zur Gestalt sich entschließt,/ dient als ein Ding oder stirbt als ein Ding –, (...) Und diese, von Hingang lebenden Dinge verstehn, daß du sie rühmst (...)" Schon in der ersten Elegie hieß es: „Ja, die Frühlinge brauchen dich wohl. Es muteten manche/ Sterne dir zu, daß du sie spürtest." Und in der siebenten: „(...) Und vor sich, den Sommer./ Nicht nur die Morgen alle des Sommer –, nicht nur/ wie sie sich wandeln in Tag und strahlen vor Anfang/ (...) Nicht nur die Andacht dieser entfalteten Kräfte,/ Nicht nur die Wege, nicht nur die Wiesen im Abend,/ (...) sondern die Nächte! Sondern die hohen, des Sommers,/ Nächte, sondern die Sterne, die Sterne der Erde (...) Hiersein ist herrlich (...) eine Stunde war jeder, vielleicht nicht/ ganz eine Stunde, ein mit Maßen der Zeit kaum/ Meßliches zwischen zwei Welten, da sie ein Dasein hatten. Alles. Die Adern voll Dasein." Aber wo immer das geschieht, vollzieht sich Verwandlung des unmittelbar Sicht- und Greifbaren, verschmilzt es mit dem Innenraum des Menschen, wo es erst seine Bedeutung erlangt, wo seine Seele und sein Geist erwachen. „Erde, ist es nicht dies, was du willst: unsichtbar/ in uns erstehen? – Ist es dein Traum nicht, einmal unsichtbar zu sein? – Erde! unsichtbar!/ Was wenn Verwandlung nicht, ist dein drängender Auftrag?/ Erde, du liebe, ich will. O glaub, es bedürfte/ nicht deiner Frühlinge mehr, mich dir zu gewinnen, einer,/ ach, ein einziger ist schon dem Blute zu viel. Namenlos bin ich zu dir entschlossen, von weit her./ Immer warst du ihm Recht, und dein heiliger Einfall ist der vertrauliche Tod."

In dieser Daseinstrunkenheit als Vergeistigung und Verinnerlichung der Welt sieht also Rilke das Rettende vor dem beklagten Zeitgeist, der nach dem Verlust der einst in das menschliche Leben tief eindringenden Transzendenz („Säulen", „Pylone", „Sphinx", „Dome", „Chartre") nur leere Oberflächlichkeit und Sinnlosigkeit gebracht hat: „(...) wo (...) aus der Gußform des Leeren der Ausguß/ prahlt, der vergoldete Lärm, das platzende Denkmal (...)" Auch die Kirche ist davon betroffen, „die fertig gekaufte:/reinlich und zu und enttäuscht wie ein Postamt am Sonntag." Die Welt ist ein Jahrmarkt geworden, „Schaukeln der Freiheit! Taucher und Gaukler des Eiferns!/ Und des behübschten Gefühls figürliche Schießstatt,/ wenn ein Geschickterer trifft. Von Beifall zu Zufall/ taumelt er weiter; denn Buden jeglicher Neugier/ werben, trommeln und plärrn: Für Erwachsene aber/ ist noch besonders zu sehn, / wie das Geld sich vermehrt, anatomisch,/ nicht zu Belustigung nur: der Geschlechtsteil des Gelds,/alles, das Ganze, der Vorgang (...)"

Vor solchem bewahrt uns die Weltverinnerlichung, denn sie ist die Welt der Poesie, in der alles Leblose belebt, alles Sinnliche, Materielle geistig wird, wo alles Geistige sich versinnlicht und materialisiert; wo Subjekt und Objekt verschmelzen und alles konkret anschaulich Besondere eine allgemeine Bedeutung erhält, alles Allgemeine zum konkret anschaulich Besonderen wird; wo die Welt zur Musik wird, weil Musik alles Gegenständlich-Sichtbare in das Unsichtbare der Gestimmtheit verwandelt, es gleichsam von Innen her neu erstehen läßt. Poesie ist also Verzauberung der Welt. Aber ist sie – so erfaßt, erlebt und beschrieben – etwas anderes als die Weise des mythischen Sehens, Schauens, Fühlen und Denkens? Wie für Hölderlin, so ist auch für Rilke die Rettung der Welt „in dürftiger Zeit" die Rettung durch den Dichter – und damit durch den Mythos. Eine Rettung freilich, die selbst zunächst nur in der Stille und unsichtbar vor sich gehen kann, weil sie allein darin besteht, die Wahrheit mythischer

Weltverklärung offen zu halten und zu bewahren für jene, die sie zu vernehmen verstehen. (In seiner Elegie „Brot und Wein" sagt Hölderlin von den Dichtern: „Aber sie sind (...) wie des Weingotts heilige Boten,/ Welche von Lande zu Land ziehen in heiliger Nacht.")
Und doch unterscheiden sich Hölderlin und Rilke auf tiefgreifende Weise. Zwar schöpfen beide aus dem griechischen Mythos, der Hölderlins Dichtung fast durchgängig, diejenige Rilkes zu einem bedeutenden Teil bestimmt (man denke vor allem an seine Orpheus-Gedichte). Aber Rilke ist dem Christentum einerseits ferner, anderseits näher als Hölderlin. Er ist ihm ferner, denn Christus kommt in seiner Dichtung im Gegensatz zu derjenigen Hölderlins, wo er eine bedeutende Rolle spielt, nicht vor; und er ist ihm näher, denn die Engel, die wieder bei Hölderlin nicht vorkommen, sind doch in ihrer tranzendenten Dimension auf ein „unsägliches" Zentrum gerichtet, das der christlichen Vorstellungswelt entspringt, aus der Rilke mehr lebt, als er zugeben will. Diese dem Mythos so fremde, absolute Transzendenz wird ja von Rilke gar nicht geleugnet, und zwar gerade dadurch, daß er sich bewußt von ihr – und von den in ihrer Sphäre angesiedelten Engeln – loslöst und sich der rein mythischen Weltverklärung zuwendet. Denn nicht, daß es diese Sphäre nicht gäbe, will er sagen, sondern nur, daß sie für uns Heutige in unerreichbare Ferne entrückt ist. Die gewaltige Klage vor den Engeln bezeugt es – wozu erhöbe er sie, wenn es Engel nicht gäbe?[72] – und es bezeugt auch seine Schilderung des Totenreichs.

Dieses entspricht zunächst ganz demjenigen des Mythos: Wie in diesem sind uns die Toten noch nah, sie reichen in unser Leben hinein. Nur allmählich entschwinden sie uns, und entwöhnen sich schließlich des Irdischen: „Freilich ist es seltsam, die Erde nicht mehr zu bewohnen,/ kaum erlernte Gebräuche nicht mehr zu üben,/ (...) Seltsam, die Wünsche nicht weiterzuwünschen. Seltsam,/ alles, was sich bezog, so lose im Raume/ flattern zu sehen." „Das Totsein ist mühsam/ und voller Nachholn, so daß man allmählich ein wenig/ Ewigkeit spürt." Diese mythische Totenwelt ist aber für Rilke nur ein Zwischenreich, und die zehnte Elegie handelt davon, wie sie ein junger Toter, geführt von einem jungem Mädchen, das er eine Klage nennt, durchschreitet. Da heißt es dann: „Doch der Tote muß fort", und das Mädchen, die Klage, bringt ihn „bis an die Talschlucht, wo es schimmert im Mondschein: Die Quelle der Freude." „Und da umarmt sie ihn, weinend. Einsam steigt er dahin, in die Berge des Urleids./ Und nicht einmal sein Schritt klingt aus dem tonlosen Los." Quelle der Freude, Berge des Urleids, tonlose Stille – so entschwindet schließlich der Tote in das letzte, unaussprechliche, unbegreifliche Mysterium,

---

[72] Die gelegentliche, briefliche Äußerung Rilkes, Engel gäbe es nicht, hat K. KIPPENBERG in ihrem Buch „Rainer Maria Rilkes Duineser Elegien (Frankfurt/M. 1946) wohl zutreffend so verstanden, daß diese sich nur gegen die Art richtet, „(...) wie etwa mancher Christ an sie glaubt" (S. 96) – also in enger Verbindung mit der christliche Heilslehre. Aber im Hinblick auf den für ihn entscheidenden Punkt, daß Engel nicht allein dem transzendenten Bereich angehören, besteht zwischen Rilke und der christlichen Auffassung kein Unterschied.

den absolut transzendenten Urgrund aller Dinge, Quelle der Freude, Gebirge des Urleids – der Rest ist Schweigen. Die Elegie endet mit einem Gleichnis: „Aber weckten sie uns, die unendlich Toten, (…)/ siehe, sie zeigten vielleicht auf die Kätzchen der leeren/ Hasel, die hängenden, oder/ meinten den Regen, der fällt auf dunkles Erdreich im Frühjahr. – / Und wir, die wir an *steigendes* Glück/ denken, empfänden die Rührung,/ die uns beinah bestürzt, wenn ein Glückliches *fällt*." Die Kätzchen, der Regen – alles kehrt zum unergründlichen Erdreich zurück. Diese Zentrierung auf ein Letztes, Höchstes, Transzendentes kann den christlichen Ursprungs nicht verleugnen, zumal es ja im Zusammenhang mit den Engeln, mit Rilkes früherer Dichtung und seiner eigenen Herkunft gesehen werden muß. Und selbst wenn Rilke erklärt hat, es herrsche „eine unbeschreibliche Diskretion" zwischen ihm und Gott[73], so darf man nicht vergessen, daß doch dieser, als christlicher, letztlich der verborgene Gott, der deus absconditus ist.

Rilkes leidenschaftliche Hinwendung zum Dasein bedeutet also keineswegs, etwa wie bei Nietzsche, die vollständige Abwendung von aller Transzendenz. Vielmehr wird Transzendenz in das Dasein gleichsam hineingenommen: Wir finden sie in unserem Verhältnis zum Totenreich, in unserer leidvollen Erfahrung ihres Verlustes, im Schrei und der Sehnsucht nach dem Engel, der auf das Unsägliche, auf das letzte Mysterium des Freude wie Leid in sich bergenden Ursprungs verweist. Alles dieses also, der „andere Bezug" als das mythische Totenreich, und der Bezug auf das davon noch Jenseitige, absolut Transzendente christlicher Provenienz, ist substantieller Teil der geforderten Verwandlung des Daseins in den Innenraum, ist Teil des darin erfaßten, gefeierten Lebens selbst. Wo uns diese Transzendenz nicht mehr unmittelbar zugänglich ist, fühlen wir sie mittelbar wie ein Magnetfeld, in dem wir uns bewegen, fühlen wir sie in den Grenzerfahrungen des Daseins, die es am tiefsten prägen: im Unsäglichen der Liebe, des Leids und der Natur (der Frühling, der Sommer, die Sterne …). So ist es nur der Widerschein des aus der Welt Entschwundenen, von dem die Rilkesche Herrlichkeit des Daseins zehrt, sie ist und bleibt eine erborgte, und die Wandlung in den Innenraum geschieht ja nur deswegen, weil nur in diesem Raum jene Leben und Tod, Diesseits und Jenseits umfassende Wirklichkeit noch erfahrbar wird, sie, die etwas von dem Glanze der Engels-Welt enthält. „Daß ich dereinst, an dem Ausgang der grimmigen Einsicht/ Jubel und Ruhm aufsinge zustimmenden Engeln." (Zehnte Elegie) „O staune, Engel, denn wir sinds,/ wir, o du Großer, erzähls, daß wir solches vermochten (…). „(Siebente Elegie.) Es ist das Paradoxon der Duineser Elegien, daß in ihnen Transzendenz gerade in der Klage um ihren Verlust anwest. Und darin wurzelt für Rilke des Hierseins Herrlichkeit auch noch in „dürftiger Zeit".

---

[73] Vgl. K. KIPPENBERG, a.a.O., S. 96.

VIII. Kapitel
Christliche Ethik

Kehren wir jetzt zur Frage der moralischen Eigentlichkeit zurück, welche die existentiale Eigentlichkeit und Transzendenzbeziehung zur Voraussetzung hat. In dieser moralischen Eigentlichkeit wird die Werte-Welt des Man als ein Schein des In-der-Welt-seins entlarvt, hinter dem sich das nichtige Dasein verbirgt, dem es nur um es selbst geht. Der Ruf in die moralische Eigentlichkeit ist aber christlich der Ruf, die göttlichen Gebote zu befolgen.

Nun ist das Dasein, da niemals wirklich Herr über sich selbst, ein stets in das In-der-Welt-sein Geworfenes, mit Heidegger zu reden. Es findet sich da in einer bestimmten historischen Situation vor, die es sich nicht ausgesucht hat, und durch die es geistig wie physisch, als Individuum sowohl wie als Mitglied menschlicher Gemeinschaften, in mannigfaltiger Form weitgehend geprägt ist. *So ist auch „Geworfenheit" ein Existential des Daseins.* Darin liegt aber, daß auch die existentiale, und weiter die moralische Eigentlichkeit immer nur in einer bestimmten historischen Situation erfolgen kann, in der sich das Dasein je vorfindet. Entsprechend entstand, wie im III. Kapitel gezeigt, die christliche Idee von Sünde aus dem historisch gegebenen jüdischen Gesetz. Die kanonischen Schriften des Paulus sind ja auch ohne diesen Zusammenhang gar nicht verstehbar. Das jüdische Gesetz war also, existentialanalytisch betrachtet, jene historisch vorliegende, alles umfassende Ordnung des In-der-Welt-seins, an der das existentiale Gewissen und Schuldigsein ebenso wie die Erlösungsbedürftigkeit des Menschen erwachte. Wenn wir nun erwägen, daß uns das jüdische Gesetz eben wegen seiner Historizität zu einem großem Teil in weite Ferne gerückt ist, so ist zu fragen: Was bedeutet „Gesetz", wenn wir es von seinen spezifisch jüdischen und damit nur historischen Elementen lösen? Von welchem Gesetz ist die Rede, wenn es für uns heutige den Anlaß bieten soll, zur moralischen Eigentlichkeit im christlichen Sinne zu kommen? Und welchen auch für uns heute noch gültigen Inhalt haben dann die göttlichen Gebote?

1. Das Jüdische Gesetz

Erinnern wir uns zunächst noch einmal daran, daß das Jüdische Gesetz den *gesamten Lebensbereich* umfaßte: Rechtspflege, Rituale, Sitte und Brauch, wirtschaftliche und moralische Grundsätze usw. Es bildete das innere Ordnungsgefüge, die *Lebensgrundlage der nationalen Gemeinschaft.* Das Gesetz war die unabdingbare Voraussetzung für den Wohlstand, das Glück und das Heil der Bürger. Daher sind auch seine im engeren Sinne moralischen Gebote, z.B. diejenigen des Dekalogs (Zehn Gebote), nicht als etwas absolut und kategorisch Gültiges zu verstehen, sondern sind ebenfalls Teil jenes *Zweckzusammenhanges*, dem das Gesetz dient. So betrachtet, ist jede Schuld als Abweichung vom Gesetz letztlich nur *Verirrung* und *Torheit*, denn sie führt vom rechten Wege des doch gewollten Wohlstandes, des Glücks und des Heils ab. Daher steht geschrieben: ihr sollt „meine Satzungen halten und meine Rechte. Denn welcher Mensch dieselbe tut, der wird dadurch leben (...)" (Lev 18, 5) Es geht deshalb beim Gesetz auch weniger um Gehorsam und Strafe, sondern um die Aufforderung, einsichtig zu *hören*, oder, im Falle daß dies nicht geschieht, die *Folgen* davon zu tragen.[1] Entsprechend enthält auch der Dekalog Gebote, aber keine Strafandrohungen.

Auf den ersten Blick scheint also das Jüdische Gesetz, philosophisch ausgedrückt, nur *hypothetische Imperative* zu enthalten. Darunter versteht man solche, die nicht etwas kategorisch und damit absolut fordern, sondern nur *unter einer Bedingung*, im gegebenen Fall also unter der Bedingung, daß ein bestimmtes Ziel angestrebt wird, nämlich Glück und Heil der Nation und der ihr Zugehörigen. Ein solches Verständnis von Imperativen wird als Utilitarismus bezeichnet, womit ja nichts anderes gemeint ist, als daß sie der Erreichung bestimmter Zwecke dienen. Nun enthält aber das Jüdische Gesetz auch moralische Forderungen, z.B. im Dekalog (die Zehn Gebote), und folglich müßten auch sie utilitaristisch gedeutet werden. Dagegen erhebt sich jedoch der alte Einwand, daß damit das Moralische, eben weil es so als bloßes Mittel für menschliches Glück betrachtet wird, nur eine besondere Form des Egoismus darstelle, während es doch andererseits gerade Ausdruck der Selbstlosigkeit sein solle. Der Streit, was in diesem Sinne das Moralische eigentlich sei, beginnt schon in der Antike und ist niemals endgültig beendet worden. Dabei geht es beispielsweise um die Frage: Sollen wir deshalb nicht lügen, weil Lügen kurze Beine haben (hypothetischer Imperativ) oder weil Lügen sich absolut verbietet (kategorischer Imperativ)? Sollen wir uns, allgemein gesprochen, moralisch verhalten, weil wir damit à la long besser fahren, oder sollen wir uns in *Absehung aller möglichen Vorteile moralisch verhalten*, ja u.U. sogar um den Preis des eigenen Lebens?[2]

Man machte es sich jedoch zu leicht, wenn man die Gebote des Jüdischen Gesetzes insgesamt als hypothetische Imperative ansähe, wie es freilich oft geschieht, weil man im alttestamentarischen Gott nur den zürnenden und strafenden zu sehen gewohnt ist, dessen Forderungen der Mensch letztlich im Triebe reiner Selbsterhaltung zu befolgen bestrebt sein wird. Dabei wird jedoch

---

[1] Vgl. M. LIMBECK, Das Gesetz im Alten und Neuen Testament, Darmstadt 1997, S. 8 ff.

[2] Der Einwand, daß man doch vielleicht auch in der völligen Selbstaufopferung sein Glück finden kann, übersieht, daß damit von einem ganz anderen, nämlich *inneren Glück* die Rede ist. Wenn hingegen lügen zu vermeiden ist, weil Lügen kurze Beine haben, so deswegen, weil man im Ertapptwerden einer peinlichen und überaus nachteiligen Situation ausgesetzt ist.

Das Jüdische Gesetz

übersehen, daß die Gebote des Gesetzes als Gottes Liebe zu seinem Volk zu verstehen sind: Hat er sie ihm nicht gegeben, um ihm Wohlstand und Heil zu sichern? Ist er den Juden nicht wie der Vater, der es mit seinem Kinde gut meint, auch wenn er es die Härte der Folgen spüren läßt, die es wegen seiner Verfehlungen zu tragen hat? *Die Furcht vor Jahwe ist also eher einsichtige Verehrung und jene hingebende Liebe, welche der hingebenden Liebe entgegengebracht wird.*[3]

Es gibt eine mythische Arché von Gottes Barmherzigkeit und Liebe, nämlich die Errettung der Juden aus Ägypten. Die hier angesprochene Arché ist gleichsam die *Definition Jehowas*[4], wie auch aus dem ersten Gebot hervorgeht, wo es heißt: „Ich bin der Herr, dein Gott, der ich dich aus Ägyptenland, aus dem Sklavenhause[5], geführet habe." (Ex 20,2) Als mythische Arché wird dieses Ereignis beständig wiederholt, es ist im Grunde immer Jehowas Barmherzigkeit, die in jeder Barmherzigkeit geübt wird. So steht im Dtn (15, 12–18): „Wenn sich dein Bruder, Hebräer oder Hebräerin, dir verkauft, so soll er dir sechs Jahre dienen, im siebenten Jahr sollst du ihn frei los geben. Und wenn du ihn frei los gibst, sollst du ihn nicht leer von dir gehen lassen (...) Und gedenke, daß du auch Sklave[6] warst im Ägyptenland und der Herr, dein Gott, dich erlöset hat, darum gebiete ich dir solches heute."

Das erste Gebot gehört dem ersten, dem theologischen Teil der Zehn Gebote an. Doch steht auch der zweite, der im engeren Sinne moralische, mit dem theologischen in engstem Zusammenhang. Deswegen sind die Gebote „du sollst nicht töten, ehebrechen, stehlen" usw. keineswegs nur als notwendige Ordnungsfunktionen einer Gesellschaft gemeint, die in jedes Eigeninteresse liegen, sondern rufen auf zum rücksichtsvollen Denken an den Nächsten im Geiste jenes barmherzigen Jehowah, der schon in dem bereits zitierten ersten Gebot erkennbar wird. Dies kommt besonders in der Forderung zum Ausdruck, man solle die Eltern ehren (5. Gebot) und man solle nicht begehren des Nächsten Weib und Besitz (10. Gebot). Denn der Sinn des Ehrens der Eltern ist offenbar der, daß sie der Nachkommenschaft die Botschaft des barmherzigen Gottes weitergegeben haben.[7] Was aber das „begehren" betrifft, was nach dem hebräischen Wortlaut auch „es auf etwas abgesehen haben", „nach etwas trachten"[8] bedeutet, so wird darin über die äußere Ordnungsregel hinaus die *innere Gesinnung* angesprochen, das *innere Verhältnis zu seinem Nächsten*, das dem barmherzigen Vorbild Jehowahs nachzugestalten sei. Aus all dem folgt: Das Gesetz

---

[3] Die Rolle des Gesetzes als Ausdruck von Gottes Liebe und Barmherzigkeit hat M. Limbeck in dem schon erwähnten Werk „Das Gesetz im Alten und Neuen Testament" überzeugend herausgearbeitet.

[4] So wie ja überhaupt mythisch Götter durch Archaí definiert werden.

[5] Luther spricht an dieser Stelle von „Diensthaus", doch ist auch hier „Sklavenhaus" die zutreffende Übersetzung.

[6] Luther schreibt „Knecht", doch ist „Sklave" der genaue Sinn.

[7] Vgl. W.H. Schmidt, Die Zehn Gebote im Rahmen alttestamentlicher Ethik, Darmstadt 1993, S. 103 ff.

[8] A.a.O., S. 139 ff.

des AT kann nicht insgesamt als ein corpus hypothetischer Imperative gedeutet werden, die nur der Eigenliebe und Selbstsucht dienen, und schon gar nicht kann es mit jenem säkularisierten Utilitarismus in Zusammenhang gebracht werden, der schon in der Antike auftrat und später in der Philosophie der Aufklärung eine so große Rolle spielen sollte.

2. Das Christliche Gesetz

Nun hat das NT nicht die Heiligkeit des von Gott gegebenen Gesetzes angetastet, sondern nur das Verhältnis der Menschen hierzu neu gedeutet.

a) Die Heiligkeit des Gesetzes

„Ihr sollt nicht meinen," sagt Jesus, „daß ich gekommen bin, das Gesetz oder die Propheten aufzulösen. Ich bin nicht gekommen aufzulösen, sondern zu erfüllen. Denn wahrlich, ich sage euch: Bis Himmel und Erde vergehen, wird nicht vergehen der kleinste Buchstabe noch ein Tüpfelchen vom Gesetz, bis es alles geschieht. Wer nun eines von diesen kleinsten Geboten auflöst und lehrt die Leute so, der wird der kleinste heißen im Himmelreich, wer es aber tut und lehrt, der wird groß heißen im Himmelreich." (Mt 5, 17–19) Besonders erwähnt werden in diesem Zusammenhang die Zehn Gebote, auf deren Einhaltung Jesus dringt. (Mk 10, 19)

b) Das durch Christus bestimmte, neue Verhältnis der Menschen zum Gesetz im NT

Dieses neue Verhältnis entwickelt sich aus der Kritik an dem bisherigen, das besonders durch die Hüter des Gesetzes, nämlich die Schriftgelehrten und Pharisäer vertreten wurde. Mt 23, 2–4 heißt es: „Auf dem Stuhl des Mose sitzen die Schriftgelehrten und Pharisäer. Alles nun, was sie euch sagen, das tut und haltet; aber nach ihren Werken sollt ihr nicht handeln, denn sie sagen's zwar, tun's aber nicht. Die binden schwere und unerträgliche Bürden und legen sie den Menschen auf die Schultern; aber sie selbst wollen keinen Finger krümmen. Alle ihre Werke aber tun sie, damit sie von den Leuten gesehen werden können." Und weiter lesen wir Mt 5, 20: „Denn ich sage euch: Wenn euere Gerechtigkeit nicht besser ist als die der Schriftgelehrten und Pharisäer, so werdet ihr nicht in das Himmelreich kommen." Was Jesus den Schriftgelehrten und Pharisäern vorwirft, das ist also in der Tat nicht das Gesetz, das sie lehren, sondern wie sie sich dazu verhalten: daß sie nämlich darin den *Buchstaben*, aber nicht den Geist sehen und es damit nur zu ihrer eigenen Selbstrechtfertigung und damit *Selbstgerechtigkeit* mißbrauchen.

Der Geist des Jüdischen Gesetzes ist, wie bereits gezeigt, die *Barmherzigkeit und Liebe* Gottes, die dem Menschen in seinem Verhältnis zu seinem Nächsten als Leitbild dienen soll. Die Liebe allein würde aber nicht genügen, der Ordnung einer Lebensgemeinschaft jenes Gerüst aus Regeln zu geben, ohne das sie gar nicht möglich wäre – *diese Regeln sind der Buchstabe des Gesetzes*; und doch ist ja der Buchstabe nur des Geistes (der Liebe) wegen da. Nun wird es immer Fälle geben, in denen der Buchstabe als allgemeine Regel der unendlichen Mannigfaltigkeit der Lebenswirklichkeit nicht gerecht wird und damit zum Geiste der Liebe, dem er ja dienen soll, in Widerspruch gerät. Wir aber dürfen uns nicht zu Dienern des Buchstabens machen, sondern des Geistes. „Denn der Buchstabe tötet, aber der Geist macht lebendig." (2Kor 3,6). Wer sich, wie die Schriftgelehrten und Pharisäer, auch in solchen Fällen des Widerspruchs zwischen Gesetz und Lebenswirklichkeit an den Buchstaben des Gesetzes hält, der „bindet den Menschen schwere und unerträgliche Bürden und legt sie den Menschen auf die Schultern, krümmt aber selbst keinen Finger" – hilft ihnen also nicht in Barmherzigkeit.

Das von Jesus verlangte Neue im Verhältnis des Menschen zum Gesetz besteht also darin, in der Gottes- und Menschenliebe das Kriterium im Umgang mit dem Gesetz zu erkennen. Nur diese Liebe kann es mit dem notwendigen Geist erfüllen. Für ihre Wirksamkeit selbst aber gibt es kein allgemeines Kriterium, weil sie sich immer nur an einem gegebenen, einzelnen und besonderen Fall betätigen kann, weil sie immer *konkret* ist. Das liegt auch in Jesu Worten: „Trachtet zuerst nach dem Reich Gottes und nach seiner Gerechtigkeit, so wird euch das alles zufallen. Darum sorgt nicht für morgen, denn der morgige Tag wird für das Seine sorgen. Es ist genug, daß jeder Tag seine eigene Plage hat." (Mt 6, 33 f.)

Wie nun an Hand des genannten Kriteriums der Umgang mit dem Gesetz bestimmt wird, wird im NT mehrfach gezeigt. Ein Beispiel dafür ist das Sabbatgebot. Am Sabbat war es nicht erlaubt, jemanden zu heilen, weil die Gottesruhe an diesem Tage durch nichts gestört werden sollte. Jesus aber setzte sich im Geiste der Barmherzigkeit darüber hinweg und sprach: „Wer ist unter euch, der sein einziges Schaf, wenn es ihm am Sabbat in die Grube fällt, nicht ergreift und ihm heraushilft? Wieviel mehr ist nun ein Mensch als ein Schaf! Darum darf man am Sabbat Gutes tun." (Mt 12, 11 f.) Von besonderer Bedeutung ist auch Jesu Kritik an der Minderbewertung der Frau im Gesetz. Wenn es verbietet zu ehebrechen und seines nächsten Weib, Haus und Feld zu begehren, so war ursprünglich damit doch gemeint, daß allgemein der Besitz des Nächsten zu achten ist, wozu eben auch dessen Frau gehörte. Zwar hat sich deren rechtliche Stellung im Zuge der Entwicklung des Gesetzes von Bundesbuch zum Deuteronomion gebessert, doch änderte sich darin wenig im Grundsatz. Deswegen wendet sich Jesus z.B. gegen das bestehende Scheidungsrecht: „Was Gott zusammengefügt hat, das soll der Mensch nicht scheiden" heißt es Mk 10,9, und der im Gesetz vorgesehene Scheidebrief sei nur der Härte der Männerherzen wegen erlassen worden. (Mk 10,5) Auch darf das Gesetz niemandem Anlaß geben, sich über die sündige Ehebrecherin zu erheben (Joh 8, 3 ff), und die reuige Hure verdient Zuwendung. Es waren viele Frauen in Jesu Gefolge, aber obgleich ihnen nach dem Gesetz kein Zeugnisrecht zustand, waren doch sie die Zeugen der Auferstehung. Die aufgeführten Beispiele mögen genügen, um zu zeigen, daß für Jesus immer die im Geiste Gottes geübte Barmherzigkeit der

Maßstab des Handelns sein muß, und daß nur so das Gesetz wirklich erfüllt werden kann. Wie eine Zusammenfassung alles dessen sind Jesu Worte, daß zwar derjenige des Gerichtes für schuldig zu befinden sei, der getötet hat, aber derjenige, der seinem Bruder sagt „Du Narr", „des höllischen Feuers schuldig" ist (Mt 5, 22). Denn die Menschenverachtung, die darin zum Ausdruck kommt, ist für Jesus die eigentliche Wurzel alles Bösen, während das Motiv für denjenigen, der mordet, ein ganz anderes, ja vielleicht sogar Liebe als Eifersucht sein kann.

Der Widerspruch zum Gesetz, da wo es dem Kriterium der Liebe nicht standhält, hat also verschiedene Seiten. Einerseits wich Jesus von bestimmten Geboten ab, ohne sie jedoch aufzuheben. So lehrte er nicht, den Sabbat einfach abzuschaffen, der als Gottes- und Menschenruhe ganz aus dem Geiste der Barmherzigkeit zu verstehen ist, sondern zeigte nur seine Grenzen auf. Andererseits aber setzt er tatsächlich das Gesetz außer kraft, nämlich dann, wenn es schlechthin mit dem Gebote der Liebe und Barmherzigkeit unvereinbar ist, wie es besonders in der Stellung der Frau der Fall war. Über alle Verstöße gegen das Gebot der Liebe urteilt aber Jesus zusammenfassend wie folgt: „Wie fein hat von euch Heuchlern Jesaja geweissagt, wie geschrieben steht: Dies Volk ehrt mich mit den Lippen; aber ihr Herz ist fern von mir. Vergeblich dienen sie mir, weil sie lehren solche Lehren, die nichts sind als Menschengebote. Ihr verlaßt Gottes Gebot und haltet der Menschen Satzungen. Und er sprach zu ihnen: Wie fein hebt ihr Gottes Gebot auf, damit ihr eure Satzungen aufrichtet!" (Mk 7, 6–9)

c) Wie das neue Verhältnis zum Gesetz dessen Inhalt bestimmt

Wir müssen uns nun nach allem fragen, wie Jesu Rede von der unantastbaren Heiligkeit des Gesetzes, von dem kein kleinster Buchstabe noch ein Tüpfelchen vergehen werde, eigentlich zu verstehen ist. Hat er damit nur jene Teile des Gesetzes gemeint, die den angegebenen Kriterien von Liebe und Barmherzigkeit nicht widersprechen? Doch kann es davon vieles geben, ohne eine ewige Bedeutung zu haben. Das geht schon daraus hervor, daß das Jüdische Gesetz, wie schon bemerkt (vgl. das II. Kapitel), auch rein *historisch bedingte Elemente* aufzuweisen hat. So war z.B. für Paulus die Beschneidung nichts anderes mehr als das kultische Zeichen der Zugehörigkeit zum Alten Bund, der nun durch den Neuen abgelöst worden ist. Auch enthält das Gesetz zahlreiche Gebote, die nur aus den Verhältnissen einer urzeitlichen Agrargesellschaft verständlich sind, wozu z.B. die Sklavenhaltung gehörte, wie wir schon dem Dekalog entnehmen können.[9] Biblisch, wie auch in der gesamten Antike, wurde diese als ein fester Bestandteil der ökonomischen und gesellschaftlichen Ordnung niemals in Frage

---

[9] Im vierten Gebot heißt es übereinstimmend im Exodus wie im Deuteronomiun: Du sollst am Sabbattag „keinerlei Arbeit tun, du und dein Sohn und deine Tochter und dein Sklave und deine Sklavin (…)".

gestellt, und nur dies ändert sich im NT, daß Herr und Sklave demselben Herrn, nämlich Christus unterworfen sind und daher der Herr den Sklaven im Geiste der Barmherzigkeit behandeln, der Sklave aber dem Herrn in Treue dienen soll.[10] Und ist nicht auch das römische Gesetz akzeptiert worden, das doch das jüdische teilweise außer kraft setzte, und selbst von Christus ausdrücklich anerkannt wurde? („Gebt dem Kaiser was des Kaisers ist.") Hat nicht Paulus als römischer Bürger an den Kaiser appelliert und zum Gehorsam gegen die römische Obrigkeit gemahnt? (Röm 13) Zieht man also jene Teile des Jüdischen Gesetzes ab, die entweder dem Geiste der göttlichen Liebe und Barmherzigkeit eindeutig widersprechen, oder nur historischer Natur sind, so muß man fragen: *Was meint Jesus mit dem Gesetz, das ewig gültig und von unantastbarer Heiligkeit ist? Welchen Inhalt hat es?*

Zu dem Gesetz, das ewig gültig und von unantastbarer Heiligkeit ist, gehören zunächst unbestreitbar alle jene Gebote, die Jesus ausdrücklich aufführt, sei es, daß sie dem jüdischen Gesetz widersprechen (Scheidungsrecht), sei es, daß sie zwar im Gesetz stehen, aber mit dem Geiste der Liebe und Barmherzigkeit verstanden und gehandhabt werden müssen (Sabbat). Mit dem buchstäblichen Text des Gesetzes kommt man also nicht weiter. Selbst die Zehn Gebote lesen sich ganz verschieden, je nach dem, wie man ihren Sinn auffaßt. Es ist eben ein Unterschied, ob das Verbot des Ehebruchs dem Schutze des Eigentums dienen soll, oder der Unantastbarkeit jener Beziehung zwischen Mann und Frau, die im Zeichen wechselseitiger Achtung und selbstloser Liebe des einen zum anderen steht. Und weiter ist es ein Unterschied, ob das Gebot, nicht zu töten[11], nicht nur für die Angehörigen des eigenen Volkes, sondern z.B. auch für im Kriege Unterworfene gilt, von den Unterschieden zwischen Totschlag und Mord ganz abgesehen.

Um der Beantwortung unserer Frage näher zu kommen, müssen wir noch einmal näher auf die bereits hervorgehobene historische Relativierung des Jüdischen Gesetzes durch Paulus eingehen. Ist das Gesetz in seiner christlichen Deutung ewig gültig und heilig, so muß es nach Paulus für alle gelten, also auch für die Heiden und nicht nur für die Juden. Es gibt daher ein Juden und Heiden gemeinsam verbindendes Gesetz, an dessen Erfüllung der Mensch gemessen wird, was für Paulus schon daraus ersichtlich ist, daß auch die Heiden „Ungerechtigkeit, Schlechtigkeit, Habgier, Bosheit, Neid, Mord, Hader, List, Niedertracht, Zuträger, Verleumder, Gottesverächter, Frevler, Hochmut, Prahlerei, Unvernunft, Treulosigkeit, Lieblosigkeit" usw. verwerfen (Röm 1, 29–31). Ist doch den Heiden „in ihr Herz geschrieben, was das Gesetz" – das den Juden wie Heiden gemeinsame – „fordert, zumal ihr Gewissen es ihnen bezeugt ..." (Röm. 2,15).

Nun hat auch Paulus gewußt, daß die Heiden ebenfalls Gesetze hatten, wenn auch andere als die Juden, Gesetze nämlich als eben jene Ordnungsregeln, ohne

---

[10] Vgl. u.a. Kol 3,22f; Eph 6,5ff.
[11] Gesetzt, es werde in diesem Wortsinne verstanden.

die eine menschliche Gemeinschaft gar nicht möglich wäre, und daß sie ebenfalls diese Gesetze als von Gottheiten empfangen verstanden. Das alles war für die Zeit des Mythos, von der hier die Rede ist, selbstverständlich. Wenn nun aber die Heiden dieselben Untugenden verwarfen wie die Juden, eben jene, die soeben aufgezählt wurden, diese Untugenden aber nach christlicher Auffassung in jedem einzelnen Falle durch Gottesnähe, Liebe und Barmherzigkeit vermieden werden können, so ergibt sich für Paulus als das höchste Gebot, als das Gesetz aller Gesetze das folgende: Liebe deinen nächsten. Damit wird das, „was sonst an Geboten ist, in einem Wort zusammengefaßt." (Röm 12,9)

d) Das Gesetz als ewiges, höchstes Gebot und das Gesetz als historische Lebensgrundlage eines Volkes

Jesus hat das aber noch viel deutlicher gesagt, indem er die Nächstenliebe unlöslich mit der Gottesliebe verband: *„Du sollst den Herrn, deinen Gott, lieben von ganzem Herzen, von ganzer Seele, von ganzem Gemüt, und von allen deinen Kräften. Das andere ist dies, du sollst deinen Nächsten lieben wie dich selbst. Es ist kein anderes Gebot größer als diese."* (Mk 12,29 f.) Damit ist nun zwar die Frage, was unter der unantastbaren Heiligkeit des Gesetzes zu verstehen ist, von dem Jesus sagt, er sei nicht gekommen, um es aufzulösen, beantwortet. Auch schließt dieses höchste Gebot alle weiteren Gebote der Gottes- und Menschenliebe ein, vornehmlich also die Zehn Gebote.

Und doch ist diese Antwort nur eine vorläufige. Vom Gesetz wird ja, wie gezeigt hat, stets in zweierlei Sinne geredet: Es ist nämlich erstens dieses höchste Gebot mit allen seinen Implikationen, und es ist zweitens dasjenige, das die Lebensgrundlage einer Gesellschaft, eines Volkes unter historischen Bedingungen betrifft. Die Frage, was unter dem Gesetz zu verstehen ist, soweit es unantastbare Heiligkeit besitzt, ist also erst dann hinreichend geklärt, wenn auch das *Verhältnis dieser beiden Seiten des Gesetzes* zueinander vollkommen geklärt ist. Beide bedingen ja einander: Denn einerseits ist die erste ohne die zweite nicht möglich, weil jede Gesellschaft bestimmter Ordnungsregeln bedarf; aber andererseits erfüllt nur die erste die zweite mit jenem Geist, der eine Gemeinschaft mit göttlichem Leben zu erfüllen mag, ja, sie ist überhaupt erst die Erfüllung des Gesetzes im zweiten Sinne des Wortes. Göttlich ist dieses Leben aber deswegen, weil die Nächstenliebe, wie das soeben von Jesus zitierte Wort sagt, mit der Gottesliebe unlöslich verknüpft ist. Denn der *Nächste wird geliebt als ein Geschöpf Gottes.* Wie also verhalten sich beide Seiten des Gesetzes zueinander? Wie verhalten sich jene ewigen Gebote zu den rein historischen, sie seien solche der Juden oder der Heiden, die nur bestimmten Situationen ihre Entstehung verdanken, und mit ihnen wieder vergehen? Mit anderen Worten: Was bedeutet hier Gesetz im umfassenden Sinne des Wortes? Um den Zusammenhang zwischen beiden Bedeutungen des Wortes „Gesetz" deutlicher werden zu lassen, sei aus den zahlreichen Bemühungen der Theologie um diese Frage Luthers überragende Lehre von den zwei Reichen herausgegriffen.

e) Luthers Lehre von den zwei Reichen

Luther unterscheidet das Reich der staatlichen Gewalt von demjenigen der Evangelien. In *beiden* sieht er Gottes Ordnung ausgedrückt und nicht nur in den Geboten der Evangelien, da er die Gesetze des Staates ganz im Sinne des AT als das Fundament einer menschlichen Gemeinschaft versteht. Diese aber ist gottgewollt, weil sie, indem sie menschliches Leben überhaupt erst ermöglicht, zugleich die Bedingung für eine gotterfüllte menschliche Gemeinschaft ist. Die staatlichen Gebote betreffen die *äußeren Bedingungen* des menschlichen Lebens, diejenigen der Evangelien die *inneren*. *Das Gesetz der staatlichen Ordnung ist vergänglich, nicht aber das Gesetz der Evangelien, das diese Ordnung in ihrer jeweiligen Situationsbedingtheit mit seinem ewigen Geist beseelt.*

Auch hier, in der Verallgemeinerung des Verhältnisses von Jüdischem Gesetz und Geist der Evangelien, sind beide einerseits klar voneinander unterschieden und bilden doch andererseits eine unlösliche Einheit. Sie sind voneinander verschieden, sofern die ewigen Gebote für sich als das Regulativ erfaßt werden können, nach dem das Gesetz des Staates geprüft werden muß – ob es ihnen nämlich widerspricht, mit ihnen übereinstimmt, oder gar nicht von ihnen betroffen wird; und sie sind miteinander unlöslich verbunden, weil die ewigen Gebote ja notwendig stets nur im Gewande des Vergänglichen Wirklichkeit werden, weil sie ohne konkrete und das heißt situationsbedingte Anlässe gar nicht wirksam werden können, ja gar in Sünde umschlagen, z.B., wenn vom Geiste der Evangelien zwar abstrakt geredet, aber nicht wirklich nach ihm gehandelt wird.

Luther hat die Lehre von den zwei Reichen auf eine einprägsame Formel gebracht, indem er zwischen dem *usus legis civilis* und dem *usus legis theologicus* unterschied. Eine Unterscheidung, der Melanchthon durch Einführung eines dritten Begriffs, nämlich dem sog. *usus tertius in renatis*, die notwendige Vermittlung hinzufügte. Denn darunter ist der tatsächliche *Gebrauch* zu verstehen, den der im Geiste Wiedergeborene von der lex civilis, dem Gesetz des Staates, macht. Der Christ darf sich also nicht auf den usus legis theologicus beschränken, indem er sich z.B. aus seiner bürgerlichen Existenz ins reine Privatleben zurückzieht. Nein, die gottgewollte Ordnung des Staates ist der Rahmen, in dem er sich auch und gerade als Christ einsetzen und betätigen muß. Dennoch ist dies leichter gesagt als getan. Die Schwierigkeiten, auf die wir hierbei stoßen, sind bereits an den zahlreichen Auslegungen der Bergpredigt und ihrer Geschichte abzulesen.

f) Die Bergpredigt widerlegt nicht Luthers Lehre von den zwei Reichen

Ohne hier auf nähere Einzelheiten dieser langen Auslegungsgeschichte eingehen zu können, lassen sich darin *zwei Grundmuster* erkennen. *Die einen* sehen in der radikalen Moral der Barmherzigkeit, die wir in der Bergpredigt finden können, die Aufforderung zu einem politischen Radikalismus. Luther hat diese

Auslegung als Schwärmerei zurückgewiesen. Und in der Tat kann man gegen sie einwenden, daß sie Gefahr laufe, entweder zur Anarchie oder zur Diktatur, also in einen Zustand zu führen, in dem die göttliche Barmherzigkeit in ihr Gegenteil umschlägt. Denn die Anarchie, die sich unter Berufung auf das Liebesgebot gegen die staatliche Gewalt wendet, löst ja die gottgewollte, weil ein Leben in einer Gemeinschaft erst ermöglichende Ordnung auf; während eine staatliche Diktatur der Barmherzigkeit ein Widerspruch in sich selbst ist. *Die andern* verstehen daher die Bergpredigt eher als einen Aufruf zum rein mitmenschlichen Verhalten, ja, manche meinen gar, er gälte nur für die Jünger oder nur unter den besonderen Bedingungen des als unmittelbar bevorstehend erwarteten Jüngsten Gerichtes. Hiergegen wieder wurde eingewandt, daß damit der usus legis theologicus vom usus legis civilis so entschieden getrennt und dem Staat als die Welt hoffnungsloser Gottferne so sehr das Interesse entzogen wird, daß dieser, ganz sich selbst überlassen, zu nicht minderer Barbarei fähig wäre, als würde man ihn den Schwärmern ausliefern.

Ich glaube nun in der Tat, daß die Bergpredigt nur vom usus legis theologicus handelt, daraus aber in keiner Weise die vollständige Abkehr vom usus legis civilis gefolgert werden darf.

Zunächst ist ja der weitaus größte Teil der Bergpredigt den Geboten der Barmherzigkeit und Nächstenliebe gewidmet: Seid sanftmütig, denkt an die Leidenden, seid friedfertig, achtet den Mitmenschen (Du sollst nicht „Narr" zu Deinem Bruder sagen); Du brichst die Ehe schon, wenn du sie nur im Geiste gebrochen hast, Du sollst nicht nur dem Buchstaben des Gesetzes folgen (Pharisäismus) usw. Das alles sind Forderungen, die sich unmittelbar aus dem ewigen Gesetz, das ein solches des Geistes, nämlich der Liebe ist, ergeben, sie betreffen demnach in der Tat allesamt den usus legis theologicus.

Dagegen scheint an einigen Stellen die lex civilis angesprochen. So heißt es, Du sollst nicht schwören, du sollst Gewalt nicht mit Gewalt vergälten (halte deine Backe hin), Du sollst Deine Feinde lieben, keine Schätze sammeln, Dich nicht um Essen, Trinken, Kleidung und Wohnung sorgen. Ist aber denn der Schwur nicht ein notwendiger Teil des Rechtswesens? Muß es nicht eine staatliche Gewalt geben, welche die äußeren wie inneren Feinde der bürgerlichen Ordnung verfolgt? Beruht nicht der doch von Gott gewollte Wohlstand einer Gemeinschaft auch auf dem Besitz materieller Güter? Ist denn der Mensch wie der Vogel, der nicht sät, nicht erntet und doch vom Himmlischen Vater ernährt wird? Und in der Tat war es die Meinung Luthers, daß die soeben aufgezählten Gebote, wollten sie als lex civilis wirksam werden, zur Auflösung des Staates führten. Sie können also nur für das Verhältnis des Menschen zu Gott oder die unmittelbar zwischenmenschlichen Beziehungen gültig sein.

Betrachten wir das Gebot „du sollst nicht schwören." Es ist in der Tat Mißbrauch des Namens Gottes, wenn man ihn durch den Schwur zum Zeugen für sich in Anspruch nimmt. Eben das forderte aber das Jüdische Gesetz, indem es verlangte, „Du (…) sollst dem Herrn deinen Eid halten". Ausdrücklich hiergegen, gegen diese damals weithin gebräuchliche Art von Schwur, richtet sich aber das so umstrittene Zitat aus der Bergpredigt: „Ich aber sage euch, daß ihr überhaupt nicht schwören sollt, weder bei dem Himmel, denn es ist Gottes Thron, noch bei der Erde, denn sie ist der Schemel seiner Füße". Der Schwur vor Gericht dagegen ist ganz anderer Natur, er wird nicht im Interesse des Betroffenen, der schwören soll, geleistet, er ist kein Pfand, das er in die Waagschale wirft, um ein Gelöbnis im eigenen Interesse zu bekräftigen, sondern er wird z.B. im Interesse der Gerechtigkeitsfindung, der allgemeinen Gerechtigkeit gefordert, auf deren Grundlage die nach alt- wie neutestamentlicher Auffassung gottgewollte Ordnung beruht. – Was das Gebot der Gewaltlosigkeit und Feindesliebe betrifft, so sind sie ja nur besondere Formen der Barmherzigkeit und können wie diese nur im konkreten Bezug von Mensch zu Mensch wirklich werden. Zudem hat die Feindesliebe ebenso wenig mit „Sympathie" zu tun wie die Gottesliebe. Auch der Feind ist ein Geschöpf Gottes und muß auch als solches behandelt werden – das ist der Sinn der Feindesliebe. An der Tatsache aber, daß er Feind ist, ändert das nichts. Einen gewaltlosen Staat kann es dagegen nicht geben, er hat ja die gottgewollte Ordnung unter den Menschen vor inneren und äußeren Feinden zu schützen. Aber er muß dabei zugleich die Grenze bedenken, bis zu der er gehen kann, ohne die Betätigung der Feindesliebe im gemeinten Sinne aufzuheben. – Wie steht es nun mit Jesu Forderung: „Ihr sollt euch nicht Schätze sammeln auf Erden, wo sie die Motten und der Rost fressen und wo Diebe einbrechen und stehlen"? (Mt 6,19) Was damit gemeint ist, sagt der darauf folgende Satz: „Sammelt euch aber Schätze im Himmel, wo sie weder Motten noch Rost fressen und wo die Diebe nicht einbrechen und stehlen. Denn wo dein Schatz ist, da ist auch dein Herz." Es geht also um das *Gewicht*, das man den Schätzen der Welt im Vergleich zu denjenigen des Himmels beimißt, es geht um das *innere Verhältnis* zu ihnen, nicht aber etwa um das *Gebot* der Armut. Für die Armen ist diese Gewichtung ein Trost, für die Reichen aber eine Ermahnung, über ihren Wohlstand nie das Wesentliche, nämlich „die Schätze des Himmels" aus den Augen zu verlieren. Erst wo sie diese Ermahnung beherzigen, werden sie ihrer Aufgabe gerecht, mit ihrem Wohlstand nicht nur sich selbst zu dienen, sondern zugleich denjenigen im Staate, also der gottgewollt organisierten Gesellschaft, zu befördern. Weder auf die Armut noch den Reichtum als solche kommt es an, sondern immer nur auf das rechte Verhältnis, das man in der einen oder anderen Lage zu Gott hat. In diesem Sinne ist auch die geäußerte Aufforderung Christi an einen Reichen, seine Besitztümer aufzugeben und ihm zu folgen (Mk 10, 17–22) nicht als generelles Armutsgebot zu verstehen. Es soll nur zeigen, daß es entscheidende und außerordentliche Augenblicke und Prüfungen gibt, hier gar in der Begegnung mit Gottes Sohn, wo man bereit sein muß, alle Reichtümer im Zeichen des Glaubens und der Liebe zu opfern. Wenn sich also auch Jesus besonders der Armen annimmt, so wäre es ein grobes Mißverständnis, ihm dabei irgendwelche „sozialpolitischen Programme" zu unterstellen; denn der unvergleichliche, alles überbietende Trost, den Gottes Sohn ihnen spendet, und den nur er spenden kann, ist nicht von dieser Welt. Und wenn auch die Reichen in besonderem Maße in Versuchung sind, nicht Gott, sondern nur dem „Mammon zu dienen" (Mt 6,14), so folgt daraus nicht etwa, daß sie überhaupt abzuschaffen seien, sondern nur, daß sie in der sozialen Rolle, die sie übernehmen oder zu übernehmen haben, den rechten Weg im Lichte des Glaubens niemals aus den Augen verlieren dürfen. Ganz in demselben Sinne ist es schließlich zu verstehen, wenn Jesus sagt: „Darum sollt ihr nicht sorgen und sagen: Was werden wir essen? Was werden wir trinken? Womit werden wir uns kleiden?" Bietet nicht Gottes weite Erde genug, so daß wir darauf, wenn auch zur Not bescheiden, leben können? Daher liegt das eigentliche Problem menschlicher Existenz nicht hierin, sondern im folgenden: „Trachtet zuerst nach dem Reiche Gottes und seiner Gerechtigkeit (…)" Wenn ihr aber dies tut, „so wird euch alles zufallen" (Mt 6, 31.33), so könnt ihr des göttlichen Beistandes letztlich gewiß sein. Aber mit dieser Gerechtigkeit ist nicht, oder zumindest nicht unmittelbar, das Rechtswesen gemeint, sondern jene Gerechtigkeit, die in der geschilderten Weise dem Geist des Gesetzes entspricht. Wieder ist vom usus legis theologicus die Rede. Und obgleich dieser den usus legis civilis leiten soll, so hat der letztere doch wie gesagt auch seine eigenen, unaufhebbaren Aufgaben. Das zeigen auch Jesu Worte: „So gebt dem Kaiser, was des Kaisers ist, und Gott, was Gottes ist." (Mk 12, 17)

Es handelt sich also hier überall darum, daß die Gebote der Bergpredigt zwar Maßstäbe setzen, die uns in unserem Handeln leiten sollen, deren Durchführung aber unter den empirischen Bedingungen des status corruptionis, dem wir nun einmal verfallen sind, Grenzen gesetzt sind.[12] Wollte man ein absolutes Ideal uneingeschränkt empirisch verwirklichen, würde man sowohl das absolute Ideal wie die empirische Wirklichkeit zerstören. Lebten wir in einer Welt, in der die Gebote der Bergpredigt alles beherrschten, so wäre das Reich Gottes bereits Wirklichkeit. So will uns Jesus mit der Verkündung dieser Gebote zweierlei offenbaren: zum einen die Verfassung der Menschen im Reich Gottes und zum anderen das Vorbild dieses noch nicht existierenden Reiches als der ständige Leitstern, der uns das Ziel weist, ohne daß wir es endgültig erreichen können.

„Jesus," schreibt der Theologe H. Thielicke, „fordert uns so, als ob unsere Welt *noch* im paradiesischen Urzustand wäre; und er fordert uns zugleich so, als ob das Reich Gottes *schon* herbeigekommen wäre. Er geht über alle Bedingungen der Welt souverän hinweg. Er sieht sie ausschließlich und kompromißlos von ihrer letzten Bestimmung her. Dem Einwand, daß dies ‚weltfremd' sei, würde er vermutlich mit der Antwort begegnen: das sei nur eine optische Täuschung; in Wirklichkeit sei die Welt ‚Reich-Gottes-fremd.'"[13]

Das Ergebnis der bisherigen Betrachtung zeigt, daß die üblichen Einwände gegen die Lehre Luthers von den zwei Reichen unzutreffend sind. Man kann diese Einwände so zusammenfassen: Die Rede vom gottgewollten Staat beför-

---

[12] Besonders deutlich wird das auch durch Jesu rigorose Deutung des Ehebruchs, denn das vielleicht sogar wirkungsvoll unterdrückte Begehren nach eine anderen Frau liegt gar nicht in unserer Macht und kann christlich nur als Folge der Erbsünde gedeutet werden.

[13] Th. Thielicke, „Das Lachen der Heiligen und Narren", Stuttgart 1988, S. 173.

dere das Obrigkeitsdenken; die Trennung des usus civilis vom usus theologicus führe einerseits zum säkularisierten Staat mit den bekannten Folgen (Faschismus, Kommunismus), andererseits zu einem vollständigen Rückzug der Kirche ins Private. Doch besteht ja der Grundgedanke Luthers gerade darin, daß die Obrigkeit am Geiste des Evangeliums gemessen werden soll, woraus sich des weiteren ergibt, daß diese keineswegs sich selbst überlassen bleiben und die Kirche sich ganz von ihr zurückziehen darf. Die Kritik an Luthers Lehre von den zwei Reichen kann freilich auch dazu führen, daß man diesen Unterschied aufhebt, indem man den christlichen Gottesstaat fordert, so wie es ja heute wieder in einigen Ländern einen islamischen Gottesstaat gibt. Aber das NT legt nirgends, selbst in der Bergpredigt nicht, irgend etwas derartiges nahe, ja, die christliche Lehre steht dazu in klarem Widerspruch. Könnten doch staatliche Gesetze, die das Befolgen christlicher Gebote forderten, nur deren Buchstabenerfüllung herbeiführen, nicht aber jene Innerlichkeit des Geistes der Liebe und Barmherzigkeit, auf die es Christus doch vor allem ankam. Überhaupt ist es absurd, jemanden bei Androhung von Strafe zum Glauben zwingen zu wollen – es wäre ja dann gar kein Glaube, sondern nur dessen Vorspiegelung.

Aber wenn so auch die Lutherisch-Melanchthonsche Lehre vom Unterschied und Zusammenhang der zwei Reiche gegen ihre Einwände verteidigt werden kann, so ist doch die bereits erwähnte, über das praktische Leben eines Christen mitentscheidende Frage, wie dieser Zusammenhang nicht nur allgemein gefordert, sondern auch im einzelnen und konkret zu bewerkstelligen ist, noch nicht beantwortet. Bevor ich aber näher darauf eingehe, muß ich noch einmal im Zuge der Verallgemeinerung jener Situation, die Christus im jüdischen Staat vorfand, auf den Begriff des Gesetzes zurückkommen.

g) Verallgemeinerung von Luthers lex civilis als Gesetz einer nationalen Kultur

Luthers Aufteilung des Gesetzes in dasjenige des Staates und in dasjenige der Evangelien bedarf einer Differenzierung. Im Lichte des historisch-wissenschaftlichen Denkens verstehen wir heute eine in einem Staate bestehende Gesellschaftsordnung als ein teils kodifiziertes, teils nicht kodifiziertes Regelsystem, das zu einer angegebenen Epoche alle Bereiche des Lebens umfaßt. Hierzu gehören: die Verfassung des Staates, des Militärwesens, der Wirtschaft, der technisch-praktischen Welt, der Kunststile, die Riten des Kultes, die Umgangsformen, die sittlichen Werte, überhaupt die verschiedenen Weisen der zwischenmenschlichen Beziehungen, wie ja auch alle privaten Verhaltensmuster in ihrer allgemeinen Geltung zugleich einen öffentlichen Charakter haben und damit einer allen gemeinsamen Ordnung unterworfen sind. Jeder Angehörige einer solchen geschichtlich entstandenen und wieder geschichtlich vergehenden Gesellschaftsordnung bewegt sich beim Handeln, Sprechen, Denken, Fühlen und Wollen bewußt oder unbewußt im Rahmen ihres aus vielen einzelnen Regelsystemen zusammengesetzten Regelsystems, das man deswegen auch den allgemeinen Vertrautheitshorizont der darin lebenden Menschen nennen kann.

Ein solches System definiert jeweils eine nationale Kultur in einer bestimmten Phase ihrer Geschichte.[14] Ich spreche hier von einer nationalen Kultur in bewußter Analogie zum Jüdischen Gesetz, um dessen Verallgemeinerung es hier ja geht. Aber eben in dieser Verallgemeinerung liegt zugleich, daß der Begriff „nationale Kultur" nicht zu eng verstanden werden darf. Denn darunter sind nicht nur die Grundlagen des Nationalstaates wie z.B. des jüdischen zu verstehen, sondern auch diejenigen eines Vielvölkerstaates mehr oder weniger großen Ausmaßes, z.B. des Heiligen Römischen Reiches. Andererseits können im gegebenen Zusammenhang globale Aspekte vernachlässigt werden, obgleich sie bisweilen Teil des usus legis civilis werden können, z.B. dann, wenn, wie bei Naturkatastrophen, die „Solidargemeinschaft Menschheit" auf dem Spiele steht. Aber hier geht es nicht um solche Ausnahmefälle, sondern um jenes Kulturgefüge, worin der Mensch lebt, mit dem er täglich auf sehr konkrete Weise umgeht und worauf sich daher unmittelbar seine praktische Lebensgestaltung bezieht.

Niemals freilich können alle in ein solches Kulturgefüge verwobenen Regeln erschöpfend, sondern immer nur approximativ kodifiziert werden. Und das nicht nur wegen ihrer unendlichen Komplexität, sondern auch deswegen, weil es Verhaltensmuster darin gibt, die zwar als solche ebenfalls eine gewisse Regelhaftigkeit aufweisen, dennoch aber, wie z.B. Kunststile oder für eine bestimmte Epoche kennzeichnende Gestimmtheiten (man denke an die Romantik), nur beschrieben und umschrieben, nicht aber eindeutig definiert werden können. Auch ist das einer nationalen Kultur jeweils zugrunde liegende Regelsystem keineswegs ohne innere Widersprüche oder Inkohärenzen und unterliegt eben deswegen auch beständigen Wandlungen. Zwar entsteht dabei Neues stets nur aus der Konkursmasse des Alten, doch so, daß dabei jene Teile der Konkursmasse, die sich erhalten haben, ihre Funktion verändern und allmählich in den Hintergrund treten, bis sie schließlich endgültig in die vergangene Geschichte eingehen. Und doch gibt es dabei so etwas wie einen roten Faden, an dem sich die *geschichtliche Identität* einer Nation – in dem definierten, weiten Sinne des Wortes verstanden – festmachen läßt: Es ist die *singuläre Kette von Ereignissen nationaler Geschichte*, deren jedes Glied, obgleich von allen anderen unterschieden, an seinen vergangenen und folgenden hängt; jene unauflösliche Kette, von der kein einziges Glied für sich alleine bestehen, für sich alleine betrachtet werden kann, wo jeder Übergang von einem Glied der Kette zum anderen selbst wieder einer einmaligen und unwiederholbaren Situation entspringt – von den dabei zugleich auftretenden Irrationalitäten ganz abgesehen, die niemals auszuschalten sind. Ein solcher historisch und systemtheoretisch begründeter, nationaler Kulturbegriff, dies ist ausdrücklich hervorzuheben, steht in keinem notwendigen Zusammenhang mit überkommenen Vorstellungen einer rassischen, volkstumsbestimmten oder sprachlichen Einheit und trifft wie gesagt auch auf solche Nationen zu, die, ja sogar im Regelfalle, aus mehreren Völker zusammengesetzt sind.

---

[14] Vgl. hierzu K. HÜBNER, Das Nationale. Verdrängtes, Unvermeidliche, Erstrebenswertes. Graz 1991, Kapitel X.

Wenn nun das Ergebnis der vorangegangenen Betrachtungen darin bestand, daß das NT in einem zweifachen Sinne vom Gesetz spricht, nämlich erstens als der Lebensgrundlage einer Gesellschaft und zweitens als das Gebot der Evangelien zur Gottesfurcht und Nächstenliebe, so können wir dies nun näher präzisieren. Unter dem Gesetz als Lebensgrundlage einer Gesellschaft ist nicht alleine das des Staates zu verstehen, wie Luther meinte, sondern überhaupt jener umfassende Zusammenhang, den wir im angegebenen Sinne als nationale Kultur bezeichnen und durch ein komplexes Regelsystem definieren. Dieses ist aber immer etwas Geschichtliches. Das Gebot der Evangelien dagegen ist an alle nationalen Kulturen gerichtet und damit etwas Ungeschichtlich-Ewiges. Nach diesen Klarstellungen kann ich mich nun endlich der bereits angeschnittenen, für das Leben eines Christen so entscheidenden Frage zuwenden, wie der Zusammenhang zwischen den beiden Arten des Gesetzes, über seine bloße Erkenntnis und Forderung hinaus, im einzelnen bewerkstelligt werden kann.

h) Der notwendige Zusammenhang der zwei Reiche als derjenige zwischen dem historischen Gesetz einer nationalen Kultur und dem ewigen Gesetz der Evangelien

Zunächst müssen die Begriffe Rationalität, Irrationalität und Nicht-Rationalität in einer Weise erläutert werden, die für das Verständnis der folgenden Ausführungen unerläßlich ist. Dabei kann ich mich hier auf seine kurze, zusammenfassende und intuitiv hinreichend verständliche Bestimmung beschränken.[15] *Rationalität* liegt vor, wo etwas allgemein verbindlich, also *intersubjektiv* begreifbar, begründbar, folgerichtig, klar und einsichtig ist. Dem entsprechend kann man *fünf Grundformen von Rationalität* unterscheiden: nämlich Rationalität als *semantische, empirische, logische, operative und normative Intersubjektivität.*[16] Rationalität als Semantische Intersubjektivität beruht auf der Klarheit und allgemeinen Einsichtigkeit von Begriffen und aus ihnen gebildeten Urteilen. Empirische Intersubjektivität besteht in der Berufung auf jedermann einsehbaren und allgemein anerkannten Tatsachen. Rationalität als logische Intersubjektivität beruht auf der allgemeinen Einsichtigkeit logischen Schließens. Rationalität als operative Intersubjektivität kennzeichnet folgerichtige Handlungsvorgänge mit figurativen Elementen, wofür ebenso handwerkliche Vorgänge (Montage, Zusammensetzung eines Ganzen aus Teilen usw.) wie künstlerische Prozesse gehören (figurativer, in sich schlüssiger Aufbau eines Bildwerkes, tonaler, in sich schlüssiger Aufbau eines Musikwerkes (usw.).[17] Rationalität als normative Intersubjektivität schließlich besteht im Handeln nach festgesetzten, allgemein ein-

---

[15] Zu einer ausführlichen Behandlung vgl. K. HÜBNER, Die Wahrheit des Mythos, a.a.O., Kapitel XV–XXII.
[16] Zur Frage der Formen der Rationalität vgl. auch H. LENK, Typen und Systemik der Rationalität, in: Hrsg. H. LENK, Zur Kritik der wissenschaftlichen Rationalität, Festschrift für K. HÜBNER, Freiburg 1986.
[17] Vgl. K. HÜBNER, Die zweite Schöpfung. Das Wirkliche in Kunst und Musik, a.a.O., Kapitel VII, 3,4.

sichtigen, werthaften Normen (moralische Gebote, Rechtsgrundsätze, Gebräuche, Kulthandlungen usw.)

Nun zur *Irrationalität*. Hierunter ist eine Haltung zu verstehen, die sich, wissentlich oder unwissentlich, über das rational Gegebene hinwegsetzt. Das klassische Beispiel ist die Verdunkelung rationaler Zusammenhänge durch Emotionalität, die im Grenzfall pathologisch sein kann. So kann jemand „blind vor Wut sein" oder es kann jemand bewußt die Leidenschaften anderer aufstacheln, um sie an rationaler Einsicht zu hindern. *Nicht-Rationalität* dagegen liegt dann vor, wenn ein Sachverhalt weder einer der fünf Weisen rationaler Begründung unterliegt, noch das Ergebnis irrationaler Haltungen ist. Hier kann als klassisches Beispiel die Aufstellung von axiomatischen Prämissen angeführt werden, an die sich dann rationale Prozesse anschließen. Diese Prämissen bleiben u.U. selbst unbegründet. Ich erinnere wieder an die „Grundlegenden Betrachtungen" des I. Kapitels: Jede Ontologie als apriorisches System von Erfahrung ist ein rein historisches Phänomen und als solches nicht absolut rational begründbar.

Nach diesen kurzen Vorbemerkungen können wir uns nun der Frage nach der näheren Konkretisierung des Zusammenhanges zwischen Luthers zwei Reichen zuwenden, nun verallgemeinert als derjenigen zwischen einem je nationalen Gesetz und dem Gesetz der Evangelien. Hierbei liegt nun das alles Entscheidende darin, daß das ewige Gesetz der Evangelien, trotz allen Anscheins, keinen kodifizierten Wertekatalog und eindeutige Handlungsanweisungen nach Art philosophischer Morallehren enthält, so daß man darin gleichsam nachschlagen könnte, wie man sich je als Christ zu verhalten habe. Das geht schon daraus hervor, daß ja gerade nicht der buchstäbliche Inhalt das Entscheidende ist, sondern erst der Geist der Liebe und Barmherzigkeit diesem seinen eigentlichen Sinn gibt. Und eben deswegen, weil es nicht auf den Buchstaben ankommt, kann dieser auch im gegebenen Fall verletzt werden. Du sollst Gott lieben – das ist kein Handlungsgebot, sondern es ist als Quelle aller Handlungen zu verstehen; Du sollst die Sabbatruhe einhalten – aber nicht, wenn Du deinem Nächsten in der Not helfen kannst; Du sollst Deine Eltern ehren – aber auch dies ist, wie die Gottesliebe, wie überhaupt jedes Liebesgebot, keine Handlungsanweisung, sondern Quell aller auf die Eltern bezogener, konkreter Handlungen; Du sollst nicht töten, weil es dem Geist der Liebe widerspricht – aber du sollst töten, wenn du nur noch durch einen Fangschuß den Mörder an seiner Tat hindern kannst; Du sollst nicht ehebrechen – aber nicht auf diese äußerlich faßbare Handlungsanweisung kommt eigentlich es an, sondern darauf, daß Du innerlich die Treue der Liebe hast und nicht begehrest Deines Nächsten Weib; Du sollst nicht stehlen – aber nicht der ist ein Sünder, den die höchste, unverschuldete Not, gar diejenige seiner Kinder, dazu treibt, denn es ist das Gebot der Liebe, dem er dabei folgt; Du sollst nicht lügen – aber folgt nicht auch dem Gebot der Liebe, wer jene Wahrheit vermeidet, von der man sagt, daß sie töte? Seid sanftmütig und friedfertig – aber wie dies geschieht, dafür gibt es keine kodifizierbaren Rezepte, weil es sich um eine Grundstimmung des Gemütes handelt, der überhaupt erst konkrete Handlungen von Fall zu Fall entspringen können. Ihr sollt nicht schwören – aber nur dann nicht, wenn Ihr Euch Gott als Zeugen zu Diensten machen wollt, was gegen die Gottesliebe verstößt. Ihr sollt keine Schätze ansammeln – aber nur dann nicht, wenn es zum Selbstzweck wird und Euer Leben nicht mehr im Zeichen der Gottes- und Nächstenliebe steht.

Das alles bedeutet: *Das ewige Gesetz der Evangelien betrifft die Forderung nach einer Lebenshaltung, die einer alle Handlungen leitenden Grundgestimmtheit entspringt.* Die Handlungsgebote und Inhalte dagegen, an denen sich diese Grundgestimmtheit je verwirklicht, werden auf zweierlei Weise gegeben: *erstens*, wie beschriebenen, durch eine bestimmte, historisch gegebene nationale Kultur, welcher der Christ je angehört. Er wird also auf allen Gebieten ihres umfassenden Regelsystems seiner grundsätzlichen Lebenshaltung folgen und folgen müssen, sei es im Staate, in der Wirtschaft, in der technisch-praktischen Welt, in der Kunst, im zwischenmenschlichen Umgang usw. Hierzu gehören aber auch jene Gebote, die eine Gesellschaftsordnung überhaupt erst möglich machen wie die Zehn Gebote. Das bedeutet, daß auch deren genauerer Sinn, obgleich sie zu den erwähnten unmittelbaren Implikationen des ewigen Gesetzes gehören, nicht unabhängig von der nationalen Kultur verstanden werden kann, der sie zugrunde gelegt sind. *Zweitens* werden die Handlungsgebote jeweils durch einen konkreten Fall bestimmt, der unter irgendeines der aufgezählten Gebiete fällt. Dabei kann es in der beschriebenen Weise vorkommen, daß das diesem Gebiet zugrunde liegende Regelsystem außer kraft gesetzt wird.

Wir müssen aber das unter Punkt Eins Gesagte noch weiter erläutern. Der Christ findet sich zunächst in einer nationalen Kultur vor, sie ist das historisch Gegebene, worin er hineinwächst und sich bewegt. Dieses Gegebene als ein umfassendes Regelsystem hat seinen Ursprung in einer vorangegangenen nationalen Systemmenge, dergestalt, daß es auf mannigfaltige Weise als Versuch einer Lösung der von dieser Menge hervorgebrachten Probleme zu verstehen ist. (Inkohärenzen, Widersprüche, Nicht-Bewältigung neuer Erfahrungen usw.) Wenn sich nun das Gebot der Liebe seinem Wesen nach immer nur *an einem Gegebenen* entfalten kann, und folglich die genannten Problemlösungen immer aus einem *Zusammenspiel* zwischen diesem Gegebenen und diesem Gebot hervorgehen können, dann muß auch jede Epoche aus diesem Zusammenhang verstanden und beurteilt werden. Wir müssen also die bereits getroffene Feststellung, daß das ewige Gesetz der Evangelien keinen kodifizierten Wertekatalog fordert, auf folgende Weise präzisieren: *Es gibt keine absolute Idee einer christlichen Kultur und es kann sie auch nicht geben.* Anders ausgedrückt: Gerade er, der ewige Geist, ist immer *situationsbezogen*, und eben darin liegt seine tiefe, von der Gottesvorstellung untrennbare Menschlichkeit. Situationsbezogen also zum einen im Hinblick auf das Gegebene einer nationalen Kultur, situationsbezogen zum andern im Hinblick auf die konkreten Fälle, die im Rahmen der zu dieser Kultur gehörigen einzelnen Regelsysteme auftreten. „Nur soll jeder so leben, wie der Herr es ihm zugemessen, wie Gott einen jeden berufen hat." (1Kor 7,17) „Jeder bleibe in der Berufung, in der er berufen wurde." (Ebenda, 20)

Betrachten wir als Beispiel einige der seit dem Eintreten des Christentums erfolgten, großen, sozialpolitischen Wandlungen. In der Antike war das Sklaventum eine mit den damaligen wirtschaftlichen, sozialen und politischen Verhältnissen so eng verbundene Institution, daß keine einzige Stimme von Rang bekannt ist, die ihre Aufhebung forderte, ja, selbst die Zehn Gebote und die christliche Lehre selbst gehen, ich habe es schon erwähnt, wie selbstverständlich von ihrer Existenz aus (Kol 3, 22 f; Eph 6, 5 ff). Zwar gab es, wenn auch sehr selten, Sklavenaufstände, doch sind sie eher mit den heute vorkommenden Gefängnisrevolten zu vergleichen, die ja auch nicht die Abschaffung von Gefängnissen überhaupt zum Ziele haben. Aber das Christentum hatte nicht nur, wie bereits das AT, verlangt, barmherzig zu den Sklaven zu sein, sondern es hat diese auch in die Gemeinschaft der Gläubigen aufgenommen. Ebenso war der mittelalterliche Feudal- und Ständestaat eine den damaligen allgemeinen Verhältnissen so angepaßte Verfassung, daß sich die Menschen wie selbstverständlich in diesem Rahmen bewegten. Aber in christlicher Sicht sollte der Umgang der Stände untereinander, trotz der notwendigen Achtung der Unterschiede, von der Vorstellung geleitet sein, daß vor Gott allen Menschen die gleiche Fürsorge und Rücksichtnahme zuteil werden solle. Dies äußerte sich u.a. auch in der mittelalterlichen Armen- und Krankenpflege, die weitgehend in kirchlicher Hand lag. Daß nun teilweise das Sklaventum verschwand, ging zwar nicht zuletzt auf christliche Einflüsse zurück, wäre aber ohne die gegenüber der Antike veränderten wirtschaftlichen und sozialen Verhältnisse nicht möglich gewesen. Was schließlich die mittelalterliche Unterscheidung von der Zuständigkeit des Kaisers für die weltlichen, derjenigen des Papstes für die geistlichen Dinge betrifft, so lief sie, jedenfalls *ihrer Idee* nach, auf eben jene Trennung einerseits und jenes Zusammenspiel andererseits hinaus, wie sie Luther in seiner zwei-Reiche-Lehre vorschwebte, und war doch ganz und gar eine den besonderen Verhältnissen des Mittelalters entsprungene, christliche Lösung.

Auch hier also sehen wir stets, wie das christliche Liebesgebot nur an den historischen Gegebenheiten und in *deren Rahmen* wirksam wird, nicht aber diese allgemein und notwendig hervorbringt, obgleich auch dies geschehen kann, wie es ja teilweise z.B. im Mittelalter der Fall war. Nun gab es, wie bereits erwähnt, sowohl im Mittelalter wie in der Reformationszeit Versuche, die sozialen Verhältnisse im Geiste des Evangeliums, besonders mit Berufung auf die Bergpredigt, zu revolutionieren. Doch zeigten gerade diese Ereignisse exemplarisch, daß eine Verkennung der eher aus historischen Gegebenheiten, weniger aber aus der Lehre des Evangeliums ableitbaren lex civilis nicht nur in Wirklichkeitsferne gründet und damit zum Scheitern verurteilt ist, sondern, und vor allem, daß damit das Liebesgebot der Evangelien auf schreckliche Weise zu einem Machtgebot pervertiert wurde. Das ist auch der eigentliche Sinn von Luthers Verwerfung der Bauernerhebungen. Doch gilt dies andererseits ebenso für die Machtanmaßung der mittelalterlichen Päpste.

Noch ein letztes Wort zu den Zehn Geboten, die in den genannten Epochen formell immer anerkannt waren. Trotz dieser formellen Übereinstimmung, und obgleich ihr *Geist*, ihre *Intention*, nämlich die Barmherzigkeit und Nächstenliebe, immer die gleichen waren, kann auch ihr semantischer Sinn aus dem jeweiligen historischen Zusammenhang nicht gelöst werden. In den Zehn Geboten werden zwar die elementaren Grundmuster aufgelistet, die diesem Geist und dieser Intention entspringen, aber ihre Deutung wird doch zugleich von dem historischen Umfeld abhängen, in dem sie getätigt werden sollen. Solche Deutungswandlungen können wir ja schon bei der Entwicklung vom Bundesbuch zum Deuteronomion feststellen. Und wenn die vorhin aufgeführten Beispiele zeigten, wie der buchstäbliche Sinn der Gebote situationsbezogen teils umgedeutet, teils eingeschränkt wird, so erweist sich doch diese Situationsbezogenheit bei näherem Zusehen als einer historisch bedingten, nationalen Kultur entsprungen. Du sollst nicht ehebrechen – aber ist der Sinn dieses Gebotes nicht sehr verschieden, je nachdem ob eine patriarchalische Gesellschaft vorliegt oder nicht? Ob also Ehebruch eine Art Eigentumsverletzung des Mannes ist oder die Frau ihm ebenbürtig zur Seite steht? Du sollst nicht stehlen – aber wird nicht Eigentum in verschiedenen Gesellschaftsordnungen sehr verschieden definiert sein? Du sollst nicht lügen, aber als läßliche Sünde ist es erlaubt – wird nicht deren Gewichtung sehr verschieden sein, je nachdem, ob wir es mit einer sehr differenzierten, in weiten intellektuellen Spielräumen und Freiheitsgrenzen denkenden Gesellschaftsordnung zu tun haben oder z.B. mit einer sehr einfachen, bäuerlichen, wo jedes Wort von großem Schwergewicht sein kann? Du sollst kein falsches Zeugnis ablegen – aber wer ist überhaupt zeugnisfähig? Im AT z.B. sind es nur freie Männer.

So sehen wir: Es ist mit der Liebe und Barmherzigkeit im christlichen Sinne wie mit der Rationalität des Menschen, sie sei semantischer, empirischer, logischer, operativer oder normativer Art. In jeder Situation, in der sich der Mensch befindet, wird er versuchen, ihre besonderen Probleme zu lösen – der Mensch ist, um Popper zu zitieren, immer problem solving, und das geschieht durch Rationalität. Diese ist stets die gleiche, beruhe sie nun auf der Klarheit des Urteilens oder gegründeter Erfahrung, auf logischem, operativem, oder normativem Denken – aber die Inhalte, *an denen* sich Rationalität je betätigt, sind ganz verschieden. Der Mensch, der einst eine Axt aus Stein herstellte, sagte einmal Lévi-Strauss, dachte nicht weniger rational als der Mensch, der heute eine Axt aus Stahl produziert – aber seine Rationalität, in diesem Falle unmittelbar operativer Natur, betätigte sich an ganz verschiedenen Gegebenheiten und Inhalten. Formal ebenso verhält es sich nun mit der christlichen Liebe und Barmherzigkeit: In jeder zwischenmenschlichen Situation, in der sich der Christ befindet, wird er versuchen, auch den andern zu sehen, Rücksicht und Nachsicht zu üben, Verständnis für ihn zu haben, sich in ihn hineinzudenken, einzufühlen, ihm gerecht zu werden. Auch der Christ verhält sich also stets auf die gleiche Weise, aber an ganz verschiedenen Inhalten. Doch ist dieser Vergleich zwischen Rationalität und Nächstenliebe nicht zufällig gewählt, da doch gerade *der Zusammenhang zwischen beiden für das geforderte Zusammenspiel von historisch Gegebenem und ewigem Geist der Evangelien von grundlegender Bedeutung ist*. Das erwähnte problem solving des Menschen spielt sich ja, sogar weit ins Private hinein, innerhalb einer nationalen Systemmenge ab, es geht, wie ich schon sagte, um deren Inkohärenzen, Widersprüche und damit verbundene Erfahrungen mannigfaltiger Art. Also sind auch weitgehend rationale Lösungen gefordert. Aber auf der anderen Seite hat, wie in vorangegangenen Kapiteln gezeigt wurde, alles Rationale seine konnotative Seite in Form von Gestimmtheiten, die es begleiten, in Bewegung halten und teilweise auch leiten. Zu ihnen gehört christlich als Grundgestimmtheit jene Liebe, die zugleich von der Erlösungshoffnung durchdrungen ist. In diesen Zusammenhängen also spielt sich christliches Leben je ab, so daß mit ihnen stets auch seine Probleme und Gegenstände wechseln und man sich christlich hüten muß, abgesehen vom unmittelbar sakralen Bereich (Liturgie des Gottesdienstes) oder den formalen Bedingungen einer menschlichen Gesellschaft überhaupt (Zehn Gebote), von absoluten christlichen *Inhalten* zu sprechen. Wo immer man sich diese anmaßte, wäre damit der Widerspruch zur Rationalität und damit der Verlust an Wirklichkeitssinn unvermeidlich.

Christliches Leben, so können wir zusammenfassen, folgt nicht einer allgemeinen Lehre darüber, was man tun soll, sondern wie man etwas tun soll. Es enthält keine inhaltlichen Vorschriften und Regeln – wenn man von den allgemeinen Folien der Zehn Gebote und vom unmittelbar sakralen Bereich absieht – sondern es enthält Anweisungen zu einer bestimmten Lebenshaltung im Umkreis des je geschichtlich Gegebenen (die private Sphäre eingeschlossen) und der damit je gestellten, wechselnden rationalen Aufgaben.

Diese durchgehende Historizität des christlichen Lebens trotz des ewigen Geistes, der es führt, hat genauso wenig mit Relativismus etwas zu tun wie die Historizität der Inhalte, an denen es sich betätigt. Diese Inhalte sind ja eben gerade nicht beliebige. Dies ist eindeutig dann der Fall, wenn sie in Schlußfolgerungen logischer oder operativer Art aus Prämissen ihren Ursprung haben oder diese Prämissen ihrerseits durch rationale Bewegungen innerhalb der gegebenen Systemmenge zustande gekommen sind. (Auflösung von Widersprüchen in der alten Systemmenge, neue Erfahrungen usw.). Aber selbst wenn, wie es häufig geschieht, bei der Bildung der historisch gegebenen Inhalte Irrationales beteiligt war, z.B. Leidenschaften, oder Nicht-Rationales, das wie ein Schicksal wirkt, also überhaupt etwas, das aus der Tiefe des menschlichen Lebens aufsteigt, so kann auch dann von Relativismus nicht gesprochen werden; fehlt doch auch solchen Ereignissen der Charakter der Beliebigkeit, die jeden Relativismus als solchen kennzeichnet (anything goes!).

Der Christ muß also einerseits im Denken, in der Erfahrung, in logischen, operativen und normativen Zusammenhängen an den rational notwendigen Prozessen teilhaben, sie aber andererseits unter dem Gesichtspunkt des Liebesgebotes prüfen – und auch dies geschieht unvermeidlich mit den Mitteln der Rationalität, ohne welche die Liebe, wie es sprichwörtlich heißt, blind ist. Eben deswegen ist aber die Anstrengung rationaler Überlegung, Erwägung und Gestaltung nicht minder geboten wie die Liebe zu Gott und zum Nächsten.

Insofern, als notwendig dem Rationalen Verpflichteter, steht der Christ mehr oder weniger auf festem Boden bei seinen im christlichen Geiste getroffenen Entscheidungen. Ich sage mehr oder weniger teils deswegen, weil damit auch seine Urteilskraft gefordert ist, die ja je nach den Umständen sehr unterschiedlich sein kann, teils deswegen, weil alles Rationale, wie ich schon ausführlich dargelegt habe, stets von Prämissen ausgeht und sich daher im Bereiche des *letztlich Hypothetischen* bewegt. (Vgl. das Kapitel „Grundlegungen"). Wenn damit also auch weiter bekräftigt wird, daß die Christen darüber, was man im Namen des göttlichen Liebesgebotes tun soll, streiten können, so sind sie dabei doch nur so weit dem Zweifel ausgesetzt, als es Rationalität immer ist, wenn man von der formal korrekten Schlußfolge als solcher absieht, die ja aber auch unter fragwürdigen Prämissen stattfinden kann.

Mit der Gefahr des Irrtums lebt jeder Mensch in seiner Hinfälligkeit und Unvollkommenheit, und ihr entgeht auch der Christ nicht, wenn er situationsbezogen im Zeichen des göttlichen Liebesgebotes entscheiden soll, was er jetzt und hier tun soll oder darin sogar ratlos bleibt. Diese Gefahr ist ein Teil des Lebens, so daß Leben aufhörte, Leben zu sein, wenn man, um ihr zu entgehen, das Hypothetische zum Gewissen oder, relativistisch, zum ständig zur Disposition Stehenden machte. Nur der Glaube selbst ist davon ausgenommen, also auch das Liebesgebot als solches, denn der Logos der Offenbarung entspringt nicht der Ontologie des hypothetischen Denkens und so ist er auch nicht dem theoretischen Zweifel ausgesetzt. (Vgl. das I. Kapitel.)

Das Christentum stellt sich also einem radikalem Realismus: Es entläßt den Menschen nicht aus der Spannung zwischen dem allgemeinen, höchsten Liebesgebot und den konkreten, sowohl situationsbedingten wie historischen Lebensbezügen, denen erst die über dieses allgemeine Gebot hinausgehenden, einzelnen Gebote entspringen können. Es beruft sich nicht wie die Philosophen in Wirklichkeitsferne auf eine allgemeine und absolute Vernunft, der ein absoluter Katalog von Geboten zur Verfügung steht, so daß die Menschen in Epochen, die unter ganz anderen Vorstellungen lebten, entweder als Verbrecher oder geistige Toren hingestellt werden müssen (Sklaverei). Das Christentum wird der Tragik des Lebens gerecht, daß es Situationen gibt, wo eine eindeutige Entscheidung für den rechten Weg nicht möglich ist (das Thema der Tragödiendichtung). Das Christentum verwirft den moralischen Rigorismus und die sich darauf stützenden Verdammungsurteile, obgleich gerade die Kirchen ihm immer wieder verfielen. *Das Christentum kennt keine eindeutige Verfügbarkeit über das Gute, es kennt nur den guten Willen, im konkreten Fall sowohl dem Liebesgebot zu folgen als auch dabei redlich um die rational erkennbaren Zusammenhänge bemüht zu sein, in denen dieser Fall jeweils steht.*

Dies alles ist zusammengefaßt in Christi Worten: „Richtet nicht, damit ihr nicht gerichtet werdet." Bei oberflächlicher Betrachtung scheint es sich zwar nur dagegen zu wenden, daß diejenigen, die richten, nicht selbst ohne Sünde sind. Folgen doch darauf die Sätze: „Denn nach welchem Recht ihr richtet, werdet ihr gerichtet werden; und mit welchem Maß ihr meßt, wird euch zugemessen werden. Was siehst du aber den Splitter in deines Bruders Auge und nimmst nicht wahr den Balken in deinem Auge? Oder wie kannst du sagen zu deinem Bruder: Halt, ich will dir den Splitter aus deinem Auge ziehen?, und siehe, ein Balken ist in deinem Auge. Du Heuchler, zieh zuerst den Balken aus deinem Auge, danach sieh zu, wie du den Splitter aus deines Bruders Auge ziehst." (Mt 7, 1–5) Aber wenden sich diese Worte nicht ebenso gegen jene, die selbstherrlich über die Sünde des anderen urteilen zu können glauben, weil sie sich anmaßen, absolut zu wissen, was das Gute ist? Und daß sie also selbst mit dem Maße solcher Selbstgerechtigkeit gerichtet werden können?

i) Ablehnung eines christlichen Naturrechts

Aus all dem folgt: Es gibt nicht so etwas wie ein christliches Naturrecht, worunter besondere, absolute, auch von geschichtlich schwankenden Deutungen unabhängige Wertinhalte zu verstehen wären, die von dem allgemeinen christlichen Liebesgebot unterschieden werden müßten. In diesem Sinne muß man wohl auch den herausragenden Vertreter der katholischen Soziallehre, O. von Nell-Breuning SJ, verstehen, wenn er zusammenfassend bemerkt: „Ein soziales und ökonomisches System im eigentlichen Sinne des Wortes hat die Kirche ebenso wenig aufgestellt wie etwa ein politisches."[18] „Die Bezeichnung ‚christliche (katholische) Gesellschaftslehre' ist geradezu verfänglich. Sie ist dazu angetan, die Vorstellung zu erwecken, das Christentum besäße ein System von Normen für Bau und Ordnung der menschlichen Gesellschaft, ausgebaut zu einer wissenschaftlichen Lehre, die mit christlichen Offenbarungswahrheiten innerlich verknüpft seien."[19] Dem widerspricht es nicht, daß die Kirche immer versucht hat und versuchen mußte, *im Rahmen der gegebenen, historischen und sich immer wieder wandelnden Situation* das christliche Liebesgebot zu realisieren; es widerspricht ihm aber, wenn sie dabei zugleich die mit dieser Situation verknüpften Gebote absolut setzen, also in ein Naturrecht umdeuten wollte.

Das klassische Beispiel für diese verhängnisvolle Zweigleisigkeit ist die naturrechtliche Deutung der Sklaverei durch Thomas von Aquin. Einerseits sagte er, die Unterwerfung des Sklaven erstrecke sich nur auf den Leib, nicht aber auch auf die Seele. Sei doch auch der Sklave wie jeder andere Mensch durch die Gnade frei von der Knechtschaft der Sünde.[20] Es versteht sich aber von selbst, daß damit christlich sowohl das Selbstverständnis des Sklaven wie seine menschliche Einschätzung durch den Herren grundlegend bestimmt wird. So weit erscheint also die Institution der Sklaverei wie eine historische Gegebenheit, die im Zeichen der christlichen Botschaft und des christlichen Liebesgebotes zu gestalten ist. Auf der anderen Seite hat Thomas jedoch keinen Zweifel daran

---

[18] O. von Nell-Breuning SJ, Gottgewollte Wirtschaftsordnung? In: Zeitfragen Nr. 43, 1930, S. 1.

[19] Ders., Art. Gesellschaftslehre, in: Wörterbuch zur Politik, Heft 1: Zur christlichen Gesellschaftslehre, Freiburg 1947.

[20] Th. v. Aquin, Summa theologiae, II/2, qu. 105,. a. 6, ad 1.

gelassen, daß er Sklaverei als Teil der gottgewollten Ordnung betrachtet. In Anlehnung an Aristoteles unterscheidet er zwei Arten von Menschen, nämlich solche, die ihrer natürlichen Veranlagung nach nur zur Fremdbestimmung, also zu Sklaven, und solche, die ihrer natürlichen Veranlagung nach zur Selbstbestimmung, also zu Herren geeignet sind.[21] Deswegen seien auch Sklaven kein Teil des Volkes oder der Bürgerschaft.[22] Es ist freilich klar, daß das antike Sklaventum nicht auf dieser von Philosophen gelieferten, „naturrechtlichen" Pseudoerklärung beruhte. Man kann dies schon daran erkennen, daß Kriegsgefangene ohne Unterschied ihres Ranges in die Sklaverei verkauft wurden, und wenn nach der Niederlage des griechischen Expeditionsheeres auf Sizilien die Gebildeten unter ihnen ausgesondert und nicht in die berüchtigten Steinbrüche verschickt wurden, so doch nur deshalb, weil sie in vornehmen Häusern als Lehrer benötigt wurden. An ihrem Status als Sklaven änderte das nichts. Die Sklaverei hatte viele politische, militärische, wirtschaftliche und kultische Ursachen und kann daher auch nur aus den allgemeinen Verhältnissen verstanden und beurteilt werden, innerhalb derer sie aufgetreten ist.

Ich widerspreche damit aber nicht nur denjenigen einst und heute, die für ein christliches Naturrecht eintreten, sondern auch denjenigen, die es zwar ablehnen, aber so, daß sie sich dabei insgeheim dennoch auf ein gleichsam durch die Hintertür wieder hereinkommendes Naturrecht berufen. Indem sie nämlich in allen bekannten Versuchen, ein christliches Naturrecht zu erstellen, nur peinliche Anpassungen der Kirche an gegebene Verhältnisse zu sehen vermögen, setzen sie doch selbst ein absolutes Kriterium voraus, das sie ermächtigt, überhaupt von peinlichen Anpassungen zu reden. Gerade Thomas von Aquin mit seiner naturrechtlichen Verteidigung der Sklaverei wird dabei gerne als Paradebeispiel aufgeführt. Diese Verteidigung wird also nicht, wie ich es hier getan habe, deswegen zurückgewiesen, weil Thomas etwas für ewig gottgewollt hielt, was nur historisch zu verstehen ist, sondern deswegen, weil es ewig gottgewollt sein soll, daß es *keine* Sklaven gibt. Man muß sich jedoch die Konsequenzen einer solchen Behauptung klarmachen um zu erkennen, daß sie absurd ist. Denn da wir, wie bereits bemerkt, kein ausdrückliches Zeugnis des Widerstandes gegen das Sklaventum aus der Antike besitzen, das Alte und Neue Testament eingeschlossen, so wären wir doch zu dem anmaßenden Urteil gezwungen, daß einst alle Menschen entweder verbrecherisch dachten oder so töricht waren, das Verbrechen des Sklaventums nicht zu erkennen. So ist es in der Tat nur *ein anderes* „Naturrecht", auf das man sich gegen das Naturrecht Thomas von Aquins und anderer beruft, nämlich das der Aufklärung entsprungene, *moderne Ideal des freien Menschen.*

Aus der Sicht dieses Ideals ist nun in der Tat Sklaverei ein menschenunwürdiger und unerträglicher Zustand. Und wieder muß ich darauf hinweisen, daß eine solche Feststellung nichts mit Relativismus zu tun hat, wenn sie auch auf

---

[21] Aristoteles, Politik, I,45, Th. v. Aquin, Summa theologiae, II/2, qu.57, a. 4.
[22] Th. v. Aquin, Summa theologiae, I/2, qu. 98 a 6, ad 2.

eine Relationalität verweist, was etwas ganz anderes ist. Relationalität bedeutet im gegeben Fall, daß das Ideal des freien Menschen jenen teils rationalen, teils irrationalen wie nicht-rationalen Prozessen entspringt, die mit dem problem solving innerhalb gegebener Systemmengen (der Epoche der Renaissance) wie bei deren Fortentwicklung zu neuen (Aufklärung) zusammenhängt. Dieser Relationalität fehlt das Willkürliche, das dem Relativismus eigentümlich ist. Wir dürfen daher, ja wir müssen aus voller Kraft an dieser Relationalität teilhaben, sie ist *unser* Leben, unbeschadet dessen, daß andere Zeiten anderen Vorstellungen folgten, und unbeschadet auch dessen, daß, mit Ausnahme der Glaubensgewißheit, alles dem Zweifel unterworfen, immer der Irrtum möglich ist, und daher auch unsere Welt eines Tages wieder verschwinden wird. Das ist, so ist das Leben. So leidenschaftlich wir uns also heute auch im Recht glauben dürfen, wenn wir die Sklaverei verwerfen, zu einem allgemeinen Verdammungsurteil der Antike dürfen wir uns nicht verleiten lassen.[23]

Aus all dem ergibt sich aber bereits, daß auch das moderne Ideal des freien Menschen keine spezifisch christliche Schöpfung sein kann, und, wie seine geistesgeschichtliche Entstehung zeigt, auch nicht ist[24]; daß es aber andererseits für den heutigen Christen in das Spannungsfeld des Gottes- und Liebesgebotes tritt, womit es, wie wir noch sehen werden, einer besonderen Deutung unter-

---

[23] Das Paradox, auf naturrechtlich-christlicher Basis gegen das christliche Naturrecht zu sein, findet man z.B. in dem Buch „Katholische Kirche und scholastisches Naturrecht" von AUGUST M. KNOLL. (Neuwied 1968). „Das Ziel des Christen in der Welt", schreibt er dort (S. 98), „sein Anliegen in der sozialen Frage, (...) *ist die Befreiung des jeweiligen Sklaven in der Geschichte.*" So unterscheidet er im Grunde, nämlich ohne es ausdrücklich zu sagen, ein wahres und ein falsches Naturrecht, wobei er für das letztere eine bis in die Gegenwart reichende Kette von Beispielen aufführt, denen zufolge sich die Kirche auf peinliche Weise den bestehenden politischen Verhältnissen angepaßt habe – so eben auch Thomas von Aquin. Für das angeblich wahre christliche Naturrecht stützt er sich aber auf einen einzigen Beleg aus dem NT, nämlich 1Kor 7. Dort heißt es: „20. Jeder bleibe in der Berufung, in der er berufen wurde. 21. Bist du als Knecht berufen, sorge dich nicht; doch kannst du frei werden, so nutze es um so lieber. 22. Denn wer als Knecht berufen ist in dem Herrn, der ist ein Freigelassener des Herrn; desgleichen, wer als Freier berufen ist, der ist ein Knecht Christi." Knoll deutet nun V. 21 so, als hätte damit Paulus auf das „Ideal des Menschen", eben sein Leben in Freiheit hingewiesen. Diese Deutung ist freilich schon sprachlich umstritten. Lateinisch heißt es: „Servus vocatus es? Non sit tibi curae: sed et si potes fieri liber, magis utere. (Griech.: *mállon chrésai*.) Das bedeutet wörtlich: Kannst du frei werden, so nutze es um so mehr. Bezieht sich nun das „es" auf die Berufung zur Knechtschaft, die, als Verzicht auf das Herrsein, christliche Weltentsagung und Demut verrate, oder ist damit im Gegenteil gemeint, wie Knoll glaubt (der sich dabei auf Luthers „so brauche des viel lieber!" stützt), daß Freisein der wahre Zustand jedes Menschen sei? Doch brauchen wir uns nicht hier darüber mit dem bestehenden Streit der Theologen zu befassen. Für den vorliegenden Zusammenhang genügt es mit Knoll anzunehmen, Vers 21 besage in der Tat, wenn man als Freier berufen sei, so solle man das um so lieber, oder, genauer, um so mehr nutzen. Wer wollte leugnen, daß er lieber Herr als Knecht sein will, oder daß Herrsein zu größerem Handeln verpflichtet und dazu auch genutzt werden soll? Eine Forderung aber, daß überhaupt niemand Knecht sein *darf*, ist damit doch in keiner Weise gegeben. Daß es christlich gesehen letztlich gar nicht darauf ankommt, als was man berufen ist, zeigt im übrigen der abschließende Vers 22 deutlich genug.

[24] Vgl. K. HÜBNER, Das Nationale, Verdrängtes, Unvermeidliches, Erstrebenswertes, a.a.O., Kapitel III–V.

worfen und auf besondere Weise geprägt und bestimmt wird. Auch dies ist also nur ein besonderer Fall der Zwei-Welten-Lehre, von der bereits ausführlich gesprochen wurde.

Fassen wir nun zusammen. Die christliche Idee von Sünde und Erlösung ist überhaupt nur in ihrer dialektischen Spannung zu einem Gebot, das erfüllt werden muß und doch nicht erfüllt wird, gegeben. Dieses Gebot war ursprünglich das Jüdische Gesetz als eine bestimmte Lebensordnung des Jüdischen Volkes und seiner Zeit. Andere Gesetze solcher Art folgten historisch, aber die christliche Idee wandelte sich nicht. Nur das Gebot, das Gesetz, wozu sie sich notwendig in dialektischer Spannung befindet, änderte seinen Inhalt – die Spannung aber blieb. So muß einerseits, wie gezeigt, der Begriff des Jüdischen Gesetzes durch denjenigen der Lutherischen Unterscheidung der lex civilis und der lex theologica, genauer zwischen dem Gesetz der historischen Systemmenge nationaler Kultur und dem ewigen Gesetz der Evangelien verallgemeinert werden, und so muß sich auch die christliche Grunderfahrung von Sünde und Erlösung in jeder einzelnen Phase historischer Systemmengen, wenn auch immer wieder auf neue Weise, wiederholen. Die Inhalte des Gesetzes der historischen Systemmenge wechseln, aber die innerhalb ihrer sich je betätigende christliche Lebenshaltung und Lebensaufgabe als Gottesliebe und Menschenliebe bleibt ebenso dieselbe wie die immer wiederkehrende Erfahrung der Sünde, des Versagens in dieser Haltung und Aufgabe; damit aber auch der Erlösungsglaube und die Hoffnung.

Niemals darf man jedoch aus den Augen verlieren, daß christlich die Menschenliebe kein sentimentalisches oder weichliches Gefühl ist, sondern eine Haltung, welche die rationalen Zusammenhänge beachtet, so wie der Arzt durch sein Mitgefühl sich nicht daran hindern lassen darf, den notwendigen, schmerzhaften Eingriff vorzunehmen; daß christlich die Menschenliebe in Wahrheit Gottesliebe ist, weil sie sich nicht auf den Menschen um seiner selbst bezieht, der ja der Sünde verfallen ist, sondern als Geschöpf Gottes; daß er durch Gottes Liebe auch in dieser seiner Sünde gerechtfertigt ist und Erlösung erhoffen darf.

j) Vier christliche Regeln, betreffend den Zusammenhang zwischen den zwei Reichen. Die Zehn Gebote als besondere Weisen ihrer Anwendung

Wie sich also gezeigt hat, ist der Christ in seinem ganzen Lebensbereich gefordert, dessen Rahmen die bereits definierte kulturelle *Systemmannigfaltigkeit* bildet. Eine solche umfassende, aber immer nur historisch bestimmte Ordnung, die dem alttestamentarischen Gesetz entspricht, ist aber zunächst nur die notwendige Bedingung für Gottes Wille, überhaupt eine menschlichen Gemeinschaft zu bilden, weil ohne sie der Mensch weder physisch noch geistig lebensfähig wäre. Um aber über diese notwendige Bedingung hinauszukommen, um darauf hinzuarbeiten, daß diese Ordnung vom ewigen, göttlichen Gesetz, von dem Christus gesprochen hat, durchdrungen wird, sind dem Christen vier Regeln gesetzt.

Zum ersten: Er muß sich als Teil des im vorangegangenen Abschnitt g) definierten, nationalen Lebenszusammenhanges verstehen. (Selbst der Mönch macht darin keine Ausnahme.) *Zum zweiten*: Er muß, auf welchem Gebiet, in welchem Maßstab auch immer, groß oder klein, die Lösung der Probleme des gegebenen Lebenszusammenhanges auf geeignete Weise, darunter auch nach den bereits definierten *rationalen Kriterien* suchen (problem solving), um mitzuhelfen, den bestehenden Lebenszusammenhang in dem definierten Sinne sei es aufrechtzuerhalten, sei es zu verbessern – was nichts anderes bedeutet, als sich, auf welche Weise auch immer, *arbeitend zu betätigen*. *Zum dritten*: Diese Lösungen müssen an Hand des doppelten Liebesgebotes, dem religiösen gegenüber Gott und dem moralischen gegenüber den Menschen, geprüft werden. Es handelt sich also um nichts anderes, als, mit Luther zu reden, darum, den usus legis civilis mit dem usus legis theologicus zu verbinden und so, nunmehr mit Melanchthon gesprochen, den usus tertius in renatis zu tätigen; es gilt aber *zum vierten* auch die Regel jenes usus legis theologicus, der sich nicht auf den bezeichneten und geschichtlichen Lebenszusammenhang, sondern unmittelbar auf den Nächsten und Mitmenschen bezieht wie es z.B. die Rettung eines Menschen in Lebensgefahr ist.

Wie verhalten sich diese vier Regeln zu den Zehn Geboten im christlichen Sinne? Die hier aufgeführten Regeln eins bis drei konkretisieren das Gebot der Liebe zu Gott, das die ersten vier Gebote des Dekalogs in nur allgemeiner Weise fordern (Du sollst keine anderen Götter neben mir haben, meine Gebote halten usw.), indem sie dessen Wirksamkeit im historisch gegebenen Lebenszusammenhang angeben. Die Regeln drei und vier werden umgekehrt durch die Gebote fünf bis zehn des Dekalogs konkretisiert, welche die Grundlagen des doppelten Liebesgebots zum nächsten enthalten. (Du sollst im Namen von Gottes Barmherzigkeit nicht töten, nicht ehebrechen, stehlen, lügen usw.) *Die vier hier aufgeführten Regeln stellen also nur den allgemeinen Zusammenhang her von den ewigen Geboten der Gottes- und Menschenliebe zu einer historisch gegebenen, nationalen Mannigfaltigkeit wie es auch das Jüdische Gesetz war, eine Mannigfaltigkeit, innerhalb welcher sich der Mensch je bewegt und innerhalb welcher die Zehn Gebote jeweils gedeutet und wirksam werden.* (Ich erinnere noch einmal an die verschiedenen, historisch bedingten Weisen, die Zehn Gebote zu deuten, z.B. im Übergang vom Bundesbuch zum Deuteronomium.) So ist vom Christen ein sehr komplexes Wollen, Handeln und Denken gefordert. Da man aber meistens einen Verstoß gegen die vierte der hier aufgezählten Regeln für Sünde hält, sei näher erläutert, in welcher Weise auch bei einer Verletzung der anderen Regeln von Sünde gesprochen werden kann.

Zum ersten und zum zweiten: Christlich gesehen ist es Sünde, sich radikal außerhalb jeder menschlichen Gemeinschaft und ihrer Ordnungen (u.a. lex civilis) zu stellen, indem man sie schlechthin negiert (Anarchismus), und ebenso ist es Sünde, an dieser menschlichen Gemeinschaft nicht in irgendeiner Weise tätig und arbeitend mitzuwirken – selbst wenn man in beiden Fällen die vierte Regel erfüllte und keinem seiner unmittelbaren Mitmenschen etwas Böses zuleide täte. Denn die menschliche Gemeinschaft ist mit ihren Ordnungen Gottes Wille, mag sie im einzelnen auch noch so sehr verbesserungsbedürftig sein. *Zum dritten*: Betrachten wir, wenn auch in der gebotenen Kürze – über das Thema ließen sich Bände schreiben – aktuelle Beispiele aus *Wissenschaft, Technik, Politik und Wirtschaft*. Ich erinnere an jene heute besonders verbreitete Neigung, in menschlicher Selbstherrlichkeit das ontologische Fundament wissenschaftlicher Erkenntnis für absolut zu setzen (vgl. das I. Kapitel), so daß sie nicht nur methodisch vom Glauben getrennt, sondern dieser in ihrem Lichte überhaupt als sacrificium intellectus betrachtet wird. Die damit verbundene geistige Haltung wendet sich unmittelbar gegen Gott und zerstört nicht nur die religiösen Wurzeln dessen, der sie einnimmt, sondern verbreitet auch aus christlicher Sicht unermeßlich Böses dadurch, daß sie sich unter der heutigen Dominanz wissenschaftlichen Denkens wie Metastasen verbreitet und das allgemeine Bewußtsein mehr und mehr durch Unglauben zu vergiften droht. Wie die Wissenschaft kann auch die Technik Böses bewirken dann, wenn durch sie der Mensch nicht mehr Hirte von Gottes Schöpfung, sondern ihr Zerstörer und in der Folge davon auch sein eigener Zerstörer wird. Hier wird beides verletzt: das Gebot der Gottesliebe wie der Menschenliebe. Sind also Wissenschaft und Technik auf der einen Seite herausragende Beispiele für die unter der zweiten Regel geforderte Arbeit, so werden sie zur Sünde dann, wenn mit ihnen nicht zugleich die dritte Regel erfüllt wird. Auch hier also ist die Sünde nicht auf die vierte Regel beschränkt, im Gegenteil, die in Wissenschaft und Technik tätigen Personen können zugleich im Hinblick auf diese ohne Tadel sein. Was nun die Politik betrifft, so tritt die christlich verstandene Sünde darin auf mannigfaltige Weise in Erscheinung. Sie kann darin bestehen, daß, wie es heute besonders häufig der Fall ist, das Liebesgebot nur auf den Menschen bezogen wird, seine eigentliche Quelle aber, die auf Gott gerichtete Liebe, teils verdrängt, teils überhaupt geleugnet wird. (Säkularisierter Humanismus) Sie kann ferner darin bestehen, daß auch das Liebesgebot gegenüber den Menschen mißachtet wird, so daß diese in der einen oder anderen Weise vernachlässigt, wenn nicht gar der Tyrannis ausgesetzt werden. Und es kann zugleich das eine wie das andere geschehen. Aber selbst in diesem Falle muß nicht zugleich die vierte Regel verletzt werden, wie man an der Geschichte so vieler verirrter politischer Ideologen beobachten kann, die, in dieser Hinsicht, also insbesondere in ihrer privaten Sphäre, keineswegs immer böse Menschen waren. Betrachten wir schließlich noch die Wirtschaft. Sie ist die notwendige Grundlage der gottgewollten, nationalen Gesellschaft, und dient ihrem Zwecke um so mehr, je mehr sie blüht. Eben deswegen ist es aber Sünde, sie als Selbstzweck zu betrachten und darüber die Gottes- und Nächstenliebe aus den Augen zu verlieren, so daß entweder die Verelendung eines Teils der bürgerlichen Gesellschaft herbeigeführt oder der, bei allen unvermeidlichen Unterschieden, höchst mögliche Wohlstand aller verfehlt wird.

Bisher wurden nur jene Sünden aufgeführt, die in der Vernachlässigung des Glaubens durch die Wissenschaft, im Versäumnis der Pflichten des Menschen als Hirt der Schöpfung durch die Technik, in der Mißachtung der Gottes- und Menschenliebe durch Politik und Wirtschaft ihren Ursprung haben. Aber es ist auch Sünde, die rationalen Zusammenhänge zu vernachlässigen oder zu mißachten, die der Prüfung von Wissenschaft, Technik, Politik und Wirtschaft auf grund der dritten Regel als unverzichtbare Grundlage dienen müssen, ja, gerade hierin hat so oft die Verblendung ihre Wurzel, mit der vermeintlich auf diesen Feldern für den Glauben gestritten wird. Denn wenn es christlich Sünde ist, im Namen der wissenschaftlichen Erkenntnis den Glauben als sacrificium intellectus zu verspotten oder im Namen der Technik jede Rücksicht auf Gottes Schöpfung zu mißachten, so ist es christlich auch Sünde, im vorgeblichen Namen des Glaubens Ergebnisse der Wissenschaft mit einer sich aller Sachkenntnis überhebenden Anmaßung und damit Unwahrhaftigkeit in Frage zu stellen, oder bei der Beurteilung der Technik in unverantwortlicher und ebenfalls unredlicher Weise deren tragende und unverzichtbare Rolle für die moderne Welt, in der wir leben, einfach zu leugnen, ja die Technik pauschal zu dämonisieren. Ich erinnere als Beispiele an die Versuche, die wissenschaftlich wohlbegründete Lehre von der Erdgeschichte und biologischen Evolution als mit der biblischen Genesis unvereinbar auf eine jeder Einsicht spottende Weise zu bestreiten, ich erinnere an die Versuche von Teilen der Umweltbewegung, sich über alle rationalen Sachzwänge der heutigen industriellen Verhältnisse hinwegzusetzen und so zu tun, als könnten wir gleichsam in die Steinzeit zurückkehren; was die Politik und Wirtschaft betrifft, so können hier wieder die bereits erörterten Mißverständnisse der Bergpredigt als Beispiel dienen. Der Versuch, das Gebot der Gottes- und Nächstenliebe unmittelbar unter Mißachtung der für eine lex civilis notwendigen, historisch gegebenen und rationalen Zusammenhänge zur Anwendung zu bringen, wie es etwa Tolstoj empfahl, führt zu Anarchie oder religiöser Diktatur und steht im Gegensatz zu Gottes Gebot einer geordneten, dem Leben der Menschen dienenden Gesellschaft. Ebenso ist es zu verwerfen, im Namen christlicher Gottes- und Nächstenliebe wirtschaftliche und soziale Programme zu empfehlen, die leider oft auf laienhafter Unkenntnis wirtschaftlicher Zusammenhänge beruhen. Unkenntnis muß zwar in diesem Fall ebenso wenig wie in den anderen eine Sünde sein; aber sie ist es dann, wenn sie mit der Anmaßung einhergeht, gerade auf dem durch sie betroffenen Gebiete christliche Botschaften vermitteln zu wollen. Letztlich handelt es sich hier also überall in der einen oder anderen Weise um die Sünde intellektueller *Unredlichkeit*. Dies sollte gerade die Kirche besonders beachten, wenn von ihren Kanzeln, wie es heute ständig geschieht, politische, soziale und ökonomische Stellungnahmen wie Verkündigungen des Evangeliums vorgebracht, oder gar, im Sinne der Mißverständnisse der Bergpredigt, rechtsfreie Räume geschaffen werden.

Wenn es aber so ist, daß das Liebesgebot notwendig mit rationalen Abwägungen und wechselnden historischen Situationen verbunden werden muß, womit seine Ausführung immer vom Irrtum bedroht bleiben wird, und wenn es folglich für den Christen, im status corruptionis lebend, keine absolute

Erkenntnis des Guten und Bösen in jedem einzelnen, konkreten Fall geben kann, so entscheidet am Ende *der gute Wille allein*. Darin aber kann der Christ, allen Fährnissen zum Trotz, guten Mutes sein und freudig und getrost sein Leben in der Fülle seiner mannigfaltigen Tätigkeiten leben.

IX. Kapitel
Die Gnadenwirkung als Existential und christliche, existentiale Lebensgestimmtheit

Wenn wir danach fragen, wie sich die in den Kapiteln III und IV entfalteten Grundgedanken der christlichen Erlösungsidee im menschlichen Leben spiegeln, welche Gestimmtheiten, Befindlichkeiten und Verhaltensweisen sie darin hervorrufen, um es im Sinne einer Wiedergeburt von Grund auf als ein christliches zu prägen, so muß zunächst geklärt werden, worin die Grundverfassung des Christen als eines Menschen besteht, der sich dessen bewußt ist, in der Sünde als Dasein zum Tode zu leben und damit der Erlösung bedürftig zu sein. Daher wurde im VII. Kapitel unter Anlehnung an Heideggers Existentialanalyse die existentiale Struktur dieser Grundverfassung enthüllt. Im Zuge des gesetzten Zieles wurde sodann die in der Existentialanalyse wurzelnde Phänomenologie der existentialen Transzendenz zur christlichen fortgeführt, ferner Heideggers Phänomenologie des existentialen Gewissens zum moralischen, schließlich zur Christlichen Ethik.

Christliche Existentialität erschöpft sich aber nicht in der Ethik, sondern hat ihren eigentlichen Quell in den Wirkungen der Gnade. Ohne dies bereits eigens zum Thema zu machen, ging das schon aus der vorangegangenen Untersuchung der Christlichen Ethik hervor. Denn indem diese jede Absicht des Menschen zunichte macht, sich selbst ethische Werte zu setzen und seine eigene Gerechtigkeit herbeizuführen, ruft sie ihn dazu auf, auch in seinem ethischen Verhalten auf die Mitwirkung und den Trost der Gnade zu bauen. Christliche Ethik ist also unlöslich mit der göttlichen Gnade verbunden. Daher müssen wir uns jetzt ihren Wirkungen im menschlichen Leben zuwenden.

1. Die Grundgestimmtheit des Gnadenempfangs.
Ihre Struktur und ihre Existentialien

Der Glaube beruht weder auf rationalen Begründungen, noch ist er eine bloße Sache des Willens, so als ob man schon glauben könnte, wenn man es nur wollte. Er ist Gnade. Sie besteht darin, daß der Mensch vom Heiligen Geist als Pnéuma durchdrungen wird. (Vgl. das IV. Kapitel, 2.) Er erfüllt den Menschen mit Gottes Liebes- und Sühnekraft und offenbart ihm die Heilsbotschaft. Darin ist er, mythisch personifiziert, der Paraklet, der Tröster. „Wenn aber der Tröster kommen wird, den ich euch senden werde vom Vater, das Pnéuma der Wahrheit, das vom Vater ausgeht, der wird Zeugnis geben von mir." (Joh 15,26) Dieser Trost ist im Worte des Paulus zusammengefaßt: „Der Tod ist verschlungen vom Sieg. Tod, wo ist dein Sieg? Tod, wo ist dein Stachel?" (1 Kor 15,54f.)

Die Gnade des Glaubens bringt also Entlastung von jenem Dasein, dessen Verfassung gekennzeichnet ist durch die Existentialien: „Angst vor dem In-der-Welt-sein", „unaufhebbare Ungeborgenheit, „Sorge", „Einsamkeit", alles zusammengefaßt im „Dasein zum Tode". Die Gnade bringt Entlastung, wenn auch noch nicht endgültige Befreiung, denn im Glaubenden wandelt sich zwar das Dasein zum Tode, aber seine Existentialien werden nicht vollends aufgehoben, so lange der Mensch noch als Kreatur, als Geschöpf, als Teil der Schöpfung weiterlebt; sie werden nur von denjenigen des Glaubens überlagert. Die Entsühnung des Menschen durch das göttliche Opferlamm ist zwar bereits vollbracht, aber sie kann für den einzelnen wieder verloren gehen, solange die Welt steht und damit die Verborgenheit Gottes in der Sünde andauert. (Vgl. das IV. Kapitel 3c und 5c) So wird das Dasein zum Tode durch das *„Dasein zu Gott"* immer wieder in seine Schranken gewiesen, die Einsamkeit durch die *„Zweisamkeit mit Gott"* getröstet, die Sorge von einer letzten *„Sorglosigkeit in Gott"* entkräftet, die Ungeborgenheit von einer letzten *„Geborgenheit in Gott"* aufgefangen, und die Angst vor dem In-der-Welt-sein verblaßt in der *„Gewißheit des transzendenten, persönlichen Gottes."* Das so gewandelte, neue Dasein aber empfindet seine Entlastung als „Neu- und Wiedergeburt". Wie also nach dem vierten Grundsatz der Allgemeinen Metatheorie (vgl. das VII. Kapitel, 3) jeder Ontologie und folglich ebenso der gottfernen, innerhalb welcher sich das Dasein zum Tode bewegt, a priori eine ihr eigentümliche Mannigfaltigkeit von Befindlichkeiten entspricht, die durch eine ihr eigentümliche, strukturierte Gruppe von Existentialien phänomenologisch erfaßt werden kann, so entspricht die soeben aufgezählte, strukturierte Gruppe von Existentialien der Offenbarung und Gnadenlehre des Glaubens. In ihnen erkennen wir die Grundgestimmtheit, die christliches Leben, wenn auch in schwankendem Maße, begleitet.

Doch kann man nicht genug den bloßen Entlastungscharakter der Existentialien hervorheben, die der Gnadenwirkung entsprechen. Der Tod hat zwar seinen „Stachel" verloren, aber damit ist seine Bedeutung für das menschliche Leben nicht vollends erloschen. So bleibt auch der Christ den Existentialien des Daseins zum Tode genauso ausgesetzt wie jeder andere. Angst, Leid, Sorge, Versuchung, Verzweiflung, kein noch so großer Schmerz, kein noch so großes Elend, keine noch so große Trauer mögen ihm erspart bleiben, wie es schon Hiob, dem alttestamentarischen Gottesfreund erging. Was ihn aber von den anderen Menschen unterscheidet, ist der unvergleichliche Trost, die unvergleichliche Verheißung, womit er sich über all dies, letztlich auch über den Tod, zu erheben vermag. Denn sein Glück ist nicht von dieser Welt.

2. Verdichtungen des Gnadenempfangs. Mythisches und Mystisches

Die Existentialien der Gnade verdichten sich im Gebet, in Taufe und Eucharistie, aber auch in persönlichen, mystischen Offenbarungen.

a) Phänomenologie des Gebetes

Das Gebet ist nur im Glauben möglich, also in der Erleuchtung durch das Pneuma des Heiligen Geistes. „Denn ihr habt das Pneuma der Gotteskindschaft empfangen, durch den wir rufen Abba, lieber Vater." (Röm 8,15). Der Mensch weiß von sich aus nicht, wie und was er beten soll: „sondern das Pnéuma selbst vertritt uns mit unaussprechlichem Seufzen." (Röm 8,26) Jedes Gebet ist pneumatisch inspiriert.[1] Daher ist die Grundlage des Gebetes der Gaube an die Rechtfertigung durch Christus und die helfende Liebe Gottes. Das Amen am Ende des liturgischen Gebetes ist dessen Bekräftigung

Im Gebet ist für den Glaubenden Gott gegenwärtig. Es ist besonderer Ausdruck der in der Liebe und Vergebung Gottes gegründeten Gemeinschaft zwischen Gott und dem Menschen, es ist ein Dialog zwischen beiden. Dabei kommt es nicht auf die Worte an, nur auf diese innere Einstellung. Diese Grundeinstellung, die im Gebet liegt, faßt der Psalm 19,15 mit den folgenden Worten zusammen: „Laß dir wohlgefallen die Rede meines Mundes und das Gespräche meines Herzens vor dir, Herr, mein Fels und mein Erlöser." Das Gespräch mit Gott im Gebet ist das unmittelbare Verhältnis des Menschen zu Gott innerhalb der Grundgestimmtheit des Gnadenempfangs und ist daher für den Christen allgemein Teil des täglichen Lebens.

Wenn aber das Gebet ein Dialog ist, wie vernimmt man darin Gottes Stimme? Die Gegenwart Gottes im pneumatisierten Gebet bedeutet nicht einfach dessen Anwesenheit, sondern die gläubige Gewißheit seiner Anteilnahme in göttlicher Liebe. Schon dadurch ist es mehr als die Gewißheit bloßer Gegenwart Gottes und der Anhörung durch ihn; es enthält vielmehr bereits seine Antwort auf das Gebet im Sinne göttlicher Tröstung und Geborgenheit, wie immer es später mit seiner Erhörung stehen mag. Gottes Stimme im Gebet ist daher von der gleichen Art wie diejenige des existentialen Rufers. (Vgl. VII. Kapitel 6.) Auch sie ist „lautlos", denn sie spricht jenseits aller Worte die Sprache gegenwärtig empfundener, göttlicher Liebe, Tröstung und Barmherzigkeit, so wie unter Menschen der barmherzige Blick schon alles sagen kann und die unmittelbare Sprache der Hilfe ist; und wie das Dasein den existentialen Rufer zunächst und vor allem in jener Gestimmtheit hört, in der sich „lautlos" die Nichtigkeit des In-der-Welt-seins enthüllt, nämlich ohne daß es dazu besonderer Reden und Worte bedürfte, so hört der Beter die Stimme Gottes in jener Gestimmtheit, in der sich lautlos die hingebende Liebe, grenzenloses Vertrauen, bedingungslose Öffnung und unmittelbare Gottesnähe er-

---

[1] Vgl. O. BAUERNFEIND, Gebet, in: RGG³, Bd. 2, Sp. 1219.

eignen. Das meinte Luther als er schrieb: „Wesen und Natur des Gebetes ist nichts anderes als Erhebung des Gemüts oder Herzens vor Gott."[2] Auch ist Gottes Stimme wie die des existentialen Rufers eine „innere, verschwiegene Stimme", denn sie wendet sich ausschließlich an den Betenden; auch sie ist „unüberhörbar", nämlich so unüberhörbar für den Betenden wie sein Gebet es für ihn selbst ist, das doch den Glauben an die Gegenwärtigkeit, die Anhörung und barmherzige Antwort Gottes zur Voraussetzung hat.

Das pneumatisierte Gebet des *Anrufs* Gottes durch den Glaubenden schließt also die pneumatische *Antwort* Gottes als die sich in den Beter senkende Gnade liebender Anhörung ein. Betet man wirklich im Glauben, so ist Gott für den Glaubenden da. Nicht dieser phänomenologisch faßbare, logische und damit notwendige, innere *Zusammenhang* kann bezweifelt werden, sondern nur der Glaube für sich genommen, womit man aber bereits beim theoretischen Zweifel wäre, über den das Nötige bereits gesagt wurde. (vgl. I. Kapitel 2a.) *Hier geht es also nur darum, phänomenologisch aufzuweisen, was sich überhaupt in einem Gebet abspielt und wie die Gegenwart Gottes darin erfahren wird*, ganz unbeschadet dessen, ob man selbst zum Beten imstande ist oder nicht.

Aber führen wird diese am Leitfaden der Prädikate des existentialen Rufers entwickelte phänomenologische Untersuchung der Gegenwart und Stimme Gottes im Gebet, also des sich im Gebet abspielenden unmittelbaren Dialogs von Gott und Mensch, noch weiter. Wie der existentiale Rufer ist auch der angesprochene und antwortende Gott in seinem „Wer" „weltlich" durch nichts bestimmbar, sondern außerhalb des In-der-Welt-seins; er ist ebenfalls „etwas wie eine fremde Stimme", nämlich nicht eine, die wir irgendwie als in uns selbst entsprungen, als die eigene wahrnehmen; wir verstehen uns ebenso als „vor ihn gestellt" wie wir vor den existentialen Rufer gestellt sind, wir fühlen uns von ihm wie von diesem „angeschaut", eben darin aber auch „angesprochen." Während jedoch der existentiale Rufer die Unheimlichkeit unseres Daseins enthüllt, verheißt uns im Gebet die Stimme Gottes die göttliche Gnade. So ist das Fundament des Gebetes, also letztlich jedes Gebetes, die konzentrierte Verinnerlichung der bereits genannten Existentialien der Gnadenwirkung: Dasein zu Gott, Gewißheit des transzendenten, persönlichen Gottes, Zweisamkeit mit Gott, Sorglosigkeit in Gott, Geborgenheit in Gott, Wiedergeburt durch seine Liebe.

All dies tritt auf verschiedene Weise in Erscheinung. Der Übergang vom lautlosen, ja beinahe sprachlosen Gebet zum gesprochenen in der Innerlichkeit des einzelnen ist fließend. Das Gebet kann aber auch als liturgisches Gebet mit vorformuliertem Wortlaut und als Gemeinschaftsgebet Gestalt annehmen. Daraus ergeben sich auch gewisse Grundformeln, die mit den genannten Existentialien übereinstimmen. Das läßt sich an dem Gebet der Gebete, am Vaterunser ablesen (Lk 11,2–4): Dem Dasein zu Gott, seiner Gewißheit und der Zweisamkeit mit ihm entspricht die lobpreisende Anrede: Vater! Dein Name werde

---

[2] Luthers Werke, Kritische Gesamtausgabe, 2,85,9.

geheiligt; der verheißenen Geborgenheit: Dein Reich komme; der vertrauenden Sorglosigkeit: Unser täglich Brot gib uns Tag für Tag; der Schenkung der Wiedergeburt: Vergib uns unsere Sünden, wie auch wir vergeben allen, die an uns schuldig werden, und führe uns nicht in Versuchung.

Damit ist schon der Inhalt, den Gebete überhaupt haben können, angezeigt, nämlich: Anrufung Gottes, Lobpreisung, Bekenntnis und Reue. Erst auf dieser Grundlage kann dann das Gebet zur einzelnen Bitte und Fürbitte werden. Wie aber steht es mit deren *Erhörung*?

Als Paulus in großer Not dreimal zum Herrn flehte, antwortete ihm dieser: „Laß dir an meiner Gnade genügen; denn meine Kraft ist in den Schwachen mächtig." Paulus aber spricht darauf: „Darum bin ich guten Mutes in Schwachheit, in Mißhandlungen, in Nöten, in Verfolgungen und Ängsten, um Christi willen; denn wenn ich schwach bin, so bin ich stark." (2Kor 12, 9.10) Letztlich kommt es also nicht auf die Erfüllung dieses oder jenes Wunsches an, sondern auf das im Gebet gestärkte Vertrauen in die göttlich Gnade, die für das *Ende aller Tage*, über alle einzelnen Erfüllungen oder Nichterfüllungen hinweg, verheißen ist. Gerade in Schwachheit und Not ist Gottes Nähe für den Glaubenden am stärksten fühlbar und daher auch der Trost der Verheißung am stärksten, während derjenige, dem sich alle Wünsche zu erfüllen scheinen, leicht Gott vergißt. Dem widerspricht nicht das Zitat aus dem Brief an die Philipper: „Sorgt euch um nichts, sondern in allen Dingen laßt eure Bitten in Gebet und Flehen mit Danksagung vor Gott kund werden!" (4,6) oder 1Tim 2,1f.: „So ermahne ich euch nun, daß man vor allen Dingen tue Bitte, Fürbitte und Danksagung, (…) damit wir ein ruhiges und stilles Leben führen können in Frömmigkeit und Ehrbarkeit." Denn damit ist weder die Sorglosigkeit um die Erfüllung irdischer Wünsche gemeint, noch die Behaglichkeit eines bürgerlichen Lebens, sondern es ist jene Sorglosigkeit angesprochen, die als christliches Existential zu verstehen ist, die Sorglosigkeit in der Geborgenheit Gottes und damit jene Ruhe und Stille, jener Frieden also, den allein die Nähe zu Gott erlaubt, es mag geschehen, was wolle.

Aber heißt es nicht auch, „Und alles, was ihr bittet im Gebet, wenn ihr glaubt, so werdet ihr's empfangen", wobei in diesem Zusammenhang noch von dem Glauben die Rede ist, der Berge versetzen könne? (Mt 21,21.22, ähnlich Mk 11,24.22) Um das zu verstehen, müssen wir noch die folgenden Stellen der Evangelien heranziehen. „Wahrlich, wahrlich ich sage euch: Wenn ihr den Vater um etwas bitten werdet *in meinem Namen*, wird er's euch geben. Bisher habt ihr um nichts gebeten in meinem Namen. Bittet, so werdet ihr nehmen, daß eure Freude vollkommen sei." (Joh 16,23 f.) Hierauf folgen unmittelbar die Worte: „Das habe ich euch in Bildern gesagt. Es kommt die Zeit, daß ich nicht mehr in Bildern mit euch reden werde, sondern euch frei heraus verkündigen werde von meinem Vater. An jenem Tage werdet ihr bitten *in meinem Namen*. Und ich sage euch nicht, daß ich den Vater für euch bitten will; denn er selbst, der Vater, hat euch lieb, weil ihr mich liebt und glaubt, daß ich von Gott ausgegangen bin." Und noch eine weitere Stelle aus Joh (14,12–14) müssen wir beachten: „Wahrlich, wahrlich, ich sage euch: Wer an mich glaubt, der wird die Werke auch tun, die ich tue (…) Und was ihr bitten werdet *in meinem Namen*, das will ich tun, damit der Vater verherrlicht werde im Sohn. Was ihr mich bitten werdet *in meinem Namen*, das will ich tun."[3]

Jesu Rede vom Glauben, der Berge versetzen könne, ist also ein „Bild", ein Gleichnis, wie er ja oft in Gleichnissen sprach; und sie ist auch nicht an alle Menschen gerichtet, sondern, wie die soeben aufgeführten Zitate insgesamt, allein an die Apostel. Ihnen aber wird alles erfüllt werden, dann und nur dann allerdings, wenn sie *in seinem Namen*, also in *seiner Vollmacht* handeln werden. Diese Zeit wird freilich erst kommen, wenn er ihnen in der Verklärung nach seinem Tode ihr Amt als seine künftigen, unmittelbaren Stellvertreter und Verbreiter des Glaubens offenbart haben, wenn er es ihnen „frei heraus" verkündigt haben wird. Dann werden sie in seinem Namen wirken, d.h. „die Werke auch tun, die er tut." Diese Verkündigung geschah dann am See Tiberias, wo der Auferstandene seinen Jüngern nach seinem Tode erschien. Dort fragt Jesus Petrus drei Mal gleichsam stellvertretend für die anderen[4]: „Hast du mich lieb?" Und als dieser dreimal bejaht, sagte Jesus „Weide meine Lämmer!" und „Weide meine Schafe!" „Folge mir nach!" (Joh 21,15–19) So bezieht sich hier die Erhörung „aller Bitten" ausschließlich auf alle jene, die auf die Erfüllung der göttlichen Sendung der Apostel im Namen Christi gerichtet sind.

Dennoch darf die Erhörung des Gebetes nicht nur auf den Trost der Liebe und Gnade des in ihm anwesenden Gottes oder gar nur auf das missionarische Werk der Apostel eingeschränkt werden. Da der Dialog mit Gott, der das Gebet ist, das Leben des Christen begleitet und die tiefste Quelle seiner Kraft ist, so wird sein Inhalt auch durch die mannigfaltigen Tätigkeiten des Christen bestimmt sein, die im letzten Abschnitt des Kapitels über die christliche Ethik in vier Regeln zusammengefaßt wurden. Das Gebet wird also ebenso die Bitte um Erleuchtung bei der Arbeit wie um ihr Gelingen enthalten (ora et labora), ferner die Bitte, die Kraft zu haben, dabei das Gebot der Liebe niemals aus den Augen zu verlieren und schließlich die Bitte um Beistand in der Not, es sei die eigene oder diejenige derer, die man liebt.

Gegen diese Arten des Gebetes wird oft eingewandt, der Christ spreche von einer Erhörung seiner Bitte durch Gott, wenn sie in Erfüllung ging, wenn sie aber nicht in Erfüllung ging, dann sei das eben Gottes unerforschlicher Ratschluß. Und da sich so alles mit dem Glauben vereinbaren lasse, so sei auch, was immer geschehe, für das Wirken Gottes ohne Beweiskraft. Dieser alte Einwand beruht auf dem Mißverständnis, als solle hier überhaupt etwas *bewiesen* werden, als ob ein Gebet sich auf eine Hypothese stützte, die sich auf die folgende Art bestätigen oder widerlegen lasse: Ich habe zu Gott gebetet in der Annahme, er sei gut und allmächtig – mein Gebet wurde erhört, also gibt es ihn und ich

---

[3] Alle Hervorhebungen der Worte „in meinem Namen" in den angegebenen Textstellen stammen vom Verfasser.
[4] „Du bist Petrus, und auf diesen Felsen will ich meine Gemeinde bauen (…)" Mt 16,18.

glaube an ihn; oder: Mein Gebet wurde nicht erhört – mein Gott taugt also nichts und ich muß mich entweder nach einem anderen umsehen oder es aufgeben, überhaupt an etwas zu glauben. Auch dies ist ein typischer Fall des schon diskutierten theoretischen Zweifels. (Vgl. I. Kapitel 2a) Dem Gebet geht aber nicht eine Hypothese voraus, sondern ein *Glaube*, eben der Glaube, daß in der Tat alles, was geschieht, von Gott in der einen oder anderen Weise gelenkt wird. Daher ganz natürlicher Weise Freude und Dankbarkeit, wenn die Bitte des Gebetes in Erfüllung geht, aber sich demütiges Fügen in den Willen Gottes, wenn das nicht der Fall ist. Eine Einsicht in die Gründe Gottes ist sowohl für den einen wie für den anderen Fall ausgeschlossen, wie uns ja überhaupt die inneren Zusammenhänge des Weltgeschehens genauso wie diejenigen der Weltschöpfung *letztlich und notwendig* immer undurchdringlich bleiben werden, gleichgültig, ob wir sie im Lichte des Glaubens oder außerhalb seiner, also z.B. wissenschaftlich, erforschen wollen.

Wir müssen aber noch auf einen weiteren, und ernster zu nehmenden Einwand gegen das Gebet eingehen, der selbst von Theologen aufgeworfen worden ist.[5] Kann denn überhaupt erwartet werden, so lautet er, daß der allmächtige, allgütige und allweise Gott in irgendeiner Weise von seinem ewigen Ratschluß durch die Bitten von Menschen zu beeinflussen wäre? Kann es überhaupt für ihn nach Menschen Art so etwas wie das Erwägen und Abwägen nach Gründen geben, ja, auch nur ein teleologisches Denken, dem zufolge erst Zwecke gesetzt und dann erfüllt werden?

Um diese Frage zu beantworten, müssen wir noch einmal auf die Unterschiede von profaner, mythischer und transzendenter Zeit zurückkommen. (Vgl. das V. Kapitel 2b) Ich wiederhole zusammenfassend noch einmal: Die profane Zeit ist diejenige der Sterblichen, die mythische diejenige der ewigen Ursprungsgeschichten und Urbilder, die transzendente diejenige der Schöpfung und des transzendenten Gottes. Im Gegensatz zur profanen Zeit kennen die mythische und die transzendente Zeit kein ausgezeichnetes Jetzt und damit auch nicht den Fluß von der Vergangenheit über die Gegenwart in die Zukunft, so daß die Vergangenheit nicht mehr und die Zukunft noch nicht existiert. Beide kennen zwar eine Ereignisfolge, wie es z.B. eine Ursprungsgeschichte zeigt, doch bleibt diese Folge ewige Gegenwart, wie ja auch eine solche Geschichte, projiziert in die profane Zeit, als die ewig gleiche wiederholt wird. Der Unterschied aber zwischen der mythischen und der transzendenten Zeit besteht darin, daß für die mythische diese Projektion möglich ist, für die transzendente aber nicht. Denn die transzendente ist diejenige der Schöpfungsgeschichte, in der ja überhaupt erst das Haus entsteht, in dem es eine mythische und profane Zeit (einen mythischen und profanen Raum) geben kann, sie umfaßt die Schöpfungstage, in deren Verlauf überhaupt erst durch die Schaffung der Gestirne eine metrisch-profane Zeit möglich wird. Indem sie aber so dem Ganzen zugrunde liegt, umfaßt sie, aus der „Sicht" Gottes, alles über-

---

[5] Z.B. von F. SCHLEIERMACHER, Der christliche Glaube, § 146f.

haupt, also auch das Heilsgeschehen. Deswegen endete der 5. Abschnitt des II. Kapitels, der den Titel trägt „Warum hat Gott die Welt geschaffen?" mit den Worten: Für Gott, der in der heiligen, wir können jetzt genauer sagen, transzendenten Zeit wirkt, ist alles von Ewigkeit her immer schon Gegenwart.

Das gilt also auch für die gesamte Heilsgeschichte. Also auch für jedes in ihr auftretende Ereignis. Was uns in unserer profanen Zeitvorstellung als eine Aufeinanderfolge erscheint, und zwar in dem Sinne, daß zuerst das Gebet da ist und nun offen bleibt, was in Zukunft daraufhin geschehen, ob es erhört oder nicht erhört werden wird, das „verschmilzt" für Gott in eine einzige Wirklichkeit: Er wußte immer schon, ob überhaupt gebetet oder nicht gebetet, und aus welcher Tiefe des Glaubens gebetet oder nicht gebetet werden wird und er wußte immer schon, ob oder wie er dieses Gebet erhören wird. Gebet und Gebetsfolge sind also für Gott eine gegenwärtige Einheit. Sein Ratschluß hierauf stand daher von Anbeginn fest und wurde nicht erst „nachträglich" im Sinne der profanen Zeitvorstellung gefaßt. Es ist zwar menschlich, sich vorzustellen, daß Gott erst *nach erfolgtem Gebet* eine *in der Zukunft bisher noch unbestimmte Entscheidung treffen wird*, weil wir diesen Vorgang in den Zusammenhang unserer Zeitvorstellung einordnen, gleichwohl verliert das Gebet nichts von seinem Sinn, wenn es im Gegensatz hierzu immer schon feststand, ob es erhört werden würde, weil es ja für Gott auch immer schon feststand, *daß es stattfinden, daß der Beter sich seiner Liebe anvertrauen würde*. Auch die Heilsgeschichte stellen wir uns im Schema menschlichen, teleologischen Denkens vor, so als ob sich Gott den Zweck der Erlösung gesetzt habe und ihn am Ende verwirklichen werde, aber für ihn ist diese Geschichte kein zeitlicher Ablauf, sondern die ewige Gegenwart seiner Selbstoffenbarung und absoluten Majestät.

Doch muß man sich hier noch vor einem weiteren Mißverständnis hüten. Gottes Vorherwissen darf nicht mit einer Vorher*bestimmung* verwechselt werden. Denn *gesetzt*, der Mensch ist frei. Dennoch ist es als ein Faktum feststellbar, wie er sich, zum Beispiel zu einem Gebet, entscheidet. Das Vorherwissen als solches bezieht sich aber nur auf dieses Faktum, nichts weiter, und hat daher auf dessen Zustandekommen keinen Einfluß. Ein Gleichnis mag dies verdeutlichen. Wir sehen einen Film, in dem menschliche Handlungen ablaufen, die wir als in Freiheit vollzogen beurteilen mögen. Wir nehmen den Film als eine zeitliche Folge von Bildern wahr. Ist er nicht allzu lang, so können wir ihn aber auch als Ganzes in die Hand nehmen und, ihn gegen das Licht haltend, betrachten. Dann sehen wir, was in ihm kontinuierlich aufeinanderfolgt, gleichzeitig. An der angenommenen Freiheit der in ihm vollzogenen Handlungsverläufe änderte das nichts. Es handelt sich also hier wie dort nur um verschiedene Formen, wie uns diese erscheinen. Wir freilich können so nur bereits Vergangenes gleichzeitig und gegenwärtig sehen, und das auch nur in einer unendlich begrenzten Weise. In Gottes transzendenter Zeit aber ist alles, was geschieht, Gegenwart, gleichgültig, ob es der Freiheit entspringt oder nicht. Zur Frage der Freiheit selbst ist damit freilich nichts gesagt, sie wird uns noch in einem späteren Kapitel ausführlich beschäftigen.

Die Phänomenologie des Gebetes, wie sie hier versucht worden ist, hat, ich sagte es schon, gar nichts mit der Frage zu tun, ob man ein Gebet überhaupt für eine Illusion hält oder nicht. Sie steht aber in vollkommener und folgerichtiger Übereinstimmung mit dem christlichen Glauben. Wer glaubt, der betet auch, und zwar so, wie es sich aus dem Glauben ergibt. Wer das Gebet für eine Illusion hält, hält den Glauben für eine Illusion, wer aber dieses tut, muß wissen, es kann nicht oft genug wiederholt werden, daß es dafür keine rationalen Argumente gibt. (Vgl. das I. Kapitel „Grundlegende Betrachtungen") Die ausdrückliche Ablehnung des Glaubens ist also ebenfalls ein Glaube, aber dieser beruft sich nicht auf eine Offenbarung, sondern, wenn er sich überhaupt begründen will, auf das paradoxe, weil in sich widersprüchliche Dogma von der Alleingültigkeit hypothetisch-ontologischen Denkens.

Die Phänomenologie des christlichen Gebetes erlaubt nun einen Vergleich mit dem Gebet in einer rein mythischen Welt. Auch dort wird in allen Lebenslagen gebetet, besonders aber, wie schon im Abschnitt über die Tischgesellschaft mit dem Gotte gezeigt wurde (IV. Kapitel, 5a), im Bereiche sakraler Riten. Auch dort beginnt alles, was der Mensch übernimmt, mit Gebet und Opfer; auch dort wird der Gott im Gebet angerufen und gegenwärtig, erfüllt er das Herz mit göttlicher Kraft und Zuversicht; auch dort ist nicht die Bitte das Entscheidende, sondern die Gewißheit, daß der Gott anwesend und nahe ist, damit aber die Gewißheit künftigen Heils;[6] und wenn die übliche Einleitungsformel rein mythischer Gebete bei den Griechen mit den Worten „Wenn je" oder „so wahr jemals" begann, also mit dem Hinweis auf die Arché, die Ursprungsgeschichte des jeweiligen Gottes, womit dieser selbst beschworen werden und sich seine Ursprungsgeschichte in der beschlossenen Handlung wiederholen sollte, so ist daran zu erinnern, daß auch in der Anrufung Gottes oder Christi, die das christliche Gebet einleitet, die „Arché", die christliche Ursprungsgeschichte von Christi Rettungstat mitgemeint ist, und die Wiederholung ihrer erlösenden Kraft auch für die Zukunft vom Betenden erhofft wird.

In diesem Vergleich werden aber nun die dem christlichen Gebet eigentümlichen mythischen Strukturelemente deutlich sichtbar: die Gegenwart von etwas in dem beschwörenden Wort (Aufhebung des Unterschieds zwischen bezeichnendem Wort und bezeichnetem Gegenstand im sakralen Bereich) und die Gegenwart eines vergangenen Ursprungsereignisses (Aufhebung der profanen Zeit im sakralen Bereich). *Das christliche Gebet hat also eine mythische Verfassung, und sie ist es, aus der sich seine ganze Kraft, Intensität und Lebendigkeit nährt.* Man frage sich nun, was, wenn man schon von einer Entmythologisierung des Glaubens redet, eine Entmythologisierung des Gebetes bedeuten soll, die man dann folgerichtig ebenso fordern müßte? Und doch ist gerade dieses in seiner mythischen Verfassung die tiefste, unmittelbarste, häufigste und persönlichste, bei den meisten Menschen oft ganz unwillkürliche, ja geradezu ungewollte Glaubensbezeugung – denn wer könnte von sich sagen, er kenne nicht einmal

---

[6] Vgl. K. HÜBNER, die Wahrheit des Mythos, a.a.O., S. 130.

das Stoßgebet in Not und Verzweiflung? Daß freilich ein christliches von einem nichtchristlichen Gebet inhaltlich vollkommen verschieden ist, bedarf keiner Erwähnung.

b) *Phänomenologie der Wirkung von Taufe und Eucharistie*

Der Gedanke der in Taufe und Eucharistie wirkenden Gnade, ihre noetische Seite also, ist im IV. Kapitel entwickelt worden. Durch das priesterliche Wort wird das Taufwasser vom numinosen Pneuma des Heiligen Geistes erfüllt, womit der Mensch von der adamitischen Schuld gereinigt wird. Diese Reinigung ist zwar bereits durch Christi Heilstat auf *allgemeine Weise* geschehen, aber im geweihten Wasser der Taufe vollzieht sie sich nun *verdichtet* am Täufling *im besonderen,* und zwar als ein unmittelbar leiblich-sinnliches, ihn persönlich betreffendes Ereignis. Darüber hinaus ist er nun auch nach außen Teil der Kirche als corpus Christi. Seine Wiedergeburt in Christo wird damit nach innen und außen *besiegelt.*

Dieser noetischen Bedeutung der Taufe korreliert aber nun ebenfalls wieder eine existentiale. Erst wenn der Getaufte ihre noetische Bedeutung begreift, kann auch die existentiale mit ihrem besonderen Gestimmtheitsgefüge in ihm wirksam werden. Aus den schon genannten Gründen ist dies freilich in der Regel erst möglich, wenn er seiner frühen Kindheit entwachsen ist. Dann aber, wenn ihm das Taufgeschehen neotisch-bewußt wird, treten auch die Existentialien der Taufe in Erscheinung: Wandlung von dem Dasein, dem es nur um es selbst geht, in das Dasein zu dem einen, transzendenten Gott, Zweisamkeit mit Gott, Sorglosigkeit in Gott, Geborgenheit in Gott, Bewußtsein von Neu- und Wiedergeburt. Dies sind die Strukturen jener Gestimmtheit, die den sich als erlöst und in seiner Gemeinschaft mit Christus Verstehenden nun erfüllen. Die mit dem Taufbewußtsein verbundenen Existentialien sind also von denjenigen eines christlichen Lebens nicht unterschieden, dieses Leben nimmt ja von der Taufe seinen Ausgang. Es sind die Existentialien der Taufe, die es hinfort bestimmen, und so kehren sie auch im christlichen Gebet wieder, das ja, als ein Dialog mit Gott, nichts anderes ist als die Frucht die Taufe.

Was nun die noetische Bedeutung der Eucharistie betrifft, so hat sie diejenige der Taufe zur Voraussetzung. Erst unter der Bedingung der Freiheit von der Erbsünde kann ja das Blut und der Leib Christi genossen, kann der Gläubige sinnlich-leiblich von ihm durchdrungen werden. Und erst dann, wenn der Gläubige diese noetische Bedeutung der Eucharistie begriffen hat, kann in ihm die der heiligen Kommunion eigentümliche Gestimmtheit eintreten. Worin aber besteht sie? Die Eucharistie geht über das durch die Taufe gegebene Dasein zu Gott hinaus zu einer *mythischen Vereinigung mit Christus.* (Vgl. IV. Kapitel, 5) Mythisch, weil formell gleichartig mit den mythischen Theoxenien, wird hier eine *Arché,* nämlich diejenige des letzten Abendmahls Christi mit seinen Jüngern *als Gegenwart* wiederholt, und wie in den Theoxenien wird dabei *göttliche Speisung* genossen. Wo sich aber ein solcher *numinoser Vorgang* vollzieht und das

Göttliche unmittelbar zur *sinnlich-greifbaren Erscheinung* kommt, da stellen sich auch jene Phänomene ein, durch die ein solcher Vorgang gekennzeichnet ist: die Nähe der *göttlichen majestas*, des *göttlichen tremendum* und des *göttlichen fascinans*. Mit diesen drei Kennzeichen der numinosen, sinnlich-leiblichen Erscheinung werden nun *drei weitere Existentialien* der christlichen Gnadenwirkung den bisher erfaßten hinzugefügt: Der majestas entspricht die *Erhebung* durch die leibliche Verinnerlichung des göttlichen Glanzes, dem tremendum die *Demut* vor der göttlichen Allmacht und dem fascinans das selige *Entrücktsein* durch die göttliche Beglückung. Das Dasein zu Gott, verdichtet in Taufe und Gebet, wird nun verdichtet zum Dasein *in* Gott. Die *Intensität* dieser bei der Eucharistie auftretenden Gestimmtheiten wird freilich schwankend sein, was mit jenen Grenzen der Gnadenwirkung in der Eucharistie bei Lebzeiten zusammenhängt, die im IV. Kapitel 5c erörtert wurden. Aber ganz fehlen werden sie nie, wo überhaupt wirklich Gläubige an ihr teilnehmen und daher von deren Feierlichkeit ergriffen werden. Und ebenfalls mit diesen Grenzen hängt es auch zusammen, daß die mythische Vereinigung mit Christus in der Kommunion ja immer nur ein vorübergehender Aufschwung sein kann.

Wie dem auch sei: Die existentiale Wirkung der Eucharistie auf einen Menschen wird davon abhängig sein, daß er diejenige der Taufe verinnerlicht hat und festhält. Wie und ob ihm das aber gelingt, das ist das Grundproblem eines christlichen Lebens. Zwar bleibt auch die Gnade der Taufe immer wirksam, nämlich in dem Sinne, daß die durch sie bewirkte Reinigung von der adamitischen Grundverfassung dem Menschen überhaupt erst die *Fähigkeit* gegeben wurde, *nicht zu sündigen* und damit *nicht mehr in Gottferne, also im Dasein zum Tode, im In-der-Welt-sein zu leben* – worin ja eigentlich die Sünde in ihren mannigfaltigen Varianten besteht. Aber wenn es dem Menschen auf Grund dieser Fähigkeit auch nicht unmöglich wurde, weiterhin zu sündigen, wie es erst im status gloriae zu erwarten ist, so ist sie doch durch noch so viele, immer weitere Sünden niemals wieder aufzuheben. Sie ist nunmehr dem Menschen aufgeprägt als ein charakter indelebilis wie ein „unauslöschliches Siegel". Stets wird daher der Gläubige erneut auf sie zurückgreifen können, durch Umkehr, Reue, Buße oder Wiedergutmachung aus dem Geiste des christlichen Glaubens.

Das Maß oder die Art des Taufbewußtseins in einem Menschen entscheiden also über sein christliches Leben. Wie schon der Versucher und der Engel (Vgl. das VII. Kapitel, 10 und 11), so sei nun auch das existentiale Spannungsverhältnis an einem Beispiel bedeutender Dichtung anschaulich gemacht, in dem sich der Gegensatz zwischen dem character indelebilis der Taufe einerseits und dem trotzdem immer wiederkehrenden Abfall davon andererseits widerspiegelt. Ein solches Beispiel finden wir in dem Roman von Elisabeth Langgässer „Das unauslöschliche Siegel".[7]

---

[7] DTV, 1989. Das gleiche Thema hat Graham Greene auf beeindruckende Weise in seinem Buch „Das Ende einer Affäre" behandelt.

Der Hauptheld des Romans ist ein getaufter Jude mit dem Namen Lazarus Belfontaine. Das Problem, worum es hier geht, tritt also hier auf besondere Weise zum einen dadurch hervor, daß es sich um eine Erwachsenen-Taufe handelt, in der ja das Taufbewußtsein besonders geschärft ist, weil es nicht durch Gewöhnung und allmähliches Hineinwachsen entstand; zum andern dadurch, daß sie an einem Juden vorgenommen wurde, einem Menschen also, der einem mit dem Christentum ebenso engstens verbundenen wie in historischem Gegensatz zu ihm stehenden Glaubensbekenntnis angehört.[8] Schon der Name des Juden aber ist omen und Vorbedeutung. Belfontaine verweist auf die reine Quelle des Taufwassers, Lazarus aber auf den Mann, der als Gleichnis für das Taufgeschehen dienen kann. Denn wie in diesem Geschehen der Mensch vom Dasein zum Tode auferweckt wird zum Dasein zu Gott und zum Leben, so wurde Lazarus durch Jesus auferweckt von den Toten. Und wie der Mensch trotz der Taufe dem Unglauben verfallen kann, so hat auch die Auferweckung des Lazarus die Juden nicht vor dem Zweifel bewahrt. Denn als die Hohenpriester und Pharisäer davon erfuhren, da sprachen sie: „Dieser Mensch" – Jesus – „tut viele Zeichen. Lassen wir ihn so, dann werden sie alle an ihn glauben (...) Einer aber von ihnen, Kaiphas, (...) sprach zu ihnen (...) Es ist besser für euch, ein Mensch sterbe für das Volk, als daß das ganze Volk verderbe." (Joh 11,47–50)[9]

Belfontaine ließ sich taufen, weil dies die Bedingung für seine Eheschließung war. Er hielt das für bedeutungslos: „Das bißchen Wasser, dachte ich damals, kann dir ja wohl nicht schaden."[10] Und doch wird er die Erinnerung daran nicht los. Alle Jahre, und nunmehr zum siebenten Male, gedenkt er auf eine ihm selbst sonderbare Weise des Tauftages, trägt dies aber in sich wie ein Geheimnis. „Ich habe es nicht gewußt, (...) daß ich nicht nur das Wasser wollte", sagt er, „sondern den Glauben, den blinden Glauben."[11] Vergeblich trachtete er, durch einen ethisch untadeligen Lebenswandel sich in den Stand der Taufgnade zu versetzen – vergeblich, denn die Erleuchtung durch den Glauben stellte sich nicht ein, und wie es ihm scheint, lebte er in Finsternis. Dieses aber ist das zweite Geheimnis, das er in sich birgt. Eine „starke, innere Stimme" sagt ihm, daß er „seit sieben Jahren nicht vorangekommen ist."[12] Sein

---

[8] Der Roman spielt vor dem Ersten Weltkrieg, wo dieser Gegensatz noch nicht in der Weise abgemildert war, wie es heute der Fall ist.

[9] Die in Lk 16 erzählte Lazarus-Geschichte handelt zwar von einem anderen Menschen, deckt sich aber in dem entscheidenden Punkt mit jener von Joh 11, so daß auch in ihr der Unglaube trotz Auferstehung und Wiedergeburt nicht verhindert wird. Sie erzählt von einem reichen Mann, der hartherzig gegen den armen Lazarus war. Zur Hölle gefahren, sieht er Lazarus im Schoße Abrahams. Der Verdammte bittet nun Abraham, er möge den toten Lazarus zu seinen Brüdern schicken, damit sie durch ihn vor der Hölle gewarnt werden. Abraham aber lehnt dies mit den Worten ab: „Hören sie Mose und die Propheten nicht, so werden sie sich auch nicht überzeugen lassen, wenn jemand von den Toten aufstünde." (31).

[10] S. 25.
[11] Ebenda.
[12] S. 45.

tugendhaftes Leben scheint ihm nun „vollkommen wertlos", ja „lächerlich"[13], während es ihn zugleich mit Eifersucht erfüllt, als er beobachtet, mit welcher Mühe und Anteilnahme sich sein Priester um eine sündige Ehebrecherin kümmert. Als sich nun Belfontaine dieser in sinnlicher Begierde nähert, wird ihm bewußt, daß es ihm dabei zugleich darum geht, herauszubekommen, was überhaupt den Priester mit „Ehebrechern und Huren wie mit seinesgleichen verband."[14] Ist etwa der Sünder Gott näher als Belfontaine in seiner ganzen Tugend? In einer dramatischen Szene, in der ein Stelldichein zwischen Belfontaine und der Ehebrecherin scheitert, er an ihrer Stelle aber den Priester antrifft, fragt diesen Belfontaine geradezu, welch ein Geheimnis dieser mit ihr teile? Worauf der Priester mit der einfachen Gegenfrage antwortet: „Glauben Sie an die Gottheit Christi?" Belfontaine zögert zunächst, will ausweichen, aber plötzlich sagt er: „Natürlich – nicht." Darauf bricht seine ganze Bitterkeit aus ihm hervor: „Kein vernünftiger Mensch kann heute noch behaupten, er glaube an einen Gott im Fleisch wie Jupiter oder Apoll (...) Nein, niemals!(...) Dieser unermeßliche Zug des Jammers, der (...) eine blutige Mythologie aus seinen Worten gemacht hat, die allerdings heute unter den Hieben der Wissenschaft zerschellt (...) Ich bin Israelit geblieben. C'était plus fort que moi (...) Zeigen Sie mir den *natürlichen Menschen*! Fort, fort mit eurem gekreuzigten Gott, der Vernunft und Sinn verhöhnt."[15] Und doch – das zögernde Schwanken Belfontaines, bevor er sich zu diesen Blasphemien hinreißen läßt, der Neid auf die Sünderin, die dem Priester näher zu sein scheint als er, und die leidenschaftliche Begierde, nunmehr in der Sünde zu suchen, was ihm in der Tugend versagt blieb, den Glauben nämlich, dies alles zeugt davon, daß er ihn gerade nicht losgeworden ist und damit unverändert im Banne seines Taufbewußtseins steht.

Das aber ist nicht nur Belfontaines zufällige Lage, sondern darin wird die allgemeine Situation des Menschen offenbar, so er überhaupt ein Taufbewußtsein besitzt: daß ihn seine „Auferweckung" durch die Taufe, wie bei Lazarus, zwar nicht vor dem Zweifel schützt, dennoch aber niemals gänzlich erlöschen kann; daß sein Taufbewußtsein zwar immer wieder entschwinden kann, aber gerade darin wie ein „unauslöschliches Siegel" weiterwirkt. Dieses Entschwinden entspricht damit exakt jener Situation, die hier bereits ausführlich unter dem Begriff des „existentiellen Zweifels" behandelt wurde,[16] jenes Zweifels also, der den Glauben gerade zur Voraussetzung hat: *Das Schicksal des Getauften, jedes Getauften – das soll die Geschichte Balfontaine zeigen – ist der existentielle Glaubenszweifel, in welcher Stärke, Häufigkeit oder Dauer er immer auftreten mag. Er ist ein zur Gnadenwirkung der Taufe notwendig gehörendes Phänomen, ein Element der sie begleitenden existentialen Verfassung, wenn man von der Ausnahme der Heiligen absieht, in denen der adamitische Mensch bereits endgültig erloschen ist.*

---

[13] S. 246f.
[14] S. 246.
[15] S. 255–158.
[16] Vgl. das I. Kapitel 2d.

Enttäuscht und verbittert, ändert Belfontaine im weiteren Verlauf des Romans vollständig sein Leben. Die Taufe hält er nun für „Mumpiz", „ihm widerwärtig und im besten Fall gleichgültig"[17], wodurch, wie er meint, sein früheres verzweifeltes Suchen, seine tiefe innere Unruhe ihr Ende gefunden haben. Nun glaubt er sich endlich befreit, ja mit seinem Leben vollkommen im Reinen und zufrieden.[18] Er ist „ein guter Bürger, ein Kunstkenner und ein Mann von Geschmack bei Bildern und Weinen"[19], „ein Mann der Formen, frei, beherrscht, der, wenn er auch mit sich allein ist, nicht den leisesten Anstand verletzt."[20] Er hat sich ein kostbares Gewächshaus zugelegt, er besitzt eine kostbare Münzensammlung, kostbare Bücher und schreibt Sonette.[21] Finanziell unabhängig und sorglos, lebt er eine *rein ästhetische Existenz*. „Das Leben, wie ich es verstehe," sagt er jetzt, „ist *schlechthinnige Freiheit! Nicht Freiheit wozu (...) sondern Freiheit: in sich – ein künstlerisches Spiel!*"[22]

Die ästhetische Existenz schwelgt im Gegenwärtigen, in der unmittelbaren Sinnlichkeit des Augenblicks, wie vergeistigt sie auch, z.B. in der Kunst, sein mag. Sie ist eine Lebenshaltung, eine Lebensphilosophie, die keineswegs von allen, die etwa Kunst genießen, geteilt werden muß. Belfontaine aber bekennt sich zu eben dieser Philosophie, wenn er sagt: „ich lebe in der Gegenwart. Ruhig und zufrieden, lebe ich trotzdem mit allen Poren den glücklichen Augenblick."[23] Doch bedeutet das keineswegs Mangel an Spannung und Bewegtheit, im Gegenteil: „Man fühlt sich an jedem Tag anders (...) und ist mit immer anderen Stoffen, wie ein Strom mit wechselnden Gütern, beladen, die ihre Reize, feiner und gröber, an alle Organe abgeben (...)"[24] immer sei alles in Bewegung, verändere sich, man nehme Abschied und empfange neue Gäste.

Was aber geschieht mit dem, was nicht der Gegenwart, dem Augenblick gehört? „Ich leide an einem Erinnerungsausfall", sagt Belfontaine," der ganze Wegstrecken meines Daseins in völlige Dunkelheit hüllt (...) Ich lebe gewissermaßen in zwei Dimensionen; auf dem Schnittpunkt zweier Koordinaten, der nichts als ,Gegenwart' heißt. Selbstverständlich kann ich jede Linie beliebig verlängern und dazu ,Vergangenheit' sagen oder nach vorwärts und diese Richtung ,mit dem Namen Zukunft' bezeichnen; doch diese Vergangenheit, diese Zukunft haben die Dimension der Tiefe, (...) jene Zauberkraft nicht, die die Vergangenheit zu dem macht, was man – Erinnerung nennt, und die Zukunft in Sehnsucht verwandelt."[25]

---

[17] S. 498.
[18] S. 482.
[19] S. 483.
[20] S. 525.
[21] S. 516–518.
[22] S. 486.
[23] S. 484.
[24] S. 485.
[25] S. 484.

Belfontaine, dies ist der hintergründige Sinn solcher Rede, glaubt sich nun vom Schwergewicht des „unauslöschlichen Siegels" frei, weil er sich überhaupt von der Prägung und dem Gewicht der Vergangenheit frei dünkt. Die Wandlung von seiner ursprünglich ethischen zur ästhetischen Existenz ist nur die Spiegelung dieses Vorgangs. Denn die einstige Tugendhaftigkeit Belfontaines gründete immer noch in dem verzweifelten, wenn auch vergeblichen Versuch, seinem Taufbewußtsein gerecht zu werden, in seiner nunmehrigen Hingabe an die Ästhetik des Augenblicks aber glaubt er dieses endgültig in Vergessenheit begraben zu haben.

Ethische und ästhetische Existenz sind von Kierkegaard eingeführte Kategorien, deren Einfluß auf Langgässers Roman vermutet werden darf, obgleich sie dort nirgends genannt werden. Es handelt sich dabei um zwei mögliche Typen von Gottferne, die sich von allen anderen grundlegend unterscheiden. Mit dem Typus eines Leverkühn oder Iwan Karamasow[26] stimmen sie zwar darin überein, daß sie auf einem *allgemeinen* Prinzip beruhen, aber dieses ist jeweils ein verschiedenes: Im Falle der ethischen Existenz bestimmt das Prinzip die Lebenshaltung selbstgerechter Tugend, im Falle der ästhetischen diejenige unverbindlichen Genusses, im Falle eines Leverkühn oder Karamasow schließlich diejenige teuflischer Gottesfeindschaft; alle anderen, im Beichtspiegel zu findenden, gemeinen Formen der Gottesferne folgen gar keinem Prinzip, sondern ergeben sich aus den einzelnen Zwängen, Versuchungen und Gegebenheiten des Lebens.

Langgässers Roman enthüllt also nicht nur, wie gezeigt, das Existential „existentieller Zweifel" im Drama eines taufbewußten Christenmenschen, *jedes Menschen dieser Art*, sondern er bringt auch verschiedene *mögliche Typen der Gottferne* zu eindringlich-exemplarischer Anschauung, indem er sie auf die eine und andere Weise personifiziert. Als bloße *Möglichkeiten* sind sie aber keine Existentialien, und es hängt ganz an der Person und den Umständen, ob sie überhaupt in Erscheinung treten. Was aber Belfontaine betrifft, so ist er nicht von dem Typus eines Leverkühn oder Karamasow, also ein dem Teufel aus Prinzip Verschriebener, sondern im Gegenteil ein Mensch, dessen Taufbewußtsein zwar verdunkelt wurde, niemals aber ganz erloschen ist. Gemeine Sünder aber treten in dem Roman in Fülle auf, und die erwähnte Ehebrecherin ist nur ein Beispiel für viele.

Die Wende, in der schließlich das Taufbewußtsein Belfontaines zurückkehrt, zeichnet sich zunächst durch unvermittelt auftretende Vorboten ab. Eines Nachmittags, als er gerade mit seinen Pflanzen und Sonetten beschäftigt ist, erinnert er sich plötzlich, wie „von einem Blitz getroffen", an den Mythos des Oknos, jenes Unglücklichen, der in der Unterwelt „sein Seil zwischen Binsen und Röhricht aus rieselnder Sumpferde flocht", Sinnbild des dunklen, aber „allgemeinen Bewußtseins der Menschheit"[27] um das ewig Vergebliche. Es war wie „ein Schlagschatten über den Weg der Welt. Ein Schwert, das mitten durch sie hindurch ging

---

[26] Vgl. das VII. Kapitel, 10.
[27] S. 519.

und quer zu allem lag. Ein Ärgernis für Gefühl und Vernunft (...) dieses Unaussprechliche suchte ihn, während er vor ihm floh."[28] Aber: „(...) wer wagte es, ihn in dem Totsein zu stören, das er täglich (...) genoß, mit der Erzeugung schillernder Blasen ohne Dauer und Festigkeit? Niemand. Niemand durfte ihn stören."[29]

Diese das erneuerte Taufbewußtsein einleitende Wende entspricht genau dem Hören der Stimme des lautlosen, existentialen Rufers, der das Thema des Kapitels über „Die Existentialien des Gewissens" gewesen ist. (VII. Kapitel, 6) Auch hier wird der Ruf ganz unvermittelt, in diesem Fall am hellichten Tag bei vertrauter, liebgewordener Beschäftigung vernommen, auch hier ist er der Ruf in die Wahrheit des In-der-Welt-seins mit seiner bodenlosen Nichtigkeit (Mythos des Oknos), worin zugleich das zu diesem Transzendente in Erscheinung tritt („ein Schlagschatten über dem Weg der Welt, der quer zu allem liegt"). Aber Belfontaine vernimmt nicht nur die existentiale Stimme des Gewissens als Vorbote der Begegnung mit Transzendenz, sondern er begegnet auch diesem Vorboten auf eine für *existentiales Verhalten kennzeichnende Weise*, indem er vor seiner Eigentlichkeit und der Wahrheit des In-der-Welt-seins zu fliehen sucht. („Niemand durfte ihn stören.")

Die Entfaltung der existentialen Verfassung des Taufbewußtseins im Roman Langgässers vollendet sich am Schluß. Wieder überfällt Belfontaine eine Stimme, diesmal aber nicht nur wie bei dem Vorboten im „Blitz der Intuition", sondern unendlich gesteigert in einem wirklichen, furchtbaren Gewitter, in das er unter dramatischen Umständen, die hier nicht erzählt werden können, gerät. Jetzt ist es aber nicht mehr die Stimme des existentialen Rufers, die er hört, sondern, in christlicher Wende und Steigerung, die Stimme der Offenbarung selbst. „Er gab sich hin (...) Eine Reinigung (...) verzehrte (...) seine Eingeweide"[30], „*und die ungeheure Magie seines Daseins fiel von ihm ab* (...) dann trafen ihn die Worte, die ein Befehl, (...) eine Verwandlung, die Zuruf. (...) und (...) Neugeburt war: LAZARUS! KOMM HERAUS!"[31] Wie Lazarus, der von den Toten auferweckt wurde, so ist nun auch Belfontaine wiedergeboren und der Zweifel an dieses Wunder erloschen.

In einem kurzem Nachwort erfährt man, daß man nach Kurzem von Belfontaine niemals mehr etwas hörte. Er war eben, soll damit gesagt sein, kein besonderer Mensch, kein Paulus oder Luther; nur einer von vielen, an denen sich in mehr oder weniger Dichte und Intensität das Drama des Taufbewußtseins vollzieht. An seiner Geschichte wird nur mit einer dichterischen Anschaulichkeit und Eindringlichkeit sichtbar, worin die allgemein existentiale Verfassung dieses Bewußtseins besteht, eine Anschaulichkeit und Eindringlichkeit, die keine noch so exakte phänomenologische Untersuchung ersetzen kann.[32]

---

[28] S. 526.
[29] S. 522f.
[30] S. 579.
[31] S. 581f.
[32] Langgässers Roman ist hier nur in seinem Grundriß wiedergegeben und gedeutet worden. Von der Fülle seiner handelnden Personen, dem Reichtum seiner Symbolik und der Tiefe seiner

c) Phänomenologie des mystischen Offenbarungserlebnisses

Das Gebet kennen auch viele, die der christlichen Religion nicht besonders nahe stehen; tiefer ist das Verhältnis des Menschen zu Gott bei seiner Teilnahme an der Eucharistie, welche die Taufe zur Voraussetzung hat. Am intensivsten aber ist es im Erlebnis der mystischen Offenbarung.

Die christliche Mystik hat ihren Ursprung in der „mystischen Theologie" des Dionysos Areopagita[33], der als erster die schon im Diesseits mögliche, wenn auch immer nur vorübergehende Vereinigung mit Gott „unio mystica" nannte. Doch interessiert hier nicht diese Theologie, die sich in hohem Maße auf begriffliche Spekulationen und der Metaphysik entnommene Argumente stützt, wie groß ihre durch die Zeiten hindurchgehende Wirkung auch gewesen war, z.B. auf Meister Eckart und Nikolaus von Kues; sondern christliche Mystik soll nur so weit Gegenstand unserer Betrachtung sein, als sie ausschließlich dem unmittelbaren Offenbarungserlebnis als solchem gewidmet ist und sich allem Denken im Medium des Begriffs entzieht. Beispiele hierfür sind die großen Mystikerinnen des Mittelalters wie z.B. Hildegard von Bingen und Mechthild von Magdeburg, aber auch Heinrich Seuse und andere. Diese Eingrenzung hat folgende Gründe: *Erstens* stehen die Mystiker dieser Art eindeutig auf dem Boden der Dogmatik des NTs, die hier selbst nirgends in Frage gestellt, sondern nur in ihrem Logos und ihrer inneren Logik erhellt werden soll. Die auf den Areopagiten zurückgehende Mystik dagegen hat sich in ihren verschiedenen Formen immer wieder dem Verdacht ausgesetzt, die unio mystica ohne die Dogmatik der Mittlerrolle Christi, also vielleicht sogar auch außerhalb der Kirche zu suchen, weswegen ihr ja immer wieder Häresie vorgeworfen werden konnte. *Zweitens* geht es hier, wo die Gnadenwirkung als Existential untersucht wird, nur um die Phänomenologie des christlichen Offenbarungserlebnisses *als solchen*, damit der höchsten Steigerung des menschlichen Verhältnisses zu Gott, und nicht um metaphysische Spekulationen, die damit verbunden wurden, wie bedeutend sie auch gewesen sein mögen.

Das Wort „Mystik" kommt von „mýein", was Augen und Ohren schließen, überhaupt sich abschließen bedeutet, also einen Zustand, worin christlich entweder eine unmittelbare Offenbarung Gottes erwartet wird oder worin sie sich ereignet. Die gesuchte Phänomenologie ist also nichts anderes als die Phänomenologie dieses Zustandes, dessen Wesen sie folgendermaßen erfaßt: In ihm *versinken die Welt und alle wahrnehmbare Gegenstände, um ausschließlich Gott Platz zu machen.* Der Ort dieses Vorgangs, in dem der Mensch von Gott ganz durchdrungen und mit ihm eins wird, ist daher einzig und allein das *Innere des Menschen, doch so, daß dabei dieses Innere zugleich verschwindet,* eben weil es von Gott ganz ausgefüllt wird. Eine solche Begegnung mit Gott in höchster Steige-

---

Gedanken einen angemessener Eindruck zu vermitteln, hätte den Rahmen, in dem er uns hier beschäftigt, gesprengt.

[33] Dies ist auch der Name seines Hauptwerkes.

rung erfolgt in der Weise der *Vision* und *Ekstase*, worin die *höchste Seligkeit* und eine jeden Zweifel niederschlagende *Gewißheit* empfunden werden. Aber wegen seiner Innerlichkeit ist dieses Erlebnis anderen Menschen nur in der Form von Metaphern zu vermitteln, wenn man davon absieht, daß sie erstaunte Zeugen einer solchen Entrücktheit sein können. So sprechen z.B. Hildegard von Bingen und Mechthild von Magdeburg vom „göttlichen Licht" oder „fließenden Licht", Heinrich Seuse dagegen vom „Nichts", womit er sagen will, daß im Zustande der Offenbarung die ganze Welt und alles gegenständlich Wahrnehmbare verschwindet.

Aber, so wird man fragen, wie unterscheidet sich eine solche Phänomenologie von derjenigen anderer, nicht christlicher Offenbarungserlebnisse? Mystik ist eine Erscheinung, die keineswegs nur auf das Christentum beschränkt werden kann, sondern z.B. auch in fernöstlichen Kulturen vorkommt, wo man im gegebenen Zusammenhang dieselben unbestimmte Metaphern wie „Licht", „Nichts" und dergleichen verwendet. Wir stehen hier vor der gleichen Frage, die auch den Unterschied zwischen dem christlichen Mythos und anderen Formen des Mythos betrifft. Während dieser aber unmittelbar in den verschiedenen *Inhalten* liegt, z.B. wenn einmal von Gott, dann aber von Göttern geredet wird, bleibt das unmittelbare mystische Erlebnis für den Außenstehenden überhaupt nur formal faßbar, er kann nur verstehen, daß überhaupt eine Ekstase in den phänomenologisch charakterisierbaren Formen stattgefunden hat, während er auf den unterschiedlichen Inhalt nur mittelbar, nämlich allein aus der Glaubenszugehörigkeit der von einem solchen Erlebnis betroffenen Person zu schließen vermag. Pascal, der eine mystische Offenbarung hatte – ich komme darauf zurück – faßte diese *in einem einzigen Wort* zusammen: „FEUER." Aber in *diesem* Feuer, was immer er darin geschaut haben mag, wurde auf Ewigkeit sein Glaube an den lebendigen Gott Abrahams und an seinen durch die Evangelien bezeugten Sohn Jesus Christus geschmiedet, sein Glaube also an jenen Gott, der gar nichts mit fernöstlicher Mystik, gar nichts mit dem „Gott der Philosophen und Weisen" und dem Gott metaphysischer Spekulation zu tun hat.

Das mystische Offenbarungserlebnis korrespondiert dem Logos der Offenbarung, der im I. Kapitel Gegenstand der Untersuchung war. Offenbarungserlebnis und Logos der Offenbarung sind nur zwei Seiten desselben – das Erlebnis gehört der existentialen, der Logos der kognitiven Seite der Offenbarung an und sie verhalten sich zueinander wie die Innen- zur Außenansicht. Stellen wir diese beiden Seiten einander gegenüber: *Offenbarungserlebnis*: Die Welt und alle wahrnehmbaren Gegenstände versinken, um alleine Gott Platz zu machen – *Logos der Offenbarung*: Gott ist nicht ein Objekt unter anderen, ja, er erscheint überhaupt nicht als ein dem Subjekt gegebenes, ihm gegenüberstehendes Objekt. *Offenbarungserlebnis*: Der Ort der Offenbarung ist das Innere des Menschen, wobei dieses Innere ganz von Gott durchdrungen wird und in ihm verschwindet: Ek-stase. *Logos der Offenbarung*: Die ontologische Trennung von Subjekt und Objekt ist aufgehoben, das Objekt wird zum Subjekt, das Subjekt zum Objekt. *Offenbarungserlebnis:* Erfülltsein von absoluter Gewißheit. *Logos der Offenbarung:* Wo die ontologische Distanz im Verhältnis zwischen Gott und Mensch aufgehoben ist, da gibt es auch keine auf subjektive, auf a priori gesetzte Voraussetzungen beruhende, begriffliche Hypothesenbildung darüber, was das Objekt sei, da erübrigt sich daher die quaestio juris, die Frage also nach der Legitimität dieser Voraussetzungen und begrifflichen Hypothesenbildungen, die Frage nach der Übereinstimmung zwischen dem Gedachten und Gegebenen, also die Frage nach der Wahrheit. Offenbarung ist somit *absolute Erfahrung,* ist Botschaft einer *absoluten Wahrheit. Offenbarungserlebnis:* entrückte Seligkeit. *Logos der Offenbarung:* Gott bestimmt das Sein, nicht sucht das Denken des Menschen die Übereinstimmung mit dem Sein; Gott aber ist der dreifaltige, sein Sohn der Erlöser.

Das Offenbarungserlebnis ist aber genauso wenig ein Existential christlicher Gottnähe wie z.B. die Prinzipien der rein ethischen, der rein ästhetischen oder teuflischen Existenz Existentiale der christlicher Gottferne sind, womit gesagt ist, daß es nicht zu der Gestimmtheitslage gehört, die a priori notwendig mit der Annahme der kognitiv faßbaren Offenbarung eintritt. Wie die genannten Prinzipien bloße Möglichkeiten der Sünde als christliches Existential, so ist auch das Offenbarungserlebnis eine bloße *Möglichkeit* der Gnadenwirkung als christliches Existential, die äußerst selten unter Menschen zur Wirklichkeit wird, so daß auch darin die zur Gnade gehörige Unberechenbarkeit und besondere Auszeichnung in höchstem Maße zum Ausdruck kommt. Zwar treten Offenbarungserlebnisse um so häufiger auf, je stärker das Glaubensleben einer Zeit ist, wofür das Mittelalter Zeugnis ablegt, aber es kann auch auf eine an Wunder grenzenden Weise in Zeiten schwersten Glaubensverfalls eintreten, wofür Pascals erschütterndes Bekenntnis auf einem Höhepunkt um sich greifender Aufklärung als Beispiel gelten kann.

Wenn nun aber auch das mystische Offenbarungserlebnis die höchste Steigerung im Verhältnis des Menschen zu Gott ist, so ist es doch fragwürdig, durch eine entsprechende Lebensführung darauf hinzuarbeiten, daß es einem zuteil werde, so wie es z.B. die Regeln des Areopagiten vorschreiben.[34] Davor wird bereits im NT gewarnt, welches das mystische Phänomen bereits klar erkannte, obgleich ihm der Ausdruck „mystisch" noch unbekannt war. Hier zunächst der Beleg für das Phänomen: „Ich kenne einen Menschen in Christus, (...) da wurde derselbe entrückt bis in den dritten Himmel (...) der wurde entrückt in das Paradies und hörte unaussprechliche Worte, die kein Mensch sagen kann." (2Kor 2,4) Nun die Warnung: „Bemüht euch um die Gaben des Geistes, am meisten aber um die Gabe der prophetischen Rede! Denn wer in Zungen redet" – so nennt das NT die mystische Extase – „der redet nicht für Menschen, sondern für Gott.; denn niemand versteht ihn, vielmehr redet er im Geist von Geheimnissen. Wer aber prophetisch redet, der redet den Men-

---

[34] Er spricht von einer Stufenfolge, die er in eine vita purgitiva, eine vita illuminativa und unitiva einteilt.

schen zur Erbauung und zur Tröstung. Wer in Zungen redet, der erbaut sich selbst; wer aber prophetisch redet, der erbaut die Gemeinde. Ich wollte, daß ihr alle in Zungen reden könntet; aber noch viel mehr, daß ihr prophetisch reden könntet. Denn wer prophetisch redet, ist größer als der, der in Zungen redet (...)" (1 Kor, 14,1–5) Und einige Zeilen später liest man noch: „Denn wenn ich in Zungen rede, so betet mein Geist; aber was ich im Sinn habe, bleibt ohne Frucht." (Daselbst, 14) Die Rede in Zungen, will also Paulus sagen, ist eine hohe Gnade, doch bleibt sie in ihrer Wirkung auf den, dem sie widerfuhr, beschränkt; die prophetische Rede dagegen ist zwar auch eine Gabe, doch ist sie es, um die wir uns eigentlich bemühen sollten, denn sie dient der Verkündigung des Glaubens an Jesus Christus und befruchtet damit auch die andern. Es widerspricht der gebotenen Demut vor Gott, eine mystische Offenbarung ausdrücklich zu erstreben, aber es ist substantieller Teil eines christlichen Lebens, im Zeichen seines Glaubens zu wirken und damit auch von ihm Zeugnis abzulegen.

Auch hier hat uns aber im gegebenen Zusammenhang die Frage zu beschäftigen, wie sich die christliche Mystik zu jenen Erscheinungen innerhalb des Mythos verhält, von der sie schließlich ihren Namen hat, nämlich die antiken Mysterienkulte. In Kürze zusammengefaßt, handelte es sich bei ihnen darum, in der für den Mythos typischen Weise eine Arché zu wiederholen, doch im besonderen eine solche, die Leiden, Tod und Auferstehung eines Gottes oder einer Göttin zum Gegenstand hat. Besonders kennzeichnend dafür sind die Mysterien des Dionysos- und des Demeterkultes von Eleusis. Dionysos wurde von den Titanen zerrissen und dann wiedergeboren; Demeters Tochter wurde von Hades geraubt und in die Totenwelt verschleppt, um jährlich wieder zum Leben zu erwachen. In verschiedenen Ritualen wurden diese Ereignisse dargestellt, doch so, daß dabei die Beteiligten, die Mysten, in einen Zustand versetzt wurden, in dem sich die vollständige Vereinigung mit der Gottheit vollzog. Nachdem sie so die mythische Substantialität der Gottheit in sich aufgenommen hatten, sollte ihnen später eine Wiedergeburt ermöglicht werden. Daß dieser Zustand ekstatischer Natur war, steht außer Zweifel, obwohl wir nur bruchstückhafte Kenntnisse von dem mit Geheimnissen umgebenen Verlauf der Rituale haben. In diesem Zusammenhang aber wird das *myein* als das für die Initiation notwendige Verhalten erwähnt, und auch von dem Vorzeigen der Heiligtümer im Telesterion wird berichtet, daß es für die sie erschauenden Epopten in Stillschweigen, *en siopé*, erfolgte.

Das *myein*, die *siopé*, die Ekstase, ferner die Seligkeit der Verheißung, welche die substantielle Vereinigung mit einer aus Leiden und Tod wieder auferstandenen Gottheit hervorrief, und schließlich die Gewißheit einer absoluten Erfahrung in der Offenbarung einer Gottheit, die ja stets, sie sei mythisch oder christlich, vom Verschwinden der ontologischen Distanz zwischen Subjekt und Objekt und des in ihr liegenden fundamentalen Zweifels begleitet ist (man erinnere sich an die „Grundlegenden Betrachtungen" im I. Kapitel) – dies alles zeigt eindeutig eine Übereinstimmung mit den formalen Elementen christlicher Mystik. Der Unterschied liegt auch hier wieder in dem wenn auch analogen Inhalt, nämlich demjenigen eines leidenden, sterbenden und wieder auferstehenden Gottes. Denn in der Ekstase des Mysten wird die gegenständliche Welt nicht absolut transzendiert wie in derjenigen des christlichen Mystikers, sie findet ja ihren Höhepunkt in den heiligen Gegenständen des Telesterions, die sogar angefaßt werden mußten, und so ist auch die Gottheit, mit der sich der Myste vereinigt, *von dieser Welt* – nämlich z.B. eine solche Gottheit, deren Arché die Zyklen der Natur hervorgebracht hat und immer wieder hervorbringt. (Rhythmus der Jahreszeiten im Demeter-Kult.)

Mit dieser Welthaftigkeit hängt es auch zusammen, daß der Myste seine Vereinigung mit der Gottheit nicht in vollständig abgeschlossener Innerlichkeit wie der christliche Mystiker erlebt, sondern in *Gemeinschaft*, wofür die zu den Mysterien gehörenden Prozessionen, Tänze und Chöre kennzeichnend sind. Diese *absolute Innerlichkeit* im mystischen Offenbarungserlebnis, das sich nur im vollkommen weltlosen Subjekt ereignet, hebt nun zwar, ontologisch gesprochen, die Subjekt-Objekt-Einheit nicht auf, die der Mythos mit dem Christentum teilt, denn die unio mystica ist ja in ihrer höchsten Steigerung eine innige Vereinigung von Mensch und Gott, aber die *Subjektivität erfährt doch dabei eine Aufwertung*, die dem Mythos fremd ist, eine Aufwertung freilich, die gerade nicht, wie es in der abendländischen Metaphysik geschehen ist, zur ontologischen Distanz zwischen Subjekt und Objekt führt. *Diese Aufwertung der Subjektivität enthüllt nun aber eine entscheidende Verfassung christlicher Existentialität überhaupt. Denn wenn sich die unio mystica nur in einem weltlos und damit allein für sich seienden Ich ereignen kann, so spiegelt sich darin die absolute Bedeutung, die das Christentum gerade dem einzelnen Menschen beimißt: Jedem einzelnen gilt die göttliche Liebe und Barmherzigkeit, und jedem einzelnen ist die Erlösung verheißen.* So verbleiben die antiken Mysterienkulte im Gegensatz zur christlichen Mystik im Rahmen des Mythos, wenngleich eines solchen, der sie doch als Ursprung christlicher Mystik noch erkennen läßt. Die antike Mystik steht daher der christlichen näher als die fernöstliche, mag diese auch, rein formal gesehen, die Beziehung auf absolute Transzendenz mit der christlichen Mystik teilen.

Lesen wir zum Schluß den (gekürzten) Wortlaut von Pascals Mémorial, das man nach seinem Tode in seinem Rock eingenäht fand, und das nun keines Kommentars mehr bedarf.

✱✱✱

„Im Jahre des Heils 1654,
   am Montag, den 25. November, dem Tage des heiligen Clemens, Papst und Märtyrer (...)
Von ungefähr einer halben Stunde nach 10 Uhr abends bis ungefähr eine halbe Stunde nach Mitternacht,
             Feuer.

Gott Abrahams, Gott Isaaks, Gott Jakobs,
nicht der Philosophen und Weisen.

Gewißheit. Gewißheit. Gefühl. Freude. Friede.
Gott Jesu Christi. (...)
Vergessen der Welt und von allem, außer Gott.
Man findet ihn nur auf den Wegen, die im Evangelium gezeigt werden (...)
Freude, Freude, Freude, Tränen der Freude (...)
Jesus Christus.
Jesus Christus (...)
Ich bin vor ihm geflohen, habe ihn verleugnet, gekreuzigt (...)
Vollständiger und leichter Verzicht,
Vollständige Hingabe an Jesus Christus, meinen Lenker.
Ewige Freude für einen Tag der Prüfung auf Erden.
‚Non obliviscar sermones tuos. Amen.'

2. Die Bedeutung der Predigt für den Glauben und die christliche, existentiale Lebensgestimmtheit

Bisher kamen nur die Verdichtungen der existentialen *Gnadenwirkung* zur Sprache. Wir wollen uns aber jetzt auch jenen Verdichtungen zuwenden, in denen sich die den *ganzen* Glauben umfassende, existentiale Lebensgestimmtheit des Christen, also auch seine existentiale Verfassung als Sünder, zu konzentrieren vermag, so daß diese Verdichtungen neben Gebet, Taufe und Eucharistie auch Teil des kirchlichen Gottesdienstes sind.

Hierzu gehört nun zunächst und zuerst die Predigt. Wir können uns dabei kurz fassen und auf das bereits im I. Kapitel 3 Gesagte verweisen. Die Predigt verkündet den christlichen Logos. Der christliche Logos ist ursprünglich das gesprochene, nicht geschriebene, sondern erst später aufgeschriebene Wort, und die Predigt besteht in dem Versuch, dieses ursprünglich gesprochene Wort zu *wiederholen*. (Auch die Erzählungen des NT beruhen auf zunächst mündlichen Berichten von Zeugen des Heilsgeschehens.) Das Wort des christlichen Logos besteht aber nicht aus theoretischen Sätzen, es vermittelt keine erwägenswerten Erkenntnisse, die wahr oder falsch sein können, wie sie die Philosophen und „Weisen" anbieten, auch bezeichnet oder beschreibt es keine Wirklichkeit, von der es so getrennt ist wie das Wort „Baum" von dem gesehenen Baum, sondern es ruft, es beschwört diese herbei, so daß sie in ihm *gegenwärtig* ist. Über das strukturell Mythische dieses Wort-Verständnisses ist in dem erwähnten Kapitel bereits ausführlich gesprochen worden. Aus mythischer Sicht steckt im Wort eine Kraft, durch die ein Mythos, z.B. in der Erzählung seiner Arché, gegenwärtige Wirklichkeit wird. Schwur und Fluch sind todernste Vorwegnahmen der *Wirklichkeit* eines Versprechens oder Verderbens, also alles andere als eine bloße façon de parler, und im rituellen Trinkspruch, in der rituellen Anrufung des Gottes ist dessen Gegenwart und Anwesenheit gewährleistet. Dies alles sind Fälle der mythischen Einheit des Ideellen mit dem Materiellen. Zum Wesen der mythischen Wiederholung gehört aber auch, wie immer wieder gezeigt, daß sie zugleich im Gewande des Zeit- und Situationsgebundenen auftritt. Und so wird die Vergegenwärtigung des geoffenbarten

Wortes in der Predigt in ihrer ewigen Gültigkeit zugleich auf das jeweilige und profan Gegenwärtige bezogen und für dieses in seiner nie versiegenden Fruchtbarkeit erfahren. Hierin liegt der Spielraum des Predigers, seine Freiheit, welche die frische Lebendigkeit seiner Predigt garantiert und das in ihr substantiell liegende, notwendige Moment der Wiederholung vor einer rituellen Starre bewahrt, die eine solche Lebendigkeit lähmte.

Wie aber nun im Logos das Wort nicht von dem getrennt ist, das es ausspricht, so ist auch der es Hörende nicht von ihm getrennt, sondern indem er es hört, durchdringt es ihn mit unwiderstehlicher Kraft, wird die darin anwesende Wirklichkeit auch Wirklichkeit in ihm, ist auch hier das Ideelle und Materielle eins. Die „geflügelten Worte," von denen Homer spricht, „fliegen" als numinose Substanz durch das „Gehege der Zähne" in die Seele des sie Vernehmenden und erzeugen in ihr Freude, Kraft oder Schmerz. (Man denke auch an die als mythisches Relikt zu betrachtende Redeweise, daß Worte töten können.) Indem und soweit daher in der Predigt zunächst und zuerst die göttliche Botschaft gegenwärtig wird, ist in ihr das Pneuma des Heiligen Geistes anwesend, und sofern man sie als *wahrhaft* und nicht nur äußerlich, sondern im Glauben vernimmt, wird das Pneuma auch Wirklichkeit im Hörenden, und zwar mit jener absoluten Autorität, die der Offenbarung, nicht der theoretischen Erkenntnis eigentümlich ist. Im Hörenden erwacht also ebenso das Bewußtsein seiner Sünde und die damit verbundene existentiale Gestimmtheit des Daseins zum Tode wie das Bewußtsein des Heilsgeschehens und die damit verbundene existentiale Gestimmtheit der Gnade. So erweckt die Predigt Reue durch Ermahnung, so erweckt sie andererseits freudige Hoffnung durch Tröstung.

Alles, was hier zur Predigt gesagt wurde, finden wir im NT ausgesprochen. Zunächst zur *sakral-mythischen Bedeutung des Wortes*: „(...) Christus hat mich gesandt", schreibt der Apostel, „(...) das Evangelium zu predigen – nicht mit klugen Worten, (...), damit nicht das Kreuz Christi zunichte werde. Denn das Wort vom Kreuz ist (...) uns (...) eine Gotteskraft." (1Kor 1,17–18) Dann die *Wirkung des Gottes-Wortes im Hörenden:* „Der Glaube kommt aus dem Hören (*pístis ex akoés*; fides ex auditu), das Hören aber durch das Wort Christi (*dia rematos* Christu; per verbum Christi)." (Röm 10,17) Dasselbe sagen, wenn auch in rhetorischer Frage, die folgenden Worte: „Der euch nun den Geist (pnéuma, spiritus) darreicht und tut solche Taten unter euch, tut er's durch des Gesetzes Werke oder das Hören des Glaubens (*ex akoés písteos*; ex auditu fidei)?" (Gal 3,5)[35] Doch bedeutet hier „Glaube" (pístis; fides) sinngemäß nicht die „subjektive" Haltung des Glaubens, die man ja gar nicht hören kann, sondern die „objektive" Botschaft, die *Wahrheit des Glaubens*, die wir vernehmen und die wir, indem wir sie vernehmen, als numinose Substanz, als *Wirklichkeit des Pneuma* in uns aufnehmen. Darin liegt aber sowohl die Mahnung wie die

---

[35] Ich weiche hier von der bisher benutzten Übersetzung ab, die für „Hören" „Predigt" sagt, wobei ich mich einerseits wörtlich an den lateinischen wie griechischen Text halte, zugleich aber den Punkt, worauf es hier ankommt, deutlicher hervorhebe.

Tröstung, die von der Predigt ausgeht: „So sind wir Botschafter an Christi Statt, denn Gott ermahnt durch uns (*theú parakalúntos di'hemón*; deo exhortante per nos); so bitten wir nun an Christi Statt: Laßt euch versöhnen mit Gott (*katallágete theó*; reconciliamini Deo)!" (2Kor 5,20)

Das Wesen der Predigt wird einem besonders dann deutlich, wenn man versuchte, sie profan zu deuten, so daß sie teils eine Erzählung von etwas Vergangenem, teils eine Art Vortrag über eine Lehre, teils eine anfeuernde Rede zu einem bestimmten Glauben und besseren Lebenswandel wäre. Wäre sie nur eine Erzählung von etwas Vergangenem, so mögen wir zwar mit Anteilnahme und Bewegung davon hören, aber könnte diese Erzählung nicht auch eine Legende sein? Und hörten wir die Predigt wie eine Lehre, könnten wir dann nicht erwägen, ob sie überhaupt wahr ist? Wäre sie dann nicht dem theoretischen Zweifel ausgesetzt (vgl. I. Kapitel, 2a), so daß von dem Tode Adams in uns und einer echten Wiedergeburt, dieser Kernidee des christlichen Glaubens, keine Rede sein könnte? Hörten wir schließlich die Predigt nur als anfeuernde Rede zu einem bestimmten Glauben, so wäre sie Menschenrede und damit der Ruf zu einem bestimmten Glauben ebenfalls von zweifelhafter Bedeutung; wäre aber der in der Rede geforderte Glaube zweifelhaft, so auch ihr Anruf zu einem besseren Lebenswandel, denn dieser setzt ja christlich den Glauben voraus, den Glauben nämlich, daß angesichts der fundamentalen Schwäche der menschlichen Natur eine solche Wandlung zum Guten nicht ohne göttlichen Beistand möglich ist, von der uns bedrückenden Last sündiger Vergangenheit ganz abgesehen, aus der uns nur göttliche Gnade befreien kann.

Es kommt also in der Tat alles darauf an, daß das Erzählte als *gegenwärtige Wirklichkeit und damit als Wahrheit* verstanden, daß es durch die Predigt als in dieser Gegenwärtigkeit wieder(ge)holt erfahren wird, und daß daher in der Predigt die *absolute Autorität des Pneuma, des Heiligen Geistes anwest*, dieser *substantiell* den Menschen durchdringt und damit zugleich Mahnung und Tröstung bringt, in ihm Reue erweckt und den Glauben an seine Wiedergeburt. Nur darin kann *christlich* das *Wesen der Predigt* bestehen, sie ist also selbst ein Teil des Glaubens in seiner mythischen Verfassung, und jeder Versuch, sie profan, etwa im Hinblick auf ihre psychologische oder theoretische Wirkung im Menschen zu deuten, bewegt sich bereits außerhalb des Glaubens und hat ihn bereits verfehlt. Damit ist freilich nur das *Prinzip*, die *Idee* der Predigt ausgesprochen. Der Grad der Intensität und damit der Verwirklichung wird dagegen ebenso wie bei den schon erörterten, fundamentalen Weisen christlicher Gotteserfahrung sehr unterschiedlich sein und vom Prediger, vom Hörer und von den besonderen Umständen abhängen, unter denen sie gehalten wird.

4. Die Bedeutung christlicher Musik für den Glauben und die christliche, existentiale Lebensgestimmtheit

Eine weitere Verdichtung der existentialen Seite des christlichen Glaubens, die ein wichtiges Element des Gottesdienstes ist, finden wir in der Musik. Was aber ist Musik, daß sie sich dazu eignet, eine für den Kult so herausragende Rolle zu spielen? Um diese Frage zu beantworten, bedarf es eines ausführlicheren Exkurses.

a) Allgemeines zur Musik[36]

Der Bereich der Musik ist das Hörbare. Aber das Hörbare wird zur Musik nur unter bestimmten Bedingungen, die teils naturgegeben, teils geschichtlich sind. Zu den naturgegebenen zählen u.a. bestimmte psychologische Gesetze des Hörens wie z.b. das Erfassen des Rhythmus und des Verhältnisses von Grund- und Obertönen, vor allem aber die Verwendung der menschlichen Stimme. Zu den geschichtlichen Bedingungen gehören die Instrumente, die ja irgendeinmal entstanden sind, eine Musiklehre, die auf der Entwicklung von Tonsystemen beruht wie z.b. diejenige der Kirchentonarten des Mittelalters, der Dur-Moll-Tonleitern im 16. Jahrhundert und der Harmoniebegriffe im 17. und 18. Jahrhundert, um nur einiges zu nennen. Schließlich gehören zu den geschichtlichen Bedingungen der Musik der allgemeine und besondere Stil, der stets im Rahmen einer solchen Musiklehre auftritt. Als Beispiele für den allgemeinen Stil nenne ich die Musik des Barock, die Form des Sonatenhauptsatzes in der Wiener Klassik und dessen Weiterentwicklung in der Romantik. Ein solcher allgemeiner Stil wird nun zum besonderen dadurch, daß er auf einen bestimmten Fall angewandt und von einer jeweiligen Musikerpersönlichkeit geprägt wird. Denken wir an die verschiedene Verarbeitung des Sonatenhauptsatzes bei Haydn, Mozart und Beethoven; an die verschiedenen Auffassungen der durch Liszt und Wagner eingeführten harmonischen Dimensionen bei Bruckner, Brahms und Strauss.

Ohne Rücksicht auf die naturgegebenen Grundlagen menschlichen Hörens, ohne die Verwendung bestimmter Instrumente, einer bestimmten Musiklehre und bestimmter Stilelemente kann Hörbares nicht zur Musik, kann es nicht zum musikalisch hörbaren Ereignis werden. Ich nenne daher diese naturgegebenen wie geschichtlichen Bedingungen die *apriorischen Voraussetzungen der Musik*. Was aber, so müssen wir uns jetzt fragen, ist das hörbare Ereignis, das erst unter diesen Voraussetzungen möglich wird, da doch darunter natürlich nicht das bloße Tonereignis zu verstehen ist? Was ereignet sich da eigentlich?

In der Natur finden wir zwar insbesondere bei Vögeln und einigen anderen Tieren klingende Töne vor, doch ist es naheliegend, mit der menschlichen Stimme die Untersuchung zu beginnen. Die Stimme dient zunächst der Sprache. Die Sprache aber hat zwei Seiten, eine kognitive und eine konnotative. Die kognitive Seite, die immer auch schriftlich fixiert werden kann, vermittelt mit Hilfe von Wörtern und Grammatik begrifflich faßbare Sach- und Sinngehalte

---

[36] Der folgende Abschnitt ist eine teilweise Zusammenfassung meines Buches „Die zweite Schöpfung. Das Wirkliche in Kunst und Musik", München 1994 und ist in verkürzter und veränderter Form unter dem Titel „Die Musik und das Mythische" in der Reihe „Jacob Burckhardt-Gespräche auf Schloß Castelen" erschienen. (Basel 1996).

wie Beschreibung und Erklärung, Formulierung von Wünschen, Fragen und dergl. Die konnotative dagegen, die vor allem die gesprochene Sprache betrifft, entspricht der Fülle von Assoziationen, Vorstellungen, Empfindungen usw., die den begrifflichen Wortgehalt stets mehr oder weniger begleiten. Es ist nun diese konnotative Seite der Sprache, die der kognitiven überhaupt erst ihre ganze Tiefe und Fülle gibt. Das macht ja das Übersetzen in eine andere Sprache so schwierig, und womöglich noch in eine solche, die zu einem fremden und historisch zurückliegenden Kulturbereich gehört. Oder denken wir an ein ganz einfaches Beispiel: Eine Dame bittet einen Herrn um Feuer für eine Zigarette. Kognitiv gesprochen, ist dies nichts anderes, als eben die Bitte um eine Zigarette. Und doch ist sie nur aus der Gesprächssituation wirklich zu verstehen, in der sie geäußert wird. Vielleicht liegt darin die Aufforderung zu einem Flirt, vielleicht ist es der Auftakt zu einer versöhnlichen Wendung nach vorangegangenem Streit, es mag darin kühle Distanz oder warme Zuwendung liegen – die Worte selbst sagen uns nichts davon. Der kognitiv gleiche Satz kann also konnotativ sehr Verschiedenes bedeuten. Wenn man ihn nur für sich betrachtet, gleicht er einer Geige ohne Resonanzboden.

Zu den Elementen des Konnotativen gehört nun auch die *Gestimmtheit*, von der schon im VII. Kapitel, 3 ausführlich die Rede war und die dort als *existentiale Grundgestimmtheit* von den einzelnen *Affekten, Gefühlen und Stimmungen* unterschieden wurde. Ich fasse noch einmal zusammen: Im Gegensatz zu den Affekten und Gefühlen, die sich, wie z.B. Liebe oder Haß, auf einen konkreten Gegenstand beziehen, entspricht eine existentiale Grundgestimmtheit, z.B. diejenige des Daseins zum Tode oder diejenige der Gnadenwirkung mit ihren Ausgliederungen in eine Mannigfaltigkeit von Befindlichkeiten, einer bestimmten Weise des In-der-Welt-seins überhaupt, und im Gegensatz zu dem, was wir unter Stimmungen verstehen, kennzeichnet sie keinen vorübergehenden, schwankender Zustand, sondern eine allgemeine Lebensbefindlichkeit. Dennoch besteht ein Fundierungsverhältnis zwischen den Grundgestimmtheiten einerseits und den besonderen Gefühlen, Stimmungen usw. andererseits. Da die existentialen Grundgestimmtheiten Konnotation zu einem allgemeinen, kognitiven Rahmen sind, z.B. zu einer alles umfassenden Ontologie oder zu einem alles umfassenden Mythos oder zu einer alles umfassenden Offenbarung, zu einem Rahmen also, in dem alles einzelne und besondere wahrgenommen, gedeutet und erfahren wird, so werden auch die einzelnen Gefühle, Affekte und Stimmungen, die sich ja auf einzelnes und besonderes *innerhalb dieses Rahmens* beziehen oder dadurch hervorgerufen werden, davon mitbestimmt und gleichsam durchtränkt. (Wie dies geschieht, wurde in Kapitel VII, 3 an einem Beispiel der Psychologie und am Beispiel des kulturgeschichtlichen Wandels der Liebe zwischen Mann und Frau erläutert.) Aus diesem Grunde kann im folgenden zum Zwecke übersichtlicher Einfachheit das Wort „Gestimmtheit" als Oberbegriff sowohl für existentiale Grundgestimmtheiten wie in deren Rahmen auftretende Gefühle, Affekte und Stimmungen verwendet werden.

Gestimmtheit also, in diesem umfassenden Sinne und als Konnotation verstanden, äußert sich nun zunächst in der *Musikalität der Sprache*. Diese vernehmen wir, wenn wir nur auf das *Hörbare als solches* in ihr achten. Das Hörbare als solches ist dasjenige, dessen man dann inne wird, wenn man seine Aufmerksamkeit nicht nur oder kaum auf das dabei kognitiv Vermittelte richtet. Betrachten wir wieder ein Beispiel. Wir sind in einem Hotel und hören durch die Wand jemanden sprechen, doch so, daß wir die einzelnen Worte nicht verstehen. An Klang, Tonfall, Rhythmus und Tempo erkennen wir einen Franzosen. An denselben Merkmalen können wir aber auch seinen seelischen Zustand bemerken: Er ist vielleicht wütend oder will jemanden überreden oder er ist heiter, vielleicht gurrend sinnlich oder klagend, kühl argumentierend, ja dozierend usw.

Die Musikalität der Sprache ist ihr zum einen in einem allgemeinen Sinne eigentümlich, wie z.B. dem Französischen, Deutschen, Italienischen usw., – W. v. Humboldt spricht von einer allgemeinen „Stimmung des Geistes", der die verschiedenen Sprachen unterscheide[37] – zum andern zeigt sich diese Musikalität in der *besonderen Situation* einer Gestimmtheit, wie dies dem Beispiel zu entnehmen ist. In der Musikalität der Sprache tritt gleichsam ihre *leibliche Erscheinung* hervor. Da sie aber, als Gesprochene, niemals ohne eine solche Musikalität und Leiblichkeit ist, so ist auch jeder kognitive Inhalt, den sie vermittelt, von Gestimmtheit begleitet, mit Gestimmtheit verbunden, ja, in sie eingebettet. Dies gilt selbst dann, wenn dieser Inhalt von blanker Rationalität geprägt ist wie z.B. eine mathematische Deduktion. Für manchen mag sich mit ihr die Gestimmtheit von Langeweile und Öde verbinden, für manchen dagegen ist sie voll erregender Erkenntnisfreude, und die Art ihres Vortrages kann das eine wie das andere zeigen.

So können wir nun, die bisherigen Ausführungen zur Gestimmtheit verallgemeinernd, sagen: Gestimmtheit ist der Hauch und Odem, der jedem kognitiven Bewußtseinsinhalt Leben verleiht und zugleich sein tieferer Quell ist. Es ist die Gestimmtheit, die uns in Bewegung setzt und in Bewegung hält. Wenn wir sprechen, denken, Einfälle haben, agieren oder reagieren, stets fließt uns dies aus einer gewissen Gestimmtheit zu, und wir geraten sogleich ins Stocken, wo sie uns verläßt. So hat für uns jeweils dieselbe Sache zwei Aspekte: *einmal einen kognitiven Aspekt und einmal einen solchen konnotativer Gestimmtheit*. Das Wort „Gestimmtheit" hängt etymologisch sowohl mit Stimme wie mit dem Stimmen eines Musikinstrumentes zusammen. Das erste Instrument, das es gab, konnte also nur für ein Wesen von Bedeutung und verständlich sein, das Sprache und damit auch die Musikalität von Sprache und Stimme besaß. Denn was hätte es mit vielleicht zufällig gehörten Tönen (durch Blasen in hohle Hölzer, den Klang der Bogensehne und dergl.) anfangen sollen, hätte es nicht darin etwas seiner Sprachmusikalität Entsprechendes erkannt?

---

[37] W.v. HUMBOLDT, Über den Nationalcharakter der Sprachen, in: Werke, Bd. 3, Darmstadt 1987, S. 80.

Wir können jetzt die Frage in einer ersten Annäherung beantworten, worin das Ereignis eigentlich besteht, das unter den genannten apriorischen Bedingungen der Musik hörbar wird: *Unter den apriorischen Bedingungen der Musik kommt die ursprünglich schon in der Sprache sinnlich-leibliche Hörbarkeit als solche in einer Weise zur Erscheinung, welche die in der Sprache immer noch vorherrschenden kognitiven Elemente zugunsten der konnotativen Gestimmtheiten in den Hintergrund drängt, ohne daß dabei der unauflösliche Zusammenhang zwischen beiden aufgehoben würde.* Ich spreche von einer ersten Annäherung, da noch nicht deutlich geworden ist, ob das Hörbare als solches in der Musik gegenüber demjenigen in der Sprache etwas qualitativ anderes ist oder etwa nur in unverhüllterer und verstärkter Weise erkennbar wird. Doch werde ich erst später darauf zurückkommen.

Betrachten wir zunächst den Zusammenhang von Text und Musik. Dieser Zusammenhang erschöpft sich keineswegs darin, daß in der Musik die zum Text gehörigen Gestimmtheiten hervortreten. Im Gegenteil, oft sind sie seinem Gehalt gar nicht unmittelbar zu entnehmen, sondern interpretieren ihn oder geben ihm einen hintergründigen Sinn. Einige bekannte Beispiele mögen dies erläutern. In Schuberts Lied „Der Lindenbaum" wird durch eine unablässig wiederholte rhythmische Figur, die sich schließlich über die Singstimme legt und bis zu Oktavgängen steigert, eine Unruhe spürbar, welche die in den bloßen Worten liegende schöne Vision als Täuschung entlarvt. (Ich träumt' in seinem Schatten/ so manchen süßen Traum.) Der Wanderer weiß, daß er auch dort, wohin er sich zurücksehnt, keine Ruhe finden wird. (Und immer hör' ich's rauschen: /Du fändest Ruhe dort.) Kein Rezitator könnte das in Tonfall und Stimme zur Sprache bringen. Oder erinnern wir uns an Sieglindes Worte im ersten Akt der Walküre: „Ein Fremder trat da herein." Vergeblich wird man in der diese Phrase begleitenden Musik irgendeine entsprechende Gestimmtheit suchen. Es erklingt vielmehr das Walhall/Ring Motiv. Damit wird nicht nur kognitiv faßbar, wer der Fremde war, der da hereintrat, nämlich Wotan, sondern auch der Umkreis des Verhängnisses, der über diesem Ereignis lastet. Aber dieses kognitiv Faßbare ist durch die Musik zugleich mit der ihm zugehörigen Gestimmtheit aufgeladen und versetzt es in eine tiefere, umfassendere Dimension.

Der Zusammenhang von kognitivem Gehalt und Gestimmtheit geht aber auch dann nicht verloren, wenn wir es mit reiner Instrumentalmusik zu tun haben. Erinnern wir uns an den zweiten Satz von Beethovens „Eroica". Wir mögen einen Trauerzug vor uns sehen; die Vorstellung von jemandem, der zu Grabe getragen wird und nunmehr eine erloschene Fackel ist, mag aufblitzen; aber es können auch bestimmte Synästhesien, z.B. Farbwirkungen vor unser inneres Auge treten usw. Und doch vereinigt sich dies alles in der Grundidee einer heroischen Lebensauffassung und der ihr zugeordneten Gestimmtheitswelt. Die Erregung dieser Gestimmtheit läßt die gesamten Möglichkeiten des Bewußtseins in Bewegung geraten, und zwar so, daß sie sich gegenseitig erwecken. Oder denken wir an die Symphonien G. Mahlers. Wie wir aus seinen eigenen Bekundungen wissen, wird in ihnen der Schmerz des Zwiespalts zwischen der öden Gottferne in der modernen Welt und der ungestillten Sehnsucht nach dem Ewigen und Transzendenten musikalisch wirksam.

Der Streit, ob die Instrumentalmusik wegen ihres angeblichen Mangels an kognitiven Aspekten verworfen werden müsse, wie viele noch im 19. Jahrhundert, darunter auch Hegel, glaubten, oder ob im Gegenteil Musik erst wahrhaft in der Instrumentalmusik zu sich selbst gekommen sei, wie die Formalisten behaupten, ich erinnere nur an Hanslick, dieser Streit verliert seine Bedeutung, wenn man von dem beschriebenen Zusammenhang ausgeht, der bei jedem gegebenen Sachverhalt zwischen seinem kognitiven und seinem in der konnotativen Gestimmtheit liegenden Aspekt besteht. Denn einerseits folgt aus diesem Zusammenhang, daß es überhaupt keine Musik ohne kognitive Komponenten gibt, und andererseits zeigen die aufgeführten Beispiele, wie eigenwillig und selbstherrlich sich doch Musik um das Wort ranken kann, so daß sie oft nur in dieser Freiheit und Losgelöstheit von ihm ihre Botschaft vermittelt.

Wir müssen uns aber nun vor dem Mißverständnis hüten, Musik sei Ausdruck der bezeichneten Gestimmtheiten, so als ob diese ihr vorauslägen und nur in ihre Formen übertragen würden.

Gehen wir wieder vom musikalischen Sprechakt als Modell aus, dessen Schoße ja, wie gezeigt, die Musik entspringt. Wo Gestimmtheiten sprachlich in Erscheinung treten, da geben sie nicht einfach irgendwelche ihnen vorausliegende Bewußtseinszustände wieder, sondern da beginnt bereits eine neue Bewußtseinsqualität. Ich erinnere an Goethes berühmtes Zitat: „Wenn der Mensch in seiner Qual verstummt, gab mir ein Gott zu sagen, was ich leide." Das einsam Erlebte ist nie dasselbe wie das in der Sprache, gar im Gespräch Vermittelte. Die Schwermut, über die man klagt, ist nicht mehr dieselbe, wie diejenige, die man vorher empfand: vielleicht brachte die Klage schon Erleichterung, vielleicht hat sie einen noch schwermütiger gemacht; die aufgestaute Wut mag man schon in dem Augenblick schwinden fühlen, wo man sie hinausschreit, aber man kann sich ja auch in Wut geradezu hineinreden. Die in der Sprache sich zeigende Gestimmtheit drückt also nicht irgendeine außerhalb der Sprache liegende Gestimmtheit aus, die in ihr dann in irgendeiner Weise Gestalt annimmt, sondern sie ist diese ihre unmittelbare Erscheinung. Die für den kognitiven Bereich kennzeichnende Unterscheidung zwischen Sprache und Gegenstand der Sprache und die darin liegende Beziehung der Sprache auf einen Gegenstand fällt hier weg. Das Wort Baum ist etwas anderes als der Begriff Baum und dieser wieder ist etwas anderes als der Gegenstand Baum. Aber zwischen dem sprachmusikalisch artikulierten Gestimmtheitsvorgang und diesem Gestimmtheitszustand selbst besteht ein solcher Unterschied nicht. Das Modell der Sprachmusikalität ist nun unmittelbar auf die Musik übertragbar. *Wie sprachmusikalisch keine konnotativen Gestimmtheitsgehalte „ausgedrückt" werden, weil diese Gehalte von ihrer sprachmusikalischen Erscheinung ja gar nicht unterschieden werden können, so „drückt" auch die Musik keine solchen Gehalte aus, weil diese ebenso wenig von ihr unterschieden werden können.* Die vorhin noch offen gebliebene Frage, ob das Hörbare als solches in der Musik etwas gegenüber demjenigen in der Sprache qualitativ anderes ist oder nur dessen bloße Verstärkung, Fortsetzung, Übertragung oder dergl. ist damit beantwortet: *Die Gestimmtheitswelt, die in der Musik zur Erscheinung kommt, gibt es nur in der Musik und sonst nirgends.* Auch die bereits aufgeführten Beispiele belegen dies eindeutig.

Das Modell der Sprachmusikalität versagt allerdings an einem entscheidenden Punkt. Denken wir noch einmal an das Beispiel des Franzosen, den wir durch die Wand des Hotelzimmers sprechen hören. Seine Rede verrät uns eine Gestimmtheit, die von ihm als einem *individuellen Subjekt* getragen wird, und wir erkennen daran, wie es um ihn, den Sprechenden, steht. Hören wir dagegen z.B. die g-moll Symphonie von Mozart, so fassen wir diese nicht als die private Gestimmtheit des Komponisten oder seines Interpreten auf, sondern sie tritt uns als etwas *Objektives* und *Allgemeingültiges* entgegen. Daher wird auch Musik wesentlich als ein *Gemeinschaftserlebnis* erfahren: im Kultraum, in der Oper, im Konzertsaal, ja selbst im Hause. Auch wenn einer einsam seinem Plattenspieler lauscht, empfindet er doch ganz unwillkürlich die Gegenwart des Interpreten und eines imaginären Auditoriums. Wie ist das zu erklären? Zwar ist teilweise schon in der Musikästhetik des ausgehenden 18. Jahrhunderts, z.B. von Daniel Schubart und von Herder, hervorgehoben worden, daß sich in der Musik nicht ein privates, individuelles Subjekt äußert, aber es wurde doch nicht hinreichend deutlich, was das bedeutet.

Eine schlüssige Erklärung ergibt sich aber aus den vorangegangenen Überlegungen. Fassen wir das Ganze jener Bewußtseinsinhalte, die eine Epoche kennzeichnen, in der *Idee eines „Geistes der Zeit"* zusammen und erinnern wir uns noch einmal an den Grundsatz, daß alle diese Inhalte zwei Seiten haben, nämlich eine kognitive und eine solche konnotativer Gestimmtheit, dann muß auch dem umgreifenden, kognitiv faßbaren Wirklichkeitshorizont einer Epoche – er sei ontologisch, mythisch oder religiös – derjenige seiner mannigfaltigen konnotativen Gestimmtheiten korrelieren. Es sind aber diejenigen, an denen alle mehr oder weniger teilhaben, die in der betroffenen Epoche leben. Daher der objektive Charakter dieser Gestimmtheiten und ihre Allgemeingültigkeit. Ihr Träger ist entsprechend das individuelle Subjekt nur so weit, als es selbst unvermeidlich vom „Geist der Zeit" mitgeprägt ist, in der es lebt. Man sollte daher besser diesen Träger epochaler Gestimmtheiten als das *geschichtlich allgemeine Subjekt*, als eine Art *geschichtliche Überperson* bezeichnen. *Die Musik aber ist nun dasjenige Ereignis, in dem substantielle Elemente epochaler Gestimmtheiten in das musikalisch Hörbare als solches transponiert werden und damit in die der Musik eigentümliche Gestimmtheitswelt.*

Wenigstens in einigen Stichworten sei dies an Hand einiger Abschnitte der Musikgeschichte verdeutlicht. Die Musikgeschichte ist nichts anderes als die Geschichte der Wandlungen innerhalb der apriorischen Bedingungen von Musik, also ihrer Bezugssysteme und ihrer konkreten Anwendungen. Sie handelt von den zum Teil radikalen Änderungen in der Musiklehre, der Stile usw., und sie steht damit zugleich im Zusammenhang mit den Umwälzungen im kognitiven Wirklichkeitsbereich, wodurch sich immer wieder neue Wirklichkeitsaspekte eröffnet haben. Die griechische Musik der Antike, die in ihr verwendeten Tonarten und Instrumente, standen in unauflöslichem Zusammenhang mit dem Mythos und seinem Kult, besonders dem dionysischen und dem apollinischen Lebensgefühl. Auf den Kirchentonarten des Mittelalters beruhten die Gregorianischen Gesänge, die den musikalischen Kanon der sakralen Liturgie bildeten. Wir können sagen: In dieser Musik fassen wir die ganze Tiefe und Weite der konnotativen Gestimmtheit zu einem einzigen Text: der Bibel. Entsprach die kunstvolle, kontrapunktische Polyphonie des Mittelalters der mystischen Versenkung in eine transzendente, theozentrische Ordnung, vor der die Egozentrik der profanen Welt mit ihren Trieben, Leidenschaften und Gefühlen verblaßte, so macht nun die Musik in einem gewaltigen und langen Umwandlungsprozeß gerade solche Triebe, Leidenschaften und Gefühle zum musikalisch Hörbaren. Dieser Prozeß gipfelte schließlich in der weltlichen Oper des Barock, die wiederum über das Oratorium in die geistliche Musik eindrang. Musik wurde nun als Vertonung weltlicher Texte verstanden, eine musikalische Affektsymbolik wurde eingeführt und die großen Soloarien der Gesangsstimme kündeten von einem neuen, individualistischen Selbstgefühl. Die Entfaltung der musikalischen Mittel, welche die Oper mit sich brachte, führte zwangsläufig auch zu neuen Entwicklungen in der Instrumentalmusik. Die Sonatenform entstand, die nun alle Sparten konzertanter Musik erfaßte. Mit ihren Elementen „Exposition und Themendarstellung", „Durchführung oder Verarbeitung" und schließlich „Wiederholung" (Reprise), mit den damit verbundenen thematischen Kontrasten, dem Wechsel der Tonarten, der unmittelbaren Aufeinanderfolge von forte und piano erzielte sie ebenso lyrische wie dramatische Wirkungen, die dem Geist des Theaters mit seinen Ereignis- und Handlungsvorgängen innerlich verwandt ist. Im Stil der sog. Wiener Klassik kam dies alles schließlich zu seiner höchsten Vollendung: Ich nenne Haydn, Mozart und Beethoven. Die tiefe Beziehung zwischen Wort und Musik, Oper und Instrumentalmusik erweiterte sich schließlich in der Romantik zu einer umfassenden Verflechtung von Poesie und Musik. Man denke an Schuberts Lieder, an Schumanns B-Dur Phantasie, der ein Frühlingsgedicht Böttgers zugrunde liegt, man denke schließlich an die großen programmatischen Werke von Berlioz, Spohr und Mendelssohn und die sog. Tongemälde von Liszt und Richard Strauss. Liszt bemerkte dazu, es habe ihn eine große Idee erfüllt: „... celle du renouvellement de la Musique par son alliance plus intime avec la Poésie; un développement plus libre et, pour ainsi dire, plus adéquat á l'esprit de ce temps.") – Werfen wir schließlich noch einen kurzen Blick auf die moderne Musik. Wieder vollzog sich mit ihr ein radikaler Umbruch in den apriorischen Bedingungen der Musik. Dieser unterschied sich aber insofern von allen früheren Wandlungen solcher Art, als er nicht mehr zu einer allgemein gültigen Musiklehre und einem allgemeinen Stil führte, sondern zu einem bisher nie gekannten Pluralismus. Ich nenne nur als Beispiele und ohne näher auf sie eingehen zu können, die Zwölftonmusik, die serielle Musik und die indeterministische oder Zufallsmusik. Dieses Zerbrechen einer einheitlichen Musiklehre und eines allgemeinen Stils, dieses Bild der Zerrissenheit ist freilich nur eine Facette im Ganzen jener geistigen Zerrissenheit, welche die moderne Welt bestimmt. Und doch einigt sie das dieser Welt zugrunde liegende Pathos der Freiheit, so daß wir am Ende wieder so etwas wie eine epochale Gestimmtheit in ihr vernehmen können. Vieles hängt aber auch davon ab, welcher kognitiven Vorstellungswelt der jeweilige Komponist nahe steht. Der gläubige Christ wird vermutlich mit Messiaens „La Transfiguration de notre Seigneur Jésus Christ" mehr anfangen können als mit Bergs „Lulu", die der Vorstellungswelt des Expressionismus entspringt, während vielleicht diejenigen, die sich in verzehrenden Zweifeln an der Europäischen Kultur fernöstlicher Mystik nähern, die Musik von Cage oder Stockhausen vorziehen werden, oder auch diejenige von Boulez, der Indeterminismus und Serialismus zusammenzufassen sucht.

Diese kurze historische Zusammenfassung verdeutlichte nun zwar, wie Musik epochale Gestimmtheiten in das musikalisch Hörbare als solches und so in die der Musik eigentümlichen Gestimmtheiten transponiert; aber der darin liegende ständige geschichtliche Wandel zeigt doch auch etwas sich immer Gleichbleibendes und Wiederholendes. Die Transposition nämlich, um die es sich hier handelt, bleibt ihrem Wesen nach immer unverändert: Es ist stets eine Transposition in die mythische Welterfahrung. Dies mögen nun die folgenden drei Punkte zeigen.

Erstens: Auch in der Musik finden wir, formal betrachtet, die mythische Verschmelzung des Abstrakten und Allgemeinen mit dem Konkreten und Individuellen. Denn einerseits ist doch stets die Gestimmtheit, die sich im musikalisch Hörbaren als solchen ereignet, etwas Sinnlich-Konkretes und damit Individuelles; und andererseits ist sie doch wieder in ihrer Korrelation zum epochalen, begrifflich-kognitiven Wirklichkeitshorizont etwas Allgemeines, nämlich eine zu diesem Horizont konnotative Gestimmtheit, die nicht mit derjenigen einer Privatperson verwechselt werden darf. So wie mythisch alle Liebenden an der Substantialität der Göttin der Liebe teilhaben, so haben hier alle an der Substantialität jenes allgemeinen Subjektes, jener Überperson teil, welche die Trägerin der in der Musik hervortretenden epochalen Gestimmtheit ist.

Zweitens: Wie im Mythischen das Abstrakt-Allgemeine mit dem Konkret-Individuellen, so verschmilzt darin auch das, was wir gemeinhin das Subjektive nennen, mit dem Objektiven. Einerseits wird ja Mythisch alles belebt, alle Objekte und Gegenstände, auch die aus anderer Sicht rein materiellen, wie ein Berg, ein Fluß, ein Hain usw., nehmen menschlich-subjektive Züge an; man denke nur als Beispiele an die zahlreichen Berg- und Flußgötter oder die von numinosen Wesen bewohnten Haine. Und andererseits verwandelt sich mythisch alles Subjektiv-Innerliche sogleich in ein körperlich faßbares, äußeres Objekt; denn nicht nur die Liebe, die ich bereits erwähnt habe, kann eine numinose Gestalt annehmen, sondern überhaupt die ganze Welt des Geistes, der Gefühle, der Triebe und des Willens. Man denke an Apoll, als Gott fernblickender Weisheit, oder an Dionysos, als Gott des Rausches usw.

Geschieht nicht auch hier in der Musik, wieder formal betrachtet, Gleiches? Besteht sie doch, wie wir gesehen haben, darin, daß sie alle kognitiv faßbaren Objekte eines epochalen Wirklichkeitshorizontes mit der ihnen immer schon konnotativ zugeordneten, nun aber musikalischen Gestimmtheit verschmelzen läßt und damit in ihrer subjektiven Kehrseite erfaßt, sie vermenschlicht. Die Welt wird so einerseits in den konnotativen Innenraum der Musik verwandelt, der Innenraum der Musik aber wird andererseits auch wieder zur kognitiven Welt, da er ja, als konnotativer, nur in Beziehung auf sie ist, was er ist.

Drittens: Mythische Welterfahrung bewegt sich stets, wie wir gesehen haben, in zwei Zeitdimensionen: einer profanen und einer mythischen Zeit. Ich erinnere noch einmal (vgl. V. Kapitel, 2 b): Die profane Zeit ist diejenige der Sterblichen. Sie ist ein Medium, in dem sich alle Gegenstände befinden. Sie hat keinen Anfang und kein Ende und fließt in einem kontinuierlichen Strom sich beständig wandelnder Ereignisse von der Vergangenheit in die Zukunft. Was hingegen unter mythischer Zeit zu verstehen ist, zeigen die mythischen Ursprungsgeschichten, die sog. Archaí. Es sind Geschichten numinoser Wesen, auf welche die beständige Wiederholung von bestimmten, für die Natur- und Menschenwelt typische Ereignisabläufe zurückgeführt werden. Die mythische Zeitdimension dieser numinosen Ursprungsereignisse ist daran erkennbar, daß sie sich gar nicht innerhalb der profanen Zeit abspielen und daher auch nicht in ihr lokalisierbar sind, so als ob sie zu einem bestimmten Zeitpunkt stattgefunden hätten. Es sind ja Geschichten, die erzählt werden, deren Anfang und deren Ende aber nicht in die Zusammenhänge jenes fortlaufenden Zeitkontinuums einzuordnen sind, aus dem die profane Zeit der Sterblichen mit ihrem ständigen Flusse besteht. Andererseits spiegeln sich diese transzendenten Ursprungsereignisse in der profanen Sphäre und sind in ihr wirksam. Was sich in dieser Sphäre beständig wiederholt und darin abzählbar ist, so daß wir z.B. vom soundsovielten Winter und soundsovielten Frühling in der Folge der Jahre sprechen, das ist in Wahrheit, als mythisches Ereignis, stets identisch dasselbe, obgleich es stets in anderem Gewande auftritt. Es ist mythisch zwar stets der Frühling, der wiederkehrt, nicht ein Frühling unter vielen abzählbaren, und der Winter ist nicht ein Winter unter vielen abzählbaren, aber es sind doch immer wieder andere Blumen, die im Frühling blühen und im Winter wieder verschwinden. Und doch ist es nur diese Identität, die in bestimmten, kultischen Ritualen gefeiert wird.[38]

---

[38] Zum leichteren Verständnis sei an Platos Ideenlehre erinnert, wobei man auch erkennen kann, aus welchem Schatz der Griechen er geschöpft hat. Die profane sinnliche Erscheinungswelt ist für ihn ein Abbild transzendenter Ideen, so wie das Siegel sich in das Wachs eindrückt. Ganz analog sind mythisch die für die Natur- und Menschwelt typischen und stets wiederkehrenden Ereignisse Widerspiegelungen transzendenter Ursprungsereignisse, die gleichsam in das Medium

Betrachten wir jetzt wieder die Musik. Auch bei einem musikalischen Ereignis handelt es sich im Wesentlichen, wenn wir von Randerscheinungen, auf die ich hier nicht eingehen kann[39], absehen, um die Wiederholung eines Identischen. So hören wir etwa die neunte Symphonie von Beethoven, die schon ungezählte Male erklang. Und auch hier sind Anfang und Ende dieses identischen Ereignisses als ein Gestimmtheitsgeschehen nicht in die Kausalzusammenhänge des Zeitkontinuums einzuordnen. Dieses Ereignis entspringt ja nicht wie eine private Gestimmtheit, z.B. eine Verstimmung, einem ihm zeitlich vorangegangenen Vorfall, und deswegen ist ihm auch die Feststellung, daß es an einem bestimmten Tag oder zu einer bestimmten Stunde stattfindet, ganz äußerlich. Die Frage, wann oder wo im Zeitkontinuum das ungeheure Geschehen stattfindet, das sich in der neunten Symphonie Beethovens abspielt, ist ohne Sinn. Es gehört, wie die mythische Arché, einer transzendenten Zeitdimension an. Aber wie eine Arché zugleich in der profanen Zeit in Erscheinung tritt und sich damit auf verschiedene Art und Weise wiederholt, so wiederholt sich auch das identisch gleiche Musikwerk: Das Konzert wird auf eine bestimmte Stunde festgesetzt, Dirigent und Orchester wechseln, und jede Aufführung ist von der anderen verschieden.

So weit der, hier freilich notgedrungen nur skizzenhafte Nachweis, wie die Transposition epochaler Gestimmtheiten in die Musik stets zu den gleichen Formen mythischer Welterfahrung hinführt.[40] Das bedeutet aber nun, daß diese Transposition eine doppelte ist: Einerseits in jene epochalen Gestimmtheiten, die nur im musikalisch Hörbaren Ereignis werden können und sonst nirgends, und andererseits in jene Gestimmtheiten, die konnotativ zur mythischen Welterfahrung und für sie kennzeichnend sind. Denn auch diese Art der Welterfahrung hat ja wie alles Denkbare einen kognitiven Aspekt und einen solchen konnotativer Gestimmtheit.

Welche mannigfaltigen und historisch bedingten Gestimmtheiten also auch immer Musik in uns hervorrufen mag – diese werden doch stets von jenen anderen durchdrungen und überlagert, die von der Verschmelzung des abstrakt Allgemeinen mit dem konkret Individuellen, des Subjektiven mit dem Objektiven und einer zum profanen Bereich transzendenten Dimension ausgehen. Ich erinnere hier, ohne näher darauf eingehen zu können, an das von Aristoteles freilich in ganz anderem Zusammenhang aufgewiesene Phänomen der Katharsis. Es mögen uns in der Tragödie tiefe Leidenschaften, Furcht und Mitleid ergrei-

---

der profanen Zeit eindringen und dort nun in beständiger Wiederholung zur Erscheinung kommen. Und wie platonisch die einzelnen Abbilder der einen, identischen Idee von der sinnlichen Erscheinungswelt mitgeprägt werden, so daß sie sich trotz ihrer Teilhabe an einem identisch Gleichen doch in unendlichen Wiederholungen voneinander unterscheiden, so weichen auch die beständigen Wiederholungen des an sich identisch gleichen und transzendenten, numinosen Ursprungsereignisses voneinander ab.

[39] Vgl. K. HÜBNER, Die zweite Schöpfung. Das Wirkliche in Kunst und Musik, a.a.O., S. 137 f.
[40] Zu einer ausführlichen Analyse, insbesondere der mythischen Zeit innerhalb der Musik, vgl. K. HÜBNER, Die zweite Schöpfung, a.a.O., Kap. X,3.

fen – und doch geschieht dies, scheinbar rätselhafter Weise so, daß wir dabei zugleich eine davon losgelöste Freiheit und Beglückung empfinden. In analoger Weise möge uns Musik in die mannigfaltigsten Gestimmtheiten versetzen – dessen ungeachtet vermag sich dabei eine im Mythischen liegende Beglückung und Entrückung einzustellen, auf welcher der Zauber der Musik beruht; ein Zauber, den sie, über alle anderen, tiefgreifenden historischen und kulturellen Unterschiede hinweg, seit jeher auf die Menschen ausgeübt hat.

Wenn nämlich, um damit zu beginnen, sich die mythische Verschmelzung des Abstrakt-Allgemeinen mit dem Konkret-Individuellen musikalisch darin äußert, daß die konkrete Gestalt eines Hörbaren als solchen eine allgemeine, epochale Gestimmtheit repräsentiert, weil sie sich in dieser bestimmten Gestalt in vielen Menschen wiederholt, dann stellt sich dabei die beglückende, und sonst nirgends in dieser Unmittelbarkeit gegebene Erfahrung ein, mit anderen darin eins zu sein, oder, metaphorisch ausgedrückt: eine Stimme im Gleichklang mit dem einsamen Ich zu hören. Das Gemeinschaftserlebnis Musik, auf das ich bereits hingewiesen habe, zeigt so seine mythische Verfassung. – Oder weiter: Wenn die mythische Verschmelzung des Subjektiven mit dem Objektiven musikalisch darin erkennbar wird, daß die zu allen Gegenständen konnotative Gestimmtheit in Erscheinung tritt, also ihre subjektive Kehrseite, so liegt darin eine umfassende Vermenschlichung der Welt, in welcher das sonst dem Menschen verschlossen und äußerlich entgegenstehende Objekt – schon der Name drückt dies ja aus – in den menschlichen Innenraum verwandelt wird. Die Musik wird so zum befreienden Triumph des Menschlichen über das rein Kognitiv-Objektive, dem Menschen gegenüber Gleichgültige und Fremde. Selbst das Schreckliche nimmt darin vertraute Züge an, so wie uns der Dämon des alles mit sich reißenden Flußgottes immer noch näher steht als die rein mechanische, blinde Naturgewalt, die wir zwar wohltuend bändigen können, die aber doch zugleich Teil einer toten und leeren Welt ist. – Oder betrachten wir schließlich, wie die mythische Zeit im musikalischen Werk in Erscheinung tritt. Die befreiende Beglückung, welche die Musik in der Aufhebung des Trennenden zwischen dem Allgemeinen und Besonderen, dem Subjekiven und Objektiven hervorruft, vereinigt sich hier mit der Erfahrung eines Mysteriums. Als etwas in der geschilderten Weise dem Profanen gegenüber Transzendentes entzieht sich ja das musikalische Ereignis den Erklärungszusammenhängen im Kontinuum profaner Wirklichkeit, es entspringt gleichsam wie Athene aus dem Haupte des Zeus. Und gerade hierin, in diesem Rätselvollen und Wunderbaren, liegt, wie ich meine, die Wirkung seines entrückenden Zaubers, sein Inhalt mag sein, welcher er wolle.

Heute hört man solches nicht gern. Die Musik, und ebenso die Kunst, müsse kritisch der Wahrheit verpflichtet sein und habe sich vor allem verklärenden „Affirmativen" – ein Lieblingswort gegenwärtiger sog. kritischer Ästhetik – zu hüten. Dabei übersieht man aber die harte, durch nichts wegzudiskutierende Dialektik, daß die Musik, um bei dieser zu bleiben – von der Kunst wird später die Rede sein –, selbst noch über die wahrhaftigste, alle Affirmation erstickende

Negativität jenen beglückenden und befreienden Zauber ausschüttet, der in ihrer mythischen Verfassung liegt. Diesen wird man nicht los, es sei denn, man entschließt sich wie Savonarola, Musik einfach zu verbieten.

Ein fundamentaler Irrtum wäre es aber auch, wollte man meinen, die geschilderten, über das musikalische Gestimmtheitserlebnis wie eine Katharsis hinausgehenden Wirkungen der Musik mögen zwar formal mit der mythischen Welterfahrung übereinstimmen, seien aber auch unabhängig von dieser erfahrbar. Man übersähe dabei, daß diese Wirkungen nur in dem beschriebenen mythischen Zusammenhang einer besonderen Dimension von Wirklichkeit entsprechen, ohne ihn aber in der Tat nur so etwas wie ein schöner Schein, etwas Subjektiv-Beliebiges wären, und damit gerade jenes Bewußtseins von Verbindlichkeit ermangelten, dem sie ihre hinreißende Kraft verdanken. Denn wie im I. Kapitel gezeigt, beruht die mythische Welterfahrung auf einem Aspekt von Wirklichkeit, dessen Legitimität außer Frage steht. Doch müssen wir die Frage von Wirklichkeit und Wahrheit in der Musik noch näher prüfen.

Das musikalische Werk beruht auf Erfahrung und vermittelt deshalb Wahrheit. Ist es doch, wie gezeigt, eine geschichtlich bedingte Gestimmtheit, die es einerseits hervorruft und die in ihm musikalische Gestalt annimmt, die aber andererseits darin erkannt oder vielleicht überhaupt erst entdeckt wird. Was bedeutet das erkenntnistheoretisch?

Offenbar handelt es sich dabei um eine Erkenntnis, die von dem kognitiven Erkenntnisschema grundlegend abweicht. In diesem steht das erkennende Subjekt einem Objekt als dem Wirklichen gegenüber. (Objekt kommt von obicio, sich entgegenstellen.) Ich sehe einen Gegenstand und sage: Dies ist ein Baum. Darin liegt, daß das erkennende Subjekt an der Wirklichkeit des Objektes keinen Anteil hat. Anders liegt der Fall bereits, wenn sich die Erkenntnis auf die Gestimmtheit eines anderen bezieht, die nun das Objekt der Erkenntnis ist. Diese Gestimmtheit läßt sich nur durch „Einfühlung" erfassen, so daß nunmehr das erkennende Subjekt am erkannten Objekt Anteil hat. Die Umgangssprache sagt: „Ich nehme Anteil an ihm", „ich drücke ihm mein Beileid aus", „Ich habe Mitleid mit ihm" usw. Das bedeutet in der Tat, daß ich seine Wirklichkeit nur erkennen kann, wenn ich sie wenigstens teilweise als meine eigene übernehme, und darauf beruht ja auch überhaupt jenes Verhältnis von Ich und Du, ohne das alle tieferen, sich nicht nur im kognitiven Bereich erschöpfenden, zwischenmenschlichen Beziehungen unmöglich wären. Freilich kann die Einfühlung in einen anderen verschiedene Grade annehmen, aber niemals darf sie verschwindend sein, wenn überhaupt die Erkenntnisweise, die hier im Gegensatz zur kognitiven die grundlegende ist, möglich sein soll. Nun besteht der Unterschied zwischen dieser uns geläufigen Erkenntnis und Erfahrung zwischenmenschlicher Beziehungen und derjenigen, die uns die Musik vermittelt, darin, daß Erkenntnis und Erfahrung in der Musik nicht auf die Gestimmtheit irgendeiner privaten und singulären Person bezogen ist, sondern auf die bereits definierte, epochale Überperson, welche die allgemeine Gestimmtheit des Zeitgeistes repräsentiert, an der auf die geschilderte Weise alle mehr oder weniger teilhaben. Das aber bedeutet: *In der Musik wird überhaupt erst diese allgemeine Gestimmtheit in ihrer Hörbarkeit als solcher wirklich*, denn diese gibt es ja überhaupt nur, wie gezeigt, in der Musik. Das Wirkliche aber ist immer zugleich die Wahrheit, weswegen wir auch im kognitiven Bereich auf das Wirkliche (Faktum) verweisen, wenn wir etwas als wahr erweisen wollen. Wahrheit war daher für die Griechen das Unverborgene (alétheia), nämlich das durch keine bloße Meinung darüber verdeckte, unverhüllte, sich selbst zeigende Wirkliche. *In diesem Sinne fallen also auch im Musikwerk Wirklichkeit und Wahrheit zusammen.* Dasselbe ist aber der Fall in jenem, der das Musikwerk schafft, und in jenem, der es erkennt und verstehend vernimmt. Denn das „objektive" Ereignis des ertönenden Musikwerkes wird ja *in beiden Ereignis*, wenn auch vielleicht in verschiedenen Graden, es ist daher *in beiden Wirklichkeit und damit Wahrheit.* Aber nicht nur Wirklichkeit und Wahrheit fallen im Musikwerk zusammen, sondern sie bilden auch eine Einheit mit der auf sie bezogenen Erkenntnis. Denn wie bei den zwischenmenschlichen Beziehungen die Erkenntnis der Gestimmtheit des anderen in der Einfühlung erfolgt, also dadurch, daß dessen Wirklichkeit und Wahrheit in einem selbst Ereignis wird, so fallen auch hier die Erkenntnis der Gestimmtheit der geschichtlichen Überperson mit der Wirklichkeit und Wahrheit dieser Gestimmtheit zusammen, und zwar ebenso in dem Schöpfer des Musikwerkes wie in seinem Hörer, denn beide können ja nur dadurch die Erfahrung der überpersönlichen Gestimmtheit machen und sie darin erkennen, daß sie sich als etwas Wirkliches und Wahres in ihnen ereignet. Andererseits ist das musikalische Werk nicht nur notwendig ein geschaffenes, sondern auch ein Hörbares, denn daß es ertönt (oder wenigstens innerlich gehört wird), ist ja sein Sinn und Wesen. *Also bilden im musikalischen Werk, in dem die überpersönliche Gestimmtheit zum Ereignis des Hörbaren als solchen wird, Wirklichkeit, Wahrheit und Erkenntnis dieser Wirklichkeit und Wahrheit eine unlösliche Einheit.* Während innerhalb der kognitiven Erkenntnis von einem Satz traditioneller Weise gesagt wird, er sei wahr, wenn er mit der Wirklichkeit übereinstimmt, *die er ausspricht*, so ist der musikalische „Satz" wahr, wenn sich *in ihm Wirklichkeit ereignet*, während die Erkenntnis, die ihm zu Grunde liegt oder die er vermittelt, nur dadurch möglich ist, daß sich seine Wahrheit und Wirklichkeit ebenfalls in dem sie Erkennenden ereignen. Ist also die kognitive Erkenntnis stets Erkenntnis *von* etwas, so ist die musikalische das Ereignis von Wirklichkeit und Wahrheit *selbst*, so wie es ja auch Erkenntnisse gibt, die nur dadurch entstehen, daß wir etwas wirklich *durchleben* (Lebenserfahrungen). Erst auf der Stufe der Reflexion, im Nachdenken *über* das stattgefundene musikalische Ereignis, können wir uns dieses dann auch zum Objekt machen, das Objekt als das Wirkliche wieder von der Erkenntnis trennen und damit von der Wahrheit dieser Erkenntnis in Übereinstimmung mit dem Wirklichen sprechen, indem wir sagen: Dieses Werk hat mir eine wahre Erkenntnis vermittelt, denn es hat mir die Augen geöffnet über den Zustand, die Situation in der wir gegenwärtig leben oder dergleichen.

Nun kann ein Satz im Schema der kognitiven Erkenntnis auch falsch sein; trifft dies aber ebenso für den musikalischen „Satz" zu? Dies ist in der Tat der

Fall, und zwar dann, wenn sich in ihm jene Wirklichkeit epochaler Gestimmtheit gerade nicht ereignet, sei es, daß der kognitive Bereich, dem er korrespondiert, selbst unwahr ist, sei es, daß dies zwar nicht der Fall ist, der musikalische „Satz" aber mangelhaft ist und jene musikalische Gestimmtheit gar nicht erzeugen kann, die diesem Bereich adäquat wäre. Das einfachste Beispiel für das erste ist die Schnulze, deren Gestimmtheit uns wie in der Wein- und Rührseligkeit das Wirkliche gefällig und trügerisch entrückt und seine Wahrheit gerade verbirgt. Oder man denke an die verlogene Ideologie totalitärer Staaten, in denen befohlene Musik entsprechend auch nur eine verlogene, vorgetäuschte Gestimmtheit, nämlich einen revolutionären Optimismus suggerieren soll und dabei auf traditionell affirmative Muster zurückgreift, die in einem himmelschreienden Gegensatz zur Wirklichkeit stehen. Was unter dem zweiten zu verstehen ist, haben uns gerade große Komponisten gezeigt, indem sie mangelhaft Komponiertes persiflierten, wie z.B. Mozart in seinem berühmten „Dorfmusikanten-Sextett". Insgesamt empfinden wir unwahre Musik als flach, nichtssagend, absurd, verlogen und effekthascherisch, und somit die Lust, wenn sie eine solche hervorzurufen vermag, in mehr oder weniger starker Intensität mit derjenigen mehr oder weniger harmloser Drogen vergleichbar. Nach welchen Kriterien aber im einzelnen Fall über die Wahrheit oder Falschheit eines Musikwerkes im Rahmen der ihm zugrunde liegenden apriorischen Voraussetzungen entschieden wird, kann hier genauso wenig näher diskutiert werden wie die Frage, nach welchen Kriterien im einzelnen Fall über die kognitive Wahrheit oder Falschheit eines Satzes im Rahmen seiner apriorischen Voraussetzungen entschieden wird. Es ging hier nur um das erkenntnistheoretische Prinzip und um den Nachweis, daß ein solches der Musik ebenso zugrunde liegt, wie dem kognitiven Bereich.[41]

b) Zur Frage der in der christlichen Musik erklingenden Gestimmtheit. Ungeschichtliches und Geschichtliches

Wie können nun diese allgemeinen Bestimmungen der Musik für die Deutung christlicher Musik und ihrer Funktion im Kult fruchtbar gemacht werden?

Daß in ihr christliche Gestimmtheit zum Hörbaren als solchen wird, wurde schon in dem kurzen, musikgeschichtlichen Abriß des vorangegangenen Abschnitts angesprochen. Aber läßt sich denn eigentlich so ohne Weiteres christliche Gestimmtheit als eine epochale Gestimmtheit verstehen, wie man es nach den bisherigen Betrachtungen erwarten sollte? Epochale Gestimmtheiten sind etwas Geschichtliches, sie kommen und gehen mit den kognitiven Entwürfen, mit denen sie auftreten, mit der christlichen Botschaft wird jedoch etwas Unveränderliches gemeint.

In dieser Hinsicht unterscheidet sich in der Tat christlich-liturgische Musik grundlegend von jeder anderen. Ihr *ewiger Inhalt* ist es, Konnotation zur „objek-

---

[41] Vgl. K. HÜBNER, Die zweite Schöpfung, a.a.O., Kapitel VII, 2, 3 a), 5 b) und c).

tiven", kognitiven Seite der ewigen göttlichen Botschaft zu sein, nämlich die hierzu „subjektive", existentiale Seite zum musikalischen Ereignis und damit zum Hörbaren als solchen werden zu lassen. Zur „objektiven" Seite gehören die Heilsereignisse: die Worte Jesu, seine Passion, die Auferstehung usw.; zur subjektiven die gegenüber diesen Heilsereignissen sich einstellenden menschlichen Befindlichkeiten: Schmerz, Reue, Hoffnung, Erlösung, Verklärung usw. Fassen wir die Heilsereignisse als das christliche Divinum, die von ihnen hervorgerufenen christlichen Befindlichkeiten als das Humanum zusammen, worin sich das Divinum im Menschen, „subjektiv" spiegelt, so werden die Gestimmtheiten, die dem Divinum korrespondieren, und diejenigen, in denen sich das Humanum ausgliedert, in der Musik zu dem ihr eigentümlichen Ereignis.

Trotz dieses ewigen Inhalts ist es aber eine Tatsache, daß die christliche Musik tiefgreifende Wandlungen im Zusammenhang mit den Wandlungen theologischer Auslegungen durchgemacht hat, und das nicht nur innerlich, sondern auch im Hinblick auf ihren Rang und ihre Bedeutung im Musikleben überhaupt, so daß die Korrelation zwischen Musik und Botschaft nicht vollständig aus den geschichtlichen Zusammenhängen herausgelöst werden kann. Diese Wandlungen sind teilweise die Folge davon, daß in dieser Welt um die göttliche Botschaft, trotz der mit ihr vermeinten Unveränderlichkeit, immer neu gerungen werden muß, denn wie der Apostel sagt: „unser Wissen ist Stückwerk, und unser prophetisches Reden ist Stückwerk". (1Kor 13,9) Andererseits wird, wie schon im VIII. Kapitel gezeigt, diese immer gleiche Botschaft notwendiger Weise in stets wechselnden geschichtlichen Zusammenhängen vernommen, und sie tritt stets in einem geschichtlichen Umfeld auf, das sich laufend ändert, wodurch sie immer wieder unter verschiedenen Aspekten erscheint und in ihrer Auslegung beeinflußt wird. Verdeutlichen wir uns das wieder an Hand eines kurzen musikgeschichtlichen Abrisses.

Es ist zunächst etwas Geschichtliches, daß die christlich-liturgische Musik zu Beginn ihrer Entstehung ausschließlich textgebunden war, denn die antike Musik, aus der sie entstand, kannte keine reine Instrumentalmusik. Neu dagegen war, daß der Text nicht mehr wie bisher allein aus Versen bestand, obgleich auch Verse gesungen wurden (Hymnen), sondern daß es sich in der *Hauptsache* um einen *Prosatext* handelte, nämlich die Heilige Schrift. Geschichtlich ist ferner, daß, als die christliche Musik entstand, das Christentum das gesamte Wirklichkeitsverständnis umfaßte, was ja später immer weniger der Fall sein sollte. Deswegen war auch weit in die frühchristliche und frühmittelalterliche Zeit hinein abendländische Musik überhaupt fast ausschließlich christlich-liturgische Musik. Eine weitere geschichtliche Komponente lag darin, daß diese Musik einstimmig – liturgischer Gesang war. Denn zum einen war auch die antike Musik einstimmig, die ihr unvermeidlicher Weise zunächst zum Vorbild diente, und zum andern stand in den Anfängen christlicher Liturgie die reine Verkündigung des Wortes im Vordergrund, welcher die Einstimmigkeit entgegenkam. Einstimmigkeit förderte aber auch die *Gemeinschaft der Gläubigen*, die sich zunächst von einer feindlichen Umwelt (Kampf mit den Heiden) bedroht sah. Damit aber stand zu dieser Zeit auch das Divinum im Vordergrund, während das Humanum, das gegenüber der Gemeinschaft auch das Individuelle und „Subjektive" stärker betont, noch unterentwickelt blieb. Entsprechend war die allgemeine, christliche Gestimmtheit geschichtlich dadurch geprägt, daß sie sich in einer innerlich geschlossen vom Christentum beherrschten, wenn auch gegen äußere, heidnische Feinde kämpfenden Welt entfalten konnte und nicht, wie in späteren Zeiten, von anderen Gestimmtheiten gestört oder überlagert wurde, die auf diese oder jene Weise dem profanen Bereich entsprangen. Auch war sie tiefgreifend davon geprägt, daß sich die Menschen in einer solchen Lage vornehmlich als Gemeinschaftswesen im Raum der Kirche verstanden. So ist die frühchristliche und frühmittelalterliche Musik zum einen eine ganz andere als diejenige späterer Zeiten, und so können wir sie zum andern dennoch auch heute verstehen und uns z.B. dem Eindruck Gregorianischer Gesänge hingeben, weil sie trotz allem dem gleichen Glauben korrespondieren, der auch uns vertraut ist.

Die weitere Entwicklung scheint zunächst weitgehend durch die innere Logik liturgischer Ausgestaltung und Entfaltung gekennzeichnet, doch so, daß das Ergebnis schließlich etwas vollkommen Neues war, nämlich das Aufkommen der Mehrstimmigkeit. Sie bestimmte von nun an die weitere Entwicklung der europäischen Musik. Hinzu trat eine sich ausweitende Praxis der instrumentalen ad libitum-Begleitung zu den Choralgesängen, eine Praxis, aus der schließlich eine sich verselbständigende Instrumentalmusik hervorging. Die Formgestaltung der geistlichen Vokalmusik des Mittelalters ist durch die Einführung der Formen des *Tropus* und der *Sequenz* eingeleitet worden. Beim Tropus handelt es sich um eine Erweiterung des Chorals durch eingeschobene oder angehängte Texte kommentierenden oder exegetischen Inhalts, die den bis dahin textfreien Melismen unterlegt wurden. Die Sequenz stellt einen Sonderfall des Tropus dar: An die letzte Silbe des an Festtagen erklingenden alleluja-Jubels wird ein neu komponiertes Melisma gehängt, das später auch textiert wird. Auf diese Weise entstehen die Sonderformen der Reimsequenz. Der all dem zugrunde liegende alt-überlieferte gregorianische Choral als „cantus firmus" symbolisiert mit seinem heiligen Text gewissermaßen das Dogma. Weiter wurden eingeführt das Graduale als kurzer Psalmengesang nach der Epistel und das Responsorium, der kirchliche Wechselgesang. Dieser immer weiter wuchernde musikalische Reichtum und diese Mehrstimmigkeit ließen schließlich die Vernehmbarkeit des Wortes in den Hintergrund treten.[42] Das führte zwangsläufig zur Einführung von Instrumenten, schließlich zur teilweisen Verwendung reiner Instrumentalmusik, zunächst der Orgel. Diese Art, die liturgischen Gesänge mehrstimmig auszuführen und von Instrumenten begleiten zu lassen, nannte man *Organum*. Musik diente nun nicht nur als Einlage, sondern begann mehr und mehr den Gottesdienst als Ganzes zu tragen. Das

---

[42] Daß dies zu innerkirchlichen Spannungen führte, zeigt der Protest des Papstes Johannes XXII (1324–1328) gegen eine solche Entwicklung.

Meßamt wurde als eine *musikalische Einheit* erkennbar, die vor allem in den Ordinariumsgesängen zum Ausdruck kam, also den zur ordo missae gehörigen, im ganzen Kirchenjahr gleichbleibenden Gesängen der Messe. Sie wurden musikalisch noch ergänzt durch das *Proprium*, worunter die nicht feststehenden und wechselnden Texte und Gesänge zu verstehen sind. Bei dieser musikalischen Ausgestaltung der Messe wurde der ursprünglich liturgisch vorherrschende Gemeindegesang nunmehr auf das geistliche Lied beschränkt.

Der hier skizzierte Prozeß war also derjenige einer geschichtlich fortschreitenden, *inneren Entfaltung* christlicher Liturgie. Spiegelte sich darin nicht auch jene sich immer weiter entfaltende und verzweigende Auslegung der Heiligen Schrift und jenes immer tiefere, theologischen Eindringen in die geoffenbarte Botschaft, wofür die Scholastik die Maßstäbe setzte? Wieder ist es aber, wie in der einstimmigen Anfangsphase, vor allem das Divinum, das zum erklingen gebracht wurde, doch so, daß sich mehr und mehr dessen innerer Reichtum erschloß. Die Musik löste sich von allem Irdischen, während die Verständlichkeit des Wortes und mit ihm das Humanum schwand; sie sagte das Unsagbare: das *Mysterium der Transzendenz*. In ihr erklang nur noch jene Gestimmtheit, die von dem christlichen Divinum in seiner vollständigen Welt-Entrücktheit ausgelöst wird, in ihr offenbarte sich Gott in seiner majestas, als fascinosum und als tremendum. Und doch können wir auch diese Musik heute noch verstehend vernehmen, so weit uns überhaupt christliche Weltentrücktheit noch vertraut ist.

Wenn nun die nächste epochale Wende in der Geschichte der christlichen Musik gerade in dem Nachlassen solcher Weltentrücktheit ihre Ursache hatte, dann bedeutet das nicht, daß diese Entrücktheit aufgehört hätte, ein substantieller Teil des christlichen Glaubens zu sein, dessen Inhalt ja unverändert der transzendente Gott und die transzendente Erlösung von dieser Welt ist. Was sich vielmehr änderte, ist die nunmehr eintretende stärkere Betonung des Humanum, der „subjektiven" und existentialen Seite des Glaubens. Mit der seit dem Beginn der Renaissance neu aufkommenden Weltlichkeit, nach deren Ursachen hier nicht zu forschen ist, entsteht neben der liturgischen auch weltliche Musik, wofür vor allem die Geschichte der *Motette* und des *Madrigals* kennzeichnend sind. Daß diese weltliche Musik von einer ganz anderen Lebensgestimmtheit getragen war, versteht sich von selbst. Der Mensch mit seinen Trieben, Leidenschaften und Gefühlen und damit in seiner Individualität wurde nun Thema der Musik, und entsprechend wandelten sich ihre Formgesetze. Diese wieder wirkten schließlich auf die liturgische Musik zurück. Sie nützte die neue Entdeckung der Subjektivität, indem sie diese auf die dem Christentum von Anfang an innewohnende Subjektivität zurückführte; jene Subjektivität also und jenes christliche Humanum, die in dem absoluten Wert des Menschen als Geschöpf Gottes gründeten. Auf jeden einzelnen kam es ja an, jedem einzelnen war die Erlösung verheißen, und der Botschaft entsprach die Existentialität christlichen Lebensgestimmtheit jedes einzelnen Menschen einerseits in Sündengefühl, Reue und Schmerz, andererseits in Hoffnung, Friede, Erlösung, und Verklärung. Damit wurde nun aber umgekehrt auch für die zum Divinum konnotative Gestimmtheit eine neue Fülle musikalischer Stilmittel gefunden. So wandelte sich der neue Reichtum weltlicher Musik zu einem neuen Reichtum christlicher. Betrachten wir diese Entwicklung im Protestantismus, die vor allem mit den Namen Schütz und Bach unlöslich verbunden ist.

Vier Elemente sind hier besonders hervorzuheben: *Erstens* das protestantische Kirchenlied in deutscher Sprache, worin das Humanum der christlichen Gemeinschaft in der Verinnerlichung des Glaubens durch die *Muttersprache* zum Ausdruck kam. *Zweitens* die mit dem neuen musikalischen Reichtum vertonten deutschen Bibelworte dergestalt, daß sie wie der Vortrag und die Sprache eines *einzelnen* erklangen. Dadurch wurde das Element individueller *Verinnerlichung* noch stärker hervorgehoben. *Drittens* die Einfügung der Instrumentalmusik in den Gottesdienst durch die Orgel und das Cembalo im Zusammenspiel mit anderen Instrumenten. *Viertens:* die neue, überragende Rolle der Musik durch die Einführung der geistlichen *Kantate* und des *Oratoriums*. In den beiden letzten Punkten tritt die Verwandlung Musik gewordener Weltfülle in Musik gewordene, das Divinum wie Humanum gleichermaßen umfassende Glaubensfülle in Erscheinung. Eine musikalische Mannigfaltigkeit und ein musikalischer Reichtum ist damit im christlichen Kultraum hervorgetreten, wie er bisher unbekannt war.

Bisher wurde die geschichtliche Entwicklung der christlichen Musik, die mit der Renaissance begann und in der protestantischen Musik ihren Höhepunkt erreichte, nur im Zusammenhang mit und als Antwort auf die neue Weltlichkeit betrachtet. Doch war das vermittelnde Glied, wenn wir uns auf den Protestantismus beschränken, dessen neue, theologische Auslegung des christlichen Glaubens. Es würde freilich zu weit führen, sollte jetzt im einzelnen dargelegt werden, wie die vorhin aufgeführten Kennzeichen protestantischer Musik dieser Auslegung entsprechen. Und doch kann aller theologischen Unterschiede zum Katholizismus ungeachtet die in der protestantischen Musik hörbar werdende Gestimmtheit weitgehend von allen Christen geteilt werden. Denn die kognitiv faßbare Dogmatik protestantischer Theologie leistete zwar durch ihre Vertiefung des „subjektiven", existentialen und humanen Elements im christlichen Glauben der neuen Bereicherung christlicher Musik durch die weltliche bedeutenden Vorschub und machte so den Weg frei für eine Musik, welche die Fülle christlicher Welterfahrung und ihr zugehöriger Gestimmtheit zum Erklingen bringen konnte, aber diese Fülle selbst ist weitgehend unabhängig von allen im kognitiv- dogmatischen Bereich liegenden, konfessionellen Unterschieden, und daher jedem Christen vertraut. Es ist wieder der ewige Inhalt des Glaubens in seiner konnotativen Gestimmtheit, der hier, wenn auch in neuer geschichtlicher Gestalt, in Erscheinung tritt. Ganz ähnlich verläuft die Entwicklung in der späteren, dem katholischen Raum angehörenden Wiener Klassik von Haydn über Mozart zu Beethoven, um nur diese zu nennen. Auch sie macht die musikalische Weltzugewandtheit, insbesondere diejenige der italienischen Oper, für die geistlich-liturgische Musik fruchtbar, und auch aus ihrer dogmatischen Quelle entspringt in neuer geschichtlicher Gestalt ein unermeßlicher Reichtum christlicher Gestimmtheit, der sich gleichsam verselbständigt und Gemeingut aller Christen wird. In dieser Richtung, wenn auch mit ganz neuen Stilmitteln, ist die christliche Musik der Romantik noch weiter fortgeschritten. Ich erinnere nur an Berlioz, Mendelssohn, Bruckner, Brahms, Franck und Reger. Doch kann ich hier wegen der Fülle dieses Stoffes nicht näher darauf eingehen. Verzichten muß ich aber auch auf eine Erörterung späterer christliche Musik, z.B. derjenigen Strawinskys, Orffs, Hindemiths, Messiaens und anderer. Hat doch die allgemeine Zerrissenheit des Zeitgeistes eine solche Mannigfaltigkeit und theoretische Kompliziertheit musikalischer Stile hervorgebracht, daß diese, so weit sie überhaupt für christliche Musik von Belang sind, nicht in der hier gebotenen Kürze übersichtlich zusammengefaßt werden könnten. Es ist bei all dem kein Wunder, daß christlich-liturgische Musik heute weitgehend auf Vergangenes zurückgreift, wenn man von den zweifelhaften Versuchen absieht, ihr Elemente profaner Unterhaltungsmusik mit geistlich unterlegten Texten einzufügen, um sich als „modern" und für den Zeitgeist „offen" darzustellen. Von einer Zeit, die nicht glaubt oder glaubt, nicht glauben zu dürfen, kann man nichts anderes erwarten – aber das ändert nichts daran, daß diejenigen, die dennoch glauben, von den mit den ewigen Inhalte des Glaubens verbundenen Gestimmtheiten in der großen christlichen Musik der Vergangenheit trotz ihrer Geschichtlichkeit unverändert ergriffen werden können – seien es Gregorianischen Gesänge, sei es die Mystik mittelalterlicher Mehrstimmigkeit, sei es die protestantische Musik eines Schütz oder Bach, sei es das Requiem Mozarts oder die Missa solemnis Beethovens. Dies ist nicht nur die Folge des historischen Sinns, der auch ein Element unseres Zeitgeistes ist, sondern es ist auch die Folge einer das Abendland bis heute bestimmenden göttlichen Botschaft, die sich in verschiedenen geschichtlich bestimmten Gestalten musikalisch äußert und dennoch über alle tiefgreifenden Veränderungen weltlicher Art hinweg immer die Gleiche geblieben ist.

c) Das Mythische in der christlichen Musik

Wenn nun, wie im Abschnitt a) dieses Kapitels gezeigt, die in einem Musikwerk erklingende Gestimmtheit ungeachtet der mannigfaltigen Varianten, in denen sie auftreten mag, stets durch jene überlagert wird, die mythischer Welterfahrung fundamental eigentümlich ist, so ist jetzt zu fragen: *Was bedeutet das für christliche Musik?* Prüfen wir das an Hand der drei aufgeführten, für die Musik relevanten mythischen Strukturelemente.

Das *erste* dieser Elemente betrifft die *mythische Einheit des Besonderen mit dem Allgemeinen*. Die konkrete Gestalt eines musikalisch Hörbaren repräsentiert eine epochale, allgemeine Gestimmtheit, und vermittelt so dem Hörer die beglückende Erfahrung eines *Gemeinschaftserlebnisses*. Im Falle christlicher Musik bedeutet *das:* Die Gestimmtheitsereignisse, die dem Divinum und Humanum christlicher Welterfahrung entsprechen und in der Musik auf geschichtlich jeweils neue Weise erklingen, werden zu einer Art „Stimme der Christenheit". Das Geborgen- und Aufgehobensein in dieser Gottesgemeinschaft wird so auf eine besondere Weise verdichtet und verinnerlicht. – Wie das erste mythische Element der Musik in der Einheit von Besonderem und Allgemeinem, wurzelt das *zweite* in der *Einheit von Subjekt und Objekt,* wodurch Musik in dem für Sprache unerreichbar Hörbaren als solchen die zu allen Objekten konnotative Gestimmtheit erklingen läßt. Alles Objektiv-Kognitive verschmilzt so mit dessen „subjektiver" Kehrseite. Im Falle *christlicher Musik* ist nun das *Objektiv-Kognitive das Divinum,* also alle in der Heilsgeschichte vorkommenden äußeren Ereignisse: die Schöpfung, die Verkündigung, die Worte und Taten Jesu, der Kreuzestod, die Auferstehung und das Jüngste Gericht. Für all dies gibt es allbekannte musikalische Beispiele, um nur Namen wie Schütz, Bach, Händel, Haydn, Mozart und Mendelssohn zu nennen. Die *objektive Heilsgeschichte* wird aber vom Glaubenden nicht nur kognitiv vernommen, sie ist ihm nicht nur ein äußeres Geschehen, sondern sie durchdringt auch sein *subjektives Inneres,* seine Gestimmtheit, und eben dies geschieht in der Musik mit verstärkter Verdichtung. Hingegen zeigt sich das *Objektivwerden des Subjektiven* in christlicher Musik darin, daß das Humanum, die Reue, die Buße, das Mitleiden mit dem Erlöser, die Hoffnung, die Erlösung und das Hallelujah als musikalische Gestalt für alle auf die gleiche Weise vernehmbar, also intersubjektiv in Erscheinung tritt. Das Hörbare als solches ist ja, wie das gesprochene Wort, *zugleich äußeres Ereignis* und damit etwas *Gegenständliches,* ist *Vergegenständlichung, Veräußerung* des innerlich Subjektiven, ist in seiner Intersubjektivität etwas *Objektives,* damit von allen auf die gleiche Weise und in der Gewißheit des *allgemein Gültigen* Vernommenes. Darin liegt aber wieder eine andere Weise der Verdichtung, nämlich nicht durch die Verinnerlichung der Glaubens*gestimmtheit*, sondern durch die Verinnerlichung und Stärkung der Glaubens*gewißheit*, die ja ebenfalls eine Gestimmtheit ist. Ob es nun aber wie beim ersten mythischen Element christlicher Musik das Aufgehobensein des einzelnen in der allgemeinen Stimme der Christenheit ist, oder wie beim zweiten einerseits die verdichtete Verinnerlichung jener Gestimmtheit, die das „objektive" Divinum begleitet, andererseits die verdichtete Verinnerlichung jener Gewißheit, die dem objektivierten Humanum entspringt: In allen diesen Fällen wird eine *Beglückung im Hörenden* hervorgerufen: die Beglückung durch die Verdichtung des Geborgen- und Aufgehobenseins in der Gottesgemeinschaft, die Beglückung im verdichteten Durchdrungenwerden von der das Divinum begleitenden Glaubensgestimmtheit und die Beglückung in jener verdichteten Gewißheit, die auf dem Intersubjektiv-, auf dem Objektivwerden des *Humanums beruht.* – Nun zum dritten mythischen Element in der christlichen Musik. Auch ihre Werke vermitteln zunächst den Eindruck eines gegenüber dem Profanen *transzendenten Mysteriums*: eines Unerklärbaren, Geheimnisvollen und Wunderbaren, eines entrückenden Zaubers, weil auch die Werke der christlichen Musik, wie ja auch alle anderen Werke der Musik, in der geschilderten Weise einer mythischen Zeitdimension angehören. Und doch wirkt dies in der christlichen Musik auf eine besondere und bestimmte Weise. Denn in der weltlichen Musik, die das Abendland seit der Renaissance hervorgebracht hat, steht das musikalische Mysterium in keinem notwendigen und unmittelbaren Zusammenhang mit den sonstigen Gestimmtheiten, die in ihr hörbar werden, so daß es ungeachtet dessen eintritt, wie profan diese auch sein mögen – ein seinerseits geheimnisvolles Paradoxon, das den Verfechtern einer vollständig profanen Musikästhetik ein unüberwindliches Ärgernis ist.[43] In der christlichen Musik dagegen steht dieses Mysterium des dem Profanen gegenüber Transzendenten nicht nur in vollem Einklang mit den anderen in ihr hörbaren Gestimmtheiten, da diese doch alle selbst auf Transzendenz bezogen sind, sondern es verdichtet diese auch noch auf unvergleichliche Weise. Wird doch nun die musikalische Botschaft des Transzendenten selbst als transzendente Botschaft, das musikalische Hören der göttlichen Botschaft selbst als transzendentes Ereignis vernommen, wodurch das Gehörte eine unüberbietbare Eindringlichkeit erhält. Hier hat die gebräuchliche, wenn auch unbestimmte Rede von der „himmlischen Musik" ihren wohl gegründeten, rationalen Kern, den moderne Musikästheten vergeblich zu ignorieren suchen. Ja, mit verächtlicher Rede verweigern sie ihr sogar den Respekt, der ihr, seit dem Buch Institutio musica des Boethius geradezu ein Topos der europäischen Geistesgeschichte, durchaus gebührt (musica divina). Man könnte sagen, daß die christliche Musik, im Gegensatz zur weltlichen, auf ihre Weise die *Idee der Musik* verkörpert, weil in ihr das der weltlichen anhängende Paradoxon verschwindet, nicht auf Transzendenz bezogene Gestimmtheiten notwendiger Weise in einer aller Musik eigentümlichen, transzendenten Verfassung zu vermitteln.

Gleichwohl wäre es ein grobes Mißverständnis, daraus eine Rangordnung in der Qualität ableiten zu wollen, so als ob wahre Musik nur eine christliche sein könnte. Diese Rangordnung richtet sich nach einer Idee, die dem Künstlerischen selbst äußerlich bleibt, was schon daran zu erkennen ist, daß sie künstlerisch gut oder schlecht verwirklicht werden kann, und der Wert dieser Idee selbst wiederum hat seine Wurzel in der christlichen Offenbarung, die ebenfalls nicht künstlerischer Natur ist.[44]

Noch einmal sei abschließend an das Moment der Katharsis in der griechischen Tragödie erinnert. Wie in dieser der Zuschauer Furcht und Mitleid (phóbos und éleos), zugleich aber auch innere Stärkung und Reinigung von ihnen erfährt, so wird der Hörer christlicher Musik einerseits von den Gestimmtheitsvorgängen erfüllt, die konnotativ zum christlichen Divinum und

---

[43] So schreibt Th. W. Adorno: „Die Clichés von dem versöhnenden Abglanz, der von der Kunst über die Realität sich verbreite, sind widerlich (...)" Und dennoch: „Sie rühren auch an ‚die Wunde der Kunst selbst'" (Th. W. Adorno, Ästhetische Theorie, Frankfurt/M. 1970, S. 10.) „Wahrhaft eines der Rätsel von Kunst (...) ist, daß jegliche radikale Konsequenz, auch die absurd genannte, in Sinn-Ähnlichem terminiert." (a.a.O., S. 231).

[44] Die Auflösung des bezeichneten Paradoxons leistet im übrigen auch jede Musik, die dem kognitiven Umkreis einer mythische Welt entspringt. So haben ja auch die Griechen die Idee der Musik als Präsentation des Göttlichen verstanden. Wenn hier vom Transzendenten in der Musik gesprochen wurde, so konnte darunter also ebenso das Mythisch-Transzendente wie das Christlich-Transzendente verstanden werden. (Zu diesem Unterschied vgl. das V. Kapitel, 2a und b).

Humanum sind, andererseits aber auch von denjenigen, die der mythischen Verfassung dieser Musik entspringen: von der Beglückung in der Einheit des einzelnen mit dem Ganzen der Christenheit, der verdichteten Verinnerlichung der Glaubensgestimmtheit wie der Glaubensgewißheit, und schließlich von der Entrückung durch die Transzendenz der musikalischen Botschaft. So teilt zwar die christliche Musik den unerschöpflichen Reichtum einer beziehungsreichen Mannigfaltigkeit und eines Geflechts von Gestimmtheiten mit jeder Musik von hohem Rang, aber dieser Reichtum wurzelt allein im Glauben.

d) Wirklichkeit, Wahrheit und Erkenntnis in der christlichen Musik

Im Abschnitt a) dieses Kapitels wurde gezeigt, daß, erkenntnistheoretisch betrachtet, in der Musik Wirklichkeit, Wahrheit und Erkenntnis von Wirklichkeit und Wahrheit eine unlösliche Einheit bilden. Hörer wie Schöpfer erkennen die im Musikwerk sich (objektiv) ereignende Gestimmtheitswirklichkeit nur dadurch, daß sie sich (subjektiv) in ihnen selbst ereignet. Wahrheit bedeutet hier also nicht Übereinstimmung einer Erkenntnis mit einer gegebenen, objektiven Wirklichkeit, sondern ist die Unverborgenheit dieser Wirklichkeit im Musikwerk und im dieses Hörenden oder es Schaffenden (Alétheia). Fallen aber so Wirklichkeit und Wahrheit zusammen, und ist Erkenntnis nicht vom erkannten Wirklichen geschieden wie im kognitiven Bereich, so fallen auch Erkenntnis, Wirklichkeit und Wahrheit zusammen. Im Erkennenden ereignet sich schon das Wirkliche, das zugleich das Wahre ist. *Was bedeutet das für die christliche Musik?*

Das Wirkliche in der christlichen Musik, so haben wir gesehen, ist *erstens* die geschichtlich je neu bestimmte christliche Gestimmtheitswelt im Hörbaren als solchen, die einerseits konnotativ zum christlichen Divinum ist und andererseits im Humanum christlicher Existentialität wurzelt. Diese christliche Gestimmtheitswelt wird *zweitens* mit der musikalisch hervortretenden, mythischen Geborgenheit des einzelnen in der allgemeinen, christlichen Gemeinschaft (Stimme der Christenheit) und mit der musikalisch bewirkten, mythischen Verinnerlichung des objektiven Divinum in der zu ihm konnotativen, subjektiven Glaubens*gestimmtheit verbunden*. *Drittens* ist das Wirkliche in der christlichen Musik das mythische Objektivwerden des subjektiven Humanum im musikalischen Ereignis und eine mit diesem Objektivwerden, dieser Intersubjektivität verbundene *Glaubensgewißheit*. *Viertens* schließlich ist das Wirkliche in der christlichen Musik ihre mythische, der profanen Zeit entrückte Transzendenz, wodurch das Wirkliche ihrer auf Transzendenz bezogenen Gestimmtheiten selbst zu einem Transzendenten wird („himmlische Musik"), einem Transzendenten, dem das Mysterium christlicher, numinoser Entrücktheit korrespondiert. Christliche Wirklichkeit in der christlichen Musik ist aber, wie wir gesehen haben, zugleich christliche Wahrheit und damit christliche Erkenntnis. Christliche Musik ist deswegen eine Weise der Erkenntnis des christlichen Glaubens, so daß wir auch im späteren *Nachdenken über diese Musik*, also wenn wir über sie reflektierend die in ihr liegende Subjekt-Objekt-Einheit wieder aufbrechen und sie damit uns kognitiv wieder zum Objekt machen, sagen können: Sie hat uns eine Erkenntnis vermittelt über das christliche Divinum und über das christliche Humanum in der Fülle seiner konnotativen Gestimmtheit und Erfahrung.

Die Bedeutung christlicher Musik für den Glauben und die christliche, existentiale Lebensgestimmtheit ist damit definiert. Im IV. Kapitel wurde die notwendige Verdichtung pneumatischer Erfahrung in Kirche und Liturgie hervorgehoben. Die christliche Musik, die eine Weise der Vertiefung, der Verinnerlichung des Glaubens ist und ihn auf unvergleichliche Weise das Gemüt durchdringen läßt, spielt darin eine herausragende Rolle. Aber sie vermag auch außerhalb des Kultes ihre pneumatische Wirkung auszuüben, wie sie überhaupt ein wichtiges Element christlicher, existentialer Lebensgestimmtheit ist.

Es war bis jetzt nur die Rede von der Rolle der Musik für den Glaubenden. Aber müßte nicht, wenn sich in ihr auf die beschriebene Weise christliche Gestimmtheitswirklichkeit ereignet, eine solche auch in jedem, der sie hört, ereignen, gleichgültig, ob er glaubt oder nicht? Dies ist in der Tat der Fall, wenn er überhaupt die musikalischen oder persönlichen Voraussetzungen besitzt, sie zu verstehen. Wer unmusikalisch oder mit dem Stil nicht vertraut ist, in dem sich ja jedes Musikwerk auf seine Weise äußert, dem wird, was er hört, verschlossen bleiben. Wer aber die genannten Voraussetzungen erfüllt, in dem wird sich auch jenes Wirkliche und Wahre und jene Erkenntnis ereignen, welche christliche Musik, wenn sie überhaupt wahre Musik ist, offenbart, denn anders verstünde er sie ja gar nicht. Genauso aber wie man Musik verstehen kann, in der sich sei es Liebe, sei es Haß, Verzweiflung, Verklärung oder Dämonisches und Böses äußert, ohne selbst unmittelbar oder persönlich davon betroffen zu sein, so kann man auch christliche, existentiale Lebens- und Glaubensgestimmtheit verstehen und nachempfinden, ohne sie sich zu eigen zu machen, von dem Intensitätsgrad ganz abgesehen, in dem dies geschieht. Dies wird vor allem dann der Fall sein, wenn man mit einem von der christlichen Religion historisch oder gegenwärtig bestimmten Kulturraum vertraut ist. Aber das Nachempfinden christlicher, existentialer Lebensgestimmtheit ist eines, die Annahme des in ihr *Geglaubten* und damit kognitiv Faßbaren ist ein anderes. Christliche Musik bewirkt ja nicht unmittelbar den Glauben, als wäre sie etwas Magisches, obgleich sie zweifellos manche ihm zuführen kann; und so kann sie auch nur für den, der schon glaubt, eine für sein Leben fundamentale Bedeutung haben.

5. Die Bedeutung der christlichen Kunst für den Glauben und die Sichtbarkeit des christlichen Divinum und Humanum

a) *Allgemeines zu Kunst*[45]

Wie die Musik, so ist auch die Kunst ein bedeutendes Element im christlichen Kult und damit für christliche Existentialität. Was aber ist die Kunst, um diese

---

[45] Dieser Abschnitt ist wie der vorangegangene mit dem Titel „Allgemeines zur Musik" eine teilweise Zusammenfassung meines Buches „Die zweite Schöpfung". Vgl. auch K. HÜBNER,

Rolle darin zu spielen? Der Gegenstand der Kunst ist das Sichtbare. Aber wie das Hörbare nur unter bestimmten Bedingungen zur Musik wird, so wird auch das Sichtbare nur unter bestimmten Bedingungen zur Kunst. Und auch diese Bedingungen sind wieder wie bei der Musik teils *naturgegeben*, teils *geschichtlich*. Zu den naturgegebenen gehören die psychologischen Gesetze des Sehens, der Farbskalen und Farbwirkungen, überhaupt die Veranlagung des Menschen, bildhaft vorzustellen und sich bildnerisch zu äußern, um nur dieses zu nennen. Zu den geschichtlichen Bedingungen der Kunst gehören dagegen das *Material*, das ja irgendeinmal in Gebrauch kam (Leinwand, Papier, Stein, Holz, Pinsel, Stift usw.), sowie der *allgemeine* und *besondere* Stil. Beispiele für den allgemeinen sind Gotik, Renaissance, Barock, Romantik, Kubismus usw., während die Handhabung eines solchen Stils durch eine bestimmte künstlerische Persönlichkeit zum besonderen Stil gehört. Diese aufgezählten Bedingungen sind die apriorischen Bedingungen der Kunst. (Man beachte die Analogie zur Musik.) Kein Kunstwerk kann ohne sie entstehen.

Nun können sichtbare Gegenstände auf sehr verschiedene Weise Gegenstand unserer Aufmerksamkeit und Intentionalität werden. Betrachten wir als Beispiel eine Landschaft. Man kann sie als Ökonom, als Landwirt, als Naturwissenschaftler, als Militärstratege, als Historiker usw., kurz unter einem vorausgesetzten „*objektiv*" – *kognitiven* Aspekt der Erkenntnis oder der Zwecke betrachten; man kann sich aber auch ihrem Duft hingeben, dem Rauschen des Baches und der Wälder lauschen oder darin eine Stimmung entdecken, also von vornherein den „subjektiven" *Aspekt konnotativer Gestimmtheit* ins Spiel bringen. Dies alles sind gleichsam verschiedene Grundeinstellungen. Aber was immer an Sinnesfeldern, an Gefühlen, Stimmungen oder Kognitivem mit dem Sichtbaren verbunden werden mag – es ist im künstlerischen Bilde überhaupt nur greifbar, sofern es *Sichtbar*gewordenes ist und damit im Medium des Sichtbaren als solchen zu Erscheinung kommt. Die anderen Aspekte werden also dabei keineswegs ganz ausgeschaltet und können in der einen oder anderen Weise in dieses Sichtbare eingehen: Das Bild der Landschaft kann beispielsweise zugleich ihre technische Bearbeitung oder sie als Opfer der Umweltzerstörung zeigen, es kann ein Historienbild sein wie Altdorfers „Alexanderschlacht", oder man kann darin das Rauschen des Waldes, den Duft der Blumen, das Spiel des Lichtes, die Luft spüren, eine bestimmte Naturstimmung erkennen usw. Und doch ist all dies hier nur insofern der Fall, als es auf die eine oder andere Weise ins unmittelbare Sichtbare, ins Sichtbare als solches verwandelt worden ist. *Dieses ist die eigentliche Intentionalität der Kunst.*

Darin liegt aber bereits, daß die Kunst nicht nur Äußerliches, sondern auch Innerliches zur Anschauung bringt. Schon im gemeinen Bewußtseinsstrom werden ja kognitive Prozesse ebenso wie Gefühle, Stimmungen usw. mehr oder weniger unwillkürlich und synästhetisch von Farbvorstellungen, Figuren, Bild-

---

Bildende Kunst als Wirklichkeitserkenntnis, in: Hrsg.: Académie International de Philosophie de L'Art, L'Art, la Science et la Métaphysique, Festschrift für A. Mercier, Bern 1993.

vorstellungen oder dergl. begleitet, und auch diese werden in der Kunst aus ihrem mehr oder weniger flüchtigen, verschwimmenden Auftreten, in seine Sichtbarkeit als solche verwandelt. Man denke nur an die Romantik, welche die damalige Neigung, alle Gegenstände in die Sphäre der Gefühle, der Stimmungen hineinzuziehen, ins Bild brachte; an den Surrealismus, in dem wir die Symbole des Unbewußten finden; an die abstrakte Kunst, in der durch figürliche und farbliche Rhythmen und Spannungen die moderne, technisch-mathematische und damit formale Rationalität zur sinnlich-sichtbaren Erscheinung kommt.

Aus all dem geht hervor, daß die aufgezählten apriorischen Bedingungen der Kunst sich von allen möglichen anderen, Sichtbares wahrzunehmen oder zum Gegenstand von Erkenntnissen und Zwecken zu machen, dadurch unterscheiden, daß sie von vornherein auf das darin Sichtbare als solches gerichtet sind. Nun vollzieht sich notwendig *jede* Wahrnehmung von Sichtbarem unter apriorischen Bedingungen, wie die Erkenntnislehre zeigt,[46] und *jede* Wahrnehmung dieser Art ist *Erkenntnis von Wirklichkeit*. Also ist es auch die Kunst. Die Erkenntnis, die uns das Kunstwerk vermittelt, ist aber die Erkenntnis einer besonderen Art von Wirklichkeit, eben derjenigen des Sichtbaren als solchen, oder anders ausgedrückt: In der Kunst tritt die Wirklichkeitsdimension des Sichtbaren als solchen äußerer oder innerer Wahrnehmungen in Erscheinung. Diese *Wirklichkeitsdimension ist nur in der Kunst zu finden und sonst nirgends, weil nur in ihr alle anderen a priori möglichen Aspekte des Sichtbaren zugunsten des Sichtbaren als solchen zurücktreten*, so wie wir das Hörbare als solches nur in der Musik finden und sonst nirgends, weil nur in ihr alle sonstigen, damit verbundenen Elemente zurücktreten.

Daraus folgt, daß sich Gesehenes, sofern es die Veranlassung für das Herstellen eines Bildes gegeben hat, zum Bilde nicht wie das Original zum Abbild verhält. Das Bild ist dem Original gegenüber, was immer die Rede von „naturgetreu" heißen mag, etwas durchaus *Eigenständiges*, denn nur in ihm tritt ja das im sog. Original gar nicht ins Auge gefaßte Sichtbare als solches hervor. *Für das künstlerische Ereignis* ist daher der es möglicher Weise veranlassende Gegenstand selbst vollkommen gleichgültig. Wir bewundern ein Portrait, eine Landschaft, ohne die Originale zu kennen, ja oft auch nur einen Gedanken an sie zu verschwenden. Die Bilder ruhen gleichsam in sich. Was das Kunstwerk zeigt, ist also weder Mimesis, Nachahmung, wie so oft geglaubt wurde, noch ein unwirkliches Phantasieprodukt, sondern *Wirkliches*. Aber eben ein Wirkliches ganz anderer Art als die Landschaft, in der wir spazieren gehen können, als der Mensch, mit dem wir sprechen können usw. In gewissem Sinne gibt Kunst nicht einfach Sichtbares wieder, sondern macht das Unsichtbare sichtbar,[47]

---

[46] Vgl. das I. Kapitel, wo die Abhängigkeit *jeder* Erfahrung, also auch Wahrnehmung, von ontologischen und apriorischen Voraussetzungen Gegenstand der Untersuchung ist.

[47] Eine Formulierung, die meines Wissens P. Klee gebraucht hat, ohne daß ich die Stelle dieses Zitates anzugeben wüßte.

nämlich dasjenige, was in der außerkünstlerischen Wahrnehmung des Sichtbaren durch einen Kontext mannigfaltiger Intentionalitäten, Sinnesfelder, kognitiver Inhalte und konnotativer Gestimmtheiten in den Hintergrund gedrängt, überlagert oder weitgehend zum Verschwinden gebracht wird.

Und doch ist dieses von der Kunst ans Licht gebrachte Sichtbare ja nicht etwas unabhängig von diesem Kontext Bestehendes, sondern eben das Sichtbare als solches *dieses und keines anderen Kontextes*. Kontexte dieser Art, die das äußere wie innere Bildhafte betreffen, sind aber situationsabhängig, sie sind etwas *Geschichtliches*. So mag sich zwar, *was* wir überhaupt sehen und *wie* wir es sehen, in vielem ähneln; und doch ist es niemals dasselbe, *sondern steht im Zusammenhang mit dem gesamten Wirklichkeitsverständnis, das eine bestimmte Epoche kennzeichnet*. Dieser Wechsel, dem das Sichtbare unterworfen ist, entspricht daher dem Wechsel im allgemeinen und besonderen Stil, worauf Kunst jeweils beruht, und worin die apriorischen Bedingungen dafür liegen, daß die Kunst im historisch gewandelten Sichtbaren das Sichtbare als solches zur Erscheinung bringen kann. *Kunst hat also nicht einfach eine Geschichte, sondern sie ist etwas substantiell Geschichtliches deswegen, weil sich die Bedingungen und Inhalte des Sichtbaren im Rahmen immer anderer, immer neu auftauchender, umfassender Wirklichkeitshorizonte beständig geschichtlich wandeln.* Dabei können die Wandlungen im außerkünstlerischen Bereich diejenigen im künstlerischen nach sich ziehen, aber es kann auch geschehen, daß Wandlungen im künstlerischen Bereich Wandlungen im außerkünstlerischen zur Folge haben. Man denke als Beispiel an die Renaissance, wo die Kunst die Naturwissenschaften befruchtet hat, aber es genügt schon, sich daran zu erinnern, daß die Art, wie Menschen Landschaften sehen, sehr stark von allgemein berühmten Landschaftsmalern beeinflußt wird. (Romantik, Impressionismus usw.)

Hier nun, in notgedrungener Kürze, einige allgemein bekannte Beispiele aus der Kunstgeschichte, welche die These vom *funktionalen Zusammenhang zwischen der substantiellen Geschichtlichkeit von Wirklichkeitsvorstellungen mit der substantiellen Geschichtlichkeit der Kunst* erläutern sollen.[48] So ist der Unterschied zwischen der *ägyptischen* und der *griechischen* Kunst darauf zurückzuführen, daß die Griechen von einer anderen Wirklichkeitsauffassung ausgingen als die Ägypter, und folglich auch die künstlerischen Bedingungen und der Stil, mit denen das Sichtbare als solches an der griechischen Wirklichkeitsauffassung in Erscheinung treten sollte, andere sein mußten, als bei den Ägyptern. Die Griechen meinten, die Dinge so zu erfassen wie sie *erscheinen*, die Ägypter, wie sie *sind*. Daher betrachteten die Griechen das Sichtbare im Lichte des Perspektivischen, Situationsbedingten, stellten also z.B. einen Menschen im Flusse seiner individuellen Bewegung und Gestalt dar; dies aber hielten die Ägypter für den bloßen Schein eines vorübergehenden Augenblicks, dem keine eigentliche Wirklichkeit zukomme. Daher suchten sie nach dem *dauernden Wesen*, und

---

[48] Zu einer ausführlicheren Darstellung vgl. K. HÜBNER, Die zweite Schöpfung, a.a.O., Kapitel VI.

dieses glaubten sie in der allgemeinen Typik eines Gegenstandes zu finden. Aus der Sicht der Ägypter war die griechische Kunst *Illusion,* für die Griechen die ägyptische *unrealistischer Konstruktivismus.* Zwei Lebensformen standen hier mit solchen verschiedenen Wirklichkeitsauffassungen einander gegenüber, zwei Lebensformen, die sich in zwei Kunststilen äußerten, wobei hier auf Details und Differenzierungen verzichtet werden muß.[49] Nach Auffassung des Mittelalters lag die eigentliche Wirklichkeit in der jenseitigen Welt und in den Heilsereignissen, alles andere wurde mehr oder weniger als Blendwerk, Schein und dem sündigen „Fleisch" verfallen betrachtet. Die Aufgabe der Kunst bestand daher vornehmlich darin, die Heilsereignisse in die der Kunst eigentümliche Wirklichkeitsdimension zu überführen, also die Wirklichkeitsvorstellungen des *Mittelalters* durch entsprechende Stile sichtbar werden zu lassen. Alles Weltliche verschwindet weitgehend aus der Kunst oder tritt nur in typisierter Form in Erscheinung, nämlich teils als Ort der Sünde, teils als Schöpfungswerk Gottes. Die *Kunst der Renaissance* hat sich nun zwar diesem Weltlichen wieder zugewandt, doch sah sie dieses, unter dem mächtigen Einfluß der Platonische Akademie zu Florenz, im Lichte eines christlich gedeuteten Neuplatonismus.[50] So war auch das damals neu entdeckte Naturstudium keineswegs Selbstzweck, sondern, indem es a priori einem allgemeinen, praktischen Regelwerk und der nach Alberti so genannten concinnitas, nämlich der harmonischen Abstimmung von Farben, Proportionsverhältnissen usw., unterworfen wurde, formte es die stilistischen Mittel, die Wirklichkeitsauffassung dieses Neuplatonimus künstlerisch zur Erscheinung zu bringen. Ihm zufolge entfaltet sich das metaphysisch Ureine, das man mit dem christlichen Gott verschmolz, in einen Kosmos von Ideen, die durch Emanation in der irdischen Sphäre ihren mehr oder weniger deutlichen Abglanz erzeugen. Unter ihnen aber ist es die Idee des Schönen, in der sich am unmittelbarsten der göttliche Vater offenbarte. Indem es nun der Kunst vorbehalten war, diese in den Dingen sichtbar werden und in umittelbar faßbarerer Sinnlichkeit in Erscheinung treten zu lassen, legte sie von ihm auf unvergleichliche Weise Zeugnis ab. Auch in der Renaissance ist also, entgegen ihrem vordergründig antik-heidnischen Erscheinungsbild, das eigentlich Wirkliche ein Transzendentes, aber das Irdisch-Sinnliche, und damit unterscheidet sie sich wieder vom Mittelalter, ist vom göttlichen Licht dieses transzendenten Schönen (pulchrum) durchleuchtet. Daher die stereotype Rede von Künstlern und Kunsttheoretikern der Renaissance, die Kunst *vollende das Natürliche,* sie schenke uns die *perfetta cognizione dell' oggetto.* Diese Idee der *Vollendung der Natur* führte dann schließlich im *Manierismus* zu derjenigen der *Überwindung der Natur.* Der Manierismus glaubte im Gegensatz zur Renaissance eben dadurch den Dingen ihre durch die Materie verunreinigte Vollkommenheit und Schönheit zurückzugeben, daß er der Kunst das hingebungsvolle Studium der Natur entzog und in einem Akt göttlicher Gnade und Erleuchtung jene notwendige

---

[49] Vgl. hierzu E.H. GOMBRICH, Kunst und Illusion, Stuttgart 1978.
[50] Näheres hierzu in K. HÜBNER, Die zweite Schöpfung, a.a.O., S. 53 ff.

Verformung des Natürlichen vornahm, die es erlaubte, in *unmittelbarer* Weise die Idee erscheinen zu lassen. *Das wahrhaft Wirkliche war aber sowohl in der Renaissance wie im Manierismus die im Sichtbaren faßbare göttliche Idee der Schönheit und eben diese war es, die im Kunstwerk, was immer es darstellen mochte, und im Kunstwerk alleine, gegenwärtig war.* Noch im *Barock* wirkte diese Vorstellung nach, wird die jenseitige Welt auf eigentümliche Weise in der sinnlichen Erscheinung transparent, wenn auch nicht mehr im Sinne des schönen Scheinens der durch die Idee verklärten Natur, sondern so, daß gerade in der schwelgerischen Fülle des Sinnlichen und Sichtbaren, in seinem beständigen Fluß, seiner wilden Bewegtheit, seinem Hell-Dunkel, den dramatischen Effekten des in die Finsternis hereinbrechenden Lichtes, die Nichtigkeit und Vergänglichkeit alles Irdischen vor Augen geführt und auf das jenseitige Mysterium des Ewigen verwiesen wurde. Der Barock war der letzte gesamteuropäische Stil. Indem die in ihm immer noch allgemein geteilte christliche, wenn auch mit der neuplatonisch-metaphysischen vielfach verschmolzene Wirklichkeitsidee allmählich verblaßte, begann die europäische Kunst in mannigfaltige Stile auseinanderzufallen. Mußte doch mit dem Schwinden der magnetischen Kraft des einheitsstiftenden, transzendenten Pols die der profanen Wirklichkeit eigentümliche, babylonische Mannigfaltigkeit immer stärker in den Vordergrund treten. Es sei an die *niederländische Malerei des 17. Jahrhunderts* erinnert mit ihren Stilleben, ihren Genre-, Portrait-, Interieur-, und Landschaftsbildern, worin die durchaus profane Welt eines wohlhabenden, selbstbewußten Bürgertums und seines realistischen Wirklichkeitssinns sichtbar wird; an die *Rokoko-Malerei* des 18. Jahrhunderts mit ihren den aristokratischen Luxus allegorisierenden und mythologisierenden Bildern, die wie künstliche Vorhänge wirken, hinter denen sich eine verdrängte, unheimliche Wirklichkeit verbirgt (Boucher, Watteau) usw. Die *Romantik* sucht zwar den Weg zum Transzendenten zurückzufinden, aber dieses Transzendente verklärt weder die profane, sinnliche Welt, wie es in der Renaissance, im Manierismus und im Barock der Fall war, noch ist es eindeutig christlich. Die profane Welt bietet in der Romantik vielmehr den Anblick der Vergänglichkeit und Nichtigkeit, während die Transzendenz sich nur in einem unfaßbaren, unbestimmten, in der Ferne leuchtenden Licht zeigt (dunkler Vordergrund, heller Hintergrund, Fenstermotiv), und wenn Christliches dennoch in Erscheinung tritt, so weniger unmittelbar als in der Weise des Symbols (C.D. Friedrich). Eine weitere, tiefgreifende Wende trat ein, als die Wissenschaft und in ihrem Gefolge die Technik die geistige Welt zu dominieren begann. Die Wissenschaft schien nun den alleinigen Zugang zur Wirklichkeit zu haben, diese Wirklichkeit aber zerfiel in zwei Teile: denjenigen der wissenschaftlich erkennbaren Objekte und denjenigen der wissenschaftlich erkennbaren Subjekte, soweit sie die Objekte wahrnehmen. Die Kunst verstand daher ihre Aufgabe zunächst darin, diese wissenschaftlich faßbare Art des Subjektes, Objekte wahrzunehmen, sichtbar werden zu lassen, nämlich frei von metaphysischen, religiösen oder anderen Deutungen. Das war die Geburtsstunde des *Impressionismus* und *Pointillismus*. Ganz anders der *Kubismus*, der die Prozesse rationalen, wissenschaftlichen und technischen Denkens bildhaft machte, indem er den Gegenstand nicht nur in dem zeigte, was wir sehen, sondern auch in dem, was wir zwar nicht sehen, aber mit dem Gesehenen *mitdenken*, also z.B. sein Volumen, seine Ober- und Innenfläche, seine Vorder- und Rückseite usw. Wo man die Wirklichkeit als Konstrukt des Denkens betrachtet und den Menschen als maître et possesseur der Natur, wird die Kunst „art conceptuel". Wie jedoch einerseits die gegenständliche Welt vollständig in den Sog wissenschaftlichen Denkens gerät und andererseits dabei die Gegenstände mehr und mehr auf formale und mathematische Strukturen zurückgeführt werden, macht die Kunst, wie schon bemerkt, auch diesen Vorgang sichtbar, indem sie selbst *abstrakte Kunst* wird. Damit hat sie aber auch die Mittel, durch bloße Linien- und Farbrhythmen, figurative oder chromatische Kompositionen und darin liegende Spannungselemente, Gegenstände der wissenschaftlichen Psychologie oder Psychoanalyse in die äußere Anschauung zu transponieren. Die Vorherrschaft von Wirklichkeitsvorstellungen, deren Ursprung in Wissenschaft und Technik zu suchen ist, blieb dennoch nicht unwidersprochen. In der *surrealistischen Malerei* tritt die auf dem Grunde einer durchrationalisierten Welt weiterhin lauernde Irrationalität in Erscheinung, ebenso, wenn auch mit anderen Mitteln, im *Dadaismus*, der natürliche Objekte oder Artefakte aus ihrem funktionalen Zusammenhang reißt – wie Duchamp ein Pissoir – und in dieser ihrer völligen Entfremdung ihre dämonische Seite enthüllt. Im *Expressionismus* dagegen wird die niemals vollkommen erloschene, mythische Welterfahrung wiedergeboren. Die *postmoderne Kunst* schließlich teilt mit der surrealistischen und expressionistischen die Entfernung von dem, was man gemeinhin das „wissenschaftliche Weltbild" nennt, aber wenn sie sich damit auch wieder den überlieferten europäischen Wirklichkeitsvorstellungen des Mythischen und Religiösen nähert, so bindet sie sich doch nicht endgültig an sie und beläßt ihr Verhältnis dazu gleichsam in der Schwebe. Dies geschieht durch das sog. doublecoding. Darunter versteht man, daß etwas, was man heute glaubt nicht mehr ernsthaft vertreten zu können (z.B. etwas Mythisches oder Religiöses), in einer Weise dargeboten wird, die es erlaubt, es trotzdem zu tolerieren. Das Stilmittel hierfür besteht in einer ironisch-verfremdeten Zitierung von Bildelementen vergangener Epochen, doch so, daß es letztlich offen bleibt, ob sie wirklich ernst zu nehmen sind oder nicht. Alles bleibt fraglich, alles bleibt in der Schwebe – zeigt sich darin nicht jene letzte und radikalste Konsequenz des hypothetischen und wissenschaftlichen Denkens, das weder seiner selbst noch des Religiösen oder Mythischen je mächtig werden kann, wie schon in den „Grundlegenden Betrachtungen" des I. Kapitels gezeigt wurde?

Diese kurze kunstgeschichtliche Skizze mag hier genügen. Sie sollte daran erinnern, daß sich die Wirklichkeitshorizonte und damit ihre apriorischen Voraussetzungen im Laufe der Geschichte ständig gewandelt haben, die Kunst aber dabei vor die Aufgabe gestellt war, das innerhalb eines jeweiligen solchen Horizontes sich Zeigende, Erfahrene, Gegebene so ins Bild zu bringen, daß es in diesem nicht nur *veranschaulicht* wird – wozu es keiner Kunst bedürfte –

sondern so, daß an diesem Anschaulich-Werden des sich Zeigenden, Erfahrenen, Gegebenen alle anderen, z.B. noetisch-kognitiven Intentionalitäten zurücktreten vor der einen, nämlich das *daran Sichtbare als solches* ins Bild zu bringen. Wobei noch einmal daran erinnert sei, daß bei dieser Korrelation von außerkünstlerischem Gegenstand und Kunstwerk der Gegenstand das Kunstwerk, aber auch das Kunstwerk den Gegenstand veranlassen kann.

Nun ist zwar die Transposition der außerkünstlerischen Wirklichkeit in diejenige der Kunst – ganz analog der Transformation außermusikalischer Gestimmtheit in Musik – einerseits eine jeweils andere, als sich in der angezeigten Weise die außerkünstlerischen Wirklichkeitsvorstellungen, Inhalte, Gegenstände und damit auch die dazu korrelativen, künstlerischen Stile beständig wandeln; doch ist diese künstlerische Transformation andererseits stets die gleiche - wieder in Übereinstimmung mit der musikalischen –, als in ihr stets die Strukturen der mythischen Welterfahrung zu erkennen sind. Dies sei nun an Hand von vier Punkten deutlich gemacht.

Erstens: Wie im Mythos wird auch in der Kunst alles Ideelle materialisiert, alles Materielle ideell. Wird doch durch die Kunst alles Ideelle, das im Horizont der ihr zugeordneten, epochalen Vorstellungswelt auftritt, zum Bilde, und damit in ein Körperliches, Sichtbares verwandelt, alles Materielle aber zum Ideellen dadurch, daß es in der Dimension des Sichtbaren als solchen zur Erscheinung kommt, also das Siegel menschlichen Bewußtseins trägt, nämlich dessen Art, die Gegenstände zu sehen und damit dessen Art der Anschaulichkeit. Eben dieses stets und unvermeidlich subjektiv-ideelle Element in jeder künstlerischen Gegenstandsbetrachtung ist es ja, das sie von der wissenschaftlichen unterscheidet, die sie ausdrücklich ausklammert, um gerade das rein und an sich Materielle zu erfassen. In dieser Verschmelzung von Ideellem und Materiellem erkennen wir also ebenso die mythische Einheit von Subjekt und Objekt. So tritt einerseits das tote Objekt durch die Kunst zum Menschen ins lebendige und verinnerlichte Verhältnis, wie andererseits alles Innere im Sichtbaren körperlich versinnlicht und zum anschaubaren Objekt wird. *Zweitens:* Der mythischen Erfahrungsweise entspricht weiter in der Kunst, daß auch in ihr alles abstrakt und allgemein mit einem Begriff Gedachte zu etwas Konkretem und Individuellen wird und umgekehrt alles konkrete Individuelle zu etwas Abstraktem und Allgemeinem. Denn einerseits tritt ja der zunächst im Bilde kognitiv und begrifflich erkennbare Gegenstand – dieses Bild stellt das und das dar – *in seiner sinnlichen Sichtbarkeit* und damit als etwas konkret Individuelles in Erscheinung, zum andern repräsentiert dieses konkret Individuelle durch die Bedingungen des Stils, in dem es vermittelt wird, die allgemeine Art und Weise, wie in einem historisch gegebenen Wirklichkeitshorizont Gegenstände in ihrer Sichtbarkeit als solcher in Erscheinung treten. *Drittens:* Wie der mythische, so ist auch der künstlerische Gegenstand nicht im profanen Raum und in der profanen Zeit lokalisierbar, und wenn er auch etwas Räumliches zeigt, so ist dieses doch nirgendwo und nirgendwann, sondern gehört einer zu unserer räumlichen und zeitlichen Lebenswelt transzendenten Wirklichkeit an. Und doch steht diese künstlerische Wirklichkeit, wie diejenige des Mythos, zu jener raum-zeitlichen in einem engen Zusammenhang, da es ja die letztere ist, die durch die Kunst in ihrer Sichtbarkeit als solches zur Erscheinung kommt.

So ist das Mythische gleichsam das Haus der Kunst, und in mythischen Kulturen, wie beispielsweise in der griechischen, bilden Kunst und Mythos eine unlösliche Einheit. Es ist daher auch kein Zufall, daß die Kunst bis in die Gegenwart immer wieder zu mythischen Stoffen gegriffen hat. Es ist aber auch diese ihre mythische Verfassung, die, wie in der Musik, die ihr innewohnende Beglückung hervorruft. Sie beglückt, weil sie wie alles Mythische die tiefe Trennung zwischen uns und den Dingen aufhebt, indem sie alles in Geist und Leben verwandelt: Das Materielle verwandelt sie in Ideelles, das Abstrakte erfüllt sie mit konkreter, sinnlicher Anschaulichkeit, das Objekt setzt sie ins Verhältnis zum subjektiven Schauen und verschmilzt es so mit dem Menschlichen; gleichzeitig entrückt sie uns in eine transzendente Sphäre, in der wir uns von den uns sorgend bedrückenden kausalen Erklärungszusammenhängen und räumlichen wie zeitlichen Zwängen der profanen Welt befreit fühlen, ganz ungeachtet dessen, wie bedrückend oder düster der Gegenstand sein mag, den das Kunstwerk darstellt.

Betrachten wir abschließend, wie schon im Hinblick auf die Musik, so nun auch auf die Kunst, die Frage von Erkenntnis und Wahrheit. Erfahrung der außerkünstlerischen Wirklichkeit ist, wie jede Erfahrung, nur unter Zuhilfenahme apriorischer Voraussetzungen möglich. Ohne sie wäre Erfahrung gleichsam blind und chaotisch, sie könnte also gar nicht zu einer Erkenntnis geordnet und organisiert werden.[51] Nun wird diese außerkünstlerische Erfahrung in die künstlerische transponiert, indem die apriorischen Voraussetzungen der außerkünstlerischen Erfahrung durch die geschilderten der künstlerischen ersetzt werden. Mit dieser Modulation und auf keine andere Weise wird das der außerkünstlerischen Wirklichkeit korrespondierende Sichtbare als solches in der Kunst erfahr- und erkennbar. (Z.B. eine Landschaft, gesehen unter den Bedingungen der Kunst und nicht irgendwelcher kognitiver Zusammenhänge.) Die Kunst ist also eine der möglichen Weisen von Erfahrung und Erkenntnis des Wirklichen und nicht ein bloß subjektives Phantasiegebilde, wie oft angenommen wird. Nun ist Erkenntnis von Wirklichkeit zugleich Erkenntnis von Wahrheit. Und doch unterscheidet sich das Erkenntnisschema der Kunst von demjenigen kognitiven, begrifflichen Denkens, und zwar wieder in einer dem Erkenntnisschema der Musik analogen Weise. (Vgl. den vorangegangenen Abschnitt 4 a) Kognitives Denken äußert sich ja in Sätzen und Urteilen, die in Beziehung auf ein von ihnen getrenntes Objekt der Wirklichkeit wahr oder falsch sind. Die im Kunstwerk liegende Erkenntnis dagegen bezieht sich nicht auf etwas außerhalb ihrer, wie es die klassische Mimesis-Theorie behauptet; z.B. so, daß gefragt werden kann, ob ein Portrait wahr ist in dem Sinne, daß es

---

[51] Vgl. hierzu das Kapitel „Grundlegende Betrachtungen".

mit dem Portraitierten übereinstimmt, denn die Wirklichkeit des Sichtbaren als solchen ist ja nur im Bilde zu finden und sonst nirgends, nur im Bild dominiert das Sichtbare über alle anderen, möglichen Zusammenhänge sinnlicher oder kognitiver Art. Auch gibt es keine künstlerische Erkenntnis, die der Schöpfung des Bildes vorausgeht, denn wenn sich auch mehr oder weniger vage Vorstellungen vor dem ersten Pinselstrich bilden mögen, so kann doch keine Rede davon sein, daß nun diese als wahre oder falsche mit dem Bilde übereinstimmten, sondern die künstlerische Erkenntnis einsteht nur und nur dadurch, daß das künstlerisch Wirkliche im Bilde zur Erscheinung kommt, und eben dadurch, daß es darin zur Erscheinung kommt, liegt seine Wahrheit. Wie in der Musik ist hier die wahre Erkenntnis zugleich die Wirklichkeit des Erkannten, denn diese Wirklichkeit bildet sich überhaupt nur im künstlerischen Schöpfungsprozeß. Künstlerische Erkenntnis, künstlerische Wirklichkeit und künstlerische Wahrheit bilden hier also wie in der Musik ein unlösliches Ganzes. Entsprechend ist das Kunstwerk unwahr, wenn es die ihm eigentümliche Wirklichkeit verfehlt, wie es z.B. im Kitsch oder in ideologisch bestimmter Kunst geschieht. Was aber den Betrachter anbelangt, der sich in das Bildwerk versenkt, so wiederholt er nur jene Erkenntnis des Künstlers, die allein im Bilde liegt und sich somit nicht auf irgend etwas außerhalb dessen bezieht.

Die erforderliche Kürze, in der hier das Wesen der künstlerischen wie auch schon der musikalischen Erfahrung und Erkenntnis erörtert werden mußte, erlaubt es nicht, auf eine genauere Analyse der in ihnen liegenden geistigen Prozesse, der ihnen innewohnenden Logik und apodeiktischen Evidenz, auf ihre Analogien und Unterschiede zur kognitiven Erfahrung genauer einzugehen. Da dies jedoch ausführlich in meinem bereits mehrfach erwähnten Buch „Die zweite Schöpfung, Das Wirkliche in Kunst und Musik" geschehen ist, kann ich darauf verweisen.

b) Zur Frage des in der christlichen Kunst sichtbaren Divinum (Heilsereignisse) und Humanum (Sünde, Hoffnung, Verklärung). Geschichtliches und Ungeschichtliches

Bevor wir uns unter Anwendung der im vorangegangenen Abschnitt abgehandelten Grundzüge einer allgemeinen Theorie der Kunst der christlichen Kunst im engeren Sinne zuwenden, muß zuerst auf den alten theologischen Streit eingegangen werden, ob und in welchem Maße Kunst überhaupt ein Element des Glaubens und der Liturgie sein kann. Schon der Kirchenvater Hieronymus (um 400) hatte die später immer wieder, z.B. von den Bettelorden des Mittelalters wiederholte Meinung vertreten, Kunst in der Kirche sei ein überflüssiger Luxus, der besser der Armenfürsorge geopfert werden sollte. Auch wurde Kunst wiederholt kritisiert, sie vermittle die christliche Botschaft nicht in der rechten Weise oder verführe zur Sinnlichkeit – man erinnere sich z.B. an die Übermalung der Fresken des Michelangelo in der Sixtina. Aber wie sehr solche Einwände auch christlicher Kunst im Laufe ihrer Geschichte immer wieder geschadet haben, so waren sie doch nicht grundsätzlicher Art. Von weit größerem theologischen Gewicht waren dagegen diejenigen, die sich auf das zweite Gebot und einige Textstellen des Jesaja stützten.

Betrachen wir den Wortlaut des zweiten Gebotes: „Du sollst keine anderen Götter neben mir haben. Du sollst dir kein Bild machen, und zwar in keinerlei Gestalt, die im Himmel oben oder auf Erden unten oder im Wasser unter der Erde ist. Du sollst sie nicht anbeten und ihnen dienen."[52] Diesen Worten glaubte man entnehmen zu müssen, es sei verboten, sich von Gott ein Bild zu machen. In Wahrheit spricht aber alles dafür, daß hier von den heidnischen Göttern und ihrer Anbetung die Rede ist. Das zeigt schon der Einleitungssatz „Du sollst keine anderen Götter neben mir haben", dem sich das Verbot unmittelbar anschließt. Daß dieses aber Götter meint, geht schon daraus hervor, daß von Gestalten des Himmels, der Erde und des Wassers die Rede ist, womit offensichtlich auf die vielen Himmels- Erd- und Wassergötter hingewiesen werden soll, von denen damals fast überall Figuren und Opferstätten zu finden waren.

Neben dem zweiten Gebot beriefen sich aber die Gegner christlicher Kunst wie gesagt auch auf Jesaja. Hier der Wortlaut der betreffenden Textstellen. „Wer sind sie, die einen Gott machen und Götzen gießen, der kein Nütze ist? Siehe, alle ihre Genossen werden zu Schanden, denn es sind Meister aus Menschen." (44, 10f.) „Es schmiedet einer das Eisen (...)" (44,12), „Der andere zimmert Holz (...)" (44,13), „Daselbst macht er einen Gott von und betet es an, er macht einen Götzen daraus und kniet davor nieder." (44,15) Dieser Vorwurf Jesajas, daß Götterbilder Menschenwerk seien und deswegen ihre Anbetung Aberglauben, ist jedoch nur mit dem Eifer des Propheten gegen heidnisches Unwesen unter den Juden zu begründen. Denn es mag für eine magische Vorstellungswelt gelten, daß dieser Holzklotz, dieser Stein schon der Gott selbst sei, das mythische Denken faßt dies jedoch anders auf. Wenn eine Arché in der liturgisch rechten Weise erzählt oder dargestellt wird, so ist, wegen der mythischen Einheit des ideell Bezeichnenden mit dem materiell Bezeichneten, im Wort oder der Darstellung der Erzählung (Ideelles) zugleich der diese Arché bestimmende, körperliche Ereignisvorgang (Materielles) anwesend, nämlich etwas, das mächtig im Leben der Menschen weiterwirkt und somit aus der Vergangenheit in die Gegenwart zurückgeholt wurde. Alle Archaí sind ja zugleich Gegenwart und werden im Lied, im Fest, in der Theateraufführung nicht anders herbeigeschworen als in der christlichen Eucharistie-Feier das letzte Abendmahl. Wie aber hier mythisch das Ideelle mit dem Materiell-Wirklichen verschmilzt, das Bezeichnende mit dem Bezeichneten, so verschmilzt umgekehrt mythisch das materiell Wirkliche als das den Gott darstellende Bildwerk mit dem ideell Wirklichen des darin dargestellten Gottes, also mit der ihm eigentümlichen, durch seine Arché definierten, ideellen *Wesenheit* oder *Substantialität*: Apollo, der Gott fernblickender Weisheit, Athene, die Göt-

---

[52] Zitiert nach E.H. Schmidt, Die Zehn Gebote im Rahmen Alttestamentlicher Ethik. Darmstadt 1993, S. 34.

tin praktischen Wirklichkeitssinns, Aphrodite, die Göttin sinnlicher Liebe usw. Im Bildwerk ist mythisch der Gott nicht weniger an-wesend und gegenwärtig als die Arché in der Rezitation oder festlich-theatralischen Darbietung. Zwischen der Vergegenwärtigung eines numinosen Vorgangs durch das Wort, die ja auch schon in der Anrufung des Gottes beim liturgisch rechten Namen erfolgt, und der Vergegenwärtigung des Gottes im Bildwerk besteht also mythisch kein Unterschied. In beiden Fällen geschieht solches zwar durch den Menschen oder des Menschen Werk, aber dies ist doch nur die unverfängliche Weise, in der sich des Menschen Frömmigkeit bei aller Scheu und Ehrfurcht dem Gotte nähern und mit ihm in Verbindung treten kann. Gleichwohl, und dies vor allem hat Jesaja übergangen, ist das Bildwerk mit dem Gotte *nicht identisch*, das Holz, der Stein ist nicht der Gott, und wenn diese zerstört werden, so wird nicht der Gott aufgehoben oder zerstört, sondern es schwindet nur die materiell-ideelle Einheit, in der allein er gegenwärtig sein kann, es schwindet seine für den Menschen so unsäglich wichtige An-wesenheit. Von abergläubischer Anbetung eines Holzklotzes, eines Steins usw. kann also gar keine Rede sein. Wenn man aber überhaupt die Anbetung mythischer Bildwerke für Aberglauben halten will, so verschöbe man die Argumentation, denn damit meinte man nicht die Fragwürdigkeit numinoser Bildwerke als solcher, sondern den Mythos, den sie repräsentieren.

Eine weitere Textstelle des Jesaja, die den Gegnern christlicher Kunst zur dogmatischen Grundlage diente, lautet folgendermaßen: „Alle Heiden sind vor ihm nichts, und wie ein Nichtiges und Eitles geachtet. Wem wollt ihr den Gott nachbilden? Oder was für ein Gleichnis wollt ihr ihm zurichten?" (40, 17f.) „Wem wollt ihr denn mich nachbilden, dem ich gleich sei (...)?" (40, 25) Doch geht letztlich auch diese Ablehnung der Kunst fehl. Gott ist freilich in seiner Unendlichkeit unfaßbar und unvorstellbar, doch gilt dies sogar für die, verglichen mit ihm endlichen Götter, wie der bereits erwähnte Mythos von Zeus und Semele zeigt.[53] Andererseits beruht ja das Christentum gerade auf dem Gedanken, daß Gott Mensch wird, und auch im AT liegt doch alles daran, daß Gott mit den Menschen kommuniziert, daß er ihnen erscheint, zu ihnen spricht usw., also menschliche Gestalt annimmt, woraus der Gedanke von der Ebenbildlichkeit des Menschen mit Gott folgt, ohne daß damit gemeint sein kann, Gott habe an sich eine menschliche Gestalt. Die Zurückweisung jener Ablehnung christlicher Kunst, die sich auf Jesaja stützt, betrifft aber auch den alten Topos, es sei Blasphemie, ein Bild Gottes oder auch Christi schaffen zu wollen, weil der Mensch damit den nur Gott allein zustehenden *Schöpfungsakt* wiederhole. Hat doch diese Behauptung die soeben widerlegte Annahme zur Voraussetzung, im Bildwerk sei nicht nur die mythische Substantialität des Gottes anwesend, also seine materiell-ideale Wesenheit, sondern es sei auch, in

---

[53] Die Mystikerin Mechthild von Magdeburg läßt Gott sprechen: „Wollt ich mich nach meiner Macht dir geben, du behieltest nicht dein menschliches Leben." In: Hrsg.: GERTRUD und THOMAS SARTORY, Freiburg 1988, S. 72.

dieser seiner Materialität, mit dem Gott identisch. Erst wenn diese Identität vorläge, wäre doch das Bildwerk zugleich eine durch den Menschen vollbrachte Schöpfung Gottes selbst und nicht nur ein Mittel seiner Herbeirufung zum Zwecke der Anbetung und der Kommunikation mit ihm.

Der Verwerfung der christlichen Kunst oder zumindest der kritischen Distanz zu ihr stand jedoch, ebenfalls schon von ihren byzantinischen Anfängen an, ihre Verteidigung entgegen. So wurde bereits frühzeitig, nämlich von Basilius von Caesarea (4. Jh.), auf die *didaktische Bedeutung der Kunst* hingewiesen, ein Argument, das insbesondere so lange ins Gewicht fiel, als die Menschen nicht lesen konnten. Denn die Bilder veranschaulichten das Heilsgeschehen und machten es auch dem gemeinen Volk verständlich. Damit verband sich der Gedanke von der Kunst als Ausschmückung der Kirche, und es kam nur darauf an, daß sie das Heilsgeschehen auf eine mit dem Dogma streng übereinstimmende und schickliche Weise wiedergab. (Decorum) Den Bildwerken selbst jedoch sollte, wie auf der Bildersynode zu Nicäa 787 entschieden wurde, keine „Göttlichkeit oder Kraft" innewohnen. Die Kunst wird also als ein nützliches Hilfsmittel begrüßt, doch ist dies ebenso wenig ein prinzipielles Argument für sie wie etwa die Warnung vor ihrem Luxus oder ihrer möglichen Verführung zum Sinnlichen gegen sie.

Ganz anders steht es mit der ebenfalls schon in der frühchristlichen, byzantinischen Kunst erkennbaren Auffassung, daß das Urbild in seinem Abbild gegenwärtig sei und das Bild das anschaubar Heilige *repräsentiere*. Wenn sich hier offensichtlich das soeben beschriebene, mythische Bildverständnis bemerkbar macht, so kann dies nicht verwundern. Waren doch noch überall im byzantinischen Reich die Kunstwerke des untergegangenen Mythos und ihre liturgische Rolle darin gegenwärtig. Ob bewußt oder unbewußt – auf jeden Fall knüpfte später Th. von Aquin daran an, wenn er lehrte, dem Bild Christi komme die gleiche heilige Verehrung zu wie dem Urbild (S. Theol., III, qu 25 a 3), genauer nicht dem Bild als solchen, dieser Tafel aus Holz z.B., wohl aber dem darauf dargestellten Bild eines anderen (imago alterius), eben Jesu Christi nämlich. Luther setzt die Gedanken des Th. von Aquin fort, wird aber dabei noch deutlicher und ausführlicher. Das Bild einer Rose, schreibt er, ist „für sich wesentlich eine rose yn yhrem wesen, vnd kan nicht ein blos deuten da sein."[54] Ist das nicht so zu verstehen, daß das Bild sich vom Urbild insofern nicht unterscheidet, als in ihm dessen *Wesen* erscheint, also das, worauf es alleine ankommt, und nicht irgend ein *Um-deuten* hiervon? Nur unter dieser Bedingung wird auch überhaupt erst die eigentliche Tragweite von Luthers Einlassungen zum Denken als etwas verständlich, das notwendig stets von Bildern konnotativ begleitet sei. Schon Aristoteles hatte ja bemerkt: „Es kann niemand ohne Wahrnehmung etwas lernen oder verstehen, und wenn man etwas erfaßt, muß man es zugleich mit einem Vorstellungsbild erfassen."[55] Im selben Sinne

---

[54] Vom Abendmahl Christi, Werke, Weimarer Ausgabe (WA) 26, 383–385.
[55] De anima, III, 8, Übers. von W. Theiler.

schrieb Luther, wir „müssen gedancken und bilde fassen des, das uns in worten fürgetragen wird" und können „nichts ohne bilde dencken noch verstehen."[56] Also kann man auch „die geistlichen Sachen nicht begreifen, nisi in bilder fasse"[57]. Das gelte sogar ganz besonders für Übersinnliches wie Christi Höllenfahrt, den Tod oder Gott-Vater, was alles ohne Bild zu etwas Abstraktem und Unbegreiflichem werde. Das Evangelium wende sich daher an *alle* Sinne, und man solle „Gottes Wort mit Predigen, Singen, Sagen, Schreiben, Malen" verkünden.[58]

Doch legitimiert zwar diese notwendige Angewiesenheit des Denkens auf Anschauung und Bildhaftes die christliche Bilderdarstellung, könnte aber immer noch im Sinne des Basilisus von Caesarea lediglich dazu führen, in der christlichen Kunst ein bloßes Hilfsmittel für den Glauben zu sehen. Erst im Zusammenhang mit dem angeführten Zitat Luthers über das Bild einer Rose wird deutlich, daß die Kunst nicht nur ein, wenn auch notwendiges, Hilfsmittel ist, sondern daß sie auch und vor allem eine Vergegenwärtigung des Heilsgeschehens selbst erlaubt. Denn dadurch, daß, wie Luther sagt, im Bilde gerade dessen *Wesen* und damit sein eigentliches Selbstsein anwest, wird es für den Gläubigen zugleich zu etwas *Gegenwärtigem*, so wie sein Glaube sich ja darauf wie auf etwas *unmittelbar Gegenwärtiges*, ihn *unmittelbar Betreffendes* bezieht. Luthers Philosophie war für die Anerkennung christlicher Kunst von großer Bedeutung, zumal in der Zeit der Reformation ihre Gegner mit den alten Argumenten überhand zu nehmen drohten. (Zwingli, Calvin, die Bilderstürmer)

Nach der Diskussion des alten theologischen Streites, ob überhaupt in der Kunst ein tragendes Element des Glaubens gesehen werden kann, seien nun die im vorangegangenen Kapitel zusammengefaßten, allgemeinen Grundlagen der Kunst auf den besonderen Fall der christlichen angewandt. Das Sichtbare als solches, das die christliche Kunst vermittelt, ist einerseits das Divinum, nunmehr als die *sichtbare* Erscheinung der Heilsereignisse verstanden (Verkündigung, Kreuzestod, Pietá, Auferstehung usw.), andererseits das Humanum, nunmehr als die sichtbare *Erscheinung* von Sünde, Reue, Hoffnung, Erlösung, Verklärung usw. Und doch werden wie in der Musik so auch in der Kunst diese ewigen Inhalte in wechselnden, geschichtlichen Zusammenhängen zur Erscheinung gebracht, und auch hier ist das nur die Folge davon, daß die christliche Botschaft in einem sich ständig wandelnden Umfeld und immer neuen Wirklichkeitsverhältnissen immer neue Antworten aus dem Geist des ewig Gleichen gibt. In der kunsthistorischen Skizze des vorangegangenen Abschnitts ist hierzu bereits das Wichtigste gesagt worden, doch bedarf es einiger Ergänzungen. Im *Mittelalter* war das Bewußtsein einer im Bilde auftretenden Wirklichkeit noch stark ausgeprägt, so daß die Kunsthistoriker von einer *manifestatio* sprechen, womit ein sinnliches Sich-zeigen und anschauliches Sichtbarwerden

---

[56] Osterpredigt 1533, WA, 37, 63,25 f.
[57] WA 46, 308, 8 f.
[58] WA 51, 217, 35 f.

der Glaubenswahrheiten gemeint ist, das nicht mit einer bloßen Veranschaulichung verwechselt werden darf. In den Bildern des Weltrichters war seine *majestas*, in denen des Erlösers seine Gnade sinnlich faßbar und gegenwärtig. Unmittelbar galt dies für das Gnadenbild, doch waren die Übergänge zu diesem fließend; unmittelbar galt dies auch für die orthodoxe Ikonenmalerei. Die Bildwirklichkeit der Kunst hatte zur Folge, daß in ihr, anders als in der Musik, das christliche Humanum von vornherein eine bedeutende Rolle spielte. Dazu gehören vor allem die Heiligengeschichten, deren Anschaulichkeit ja unmittelbar gegeben ist. In der christlichen Kunst der *Renaissance* erscheint das Divinum *und* Humanum im Lichte der neuplatonischen Idee der Schönheit: Gott-Vater, die heilige Familie, die Heiligen, sie alle erscheinen, z.B. bei Raffael, Leonardo und Tizian in wahrhaft himmlischer Vollendung (perfetta cognizione dell' oggetto) und sind doch von einer aller faden oder unglaubwürdigen Idealisierung ledigen, wahrhaft göttlichen Wirklichkeit. Die Kraft des christlichen Glaubens ist hier in keiner Weise gebrochen, aber er sieht nun auch in der Schönheit der Schöpfung den Widerschein der himmlischen Sphäre. Wie ernst dies genommen wurde, wie weit man davon entfernt war, darin nur schönen Schein zu wittern, das läßt sich daran erkennen, daß man die großen Künstler dieser Zeit als Magier bezeichnete, also solche, die im Bilde das Wirkliche gleichsam herbeizaubern.[59] Schon Michelangelo wandte sich aber später unter dem Einfluß der Vittoria Colonna davon ab. Die Fülle der neu entdeckten Sinnlichkeit schwindet bei ihm nicht, im Gegenteil, aber sie ist nicht mehr die Quelle göttlicher Schönheit, sondern der Passion und des Kreuzes. Davon zeugen sein Jüngstes Gericht, seine Pietá im Dom von Florenz und seine Zeichnungen des Gekreuzigten. Auf diesem Wege sehen wir den *Barock* und die *niederländische Malerei* fortschreiten, wobei ich vor allem an Rembrandt denke. Die Wirklichkeit wird hier nicht mehr in der verklärten und göttlichen Schönheit der neuplatonischen Idee gesehen, sondern sie wird im Hell-Dunkel als Spannungsfeld zwischen dem transzendenten Licht und der Finsternis erfahren, eine Spannung, die gerade die *sinnliche Welt des Menschen* allenthalben durchdringt. Das christliche Humanum tritt so hervor, es sind die Sünder, die Bettler, die Leidenden und Elenden, aber auch die Eitlen und Gottfernen, die wir auf zahlreichen Bildern Rembrandts sehen können, weswegen er auch oft auf jene menschlichen Urbilder zurückgreift, die wir den Geschichten des Alten Testaments verdanken. Seit dieser Zeit gibt es, wie schon erwähnt, keine christliche Kunst mehr im *großen Stil*. In der *Romantik* findet sich zwar christliche Symbolik, aber die Beziehung auf Transzendenz ist doch eher allgemein und nicht im genauen Sinne diejenige der Evangelien; was aber die *Nazarener* betrifft, so könnten sie eher zum Exempel dessen gelten, was im vorigen

---

[59] Die gebotene Kürze erlaubt es nicht, hier auf die große Rolle der Magie in der Renaissance einzugehen. Vgl. hierzu FRANCES A. YATES, Bruno and the Hermetic Tradition, Chicago, 1978. K. HÜBNER, Von den mythischen und magischen Ursprüngen der Naturwissenschaften, in: Hrsg. U. HAMEYER, T. KAPUNE, Weltall und Weltbild, Kiel 1984.

Abschnitt als „unwahre Kunst" bezeichnet wurde. Ihre Unwahrheit besteht darin, daß sie das christliche Divinum und Humanum mit einer Stilmischung aus biedermeierlich-realistischer Historienmalerei und entlehnter Renaissance-Schönheit zu gestalten versucht. Stehen doch beide Stile in einem unaufhebbaren Widerspruch zu einander: Der Stil der Historienmalerei versetzt alles in eine Wirklichkeit, von deren grundlegender Profanität keine Brücke zur majestas, dem fascinans und tremendum des christlich Numinosen führt, das im Stil der Renaissance-Schönheit in Erscheinung treten soll, so daß dieses darin wie verloren und als unglaubwürdiger Idealismus wirkt. Trotz aller unbestreitbarer Qualitätsunterschiede ähneln daher die Bilder der Nazarener den Heiligenbildchen, die man den Schülern des Religionsunterrichts zu schenken pflegt. Daß solche Bildchen dennoch sehr wohl ihren bereits zu Anfang dieses Abschnitts erwähnten didaktischen Zweck erfüllen können, steht auf einem anderen Blatt und wird uns noch im nächsten Abschnitt beschäftigen. – Während nun vorhin bei der Erörterung christlicher Musik deren moderne Phase außer Acht gelassen werden mußte, weil ihre auseinanderfallenden Stile nicht ohne größeren und hier zu weit führenden musiktheoretischen Aufwand darzustellen wären, sind doch die Kunst-Stile des 20. Jahrhunderts in ihrer unmittelbaren Anschaulichkeit allgemein bekannt, so daß wir in einigen hinweisenden Stichworten noch auf neuere christliche Kunst eingehen können. Christliche Stoffe sind in der modernen Malerei keineswegs so selten wie manche glauben mögen. Wir finden sie sogar bei *Impressionisten* wie z.B. F. von Uhde und M. Liebermann, wenn sie dort auch, der wissenschaftlich inspirierten Wahrnehmungstheorie ihrer Malerei folgend, des Transzendenzbezuges beraubt sind und daher ausschließlich das christliche Humanum, nun allerdings eher als sozialer Humanismus aufgefaßt, hervortreten lassen. Dieser humanistischen Idee sind auch Künstler wie K. Kollwitz, O. Dix oder A. Hrdlicka verpflichtet, doch entspringen ihre Werke einer ganz anderen Quelle. Einerseits teilen sie mit dem Expressionismus die dem Mythos eigentümliche Verschmelzung einzelner Personen mit der allgemeinen Menschheit, so daß bei ihnen die Passion Jesu, das Leiden der Maria wie Urbilder ewigen und sich ständig wiederholenden, menschlichen Leidens in Erscheinung treten, des ewigen Opfers menschlicher Liebe, des ewigen Opfers von Unrecht und Verfolgung; andererseits unterscheiden sie sich vom Expressionismus dadurch, daß auch bei ihnen keinerlei Beziehung zum Numinosen oder gar Transzendenten erkennbar ist. Für sie ist Jesus der ewig hingerichtete Mensch, Maria die ewig schmerzgebeugte Mutter des geopferten Sohnes. Dies ist es, was die Kollwitz in ihren Jesus Bildern und Pietàs, was O. Dix in seinen Kreuzigungs- und Auferstehungsbildern, was Hrdlicka z.B. in seiner Blätterfolge „Emmaus – Abendmahl – Ostern" zeigen will. Daß diese Künstler mehr oder weniger offen an aktuelle Ereignisse politischer Ausbeutung und Tyrannei anknüpfen, ändert daran nichts. Dieser historische Bezug ist für sie nur das konkrete Exempel für das Leiden der Menschheit überhaupt. Christliche Kunst im eigentlichen Sinne des Wortes ist dies freilich alles nicht. Denn ein Christentum als sozialer Humanismus, also ein

Christentum ohne Transzendenz und die Beziehung zum Numinosen ist ein Widerspruch in sich selbst. – Ganz anders die religiösen Bilder des zum *klassischen Expressionismus* zählenden E. Nolde. Er zeigt die alttestamentarischen Geschichten und die Heilsereignisse im reinen Lichte des Mythos. Wählen wir als Beispiel sein Gemälde „Abendmahl" von 1909. Wir sehen keinen irgendwie in die gewohnte Dreidimensionalität eingeordneten Raum, und ebenso ist darin auch alle zeitlich bedingte Individualität verschwunden. Der gezeigte Vorgang spielt sich gleichsam jenseits von Raum und Zeit ab, er drängt sich wie ein Ornament in einer Fläche zusammen und die Jünger bilden mit Christus eine arabeske Einheit, die in ihm ihren Mittelpunkt hat. Dennoch ist das darin liegende Archetypische ohne jede Stereotypie, sondern hat, wie eine Arché in ihrer inneren, nach außen abgeschlossenen, zyklischen Verfassung, ihre Dynamik nur in sich selbst. Die Gesichter der Apostel sind wie von innen durch ein fahles Gelb erleuchtet, das aber am hellsten auf dem ganz von mystischer Versenkung und Hingabe gezeichneten Gesicht Christi strahlt. In archaisch-schwerem, unverbrüchlichem Gestus reichen sich Apostel im Vordergrund stellvertretend für alle die Hand, legen sie dem andern auf die Schulter. Im gleichen archaischen Gestus umklammert Christus den Kelch. Dem in seinem Gesicht zu hellem Glanz sich steigernden Gelb entspricht das helle Blut-Rot seines Mantels, seines Haares und Bartes und das strahlende Reinheits-Weiß seines Hemdes. Das Tischtuch, auf dem der Kelch steht, zeigt das Grün der Hoffnung, das dramatisch mit dem nachtdunklen Blau im Vordergrund kontrastiert. Alles ist hier Urbild, ist Arché. Große mythische, christliche Kunst haben auch E. Barlach, M. Chagall und August Brömse geschaffen.[60] – Was die *abstrakte Kunst* betrifft, so finden sich sogar in ihr und gerade mit ihren Mitteln Zugänge zum Christlichen. Als Beispiele seien die christlichen Bilder Gerhard Hoehmes genannt. (Himmelfahrt 1986, Kreuzbild 1977, Jesus meine Zuversicht 1982) Das malerische Stilmittel Hoehmes ist die Flächenfarbe, die, anders als die Oberflächenfarbe, keinen Gegenstand repräsentiert, sondern der gezeigte Gegenstand selbst ist.[61] Alle Beachtung liegt daher auf ihr, sie verweist auf nichts außerhalb ihrer, sie ist daher reine, perspektivlose Zweidimensionalität. Eben deswegen zwingt sie zur Betrachtung und Verfolgung ihrer Mikrostruktur, die sowohl durch das Materielle der Fläche bestimmt wird, auf die sie, und das Materielle der Stärke und Dichte, mit der sie aufgetragen ist, wie durch den Duktus ihrer Changierungen, ihrer wechselnden Lichteffekte, Harmonien,

---

[60] Das weitgehend religiöse Werk dieses 1923 verstorbenen Prager Malers, das zu einem großen Teil bei der Austreibung der Deutschen 1945 vernichtet wurde, sah ich zum ersten Mal, als ich 14 Jahre alt war. Ihm verdanke ich meine geistige Erweckung, und damit sei Brömse an dieser Stelle mein immerwährender Dank ausgesprochen. Gedacht sei hier auch der christlichen Skulpturen Ernest Hofmann-Igels, besonders der in der Kirche von Keitum (Sylt) stehenden, die den Gekreuzigten in wunderbarer Weise als den zugleich Auferstehenden zeigt. (Vgl. K. Hübner, Philosophisches zum Werke Ernests, in: Manuskript, 8, 1988).

[61] Die Unterscheidung von Flächen- und Oberflächenfarben hat D. Katz eingeführt. Ders., Der Aufbau der Farbwelt, Zeitschrift für Psychologie, Bd. 7, Leipzig 1930.

Kontraste, lyrischen Schwebungen oder dramatischen Effekte usw. Auch diese Malerei ist nun ihrem Wesen und ihrer Intention nach ganz und gar mythisch. Das Bild weist hier nicht nur auf keinen Gegenstand außerhalb seiner, wie es de facto bei jedem Kunstwerk der Fall ist (vgl. den vorangegangenen Abschnitt zum Allgemeinen der Kunst), sondern es stellt diese Tatsache ausdrücklich in den Vordergrund. Das Bild ist das sichtbar und damit materiell gewordene *Psychogramm eines Vorgangs*, seine bildgewordene, rein ideelle Struktur. So weit sich also Hoehme christlichen Themen zuwendet, wird diese Struktur zur Chiffre des Divinum oder Humanum und ihres geistigen Gehaltes. In diesem Sinne muß man das ihnen entsprechende Psychogramm gleichsam *lesen*, den das Bild als Fläche zeigt. – Christliche Kunst gibt es auch in der sog. *Objektkunst*, die sich in der Nachfolge des Dadaismus entwickelt hat, und das insbesondere bei einem ihrer bedeutendsten Vertreter, J. Beuys. In seinem Invironement „Zeige deine Wunden" (1976), das aus einem leeren Raum mit zwei Krankenliegen und zwei schwarzen Fenstern besteht, will Beuys das Schweigen des Todes, darin das Transzendente und die nach seiner Ansicht in der Kirche längst fragwürdig gewordene „Realpräsenz Christi" erfahrbar machen. Sie soll darin „jeden einzelnen Raum und jedes einzelne Zeitelement substantiell" durchdringen.[62] In diesem Zusammenhang ist auch die sog. Aktion Celtic zu erwähnen, wo Beuys in Basel während der Karwoche 1971 eine Fußwaschung an mehreren Personen vornahm und sich in einer Art Taufe mit Wasser übergießen ließ. Es ist kein Zweifel, daß Beuys das Christentum aus seiner modernen Degenerierung ins Sozial-Humane wieder in sein ursprüngliches Mysterium zurückführen will, aber seine in diese Richtung gehenden Versuche haben doch etwas Gekünsteltes und Gewolltes. – Da hat die *Postmoderne* schon Überzeugenderes hervorgebracht, wo sie die Sehnsucht nach dem Christlichen wie das verzweifelte Scheitern, sie zu erfüllen, ins Bild zu bringen suchte. Ich erwähne A. Rainer, der mittelalterliche Christusbilder übermalte und durch solche Verdeckung des naiv Sichtbaren das Mysterium Christi gerade sichtbar machen will. „Christus entzieht sich mir," schreibt er, „wenn ich ihn darstelle. Er ist vielleicht in einer angedeuteten, verlöschten, fragmentarischen Weise. In gewissen Zeichen. Und doch entzieht er sich auch dort."[63] Oder es sei auf das Bild „Abendmahl" von Ben Willikens verwiesen (1976–79), der aus dem „Abendmahl" Leonardo da Vincis alle Personen weggelassen hat und nur den leeren Saal mit seinem Tisch zeigt. Auf sonderbare Weise sind sie aber gerade dadurch geheimnisvoll gegenwärtig. Vielleicht eines der bedeutendsten Werke gegenwärtiger christlicher Kunst hat der Bildhauer Hans Kock im Greifswalder Dom geschaffen. Es stellt eine Synthese vieler Stile dar, solche der Gegenwart, aber auch solche des Mittelalters und der Romantik, wie er sie in den bereits

---

[62] Zitiert nach R. VOLP, Kunst und Religion, in: TRE, Bd. 20, S. 317.
[63] Zitiert nach R. VOLP, Kunst und Religion, in: TRE a.a.O., S. 417. VOLP fügt dem hinzu: „Gottes Abwesenheit ist die notwendige Voraussetzung, um die Unverfügbarkeit des Absoluten (…) anzudeuten und mitzuteilen."

vorhandenen Bauelementen des Greifswalder Doms vorfand. Doch handelt es sich bei dieser Synthese weder um einen eher äußerlichen Synkretismus, noch überhaupt um eine bloß formale Stilfrage, sondern sie entspringt einer tief begründeten, künstlerischen wie religiösen Haltung. Hören wir ihn dazu selbst. Man solle verstehen, sagt er, daß seine „individuelle Arbeit sich der individuellen Anschauung anheimgibt – in der Hoffnung, daß, wenn ein solches Werk von vielen Individuen gleichermaßen erkannt wird, sich eine Zusammengehörigkeit in dem Gewährenlassen des anderen, des Fremden im Sinne der Vielfalt und des geistigen Reichtums der Welt herausbildet."[64] Im Hinblick auf seine Gestaltung Christi im Greifswalder Dom aber äußert er sich folgendermaßen: „(...) so lebt das Kreuz mit dem Gekreuzigten aus der für das Mittelalter und für die Romantik wie für alle Zeiten gültigen Verheißung des Trösters, (...) des Geistes der Wahrheit, der uns Werke tun läßt, die nach der Botschaft des Johannes-Evangeliums der Menschensohn uns aufgetragen hat."[65] Die erste Bemerkung drückt aus, daß ein Kunstwerk niemals etwas Allgemeines, sondern immer etwas Konkret-Anschauliches, und insofern auch Geschichtlich-Kontingentes ist; die zweite, daß in solcher Mannigfaltigkeit dennoch die ewig gleiche Botschaft Christi lebt. Christliche Kunst vereint also notwendig beides in sich. Und obgleich den bereits erwähnten modernen Vertretern christlicher Kunst keinerlei Vorwurf wegen ihrer im Vergleich zu Kock historischen und individualistischen Einseitigkeit gemacht werden kann, so zeichnet sich doch Kocks Werk eben dadurch in besonderer Weise aus, daß in ihm auf unvergleichliche Weise das *christlich Ewige* im Zeitlichen ausdrücklich zum Thema gemacht hat.

Die Schwierigkeit, in bloßen Worten und auch noch in gebotener Kürze Bildgehalte wie diese zu verdeutlichen, ist freilich nicht geringer als es schon bei den vorangegangenen Hinweisen auf andere Künstler der Fall war. Doch kann es sich ja hier wie dort nur darum handeln, allgemeine Strukturen durch Beispiele zu belegen, und zwar entweder, indem man an schon Bekanntes erinnert, oder indem man zum näheren Betrachten von noch nicht Bekanntem anregt. Und so werde ich auch im Falle der Werke Kocks versuchen zu sagen, was eigentlich nur gesehen werden kann. Die geschilderte künstlerisch-religiöse Idee, der Kock im Greifswalder Dom folgt, wird insbesondere in seiner Gestaltung des Altars und der Kreuzigung erkennbar. Folgen wir den vier Seiten des zum Altar gehörigen Trägersockels und der Mensa der Reihe nach: Die erste, zur Orgel gewandte, zeigt ein Symbol der Dreieinigkeit und einer beflügelten Davidsharfe, verweist also auf die Offenbarung und die ihr in der Musik entsprechende Gestimmtheit; die zweite zeigt ein Symbol Christi – den Fisch – und darunter ein Symbol der Taufe – Wolke und Wasser; die dritte ein Symbol des Heiligen Geistes – die Taube – und der Gemeinschaft der Christen – ein Boot in unruhiger See mit einem halbierten, nämlich nur mit einem

---

[64] Hrsg. R. DAMSCH-WIEHAGEN, H. KOCK: Ausstellungskatalog Hans Kock, Kiel 1991, S. 17.
[65] Ausstellungskatalog HANS KOCK, a.a.O., S. 29.

Querbalken versehene Kreuz; auf der vierten schließlich erkennen wir das von einer Kuppel überwölbte Glaubenssymbol Luthers – ein Kreuz inmitten eines Herzens und von Rosenblättern umgeben. Auf jeder Seite des Trägersockels aber sind Blüten- und Flora-Ornamente zu finden, wie frisches Grün Symbole des Lebens und der Fruchtbarkeit. Geht man also um den Altar herum, so folgt man den Urbildern der Offenbarung und der christlichen Existenz. Deren Symbolik wirkt insofern archaisch, genauer urchristlich; andererseits steht die Blüten- und Flora-Ornamentik in einem Zusammenhang mit im Dom zu findenden, romantischen Formelementen. Und doch wird in beidem, in den Symbolen wie in den Ornamenten, die kühle Abstraktheit moderner Rationalität und das Voluminöse moderner Diesseitigkeit sichtbar.

Nun zum Kruzifix: Ikonographisch folgt es einerseits dem hochmittelalterlichem Typus (Lendenschurz, drei Kreuzigungsnägel), aber die geöffneten Augen des Heilands führen auf Darstellungen des 6. und 7. Jahrhunderts zurück. Als Inschrift schließlich dient nicht das übliche „Inri", sondern es steht geschrieben in großen Buchstaben: „Ich bin der Weg, die Wahrheit und das Leben." (Joh 14,6) Es ist, als müsse diese Quintessenz des christlichen Glaubens heute plakatartig und provokativ dem Beschauer entgegengehalten werden, der oft schon nicht mehr weiß, worum es geht. Darin überbietet Kock den Postmodernismus, dessen Kennzeichen das Schwanken ist, wenn sich auch schon darin das Ende modernistischer Überheblichkeit und Selbstsicherheit ankündigt. Aber Kock greift in der Darstellung der Christus-Gestalt auch zum expressionistischen Gestus: In den nicht nur geöffneten, sondern weit aufgerissenen Augen, in der durch die Speerwunde gräßlich klaffenden Brust wird die wehrlose Hingegebenheit des Geopferten an die furchtbare Grausamkeit der Welt in höchster Verdichtung sichtbar; aber auch die barmherzige, duldende Liebe in dem zur Seite auf die Schulter schmerzlich geneigten Kopf. Und doch zeigt sich die moderne, voluminöse Diesseitigkeit auch hier: Dieser Christus ist von gedrungener, unvermittelt gegenwärtiger Erdhaftigkeit, er ist ganz als Mensch die Verkörperung der göttlichen Idee: „Ich bin der Weg und die Wahrheit und das Leben." Nirgends ist es heute wie in Kocks Werk gelungen, das unaufhörliche, historische Ringen um den ewigen Gehalt in so unmittelbarer und unwiderstehlicher Eindringlichkeit sichtbar werden zu lassen. Eben darin aber liegt seine in die Zukunft weisende Kraft.

c) Das Mythische in der christlichen Kunst

Wie schon bemerkt, ist die Transposition der je geschichtlich bedingten, außerkünstlerischen Wirklichkeitsvorstellungen in die Kunst und das Sichtbare als solches immer eine Transposition ins Mythische, ganz unbeschadet dessen, ob diese Wirklichkeitsvorstellungen selbst mythischer Natur sind oder nicht. Betrachten wir nun wieder die drei mythischen Grundelemente der Kunst der Reihe nach und untersuchen wir, wie sie im Rahmen der christlichen Kunst in Erscheinung treten.

Wenn in der Kunst wie im Mythos alles Ideelle materialisiert wird, weil es darin zu etwas Sichtbarem wird und somit eine räumliche Gestalt annimmt, und umgekehrt alles Materielle sich in etwas Ideelles verwandelt dadurch, daß es in der Dimension des Sichtbaren als solchen erscheint und somit das Siegel reinen, menschlich-subjektiven Sehens und Anschauens ohne kognitives Beiwerk zeigt – wodurch gerade die Kunst von der mythischen Einheit des Objektiven mit dem Subjektiven geprägt ist – so fragt es sich nun, *was dies insbesondere für die christliche Kunst bedeutet?*

Ihr Thema ist das christliche Divinum und Humanum. Das *Divinum*: Nirgends unmittelbarer als in der Kunst tritt die christliche Idee von der Menschwerdung Gottes sichtbar in Erscheinung. Diese Idee erschöpft sich ja keineswegs in Christus, sondern umfaßt den gesamten Umfang der Kommunikation zwischen Gott und dem Gläubigen. Wir finden sie schon in der Genesis, wo nicht von der Weltschöpfung im Sinne des physikalischen Universums die Rede ist, sondern von der Herstellung jener Ordnung und jenes Hauses, worin der Mensch im Licht und nicht in der Finsternis, wo er mit der Natur in Gottnähe leben kann; wo Gott im Garten Eden *menschlich* mit ihm umgeht. Wir finden diese menschliche Kommunikation mit Gott in den Heilsereignissen, so wie sie sich im irdischen Raum abspielen, aber auch in den Engeln, die innerhalb der Welt in Erscheinung treten, wir finden sie im Wasser der Taufe und in der Speise der Eucharistie. Dies alles spielt sich im *Sichtbaren* ab und wird daher notwendig, wie Luther bemerkte, von sich aus schon anschaulich vorgestellt. *Die christliche Kunst ist daher der Exponent dieses Zusammenhanges, der allein in ihr in der vollen Reinheit der Anschauung, eben des Sichtbaren als solchen erscheint,* und die Einheit des Ideellen mit dem Materiellen, des Subjekts mit dem Objekt nimmt daher bei ihr nun die besondere Form an, daß es das Göttlich-Ideelle ist, das sich hier im Sichtbaren materialisiert und daß es die menschlich-subjektive Sichtweise ist, in der sich eben dieses Göttliche offenbart. Das *Humanum*: Wie christlich alles Menschliche nur auf diese sinnlich-sichtbare Kommunikation mit dem Mensch gewordenen Gott ausgerichtet ist – darin ist alle Mannigfaltigkeit dieser Kommunikation in einem Begriff zusammengefaßt –, so stehen auch alle existentialen Elemente christlichen Menschseins dazu in Beziehung und sind selbst Gegenstände des Sichtbaren, wie es die Kunst in einzigartiger Weise erfaßt, so daß sich hier die Einheit des Ideellen mit dem Materiellen, des Subjektiven mit dem Objektiven nur auf einer inhaltlich anderen Weise wiederholt. (Bilder der Reue, der Buße, der Anbetung, der Verklärung usw.)

Wenn nun, wie bereits in den vorangegangenen allgemeinen Betrachtungen zur Kunst bemerkt, die mythische Einheit des Ideellen und Materiellen, von Subjekt und Objekt in jeder Art Kunst eine der Grundlagen jener Beglückung ist, die Kunst zu schenken vermag, so beruht diese Beglückung im Falle christlicher Kunst für den Gläubigen darin, daß das Göttliche sichtbar, und daß es auf *menschliche Weise* sichtbar wird. Und doch liegt in dieser Sichtbarkeit zugleich, daß Gott transzendent ist, daß er unendlich mehr ist als der, welcher mit dem

Menschen kommuniziert. Dies zeigt die christliche Kunst durch die Art der Geistigkeit, in der sie ihn darstellt und die doch eine so ganz andere ist als z.B. diejenige eines griechischen Gottes.

Wenn ferner in der Kunst wie im Mythos das konkret Individuelle mit dem Allgemeinen zusammenfällt, weil in ihr einerseits die kognitiv mit Hilfe allgemeiner Begriffe erkennbaren Gegenstände in ihrer Sichtbarkeit als solcher und damit durch sinnlich-anschauliche, also je konkrete Gestalten repräsentiert werden, andererseits aber dieses konkret Individuelle durch einen Stil vermittelt wird, welcher der allgemeinen Art und Weise entspricht, wie in einem historisch gegebenen Wirklichkeitsverständnis Gegenstände in ihrer Sichtbarkeit als solcher in Erscheinung treten, wodurch jedes Bild zugleich von allgemeiner Bedeutung und Geltung ist, so müssen wir auch hier fragen: *Was heißt das für die christliche Kunst?*

Gehen wir wieder vom Divinum und Humanum aus. Die Einheit von konkret Individuellem und Allgemeinem ist die Form, wie in der christlichen Kunst die Heilsereignisse erscheinen, es ist aber auch überhaupt die Form, wie wir gesehen haben, in der die mythischen Archaí für den Menschen erfahrbar werden. Denn einerseits sind sie ja stereotype Urbilder von allgemeiner Bedeutung, andererseits werden sie dem Menschen nur faßbar durch ihre Wiederholung im sinnlich konkreten Raum. Indem die Kunst also die Heilsereignisse in die ihr eigentümliche Wirklichkeitssphäre transponiert, kommen diese als die Archaí und christlichen Ursprungsgeschichten, die sie doch sind und als welche sie in steter Wiederholung den christlichen Kult und christliche Existentialität bestimmen, zu ihrer im Rahmen eines allgemeinen Stils auftretenden, konkreten, anschaulichen Sichtbarkeit als solcher. Zwar wird das im christlichen Urbild Allgemeine innerhalb der Kunst nur durch ihren Stil erfaßt, und zeigt sich daher mit diesem in geschichtlicher Gestalt, doch ist dies die *unaufhebbar menschliche Art und Weise*, es Gestalt werden zu lassen. Was also die christlichen Archaí im Kult als sich wiederholendes Handlungsereignis (actu), mit ständig wechselnden, individuellen Akteuren und in kunstgeschichtlichen Epochen sich wandelnden Kultgeräten und Paramenten (Kultgewänder usw.), das sind sie in der Kunst im Bild (imagine), mit wechselnder sinnlich-konkreter Gestalt und sich wandelndem Stil. Das Gleiche gilt für die im Bereiche des christlichen Humanum sich abspielenden Ereignisse, die ja nicht nur als ein besonderer Fall verstanden werden, sondern als christliche Existentialität repräsentierende Vorgänge. Und die Beglückung, die uns allgemein Kunst bietet, indem sie durch ihre Einheit des Abstrakten mit dem konkret Individuellen alles in Geist und Leben taucht, nimmt in der christlichen Kunst die Form an, daß der Gläubige in ihr der ewigen Urbilder des Christentums ansichtig wird.

Welche Bedeutung hat es aber schließlich für die christliche Kunst, daß ihre Gegenstände, wie bei jeder Kunst, in mythischer Weise nicht im profanen Raum und der profanen Zeit lokalisierbar sind, und so einer transzendenten

Wirklichkeit angehören? Was das Divinum betrifft, so haben ja die Heilsereignisse diese Doppeldeutigkeit, daß sie sich zwar im historischen Raum und der historischen Zeit abspielen, darin aber doch nicht aufgehen, sondern etwas dazu Transzendentes sind, weswegen es des Glaubens bedarf, dies in ihnen zu erkennen. Das geht schon daraus hervor, daß es Augenzeugen von ihnen gab, die davon nichts wahrgenommen zu haben scheinen. Deswegen ist ja auch in der Sache des christlichen Glaubens der einstige Augenzeuge der Wahrheit nicht näher als irgendein anderer Mensch, der irgendwann später gelebt hat, und deswegen ist auch der Versuch, den Heilsereignissen in historischer Forschung auf den Grund kommen zu wollen und sich ihrer so oder so zu vergewissern, nichts anderes, als eine metabasis in allo genos, ihre Verlegung auf ein von ihnen verschiedenes, ihnen fremdes Feld.[66] Wenn also Kunst von sich aus schon die alltägliche Erscheinungswelt transzendiert, dann ist sie auch auf unvergleichliche Weise imstande, die besondere Wirklichkeit der Heilsereignisse, die gleichsam zwischen historischer Realität und Transzendenz schweben, sichtbar werden zu lassen. Und die Entrückung aus dieser profanen Raum-Zeitwelt, die wir beglückt fühlen, wenn wir uns überhaupt in ein Bild versenken, diese Entrückung wird für den ein Werk christlicher Kunst betrachtenden Gläubigen zu derjenigen, die der Anblick des Heils im das Urgeschehen wiederholenden Gedächtnis auf menschliche Weise zu bieten vermag. Entsprechend geht auch das in der christlichen Kunst vorgestellte Humanum über die aller Kunst eigentümlichen Transzendenz hinaus, weil in ihm immer zugleich jene Transzendenz sichtbar wird, auf die es sich, sei es in der verklärten Gottnähe, sei es in der leidvoll erfahrenen Gottferne des Menschen bezieht.

d) Wirklichkeit, Wahrheit und Erkenntnis in der christlichen Kunst

Die Wirklichkeit des Kunstwerks, so zeigte die allgemeine Betrachtung über die Kunst im vorangegangenen Abschnitt a), liegt nicht außerhalb seiner, das Kunstwerk ist nicht Mimesis eines ihm Äußeren, sondern sie liegt als das Sichtbare als solches von Gegenständen allein in ihm selbst. Entsprechend hat es nicht Wahrheit dadurch, daß es mit einem ihm Äußeren übereinstimmt (z.B. das Portrait mit dem Portraitierten), sondern es ist wahr in dem Sinne, wie das Wirkliche wahr ist, nämlich als die unverborgene Sache selbst. Indem aber im Kunstwerk Wirklichkeit und Wahrheit in Erscheinung treten, vermittelt es uns auch Erkenntnis. Freilich nicht Erkenntnis wie im kognitiven Bereich, wo diese sich unter bestimmten apriorischen Voraussetzungen auf das Erkannte bezieht; sondern Erkenntnis in dem Sinne, daß durch sie unter den apriorischen, unter intersubjektivem Anspruch stehenden Voraussetzungen des Künstlerischen das Wirkliche und Wahre als das Sichtbare als solche *überhaupt nur entsteht, nur dadurch zur Erscheinung kommt.* So bilden in der Kunst Wirklichkeit, Wahrheit

---

[66] Womit nichts gegen eine wissenschaftliche Untersuchung des AT und NT gesagt ist, die sich im Zusammenhang mit dem Glauben ihrer Grenzen bewußt ist.

und Erkenntnis ein unlösbares Ganzes. Das Kunstwerk ist also das Ergebnis eines Schöpfungsaktes, der dennoch nichts mit der Schöpfung eines Phantasiegebildes oder subjektiver Willkür gemein hat, sondern Schöpfung mit intersubjektivem Anspruch eben jener Wirklichkeit ist, die es nirgends anders als in der Kunst gibt, nämlich: Schöpfung des einer außerkünstlerischen Wirklichkeit korrespondierenden Sichtbaren als solchen. *Was bedeutet das nun für die christliche Kunst?*

Erinnern wir uns an die bereits zitieren Bemerkungen Th. von Aquins und Luthers zu ihr. Es sei dem Bilde des Göttlichen die gleiche Verehrung entgegenzubringen wie seinem Urbild, sagt Th. von Aquin, und Luther erläutert das, wie wir gesehen haben, auf zweifache Weise: Zum ersten verweist er darauf, daß menschliches Denken, Verstehen und Erkennen der Anschauung bedarf und es daher unvermeidlich und legitim sei, sich vom Heilsgeschehen ein Bild zu machen. Zum zweiten sieht er darin aber nicht nur die mehr oder weniger allegorische Veranschaulichung eines an sich rein kognitiv Faßbaren, sondern das Bild zeige das *Wesen* des Dargestellten, also sein eigentliches Selbstsein und in diesem entscheidenden Betracht unterscheide es sich in der Tat nicht vom Urbild, ist also, wie wir folgerichtig hinzufügen können, so wirklich wie dieses selbst. Womit die Forderung Th. von Aquins, dem Bild die gleiche Verehrung zu bieten wie dem Urbild, durch Luther ihre genauere Begründung erhalten hat. Also nicht eigentlich dem Bild wird etwa im Sinne magischen Denkens diese Verehrung zuteil, diesem bemalten Holz, diesem behauenen Stein usw., sondern dem *in ihm erscheinenden Wesen*. Und insofern, als es dieses zeigt, ist das Heilsgeschehen für den auf Anschauung angewiesenen Gläubigen *gegenwärtig*.

Doch bleibt bei Luther der Begriff „Wesen" unbestimmt. Ein Bild zeigt nicht schlechthin ein Wesen von etwas außerhalb seiner, womit es immer noch bloße Mimesis wäre, sondern es zeigt ein Wesen in seiner Sichtbarkeit als solcher, die es nur in ihm gibt und sonst nirgends. Aber zugleich ist das Wesen, das auf diese Weise die christliche Kunst zur Erscheinung bringt, trotz seiner ewigen Bedeutung aus dem geschichtlichen Zusammenhang nicht zu lösen, in dem es sich je dem Menschen offenbart. Das christliche Bild zeigt also die Wirklichkeit des Sichtbaren als solche eines *ewigen Heilsgeschehens* wie es sich in einer *geschichtlichen Situation* offenbart, wie es in *dieser* wirksam wird und in *dieser* als das *ewig Gleiche* in immer neuer, sichtbarer Gestalt erscheint und Wirklichkeit wird. Doch wird durch solche Geschichtlichkeit seine Gegenwärtigkeit nicht eingeschränkt. Im Gegenteil: Für den Gläubigen besitzt es alle Wirklichkeit des Heiligen, die es *für ihn* überhaupt haben kann, nämlich so weit dieses Heilige im Sichtbaren als solchen und unter den Bedingungen menschlicher Kommunikation mit ihm alleine gegenwärtig zu werden vermag. Deswegen kann auch der Beter vor einem solchen Bilde knien und kann es scheue Verehrung genießen. Deswegen kann er aber auch christliche Kunst vergangener Epochen mit gleicher Verehrung genießen, denn jede geschichtliche Form, in welcher die Kunst das Heilige in seiner Sichtbarkeit als solcher wirklich werden läßt, ist ja nur ein Moment in der beständigen Wiederholung des ewig

Gleichen. Und all dies gilt nicht nur für das Heilsgeschehen und das Heilige als Divinum, sondern auch für die sich immer und immer wieder in anderem Gewande abspielenden, auf das Divinum bezogenen, menschlichen Ereignisse des christlichen Humanum. In der Sixtinischen Madonna Raffaels ist für den Gläubigen die Mutter Gottes gegenwärtig, wenn auch nicht so wie in der Epiphanie der Bernadotte, sondern *in der reinen Anschauung;* im Abendmahl Noldes ist Christus mit seinen Jüngern gegenwärtig, wenn auch nicht so wie in der Eucharistie, sondern *in der reinen Anschauung* usw. Wer aber nicht glaubt, der wird alle diese Bilder nicht anders als andere große Kunstwerke betrachten, also die sich in ihnen offenbarende Wirklichkeit entweder gar nicht verstehen oder wie eine ihm fremde, vielleicht auch nur durch historische Entfernung fremdgewordene aufnehmen. Den mythischen Zauber aber, den jedes wahre Kunstwerk ausstrahlt, wird er dennoch darin verspüren und ebenso wird er auch unter anderem die ihm wie anderen großen Werken eigentümliche, hier nicht näher erörterte Bildlogik bewundern können.[67]

Zusammenfassend können wir von der christlichen Kunst Ähnliches sagen wie von der christlichen Musik: Sie ist zwar im Unterschied zum praktischen Leben des Christen, den kultischen Handlungen und dem Gebet kein notwendiges Element christlicher Existentialität, aber für die geistige Stärke und Kraft des Glaubens ist sie doch von unermeßlicher Bedeutung. Nun können diese zwar auch durch schlechte, im oben erläuterten Sinne unwahre Kunst gestützt werden, wie die Menge von Devotionalien, kitschigen Heiligenbildern und dergl. zeigt, die oft genug in Kirchen und Wohnungen zu sehen und überall billig zu erwerben sind. Selbst Gnadenbilder sind meist künstlerisch ohne besonderen Wert. Schließlich haben auch die Kirchenväter, die schon bald die pädagogische Bedeutung der Kunst hervorhoben, dabei eher an deren theologische Korrektheit als an den Unterschied zwischen wahrer von unwahrer Kunst gedacht. Und doch erschöpft sich eben nicht die Begegnung mit dem Heiligen in seiner Sichtbarkeit auf eine kunstfremde Sphäre. Es wäre eine schwere Sünde wider den Geist, wollte man diese Begegnung, wie sie sich in der Kunst, und nur in der Kunst vollzieht, verdrängen oder sie gar gering achten, wie es ja oft genug aus Unverständnis geschehen ist – ich erinnerte bereits daran. Freilich ist es auch immer wieder geschehen, daß große Meisterwerke selbst von einer keineswegs kunstfeindlichen kirchlichen Obrigkeit und ihrer Gemeinde abgelehnt wurden. Gerade heute, wo die Kunst in eine Mannigfaltigkeit von Stilen auseinandergefallen ist, wird die Auswahl schwer, doch ist dies keine Frage von prinzipieller Bedeutung, sondern eher der Mühe, Geduld und Erfahrung, wie im einzelnen Fall zu entscheiden ist. Man vergesse im übrigen nicht, daß die Kunst einer der Exponenten des geistigen Lebens ist, von dem doch das allgemeine, auch für die Kirche schwer wiegende Bewußtsein entscheidend mitgeprägt wird. Ein Blick auf die europäische Geistesgeschichte zeigt, was die Kunst, genauso wie die Musik, für das Christentum

---

[67] Vgl. K. HÜBNER, Die zweite Schöpfung, a.a.O., VII. Kapitel, 3b) und 6c).

geradezu Unentbehrliches geleistet hat. Aus diesem Grunde, wie auch wegen der beträchtlichen und bisher kaum bewältigten Schwierigkeiten, die Bedeutung von Kunst und Musik für den christlichen Glauben theoretisch zu erhellen, wurde beiden hier eine so ausführliche Betrachtung gewidmet.

X. Kapitel
Gnade, Verdammnis, Freiheit

Wenden wir uns nun endlich der in den vorangegangenen Kapiteln immer wieder aufgetauchten, aber immer wieder zurückgestellten Frage nach dem christlichen Verständnis von Freiheit zu. Ist dieses doch von fundamentaler Bedeutung für christliche Lebensgestimmtheit und Existentialität.

1. *Systematische Darstellung*

Versteht man unter Freiheit die *absolute Selbstbestimmung* des menschlichen Willens und Handelns, dann ist der Mensch, christlich gesehen, *von Natur* aus *nicht frei*. Denn seine Natur, sein verderbtes Wesen hat er von seinem Stammvater Adam geerbt, auf ihm lastet daher die adamitische Schuld und die *Erbsünde*. Worin diese besteht, und was das alles bedeutet, muß hier nicht noch einmal dargelegt werden. (Vgl. III. Kapitel, A) Die „absolute Selbstbestimmung" oder *absolute Freiheit* ist, dies sei vorweg hervorgehoben, von der relativen zu unterscheiden. Relative Freiheit liegt vor, wenn ein Mensch durch keinerlei äußeren Zwänge in seinen Handlungen behindert oder durch keinerlei Suggestion, Drogen oder andere Bewußtseinstrübungen in seiner Entscheidungsfähigkeit eingeschränkt ist. Allein selbst wenn dies der Fall ist, so wird damit keineswegs ausgeschlossen, daß der Mensch, auch wenn er äußerlich oder innerlich ungehindert bleibt, auf Grund eines für ihn unentrinnbaren Charakters und Wesens handelt oder sich entscheidet. Wenn sich aber nun der Mensch nicht aus eigener Kraft von seiner adamitischen Natur befreien kann, eben weil sie seine Natur ist, so bedarf er dazu nach christlicher Auffassung der rettenden Hilfe Gottes. Freiheit bedeutet also christlich nichts anderes als *Freiheit von der Sünde durch Gottes erlösende Tat*. Die bisherigen Sünden wurden durch Christi Opfertod aufgehoben, die Macht der adamitischen Natur des Menschen wurde gebrochen, wenn auch noch nicht endgültig vernichtet. Denn dies geschieht erst am Jüngsten Tage, wenn die Welt als Ort der Sünde untergegangen ist. Mit der durch Christus erlangten Freiheit gewinnt nun aber der Mensch überhaupt erst die *Kraft*, die Sünde zu überwinden. *Christliche Freiheit als Freiheit von der Sünde ist somit Gnade*. Die Gnade dieser Freiheit wird ohne Ausnahme jedem erwiesen. Gott hat damit die *ganze Menschheit* von ihrem Fluch erlöst.

Nun kann der Mensch, so lange die Welt besteht, von der durch Gnade gewonnenen Freiheit und Kraft Gebrauch machen, also der Sünde entsagen, er kann aber auch in der adamitischen Knechtschaft verharren oder wieder in sie zurückfallen. Ist nun nicht wenigstens dies eine Entscheidung, die er in Freiheit fällt? Um diese Frage zu beantworten, müssen wir zunächst im Auge behalten, daß der Mensch von seiner ihm durch Gnade zugewachsenen Kraft, der Sünde zu widerstehen, nur dadurch Gebrauch machen kann, daß er an seinen Erlöser und an Gott glaubt. Denn nur durch diesen Glauben, und nur durch ihn, überwindet er die Sünde als gottferne Egozentrik, denkt und handelt er allein aus dem Geiste der Liebe zu Gott und nicht irgendwelchen, wie auch immer offenen oder verborgenen Motiven menschlicher Eigenliebe. Daraus folgt: Das wahrhaft Gute vermag der Mensch aus christlicher Sicht nur im Glauben zu vollbringen.[1] *Der Glaube aber ist Gnade*. Kann doch niemand sich zum Glauben kraft seines Willens „entschließen", selbst dann nicht, wenn er rational einleuchtete oder sich zumindest nichts fände, was rational gegen ihn einzuwenden wäre. Denn der Glaube ist nicht die intellektuelle Annahme eines Lehrgebäudes, sondern eine *Existenzform*, er ist eine *Grundgestimmtheit* wie die Liebe, die den ganzen Menschen ergreift. Es kann geschehen, daß der Glaubende langsam in diese Existenzform hineingewachsen ist, oder daß sie plötzlich wie eine Erleuchtung über ihn kam. In jedem Falle aber ist der Glaube etwas, das dem Menschen *widerfährt,* das er nicht „gemacht" hat.

Wenn also der Mensch das wahrhaft, nicht nur scheinbar oder pharisäisch Gute allein im Glauben vollbringen kann, so ist er, wenn er dieses vollbringt, auch nur durch den Glauben gerechtfertigt. Und da der Glaube Gnade ist, so ist der Mensch auch nur in der Gnade des Glaubens gerechtfertigt. Also ist seine Entscheidung, von der ihm durch Gnade verliehenen Kraft, seine adamitische Natur zu durchbrechen, Gebrauch zu machen, ebenfalls keine Entscheidung in Freiheit, sondern durch Gnade. Die Gnade wirkt gleichsam in zwei Stufen: zum einen diejenige, auf welcher die Knechtschaft der Erbsünde gebrochen wird, zum zweiten diejenige, in welcher der Mensch von dieser gewonnenen Freiheit zum Handeln fortschreitet. An diesem Tatbestand ist nicht vorbeizukommen. Der Protestantismus hat ihn durch seine *Rechtfertigungslehre* (sola fide) uneingeschränkt anerkannt. Aber steht er damit seit dem Konzil von Trient (1547) zum Katholizismus wirklich in solchem Gegensatz, wie es scheint?

Es sind verschiedene Gründe, die gegen die Rechtfertigungslehre vorgebracht wurden. So wurde behauptet, sie enthalte eine Aufforderung zur Untätigkeit, weil der Mensch unter dieser Voraussetzung nichts aus eigener Kraft für sein Seelenheil tun könne; ferner fördere sie die Unmoral, weil sie die Rechtfertigung durch eigene, gute Werke verwerfe; auch sei es legitim, solche Werke mit der Hoffnung auf sein Seelenheil zu verbinden, also ihre Anerkennung und Anrechnung zu erwarten. Bei solcher Kritik wird jedoch übersehen, daß die Rechtfertigungslehre in keiner Weise dem nach katholischer Auffassung not-

---

[1] Über den gescheiterten Versuch Kants, das wahrhaft Gute um seiner selbst willen ohne Bezug auf Gott zu tun, vgl. das Kapitel „Kants Religionslehre innerhalb der Grenzen der bloßen Vernunft", XIV. Kapitel, 8b.

wendigen Streben nach guten Werken widerspricht. Denn wenn solche Werke auch noch kein Beweis für gottgefälliges Handeln sind, weil es in ihnen nicht auf die Tat, sondern auf die Gesinnung, nämlich auf die Gottes- und Menschenliebe im Glauben ankommt, so können sie doch immerhin als ein *Indiz* für die Gnade, als eine Art conditio sine qua non gelten. Und deswegen hat der Katholizismus auch recht, wenn er in ihnen trotz aller Fragwürdigkeit die legitime Hoffnung auf das ewige Leben gegründet sieht. Diese Hoffnung rechnet doch in Wahrheit gar nicht mit der *äußeren Anerkennung* guter Werke, sondern sie wurzelt in der von allem Eigeninteresse losgelösten Liebe zu Gott. „Wer mir nachfolgen will, verleugne sich selbst", spricht Jesus, „und nehme sein Kreuz auf sich und folge mir nach. Denn wer sein Leben erhalten will, der wird's verlieren; und wer sein Leben verliert um meinetwillen und um des Evangeliums willen, der wird's erhalten." (Mk 8,34f.)

Ein weiterer und scheinbar besonders gewichtiger Einwand gegen die Rechtfertigungslehre ist der folgende: Wenn der Mensch aus eigener Kraft weder etwas für seine Erlösung noch gegen seine Verdammnis tun könne, sondern durch Gottes Gnade bzw. Ungnade dazu bestimmt wäre, so widerspräche das der Gerechtigkeit Gottes. Denn welchen Grund kann es für eine solche Bestimmtheit geben, wenn der Mensch weder für das eine noch für das andere verantwortlich ist und daher weder in dem einen Fall mit dem ewigen Leben belohnt noch im andern Fall mit der ewigen Verdammnis bestraft werden kann? Warum also hat Gott den einen seine Gnade geschenkt, die anderen aber der Verdammnis überlassen, obgleich doch beide seine Geschöpf sind?

Diese Frage steht in engem Zusammenhang mit der bereits im II. Kapitel, 5 aufgeworfenen Frage, warum Gott die Welt, die doch diejenige der Sünde ist, geschaffen hat. Das Ergebnis war, daß es sich hierbei um eine sinnlose, weil prinzipiell unbeantwortbare Frage handelt. Zwar hat sich uns Gott heilsgeschichtlich offenbart (deus revelatus), aber er offenbarte sich zugleich auch als der transzendente, jenseitige Gott (deus absconditus). Über die Gründe, warum er die Welt geschaffen hat, also den Ort des Falls und der Sünde, wissen wir nichts und können wir auch nichts wissen. Ja, es ist schon fraglich, wie wir gesehen haben, ob das menschliche Denkschema Grund-Folge überhaupt auf Gottes Geist übertragen werden kann. Wo wir aber solche Gründe nicht nur nicht kennen, sondern auch prinzipiell nicht kennen können, fällt die immer wieder vorgebrachte Kritik in sich zusammen, Gott könne angesichts des Elends dieser Welt entweder nicht gerecht oder nicht mit der hinreichenden Macht ausgerüstet sein, es zu verhindern. Aber wie wir nicht die Gründe Gottes für die Schöpfung der Welt kennen können, so auch nicht die Gründe, warum in dieser die einen der Gnade teilhaftig, die anderen aber verworfen werden.[2]

---

[2] Wie weit die hier vorgebrachte Versöhnung zwischen dem protestantischen und dem katholischen Standpunkt in der Gnadenlehre mit den heutigen, in die gleiche Richtung zielenden ökumenischen Versuchen übereinstimmt, dies zu beurteilen überlasse ich jenen, die an diesen Versuchen teilgenommen haben.

2. Belege aus dem NT

Hören wir zunächst Jesu Gleichnis: „Siehe, es ging ein Sämann aus zu säen. Und es begab sich, indem er säte, daß einiges auf den Weg fiel; da kamen die Vögel und fraßen's auf. Einiges fiel auf felsigen Boden, wo es nicht viel Erde hatte, und ging alsbald auf, weil es keine tiefe Erde hatte. Als nun die Sonne aufging, verdorrte es. Und einiges fiel unter die Dornen, und die Dornen wuchsen empor und erstickten's, und es brachte keine Frucht. Und einiges fiel auf gutes Land, ging auf und wuchs und brachte Frucht, und einiges trug dreißigfach und einiges sechzigfach und hundertfach. Und er sprach: Wer Ohren hat zu hören, der höre!" (Mk 4,3–9) Warum ist der Boden jeweils so verschieden, auf den der göttliche Samen fällt? Weshalb, um das Gleichnis zu deuten, sind die Herzen so verschieden, welche die göttliche Botschaft vernehmen? Wäre es nicht abwegig anzunehmen, Jesus hätte als Gleichnis gerade die verschiedenen Böden gewählt, wenn er damit auf die mannigfaltigen Möglichkeiten menschlicher Freiheit anspielen wollte? Gleicht ein Boden nicht eher einem unveränderlichen Schicksal? Oder lesen wir Röm 8,27–30: „Wir wissen aber auch, daß denen, die Gott lieben, alle Dinge zum Besten dienen, denen, die nach seinem Ratschluß berufen sind. Denn die er ausersehen hat, die hat er auch vorherbestimmt, daß sie gleich sein sollten dem Bild seines Sohnes, damit dieser der Erstgeborene sei unter vielen Brüdern. Die aber vorherbestimmt sind, die hat er auch berufen; die er aber berufen hat, die hat er auch gerecht gemacht; die er aber gerecht gemacht hat, die hat er auch verherrlicht." Weiter Joh 6,44: „Es kann niemand zu mir kommen, es sei denn, ihn ziehe der Vater, der mich gesandt hat, und ich werde ihn auferwecken am Jüngsten Tage." 1 Joh 4,2–3 heißt es in einer nichts zu wünschen übrig lassenden Klarheit über die numinose Bestimmung des Menschen, sei es durch den Geist Gottes, sei es durch den Geist des Teufels: „Ein jeder Geist, der bekennt, daß Jesus Christus in das Fleisch gekommen ist, der ist von Gott; und ein jeder Geist, der Jesus nicht bekennt, der ist nicht von Gott; und das ist der Geist" (Pneuma) „des Antichrist (...)." Dem seien noch Jesu Worte aus Joh 8,43 hinzugefügt: „Warum versteht ihr denn meine Sprache nicht? Weil ihr meine Worte nicht hören könnt. Ihr habt den Teufel zum Vater, und nach eures Vaters Gelüste wollt ihr tun." Aber anderseits wird mit der gleichen Klarheit hervorgehoben, daß *in beiden Fällen Gottes Wille wirksam war.* „Gott hat ihnen" (den Verstockten) „einen Geist" (Pnéuma) „der Betäubung gegeben, Augen, daß sie nicht sehen, Ohren, daß sie nicht hören, bis auf den heutigen Tag." (Röm 11,8) Augustin und Luther haben daher mit vollem Recht die *doppelte Prädestination* des Menschen gelehrt, nämlich zum Guten wie zum Bösen. Vielleicht noch deutlicher wird sie in Röm 9,11–13 enthüllt: „Ehe die Kinder geboren waren und weder Gutes noch Böses getan hatten, da wurde, damit der Ratschluß Gottes bestehen bleibe und seine freie Wahl – nicht aus Verdienst der Werke, sondern durch die Gnade des Berufenen –, zu ihr gesagt: ‚Der Ältere soll dienstbar werden dem Jüngeren' (1Mose 25,23), wie geschrieben steht (Maleachi 1,2.3): ‚Jakob habe ich geliebt, aber Esau habe ich gehaßt.'"

Und doch ist die Prädestination nicht ein einfacher, ursprünglicher, dem Leben eines Menschen vorausgehender Akt, dem gegenüber alles folgende gleichgültig wäre (der Betroffene täte Gutes oder Böses), sondern sie vollzieht sich im Lebenslauf eines Menschen. Es ist die Prädestination eines Prozesses. Nur scheinbar widerspricht daher das folgende Zitat aus 1Tim 2,4 der doppelten Prädestination. Zwar heißt es dort, unser Heiland wolle, *„daß allen Menschen geholfen werde und sie zur Erkenntnis der Wahrheit kommen. Denn es ist ein Gott und ein Mittler zwischen Gott und den Menschen, nämlich der Mensch Christus Jesus, der sich selbst gegeben hat für alle zur Erlösung"*; aber damit ist nur die bereits erwähnte *erste Stufe der Gnade* angesprochen, ohne welche die *zweite*, wo überhaupt erst endgültig über Gnade oder Verdammnis entschieden wird, nicht verstehbar ist. Der Sinn der Gnade besteht ja gerade darin, daß ihr Angebot angenommen, der Sinn der Verdammnis, daß es zurückgewiesen wird, und die Vorherbestimmung heißt nichts anderes, als daß sich dieser Prozeß, dieses Drama, im Verlaufe eines Menschenlebens auf die eine oder andere Weise vollziehen wird.[3] Das aufgeführte Zitat Röm 9,11–13 über die Prädestination Jakobs und Esaus ist also nur die kurze Zusammenfassung eines sehr komplexen Vorganges. Doch handelt es sich hier keineswegs nur um die Lebensläufe einzelner, sondern ausdrücklich auch um die Geschichte von Völkern, also die Weltgeschichte, wofür vor allem die Erwählung Israels und ihre einzelnen Episoden als Beispiel aufgeführt werden können. So heißt es in Röm 9,17f. zur Vertreibung der Juden aus Ägypten: „Denn die Schrift sagt zum Pharao (2Mose 9,26): ‚Eben dazu habe ich dich erweckt, damit ich an dir meine Macht erweise und damit mein Name auf der ganzen Erde verkündigt werde'".

Diesen eindeutigen Belegen für den Glauben an die doppelte Prädestination im NT seien nun solche hinzugefügt, die zeigen, daß dort im Zusammenhang damit auch die Frage der Gerechtigkeit Gottes aufgeworfen und in derselben Weise zurückgewiesen wird, wie es im systematischen Teil dieses Kapitels bereits geschehen ist. So schreibt Paulus im unmittelbaren Anschluß an die Rede von der Prädestination Jakobs und Esaus: „Was sollen wir nun hierzu sagen? Ist denn Gott ungerecht? Das sei ferne! Denn er spricht zu Mose (2Mose 33,19): ‚Wem ich gnädig bin, dem bin ich gnädig, und wessen ich mich erbarme, dessen erbarme ich mich.'" Diese völlige Unabhängigkeit der Gnade Gottes zeigt sich für Paulus besonders auch in den Fällen, in denen er sie gerade jenen schenkte, die sie scheinbar nicht verdient zu haben scheinen: „(…) Ich will das mein Volk nennen," – gemeint ist Israel –, „das nicht mein Volk war, und meine Geliebte, die nicht meine Geliebte war. Und das soll geschehen: Anstatt daß ihnen gesagt wurde, ‚ihr seid nicht mein Volk', sollen sie Kinder des lebendigen Gottes genannt werden." (Röm 9,25f.) „So erbarmt er sich nun,

---

[3] Dieses Ringen von Gott und Teufel in der Seele des Menschen erinnert nur oberflächlich an die manichäistische Lehre vom Kampf der gleichursprünglichen Prinzipien „Licht und Finsternis". Denn erstens sind christlich Gott und Teufel nicht gleichursprünglich, und zweitens kann sich der Mensch nach manichäistischer Vorstellung im Gegensatz zur christlichen durch geeignete Lebensweise selbst zum Licht erlösen.

wessen er will," lesen wir weiter, „und verstockt, wen er will. Nun sagst du zu mir: Warum beschuldigt man uns dann noch? Wer kann seinem Willen widerstehen? Ja, lieber Mensch, wer bist du denn, daß du mit Gott rechten willst? So spricht auch ein Werk zu seinem Meister: Warum machst du mich so? Hat nicht ein Töpfer Macht über den Ton, aus demselben Klumpen ein Gefäß zu ehrenvollem und ein anderes zu nicht ehrenvollem Gebrauch zu machen?'" (Röm 9,18–21) Wie das Werk unmöglich wissen kann, warum es sein Meister so und nicht anders geschaffen hat, so ist das Geschöpf unendlich weit davon entfernt wissen zu können, warum es so und nicht anders von seinem Schöpfer geschaffen wurde. Für Paulus ist das aber nur der besondere Fall einer allgemeinen Einsicht: „(...) wir reden von der Weisheit Gottes, die im Geheimnis verborgen ist, die Gott vorherbestimmt hat vor aller Zeit zu unserer Herrlichkeit" (1Kor 2,7), aber „der natürliche Mensch vernimmt nichts vom Geiste Gottes; es ist ihm eine Torheit und er kann es nicht erkennen; denn es muß geistlich beurteilt werden." (1Kor 2,14). Folgt nicht aus diesen allgemeinen Worten über das Mysterium Gottes, daß es auch für Paulus im Grunde ein und dieselbe, prinzipiell unbeantwortbare Frage ist, warum Gott die Welt geschaffen und so das Böse zugelassen hat, und warum *eben damit* Gott zugelassen hat, daß die einen, von seinem Pneuma in Gnade durchdrungen, gut *sind*, die andern jedoch, vom Pneuma des Teufels durchdrungen, böse und ihm ferne *sind*?

Daß die Vorstellungswelt des NT Freiheit im Sinne absoluter menschlicher Selbstbestimmung nicht kennt, dafür ist im übrigen das Schicksal des Judas das alles überragende Beispiel. Wie Jesu Opfertod Erfüllung der Schrift und prophetischer Vorhersage, also vorherbestimmt war, so auch der Verrat des Judas, der diesen Tod zur Folge hatte. „Der Menschensohn", heißt es Mt 26,24, „geht zwar dahin, wie von ihm geschrieben steht; doch wehe dem Menschen, durch den der Menschensohn verraten wird!" Jesus aber weiß, daß dieser Verräter Judas sein wird: „Der die Hand mit mir in die Schüssel taucht, der wird mich verraten." (23). Und in Apg 1,16 sagt Petrus: „(...) es mußte das Wort der Schrift erfüllt werden, das der Heilige Geist durch den Mund Davids vorausgesagt hat über Judas, der denen den Weg zeigte, die Jesus gefangen nahmen." Und wenn auch die Apostelgeschichte von Mt 27,3ff. darin abweicht, weshalb der Acker, der mit den Silberlingen des Judas gekauft wurde, „Blutacker" genannt wird, so ist doch beiden Berichten gemeinsam, daß sie diese Nennung auf Weissagungen zurückführen, und zwar im Falle von Mt 27,8–10 auf eine des Propheten Jeremias, im Fall von Apg 1,20 auf den Psalm 69,26. Ausdrücklich und mehrfach werden die Apostel als die von Gott Erwählten, Judas aber als der vom Teufel Besessene bezeichnet. So sagt Jesus nach Joh 6,70f. zu den Aposteln: „Habe ich nicht euch Zwölf erwählt? Und einer von euch ist ein Teufel. Er redete aber von Judas, dem Sohn des Simon Iskariot." (Ähnlich Joh 13,18.) Daß Judas vom Teufel beherrscht wird, sagt u.a. auch Lk 22,3: „Es fuhr aber der Satan in Judas (...)" Schließlich heißt es Joh 6,64f.: „(...) es gibt einige unter euch, die glauben nicht. Denn Jesus wußte von Anfang an, wer die waren, die nicht glaubten, und wer ihn verraten würde." Dem folgt der für die

Vorherbestimmung im Guten wie im Bösen entscheidende Satz: „Niemand kann zu mir kommen, es sei ihm denn vom Vater gegeben." Die anderen aber sind des Teufels.

Hier sei schließlich noch an das Gleichnis mit dem Feigenbaum erinnert, das, ohne auf Judas Bezug zu nehmen, von allgemeiner Bedeutung ist: Jesus „sah einen Feigenbaum stehen von ferne, der Blätter hatte; da ging er hin, ob er etwas darauf fände. Und als er zu ihm kam, fand er nichts als Blätter; denn es war nicht die Zeit der Feigen. Da fing Jesus an und sprach: Nun esse niemand mehr eine Frucht von dir in Ewigkeit! Und seine Jünger hörten das." (Mk 11,13 f.) In einer geradezu provozierenden Weise wird hier von Jesus das unlösbare Mysterium ausgesprochen: Warum ist der Feigenbaum verdammt, obgleich er doch nur seiner vorherbestimmten Natur folgt, indem er keine Früchte trägt? Weist nicht der knappe Nachsatz „und seine Jünger hörten das" auf deren sprachloses Erstaunen hin?[4]

3. Freiheit aus wissenschaftlicher Sicht und der empirische Realismus des Christentums

Wenn nun die bisherigen Ausführungen zeigten, daß christlich der Mensch in numinoser Abhängigkeit, sei es der Gnade Gottes oder der Macht Satans, existiert, so zeigt sich auch hier wieder seine formal mythische Verfassung, und nach allem, was über diese hier bereits gesagt worden ist, bedarf es dazu keiner weiteren Ausführung. Gleichwohl ist, wie schon in vorangegangenen Fällen solcher Übereinstimmung, auch hier die Frage zu stellen, ob es im Gegensatz zu einer solchen christlich-mythischen Anthropologie wissenschaftliche Beweise für eine Freiheit des Menschen gibt, die als absolute Selbstbestimmung verstanden werden kann. Solche Beweise könnten sich entweder auf Erfahrung stützen oder auf ein die Erfahrung überschreitendes, spekulatives, wie auch immer näher zu verstehendes, metaphysisches Denken. Was die Beweise der letzteren Art Denken betrifft, so werden sie uns im zweiten Teil dieses Buches, der von der Metaphysik handelt, beschäftigen. Wie aber steht es mit den Beweisen aus Erfahrung?

Soweit die empirische Wissenschaft ihrer Methodik entsprechend nach den kausalen Zusammenhängen von Ereignissen forscht, gehört für sie Freiheit, die ja gerade im spontanen, *akausalen* Auftreten von Ereignissen besteht, gar nicht zu

---

[4] Es ist verschiedentlich versucht worden, nach den genaueren Motiven des Judas zu forschen, ja, es ist sogar versucht worden, ihm zu unterstellen, er habe sich geopfert, um das Heilsgeschehen in die Wege zu leiten. (Vgl. u.a. W. Jens, Der Fall Judas, Stuttgart 1975). Für all dies gibt es jedoch nicht die Spur eines Anhalts in den Texten. Zu fragen wäre allenfalls, ob Judas wirklich endgültig der Verdammnis preisgegeben war, wie man es den Worten Jesu meint entnehmen zu können. Seine Reue in letzter Stunde, von der Mt 27,3 ff. berichtet, scheint freilich dagegen zu sprechen, während Apg 1,16 f. davon nichts berichtet. Doch ist solcher Zweifel christlich niemals zu beseitigen, weil wir weder die letzten Abgründe der menschlichen Seele noch Gottes unendliche Barmherzigkeit ermessen können.

ihrem Gegenstandsbereich. Sie wird daher selbst dort, wenn auch noch verborgen, die Bestimmung des Menschen durch natürliche Gesetze vermuten, wo uns das Denken, der Wille, die Gestimmtheiten oder Gefühle zunächst als etwas erscheinen mögen, was allein unserer autonomen Selbstbestimmung entspringt und unser absolut eigentümliches Werk ist. Zwar hat bei manchen die Entdeckung der Quantenmechanik die Hoffnung keimen lassen, diese beweise deswegen etwas für die Freiheit, weil sie den durchgehenden Determinismus in den Naturwissenschaften sprengte. Aber abgesehen davon, daß die quantenmechanischen Phänomene mikrophysischer Natur sind, und daher ihre Bedeutung für die menschliche Natur einen bisher nicht zu beweisenden, unmittelbaren Parallelismus von Mikrobiologie und Psyche voraussetzte,[5] wird meist übersehen, daß mit der Quantenmechanik nicht überhaupt das Gesetzesdenken durchbrochen, sondern nur ein neuer Typ von Naturgesetzen entdeckt wurde, nämlich derjenige statistischer Gesetze. Solche aber sagen nur etwas über Wahrscheinlichkeitsverteilungen einer bestimmten, definierten Menge aus, z.B. über das Verhalten einer bestimmten Menge von Menschen, nichts aber über den einzelnen Fall, auf den es doch, wo es um die Freiheit des Individuums geht, alleine ankommt. Schließlich: je mehr wir mit empirisch-wissenschaftlichen Methoden in die psychischen Prozesse eindringen, desto dichter zieht sich das Netz der kausalen Bestimmung zusammen, welcher der Mensch unterworfen ist.

Dies beginnt bereits bei seiner genetischen Bestimmung, die er von Geburt an in sich trägt und von der sowohl seine physische als auch seine psychische Natur weitgehend vorgeprägt ist. Auch finden praktisch unendlich viele und unendliche komplizierte physikalische, chemische und biologische Prozesse in ihm statt, die mit seiner körperlichen auch seine seelisch-geistige Konstitution weitgehend bestimmen. Beides wiederum steht in ununterbrochenen Wechselwirkungen mit seiner Umwelt, die sich nach den Gesetzen von actio und reactio bilden. Dies alles geschieht zum größten Teil ganz ohne seinen Willen und ist ihm auch zum größten Teil gar nicht bewußt. Betrachten wir aber nun das, was wir sein Bewußtsein nennen, so können wir wieder kaum etwas finden, was wir gleichsam als sein *eigenes* Werk ansehen könnten. Daß das Bewußtsein teilweise auch durch das Unterbewußtsein, also ohne oder gar gegen seinen Willen, bestimmt ist, zählt heute längst zu den Gemeinplätzen der Psychologie. Aber selbst wo wir davon absehen: wenn wir auf den Bewußtseinsstrom achten, der einen Menschen ständig durchflutet, auf die darin auftauchenden und einander verdrängenden Assoziationen, Erinnerungen, Gedanken, Gestimmtheiten und Gefühle, so spielt sich dies weitgehend ohne eine Steuerung durch seinen Willen ab, es geschieht einfach. Man denke an den

---

[5] Nur unter der Voraussetzung des Parallelismus, demzufolge sich jedes physische Ereignis im Körper eines Menschen unmittelbar psychisch spiegelt, könnten spontane Quantensprünge ein Indiz für Freiheit sein. Dieser Parallelismus ist scharf von der *kausalen* Bedeutung quantenmechanischer Vorgängen für das physische und damit auch psychische Leben eines Menschen zu unterscheiden, die kaum bestritten werden kann, wie die Erforschung von mikrobiologischen Mutationen im Körper von Lebewesen mit ihren weitreichenden Folgen gezeigt hat.

Roman „Ulysses" von James Joyce, der solche Erfahrungen eindringlicher, anschaulicher und überzeugender zur Sprache gebracht hat, als das je eine wissenschaftliche Untersuchung vermöchte. Sehen wir jedoch von dem kontinuierlichen Fluß des Bewußtseins ab und fassen wir die darin auftretenden, gleichsam festen Inseln ins Auge wie andauernde Gestimmtheiten, Gefühle und Triebe, so bietet sich das gleiche Bild. Ganz zutreffend sagt die Umgangssprache von ihnen, wir seien von ihnen beherrscht; sie kommen über uns ganz ohne unseren Willen. Wenden wir uns nun aber dem Willen selbst zu. Sagt nicht wieder die Umgangssprache zutreffend, dieser oder jener habe einen starken oder einen schwachen Willen, ganz so, als ob er eine seiner Eigenschaften wäre? Der Wille kann eine Art Besessenheit annehmen, so daß sich ein Mensch von ihm bis zur Erschöpfung getrieben sieht, er kann aber auch ermatten und jedem Versuch, ihn zu beleben, widerstehen. Betrachten wir abschließend das Denken. Teils verläuft es in eingelernten und eingeübten Bahnen, zu vergleichen damit wie wir gehen, ohne jedem einzelnen Schritt einen eigenen Impuls geben zu müssen, teils macht es spontane Sprünge, für die es wieder eine umgangssprachlich aufschlußreiche Kennzeichnung gibt: Den Ein–fall. Etwas fällt in uns ein, wir wissen nicht, wie es dazu kam. Am deutlichsten erleben wir dies bei der Auflösung eines Rätsels. Bruchteile von Sekunden, bevor wir es lösen, wissen wir schon, daß wir es gelöst haben, die Lösung „liegt uns auf der Zunge", und plötzlich ist sie da und wir können sie aussprechen. Aber wie machen wir das überhaupt, daß wir denken? Auch denken wir nicht die Sätze zuerst, bevor wir sie aussprechen, sondern die Rede fließt uns gleichsam zu. Wie lernen wir überhaupt sprechen, da wir doch dabei nicht schon über eine Sprache verfügen, mit Hilfe welcher wir die Bedeutungen von Wörtern und Sätzen einer Sprache erfassen können, wie es beim Erlernen von Fremdsprachen der Fall ist? So kann auch die Sprache nicht willkürlich entstanden sein, schon gar nicht als Werk eines einzelnen, sondern sie wuchs den Menschen zu, und das noch auf verwirrend mannigfaltige, bis in die fundamentalen Konstruktionsprinzipien unterschiedliche Weise.

Dies alles ist fundamentaler Teil des menschlichen Bestimmt-seins. Insofern muß man Lichtenberg beipflichten, der Descartes vorwirft, sich auf das allem zugrunde liegende Prinzip des „Ich denke" berufen zu haben, während es doch in Wahrheit heißen müsse „*Es* denkt", so wie man sage „Es blitzt". Kein Jota der menschlichen Fähigkeit, von seiner Vernunft oder seinem Verstand Gebrauch zu machen, logische Folgerichtigkeit und die Evidenz von Wahrheit zu erfassen, wird davon berührt. Der Mensch ist keine Puppe, kein Gegenstand dumpfer Fremdbestimmung. Nur ist ihm diese Fähigkeit selbst in verschiedenem Grade gegeben und kann stärker oder schwächer sein, weswegen auch seine Kraft zu folgerichtigem Denken, zur Einsicht, überhaupt seine Erkenntnisfähigkeit schwankend sein kann. So besteht das ganze Leben eines Menschen aus Elementen, über die er in keiner Weise verfügt, wobei in einem späteren Kapitel noch näher darauf einzugehen sein wird, welche entscheidende Rolle darin das spielt, was die Umgangssprache, wieder verräterisch, Zu-fall nennt.

Die soeben kurz beschriebenen, empirischen Tatbestände lassen sich nun folgendermaßen zusammenfassen: *Einerseits ist das Ich und seine Identität durch eine singuläre Menge von Ereignissen definiert, die wir seine Biographie nennen – „Ich" ist nichts anderes als die Bezeichnung dieser singulären Menge, wenn ihm auch nur ein vergleichsweise unendlich kleiner Teil davon in Gedächtnis oder Gegenwärtigkeit bewußt ist; andererseits aber hat diese singuläre Menge nicht ihren Grund in sich selbst, hat also das Ich seinen Grund nicht in sich selbst.*

Besteht zwischen dem NT und diesem empirischen Tatbestand ein Widerspruch? Keineswegs. Das christlich-mythische Wort Pneuma ist im Gegenteil dessen anschauliche, vollkommen exakte, phänomenologische Beschreibung. Denn was ist die Erfahrung, Leben und Geist im umfassenden Sinne von einem Urgrund zu empfangen, anderes, als von einem numinosen Pneuma erfüllt zu sein, das gleichsam ein Licht im Menschen entzündet, wenn er zum Leben erwacht, lebt, fühlt, will, denkt usw.? Dieses numinose Pneuma, und auch das entspricht der Erfahrung, kann aber auch durch ein anderes verdrängt werden, wodurch sich das Bewußtsein dieser Abhängigkeit verschleiert, das Bewußtsein der Bestimmung durch den Urgrund seiner selbst vergessen oder verdrängt wird, so daß der Mensch dem Scheine, nur aus sich selbst zu existieren, erliegt. Dies hat ja auch die existentiale Analytik in ihrer phänomenologischen Vertiefung enthüllt (Vgl. VII. Kapitel, 6): nämlich als Zustand der Verfallenheit und Seinsvergessenheit, die uns aber immer wieder bewußt wird und wieder zum Seinsurgrund zurückführt. Ja, aus dieser Analytik folgt auch, wie sich gezeigt hat, die unvermeidliche Personifizierung des Seinsursprunges, christlich mit Gott, und die unvermeidliche Personifizierung der Versuchung seiner Verschleierung im In-der-Welt-sein durch den Versucher, christlich durch Satan. Dieser Schritt freilich, der von der Erfahrung, seinen Grund nicht in sich selbst zu haben oder sich dieses zu verschleiern, zum christlichen Gott oder Satan des NT führt, ist kein solcher profaner und wissenschaftlicher, genauer phänomenologisch faßbarer Erfahrung mehr, sondern gründet sich auf Offenbarung. Worauf es hier jedoch ankam, war, den *fundamentalen empirischen Realismus* nachzuweisen, auf den sich die christliche Lehre von der Freiheit berufen kann. Es ist ein Realismus, der den Grunderfahrungen menschlicher Existenz entspricht, mag auch immer wieder in der Geschichte der Metaphysik auf die eine oder andere Weise der, wie wir noch sehen werden, vergebliche Versuch unternommen worden sein, diese Erfahrungen zu unterlaufen.

Der empirische Realismus des NTs macht aber auch das Argument zunichte, es sei faule Vernunft, das Paradoxon der doppelten Prädestination, also der Gnade oder Verdammnis ohne erkennbaren Grund, mit dem Hinweis auf das für uns unenthüllbare Mysterium Gottes aufzulösen. (Die faule Ausrede von Gottes unerforschlichem Ratschluß.) Denn vorausgesetzt, man anerkennt die (pneumatische) Erfahrung eines solchen Paradoxons in den Lebensläufen von Individuen und in der Geschichte von Völkern als realistisch (unbeschadet dessen, ob dabei die sich aus der existentialen Analyse ergebende Personifikation als christlicher Gott bzw. christlicher Satan verstanden wird oder nicht), dann ist es auch realistisch einzusehen, daß uns empirisch nur Lebensläufe und Geschichte zugänglich sind, wir aber über deren Urgründe gar nichts Näheres wissen *können*, außer daß uns Gott, wenn wir an sein geoffenbartes Wort glauben, darin eine unvergleichlich tröstliche Botschaft der Verheißung gesandt hat. Leugnet man aber die Voraussetzung der paradoxen Erfahrung, so muß man die Freiheit des Menschen behaupten. Mit empirischen Mitteln jedenfalls, wird das aus den gezeigten Gründen nicht gelingen. Wir haben, um im Bilde zu sprechen, den Anfang und das Ende des Fadens niemals in der Hand. Ich erinnere auch an das im II. Kapitel, 5 zum Denken Gottes Gesagte, das mit dem unseren unvergleichlich ist, und ferner an den Abschnitt 2b des V. Kapitels, wo auf die transzendente Zeit vom Gottes Wirken hingewiesen wird, in der alles ewige Gegenwart, die Welt immer schon von ihm abgefallen und immer schon durch ihn selbst erlöst ist. Daß das, was im Lichte unserer Denkformen und unserer profanen Zeit ein Paradoxon ist, auch in Gottes Denken und seiner transzendenten Zeit ein Paradox sein muß, ist selbst eine paradoxe Annahme, weil sie den Unterschied zwischen beiden ja wieder aufhebt.

Einige mögliche Mißverständnisse sind jedoch hier sogleich zu beseitigen. Wenn in christlicher Sicht Freiheit des Menschen Freiheit von seiner adamitischen Natur bedeutet, aber nicht Freiheit als *absolute Selbstbestimmung*, so ändert das weder etwas an moralischen oder juristischen Beurteilungen, wie sie tagtäglich vorkommen mögen, die ja beide Schuldfähigkeit und damit Freiheit voraussetzen, noch an den Grundsätzen von Freiheit im politisch-ökonomischen Bereich. Denn in allen diesen Fällen ist nur die *relative Freiheit* des Menschen betroffen, nämlich die äußere und innere Handlungsfähigkeit, die wie gesagt prinzipiell als gegeben betrachtet wird, wenn keine Bewußtseinstrübungen oder gewaltsame Behinderungen irgendwelcher Art vorliegen. Das Böse muß verurteilt, das Gute gefördert, der Schuldige bestraft, die bürgerlichen Freiheiten verteidigt werden ganz unbeschadet des Mysteriums, daß der Mensch *vor Gott* nicht frei ist. Ja, die Berücksichtigung der relativen Freiheit des Menschen ist selbst ein Teil der numinosen und heilsgeschichtlichen Prozesse, worin sich die Prädestination vollzieht.

4. Die Freiheit und die Würde des Menschen

Der gegenwärtige Zeitgeist ist von der Idee eines säkularisierten Humanismus geprägt, dessen Prinzip die Würde des Menschen ist. Diese stützt sich auf den Glauben an seine angeborene Freiheit, sein damit verbundenes sittliches Wesen (Selbstverantwortlichkeit) und führt zur Forderung politischer Freiheiten im Rahmen von Gesetzen, welche die Freiheit jedes einzelnen mit derjenigen aller anderen zu einem gerechten Ausgleich bringen sollen. Damit ist, kurz umrissen, die Idee der Menschenrechte definiert. Es ist zwar, besonders in der angelsächsischen Welt, versucht worden, die politischen Freiheiten auch rein pragmatisch zu begründen, etwa in dem man darauf hinwies, daß heute mit ihnen weit mehr Wohlstand und weit erfolgreichere Gesellschaften zu erreichen seien als ohne sie, aber die Praxis zeigt doch die Stärke der sittlichen Idee, die in solchen Freiheiten wirksam ist. Denn wo immer schwere und nachhaltige Verstöße gegen die Freiheit zu beobachten sind, werden diese nicht etwa als praktisch verhängnisvolle Fehler und Irrtümer, sondern als „Verbrechen gegen die Menschlichkeit" denunziert.

Diese dem sog. aufgeklärten, modernen Humanismus zugrunde liegende Idee der Würde des Menschen hat zur Folge, daß eine Religion, welche dem Menschen die Freiheit abspricht, sogleich in den Verdacht einer Art Majestätsbeleidigung gerät. Zwar hatte die Theologie, wie ihre Geschichte zeigt, schon immer Probleme mit der doppelten Prädestination, aber da ging es um die Gerechtigkeit Gottes, nicht, wie heute, vornehmlich um die Würde des Menschen. In gewissem Sinne scheint man überhaupt die Existenz Gottes wie auch sein für den Menschen verschlossenes Mysterium für etwas zu halten, was dieser Würde widerspricht und so lehnt man sie eben deswegen ab. Andererseits glaubt man, die Idee von der Würde des Menschen dem Christentum zu verdanken, habe doch jeder moderne Humanismus letztlich in ihm seine historische Wurzel.

In Wahrheit steht jedoch die humanistische Lehre von der Würde des Menschen in krassem Gegensatz zur christlichen Offenbarung. Diese Würde, die vor Gott in die Waagschale geworfen werden will (theologisch als Káuchesis, Rühmen, bezeichnet), wenn sie nicht sogar dazu führt, daß er geleugnet wird, ist doch gerade das kennzeichnende Element jenes In-der-Welt-seins und Daseins, dem es einerseits nur um es selbst geht, und dem sich andererseits im existentialen Gewissen die Nichtigkeit seiner selbst enthüllt. Ich wiederhole noch einmal Paulus: „Ja, lieber Mensch, wer bist du denn, daß du mit Gott rechten willst?" (Röm 9,20) Welchen Wert kann also vor Gott diese Freiheit haben, der zufolge der Mensch vom Baum der Erkenntnis gegessen und sich damit um die Früchte vom Baume des Lebens gebracht hat? Die Liebe Gottes richtet sich nicht auf den Menschen, weil er so etwas wie Würde besitzt, sondern sie und sein Mitleiden gelten im Gegenteil dem Menschen als seinem Geschöpf, das aus für uns unerforschlichen Gründen in verlorener Ferne von ihm lebt. Der absolute Wert eines Menschen liegt also christlich gerade nicht darin, daß er Würde besitzt, sondern darin, daß er ein *Geschöpf Gottes* ist. Und deswegen kann sich der aufgeklärte Humanismus eben so wenig auf das Christentum berufen, wenn er Menschenliebe (heute soziale Zuwendung genannt) verlangt, denn diese verbindet das Christentum nach Jesu Wort unlöslich mit der Liebe zu Gott: „Du sollst den Herrn, Deinen Gott, lieben von ganzem Herzen, von ganzer Seele, von ganzem Gemüt und von allen deinen Kräften. Das andere ist dies, du sollst deinen Nächsten lieben wie dich selbst." (Mk 12,29f.) *Der Mensch für sich ist christlich schiere Nichtigkeit; und hat doch einen absoluten Wert, eine Würde: Nämlich allein diese, Gottes Geschöpf zu sein. Und darum und nur darum, ist er auch Gegenstand der Nächstenliebe.*

Es ist absurd zu meinen, damit wäre eine moderne Auffassung vom sittlichen Leben, von den Grundlagen des Rechts und einer freiheitlichen Verfassung unvereinbar. Wie bereits gezeigt, genügt hierfür die Rücksicht auf die relative Freiheit des Menschen. Auch geht schon aus den vorangegangenen Ausführungen hervor, daß diese der modernen kulturhistorischen Situation entspringende Rücksicht vom christlichen Geist durchdrungen werden kann, ohne an deren Grundlagen zu rütteln, die also keineswegs mit denjenigen des heutigen Humanismus identifiziert werden müssen. (Vgl. VIII. Kapitel, 2 j).Was haben wir verloren, wenn wir das stolze Selbstbewußtsein einer absoluten Menschenwürde aufgeben, die ihren Grund in einer absoluten Freiheit haben soll? Schon Kierkegaard sprach davon, daß uns die Vorstellung der Freiheit mit ihren unbegrenzten Tatmöglichkeiten Angst bereitet und wie ein Schwindel am Rande eines Abgrunds erfaßt.[6] Oder erinnern wir uns wieder an Heideggers Existentialanalyse: Wenn es, wie sie zeigt, dem Dasein sorgend um es selbst geht, so heißt das doch nichts anderes, als daß es, von nichts gestützt, sein Sein selbst zu übernehmen hat, also in Freiheit; eben dieser entspringt jedoch die Angst, die ihm die Bodenlosigkeit seines In-der-Welt-seins und damit das Nichts enthüllt. „Christus aber sagt: ‚In der Welt habt ihr Angst; aber seid getrost, ich habe die Welt überwunden.'" (Joh 16,33) Daß es im übrigen der Philosophie und Metaphysik nicht gelungen ist, sowohl die Freiheit zu beweisen wie gerade damit die Wirklichkeit des Menschen zu verklären, wird sich im zweiten Teil dieses Buches zeigen.

---

[6] Der Begriff der Angst, S. Kierkegaard, Ges. Werke, Köln 1965, Zweites Kapitel, § 2.

XI. Kapitel
Geschichte aus christlicher Sicht

Wie das vorangegangene Kapitel zeigte, treffen Gnade und Verdammnis nicht nur den einzelnen, sondern auch ganze Völkerschaften. Geschichte ist daher christlich immer schon als Gottesgericht verstanden worden. Wie aber ist dies eigentlich zu verstehen?

1. Allgemeines zur wissenschaftlichen Geschichtsschreibung

Wenn wir heute von Geschichte sprechen, so meinen wir damit einen Gegenstand wissenschaftlicher Forschung.[1]

Es sei mit der Feststellung begonnen, daß wissenschaftliche Geschichtsschreibung Tatsachen nicht einfach aneinanderreiht, sondern aus ihrem Zusammenhang begreiflich zu machen sucht, ja, daß sie diese Tatsachen selbst überhaupt erst aus diesem zu deuten vermag. Ereignisse stehen aber nur dann in einem aufweisbaren Zusammenhang, wenn sie durch eine bestimmte Regel miteinander verbunden werden können. Von solchen Regeln war schon im VIII. Kapitel, 2g die Rede. Ich erinnere als Beispiel für einen solchen Zusammenhang daran, daß die finanzpolitischen Maßnahmen der Deutschen Bundesbank teilweise durch das Regelsystem einer freien Marktwirtschaft bestimmt sind, teilweise durch die rechtliche Verfassung Deutschlands, teilweise aber auch durch psychologische Gesetze, die ja den Markt mitregieren usw. Die Regelsysteme der Marktwirtschaft und der Verfassung, für sich betrachtet, sind dabei, im Gegensatz zu Naturgesetzen wie z.B. die soeben erwähnten psychologischen Gesetze, rein *historische Regelsysteme*.

Wenn wir nun die auch in der Geschichte wirksamen Naturgesetze ausklammern, weil sie für den gegebenen Zusammenhang ohne Interesse sind, so ergibt sich wissenschaftstheoretisch, daß für die Geschichtsschreibung jeder geschichtliche Abschnitt durch ein ihn allein kennzeichnendes, enges Geflecht historischer Regelsysteme bestimmt ist. Sie seien ökonomischer oder politischer Art,

---

[1] Bei den Ausführungen dieses Abschnittes handelt es sich um einen geringfügig geänderten Teil eines Beitrags, den der Verf. unter dem Titel „Vom theoretischen Nachteil und praktischen Nutzen der Historie. Unzeitgemäßes über Nietzsches unzeitgemäße Betrachtungen", in dem Band: D. BORCHMEYER (Hrsg.), „Vom Nutzen und Nachteil der Historie", Frankfurt/M. 1996, veröffentlicht hat.

oder solche des Rechts, der Sitte, der Umgangsformen, religiöser Rituale, künstlerischer Stile usw. Es handelt sich also bei den Geschichtswissenschaften darum, die Regelsysteme des untersuchten geschichtlichen Abschnitts zu erfassen und die einzelnen Ereignisse, zu denen ja auch die Wandlung und Neubildung dieser Systeme selbst gehört, daraus verständlich zu machen. Hier wieder zwei einfache Beispiele: Das Ereignis des mittelalterlichen Investiturstreits ergibt sich u.a. aus dem politischen System des Heiligen Römischen Reiches, und die Bildung des Stils der Niederländischen Malerei im 17. Jahrhundert folgt den allgemeinen Lebensformen eines neuen, selbstbewußten Bürgertums.

Das alles bedeutet nichts anderes, als daß die Geschichtswissenschaften zu einem bestimmten historischen Ereignisbereich *Theorien* von geschichtlichen Regelsystemen entwickeln, genauso wie die Naturwissenschaften zu einem bestimmten Ereignisbereich der Natur Theorien von natürlichen Gesetzessystemen aufstellen. Beispielsweise wird jede einzelne akustische Erscheinung im Zusammenhang mit dem Gesetzessystem der Akustik betrachtet, während jedes einzelne Ereignis des mittelalterlichen Investiturstreites im Zusammenhang mit jenem Regelsystem gesehen wird, aus dem die Verfassung des Heiligen Römischen Reiches besteht. Geschichtswissenschaftliche wie naturwissenschaftliche Theorien haben also dieselbe logische Struktur, und so treten auch hier wie dort grundsätzlich die gleichen erkenntnistheoretischen Probleme auf.

Eine geschichtswissenschaftliche Theorie beruht, wie jede Theorie, ausgesprochen oder unausgesprochen auf einem System von Axiomen, nur daß sie mit diesem System ein bestimmtes geschichtliches Regelsystem beschreibt – z.B. dasjenige der Verfassung des Heiligen Römischen Reiches, des niederländischen, bürgerlichen Lebens des 17. Jahrhunderts usw. Aber wie geschieht dies? Unterstellt vielleicht nur eine geschichtswissenschaftliche Theorie das jeweilige Regelsystem der historischen Wirklichkeit? Welche Rolle spielt dabei die Erfahrung, also die Kenntnis der Tatsachen, die wir bestimmten Urkunden und anderen Zeugnissen der Vergangenheit entnehmen? Sind nicht diese Tatsachen oft selbst schon das Ergebnis einer Interpretation, was schon daraus hervorgeht, daß Urkunden für den ihres Zusammenhanges Unkundigen letztlich stumm bleiben?[2] Offenbar liegen also – ausgesprochen oder unausgesprochen – den Axiomen einer geschichtswissenschaftlichen Theorie ebenso wie den sie stützenden oder auch widerlegenden Tatsachen eine Gruppe von a priori gemachten, hypothetischen Voraussetzungen zugrunde. Wie aber kommt man nun wieder zu diesen? Sind es einfach Setzungen oder sucht man sie

---

[2] Dabei handelt es sich nicht um einen sog. „hermeneutischen Zirkel", weil keineswegs nur aus den Tatsachen soviel herausgelesen wird, wie man deutend in sie hineinlegt. Im Gleichnis zu reden: Die Interpretation ist zwar das Licht, das man anstecken muß, damit die Tatsache überhaupt zum Erscheinen kommt, und insofern bleibt sie von dem Licht, das auch ein anderes sein kann, abhängig; aber wie sie darin erscheint oder ob sie sich dabei möglicherweise diesem Erscheinen überhaupt widersetzt, das kann uns nur die Erfahrung selber lehren. Zur ausführlichen Behandlung dieses Themas vgl. K. HÜBNER, „Kritik der wissenschaftlichen Vernunft", a.a.O., Kap. XIII.

wieder aus einem höheren Zusammenhang zu rechtfertigen? Woher bezieht, alles in allem, das für eine geschichtswissenschaftliche Theorie so grundlegende und gleichzeitig so komplizierte Zusammenspiel von Axiomen als Regeln und in ihrem Lichte gedeuteten Einzeltatsachen seine zwingende Überzeugungskraft? Endlich stellt sich die Frage – womit ich freilich keinesfalls Vollständigkeit anzeigen möchte –: Welches sind die apriorischen Voraussetzungen und Axiome nicht dieser oder jener historischen Theorie, sondern geschichtswissenschaftlichen Denkens überhaupt? Wie läßt sich das *Unternehmen Geschichtswissenschaft* im ganzen rechtfertigen, wenn wir nicht ungeprüft behaupten wollen, geschichtliche Wirklichkeit und Wahrheit sei letztlich nur im Rahmen der Geschichtswissenschaften auf eine wahrheitsgetreue Weise zu erfassen?

Die Antwort auf alle diese Fragen läßt sich so zusammenfassen: Weder die empirischen noch die apriorischen Grundlagen wissenschaftlicher Historie stellen ein fundamentum inconcussum dar, womit ihre unabweisliche Wahrheit gesichert wäre; wissenschaftliche Historie ist vielmehr selbst eingewoben in ein Geflecht historischer Regelsysteme, die sie ebenso beeinflußt, wie sie von ihnen beeinflußt wird. Auch wandelt sich ihr Blickfeld beständig dadurch, daß das Vergangene selbst, im fortschreitenden Wissen darum, was daraus geworden ist, wozu es sich entwickelt hat, in dauernder Bewegung ist und in immer wieder ganz anderem und neuem Licht erscheint. Vor allem aber: Wissenschaftliche Historie beruht ganz allgemein auf einem apriorischen Fundament bestimmter Grundannahmen über das, was sie unter historischer Wirklichkeit und Wahrheit überhaupt verstanden wissen will. Mit anderen Worten: Sie beruht, worauf ich gleich näher eingehen werde, auf ontologischen Grundannahmen, die historisch nicht nur sehr spät entstanden sind, sondern gerade aus wissenschaftlicher Sicht selbst nur historisch vermittelt werden können und daher keinen Anspruch auf absolute Gültigkeit haben. Es handelt sich also um die Anwendung der bereits im I. Kapitel erfolgten allgemeinen, erkenntnistheoretischen Betrachtungen zum ontologischen Denken auf dasjenige der Geschichtswissenschaften. Sogenannte ontologische Letztbegründungen können wir zusammenfassend sagen, bei Philosophen immer noch nicht ganz aus der Mode gekommen, sind immer gescheitert und werden immer zum Scheitern verurteilt sein.

Bis jetzt habe ich nur thesenartig – und auch dies keineswegs erschöpfend – von den fundamentalen, erkenntnistheoretischen Schwierigkeiten der Historie gesprochen, ihre Aussagen hinreichend zu begründen. Im übrigen unterscheidet sie sich darin, wie ebenfalls schon aus dem I. Kapitel „Grundlegende Betrachtungen" hervorgeht, prinzipiell nicht von anderen wissenschaftlichen Disziplinen, denn auch diese haben, wie gezeigt, einen substantiell hypothetischen Charakter, den sie nur um den Preis eines sie zerstörenden Dogmatismus loswerden könnten. Nun wende ich mich solchen Schwierigkeiten zu, die nicht die *Begründung* geschichtswissenschaftlicher Aussagen betreffen wie bisher, sondern deren bereits erwähnten *ontologischen Inhalt*. Dieser ist ihnen allen eigentümlich, was immer sie im einzelnen über historischen Ereignisse aussagen mögen.

Ein einfacher Vergleich vermag das zu verdeutlichen. Niemand wird die Ilias Homers für eine wissenschaftliche Beschreibung des Trojanischen Krieges halten. Warum nicht? Nun, vor allem deswegen, weil dort beständig vom Eingreifen der Götter die Rede ist, Götter aber in der allgemeinen Wirklichkeitsauffassung, die den Geschichtswissenschaften zugrunde liegt, und das heißt eben nichts anderes als: in ihrer fundamentalen, ontologischen Grundauffassung von geschichtlicher Wahrheit, nicht vorkommen. Denn die Geschichte ist für sie von vornherein und a priori reine Menschheitsgeschichte, die vor allem durch Regeln und Regelsysteme sowie deren dynamische Entwicklungen bestimmt ist. Die Schwierigkeit liegt aber darin, daß solche Regeln und Regelsysteme ja nicht wie Naturgesetze wirken. Naturgesetze gelten immer und unausweichlich. Geschichtliche Regeln aber gelten nur für einen bestimmten Zeitraum, und auch da ist der Mensch durch sie keineswegs schlechthin determiniert – er kann sie befolgen, muß es aber nicht. Warum befolgt er sie?

Die Antwort auf diese Frage hängt zunächst davon ab, wie er solche Regeln überhaupt versteht. Sind sie nicht sehr verschiedener Auslegung fähig, selbst in scheinbar so einfachen Fällen wie Sitte und Brauch? Und ist ihre Wirkung nicht von dieser Auslegung abhängig, z.B. davon, wie flexibel man ihren Anwendungsbereich einschätzt? Nehmen wir ferner nun einmal an, sie würden auf irgendeine Weise als rational einleuchtend betrachtet. Das alleine genügte aber noch nicht, ihnen zu folgen, denn Rationalität muß auch *gewollt* werden. Es ist wie mit dem Guten – man kann einsehen, daß es das Gute ist, und es trotzdem nicht tun, worin schon Paulus und Kant das große Rätsel der Menschheit gesehen haben. Warum also wird einmal Rationalität gewollt, einmal aber wieder nicht? Haben wir nicht genügend Beispiele für irrationale Strömungen in der Geschichte, besonders auf politischem Gebiet? Aber selbst dort, wo die Logik von Regelentwicklungen und Regelbefolgungen auf der Hand zu liegen scheint, könnte man sich täuschen. Denn wie oft hat doch das Unvernünftige gar nicht beabsichtigte, vernünftige Folgen, so daß es in Wahrheit nicht die aufweisbare Logik im Zusammenhang der Ereignisse selbst gewesen sein muß, die diese Ereignisse verursacht hat, wie groß auch die Versuchung der Historiker sein mag, dies zu glauben.

Nun kann man vielleicht versuchen, für das Befolgen oder Nicht-Befolgen geschichtlicher Regeln psychologische Gründe anzuführen. Dabei wird aber übersehen, daß einerseits die Psychologie nur sehr allgemeine Dispositionen des Menschen erfaßt, andererseits aber diese Dispositionen nur in konkreten geschichtlichen Situationen, also im Zusammenhang mit geschichtlichen Regelsystemen wirksam werden können. Wie könnte man beispielsweise die verschiedenen ökonomischen Systeme, die in der Geschichte aufgetreten sind, mit einer allgemeinen Psychologie der Ökonomie erklären? Und wie könnte man das spezifische psychologische Verhalten von Menschen in einem dieser Systeme verständlich machen, wenn man dabei dieses System nicht schon voraussetzte?

So dringt die wissenschaftliche Historie auf Grund ihrer ontologischen Deutung der Wirklichkeit, alles aus Regeln und Regelsystemen zu erklären, immer nur in eine Oberfläche ein, während für sie die darunter liegende, tiefere Ereignisschicht niemals greifbar wird. Warum kam es zum mittelalterlichen Feudalsystem? Warum zu Neuzeit und Renaissance, zum wissenschaftlich-technischen Zeitalter?[3] Dafür kann der Historiker viele Gründe angeben. Und doch bleibt es letztlich ein unauflösliches Rätsel. Gerade indem also der Historiker Geschichte nicht nur als bloße Aufeinanderfolge von Ereignissen erzählt, sondern tiefer aus ihren Zusammenhängen begreifen will, muß er am Ende paradoxer Weise sagen: Geschichte geschieht einfach.

Da wird denn auch auf die große Rolle hingewiesen, die der Zufall in ihr spiele. Nun mag es zwar angehen, singuläre Ereignisse als vom Zufall bestimmt zu verstehen, so etwa, wenn Cesare Borgia ausgerechnet in dem Augenblick erkrankte, als alles perfekt nach seinen à la Machiavelli genau ausgeklügelten Plänen abzulaufen schien; das Entstehen und Vergehen ganzer Epochen aber, samt ihren Regelsystemen, als zufällige Ereignisse aufzufassen, dürfte doch schwer halten. Zu bedenken ist indessen vor allem das Folgende: Der Zufall scheint zwar eine passende Kategorie zu sein, um das Wirken von Göttern und anderen transzendenten Mächten auszuschalten, aber in Wahrheit wird mit dieser Kategorie, wie schon erwähnt, gar nichts über die Wirklichkeit ausgesagt, sondern nur darüber, daß in bestimmten Fällen wissenschaftliche Erklärungsversuche unmöglich sind – weiter nichts. Der Satz „diese Ereignisse beruhen auf Zufall" und der Satz „Diese Ereignisse sind kein Gegenstand wissenschaftlicher Erklärung", sind nämlich logisch äquivalent, worunter man versteht, daß stets die eine für die andere Formulierung ausgetauscht werden kann, ohne daß dadurch an der Wahrheit des damit betroffenen Satzes etwas geändert würde. Man könnte also auf das Wort „Zufall" überhaupt verzichten und es aus den Geschichtswissenschaften insgesamt streichen. Deren Wirklichkeitsgehalt bliebe davon unberührt. Letztlich dient die Rede vom Zufall doch nur dazu, die begrenzte Anwendungsmöglichkeit wissenschaftlichen Denkens zu verschleiern und die hierzu denkbaren ontologischen Alternativen in Mythos und Religion von vornherein auszuschließen. Denn zu deren fundamentalen Vorstellungen gehört ja das Walten göttlicher Mächte. Wollte man aber in bestimmten Fällen anstelle des Zufalls vom Wirken menschlicher Freiheit sprechen, das doch auch wie jener spontan auftritt, so wäre zum einen auf dessen im vorangegangenen Kapitel zutage getretene Fragwürdigkeit hinzuweisen, zum anderen aber auch darauf, daß Freiheit nur in der Tat eines einzelnen Menschen gegeben sein kann, aber beispielsweise zur Begründung für das Entstehen oder Vergehen ganzer Epochen ebenso wenig tauglich ist wie der Zufall.

Doch wenden wir uns noch einmal dem Paradoxon zu, daß die Geschichtswissenschaft, gerade indem sie sich nicht auf die bloße Folge der Ereignisse beschränkt, sondern diese Folge zugleich aus bestimmen Zusammenhängen begreiflich machen möchte, auf die beschriebene, letzte Unbegreiflichkeit und

---

[3] Vgl. K. HÜBNER, Warum gibt es ein wissenschaftliches Zeitalter? Hamburg 1984.

Unerklärbarkeit, auf ein unlösbares Rätsel stößt. Muß der Historiker wirklich an dieser Grenze stehen bleiben, wenn er sich schon aus intellektueller Redlichkeit verbieten muß, zu den für ihn untauglichen Erklärungsmitteln des Zufalls und der Freiheit zu greifen?

Um diese Frage zu beantworten, sei daran erinnert, daß die Bedingungen wissenschaftlicher Historie gar nicht in ihr selbst, sondern in der menschlichen Lebenswirklichkeit liegen. Diese Historie ist ja selbst ein Teil des Geflechtes geschichtlicher Regelsysteme und kann daher aus diesem Geflecht, als ihrer Bedingung, gar nicht herausgelöst werden. Dazu gehört nicht zuletzt, daß sie u.a. einen entscheidenden Beitrag zur allgemeinen, z.B. politischen Bewußtseinsbildung leistet und umgekehrt von dieser beeinflußt wird. So ist wissenschaftliche Historie in der Tat nolens volens Teil des menschlichen Lebens selbst, und das heißt nun auch Teil jener den Menschen seit unvordenklicher Zeit vertrauten Erfahrung, in der die rätselvolle Fügung der Ereignisse als Schicksal verstanden wird.

Nun scheint es zwar dem heute sich wissenschaftlich aufgeklärt dünkenden Menschen erlaubt, von Zufall zu reden, keinesfalls aber von Schicksal. Dabei wird jedoch übersehen, daß die Frage, ob wir von einem letzten Rätsel historischer Begebenheiten oder von Schicksal reden wollen, gar nicht rational in Form eines Beweises entschieden werden kann, wie man es als selbstverständlich anzunehmen scheint. Andererseits aber ist es praktisch unmöglich, diese Frage unbeantwortet zu lassen, weil die Art, wie man sein Leben lebt, ihre Beantwortung immer schon einschließt. Schicksal als Geschick, also das Geschickte, vermittelt eine transzendente Sinngarantie, in seinem Lichte lassen sich die Ereignisse in den Sinnzusammenhang des Lebens einordnen, während sie sonst darin wie etwas Fremdes eintreten, das den Menschen der Bodenlosigkeit seiner Existenz überläßt. Man könnte also den Schicksalsglauben als ein Postulat im Interesse des Lebens ansehen, wenn nicht das schwächliche Wort „Postulat" an der elementaren Erfahrungswirklichkeit des Menschen vorbeiginge. Denken wir nur an das ganz unwillkürliche Stoßgebet im Augenblick der Gefahr, den ganz unwillkürlichen, im Innern gefühlten Dank im Augenblick des Glücks, beides durchaus auch außerhalb jedes konkreten, religiösen Glaubens dargebracht, und ganz unbeschadet der Zugehörigkeit zu einer Rasse oder einer Kultur, sie sei vergangen oder gegenwärtig. Dies alles ereignet sich so unmittelbar und unwiderstehlich, daß es dem Menschen im entscheidenden Augenblick kaum möglich ist, ihm mit der Attitüde intellektueller Skepsis entgegenzutreten, auch wenn er sich sonst gern darin gefallen mag. Es handelt sich hier um ein unausrottbares, anthropologisches Phänomen, dem gegenüber derjenige, der sich ihm widersetzt, nicht einmal rationale, meist auch nur pseudowissenschaftliche Argumente aufführen kann. Deswegen ist es auch falsch, darin nur einen uralten Atavismus zu sehen, dessen Irrationalität endgültig durch fortschrittliche Rationalität entlarvt worden sei, und deswegen haben sich auch die größten und seriösesten Historiker keineswegs gescheut, von *geschichtlichem Schicksal* zu reden. So haben sie, in der Erkenntnis des rätselvollen

Lebens, das der Gegenstand ihrer Betrachtung ist, den nur wissenschaftlichen Rahmen der Historie immer wieder gesprengt.

Fassen wir zusammen. Die Geschichtswissenschaft weist fundamentale, unausweichliche theoretische Schwächen auf: In der Begründung ihrer Theorien durch Tatsachen und umgekehrt in der Begründung der Tatsachen durch ihre Theorien, ja – und das ist vielleicht das Wichtigste – in der Begründung der Ontologie selbst, auf der sie im Ganzen beruht; und indem sie schließlich auf den undurchdringlichen Grund stößt, dem ihre wissenschaftlichen Erklärungsmittel, nämlich geschichtliche Regeln und Regelsysteme, letztlich entspringen, kehrt sie unwillkürlich dialektisch zum alten *Schicksalsgedanken* zurück. So entspringt gleichsam im Schoße wissenschaftlicher Geschichtsschreibung die Vorstellung von der Wirksamkeit eines Numinosen, und der Unterschied zum Mythos besteht nur darin, daß er dieses buchstäblich beim Namen nennt, indem er vom Walten *bestimmter* göttlicher Mächte spricht – die übrigens, wie der griechische Mythos zeigt, auf eine dunkle Weise selbst noch dem Schicksal, der Moira unterworfen sind.

Eine weitere Beziehung zwischen Geschichtswissenschaft und Mythos ergibt sich aber nun, wie sich zeigen wird, wenn wir von ihren bisher allein betrachteten theoretischen Grundlagen zu ihrer praktischen Bedeutung für eine nationale Gemeinschaft übergehen. Im Gegensatz zu der heute dominierenden abstrakten Idee der Aufklärung, der zufolge der Mensch von Natur aus ein freies Individuum ist, das sich als solches zu einer bürgerlichen Gesellschaft mehr oder weniger nach seiner Wahl ins Verhältnis setzt, ist im Gegenteil der konkrete Mensch zunächst und zuerst schon ein Teil einer solchen Gesellschaft. So ist seine Identität immer schon geprägt von einer zu dieser gehörigen Klasse oder Region, und im weiteren Sinne von einem nationalen Zusammenhang, in dem sie schließlich als Staat und Nation ihre klar definierte Gestalt annimmt. Ich erinnere dabei an den im VIII. Kapitel 2, g, h erläuterten Begriff einer je geschichtlichen, nationalen Kulturgemeinschaft, um sogleich die mit dem Begriff einer Nation heute so nahe liegenden Mißverständnisse auszuschließen. Eine nationale Kulturgemeinschaft, wie sie hier gemeint ist, bildet die Grundlage *jedes* Staates, er habe welche Verfassung, welche Struktur auch immer, er sei aus einzelnen Subkulturen, Stämmen, Völkern usw. zusammengesetzt oder auch nicht.

Und in der Tat: Wird nicht jeder als Mitglied einer Gemeinde, Klasse oder Region, als Bürger eines Staates geboren und lernt dort seine Muttersprache? Wächst er nicht inmitten einer bestimmten nationalen Landschaft und Lebensweise auf, mit bestimmten Sitten, Gebräuchen, Gepflogenheiten und sozialen Ordnungen, die zugleich in einem unauflöslichen Zusammenhang mit Vergangenem und Zukünftigem stehen? Zwar fehlt es heute nicht an meist ideologisch geprägten Versuchen, die enge Verbundenheit der Identität eines Menschen mit der Identität einer nationalen Kulturgemeinschaft zu lösen, doch beruhen sie auf reinem Selbstbetrug. Diese nationale Identität besteht auch dann, wenn einer kritisch an ihr leidet, ist also, wie ich ausdrücklich betone, nicht mit Akzeptanz zu verwechseln, so wie ja auch ein Mensch, der sich selbst verachtet, auch noch in dieser Selbstverachtung seine Identität findet. Man stelle sich vor, in einem ganz anderen Land oder in einer ganz anderen Zeit geboren worden zu sein. Die biologischen Bedingungen der äußeren Erscheinung, bestimmter Veranlagungen, Fähigkeiten usw. werden dieselben sein; und doch wäre man auf eine ganz andere Weise geprägt als es gegenwärtig der Fall ist.

Es ist zwar nicht selten, daß Menschen im Laufe ihres Lebens in eine andere Kulturgemeinschaft hineinwachsen oder sich, wie man sagt, „nirgends zu Hause" fühlen. Im ersten Fall wird aber nur eine alte durch eine neue Bindung vergleichbarer Art ersetzt, im zweiten treten erfahrungsgemäß unvermeidlich Probleme auf, weil dabei der Mensch in Widerspruch zu seiner anthropologischen Bestimmung gerät, ein zóon politikón zu sein, worunter ja nichts anderes als das äußere wie innere Verbundensein des Menschen mit einer bürgerlichen Gesellschaft als Staat und nationalen Kulturgemeinschaft zu verstehen ist.

Wie müssen uns aber jetzt vor Augen halten, daß es vor allem die Geschichte ist, durch die eine nationale Kulturgemeinschaft in Erscheinung tritt, ja, daß sie durch sie überhaupt erst definiert ist. Denn immer besteht eine solche Gemeinschaft aus einem übergreifenden, Tote und Lebende umfassenden Zusammenhang, wobei das Gewesene im Gegenwärtigen wirksam, das Gegenwärtige aus dem Gewesenen verstanden und auf das Zukünftige entworfen wird. Können wir überhaupt die Identität nationaler Kulturgemeinschaften ohne ihre Geschichte erfassen, sie seien gegenwärtig oder gehörten selbst schon der Vergangenheit an? Können wir die Griechen oder Römer der Antike auf andere Weise identifizieren und damit von anderen Völkern unterscheiden, als dadurch, daß wir auf ihre Geschichte verweisen? Also wird dem Menschen seine Identität, soweit sie in der Teilhabe an einer nationalen Kulturgemeinschaft besteht, auch nur durch deren Geschichte vermittelt werden können, in welchem Maße, wie bruchstückhaft oder tiefer dringend, das auch immer der Fall sein mag. War aber diese Geschichte einst durch Sage, Mythos oder Legende gegeben, so heute durch die Wissenschaft. Und wie ein Mensch, der seine Biographie nicht verklärt, ja sie vielleicht sogar im Selbsthaß verzerrt, keineswegs aufhören kann, sich mit dieser seiner Biographie zu identifizieren – einfach deswegen, weil eben in dieser seiner Biographie auch seine Identität liegt, er mag es drehen und wenden wie er will –, so können ebenso ein Mensch, ein Volk, eine Nation, eine Region nicht aufhören, sich nolens volens mit jener wissenschaftlich ernüchterten Geschichte zu identifizieren, die selbst Teil ihrer Biographie und ihres Lebens ist.

Ich behaupte nun, daß die je für den Menschen unvermeidliche Identifikation mit Geschichte *immer* auf der Grundlage eines mythischen Denkens erfolgt, ganz unabhängig davon, ob der Stoff der Geschichte, wie er jeweils dargeboten wird, selbst ein durch Mythos, Sage, Legende oder ein durch Wissenschaft vermittelter ist. Beginnen wir noch einmal mit dem keineswegs anstößigen Auftreten des Schicksalsbegriffs im Schoße der wissenschaftlichen Geschichtsschreibung selbst. Dieses Auftreten hat darin seine Wurzel, daß ja schon die beschriebene Identifizierung mit Geschichte selbst unvermeidlich nach Art einer Schicksalserfahrung in Erscheinung tritt. Erfährt man nicht z.B. schon die durch Geburt bestimmte, das ganze Leben eines Menschen prägende Zugehörigkeit zu einem Volk, einer Nation usw., also auch zu deren Geschichte, als ein Schicksal, zu dem man sich zwar so oder so verhalten, das man gleichwohl niemals aus eigener Kraft überwinden kann? Empfände man hier nicht die Rede vom Zufall als völlig fehl am Platze, ja wäre es nicht aus den schon genannten Gründen absurd? – Aber was bedeutet diese unvermeidliche Identifizierung eines Menschen mit einem geschichtlichen Ganzen anderes, als daß sich in ihm, wie gering er auch sein mag, dieses Ganze repräsentiert, so daß wir hier wieder die für alles Mythische kennzeichnende Einheit von Ganzem und Teil konstatieren müssen? Jeder z.B., der sich für vergangene oder gegenwärtige, im Namen seiner Nation begangene Verbrechen schämt, ohne sie selbst begangen zu haben, legt Zeugnis davon ab, genauso wie derjenige, der auf vergangene oder gegenwärtige nationale Leistungen stolz ist, ohne sie selbst vollbracht zu haben. Und schließlich: Die unvermeidliche Identifizierung mit Geschichte ist nichts anderes als die ebenfalls für das Mythische typische Einholung von Vergangenem in die Gegenwart, so daß Vergangenes, wieder-geholt in das gegenwärtige Leben, mit diesem zu einem einheitlichen Zusammenhang verschmilzt und selbst Teil des gegenwärtigen, sich in die Zukunft entwerfenden Lebens wird.[4]

Dies alles ist, wie ich meine, eine exakte Phänomenologie menschlichen Identitätsbewußtseins, wie sehr sie auch einem von pseudowissenschaftlichen Vorurteilen beeinflußten Zeitgeist mißfallen mag. Und indem eine solche Phänomenologie die Strukturen der Art und Weise aufdeckt, wie auch wissenschaftliche Geschichte sich als *erlebte*, nicht nur gewußte Geschichte darstellt, verrät sie zugleich ein Denken, das zwar, als mythisches, in ganz anderen Bahnen verläuft als das wissenschaftliche, aber zum wissenschaftlichen doch komplementär ist und gleichsam dessen *Innenseite* bildet.

2. Geschichte als Heilsgeschichte

Der Gegenstand des vorangegangenen Abschnitts war Geschichte als Weltgeschichte. Weltgeschichte ist aber christlich nur im Rahmen der Heilsgeschichte zu verstehen. Diese führt zuerst vom Fall des Menschen zum Alten Bund Gottes mit dem von ihm auserwählten Volk, der die Zeit des Beginns, der Vorbereitung auf den Neuen Bund und dessen Verheißung ist; im Neuen Bund erscheint Gott in Menschengestalt und erleidet den Opfertod zum Zeichen

---

[4] Eine ausführliche Darlegung des im vorangegangenen Abschnitt erläuterten Verhältnisses zwischen Mythos und Geschichte vgl. K. HÜBNER, Die Wahrheit des Mythos, a.a.O., Kap. XXV, und DERS., Das Nationale. Verdrängtes, Unvermeidliches, Erstrebenswertes, Graz 1991, Kap. XI–XIII.

seines Mitleidens, seiner Versöhnung mit *allen* Menschen und der Gnade in der Vergebung ihrer Sünden; die darauf folgende Geschichte besteht in dem fortgesetzten Ringen der Menschen, des einzelnen wie der Völker (Éthne, gentes) in ihren je geschichtlichen Situationen, um Annahme oder Zurückweisung dieser Gnade. In der Heilsgeschichte überlagern sich somit die drei für die Offenbarung überhaupt kennzeichnenden Zeitdimensionen. (Vgl. V. Kapitel, 2 b) Zum einen sind ja alle ihre Ereignisse, wenn wir von ihrem Anfang, dem Fall, und ihrem Ende, dem Gericht, absehen, in die profane Zeit einzuordnen, auch wenn sie, wie die Geschichte des Alten Bundes, nur teilweise genau datierbar sind. Die Geschichte des Neuen Bundes dagegen ist vollständig Teil der datierbaren Weltgeschichte. Zum andern aber spiegeln sich gleichsam in ihnen sowohl mythische wie transzendente Vorgänge, ja sie sind es alleine, durch welche die Weltgeschichte, christlich gesehen, zugleich Heilsgeschichte ist. So kommt es, daß die Heilsgeschichte, als Weltgeschichte betrachtet, zwar Gegenstand wissenschaftlich-historischer Forschung ist, aber diese Forschung ihre Grenze darin findet, daß in ihrem ontologischen Konzept die anderen Zeitdimensionen gar nicht vorkommen, ohne deswegen etwa theoretisch widerlegt zu sein, wie aus dem Kapitel „Grundlegende Betrachtungen" hervorgeht. Machen wir uns dieses ineinander Verwobensein der verschiedenen Zeitdimensionen an Hand der soeben aufgezählten, großen Abschnitte des heilsgeschichtlichen Verlaufs vom Sündenfall bis zum Ende der Geschichte deutlich.

Das mythische Zeitelement der Heilsgeschichte ist daran erkennbar, daß auch in ihr die Wirksamkeit von Archaí zu beobachten ist, nämlich sofern sich dort Urereignisse in mannigfaltigen Varianten wiederholen und damit das Vergangene beständige Gegenwart ist. Die Redewendung in Mk 12,26, „Ich bin der Gott Abrahams und der Gott Isaaks und der Gott Jakobs", heißt nichts anderes, als daß das Ur-Gottes-Ereignis Abrahams in Isaak und Jakob weiterlebt und weiterwirkt; jede barmherzige Tat Gottes ist eine Wiederholung jener Barmherzigkeit, mit der er die Juden aus Ägypten gerettet hat, so daß er, wie das erste Gebot zeigt, durch diese gleichsam definiert ist. Es ist daher durchaus keine Spekulation, sondern dem Geiste des AT angemessen, wenn Augustin in seinem Werk „De civitate Dei" auch die dort aufgeführten genealogischen Zusammenhänge weniger biologisch als ebenfalls arche-typisch deutet. Es mag fraglich sein, ob der durch Gewalt und Mord über Babylon herrschende Nebroth, oder der furchterregende König von Ninive, Assur, „wirkliche" Nachkommen von Kain sind, dem Brudermörder und mit Gott Zerfallenen; und doch sind sie, obgleich verschiedene mythische Personen, durch *ein und dieselbe numinose Wesensgestalt, durch dieselbe mythische Substanz* miteinander verbunden, nämlich jene, die zuerst in Kain zu erkennen ist. Dieselbe Wiederholung des Kainschen Arche-typus glaubt Augustin in der Gründung des mächtigen, gottlosen Rom erkennen zu können, da ihr doch ebenfalls ein Brudermord, nämlich derjenige des Romulus an Remus vorangang. Letztlich ist die numinose Wesensgestalt und Substanz, die hier immer wieder in Erscheinung tritt, auf den Mythos des Sündenfalls zurückzuführen. Von ähnlicher Art ist die genealogische Linie, die

Augustin von Seth, dem für den erschlagenen, gottgeliebten Abel gezeugten Sohn Adams, über Noah zu Sem und Abraham zeichnet. Doch ist es diesmal die numinose Wesensgestalt des in der Gnade Gottes Wandelnden, die sich arche-typisch immer von neuem wiederholt und schließlich in Christus, dem Sohne Gottes selbst kulminiert. Wieder auf einen anderen Arche-typus, um nur noch dieses Beispiel aufzuführen, weist der Zusammenhang hin, den Augustin zwischen der Geschichte von den beiden Söhnen Isaaks, Jakob und Esau, und derjenigen von den beiden Söhnen Josephs, Ephraim und Manasse herstellt. In beiden Fällen empfängt der Jüngere vor dem Älteren den Segen, dem doch das Erstgeburtsrecht zugestanden wäre. Auch hier wiederholt sich also eine Arché, um schließlich, nach christlicher Vorstellung, in jenem großen Ereignis zu kulminieren, wo das ältere Volk, die Juden, zum Diener des jüngeren, demjenigen der Christen wird. Diese mythische Zeitstruktur der Heilsgeschichte, denen zufolge vergangene Ursprungsereignisse sich beständig wiederholen und damit Gegenwart sind, findet sich aber nicht nur im AT. Wir finden sie auch in kirchlichen Ritualen wie z.B. der Eucharistie (vgl. IV. Kapitel, 5), des Weihnachts- und des Osterfestes, um nur diese zu nennen.[5]

Nun wird aber heilsgeschichtlich die mythische Zeit ihrerseits durch die transzendente überlagert. Dies geschieht zunächst dadurch, daß den Archaí, trotz ihrer ewigen Wiederkehr, ein Ziel, ein Telos, *eine Richtung in die Zukunft* innewohnt, da sie alle auf das Christus-Ereignis und mit ihm auf das Eschaton, das Ende der Geschichte hinweisen. *Das mythische Denken bewegt sich in Zyklen, das christliche auf ein absolutes Ende hin.* Derartiges ist weder für die profane Zeitvorstellung möglich, die keinen Anfang und kein Ende kennt, noch für diejenige des Mythos, die von dem Gedanken der ewigen Wiederkehr des Gleichen (Archaí) geprägt ist. Insofern ist ja die Zeit des Mythos immer noch *weltimmanent*, wenn auch in Beziehung auf die profane Zeit *relativ-transzendent*; aber das christliche Heilsgeschehen, welches Anfang und Ende der Geschichte mitumfaßt, ist dieser gegenüber *absolut transzendent* und gehört daher im eigentlichen Sinne einer transzendenten Zeit an.

Nun ist zum einen überhaupt *Geschichtlichkeit ein Existential christlichen Lebens.* Mit ihr ist ja schon die Verfassung des Daseins zum Tode, zur Nichtigkeit des Vergänglichen und Sterblichen gekennzeichnet, welches diejenige der Sünde ist. (Vgl. das III. Kapitel, A) Der Mensch ist ein in die profane Geschichtlichkeit gebanntes Wesen. Christlich befindet sich der Mensch auf einer unentrinnbaren Pilgerschaft hienieden, in der ihm nur die Hoffnung und der Glaube hilft. „(…) laßt uns ablegen alles, was uns beschwert, und die Sünde, die uns ständig umstrickt, und laßt uns laufen mit Geduld in dem Kampf, der uns bestimmt ist, und aufsehen zu Jesus" (Hebr 12,1f.), wobei der griechische Ausdruck für „laßt uns laufen" (tréchomen) so viel bedeutet wie das Laufen in einem Wettkampf.

---

[5] Diese archetypische Form der Geschichte tritt auch in Th. Manns Josphs-Romanen auf eindrucksvolle Weisen in Erscheinung. Vgl. K. HÜBNER, „Höllenfahrt, Versuch einer Deutung von Th. Manns Vorspiel zu seinen Joseph-Romanen", in: TH. MANN, Jahrbuch, Bd. 11, 1998.

„Diese alle sind gestorben im Glauben und haben das Verheißene nie erlangt, sondern es nur von ferne gegrüßt und haben bekannt, daß sie Gäste und Fremdlingen auf Erden sind." (Hebr 11,13) Und doch wird zum andern in dieser Geschichtlichkeit das transzendent Ungeschichtliche Ereignis. Im Alten Bund ist es in verschiedenen Archaí und in den Propheten *schon da*. Im Neuen Bund wird es in Christus offenbar. Nirgends geschieht dies in der Vermittlung vom Vergangenen als Grund zum Kommenden als Folge. Es ist das ewig Gegenwärtige im Laufe der Zeiten. In der Vergangenheit ist die Gegenwart schon beschlossen, in der Gegenwart die Zukunft, und in der Zukunft ist die Vergangenheit gegenwärtig. So ist auch mit Christi Erscheinen das Ende der Welt schon vorweggenommen und die Entscheidung des Gerichts ist schon gefallen: *„Nun* aber, *am Ende der Welt*, ist er *ein für allemal erschienen*, durch sein eigenes Opfer die Sünde aufzuheben." (Hebr 9,26) Damit ist gesagt: Den Opfertod erlitt er ein für allemal, und so ist auch mit dem Nun dieses Todes zugleich das Gericht des Weltendes gegeben, für das er erfolgt ist zur endgültigen Versöhnung mit Gott für die einen, zur ewigen Verdammnis für die anderen. Ähnlich heißt es bei Johannes: „*Jetzt* ergeht das Gericht über diese Welt." (12,31) und „Das *ist* das Gericht, daß das Licht in die Welt gekommen ist, und die Menschen lieben die Finsternis mehr als das Licht, denn ihre Werke waren böse." (Joh 3,19). „Wer an ihn glaubt, der wird nicht gerichtet werden, wer aber nicht glaubt, der *ist schon* gerichtet, denn er glaubt nicht an den Namen des eingeborenen Sohnes Gottes." (Joh 3,18f. Vgl. auch Joh 5,24f., 11,25)[6]

So ist einerseits die Weltgeschichte als Heilsgeschichte aus der irdischen Sicht des Menschen ein in der profanen Zeit ablaufender und sich in ihr erstreckender Prozeß; für Gott aber in seiner transzendenten Wirklichkeit ist diese Aufeinanderfolge der Ereignisse ewige Gegenwart. „Eins aber sei euch nicht verborgen, Ihr Lieben," heißt es in 2Petr 3,8 „daß ein Tag vor dem Herrn wie tausend Jahre ist und tausend Jahre wie ein Tag." Dies alles ist schon in dem vorangegangenen Kapitel angeklungen, das von der Prädestination handelte. Betrifft doch auch sie einen geschichtlichen Prozeß, nämlich denjenigen des Ringens um Annahme oder Zurückweisung der Gnade. Auch dieser Prozeß erstreckt sich im subjektiven und endlichen Verständnis des Menschen innerhalb der profanen Zeit, während er für Gott als Ganzes immer schon Gegenwart ist. Aber während in dem erwähnten Kapitel mehr von der Prädestination des Einzelmenschen die Rede war, müssen wir jetzt näher auf sie im welt- und heilsgeschichtlichen Zusammenhang eingehen.

In fast stereotyper Wiederholung wird im NT auf die Vorbestimmung der welt- und heilsgeschichtlichen Ereignisse hingewiesen. So heißt es mit Bezug auf die Jungfrauengeburt: „Dies alles ist geschehen, damit erfüllt würde (…)" (Mt 1,2); im Hinblick auf den Kindermord zu Bethlehem: „Da wurde erfüllt, was gesagt wurde durch den Propheten Jeremia (…)" (Mt 2,17); und zur Dämonenaustreibung: „Damit erfüllt würde, was gesagt wurde durch den Pro-

---

[6] Die Hervorhebungen in den aufgeführten Zitaten sind vom Verfasser.

pheten Jesaja (...)" (Mt 13,35; 21,4; 27,9) Christus spricht: „Denn ich sage euch: Es muß das an mir vollendet werden, was geschrieben steht (...)" (Lk 22,37; 24, 44) Die prädestinierende Prophetie aber für die künftige Ausbreitung des Christentums und damit den sich erfüllenden Sinn der Weltgeschichte liegt in den Worten Christi: „Fangt an in Jerusalem, und seid dafür Zeugen. Und siehe, ich will auf euch herabsenden, was mein Vater verheißen hat. Ihr aber sollt in der Stadt bleiben, bis ihr ausgerüstet werdet mit der Kraft aus der Höhe." (Lk 24,40–49) Und schließlich heißt es ganz allgemein: Nicht nur unseres Lebens Länge ist von Gott bestimmt (Lk 12,25), sondern auch: Kein Sperling fällt zur Erde ohne des Vaters Willen. (Mt 10,29)

Daraus folgt in der Tat, daß Weltgeschichte nicht nur in ihren entscheidenden Phasen göttlicher Epiphanie Heilsgeschichte ist, sondern auch, daß Gottes Wille sie *durchgehend* bestimmt. Es ist also *alles*, was sich in ihr ereignet, Teil jenes heilsgeschichtlichen Prozesses, der am Ende zur endgültigen Erlösung der Welt und ihrer Rückkehr zu Gott führt. Dem im einzelnen nachzuforschen begann schon Augustin, wenn er das Wirken Gottes nicht nur in der biblischen Geschichte, sondern auch in den politischen Vorgängen seiner Zeit, vor allem der Eroberung Roms durch die Goten, nachweisen zu können glaubte. Seither wurde immer wieder versucht, den bisherigen Verlauf der Weltgeschichte wenigstens in seinen großen Zügen als im Heilsplan Gottes begründet zu erkennen, auch in den satanischen Widerständen, die sich ihm entgegensetzen.

Luther jedoch verwarf solche Anstrengungen. Für ihn war Geschichte „Gottes Mummerei", womit er zum Ausdruck bringen wollte, daß sich Gott, obgleich sein Wirken in der Geschichte außer Zweifel steht, auch darin als der deus absconditus, der verborgene Gott erweist, daß der Mensch vergeblich versuchte, ihm gleichsam in die Karten zu schauen. Oft wurde das mit der praktisch unendlichen Kompliziertheit der dabei mitspielenden Faktoren begründet (so z.B. von Leibniz), die der Mensch gar nicht erfassen und durchschauen kann, aber auch damit, daß er die Vergangenheit nur aus der Gegenwart zu beurteilen vermag, post festum sozusagen, ein solches Urteil aber schon dadurch relativiert wird, daß auch dieses seinerseits sich wieder unter dem Eindruck späterer Ereignisse verändern wird. Wie unmöglich es ist, sich aus dem Fluß der Geschichte zu erheben, um deren Verlauf aus der Warte eines absoluten Zieles zu erfassen, zeigt aber gerade die Theorie der Geschichtsschreibung, wie sie in ihren großen Zügen im vorangegangenen 1. Abschnitt entwickelt wurde.

Wir stießen dabei auf die unüberwindliche Schwierigkeit, einerseits den Ablauf geschichtlicher Prozesse insbesondere aus dem Zusammenhang geschichtlicher Regeln und Regelsysteme erklären zu müssen, andererseits aber keine zwingenden Gründe dafür angeben zu können, warum der Mensch solchen Regeln und Regelsystemen folgt, und das selbst dann nicht, wenn dabei sein Verhalten in rational vollkommen einsichtiger Weise nachvollzogen werden könnte. Rationales Verhalten ist eben kein Naturgesetz. Können wir aber die historischen Abläufe letztlich nicht rational erklären, so können wir sie überhaupt nicht erklären, ohne für ein dem Menschen nicht verfügbares Wirken Gründe zu haben. Dies führte, wie gezeigt, mit zusätzlichen Argumenten dazu, den Begriff „Schicksal" gerade für die empirische Geschichtswissenschaft unverzichtbar zu machen. Aber wenn dies auch der Christ als im Einklang mit der Offenbarung stehend betrachten kann, weil er den Begriff „Schicksal" nur spezifiziert, indem er darunter das *von Gott Geschickte und Gefügte* versteht, so kommt er damit doch ebenso wenig einen Schritt weiter wie der empirische Historiker. Denn wie der Historiker nicht weiß, was das Schicksal mit diesem oder jenem bezweckt hat, außer daß für ihn damit eine Art Sinngarantie gegeben ist, so weiß auch der Christ nicht, welchen Zweck Gott damit verfolgt. Der Offenbarung jedenfalls kann er darüber nichts entnehmen, sie sagt nur etwas über die Geschichte des Alten Bundes, während sie sich über die Zukunft des Neuen nur allgemein innerhalb der Richtlinien der Heilsgeschichte äußert.

Das bedeutet jedoch nicht, daß der Christ resignieren muß, und die näheren Umstände des weltgeschichtlichen Verlaufs letztlich ohne Interesse für ihn sind, so oft dies auch geglaubt wurde. Das Gegenteil ist ja wahr. Wenn nämlich der Christ, wie jeder andere Mensch, einen substantiellen Teil seiner Identität in einer geschichtlichen, nationalen Kulturgemeinschaft findet – ich erinnere an das hierzu im 1. Abschnitt Gesagte –, und wenn er sich überdies aus seiner bereits erwähnten existentialen Geschichtlichkeit versteht, so wird auch er unvermeidlich ein *bewußtes Verhältnis zur Geschichte* seiner nationalen Kulturgemeinschaft haben. Dieses Verhältnis aber bewegt sich zunächst, wie gezeigt, im Rahmen des mythischen Denkens, und zwar selbst in dem Falle, daß Geschichte als wissenschaftliche Historie vermittelt wird. Kann doch der Christ auch diese, sofern sie Teil seiner Identität ist, nur in der Weise des Mythos *verinnerlichen*. Er wird daher wie jeder andere seine nationale Zugehörigkeit (immer in dem sehr weiten, bereits definieren Sinne verstanden), als ein Schicksal verstehen, wird in sich, wie gering er auch sei, das Ganze repräsentiert sehen, so daß er sich als Teilhaber am nationalen Ruhm ebenso wie am nationalen Elend versteht, und auch er wird in dieser Identifizierung mit der nationalen Geschichte auf mythische Weise das Vergangene als im Gegenwärtigen an-wesend, mit ihm verschmolzen und als in die Zukunft fortwirkend deuten. Und doch geschieht dies für den Christen im Unterschied zu den Ungläubigen so, daß er in diesem Schicksal, in diesem Ganzen, in diesem gegenwärtigen Vergangenen *Gottes Wirken* sehen wird. Wie das aber vonstatten geht, das hängt nun seinerseits von der geschichtlichen Situation und ihren rationalen Zusammenhängen ab, in der er sich befindet. Dabei verhält er sich ganz analog zu der Art und Weise, wie er sich in einem gegeben Fall moralisch entscheidet.

Ich verweise hierbei auf die Ausführungen im VIII. Kapitel, 2 h, i, j. Dort zeigte sich, daß für den Christen allein das doppelte Liebesgebot (zu Gott und zu den Menschen) als unumstößliches Prinzip seines Handelns gelten kann, während alles, was daraus folgt (wie insbesondere die Zehn Gebote), seine *konkrete* Auslegung und Anwendung nur im Rahmen einer jeweils wechselnden geschichtlichen Lage und ihrer rationalen Zusammenhänge finden kann;

daß daher der Christ niemals über einen absoluten, z.B. naturrechtlichen Katalog darüber verfügt, wie er sich je verhalten soll. Einerseits also muß er sich im Namen der Gottes- und Menschenliebe entscheiden und handeln, andererseits kann er dies, wie man sagt, nur nach bestem Wissen und Gewissen tun, vorbehaltlich jedes Irrtums. Niemals hat er eine absolute Verfügung darüber, worin das Gute je besteht, und gerade dieses Bewußtsein ist selbst Teil des doppelten Liebesgebotes: Gegenüber Gott, der allein weiß, was das Gute ist, und gegenüber den anderen, denen die gleiche Gefahr des Irrtums zugebilligt werden muß. Ebenso muß nun der Christ an Gottes Wirken in der Geschichte der bürgerlichen Gesellschaft und nationalen Kulturgemeinschaft glauben, mit der er sich doch zwangsläufig identifiziert, und daher wird er unvermeidlich versuchen, sich dieses Wirken, auch zum Zwecke seines eigenen politischen Denkens und Handelns, begreiflich zu machen, selbst wenn er davon niemals ein streng gesichertes Wissen erlangen kann. Geschieht Ähnliches nicht ebenso ganz unwillkürlich in seinem privaten Leben, etwa bei einer glücklichen Wendung, so als ob diese in Gottes Absicht gelegen wäre, und umgekehrt bei einem Schicksalsschlag, bei dem er sich vielleicht nicht nur in dem Glauben an Gottes Willen getröstet sehen mag, sondern der ihm vielleicht als Prüfung oder später als eine Fügung vorkommt, aus der er am Ende gestärkt hervorging? Werden ihm die großen weltgeschichtlichen Zusammenhänge nicht unwillkürlich Anlaß zu vergleichbaren, sich ihm geradezu aufdrängenden Vermutungen geben?

Ein klassisches Beispiel hierfür sind die frommen Spekulationen über die heilsgeschichtliche Bedeutung des Römischen Reiches, wie sie seit Augustin im Mittelalter und bis in die Neuzeit hinein immer wieder angestellt wurden. So brachte man das Auftreten Christi im Römischen Reich damit in Zusammenhang, daß erst dieses in seiner weltumspannenden Weite und mit seinem bisher nie dagewesenen Verkehrsnetz eine weltumfassende und schnelle Ausbreitung des Christentum ermöglichte. Folgerichtig verstand man das aus dem römischen hervorgehende christliche Weltreich Karls des Großen als die Vollstreckung des göttlichen Willens auf Erden, und sprach hinfort vom *Heiligen Römischen Reich*. Dabei waren sich die Theoretiker dieses Reiches durchaus über den schon von Augustin hervorgehobenen Unterschied zwischen dessen realer Gestalt mit ihren teuflischen Gewalten (civitas terrena) und seiner Idee (civitas dei) im Klaren, wie man u.a. den Werken von Rupert von Deutz (1070–1129), Otto von Freising (1111–58), Engelbert von Admont (um 1300), Johannes von Osnabrück (13. Jh.) und Dantes entnehmen kann. Aber wie tief und echt der Glaube an dieses Reich als Ausdruck göttlichen, weltgeschichtlichen Willens auch war, wie durchaus unvermeidlich er sich auch aus dem gegebenen geschichtlichen Zusammenhang bildete, so beruhte er doch auf einer theologisch-politischen Spekulation, die mit diesem Zusammenhang wieder verschwand. Erwies sich also diese damit nachträglich als ein historischer Irrtum? Keineswegs. Wie die je historisch bedingten, konkreten Anwendungen des christlichen, doppelten Liebesgebotes nicht dann nachträglich falsch werden, wenn sie sich bei einem Wandel der historischen Rahmenbedingungen tiefgreifend ändern, so auch nicht die in einem bestimmten, historischen Zusammenhang zu verstehenden, theologisch-politischen Spekulationen über das Wirken Gottes in der Weltgeschichte. Aber wenn sie damit auch keine absolute Bedeutung haben in dem Sinne, daß auch wir sie heute teilen müßten, so haben sie doch eine relationale, womit gesagt sein soll, daß sie unlöslich zur *praktisch unausweichlichen* Erfahrungswelt einer bestimmten Epoche gehörten und damit Teil einer lebendigen *Glaubensbetätigung* waren. Nur der Glaube als solcher kann absolut sein; die Glaubens*betätigung* jedoch, wie sie dem Christen auferlegt ist, sie sei privat oder öffentlich, wird immer mit jener Hinfälligkeit belastet sein, die sein endliches und sündiges Dasein kennzeichnet. Denn sie wird sich immer nur im Rahmen einer historisch gegebenen Situation abspielen, mit deren vorübergehenden, relativen Bedingungen und den dazu gehörigen, naturgemäß immer nur hypothetisch gegebenen rationalen Zusammenhängen. Wie das Christentum keine eindeutige Verfügbarkeit über das Gute hat (vgl. das VIII. Kapitel, 2h), sondern nur den guten Willen, im konkreten Fall sowohl dem Liebesgebot zu folgen als auch dabei redlich um die jeweils eine entscheidende Rolle spielenden, rational erkennbaren Zusammenhänge bemüht zu sein, so hat es auch keine eindeutige Erkenntnis des in der Geschichte waltenden göttlichen Wirkens, wohl aber den Glauben daran und die unvermeidliche Hoffnung, dieses im konkreten Fall und auch hier unter Berücksichtigung der dabei je geschichtlich gegebenen, rationalen Zusammenhänge, richtig zu deuten. Auch hier also entläßt das Christentum in seinem radikalen Realismus den Menschen nicht aus der Tragik seiner unlösbaren, in seinem sündigen Wesen liegenden Spannung zwischen dem Glauben und der praktischen Glaubensbetätigung mit ihren jeweils konkreten, sowohl situationsbedingten wie historischen Lebensbezügen, so daß er bei dieser, in seiner Endlichkeit und Hinfälligkeit, niemals der Gefahr des Irrtums entrinnt. Doch ist auch hier ebenso der gute Wille im Glauben *wie* jene letzte reservatio mentalis das Entscheidende, die ihn vor jedem Fanatismus bewahrt. Daß gerade gegen diese in der Geschichte der Kirchen oft furchtbar gesündigt wurde, steht außer Zweifel, gehört aber nicht zum Wesen des Christentums. So ist die Berufung des Christen auf ein ihm erkennbar scheinendes Wirken Gottes in der Geschichte trotz ihrer Fragwürdigkeit durchaus legitim, wenn sie lebendiger Glaubensbetätigung entspringt, wovon ja nicht nur die zitierten Autoren des Mittelalters Zeugnis ablegen, sondern auch jene, die im Lichte des christlichen Glaubens den teilweise ans Wunderbare grenzenden Zusammenbruch der satanischen Diktaturen dieses Jahrhunderts als Gottes Werk betrachten. Von der offenbarten Glaubensgewißheit selbst muß dies dennoch klar geschieden werden.

XII. Kapitel
Natur aus christlicher Sicht

1. *Das Göttliche und das Luziferische in der Natur*

Wie die Genesis zeigt, baute Gott mit der Schöpfung das Haus des Menschen, wo er Gott anbeten und mit ihm leben kann. Göttlich war das Licht, das die hierfür notwendige Ordnung schuf, göttlich ist die Erde, auf der er wohnen kann, göttlich sind die Gestirne, die seinen Wandel in Gott erhellen und leiten, göttlich die Wasser, die Pflanzen, die Tiere, die ihm dienen und die ihm zur Aufrechterhaltung der Schöpfung anvertraut sind. Göttlich also ist die Natur. Erst durch den Fall wurde sie korrumpiert wie er selbst. Sie hat daher in sich auch das Luziferische, welcher Name ja dialektisch schon auf den Fall hinweist, das Unheimliche, Zerstörerische, Grausame, Tödliche, Lebensfeindliche und ist auch, in den von ihr entfachten Trieben und Leidenschaften, der Schoß der Sünde. Wie aber wird das Göttliche in der Natur und wie das Luziferische zur christlich-existentialen Erfahrung? Wie läßt es sich verstehen, daß christlich alle Erscheinungen der Natur Numina Gottes oder seines Widersachers sind, somit in allen ihren materiellen Erscheinungen vom Geiste des einen oder des anderen in irgendeiner Weise durchdrungen sein müssen? Darin liegt jedoch bereits, daß die christliche Naturauffassung durch die allgemeinen Strukturen des Mythos geprägt ist, die u.a. durch die Kategorien mythische Substanz (Teilhabe jedes Gegenstands an einer numinosen Substanz), mythische Arché (an Stelle des Begriff „Naturgesetz"), mythische Zeit und mythischer Raum (in ihrer relativen Transzendenz zur profanen Zeit und dem profanen Raum) und mythische Einheit von Ganzem und Teil bezeichnet sind.[1] Da diese Kategorien jedoch bereits alle schon mehrfach erläutert worden sind, will ich mich hier auf ein ebenso anschauliches wie klassisches Beispiel mythischer Naturerfahrung beschränken, nämlich so, wie sie uns in Hölderlins Dichtung vermittelt wird.[2]

Diese Erfahrung vollzieht sich für ihn in drei Stufen: nämlich die *parataktische*, die *hypotaktische* und die *synthetische*. Erst werden parataktisch die Gegenstände der Landschaft aufgezählt: z.B. Tal, Fluß, Weinberge, Wälder, Berge, Dorf, und Stadt. Jeder einzelne dieser Gegenstände ist in der gekennzeichneten Weise eine mythische Substanz oder hat an ihr teil. Hypotaktisch mag nun diese Mannig-

---

[1] Zu einer ausführlichen Darstellung verweise ich auf K. HÜBNER, Die Wahrheit des Mythos, a.a.O., Kapitel I und V–IX.

[2] Vgl. hierzu K. HÜBNER, Die Wahrheit des Mythos, a.a.O., I. Kapitel.

faltigkeit zunächst dem Fluß als ihre Lebensader, dann aber auch umfassender dem Licht spendenden Äther und der fruchtbringenden Erde als ihre Ursprünge und Urquellen untergeordnet werden. In dieser hypotaktischen Sicht ist unmittelbar alles auf diesen Fluß in seiner mythischen, personalen Substantialität ausgerichtet, er hat *seine* Täler und Wälder, die Quellen der Berge eilen herab zu *ihm*, in *ihm* spiegeln sich mit Sonne und Mond das All, *er nährt* die Dörfer und Städte, die an *seinen* Ufern liegen. Diese parataktische und hypotaktische Ordnung wird nun synthetisch in einen noch umfassenderen, lebendigen Zusammenhang gebracht. Denn dieser ist keineswegs nur ein „biologischer", sondern auch ein geistiger und geschichtlicher. Der Fluß ist Schicksalsstrom, er kann Kulturen verbinden oder trennen, geschichtlich schwerwiegende Entscheidungen oder Ereignisse mögen sich an ihm abgespielt haben, und so schwingt im Anblick der Landschaft für denjenigen, der in ihr wohnt, ihre Geschichte mit. Jede Heimat ist zugleich eine geschichtliche. Er, der Strom, hat *seine* Geschichte.

Die beschriebene, mythische Mannigfaltigkeit ist also einerseits ein *Ganzes, das die Funktion seiner Teile* ist, denn es ist, wie es ist, erst durch deren Mannigfaltigkeit gegeben; und andererseits sind *seine Teile eine Funktion des Ganzen*, denn nur im Zusammenhang mit ihm sind sie, was sie sind. Der Fluß bedarf „seiner" Quellen, Täler usw. um zu sein, und doch ist er in ihnen allen, da sie nur auf ihn hingeordnet sind. Ganzes und Teil stellen also mythisch eine unlösliche Einheit dar. In jedem Teil ist die mythische Substantialität des Flusses und des Licht bringenden Äthers, die hypotaktisch allem übergeordnet sind, und die mythische Substantialität von Fluß und Äther enthält doch andererseits in sich diejenige der einzelnen Gegenstände. In metatheoretischer Sicht oder philosophisch betrachtet, wird also hier alles Materielle zu etwas Ideellem, Personalem (Fluß, Wälder, Täler, Quellen), während sich zugleich alles Ideelle (mythische, numinose Substanzen, menschliches Wirken und Geschichte) in der Landschaft materialisiert. Alles „Objektive" wandelt sich in eine „Subjektives", alles „Subjektive" in eine „Objektives". Materielles und Ideelles, Subjekt und Objekt bilden eine unauflösliche Einheit. *Diese Einheit ist mythisch das eigentlich „Objektive".* Außerhalb ihrer haben weder der Mensch noch die Natur eine eigentliche Existenz, getrennt voneinander erscheinen beide als schattenhaft, leer und leblos. Nur wo diese Einheit erfahren wird, erwacht die Natur aus ihrem bloßen Objekt-sein wie aus einem Todesschlummer, wie von einem Zauberstab berührt.

Damit wird nun aber auch das in der Natur sich mythisch zeigende Numinose schärfer erfaßt. Denn sofern Naturerscheinungen in ihrer Subjekt-Objekt-Einheit wie Äußerungen von etwas Personalem wirken, werden diese Äußerungen als Sprache aufgefaßt; aber eben nicht als Sprache von Menschen, sondern als Sprache anderer Art, nämlich durch Zeichen, eben Numina. Es sind Numina von etwas, was im profanen Sinne weder Mensch noch Natur ist, zugleich aber über beiden stehend aufgefaßt wird, weil es auf einen Zusammenhang verweist, aus dem beide überhaupt erst abgeleitet sind. In ihm hat nach mythischem Erfahrungsverständnis alles Lebendige seinen Ursprung, seinen Sinnbezug, und sein Verlust ist dem Tode vergleichbar. Dieses Ursprüngliche, Mensch und Natur zugrunde liegende, sie Ermöglichende, ist aber das *Göttliche* und *Heilige*. Zeigt es doch auch die drei Grundeigenschaften, durch die Numinoses überhaupt definiert ist. Um im gegebenen Beispiel zu bleiben: Der dahinfließende, alles ernährende Fluß hat majestas; die lebendige Einheit von Ideellem und Materiellem, Subjektivem und Objektivem „seiner" Landschaft entzückt als fascinosum; die umfassende Ordnung dieser Einheit, der sich der Mensch unterordnen muß, erregt in ihm Furcht und Respekt, sie ist ein tremendum. Keines dieser Prädikate könnte in dem spezifischen Sinn, den sie haben, irgendwelchen rein materiellen Naturgegenständen gegeben werden. Es sind durchweg theomorphe Begriffe.[3]

Wenn nun christlich Gottes Schöpfung im Bereich der Natur nicht nur im Wirken himmlischer Mächte, der Engel nämlich, erkennbar ist, sondern auch in den zahllosen numinosen Botschaften, die von Naturgegenständen und Naturerscheinungen ausgehen, so zeigt sich auch hier wieder strukturell eine vollkommene Übereinstimmung mit dem Mythos. Wie in der mythischen Erfahrung, so stehen wir auch hier wie vor einem Vorhang, durch den ständig Signale des dahinter verborgenen Göttlichen zu uns dringen, nur daß christlich das Göttliche und Heilige, wie es in der ursprünglichen Einheit des Subjektiven und Objektiven, in der ideellen Verklärung der materiellen Erscheinungen und ihrer personalen Verfassung zur Erscheinung kommt, als Reflex des immer noch aus der Schöpfung stammenden Urlichts verstanden wird, das über allem ausgegossen ist. „Im Namen dessen, der sich selbst erschuf!" dichtet Goethe. „So weit das Ohr, so weit das Auge reicht,/ Du findest nur Bekanntes, das Ihm gleicht,/ Und deines Geistes höchster Feuerflug/ Hat schon am Gleichnis, hat am Bild genug;/ Es zieht dich an, es reiß dich fort,/ Und wo du wandelst, schmückt sich Weg und Ort (...)"[4]

Die Schöpfung umfaßt also mit dem sichtbaren Himmel und der sichtbaren Erde *notwendig* zugleich numinose Wesen und Götter mit der ihnen eigentümlichen, immanenten Transzendenz. Aber Götter sind nicht nur Lebensspender, Träger der Ordnung auf der behausten Erde, Quell unerschöpflicher Freude in ihrer majestas, ihrem fascinosum, sind nicht nur Erwecker ehrfürchtiger Achtung und Demut in ihrem tremendum. Denn sie haben auch, wie die Genesis zeigt, am Fall des Menschen teilgenommen (Schlange-Satan, Dämonen) und sind daher ebenfalls in den status corruptionis verwickelt.[5] Davon zeugen ihre ständigen Kämpfe untereinander, ihre Eifersucht, ihr zerstörerischer Haß, ihre oft nur Verderben bringende Liebe, ihr Machtstreben, ihr Rachegeist und, was im gegebenen Zusammenhang von besonderer Bedeutung ist, ihr Wüten in den Naturgewalten. Zwar ist ihre Gottferne von anderer Art als diejenige der

---

[3] In üblicher Redeweise nennt man sie anthropomorph, doch ist eben damit das alte Mißverständnis verbunden, es handle sich um eine erkenntnistheoretisch unerlaubte Übertragung menschlicher Vorstellungsweisen auf vom Menschen in Wahrheit streng zu trennende Naturgegenstände.
[4] Die weltanschaulichen Gedichte, Prooemion.
[5] III. Kapitel, A,1.

Menschen, weil die Unsterblichen kein Sein zum Tode haben; gleichwohl ist auch ihr wesentliches Kennzeichen die Sorge, da sie doch, wie die Aufzählung ihrer Schwächen zeigt, ebenfalls ein Sein haben, dem es um es selbst geht. Aber wie sich in der Menschenwelt die Götterwelt spiegelt, so gibt es auch unter Göttern wie Menschen Grade der Gottferne. Einen deutlichen Hinweis hierauf gibt 1Mose 6, wo mit wenigen Sätzen die allenthalben bekannten Mythen der Vorzeit und alttestamentarischen Gegenwart angesprochen werden: „Als aber die Menschen anfingen, sich auf der Erde zu mehren und ihnen Töchter geboren wurden, sahen die Göttersöhne, daß die Töchter der Menschen schön waren, und sie nahmen sich zu Weibern, welche sie nur wollten. (...) Zu jenen Zeiten – und auch nachmals noch –, als die Gottessöhne zu den Töchtern der Menschen sich gesellten und diese ihnen Kinder gebaren, waren die Riesen auf Erden. Das sind die Recken der Urzeit, die hoch berühmten."[6] In der Offenbarung Johannis (Apokalypse), welche die Endzeit vor dem Jüngsten Gericht beschreibt, tritt schließlich das in der Natur wirkende, aber durch das Göttliche gebändigte Luziferische ungehemmt hervor. Hagel und Feuer verbrennen einen großen Teil der Erde, die Meere werden vergiftet, so daß die Meereswesen sterben, Schiffe gehen in Fluten unter, Abgründe tun sich auf, die Sonne wird verfinstert, drei Plagen, personifiziert durch dämonische Reiter auf Rossen, deren Schwänze Schlangen gleichen (Symbol des Satans), bringen Tod und Verderben unter die Menschen (Apk 8). Zwar werden alle diese Naturkatastrophen durch Posaunenstöße von Engeln des Gerichts ausgelöst, aber diese signalisieren nur, daß die luziferischen Mächte entfesselt, daß sie „losgelassen" sind (Apk 9,15), weil ihnen „Macht gegeben" wurde (Apk 9,3).

Diese mythische Verfassung der Natur, auf Grund ihres numinosen Wesens zwiespältig am Göttlichen ebenso wie am Luziferischen teilzuhaben, spiegelt sich auch in der christlichen Beurteilung des Einflusses, den sie auf den Menschen selbst ausübt. Einerseits zeigt sie uns die Normen eines „natürlichen" Lebens, deren Mißachtung den Menschen in die Perversität führt (Röm 1,26 f.; 1Kor 11,2–11)[7], andererseits sind doch die uns von ihr eingeborenen Begierden der Ort der Sünde, es ist das „Fleisch" (sárx) in uns, das wir überwinden sollen. In diesem Sinne wendet sich der dem Heiligen nachstrebende Mensch wider die Natur und will sich von ihr erlösen, von ihr, die doch anderseits der Quell göttlichen Lebens ist.

Eben weil aber die Natur als mythisches und numinoses Wesen am status corruptionis teilhat, so strebt auch sie nach Erlösung. Daher spricht Paulus vom

---

[6] Ich zitiere hier nach der überarbeiteten Zürcher, auf die Reformation Zwinglis zurückgehenden Bibel. (Zürich 1942) Der lutherische Text scheint mir an dieser Stelle nicht klar genug.

[7] Daß Paulus in 1Kor 11 offensichtlich Sitten und Gebräuche seiner Zeit für naturgegeben hielt, in Röm 1 aber Homosexualität für naturwidrig, ist, aus heutiger Sicht, fragwürdig, doch ändert das nichts daran, daß der Begriff der widernatürlichen Triebhaftigkeit (Perversion) auch Erscheinungen umfaßt, die unverändert im juristischen und psychiatrischen Bereich ihre Geltung haben, obgleich sie auf eine inzwischen vollständig säkularisierte Naturvorstellung bezogen werden.

„ängstlichen Harren der Natur" darauf, „daß die Kinder Gottes offenbar werden." (Röm 8,19) „Denn wir wissen, daß die ganze Schöpfung bis zu diesem Augenblick mit uns seufzt und sich ängstet." (Röm 8,22)[8] *Der Fall brachte die Zerstörung der Natur als Paradies.* Die Schöpfung, wie sie die Genesis schildert, war ja zunächst die Überwindung des ursprünglichen Chaos' durch das alles ordnende Urlicht und damit die Entstehung des Kosmos (Ordnung) als das numinose Haus, in dem die Menschen auf der Erde mit ihren Wassern wohnen, von den Gestirnen Licht und den Rhythmus der Zeiten empfangen und als Hüter mit Pflanzen und Tieren in Gottnähe leben konnten. Diese Natur als Paradies und ihre numinosen Wesen verschwanden zugleich mit dem Fall des Menschen und der luziferischen Schlange. Die Schöpfung bot nun das uns bekannte Bild. Dasselbe Feld, einst Teil des Gartens Eden, wo Gott wandelte und mit dem Menschen Zwiesprache hielt, wird nun zum gottverlassenen, steinigen Acker; die ewigen Elemente der mythischen Natur, ihre numinosen Substanzen, ihre Archaì und die Verfassung von Raum und Zeit bekommen gleichsam eine profane Kehrseite, die vom Schmerz der Vergänglichkeit gekennzeichnet ist. Den Zwiespalt der Natur, eine göttliche und luziferische Seite zu haben, hat Goethe in den folgenden Versen des „Faust" zum Ausdruck gebracht. Zunächst sagt Faust: „O gibt es Geister in der Luft,/ Die zwischen Erd' und Himmel herrschend weben,/ So steiget nieder aus dem goldnen Duft/ Und führt mich weg, zu neuem, buntem Leben!" (1118–21) Worauf Wagner antwortet: „Berufe nicht die wohlbekannte Schar,/ Die strömend sich im Dunstkreis überbreitet,/ Dem Menschen tausendfältige Gefahr,/ von allen Ecken her bereitet./ Von Norden dringt der scharfe Geisterzahn/ Auf dich herbei, mit pfeilgespitzten Zungen;/ Von Morgen ziehn, vertrocknend, sie heran/ Und nähren sich von deinen Lungen;/ Wenn sie der Mittag aus der Wüste schickt,/ Die Glut auf Glut um deinen Scheitel häufen,/ So bringt der West den Schwarm, der dich erquickt,/ Um dich und Feld und Aue zu ersäufen./ Sie hören gern, zum Schaden froh gewandt,/ Gehorchen gern, weil sie uns gern betrügen;/ Sie stellen wie vom Himmel sich gesandt,/ Und lispeln englisch, wenn sie lügen." (1126–1141)

Was aber unter der von Paulus angesprochenen Erlösung der Schöpfung zu verstehen ist, davon kündet wieder die Apokalypse. Ich zitiere noch einmal (vgl. das VI. Kapitel): „Ich sah einen neuen Himmel und eine neue Erde (…) Und ich sah die heilige Stadt, das neue Jerusalem, (…) bereitet wie eine

---

[8] Weiter heißt es noch an dieser Stelle (21): „auch die Schöpfung wird frei werden von der Knechtschaft der Vergänglichkeit zu der herrlichen Freiheit der Kinder Gottes." Dies ist jedoch kein Widerspruch dazu, daß die numinosen Wesen der Natur selbst unsterblich sind. Gemeint ist vielmehr, daß ihr Wirken in den unendlichen Mannigfaltigkeiten der Natur ein ewiges Stirb und Werde ist und sie, selbst Geschöpfe, und unbeschadet dessen, was sie für eine Rolle darin spielen, ob eher eine göttliche oder luziferische, zu ewiger Rastlosigkeit verurteilt sind. „Geburt und Grab,/ Ein ewiges Meer,/ Ein wechselnd Weben,/ Ein glühend Leben." (Faust, V. 504–07) – Im „Karfreitagszauber" von Wagners „Parsifal" hat die nach Erlösung schmachtende Natur künstlerisch einen ergreifenden Ausdruck gefunden.

geschmückte Braut (…) Und ich hörte eine große Stimme vom Thron her, die sprach: Siehe da, die Hütte Gottes bei den Menschen! Und er wird bei ihnen wohnen, und sie werden sein Volk sein (…) und Gott wird abwischen alle Tränen (…) und der Tod wird nicht mehr sein, noch Leid noch Geschrei noch Schmerz (…) denn das Erste ist vergangen (…) Und der auf dem Thron saß, sprach: Siehe, ich mache alles neu!" (21, 1–5) „Und die Stadt bedarf keiner Sonne noch des Mondes, daß sie ihr scheinen; denn die Herrlichkeit Gottes erleuchtet sie, und ihre Leuchte ist das Lamm." (23) Der status corruptionis, auch in der Natur, ist beendet. Eine Apokatastasis findet statt, wenn auch nicht im gnostischen Sinne als die einfache Wiederherstellung des Urzustandes, im gegebenen Fall also diejenige des alten Paradieses. Das zeigt schon das Verschwinden der Gestirne, die nun nicht mehr gebraucht werden. Nein, es ist in Wahrheit überhaupt die *Aufhebung jener Schöpfung, von der die Genesis berichtet*, die doch schon deswegen den Keim der Gottferne in sich trug, weil Gott noch nicht Mensch geworden war, weil erst durch Christus die Welt neu in unmittelbarer Gottnähe geschaffen werden konnte. So heißt es Kol 1,16: „Denn in ihm ist alles geschaffen, was im Himmel und auf Erden ist, das Sichtbare und das Unsichtbare." Da hier vom Himmel der *Schöpfung* und nicht der Transzendenz die Rede ist, sind auch die Engel und Dämonen mitbetroffen. Also sind auch diese allesamt *Geschöpfe*. Zwar ist, wie bereits erklärt (vgl. V. Kapitel, 2), alles *von* Gott geschaffen worden, aber nun ist *durch* Christus, den Erlöser, die Schöpfung *neu* geschaffen, nämlich als die von der Unausweichlichkeit der Erbsünde befreite. So heißt es weiter in Kol 1,20, ich zitiere noch einmal: „Denn es hat Gott wohlgefallen,/ daß in ihm" (Christus) „die Fülle wohnen sollte/ und er durch ihn alles mit sich versöhnte,/ es sei auf Erden oder im Himmel,/ indem er Frieden machte durch sein Blut auf Erden." Nicht nur der Mensch ist also der Gnade teilhaftig geworden, sondern auch die mythischen Götter und numinosen Wesen der Natur. Nahmen sie die Gnade an, so wirken sie seitdem als Gottes Boten und Diener, lehnten sie diese ab, so als Boten und Diener Luzifers. Die ersteren, zwar Geschöpfe wie die Menschen, aber in ihrer mythischen Transzendenz nicht an das Profane der Sterblichen gefesselt, sehen schon jetzt Gottes Angesicht, und sie sind auch gemeint, wenn von göttlichen Heerscharen die Rede ist oder von jenen, die am Jüngsten Gericht mitwirken; was aber die letzteren betrifft, so lesen wir darüber im NT das Folgende: „Auch die Engel, die ihren Ursprung (*tén heautón archén*)[9] nicht bewahrten, sondern ihre Behausung (oiketérion) verließen, hat er für das Gericht des großen Tages festgehalten mit ewigen Banden der Finsternis." (Jud 6)[10] Sie bewahrten ihren Ursprung nicht – denn sie fielen von Gott ab wie der Mensch; sie verließen damit ihre Behausung, nämlich das ursprüngliche Wohnen in Gott; und sie sind

---

[9] Im hier verwandten Text steht „Rang" für „Ursprung", doch kommt das letztere dem Sinn des griechischen Wortes „Arché" näher und ist für die Deutung der Stelle erhellender.

[10] Auf dieses Zitat werde ich in der Diskussion von Schellings „Philosophie der Offenbarung" zurückkommen.

schon jetzt festgehalten in den ewigen Banden der Finsternis – sie existieren nach ihrer Zurückweisung der Gnade ohne das Licht Gottes. Noch einmal sei es hier bestätigt (vgl. VII. Kapitel, 10 und 11): Christlich sind Engel (göttliche wie luziferische), also auch solche in der Natur wirkende, die Transposition der mythischen Welt von Göttern und numinosen Wesen in das Äon der Erlösung durch Christus.

2. Erfahrung und Glaube im christlichen Naturverständnis

Die bisherige Untersuchung des christlichen Naturverständnisses beruhte auf einer *logischen Analyse unter den Prämissen des christlichen Glaubens*. Aus dem Glauben an die Schöpfung folgt die göttliche Verfassung der Natur. Eine solche Verfassung ist strukturell immer eine numinose, mythische (Einheit des Ideellen mit dem Materiellen), nur die Inhalte sind verschieden (Engel, numinose Wesen/ Dämonen, Götter). Aus dem Glauben an den Sündenfall folgt, daß nicht nur die Menschen, sondern auch die numinosen Wesen (Schlange), die *das Substantielle der Natur* sind, in den status corruptionis verwickelt wurden. Also ist nicht nur der Mensch, sondern auch die Natur durch den Widerspruch zwischen dem Göttlichen und dem Luziferischen geprägt. Aus dem Glauben an die Heilsgeschichte der Erlösung dagegen folgt, daß sich auch die numinosen Wesen als das Substantielle der Natur nach Erlösung sehnen, diese Erlösung aber (oder Verdammung) wie diejenige des Menschen nach dem Jüngsten Gericht erfolgen wird. Und schließlich folgt aus dem Glauben an die Heilsgeschichte, daß durch diese Erlösung nicht nur der Mensch, sondern auch die Natur neu geschaffen wird, wobei notwendig ein anderes Paradies als das ursprünglich und vor dem Fall gewesene entstehen wird, nämlich ein solches, in dem, weil Gott durch Christus Mensch geworden ist, die Gottferne endgültig und absolut überwunden ist.[11]

Diese logische Analyse widerlegt die verbreitete Meinung, es handle sich hier um eine Art spekulativer Metaphysik, ähnlich derjenigen, die man auch in der Gnosis finden kann, mit der sich ein späteres Kapitel ausführlich beschäftigen wird. Denn die Prämissen, die sie aufzeigt und aus denen alles weitere schlüssig folgt, sind ja solche des Glaubens und daher keiner theoretischen Kritik zugänglich (vgl. das I. Kapitel), während die Prämissen einer spekulativen Metaphysik den Anspruch erheben, selbst theoretische Produkte der menschlichen Vernunft zu sein. (Dies werden die später folgenden Abschnitte über das Denken der Metaphysik ausführlich darlegen.) Auch sind die hier verwandten Prämissen des Glaubens keine Lehrsätze, sondern erzählte Geschichten, also auch hierin wieder dem Mythos ähnlich, dessen Prinzip ja die Erzählung ist.

---

[11] In diesen wie ja auch überhaupt in allen die jenseitige Verklärung betreffenden Zusammenhängen, wird immer wieder der Einwand vorgebracht, dies alles sei nicht vorstellbar, und natürlich sind die zitierten Beschreibungen aus der Apokalypse nur gleichnishafte Bilder. Aber der Hinweis, daß etwas nicht vorstellbar sei, sagt nichts über die Existenz einer Sache aus, wie man am besten an Kants Begriff eines Dinges an sich sehen kann.

Dennoch müssen wir, wo es um christliche Existentialität geht, der Frage nachgehen, wie eine solche aus Glaubensprämissen sich ergebende Naturbetrachtung Gegenstand der *Erfahrung* werden kann. Daß eine solche, so weit es ihre mythische Verfassung betrifft, weltweit in mythisch bestimmten Kulturen selbstverständlich war, bedarf keines näheren Beweises, selbst wenn man über deren genaueren Strukturelemente, wie sie hier vorgestellt wurden, teilweise anderer Meinung sein sollte. Und selbst wenn es zutrifft, daß wir davon, zumindest innerhalb Europas, vor allem bei den Griechen, nur über die künstlerische und geistige Überlieferung etwas wissen, so kann doch kein ernsthafter Zweifel daran sein, daß darin einem allgemeinen Denken, Anschauen und Vorstellen Ausdruck verliehen wurde. Mit anderen Worten: Es handelte sich hier nicht um eine die Wirklichkeit der Menschen ignorierende Schöpfung der Phantasie, sondern um ihr wahres Verhältnis zur Natur. Das hat sich auch im Mittelalter nicht grundlegend geändert, obgleich dort aus Gründen, die hier nicht näher erörtert werden können, die anthropozentrischen Elemente des Glaubens derart in den Vordergrund drängten, daß die numinose Fülle der Natur mehr oder weniger auf die Abstrakta „göttliche Schöpfung" einerseits und „Ort luziferisch-satanischer, dämonischer Verderbnis" andererseits reduziert wurde. Bilder der Schöpfung mit eher schematischen Darstellungen von deren Grundelementen schmückten zahlreich die Kirchen, während wunderliche Gestalten von Greifen, Tierdämonen und anderem mythologischem Getier oder wildwucherndes Rankenwerk verschlungener Pflanzen an Fassaden und Pfeilern die dämonische und dem Ganzen des christlichen Kosmos untergeordnete Seite verkörperten, den die Kathedralen darstellen. Die Renaissance öffnete zwar wieder den ungehemmten Zugang zur mythischen Erfahrung der Natur, doch nunmehr nicht nur unter christlichen, sondern auch neuplatonischen und hermetischen Vorzeichen. So wurde in der Kunst das Göttliche der Schöpfung vor allem im Lichte der neuplatonischen Idee der Schönheit Gegenstand der Wahrnehmung, während das Luziferische in der die Renaissance weitgehend beherrschenden Magie gesehen wurde (schwarze Magie). Daran änderte sich, bei allen sonstigen Verschiedenheiten, auch im Barock nichts.

Andererseits wurde spätestens seit dem Aufkommen der griechischen Philosophie die bisher skizzierte abendländische Entwicklung im mythischen Verhältnis des Menschen zur Natur von einem ganz anderen Denken begleitet, wenn sich dieses auch endgültig, wie die später folgenden Kapitel zeigen werden, erst seit der Aufklärung, vor allem aber durch das Aufkommen der Naturwissenschaften, vom Mythischen emanzipierte. Zwar ist noch heute die Meinung verbreitet, daß dieses Denken den Menschen im praktischen Umgang mit der Natur immer schon geleitet habe, doch ist dies unzutreffend. Selbst die großen Revolutionen der Vorzeit wie der Übergang von der Bronze- zur Eisenzeit, von der Jagd zur Landwirtschaft und Viehzucht erfolgten, obgleich auch sie das Ergebnis von Versuch, Irrtum und ebenso langwierigen wie mühsamen Experimenten gewesen sein müssen, ausschließlich auf der Grundlage mythischer Rahmenbedingungen, weil gar keine anderen, theoretischen, zur

Verfügung standen. Wie der Mythos trotz allem auch hier die leitende Idee sein konnte, zeigen u.a. Untersuchungen über das Bergbauwesen aus bereits geschichtlicher Zeit.[12] Vor allem aber wird meist vergessen, daß der Begriff des *Naturgesetzes*, der den eigentlichen und entscheidenden Durchbruch zum „entmythologisierten" Denken über die Natur führte, erst viel später, endgültig etwa mit Galilei entstand, und daß auch die Zwecke, die man im praktischen Umgang mit der Natur verfolgte, ganz andere, nämlich ebenfalls vom Geiste des Mythos bestimmte waren. So durfte man, da die Natur als numinoses Wesen betrachtet wurde, bei allem Gebrauch, den man von ihr machte, die ihr schuldige Ehrfurcht nicht außer acht lassen und mußte ihre „Rechte" berücksichtigen, während sie später wie ein Steinbruch betrachtet wurde, aus dem man sich nach Belieben bedienen kann. Da aber solches nicht gewollt wurde, konnten die Mittel naturwissenschaftlichen Denkens, die es erst ermöglicht hätten, nicht nur nicht verwandt werden, sondern sie konnten auch gar nicht ins Bewußtsein treten. Aber selbst, als dies endgültig geschehen war, schwand die mythische Alternative zur naturwissenschaftlichen Naturauffassung keineswegs, wie wieder die Kunst und die Literatur bis in die Gegenwart hinein zeigen.

3. Zur Dichtung im Allgemeinen und zur mythischen Naturlyrik im Besonderen. Einige Beispiele aus dem 20. Jahrhundert

Da die allgemeine, also auch heute noch unverändert bestehende Beziehung der Kunst zum Mythischen und Mythisch-Christlichen bereits im IX. Kapitel, 5 abgehandelt worden ist (eine Beziehung, durch die auch die Landschaftsmalerei bis in die Gegenwart hinein betroffen wurde, so daß in ihr alle jene Elemente mythischer Naturbetrachtung wiederzufinden sind, die im Abschnitt 1 dieses Kapitels aufgeführt wurden), will ich mich nun dem mythischen Verhältnis zur Natur in der Dichtung zuwenden, und wähle zu diesem Zwecke zum einen die Naturlyrik, wo dieses Verhältnis am reinsten in Erscheinung tritt, zum anderen bedeutende und herausragende Beispiele hierfür aus neuerer Zeit und Gegenwart, weil doch gerade heute das vollkommene Absterben mythischer Naturerfahrungen behauptet wird. Doch müssen dem einige allgemeine Bemerkungen zur Dichtung überhaupt vorangeschickt werden, wobei ich an die vorangegangenen allgemeinen Betrachtungen über die Musik anknüpfen kann.

Das Element der Dichtung ist die Sprache. Wie im IX. Kapitel, 4 a gezeigt, hat Sprache immer zwei Seiten: eine *kognitive* und eine *konnotative*. Ich fasse noch einmal zusammen: Die kognitive betrifft ihren begrifflich unmittelbaren Gehalt: eine Beschreibung, eine Erklärung, einen Bericht, eine Frage usw. Die konnotative umfaßt einerseits eine *Mannigfaltigkeit von Assoziationen*, anderseits eine *Mannigfaltigkeit von Gestimmtheiten*. Die konnotativen Assoziationen ranken

---

[12] Vgl. M. Eliade, Schmiede und Alchemisten, Stuttgart 1980.

sich um den unmittelbar faßbaren, kognitiven Gehalt und sind teils kulturgeschichtlich bedingt, teils in der privaten Erlebnis- und Vorstellungswelt des Sprechenden, Hörenden oder Lesenden verwurzelt. Nehmen wir als Beispiel den Begriff Ehre. Sprach der Grieche des Altertums von Ehre, so mag er dabei an ein Schwert, ein Mann des Bürgertums im 19. Jahrhundert aber an eine Duellpistole gedacht haben. Gestimmtheit hingegen äußert sich vornehmlich in der *Musikalität der Sprache*. Zwischen der kognitiven und der konnotativen Seite der Sprache besteht so etwas wie eine *Unschärferelation*. Je mehr man sich auf die kognitive konzentriert, desto undeutlicher wird die konnotative vernommen und umgekehrt. In der Skala dieser Unschärfe gibt es zwei Extreme: Auf der einen Seite die Sprache des Roboters, in der vornehmlich die kognitive Seite der Sprache in ihrer reinen Funktionalität und Rationalität erkennbar wird, auf der anderen Seite die ganz in Musik übergegangene Sprache, die vornehmlich von ihrer konnotativen Seite, insbesondere von ihrem Gestimmtheitsgehalt, beherrscht wird.

Wie unterscheidet sich nun die Sprache der Dichtung von anderen Weisen der Sprache? Auf der Skala der sprachlichen Unschärferelation steht sie der Musik am nächsten. Sie bleibt zwar beim Wort und seinem kognitiven Gehalt, aber weit stärker als in jeder anderen Sprache drängen sich in ihr die Konnotationen hervor: Ihre Worte und Bilder sind schwer von einem großen *assoziativen Reichtum*, und in ihrem *Rhythmus*, ihrem *Tempo*, ihrer *Sprachmelodie*, kurz in ihrer *Musikalität*, wird Gestimmtheit in großer Dichte hörbar. Und wieder sage ich: gleichgültig, ob Dichtung gehört oder gelesen wird. Selbst im Lesen muß sie innerlich gehört werden, weswegen sie eigentlich immer vorgetragen werden sollte, und Lesen immer nur ein defizienter modus in der Erfahrung von Dichtung sein kann.[13]

Bisher könnte es den Anschein haben, als sei der Unterschied zwischen der dichterischen und anderen Sprachen nur ein gradueller: In der dichterischen Sprache, so könnte man daher meinen, liegt das Gewicht von vornherein stärker auf der konnotativen Seite als in irgendeiner anderen Sprache. Um zu zeigen, daß der Unterschied hier jedoch nicht nur ein gradueller ist, müssen wir noch einmal auf die allgemeine Verfassung von Sprache, also nicht nur der dichterischen, eingehen, Gestimmtheit *erkennbar* werden zu lassen. Auch hierzu sei das im IX. Kapitel, 4 a Gesagte kurz zusammengefaßt: Wo Gestimmtheiten sprachlich in Erscheinung treten, da geben sie nicht einfach irgendwelche ihnen vorausgehende Bewußtseinszustände wieder, sondern da beginnt bereits eine neue Bewußtseinsqualität. Die in der Sprache sich zeigende Gestimmtheit drückt also nicht irgendeine außerhalb der Sprache liegende Gestimmtheit aus, sondern sie *ist* diese ihre unmittelbare Erscheinung und die konnotativen Gestimmtheitsgehalte können von ihrer sprachlichen Erscheinung gar nicht unterschie-

---

[13] D. BORCHMEYER verdanke ich den Hinweis, daß auch das Sehen für das *Verstehen* von Dichtung eine nicht zu unterschätzende Rolle spielen kann, wie z.B. dem Erscheinungsbild eines Sonettes zu entnehmen ist.

den werden. Also gilt dasselbe für die dichterische Sprache. Und doch besteht hier ein entscheidender Unterschied. Hören wir z.B. ein Gedicht, so erfassen wir die darin liegenden Assoziationen und Gestimmtheiten des Dichters nicht als diejenigen einer Privatperson, sondern sie treten uns darin wie etwas *Allgemeingültiges* und *Objektives* entgegen. Man spricht zwar in diesem Zusammenhang gerne von dem *allgemein Menschlichen*, das in der Dichtung zum Ausdruck komme. Aber dies ist irreführend, weil damit die Geschichtlichkeit, das *Epochale* alles Menschlichen unbeachtet bleibt. Fassen wir nämlich das *Ganze der Bewußtseinsinhalte*, die eine Epoche kennzeichnen, in der Idee eines „*Geistes der Zeit*" zusammen – ich erinnere wieder an das im IV. Kapitel Gesagte –, und behalten wir dabei den bereits erklärten Grundsatz im Auge, daß alle diese Inhalte zwei Seiten haben, nämlich eine kognitive und eine solche konnotativer Assoziationen und Gestimmtheiten, dann muß es auch zu dem umgreifenden, kognitiv faßbaren Wirklichkeitshorizont einer Epoche solche Konnotationen geben – und diese sind es nun, die, wie auf eine Weise in der Musik, auf andere in der Dichtung als etwas Allgemeingültiges und Objektives hervortreten. Ihr Träger ist entsprechend das individuelle Subjekt nur so weit, als es selbst unvermeidlich vom „Geist der Zeit" mitgeprägt ist, in der es lebt, als es zugleich ein geschichtlich allgemeines Subjekt, eine geschichtliche Überperson ist. Die Literaturwissenschaft hat dies durch die Bezeichnung literarischer Epochen wie barock, klassisch, romantisch, impressionistisch, naturalistisch usw. zum Ausdruck gebracht. Diese Geschichtlichkeit schließt jedoch nicht aus, daß auch Dichtung aus vergangenen Zeiten verstanden werden kann, besonders dann, wenn sie selbst noch Teil des geschichtlichen Bewußtseins der Gegenwart ist.

Sprachliche Gestimmtheit ist also nur in der Sprache und sonst nirgends, und so ist auch die epochale Gestimmtheitswelt, wie sie in der dichterischen Sprache lebt, nur in dieser und sonst nirgends – sie drückt nicht etwas aus, was etwa vor ihr oder außerhalb ihrer in der Weise existierte, so daß sie es einfach reproduzierte. Zwar trifft es zu, daß die epochale Gestimmtheitswelt, wie sie da oder dort in Erscheinung treten mag, in die Dichtung transformiert wird (so wie sie auch in die Musik transformiert werden kann), aber diese Transformation führt zu etwas ganz Neuem, nur der Dichtung Eigentümlichen, und ist, darin wieder ganz analog zur Musik, nichts anderes als eine Weise, wie Wirklichkeit in Erscheinung tritt. In nicht-dichterischen Sprachen, in der Sprache der Wissenschaft insbesondere, wo das kognitiv-rationale Element vorherrscht, unterscheiden wir zwischen einem Satz und dem, *worüber* der Satz spricht. Wir sagen z.B. „dies ist ein Baum"; dieser Satz *verweist* auf einen Baum, ist aber nicht selbst der Baum; das sprechende Subjekt ist hier vom Objekt, *über* das es spricht, getrennt. In der dichterischen Sprache dagegen tritt das, was der Gegenstand der Sprache ist, überhaupt nur in der Sprache selbst in Erscheinung. In gewissem Grade ist dies, wie wir gesehen haben, schon in der Alltagssprache der Fall, so weit es ihren konnotativen Teil betrifft. Die Gestimmtheiten und Assoziationen, die im gesprochenen Wort leben, sind ja gerade das, wodurch sich der Sprechende in gewissen Situationen über das Kognitive hinaus dem Hörenden mitteilt, und was der Hörende erfaßt oder nachempfindet. Anstelle der Trennung zwischen dem erkennenden Subjekt und dem erkannten Objekt, wie sie für den rein kognitiven Bereich kennzeichnend ist, tritt hier eine unauflösliche Einheit: Das Subjekt erkennt sein Objekt – z.b. die Gestimmtheit –, indem dieses in seiner Sprache, z.B. ihrer Musikalität, *Wirklichkeit wird*; der Hörende erkennt den durch den Sprechenden vermittelten Gegenstand ebenfalls nur durch die Sprache, in der allein diese Wirklichkeit in Erscheinung tritt. Was wir also schon in der Alltagssprache da und dort beobachten können, das wird in der Dichtung zum sie tragenden Element. Nur in ihr aber, wo die Sprache vom einzelnen, zufälligen Subjekt gelöst und zu derjenigen der geschichtlichen Überperson geworden ist, können die zu einer epochalen, kognitiven Vorstellungswelt konnotativen Assoziationen und Gestimmtheiten *Wirklichkeit* werden. Das Dichterische – und auch hier erkennen wir wieder die Analogie zur Musik – unterscheidet sich daher vom kognitiven Bereich nicht nur dadurch, daß die für das Dichterische kennzeichnende Wirklichkeit nicht etwas außerhalb der Sprache ist, sondern auch dadurch, daß bei ihm Wahrheit nicht wie im kognitiven Bereich in der *Übereinstimmung zwischen Sprache und Gegenstand* besteht. Denn da sich in der dichterischen Sprache eine Wirklichkeit enthüllt, wie sie nur in ihr und sonst nirgends ist, so enthüllt sich in ihr auch *Wahrheit*, ganz im Sinne der Vorstellung der Griechen, die ja Wahrheit a-létheia nannten, das Unverhüllte.

Betrachten wir nun, nach diesen allgemeinen Erörterungen über Dichtung, einige Beispiele mythischer Naturlyrik aus der neueren und gegenwärtigen Zeit. Ich wähle hierzu je ein Gedicht Oskar Loerkes, Wilhelm Lehmanns und Gerhard Priesemanns. Ich beginne mit Oskar Loerkes Gedicht

„Gott"[14]

Du bist nicht in der Krone,
Doch du zirkst
Den Raum der Krone um den Schaft.

Du bist nicht auszusprechen,
Doch wirkst,
Dich auszusprechen in uns eine Kraft.

Dieses Gedicht offenbart im gegebenen Zusammenhang den Grundinhalt mythischer Naturlyrik. Derart sind die konnotativen Assoziationen, die darin hervortreten und lebendig werden. Der Baum ist nicht Gott (magischer Animismus oder deus sive natura, Pantheismus, Gott = Natur); der Baum ist auch nicht bloßes Objektsein, also ohne Gott (materialistischer Objektivismus) oder bloß ein Gegenstand menschlicher Betrachtung (ästhetischer Subjektivismus); der Baum hat vielmehr an Gottes numinoser Substanz Teil, die ihn wie ein Kraftfeld umgibt (umzirkt). Insofern ist der Baum ein ideelles Numen, ein

---

[14] O. LOERKE, Die Gedichte, Frankfurt/Main, 1983, S. 179.

Zeichen, jedoch nicht nach Art der menschlichen Sprache (nicht auszusprechen); und dennoch spricht es zu uns in einer Weise, die das numinose Phänomen mit der Kraft der menschlichen Sprache als Dichtung erkennbar werden läßt (die Kraft, es auszusprechen).[15]

Nun, etwas gekürzt, ein Gedicht von Wilhelm Lehmann mit dem Titel

„Die wilden Äpfel"[16]

Mit einer Paste aus Duft,
Aus gilbendem Wachs geschichtet,
Schenkt sich Apfel auf Apfel zurück.
Der Erdgeist hat sie gedichtet. (…)
Wespen haben im hohlen Stamm
Ihre klugen Nester gemeistert,
Den glühn Septembernachmittag
Am fließenden Saft sich begeistert.

Schläft sie im nahen Wasserloch,
Dem offenen Tage verschollen,
Dunkelt es, ist die Nymphe ihm
Leicht wie Nebel entquollen.

Äpfel fallen. Hesperische Nacht. (…)
Noch der göttlichen Nähe gedenk,
von heiligem Munde besprochen,
Morgendlich duftend, Weihgeschenk,
Liegen sie, gern gebrochen.

Der mythische Sinn des Gedichtes ist eindeutig. Äpfel sind „schenkende" Früchte des Erdgeistes, der Baum ist Knotenpunkt mannigfaltiger Wesen (Wespen), die in sein personales Sein personal, nämlich „be-geistert" verwoben sind. In den geisterhaften Nebeln, die abendlich an ihm aufsteigen („entquellen"), lebt die hesperische Nymphe, Tochter der Nacht (Nýx) und der Dunkelheit (Érebos). Sie ist der Sage nach die Hüterin der goldenen Äpfel, welche die Erdgöttin (Gaía) einst der himmlischen Gattin (Héra) zur Hochzeit geschenkt hatte, Sinnbild ewiger Fruchtbarkeit und ewigen Lebens (das dem dunklen Schoß der Erde entspringt). In allen Äpfeln ist die mythische Substanz der goldenen Äpfel anwesend, und so sind auch die vom Baume gefallenen Äpfel etwas Heiliges, sind Weihgeschenk.

Betrachten wir zunächst die konnotativen Assoziationen des Gedichts. Wie im Gedicht Loerkes sind auch hier die Gegenstände (Äpfel, Baum, Nebel) nicht in ihrem reinen Objektsein gesehen (naturwissenschaftlich), auch nicht im Lichte eines ästhetischen Subjektivismus, sondern in einem numinosen Zusam-

---

[15] Zu Oskar Loerkes Verständnis von Dichtung vgl. auch D. HOFFMANN, Die Wiederkunft des Heiligen. Literatur und Religion zwischen den Weltkriegen, Paderborn 1998, Kap. A, II.
[16] W. LEHMANN, Noch nicht genug, Tübingen 1950, S. 27.

menhang (Erdgeist, hesperische Nymphe), in dem die Einheit des Ideellen und Materiellen (Subjekt-Objekt) gerade das Wirkliche, das „Objektive" des Phänomens ist. Die Dinge (Äpfel, Baum, Nebel) erfaßt das Gedicht exakt so, wie sie sich zeigen, wenn man sie von ihrer Naturwissenschaflichen oder subjektivistischen Deutung und damit von der beiden zugrunde liegenden, ontologischen Subjekt-Objekt-Trennung befreit hat. Da diese Trennung sowohl historisch wie entwicklungspsychologisch im Leben jedes einzelnen etwas Spätes ist (Kinder müssen sie erst lernen), kann man das in dem Gedicht in Erscheinung tretende Phänomen auch das *Ursprüngliche* nennen. Die spezifischen Anspielungen an den griechischen Mythos geben seiner Erfahrung einen konkreten, sinnlichen Halt, auch wenn sie, für den modernen Europäer, eher eine nur allegorische Bedeutung haben. Dies gilt jedoch nicht für die mythisch-numinose Substanz als solche, die sich darin trotz allem verbirgt. Sie ist nicht dadurch verschwunden, daß sie heute namenlos geworden ist, sondern spricht uns unverändert in der Poesie des Gedichtes an.

Nun zum Schlusse ein Gedicht von Gerhard Priesemann mit dem Titel

„Nachtgang"[17]

Aber der Mond – diesen Abend
hinschlüpfend des Wegs durch die Tannenwipfel,
der Abendsonnen rötlichen Nachglanz
klüglich meidend;

Weniges später steigt er silbern empor
über der Lichtung: ist dem Tal ein
Nacht-Verkünder

in geründeter Schale nun der Sonne
lang gesammeltes Licht in Sanftes wendend;
aber doch
ein herber Herrscher.

Leis erschauern die Tannen, denn es kommen
Mitternächte
und hinunter
ist dann auch der Mond. Und Schwärze lodert
dann auf im Bergwald.

Zeigte das Gedicht Loerkes den Grundinhalt mythischer Naturlyrik, dasjenige Lehmanns ein Beispiel für das Phänomen einer einzelnen mythischen Substanz mit ihren Vernetzungen, so bietet dasjenige Priesemanns ein Beispiel mythischer Landschaft in ihrer Einheit von Ganzem und Teil. Ihre einzelnen Elemente sind Bergwald, Lichtung und Tal, doch sind sie alle hingeordnet auf den Mond, der sie durchwandert und doch alle überragt. Beide aber, er und diese Elemente,

---

[17] P. PRIESEMANN, Elegien und Lieder, Bd. IV, Ausgewählte Gedichte, S. 66. Kiel 1988. Das umfangreiche lyrische Werk Priesemanns harrt noch seiner ihm gebührenden Anerkennung.

sind doch wieder einem gemeinsamen Schicksal unterworfen, indem sie dem gleichen Urgrund entgegengehen: Denn Bergwald, Lichtung, Tal, die ganze Landschaft und der Mond sind in Erwartung der Nacht. In der Abendsonnen Glanz bleibt der Mond noch verdeckt von den Tannenwipfeln, bis er dann als Nacht-Verkünder über ihnen aufgeht: des Taglichts sanfter Widerschein, aber die Welt herb beherrschend, denn sie schaudert leise im Ahnen des Kommenden, nicht dieser einzelnen Mitternacht, sondern *der* Mitternächte (*dem* Mitternächtlichen), worin alles vom Dunkel endgültig verschlungen wird. (Auch der vorangegangene Plural „Abendsonnen" weist hierauf schon hin.)

Es ist deutlich erkennbar, wie in der dichterischen Sprache die konnotativen, hier mythischen Assoziationen hervordrängen, die in der vordergründig kognitiven Wahrnehmung der Landschaft gerade verdrängt werden. Durch sie werden die zunächst kognitiv erkennbaren Elemente Bergwald, Lichtung und Tal, aber auch der Mond nunmehr in ein lebendiges, durch die wechselweisen Zusammenhänge bestimmtes Ganzes verwoben, das wie ein Wesen erscheint, und Wesen sind auch seine Elemente – sie besitzen eine unausgesprochene Personalität. Der Mond „schlüpft" durch den Tann, „meidet klüglich" die Abendsonne, ist aber dann ein „Nachtverkünder", ein „herber Herrscher". Die Tannen „erschauern" vor den „Mitternächten", die Schwärze der Nacht ist ein Gleichnis des Todes. Geschaut wird hier ein *Vorgang*, ein *Ereignis*, das wie auf einer Bühne abläuft.

Was aber die Gestimmtheit betrifft, die geheimnisvolle Gestimmtheit eines Mysteriums, von der dies alles erfüllt ist, so liegt sie nicht allein in den assoziativen, mythischen Bildern, die uns das Gedicht gerade hervorholt und *zeigt*, sondern auch in der Melodie seiner Sprache, ihrem Rhythmus und ihrer Form. Diese Melodie kann man zwar in gewisser Weise analysieren, z.B. in dem man auf den Klang der gesprochenen Sätze und Wörter, auf den Rhythmus und das je erforderliche Sprechtempo achtet, aber letztlich kann man das alles ebenso nur hören, wie man Musik hört, weswegen ich hier auf eine differenzierte Betrachtung der in den zitierten Gedichten lebenden Gestimmtheit verzichten muß. Der Leser wird sie unmittelbar erfassen.

Bleiben wir noch bei dem Gedicht Priesemanns. Jeder kann den Vorgang, das Ereignis beobachten, das es zum Inhalt hat, wenn ihm die beschriebenen konnotativen Assoziationen und Gestimmtheiten nicht fremd sind – nennen wir sie einmal, sehr grob vereinfachend, mit der epochalen Bezeichnung „romantisch – mythisch". Aber erst im Übergang zum Gedicht, erst in seiner sprachlichen Gestaltung wird das Vage und Vorübergehende, damit schwer Faßbare eines solchen Eindrucks überwunden, wandelt er sich in eine dauernde, stets wiederholbare, klar umrissene Gestalt. Und so tritt auch seine Wirklichkeit überhaupt erst hervor. Anders ausgedrückt: Für die Begegnung mit dieser Wirklichkeit und für ihre Enthüllung auch außerhalb der Dichtung als „romantische Naturerfahrung" ist das Gedicht unentbehrlich, sie artikuliert, sie *vollzieht* sich nur durch das Gedicht, und nur in seinem Licht lernen wir dann, die in ihm ausgesprochenen Erscheinungen auch „in der Natur" zu sehen.

Indem sie nur im Gedicht erkennbar werden, ist das Gedicht der Ort der Erkenntnis ihrer Wirklichkeit und zugleich – wie das künstlerische oder musikalische Werk – *Wirklichkeitschöpfung*. Ich sagte vorhin: In der Naturlyrik wie ich sie hier an drei Beispielen erläutert habe, äußert sich die *ursprüngliche* Form der Naturerfahrung, die nur durch das spätere Vordringen des Kognitiven verdeckt wurde. Ist es nicht dies, was Hölderlin in seinem Gedicht „Andenken" meint, wenn er sagt: „Was aber bleibet, stiften die Dichter"?

4. Die Erlösungsbedürftigkeit der Natur

Wenn nun die bisher vorgestellten Gedichte Wirklichkeitsschöpfung in dem Sinne sind, daß erst in ihnen Naturgegenstände und Naturerscheinungen in ihrer Ursprünglichkeit erkennbar werden, so kann das, *christlich gesehen,* nichts anderes heißen, als daß sich uns darin *die von allen späteren Subjek-Objekt-Zerreißungen noch nicht verschleierte Schöpfung offenbart*. Zwar hat diese Sicht mit dem Mythos gemein, daß darin die Natur nicht zu jenem bloßen Objektsein degradiert wird, dem Geist und Leben geraubt sind, aber sofern in ihr die *Schöpfung* gegenwärtig ist, schließt sie im Gegensatz zum Mythos auch den Bezug *auf Gott* und nicht nur auf Götter ein, wie das zitiertes Gedicht Loerkes zeigt. Damit aber nicht genug: Als Schöpfung kann das Numinose in ihr nicht nur als das Göttliche, Lichte und Heilige erfahren werden, sondern es muß auch seine Kehrseite, das Luziferische, Dunkle und Verdorbene enthalten. Das klingt in Priesemanns Gedicht an, dessen Gegenstand die tägliche Rückkehr der Natur in das Reich der Nacht und der Dunkelheit ist. Aber diese Kehrseite der Schöpfung als Natur und deren bereits im NT angesprochene Erlösungsbedürftigkeit wird geradezu zum Thema von Langgässers lyrischem Roman „Proserpina", dem wir uns jetzt, wenn auch nur in der gebotenen Kürze, zuwenden.

Er handelt von einem Kind, einem Mädchen, dem Schöpfungswirklichkeit auf „naive", sprich ungebrochene Weise, schon früh begegnet. Es wußte „um das Geheimnis und die Schwermut des Sichtbaren", und suchte „die zaubrische Entfesselung der Nymphe", „wo immer es einen Teil der wirkenden Natur empfing."[18] Es fühlte „das tumultuarische, aber unüberhörbare Leben der Natur, die vielgestaltigen Erscheinungen, die aus dem Erdschoß kamen."[19] „Dort, wo der üppige Rasen des Gartens von der Nässe des Brunnenwassers getränkt wurde (...) lagen Grottensteine, unter denen die feuchten und dämmerfarbenen Tiere der Erdmütter hausten: hastige Käfer, welche mit schauervoller Süße die grabenden Hände besuchen, Unken, deren wimperlose Augen die Feuer der Tiefe zu bergen scheinen, Puppen, Eier und Larven."[20] „Dies war die Aussaat des Hades (...)"[21]

---

[18] E. LANGGÄSSER, Proserpina, Frankfurt/M., S. 14.
[19] A.a.O., S. 17.
[20] A.a.O., S. 33.
[21] A.a.O., S. 34.

Es ist Hochsommer. Über die Beete des Gartens hat er „seine duftenden Brände geworfen." „Wie nicht genügend Hilfe der großen Natur entgegenstand und sie sänftigte, waren alle Ländereien überwuchert, und auf den Wegen verzehrte sich, schmachtend in der Sonne, die kleine Resede und das, ach, wie flüchtige Gras. Das furchtlose Heer der Gladiolen ertrug mit klirrenden Blättern die Mittagshitze; in der trockenen Kalkerde der Gegend wurzelten voll wilder Entschlossenheit die leidenschaftlichen Nelken und nahmen um des nackten Daseins willen ihre gefiederte Fülle zurück wie die Schwestern, die auf steinigen Bergwiesen wohnen"; (...) es „hauchten sich mit quälendem Wohlgeruch die Lilien aus."[22] Das Mädchen fühlte, „daß der holde und liebevolle Schoß der Dinge zugleich Ursprung aller Ungeheuer und das Grab des Lebendigen ist."[23] So erfährt es die Tages- und Nachtseite der Natur. Schon das Käfer- und Larvengewimmel unter den feuchten Brunnensteinen des Gartens kann ja beides hervorrufen: Entzücken über das Wunder solchen Kleingetiers und Grauen vor dessen Fremdheit und sich wechselseitigem Verschlingen; und ebenso zeigt die Wunderwelt der Blumen im Garten zugleich ihre „berauschende Vergänglichkeit".[24]

Im Zimmer des Kindes hängt ein Bild, das die Jungfrau mit dem Jesuskind zeigt, dem Spielgefährten einen Stieglitz schenken – Sinnbild von Mutterschaft, Einklang von Mensch und Natur, Harmonie der Welt. Aber dem Mädchen „war etwas begegnet (…) Inmitten dieser kleinen, dieser schauervollen Gehölze, unter Zypressen und Tannen hatte sie es getroffen und sie tief zu erschrecken vermocht (…)"[25]; ja, „niemand vermochte es damals dem umschatteten Liebling zu sagen, daß die Jungfrau (…) keine größere Feindin kennt als jene schöne Herrin der Wollust, welche unter vielfachen Namen Gärten pflanzte und den Fluch ummauerte, unter welchem die Menschen seufzen, seit um der ersten Mutter willen Feindschaft gesetzt wurde zwischen dem Samen des Lichts und dem Samen der Nacht (…)"[26] Die Nachtseite der Natur, die das Mädchen so bedrängt, ist also die Folge ihrer luziferischen Verderbnis.

Die dunklen und ängstigenden Erfahrungen des Kindes im Garten übertragen sich nun durch ein besonderes Ereignis auf solche mit Menschen. Zwischen dem dämonischen Gärtner, in dem sich der in der Natureinsamkeit Schrecken verbreitende Pan verkörpert, und einer Dienstmagd des Hauses schwelt eine dumpfe und triebhafte Beziehung, in die das Kind als heimlicher Botenträger und Überbringer von Geschenken hineingezogen wird. Dabei überrascht es die Magd, wie sie nackt dem Bade entsteigt. Sie nimmt es auf ihren Schoß, überschüttet es mit „flüsternden Fragen." Das Kind aber fühlt „im weichen Gehör den Wirbel der Lüfte sich fangen, die ihr Kunde brachten von

---

[22] A.a.O., S. 41.
[23] A.a.O., S. 30.
[24] Zitat aus einem Brief E. Langgässers vom 20.11.1926. (E. LANGGÄSSER, Briefe 1926–1950, Frankfurt/Main, S. 18).
[25] Proserpina, a.a.O., S. 18f.
[26] A.a.O., S. 22.

Dingen außer" ihm, „wie einer Fledermaus;" es flattert „scheu und schon geschickt dagegen," saugt seine „Beute in den leicht geöffneten Mund" und findet „als Spinne und Käfer", „behaart und geflügelt, die ersten Ahnungen wieder."[27] „Nichts war ihm mehr verborgen, was in so engem Kreis der Jahre ein Kind zu fassen vermag"[28]. So entsprangen für das Kind auf unheimliche Weise der Eros der Magd und die Dämonie des Kleintiers im Garten der gleichen, dunklen Natur. Immer tiefer verstrickt es sich nun in diese Nachtseite der Welt, sucht sie in Kellern und Bodenkammern auf, jenen dumpfen und muffigen Vorratsräumen, wo der „angehaltene Tod" und die Penaten hausen.[29] Als ihr eine Puppe geschenkt wird, taucht die Erinnerung an die liebesbrünstige Magd auf: „Es schaute die Brüste wieder und das Fleisch, das zum Schoß hin sich trauernd verschattete; vermeinte die Schenkel zu fühlen, wie sie, einander bergend, ihr Innerstes verhielten, und glitt unmerklich weiter in traumhaft Nachgelebtes, wo es, von diesem Trugbild nun nicht mehr unterschieden, eins mit ihm werden mußte."[30] Eine „sehr mächtige Begierde" ergreift es, „die Puppe nackt zu sehen" und „sie gliedweise zu zerstören".[31] Nach diesem furchtbaren Erlebnis bietet dem Kind die Natur nur noch den Anblick des Grauens. Der Garten schien von „kriechenden Gewächsen" zerstört, „das Erdreich glich einer Wildnis" und war „überwuchert" „von Gauchheil, der unter der Saat wächst, und Vögelknöterich, verschleppten Klettenteilen, die auf den jätenden Händen wie braune Bettler saßen, und Wegerich, den Siedler, den des Menschen Fuß am Eingang friedlich umzäumtem Landes undankbar hinter sich läßt."[32] Ein unsichtbares, „doch heimlich würgendes Netzwerk" war über den Garten geworfen, das „die Entfaltung des edlen Himmelschlüssels, der aufrechten Tulpe und der klaren Narzisse zu hindern schien."[33]

Am Ende aber tritt die heilsgeschichtliche Dimension solcher düsterer Erfahrungen hervor. Der Vater, der bisher in seinen behutsamen Versuchen gescheitert war, das Kind aus seinen dämonischen Verstrickungen zu befreien, stirbt. Da wird es plötzlich in sonderbarer Erleuchtung des grauenvollen Puppenmordes inne, erreicht es die bisher unverstandene Botschaft des Vaters. In seiner Todesnähe weicht scheinbar paradoxer Weise auf einmal alles Grauen. Was sich nun abspielt, wird von der Dichterin in einem kühnen Bogen durch die Erinnerung an zwei Ursprungsereignisse verdeutlicht. Auch wenn diese, psychologisch gesehen, dem Kinde gar nicht ins Bewußtsein treten können, machen sie dennoch erkennbar, was sich heilsgeschichtlich in ihm, wie in jedem vergleichbaren Fall, abspielt. Ein Anruf ertönt, „der große Pan sei gestorben, tot sei der gewaltige Pan! Ein hilfloses Jammern, das überall war, schwoll an zu unendli-

---

[27] A.a.O., S 57 f.
[28] A.a.O., S. 58.
[29] A.a.O., S. 89.
[30] A.a.O., S. 107.
[31] A.a.O., S. 106.
[32] A.a.O., S. 114 f.
[33] A.a.O., S. 116.

cher Klage – auch die Natur lag darnieder und seufzte in tiefer Qual." Damit wird auf das von Plutarch überlieferte Ereignis angespielt, welches das Ende der antiken Götterwelt einleitete. Und eine andere Stimme, die das Ursprungsereignis der Offenbarung ist und dem Sterbenden in der Stunde der Wahrheit erklingt, spricht: „Erkenne, o Herr, Dein Geschöpf, das nicht von fremden Göttern, sondern einzig von Dir, dem wahren, lebendigen Gott, erschaffen wurde. Denn wahrlich, kein Gott ist außer Dir, und nichts kommt Deinen Werken gleich."[34] Am Totenbett des Vaters stehend erfuhr schließlich das Kind: „Etwas regte sich, ein Weg wurde frei, und eine Hand, die das Feste wie Wasser zu durchschneiden schien, kam der Tochter verklärt entgegen."[35]

Gewiß, die ungeheuer komprimierte, mythisch überhöhte Erzählung der Langgässer ist heute vielen noch schwerer zugänglich als die Natur-Lyrik Loerkes, Lehmanns und Priesemanns. Dies liegt u.a. daran, daß, was uns die Langgässer vermitteln will, die Erlösungsbedürftigkeit der Natur, unter den heutigen Bedingungen am ehesten in der Unmittelbarkeit einer Kindheitswelt faßbar ist, die doch andererseits beständig in dem Verdachte steht, nicht ernst genommen werden zu können; und ferner, daß die Dichterin der starken Überhöhung ihrer Erzählung durch die Urbilder des Mythos bedarf, um das so Unvertraute verstehbar zu machen, jener Urbilder, die doch andererseits den meisten heute entfremdet sind. Der Wahrheits- und Wirklichkeitsgehalt der Erzählung wird aus den schon angegebenen Gründen dennoch in keiner Weise geschmälert, auch wenn sie sich nur jenen erschließt, die sich von den säkularen Vorurteilen zu befreien vermögen.

5. Naturwunder

Unter Wundern werden christlich weniger die Gnadenwunder der Taufe (Wandlung von Wasser) oder der Eucharistie (Wandlung von Brot und Wein) verstanden, als die unmittelbar sichtbare, plötzliche, unvorstellbare und dramatische Durchbrechung von der Naturordnung angehörenden Abläufen zum Zwecke göttlichen Heils. Dafür liefert das NT die Vorbilder. Wir finden darin Wunder der Heilung von Krankheit, von Besessenheit (Dämonenaustreibung), der Rettung aus Not und Gefahr, Wunder göttlicher Strafe (Apg 5,1ff.; 12,19ff.) und Wunder von Epiphanien, also göttlicher Erscheinungen (Christi Geburts – und Ostergeschichten). Wir müssen daher christlich das, wovon im vergangenen Abschnitt die Rede war, nämlich das Wunderbare in der Natur, ihre Mysterien und ihre numinose Verfassung, von den eigentlichen Wundern unterscheiden, und nur diese sind der Gegenstand dieses Kapitels. Dieser Unterschied wurde im übrigen schon früh betont, etwa von Augustin oder Albrecht dem Großen, der ihn durch die Kategorien des mirabile einerseits und des miraculum andererseits bestimmte.

---

[34] A.a.O., S. 131.
[35] A.a.O., S. 132.

Daß Wunder ein fundamentaler Teil des christlichen Glaubens sind, ergibt sich schon aus dem Wunder aller Wunder: Gott ist Mensch geworden. Daher „geht von Christus eine Kraft aus", die bereits bei der bloßen Berührung seines Gewandes fühlbar ist. (Mk 5,25 ff.) „Gott ist in ihm gegenwärtig, wie wärmendes Feuer in einem Ofen glüht."[36] Er sprüht gleichsam Funken, welche die Ereignisabläufe nach seinem Willen steuern können. So hat auch jede, von Menschen im christlichen Glauben vollbrachte Wundertätigkeit, zunächst diejenige der Apostel, dann diejenige von anderen und späteren Heiligen, in Christus ihren Ursprung: Es ist die mythische Wirkung seines Heiligen Geistes und Pneumas, der ihnen eingegeben ist. (Vgl. das IV. Kapitel, 1) Daraus erklärt sich aber auch, warum das christliche Wunder nicht auf Christi Geburts- und Ostergeschichten beschränkt bleibt, sondern daß es viele größere und kleinere Wunder gibt. Aber christlich folgt die Notwendigkeit von größeren und kleineren Wundern auch aus der Schöpfung. Gott hat über alles Gewalt, er setzt einerseits die Ordnung der Natur und er setzt sie andererseits in bestimmten Fällen außer Kraft. Ohne diese Ordnung wäre ein Leben auf Erden gar nicht möglich (Genesis), während ihre Durchbrechung dann geschieht, wenn es unmittelbar dem Heilsgeschehen dient. Zwischen beiden besteht also gar kein Widerspruch, wie oft behauptet wird (Gott korrigiert sich), sondern beide sind Elemente einer gefallenen Schöpfung, die nicht nur Leben überhaupt, sondern auch und vor allem ein mit Gott versöhntes, göttliches Leben zum Ziele hat.

Schließlich ist die fundamentale Bedeutung von Wundern darin begründet, daß für das biblische Christentum, den wiederholten späteren Versuchen, es zu spiritualisieren zum Trotz, Leib und Seele eine ununterscheidbare Einheit darstellen, so daß das ganze Heilsgeschehen immer auch leiblich sichtbar wird: in Christus, in der Kreuzigung, der Auferstehung, überhaupt im ganzen Heilsgeschehen, in der Verklärung, die auch eine Verklärung des Leibes ist (1 Kor 15,43–44), und schließlich in den Wundern der Manifestationen und Wirkungen des Heiligen Geistes.[37]

Wunder als Durchbrechung der natürlichen Ordnung zum Zwecke göttlichen Heils sind, christlich gesehen, unlöslich mit der Verkündigung, dem Kerygma verbunden und unterscheiden sich damit nicht nur von sonstigen, immer wieder vorkommenden Wundertätigkeiten, sondern haben darin auch ihre eigentliche Glaubwürdigkeit und Legitimität. So heißt es in Joh 6,26: „Ihr sucht mich nicht, weil ihr Zeichen gesehen habt, sondern weil ihr von dem Brot gegessen habt und satt geworden seid." Damit ist gesagt: Die Zeichen (und Wunder), die Jesus gegeben hat, können nur aus dem Geiste dessen verstanden und anerkannt werden, der sie bewirkt hat. Deswegen seufzte Jesus, als die Pharisäer von ihm ein Zeichen vom Himmel forderten, und sprach: „Was fordert doch dieses Geschlecht ein Zeichen? Wahrlich, ich sage euch: Es wird diesem Geschlecht kein Zeichen gegeben werden!" (Mk 8,11) Als Jesus in seine

---

[36] K. BERGER, Darf man an Wunder glauben?, Stuttgart 1996, S. 49.
[37] Vgl. hierzu K. BERGER, a.a.O., S. 99 f.

Vaterstadt zurückkehrte, wo ihn jeder und alle seit seiner Kindheit kannten, war man nicht fähig, in ihm einen Propheten zu sehen. Daher konnte er „dort nicht eine einzige Tat tun, außer daß er wenigen Kranken die Hände auflegte und sie heilte." (Mk 6,5) Andererseits baten die Gerasener Jesus, nachdem er die bösen Geister in die Säue hatte fahren lassen, gerade deswegen fortzugehen, weil er ihnen vollkommen unbekannt und damit einfach unheimlich war. (Lk 8,37) Die Hohepriester aber beeindruckten seine Wunder nicht, sondern waren ihnen eher verdächtig.

Nicht die Zeichen als solche sind es also, die den Glauben bewirken, sondern sie sind nur für denjenigen das, was sie sind, der schon glaubt. Deswegen enden zahlreiche Wunderberichte mit den Worten Jesu: „Dein Glaube hat Dir geholfen." Der enge Zusammenhang zwischen Jesu Wundertätigkeit, der Verkündigung, dem Kerygma und dem Glauben tritt besonders deutlich hervor in seiner Heilung des Wassersüchtigen am Sabbat, womit der eigentliche Sinn des Sabbat erkennbar wird (Lk 14,1–6), in der Heilung des Gelähmten, welche die Vergebung von dessen Sünden einschließt (Mk 2,1–12), und in der Auferweckung des Lazarus von den Toten (Joh 11). In diesen beiden letzten Fällen vor allem wird die unmittelbare Gegenwart Gottes in Jesus bezeugt, denn nur Gott ist Herr über die Sünden und den Tod. Auch Paulus sagt, daß, um die Heiden zu bekehren, *beides* erforderlich sei: die Kraft von Zeichen und Wundern und die durch Christus gewirkte Kraft des Geistes Gottes. (Röm 15,18f.) Und in Hebr 2,4 heißt es: „Gott hat dazu Zeugnis gegeben durch Zeichen, Wunder und mancherlei mächtige Taten und durch die Austeilung des Heiligen Geistes nach seinem Willen." Die Wunderberichte des NT sind also weder „hagiologisches Testat" noch bloß „apologetisches Motiv", sondern sie sind *Verkündigungsmittel*.[38] Damit ist aber auch die Frage geklärt, welche die Theologie immer wieder beschäftigt hat, warum die großen Wunder nach Christi Erdenwandel so selten eingetreten sind.

So ist also das Wunder das Substantielle des christlichen Glaubens („Das Wunder ist des Glaubens liebstes Kind", heißt es im Faust, 1. Teil, V. 766), und das war ja auch immer der Grund seiner Fragwürdigkeit. Doch ist diese Fragwürdigkeit keineswegs immer von der gleichen Art gewesen, so, als ob sie von jeher ihre Wurzel in so etwas wie *der* Vernunft gehabt hätte (was immer das sein mag). Um sich das klar zu machen, muß wieder an den Zusammenhang von Mythos und Glaube erinnert werden.

Die Menschen zur Zeit Christi lebten immer noch weitgehend in der Vorstellungswelt des Mythos. Daher war ihnen die Ordnung der Natur ebenso evident, wie die Wirksamkeit von Göttern darin selbstverständlich. Auch Paulus spricht ganz selbstverständlich davon, daß es Götter gäbe, sie seien „im Himmel oder auf der Erde", obgleich es nur *einen* Gott gäbe, aus dem alles gemacht sei (1Kor 8,5) – also auch diese. Aber eben weil sie als Götter personal gedacht wurden, erschöpfte sich ihre Wirksamkeit nicht in den Archaí, also

---
[38] W. Philipp, in RGG³, VI, S. 1844.

jenen mythischen Analoga zu dem, was wir heute ein Naturgesetz nennen, sondern sie traten, ihrer personalen Spontaneität entsprechend, auch dort in Erscheinung, wo wir vom überraschenden und außerordentlichen Zufall reden. Von hier aus wird der Übergang zum Wunder fließend. Noch einen Schritt weiter in dieser Richtung führen die Epiphanien, das plötzliche Erscheinen eines Gottes, wodurch das Schicksal eines Menschen bestimmt wird. Zu erinnern ist aber auch daran, daß die vorhin erwähnte, im biblischen Wunder hervortretende, enge Beziehung zwischen Leib und Seele ebenfalls mythischen Ursprungs ist. Denn sie besagt ja, daß alles Materielle zugleich etwas Geistiges ist und umgekehrt, so daß für den Mythos auch alle aus dem Rahmen der Natur-Ordnung (Archaí) fallenden Erscheinungen eine geistige, eine numinose Wurzel haben.

Nun hat zwar das Wunder in der Welt des Mythos nicht dieselbe substantielle Bedeutung wie im christlichen Glauben. Das Substantielle des Mythos ist ja vielmehr die göttliche und numinose Deutung der dem *täglichen Leben offenbaren Erscheinungswelt*, und so hat auch die Mitwirkung der Götter in dem von uns so genannten, kausal nicht erklärbaren Zufallsbereich meist gar keine unvorstellbaren oder unfaßlichen Effekte. Man erinnere sich nur an das Dazwischentreten der Pallas, wodurch der wütende Achilleus, eben noch in rasender Wut, plötzlich auf wunderbare Weise besänftigt wird und zur Besinnung zurückkehrt, oder wie immer wieder die unvorhersehbare Wendung zu Sieg oder Niederlage als Folge göttlichen Eingreifens aufgefaßt wird, wofür es zahlreiche Beispiele bei Homer und in den griechischen Tragödien gibt. Sagen wie z.B. diejenige der Alkestis, die, über derartiges weit hinaus gehend, sogar von der Auferstehung einer Toten handelt, gehören daher eher zur Mythologie, also zu jenen Erzählungen, die nicht die eigentümliche Wahrheit des Mythos beanspruchen.[39] Und was schließlich die Epiphanien betrifft, so sind sie innerhalb des Mythos kein im gleichen Maße konstitutives Element wie in der christlichen Offenbarung. Wenn z.B. dem nach Sparta entsandten Athenischen Boten Pan erscheint[40], oder Athene sich dem Odysseus zu erkennen gibt, so ist das ein Ereignis, mit dem keineswegs die mythische Vorstellungswelt steht und fällt, und es gib auch keines vergleichbarer Art, bei dem dies der Fall wäre; wohl aber steht und fällt die christliche Offenbarung z.B. damit, daß Christus nach seinem Tode seinen Jüngern erschien und so das Wunder seiner Auferstehung erkannt werden konnte.

Aber wenn auch Wunder im Bereiche des Mythos nicht dasselbe Gewicht haben wie in demjenigen des christlichen Glaubens, so werden doch in einer vom Mythos weitgehend beherrschten Welt kaum Zweifel daran aufkommen, daß Wunder überhaupt möglich sind. Und so zweifelten auch die Hohepriester und viele andere Zeitgenossen Christi, die in einer solchen Welt lebten, nicht

---

[39] Vgl. K. HÜBNER, Über die Beziehungen und Unterschiede von Mythos, Mythologie und Kunst in der Antike, in: Hrsg. BÖHR/MARTIN, Studien zur Mythologie und Vasenmalerei, Festschrift für K. Schauenburg, Mainz 1986.

[40] Herodot, VI, 105.

daran, daß Christus wirklich Wunder vollbrachte[41], sondern sie zweifelten nur daran, daß sie das Werk Gottes und nicht eher das Werk von Dämonen und Göttern waren. Auch hier zeigt sich wieder der enge Zusammenhang von Glaube und Wunder. Das Wunder für sich genommen hat gar keine unvermeidliche Überzeugungskraft. Nur mit dem Glauben zusammen ist es die entscheidende Weise christlicher Verkündigung. Für den Glaubenden *ist* Christus der mit der Kraft Gottes begabte Wundertäter und später der Auferstandene.

Daraus folgt aber auch, daß es für den Glauben an das christliche Wunder letztlich gleichgültig ist, ob es vom Augenzeugen wahrgenommen oder ob wann immer später davon berichtet worden ist. Zwar ist, wie schon bemerkt, der Augenzeuge für den Glauben an das Wunder unerläßlich, denn er bezeugt ja, daß es überhaupt geschehen ist; aber wie selbst für ihn das Wunder dennoch nicht gleichsam in abstracto, sondern nur im Glauben gegeben sein kann – könnte er nicht auch an ein teuflisches Blendwerk welcher Art immer glauben? – so auch demjenigen, dem davon berichtet wird. Für den Glauben an das Wunder ist es deshalb gleichgültig, in welcher räumlichen oder zeitlichen Entfernung wir uns davon befinden.[42] Ein Gleichnis dafür finden wir im NT (Lk 7,1–10). Ein Hauptmann in Kapernaum, der „von Jesus hörte", läßt ihn durch Boten bitten, seinen Knecht zu heilen, doch solle er sich deswegen nicht in sein Haus bemühen, da er, der Hauptmann, eines solchen Besuches nicht wert sei; brauche Jesus doch nur ein Wort zu sprechen und sein Knecht werde gesund sein. „Jesus aber sprach: Solchen Glauben habe ich in Israel nicht gefunden. Und als die Boten wieder nach Hause kamen, fanden sie den Knecht gesund." Damit ist gesagt: Der Glaube an Jesus, den Wundertäter, bedarf nicht der persönlichen Zeugenschaft (der Hauptmann kennt Jesus gar nicht persönlich, sondern hat von ihm und seiner Wundertätigkeit nur gehört); der Glaube an das Wunder bedarf auch nicht der persönlichen Gegenwart des Wundertäters (Fernheilung des Knechtes); der Glaube allein ermöglicht die Erfahrung des Wunders (daß des Knechtes Heilung wirklich auf Jesus zurückgeführt werden kann).

Das Verhältnis der Menschen zum Wunder, wie es zur Zeit Christi und weit in die Neuzeit hinein verbreitet war, hat sich erst im Zeitalter der Aufklärung grundlegend geändert. Es ging nun nicht mehr um die Frage, *welche* Kraft in Wundern wirkt, ob böser Zauber oder Heiliges, sondern ob Wunder in der Natur überhaupt möglich sind. Dies wurde weitgehend unter dem Eindruck

---

[41] Wenn solche Zweifel überhaupt unter dem Einfluß der griechischen Philosophie, besonders innerhalb der geistigen Elite der Zeit, vorkamen, so doch kaum unter jenen gläubigen Juden, die ihn hauptsächlich bekämpften. Vgl. hierzu K. BERGER, a.a.O., S. 121f.
[42] Das Verhältnis des Augenzeugen zum Späteren beschreibt Kierkegaard so: „Die unmittelbare Gleichzeitigkeit (…) wird die Veranlassung dazu, daß der Gleichzeitige (…) von dem Gotte die Bedingung empfängt und nunmehr die Herrlichkeit sieht mit den Augen des Glaubens (…). Aber solch ein Gleichzeitiger ist ja nicht Augenzeuge (in unmittelbarem Sinne), sondern als Gläubiger ist er der Gleichzeitige, in der *Autopsie*" (im persönlichen Inaugenscheinnehmen) „des Glaubens. Aber in dieser Autopsie wiederum ist jeder (in unmittelbarem Sinne) Nicht-Gleichzeitige der Gleichzeitige." (Philosophische Brocken, IV, 233).

der cartesianischen und newtonischen Physik verneint. Da man die Natur nicht mehr im Lichte des Mythos sah, wo ihre erkennbare Ordnung numinoser und damit personaler Art ist, sondern als ein System rein materieller und damit mechanisch wirkender Naturgesetze, wurde die Durchbrechung dieses Systems (z.B. als Auferstehung von Toten) ebenso für ausgeschlossen erklärt, wie das Einwirken einer Gottheit da, wo man sich angewöhnt hat, vom „bloßen" Zufall zu sprechen, oder wie die plötzliche, nicht aus den „objektiven" Bedingungen eines raum-zeitlichen, kausalen Zusammenhanges erklärbare „überirdische" Erscheinung (Epiphanie).

Das klassische Beispiel für eine Untersuchung des Wunders unter diesem neuen Gesichtspunkte finden wir bei Hume (1711–1776). Daß die Natur im Sinne des Cartesius und Newtons aus einem System rein materieller und mechanischer Naturgesetze besteht, schien ihm zwingend durch die Erfahrung begründet, in der er die einzig zulässige und zweifelsfreie Erkenntnisquelle sah. Geschähe also irgendwo ein Wunder, so sei abzuwägen, was wunderbarer sei: daß die Zeugen irgendwelchen Täuschungen unterlagen oder sogar ein Interesse daran hatten, anderen etwas vorzulügen, oder daß das Wunder tatsächlich stattgefunden hat – und man werde auf Grund der empirischen Erkenntnisse in der Psychologie einerseits und derjenigen in den Naturwissenschaften andererseits nicht umhin kommen zuzugeben, daß nur der zweite Fall vorliegen kann. Diese Argumentation Humes hatte jedoch einen Haken, den er offenbar selbst gar nicht bemerkte. In seinem Bemühen, die Erfahrung als die einzig mögliche Erkenntnisquelle hinzustellen, kam er zwar zu dem zutreffenden Ergebnis, daß sie auf Induktion beruhe, also auf dem Schluß aus vergangenen auf zukünftige Vorgänge. Wenn sich also bestimmte Vorgänge immer auf die gleiche Weise, also nach bestimmten Regeln abgespielt haben, so erwarteten wir auf Grund der sich dabei einstellenden Gewohnheit (auch diese ist ein empirisches Gesetz, nämlich der Psychologie), daß dies auch in Zukunft so sein werde, und diese Gewohnheit verdichte sich schließlich erfahrungsgemäß in solchem Maße, daß die Erwartung auf die kommenden Ereignisse als ein fester Glaube empfunden werde. Das ist, in wenigen Worten, Humes erkenntnistheoretische Begründung von Naturgesetzen. Aber schon Kant erkannte (der sich, wie er sagte, durch Hume aus dem „dogmatischen Schlummer" geweckt sah), daß die Berufung auf eine Gewohnheit weder eine hinreichende Begründung von Induktionsschlüssen noch von Naturgesetzen sein kann, woraus natürlich auch folgt, daß sie nicht zur zwingenden Rechtfertigung dafür tauglich ist, Wunder für unmöglich zu erklären. Kant gründete nun Induktionsschlüsse und Naturgesetze nicht wie Hume auf in Gewohnheit bestehende Erfahrung, sondern auf bestimmte Grundsätze wie z.B. das allgemeine Kausalprinzip, deren apriorische, notwendige Gültigkeit er daraus ableitete, daß sie nun ihrerseits die Bedingungen der Möglichkeit von Erfahrung *und eben damit* eines erkennenden Bewußtseins überhaupt sind. Nun setzte sich zwar Kants Lehre von den apriorischen Grundlagen aller Erfahrung durch, doch wurde heute sein ontologischer Transzendentalismus aufgegeben, nämlich die Lehre, daß das von ihm abgeleitete Ensemble apriorischer Bedingungen von Erfahrung absolut gültig sei und niemals durch ein anderes ersetzt werden könnte. Dadurch nahm die hierauf gestützte Kritik am Wunder eine neue, bis heute noch weithin unerkannte Wende. Denn indem sich damit u.a. auch das Kausalprinzip doch wieder als ein nur hypothetisches erwies, stand die Kritik am Wunder wieder vor derselben Schwierigkeit, die schon bei Hume anzutreffen war. Ich kann daher wieder auf die Grundlegenden Betrachtungen des I. Kapitels verweisen. Die Schwäche der naturwissenschaftlichen Kritik am Wunder ist nur ein Beispiel für die dort aufgedeckte Ohnmacht des theoretischen Zweifels im Bereiche des Religiösen. Gegen das Naturwunder gibt es ebenso wenig mögliche naturwissenschaftliche Einwände wie überhaupt gegen den Glauben.

Nun zum Zufall, wie ihn die Naturwissenschaften verstehen. Die Rolle, die er darin spielt, ist analog derjenigen, die wir schon im Bereiche der Geschichtswissenschaften beobachten konnten. (Vgl. das XI. Kapitel) Mit dem Wort „Zufall" wird auch in den Naturwissenschaften suggeriert, es *gäbe* den Zufall in der gleichen Weise, wie es Gesetze *gibt*. Aber die einzelnen Gesetze lassen sich benennen und damit von einander unterscheiden, während man ganz unterschiedslos einfach nur vom Zufall spricht, wo eine wissenschaftliche Gesetzeserklärung, aus welchen Gründen immer, unmöglich ist. Wenn beispielsweise ein Suchscheinwerfer in dem über Tod und Leben entscheidenden Augenblick, wo das feindliche Schiff erfaßt wurde, durch einen Kurzschluß verlöscht, so ist wohl der Kurzschluß kausal erklärbar, nicht aber die Koinzidenz mit der Situation, in der er auftritt, so daß man von einem Zufall spricht; und ebenso spricht man von einem Zufall, wenn, um nun noch einen ganz banalen Fall aufzuführen, der alles entscheidende Match-Ball bei einem Tennis-Spiel durch einen sog. Netzroller gelingt, denn auch dieser läßt sich noch mechanisch erklären, nicht aber die Koinzidenz dieses physikalischen Vorgangs mit der Situation, in der er stattfindet. Wie sehen: Auch hier wie in den Geschichtswissenschaften bedeutet Zufall nichts anderes als „wissenschaftlich nicht erklärbar", und beides ist miteinander logisch äquivalent. Der Zufall hat also keinerlei ontologischen Rang wie ein Gesetz, sondern er ist nichts als eine bloße façon de parler. Würde man daher gegebenenfalls eine solche eher verlegene Rede von etwas naturwissenschaftlich nicht Erklärbarem allein zulassen und damit einen Zusammenhang von Schicksal, Fügung, Glück oder Unglück leugnen, so stünde man damit nicht nur im Gegensatz zu einem uns auch heute noch keineswegs fremden Lebensgefühl, sondern man hätte dafür, im Gegensatz zu dem, was heute allgemein geglaubt wird, auch keinen einzigen rationalen Grund aufzuweisen. Es wäre rein dogmatisch. Was aber schließlich das Wunder einer Epiphanie anlangt, womit ja die oben aufgeführten drei Haupttypen von Wundern abgeschlossen werden, so sind sie nur ein besonderer Fall von Durchbrechung der Naturgesetze, da sie, wie schon erwähnt, eine Erscheinung betreffen, die nicht in den Zusammenhang raum-zeitlich wirkender Kausalgesetze eingeordnet werden kann. Damit ist alles, was oben schon allgemein zur Möglichkeit einer solchen Durchbrechung gesagt wurde, auch hierauf anwendbar.

Das Scheitern der naturwissenschaftlichen Kritik an Wundern erinnert an das Scheitern der einstigen Versuche, die Existenz einer Seele zu bezweifeln, weil im menschlichen Körper keine Stelle zu finden war, wo der Sitz der Seele sein könnte. Hier wie dort bewegt man sich in einer Wirklichkeitsdimension, aus welcher diejenige des umstrittenen Gegenstandes (gleichsam durch Epoché) a priori ausgeschlossen ist, um dann nachher dieses Ausgeschlossensein triumphierend als den Beweis seiner Nichtexistenz zu konstatieren. Aber wie man auf der anderen Seite schon im Zusammenhang mit der Schöpfung versucht hat, Naturwissenschaft und Glaube einander anzunähern (vgl. II. Kapitel, 3,4), so hoffte man, auch Naturwissenschaft und Wunderglaube in gewisser Weise miteinander versöhnen zu können. Auch hier bemühte man wieder die Quantenmechanik. Ist sie nicht durch die Durchbrechung eines allgegenwärtigen Determinismus und damit durch einen ihr eigentümlichen Indeterminismus gekennzeichnet? Dazu ist zunächst zu sagen, daß dieser Indeterminismus nur im Mikrobereich vorliegt, also den Makrobereich, in dem sich aber doch die unmittelbar sichtbaren Wunder abspielen, nicht betrifft. Zwar könnte es sein, daß indeterministisch verlaufende, mikrobiologische Vorgänge auf den Menschen wirken, aber auch hier bleibt doch die Mikrobiologie schon per definitionem im rein Materiellen befangen, und es kann nur der Glaube allein sein, der diese Grenze überschreitet, wenn man unter bestimmen Umständen eine solche Wendung als Wunder ansehen will. – Ein anderes Beispiel für den Versuch einer Versöhnung von Naturwissenschaft und Wunderglaube liegt vor, wenn man ein Wunder, wie z.B. dasjenige von Lourdes, dadurch glaubte nachweisen zu können, daß man auf Grund sorgfältiger naturwissenschaftlicher Prüfung keine Erklärung für die dabei stattgefundenen Ereignisse zu geben vermag. Aber das Eingeständnis als solches, daß es eine solche Erklärung nicht gibt, vielleicht gar nicht geben kann, ist noch kein „Beweis" für ein Wunder, so daß auch hier der Glaube das letzte Wort hat. Dennoch soll nicht geleugnet werden, daß sowohl in den bezeichneten, mit der Quantenmechanik zusammenhängenden Fällen wie in solchen, wo wissenschaftliche Überprüfungen das Wunder zumindest nicht ausschließen, der unmittelbare Widerspruch zwischen Wissenschaft und Wunderglaube ebenso an Schärfe verliert wie ganz allgemein in den schon diskutierten Fällen, wo man wissenschaftlich pflegt vom Zufall zu sprechen.[43] Hier besteht zumindest eine unmittelbare Harmonisierung zwischen Naturwissenschaft und Wunderglaube in dem Sinne, daß sie sich nicht ausdrücklich widersprechen, während dort, wo dieser Widerspruch offenkundig ist, also in der Gegenüberstellung der Natur als ein geschlossenes System von Naturgesetzen einerseits und dessen

---

[43] Man kann wissenschaftlich *de facto* vom Zufall reden (die Vorbehalte gegen die Verwendung dieses Begriffs einmal beiseite gelassen), wenn die Vorgänge so verwickelt sind, daß sie *praktisch* niemals vollständig wissenschaftlich erklärt werden können, obgleich ein Beweis, daß dies unmöglich sei, nicht vorliegt, und man muß *notwendig* vom Zufall sprechen, wenn sie, wie z.B. in der Quantenmechanik, *prinzipiell* nicht kausalgesetzlich erklärbar sein können. Für den gegebenen Zusammenhang ist dieser Unterschied aber unerheblich, da für ihn die Unerklärbarkeit genügt, sie sei de facto oder prinzipiell.

Durchbrechung im Wunder andererseits, nur eine mittelbare möglich ist: nämlich durch den gezeigten Nachweis von den verschiedenen Wirklichkeitsdimensionen, auf die je das eine wie das andere bezogen ist.

Ich habe schon darauf hingewiesen, daß die Seltenheit von Wundern nach der Lebenszeit Christi sich von selbst versteht. Aber auch dies erklärt sich nun, daß Wunder immer seltener werden, je mehr der Glaube nachläßt. Das bedeutet aber nicht nur, daß bei besonderen, wunderbaren Erscheinungen die Fähigkeit verschwunden ist, sie als Wunder zu verstehen, sondern auch, daß solche Ereignisse im Unglauben lebenden Menschen gar nicht begegnen, es sei denn, daß sie eben in ihrem Unglauben schon bewußt oder unbewußt den Grund ihrer Verzweiflung sehen. Wie sich das Wunder nur im Glauben offenbart, weil es gar nicht ein von ihm losgelöstes Mittel der Bekehrung, sondern Teil der Verkündigung selbst ist, der Glaube aber Gnade bedeutet, so ist das Eintreten des Wunders mit seiner tief in das Leben einschneidenden Kraft selbst ein Werk der Gnade. Wieder kann das Wunder von Lourdes als Beispiel dafür gelten. Bernadette war ein ganz einfaches, ganz ungebildetes Mädchen, das gar keine Ahnung von der aufklärerischen Welt und ihren Verführungen hatte, die zu seiner Zeit alles zu beherrschen begann.[44] Diesen Verführungen sich zu entziehen ist aber heute im Zeitalter der Medien und der alles wie ein Netz überziehenden Kommunikationen und Informationen noch viel schwerer geworden.

Wenn ich vorhin sagte, daß es trotzdem auch heute noch dem allgemeinen Lebensgefühl entspricht, jene der sog. zufälligen Ereignisse, die eine für uns wichtige und folgenreiche Wendung bringen, unbestimmt als Schicksal, Fügung, Glück oder Unglück zu bezeichnen, so wird dies der Christ notwendig als von Gott gewirkt verstehen und ihm deswegen danken oder Trost darin finden. *Jeder* Lebenslauf besteht aus einer Kette solcher für ihn entscheidender Ereignisse, ja, allein darin und nicht in seinen nach allgemeinen Gesetzen verlaufenden Bahnen liegt seine unverwechselbare Identität. So ist, christlich gesehen, das Leben voll von kleinen und großen Wundern, wie sie uns besonders stark bei überstandener, großer Gefahr oder dem Geschenk eines großen, uns gleichsam geschenkten Glücks widerfahren. Wenn wir dagegen das Unglück nicht als Wunder bezeichnen, so deswegen, weil ja das Wunder wie gezeigt ein Mittel göttlicher Offenbarung ist, das Unglück aber, wenn es sich selbst später nicht, wie es so oft geschieht, doch als ein Glück erweist, diese eher verhüllt, also der luziferischen Seite der Daseins zugeordnet wird – doch so, daß letztlich auch sie einem göttlichen Heilsplan unterworfen ist. Nun sind zwar solche wunderbaren Ereignisse keineswegs nur solche, die etwas mit den „Zufälligkeiten" von Naturverläufen zu tun haben, aber diese sind doch ein Teil davon, wie vor allem jene herausragenden Augenblicke zeigen, wo Gefahr für Leib und Leben besteht oder ganz im Gegenteil die Natur in unerwarteter Weise den Menschen mit dem Reichtum ihrer Gaben überhäuft – wie der

---

[44] F. WERFELS Buch „Das Lied der Bernadette", das eher eine genaue Dokumentation als ein Roman ist, hat dies mit großer Anschaulichkeit geschildert.

plötzlich überreichliche Regen nach langer Dürre, dessen wissenschaftliche Erklärbarkeit ja an jener Menge zufälliger Koinzidenzen scheitert, von denen u.a. die Chaos-Theorie zu berichten weiß. Dem stehen die verschiedenen Naturkatastrophen gegenüber, die uns, der luziferischen Seite der Natur entsprechend, mit der gleichen Unberechenbarkeit heimsuchen können.

Wie sich im XI. Kapitel zeigte, ist sich der Christ des Wirkens Gottes in der Geschichte gewiß und mag darin manches als ein Wunder erleben – aber selbst Teil von Geschichte, kann er seinen zeitlich bedingten und immer nur relativen Standpunkt darin niemals aufheben, so daß er zwar in seiner unerläßlichen Glaubens*betätigung* notgedrungen für die eine oder die andere Seite politisch Partei ergreifen und da vielleicht eine schicksalhafte Wende als ein Wunder verstehen wird; aber Glaubens*gewißheit* wird er darin niemals erlangen. Oft erweist sich später als böse, was er für gut hielt und umgekehrt. Nicht anders verhält es sich, wenn dem Christen in seinem persönlichen Leben jene Art von Zufallsereignissen widerfahren, die für ihn vielleicht eine plötzliche Rettung aus höchster Gefahr, ein unvermittelt eintretendes, überwältigendes Glück usw. bedeuten. Auch er kann sich dessen als eines Gnadenwunders vielleicht erst im Rückblick, am Ende seines Lebens sicher sein, nämlich dann, wenn er weiß, daß es am Ende nicht zu etwas Schlechtem geführt hat. Darauf hat schon Sokrates immer wieder hingewiesen, wenn auch, um darzutun, daß nicht wir, sondern nur die Götter wissen, was wirklich das Gute ist; ja, das war geradezu der Kern seiner philosophischen Botschaft. Warum, fragte er z.B. in seiner ironischen und witzigen Form, nimmt ein Steuermann dafür, daß er Menschen aus Seenot gerettet hat, einen vergleichsweise doch so bescheidenen Lohn, obgleich er ihnen doch etwas so kostbares wie das Leben bewahrt hat? Und er antwortet: „Er weiß zu berechnen, daß es ungewiß ist, wem von den Mitreisenden er wirklichen Nutzen gebracht hat, daß er ihn nicht hat im Meere ertrinken lassen (…) Er berechnet, daß, wenn jemand, der mit großen unheilbaren Krankheiten am Leibe behaftet ist, nicht ertrank, der Mann unglücklich ist, weil er nicht umkam, und daß er durch ihn keinen Nutzen erlangt hat. Wenn aber jemand an dem Teile des Ich, das noch mehr wert ist als sein Leib, an der Seele nämlich, viele unheilbare Krankheiten hat, – dem soll das Leben wertvoll sein und dem soll es nützen, wenn man ihn aus der Gewalt des Meeres (…) und wo immer sonst rettet?"[45] Und doch besteht zwischen persönlichen Wundererfahrungen und solchen in der Historie ein entscheidender Unterschied: Die persönlichen sind für den Christen wegen der Überschaubarkeit seines eigenen Lebens naturgemäß einfacher zu erkennen als dies bei großen historischen Prozessen der Fall sein kann, und ihre Erfahrung ist auch im allgemeinen wegen der von ihnen ausgelösten unmittelbaren Betroffenheit viel eindringlicher. Daher kommt es, daß der Eindruck, es habe in eines Menschen Leben wunderbare Fügungen gegeben, sich erst im Alter zunehmend und immer deutlicher einstellt.

---

[45] Gorgias, 511 E, übers. von SCHLEIERMACHER.

6. Zur christlichen Rechtfertigung mythischer Naturzugewandtheit

Der Kampf der Kirche gegen das Heidentum war zunächst weitgehend ein Kampf gegen den aus der Antike überlieferten Mythos.[46] Später, als die christliche Missionstätigkeit mehr und mehr einsetzte, richtete er sich auch gegen andere mythische Kulturen überall in der Welt. Dieses, aus der Frühzeit des Christentums vererbte Verhältnis zum Mythos prägte die christliche Theologie bis auf den heutigen Tag und wirkt in seiner fast schon instinktiven Ablehnung fort. Dabei wurde jedoch nicht zwischen bestimmten mythischen *Inhalten* und der *Form* mythischen Denkens unterschieden. Ganz beschäftigt mit der Kritik an den Inhalten der Mythen, die vor allem Göttergeschichten erzählen und dem Glauben an den einen christlichen Gott entgegenzustehen scheinen, erkannte man nicht die formalen, mythischen Elemente, die auch in der Offenbarung zu finden sind. Solche Göttergeschichten aber betrafen weitgehend Naturereignisse.

Dieser Kampf insbesondere gegen den Naturmythos, dem ja das tägliche Leben unterworfen war und dem zahllose Götterbilder dienten, hatte schwerwiegende Folgen. Das auch im christlichen Verständnis Göttliche in der Natur trat eher in den Hintergrund, wurde jedenfalls nicht weiter thematisiert, wie ja auch die christliche Kunst bis weit in das Mittelalter hinein zeigt, während ihre luziferische Seite in einer Art grober conclusio ex negativo in den Vordergrund trat. (Die Naturerscheinungen sind nicht göttlich, also sind sie luziferisch – Ort der Sünde.) Die daraus entspringende, weltabgewandte Askese, die Verdächtigungen jeder Art von Lebensfreude und Lebenslust, die sich auf die mannigfaltigste Weise äußerten und zu Triebverdrängungen mit grausamen und schrecklichen Wirkungen führten, sind bekannt genug, so daß darauf nicht näher eingegangen werden muß.

Demgegenüber war die Renaissance der erste, große Versuch, das Christentum mit dem Mythos der Antike zu versöhnen. In diesem Zusammenhang spielte, wie schon erwähnt, die wieder entdeckte, neuplatonische Philosophie eine wichtige, vermittelnde Rolle, indem sie die Schönheit als eine Uridee Gottes betrachtete und der Kunst die Aufgabe zuwies, diese durch die irdischen Verdunkelungen im Bereiche des Sichtbaren hindurch zur verklärten Erscheinung zu bringen (perfetta cognizione dell'oggetto, die vollkommene Kenntnis des Gegenstandes). Dabei bediente man sich gleichsam der Sprache des Mythos, wie ja auch die vielen mythologischen Bilder der Renaissance zeigen. Doch war die Kunst und ihre Philosophie nur ein Indiz für den gewaltigen Aufbruch einer allgemein sich ausbreitenden, neuen Sinnlichkeit im Zeichen mythischer Lebensfestlichkeit, die sich dann, wenn auch mit veränderten Vorzeichen, im Barock fortsetzte. Denn für den Barock, der sich dieser Sinnlichkeit in seiner Landschaftsmalerei, in seinen zahllosen Stilleben, in seiner mächtigen Darbietung menschlichen Fleisches wie überhaupt in seinem allgemeinen Le-

---

[46] Vgl. hierzu das umfassende, historische Werk von J. PÉPIN, Mythe et Allégorie. Les origines grecques et les contestation jedèo-chrétienne, Paris 1976.

bensgefühl schwelgerisch hingab, war doch andererseits die Natur der Ort des Vergänglichen, des Zeitlichen, Hinfälligen, Dunklen und Nächtlichen. (Hell – Dunkel) Und so sah er sie wieder deutlich in jenem Zwiespalt zwischen dem Göttlichen und Luziferischen, der ihrer christlichen Erfahrung eigentümlich ist. Die zahlreichen mythischen wie christlichen Bilder, die der Barock hervorgebracht hat, bezeugen das auf das deutlichste. (Man denke nur an Rubens' betrunkenen Silen in der Münchner Pinakothek und sein Jüngstes Gericht in der Dresdner Gemäldegalerie.) Erst seit der Aufklärung löste sich wieder dieses enge Band zwischen mythischer Naturauffassung und christlicher Offenbarung. Nun wurde die mythische Naturauffassung nicht mehr nur inhaltlich, sondern auch formell und damit theoretisch-prinzipiell in Frage gestellt. So schwanden alle die zahllosen numinosen Botschaften aus der Natur, die mythisch von Naturgegenständen und Naturerscheinungen ausgehen, und jene Verwandlung der materiellen Welt in eine personale Verfassung, die wie der Reflex des aus der Schöpfung stammenden Urlichts alles erleuchtet, wurde nicht mehr erfahren; auch bot die Natur ebenso wenig als göttlich verstandene Maßstäbe, an denen sittliches Verhalten – auch ihr gegenüber! –, als „naturgemäßes", „natürliches" Verhalten gemessen werden konnte, wie sie nicht mehr als Ort der Sünde, oder gar der Ort des Wunders und der göttlicher Strafe angesehen wurde. Diese vollständige Säkularisierung in der Natur bewirkte nun einerseits, daß ihr gegenüber alles erlaubt schien, wenn es nur dem Lebensgenuß diente, ihn steigerte oder zumindest sicherte, während andererseits die damit Hand in Hand gehende Aufhebung der mythischen Einheit von Leib und Seele jene Spiritualisierung der Offenbarung zur Folge hatte, die, gekennzeichnet als Entmythologisierung, ihr alle sinnlich unmittelbare Erfahrung und damit alles Leben und Blut entzog. Indem aber nun dem heutigen Lebensgenuß, soweit er auf dem Umgang mit der Natur beruht (den eigenen Leib also eingeschlossen), die transzendente Komponente fehlt, so daß er substantiell nur das Vergängliche und Nichtige ist, begleitet ihn letztlich das Gefühl der Schalheit und Leere, der eine sich „entmythologisierende" Theologie nichts Wirksames mehr entgegensetzen kann. Sie hat das bereits zitierte Wort des Paulus vergessen, daß zur Verkündigung, zum Kerygma, *beides* gehört: die Kraft von Zeichen (Numina) und Wundern in einer mythisch verstandenen Natur einerseits und die durch Christus gewirkten Kraft des Geistes Gottes andererseits. (Röm 15,18f.)

Die Geschichte dieses seit der Aufklärung einsetzenden, fundamentalen Verfalls kann freilich hier nicht erzählt werden. Es gab viele Versuche auf fast allen einschlägigen Gebieten, dem sich abzeichnenden Verhängnis entgegenzutreten und teils die mythische Naturanschauung, teils ihre Versöhnung mit der christlichen wieder herbeizuführen. Manche davon, z.B. in der Kunst, Dichtung und Musik, sind schon erläutert worden, manche, wie diejenigen auf dem Gebiete der Philosophie, werden noch in den folgenden Abschnitten über die Metaphysik untersucht. Es waren u.a. zwei Ereignisse, die später solchen Anstrengungen entgegenstanden: Das erste war der Siegeszug in der technischen Revolution der Industrialisierung während der zweiten Hälfte des 19. Jahrhunderts, das zweite war der Siegeszug in der technischen Revolution auf dem Gebiete der Information im späteren 20. Jahrhundert. Mit beiden waren die Naturwissenschaften und ihre spezifische Naturauffassung aufs engste verknüpft, so daß sie als übermächtig erschienen. Es zeugt aber für die Stärke des fortlebenden mythischen Bewußtseins, daß es auch in diesen ihm so feindlichen Epochen niemals gänzlich erlosch und noch in der Periode nach dem zweiten Weltkrieg, teilweise gerade auch als Synthese zwischen Mythos und Christentum, die geistige Welt stark beeinflußte. Auch dafür sind hier schon einschlägige Beispiele aufgeführt worden.

Erst in jüngster Zeit scheint auch dieser Strom beinahe versiegt zu sein. Aber tritt er nicht doch wieder, nämlich in der neuen Umweltbewegung zutage, die sich ja offenkundig nicht damit begnügt, den Menschen vor der Zerstörung der Natur zu bewahren, sondern diese auch um ihrer selbst willen zu schützen? Die Antwort auf diese Frage wird dadurch sehr erschwert, daß die Umweltbewegung in verwirrender Weise mit der Politik und sozialutopischen, aufklärerischen Ideologien verknüpft wurde, so daß sie ein sehr widersprüchliches Bild bietet. Doch scheint man allmählich zu erkennen, daß die Frage, warum die Natur auch um ihrer selbst willen bewahrt werden soll, davon getrennt werden muß und nur philosophisch oder theologisch beantwortet werden kann.[47]

Trotz alledem leben wir heute nicht mehr in einem mythischen und auch nicht mehr in einem christlichen Zeitalter. Aber ebenso wenig wie dies die mythische oder christliche Naturerfahrung ausschließt, und zwar ebenso als gegebene Tatsache wie aus prinzipiellen, theoretischen Gründen, ebenso wenig muß dem Christen in seinem lebendigen Glauben jene Erfahrung der Natur, welche die materiellen Erscheinungen als Numina und in ihrer personalen Verfassung erfaßt, verschlossen bleiben. Der Unterschied der christlichen zur rein mythischen Naturerfahrung besteht wie gesagt doch nur darin, daß das sich darin zeigende Göttliche oder Dämonische in ein christlich Göttliches oder Dämonisches transformiert ist. Die Naturphänomene, denen die Numina hier wie dort zugeordnet werden, gibt es ja unverändert. Freilich entwickelte die christliche Naturauffassung in ihrem Bemühen, die rein mythische im Zaum zu halten, nicht wie diese eine den Phänomenen entsprechende, ausgearbeitete Ordnung, einen Kosmos namentlich genannter göttlicher Wesen, aber in der Natur wirkende Engel, selbst namentlich genannte, gibt es doch in ihr genug, auch solche, die man anrufen, und zu denen man sogar beten kann. (Man denke z.B. an die Erzengel Gabriel und Michael, denen auch Kulte gewidmet sind. Michael galt als Schutzengel der christlichen Heere, deren Sieg oder Niederlage ja auch von naturbedingten Vorgängen abhingen, und sein Bild zierte im Mittelalter die kaiserliche Fahne.[48]). Dennoch bleibt in diesem Betracht die christliche Naturauffassung, verglichen mit derjenigen des Mythos eher unbe-

---

[47] Vgl. W. THEOBALD (Hrsg.): Integrative Umweltbewertung, Berlin 1998.
[48] Der Name „deutscher Michel" hat hier seinen Ursprung.

stimmt, und die Erfahrungen, die der Christ darin macht, sind nicht unähnlich denjenigen, die alle Menschen machen, in denen, obgleich sie nicht in einer mythischen Kultur leben, mythisches Denken dennoch nicht erloschen ist. Für das Numinose der Natur, wie es besonders in Kunst und Dichtung erfaßt wird, „fehlen die Namen", wie Hölderlin sagt, und deswegen gibt es auch keinen von der Gemeinschaft der Christen allgemein geteilten Naturmythos, obgleich sich seiner die abendländische Bildungselite, selbst in den mittelalterlichen Klöstern, zumindest auf allegorische Weise ständig in der Gestalt des antiken Mythos bediente. Das meiste blieb und bleibt weitgehend den Erfahrungen des einzelnen überlassen. Aber da dies in der angezeigten Weise rein historische und kontingente Gründe hat, so kann niemand sagen, ob nicht das, was im Schoße der christlichen Möglichkeiten bereitliegt, nämlich ein expliziter, dem antiken vergleichbarer Naturmythos, einmal hervortreten wird.[49] Wie dem auch sei: Da der christliche Naturmythos aus den genannten Gründen eine konstitutive Bedeutung für die christliche Offenbarung hat, muß zu dieser auch eine, in der Natur um uns und in uns wurzelnde, sinnlich-leibliche Lebensfestlichkeit und Lebensfreude gehören und nicht nur, wie es sich oft allzu sehr in den Vordergrund drängte, die Angst vor den dämonischen und luziferischen Kräften der Natur, die gleichfalls in ihr hausen und uns von außen wie von innen bedrängen. Zwei Gruppen von christlichen Existentialen sind in den vorangegangenen Kapiteln unterschieden worden: solche der Sünde und des Daseins zum Tode und solche der Gnade und Offenbarung. Wie sich jetzt zeigt, gehört noch eine weitere zu den bisher genannten der zweiten Gruppe: *Auch Lebensfestlichkeit und Lebensfreude sind Existentialien der Gnade.*

Ich lasse wieder einen Dichter zu Wort kommen, es ist A. Döblin, der nach seiner Konversion zum Katholizismus schrieb:[50] „Nun lassen Sie uns von dem Guten sprechen. Wir werden wirklich wie die klassischen Griechen hier hintereinander vom Schönen, Guten und Wahren reden. (…) Der Mensch fühlt sich (im allgemeinen) mit der Existenz und ihrer Einrichtung einverstanden. Jenes Gefühl von Harmonie, welches die (…) Schönheit der Natur auslöst, findet (…) auf einer anderen, auf der moralischen Ebene ihre Entsprechung. Unser Inneres nimmt dauernd unsere Verbindung und Zugehörigkeit zu dieser Existenz wahr und konstatiert seine Übereinstimmung mit ihr./ Die Übereinstimmung mit der Existenz bekundet sich bei den Geschöpfen als Lust am Leben (…) Die Wesen finden in dieser Weise das Dasein gut, wie es der Schöpfer am siebenten Tage sehr gut fand. (…) das Gefühl ‚gut' fließt mit der Schöpfung in die Dinge ein. Es muß eine Spur jenes Urgefühls sein, das im Akt

---

[49] Die Verschiedenheit der Naturmythen in der Welt, die so oft als Beweis ihrer rein subjektiven, phantastischen Verfassung angesehen wird, hat in Wahrheit ihre Ursache ausschließlich darin, daß es mythisch kein Objektives an sich gibt, daß das Objektive gerade die Subjek-Objekt-Einheit ist, so daß mythische Wirklichkeit immer an die unmittelbaren Bedingungen ihrer Offenbarung gebunden ist, diese aber historisch und geographisch stark voneinander abweichen. Vgl. K. HÜBNER, Die Wahrheit des Mythos, a.a.O., Kapitel XIX.

[50] Der unsterbliche Mensch. Der Kampf mit dem Engel. München 1992, S. 82–87.

der Schöpfung selber hervortrat, ein Liebes- und Glücksgefühl. Es ist der ‚Nachklang' des letzten Schöpfungstages. – Denn was ist alles gut?/ Gut ist das Einatmen und Ausatmen./ (...) Gut das Sehen, Hören, Fühlen, Schmecken/ (...) Gut der Geschmack vieler Speisen und Getränke./ (...) Gut die Fruchtbarkeit der Ährenfelder, weidende Tiere, blökende Kühe, hüpfende Ziegen, pikkende Sperlinge, gurrende Tauben/ (...) Gut ist die heitere, helle Luft, gut die heraufziehende Dämmerung, das Erlöschen der Farben, die tiefe, bedeckende Finsternis der Nacht/(...) Und wenn so Wohlbehagen, Glück, Lust allem Geschaffenen, das empfindet und auf die Existenz mit Empfindung antworten kann, innewohnt, was ist das? Es ist eine Antwort: unser Ja zu der so geschaffenen und so geordneten Welt, unsere Übereinstimmung mit ihr und unser Vertrauen in die große Schöpfermacht, die uns entlassen und doch nicht entlassen hat./ (...) Wenn ich vieles gut nannte, so muß ich nun vieles und noch viel mehr wahr nennen und darum preisen und erheben./ Denn wahr ist der Tag, den wir heute erleben, – wahr die Nacht, die hinter uns liegt und die uns in den Tag entließ.../Wahr ist das Licht, das eben hereinfällt mit den vielen Farben, die es aufblitzen läßt (...)"

Es ist das Natur-Schöne, das Natur-Gute und das Natur-Wahre, wovon Döblin hier spricht. Aber wenn sich auch allgemein der „letzte Schöpfungstag" und die „Schöpfermacht" darin spiegeln, so geschieht dies doch nur in der Vermittlung aller dazu gehöriger, einzelner Fälle wie sie Döblin aufzählt. Jeder von ihnen ist in seiner Art ein Zeichen hierfür, *ein besonderes Numen*, etwas, in dem auf besondere Weise ein, wenn auch nur *namenlos Göttliches* anwest, und nur als dieses einzelne, besondere Zeichen und Numen, als dieses besondere Göttliche kann es in *unmittelbar sinnlicher Erfahrung* gegeben sein, kann es auf das „Urlicht" der Schöpfung, dem letztlich alles entspringt, zurückverweisen. Also beruht Döblins Naturhymnos exakt auf jener Einheit von Naturmythos und christlichem Glauben, von dem hier die Rede ist.

Ich schließe mit einer Anekdote, die ich einmal, ich weiß nicht mehr wo, gelesen habe. Ein amerikanischer Reporter interviewte einen alten Indianer und fragte ihn, ob er denn wirklich noch an Götter glaube. „Gewiß," antwortete er ihm, „die Sonne ist ein Gott, jeder kann es sehen." Und als sie später zusammen einen Fluß überquerten, entschuldigte er sich bei dem Fluß dafür, daß er ihn durchwatet hatte. Dieser Indianer aber war zugleich ein frommer Christ.

XIII. Kapitel
Meditation über Humor und Christentum[1]

Das vorige Kapitel zeigte, daß mythische Lebensfestlichkeit und mythische Lebensfreude eine existentiale Bedingung christlichen Lebens sind und nicht, wie so oft geglaubt wird, etwas im Grunde Sündiges oder zumindest der Sünde Verdächtiges. Schon deswegen verbietet es sich, Askese, die in bestimmten Fällen gewiß ihre Berechtigung hat, als die einem solchen Leben *eigentlich* angemessene und *grundlegende Haltung* anzusehen. Aber wir erfahren ja Lebensfreude nicht nur auf die beschriebene Weise in unserem Verhältnis zur Natur (im weitesten Sinne des Wortes genommen), sondern auch mit den Menschen, und zwar ganz besonders im Humor, im Lachen und im Vergnügen am Komischen. Wie der sinnenfeindliche Umgang mit der Natur alles andere denn als ein Kennzeichen christlichen Lebens verstanden werden darf, so auch nicht die griesgrämige, sauertöpfische und humorlose Art im Umgang der Menschen miteinander. Gewiß, die Hoffnung auf die Gnade, die Botschaft der Offenbarung und die Gnadenerfahrungen im Leben und in der Liturgie wurden immer als Quelle tiefster Freude verstanden – aber hat nicht Nietzsche recht, wenn er sagte, man würde das Christentum glaubhafter finden, wenn nur die Christen erlöster aussähen? Wird nicht immer wieder unter Christen Lachen und Fröhlichkeit als Zeichen einer allzu starken Bindung an diese Welt verdächtigt, die doch eigentlich ihrer Verderbnis und Sünde wegen eher beklagt und beweint werden müßte? Wie grundfalsch eine solche Auffassung ist, ja, daß Humorlosigkeit geradezu im Gegensatz zum Gebot christlicher Liebe steht, sollen die folgenden Ausführungen zeigen.

1. Was ist das Komische?

Humor ist nichts anderes als die Fähigkeit, über etwas zu lachen oder zu lächeln, dieses aber ist das Komische. Daher sei damit begonnen.

Am Ende von Platons Symposion erzählt Aristodemos, es seien die einen schon fortgegangen, die anderen aber, vom Weine berauscht, wären eingeschlafen. Nur der Tragödiendichter Agathon, der Komödiendichter Aristophanes und Sokrates seien noch wach gewesen und hielten aus einer großen Schale – nach rechts herum – einen Umtrunk. Sokrates aber habe mit den

---

[1] Dieses Kapitel ist in einer gekürzten, Klaus-Peter Jörns gewidmeten Fassung in der „Zeitschrift für Theologie und Kirche" 4, 1999, veröffentlicht worden.

beiden anderen ein Gespräch geführt, das ihm – Aristodemon – nicht mehr ganz gegenwärtig gewesen wäre, denn auch er sei zwischendurch eingenickt. „In der Hauptsache aber, erzählte er, sei es darauf hinausgelaufen, daß Sokrates sie einzuräumen gezwungen habe, es sei Sache ein und desselben, des Komödien- und Tragödienschreibens kundig zu sein, und der kunstgerechte Tragödiendichter müsse zugleich Komödiendichter sein. Während er sie nun dies einzuräumen nötigte, und da sie ihm dabei nicht ganz zu folgen vermochten, seien sie eingenickt. Und zwar sei zuerst Aristophanes eingeschlafen, dann aber, als es schon heller Tag war, auch Agathon. Sokrates aber sei, nachdem er sie so in Schlaf geredet, aufgestanden und fortgegangen (...)"[2]

In diesem Schluß des Symposions liegt, in einem wunderbaren Bilde zusammengedrängt, Platos ganze Philosophie. Der Mensch, so lehrt er ja, strebt über die schwankende Sinnenwelt hinaus zu den ewigen Ideen, er ist ein animal metaphysicum, und dieses Streben entspringt dem ihm unausrottbar eingewurzelten Eros zum Göttlichen. Aber dieser Eros findet niemals vollkommene Erfüllung, und die Schau der Ideen bleibt immer Stückwerk. Darin liegt das fundamental Tragische des Menschen, das ist *die* menschliche Tragödie. Von ihr handeln alle platonischen Dialoge. Immer geht es in ihnen darum, wie der Mensch sich in unzähligen Varianten bemüht, die göttliche Wahrheit und das göttliche Gute zu erfassen, und wie er dabei doch immer wieder scheitert. Andererseits, und auch das ist Platos ständiges Thema, neigt der Mensch zu der Anmaßung, sich auf die eine oder andere Weise spitzfindig oder sophistisch schon im Besitze der göttlichen Wahrheit und des göttlichen Guten zu wähnen, und darin wirkt er eher komisch, wenn er sich nicht dabei gar in einen alles Maß überschreitenden Fanatismus hineinsteigert. Da dies jedoch einerseits nicht die Regel ist, andererseits die Neigung zu solch lächerlicher Anmaßung aber einer scheinbar unausrottbaren, menschlichen Schwäche entspringt, so kann man das allgemeine Schauspiel, das sie bietet, ebenso eine fundamentale, menschliche Komödie nennen, wie man in anderer Hinsicht von einer fundamentalen menschlichen Tragödie sprechen kann. Wenn also Sokrates sagte, es sei Sache ein und desselben, des Komödien- wie des Tragödiendichtens kundig zu sein, so meinte er eben dies damit, daß die Komödie nur die Kehrseite der Tragödie ist, weil in beiden, wenn auch auf verschiedene Weise – einmal komisch, einmal tragisch –, dieselbe condition humaine in Erscheinung tritt: nämlich, in der notwendigen Beziehung zum Göttlichen, Ewigen und Guten zu scheitern. Zur menschlichen Komödie gehört es aber auch, daß diese für den Menschen fundamentale Botschaft gar nicht verstanden wird, weil man sich durch Nichtiges von ihr ablenken läßt wie Agathon, der Tragödiendichter, oder Aristophanes, der Komödiendichter, die sie, zum Ende des Symposions trunken, schläfrig und ihres klaren Verstandes beraubt, gar nicht mehr hören.

Wenn bisher vom Komischen wie Tragischen als einer fundamentalen Weise menschlichen Seins die Rede war, so deswegen, weil es sich dabei, über alles

---

[2] Übersetzung durch SCHLEIERMACHER, 223 D.

dies und jenes hinweg, um ein bestimmtes Verhältnis des Menschen zum Göttlichen, und damit zu einer absoluten Grundfrage seiner Existenz handelt. Und doch gibt es – um beim Komischen zu bleiben, das uns ja hier vor allem interessiert – noch andere Arten des Komischen, die mit der platonischen Metaphysik nichts zu tun zu haben scheinen, ja auch in weniger erhabenen Regionen des Menschlichen zu finden sind. Wie aber steht es mit diesen und wie verhalten sie sich zum fundamental Komischen? Wir müssen uns also fragen, welche verschiedene Arten des Komischen es gibt, und ob sie trotz ihrer Verschiedenheit etwas Gemeinsames haben.

2. Die verschiedenen Arten des Komischen

Beginnen wir mit jener häufigsten, weil uns ständig begegnenden Komik, die man *Alltags-* oder *Situationskomik* nennt. Das gleichsam klassische Beispiel für sie ist die schon in der Antike erzählte Legende, der Philosoph Thales sei in einen Brunnen gefallen, weil sein Blick ständig zum Himmel gerichtet war, wo er die erhabenen Sterne beobachtete. Um nun nicht in solcher Klassik zu verharren, sondern gerade das hier doch in Rede stehende Alltägliche zu betonen, wähle ich als weiteres Beispiel eine Geschichte, die sich in meiner Familie zutrug. Eines Tages beschlossen meine Mutter und meine Großmutter, die Familiengruft in dem entfernten Friedhof selbst zu säubern, um so das Geld für eine Putzfrau zu sparen. Mit Eimer und Besen bewaffnet, bestiegen sie eine Straßenbahn. Da sie während der Fahrt ganz in ihren Plausch versunken waren, merkten sie erst nach dem Aussteigen, daß sie das Putzgerät in der bereits wieder abgefahrenen Straßenbahn vergessen hatten. Nun nahmen sie sich ein Taxi, um diese wieder einzuholen. Nach einer längeren und verwirrenden „Verfolgungsjagd", während welcher sie mehrfach irrtümlich in die falsche Straßenbahn einstiegen, fanden sie endlich, was sie suchten; da es aber nun schon sehr spät geworden war, nahmen sie ein Taxi – am Ende haben sie das Mehrfache von dem gezahlt, was sie der Putzfrau hätten geben müssen.

Was haben diese voneinander so verschiedenen Beispiele miteinander gemein? In allen Fällen geht es darum, daß ein gesetztes Ziel durch ein unerwartetes, plötzliches Dazwischentreten besonderer Umstände verfehlt wird. Aber weder das Ziel noch dieses Dazwischentreten haben dabei, für sich genommen, eine für das Leben unmittelbare und entscheidende Bedeutung, sondern es ist einzig und allein der *Widerspruch*, die Diskrepanz oder der Zwiespalt zwischen einem Erwarteten und dem, was sich dann tatsächlich ereignet, zwischen einer gewissen, gehobenen Spannung, und ihrem dann plötzlichen Zusammenfall im Eintritt von etwas ganz Banalem, wodurch die Wirkung des Komischen hervorgebracht wird.

Wie gesagt, handelt es sich hier nur um Beispiele, wenn sie auch durch beliebig viele vermehrt werden könnten, denn der Alltag bringt, je nach Situation, andere dieser Art in Fülle hervor. Als ich noch ein Kind war, stellte mir mein Vater abends bei Tische jedesmal dieselbe Frage: „Was hast Du heute erlebt?" Antwortete ich, es gäbe nichts zu berichten, sagte er: "Dann erfinde etwas." So gewöhnte ich mich daran, schon während des Tages, das, was um mich vorging, darauf hin zu beobachten, ob und wie es sich erzählen ließe, und da ich wußte, daß besonders erheiternde Geschichten im Familienkreise sehr beliebt waren, lernte ich, wo immer es ging, das so oft unfreiwillig Komische zu entdecken. Bei solcher Fülle des Komischen im alltäglichen Leben fragt es sich freilich, ob das den aufgeführten Beispielen Gemeinsame unbeschränkt verallgemeinert werden kann. Das ist in der Tat nicht zweifelsfrei gewiß, zumal das Komische so mit der Buntheit des Lebens vermischt ist, daß derjenige, der die Versuche der Philosophen, es zu definieren, allzu ernst nähme, selbst komisch wirkte. Dies ist auch der Grund, weswegen ich die vorliegenden Betrachtungen nur als "Meditation" bezeichnet habe. Gleichwohl wird man mir zugeben, daß die Defintion der Alltagskomik, wie ich sie hier versucht habe, mit der Erfahrung, die man mit ihr macht, weitgehend übereinstimmt, also nicht ohne phänomenologische Evidenz ist, mag sie auch in diesem oder jenem Fall nicht überzeugen. Doch braucht hier Vollständigkeit der Aufklärung des Komischen nicht angestrebt zu werden, wo der angestrebte Zweck eine Untersuchung nicht des Komischen überhaupt ist, sondern nur der besondere Zusammenhang zwischen dem Komischen und der christlichen Offenbarung geprüft werden soll (analog Platos Enthüllung des Zusammenhangs zwischen dem Komischen und seiner Ideenlehre).

Die nächste Form des Komischen, der ich mich nun zuwende, ist der *Witz*. Im Unterschied zum Alltagshumor bezieht er sich nicht auf etwas, was geschieht, sondern er ist etwas Erdachtes. Gleichwohl kann in ihm fast alles, was im öffentlichen wie privaten Lebens wirklich vorkommt, zum Gegenstand werden. So gibt es politische Witze, Witze über bestimmte Gesellschaftsklassen (z.B. den Bauer, den Bürger, den Aristokraten), Witze über bestimmte Berufsgruppen (z.B. die Ärzte, die Geistlichen, die Beamten), über bestimmte gesellschaftliche Typen (z.B. high-society-Witze, Emanzen-Witze, Ganoven-Witze), über bestimmte Volksgruppen (z.B. Friesenwitze, Bayernwitze, Judenwitze), über Nationen (z.B. über die Amerikaner, die Deutschen, die Franzosen), und es gibt auch Witze, die sich auf allgemein Menschliches beziehen wie z.B. Ehewitze oder Sexwitze.

Auch der Witz lebt wie das Alltagskomische vom Widerspruch (Zwiespalt) zwischen einem Erwarteten und dem plötzlichen, überraschenden Eintreten von etwas ganz anderem. Auch in ihm wird eine Spannung aufgebaut, die dann unvermittelt in etwas Banalem zusammenfällt, und auch hier ist jedes Element für sich ohne schwerwiegende Bedeutung, und es kommt alleine auf diesen Widerspruch sowie den plötzlichen Spannungsabfall an. Man kann dies auch daran erkennen, daß jeder Witz so kurz wie möglich sein muß. Denn je mehr die ausführliche oder gar weitschweifige Darstellung entfällt, desto unmittelbarer tritt die Komik des Widerspruchs selbst hervor: Der Widerspruch zwischen vorgeblichem Sein und tatsächlichem Schein (Politiker-Witz), zwischen vertracktem Problem und pfiffiger Lösung (Bauern-Witz), zwischen Heiligkeit und Heuchelei (Priester-Witz), zwischen gesellschaftlichem Anspruch und menschlicher Unzulänglichkeit (Neureichen-Witz), zwischen Plan und umständlicher Gründlichkeit, ihn auszuführen (Deutschen-Witz), zwischen Trieb und Versagen (Sex-Witz).

Eine weitere Form des Komischen ist die *Ironie*. Sie besteht darin, etwas anderes zu meinen, als man sagt, doch so, daß der, welcher es hört, in der Lage sein soll, zu erkennen, daß man nicht meint, was man eigentlich gesagt hat – wodurch sich die Ironie von der Lüge unterscheidet. Auch für die Ironie finden wir die Urform wieder bei Plato. Denn immer gibt sich Sokrates in seinen Dialogen so, als nähme er die lächerliche Anmaßung der anderen ernst, über die göttliche Wahrheit und das göttliche Gute alles und Sicheres zu wissen, und er selbst spielt sogar mit, indem er sich denselben Anschein gibt, um dann in plötzlicher Wendung den schon geglaubten Höhenflug kläglich scheitern zu lassen. Doch ist für Plato der wahre Zuhörer oder Leser derjenige, der die sokratische Ironie durchschauen kann und durchschauen soll. Diese Ironie ist sein Mittel, die unzulängliche Schwäche des Menschen vor dem Absoluten in ihrer komischen Seite aufzudecken, und der Ironie ist es auch zu verdanken, daß Plato seine Lehre von den ewigen Ideen nicht in der seit Aristoteles üblich gewordenen Weise strenger, und also ernster Prinzipien und Deduktionen dargestellt hat, sondern in der Form von Dialogen. Ist doch das Element der Ironie das Gespräch, wo sie am besten ihren Witz und ihre funkelnden, komischen Effekte entfalten kann, und nicht der langatmige Monolog.

Von einem Ur-Ironischen bei Plato läßt sich also deswegen sprechen, weil es ein notwendiges Stilmittel jenes Ur-Komischen ist, das am Ende seines „Symposions" zu Sprache kommt. Nun ist freilich nicht alles Ironische mit dem Ur-Ironischen gleichzusetzen. Man findet Ironisches in unzähligen Varianten und in mannigfaltigen Gesprächssituationen, die in keinem unmittelbaren Zusammenhang mit irgendeiner Philosophie stehen. Doch bedarf es hier, im Gegensatz zu dem etwas schwieriger zu fassenden Alltagskomischen und zum Witz, keiner weiteren Beispiele, um zu einer allgemeinen Definition des Ironischen zu kommen, die man im übrigen in jedem Lexikon finden kann, sondern es genügt, es in einer Weise zu formulieren, die sich aus dem vorangegangenen Zusammenhang ergibt. Im Unterschied zur Alltagskomik oder zum Witz entfaltet sich Ironie nicht in einer Geschichte, sondern liegt unmittelbar in dem Gesagten beschlossen. Der komische Effekt besteht dabei darin, daß, für den Hörer erkennbar, absichtlich das Gegenteil des Gesagten über dem Gesagten in der Schwebe gehalten wird, und in dieser Absicht die Vernunft gleichsam mit sich selber scherzt.

Das Komische, sei es als Alltags- und Situationskomik, sei es als Witz oder Ironie, begegnet uns im täglichen Leben; aber muß nicht auch sein Urbild, das, zuerst von Plato ins Auge gefaßt, zur elementaren menschlichen Erfahrung gehören, eben als eine menschliche Grunderfahrung? Was aber zur menschlichen Wirklichkeit gehört, das wird auch in irgendeiner Weise zum Gegenstand der Kunst. So entspricht beispielsweise dem Witz und der Ironie die Karikatur;

der Alltags- und Situationskomik das Lustspiel und die *Komödie* – aber in der Komödie tritt auch jenes fundamental Komische in Erscheinung, und auf sie sei daher näher eingegangen.

Dieses Ur-Komische zeigte sich schon im Dionysos-Kult. Rufen wir uns diesen in einigen Stichworten ins Gedächtnis. Dionysos war ein Gott des chthonischen Mythos. Dieser Mythos, dem Erdhaften gewidmet, dem dunklen Schoß, dem alles entsprang und in den alles wieder zurückkehrte, dem Triebhaften, Grausamen, Unbewußten, der trunkenen Daseinsfreude und dem mit dem Tode verschlungenen Leben, dieser Mythos fand in Dionysos sein Sinnbild: Als Gott des Weines und Rausches war er von Satyrn umgeben, die halb Mensch, halb Tier waren, und seinem grausam erlittenen Tod folgte der Triumph seiner Auferstehung. Aus den kultischen, von Chorliedern begleiteten Festlichkeiten, die dieses Ereignis feierten, entstand die griechische Tragödie, welches Wort von Trágos, der Opferbock, und Aoidós, der Sänger, kommt; aus dem Zug der den Dionysos begleitenden Satyrn, den man Kómos nannte, wurde dagegen das Satyrspiel, das der Tragödie folgte und die Komödie. Schon in diesen Ursprüngen zeigte sich also der enge Zusammenhang zwischen Tragödie und Komödie, und wenn, wie offensichtlich, fundamentale Erfahrungen des Lebens im Dionysos-Kult in Erscheinung traten, so mußte das auch für die in ihm historisch wurzelnde Komödie der Fall sein. Das mag uns auf den ersten Blick an den Zusammenhang von Tragödie und Komödie erinnern, den Plato im Auge hatte. Der Unterschied ist jedoch der, daß er, historisch betrachtet, ein mythischer ist, platonisch aber ein metaphysischer.

Die dem Dionysos-Kult zugrunde liegenden, fundamentalen Erfahrungen, so weit sich daraus die Komödie entwickeln konnte – und nur diese, nicht die Tragödie ist ja unser Thema – lassen sich an den Satyrn und den ihnen verwandten Mänaden ablesen. Der ekstatische Orgasmus, dem sie, halb Tier, halb Mensch, hingegeben sind, stellt sich außerhalb der menschlichen Ordnungen von Staat und Gesellschaft und durchbricht Konvention, Sitte, Anstand und Autorität. Insofern forderte der chthonische Mythos den olympischen heraus, der eben für diese Ordnung stand. Wo aber der chthonische Mythos diese Ordnung nicht unmittelbar in seiner Raserei mitzureißen vermochte, machte er sie wenigstens lächerlich. Daher die wilden Zoten, die Satyrn und Mänaden ausriefen, die tierischen Masken, die der Komos zeigte, der bei dionysischen Festlichkeiten durch die Stadt zog, daher die zur Schau getragenen, groben Symbole des Geschlechtlichen und das große Beilager auf dem Höhepunkt des Festes zwischen der Königin und dem Gotte. Was also hier in Erscheinung tritt, das ist jene Wirklichkeit, die durch die olympische niemals endgültig gebrochen werden konnte, weil sie aus der aller Rationalität trotzenden Tiefe des Menschlichen kommt, und wie das Phänomen der Nacht demjenigen des Tages entgegengesetzt ist.

Diese den fundamentalen Erfahrungen des chthonischen Mythos entspringenden Ursprünge der Komödie kannten zwar das Gelächter, aber es war eher das des Triumphes einer an die Grenze der Selbstzerstörung grenzenden Befreiung. Wie also konnte am Ende daraus die griechische Komödie entstehen, und was hat sie damit überhaupt gemein?

Ihr Ursprung ist noch daran zu erkennen, daß sie den Unterschied von Sein und Schein olympischer Ordnung in Staat und Gesellschaft an ihren Repräsentanten hervortreten läßt; aber aus diesem Widerspruch wird nun auch hier ein komischer eben dadurch, daß den Elementen dieses Widerspruchs die Schwere einer über Existenz entscheidenden Bedeutung mangelt, und alles Gewicht auf das Absurde des Widerspruchs in seiner Kraßheit und damit rationalen Lächerlichkeit gelegt wird. Doch geht die Komödie nicht nur darin über ihren Ursprung hinaus; sie läßt auch den inneren Widerspruch jener in Erscheinung treten, die, indem sie sich auf die eine oder andere Weise gegen die olympische Ordnung überhaupt wenden, damit auch die Bedingungen ihres eigenen Wirkens zerstören; und auch hier liegt der komische Effekt eben darin, daß nicht die Elemente dieses Widerspruchs der eigentliche Gegenstand des Interesses sind, die gar nicht ernst genommen werden, sondern der Widerspruch selbst. Insofern war die Komödie ein bewundernswerter Triumph griechischen Geistes und souveräner, griechischer Heiterkeit.

Das wohl klassische Beispiel bietet die Komödie des Aristophanes „Die Vögel". Zwei Menschen verlassen ihre Polis, ihre Stadt, weil dort das Gesetz, mit dem sie ansonsten gut leben könnten, durch das Laster ununterbrochenen Prozessierens ad absurdum geführt wird. Sie fliehen zu den Vögeln, ja werden selbst zu Vögeln, und bauen sich mit diesen eine Stadt zwischen Himmel und Erde, hoch auf den Wolken, die sie „Wolkenkuckucksheim" nennen. Nun wollen auch alle anderen Menschen gerne Vögel werden, es wird geradezu eine Mode. Aber wie es so bei Moden geht, ändert sie im Grunde die Menschen gar nicht. So kommen viele nach Wolkenkuckucksheim, die dort nur ihr altes Unwesen weitertreiben wollen und daher abgewiesen werden: der wetterwendische Poet, der nun die Verse auf die alte Ordnung einfach auf die neue übertragen will, der Seher, dem es nur um seine Einnahmen geht, der Denunziant, der Gesetzesverkäufer, der sinnlose Gesetze entwirft usw. Vor allem aber wendet sich der Vogelstaat gegen die Olympier und die ihnen zu entbietenden Opfergaben. Sie werden bekämpft und besiegt dadurch, daß die Vögel, um es in der heutigen, militärischen Sprache zu sagen, den Luftraum beherrschen, und damit das Aufsteigen des Opferdampfes verhindern, der für die Götter die lebensnotwendige Nahrung bietet. Der Schluß der Komödie zeigt den absurden Triumphzug des Vogelkönigs und seiner den Olympiern geraubten Gemahlin und damit die Öffnung des Paradieses, in dem die Vogel-Menschen alles tun und lassen können, wie es ihnen beliebt. Hier haben wir alles aufs deutlichste vereint, was das fundamentale Wesen der griechischen Komödie ausmacht. Der lächerliche Widerspruch der auf dem Mythos der Olympier beruhenden Polis zwischen dem heiligen Anspruch von Gesetz und Norm einerseits und der Wirklichkeit andererseits; und der ebenso lächerliche Widerspruch in der Anmaßung jener, die, indem sie sich gegen die Polis und die Olympier wenden, und selbst Götter sein wollen, den Phantasmata und der Traumwelt ihres Wolkenkuckucksheim verfallen.

Werfen wir jetzt noch einmal einen Blick auf Plato. Wenn das Komische in der Komödie darin besteht, den lächerlichen Schein derer zu enthüllen, die sich anmaßen, die wahren Sachwalter des olympischen Gesellschaftsmythos zu sein, oder wenn sie die lächerliche Torheit jener aufs Korn nimmt, die sich umgekehrt von aller Rationalität überhaupt glauben abwenden zu dürfen, so liegt der Unterschied zu Plato doch nur darin, daß das fundamental Komische bei ihm auf einem Widerspruch im Hinblick auf die metaphysische Ewigkeit göttlicher Ideen, in der Komödie aber auf einem Widerspruch im Hinblick auf die Ewigkeit eines göttlichen Mythos beruht.

Machen wir nun einen Sprung in jene Zeit, die, wenn auch freilich unter anderen Vorzeichen, zum großen Theater und damit auch zur großen Komödie der Antike zurückfand: in die Renaissance, und greifen wir ein großes Beispiel heraus: Shakespeares „Was ihr wollt." In wenigen Worten sei an den hauptsächlichen Inhalt erinnert: Ein junger Mann, Sebastian, und seine Schwester, Viola, kentern im Sturm mit ihrem Schiff. Beide werden gerettet, doch jeder von ihnen glaubt, der andere sei ertrunken. Beide werden an den Hof des Herzogs Orsino verschlagen, ohne von einander zu wissen. Viola verkleidet sich als Mann, um Orsino, dessen edler Ruhm ihr zu Ohren gekommen, unverfänglich in seinem bisher vergeblichen Werben um die edle Olivia zu unterstützen. Diese hatte nämlich in Trauer um den kürzlich erfolgten Tod ihres Vaters und ihres Bruders gelobt, künftig allen Männern zu entsagen. Nun geschieht es aber, daß sich Viola heimlich in den Herzog verliebt, der nichts davon ahnen kann, und Olivia, trotz ihres mehrfach bekräftigten Entschlusses, in Liebe zu Viola entbrennt, die sie für einen Jüngling hält. So schließt sich der Liebe Kreis: Orsino liebt Olivia, diese liebt Viola, und Viola wieder liebt Orsino. Wie nun auch deren Bruder Sebastian auf der Szene erscheint und zufällig Olivia begegnet, verliebt er sich auf den ersten Blick in sie, während diese ihn zwangsläufig für Viola hält, weil er Viola zwillingshaft ähnlich sieht. Schnell schwören sie sich ewige Treue. Am Ende, als alles herauskommt und sich Viola als Weib zu erkennen gibt, verbinden sich Orsino mit Viola, Olivia aber mit Sebastian. Diese Haupthandlung wird immer wieder durch eine Nebenhandlung sowohl verwirrt wie befördert, in der zwei trunksüchtige Junker, Olivias schelmische Dienerin und Olivias eingebildeter Haushofmeister ihre Rollen spielen. Diese Nebenhandlung ist wie die Travestie der Haupthandlung: Hat die Haupthandlung die edlen Gefühle der Liebe zum Inhalt, so die Nebenhandlung geckenhafte, blinde und selbstsüchtige Verliebtheit. Dieser fällt vor allem der Haushofmeister zum Opfer, dem die Junker und die Dienerin vorgaukeln, Olivia, seine Herrin, sei in ihn verliebt. Auch hier kommt am Ende alles heraus, der Haushofmeister sieht sich geprellt.

„Was ihr wollt" heißt der verrätselte Titel der Komödie, verrätselt, weil uns erst das Stück zu erraten erlaubt, was damit gemeint ist, nämlich dies: Was immer ihr wollt, es kommt meist anders als ihr wolltet, oder ihr wollt am Ende sogar etwas anderes, als ihr ursprünglich gewollt habt, oder es erfüllt sich zwar, was ihr gewollt habt, aber auf Wegen, die ihr gar nicht gewollt habt. Viola und

Sebastian werden in ein Land verschlagen, wohin sie nicht wollten; Orsino bekommt Viola, obgleich er eigentlich Olivia begehrte; Viola Orsino, obgleich sie doch auf ihn zugunsten Olivias verzichten wollte; und Olivia Sebastian, obgleich sie doch eigentlich Viola wollte; was aber schließlich den Haushofmeister betrifft, so bekommt er auch nicht das, was er gewollt hat, aber im Gegensatz zu all den Liebenden bekommt er dafür auch nicht etwas anderes, was er dann selbst will, sondern er wird in seiner blinden Eitelkeit und Selbstsucht nur der Lächerlichkeit preisgegeben.

Es ist leicht zu erkennen, daß auch Shakespeares „Was ihr wollt" wie Plato und Aristophanes nicht irgend etwas Komisches, sondern das fundamental Komische des Menschen zeigt. Handelt das Stück doch von dem grundsätzlichen Widerspruch des Lebens, daß der Mensch beständig glaubt, seines Geschickes Herr zu sein, während er in Wahrheit beständig das Spiel höherer Mächte ist, die alles letztlich leiten und im Hintergrund die Fäden ziehen, wenn sie auch bei Shakespeare im Stile der Renaissance höchstens allegorisch mit den antiken Götternamen genannt werden, in Wahrheit aber namenlos bleiben. Dieser Widerspruch ist aber deswegen komisch, ja, im Falle des Haushofmeisters sogar lächerlich, weil seine Elemente niemals die Schwere einer an die Grenzen menschlicher Existenz führenden, zerstörerischen Leidenschaft haben. Auf die eine oder andere Weise sind alle auftretenden Personen Narren und insofern belustigend, weil sie nicht sind, was sie meinen zu sein, nämlich Herren ihres Willens, und weil auch die Dinge nicht eindeutig sind, was sie zu sein scheinen. Das alles spricht der Hofnarr Orsinos verallgemeinernd als Weltweisheit aus, der die Handlung immer wieder kommentierend begleitet. „Nichts ist so, wie es ist.", sagt er, (4. Aufzug, 1. Szene) und „Das, was ist, ist," aber „was ist das als das, und ist das als ist?" (2. Szene) „Eine Redensart ist nur ein lederner Handschuh für einen witzigen Kopf: wie geschwind kann man die verkehrte Seite herauswenden!" (3. Aufzug, 1. Szene.) Am Schluß aber singt er, daß die Welt immer so närrisch war und immer so sein wird: „Die Welt steht schon eine hübsche Weil',/ Hop heisa, bei Regen und Wind!/ Doch das Stück ist nun aus, und ich wünsch' euch viel Heil;/ und daß es euch künftig so gefallen mag."[3]

---

[3] Der Hofnarr wie der Volksnarr (Till Eulespiegel) waren früher eine allgemeine Institution. Von großer kulturgeschichtlicher Bedeutung sind auch die bis heute in Erscheinung tretenden Karnevalsnarren, die in Büttenreden und Umzügen dieselbe Philosophie wie der Narr in Shakespeares Stück zur Schau stellen. Davon zu unterscheiden ist der „heilige Narr", der den Menschen nur komisch *erscheint*, weil er, Gott zu- und der Welt abgewandt, im Widerspruch den Gepflogenheiten des allgemeinen, empirischen Lebens steht. Das christliche Urbild dafür ist der verspottete Jesus. „Wir sind Narren um Christi willen" sagt Paulus. (1Kor 4,10.) In welchen Varianten solches Narrentum auftreten kann, hat H. THIELICKE in seinem Buch „Das Lachen der Heiligen und Narren" (Stuttgart 1988) angezeigt. Er schreibt: „Wer mit der Unbedingtheit des absoluten Ideals den Bedingungen dieser fragwürdigen Welt begegnet, ist entweder ein Narr oder ein Heiliger oder auch – in Gestalt des reinen Toren – beides zugleich." (S. 169). Für einen solchen reinen Toren hält Thielecke z.B. Don Quichote. Thielecke erläutert dies auch so: „Wer das Absolute unter den Bedingungen einer Welt vertritt, die dieses Absolute nicht will, die vielmehr auf der Anpassung an ihre Bedingungen und auf Konformismus besteht, kann auch dann in einem Narrenkostüm gesehen werden, wenn er in Wahrheit ein Heiliger ist." (S. 170).

Ein drittes Beispiel für die Komödie als Spiegel des fundamental Komischen sei der Gegenwart entnommen. Es ist Eugene Ionescos „Amédé oder wie wird man ihn los?" Das Stück handelt von einem Ehepaar, das sich in einer scheinbar ganz unwirklichen Welt bewegt. Sie, Madelaine, geht zwar ihrer gewohnten Tätigkeit als Telefonistin nach, verläßt aber in Wahrheit niemals ihre Wohnung und verbindet ständig irgendwelche imaginäre Persönlichkeiten mit irgendwelchen imaginären Persönlichkeiten; er wiederum, Amédé, betätigt sich als Schriftsteller, kommt jedoch niemals über einige Anfangssätze seines Romans hinaus, die er beständig wiederholt. Auch die Konversation beider besteht aus ununterbrochenen Wiederholungen, nämlich immer gleicher, banaler Klischees wechselseitiger Vorwürfe und wechselseitiger Fürsorge. Einkäufe zum täglichen Leben werden zwar getätigt, erfolgen jedoch durch einen Korb, der aus dem Fenster zu einem imaginären Verkäufer herabgelassen wird. Dieser Schein einer Fortsetzung ihrer normalen Alltagswelt wird bedroht durch einen in ihrer Wohnung befindlichen Toten, der beständig wächst und sie dadurch mehr und mehr zwingt, sich in einen immer kleiner werdenden Raum zurückzuziehen. Es geht nun alles darum, ihre normale Lebensordnung dagegen aufrecht zu erhalten und die Außenwelt, vor allem die Nachbarn, davon nichts merken zu lassen. So weit sind sie schon vom Verkehr mit andern Menschen entfernt, daß sie einen vollkommen korrekt an sie adressierten Brief, den der Postbote bringt, mit der Behauptung zurückweisen, niemand kenne sie und niemand schreibe ihnen. Sie wissen selbst nicht, wer der Tote ist und wie er in ihre Wohnung kam, wohl aber beschäftigt es sie anhaltend, ob, und wenn, wie ihn Amédé getötet haben könnte. Er selbst hat keine Erinnerung mehr daran, der Tote befindet sich schon seit geraumer Zeit in ihrer Wohnung. Das Hauptproblem besteht aber für sie weniger in solchen Fragen, als darin, daß er irgendwie beseitigt werden muß, ohne daß die Obrigkeit davon Kenntnis erhält. Hätte man doch nur rechtzeitig seinen Tod angezeigt, dann hätte man sich alle Scherereien sparen können![4] Schließlich gelingt es Amédé doch, den Toten herauszuschleppen, um ihn in der Seine zu versenken. Da aber werden Leute aufmerksam, Polizisten versuchen Amédé zu ergreifen. In diesem Augenblick entschwebt dieser jedoch in die Lüfte. Den Zurückgebliebenen ruft er zu, der Wind habe ihn emporgehoben, es sei also ganz gegen seinen Willen geschehen, er wolle doch den Menschen nützlich sein und sei überhaupt der Ansicht, der Mensch sollte seine Grenzen nie überschreiten. Madeleine aber ruft ihm nach: „Hör doch, Amédé, komm runter (…) Ich werde das mit der Polizei schon in Ordnung bringen!"[5]

Wie unterscheidet sich eine solche moderne Komödie von derjenigen eines Aristophanes oder eines Shakespeare? Der fundamental komische Effekt beruht hier nicht wie bei Aristophanes auf der lächerlichen Anmaßung des Menschen vor den ewigen Göttern, auch nicht wie bei Shakespeare auf der lächerlichen

---

[4] In J. SCHONDORF (Hrsg.), Französisches Theater der Avantgarde, München o.J., S. 410.
[5] A.a.O., S. 438.

Anmaßung des Renaissance-Menschen, Herr seines göttlich gewirkten, wenn auch namenlosen Schicksals zu sein; sondern er beruht auf dem Widerspruch, daß sich die Alltagsrealität, scheinbar so fest auf allgemeinen Regeln und Ordnungen ruhend, plötzlich als etwas ganz Irreales erweist. Sie, die doch der Träger gewohnter Sicherheit schien, offenbart überraschend ihre Bodenlosigkeit. Deswegen sagt Ionesco: „Das Komische ist das Ungewöhnliche in seinem reinen Zustand".[6] Nach dem Verlust des Mythos und göttlicher Schicksalsgewißheit blieb nur die vordergründig empirische Welt übrig, an die sich der Mensch halten kann, aber eben diese erweist sich nun als ein Schleier, hinter dem das Nichts lauert. Komisch also ist der Mensch, der sich der Täuschung hingibt, diese empirische Welt mit ihren gewohnten Regeln und Gesetzen, mit ihrer gewohnten Logik und Ordnung sei der beruhigende Halt, in dem er sich häuslich einrichten kann. Und wieder ist dieser Widerspruch nur dann komisch, wenn seine Elemente eher von marginaler Bedeutung sind, eben so wie die Personen und ihr Leben in Ionescos Stück.

Das Mittel Ionescos, die Irrealiät der empirischen Welt mit ihren Regeln und Ordnungen in Erscheinung treten zu lassen, beruht auf ständigen und unmittelbar aufeinanderfolgenden Wiederholungen ihnen unterworfener Handlungen und Redewendungen. Gerade bei den Redewendungen der Konversation wird dies besonders deutlich. Hierfür zwei Beispiele: Madeleine sagt zu Amédé: „Wo gehst du hin? Wohin gehst du wieder? Wohin gehst du? Wohin gehst du? Wohin gehst du? Wohin gehst du? Wohin gehst du? Statt Einkäufe zu machen!" Und Amédé zu Madeleine: „Vielleicht haben wir uns eine Menge zu sagen ... Eine Menge zu sagen ... Uns auszusprechen, uns auszusprechen, uns auszusprechen ..."[7] So unmittelbar aufeinander folgende Wiederholungen, es seien Handlungen oder Redeweisen, sind sinnlos, sollen aber nur die Fragwürdigkeit überhaupt der Ritualisierungen in den Handlungs- und Sprachformeln des Alltags hinweisen. Indem diese weitgehend daraus bestehen, höhlen sie unaufhörlich die Eigenständigkeit des Menschen aus und bekommen eine abstrakte Selbständigkeit, die sich schließlich von allen tieferen Sinnbezügen ablöst. Das Formelhafte erstickt alles Leben. Damit zeigt sich aber auch der fundamentale Trug, das Leben könne sich gerade darin retten. Zu solchen formelhaften Redeweisen noch einige Stellen aus den Dialogen des Stückes: Madeleine: „Das wäre in Ordnung." Amédé: „Siehst du, man kann alles."[8] Amédé: „Es wird schon eine Lösung geben. Ich sage dir, alles wir gut werden ... ich bin sicher ... Es ist gar nicht anders möglich ..."[9] Und noch einmal Amédé: „Weißt du, die Liebe macht alles wieder gut."[10] All dies Gerede zwischen den beiden vermag aber nicht das Unheimliche aus der Welt zu schaffen, das hinter solcher vermeintlicher Sicherheit lauert. Die Chiffre dafür ist das nicht zu bewältigende

---

[6] Zitiert nach M. ESSLIN, The Theater of the Absurd, New York 1961, S. 93.
[7] A.a.O., S. 419.
[8] A.a.O., S. 403.
[9] A.a.O., S. 408.
[10] A.a.O., S. 425.

Rätsel des sich ständig ausbreitenden Toten in ihrer Wohnung. Erst durch ihn wird ihnen die Irrealität ihres Lebens bewußt, und es sind gerade ihre krampfhaften Versuche, ihn gleichsam wegzuerklären und vor aller Welt zu verbergen, die so lächerlich wirken. Mit diesen Versuchen endet auch die Komödie: Als Amédé schließlich von der Irrealität weggerafft wird und sich in die Lüfte erhebt, beteuert er, daran ganz unschuldig zu sein, da er doch ein vernünftiger Mensch sei, der wisse, was sich gehöre, während Madeleine ihm versichert, sie werde das alles schon mit der Obrigkeit in Ordnung bringen.

3. Der den verschiedenen Arten des Komischen gemeinsame Ursprung

Ich fasse noch einmal zusammen: Die Alltagskomik beruht auf dem Widerspruch oder der Diskrepanz zwischen einem Erwarteten einerseits und dem, was dann eintritt andererseits, wobei eine Spannung entsteht, die schließlich in etwas mehr oder weniger Banalem zusammenfällt. Dasselbe, wenn auch als Kurzform, können wir beim Witz beobachten, während für die Ironie der Widerspruch zwischen dem Gesagten und dem zugleich Gemeinten kennzeichnend ist. Das fundamental Komische aber, wie wir es bei Plato und in der Komödie finden, besteht darin, daß der Mensch den Widerspruch seiner Existenz glaubt aufheben zu können, in zwei einander widersprechender Wirklichkeiten zu leben, nämlich einer empirischen, profanen, alltäglichen, ganz allgemein *endlichen* einerseits und einer zu dieser *transzendenten,* unendlichen und ewigen andererseits, gleichgültig, ob ihm dabei diese Transzendenz als eine metaphysische, mythische, göttliche oder schlechthin als das Nichts erscheint. Das *allem* Komischen Gemeinsame ist also ein Widerspruch oder eine Diskrepanz.[11] Es läßt sich aber zeigen, daß dieser Widerspruch oder diese Diskrepanz in der Alltagskomik, im Witz und der Ironie letztlich auf das fundamental Komische, wie es die Komödie zeigt, zurückzuführen ist. Machen wir uns das jetzt klar.

Immer ist ja das Komische ein Ereignis, *das dem Menschen ohne seinem Willen widerfährt*. Erinnern wir uns des Beispiels aus der Alltagskomik: Thales sieht dauernd zu den erhabenen Sternen auf und fällt dabei in den Brunnen. Was den Witz betrifft, so ist er zwar erfunden, aber auch er schildert ein Ereignis der gleichen Art, womit ich nun doch noch als Beispiel einen erzählen muß: Brüstet sich der Neureiche vor seinen Gästen seines Kunstverstandes und der großartigen Kunstsammlung in seiner Villa. Fragt einer: Von wem, mein Herr, ist dieses Gemälde hier bitte? Dreht sich der Neureiche zu seiner Frau um und

---

[11] Diese allgemeine Definition tritt zuerst bei Cicero auf, der von einer „enttäuschten Erwartung" spricht (De oratore, II, 289). Von Horaz stammt das dafür anschauliche Bild von den Bergen, die kreißen und eine Maus gebären (Ars poet. 139). Die meisten Philosophen, wenn sie sich überhaupt mit diesem Thema beschäftigten, was vergleichsweise selten geschah, schlossen sich in diesem Punkt auf die eine oder andere Weise Cicero an. Ich nenne von den bedeutendsten nur Kant, Schopenhauer, Jean Paul und T.H. Vischer, ohne hier näher darauf eingehen zu können.

sagt: Kunigunde, was ist das für ein echter? Nun noch zur Ironie. Auch sie ist etwas von demjenigen, der sich ihrer bedient, Erdachtes, aber sie beruht doch, wenn sie überhaupt jemanden treffen soll, auf einer angenommenen *Tatsache*, nämlich der, daß zwischen dem, was einer ist und dem, was er sich einbildet zu sein, ein Widerspruch besteht. So geht Sokrates umher und spricht allen ihre große Bewunderung dafür aus, daß sie so weise seien, wie sie glauben zu sein, obgleich er genau weiß, daß sie in Wahrheit gar nicht weise sind, weil sie das, was zu wissen das schlechthin Wichtigste im Leben ist, nämlich worin das Gute besteht, gar nicht wissen und ohne göttlichen Beistand (Daimónion) auch gar nicht wissen können.

Wenn aber das Komische allgemein etwas ist, was dem Menschen ohne seinen Willen in solcher Weise widerfährt, so enthüllt eben im Grunde nicht nur das fundamental Komische, sondern *jede Art* von Komik die fundamentale Bedingung seiner Existenz, ohnmächtiger Endlichkeit überlassen zu sein. Und so ist das Komische, neben dem Tragischen, ein Element des Menschlichen, Allzumenschlichen. Nun kann aber doch Endlichkeit überhaupt nur als Gegensatz zum Unendlichen und Ewigen erfaßt werden. Also bildet Transzendenz auch dort den mehr oder weniger dunklen, mehr oder weniger bewußten Hintergrund, wo sie nicht unmittelbar angesprochen ist: also in *allen* Formen des Alltagskomischen, des Witzes oder der Ironie. Daraus aber folgt, daß in der Tat alle diese Varianten des Komischen im fundamental Komischen ihren Ursprung haben, sie sind nur Gleichnisse dafür, und in ihnen allen spiegelt es sich als eine Bedingung menschlicher Existenz. Aber nur in bestimmten Fällen, wie z.B. in der Komödie, wird es uns ausdrücklich als eine *Erkenntnis* vermittelt.

Mit dieser Rückführung alles Komischen auf das Ur-Komische haben wir nun den systematischen Ausgangspunkt erreicht, der es uns erlaubt, zu der uns hier eigentlich interessierenden Frage überzugehen.

4. Christliche Deutung des Komischen und des Humors

Der wohl eindrucksvollste Versuch dieser Art stammt von Kierkegaard – es gibt insgesamt nicht allzu viele – und auf ihn will ich mich nun beschränken.

Zunächst zum Komischen: Bewußt knüpft Kierkegaard an den sokratisch-platonischen Gedanken an,[12] daß das Ur-Komische des Menschen dort in Erscheinung tritt, wo er glaubt, den Widerspruch zwischen dem Zeitlichen, Empirischen und dem Ewigen, Transzendenten aufheben zu können, nur daß dieses Ewige jetzt eben nicht mehr die platonische Idee ist, sondern Gott. Damit hat aber nach Kierkegaard das Komische im christlichen Glauben die entscheidende Wirkung, an die unaufhebbare Kluft zwischen uns und Gott zu erinnern und so der ständigen Versuchung entgegenzuarbeiten, den Glauben in

---

[12] Auf Kierkegaards scharfe Trennung zwischen dem eigentlich Sokratischen und dem eigentlich Platonischen ist hier nicht einzugehen. Vgl. K. HÜBNER, Verzweiflung und Leidenschaft – zur Situation SÖREN KIERKEGAARDS, in: Christiana Albertina, Kiel 1988, Heft 27.

ein gesichertes Wissen und damit einen festen Besitz zu verwandeln, so wie es z.B. in der Metaphysik geschähe[13], während sein Wesen doch Gnade und nichts als Gnade sei.[14] Der Mensch, der dieser Versuchung verfällt, gibt sich der Lächerlichkeit preis, er ist komisch, und auch für Kierkegaard ist wie für Sokrates die Ironie das Mittel, diese Komik in Erscheinung treten zu lassen.

So sei es nicht nur dieses oder jenes, fordert Kierkegaard, das sub specie ironiae zu betrachten sei, sondern es sei die *Totalität des Daseins*.[15] „(...) Ironie" (...) verschmäht die Realität" schreibt er, diese empirische, zeitliche Nichtigkeit, sie macht sich über sie lustig und „fordert Idealität", damit aber Transzendenz, die sie eben nicht hat.[16] „Jedes Streben in Richtung Nachfolge" Christi, lesen wir weiter, „wird, wenn nun der Augenblick gekommen ist, da der Tod es beendigt, doch vor Gott Erbärmlichkeit sein. Ergo ist Gnade und Versöhnung nötig (...) Endlich wird während des Strebens jeden zweiten Augenblick fehlgegriffen, versäumt, gesündigt werden." Also könne der Versuch der Nachfolge innerhalb des Zeitlich-Empirischen nur ein „Spaß" sein, nämlich etwas „Kindisches" und nur die Versöhnung und die Gnade „ist der Ernst."[17] Bis zum Letzten müsse daher der Mensch sich selbst und seine größten religiösen Anstrengungen humoristisch betrachten können, „denn den Schlaf der Nacht zu verkürzen (...) und sich selbst nicht schonen, und dann verstehen, daß das alles Scherz ist, ja, das ist Ernst."[18]

Nun zum Humor. Ich sagte zu Anfang sinngemäß, Humor sei die Fähigkeit, das objektiv Komische in seiner Komik zu *erkennen*, darüber zu lachen oder zu lächeln. Humor ist gleichsam die Spiegelung des Komischen im Gemüt. Mehr noch: Wer Humor besitzt, dem zeigt sich die Welt des Menschen im Ganzen als jener sprichwörtliche „Jahrmarkt der Eitelkeiten", wo alle weit mehr von sich halten, als sie eigentlich sind.[19] Das bedeutet christlich nicht mehr und nicht

---

[13] Auf scherzhafte Weise und ganz ohne Zusammenhang mit Kierkegaards Stellung zur Metaphysik hat H. LENK in seinem Buch „Kritik der kleinen Vernunft" (Frankfurt/M. 1987) das Komische in Philosophie und Metaphysik betrachtet.

[14] Für die „moderne Wissenschaft", sagt Kierkegaard, ist „die Spekulation, also die Metaphysik, das Höchste *nach* dem Glauben", was aber nichts anderes bedeute, als daß „der Humor das Höchste *nach* dem Glauben" sei, denn die Spekulation ist eben komisch. Aber in Wahrheit schließe „der Humor die Immanenz innerhalb der Immanenz ab (...), erst dann beginnt der Glaube und die Paradoxe. Der Humor ist das letzte Stadium der Existenzinnerlichkeit vor dem Glauben" – nämlich so weit sie in der Lächerlichkeit des bloß Empirischen bleibt. S. V. (Samlede Vaerker), VII 249.

[15] S.V. XIII, 328/29.
[16] S.V. XIII, 293.
[17] Pap. (Papirer) X, 491.
[18] S.V. VII 410.
[19] Seit Jean Pauls „Vorschule der Ästhetik" ist darüber gestritten worden, ob das Komische nur ein subjektiver Eindruck sei oder eine objektive Grundlage habe. Humor ist jedoch offenbar, Kantisch gesprochen, die apriorische Bedingung der Möglichkeit, Komisches in seiner Komik zu erkennen, und zwar so, daß das Lachen darüber durchaus ein *gemeinschaftliches* ist. Wollten wir aber solche Intersubjektivität – man denke nur an das Erzählen von Witzen in einer Gesellschaft – als kein hinreichendes Kriterium für objektive Erfahrung anerkennen, so hieße das, sich in die abstrakten Höhen einer verwickelten Erkenntnistheorie verlieren, die in Anbetracht des Gegen-

weniger, als daß Humor eine bestimmte Weise ist, den status corruptionis, wenn auch im Aspekt des Komischen, zu offenbaren. Aber, so meint Kierkegaard, und das ist die Pointe, die sich aus dem Vorangegangenen ergibt: den status corruptionis humoristisch sehen, nämlich so, als ob alles nur ein Scherz wäre, ja, *das sei bitter ernst*. Und so erweise sich das Tragische und das Komische als letztlich ein und dasselbe.

Aber das bedarf noch einer tieferen Erläuterung. Folgen wir daher noch weiter Kierkegaards Worten: „Derselbe Mensch," schreibt er, „der mit seinem Verstand das Komische sieht" – es also in seiner Komik *erkennt* – „leidet auch das Tragische."[20] Damit meint er: Die humoristische Einsicht in die Lächerlichkeit und Nichtigkeit des menschlichen Daseins und die tragische Leidenschaft zum Ewigen sind im Grunde ein und derselbe Vorgang, die komische Ohnmacht des Menschen erheitert und schmerzt zugleich. Aber an den zitierten Satz schließt sich unmittelbar noch die Bemerkung an, daß eben dieser selbe Mensch, der das Komische sieht und zugleich das Tragische leidet, aus der „Einheit des Komischen und Tragischen heraus das Tragische" wähle. Warum ist das so? Weil diese Einheit, die ja nichts anderes ist als die sich wechselseitig bedingende Erfahrung von status corruptionis einerseits und Transzendenz andererseits, bereits die Wahl der Tragik des Glaubens einschließt. Denn der Glaube als Glaube an die göttliche Liebe und Gnade kann niemals zur Ruhe kommen, ist er doch niemals gesicherter Besitz, sondern immer nur möglich in jenen empirisch niemals einzuordnenden und vorübergehenden Augenblicken, wo sich paradoxer Weise Zeit und Ewigkeit berühren.

Dieser Versuch einer Zusammenfassung der Gedanken Kierkegaards zum Humor – so weit eine solche hinsichtlich seiner sehr verstreuten und nicht selten dunklen Bemerkungen hierzu überhaupt möglich ist – sei durch das folgende Zitat aus den „Philosophischen Brocken" abgeschlossen: „Humor ist nicht der Glaube, sondern liegt vor dem Glauben"; er „ist das letzte Stadium (…) vor dem Glauben," und, „in Bezug auf das christliche Religiöse dargelegt, (…) das Höchste vor dem Glauben", das „letzte Grenzzeichen."[21] Ich füge hinzu: Er ist der Punkt, von dem aus nach Kierkegaard das Tragische der menschlichen Existenz und damit die *Wende in die Tragik des Glaubens* angezeigt wird.[22]

Ist diese Deutung des Komischen und des Humors aus christlicher Sicht überzeugend? Immerhin scheint sie, auf das Christliche bezogen, eine gewisse Folgerichtigkeit zu haben, so wie diejenige Platos, welche die Ideenlehre zur

---

standes, von dem hier die Rede ist, selbst etwas Komisches wäre. Daß es Humorlose gibt, sei nicht geleugnet, aber es gibt auch Blinde – würde man daraus schließen, daß das Gesehene keine objektive Bedeutung habe?

[20] S.V. VII 248.
[21] S.V. VII 249.
[22] Wenn Kierkegaard vom Komischen spricht, um dessen Bedeutung für den Glauben zu zeigen und dabei dessen tiefere Beziehung zum Tragischen aufdeckt, so will er damit nicht mehr sagen, als daß überall, wo das Komische ist, auch das Tragische sei. Nur davon ist also im gegebenen Zusammenhang die Rede. Aber das bedeutet freilich nicht, daß es nicht auch ein Tragisches gibt, dem alles Komische fehlt.

Voraussetzung hat, oder wie es, in wieder anderem Bezugsrahmen, beispielsweise diejenige Shakespeares oder Ionescos ist. Dabei können wir hier von der Frage, wie dieser Bezugsrahmen, eben der christliche, selbst zu begründen sei, absehen, denn hier wird ja nur gefragt, welche Rolle das Komische und der Humor im Christlichen spielt und nicht, welche Berechtigung überhaupt das Christliche hat.

Dennoch sehe ich einen entscheidenden Unterschied zu Plato. Denn wenn Plato sagt, es sei Sache ein und desselben, Tragödiendichter wie Komödiendichter zu sein, so meint er damit nur das *beiden Gemeinsame*, nämlich den Widerspruch zwischen dem Zeitlichen und Ewigen, aber er verkennt nicht, daß dieser Widerspruch einmal, nämlich im Tragischen, in seiner ganzen Wucht erfahren wird, während zum andern seine Elemente im Komischen eher marginaler, banaler oder alltäglicher Art sind wie der Sturz des Thales in den Brunnen. Indem aber nun für Kierkegaard die humoristische Einsicht und die tragische Leidenschaft geradezu in einer *Einheit* verschmelzen, so daß das Ernste ein Scherz und der Scherz ernst sei, und derselbe Mensch, wie er ja sagt, der das Komische sähe, *zugleich* das Tragische erleide, verschwindet die entscheidende *differentia specifica* zwischen dem Komischen und Tragischen. Damit wird aber das Komische und mit ihm der Humor in einem dem Gemeinverständnis ganz entfremdeten Weise aufgefaßt. Auch hier können wir jedoch einen gewissen Einfluß Platos auf Kierkegaard feststellen, wenn er diesmal auch nicht von Platos „Symposion", sondern von seinem „Philebos" herzuleiten ist.

Dort spricht Sokrates über die Komödie unter einem bisher noch nicht erörterten Aspekt. Zunächst erfahren wir dabei gegenüber dem schon Gesagten nichts besonders Neues, so wenn er das Lächerliche, auf dem sie beruhe, darin glaubt sehen zu können, daß sie meist die Selbstverkennung des Ohnmächtigen zum Inhalt habe. (49b) Handle sie doch z.B. von Menschen, die sich für reicher oder für größer, schöner oder stärker halten als sie sind, oder von solchen, die ihre Klugheit und Weisheit überschätzen usw. (48e) Nun aber kommt etwas Neues hinzu. Wenn wir über solche Diskrepanz lachen, führt Sokrates weiter aus, so sei es deswegen, weil es *Schadenfreude* in uns hervorrufe. Schadenfreude aber sei die Befriedigung des Neides, und so mischten sich im Humor Lust und Schmerz.[23] Deswegen bestehe die Komödie, wie wir des weiteren Platons „Gesetze" entnehmen können, in „Nachbildungen häßlicher Gestalten und Gesinnungen", die zum Lachen reizten. (816 D/E) Diese Deutung Platos machte in der Antike Schule. Auch Aristoteles sah offenbar in der Schadenfreude die Quelle des Humors, wenn er in seiner Poetik behauptet, die Komödie beruhe auf der Nachahmung „schlechterer Menschen", nämlich solcher, die im Hinblick auf ihre Fehler häßlich seien, wenn sie auch weiter keinem Schmerz oder Leid zufügten. (1449a). Und Ähnliches scheint schließlich Cicero vorzuschweben, wenn er vom Lächerlichen als dem Unschicklichen und Mißgestalteten spricht. (De oratore

---

[23] Auch hier betont Plato wieder den engen Zusammenhang zwischen Komödie und Tragödie, denn auch bei dieser empfänden wir eine Mischung aus Freude und Schmerz: Freude über die erhabenen Taten des Helden und Schmerz über seinen Untergang (48a).

VVIII, 236)[24] Dieses eher bittere, gallige und sarkastische Verhältnis antiker Autoren zum Humor hat Kierkegaard nicht nur übernommen, sondern er geht noch weit darüber hinaus und läßt nun überhaupt keinen Zusammenhang mehr zwischen Humor und Freude erkennen.[25] Denn wo das Komische und das Tragische zu einer Einheit verschmelzen, kann sich Humor nur als grimmige Einsicht einstellen, er ist, vulgär gesprochen, ein Galgenhumor, ein Scherzen, das in Wahrheit die Verzweiflung über das ewig versagende, menschlichen Bemühen ist, vor dem Ewigen zu bestehen. Wo aber bleibt dann jenes Lachen, das wir doch vor allem mit Humor verbinden? Kierkegaards Humor könnte sich höchstens in einer Art Gelächter äußern wie in der Schadenfreude, oder wie es sprichwörtlich ein höllisches und damit teuflisches genannt wird, oder es könnte schließlich auch göttlichen Spott verraten, wie es der Vers aus dem 59. Psalm beschreibt: „Aber du, Herr, wirst ihrer lachen und aller Völker spotten."[26] Alle diese Arten finden sich im Kierkegaardschen Humor vereint, sofern er der grimmigen Einsicht in die vollständige Nichtigkeit, Unzulänglichkeit und Lächerlichkeit menschlicher Existenz vor Gott entspringt. Ohne Zweifel hat damit Kierkegaard eine bestimmte Seite christlichen Humors erfaßt. Dieser Humor erkennt und geißelt das Komische des Menschen in seinem Großtun vor Gott, und auch das Gelächter als Schadenfreude hat hier durchaus seinen Platz, nämlich dann, wenn ein Böses auf komische und lächerliche Weise zu Fall kommt, wofür einem sogleich Molières Tartuffe als klassisches Beispiel einfallen mag. Heute spricht man auch viel von der „subversiven Kraft" des Humors in Ironie, Satire und im Witz, sofern diese eine hohle, aufgeblasene und verlogene gesellschaftliche Ordnung aufs Korn nehmen.[27]

Doch betrachten wir diese Seite des Humors noch etwas näher. Wir finden sie schon in den bereits erwähnten Dionysien, aber auch auf christliche Weise im Mittelalter. Dazu gehört der damals verbreitete, sog. risus paschalis, wo bei den Osterfeiern über die Niederlage des Teufels triumphierend gelacht wurde[28], dazu

---

[24] Ist nicht das Vorbild einer solchen Deutung des Komischen schon bei Homer zu finden, nämlich in der Ilias, wo sich die Götter über Hephaistos amüsieren, der sie, umherhinkend, beim Mahle bedient (Ilias I, 599–604)? Oder in der Odyssee, wo derselbe, schon lächerlich durch seine Ehe mit der schönen Aphrodite, diese beim Ehebruch mit Ares ertappt und dabei dem „homerischen Gelächter" der zu Zeugen herbeigerufenen Olympier ausgesetzt wird? Übrigens ein Beispiel mehr dafür, wie, christlich gesehen, auch die relativ transzendente Göttersphäre vom status corruptionis ergriffen ist.

[25] Wenn KIERKEGAARD u.a. schreibt, Humor sei auch die Freude, welche die Welt überwunden hat, so betrifft dies nicht die Freude am Gegenstand des Humors, somit am Komischen selbst, also darauf, worauf sich der Humor unmittelbar bezieht, sondern es betrifft die Freude *über* den Humor, nämlich daran, daß man überhaupt die Welt als komisch zu betrachten vermag. Sie steht also in Beziehung zur Freude am Erlöstsein, bei der doch niemand auf den Gedanken käme, daß sie humoristischer Natur ist.

[26] Ähnliches finden wir in den Psalmen 2 und 37.

[27] Vgl. P.L. BERGER, Erlösendes Lachen. Das Komische in der menschlichen Erfahrung, Berlin 1998, S. 14.

[28] Hierher gehört auch Luthers drastisch-komische Art, mit der er Christi Höllenfahrt als Überlistung des Teufels beschrieben hat.

gehört aber auch die damals beliebte Teufelskomik der christlichen Mysterienspiele, die zu einem großen Teil noch im Narrentreiben des heutigen Karnevals fortleben. Auch Dantes Divina Comedia ist zu nennen, die ihre Gattungsbezeichnung als Komödie auf die schon erwähnte antike Definition stützt, daß in einem solchen Werk Häßliches und Niedriges bei gutem Ausgang vorzukommen habe. Aus der späteren großen Literatur sei das „Lob der Torheit" des Erasmus erwähnt, worin der humanistische Gelehrtendünkel im Namen des Paulus gegeißelt wird, der „die Weisheit der Weisen zunichte machen und die Klugheit der Klugen verwerfen wollte"; ferner J. Mösers Schrift „Harlekin oder die Verteidigung des Grotesk-Komischen", die sich gegen die selbstüberhobene geschraubte Intellektualität der Aufklärung wendet, vor allem aber der „Faust", worüber D. Borchmeyer einen sehr erhellenden Aufsatz mit dem Titel „Faust-Goethes verkappte Komödie" geschrieben hat.[29] Mephisto wird dort als der höhnende Schalk erkannt, der beständig die Anmaßung des Menschen, der göttlichen Weltordnung gerecht zu werden, aufdeckt.

Das aber ist nur die eine Seite christlichen Humors, und man fragt sich, wo bei Kierkegaard die Deutung jener anderen, uns doch so vertrauten bleibt, die ein ganz anderes Lachen und Lächeln hervorbringt? Indem Kierkegaard diese übersieht, fällt er in das alte Vorurteil zurück, Humor als ein freudiger Gemütszustand, was er doch *auch* ist und wofür wir ihn doch eher halten, sei der Sünde verdächtig; die Welt sei nun einmal vor Gott durch und durch nichtig, so daß auch das Komische in ihr eher zu beklagen, zumindest aber, wie Kierkegaard meint, „ernst" sei. Die Geschichte der Humorlosigkeit im Christentum ist lang. Augustinus schrieb: „Die Menschen lachen und weinen; aber daß sie lachen, ist beklagenswert. (Et rident homines et plorant homines: et quod rident homines, plorandum est.) Nicht anders denken Johannes Chrysostomos, Bernhard von Clairveaux und Hugo von St. Victor. Überhaupt ist an das altchristliche Mönchstum, z.B. die Mönchsregel des Heiligen Benedikt zu erinnern, die sich ausdrücklich gegen das Lachen wendet. Eine solche Haltung ist dann später auch in der orthodoxen Lachfeindschaft der jesuitischen und jansenistischen Komödienkritik des 17. Jahrhunderts zu finden, die noch in Baudelaires Essay „De l' essence du rire" nachgewirkt hat, wo das Lachen geradezu als Kennzeichen des Satanischen betrachtet wird, und schließlich im Pietismus, für den Humor ein Zeichen von Sünde war.

Nun haben sich ebenso humorlose Christen wie diejenigen, die, wie Nietzsche, dem Christentum Humorlosigkeit vorwarfen, in schöner Eintracht darauf berufen, daß nirgends im NT auf eine unschuldige Weise gelacht werde. Dieser

---

[29] In: F.N. MENNEMEIER (Hrsg.): Die großen Komödien Europas. Tübingen 2000. Im gegebenen Zusammenhang verweist auch BORCHMEYER darauf, daß jede Mythologie einen solchen „Trickster" wie Mephisto hat, der die Einheit der göttlichen Ordnung mehr oder weniger ins Komische wendet, indem er sie unter irdischen Bedingungen sieht und damit gleichsam auf den Kopf stellt. (Man denke an Hermes in der griechischen und an Loki in der nordischen Mythologie, der in Wagners „Ring" seine künstlerische Entsprechung finde.)

Vorwurf ist jedoch etwa so töricht, als bemängelte man, daß in einer Tragödiensichtung nichts Lustiges zu finden sei. Die Evangelien handeln doch von der Tragödie aller Tragödien: der Opferung des Gottessohnes. Daß jedoch Christus niemals gelacht habe, ist kaum zu begründen. War denn die Hochzeit zu Kanaan eine Trauergesellschaft? Und sind nicht die Kinder, die er zu sich rief und herzte (Mk 10,13 ff.), gerade in ihrer Unschuld voll Lust am Komischen, worüber sie fröhlich lachen, bevor sie noch den Ernst des Lebens begreifen, so daß gerade dadurch ihr Anblick die Erwachsenen so erheitert?

Nun beruht die bei Kierkegaard vermißte Seite des Humors doch gerade darauf, daß das durch diesen Humor enthüllte Komische und damit Menschliche, Allzumenschliche im Lichte der Milde, Nachsicht und Güte gesehen wird und damit ein ganz anderes Lachen oder Lächeln hervorbringt als das Gelächter, von dem bisher die Rede war. Ja, ist es denn nicht diese Güte, die gerade christlich die Nächstenliebe von uns verlangt? Kann so Humor nicht eine Weise christlicher Einsicht in menschliches Irren und die Hinfälligkeit, Relativität und Vergänglichkeit aller Dinge sein, eine Form der Weisheit also, die all das endlos viele Kleine im irdischen Leben nicht so wichtig nimmt? Und mildert er dadurch nicht übertriebenen Streit und ist er damit nicht eine wichtige Quelle des humanen und freundlichen Umgangs der Menschen miteinander wie es das Christentum gebietet? Der Gegenstand des Humors ist aber auch in dieser Hinsicht auf das Urkomische zurückzuführen. Denn das Komische, das er erkennt, beruht ja ebenfalls auf dem Menschlichen, Allzumenschlichen, das, um es mit Kierkegaard zu sagen, auf den Widerspruch zwischen dem Zeitlichen, Empirischen und dem Ewigen, Transzendenten zurückzuführen ist.

Das Leben, so möchte ich resümieren, besteht nicht nur aus Tragödien, ja, weit mehr noch ist es voll von Komödien und nur bedingt Bedeutendem, so wie dem Menschen meist weniger das Große, als das Kleine angemessen ist. Im Lichte des Glaubens enthüllt sich so ein Mehr oder Weniger im status corruptionis, und der Humor verhindert teils sarkastisch, daß das Kleine zu groß gerate – so sieht es Kierkegaard – teils aber auch liebevoll, daß dem Leben eine unerträgliche Last allzu großen Ernstes aufgebürdet wird – so versteht ihn die Nächstenliebe. Christlicher Humor im letzteren Sinne entspringt aber nicht nur der Nächstenliebe, sondern auch, ja zuerst, so merkwürdig des klingen mag, einer wohlverstandenen Selbstliebe – wohlverstanden, denn jeder, auch man selbst ist ja ein Geschöpf Gottes, und so ist es ja gemeint, wenn geschrieben steht: Du sollst den nächsten lieben *wie dich selbst*. Wenn aber der Humor zunächst der Selbstliebe entspringt, so deswegen, weil der Mensch damit beginnen muß, sich selbst komisch zu sehen, über sich selbst zu lachen und sich damit selbst nicht zu wichtig zu nehmen.[30] Wehe jenen Humorlosen, die, weil ihnen

---

[30] Die heilige Teresa von Avila schrieb, das Lachen habe ihr dazu verholfen, ihr eigenes Leben besser zu verstehen. (Vgl. J. BREMMER und H. ROODENBURG (Hrsg.), Kulturgeschichte des Humors, Darmstadt 1999, S. 83).

die Erkenntnis des Komischen und damit das Lachen mangelt, auch von der Botschaft der Liebe nur mangelhaft erleuchtet sind. Sie leben in einer Finsternis, in welcher der Fanatismus nistet und besonders als religiöser Fanatismus am Ende zu jenen teuflischen Scheiterhaufen führt, die nicht nur Geschichte sind, sondern uns heute, wie im sog. Fundamentalismus, wieder zu drohen scheinen.

Christlich gesehen hat also Humor in der Botschaft des Glaubens von der Nichtigkeit und Eitelkeit der Welt und deren Überwindung durch die Liebe seinen Ursprung. Er ist nichts anderes als die Anwendung dieser Botschaft auf die kleinen, marginalen, und uns doch vor allem und täglich begegnenden Dinge des Lebens.[31] Der Glaube ist nicht nur für jene Grenzfälle da, wo es um Tod und Leben geht, sondern soll uns auch im Kleinen und nur mehr oder weniger Bedeutenden begleiten. Und so sind das Erkenntnisorgan des Humors und das Komische, das er uns wahrzunehmen ermöglicht, nicht nur eine Quelle der Weltüberwindung, sondern in den verschiedenen Weisen des Lachens oder Lächelns, das er hervorbringt, auch eine Quelle der Lebensfreude. In beiden aber spiegelt sich die Freude der christlichen Botschaft, die Freude des Kerygmas.[32] *Und insofern ist auch der Humor ein Existential christlichen Lebens.*

Freude – mit diesem Wort will ich den Ersten Teil dieses Buches schließen. Freude bringt christlich zuallererst die Botschaft von der Erlösung durch Christus. Eine Freude, die nichts mit Humor und Lachen zu tun hat, weil in ihr die Aufhebung des status corruptionis und damit aller Widersprüche, auf denen das Komische beruht, verheißen ist. Insofern bezieht sie sich auf etwas, was *nicht von dieser Welt ist* und daher unmittelbar auch erst jenseits von ihr erfahren werden kann.[33] *In der Welt* aber haben wir *einen Abglanz von dieser Freude.* Sie

---

[31] Zu Recht haben einige Forscher wie z.B. BERGSON oder J. RITTER darauf hingewiesen, daß der Maßstab darüber, was in einem gegebenen Zusammenhang als komisch angesehen wird, von dem bestimmten, historischen und kulturellen Kontext abhängig ist, worin er auftritt. An der Objektivität des Komischen ändert das jedoch nichts. Denn eine solche Abhängigkeit hat nichts mit subjektiver Beliebigkeit zu tun, weil sie sich zum einen zwingend aus diesem Kontext ergibt, dieser Kontext aber den jeweils intersubjektiven, historischen Rahmen bildet, in dem Objektives überhaupt gegeben werden kann. (Vgl. K. HÜBNER, Die Wahrheit des Mythos, a.a.O., Kap. XV–XXII). Daraus folgt, daß uns zwar manches nicht komisch erscheinen mag, was für andere Epochen oder Kulturen etwas Komisches war oder ist, daß wir es aber dennoch als komisch erkennen können, wenn uns der gegebene Kontext vertraut ist. (Wofür die Komödien des Aristophanes ein gutes Beispiel sind.) Damit hängt aber auch überhaupt die Wertschätzung des Humors im allgemeinen zusammen, die beispielsweise im Mittelalter, aus christlichem Mißverständnis, wie ich meine, eher zurückhaltend war, mit der seit Beginn der Neuzeit einsetzenden Weltlichkeit aber wieder zunahm.

[32] Den Zusammenhang von Humor und christlichem Kerygma hat auch H. THIELECKE in seinem Buch „Das Lachen der Heiligen und Narren" hervorgehoben. (Stuttgart 1988) Im Unterschied zu der Art, wie dieser Zusammenhang hier hergestellt wird, versteht er jedoch unter Humor nur jene Seite davon, die Kierkegaard vernachlässigt hat. Wenn er daher schreibt: „Die Botschaft, die im Humor steckt, und von der er selber lebt, ist das Kerygma der *Weltüberwindung* (S. 96), so übersieht er dabei, daß dies auch für Kierkegaards so ganz andere, sarkastische Deutung des Humors zutrifft.

[33] Es ist jene Freude, die visionär aus Pascals Mémorial zu uns spricht, wovon im IX. Kapitel, 1c die Rede war.

schenkt sich uns vor allem in den mythischen Gestalten der Gnadenmittel, vornehmlich der Eucharistie und in den diese Gnadenmittel begleitenden und unterstützenden, mythischen Wirklichkeitserfahrungen in Kunst und Musik. Innerweltlich ist aber christliche Freude auch in der mythischen Erfahrung der Natur, soweit sie die göttliche Seite, die göttlichen Numina der Schöpfung betrifft, und innerweltlich ist christliche Freude schließlich im Humor, so weit er, indem er die komische Seite des status corruptionis in den kleinen Widersprüchlichkeiten des Lebens entdeckt und uns darüber auf verschiedene Weise zum Lachen oder zum Lächeln veranlaßt, auch in die Welt des alltäglichen Lebens das erhellende Licht des Kerygmas, die Botschaft von der Weltüberwindung und Liebe bringt.

Zweiter Teil

Der Logos der Metaphysik als Essen vom Baum der Erkenntnis

XIV. Kapitel
Die Metaphysik als Wissenschaft von Gott

A. Der Ursprung der Metaphysik als Wiederholung des Sündenfalls

Erinnern wir uns einleitend an die „Grundlegenden Betrachtungen" im I. Kapitel. Aussagen von höchstem Allgemeinheitsgrad über die Wirklichkeit wurden dort im Rahmen der Allgemeinen Metatheorie *ontologische Aussagen*, systematische Zusammenfassungen solcher Aussagen wurden *Ontologien* genannt. Dabei wurden solche Ontologien, die wissenschaftlicher Natur sind, weil sie u.a. auf dem Unterschied zwischen Allgemeinbegriffen und unter diese fallende Einzeltatsachen, zwischen dem Allgemeinen und Besonderen beruhen, von anderen unterschieden, bei denen das nicht der Fall ist, sondern die nur in ihrer Darstellung und Formulierung innerhalb der Metasprache und Metatheorie den Charakter von Ontologien annehmen, wie es z.B. für den Mythos und die christliche Offenbarung zutrifft. Solche Ontologien, die in dem angezeigten Sinne wissenschaftlicher Natur sind, wurden Metaphysik genannt.

Diese Definition stimmt mit derjenigen der *metaphysica generalis* in der klassischen Philosophie überein, worunter ja nichts anderes als eine allgemeine Seinslehre zu verstehen ist. Diese metaphysica generalis wird nun traditionell von der metaphysica specialis unterschieden, die u.a. die Lehre vom höchsten Seienden, von Gott enthält.[1] Das Verhältnis zwischen beiden ist folgendermaßen bestimmt: Nicht jede metaphysica generalis schließt eine metaphysica specialis ein, z.B., wenn sie nichts anderes ist als die den empirischen Wissenschaften zugrunde liegende Ontologie; aber jede metaphysica specialis setzt eine metaphysica generalis voraus, weil sie ausschließlich auf deren Grundlage das höchste Seiende zum Gegenstand hat. Ich erinnere nur an zwei große,

---

[1] Daß sich nach der klassischen Definition die metaphysica specialis auch noch mit anderen Gegenständen befaßt, wie z.B. die Welt als Ganzes des Seienden und die Seele als Prinzip des geistigen Seins, spielt im vorliegenden Zusammenhang keine Rolle.

klassischen Beispiele: Die metaphysica specialis (thelogiké epistéme) bei Aristoteles und diejenige bei Kant, die hier wie dort unlöslich mit der jeweils entwickelten Ontologie und metaphysica generalis verbunden ist.

Dennoch gibt es zwischen der hier vorgetragenen und der klassischen Definition der Metaphysik einen entscheidenden Unterschied. Zwar stimmen beide darin überein, daß die Aussagen der Metaphysik *als ontologische* apriorischer Natur sind, doch ist deren Geltung für die hier vorgetragene Definition nur eine historisch-kontingente, während sie nach klassischer Auffassung den Charakter *absoluter Notwendigkeit* hat. Dieser Unterschied betrifft indessen gar nicht den *Inhalt* metaphysischer Sätze, sondern nur deren *Modalität*[2], woraus folgt, daß hier kein Verstoß gegen das Prinzip der Adäquatheit einer Definition vorliegt. Denn darunter versteht man ja, daß eine Definition, bei aller Freiheit, die ihr zurecht zugebilligt wird, nicht willkürlich verfahren darf.[3]

Es ist aber die Metaphysik, die für das Essen vom Baum der Erkenntnis das Beispiel par excellence bietet. Die Erkenntnis, von der die Genesis redet, betrifft das Heil oder Unheil Bringende (III. Kapitel, A und B). Indem der Mensch vom Baum der Erkenntnis ißt, will er dieses Wissen *eigenmächtig*, aus eigener Kraft, ohne die Vermittlung Gottes gewinnen. Darin liegt, biblisch gesehen, die radikale Abkehr von Gott, eine Abkehr von Grund auf und die Hybris menschlicher Selbstherrlichkeit, die mit Verderben bestraft wird; darin liegt die Ursünde, die in dem Glauben besteht, der Mensch bedürfe des Göttlichen nicht, das doch in Wahrheit die Quelle allen Heils ist.

In der Metaphysik ist der Wille des Menschen erkennbar, mit einem Höchstmaß an Reflexion über das Seiende im Ganzen und über den Weltgrund, dem die Wirklichkeit entspringt, dieses Ganze und diesen Grund *seiner Einsicht* und seiner *autonomen Vernunft zur Rechenschaft vorzulegen;* eine Rechenschaft, die nur dann geleistet ist, wenn sich der Weltinhalt im Prinzip als ein für diese seine Vernunft einsichtiges und folgerichtiges System enthüllt. Indem aber dieser metaphysische Wille von Grund auf alles der Urteilskraft des Menschen unterwirft, ist es auch der Mensch allein, der über das Heil und Unheil Bringende entscheidet. So äußert sich in der Metaphysik das Bewußtsein freier Selbstbestimmung und die von Gott losgelöste Freiheit vernünftigen Denkens. *Nicht nur, daß sich damit das metaphysische Denken keiner göttlichen Offenbarung verpflichtet weiß, weist es auch aus Prinzip jede Berufung auf Offenbarung zurück.*

Wenn nun, wie hier im III. Kapitel, A erläutert, der Sündenfall der Genesis als eine mythische Arché zu verstehen ist, zu deren Wesen es gehört, als etwas Identisches unter profaneren Bedingungen beständig wiederholt zu werden, so

---

[2] Unter Modalität wird die Art der *Geltung* eines Satzes verstanden, nämlich ob diese z.B., unbeschadet seines Inhalts, nur eine historisch-kontingente oder eine absolut notwendige ist.

[3] Ein Verstoß gegen das Adäquatheitsprinzip läge z.B. vor, wenn man den Monde, weil dessen Oberfläche Löcher aufweist, einen Käse nennte. Dies ist zwar nur eine scherzhafte Erläuterung des Adäquatheitsprinzips, doch spielt es in der Wissenschaft eine bedeutende Rolle, ohne daß ich hier näher darauf eingehen kann. Vgl. K. Hübner, Kritik der wissenschaftlichen Vernunft, a.a.O., Kap. VII.

erweist sich der historische Ursprung der Metaphysik im sechsten Jahrhundert v. Chr. als Beispiel par excellence für eine solche Wiederholung. Dies scheint zwar auf Grund ihres beschriebenen Erkenntnischarakters unmittelbar plausibel, muß aber doch noch näher erläutert werden.

Erinnern wir uns an die besonderen historischen Umstände, unter denen der Logos der Metaphysik zum ersten Mal in Erscheinung trat. Es war die Welt des griechischen Mythos, in die er einbrach und die er allmählich zerstörte. Die Wirklichkeit dieses Mythos war, aus christlicher Sicht, selbst schon die Folge des Sündenfalls. Zwar war diese Wirklichkeit noch weitgehend numinoser Natur und voll von Göttern, christlich gesprochen Engeln (guten wie bösen), in deren relativer Transzendenz der absolut göttliche Ursprung der Schöpfung in Erscheinung trat. Aber wie die Genesis zeigt, war der Sündenfall von Mensch und Engel (repräsentiert durch den Dämon in der Schlange) gleich ursprünglich. (Vgl. das III. Kapitel, A 1) Seitdem ist der Zwiespalt der mythischen Welt zwischen den Numina ihres göttlichen Ursprungs und den Numina ihres luziferischen Falls offenbar. (Vgl. auch das XII. Kapitel, 1) Die Götter sind einerseits Lebensspender, Träger der Ordnung auf der behausten Erde, Quelle der Kraft und der Freude, von ihnen geht die Verklärung einer überall lebendigen Welt aus, sie sind Gegenstand ehrfürchtiger Anbetung und verbreiten allenthalben den numinosen Glanz der majestas, des fascinans und des tremendum; andererseits sind aber auch sie in den status corruptionis verwickelt, wovon ihre Kämpfe untereinander, ihre Eifersucht, ihr Haß, ihre oft Verderben bringende Liebe zueinander und zu den Menschen, ihr Machtstreben und ihr Rachegeist Zeugnis ablegen. Derselbe Zwiespalt von Göttlichem und Luziferischem spiegelt sich in den Menschen und ihrem Verhalten.

Verglichen mit diesen im Zustand des Mythos erfolgten Wiederholungen des Sündenfalls als Arché stellt die mit dem Einbruch des griechischen Logos in die Welt erfolgte Wiederholung aus christlicher Sicht eine einschneidende Verschärfung und den Anbruch eines neuen Äons dar. Die bereits im Mythos liegende Gottferne erreicht nun ihre äußerste Grenze, wo das Numinose überhaupt aus der Welt zu schwinden beginnt und vor dem „Gerichtshof" menschlicher Vernunft mehr und mehr für bloß subjektiven Schein erklärt wird. Mit dem Untergang des Mythos und dem Triumph der Metaphysik beginnt ein Prozeß der „Entzauberung" der Welt, der erst heute seinen Höhepunkt erreicht hat. Vergessen wir nicht: Das wissenschaftliche technische Zeitalter, in dem wir heute leben und das auf Grund seiner geistigen Verfassung de facto zur größten Entfernung von der christlichen Botschaft führte, welche die Welt bis dahin erlebt hat, dieses Zeitalter hat seinen Ursprung im Logos der griechischen Philosophie. Ich sage de facto, nicht de jure – denn diese Entfernung beruht ja auf dem Irrtum, wie schon das I. Kapitel gezeigt hat, daß der theoretische Zweifel am Christentum irgend etwas über dessen Wahrheit aussagen könnte.

Daß die heutige Wissenschaft ihren Ursprung im Logos der griechischen Philosophie hat, darf nicht über ihre grundlegenden Unterschiede hinwegtäuschen. Denn wenn auch der Logos der griechischen Philosophie wie die Wissenschaft fordert, es müsse für alles einen Beweis, eine Begründung oder vernünftige Erklärung geben, so deutet er das doch auf eine ganz andere Weise als diese, nämlich so: Es sind für das höchste Seiende und damit Transzendente Beweise zu suchen, und es sind die durchgehenden Begründungszusammenhänge aufzuweisen, wie alles schließlich in diesem Transzendenten seine gemeinsame Wurzel hat – heiße dieses nun Idee des Guten, Gott oder wie immer. So wurde schließlich für Aristoteles Metaphysik wesentlich theologiké epistéme, Wissenschaft von Gott, oder das, was man später metaphysica specialis nannte. Aber wenn auch die Geschichte der sich dann auf mannigfaltige Weise entwickelnden metaphyica specialis durch die Jahrhunderte hindurch von einer gewaltigen und bewundernswerten Gottsuche zeugt, so ändert das aus christlicher Sicht nichts an ihrer unaufhebbaren Tragik, niemals ihre Gottesferne und ihre extremen Verwurzelung im status corruptionis überwinden zu können, wie die ihr zugrunde liegende Ablehnung der Berufung auf eine göttliche Botschaft und damit ihre Selbstherrlichkeit vor Gott bezeugen.

Nun trat das Christentum in dem Augenblick in Erscheinung, wo sich die griechische „Weisheitslehre", wie sie Paulus apostrophiert[4], weltweit, und das hieß, über das ganze römische Weltreich, ausgebreitet hat. Es war wie die göttliche Antwort auf die äußerste Verschärfung des status corruptionis, der sich in der Metaphysik abzeichnete, eine Verschärfung, die im weiteren weltgeschichtlichen Verlauf die schwerwiegendsten Folgen hatte.[5] Heilsgeschichtlich bedeutet das nichts anderes, als daß die göttliche Botschaft, das Kerygma, in die Auseinandersetzung mit der Metaphysik verwickelt wurde, was schließlich Rückwirkungen auf beide zur Folge hatte.

Betrachten wir zuerst die Rückwirkungen der Metaphysik auf die christliche Verkündigung. Ich erinnere noch einmal an das Paulus-Zitat: „Ich will beten mit dem Geist und will auch beten mit dem Verstand; ich will Psalmen singen mit dem Geist und will auch Psalmen singen mit dem Verstand. Wenn du Gott lobst im Geist, wie soll der, der als Unkundiger dabeisteht, das Amen sagen auf dein Dankgebet, da er doch nicht weiß, was du sagst? Ich will in der Gemeinde lieber fünf Worte reden mit meinem Verstand, damit ich auch andere unterweise, als zehntausend Worte in Zungen." (1Kor 14,15–16.19). Auch sei noch einmal auf den Abschnitt 2c des I. Kapitels über den Auslegungszweifel verwiesen. Der Gläubige denkt als Mensch rational im Sinne der Logik und wenn er die göttliche Botschaft vernommen und angenommen hat, muß er nicht nur verstehen, was sie ihm vermittelt, sondern er wird seinen geistigen Kräften entsprechend auch versuchen, tiefer in sie einzudringen. Die geistige Energie des Rationalen ist zwar selbst schon ein Kennzeichen jenes von Gott abgefallenen Wesens, dem es in seinem Dasein um es selbst geht, aber es ist ja

---

[4] 1Kor 1,20f.; 2,5.

[5] Auf die dazu parallel verlaufende, unmittelbare und das Christentum sozusagen lokal auslösende Rolle des Jüdischen Gesetzes in seiner zugespitzen Erstarrung ist bereits im III. Kapitel, A 4 hingewiesen worden.

auch der status corruptionis, *aus dem heraus* der Mensch allein zu Gott zurückstreben kann, es ist das luziferische Dunkel, in welches mit der Botschaft das göttliche Licht fällt, das uns folglich, mit Goethe zu reden, nicht in seiner Reinheit, sondern nur im farbigen Abglanz gegeben sein kann. „Wir sehen jetzt durch einen dunklen Spiegel ein dunkles Bild;" sagt Paulus, „dann aber von Angesicht zu Angesicht. Jetzt erkenne ich nur stückweise, dann aber werde ich erkennen, wie ich erkannt bin." (1Kor 13,12)

Wie nun aus heilsgeschichtlicher Sicht das Luziferische jene Kraft ist, die stets das Böse will und stets das Gute schafft, so wurde jene neu entstandene, äußerste, weil nunmehr absolut gesetzte Rationalität der Metaphysik, die zur Zerstörung des Mythos geführt hatte, in den Dienst der denkerischen Auslegung des Kerygmas gestellt. Es entstand die Theologie, die ja weitgehend mit metaphysischen Kategorien zu arbeiten begann. Damit aber wurde die Metaphysik geradezu auf den Kopf gestellt und gegen sich selbst gewandt. Denn das Denken entsprang ja nun nicht mehr wie in der Metaphysik der Selbstgewißheit der Vernunft, der jede Berufung auf Offenbarung fremd war, sondern es entsprang der Selbstgewißheit des auf der Offenbarung beruhenden Glaubens. So wurde die Metaphysik, wie es später sprichwörtlich hieß, zur ancilla des Glaubens.

Was hier geschah, war nichts anderes als die Anwendung der zweiten und dritten Regel christlichen Handelns, die im VIII. Kapitel, 2 j abgeleitet wurden. Dem Sinne nach fordert ja die zweite, die in einer gegebenen, historischen Situation auftretenden Probleme u.a. *rational* zu lösen, und die dritte, diese Lösungen aus dem Geiste des Kerygmas zu überprüfen. Damit ist aber nicht nur die historische Bedingtheit der Auslegung des Kerygmas mit Mitteln der aus dem griechischen Logos entsprungenen Metaphysik gesetzt, sondern damit gehört auch diese Verwendung des Metaphysischen insgesamt in den Bereich des Auslegungszweifels. Die ständigen Wandlungen der Theologie im Laufe der letzten zweitausend Jahre legen ein eindrucksvolles Zeugnis für dieses Ringen um das Kerygma ab, aber damit auch um dessen Abhängigkeit von den ständig wechselnden historischen Bedingungen, welche die Dynamik des in sich niemals zur Ruhe kommenden status corruptionis hervorbringt. Das Begreifen des christlichen Kerygmas ist für uns Sterbliche genauso wenig ein fester Besitz wie der Glaube.

Wie sich geschichtlich im einzelnen, besonders während des Mittelalters, die theologische Auslegung der Heiligen Schrift methodisch des Logos der Metaphysik bediente, ohne deswegen den Logos der Offenbarung antasten zu wollen (philosophia ancilla theologiae, die Philosophie ist Magd der Theologie), und wieweit dies als mißglückt oder geglückt betrachtet werden kann, ist hier nicht von Interesse, weswegen im folgenden auch das Mittelalter trotz der Fülle seiner theologischer Erkenntnisse bis auf wenige Punkte, die im 3. Anschnitt dieses Kapitels behandelt werden, weitgehend ausgeklammert bleibt. Geht es doch in diesem zweiten Teil unmittelbar um die *kritische Gegenüberstellung* von der im ersten Teil erfolgten Auslegung der Heiligen Schrift im Lichte des Logos der Offenbarung mit dem Logos der Metaphysik, wie er geschichtlich auf mannigfaltige Weise in Erscheinung getreten ist. Diese Gegenüberstellung ist unverzichtbar durch das Thema „Glaube und Denken" gefordert. Eine weitere Gegenüberstellung dieser Auslegung mit anderen solchen dagegen, wie sie geschichtlich die Theologie hervorgebracht hat, muß, so wünschenswert sie auch sein mag, davor zurücktreten, weil damit der Rahmen dieses Werkes gesprengt würde. Nur darum also geht es hier, den selbstherrlichen Anspruch der Metaphysik als theologiké epistéme gegenüber der Offenbarung ins Auge zu fassen und damit herausragende Beispiele jener Fälle zu prüfen, wo diese Intention unverkennbar leitend gewesen ist. Doch sei vorher noch einmal in einem kurzen Rückblick zusammenfassend und in wenigen Stichworten dem Leser vor Augen geführt, wie auch im vorangegangenen ersten Teil eine Auslegung der Heiligen Schrift erfolgte, die sich zwar des Logos der Metaphysik bediente, doch so, daß gerade dadurch der von diesem grundlegend unterschiedene Logos der Offenbarung erkennbar wurde.

Die Metaphysik diente dort im Rahmen der Metatheorie nur zur *Außenbetrachtung* des Religiösen (vgl. das I. Kapitel). So ergaben sich vergleichende Untersuchungen, auf Grund welcher die fundamentalen, kategorialen und strukturellen Unterschiede zwischen dem Logos der Metaphysik und dem Logos der Offenbarung ebenso zutage traten wie die theoretische Gleichberechtigung der verschiedenen Wirklichkeiten, auf die sie sich beziehen. Damit zeigte sich aber auch die substantielle Fragwürdigkeit allen metaphysischen und mit ihm wissenschaftlichen, weil grundlegend hypothetischen Denkens. Andererseits, in der *Innenbetrachtung*, enthüllte sich der theoretisch unanfechtbare Anspruch absoluter Erkenntnis im Logos der Offenbarung. Dieser Logos umschloß auch denjenigen mythischen Denkens. An dieser Richtschnur erfolgte dann die Auslegung der elementaren Grundvorstellungen der Offenbarung als teils mythische, teils nicht-mythische, weil auf Transzendenz bezogene. (Vgl. die Kapitel II bis VI) So eröffnete überhaupt erst der metaphysische Ausgangspunkt den Zugang zur nicht-metaphysischen Verfassung des christlichen Glaubens. Auf diese Auslegung der christlichen Grundvorstellungen folgte dann eine Untersuchung von deren existentialen Wirkung im Gläubigen. Zwar bediente ich mich in diesem Zusammenhang der Heideggerschen Phänomenologie, aber wie sich zeigte, handelt es sich dabei gerade nicht um eine Ontologie im Sinne der Metaphysik, sondern um die Erfassung jener Befindlichkeit des Menschen, die das metaphysische Denken konnotativ begleitet. Es ist die Befindlichkeit des solchem Denken zugehörigen Daseins, dem es um es selbst geht, das in jenem In-der-Welt-sein verloren ist, wo u.a. die Metaphysik das „andenkende Denken" als das sich der Offenbarung öffnende durch das rational-begrifflich konstruierende, des Menschen „Eigentlichkeit" verschleiernde, verdrängt hat. Weit entfernt davon, Metaphysik zu sein, erfaßt also die Phänomenologie gerade deren Verwicklung in den status corruptionis. (Die Sünde als Existential.) Andererseits aber dient sie auch der Enthüllung jener Befindlichkeiten menschlicher Existenz, die konnotativ den Logos der Offenbarung begleiten. (Die Gnadenwirkung als Existential.) Daran ändert selbst der

Abschnitt nichts, welcher der Freiheit gewidmet ist, denn der metaphysischen Idee der Freiheit wird ja dort gerade auf der Grundlage mythischen Denkens widersprochen.

Nun zu den Rückwirkungen des Christentums auf die Metaphysik. Wie sich das Christentum u.a. der formalen Kategorien des Logos der Metaphysik zur Auslegung seiner Botschaft bediente, so suchte die Metaphysik ihrerseits als metaphysica specialis teils auf sich ständig wandelnde Weise die Inhalte des christlichen Glaubens in Gegenstände der ihrer selbstgewissen Vernunft zu verwandeln, teils auch außerhalb des Glaubens einen eigenen Weg zu Gott zu finden. Dies soll nun im folgenden wie an einem Leitfaden durch einschlägige Beispiele aus der Geschichte der Metaphysik und unter Herausarbeitung der je entscheidenden Punkte anschaulich gemacht, verdeutlicht und kritisch betrachtet werden. Erschöpfende Vollständigkeit ist hier freilich weder möglich, noch notwendig, weil das Scheitern aller dieser unter größten geistigen Anstrengungen unternommenen Versuche, die Metaphysik an die Stelle der Offenbarung zu setzen, *im Prinzip* schon aus dem I. Kapitel hervorgeht. Wer sich jedoch mit dieser abstrakten Einsicht begnügte, wer nicht dieses geschichtlich sich ständig wiederholende Scheitern in seiner Fülle und Tiefe ein gutes Stück Weges begleitete und wenigstens in seinen hauptsächlichen Grundlagen erfaßte, dem entginge die für das Denken epochale Erfahrung, daß sich gerade in diesem Scheitern der Metaphysik, ja, auch in dem Scheitern überhaupt aller Versuche, ontologisch-wissenschaftlichem Denken den Primat über jedes andere Denken zuzusprechen, daß sich gerade darin der Triumph der Offenbarung enthüllt und erhärtet.

Noch eine letzte Bemerkung: Die angekündigte Kritik verstößt nicht, wie man vielleicht auf den ersten Blick vermuten könnte, gegen das Erste Toleranzprinzip, das im I. Kapitel abgeleitet wurde und die prinzipielle Gleichberechtigung aller Ontologien behauptet. Denn abgesehen davon, daß dieses Prinzip nur so weit gültig ist, als nach der *prinzipiellen Rechtfertigung* von Ontologien gefragt wird (quaestio juris), die ja wie gezeigt keine notwendige Geltung besitzen können, so daß Kritik *im einzelnen* durchaus möglich ist – z.B. durch Aufdeckung immanenter oder zum Umfeld des historischen Gesamtkontextes bestehender Widersprüche –, abgesehen davon richtet sich ja wie gesagt die folgende Kritik nur gegen die metaphysica specialis als hoffnungsloser Versuch, sich an die Stelle der Offenbarung zu setzen. Diese Kritik widerspricht also nicht nur in keiner Weise dem Ersten Toleranzprinzip, sondern sie steht zugleich im vollen Einklang mit dem im I. Kapitel aufgestellten Zweiten Toleranzprinzip, das wir jetzt noch ergänzen können, indem wir sagen: *Nichtontologische, oder von keiner Ontologie abhängige Wirklichkeitsauffassungen mit ihren besonderen (numinosen) Erfahrungen lassen sich wegen dieser Wirklichkeitsauffassungen nicht nur nicht ontologisch widerlegen, sie seien in der Außenbetrachtung begriffwissenschaftlich in eine Ontologie transformierbar oder nicht – so war es bisher formuliert worden –, sondern sie lassen sich auch nicht auf irgendeine Weise durch eine sie angeblich rationaler machende Ontologie ersetzen.*

B. Die Antike

1. Platos metaphysische Skepsis

Beginnen wir mit Plato, da er als erster der Forderung des griechischen Logos dadurch eine präzise Gestalt gab, daß er überhaupt das *Wesen jenes Begriffs* bestimmte, der allem wissenschaftlichen Beweisen, Begründen und Erklären zugrunde liegt. Damit war der entscheidende Schritt zur Ontologie und Metaphysik getan: Die scharfe Trennung zwischen dem Begriff und der unter ihn fallenden Einzeltatsachen, die Scheidung zwischen dem Allgemeinen und Besonderen. (Vgl. das I. Kapitel.)

Was ist das Seiende? Was ist das Gute, Heil oder Unheil Bringende? Was ist das höchste Seiende? Diese im hohen Grade allgemeinen, vom konkreten Lebenszusammenhang losgelösten, abstrakten und metaphysischen Fragen, welche die platonischen Dialoge wie ein roter Faden durchziehen, konnten überhaupt erst auftauchen, als der Mensch nunmehr mit der *Anstrengung des Begriffs* erfassen wollte, was ihm vorher ganz selbstverständlich die Erfahrungen des Mythos in den mannigfaltigen Begegnungen des Numinosen, in Epiphanien, Orakeln usw. boten. Hier wurde alles noch aus den Händen der Götter empfangen, sie bestimmten über das Heil oder Unheil Bringende, sie lehrten die Menschen das Wissen, die Weisheit, das Musische und überhaupt alle Formen praktischer Tätigkeiten.[6] So löste nun einerseits das neue, metaphysische Instrument des Begriffs den Menschen aus der unmittelbaren Verbindung mit dem Göttlichen, und so sollte andererseits diese Verbindung eben durch den Begriff wieder hergestellt werden. Schon hieran sieht man, in welchem Banne des Mythos an dieser Wende der Zeiten der metaphysische Logos noch stand. In diesem Sinne ist Platos Metaphysik als Frage nach dem Seienden, als Ontologie, besonders als Begriffsontologie, von vornherein zugleich eine metaphysica specialis.

Platos Versuch, Mythos und Metaphysik miteinander zu versöhnen, hatte welthistorische Bedeutung. Das „Retten der Phänomene durch den Begriff" (*sózein ta phainómena*), dieses Schlagwort des Logos, das seiner Metaphysik, so weit sie metaphysica generalis ist, zugrunde liegt, wurde ihm zugleich zum Retten des Mythos durch eine metaphysica specialis, ohne daß er diesem Unterschied und dem damit Gemeinten eine besondere Bezeichnung gab. Es war die Sehnsucht nach dem verlorenen „Paradiese" des Mythos, die zu dem Versuch führte, es mit den Mitteln des Begriffs wiederzugewinnen, wenn auch um den Preis einer dadurch bedingten, tiefgreifenden Wandlung.

In diesem Sinne bestimmte Plato zunächst die Grundbeziehung zwischen dem Allgemeinbegriff und den unter ihn fallenden Einzeltatsachen als diejenige zwischen der mit göttlichen Prädikaten ausgestatteten, im göttlichen Raum existierenden *Idee* und ihrer profanen Erscheinung, d.h. ihrem dort im Sinnli-

---

[6] Vgl. K. HÜBNER, Die Wahrheit des Mythos, a.a.O., u.a. Kap. VI.

chen mehr oder weniger verworren auftretenden Abbild. Die Beziehung der platonischen Idee zu den Göttern des Mythos, also den Urbildern und ihren profanen Wiederholungen in der sinnlichen Welt ist strukturell eindeutig. Zugleich erkennen wir darin eine dem neu verstandenen Wesen des Begriffs eigentümliche *Systematisierung alles Mythischen*, das schließlich in eine hierarchische Ordnung der Ideen mündet: nämlich in die Lehre von einer höchsten, alle anderen erst ermöglichenden Idee – der Idee des Guten, wie Plato sie nennt. So unauflöslich ist die Platonische Ontologie als metaphysica generalis unter den mythischen Ausgangsbedingungen ihrer Entstehung mit der metaphysica specialis verbunden.

Aber die wahre Tiefe Platons erweist sich erst darin, daß er die Metaphysik als einen tragischen und von vornherein zum Scheitern verurteilten Versuch des vom Logos befallenen Menschen versteht, im Medium, in der Anstrengung des Begriffs herzustellen, was ihm mit dem Untergang des Mythos verlorengegangen war. Bleiben doch all die schon erwähnten, immer und immer wieder in seinen Dialogen aufgeworfenen Fragen, was das Seiende, das Gute, das Heil oder Unheil Bringende usw. eigentlich sei, am Ende unbeantwortet. Und Plato erkennt auch den grundlegenden und nicht zu beseitigenden Mangel, an dem das liegt: nämlich die mit der neuen Begriffsauffassung notwendig verbundene *hypothetisch-deduktive Form* oder das Hypothesis-Verfahren, das er folgendermaßen zusammenfaßt: *Es gelte A; wenn aber A, dann auch B; also B.* Das heißt, daß das Denken immer mit Prämissen arbeiten muß (A; wenn A dann B), diese aber letztlich stets so fragwürdig bleiben werden, wie menschliches Denken überhaupt fragwürdig ist. Im sog. Hypothesis-Verfahren wird das eigentümlich Schwebende des Logos unmittelbar deutlich, und eben hierin hat auch Platos Ironie, von der hier schon im XIII. Kapitel die Rede war, ihre tiefste Wurzel. Zwar spricht er einmal im „Staate" vom *Anypóteton* als einem letzten Prinzip, worin das Denken „Ex Hypothesean" schließlich zur Ruhe kommen müßte, doch bleibt dies eine leere Denkmöglichkeit, die er nicht konkretisiert und auch nur dieses eine Mal erwähnt.[7] Dagegen zeigt er u.a. in seiner Schrift „Parmenides" die teilweise unauflöslichen Schwierigkeiten, in die sich die Ideenlehre verwickelt, wenn sie zu stark in das Schema des rein begrifflogischen Denkens gepreßt wird, und wendet so die Selbstironie des seiner Grundschwächen bewußten Denkens auf seine eigene Begriffs-Ontologie an.

Doch ist diese Ironie eben nicht Platos letztes Wort. Mag auch das begrifflich gesicherte Wissen als Epistéme immer wieder scheitern, so gibt es doch auch in entscheidenden, das Leben leitenden Fällen so etwas wie eine unmittelbare, göttliche Eingebung. In Platos Schrift „Menon", wo der Gegensatz von Epistéme einerseits und Dóxa als nur intuitive Meinung andererseits am Unterschied einer rational begründeten und einer bloß ausgeübten Tugend vielleicht am schärfsten herausgearbeitet wird, heißt es am Schluß: „Auf Grund unserer Überlegung scheint uns die Tugend (...) ein göttlich widerfahrendes Geschick

---

[7] 511 B, ff.

für jene zu sein, denen sie zuteil wird." Man erinnere sich auch an Platos hohe Bewertung der Manía, des entrückten Schauens, in anderen Dialogen. Vor allem aber: Wie die Ideen nicht einfach mit Allgemeinbegriffen verwechselt werden dürfen, sondern in einem mythischen Raum existieren, so sind auch Anfang und Ende der Ideenlehre im Mythos verwurzelt. Es ist der Éros, eine dem Menschen vom Göttlichen eingegebene Liebe zum Höchsten, die ihn danach streben läßt, was dem Denken immer unerreichbar bleiben wird, und es ist die Schau der Ideen im mythischen Raum, wo diese Sehnsucht allein mit Hilfe der Götter gestillt werden kann. Hier stoßen wir wieder auf Platos Gedanken, daß der Mensch als Philosoph tragisch und komisch zugleich sei: tragisch, wo er vergeblich versucht, über sein hypothetisches Denken hinaus zum Absoluten zu kommen, und komisch, wo er glaubt, sich allein auf dieses Denken stützen zu können.[8] Aufgespannt zwischen dem Wissen und Nichtwissen ist er ein ruheloser Strebender, Sohn des Poros zwar, des Überflusses, nämlich im Reichtum seiner (mythischen) Gesichte, aber zugleich doch auch Sohn der Penía, des Mangels, der Dürftigkeit Genoß.[9] Und doch lebt gerade so der Gott in ihm, ist er vom Daimonion des Éros erfüllt.

Im Grunde ist Platos Metaphysik nichts als eine große Variation und Durchführung des Sokratischen Grundthemas: daß nämlich der Mensch nicht weiß, was das Gute, das Heil- oder Unheilbringende ist, und daß er deswegen in diesem alles entscheidenden Punkte auf die Stimme des Gottes angewiesen bleibt. Diese Erkenntnis des Sokrates war ja auch der Grund, weswegen ihn das Orakel zu Delphi zum Weisesten aller erklärt hat. So hat Plato, einer der ersten und zugleich größten Metaphysiker aller Zeiten, Fragwürdigkeit wie Tragik des „Unternehmens Metaphysik" in voller Klarheit erfaßt. Daran, daß mit der Ablösung vom griechischen Mythos, nicht etwa durch irgendeinen anderen Mythos – Ähnliches hatte es immer und überall in der Welt gegeben –, sondern durch den Logos der Metaphysik die *Zerstörung der mythischen Umwelt* überhaupt eingeleitet und der ganze menschliche Kosmos in seinen Grundfesten erschüttert war, änderte das freilich nichts.

2. Die theologiké epistéme des Aristoteles

Von Platons Skepsis unterscheidet sich Aristoteles fundamental. Daraus schöpfte er die Kraft, die ihn dazu befähigte, das für alle kommenden Zeiten vorbildliche Modell einer Metaphysik als metaphysica generalis und als metaphysica specialis, als theologiké epistéme, zu schaffen.

Auch Aristoteles unterschied wie Plato ein reines, göttliches von einem nichtigen, profanen Sein. Und ebenfalls wie bei Plato ist das erstere durch Ewigkeit, das zweite durch Vergänglichkeit und Hinfälligkeit bestimmt. Der mehr oder weniger verworren bewegten, irdischen Welt, steht die unzerstör-

---

[8] Symposion, 223 D.
[9] Ebenda 203 C.

bare Ordnung und Klarheit der himmlischen entgegen, wobei die irdische Welt durch die Vergänglichkeit des Einzelnen und Besonderen, die himmlische aber durch das sich immer gleich bleibende Allgemeine bestimmt ist. Es ist also dieselbe, vom Denken des Mythos mitbestimmte begriffsontologische Basis, die wir hier antreffen.

Während allerdings bei Plato das einzelne Abbild seiner ewigen, göttlichen Idee ist, wirkt diese nach Aristoteles als Entelechie. Darunter ist das dem Einzelnen von Natur aus eingegebene, innere Werdeziel zu verstehen, der Prozeß, durch den seine Idee, das Eídos, sich in ihm ausbildet. Als Beispiel kann eine Pflanze dienen, die sich nach ihrem inneren Gesetz entfaltet und schließlich zur Blüte gelangt. Dies ist das Modell, nach dem Aristoteles schließlich Bewegung überall im Kosmos deutet.[10] Und wie bei Plato das Abbild der Idee im sinnlich-profanen Bereich nur verworren zur Erscheinung kommen kann, so wird auch nach Aristoteles das Allgemeine einer Entelechie (z.B. diejenige, die bewirkt, daß etwas eine Pflanze ist) in jedem einzelnen Fall auf eine nur mangelhafte, nämlich durch den Stoff, die Hýle, mitbestimmte Weise Wirklichkeit. Die Hýle ist an sich etwas völlig Unbestimmtes, etwas nämlich, das erst durch ein Eídos Gestalt annimmt, so wie das Siegel das Wachs prägt.

Die Grundfrage aber, die Aristoteles bewegt, lautet so: Wie können wir mit der Anstrengung des Begriffs aus der irdischen Nichtigkeit und ihrem Mangel den Weg zum wahren, ewigen, göttlichen Sein finden? Dieser Weg sei hier kurz skizziert.

Wenn die metaphysica generalis nach Aristoteles zunächst bestimmt, was das Seiende als Seiendes überhaupt ist, nämlich Eídos (als Entelechie und Werdeziel), Bewegung (zur Erreichung dieses Ziels) und Stoff (in dem es sich bildet), so sieht er schließlich das *eigentliche Sein des Seienden* im ersten dieser drei Konstituenten, im Eídos. Zeigt doch die Bewegung ihren Mangel an Sein im Nicht-Mehr und Noch-Nicht, während die Hýle an sich überhaupt etwas vollkommen Unbestimmtes ist; nur das Eídos ist als Entelechie, als Werdeziel, das die Bewegung ständig Leitende und damit in ihr ständig Anwesende, Bleibende und Unveränderliche; sie ist das Sein des Seienden, Usía. Hat nun die metaphysica generalis gezeigt, was das Sein des Seienden ist, so öffnet sie auch den Weg zur Einsicht in das ewige und *reine Sein* ohne alle Beifügung von Nichtigkeit: Es ist das unwandelbare, stofflose Sein, die höchste Usía, reines Eídos – Gott. Das ist die Definition des Aristotelischen Gottesbegriffs. Mit ihm ist der unmittelbare Übergang von der metaphysica generalis zur metaphysica specialis vollzogen. Und wenn Aristoteles die Metaphysik einerseits als próte philosophía, als Erste Philosophie, andererseits als zetuméne, die gesuchte, bezeichnet, so gilt dies insbesondere deswegen, weil sie es ist, die uns zur Erkenntnis des höchsten Seins hinführt.[11]

---

[10] Auch der fallende Körper strebt ja nach Aristoteles nur dem ihm eigentümlichen Ort zu (oikeios topos).

[11] In seiner Metaphysik schreibt Aristoteles: „So ist klar, daß es drei Arten von theoretischen Wissenschaften gibt: die physikalische, die mathematische und die theologische. Die theoreti-

Das reine Eídos ist aber etwas Geistiges (nus). Das ist schon daran zu erkennen, daß auch jedes beliebige Eidos im Geiste losgelöst vom Stoffe *gedacht* werden kann, so wie ja auch der Tischler zunächst das Eidos des Tisches vorstellt, bevor er es dann im Stoff verwirklicht. Doch ist unser Geist mit unserem Leib (Hýle) unlösbar verbunden und folglich hinsichtlich seines Seins nichts Vollkommenes, sondern von Nichtigkeit gezeichnet, nämlich wandelbar und mangelhaft. Wandelbar z.B., indem Schlaf (Nichtdenken) und Wachen (Denken) einander ablösen, und mangelhaft, weil er auf das von außen (thyráthen) in ihn Eindringende durch seine Sinne angewiesen bleibt. Insofern ist also unser Geist kein reiner, kein nur tätiger, sondern auch passiv-empfangender Geist. Gott aber als reines Eidos und damit reiner Geist und höchstes Sein ist beständig denkend tätig und folglich auch nicht auf das ihm Äußere angewiesen; sondern er denkt, in seliger Selbstgenügsamkeit und von der Welt gar nichts wissend, nur sich selbst (nóesis noéseos). Zwar ist er der erste Beweger von allem, aber ohne selbst bewegt zu sein. Denn alle Bewegung im Kosmos ist nur eine Bewegung auf ihn zu, eine Bewegung auf ihn als dem Geliebten (hós erómenon), dem Begehrten, weil alles begehrt, wie er im höchsten Grade seiend zu sein. Und so bewegen sich z.B. die Gestirne, die ihm am nächsten sind, in Kreisen, weil dies die vollkommenste, nämlich am wenigsten veränderliche Art der Bewegung sei.

Gehen wir nun, nach dieser kurzen Skizze des im Gottesbegriff mündenden Aufbaus der Aristotelischen metaphysica generalis und specialis, zur Frage der mit diesem Aufbau und diesem Gottesbegriff verbundenen Gewißheit über. Dabei geht es freilich nicht um die besonderen und bekannten Mängel des Aristotelischen Beweises dafür, daß Gott, wie er ihn begreift, auch existiert, sondern es geht um die Evidenz begrifflichen und metaphyischen Denkens überhaupt. Hier stoßen wir auf den schon angedeuteten und vielleicht tiefsten Unterschied zu Plato. Denn während Plato, wie wir gesehen haben, eine solche Evidenz metaphysischen Denkens insgesamt skeptisch, ja ironisch beurteilte, suchte sie Aristoteles als göttlich inspiriert zu rechtfertigen. Welche Gründe brachte er dafür vor?

Der menschliche Geist, so argumentiert er, sei zwar in Schlafen und Wachen an den Körper (Hýle) gebunden und insofern ein erleidender (nús pathetikós), aber er vermag doch in seiner Weise den reinen und tätigen Geist (nús poietikós) zu empfangen, in dessen Licht er die Wahrheit erkennt. „(…) dieser Geist ist abgetrennt," – von der Materie – „leidensunfähig und unvermischt, da er dem Wesen nach Betätigung ist – denn immer ist das Wirkende ehrwürdiger als das Leidende (…) getrennt nur ist er das, was er ist, und dieses allein ist unsterblich."[12] Der reine und tätige Geist aber dringe von außen in uns ein (thyráthen) und sei göttlich.[13] Wie begründet das Aristoteles?

---

schen Wissenschaften stehen von allen am höchsten, die höchste aber ist die zuletzt genannte; denn sie handelt von dem Ehrwürdigsten alles Seienden. (XI, 1064b, 1 ff.).

[12] De anima, 430a 17 ff. Nach der Übers. von W. THEILER, Darmstadt 1959.
[13] De generatione et corruptione, B 3, 736b, 27 f.

Einen Schlüssel hierzu liefert der Begriff der Hypolepsis.[14] Dieser Begriff spielt bei Aristoteles eine entscheidende Rolle bei dem Versuch, sich den Sprung von der Einzeltatsache zum Begriff, überhaupt vom Besonderen zum Allgemeinen verständlich zu machen, steht also in unmittelbarem Zusammenhang mit einer Grundfunktion des Denkens überhaupt.[15] Nun spricht schon Plato von Hypolepsis dort, wo er die rettende Lösung in einer geistig undurchsichtigen Lage durch die Arbeit des Begriffs erläutert. Als Gleichnis führt er den Mythos des Arion an, der, in Seenot geraten, von einem Delphin gerettet wird, indem dieser zunächst unter ihn tauchte, um ihn dann emporzuheben.[16] Hypolepsis drückt aber sinngemäß ein solches Unter- und Auftauchen aus. So verbindet sich hier ein philosophischer, die Fragwürdigkeit der Erkenntnis mittels Begriffen betreffender Topos mit dem Mythos der Rettung durch göttliche Hilfe. Muß aber Hypolepsis bei Plato im Zusammenhang mit der letztlich doch skeptischen Ironie seiner Dialoge gesehen werden, so die Übernahme dieses Begriffs durch Aristoteles, der ja der Schüler Platos war, im Zusammenhang mit seiner Lehre von dem in den Menschen eindringenden göttlichen Geist (thyráthen) als nus poietikós.

Daher fügt sich zwar der Hypolepsis-Begriff zwanglos in den mythischen Sinn von Platos Ideenlehre ein, aber im Rahmen der aristotelischen Metaphysik enthüllt er doch eher, wie schwach es um ihre Begründung bestellt ist, als daß er ihr jenes feste, rationale Fundament verschaffte, das sie ihrer Natur nach fordern muß. Göttlicher Beistand für die philosophische Vernunft durch Hypolepsis – ist das nicht wie der bekannte deus ex machina? Trägt eine solche Beschwörung göttlicher Hilfe auch nur im geringsten etwas dazu bei, diese Ontologie in ihrer unvermeidlich hypothetischen Verfassung auf irgendeine Weise einleuchtender zu machen, als sie von sich aus schon mehr oder weniger sein mag? So hat also, trotz aller Beschwörung von Hypolepsis und göttlicher Mithilfe, der theoretische Zweifel für die Metaphysik und theologiké epistéme des Aristoteles eine substantielle Bedeutung. Damit trägt sie das unauslöschliche Siegel, Menschenwerk und damit fragwürdig zu sein, ja, das wird gerade dort am deutlichsten, wo Aristoteles tatsächlich mit theoretischen, also immer hypothetischen Mitteln versucht, dieses zu leugnen und sich auf eine Teilhabe an der göttlichen Vernunft zu berufen.

Nun kann man nicht einfach über das Scheitern des Aristoteles, mit Hilfe eines deus ex machina der ironischen Skepsis Platos zu entkommen, hinweggehen, indem man mit Hinblick auf die metatheoretische Gleichberechtigung und Relativität aller Ontologien auch von derjenigen des Aristoteles keinen Anspruch auf absolute Gültigkeit fordert. Denn hier geht es ja nicht um irgend-

---

[14] Vgl. zu den folgenden Ausführungen W. THEOBALD, Hypolepsis. Mythische Spuren bei Aristoteles, Sankt Augustin 1999.
[15] Induktives Denken bleibt immer fragwürdig, nur das deduktive Denken zeigt strenge logische Schlüssigkeit. In dieser Hinsicht besteht volle Übereinstimmung der heutigen Erkenntnistheorie mit Aristoteles.
[16] Der Staat, 453D.

eine beliebige wissenschaftliche Theorie unter anderen, sondern es geht um den alles entscheidenden Versuch, die Sehnsucht nach der verlorengegangenen, unmittelbaren Beziehung zum Göttlichen zu stillen. Eine solche Sehnsucht läßt sich aber niemals auf der Grundlage von Hypothesen befriedigen, zu denen die Anstrengung des Begriffs allein fähig ist, von Fragwürdigkeiten wie den schon erwähnten aristotelischen Gottesbeweis ganz abgesehen, der im übrigen seine Schwäche mit allen rationalen Gottesbeweisen dieser Art teilt.[17] So ist es auch kein Zufall, daß die metaphysica specialis als theologiké epistéme, wie ihre weitere historische Entwicklung seit Aristoteles zeigt, meist im Gewande eines durch nichts begründeten Dogmatismus aufgetreten ist.

Es geht aber hier nicht nur um die Frage der Gewißheit, das ersehnte Ziel einer metaphysischen Gotteserkenntnis erreichen zu können, sondern es geht auch und vor allem darum, ob uns diese Erkenntnis jenes unvergleichliche Glück zu spenden vermag, das von einer Gottesnähe und Gottesschau erhofft werden darf. Ein Glück, das der in numinosen Erfahrungen lebende Mensch des Mythos, über allem Grauen und Schrecken und aller Tragik des Lebens sehr wohl noch kannte, ganz unbeschadet der Frage, wie dieses Glück im Vergleiche mit jener frohen Botschaft bewertet werden mag, die das Christentum dem Menschen gebracht zu haben beansprucht. Und in der Tat: Aristoteles gibt sich nicht nur der Illusion hin, seine hypothetische Ontologie in den Rang göttlicher Gewißheit erhoben zu haben, sondern er glaubt auch, daß die mit ihr verbundene Gotteserkenntnis zu jenem höchsten Glücke führe, das Gottesnähe verbürgt.

Dabei geht er von folgendem Axiom aus: Je mehr Tätigkeit, desto mehr Glück, denn je weniger Tätigkeit, desto mehr Leiden.[18] Auch sei Tätigkeit eine Weise der Wirklichkeit (enérgeia)[19] und damit des Seins, Leiden aber ein Mangel daran. Andererseits komme es auch auf die Qualität der Tätigkeit an, so daß er sein Axiom noch präzisiert: Das Glück wird um so größer sein, je trefflicher[20], höher und bedeutender der Wert ist, welcher der Tätigkeit zukommt. Die in diesem Sinne höchsten und damit auch das höchste Glück verbürgenden Tätigkeiten sind aber für Aristoteles die geistigen, diejenige des Denkens also (nús), weil sie den Menschen von allen anderen Lebewesen unterschieden[21]; und unter ihnen sei wieder die höchste die mit der Metaphysik verbundene (proté philosophía). Nur diese nämlich werde „um ihrer selbst willen geliebt"[22], während alle anderen Tätigkeiten in der Abhängigkeit irgendwelcher besonde-

---

[17] Solche „Beweise" werden uns noch hinreichend in späteren Abschnitten beschäftigen.
[18] Nikomachische Ethik, 1177a.
[19] Ebenda.
[20] Ebenda. – Die Trefflichkeit bezeichnet Aristoteles mit dem Wort *areté*, welches also nicht in der engeren Bedeutung als „Tugend" übersetzt werden darf. So spricht man griechisch auch von der areté eines Messers und meint damit dessen hohen Grad an Schneidefähigkeit. Man könnte somit unter areté auch eine Form der Tüchtigkeit verstehen.
[21] Ebenda.
[22] A.a.o., 1177b.

ren Zwecke stünden. Dies gelte insbesondere für alle praktischen Tätigkeiten, die ja stets auch mit einem mehr oder weniger großen Gewinn verbunden seien.[23] So komme der metaphysischen Tätigkeit eine besondere „Stetigkeit"[24] und „Reinheit" und „Unabhängigkeit" zu[25], wie dies auch an dem sie betreibenden Philosophen erkennbar werde, der, in „Muße" und von allen öffentlichen Geschäften fern, in Selbstgenügsamkeit und Ruhe sein Leben verbringe.[26] Und hierin läge nun „das vollendete Menschenglück", wenn es nur das ganze Leben ununterbrochen dauerte, was aber „übermenschlich" wäre.[27]

So weit muß der Eindruck entstehen, Aristoteles habe zur Bestimmung des Glücks die Gotteserkenntnis selbst eigentlich gar nicht nötig, denn nicht von dieser, sondern allenfalls ganz unbestimmt vom Göttlichen der *philosophischen Tätigkeit*[28] ist ja allein in den bisher wiedergegebenen Textstellen die Rede. Daß jedoch dieser Eindruck nicht vollkommen zutreffend ist, zeigt der Gebrauch, den Aristoteles im gegebenen Zusammenhang vom Wort Theoría macht.

Zunächst ist zwar bei Aristoteles auch die Theoría eine *Tätigkeit*, nämlich die philosophische[29], und nicht, wie es heute üblich ist, ein meist schriftlich vorgelegtes *Ergebnis* geistiger Tätigkeit. Je umfassender und eindringlicher sich die Theoría entfalte, sagt er, desto größer das Glück, ja Glück sei überhaupt „eine Weise der Theoría."[30] Aber die mit der Theoría verbundene Tätigkeit ist bei Aristoteles auch nicht schlechthin diejenige eines theoretischen Denkens, sondern *Gottes-Schau*. Hier also tritt nun in der Tat nicht nur die für das höchste Glück notwendige Tätigkeit in Erscheinung, sondern auch das, worauf sie sich eigentlich richtet. Dennoch wird die Frage, worin die Gottes-Schau bestehen soll, nicht einmal aufgeworfen. Was erschauen wir denn da, so daß es uns das höchste Glück bedeutet? Gewiß nicht jenen nur durch fragliche Beweise erdachten Gott, der überdies ohne jeden Kontakt zur Welt existiert, und die göttliche Liebe, durch welche die Welt zu ihm in ständige Bewegung versetzt werden soll, ist ebenfalls nur das Ergebnis von Schlußfolgerungen, die auf unhaltbaren oder rein spekulativen Prämissen beruhen. So bleibt am Ende eben doch nur das in der metaphysischen Tätigkeit selbst liegende Glück greifbar – aber ist es nicht geradezu naiv, wie sehr Aristoteles dieses überschätzt? Daß der aristotelische Philosoph glücklicher sei als andere Menschen, dürfte mehr als fragwürdig sein. Der allgemeinen Verfassung des Daseins zum Tode und der

---

[23] Ebenda. – Aristoteles erwähnt in diesem Zusammenhange nicht ausdrücklich die Einzelwissenschaften, aber auch sie können ja im Gegensatz zur proté philophía unmittelbar in den Dienst praktischen Handelns gestellt werden.

[24] Stetig nämlich gegenüber äußeren, von ständig wechselnden und intervenierenden Zwecken abhängigen Tätigkeiten, für die Aristoteles als Musterbeispiel die politischen nennt. (A.a.O., 1177b).

[25] A.a.O., 1177a.

[26] A.a.O., 1177b.

[27] Ebenda.

[28] Ebenda.

[29] Ebenda.

[30] A.a.O., 1178b.

darin gründenden Existentialien der Weltangst, der Sorge, der absoluten Einsamkeit und Gottesferne entrinnt er nicht durch seine zweifelhaften Begriffskonstruktionen, ja er bestätigt durch sie nur Platos Verdikt, daß er darin ebenso tragisch wie komisch sei. Tragisch in dem zum Scheitern verdammten Versuch, sich im In-der-Welt-sein aus eigener Kraft Entlastung zu schaffen, komisch in der ungeheuerlichen Illusion, dies geleistet zu haben. Letztlich ist auch ein solches metaphysisches Unterfangen nur kennzeichnend für das Dasein, dem es um es selbst geht, das aber in dieser seiner Selbstherrlichkeit sein existentiales, ewiges Schuldigsein niemals los wird, weil es aus eigener Kraft niemals erringen kann, was es zu erringen sucht.

3. Die Gnosis, Origenes und Plotin

Die um sich greifenden, zunehmenden Auflösungserscheinungen, die dem Zusammenbruch des antiken Mythos und seines Kosmos folgten, führten zu übersteigerten Erwartungen in die Fähigkeit der Metaphysik, als theologiké epistéme das Verlorene in der Sphäre des Begriffs wiederzugewinnen. Vergessen war einerseits endgültig die skeptische Ironie Platos, während andererseits die Aristotelische Lehre von der Theoria, trotz ihrer überragenden Bedeutung als Quelle des Glücks denn doch zu dürftig schien. Wie man aber nach einem stärkeren Mittel sucht, wenn das bisherige nicht genügte, so öffnete man nun der Spekulation über den intelligiblen himmlischen Bereich des Geistes und Gottes alle Schleusen. Das Problem der erkenntnistheoretischen Legitimation wurde man dabei freilich nicht los, ja, es trat nun noch weit mehr in den Vordergrund, als es bereits bei Aristoteles der Fall war.

Kennzeichnend für diese Entwicklung war die Gnosis, zu der viele Denker gehörten wie z.B. Basileides, Markos und Valentinus[31]. Obgleich es sich bei dieser um eine äußerst verwickelte historische Erscheinung mit dunkler Entstehungsgeschichte handelt, sind ihr doch, mit vielerlei Variationen, gewisse Grundvorstellungen eigentümlich, die ich im folgenden zusammenfassen werde.

Der spekulative Gegenstand der Gnosis ist der theogonische Prozeß, in dem sich aus dem göttlichen Abgrund (Bythos) im Verlaufe einer verwickelten Reihe zahlreicher Äonen schließlich das Pleroma herausbildet, worunter der ganze, systematisch geordnete Umfang der intelligiblen Welt und damit der Urbilder der materiellen zu verstehen ist. Die eigentlich stofflich-körperliche Welt ist dagegen nach Meinung der Gnosis auf einen absoluten, im letzten Äon erfolgten Bruch des theogonischen Prozesses zurückzuführen: nämlich, in Umdeutung der biblischen Schöpfungsidee und des Sündenfalls, auf das Werk eines vom Pleroma abgefallenen, bösen Demiurgen.[32] In ihr würden nun die Men-

---

[31] Basilides um 125 n.Chr. in Ägypten, Markos 140 in Rom, Valentinus von 135–160 in Rom.

[32] Über den Demiurgen gibt es zwar bei den Gnostikern im einzelnen verschiedene Vorstellungen, aber daß er von einem oder einigen Repräsentanten des intelligiblen Bereiches bewirkt wurde, ist gnostisches Gemeingut.

schen wie in der Gefangenschaft des Leibes schmachten und sehnten sich nach Erlösung. Doch sei mit einer der Äonen zugleich Christus entstanden, der das gefallene Äon aus dieser Gefangenschaft befreien und in die Geisterwelt zurückbringen wird. Er wird die Menschen in der metaphysischen Erkenntnis (Gnósis) erleuchten, so daß sie den Weg zur Überwindung ihrer körperlich-materiellen Gebundenheit fänden und auf denselben Stufen, die vom Pléroma zu ihnen hinab führten, wieder hinauf in die Geisterwelt des Pléromas aufsteigen könnten. In dieser durch Christus vermittelten Erkenntnis würden die Erlösungsgeheimnisse erfaßt, die kultischen Mittel der Taufe, des Abendmahls usw. begriffen und die Überwindung des den Geist verdunkelnden körperlichen Trieblebens erreicht. Wie aber der Mensch aus seiner Gebundenheit in der Finsternis der irdischen Welt schließlich wieder zu Gott zurückkehrt, so kehrt auch diese sinnliche Welt, diese Schöpfung des Demiurgen als Ganzes wieder in die rein intelligible Welt des Pléroma zurück, und der ursprüngliche Zustand vor dem Fall wird wieder hergestellt. Dabei war man offenbar über die Frage, ob diese Apokatástasis, diese Wiederherstellung des Urzustandes, erneut durch einen Sündenfall durchbrochen wird und somit der ganze kosmogonische Prozeß in Ewigkeit wiederholt wird, geteilter Meinung. Einig war man sich aber in dem allen zugrunde liegenden Gedanken, daß der Kosmos ein Wesen ist, das in verschiedenen geistigen und materiellen Stufen ein Ganzes bildet, und daß sich in jedem seiner Teile, insbesondere aber im Menschen, dieses Ganze wie in einem Mikrokosmos widerspiegelt. Wenn daher der Mensch den Weg des Falls und der Erlösung beschreitet, so vollzieht sich in ihm, was auch dem ganzen Kosmos widerfährt, und in beidem spiegelt sich schließlich die Menschwerdung des Erlösers und seine Auferstehung.

So weit die Grundgedanken der Gnosis. Wie immer man aber nun über sie auch denken mag: Der Gedanke, daß die Schöpfung der sinnlichen Welt durch einen satanischen Demiurgen erfolgt sei sowie die gnostische Vorstellung von der Art der Erlösung des Menschen in dieser Welt, ist mit der Offenbarung absolut unverträglich. Wie die Genesis berichtet, ist es *Gott*, der diese sichtbare Welt als das Haus des Menschen geschaffen hat, und *in* dieser sind der Satan (Schlange) *und* der Mensch von Gott abgefallen. (Vgl. das III. Kapitel.) Sie ist also keineswegs nur ein Ort der Finsternis, im Gegenteil, daß es Gott war, der sie geschaffen hat, ist für den Christen an zahllosen Numina erkennbar. (Vgl. die Kapitel XI und XII.) Auch könnte dem Menschen der status corruptionis, in dem er sich befindet, gar nicht zum Bewußtsein kommen, wären für ihn solche Zeichen nicht überall zu bemerken, weswegen ja auch Paulus sagt, daß der gottlose Mensch keine Entschuldigung habe. (Röm 1,20) Die Sehnsucht nach Gott hat, christlich gesehen, darin ihre unmittelbare Wurzel. Diese Abweichung der Gnosis von der biblischen Schöpfungsgeschichte hat aber auch schwerwiegende Folgen für die gnostische Auffassung von der Erlösung durch Christus. Denn nach den Evangelien bringt er den Menschen nicht eine metaphysische Lehre als Erkenntnis über den Sündenfall und dessen nähere Umstände, so daß sie sich stufenweise läutern und schließlich heilig werden können, sondern er bringt ihnen Erlösung aus dem ihnen durchaus schon bewußten Zustand durch die Tat seines stellvertretenden Opfertodes und durch die Verheißung seiner Auferstehung. So ist es auch bezeichnend, daß dieser Opfertod in der Gnosis keine entscheidende Rolle spielt, wie sie überhaupt in einer Art Doketismus in dem Erlöser zweierlei Personen sieht[33], nämlich einmal den überirdische Christus, zum andern aber den von Christus abkünftigen, irdischen Menschen Jesus. Es ist hier im Grunde der Mensch selbst, der sich erlöst, indem er sich auf die Spekulationen der gnostischen Metaphysik einläßt, und wenn diese auch für sich in Anspruch nimmt, durch göttlichen Beistand zustande gekommen zu sein, so ist das doch nicht minder eine rein spekulative Behauptung wie diejenige, die schon Aristoteles zur „Letztbegründung" seiner Metaphysik vorgebracht hat.

Wie schwankend der Boden ist, auf dem die Systeme der Gnosis beruhen, wird aber vor allem dadurch besonders deutlich, daß sie nicht ein Glaube sein will, sondern eine *Wissenschaft*, weswegen sie ihre Aussagen teils auf unmittelbare Beobachtungen, teils auf die philologische Deutung heiliger Urkunden der Vergangenheit, aber auch auf mathematische Kalkulationen zu stützen suchte. Was davon zu halten ist, läßt sich schnell, ohne näher darauf einzugehen, erfassen. Die philologischen Deutungen der Gnosis stützten sich weitgehend auf die Annahme, daß die alten Texte durchweg eine allegorische Bedeutung hätten und entsprechend zu entschlüsseln seien, womit freilich ihr mythischer Sinn, der sich nicht einer so simplen, rationalistischen Übersetzung erschließt, unerkennbar bleiben mußte. Was aber die mathematischen Kalkulationen betrifft, die auf nichts anderes als auf willkürliche kabbalistische Zahlenspielereien hinauslaufen, so mag ein Beispiel genügen, um zu zeigen, was von ihnen zu halten ist. Aus dem Elenchos des Hyppolitos (VI, 49,5) geht hervor, daß in der Gnosis den Buchstaben des griechischen Alphabets Zahlen zugeordnet wurden: so dem Anfang des Alphabets Alpha die Eins, dem Ende des Alphabets Omega Achthundert. Wenn nun Jesus sagte, er sei das Alpha und das Omega, so ergäbe sich daraus, er sei achthundertundeins. Diese Zahl aber ist auf die angegebene Weise dem griechischen Wort für Taube, peristerá, zugeordnet. Also war das für die Gnosis ein Beleg dafür, daß Jesus mit seiner Rede, er sei das Alpha und das Omega, gemeint habe, er sei der Heilige Geist, der ja als Taube vorgestellt wird. Im übrigen verweise ich auf die ausführliche Darstellung gnostischer, allegorischer Philologie und Zahlenmystik in H. Leisegangs grundlegendem Werk „Die Gnosis", der zusammenfassend zu dem Urteil kommt, es handle sich hier um „unerquickliche Auswüchse gnostischer Spekulationen".[34]

Daß die Berufung der Gnosis auf „Wissenschaft" fragwürdig ist, geht aber schon aus ihrem „Geburtsfehler" hervor, Mythos und rationalisierende Begriff-

---

[33] Unter Doketismus ist die Lehre zu verstehen, daß das Opfer Jesu nur ein Schein sei, während in Wahrheit der Gottessohn Christus niemals zum leidenden Menschen werden kann, sondern von Ewigkeit her in der Sphäre des Himmels lebt.
[34] Stuttgart 1985, S. 51.

lichkeit miteinander zu vermengen. Greifen wir als Beispiel die gnostischen Spekulationen des Valentinus über die Schöpfung heraus. Zum einen handelt es sich dabei um ein streng rationales System, zum andern wird darin in mythischer Weise jeder auch noch so abstrakte Begriff personifiziert. Gott, der Bythós (Abgrund), habe mit dem weiblichen Geistwesen, der Sigé (die Stille), den Nús (die Vernunft) erzeugt. Der Nús und die Alétheia (Wahrheit) erzeugten den Lógos (die sich entfaltenden Ideen als Urbilder aller Dinge), der Logos zeugte mit der Zoé (das Leben) sechs Geistwesen usw., bis sich das Pléroma ganz entfaltet habe. Die Erlösung aber wird dadurch eingeleitet, daß der Bythós mit der Sophía (Weisheit) Christus zeugte, der sich mit dem als weiblich vorgestellten Heiligen Geist vermählte, woraus der irdische Jesus entsprang. Eine solche rationale Systematik zerstört aber das Mythische, wie andererseits dabei das Mythische diese Systematik zerstört. Im Mythos nehmen die Mächte des Lebens und des Kosmos bildhafte Gestalt an. Aber eben deswegen wird in diesen Gestalten die Tiefe einer Welterfahrung erfaßt, die, obgleich sie durchaus nicht einer inneren und äußeren Ordnung mangelt, genauso wenig wie die Fülle des Lebens einer begrifflich strengen Systematik unterworfen werden kann. Mit solcher Systematik verwandelt sich der Mythos in pure Allegorie, was nichts anderes bedeutet, als daß man nur sein Knochengerüst übrig gelassen hat und ihn in abstrakten Begriffen verschwinden ließ. Man könnte genauso gut bei der Betrachtung eines Kunstwerkes alles darin im Grunde für überflüssig halten, was nicht begrifflich erklärt werden kann. Und andererseits wird dabei auch die rein rationale Systematik aufgelöst, weil diese auf einem rein deduktiven, rein logischen Zusammenhang der Begriffe beruhen muß, die mythische Personalisierung der Begriffe aber eben diesen nicht erkennen läßt. Dies gilt selbst dort, wo das logische Gefüge durch seine mythische Verkleidung noch eine gewisse Plausibilität haben mag, so z.B., wenn es heißt, daß die Vernunft die Wahrheit „erzeuge". Aber abgesehen davon, daß eben nur im Griechischen das Wort für Vernunft – Nús – männlich ist, ist doch in diesem Falle die Rede von „Zeugung", wenn sie mit dem Geschlechtlichen zusammenhängt, eine blanke Äquivokation.

Origenes, dem wir uns nun zuwenden wollen (185–254 n.Chr.), ist im gegebenen Zusammenhang nicht nur deswegen von besonderem Interesse, weil er noch stärker als die Gnosis auf die späteren, bis zu Hegel und insbesondere Schelling reichenden Spekulationen der metaphysica specialis gewirkt hat, sondern auch, weil an ihm besonders deutlich erkennbar wird, welche scheinbar unwiderstehliche Macht das metaphysische Denken damals auf so viele ausübte. Werden wir doch sehen, wie gerade er, der für sein Bekenntnis zum Christentum das Martyrium erduldete und ständig beteuerte, nichts anderes tun zu wollen, als getreulich die Heilige Schrift auszulegen, sich deren Botschaft entfremdete, weil er ganz und gar im metaphysischen Denken befangen blieb. Er mag uns ferner zum klassischen Exempel für spätere, ähnliche Erscheinungen in der Philosophie- und Theologiegeschichte dienen, besonders im Mittelalter, die wir hier aber, wie bereits bemerkt, im einzelnen nicht behandeln können. Auch dort blieb oft genug die Absicht, die Philosophie zur Magd der Theologie zu machen, in Wahrheit nur ein Wunsch, obgleich ein frommer. Christus ist für Origenes insofern Gottes eingeborener Sohn, als er die Weisheit Gottes ist. Er geht aus ihm ohne Trennung hervor „wie der Glanz aus dem Licht."[35] „In dieser Weisheit, die immer beim Vater war, lag immer die Schöpfung vorgebildet und gestaltet, und es gab keine (Zeit), da es nicht die Vorbilder der künftigen Dinge in der Weisheit gab."[36] Damit ist offenbar etwas mit Platos Ideen Vergleichbares gemeint, sagt doch Origenes weiter, „daß alle Gattungen und Arten immer waren."[37] Als Schöpfungen Gottes waren diese Gattungen und Arten aber alle Vernunftwesen und eben deswegen auch freie Wesen. Deren Individualisierungen erfolgten erst dadurch, daß jede von ihnen wegen ihrer Freiheit jeweils eine „eigene Tätigkeit" und „eigene Bewegungen" ausübte,[38] wodurch sie, deren Wille nicht wie derjenige Gottes und Christi mit dem Guten geradezu identisch war, teilweise und in verschiedenem Maße von der Tugend abwichen. Denn nur Gott ist kraft seiner Natur heilig, bei jedem geschaffenen Wesen aber ist es etwas zu seiner Natur Hinzukommendes, das darum auch wegfallen kann.[39] Weil aber diese Wesen von der Tugend abwichen, hat sie Gott zu individuellen, körperlich sichtbaren Erscheinungen werden lassen, wobei das Maß der geistigen Verdunkelung, die jeder Körper mit sich bringt[40], dem Maße ihres Abfalls von der göttlichen Vernunft und Weisheit entsprach. Da jeder Körper beweglich ist und daher nach damals weithin geteilter Auffassung eine Seele hat[41], wird zugleich jede Individuation von der Schöpfung einer Seele begleitet, die nun zwischen der verdunkelten Geistigkeit und dem diese Geistigkeit verdunkelnden Körper vermittelt.[42] So sei jene sinnliche Welt entstanden, von der die Genesis berichtet. Es gab also zwei Schöpfungen: diejenige der intelligiblen und diejenige der sinnlichen Welt.[43] Die letztere hat aber nach Origenes im Gegensatz zu den Vorstellungen der Gnosis ihren Ursprung nicht im Fall eines Demiurgen, sondern in der Freiheit der von Gott als sein Ebenbild geschaffenen, intelligiblen Vernunftwesen.

Die sinnliche Welt stellt ein Stufenreich von Sphären dar, bestehend aus derjenigen des gestirnten Himmels, der Erde und der Unterwelt, wobei jeder Sphäre eine ihr eigentümliche Art von zunehmend dichter, körperlicher Materie zugeordnet ist. Je nach dem Grad ihres Falls wird nun den mit Vernunft und Seele begabten Wesen ein bestimmter Ort innerhalb dieser Sphären und damit

---

[35] Von den Prinzipien, I, 37,8, zitiert nach der Übersetzung und Herausgabe von H. GÖRGEMANNS und H. KARPPS, Darmstadt 1992.
[36] A.a.O., I,67,12–15.
[37] A.a.O., I,68,13–14.
[38] A.a.O., I,73,2.
[39] A.a.O., I,100,18–20.
[40] A.a.O., II,117,12f.
[41] A.a.O., I,88,15–89.1–2.
[42] A.a.O., II,162,20f.
[43] A.a.O., III,275,9–14.

eine andere Art des Körpers und der Seele zugewiesen. So verraten die aus Äther bestehenden, leuchtenden und regelmäßig ihre Bahnen ziehenden Gestirne eine hohe geistige Substantialität, damit verglichen aber die an das Erdhafte gebundenen Menschen eine niedrigere, während die Dämonen den Zonen der Unterwelt und Finsternis angehören, unbeschadet dessen, daß sie von diesem dunklen Hort ausbrechend ihr Unwesen auch in anderen treiben können. Entsprechend weisen nach Origenes überhaupt alle Rangordnungen der sinnlich sichtbaren Welt auf ein bestimmtes Maß früherer und einstiger Schuld hin, wobei aber jeder Rang auch mit einem entsprechenden Dienst verbunden ist: Die Sterne dienen den Menschen, wie schon die Genesis sagt, die Herrscher unter den Menschen dienen den unter ihnen Stehenden usw. Die Materie aber, in der sich all dies auf seine eigene und von Gott bestimmte Weise verkörpert, ist zwar von Gott aus dem Nichts geschaffen, doch genau in jener Quantität, die er benötigt, um alle diese Verkörperungen einer ursprünglich rein intelligiblen Welt nach dem Maße seiner Gerechtigkeit vorzunehmen.[44]

Diese Ordnung ist jedoch nicht statisch, sondern dynamisch. Vom Vater hat jedes sein Sein; von Christus, der ausgestrahlten Weisheit des Vaters, hat jedes seine Vernunft und damit die Freiheit und die Möglichkeit des Verdienstes; Vom Heiligen Geist aber empfängt es die vollendete Weisheit, so es sie sich verdient haben sollte.[45] Das bedeutet für Origenes, daß jedes Wesen einerseits kraft seiner Freiheit und der in ihm durch Christus wirkenden Vernunft wieder in seinen ursprünglichen göttlichen Zustand und damit in die intelligible Welt, aus der es ja ursprünglich stammt, heraufsteigen und vom Heiligen Geist erleuchtet werden, andererseits aber auch von seinem erleuchteten Zustand wieder in einen niedrigerer herabsinken kann. In dem Grade, in dem sich so sein Zustand verändert, gerät es, indem es stirbt, in eine andere Sphäre und erhält damit einen anderen Körper.

Die Rückkehr aus einem Zustand des Gefallenseins ist jedoch nach Origenes trotz der Freiheit aller Vernunftwesen ohne göttliche Hilfe und Gnade nicht möglich. Als daher das Menschengeschlecht dem Untergang in Sünde zustrebte, kam ihm Christus als Erlöser zu Hilfe.[46] Er wurde Mensch und brachte den Menschen die Weisheit und das Wort Gottes, doch wirkte er dabei wie der Lehrer vor einem Schüler. Der Lehrer kann den Schüler unterweisen und ihn eine höhere Erkenntnis lehren, aber es liegt am Schüler, ob er diese Hilfe zu nutzen weiß.[47] So helfen Gott und Christus in ihrer Barmherzigkeit dem Menschen zur Umkehr, indem sie ihn Prüfungen unterwerfen, worin sich seine Tugend bewähren und erhärten kann, die aber auch oft genug in den von Gott zugelassenen Versuchungen durch Satan bestehen. Doch ist selbst diesem die Erlösung nicht versperrt. Denn als ein ebenfalls von Gott geschaffenes Ver-

---

[44] A.a.O., II,111,7–9.
[45] A.a.O., I,55,4–56,18; I,60, 23–61,7.
[46] A.a.O., III,276,12–277,11.
[47] A.a.O., III,222,7–223, 10.

nunftwesen ist auch er mit Freiheit begabt und besitzt damit die Möglichkeit zum Guten.[48]

Wie sich die einzelnen Wesen wandeln, so auch die ganze sinnliche Welt, und wie alles in ihr einmal zu Grunde geht, so auch sie als Ganzes. Alle Wesen werden dann wieder ihren intelligiblen, körperloses Zustand annehmen,[49] doch wird jedes seine am Ende der Welt eingenommene Verfassung in die jenseitige mitnehmen.[50] Da aber damit wieder die Unterschiede der intelligiblen Wesen wie am Anfang gesetzt sein werden, beginnt wieder eine neue Schöpfung, die sich jedoch von der alten grundlegend dadurch unterscheidet, daß z.B. nunmehr solche, die in der alten Gestirne, Engel oder Dämonen waren, als Menschen wiedergeboren werden, solche, die Menschen waren, nunmehr Gestirne, Engel oder Dämonen werden können.[51] Es gibt also keine Wiederkehr des Gleichen, und so sei auch Christus, wie das ja schon aus Paulus' Brief an die Hebräer hervorgehe (9,26) nur „einmal" erschienen.[52] Ob dieser sich beständig wiederholende Kreislauf irgendeinmal zu einem Ende kommen wird, dafür findet sich bei Origenes kein gesicherter Hinweis. Zum einen sagt er: „Über die Zahl (...) dieser Welten gestehe ich nichts zu wissen."[53] Andererseits wirft er die Frage auf, ob es noch etwas gäbe, wo „alles zu seiner vollkommenen Erfüllung kommt"[54]. Aber stünde nicht ein absolutes Ende des Weltenkreislaufes, ein Eschaton also, im Widerspruch zu seiner Erklärung der Weltschöpfung und ihrer späteren Wiederholungen? Denn da doch die von Gott geschaffenen Vernunftswesen nicht wie die Trinität von Natur aus heilig sind, sondern heilig nur als „ein Hinzukommendes" werden können, steht doch dieses wegen ihrer Freiheit *notwendig* und *immer* zur Disposition.

Untersuchen wir nun die Grundlagen, auf denen die Lehre des Origenes beruht. Er beteuert, sich strikt an die Heilige Schrift zu halten. „Wir jedoch," schreibt er, „getreu jener Lehre, die nach unserer festen Überzeugung aus göttlicher Eingebung stammt, glauben, daß es keine andere Möglichkeit gibt, eine höhere und göttlichere Lehre über den Sohn Gottes vorzuragen und zur Kenntnis der Menschen zu bringen, als allein an Hand der Heiligen Schrift, die vom Heiligen Geist eingegeben ist."[55] Entsprechend sucht Origenes stets nach Beispielen aus ihr, die seine Auffassungen bestätigen sollen. So bemerkt er u.a.: „Darum wollen wir zusehen, ob wir auch den Heiligen Schriften irgendwelche Sätze entnehmen können, durch deren Autorität unsere Ansicht glaubwürdiger gemacht und gestützt wird."[56] Doch brauchen wir auf die zahlreichen, meist

---

[48] A.a.O., I,99,23–100,2.
[49] II,117,23–118,11.
[50] II,182,3–10.
[51] A.a.O., II,118,12–16, I,83,9–84,16.
[52] A.a.O., II,120,8–10.
[53] A.a.O., II,11,30f.
[54] A.a.O., II,120,17–21.
[55] A.a.O, I,4,2–7.
[56] A.a.O., I,73,9–11.

alles andere als überzeugenden Beispiele, bei denen das geschieht, nicht näher einzugehen; genug, wenn wir auf die fundamentalen Widersprüche hinweisen, in denen seine Lehre zur Heiligen Schrift steht.

Zwar behauptet Origenes nicht wie die Gnosis, daß die sinnliche Welt die Schöpfung eines bösen Demiurgen sei, aber daß sie ihre Ursache in der vor ihr begangenen Schuld intelligibler Wesen habe, ist mit der für das Christentum grundlegenden Geschichte vom Sündenfall nicht weniger unverträglich. Unverträglich mit der Heiligen Schrift ist auch die schon bei den Gnostikern zu findende Lehre von den zwei Schöpfungen und der Wiederkehr der Welten. Denn diese Lehre steht nicht nur deswegen im Gegensatz zur Offenbarung, weil nach der Genesis die Schöpfung Gottes absolutem Ratschluß entspringt („Es werde Licht!") und nicht erst die Folge des Sündenfalls ist, sondern auch deswegen, weil sie den christlichen Sinn von Christi Opfertod verfehlt. Denn wie könnte Origenes sonst in Christus wie die Gnosis vornehmlich die Rolle eines bloßen Weisheitslehrers sehen und ausdrücklich auch sein immer neues Auftreten in den sich angeblich wiederholenden Äonen ablehnen[57], während er doch, in jedem Äon und zu jeder Zeit für die Erlösung unentbehrlich wäre? Ganz im Gegensatz zur Heiligen Schrift steht schließlich noch die Behauptung des Origenes, Christus erfülle den Menschen „nur" mit Vernunft, der Heilige Geist aber spende die vollendete Weisheit. Denn der Heilige Geist, von dem das NT spricht, ist doch nichts anderes als Christi Geist, sofern er sich unter den Gläubigen verbreitet. (Vgl. das V. Kapitel) Es ist also nicht so, wie Origenes behauptet, daß die Grundlage seiner Lehre die Heilige Schrift ist, sondern umgekehrt dient ihm die Heilige Schrift nur dazu, seine vorgefaßte Metaphysik in sie hineinzudeuten, mit ihr zu erläutern und zu veranschaulichen: Theologia ancilla philosophiae.

Nun beruft sich Origenes zwar bei allen seinen Untersuchungen, auch bei seinen Interpretationen der Heiligen Schrift, auf die Vernunft (ratio), räumt aber auch ein, daß sie zwar ein gottgegebenes[58], gleichwohl immer nur zu hypothetischen und schwankenden Urteilen fähiges, weil menschliches Vermögen sei. In der Praefatio seines Buches „Von den Prinzipien" – schon der Titel verrät ja, daß es sich dabei um eine Metaphysik handelt – zählt er alle von dieser Vernunft zu lösenden Probleme des Christentums auf und schreibt: „Man muß also gleichsam von grundlegenden Elementen dieser Art ausgehen – nach dem Gebot ‚Zündet euch selbst das Licht der Erkenntnis an' (...), wenn man ein zusammenhängendes und organisches Ganzes aus all dem herstellen will; so kann man mit klaren und zwingenden Begründungen in den einzelnen Punkten die Wahrheit erforschen und, wie gesagt, ein organisches Ganzes herstellen aus Beispielen und Lehrsätzen, die man entweder in den Heiligen Schriften gefunden oder durch logisches Schließen und konsequente Verfol-

---

[57] A.a.O., II,120,6–7.
[58] A.a.O., II,120,6f.

gung des Richtigen entdeckt hat."⁵⁹ Andererseits beteuert er immer wieder, daß die damit erreichten Ergebnisse unsicher blieben und eher als Hypothesen denn Gewißheiten zu betrachten seien. Beispielsweise leitet er die für sein Werk so wichtige Idee des Weltendes mit den Worten ein: „(...) über das jetzige Thema halten wir, so gut wir können, eine dialektische Übung ab, die mehr den Charakter einer Disputation als einer Lehre hat."⁶⁰ An anderer Stelle sagt er darüber: „Dreifach sind also die Annahmen über das Ende, die sich uns anbieten, und der Leser mag prüfen, welche davon die wahre und beste ist."⁶¹ Auch seine ebenfalls grundlegende Lehre, daß im Sündenfall das intelligible Wesen zum Körper werde, und damit eine Seele erhalte (eben weil der Körper als das Bewegliche eine Seele habe), schwächt er ab, indem er sagt: „Wenn wir aber gesagt haben, daß die Intelligenz (mens) in Seele umgewandelt wird und anderes in diesem Sinne, so soll der Leser diese Dinge bei sich eingehend überdenken und prüfen; man nehme dies nicht als Lehren (dogmata), die von uns vorgetragen würden, sondern als Darlegung in der Art der Erörterung (tractandi more) und Untersuchung (requirendi discussa)."⁶²

Auch wenn also Origenes die Heilige Schrift als göttlich inspiriert betrachtet, so ist es doch in Wahrheit gar nicht die Offenbarung, die ihn beschäftigt, sondern diese tritt ganz vor dem Entwurf und der Ausarbeitung seiner Metaphysik in den Hintergrund. Das wird besonders deutlich dadurch, daß er die Befriedigung des typisch metaphysischen und theoretischen Erkenntnisinteresses für den eigentlichen Grund jenseitiger Seligkeit hält: „(...) über allem Vergleich hinaus brennt unser Geist von unendlichem Verlangen, den Plan dessen kennenzulernen, was wir als Gottes Werk erkennen."⁶³ Nach dem Abscheiden aus dem Leben würden denjenigen, die sich Verdienste erworben haben, „die Dinge der Erde in ihrem sinnvollen Zusammenhang erklärt werden, auf daß sie durch Erkenntnis von all dem und durch das Gnadengeschenk des vollen Wissens unaussprechliche Freude genießen."⁶⁴ Was die Heilige Schrift „Paradies" nenne, sei „gleichsam eine Stätte der Erziehung" und sozusagen ein „Hörsaal", „eine Schule der Seelen. Dort werden sie über alles, was sie auf der Erde gesehen haben, belehrt, und sie erhalten auch einige Hinweise auf das Folgende, Bevorstehende, so wie sie in diesem Leben einige Hinweise auf das Bevorstehende, wenn auch nur ‚durch einen Spiegel in einem dunklen Wort' (...) (1Kor 13,12) bekommen hatten – Dinge, die dann deutlicher und klarer den Heiligen (...) offenbar werden." In der höchsten Sphäre schließlich, welche die Heilige Schrift als „Himmel" bezeichne, werden die Heiligen „zuerst erkennen, was dort geschieht, sodann aber die Planung, auf Grund derer es geschieht." „(...) sie werden die Bedeutung der Sterne im einzelnen kennen-

---

⁵⁹ A.a.O., I Praef.,16,9–15.
⁶⁰ A.a.O., I,78,21f.
⁶¹ A.a.O., II,125,1–4.
⁶² A.a.O., II,162,8–11.
⁶³ A.a.O., II,187,8–10.
⁶⁴ A.a.O., II,189,9–12.

lernen und erkennen, ob sie Lebewesen sind oder was sonst. Auch den Sinn der anderen Werke Gottes werden sie verstehen; er selbst wird ihn ihnen enthüllen. Denn jetzt wird er ihnen gleichwie Söhnen die Ursachen der Dinge und die Kräfte seiner Schöpfung zeigen und sie belehren, warum jener Stern an jener Stelle des Himmels steht, warum er von einem anderen eine bestimmte Entfernung hat" usw. Schließlich kämen sie zu „dem, was man nicht sieht" (2Kor 4,18), „zu den Wesen, von denen wir jetzt nur die Namen vernommen haben (Eph 1,21), zu den ‚Unsichtbaren' (Röm 1,20; Kol 1,16)." „Und wenn wir so weit fortgeschritten sind, daß wir nicht mehr Fleisch und Leib, ja vielleicht auch nicht mehr Seelen sind, sondern Vernunft und Denken, die sich der Vollkommenheit nähern", dann werden wir die vernünftigen, intelligiblen Wesenheiten „von Angesicht zu Angesicht" schauen (1Kor 13,12). Die Speisen, von denen sich der Geist nährt, sind nun „Lehrsätze (theoremata), Einsichten (intellectus rerum) und Ursachenkennis (rationes causarum)." Das ist es, was Origenes unter der Schau und Erkenntnis Gottes versteht.[65]

Origenes bewegt sich hier auch insofern ganz im Rahmen der griechischen Metaphysik, als er die praktische Philosophie in einen unmittelbaren Zusammenhang mit der theoretischen bringt. Denn unter einem tugendhaften Leben versteht er wie schon Aristoteles ein solches, das zur Theoría hinführt. Gott, so lehrt er, erziehe unter Mithilfe von Engeln den Menschen, indem er ihn Prüfungen aussetze, in denen sei es das Böse, sei es das Gute in ihm ans Licht komme und damit das Maß seines Mangels oder seiner Tugend auf dem Wege zur Vollendung erkennbar werde.[66] So zieht er bisweilen „durch äußere Einflüsse das verborgene Übel hervor, damit der Mensch gereinigt wird, der durch Nachlässigkeit die Samen der Sünde in sich aufgenommen hat; er soll sie, wenn sie zum Vorschein kommen, ausspeien (...)"[67] Das Ziel Gottes und seiner „vernunftmäßigen Erziehung" besteht aber darin, die Menschen hinzuführen „zur vollen Erkenntnis der Wahrheit (per eruditionem vero rationabilemque, per quam possent ad locupletiorem proficere veritatis intellectum)"[68]. In dieser Erkenntnis also besteht das eigentlich Gute, und ein tugendhafter Lebenswandel ist eben ein solcher, in dem der Mensch alles vermeidet, was ihn von ihr ablenkt, seinen Geist und seine Seele aber läutert zu ihrer Aufnahme.

Deswegen ist auch Christus für Origenes wie für die Gnosis wesentlich ein *Erkenntnisvermittler*. Während der Vater überhaupt das Sein hervorbringe, entspringe dem Sohn nur das Vernunftbestimmte (tá logiká).[69] Und insofern als er das Wort (verbum) und die Vernunft (ratio) ist, bewirkt die Teilhabe an Christus die Vernünftigkeit (participatio vero Christi secundum id, quod verbum vel ratio sit, facit ea esse rationabilia).[70] Entsprechend wird Christus auch mit dem

---

[65] A.a.O., II,190–192.
[66] A.a.O., III,213,14–214, 6.
[67] A.a.O., III,218,2–9.
[68] A.a.O., II.
[69] A.a.O., I,56,1–5.
[70] A.a.O., I,60,10–61,1.

Wissen (scientia) identifiziert.[71] Wenn die Welt Christus unterworfen wird, so wird dies nicht durch Gewalt geschehen, sondern durch das Wort (verbo), die Vernunft (ratione) und die Unterweisung (doctrina).[72] Überhaupt sei Anfang und Ende von allem aber die Vernunft (Nús).[73] Durch das „Wort" werden die „Mysterien und die Geheimnisse der ganzen Schöpfung enthüllt".[74] Darin liegt auch, wie Origenes meint, der Sinn der Rede, Christus sei die Wahrheit, das Leben und der Weg. (Joh 14,6) Denn die Wahrheit, die in der Enthüllung aller Geheimnisse liegt, enthüllt auch die Ursprünge des Lebens, aber diese Wahrheit wird uns nicht unmittelbar geschenkt, sondern wir müssen zu ihr auf dem mühevollen, in Stufen verlaufenden Weg der zunehmenden Einsicht und des Lernens gelangen.[75]

Wenn uns aber Christus nun in Wahrheit metaphysische Erkenntnisse vermittelt, solche jedoch in der Bibel offenbar nicht unmittelbar zu finden sind, so müssen sie nach Origenes' Meinung auf verhüllte Weise in ihnen enthalten sein – hier erkennen wir wieder den Einfluß der Gnosis –, und zwar in Form von Allegorien. Daß dies aber so ist, erklärt Origenes damit, daß nicht alle Menschen die Mühen metaphysischen Denkens auf sich nehmen könnten, weswegen der Geist die Belehrung über dessen Gegenstände in Ausdrücken verberge, „die, äußerlich betrachtet, eine Erzählung sind mit Aussagen über die sichtbaren Schöpfungswerke, die Erschaffung des Menschen und die Ausbreitung durch Generationen hindurch hin von den ersten Menschen bis zu ihrer Vielzahl" usw.[76] „Denn es war die Absicht (des Geistes), auch die Hülle des Geistlichen (...), das Leibliche an den Schriften – an vielen Stellen zu etwas Nützlichem zu machen, das die Menge zu bessern vermag, je nachdem, wie sie es faßt"[77], wenn sie dabei auch nur so etwas wie „,den Anfang der Lehre von Christus', d.h. die ‚Elementarlehre'" erfassen würden.[78]

Hält man sich aber an den bloßen Wortlaut, so gibt es für Origenes manches in der Heiligen Schrift, das für einen „vernünftigen Menschen" nicht annehmbar ist[79], wie z.B., daß es einen ersten, zweiten und dritten Tag, Abend und Morgen ohne Sonne, Mond und Sterne gegeben haben solle; auch sei es „einfältig zu meinen, Gott habe wie ein Mensch, der Bauer ist, ‚im Osten einen Park in Eden gepflanzt'" und dort einen „mit Sinnen wahrnehmbaren ‚Baum des Lebens' geschaffen, oder ‚,Gott sei am Abend im Park gewandelt', und Adam habe sich unter dem Baum versteckt."[80] Vielmehr weise das auf Geheimnisse hin, die sich erst in vernünftiger Deutung erschließen ließen. Oder

---

[71] A.a.O., I,61,19.
[72] A.a.O., III,278,26 f.
[73] A.a.O., II,161,7.
[74] A.a.O., I,30,11–14.
[75] A.a.O., I,31,5–32,8.
[76] A.a.O., IV,320,1–9.
[77] A.a.O., IV,320,15–321, 2.
[78] A.a.O., IV,304,13 f.
[79] A.a.O., IV, 323, 5 f.
[80] A.a.O., IV,323,5–324, 2.

wer könne es denn ernstlich wörtlich nehmen, daß der Teufel Jesus ‚auf einen hohen Berg' geführt habe, um ihm dort ‚die Königreiche der ganzen Welt und ihre Herrlichkeit zu zeigen?'"[81] So gäbe es vieles in der Heiligen Schrift, was geschehen sein soll und doch nicht geschehen sein kann, wenn man dabei dem bloßen Wortsinne folgt, wenn auch das meiste darin durchaus von vollkommener Klarheit sei. So werde der „wissenschaftlich Gebildete"[82] manchmal schwanken, und es gelte zu prüfen, „wo der Wortlaut wahr und wo er unmöglich ist."[83]

Es würde zu weit führen, wollten wir nun die Metaphysik des Origenes im einzelnen prüfen. Hier kommt es vor allem darauf an zu zeigen, wie sich bei ihm das metaphysische Denken vollständig vor das Offenbarungsdenken drängt und dieses verdunkelt. Das Kerygma richtet sich ja an die im status corruptionis verstrickten Menschen. Dieser status corruptionis ist für den Christen Gottferne als *selbstherrliches Wissen* um das Gute und Böse als das Heil oder Unheil Bringende. (Vgl. das III. Kapitel, A.) Für Origenes dagegen ist der status corruptionis wesentlich Gottferne gerade durch *theoretische Unwissenheit* über Gott und über die wahren Ursachen des In-der-Welt-seins; gerade Unwissenheit über die inneren Erscheinungen der Welt im Ganzen, ihren Ursprung und ihr Ende und damit über das Heil oder Unheil Bringende. Daraus aber ergibt sich des weiteren eine vollkommene Umdeutung der in der Offenbarung verkündeten Bedeutung Christi. Denn das Kerygma verkündet ja dem Menschen die Liebe Gottes durch die im Mysterium von Christi Opfer bezeugte Solidarität und die Erlösung in der Rückkehr zu Gott. Für Origenes dagegen spielt das Opfer Christi, wie bereits gezeigt, überhaupt keine zentrale Rolle, und er erlöst auch nicht durch eine Tathandlung, sondern durch Beseitigung von Unwissenheit, er ist vornehmlich ein Lehrer mehr oder weniger metaphysischer Erkenntnisse. Seine und die Liebe Gottes ist dabei nur in dem Maße von Bedeutung, als ein Lehrer zugleich ein Erzieher ist. Origenes vermittelt also eine Lehre und ruft den Menschen zur Erkenntnis. Das Kerygma aber ist überhaupt keine Lehre der theoretischen Erkenntnis, sondern berichtet von der Heilsgeschichte und ruft den Menschen zum Glauben.

Die Stärke des Glaubens ist vollkommen unabhängig von den intellektuellen Fähigkeiten eines Menschen, das Maß der Erkenntnis aber ist im Gegenteil von diesen abhängig. Man glaubt, oder man glaubt nicht, der Glaube ist eine Gnade, und man gelangt nicht zu ihm durch stufenweises Lernen, selbst wenn ein solches eine *vorbereitende* Rolle spielen mag. Der endgültige Übergang zum Glauben ist immer ein unerklärbarer Sprung. Macht man aber, wie Origenes, aus dem Glauben eine Erkenntnis, so ist ein solches Lernen unerläßlich und das Wesentliche. Entsprechend sind dann ja auch die in dieser Erkenntnis Fortgeschrittensten, wie in einer Schule, Gott am nächsten. Nach den Evangelien

---

[81] A.a.O., IV,324,9–12.
[82] A.a.O., IV,320,14.
[83] A.a.O., IV,331,4–6.

dagegen ist jedem die Erlösung ungeteilt verhießen und angeboten, über sie wird endgültig am letzten Tag entschieden. Nach Origenes aber erfolgt sie nur mehr oder weniger, ja nur in seltenen Fällen vollkommen und niemals endgültig, denn es gibt immer wieder neue Welten, in denen bereits Gewonnenes wieder verlorengehen kann, und der status corruptionis kehrt stets zurück.

Das bedeutet: Es gibt nach Origenes, anders als nach der Offenbarung, überhaupt keine endgültige Erlösung und diese hängt auch weniger von der Liebe des Menschen zu Gott ab, als von der Liebe zur Erkenntnis und der intellektuellen Fähigkeit, zu einer solchen zu gelangen. Wenn aber die mit der Erlösung verbundene Seligkeit in der vollständigen Befriedigung des Erkenntnistriebes besteht, so bleibt doch darin das Dasein, dem es nur um es selbst geht und das deswegen in Sünde lebt, letztlich gewahrt. Denn dann ist es ja nicht der Gegenstand, nämlich Gott, der in erster Linie beglückt, sondern eben die Befriedigung des Erkenntnistriebes. Wird doch nach Origenes der in höhere Sphären entrückte Mensch endlich „den Plan dessen kennenlernen, was wir als Gottes Werk erkennen"[84], man wird endlich Gott in die Karten schauen können und wissen, „warum jener Stern an jener Stelle des Himmels steht, warum er von einem anderen eine bestimmte Entfernung hat"[85] usw. Nur schlecht verhüllt tritt hier wieder der metaphysische Wille hervor, mit einem Höchstmaß an Reflexion über das Seiende im Ganzen und über den Weltgrund, dem die Wirklichkeit entspringt, dieses Ganze und diesen Grund der menschlichen Einsicht und der autonomen Vernunft zur Rechenschaft vorzulegen, eine Rechenschaft, die nur dann geleistet ist, wenn sich der Weltinhalt im Prinzip als ein für diese Vernunft einsichtiges und folgerichtiges System enthüllt. Schlecht verhüllt – denn nach Origenes bedarf es zwar zu dieser Einsicht, Vernunft und Rechenschaft der gnädigen Nachhilfe Christi, Gottes und des Heiligen Geistes, aber an der metaphysischen Selbstherrlichkeit freier und vernünftiger Selbstbestimmung ändert das nichts. Bedarf doch auch der Schüler der Hilfe seines Mathematik-Lehrers, aber dieser will ihn ja gerade dazu führen, in vernünftiger Freiheit zur Einsicht in mathematische Lehrsätze zu kommen. Nach Origenes soll die Erlösung also darin bestehen, daß am Ende paradoxer Weise Gott dem Menschen selbst dazu verhilft, vom Baume der Erkenntnis speisen zu dürfen. Und es soll auch noch die – nicht einmal ewige – Seligkeit darin bestehen, eben jene Wirklichkeit vollkommen zu begreifen, die doch der Offenbarung gemäß als vom wissenschaftlich-metaphysischen Denken bestimmt, diejenige der Vergänglichkeit und des Todes ist.

So ist es schließlich der Philosophieprofessor im Origenes, der sich beständig vor seinen Glauben drängt, und so verfällt er auch jener Tragik-Komik, die nach Plato und Kierkegaard immer dann auftritt, wenn Menschen sich dem Göttlichen aus eigener Kraft und selbstherrlich zu nähern versuchen. Ist doch Origenes bei allem ehrlichen Bekenntnis über die hypothetische Schwäche

---

[84] A.a.O., II,187,8–10.
[85] A.a.O., I,190–192.

seiner Metaphysik überzeugt davon, daß sich das Evangelium hauptsächlich an Philosophieprofessoren wendet, während der gemeine Mann mit ihm unverständlichen Allegorien der Heiligen Schrift und nur mehr oder weniger wahren Geschichten und Erzählungen zufrieden sein muß.[86] Während sich doch nach den Evangelien die Liebe Gottes in Christus *allen* uneingeschränkt und auf *dieselbe Weise* offenbart hat, und dies oft genug am aller eindringlichsten gerade den ihrer am meisten Bedürftigen, den Mühseligen und Beladenen, den Ärmsten, Unglücklichsten und Schwächsten.[87] Bleibt die Frage, wie Origenes trotz der ihm ja selbst bewußten Fragwürdigkeit seiner Metaphysik die Kraft aufbrachte, das Martyrium zu erdulden. Aber legte er so nicht gerade im Bewußtsein dieser Fragwürdigkeit Zeugnis davon ab, daß in ihm der Glaube stärker war als der Versuch, begriffliche Erklärungen für etwas zu finden, was sich dieser Art begrifflicher Erklärung prinzipiell entzieht, ohne deswegen im mindesten die Tätigkeit des Denkens auszuschließen – aber eben eines anderen Denkens?

Wenden wir uns nun Plotin (205–270) zu, der zwar im Gegensatz zur Gnosis und zu Origenes alles spezifisch Christliche abgestreift hat, gleichwohl so eng mit dem geistesgeschichtlichen Zusammenhang der theologiké epistéme in der Antike verwoben ist, daß er hier nicht fehlen kann. Mit ihm setzt sich wieder uneingeschränkt die griechische Metaphysik fort, wenn er auch Elemente der Gnosis übernommen hat. Ferner ähnelt das, was er für das höchste Seiende hält, dem abstrakten aristotelischen Gott insofern, als es keinerlei personale Eigenschaften besitzt. Plotin nennt es das Eine (Hén). Aber dieses Eine ist im Gegensatz zum Aristotelischen Gott nicht mehr das nur sich selbst denkende und damit weltabgeschiedene Wesen, sondern im Gegenteil der Urgrund der Welt, aus dem deren gesamter Inhalt in der Weise notwendiger Emanation hervorgeht. Dieser Prozeß gleicht dem Feuer, das seine Wärme an die Umgebung abgibt, die dabei beständig an Kraft verliert.[88] So entfaltet sich das Eine zunächst

---

[86] Daß sich der Glaube in Stufen der Erkennnis vollzieht, diese Lehre war Origenes schon durch Clemens von Alexandrien vertraut (150–215), wenn er andererseits auch in entscheidenden Punkten von ihm abwich. So glaubte Clemens an einen erzieherischen Heilsplan Gottes, der sich in den drei Stufen „Jüdisches Gesetz", „Griechische Philosophie" und schließlich „Christlicher Glaube" vollzieht.

[87] Das spannungsvolle Verhältnis zwischen Metaphysik und Christentum im Werke des Origenes ist, wie nicht anders zu erwarten, das Generalthema der Geschichte seiner Interpretation. Wenn freilich z.B. E. DE FAYE meint, Origenes habe versucht, seinen Glauben in philosophische Begriffe zu überführen, so übersieht er, daß er dabei eher vom Gauben abgefallen ist. (Origène, Paris 1927) Wenn andererseits H. KARPP und E.R. REDEPENNING den von der überkommenen Metaphysik abweichenden, hypothetischen Charakter des Systems des Origenes hervorheben, so sind sie dabei in dem klassischen Irrtum befangen, Metaphysik sei nur als absolute Dogmatik denkbar. (KARPP, Probleme altchristlicher Anthropologie, Gütersloh 1950, REDEPENNING, Origenes, Bonn 1946) Andererseits hat W. VÖLKER versucht, das metaphysische Denken des Origenes zugunsten von dessen unmittelbaren christlichen Bekenntnissen in den Hintergrund treten zu lassen (Das Vollkommenheitsideal des Origenes, Tübingen 1931), doch stützt er sich dabei mehr auf die von Origenes überlieferten Homilien, die sich nicht an das von ihm doch bevorzugte, esoterische Publikum richten wie sein Hauptwerk De Principiis.

[88] Plotin, Enneaden II,9,8,22.

in den Geist (Nús), womit es „wie schlaftrunken" zur Vielheit erwacht[89], nämlich zu den allem zugrunde liegenden, platonischen Ideen; dann geht aus dem Geist die Weltseele hervor (Psyché), und aus dieser entsteht schließlich die sinnliche Welt. Dort erst nehmen die Ideen und die Einzelseelen, in die sich die Weltseele aufspaltet, körperliche Gestalt an. So ist der Bereich des Irdischen und Sinnlichen gleichsam ein getrübtes Spiegelbild der noch dem Intelligiblen angehörigen Weltseele, und die Menschen sind wie Amphibien, sofern sie bald im Jenseitigen verwurzelt sind, nämlich als Teile der Weltseele, bald im Diesseitigen, weil sie einen Körper haben.[90] Die sinnliche Welt ist also nicht die Folge eines Sündenfalls sondern der göttlichen Emanation. Als solche existiert sie ewig, wie es immer griechisch-heidnische Auffassung war, und als solche bedarf sie auch keines Erlösers.

Die Seele des Menschen kann aber dem Übel dieser Welt entfliehen, das ja in ihrer Entfernung vom Ursprung seine Ursache hat, so wie die wärmende Kraft des Feuers abnimmt, je weiter man sich von ihm befindet. Denn göttlicher Abkunft, wie sie als ein Glied in der Kette der göttlichen Emanationen dennoch ist, kann sie durch eigene Kraft Gott ähnlicher werden (*Theó homoiothénai*).[91] Dies gelingt ihr zunehmend in verschiedenen Stufen – man erkennt wieder den Einfluß der Gnosis –, in denen sich der Mensch von seiner Befangenheit in seiner leiblichen Existenz löst und dem Geiste, dem Nús in Logik, Theoria und Metaphysik zuwendet. Doch erkennt Plotin, darin ganz mit Plato einig, daß die philosophische Tätigkeit des Denkens als Beweisen, als Meinen usw. immer noch jene Unruhe und ungestillte Sehnsucht nach dem Höchsten verrät, die alleine diese Tätigkeit in Bewegung setzt. Daher kann die höchste Stufe, daher kann das Ziel nach seiner Auffassung überhaupt nicht im denkenden Erkennen selbst, sondern nur – auch hier werden wir an Plato erinnert – in einem letzten Schauen des Übersinnlichen erreicht werden, worin das vom Leibe herkommende Egozentrische der Seele endgültig erlischt und der Mensch in seliger Entrücktheit mit der wunderbaren Schönheit, der Glorie und dem göttlichen Licht des Höchsten verschmilzt. „Das Schauen jedoch und das Schauende ist nicht mehr Gedanke, sondern größer als der Gedanke und vor dem Gedanken und über dem Gedanken, wie das Geschaute ist."[92] So ist also das höchste Glück für Plotin, ganz anders als für den Metaphysiker Origenes, die *Ekstase*. Er beklagt zwar, daß diese dem Menschen immer nur vorübergehend geschenkt wird, aber es werde „eine Zeit sein, da wir beständig schauen werden, ohne irgendeine Unruhe des Leibes zu erfahren"[93]: nämlich dann, wenn die Seele, nachdem sie durch die verschiedenen Stufen hindurchgegangen ist, endgültig ihres sie umhüllenden Leibes und ihres Amphibien-Daseins ledig wurde und in das Übersinnliche der Weltseele zurückkehren konnte.

---

[89] A.a.O., III,8,8,33 f.
[90] A.a.O., IV,8,1,1 f. und IV,8,4, 31.
[91] A.a.O., I,2,2–4.
[92] Zitiert nach M. BUBER, Ekstatische Konfessionen, Darmstadt 1984, S. 35. A.a.O., VI,9,10 f.
[93] Ebenda. Vgl. hierzu auch Enneaden, I,6,9,10.0.

Im Zusammenhang eines bloßen Leitfadens durch die Geschichte der abendländischen theologiké epistéme in kritischer Absicht kann ich mich nun hier damit begnügen, die Rolle der Ekstase bei Plotin zu prüfen, ohne ausführlich seine Metaphysik zu analysieren. Dabei soll die Möglichkeit der von Plotin beschriebenen Ekstasen nicht bestritten werden, er selbst ist ihrer mehrfach teilhaftig geworden, und es soll auch nicht ernsthaft bezweifelt werden, daß seine Metaphysik in ihm entsprechende Erfahrungen auslösen konnte. Aber der spekulative Inhalt dieser Metaphysik konnte es gerade *nicht* sein, den seine Ekstasen auf eine höchste und endgültige Weise enthüllten und bestätigten, weil ja in diesen nach seinen eigenen Worten alles begriffliche Denken, das doch der Metaphysik zugrunde liegt, erlischt. Ekstasen sind Formen der religiösen Offenbarung, sie haben mit Metaphysik nichts zu tun. Der Übertritt von der Metaphysik zu diesen ist ein Übertritt von einem Gebiet in ein ihm fremdes, eine *metábasis eis állo génos*. Andererseits bewegt sich Plotin wieder in den Bahnen fragwürdiger, hypothetischer Metaphysik, wenn er behauptet, es werde eine Zeit kommen, da die Ekstase ein beständiger Zustand sein werde, denn damit beruft er sich wieder auf Schlußfolgerungen aus seinen Spekulationen, die doch nur ein Werk der Vernunft sind. (Wenn auch angeblich, nach aristotelischem Muster, unter göttlichem Beistand.) So sehen wir: Am Ende ist es nur die Ekstase, in der sich Plotins Gott offenbart. Wird aber damit nicht alle Anstrengung seiner Metaphysik, die doch in ihr gerade aufgehoben und aufgelöst wird, zunichte?[94]. Gar nicht zu reden davon, daß Ekstase nur eine bestimmte Form des Offenbarungsdenkens ist, wie es uns in mannigfaltiger Form durch die Heilige Schrift vermittelt wird, der die Metaphysik vollständig fremd bleibt. (Vgl. das IX. Kapitel, 2)

Es soll jedoch nicht geleugnet werden, daß Plotins Metaphysik trotz der unüberbrückbaren Kluft, die zwischen ihr und seinen Ekstasen liegt, diese Ekstasen in gewissem Sinne vorbereiten kann. Ich erinnere wieder an die phänomenologisch feststellbare Korrelation zwischen Ontologie und Gestimmtheit, die uns bereits im VII. Kapitel, 3 beschäftigt hat. Dafür liefert auch die in dem Kapitel IX, 5a betrachtete Malerei der Hochrenaissance ein sehr anschauliches Beispiel. Wie dort gezeigt, hatte man dem damals wiederentdeckten Neuplatonismus entnommen, daß zwar die göttlichen Ideen als Entfaltungen des Ureinen

---

[94] Bezeichnenderweise lehnte Origenes, darin viel konsequenter Metaphysiker als Plotin, die Ekstase ab. Vgl. hierzu u.a.: H. LIETZMANN, Geschichte der alten Kirche, Berlin ²1953, und A. LIESKE, Die Theologie des Origenes, Münster 1938. LIETZMANN schreibt (II, S. 326f.): „Ihm" (Origenes) „ist der Gedanke eines Aufgehens der Seele in Gott so fremd wie der eines Einswerdens Gottes mit einem Geschöpf, und auch Visionen und Ekstase kann man bei richtigem Verständnis der Texte nirgends als Bestandteile seiner Frömmigkeit feststellen." LIESKE bemerkt (S. 14f.): „Origenes' Theologie der mystischen Logosgemeinschaft ist keine bloße Projektion oder Systematisierung subjektiv-mystischer Erlebnisse, sondern der konsequente Ausdruck seiner trinitarischen Gnadentheologie ..." – Die allgemeine Frage, was von Ekstasen überhaupt zu halten ist, die sich zweifellos auch außerhalb des Christentums ereignen, kann hier, so drängend sie sein mag, nicht weiter verfolgt werden. Denn unser Gegenstand ist die Kritik der Metaphysik *aus christlicher Sicht*, nicht aber ein Vergleich der Religionen.

in einer transzendenten Sphäre existieren, aber durch Emanation in den materiellen Dingen des Irdischen ihren mehr oder weniger deutlichen Abglanz erzeugen. Dieses Gedankens bemächtige sich nun die Kunst, indem sie sich den so verstandenen irdischen Spiegelungen der göttlichen Idee der Schönheit zuwandte. Der Künstler fühlte sich von ihr wie von einem göttlichen Strahl durchdrungen und die natürlichen Dinge erschienen ihm nun in ihrem Lichte. Es handelt sich hier also um die künstlerische Korrelation zu einer Metaphysik, und damit ihre Transposition ins Bild mit jenen dazu gehörigen Gestimmtheitsvorgängen, die Kunstwerke in uns auslösen.[95] Man muß jedoch kein Künstler sein, um Erfahrungen verwandter Art bei der Verinnerlichung neuplatonischer Metaphysik machen zu können, und solche können auch den Menschen in eine geeignete Stimmung versetzen, die schließlich in Ekstase umschlägt.

Damit beschließe ich das kritische Resümee einschlägiger Versuche innerhalb der Metaphysik der Antike, eine theologiké epistéme zu schaffen oder gar diese an die Stelle der Offenbarung zu setzen, und fasse zusammen: Alle diese Versuche sind gescheitert, weil sich die Gottesbeziehung niemals auf Hypothesen stützen kann; weil sie eine Selbsterlösung des Menschen durch die Vernunft zum Ziele haben, welche diese Beziehung gerade zerstört; weil sie sich auf Rationalität berufen, in Wahrheit aber rein spekulativ oder widersprüchlich sind; weil sie ihre eigenen, begriffsontologischen Voraussetzungen aufheben, indem sie diese mit solchen des Mythischen vermengen, und schließlich und hauptsächlich, weil ihnen das für ihren Gegenstand entscheidende, so ganz anders geartete und auf eine ganz andere Wirklichkeit bezogene Offenbarungsdenken vollständig verschlossen ist.[96]

---

[95] Vgl. ferner K. HÜBNER, Die zweite Schöpfung, a.a.O., S. 53 ff. – Daß andererseits die Kunst der Renaissance, so weit sie christlich ist, in solch kontingent-geschichtlicher Form zugleich eine ewige Bedeutung hat, wurde ebenfalls bereits im Kapitel IX, 5 gezeigt. Denn wenn auch in dieser Kunst, genauer ihrem Stil, die christlichen Ursprungsgeschichten, von denen die Bibel handelt, notwendiger Weise in historischem Gewande in Erscheinung treten, wie dies ja auch sonst immer, z.B. im Kult geschieht, weil, allgemein gesprochen, Archaí dem Sterblichen immer nur in solch kontingenter Form erscheinen können, so geht doch dabei von der absoluten Wirklichkeit dieser Ursprungsgeschichten nichts verloren. Wer allerdings kein Christ ist, der wird zwar von der Kunst in der bereits geschilderten Weise auch in ihrem jeweils historischen Gewande in die ihr eigentümliche, das Profane transzendierende Sphäre entrückt werden, aber diese wird dann auf das rein Mythische beschränkt bleiben. Denn jede Kunst ist in Wahrheit mythisch, aber nicht jede christlich, und wer kein Christ ist, wird nur des Mythischen in ihr inne, selbst wenn sie christlich ist.

[96] Eine Begründung dafür, warum, wenn ich schon notgedrungen auswählen mußte, gerade die aufgeführten und keine anderen Beispiele für meine kritische Prüfung wählte, warum ich z.B. die Philosophie der Stoiker oder die jüdische Religionsphilosophie unberücksichtigt ließ, setzte voraus, daß ich eben doch näher auf sie eingehen müßte. Auf die Hermetische Philosophie des 2. und 3. Jahrhunderts werde ich dagegen in einem späteren Kapitel noch zurückkommen. Was aber schließlich die in dem betrachteten Zeitraum so bedeutsame Patristik betrifft, so ist sie hier deswegen ohne Interesse, weil sie ja gerade nicht die Theologie zur Magd der Philosophie zu machen suchte.

C. Kurze Zusammenfassung des Verhältnisses zwischen Metaphysik und Theologie im Mittelalter

Ich erinnere zunächst kurz als Beispiel für die mittelalterliche Unterordnung der Metaphysik unter die Theologie an das sog. *Universalienproblem*. Es handelt sich dabei um die der griechischen Metaphysik entnommene Auffassung, daß das Allgemeine, die Ideen, gegenüber dem Einzelnen das eigentlich Substantielle, das eigentlich Wirkliche, das „Reale" sei. (Plato, Aristoteles[97] und Plotin) Die daran anknüpfende, während des Mittelalters auftretende Lehre wurde daher „*Realismus*" genannt.[98] Diese Lehre sollte der Auslegung der Heiligen Schrift dienen, z.B. der Klärung der Frage, wie die Trinität oder die Erbsünde zu verstehen sei. In beiden Fällen – um dies wenigstens anzudeuten – stellte man sich nämlich die Wirksamkeit einer allgemeinen Idee als einheitliche Substanz vor (dort des Heiligen, hier des Bösen), die durch hinzukommende Akzidenzen auf verschiedene, individuelle Personen verteilt ist. (Für die Trinität: Dieselbe Substanz ist in allen drei Personen. Una substantia in tribus personis;[99] für die Erbsünde: Alle nehmen an der Sünde Adams teil). Dem widersprach aber die Lehre des sog. „Nominalismus", der zufolge gerade das Einzelne und Individuelle das eigentlich Wirkliche sei, das Allgemeine aber nur ein Sammelname, eine nur vom Menschen entworfene, gemeinsame Bezeichnung für Verschiedenes.[100] Damit wurde nun zwar einerseits nicht nur die Lehre des Realismus von der Erbsünde und von der Trinität, sondern auch vom Abendmahl erschüttert (Umwandlung einer eidetischen Substanz unter Beibehaltung der Akzidenzien), aber dafür trat doch andererseits ein entscheidendes, vom mittelalterlichen Realismus vernachlässigtes Element des Christentums in den Vordergrund: die überragende Bedeutung, die es gerade dem Einzelnen als Individuum beimißt, denn dessen Leiden und Erlösung gilt ja vor allem die Liebe Gottes. Es gab aber auch Vermittlungsversuche zwischen dem Realismus und dem Nominalismus, z.B. durch Thomas von Aquin. So hieß es, Gott habe erstens die Welt nach den Universalien (Ideen) geschaffen, die er in seinem Geiste trug, und insofern hätten sie eine Wirklichkeit *vor den Dingen* (ante rem); zweitens seien sie aber *in den Dingen* (in re) als die den verschiedenen Individuen gleichen Wesensmerkmale, und drittens seien sie *nach den Dingen* (post rem), nämlich im menschlichen Verstande, der sie durch vergleichendes Denken in seine Begriffe fasse. Auf das Universalienproblem komme ich im übrigen noch einmal im XVI. Kapitel, 6 zurück.

---

[97] Auch nach Aristoteles ist ja das Einzelne durch das Allgemeine des Eídos bestimmt („dies ist ein Mensch, eine Blume" usw.), und dieses Einzelne kommt überhaupt erst zu seiner Wirklichkeit, sobald es das Allgemeine in sich vollendet hat: En-telechéia, was so viel heißt wie „Im-Ziel-Sein"; gleichwohl ist das Eídos nicht wie bei Plato in einer transzendenten Sphäre wirklich, sondern immer nur *in* und *an* einem einzelnen, einem „Dies-da", tódeti.
[98] Herausragender Vertreter Anselm von Canterbury (1033–1109).
[99] So schon die klassische Formulierung Tertullians (160–220).
[100] Herausragender Vertreter Roscellin (ca. 1050–1120).

Was uns aber hier vor allem interessiert, ist eine im Mittelalter aufkommende, allgemeine Bestimmung des Verhältnisses zwischen Theologie und Philosophie, die auf den ersten Blick an die im I. Kapitel entwickelte Metatheorie erinnern mag. Ende des 13. Jahrhunderts wurde im Umkreis der sog. Averroisten der Pariser Artistenfakultät auf die Unvereinbarkeit der Aristotelischen Metaphysik mit den Dogmen der Kirche verwiesen. Hatte nicht der damals als höchste Autorität angesehene Aristoteles den Schöpfer geleugnet, indem er die Ewigkeit der Welt lehrte und hatte er nicht im Gegensatz zur christlichen Verheißung die Materialität und Vergänglichkeit der Seele behauptet? So kam man auf den rettenden Gedanken einer *doppelten Wahrheit*: diejenige, die sich auf die menschliche Vernunft, und diejenige, die sich auf die göttliche Offenbarung stützt. Diese Aporie suchten später die Kommentatoren der Aristotelischen Naturphilosophie und Psychologie dadurch aufzulösen, daß sie die beiden einander widersprechenden Wahrheitsbegriffe differenzierten: Die Aristotelische Philosophie, argumentierten sie, gehe zwar mit zwingender Folgerichtigkeit von Prinzipien aus, diese aber könnten nur durch die natürliche Vernunft, Erfahrung oder Induktion gestützt werden.[101] Aristotelische Wahrheit bestehe daher nur in *Wahrscheinlichkeit* (probabilitas), Wahrheit (veritas) im eigentlichen Sinne aber könne nur in Gottes Wort, in der Offenbarung liegen.

Dieser bemerkenswerte Versuch einer Klärung des Verhältnisses zwischen Philosophie und Glaube, der uns ja im I. Kapitel beschäftigt hat, bleibt jedoch unbefriedigend. Zunächst ist darauf hinzuweisen, daß metaphysische Prinzipien, wie die Allgemeine Metatheorie lehrt, weder wahr noch wahrscheinlich sind, sondern überhaupt erst definieren, was in dem von ihnen gesetzten ontologischen Rahmen für wahr oder wahrscheinlich angesehen werden kann. Die Aristotelische Philosophie ist somit weder wahrscheinlicher noch unwahrscheinlicher als irgendeine andere, und ihre Auszeichnung durch die erwähnten Kommentatoren des 14. Jahrhunderts ist ohne theoretische Grundlage. Es steht also gar nicht die absolute Wahrheit der Offenbarung der bloßen Wahrscheinlichkeit der Metaphysik gegenüber, womit man der Aporie der doppelten Wahrheit zu entrinnen hoffte, sondern die absolute Wahrheit des Glaubens einer nur bedingten – bedingt nämlich in dem Sinne, daß alles, was im Rahmen einer gegebenen Ontologie, eines Systems von a priori durch ein Subjekt hypothetisch gesetzten Voraussetzungen behauptet wird, von eben dieser Ontologie und diesen Voraussetzungen abhängig ist.

Damit ist aber noch keineswegs das alles Entscheidende gegen die historische Lehre von der doppelten Wahrheit gesagt. Die eigentliche Kritik liegt vielmehr darin, daß sie die Frage unbeantwortet läßt, mit welchem Recht überhaupt eine doppelte Wahrheit angenommen werden darf, eine absolute und eine nur bedingte. Auch hier liefert die befriedigende Antwort wieder die Allgemeine Metatheorie. Ich erinnere noch einmal. In der ihr eigentümlichen Dialektik

---

[101] Vgl. auch u.a. Nikolaus von Autrecourt († 1350), den man den mittelalterlichen Hume zu nennen pflegt.

enthüllt sie ja einerseits die notwendig kontingente Verfassung und damit Gleichberechtigung aller denkbaren Ontologien und metaphysischen Prinzipien – keine ist durch notwendige Geltung vor anderen ausgezeichnet! – und schließt damit den christlichen Logos ein, sofern er metatheoretisch in der schon beschriebenen Weise als Ontologie dargestellt werden kann (Erstes Toleranzprinzip); auf der anderen Seite aber muß die Allgemeine Metatheorie, wie sich gezeigt hat, auch ihre eigene Kontingenz akzeptieren, weil sie ebenfalls auf einer ontologischen Grundlage beruht, so daß ihre Lehre von der Gleichberechtigung aller Ontologien und damit bedingten Wahrheiten auch in Beziehung auf den christlichen Logos nur dann zutrifft, wenn man in seiner metatheoretischen Außenbetrachtung und Darstellung als *Ontologie* beharrt. Geht man aber von dieser zu seiner *nichtontologischen Innenbetrachtung* über, wozu man wegen der nur kontingenten und daher nicht zwingenden begriffsontologischen Außenbetrachtung ein unwiderlegliches, theoretisches Recht besitzt, zu jener Innenbetrachtung also, wo die Trennung von Subjekt und Objekt und damit die nur bedingte, von a priori gesetzten, ontologischen Prinzipien ausgehende, hypothetisch-deduktive Wahrheit nicht vorkommt, sondern das Subjekt unmittelbar, ohne solche hypothetische Erkenntnisbedingungen, die göttliche Offenbarung empfängt, dann läßt sich, gerade metatheoretisch, eine absolute Wahrheit nicht ausschließen, sondern muß als theoretische Möglichkeit akzeptiert werden. (Zweites Toleranzprinzip) Das Recht, von einer in der gezeigten Weise korrekt verstandenen, doppelten Wahrheit zu sprechen, nämlich einmal von einer absoluten und einmal von einer bedingten[102], – welche letztere nichts mit Wahrscheinlichkeit zu tun hat –, dieses Recht liegt also, kurz zusammengefaßt, darin, daß nichtontologische Wirklichkeitsauffassungen möglich sind, weil ontologische, ihrer eigenen Voraussetzung nach, selbst keinen absoluten Geltungsanspruch haben können.

Der absolute Wahrheitsbegriff ergibt sich schon aus der im Abschnitt 3 des I. Kapitels erfolgten Analyse des Logos der Offenbarung, und wird dort auch im NT nachgewiesen.[103] Für die Synoptiker ist ja zunächst Wahrheit immer nur das

---

[102] Die heute übliche Einteilung des Wahrheitsbegriffs nach den Kriterien der *Korrespondenz*, der *Kohärenz*, der *Evidenz* und der *Pragmatik*, beziehen sich alle auf den bedingten Wahrheitsbegriff. Die hier gemeinte Korrespondenz zwischen Satz und Tatsache erfolgt ja nur unter apriorischen, ontologischen Bedingungen; die Kohärenz betrifft die Forderung der Widerspruchsfreiheit und Harmonie der unter solchen Bedingungen erlangten Aussagen; die Evidenz bezieht sich auf die Einsicht, daß, *wenn* bestimmte Bedingungen gesetzt werden, sich die Tatsachen in deren Licht, und wenn andere solche gesetzt werden, sie sich in einem anderen zeigen oder zeigen können, wobei solche *Wenn-Dann-Sätze* selbst auch ohne weitere Bedingungen eingesehen werden können – sie ähneln darin logisch *evidenten* Folgerungen –; dennoch bleiben sie Wenn-Dann-Sätze und enthüllen daher nicht so etwas wie eine absolute Wahrheit über die Wirklichkeit; unter Pragmatik schließlich wird hier verstanden, daß Leben und Handeln sich im Umkreis einer auf diese verschiedenen Weisen bedingten Wahrheit abspielen. (Für eine ausführliche Betrachtung vgl. hierzu K. HÜBNER, Kritik der wissenschaftlichen Vernunft, a.a.O., S. 280 f.)

[103] Womit eine weiteres Beispiel dafür geliefert wurde, wie die verkündete Offenbarung ontologisch umformuliert werden kann, ohne ihren tieferen Sinn zu ändern – denn selbstverständlich kennt weder die Genesis noch das NT die ausdrückliche Rede von einem absoluten

Wirkliche und Tatsächliche selbst. Wahrheit ist der offenbarte Gott und sein Heilswirken. „Ich bin der Weg und die Wahrheit und das Leben", sagt Christus. (Joh 14,6) Bei Paulus lesen wir ferner von der „Wahrheit Gottes" (Röm 3,7), von „der Wahrheit in Jesus" (Eph 4,21) und von der „Offenbarung der Wahrheit" (2Kor 4,2). „Die Wahrheit Christi" aber „wirkt" im Menschen (2Ko 3,11,10), „Die Liebe (...) freut sich in der Wahrheit" (1Kor 13,4–6). Und weil die Wahrheit die wirkende Wirklichkeit von Gottes gesprochenem Wort ist, so muß man sie hören. Deswegen sagt Christus von sich im Johannesevangelium: „Nun aber sucht ihr mich zu töten, einen Menschen, der euch die Wahrheit gesagt hat, wie ich sie von Gott gehört habe" (8,43), und weiter: „Warum versteht ihr meine Sprache nicht? Weil ihr mein Wort nicht hören könnt." (8,43) „Wenn ihr aber bleiben werdet an meinem Wort, so seid ihr wahrhaftig meine Jünger und werdet die Wahrheit erkennen, und die Wahrheit wird euch frei machen." (Joh 8,31.32). Nicht von der Wahrheit als eine Aussage über etwas, ist demnach hier überall die Rede, sondern von der Wirk-Wahrheit, in der das göttliche Wort schafft und verwandelt. Deswegen geht es auch nicht darum, sich von dieser Wahrheit theoretisch „überzeugen" zu lassen, sondern ihr zu „gehorchen" (Gal 5,7), so etwa, wie man den Geboten der Natur gehorcht. Wenn es in Röm 3,4 heißt, „Gott ist wahrhaftig", so deswegen, weil er die Wahrheit selbst ist, und wenn wir dort ferner lesen „alle Menschen sind Lügner" so deswegen, weil sich ihnen in ihrem sündhaften Dasein zum Tode die Wahrheit verhüllt hat. „Was ist Wahrheit?" fragt Pilatus und spricht damit aus dem Geiste des bedingten Wahrheitsbegriffs der griechischen Philosophie. Jesus aber spricht zu ihm: „Ich bin dazu geboren und in die Welt gekommen, daß ich die Wahrheit bezeugen soll." (Joh 18,37) Damit ist alles gesagt.

Thomas von Aquin ist dem Unterschied zwischen der metaphysischen Wahrheit und der offenbarten Wahrheit sehr nahe gekommen. Zunächst definiert er Wahrheit, an die überkommene, metaphysische Lehre anknüpfend, als adaequatio rei et intellectus[104] – Angleichung von Sachverhalt und Verstand. Dieser Formulierung ist zunächst nicht zu entnehmen, wer hier wem angeglichen werden soll, und tatsächlich hat auch Thomas beides behauptet: die Angleichung des Verstandes an den wahren Sachverhalt und die Angleichung des Sachverhaltes an den wahren Verstand. Allerdings versteht er hier unter Verstand zweierlei: Im ersten Fall handelt es sich um den menschlichen, der sich müht, die Wahrheit über die Sachverhalte zu finden[105], im zweiten um den göttlichen, der die Dinge nach den von ihnen geschaffenen Ideen (species) überhaupt erst zu wahren macht.[106] Und aus diesem Grunde ist auch Wahrheit

---

Wahrheitsbegriff, der überhaupt nur im metatheoretischen Vergleich mit einer ontologisch-bedingten Wahrheit auftauchen kann.

[104] Summa Th., 21 2.

[105] Quando res sunt mensura et regula intellectus, veritas consistit in hoc, quod intellectus adaequatur rei, ut nobis accidit (...) (Ebenda.)

[106] Sed quando intellectus est regula vel mensura rerum, veritas consistit in hoc, quod res adaequantur intellectus. (Ebenda.) Res naturales dicuntur esse verae secundum quod assequuntur

für Thomas *prinzipiell* diejenige im göttlichen Verstande und nur in abgeleiteter Weise diejenige in den Dingen.[107]
Diese zwiefache Definition von Wahrheit bewegt sich zwar noch im Rahmen der Metaphysik. Denn zum einen beantwortet sie, was Wahrheit im Hinblick auf den erkennenden Menschen, zum anderen, was sie im Hinblick auf den nach Ideen die einzelnen Dinge schaffenden, göttlichen Verstand bedeutet, worüber ja die Offenbarung gar nichts aussagt. Aber unbeschadet dessen, daß damit die Problematik subjektiven Erkennens mit ihren apriorischen Elementen nicht erfaßt wird und die Ideenlehre fragwürdig bleibt, nähert sie sich doch dem theologischen Kerngedanken von der absoluten Wirk-Wahrheit Gottes und der im Gegensatz hierzu nur bedingten Empfängnis-Wahrheit des Menschen.

D. Hermetismus und Magie in der Renaissance. Giordano Bruno

Unter den hier bisher erörterten Versuchen in der Antike, vom Baume der Erkenntnis essend das mit dem Mythos Verlorene metaphysisch zurückzuholen, blieb zunächst der im 2. und 3. Jahrhundert n.Chr. entstandene Hermetismus unberücksichtigt. Der Grund dafür lag darin, daß er erst später, nämlich seit seiner Wiederentdeckung im 15. Jahrhundert eine das ganze Abendland ergreifende Wirkung ausgeübt hat und es sich deshalb empfiehlt, ihn im unmittelbarem Zusammenhang mit dieser zu betrachten. Dabei beschränke ich mich auf den herausragendsten Denker in dieser Epoche, auf Giordano Bruno.[108]

---

similitudinem specierum, quae sunt in mente divina; dicitur enim verus lapis, qui assequitur propriam lapidis naturam, secundum praeconceptionem intellectus divini. (A.a.O., 16, 1.)

[107] Sic ergo veritas principaliter est in intellectu; secundario vero in rebus, secundum quod comparantur ad intellectum ut ad principium. (Ebenda.)

[108] Der antike Hermetismus stützte sich auf das sog. corpus hermeticum, eine Sammlung von Schriften metaphysischen, astrologischen, magischen und theurgischen Inhalts, das dem Hermes Trismegistos (dem dreifachgrößten) zugeschrieben wurde. Diese Schriften kamen nach dem Sturz Konstantinopels 1460 nach Florenz, wo sie von Ficino (1433–1499) übersetzt, herausgegeben und kommentiert wurden. Schnell fanden sie im Europa des 15. und 16. Jahrhunderts eine weite Verbreitung. Ich nenne u.a. Pico della Mirandola (1463–1494), Agrippa von Nettesheim (1486–1535), Paracelsus (1490–1541) und Nostradamus (1503–1566). Diese Wirkung ging nicht zuletzt auf eine sagenumwobene Datierung der hermetischen Schriften zurück, von deren Verfasser man glaubte, er habe noch vor Moses gelebt, habe das Erscheinen Christi vorausgesagt, Plato vorweggenommen und sei daher, alles in allem, als eine Art Urphilosoph anzusehen. Die richtige chronologische Einordnung des corpus hermeticum fand erst I. Casaubon 1614 – doch da war die Welle des Hermetismus bereits nicht mehr aufzuhalten. Seit die moderne Forschung die zentrale Bedeutung des Hermetismus für die Renaissance entdeckte (vgl. u.a. F. A. YATES, Giordano Bruno and the Hermetic Tradition, London 1964), erscheint diese in einem völlig neuen Licht. Nicht nur die Literatur, die Philosophie, die Künste und Wissenschaften erweisen sich nun als substantiell durch ihn geprägt, sondern er beherrschte auch weitgehend das Denken an den europäischen Höfen. (Es sei an Catharina von Medici, an Rudolph II. und an Wallenstein erinnert, um nur einige in diesem Zusammenhang geläufige Namen zu nennen.) Noch in Goethes Faust finden wir diese Vorstellungswelt gespiegelt.

Betrachten wir zunächst seine metaphysische Grundidee. Im Einklang mit den bereits betrachteten spätantiken Spekulationen ist auch für Bruno das höchste Göttliche das Eine, das sich in die Vielheit der Welt entfaltet; aber im Gegensatz zu diesen Spekulationen ist die so entstandene Welt kein Ort der zunehmenden Gottesferne, sondern sie *ist* nichts anderes als die Entfaltung dessen, was *an sich* unentfaltet ist. Alles also, was in dieser Einheit beschlossen liegt, tritt nun aus ihr hervor: wie Gott die intensive, ist die Welt die extensive Unendlichkeit[109], jene nämlich, die in Raum und Zeit aufgespannt und angeordnet ist.[110] Insofern ist zwar auch die Welt eine Einheit: Gott ist in allem wie alles in Gott und alles hängt mit allem zusammen[111]; aber mit der Vielfalt der Erscheinungen ist doch andererseits auch die Welt von Gott als dem Ur-Einen und der absoluten Einheit dadurch unterschieden, daß in ihr Wirklichkeit und Vermögen auseinandertreten, bei Gott aber zusammenfallen: Denn Gott ist alles, was er sein kann, nicht aber ist dies jedes Ding der Welt, da es doch durch das jeweils andere an seine Grenzen stößt. Und Gott ist alles, was er sein kann, weil der Akt des göttlichen Denkens mit dem zu Denkenden, dem Universum, identisch ist, weil er also schafft, indem er denkt. „Die Ur-Intelligenz", schreibt Bruno, „versteht das Ganze aufs vollkommenste in *einer* Anschauung: der göttliche Verstand und die absolute Einheit ist ohne irgendeine Vorstellung das was versteht und das was verstanden wird in einem zugleich."[112] Zusammenfassend heißt es dann: „Jedes Vermögen also, und jede Wirklichkeit, welche im obersten Prinzip gleichsam zusammengewickelt, ein Vereinigtes und Einiges ist, ist in den anderen Dingen aufgewickelt, zerstreut und vervielfacht. Das Universum, dieses erhabene Ebenbild und Abbild, diese eingeborene Natur, ist gleichfalls alles, was es sein kann, sofern (...) nichts von aller und jegliche Form fehlt. Aber es ist doch nicht alles, was es sein kann, weil auch die Unterschiede, Bestimmtheiten, Eigentümlichkeiten und Individuen bleiben. Deshalb ist das Universum nur ein Schatten der Ur-Wirklichkeit und des Ur-Vermögens; und insofern ist in ihm Vermögen und Wirklichkeit nicht absolut dasselbe, weil keiner seiner Teile alles das ist, was er sein kann. In dem besonderen und bezeichneten Sinne ferner ist das Universum alles das, was es sein kann, auf eine explizierte, zerstreute, unterschiedliche Weise; sein Prinzip dagegen ist eben dies in einheitlicher und unterschiedloser Weise, weil es alles in allem und eins und dasselbe als das schlechthin Einfache ohne Unterschied und Bestimmtheit ist."[113]

---

[109] Vgl. W. BEIERWALTES, in: Hrsg: P.R. BLUM, G. BRUNO, Von der Ursache, dem Prinzip und dem Einen, Einleitung, Hamburg 1977, XXVII.

[110] Dies meint wohl auch Beierwaltes, wenn er ferner die Welt im Sinne Brunos einen „zerdehnten Schatten der Einheit" nennt. (ebenda).

[111] G. BRUNO, Von der Ursache, dem Prinzip und dem Einen, a.a.O., S 101.

[112] A.a.O., S. 108. Diese Bestimmung der Ur-Intelligenz stimmt zwar mit derjenigen des Logos der Offenbarung zusammen, derzufolge Gottes Denken, Gottes Wort zugleich das Wirklichkeit Schaffende ist, aber die dem Neuplatonimus verpflichtete Vorstellung Brunos, daß und wie sich diese Ur-Intelligenz in die Welt entfaltet, beruht selbst nicht auf Offenbarung, sondern ist etwas Erdachtes und entspringt dem Logos der Metaphysik.

[113] A.a.O., S. 67 f.

So gibt es für Bruno weder eine christliche Weltschöpfung aus dem Nichts, also einen Weltenanfang oder ein von Gott verfügtes Weltenende, noch geht Gott schlechthin im Universum auf. Denn von diesem, das als seine raumzeitliche Explikation etwas notwendig Bewegtes sein muß, unterscheidet er sich ja gerade dadurch, daß er selbst, in seiner nichtexplizierten Einheit, das absolut Unbewegte ist: immutabiliter facit mutabilia, aeterne temporalia.[114] Und doch finden wir hier den Abgrund nicht mehr, der ebenso in den früheren metaphysischen Spekulationen wie im Christentum, wenn auch auf unterschiedliche Weise, die materielle, sinnliche Welt von Gott trennte. Die Welt als Ganzes ist für Bruno etwas Göttliches, ja, auch jeder Teil von ihr ist es auf die eine oder andere Art. Vor allem aber ist es der Mensch, sofern er sie in diesem ihrem Ganzsein und dieser ihrer Einheit erfaßt.

Schon die hier skizzierte metaphysische Grundidee Brunos zeigt einen ungeheuren Umbruch im abendländischen Denken an; sie gewinnt aber erst dadurch ihr volles revolutionäres Gewicht, daß sie Bruno die Grundlage für den erneuerten hermetischen Magismus lieferte. Denn dieser Magismus war es, und nicht die sich bereits da und dort abzeichnende mathematisch-funktionale Naturauffassung[115], der zunächst jenes Pathos und jene Energie entfachen sollte, mit der sich der Mensch mehr und mehr von seinem Selbstverständnis als Gott-Sucher emanzipierte und bewußter denn je zuvor vom Baum der Erkenntnis speiste. Freilich wurden solche radikale Konsequenzen von Bruno selbst weder gesehen noch gewollt; verstand sich doch Bruno selbst noch als ein vom Göttlichen Trunkener. Daß die revolutionären Wandlungen, die er auslöste, schließlich auch seine Metaphysik und den mit ihr verbundenen Magismus zerstören sollte, da sie sich letztlich nur als ein Übergang zur sog. wissenschaftlichen Weltauffassung erwiesen, ist dabei nur ein weiteres Beispiel dafür, daß die Avantgarde, indem sie dem Neuen Bahn bricht, dabei selbst geopfert wird.

Für die Grundlegung von Brunos magischem Denkens sind zunächst einige Folgerungen von Bedeutung, die sich aus seiner Metaphysik ergeben. Ist alles von der göttlichen Substanz des Ur-Einen durchdrungen, so ist auch alles beseelt. „Das Ding sei nun so klein und winzig wie es wolle", schreibt deshalb Bruno, „es hat in sich einen Teil von geistiger Substanz (...) Denn Geist findet sich in allen Dingen, und es ist auch nicht das kleinste Körperchen, welches nicht einen ausreichenden Anteil davon in sich faßte, um sich beleben zu können."[116] Auch wenn die Dinge nicht in ihrer äußeren Erscheinung lebendig

---

[114] Nolani Bruni opera latine conscripta, 14, summa terminorum metaphysicorum, 93, 22, u. 19f.

[115] Ich erinnere an die sog. Impetustheorie des 14. Jahrhunderts, an die erste mathematische Behandlung des Fallgesetzes durch Oresme, die Mechanik des 15. und 16. Jahrhunderts aus der Schule des Jordanus und an die verstreuten empirischen Gesetze der Ballistik, der Perspektive, der Statik usf., wie sie von Alberti, Leonardo, Tartaglia und anderen gefunden wurden. Hier überall handelt es sich jedoch um mehr oder weniger verstreute Erkenntnisse ohne umfassende, Bewußtsein und Willen in eine einheitliche Richtung leitende Stoßkraft.

[116] G. BRUNO, Von der Ursache, dem Prinzip und dem Einen, a.a.O., S. 37.

sind, „so sind sie doch beseelt (...)", und zwar „dem Prinzip und einem gewissen primären Akt von Beseeltheit und Leben nach."[117] Daher sind also auch die Gestirne beseelt, jedes auf seine Weise eine Facette in der Explikation des Ur-Einen verkörpernd, und da alles mit allem in der nach Raum und Zeit aufgespannten Ordnung miteinander zusammenhängt, entspricht der Makrokosmos dem Mikrokosmos, entspricht jedem Gestirn auf Erden eine Gruppe von Dingen wie bestimmte Pflanzen, Steine und dergl., die diesem Gestirn analoge seelische Kräfte enthält. Mit diesen Vorstellungen verbindet sich auch eine von der platonischen und aristotelischen völlig verschiedene Vorstellung vom Wesen der Materie. Diese ist für Bruno nicht mehr das bloß rezeptive Wachs, das bloße Seinkönnen, das allein durch die Ideen oder Formen Gestalt annimmt, wodurch das in der Materie nur Mögliche zur Wirklichkeit wird, sondern die Materie vergleicht er mit dem Mutterschoß, der, durch die Weltseele befruchtet, die Formen aus sich gebiert. „Deshalb muß man vielmehr sagen, daß die Materie die Form enthält und einschließt, als sich vorstellen, sie sei derselben bar und schließe sie aus. Weil sie also entfaltet, was sie unentfaltet enthält, darum muß man sie ein Göttliches, die gütigste Ahnfrau, die Gebärerin und Mutter der natürlichen Dinge, ja der Substanz nach die ganze Natur selber nennen."[118]

Das Ziel des Magiers besteht nun darin, aus der Kenntnis dieser Zusammenhänge die seelischen Kräfte der materiellen Dinge in den Dienst des Menschen zu stellen. Dies geschieht vor allem mit der Hilfe des *Talismans*. Dabei handelt es sich um einen Gegenstand, dem ein bestimmter Stern entspricht und der folglich dessen spezifische Kräfte enthält. Auf rechte Weise, z.B. unter Einbeziehung astrologischer Aspekte vom Magier angewandt, lassen sich seine Kräfte auf andere Menschen oder auf ihn selbst übertragen. So meint z.B. Bruno, daß der Planet Mars in der Schlange, dem Skorpion, der Zwiebel und im Knoblauch wirke, während Krokus, Sonnenblume und Löwe der Sonne angehörten[119], doch kann es sich dabei auch um mit analoger Symbolik hergestellte, kunstgerecht ausgestattete Bilder und ähnliches handeln. Dinge dieser Art stellen einen Mikrokosmos dar, die in der bezeichneten Art einen Kosmos, ja *den* Kosmos entfalten können, indem sie dessen inneres Wesen und seine Wirkungsweisen in konzentrierter Form einschließen und entsprechende Wirkungen auf ihre Umgebung und die Menschen ausüben. Bruno, wie auch die anderen Magier der Renaissance, etwa Ficino, Pico della Mirandola, Agrippa von Nettesheim, Paracelsus usw. füllten ganze Bücher mit Verzeichnissen solcher Talismane, erklärten ihre Wirkung sowie die rechte Art, sie nach bestimmten Regeln herzustellen und zu gebrauchen. Aber nicht nur Bilder, Figuren oder andere Gegenstände konnten dazu dienen, magische Kräfte zu gewinnen, sondern auch Zahlen, Wörter und Gesänge.[120]

---

[117] A.a.O., S. 38.
[118] A.a.O., S. 91 f.
[119] G. BRUNO, Spaccio della bestia trionfante, in: Dialoghi italiani, Florenz 1957, S. 777.
[120] Deren okkulte Bedeutung waren zwar schon dem Mittelalter nicht fremd gewesen, beson-

Um ganz zu erfassen, welche göttliche Stellung hier der Mensch als Magier einnimmt, muß aber noch auf einen anderen, bisher nicht berührten Aspekt des Universums, wie er sich aus Brunos Metaphysik erschließt, eingegangen werden. Bruno argumentiert so: Ist Gott unendlich, so auch seine Explikation, die das Universum darstellt; ist aber die Welt unendlich, so hat sie auch weder eine sie begrenzende Peripherie, noch ein Zentrum[121]; und hat sie kein Zentrum, so hebt sich auch die überkommene Ordnung der Sphären mit dem himmlischen Oben und dem irdischen Unten auf: das Göttliche ist das „Unendliche im Unendlichen, in allem überall, nicht oberhalb, noch außerhalb, sondern das Allergegenwärtigste."[122] Selbst wenn also die Erde nach Kopernikus nur noch ein Stern unter anderen ist, hat sie dadurch für Bruno doch keineswegs an Bedeutung verloren, sondern ist im Gegenteil in den Rang all jener Götter aufgestiegen, die in seiner Sicht als beseelte und göttliche Wesen den Himmel bevölkern. Daher schreibt Bruno: „Wir werden erkennen, daß es nicht ein anderes ist, von hier gen Himmel, als vom Himmel nach hier zu fliegen, daß es nicht ein anderes ist, von hier nach dort emporzusteigen, als von dort nach hier, (...) wir wandeln nicht weniger über Sternen und sind nicht minder im Himmel als jene."[123] So ist es eine und dieselbe Stufenleiter, „auf welcher die Natur zur Hervorbringung der Dinge herabsteigt, und auf welcher die Vernunft zur Erkenntnis derselben emporsteigt: beide gehen von der Einheit aus zur Einheit hin, indem sie durch die Vielfalt der Mittelglieder sich hindurchbewegen."[124]

Die Erkenntnis, von der Bruno hier spricht, ist aber diejenige des Magiers. Im „Asklepius", einem der Hauptbücher des antiken Hermetismus und eines der Hauptquellen Brunos, heißt es entsprechend: „Und so ist, O Asklepius, der Mensch ein großes Wunder (magnum miraculum), der Anbetung und Würde wert. Dringt er doch in die Natur eines Gottes ein, als wäre er selbst ein Gott; er ist vertraut mit dem Geschlecht göttlicher Wesen, wissend, daß er des gleichen Ursprungs ist; er verachtet den Teil seiner Natur, der nur menschlich ist und richtet seine Hoffnung auf das Göttliche des anderen Teils."[125] Nicht der Mensch überhaupt aber ist gemeint, der dieses große Wunder ist, sondern nur der wahre Hermetiker – der Magier.

Nun teilte zwar Bruno seinen Magismus mit anderen herausragenden Hermetikern der Renaissance wie z.B. die bereits genannten Ficino, Pico della Mirandola, Agrippa von Nettesheim, Paracelsus und Nostradamus; aber anders

---

ders durch die Schriften der Kabbala, doch erlangten sie erst im Zusammenhang mit der später entdeckten hermetischen Metaphysik ihre durchschlagende Wirkung.

[121] G. BRUNO, Von der Ursache, dem Prinzip und dem Einen, a.a.O., S. 100.
[122] Deum essse infinitum in infinito, ubique in omnibus, non supra, non extra, sed praesentissimum. De immenso et innumerabilibus, Jordani Bruno Nolani Operea latine conscripta, I, 2, 312.
[123] G. BRUNO, De l'infinito universo e mondi, übers. v. L. KUHLENBECK, Jena 1904², S. 20.
[124] G. BRUNO, Von der Ursache, dem Prinzip und dem Einen, a.a.O., S. 105 f.
[125] Corpus hermeticum, Paris 1945/54, II, Asklepius, S. 301 f.

als diese erreichte er seine historische Wirkung durch die konsequente Radikalität, mit welcher er ihn vertrat. Einig war er mit ihnen nur in dem Bestreben, magisches und griechisch-metaphysisches Denken miteinander zu verschmelzen; uneinig war er mit ihnen darin, daß er aus dieser Verschmelzung kompromißlos alle zusätzlichen christlichen Elemente ausschloß.[126] So zerriß er das alte Band zwischen Philosophie und Theologie und anerkannte nur die eng verbundene Dreiheit: *Magie – griechischer Mythos – griechische Metaphysik*. Für solches vollendetes Heidentum büßte er mit dem Tode.

Gerade in dieser Dreiheit erweist sich Bruno aber als der treueste Schüler des antiken Hermetismus. Von dessen magischem Weltbild ist schon gesprochen worden. Was seine mythische Seite betrifft, so zeigt diese zwar Entlehnungen aus dem ägyptischen, aber wie aus dem Gotte Toth Hermes wurde, so haben auch die übrigen Götter im corpus hermeticum die bekannten griechischen Züge.[127] Der Mythos ist zwar untergegangen, verkündet dieser, und die Menschen leiden verzweifelt an dem Verlust, aber die Götter haben sich nur für ein Äon zurückgezogen und werden kraft des philosophischen Logos wieder zurückkehren. So heißt es in der Klage des Asklepius: „Die Götter haben die Erde verlassen und werden zum Himmel zurückkehren (...) von ihnen werden nur Fabeln zurückbleiben und die Kinder späterer Zeiten werden sie nicht glauben (...) die Götter werden sich von den Menschen trennen (...) die Erde wird ihr Gleichgewicht verlieren (...)", Irrglaube und Unordnung werden herrschen.[128] Das war die Botschaft des antiken Hermetismus, wie sie Bruno verstand und übernahm, er, der ebenfalls, besonders in seinem Werk Spaccio della bestia trionfante, den Beschluß der olympischen Götter verkündet, das goldene Zeitalter wiederherzustellen.[129] Aber die Klage des Asklepius verweist nicht nur auf den hermetischen Magismus und Mythos, sondern auch auf die hermetische Metaphysik. Denn in ihr ist auch die Rede von dem Einen Gott: Er „wird die Welt zur alten Schönheit wieder zurückführen", heißt es dort des weiteren, und „die Wiedergeburt der Welt wird sein die Erneuerung aller guten Dinge, eine heilige und höchst feierliche Wiederherstellung der Natur selbst (...)"[130]. Der gemeinte Gott ist jedoch nicht der christliche, sondern ein Ur-Prinzip, aus dem ja eine für die Metaphysik kennzeichnende und durchgehende Systematik deduktiv entfaltet wird. Dem mythischen Polytheismus und seiner im Anschaulichen ruhenden Mannigfaltigkeit ist solches fremd.

Betrachten wir jedoch nun die von Bruno erfaßte Dreiheit näher und beginnen wir mit dem Verhältnis zwischen Magie und Mythos. Diese stehen inso-

---

[126] Zwar stützte sich z.B. Pico della Mirandola auf die jüdische Kabbala und damit auf die alttestamentarische Vorstellungswelt, doch betrifft dies nur die Namensmagie der Engel und gehört damit gleichfalls zum christlichen Gedankengut.

[127] Waren doch auch, so weit bekannt ist, alle Verfasser des corpus hermeticum Griechen.

[128] Corpus hermeticum II, a.a.O., S. 326 ff.

[129] Es erscheint mir nicht ausgeschlossen, daß auch in Hölderlins Lehre von der Wiederkehr der Götter die Spuren des abendländischen Hermetismus erkennbar sind.

[130] Ebenda.

fern in einem notwendigen Zusammenhang, als sich Magie auf den Mythos stützt. So setzt ja das magische Denken in seinem Bestreben, sich die in allen Dingen schlummernden Seelenkräfte nutzbar zu machen, die mythische Weltbeseelung und damit durchgängige Personalisierung aller Dinge voraus und verschmelzt damit ebenso mythisch das Ideelle mit dem Materiellen; auch sind es die mythischen Ursprungsgeschichten numinoser Wesen und Personen, die magisch beschworen und zur wiederholenden Wirkung in Personen und Dingen veranlaßt werden[131]; schließlich finden wir hier selbst die mythische Aufhebung der scharfen Trennung von Ganzem und Teil wieder, wie der Talisman zeigt, dem es genügt, z.B. den Zusammenhang zwischen einem Gestirn und einem bestimmten Gegenstand an einem oder einigen wenigen Merkmalen herzustellen, oder wo schon der Besitz einer Haarlocke zur Macht über jenen Menschen führen kann, dem sie abgeschnitten wurde. Insofern gibt es keine Magie, die sich nicht auf einen Mythos stützte.

Dieser Zusammenhang von Myhos und Magie darf aber nicht darüber hinwegtäuschen, daß beide in einem unaufhebbaren Widerspruch zueinander stehen. Denn gerade indem sich Magie des Mythos bedient, denaturiert sie ihn zugleich, ja sie zerstört ihn in dem Augenblick, wo sie sich seiner bemächtigt. Der Grund liegt darin, daß die Magie das mythische Verhältnis des Menschen zum Numinosen vollständig umkehrt, indem sie darauf abzielt, das Numinose den Zwecken des Menschen dienstbar zu machen. Mythisch versteht sich ja der Mensch als aus dem Zusammenhang mit Göttern, Dämonen und Geistern wirkend. Ihnen verdankt er alles im Guten wie Bösen, und Gebet, Opfer und Orakel sind daher die Weisen, wodurch er den Umgang mit ihnen sucht, soweit sie nicht selbst unmittelbar in den archetypischen Vorgängen von Natur und Menschengeschichte, oder gar durch Epiphanien in Erscheinung treten. Magisch dagegen will sich der Mensch die numinosen Mächte *verfügbar* machen, in schwarzer Magie, wenn sie dem Bösen, in weißer Magie, wenn sie dem Guten angehören. An die Stelle des Gebetes tritt daher die Beschwörung[132], an die Stelle von Opfer und Orakel tritt die vermeintliche Kenntnis verschiedener Praktiken, mit denen die okkulten Kräfte, die bösen wie die guten, im Dienste des Menschen genutzt werden können. Der Magier erhebt sich selbst zum gottgleichen Wesen, ja zum Beherrscher der mythischen Geisterwelt. Aus der Sicht des griechischen Mythos, von dem hier die Rede ist, stellt dies die allergrößte Sünde, die Erzsünde dar, die er kennt: Es ist die Hybris, welche die Götter strafen, eben jene mythischen Götter, die doch der Magier andererseits bei seinen Handlungen voraussetzt.

Nun läuft zwar immer das Mythische Gefahr, ins Magische umzuschlagen, weswegen auch viele mythische Kulturen einst und heute eine Mischung aus beidem erkennen lassen. Das ändert freilich nichts an der aufgezeigten Unter-

---

[131] Die besondere Wirksamkeit eines Gottes ergibt sich ja aus seiner Ursprungsgeschichte.
[132] Ein Gebet ist zwar auch eine Art der Beschwörung, so z.B. durch die Anrufung des Namens eines Gottes; aber sie erfolgt im Zeichen der Demut, nicht eines auf den Gott ausgeübten Zwanges.

scheidung. Der griechische Mythos allerdings war weitgehend von solcher Verwirrung frei und sicher liegt darin, bei der Ursprungsbedeutung, die er im Abendland hat, eine der Wurzeln dafür, daß das Magische dort nur einmal, eben in der Renaissance, eine wahrhaft zentrale Rolle spielte, während es sonst, selbst in der Spätantike, selbst zur Zeit des Hermetismus, keine umfassend bestimmende Kraft war.

Anders als das Verhältnis zwischen Magie und Mythos ist in Brunos Dreiheit dagegen dasjenige zwischen Metaphysik und Mythos. Denn obgleich in der griechischen Metaphysik wie gezeigt noch deutliche Spuren des Mythos zu finden sind, ist dies doch nur historisch zu erklären, der Mythos ist keineswegs konstitutiv für Metaphysik überhaupt wie es der Mythos für die Magie ist, da sich die Magie, gerade indem sie ihn mißbraucht, seiner Strukturen bedient. Das ändert freilich nichts daran, daß die griechische Metaphysik den Mythos ebenfalls grundlegend transformiert und korrumpiert hat, wenn auch auf andere, ihrem Begriffsdenken und ihrer logischen Systematik entspringenden Weise. Davon ist schon in den vorangegangenen Kapiteln ausführlich gesprochen worden. Wenn also Bruno einerseits der Wiedergeburt des griechischen Mythos das Wort geredet hat, so hat er diesen doch andererseits in Wahrheit seiner tiefsten Seelenhaltung entfremdet, indem er ihn dem doppelten Todeshauch, einmal durch das Magische, einmal durch den Logos der Metaphysik aussetzte, und nur seine leere Hülle zurückbehielt.

In Brunos Dreiheit ist jetzt schließlich noch das Verhältnis zwischen Magie und Metaphysik näher zu bestimmen. Soweit sich das Mythische in dieser Dreiheit aus der Metaphysik ergibt, weil sich das metaphysisch Eine in eine vom Mythos bestimmte Welt entfaltet, dieser Mythos darin aber auch in seiner Kehrseite, nämlich als Magie in Erscheinung tritt, hat auch die Magie in den metaphysischen Spekulationen Brunos ihren Ursprung. Während jedoch zwischen Mythos und Magie von Natur aus ein enger, weil, wie gezeigt, struktureller Zusammenhang besteht, ist derjenige zwischen Brunos Metaphysik und Magie wie derjenige zwischen Metaphysik und Mythos nur ein *historischer*. Kaum eine mythische Kultur ist ganz ohne Magie, kaum eine magische Kultur ganz ohne Mythos, aber der Zusammenhang zwischen Metaphysik und Magie ist auf die Zeit der Spätantike und der Renaissance beschränkt. Nun stehen zwar Metaphysik und Magie ebenso im Gegensatz zueinander wie Metaphysik und Mythos, weil ja Magie und Mythos strukturell eine gewisse Verwandtschaft miteinander haben; aber aus zwei Gründen steht doch die Metaphysik der Magie näher als dem Mythos: zum einen deswegen, weil der beide leitende Wille anthropozentrisch ist, weil er dem Dasein entspringt, dem es um es selbst geht, weil in ihm, christlich gesprochen, die Anmaßung und Hybris des Menschen gegenüber der Gottheit in Erscheinung tritt; zum andern deswegen, weil beide auf Grund dieses sie leitenden Willens und der mit ihm gesetzten Ziele einer viel stärkeren, rationalen Systematik unterworfen sind, als dies für den Mythos der Fall sein kann. Denn ein Gott ist letztlich unberechenbar, eine für die Zwecke des Menschen taugliche Wirklichkeit aber muß berechenbar sein.

Wer dennoch an der rationalen Systematik der Magie zweifelt, der sehe sich die Fülle von Regeln und Vorschriften an, aus der sie, besonders im Bereiche des Talismans, besteht, von ihrem kabbalistischen, aus Zahlenoperationen gegründeten Zweig ganz abgesehen.

So kam es, daß Metaphysik und Magie noch lange, man kann sagen bis in das 18. Jahrhundert hinein, weitgehend miteinander verflochten blieben. Warum aber triumphierte schließlich die Metaphysik, wenn auch nicht diejenige von Brunos Hermetismus, während die Magie wieder in Bedeutungslosigkeit versank? Die Antwort hierauf ist schon bei Kopernikus erkennbar.

Zur Rechtfertigung seines neuen Systems, demzufolge nicht die Erde, sondern die Sonne im Mittelpunkt des Universums seht, stützte er sich vor allem auf zwei Argumente: Erstens habe Hermes Trismegistos die Sonne „den sichtbaren Gott" genannt, weswegen ihr auch eine göttliche Stellung im Mittelpunkt des Universums zukomme[133]; und zweitens könne er, Kopernikus, im Vergleich mit Ptolemäus die einfachere Darstellung der Himmelsbewegungen für sich in Anspruch nehmen.[134] Bei keinem von beiden Argumenten handelt es sich jedoch um eine empirische Rechtfertigung. Das erste ist der hermetischen Metaphysik entnommen, das zweite enthält ein ontologisches, und damit wieder nicht der Erfahrung entnommenes Prinzip. Denn die Behauptung, daß zwischen zwei möglichen Beschreibungen die einfachere der Wirklichkeit entsprechen müsse, kann gar nicht an der Wirklichkeit selbst geprüft werden, die *an sich* unbekannt ist, sondern wird ihr nur unterstellt und gleichsam a priori vorgeschrieben.[135] Nun wäre zwar eine solche apriorische Unterstellung mit dem Magismus der Renaissance insofern im Einklang, als sie dem Willen entgegenkommt, der ihm zugrunde liegt: Je durchsichtiger ja die Wirklichkeit ist, desto besser kann sie durchschaut und beherrscht werden. Und doch sollte sich dieses von Kopernikus verwendete ontologische Prinzip der Einfachheit als ein Sprengsatz erweisen, der schließlich das Ende des Hermetismus herbeiführte.

Die Einfachheit nämlich, die Kopernikus meinte, ist eine rein mathematische[136] und führte schließlich zu der Überzeugung Galileis, daß überhaupt die

---

[133] Diese Berufung auf das corpus hermeticum zeigt erneut dessen damals weite Verbreitung und Anerkennung. Als Kopernikus in Italien studierte, stand der Hermetismus in voller Blüte, und der Papst Alexander VI ließ sogar im Vatikan Fresken eindeutig hermetischen Inhalts durch den Maler Pinturrichio malen.

[134] Daß dies eine fragwürdige Behauptung war, steht auf einem anderen Blatt. Vgl. K. HÜBNER, Kritik der wissenschaftlichen Vernunft, a.a.O., S. 81 f.

[135] Zu einer ausführlichen Begründung vgl. K. HÜBNER, Kritik der wissenschaftlichen Vernunft, a.a.O., S. 84–86, 265–267. Daß sich die Idee der Einfachheit nicht empirisch aufzwingt, geht schon daraus hervor, daß sie erst in der Neuzeit aufkam und weder der antiken noch der mittelalterlichen Vorstellungswelt entsprach. Denn dort wurde das Universum gerade nicht nach dem Prinzip der Einfachheit aufgefaßt; man unterschied ein Oben von einem Unten, ein Links von einem Rechts, den Himmel von der Erde und beides von der Hölle.

[136] Sehr geschickt hat Osiander in seinem Vorwort zum Werke des Kopernikus den Eindruck zu erwecken versucht, daß es sich hier gar nicht um ein ontologisches, sondern rein methodisches Prinzip handle, womit er den Argwohn der Kirche beruhigte. Aber für Kopernikus war sein

Natur in der Sprache der Mathematik geschrieben, und nicht von spirituellen Kräften bestimmt sei. So bemerkte auch Kepler in einem Brief an Herwart von Hohenburg, das Universum dürfe nicht wie ein Lebewesen, instar divini animalis, sondern es müsse wie ein Uhrwerk, instar horologii verstanden werden[137], und in seinem Streit mit Fludd wies er auf den entscheidenden Punkt hin, der ihn von ihm trenne: Er, Kepler, sehe die Dinge mathematisch, Fludd aber hermetisch.[138] Damit wurde nun in der Tat dem Magismus der Renaissance der Boden entzogen, wenn auch die mit ihm erfolgte Emanzipation des Menschen gegenüber dem Göttlichen davon ebenso unberührt blieb wie das ontologisch-metaphyische Denken. Beides stellte sich nur auf eine neue Weise dar.

Glaubte man nämlich jetzt, daß die Natur in mathematischer Sprache geschrieben sei, so schien es, als träte der Mensch ihrem Schöpfer in dem Maße als ebenbürtig entgegen, als er dessen Werk mit der allem Mathematischen eigentümlichen Gewißheit zu erfassen vermag. Gottes und des Menschen Vernunft waren dann eins. Das Selbstbewußtsein in der magischen Erleuchtung wich nun dem Selbstbewußtsein, Erkenntnis in jener Freiheit des Denkens zu gewinnen, die in unvergleichlicher Weise mathematische oder logische Einsicht und Evidenz vermitteln. Die sich damit abzeichnende Beherrschung der Natur blieb zwar noch weitgehend Programm und beschränkte sich im Gegensatz zum Magismus auf den materiellen Bereich – aber das änderte nichts an der Faszination, die hiervon ausging.

Die also nur gewandelte Emanzipationsidee des Menschen gründete sich aber auf ein ebenfalls nur gewandeltes ontologisch-metaphysisches Denken. Dem mathematischen Funktionsbegriff entsprechend, wurde jetzt die „objektive" Wirklichkeit als eine Beziehung rein quantitativ bestimmbarer Größen verstanden, alles Qualitative aber dem Bereiche nur „subjektiver" Vorstellungen zugeordnet. Dazu gehörten nicht nur die Sinneswahrnehmungen, sondern eben auch alle jene lebendigen, bewegenden, spirituellen und okkulten Kräfte, in denen der Magismus die eigentlichen, bewegenden Ursachen des Universums erblickte. Die causa finalis, die von bewußten oder unbewußten Zielvorstellungen (finis) geleitete Zweckursache, wich der causa efficiens, der bloßen Wirkursache als zentrale Kategorie des neuen, ontologischen Denkens.

Obgleich sich dadurch die Schöpfung in ein totes Uhrwerk verwandelt zu haben schien, hörte man jedoch nicht auf, zu ihr mit Frömmigkeit emporzublicken. Der trunkenen Begeisterung für die von göttlichen Kräften überall durchflutete Welt, wie sie den Magismus der Renaissance kennzeichnete, folgte allerdings die kühlere Bewunderung für jenen göttlichen Überingenieur, der dieses Universum konstruiert haben soll. Daß damit das metaphysische Bestre-

---

System keineswegs nur eine rein mathematische Spielerei, sondern sollte die wirkliche Verfassung des Universums zeigen.

[137] In: KEPLER, Ges. Werke, Hrsg. v. Dyck und Caspar, München 1937, Bd. XV, S. 146.

[138] Rem mathematicam ego tradam mathematice, tu hermetice. In: KEPLER, Ges. Werke, a.a.O., 1940, Bd. IV, S. 432.

ben immer weiter sein ursprüngliches Ziel aus den Augen verlor, die Gottesferne ontologisch in der Anstrengung des Begriffs zu überwinden, ja, daß hier bereits der Grund dafür gelegt war, sich von der Metaphysik als theologiké epistéme überhaupt abzukehren und unverhohlen vom Baume der Erkenntnis zu speisen, das freilich sollte erst die Zukunft erweisen. Die Kirche ahnte es zurecht, erwies sich aber als ohnmächtig, dem entgegenzuwirken. Denn dazu hätte es eines Argumentationsarsenals bedurft, über das sie nicht nur nicht verfügte, sondern über das sie damals auch gar nicht verfügen konnte. So ist es billig, ihr aus heutiger Sicht den Vorwurf zu machen, auf der Seite der „Reaktion" gestanden zu sein; schuldig machte sie sich nur dadurch, daß sie Bruno hinrichtete und Galilei zum Widerruf zwang, um nur diese Opfer ihrer dem christlichen Geiste hohnsprechenden Gewalt zu nennen.

Wird nicht auch heute noch meistens die Wandlung vom Magismus der Renaissance zum mathematisch-naturwissenschaftlichen Denken als das zwingende Ergebnis einer sich von metaphysischen Spekulationen endlich abkehrenden empirischen Forschung hingestellt, der sich die Kirche uneinsichtig widersetzt habe? Aber wie es keine Erfahrung ohne vorherige apriorische Antizipationen gibt, in deren Rahmen sie überhaupt erst möglich sein kann, so ist auch die in der Renaissance eingetretene Wandlung nicht durch empirische Erfolge hervorgerufen worden, die sich erst viel später auf überzeugende Weise einstellten[139], sondern durch die geschilderten Verschiebungen *innerhalb* jener damaligen Antizipationen und ontologischen Entwürfe, für die das Verhältnis des Menschen zum Göttlichen von entscheidender Bedeutung war. (Übergang vom Hermetismus zum Mathematismus innerhalb der gleichen, metaphysischen Emanzipationsidee des Menschen.)

Wo dies auch heute noch verkannt wird, ist es nur die Folge einer immer noch weit verbreiteten positivistischen Wissenschaftsdeutung, die den Verlauf der Wissenschaftsgeschichte gröblich verfälscht. Insofern ist die Geschichte der empirischen Wissenschaften niemals nur das Ergebnis einer an den Gegebenheiten der Erfahrung fortschreitenden Erkenntnis, sondern sie ist immer auch zugleich ein Teil der Geistesgeschichte, die, wie das XI. Kapitel gezeigt hat, nur bedingt erklärbar sein kann. So gilt ebenso umgekehrt, daß der Magismus der Renaissance nicht etwa aus einem Mangel an empirischen Erfolgen gescheitert ist. (Noch lange wirkte er nach und selbst Newton beschäftigte sich mit ihm mehr als mit der „Naturphilosophie", wie er sein Hauptwerk nannte.)[140] Denn dieser Mangel bestand doch nur in den Augen jener, die bereits von einem anderen Erfahrungsbegriff, demjenigen nämlich einer mathematisch-funktional ausgerichteten Ontologie und seinen Beurteilungskriterien überzeugt waren, während für den magisch Denkenden ganz andere Kriterien und damit auch ganz andere Methoden für die Feststellung maßgebend waren, ob seine Wirksamkeit zum Ziele geführt hat oder nicht.

---

[139] Vgl. K. HÜBNER, Kritik der wissenschaftlichen Vernunft, a.a.O., Kapitel IV, V und VIII.
[140] Principia philosophiae naturalis.

Fassen wir die Kritik an Brunos Dreiheit von Metaphysik, Mythos und Magie noch einmal zusammen. *Erstens:* Seine Metaphysik leidet an derselben fundamentalen Schwäche, die ihr wie jeder theologiké epistéme eigentümlich war, nämlich für das von ihm doch erstrebte Ziel einer Gotteserkenntnis, sie sei christlich oder nur mythisch, von vornherein ungeeignet zu sein, da eine solche Erkenntnis niemals dem Logos der Metaphysik entspringen kann. *Zweitens:* Auch Brunos dramatische Rückkehr zum antiken Mythos kann nicht darüber hinwegtäuschen, daß er diesen ebenso durch die enge Verknüpfung mit der Magie wie durch seine Einbettung in ein metaphysisches Grundkonzept seines eigentlichen Sinnes beraubt hat.

Diese Kritik an Brunos Dreiheit von Metaphysik, Mythos und Magie weicht fundamental von der heute üblichen dadurch ab, daß sie sich wie gesagt auf keine empirischen Kriterien beruft, so als ob Brunos Philosophie schon allein deswegen zurückzuweisen sei, weil wir heute über die Wirklichkeit mehr wüßten als er. Aber weder die Metaphysik als metaphysica specialis, noch der Mythos, noch die Magie unterliegen der Kritik heutiger, der empirischen Wissenschaft zugrunde liegender Wahrheitskriterien. Jeder Versuch, diese Kriterien, die doch immer nur a priori entworfene, also *nicht notwendig gültige* sein können, absolut zu setzen und damit andere, seien sie metaphysische, mythische oder magische zu diskreditieren, entbehrte jeglicher theoretischer Begründung.

E. Die Gottesvorstellung des Rationalismus und Empirismus im 17. und 18. Jahrhundert mit einem ausführlichen Anhang über „Goethe und Spinoza"

1. Descartes

Erst mit Descartes trat die neue Vorstellungswelt der von der Mathematik geprägten, neuen Wissenschaft in ihrem gewandelten Gottesverhältnis ebenso umfassend wie in aller Deutlichkeit hervor, denn erst mit ihm wurde sie zum Gegenstand eindringlicher, philosophischer Reflexion. Dabei muß man unterscheiden zwischen dem dieser Vorstellungswelt entsprechenden, ontologischen System, wie es vor allem in der cartesianischen Metaphysik der Natur erkennbar ist, und Descartes' Versuch, die Überlegenheit dieses Systems über andere durch ihm vorgeordnete Argumente nachzuweisen.

So verschaffte er zunächst der mathematisch-exakten Wirklichkeitsbetrachtung als Quell jener Gewißheit, die das Selbstbewußtsein des Magiers noch übertrumpfen wollte, die notwendige methodische Grundlage, indem er glaubte zeigen zu können, daß diese Betrachtung teils auf einzelnen, unmittelbar intuitiv einleuchtenden Schritten, teils auf einer strengen Vergleichung von zwei oder mehr Entitäten nach Maßgabe des Mehr oder Weniger, der Größe und Proportion beruhe. Das System der hiermit zusammenhängenden, einzelnen Regeln nannte er *Universalmathematik*[141], und sie ist es also, die nun zum methodischen Leitfaden der ihrer selbst absolut gewissen Forschung zu machen sei. Diese Methodenlehre ist nichts anderes als das Programm für eine von aller Dogmatik freie und nur auf sich selbst gestellte Erkenntnis mit dem Ziele der Erarbeitung einer ontologischen Verfassung der Wirklichkeit.

Aber diese Methodenlehre ist nur der eine Teil des Unterbaus für die allgemeine cartesianische Metaphysik und Ontologie. Der andere besteht in einer an Hand der Methodenlehre entwickelten metaphysica specialis. Diese läßt Descartes der folgenden Überlegung entspringen: Man kann an allem zweifeln, nur daran nicht, daß man als Zweifelnder und damit Denkender existiert. (Methodisch: unmittelbar intuitve Einsicht) Als zweifelnd Denkender ist man sich allerdings zugleich seiner Unvollkommenheit bewußt, die nur im Vergleich zum Vollkommenen, also Gott, gedacht werden kann. (Methodisch: Vergleich zweier Entitäten) Insofern ist Gott eine dem Menschen eingeborene, notwendige Idee. Nun gilt aber für Descartes auch das ontologische Prinzip, daß alles eine Ursache habe, diese aber niemals ihrem Sachgehalt nach (er nennt ihn dem damaligen Gebrauch entsprechend realitas formalis) geringer als die Wirkung sein könne. (Methodisch: Vergleich der Proportionen) Daraus folgt nach Descartes' Meinung, daß nur Gott selbst die Ursache unserer notwendigen Idee von ihm sein kann. Auf diesen Grundgedanken ist die metaphysica specialis bei Descartes zusammengeschmolzen, auf diesen Grundgedanken baut er aber auch, als den alles tragenden Baustein, die letzte, eigentliche Rechtfertigung für die letzte Gewißheit und Überlegenheit seiner Ontologie, insbesondere seiner dem mathematischen Denken verpflichteten Metaphysik der Natur.

Dies geschieht folgendermaßen: Der vollkommene und damit auch gerechte Gott ist hier überhaupt nur insofern von Interesse, als er die Garantie dafür bietet, daß derjenige, der in seiner Erkenntnis streng nach den Regeln der Universalmathematik und der ihr zugehörigen Ontologie vorgeht, niemals von einem „bösen Geist" (genius malignus) getäuscht werden kann. Und wohlgemerkt bedeutet diese Garantie nicht, daß Gott, wie es die metaphysica specialis früher verstanden hat, dem Menschen bei seinem Erkenntnisbemühen in irgendeiner Weise beisteht oder ihn erleuchtet – ich erinnere z.B. noch einmal an den Begriff der Hypolepsis bei Aristoteles – sondern es bedeutet nur, und das ist etwas vollständig anderes, daß er ihn davor schützt, im gänzlich autonomen, freien und evidenten, also vornehmlich durch die Methodenlehre und die Mathematik definierten Gebrauch seiner Vernunft arglistig behindert zu werden.

Mit Descartes Methodenlehre und meaphysica specialis ist nun der Weg frei für seine Ontologie, insbesondere für seine Metaphysik der Natur. Das Seiende zerfällt ontologisch in die rein mathematisch definierte Materie (res extensa) einerseits und in das sie erkennende Denken andererseits (res cogitans); entsprechend beruht die Natur ausschließlich auf mechanischen Bewegungen, aus

---

[141] DESCARTES, Regeln zur Leitung des Geistes, Regel IV.

denen alle Erscheinungen abzuleiten sind. Gott aber, ganz dem Überingenieur der Renaissance entsprechend, hat nach Descartes am Anfang die *Gesamtbewegungsmenge* festgelegt, und da er seinen Ratschluß als vollkommenes Wesen niemals ändert, so folgt daraus deren Erhaltung, wie sie in den von Descartes zum ersten Mal entwickelten Erhaltungsgesetzen erfaßt wird. Entsprechend muß der richtig Denkende alle diese Verhältnisse am Leitfaden der ihm vorgegebenen Methodik und ontologischen Prinzipienlehre erfassen und seine Erkenntnis von allen subjektiven, also nicht der Universalmathematik einzuordnenden Affekten, Gefühlen usw. reinigen, die nur modi des Denkens sind. Der Mensch, so lautet diese Botschaft, erfaßt die „objektive" (rein mathematische) Wirklichkeit nur dadurch, daß er sie gänzlich seines eigenen, „nur subjektiven" Inhalts entleert und damit alles Menschliche aus ihr entfernt.[142]

Mit Staunen steht man aus heutiger Sicht davor, wie diese Metaphysik, die in einer bisher nicht dagewesenen Weise aus der ganzen Welt eine mathematische Maschine machte und den Menschen aller lebendigen Beziehung zu Gott beraubte – außer der, ich wiederhole, daß Gott dem Menschen als Garant für seine vollkommen autonome, freie Erkenntnis dienen sollte – wie eine solche Metaphysik so weitreichende, weltgeschichtliche Folgen haben konnte. Und dies insbesondere, wo doch Descartes' Versuch, sie mit einer metyphsica specialis zu untermauern, gerade jener strengen Einsichtigkeit entbehrt, die er in seine Methodenlehre gefordert hat.

Schon der erste Schritt in diese Metaphysik, das „Ich denke, also bin ich", ist ja keineswegs von jener zwingenden intuitiven Einsicht und Selbstgewißheit begleitet, wie es uns Descartes weiszumachen sucht. So kann man, wie schon bemerkt, mit Lichtenberg fragen, ob es denn nicht richtiger heißen müßte „Es denkt", so wie man sagt: „Es blitzt."[143] Daß das Ich Denke ein reiner Akt menschlicher Autonomie sei, ja, der einzig absolut gewisse, wie Descartes als selbstverständlich vorauszusetzen scheint, bleibt ohne jede Begründung und widerspricht menschlichen Grunderfahrungen, worauf schon im X. Kapitel hingewiesen wurde. Die notwendige Idee eines vollkommenen Gottes wird dann aus dem Bewußtsein menschlichen Mangels abgeleitet – wie kommt es aber, so muß man fragen, daß die Menschen diese Idee nachweislich erst so spät ergriffen haben, während mythische Götter und Dämonen doch kaum als Beispiele für sie herhalten können? Völlig haltlos ist ferner der Beweis, der von der Idee Gottes auf Gott als ihre Ursache schließt. Denn ein endliches Wesen vermag zwar in einer rein logischen Operation das Endliche als das Nicht-Unendliche zu *definieren* – omnis determinatio est negatio sagt ein alter logischer Grundsatz; aber daß das so logisch vom Endlichen Ausgegrenzte auch existieren und auch noch die Ursache dieser logischen Operation sein muß, ist

---

[142] Die hier in Anführungszeichen verwendeten Begriffe sind zwar dem heutigen Wortgebrauch entnommen, da Descartes unter „objektiv", der philosophischen Terminologie seiner Zeit entsprechend, gerade das subjektiv Vorgestellte verstand, doch handelt es sich hier lediglich um eine façon de parler, die an dem *gemeinten* Sinn nichts ändert.

[143] G. Chr. LICHTENBERG, Gesammelte Werke, Bd. 1, Frankfurt a. Main, S. 436.

damit in keiner Weise gesagt. Wer das annimmt, hat ohne weiteres aus einer rein logischen Bestimmung eine Wirklichkeitsaussage gemacht.

Zwar hat Descartes noch weitere, ebenso unhaltbare Gottesbeweise vorgebracht, doch genügt es, auf den Zirkel hinzuweisen, in dem er sich überall dabei bewegt: Gott, so lehrt er, muß bewiesen werden, um die ständig lauernde Gefahr auszuschalten, selbst dort von einem bösen Geist getäuscht zu werden, wo sich der Denkende streng an die cartesianische Methodik hält und daher jeden seiner Schritte in Klarheit und Deutlichkeit (clare et distincte) vornimmt. Muß aber dann nicht in einem solchen Gottesbeweis das zu Beweisende schon vorausgesetzt werden, da doch nur dieses garantiert, daß der Beweis auf keiner arglistigen Täuschung beruht?

Noch einige kurze Bemerkungen zu Descartes' radikaler Mathematisierung der Natur. Das Verlangen, damit der Naturerkenntnis absolute Evidenz zu geben, zwingt ihn erneut zu Annahmen, die wieder der metaphysica specialis entstammen. Denn da Bewegung zwar mathematisch beschrieben, aber nicht durch bloße Mathematik begründet werden kann, muß erneut Gott bemüht werden: *Er* setzt alles in Bewegung und *er* sorgt dafür, daß die Gesamtbewegungsmenge im All erhalten bleibt. Der Beweis für diese Behauptung, der sich auf Gottes ewigen und unveränderlichen Ratschluß stützt, ist höchst fadenscheinig, was schon daran erkennbar ist, daß z.B. Bruno, um auf diesen noch einmal zurückzukommen, mit dem gleichen Recht, wie es scheint, gerade die ständig dynamische Wandlung der Natur als Zeichen der unendlichen Schöpferkraft Gottes betrachten konnte. Tatsächlich beruft sich Descartes hier auch nur deswegen auf Gott, weil ihm dies aus der Verlegenheit hilft, mit einer durchgängig mathematisierten und damit vermeintlich vollkommen klar und deutlich erfaßbaren Natur zwar die Bewegung exakt beschreiben, aber eben nicht erklären zu können.

Von allen diesen Fragwürdigkeiten abgesehen, leidet aber die cartesianische Metaphysik noch an einem inneren Widerspruch, der letztlich deswegen von entscheidender Bedeutung ist, weil mit ihm ein wichtiges Element der Intention betroffen wird, der diese Metaphysik ihren Ursprung verdankt. Descartes ging es ja nicht nur um die absolute Selbstgewißheit der Erkenntnis, sondern, in der Nachwirkung des Renaissance-Magismus, auch um die durch sie erst ermöglichte, *praktische Herrschaft* des Menschen über die Natur. Wenn auch Gott immer noch eine tragende Rolle in der cartesianischen Metaphysik spielt – letztlich denkt Descartes, wie sich bereits gezeigt hat, in allen Belangen vom Menschen, nicht von Gott her. So lesen wir bei ihm: „Sobald ich mir aber einige allgemeine Grundbegriffe in der Physik verschafft hatte, (…) so glaubte ich sie nicht verbergen zu dürfen, ohne sehr gegen das Gesetz zu verstoßen, das uns verpflichtet, das allgemein Beste aller Menschen zu befördern. Denn sie haben mir gezeigt, daß es möglich ist, zu Kenntnissen zu kommen, die von großem Nutzen für das Leben sind, und statt jener spekulativen Philosophie, die in den Schulen gelehrt wird, eine praktische zu finden, die uns die Kraft und Wirkungsweise des Feuers, des Wassers, der Luft, der Sterne, der Himmelsmaterie und aller anderen Körper, die uns umgeben, ebenso genau kennen lehrt, wie wir die verschiedenen Techniken unserer Handwerker kennen, so daß wir sie auf dieselbe Weise zu allen Zwecken, für die sie geeignet sind, verwenden und uns so zu Herren und Eigentümern der Natur machen können. Dies ist nicht nur für die Erfindung einer unendlichen Zahl von Kunstgriffen zu wünschen, die uns ohne jede Mühe zum Genuß der Früchte der Erde und aller Annehmlichkeiten auf ihr verhelfen würden, sondern vor allem auch für die Erhaltung der Gesundheit, die ohne Zweifel das erste Gut und die Grundlage aller anderen Güter des Lebens ist."[144] Eben diese praktische Intention Descartes' ist aber unvereinbar mit seinem Bestreben, der Natur eine vollkommen mathematisierte Ontologie zu unterstellen, und während er paradoxer Weise darauf hoffte, gerade dadurch zu einer streng exakten Erkenntnis und vollkommenen Beherrschung der Natur zu gelangen, hat er dieses Ziel in Wahrheit von vornherein verfehlt. Denn dazu bedurfte es der ach so schwankenden, und deswegen von ihm verachteten Erfahrung, bedurfte es des stets fragwürdigen Experiments, kurz, der Einsicht in den immer nur hypothetischen Charakter aller Versuche, in die Natur zu praktischen Zwecken einzudringen. Descartes ließ das Element der Erfahrung zwar nicht ganz außer acht, aber es spielt doch, verglichen mit seinen rein apriorischen, more geometrico geschaffenen Entwürfen, nur eine marginale Rolle. Sein Apriorismus sollte sich allein selbst genügen und nicht nur, wie es doch seine Aufgabe sein müßte, die *Grundlage für Erfahrung* bilden. Am deutlichsten läßt sich das an seinen physikalischen Stoßregeln erkennen, die, wie schon Huygens bemerkte, den elementarsten physikalisch interpretierten Erfahrungen widersprechen, wenn sie auch ein in sich geschlossenes und konsequentes System darstellen mögen.[145]

Es ist der überzogene Anspruch Descartes', eine absolut gewisse Erkenntnis der Wirklichkeit und damit ihre vollkommene Beherrschung zu erlangen, der ihn in diesen Widerspruch trieb, der ihn aber auch dazu führte, die theologiké epistéme zu einer bloßen Funktion menschlicher Egozentrik verkommen zu lassen – von den beinahe durchgehenden Fragwürdigkeiten und logischen Fehlschlüssen ganz abgesehen, mit denen er sie zu begründen suchte. Nicht die neue Ontologie einer mathematischen Naturbetrachtung war allerdings damit diskreditiert, sondern nur das Mißverständnis, ihren hypothetischen Charakter und ihre Rolle als Grundlage der Erfahrung vollkommen zu verkennen. Von diesem Mißverständnis gelöst, berührte sie den Glauben nicht, und gab daher auch keinen Anlaß zu jener trunkenen Selbstgewißheit und jenem hybriden Herrschaftswillen über die Wirklichkeit, in denen sich nichts anderes als der bei Descartes noch verborgene, aber in der Folgezeit immer offener zutage tretende Wille regte, den Menschen von Gott vollständig zu emanzipieren. Die Egozentrik Descartes zeigt sich aber auch und gerade darin, daß er überhaupt (in

---

[144] DESCARTES, Discours de la méthode, zitiert nach der Übersetzung von L. Gäbe, Hamburg 1960, S. 101.
[145] Vgl. hierzu K. HÜBNER, Kritik der wissenschaftlichen Vernunft, a.a.O., Kapitel IX.

dieser Form als erster) das Ich zum Ausgangspunkt seiner Metaphysik machte. War noch im Neuplatonismus, der Gnosis und sogar noch im Hermetismus Gott der Quell, dem die ganze Wirklichkeit entsprang, so war hier bereits die spätere Entwicklung vorgezeichnet, umgekehrt den ganzen Inhalt der Welt aus dem Ich entspringen zu lassen.

Die einst dem Verluste des Mythos entsprungene und seither der Metaphysik zugrunde liegende Sehnsucht, das verlorene Göttliche in der Anstrengung des Begriffs wiederzufinden, die selbst noch den Magismus beherrschte, diese Sehnsucht begann, biblisch gesprochen, der utopischen Hoffnung zu weichen, es könne der Mensch eines Tages ganz aus eigener Kraft nicht nur vom Baum der Erkenntnis, sondern auch vom Baume des Lebens speisen und damit paradiesische Zustände auf Erden herbeiführen.

2. Bacon

Paradiesische Zustände herzustellen und damit das Reich des Menschen (regnum hominis) zu errichten, war auch das erklärte Ziel Bacons. Wissen ist Macht, ist seine leitende Parole, denn Wissen besteht in der Erkenntnis der Ursachen, und diese versetzt uns in die Lage, Erfindungen zu machen, mit denen man die Ursachen zu eigenen Zwecken nutzen kann. In der Methode allerdings, wie solches Wissen und solche Erfindungen zu erreichen sind, gingen Bacon und Descartes ganz verschiedene Wege. Während Descartes in seiner als Rationalismus bezeichneten Weise ausschließlich solche allgemeine Regeln zum Leitfaden der Forschung machte, die er dem Modell der a priori konstruierenden Mathematik entnommen hatte, suchte im Gegensatz hierzu Bacon nach Art eines radikalen Empirismus nur solche, die einer systematischen Erfahrung dienen können. Wie Descartes an ein *reines Denken*, glaubte er an eine *reine Erfahrung* (mera experientia) und meinte, daß sie im Erkennenden einem Spiegel der Wirklichkeit gleiche, wenn er nur die geeigneten Maßnahmen treffe, diesen ungetrübt zu halten oder, wie er sich ausdrückt, aus dem speculum inaequale ein speculum aequale zu machen.

Deshalb müßten zunächst alle Antizipationen und Vorurteile vermieden werden, welche die unmittelbare Empfängnis der Erfahrung verhindern. Solche beruhten beispielsweise auf den sog. idola theatri, worunter Bacon ungeprüft übernommene Schulmeinungen versteht; ferner auf den idola tribus, wofür er als Beispiel angeborene Sinnestäuschungen sowie die bekannte Neigung der Menschen aufführt, die Beurteilung von Sachverhalten mit Affekten zu vermengen und überhaupt alles nach Art des Menschen (ex analogia hominis) zu deuten. Dies zeige sich insbesondere daran, daß vornehmlich die Zweckursache, die causa finalis, als Prinzip der Naturerklärung herhalten soll, während doch die für praktische Zwecke weit wichtigere Wirkursache, die causa efficiens, vernachlässigt werde. Man müsse den Geist und Gott aus der Bildung der Dinge fernhalten und sie allein aus ihrer materiellen Notwendigkeit erklären. Diesen Empfehlungen, wie Vorurteile zu vermeiden sind, folgen Bacons

Regeln der Induktion, nach denen man, in nunmehr ungetrübter und systematisch angestellter Erfahrung, die gesetzmäßigen Zusammenhänge der Erscheinungen erforschen könne. Umgekehrt sei dann durch *Deduktion* aus den so rein empirisch gewonnenen Erkenntnissen logisch zu erschließen, wie man sie zum Endzwecke bestimmter Erfindungen im Dienste der Menschheit zu nutzen vermag.

Wenn also auch Bacon in seiner Methodenlehre den Irrtum Descartes' vermied, in der für die Naturbeherrschung notwendigen Erkenntnis die Rolle der Erfahrung gröblich vernachlässigt zu haben, so beging er doch den anderen, nicht minder folgenschweren Fehler, die bei dieser Erkenntnis unerläßlichen, apriorischen Elemente vollständig zu übersehen. Daß es eine „reine Erfahrung" nicht gibt, daß sie ohne apriorische „Anticipationen" gar nicht auskommt, brauche ich hier nicht zu wiederholen. So blieb denn auch Bacon, sonst so bemüht, alle apriorischen Anticipationen zu entlarven, für die eigenen vollkommen blind. Wir finden sie in der seiner Methodenlehre wie bei Descartes notwendig zugeordneten Ontologie – gibt sie doch die allgemeinen Bestimmungen der Wirklichkeit an, auf welche die Methodenlehre überhaupt erst angewendet werden kann, wie umgekehrt die Methodenlehre die ihr zugeordnete Ontologie voraussetzt, weil sie, wie sich schon bei Descartes gezeigt hat, auf diese abzielt. (Die Universalmathematik als Methode hat ja nur einen Sinn in bezug auf eine vermeinte Wirklichkeit, die mathematisch bestimmt ist.) Zu diesen von Bacon nicht weiter reflektierten und wie selbstverständlich vorausgesetzten ontologischen Bestimmungen gehören wieder die scharfe Trennung des Subjekts vom Objekt (zusammengefaßt in dem Verbot, die Natur ex analogia hominis zu betrachten), die damit zusammenhängende Verdrängung der Zweckursachen zugunsten der Wirkursachen, deren rein materiell und ohne spirituelle oder göttliche Teilhabe gedachter, geschlossener Zusammenhang und schließlich, um nur dieses noch zu nennen ohne näher darauf einzugehen, die aus der aristotelischen Metaphysik übernommene causa formalis, die eher qualitativer Natur ist und in einem etwas verworrenen Verhältnis zur causa efficiens steht.

Es sei nun dahingestellt, wie weit Bacons Methodenlehre und Ontologie fragwürdig sind und ob nicht überhaupt die cartesianische Verwendung der Mathematik, die bei ihm ja völlig fehlt, das Ziel weit stärker beförderte, Wissen zum Zwecke der Beherrschung von Natur und Wirklichkeit zu erlangen. Für den gegebenen Zusammenhang von besonderer Bedeutung ist aber die Feststellung, daß Bacon in seinem radikalen Empirismus das Zusammenspiel von apriorischer Konstruktion und mit ihrer Hilfe empfangener Erfahrung ebenso wenig erkannt hat wie Descartes in seinem radikalen Rationalismus. Daher erlag auch er dem Wahne, gleichsam aus entgegengesetzter Richtung kommend, den rechten Weg zur Erkenntnis der absoluten Wirklichkeit, der Wirklichkeit an sich gewonnen zu haben. Es ist ja dieses Zusammenspiel, das im Gegensatz hierzu den *hypothetischen Charakter* der in Rede stehenden Erkenntnis grundlegend erschließt: Hypothetisch sind ihre apriorischen Elemente, da sie keiner absoluten Begründung fähig sind, hypothetisch ihre empirischen, weil sie in ihren allgemeinen Rahmenbedingungen von den apriorischen abhängen. Zwar hat Bacon die Fragwürdigkeit aller empirischen Erkenntnis im einzelnen dadurch zugegeben, daß er sie zugleich als Ringen mit dem speculum inaequale, somit auch als Versuch und Irrtum hinstellte; das ändert aber nichts daran, daß nach seiner Auffassung die reine Erfahrung, die mera experientia, prinzipiell möglich ist, und, wo sie gelingt, das absolute Bild der Wirklichkeit vermittelt; ja, daß diese vermeintlich absolute Wirklichkeit jene vorhin beschriebenen, ontologischen Strukturen aufweist, die mit seinen Empirismus unlöslich verbunden sind. Aus dieser angeblich rein empirisch in ihrem wahren An-sich-sein enthüllten Natur sind aber auch bei Bacon Geist und Seele vollkommen entwichen. Was wundert es da, daß er die Natur als bloßes Werkzeug menschlicher Herrschaft betrachtet und ihr in einer jede Achtung und Ehrfurcht vermissenden Weise entgegentritt. Man müsse die Natur zerschneiden, fordert er (dissecare naturam), man solle sie durch die Tat besiegen (naturam operando vincere), und wie Proteus einst seine Gestalten nur wechselte, wenn man ihn fesselte, so offenbare sie sich auch nur demjenigen, der ihr Zwang antue. Auch hier sind es wieder nicht die Methodologie und Ontologie als solche, die zu dieser hybriden Anmaßung absoluten Wissens und unbedenklichen Herrschaftswillens führen, wie ja auch gegen eine Ausnutzung der Natur zu menschlichen Zwecken, denen sie dienen sollen, grundsätzlich nichts einzuwenden ist; sondern es ist ihre *Deutung*, nämlich als *absoluter Weg* zur Wahrheit im Falle der Methodologie, und als *absolutes Bild* einer für entseelt gehaltenen Wirklichkeit im Falle der Ontologie. Niemals hätte sich Bacon in so ehrfurchtsloser Weise zur Natur äußern können, hätte er seine Methodologie und seine Ontologie nur als hypothetische Konzepte verstanden, die andere, mythische oder religiöse nicht ausschließen, sondern nur bestimmte Aspekte der Wirklichkeit zu den genannten Zwecken herausgreifen.

Was aber nun Gott betrifft, und damit komme ich zu dem hier eigentlich interessierenden Punkt, so war Bacon aus der neuen, ganz vom Menschen her denkenden und egozentrischen Sicht weit konsequenter als Descartes. Anders als bei diesem spielt Gott in seiner Metaphysik überhaupt keine Rolle, ja, er zieht eine scharfe Trennungslinie zwischen ihr und der Religion. Zwar anerkennt er den Gedanken der Schöpfung, aber damit verbindet er doch nur ganz allgemein die in der Renaissance geläufige Bewunderung für den Weltbaumeister, dessen Werk im übrigen am Leitfaden seiner materiellen Zusammenhänge und causae efficientes, nicht aber irgendwelcher göttlicher Zwecksetzungen und causae finales zu erforschen sei. Entsprechend ist bei Bacon auch nicht einmal etwas mit jener cartesianischen Vorstellung Vergleichbares zu finden, daß bestimmte mechanische Bewegungsgesetze aus Gottes unveränderbarem Ratschluß abgeleitet werden müßten. Der Schöpfungsgedanke besteht also in der Tat ganz unabhängig von Bacons Metaphysik, und dies entspricht ja auch seiner ausdrücklichen Warnung, daß die Philosophie, wenn sie die Religion zu sich einlasse, in Phantasterei ausarte. Anderseits warnte Bacon aber ebenso davor, die Religion zur Philosophie werden zu lassen, denn dies führe nur zum Unglauben. Hier stellt sich freilich die Frage, weshalb er denn noch diesen befürchte? Welchen Platz kann denn überhaupt der Glaube noch neben einer Metaphysik finden, die geradezu mit dem Pathos auftritt, das Reich des Menschen, das regnum hominis vorzubereiten und von der Vision künftiger, paradiesischer Zustände durch vollkommene Naturbeherrschung getragen ist?

Bacon versucht sich mit der alten Unterscheidung zu helfen, die zwischen der sog. natürlichen Religion und der geoffenbarten gemacht wird. Die natürliche beschränkt sich auf den Gedanken der Schöpfung, wovon schon die Rede war; die geoffenbarte aber hat die christliche Lehre von der Menschwerdung Gottes, der Auferstehung von den Toten, der Erlösung usf. zum Inhalt. Diese ist nun zwar nach Bacons Meinung mit der Vernunft im Sinne seiner Methodenlehre und Metaphysik unvereinbar, doch müsse sie gerade deswegen zur Ehre Gottes geglaubt werden, und dies um so mehr, je vernunftswidriger die göttlichen Mysterien seien.[146] Diese wohl auf einem Mißverständnis Tertullians beruhende Argumentation ist geradezu blasphemisch. Denn sie bedeutet, daß es der Ehre Gottes diene, wenn der Mensch doch angeblich auf dem Wege der Vernunft gewonnene, von Bacon selbst als speculum aequale, als reiner und unverfälschter Spiegel der Wirklichkeit zu verstehende Wahrheiten verleugnet. So ist denn auch Bacons Versuch, die geoffenbarte Religion gerade mit Hinblick auf ihre angebliche Vernunftswidrigkeit gegen die Metapyhsik verteidigen zu wollen, vermutlich nichts anderes als ein, wenn auch verständliches Lippenbekenntnis, mit dem er sich nur vor den Angriffen der Kirche zu schützen hoffte. Im Grunde ist die Metaphysik als theologiké epistéme bei ihm bereits ebenso tot wie bei Descartes und nicht mehr auf Gott richtet sich in Wahrheit die Sehnsucht des Denkens, sondern nur noch auf den Menschen, der längst, kaum noch verborgen, in den Mittelpunkt gerückt ist.[147]

Nun wurde es zur europäischen Mode, das „mechanistische Weltbild" auf das Seelenleben auszudehnen, das man ausschließlich physiologisch zu „erklären" suchte, und Gott in der Weise des *Deismus* als Ursprung aller dieser Prozesse zu „erschließen", auf die er im übrigen hinfort keinen weiteren Einfluß mehr nähme. Daher spottete Pascal zurecht, man habe Gott erlaubt, der Welt einen Stoß zu gegeben, dann aber habe man ihn nicht mehr gebrauchen können. Kein

---

[146] BACON, De dignitate et augmentis scientiarum, lib. IX, Cap.1.

[147] Noch absurder als Bacons „Verteidigung" des Glaubens ist diejenige P. Bayles (1647–1706) in seinem „Dictionnaire historique et critique". Denn während Bacon von der angeblichen Vernunftwidrigkeit des Glaubens noch eher summarisch spricht, glaubt Bayle, sie mit der ganzen Schärfe der Logik im Detail vorführen zu müssen, um dann die gottergebene Bereitschaft des Gläubigen, vor solcher vernichtender Kritik dennoch die Augen zu schließen, in um so hellerem Lichte erstrahlen zu lassen. Sein Angriff gilt vor allem dem Sündenfall und damit der Voraussetzung für die christliche Erlösungslehre. Ist der Mensch nicht frei in seinem Handeln, argumentiert er, dann trifft ihn auch keine Schuld; ist er aber frei, dann ist er schuldig durch Gott, und folglich hat Gott die Sünde zugelassen; hat er sie nun gewollt, so ist er nicht allgütig, hat er sie nicht gewollt, so ist er nicht allmächtig. Über die Haltlosigkeit dieses Schlusses vgl. das II. Kapitel, 5.

Wunder, daß nun auch die ersten Vertreter eines nicht mehr verhohlenen Atheismus in Erscheinung traten. Ich übergehe diese Phase seichter, und von blanken Trugschlüssen geprägter Metaphysik, für die Namen wie Hartley (1705–1757), Priestley (1733–1804), Toland (1670–1722), Maupertuis (1698–1759), Voltaire (1694–1778), Holbach (1723–1789), Lamettrie (1709–1751) und viele andere als Beispiele angeführt werden können, und wende mich jenen herausragenden Denkern zu, die der späteren, großen Rückkehr zur Metaphysik als theologiké epistéme im Deutschen Idealismus gerade dadurch zuarbeiteten, daß sie die dogmatischen Grundlagen des baconschen Empirismus und cartesianischen Rationalismus genauer zu durchdenken und zu vertiefen suchten. Denn dabei stießen sie auf deren bis dahin ungeklärte Fragwürdigkeiten, die zu neuen Lösungen drängten. Die Rede ist von Locke, Berkeley, Hume und Spinoza.

3. Locke

Dieser teilt zunächst Bacons dogmatische Auffassung, daß der ganze Stoff der Erkenntnis aus der Erfahrung stamme. Daher sei die Seele rein empfangend und gleiche einem weißen, unbeschriebenen Blatt.[148] Aber anders als Bacon fragt Locke nach den Bausteinen und Elementen, auf die sich die Erfahrung stützt. Seine gewissermaßen impressionistische Antwort lautet, kurz zusammengefaßt, so: Es sind die einzelnen Wahrnehmungen, durch die wir teils von den Gegenständen und Sachverhalten außer uns (sensations), teils von denjenigen in uns (reflexions) Kenntnis nehmen. So hören, sehen, tasten wir u.a., was um uns vorgeht, und so wird uns z.B. bewußt, daß wir etwas fühlen, denken oder wollen. Aus diesen einzelnen Wahrnehmungen bildet der Verstand dann zusammengesetzte und stellt zwischen ihnen Beziehungen her. Dies geschieht einerseits durch Worte, die mit Hilfe der Abstraktion Gemeinsames zusammenfassen, andererseits durch Urteile, in denen Worte so miteinander in Beziehung gesetzt werden, wie es den Wahrnehmungen entspricht.

Das ontologische Konzept, das hinter dieser Elementarlehre der Erfahrung steckt, zeigt sich besonders deutlich in der Beziehung, die nach Lockes Auffassung Wahrnehmungen und Verstand zur Wirklichkeit haben. Dabei finden wir teils aus der Renaissance übernommene, teils im mittelalterlichen Nominalismus wurzelnde Gedanken. Aus der Renaissance stammt seine Unterscheidung der Wahrnehmungen in solche, die den Gegenständen objektiv zukommen (primäre Qualitäten), und in solche, die nur die subjektive Art betreffen, wie wir sie empfangen (sekundäre Qualitäten). So gehören die räumlichen und zeitlichen Beschaffenheiten, aber auch die darauf begründeten, mathematisch beschreibbaren Bewegungen der Mechanik den Körpern selbst an, während Töne, Farben, Wärme usw. nur den mechanischen Wirkungen entsprechen, welche die Körper auf unsere einzelnen Sinnesorgane ausüben. Sie zeigen daher lediglich die Art, wie sie uns *erscheinen*. Dem Nominalismus aber ent-

---

[148] J. LOCKE, An essay concerning human understanding, II.1,§ 2.

springt die ontologische Deutung, die Locke den Funktionen des Verstandes gibt, Worte und Urteile zu bilden. So haben diese zwar in den Wahrnehmungen ihre Grundlage, aber weil sie aus ihnen durch Abstraktionen gewonnen werden, welche die Wirklichkeit selbst nicht kennt, seien sie lediglich als Schöpfungen unseres Geistes zu betrachten (abstrakte Vorstellungen).

Lockes ontologische Unterscheidung zwischen einer objektiven Wirklichkeit und den subjektiven Prozessen, durch die sie in Sinnlichkeit und Denken aufgenommen wird, gipfelt schließlich darin, daß er, darin Kant vorwegnehmend, die ganze empirisch faßbare Wirklichkeit als *Welt der bloßen Erscheinung* versteht, hinter der die Welt der Dinge an sich verborgen liegt. Werden nämlich nach empiristischer Auffassung die einzelnen, sinnlich wahrnehmbaren Objekte durch eine kontinuierliche, enge Verbindung primärer oder sekundärer Eigenschaften konstituiert, z.B., indem man sie durch deren Aufzählung beschreibt und kennzeichnet, so denken wir uns nach Lockes Meinung notwendiger Weise zu diesen Eigenschaften einen Träger, an dem sie auftreten, und dieser wird philosophisch als *Substanz* bezeichnet. Worin eine Substanz wirklich besteht, wissen wir allerdings nicht, sie ist nothing but the supposed, unknown support of these qualities we find existing, which we imagine cannot substist sine re substante, without to support them.[149] Eine solche Unterscheidung zwischen der Welt der Erscheinung und der Welt an sich hatte nicht nur die weitreichende Folge, daß nun jene von Descartes und Bacon erfaßte Wirklichkeit rein materieller Zusammenhänge ihre absolute Bedeutung verlor und in ihre Grenzen verwiesen wurde, sondern sie eröffnete nun auch einen neuen Weg zum Religiösen, der später im Deutschen Idealismus, wenn auch in mannigfaltigen Abwandlungen, weiter verfolgt werden sollte.

Es ist nämlich der Begriff der Substanz als etwas jenseits der Erscheinung Liegendes, auf den Locke die Gottesvorstellung gründet. Dieser Übergang zur metaphysica specialis geschieht in folgenden Schritten: Das Ich kann sich selbst unter den Voraussetzungen des Lockeschen Empirismus nur als ein enger kontinuierlicher Verbund äußerer und innerer Wahrnehmungen erkennen, durch ihn allein erfährt es seinen eigenen Körper und Geist; aber auch diesem Verbund, wie allen anderen dieser Art, ordnet es nun *unwillkürlich* einen empirisch nicht mehr faßbaren Träger zu, eine Substanz, der dieser Verbund entspringt. Und nun folgt Lockes Schluß: Die Substanz, die solchermaßen dem Ich zugrunde liegt, kann nur auf Gott zurückgeführt werden. Denn da die körperlichen Substanzen sich weder selbst bewegen noch erschaffen können, so müsse ihre Ursache ein wollendes Wesen sein; und da andererseits denkende Naturen nicht aus nichtdenkenden hervorgehen könnten, so müsse ihre Ursache ein denkendes Wesen sein. Daraus folgt für Locke, daß die erfahrbare Wirklichkeit von Ich und Welt als das Werk eines ewig schaffenden, wollenden und denkenden, also geistigen Wesens, nämlich Gottes zu betrachten ist.[150] Im Gegensatz

---

[149] An essay, a.a.O., II, 23, § 2.
[150] An essay, a.a.O., IV, 10, § 8–12.

zu Descartes ist also für Locke die Gottesvorstellung nicht das Ergebnis einer Lebenserfahrung, eben derjenigen des Mangels, sondern er läßt sie bereits in der seiner Meinung nach aller Lebenserfahrung zugrunde liegenden, empirischen Selbsterfahrung des cogito entspringen. Denn das cogito faßt er eben *nicht* als einen rein autonomen Akt auf, wie Descartes, sondern nur als die Erscheinung einer Substanz, die es in sich wirksam weiß. Und während Descartes den vollkommen Gott dem unvollkommenen Menschen einfach gegenüberstellt, sieht Locke vermittelst des Substanzbegriffes Gott im Menschen jenseits aller wahrnehmbaren Erscheinung schaffend wirken.

Diese zunächst als „natürlich" zu bezeichnende Religion dient ihm nun als Grundlage der geoffenbarten. Deren Kern sieht er in der göttlichen Sendung Christi, uns mit fortwirkender Kraft darin beizustehen, das Gute, wenn wir es nur wollen, auch wirklich zu tun. Der Glaube daran ist aber für Locke keineswegs vernunftwidrig, wie Bacon und so viele andere, die in seinem Gefolge auftraten, meinten, sondern im Gegenteil auf Grund der seiner Meinung nach notwendigen Substanzidee durchaus einleuchtend und der Vernunft entsprechend.[151] Doch genügt das nicht; dieser Glaube kann seine erlösende Kraft nur haben, wenn er zugleich mit vollkommener Gewißheit erfaßt wird, a sure principle of assent and assurance.[152] Wie aber ist das möglich?

Gewißheit gibt es zwar für Locke nur empirisch, nämlich im unmittelbaren, sinnlichen Augenschein, doch kann sie sich seiner Meinung nach auch einstellen, wenn wir diesen durch zwingende Gründe ergänzen. Solche Gründe könnten in notwendigen Folgerungen bestehen, die aus den empfangenen Wahrnehmungen gezogen werden, oder in der Berufung auf absolut glaubwürdige Zeugen, ja, gerade das letztere begründe den größten Teil unseres Wissens. Denn wie schon unsere Kenntnis der Geschichte beweist, wäre es nicht nur praktisch unmöglich, sich von allem selbst überzeugen zu wollen. Nun beruht ja in der Tat die natürliche Religion auf notwendigen Folgerungen, die geoffenbarte aber auf den Aussagen absolut glaubwürdiger Zeugen. Die natürliche bildet daher bei Locke insofern die Grundlage für die geoffenbarte, als durch sie die Existenz Gottes überhaupt gesichert ist; ohne diese Gewißheit wäre auch die Glaubwürdigkeit der Zeugen Gottes nicht möglich, sie ist sozusagen deren notwendige Bedingung. Hinreichend aber wird sie nach Locke nur dadurch, daß das Zeugnis, das sie ablegen, also die Offenbarung, in der bereits gezeigten Weise mit der Vernunft übereinstimmt.

Die Mängel von Lockes Versuchen, die natürliche und die offenbarte Religion rational zu begründen, liegen auf der Hand. Man findet diese Mängel schon in seiner empiristischen Erkenntnistheorie, welche die apriorischen Elemente jeder Erkenntnis außer acht läßt, zugleich aber ohne überzeugende Begründung zu jenem Substanzbegriff führt, auf den Locke ja seinen Gottesbeweis gründet. Aber weder erlaubt dieser an sich schon fiktive Substanzbegriff als angeblicher

---

[151] Reasonableness of Christianity.
[152] An essay, a.a.O., IV, 16, § 13 und 14.

Träger der Erscheinungen den Schluß auf Gott, noch ist Lockes Empirismus geeignet, das Auftreten eines göttlichen Menschen innerhalb der Wahrnehmungswelt verständlich zu machen, so daß sein Versuch scheitert, zwischen „natürlicher" und geoffenbarter Religion eine Brücke zu schlagen. Zurückzuweisen ist schließlich, daß Locke wie seine Vorgänger unverändert an der Übereinstimmung des Glaubens mit der Vernunft als Maßstab für seine Annahme festhält. Daß dieser Maßstab für den Glauben untauglich ist, weil er von der ontologischen Trennung zwischen Subjekt und Objekt ausgeht, die nur mit schwankenden Hypothesen überbrückt werden kann, während die Gewißheit des Glaubens darin besteht, daß dieser durch Gottes eigenes Wort im Menschen geschaffen wird, ist hier schon ausführlich dargelegt worden; vor allem aber zeigt sich hier wieder, daß die Berufung auf die Vernunft, so als ob es etwas für alle gleichermaßen absolut Gewisses wäre, worin sie eigentlich besteht, auf einer Illusion beruht. Wenn Locke die Übereinstimmung des Glaubens mit der Vernunft behauptet, Bacon diese aber gerade leugnet, so liegt dies nicht daran, daß sie eine verschiedene Vorstellung davon haben, was unter der geoffenbarten Religion, sondern daß sie eine verschiedene Vorstellung davon haben, was unter Vernunft zu verstehen sei. Ist doch für beide der Empirismus die wahre Grundlage vernünftigen Denkens, und verstehen doch beide etwas ganz anderes darunter.

4. Berkeley

Dieser ging noch einen entscheidenden Schritt weiter als Locke, indem er dessen Unterscheidung zwischen primären und sekundären Sinnesqualitäten zugunsten der letzteren fallen ließ. (Raumvorstellungen z.B. seien ohne Farb- oder Tastvorstellungen nicht möglich.) Auch weist er den Begriff der Substanz als Träger der äußeren Sinneserscheinungen zurück und läßt ihn nur für den Geist und Gott gelten. Aber wenn auch einerseits der Grundsatz gelte „esse est percipi", „Sein ist Wahrgenommenwerden", so dürfe man daraus nicht auf einen reinen Solipsismus schließen. Könnten doch die in den Wahrnehmungen zu beobachtenden Ordnungen, Regeln und Gesetze nur auf Gott als deren geistigen Urheber zurückgeführt werden. Aber wenn hier auch die Gottesvorstellung nicht mehr wie bei Descartes als Garantie rechter Erkenntnis dient, sondern als Garantie dafür, daß nicht überhaupt die gesamte Außenwelt zum bloßen Produkt sinnlicher Wahrnehmungen und damit zum reinen Schein wird, so wird damit doch nicht weniger dem Religiösen in einer geradezu blasphemischen Weise nur eine dem Menschen dienende Rolle zugewiesen.

5. Hume, oder die Unmöglichkeit einer psychologischen Erklärung von Mythos und Religion

Noch radikaler als Berkeley, verwarf Hume nicht nur wie dieser die Existenz einer körperlichen Substanz, sondern auch diejenige einer geistigen und erklärte nun selbst das Ich zum bloßen „Bündel von Perzeptionen". Der Gefahr, mit einer solchen, gegenüber Bacon neuen Auflage eines radikalen Empirismus nun endgültig die Beziehung zur Wirklichkeit zu verlieren, meinte er dadurch bannen zu können, daß er das bisherige Leitbild des vernünftigen Wissens durch dasjenige des *vernünftigen Glaubens* ersetzte; freilich nicht eines religiösen, sondern eines rein psychologischen.

Alle konstanten Ordnungsbeziehungen nämlich, die in den rein sinnlichen Wahrnehmungen feststellbar sind wie Ähnlichkeiten, raum-zeitliche Berührungen oder solche des Ursache-Wirkungszusammenhanges, bestehen nach Hume in gar nichts anderem als der beständigen Wiederholung von Sinnesassoziationen, die sich schließlich psychologisch derart zu einer Gewohnheit verfestigen, daß beim Eintritt des einen Teils von ihnen unwillkürlich sogleich die Vorstellung des anderen hervorgerufen wird. (Wenn es geblitzt hat, erwarten wir den Donner.) Solche ordnende Vorstellungsassoziationen, erwecken also Erwartungen von derartiger Bestimmtheit, daß Hume sie einen *Glauben* nennt, einen Glauben, der schließlich den Grad der Gewißheit erreichen kann. Da sich aber die Wirklichkeit in den bezeichneten Ordnungsbeziehungen äußert, weil sie dem Subjekt gegeben und nicht von ihm selbst erdacht werden, so ist dieser Glaube zugleich derjenige an die Wirklichkeit selbst. Damit haben wir nun eine weitere Definition der Vernunft. Vernunft liegt nach Hume dann vor, wenn man dem durch Erfahrung Gewohnten folgt, und so handelt derjenige vernünftig, der seine Erwartungen, sein Denken und Handeln darauf einstellt. Dies geschieht besonders bei Berücksichtigung von Kausalzusammenhängen, die durch ständige Wiederholung feste Vorstellungsassoziationen bewirkt haben.

Nachdem nun für Hume feststand, daß zwischen der so verstandenen Vernunft und der Religion, sei sie eine natürliche oder geoffenbarte, ein unaufhebbarer Widerspruch bestehe, der zugunsten der Vernunft zu entscheiden sei – damit habe ich mich schon im XII. Kapitel, 5 ausführlich auseinandergesetzt –, fragte er sich in seiner als „Naturgeschichte der Religion" betitelten Untersuchung (Natural History of Religion), welche psychologischen Erklärungen es dafür gebe, daß trotzdem überhaupt geglaubt werde. Zusammengefaßt lautet seine Antwort: der Mensch wird in seiner Furcht vor Unglück, in seiner Hoffnung auf Glück, seiner Angst vor dem Tode und seiner Sehnsucht nach Genugtuung für erlittenes Leid zum Glauben an höhere Mächte gedrängt, die er sich dann nach seinem Bilde personifiziert vorstelle. Erst sind es Götter, dann will man, daß der eigene Gott über alle anderen Macht habe, und so komme man schließlich zum Monotheismus. Wie man sieht, betrifft also Humes Erklärung nicht nur die geoffenbarte und die sog. natürliche Religion, sondern auch den Mythos.

Nun soll freilich nicht bestritten werden, daß solche psychologischen Motive den Wunsch nach Mythos und Religion welcher Art immer erwecken können, aber daraus folgt doch nicht, daß beide nur auf reinem Wunschdenken beruhten. Um dies zu behaupten, müßte zuerst bewiesen sein, daß Gegenstände des Glaubens gar nichts Wirkliches sein können, womit eben nur diese Erklärung übrig bliebe. Ein solcher Beweis ist aber Hume nicht gelungen, und das nicht nur, weil der Vernunftbegriff wie gezeigt anfechtbar ist, auf den er sich dabei beruft, sondern auch, weil ein derart rein theoretisch begründeter Zweifel in seiner ontologischen Bedingtheit von vornherein sein Ziel verfehlt.[153] Das ändert nichts daran, daß Humes psychologischen Erklärungen durch die Jahrhunderte hindurch bis heute zu einem Klischee aufklärerischer Religions- und Mythoskritik geworden sind und in mannigfaltigen Variationen oft genug bei Philosophen, Religions-, Mythosforschern und Anthropologen wiederzufinden sind, die im übrigen wenig oder gar nichts miteinander gemein haben. Beschränken wir uns auf einige herausragende Beispiele der Gegenwart. Dabei habe ich solche ausgewählt, die zwar vornehmlich den Mythos betreffen, aber gerade der Zusammenfassung Humes von Mythos und Religion, die ja mit seinem Titel Natural History of Religion gemeint ist, entsprechen.

Nach Th. Adorno und M. Horkheimer wurzelt der Mythos in der Angst vor dem Unbekannten und Unheimlichen. Diese Angst wolle der Mensch überwinden, indem er dieses Unbekannte und Unheimliche auf Bekanntes und Gewußtes zurückführe, es also erkläre.[154] Ähnliches behauptet H. Blumenberg. Man müsse, sagt er, einen status naturalis, einen Urzustand also, annehmen, in dem der „Absolutismus der Wirklichkeit" herrschte.[155] Darunter versteht er das Übermächtige, Chaotische, Unberechenbare der äußeren Welt, welcher der Mensch hilflos ausgesetzt schien. Doch „mag er sich früher oder später diesen Sachverhalt der Übermächtigkeit des jeweils anderen durch Annahme von Übermächten gedeutet haben."[156] Auch für Blumenberg entspringt somit der Mythos der Angst. Deren Bewältigung erfolge in ihm durch „Kunstgriffe" wie „die Supposition des Vertrauten für das Unvertraute, der Erklärungen für das Unerklärliche, der Benennungen für das Unbenennbare."[157] Dabei gehe es vor allem um die Benennungen mythischer Mächte und das Erzählen mythischer Geschichten. Der Mythos schaffe erleichternde Distanz, ja, das sei geradezu seine „Funktion."[158] So stelle er Vertrautheit her, „nicht nur durch seine allzumenschlichen Geschichten von Göttern, durch den leichten Unernst dessen, was sie miteinander haben"[159], sondern vor allem durch deren „Gewalteinteilung" untereinander. Indem nämlich jeder von ihnen seinen besonderen Zuständigkeitsbereich hat, grenzen sie nicht nur wechselseitig ihre Macht ein, sondern bieten auch, reichlich und eifersüchtig miteinander beschäftigt, dem Menschen Entlastung. Der Mythos „defokussiert" das Interesse am Menschen[160], er läßt ihn leben, „indem er die Übermacht depotenziert".[161] Damit wird der

---

[153] Vgl. hierzu das I. Kapitel, 2 a.
[154] Dialektik der Aufklärung, Frankfurt M 1984, S. 17.
[155] Arbeit am Mythos, Frankfurt M 1979, S. 9.
[156] Ebenda.
[157] A.a.O., S. 11.
[158] A.a.O., S. 132.
[159] A.a.O., S. 137.
[160] A.a.O., S. 37.
[161] A.a.O., S. 38.

status naturalis schließlich überwunden, wo „die Möglichkeit des Menschen zur Herrschaft unbekannt, unerkannt, unerprobt war."[162] Andere Forscher haben weniger psychologische Erklärungen für Mythos und Religion im Allgemeinen gesucht wie Adorno oder Blumenberg, als für das rituelle Opfer, worin sie allerdings deren wichtigstes Element zu erkennen meinen. R. Girard beispielsweise deutet das Opfer so: Da die Menschen in beständiger Spannung zueinander leben, bedarf es eines Blitzableiters, in dem diese abgelenkt werden kann. Die Rolle des Blitzableiters spielt nun der Sündenbock als victime émissaire, mit dem der Widerstreit aller gegen alle wieder in Einmütigkeit verwandelt wird. Allerdings handle es sich dabei um „Des choses cachées depuis la fondation du monde"[163], also seit Urzeiten ins Unbewußte oder Unterbewußte verdrängte Handlungen. Entsprechend stellten sich auch zunehmend Ersatzopfer ein, in denen auf harmlosere Weise wiederholt wird, was sonst blutiger Ernst sein kann. Ähnlich sieht es W. Burkert[164], der sich dabei im übrigen wie auch Girard auf die Aggressionstheorie von K. Lorenz stützt. Andere, einem psychologischen Pragmatismus entspringende Erklärungen versuchten angelsächsische Anthropologen wie z.B. R. Archey[165], D. Morris[166], S.L. Washburn, C.S. Lancaster[167] und der Franzose M. Mauss[168]. Da es unvermeidlich war, das Großwild gemeinsam zu erlegen, mußte man das Fleisch anschließend verteilen. In dieser Verteilung bildeten sich Normen als rituelle Formen aus, die dann am „künstlichen" Tieropfer nachgespielt wurden. Dieses Verteilungsschema stellt also eine Urform sozialer Zusammengehörigkeit dar, die schließlich kultisch überhöht wurde.

Alle diese Erklärungen werden aus der angeblich überlegenen Position dessen übernommen, der vorgibt, mehr über den mythischen (und religiösen) Menschen zu wissen, als dieser selbst. Man vermeint ihn in seinen geheimsten Intentionen und Absichten zu durchschauen, man weiß, was in seinem Unterbewußtsein vorgeht, da ja wohl niemand ernstlich behaupten kann, daß z.B. der mythische Mensch sich der „Kunstgriffe" oder „Funktionen" des Mythos bewußt gewesen sei. Woher wir eigentlich die Überlegenheit des Psychoanalytikers gegenüber einer ganzen Epoche der Menschheit beziehen, wird gar nicht gefragt. Damit wird aber auch die Sicht auf die Phänomene des Mythos und Religiösen von vornherein verstellt. Wenn z.B. Blumenberg solche Phänomene als Ausdruck der Angst versteht, so übertreibt er einerseits das Schreckliche darin und mißdeutet andererseits das Heitere in ihnen als den bloßen Versuch, dazu auf Distanz zu gehen. Das wird besonders deutlich dort, wo er auf das Heilige zu sprechen kommt. Denn entweder erwähnt er nur das eine seiner Prädikate,

---

[162] A.a.O., S. 15.
[163] So der Titel eines seiner Bücher, Paris 1978.
[164] Homo necans, Berlin 1972.
[165] The Hunting Hypothesis, London 1976.
[166] The Naked Ape, New York 1967.
[167] The Evolution of Hunting, in Hrsg.: LEE, DEVORE, Man the Hunter, Chicago 1968.
[168] Essai sur le don, in: MAUSS, Sociologie e Anthropologie, Paris 1966.

nämlich das Mysterium tremendum[169], oder er faßt andere, wie das Fascinans und Augustum, lediglich als Funkionen des Mysterium Tremendum auf, nämlich als Versuche, sich vom Mysterium tremendum zu distanzieren.[170] Dabei ist doch vor allem das Fascinans geradezu die Kehrseite des Mysterium tremendum. Vom Fascinans geht das überwältigende Glück aus, das den Menschen in der Epiphanie des (auch zerstörerisch sein könnenden) Göttlichen überwältigt, ja, es ist die Wurzel mythischer Daseinsfreude überhaupt. Hierzu braucht sich der Mensch nicht durch „Kunstgriffe" zu überreden oder emporzuarbeiten. Mit einer distanzierten, ästhetischen Heiterkeit hat dies so wenig zu tun wie Dionysos mit dem Bacchus des Rokoko. Das Numinose ist ein dem Menschen widerfahrendes Ereignis und hat keine „Funktion", wie z.B. diese, „die ursprüngliche emotionale Spannung eines ‚wilden Entsetzens'(...) in Distanz zu überführen" und „anschaulich aufzuarbeiten."[171] So hat W. Burkert ganz recht, wenn er sich am Ende doch die Frage stellt, „wie weit man auf diesem Wege an das Phänomen des Heiligen herankommt, das das Opfer als sacri-ficium konstituiert."[172]

Aber die seit Hume nicht abreißenden psychologischen oder anthropologischen Erklärungen sind nicht nur deswegen gänzlich untauglich, weil sie die Tiefe und Mannigfaltigkeit mythischer oder religiöser Inhalte auf das sie verunstaltende Prokrustesbett simpler Verhaltensmuster reduzieren wollen, sondern auch deshalb, weil sie als psychologische oder anthropologische wissenschaftlichen Disziplinen entnommen sind. Es kann aber keine wissenschaftliche Erklärung von Phänomenen geben, deren Verständnis sich wissenschaftlichem Denken grundsätzlich entzieht und daher, metatheoretisch gesehen, mit ganz anderen Kategorien und Raum-Zeitvorstellungen arbeitet. Schon der Gedanke einer psychologischen Erklärung für das Numinose ist dem mythisch denkenden Menschen ganz fremd, weil diese ontologisch auf der Trennung von Subjekt und Objekt beruht (das Objekt wird ja darin auf Vorgänge im Subjekt zurückgeführt), während er doch in einer Vorstellungswelt lebt, in der nicht er sich den Gegenstand, das Numinose nämlich, ausdenkt, sondern dieses ihn unvermittelt mit seiner Wirklichkeit erfüllt. So nehmen also seine „Erklärer" das durch nichts begründete Recht für sich in Anspruch, ihn auf Grund des angeblich „richtigen", nämlich wissenschaftlichen Denkens, zu durchschauen und als Gefangenen eines Wahns zu betrachten. Dabei ist es doch nur der moderne, von der Wissenschaft geprägte Mensch selbst, der sich so auf den Mythos projiziert, er, dessen gottlosem Dasein es nur um es selbst geht und das daher, existentialphilosophisch betrachtet, hauptsächlich von Aggression und Angst gepeinigt wird.

So hat Hume mit seiner psychologischen Mythos- und Religionserklärung einen Irrweg eingeschlagen, der bis in die jüngste Zeit für nichts als Verwirrung gesorgt hat.

---

[169] A.a.O., S. 72.
[170] A.a.O., S. 35.
[171] A.a.O., S. 72.
[172] W. Burkert, Anthropologie des religiösen Opfers, München 1984, S. 31.

6. Spinoza

Ich wende mich diesem Denker als letztem zu, obgleich es gegen die chronologische Ordnung verstößt. Der Grund dafür ist die herausragende Stellung, die er in seiner Epoche einnimmt. Denn während für die anderen, wenn man von den erwähnten Atheisten absieht, die metaphysica specialis nur ein, wenn auch mehr oder weniger wichtiges Element ihrer Philosophie darstellt, ist das Werk Spinozas vollständig von ihr beherrscht. Es ist vom Anfang bis zum Ende theologiké epistéme und nichts anderes.

Zur Grundlage diente ihm Descartes' Begriff der Substanz. Darunter ist das zu verstehen, was keines anderen zu seiner Existenz bedarf. So ist nach Descartes die Ausdehnung Bedingung aller körperlichen Erscheinungen, nicht aber umgekehrt – alle Farben z.B. sind ausgedehnt, jedoch ist nicht alles Ausgedehnte farbig; und entsprechend ist das Denken Bedingung auch aller anderen geistigen Prozesse wie Wollen, Begehren, die Affekte usw., nicht aber bedarf das Denken dieser – wer z.B. etwas will, *denkt* dabei seine Ziele. Ohne Ausdehnung keine Körper, ohne Denken kein geistiges Leben; damit ist zugleich der ganze Umkreis der Erscheinungswelt abgedeckt. Andererseits können beide unabhängig von einander gedacht werden, so daß jedes ohne das andere existieren kann. Also sind für Descartes Ausdehnung und Denken per definitionem Substanzen.

Hier setzt nun Spinoza ein. Jede Bestimmung sei zugleich eine Negation, omnis determinatio est negatio, denn sie schließe all das aus, was *nicht* zum Bestimmten gehört. Das bedeute aber, daß etwas gar nicht sein kann, was es ist, nämlich eben dieses Bestimmte, ohne das, was es nicht ist. In diesem Sinne bedürften also letztlich auch die Ausdehnung und das Denken einander zu ihrer Existenz und seien deswegen in Wahrheit gar keine echten Substanzen. Daher könne überhaupt nur von *einer* Substanz im eigentlichen Sinne des Wortes gesprochen werden, denn gäbe es auch nur zwei, wäre schon die eine in ihrer Bestimmung der anderen bedürftig. Diese einzige, wahrhafte Substanz aber ist für Spinoza Gott. Gott ist ja als derjenige definiert, der *absolut* keines anderen zu seiner Existenz bedarf.[173] In diesem Sinne ist Gott das vollkommen Unbestimmte (ens absolute indeterminatum) und eben deswegen auch ohne Mangel und Grenze, also das absolut Vollkommene und Unendliche (ens absolute infinitum). Als derjenige, der keines anderen zu seiner Existenz bedarf, ist er aber ferner Ursache seiner selbst (causa sui), und da er von nichts anderem abhängt, ist er einerseits frei und existiert doch andererseits notwendig und ewig. Denn es gibt ja nichts außer ihm, was seine Existenz in Frage stellen könnte, so daß sie eine bloß mögliche oder zufällige wäre. Diese Bestimmung der Unbestimmtheit Gottes führt Spinoza am Ende folgerichtig zu einem Gottesbegriff, der mit dem herkömmlichen unvereinbar ist. Denn wenn Gott die vollkommen unbestimmte Substanz ist, so hat er auch keine Selbstbestim-

---

[173] Das hat zwar auch Descartes in seinen „Prinzipien der Philosophie" gesagt (I, 51), doch hat er daraus keine weiteren Folgerungen gezogen wie Spinoza.

mung, kein Selbst; also hat er auch kein Selbstbewußtsein, keine Selbstempfindung, keine Individualität, weder Verstand noch Wille. Kurz, er ist überhaupt keine Person. (Ad Dei naturam neque intellectus neque voluntas pertinet. Ethik I, XVII) Und doch ist für Spinoza Gott als das ens indeterminatum, als das absolut Unbestimmte, nicht einfach das Nichts. Vielmehr werde er durchaus expliziert durch Attribute, doch seien sie solcher Art, daß dabei Gottes Unendlichkeit und Vollkommenheit keineswegs beeinträchtigt werde. Denn nicht nur, daß jedes dieser Attribute auf seine Weise selbst unendlich und vollkommen sei, gebe es auch noch unendlich viele solcher Attribute, so daß Gott, trotz der Bestimmung durch sie, das Unendliche, Vollkommene, weil durch nichts außerhalb seiner begrenzte Wesen bleibe. Uns Menschen freilich seien davon allerdings nur die Ausdehnung und das Denken bekannt. Die Argumente aber, mit denen sie Spinoza als Attribute auszuweisen suchte, sind die bereits aufgeführten, die Descartes irrtümlich dazu verwandte, sie als Substanzen darzustellen, nämlich als etwas, das keines anderen zu seiner Existenz bedarf. Irrtümlich: Denn Descartes' richtige Einsicht, daß Denken und Ausdehnung keines anderen zu ihrer Existenz bedürfen, muß ja nach Spinoza aus den schon erwähnten Gründen durch die Bemerkung ergänzt werden: Außer Gott, der alleine durch keine Bestimmung von etwas anderem abgegrenzt wird, womit seine absolute Unendlichkeit und Vollkommenheit aufgehoben würde. So aber ist Gott der Inbegriff aller Attribute. Wie sehr sie daher auch, jedes für sich genommen, von einander getrennt sind, so sind sie doch alle in Gott miteinander verbunden. Und auch dies führt Spinoza folgerichtig zu einem mit dem herkömmlichen unvereinbaren Gottesbegriff. Denn wenn Denken und Ausdehnung Attribute Gottes sind, so ist Gott nicht nur ein denkendes Wesen, wie allgemein angenommen, sondern auch ein ausgedehntes, was der allgemeinen Vorstellung widerspricht.[174] Auf den ersten Blick könnte es scheinen, als stünde diese Bestimmung Gottes im Widerspruch zu seiner vorher festgestellten völligen Unbestimmtheit, der zufolge er keine denkende Person sei. Dieser Widerspruch hebt sich jedoch dadurch auf, daß hier von Gott in verschiedener Hinsicht gesprochen wird. Betrachtet man die göttliche Substanz als solche und als Ursprung von allem, so ist sie ein ens absolute indeterminatum; betrachtet man sie aber als Inbegriff aller ihrer Attribute, die sie zur Bedingung haben und ihr unmittelbar entspringen, so ist sie ein ens absolute determinatum.

Was aber bedeutet es eigentlich, daß die Substanz der Ursprung von allem, also auch ihrer Attribute ist, wo doch bisher das Verhältnis zwischen Substanz und Attribut eher als ein rein logisches zur Sprache kam, nämlich als ein solches der definitorischen Begriffsbestimmung und der Begriffsumfänge? (Z.B.: Die Ausdehnung als etwas definitorisch Bestimmtes, damit Begrenztes, setzt ein Unbestimmtes und Unbegrenztes, also Gott voraus, die Körper werden durch die Ausdehnung definiert und setzen daher diese voraus usw.) Doch hat Spinoza

---

[174] „Das Denken ist ein Attribut Gottes oder Gott ist ein denkendes Ding." „Die Ausdehnung ist ein Attribut Gottes oder Gott ist ein ausgedehntes Ding." Ethik, II, Prop I–II. Ich zitiere aus der Ethik in der Übersetzung von J. Stern, Stuttgart 1977.

keinen Zweifel darüber gelassen, daß er hier unter Ursache nicht nur eine logische Bedingung, sondern eine *Wirkursache*, eine Kraft versteht, denn er schreibt: „Gott ist nicht nur die wirkende Ursache (causa efficiens) der Existenz, sondern auch des Wesens der Dinge."[175] Er ist also nicht nur die Ursache dafür, *daß* sie sind, sondern auch *wie* sie sind. Wenn daher vorhin noch etwas unbestimmt gesagt wurde, daß sich Gott in seinen Attributen expliziere, so kann jetzt definitiv gesagt werden, daß er sie in jeder Hinsicht *hervorbringe*. Alles aber, was in diesem Sinne ihrerseits die Attribute hervorbringen, nennt Spinoza einen Modus. So ist alles einzelne Räumliche ein *Modus* der Ausdehnung und alles einzelne Gedachte ein *Modus* des Denken. Jedes einzelne bedarf eines anderen zu seiner Existenz, nämlich erstens des ihm zugeordneten Attributs (Ausdehnung bzw. Denken) und zweitens anderer einzelner Dinge dieses Attributes, anderer diesem Attribut zugehöriger Modi, durch die es abgegrenzt wird, die es hervorbringen oder mit ihm in Wechselwirkung treten. Damit meint Spinoza, daß alle modi, so wie sie einzelne Dinge dieser Welt sind, in irgendeinem engeren Kausalzusammenhang miteinander stehen, der wieder in einem weiteren Kausalzusammenhang steht usw. Nimmt man den Inbegriff eines solchen Zusammenhanges, also das unendliche Ganze aller Modi der Ausdehnung und ihrer kausalen Ordnung oder das unendliche Ganze aller Modi des Denkens und ihrer kausalen Ordnung, so liegt ein *unendlicher Modus* vor, während alle die einzelnen Körper und alle die einzelnen Ideen (als konkrete Gestalten des Denkens) dieser unendlichen Zusammenhänge *endliche Modi* sind. Wie also die unendliche Substanz die causa efficiens der unendlich vielen Attribute, so sind diese die causae efficientes der unendlichen Modi, und diese wieder der endlichen, bzw. ihres unendlichen kausalen Zusammenhanges.[176]

Für den unendlichen Modus des Denkens, also den Inbegriff aller einzelner, endlicher Modi des Denkens, liefert das Scholium zu II, Prop. I, eine besonders erhellende Formulierung. Dort heißt es: „Ein Seiendes, das Unendliches auf unendliche Weise denken kann, ist notwendig in der Kraft des Denkens unendlich." Dieses Seiende aber ist das Attribut „Denken", da es doch den Inbegriff alles Denkens und aller seiner Zusammenhänge letztlich hervorbringt. Wogegen der einzelne Modus des Denkens, z.B. diese oder jene Idee, für sich genommen etwas Begrenztes, Entstehendes und Vergehendes ist. Der Inbegriff aller Modi des Denkens oder der Ausdehnung ist also nichts anderes als die unendliche Kraft der Attribute, die alles einzelne hervorbringt.

Fassen wir zusammen: Alles hat seine Ursache in Gott, weil alles mit logischer Notwendigkeit und der dieser entsprechenden kausalen Notwendigkeit aus ihm

---

[175] Deus non tantum est causa efficiens rerum existentiae, sed etiam essentiae." I, Prop. XXV
[176] „Jeder Modus, der sowohl notwendig als auch unendlich existiert," – also nicht das einzelne Ding, es sei Körper oder Idee, denn es ist im Kausalzusammenhang vergänglich – „hat notwendig folgen müssen entweder aus der absoluten Natur irgendeines Attributes Gottes, oder aus irgendeinem Attribut, das durch eine Modifikation modifiziert ist, die sowohl notwendig als auch unendlich existiert", also z.B. der Inbegriff aller Modi der Ausdehnung und des Denkens und ihrer unendlichen, kausalen Ordnung.

hervorgeht. Gott bringt die Attribute hervor, diese die Modi und deren Kausalordnung, die nur in ihren jeweils einzelnen Phasen, für sich betrachtet, bedingte Verhältnisse enthält (A verursacht notwendig B, aber was verursacht A?), als Ganzes aber doch ein notwendiger Modus des jeweiligen Attributes ist, so daß letztlich auch jedes einzelne Ding, im Lichte dieses Ganzen betrachtet, nicht zufällig ist. Wo alles kausal-notwendig ist, wo es keinen Zufall gibt, keine Willkür, keinen lenkenden Wille, da gibt es auch keine Zwecke, die ja als Endursachen, causae finales, im Gegensatz zu den Wirkursachen, den causae efficientes stehen. So geht zwar die Welt nach Spinoza notwendig aus Gott hervor, und alles darin ist eine geschlossene logische und kausale Folge aus der göttlichen Substanz – „Gottes Macht (potentia) ist sein Wesen selbst." (I, Prop. XXXIV). Aber eben deswegen ist sie – wieder ein Gegensatz zur herkömmlichen Vorstellung – weder eine Schöpfung Gottes noch eine, die einmal ein Ende haben wird. Keine Schöpfung, weil eine solche ja ein Akt des Willens wäre, aber unbeschadet dessen, daß einzelnes in ihr vergänglich ist, etwas in ihrer abgeschlossenen und absoluten Notwendigkeit Ewiges, weil nur Zufälliges vergänglich ist.[177] Damit ist aber auch der fundamentale Unterschied gesetzt zwischen der *schaffenden Natur* (natura naturans) und der *geschaffenen* (natura naturata). Unter „schaffender Natur" versteht Spinoza die Substanz und ihre Attribute, unter der „geschaffenen" aber alle Modi. (I, Prop. XXIX, Scholium) Die geschaffene Natur ist also der Inbegriff aller einzelnen Dinge, sofern sie aus dem Wesen Gottes (das ja die Attribute einschließt) folgt. Damit ist das, was man den spinozistischen Pantheismus nennt, umrissen. Alles ist, seinem Sein und Wesen nach, durch Gott bestimmt, Gott und die Natur sind eins: Deus sive natura.

So ergibt sich der folgende Grundriß von Spinozas metaphysischem System:

Natura naturans
Gott (Substanz)
Attribute
Ausdehnung – Denken (unter unendlich vielen anderen)
Natura naturata
Modi
notwendige und unendliche:
der Inbegriff alles Ausgedehnten – der Inbegriff alles Denkens
endliche und zufällige:
die einzelnen Dinge
Ideen   Körper

---

[177] „Alles, was aus der absoluten Natur eines Attributes Gottes folgt, mußte immer und unendlich existieren oder ist eben durch dieses Attribut ewig und unendlich." (I, Prop. XXI) Dazu gehören auch die unendlichen Modi. „Jeder Modus, der sowohl notwendig als auch unendlich existiert, hat notwendig folgen müssen entweder aus der absoluten Natur irgendeines Attributes Gottes oder aus irgendeinem Attribut, das durch Modifikation modifiziert ist, die sowohl notwendig als auch unendlich existiert." (I, Prop. XXIII).

Die so skizzierte Metaphysik ist aber gar nicht Spinozas letztes Ziel. Ihr rein theoretisches System dient ihm vielmehr nur dazu, Gott zu erkennen, um dann, darauf gestützt, zu finden, worin das wahre und gute menschliche Leben besteht. Dies ist der Grund, weshalb Spinoza sein Werk „Ethik" nennt.

Zu dieser leiten die folgenden Überlegungen Spinozas über. Wenn auch die Attribute Ausdehnung und Denken voneinander getrennt sind, so sind sie doch in der göttlichen Substanz vereint. Daher kann es nie eine Ausdehnung ohne Denken geben und umgekehrt, und daher wirken auch notwendig in jeder Erscheinung beide. Nun sind die Modifikationen der Ausdehnung Körper, die Modifikationen des Denkens Ideen; also ist die Kausalordnung, in der die Körper stehen, notwendig mit derjenigen verbunden, in welcher die Ideen stehen. Nie wirkt die körperliche Natur ohne die denkende und umgekehrt, Körper werden gedacht, Ideen verkörpert. Daraus folgert Spinoza, daß der Mensch nicht nur eine Einheit von Geist und Körper ist, sondern daß dies auch für jedes Individuum überhaupt gilt, also auch dann, wenn es uns als etwas Unbelebtes erscheinen mag. Alle Individuen sind, wenn auch in verschiedenem Grade, beseelt. (A.a.O., II, Prop. XIII, Scholium) So sind die Welt der Körper und diejenige des Geistes nur verschiedene Aspekte ein und desselben.

Das bedeutet für den Menschen eine vollständige Korrespondenz zwischen seinem Körper und seinem Geist. Spinoza drückt das folgendermaßen aus: „Das Objekt der Idee, die den menschlichen Geist konstituiert" (II, Prop. XIII)[178], ist zunächst und zuerst (primum, Prop. XI[179]) dessen eigener Körper. Alles, was im Körper als dem Objekt der Idee geschieht, muß daher auch vom menschlichen Geist erfaßt werden. Es gibt also in ihm eine Idee dieser Sache, und so wird im Körper nichts geschehen können, das vom Geist nicht erfaßt wird. (II, Prop. XII) Nun unterliegt der Körper verschiedenen Bewegungen und Veränderungen, die sich im kausalen Zusammenhang, in dem er je steht, teils aus ihm selbst, teils aus seiner Wechselwirkung mit anderen ergeben. Das Bewirkende darin nennt Spinoza die „Affektionen", das Bewirkte die „Affekte" des Körpers. Auf Grund von Spinozas psychophysischem Parallelismus entsprechen daher diesen Affektionen bzw. Affekten solche im menschlichen Geist, die seine Tätigkeit entweder anregen oder durch Passivität und Leiden schwächen. „Unter Affekte verstehe ich die Affektionen des Körpers, durch die das Tätigkeitsvermögen des Körpers vergrößert oder verringert, gefördert oder gehemmt wird; zugleich auch die Ideen dieser Affektionen." (III, Def. 3) Ein Affekt bewirkt also eine Tätigkeit oder ein Erleiden.

Es ist hier nicht der Ort, auf die zahlreichen Arten von Affekten des menschlichen Geistes näher einzugehen, die Spinoza ausführlich aufgezählt und analysiert hat wie z.B. Freude, Lust, Traurigkeit, Schmerz, Liebe, Haß, Hoffnung,

---

[178] In Abweichung von dem hier zitierten Text schreibe ich „konstituiert" für „ausmacht". Es scheint mir präziser, wie es ja auch im lateinischen Text heißt: „idea, humanam mentem constituens."

[179] „Das erste, was das wirkliche Sein des menschlichen Geistes konstituiert, ist nichts anderes als die Idee eines wirklichen existierenden Einzeldings."

Furcht, Neid, Schadenfreude, Mitleid, Verzweiflung, Reue usw. Worauf es ihm nämlich ankommt, ist die Rolle, welche die Affekte für die Erkenntnis spielen. Wenn sie Ideen hervorbringen, die den Affektionen des eigenen Körpers entsprechen, sofern dieser in Kausalzusammenhängen mit anderen Körpern steht, also teilweise leidend ist, dann erfassen diese Ideen den eigenen Körper auch nur in seiner Beziehung zu anderen und umgekehrt, vermitteln also keine absolute, sondern nur bedingte Erkenntnis des eigenen wie der anderen Körper. „Hieraus folgt, daß der menschliche Geist, sooft er die Dinge nach der gewöhnlichen Ordnung der Natur erfaßt, weder von sich selbst noch von seinem Körper, noch von den äußeren Körpern eine adäquate Erkenntnis hat, sondern nur eine verworrene und verstümmelte." (II, Prop. XXIX, Corol.) Wo also die Körper teilweise leidend sind, da bewirken auch die Affektionen, die sie in uns hervorrufen, daß wir mehr oder weniger leidend sind, und die Ideen, die von solchen Affekten bestimmt sind, zeigen uns die Dinge nur in deren Lichte und nicht, wie sie an sich sind.

Worin besteht aber die wahre und absolute, und das heißt von den Affekten des Erleidens freie Erkenntnis der Dinge? Es ist diejenige, die sich aus der natürlichen, kausalen Ordnung der Dinge erhebt, so daß in jedem einzelnen die Gegenwärtigkeit und gegenwärtige Wirksamkeit des Ganzen erfaßt wird, nicht seine nur relative, auf kausaler Wechselwirkung beruhende Beziehung zu anderem. Spinoza faßt die von den passiven Affekten freie Erkenntnis in den folgenden Lehrsätzen des zweiten Teils zusammen: „Jede Idee eines jeden wirklichen Körpers oder Einzeldinges schließt das ewige und unendliche Wesen Gottes notwendig in sich." (Prop. XLV) „Alle Ideen sind wahr, sofern sie auf Gott bezogen sind." (Prop. XXXII)" Der menschliche Geist hat eine adäquate Erkenntnis des ewigen und unendlichen Gottes." (Prop. XLVII)

Spinoza unterscheidet *drei Stufen der Erkenntnis*. *Erstens* eine solche, die von den leidenden Affekten bestimmt ist. Es ist diejenige der bloß relativen Meinungen, der sinnlichen Wahrnehmungen und Vorstellungen (imaginationes). *Zweitens* eine solche, die auf dem tätigen Geist beruht. Sie stützt sich auf Allgemeinbegriffe (notiones communes) und mit diesen ausgeführte Schlußfolgerungen. Diese nennt er *rational*. Und *drittens* eine solche, worunter er eine absolut evidente und damit auf vollkommen ungestörter geistiger Tätigkeit beruhende Einsicht versteht. Diese nennt er *intuitiv*. Sie betrifft lediglich die Erkenntnis der Substanz und ihrer Attribute – aus ihnen folgt rational alles andere. (II, Prop. XL, Schol. II)

Nur die rationale Erkenntnis, soweit sie auf der intuitiven beruht, ermöglicht eine absolute, wahre und adäquate Erkenntnis. In ihr erkennt der Mensch seinen Körper und sich selbst im Lichte der Ewigkeit und Gottes. Eine solche absolute, durch keine Störung, keinen Mangel, keine leidenden Affekte getrübte, durch nichts in Mitleidenschaft gezogene Erkenntnis ist reine Tätigkeit des Geistes und hat als solche Macht über alle von Leiden und Passivität geprägten Affekte und ihre Ideen, vor allem also über die Begierden. Die Macht der Leidenschaften erregenden Affekte kann nur beherrscht werden von der größeren Macht der Tätigkeit hervorrufenden Affekte. Die höchste Tätigkeit aber ist klares Denken, nämlich als absolute, durch keinerlei Leidenschaft geschwächte Erkenntnis, und deswegen ist auch die Macht dieser Tätigkeit Glückseligkeit (beatitudo). Eins solche Glückseligkeit ist also nicht der Lohn der Tugend, sondern sie ist die Tugend selbst, das Prinzip der Tugend, „und wir erfreuen uns ihrer nicht, weil wir die Lüste einschränken, sondern umgekehrt, weil wir uns ihrer erfreuen, können wir die Lüste einschränken" (V, Prop. XLII), haben wir „die Macht" (Demonstratio) dies zu tun. Nun erweckt die Ursache von Glückseligkeit und Freude Liebe. „An dem, was wir nach der dritten Gattung der Erkenntnis erkennen, freuen wir uns, und zwar verbunden mit der Idee Gottes als Ursache." (V, Prop. XXXII) Die klare, durch nichts getrübte oder verworrene, durch nichts in Mitleidenschaft gezogene, absolut wahre Erkenntnis ist daher die Liebe zu Gott, die, wie die Erkenntnis, der sie entspringt, eine intellektuelle ist (amor Dei intellectualis).

Nun ist ja nach Spinoza wegen der unauflöslichen Korrespondenz von Denken und Ausdehnung die wahre Erkenntnis diejenige, die der wahren Verfassung der körperlichen Welt korrespondiert, ein ewiger Modus Gottes zu sein, also jenseits jener natürlichen Ordnung, die in der wechselvollen und bedingten Kausalität besteht. Wenn daher die körperliche Welt unter dem Gesichtspunkt der Ewigkeit, sub specie aeternitatis, eine ewige ist, so ist es auch die wahre Erkenntnis, so ist es auch die intellektuelle Liebe zu Gott, die nur ihr entspringt: „Die intellektuelle Liebe zu Gott, die aus der dritten Gattung der Erkenntnis entspringt, ist ewig." (V, Prop. XXXIII) Andererseits ist aber ebenfalls wegen des Prinzips der unauflöslichen Korrespondenz von Denken und Ausdehnung diese Liebe des Menschen zu Gott an seinen Körper gebunden, also muß auch dieser in irgendeiner Hinsicht etwas Ewiges sein. „In Gott gibt es (…) notwendig eine Idee, die das Wesen dieses oder jenes menschlichen Körpers unter dem Gesichtspunkt der Ewigkeit ausdrückt." (V, Prop. XXII) Als ewige Erkenntnis ist sie nicht an die Affektationen des vergänglichen Körpers gebunden, sondern an jenen ewigen Teil von ihm, den er sub specie aeternitatis besitzt. Daher kann auch der menschliche Geist mit dem Körper nicht absolut zerstört werden, „sondern es bleibt von ihm etwas übrig, was ewig ist." (V, Prop. XXIII) „Alles, was der Geist unter dem Gesichtspunkt der Ewigkeit erkennt, das erkennt er nicht daraus, daß er die gegenwärtige wirkliche Existenz des Körpers begreift, sondern daraus, daß er das Wesen des Körpers unter dem Gesichtspunkt der Ewigkeit begreift." (V, Prop. XXIX) Diese Unsterblichkeit ist somit nicht diejenige des vergänglichen Individuums, sondern dessen Geistes, sofern er ewig und in Gott ist.

Da nun die ewige Liebe des Menschen zu Gott wie die Ewigkeit des in ihr Erkannten ein ewiger Modus und damit Teil Gottes ist, so folgt für Spinoza: „Gott liebt sich selbst mit unendlicher intellektueller Liebe". (V, Prop. XXXV) Aber steht das nicht in offenem Widerspruch zu der vorangegangenen Definition, daß die göttliche Substanz „frei von allen Leiden" sei und „von keinem Affekt der Lust oder Unlust affiziert" wird (V, Prop. XVII, Corol.)? Und fügt nicht Spinoza ausdrücklich hinzu: „Gott liebt und haßt im eigentlichen Sinne niemanden"? (Ebenda.) Daher könne auch der, welcher Gott liebt, nicht danach streben, daß Gott ihn wiederliebt. (V, Prop. XIX) Spinoza sucht diesen Widerspruch jedoch aufzuheben, indem er schreibt: „Die intellektuelle Liebe des Geistes zu Gott ist eben die Liebe Gottes, womit sich Gott selbst liebt, *nicht insofern er unendlich ist*, sondern insofern er durch das Wesen des menschlichen Geistes, unter dem Gesichtspunkt der Ewigkeit betrachtet, ausgedrückt werden kann. D.h., die intellektuelle Liebe des Geistes zu Gott ist ein Teil der unendlichen Liebe, womit Gott sich selbst liebt."[180] (V, Prop. XXXVI) Gott liebt sich also offenbar nur in jenem Modus seiner Attribute, welcher der Mensch ist, nicht aber als absolute Substanz. Gott liebt sich selbst, „insofern er durch den menschlichen Geist ausgedrückt werden kann", sich darin „selbst betrachtet, verbunden mit der Idee seiner selbst." (V, ebenda, Demonstr.) Und hieraus folge, „daß Gott, insofern er sich selbst liebt, die Menschen liebt, und (…) daß die Liebe Gottes zu den Menschen und die intellektuelle Liebe des Geistes zu Gott ein und dasselbe sind." (Ebenda, Corol.)

Damit glaubt Spinoza die Antwort auf die Frage nach dem guten und wahren, dem ethischen Leben beantwortet zu haben. Wer von der ewigen Erkenntnis und der ewigen Liebe zu Gott erfüllt ist, der hat seine zeitlichen Bedürfnisse und Begierden überwunden, der liebt auch die anderen Menschen als von Gott geliebte, ja, dann ist „Der Mensch dem Menschen ein Gott." (IV, Schol. Zu Prop. XXXV) Denn „Insofern die Menschen nach der Leitung der Vernunft leben, stimmen sie von Natur aus immer notwendig überein" (Prop. XXXV), in der wahren Erkenntnis haben aber die Menschen Teil an der Ewigkeit Gottes. Daher fürchten sie auch den Tod nicht (V, Prop. 38), ja, in dieser Erkenntnis findet der Geist die höchste Befriedigung (acquiescentia), die es geben kann (V, Prop. XXVII), und diese ist also nicht nur beatitudo, Glückseligkeit, sondern ewige Glückseligkeit.

Betrachtet man so die Summe von Spinozas Ethik, so läßt sie sich auf die schon in der antiken Philosophie diskutierte Formel bringen: *Tugend ist Wissen*.[181] Das bedeutet, daß ihre Begründung mit seinem theoretischen System steht und fällt und dieses bedarf daher vor allem der Prüfung.

Spinoza glaubt es more geometrico, also Schritt für Schritt in strenger, logischer Folgerichtigkeit errichtet zu haben, indem er mit Definitionen und Axiomen beginnt und daraus lückenlos Lehrsätze ableitet, die er durch Zusätze (Corollarien) und Anmerkungen (Scholien) erläutert. Aber in Wahrheit ist diese Stringenz nur erschlichen, eine Subreption, wie die Philosophen sagen, und enthüllt sich bei näherem Zusehen als bloßer Schein.

Zwar ist es zutreffend, wenn Spinoza sagt, jede Bestimmung sei zugleich eine Negation, eben als Abgrenzung von dem, was der Sache *nicht* zukommt; falsch

---

[180] Hervorhebung vom Verfasser.
[181] „Der Wille und der Verstand sind ein und dasselbe." (II, Prop. XLIX, Corol.) „Ich bestreite, daß der Wille sich weiter ersreckt als die Warnehmungen oder die Fähigkeit des Begreifens." (Ebenda, Scholium)

dagegen ist seine Behauptung, daß, wenn etwas logisch durch Abgrenzung von anderem, was es nicht ist, bestimmt werde, es dieses anderen zu seiner Existenz bedürfe. Hat doch eine Definition überhaupt nichts mit Existenz zu tun. Denn ob das Definierte oder das von ihm Ausgeschlossene überhaupt existieren, ist mit ihr keineswegs gesagt. Eine Definition ist eine Definition und sagt nichts darüber aus, ob das mit ihr Definierte wirklich existiert. Das meinte auch später Kant, als er gegen den Versuch, Gott aus seiner bloßen Definition zu beweisen, einwandte, hundert gedachte Thaler seien nicht weniger als hundert wirkliche, aber wann hundert Thaler wirkliche sind, darüber entschieden noch andere Kriterien als diese, was überhaupt unter hundert Thalern zu verstehen ist. Und so folgt also auch aus der bloßen Definition der göttlichen Substanz als etwas vollständig Unbestimmtes und daher auch von nichts außerhalb ihrer Abgegrenzten lediglich, daß, *wenn sie überhaupt existiert*, sie keines anderen zu ihrer Existenz bedarf, also Ursache ihrer selbst ist. Ob sie aber überhaupt existiert, darüber ist damit in keiner Weise entschieden.

Spinozas Fehlschluß in diesem für sein ganzes System grundlegenden Zusammenhang wird auch besonders deutlich in I, Schol. 2 zu Prop. VIII. Dort schreibt er, unter Substanz sei zu verstehen, „was in sich ist und durch sie selbst begriffen werden kann; unter Modifikationen aber das, was in einem anderen ist und deren Begriff nach dem Begriff des Dinges, in dem sie sind, gebildet wird" – so etwa, wenn wir sagen: Ein Würfel ist ein Körper, dieser etwas Ausgedehntes usw. Und weiter: „Daher können wir auch *wahre* Ideen[182] und Modifikationen haben, die nicht existieren, weil nämlich, obschon sie außerhalb des Geistes nicht wirklich existieren, ihr Wesen doch in einem anderen so enthalten ist, daß sie durch dieses begriffen werden können." Man könnte sich z.B. in mathematischer Klarheit und Deutlichkeit einen Körper von einer höchst komplizierten Struktur denken, den es nirgends gibt oder der zumindest noch nirgends wirklich festgestellt wurde. „Die Wahrheit der Substanzen aber", schreibt nun Spinoza weiter," ist außerhalb des Verstandes nirgends als in ihnen selbst, weil sie durch sich begriffen werden." Damit ist gesagt: Die Wahrheit der Substanzen (ihre wahre Idee) wird durch sich selbst begriffen, ist also nicht wie die Modifikationen im Verstande ableitbar. Ist aber eine wahre Idee nicht im Verstande abgeleitet, sondern hat ihre Wahrheit unmittelbar in sich, so ist es nicht mehr fraglich, ob sie auch außerhalb des Verstandes existiert, denn dann existiert sie, von nichts mehr abhängig, notwendig. „Wenn also jemand sagte", schließt Spinoza seine Überlegung, „er habe eine klare und deutliche, d.h. wahre Idee von einer Substanz und zweifle trotzdem, ob eine solche Substanz existiere, so wäre dies wahrlich dasselbe, als wenn er sagen würde, er habe eine wahre Idee und zweifle trotzdem, ob sie nicht falsch sei." Der entscheidende logische Fehler bei dieser ganzen Argumentation liegt aber klar am Tage: Spinoza unterscheidet nicht zwischen einer klar und deutlich erfaßten (definierten) Idee und ihrer Wahrheit, während er andererseits zwischen Wahrheit

---

[182] Hervorhebung vom Verfasser.

und Wirklichkeit unterscheidet. Deswegen kann etwas für ihn wahr sein, obgleich es nicht wirklich ist – wie bestimmte aus der Substanz „innerhalb des Verstandes" abgeleitete Modifikationen –, während andererseits Wahrheit und Wirklichkeit dann notwendig für ihn zusammenfallen, wenn eine klar und deutlich erfaßte, wahre Idee nicht nur „innerhalb des Verstandes" von etwas anderem abgleitet und damit abhängig ist, sondern eben als absolut aus sich selbst existierend klar und deutlich definiert ist – wie die Substanzen.[183] Nichts zeigt die damit erzeugte Verwirrung übrigens deutlicher als Spinozas Einlassung, wer die Existenz der Substanz leugne, obgleich er eine wahre und deutliche Idee von ihr habe, der begehe einen Widerspruch in sich selbst, denn für den könne die wahre Idee auch eine falsche sein. Aber wenn die Wahrheit der Idee in der Klarheit und Deutlichkeit liegt, so würde doch unter ihrer Falschheit nur verstanden werden können, daß sie eben *nicht* klar und deutlich ist. Die Frage, ob eine Idee wahr oder falsch ist, hätte also gar nichts mit der ihr korrespondierenden Wirklichkeit, nichts mit Existenz zu tun.

Betrachten wir jetzt Spinozas Lehre von den Attributen. Wenn wir sagen „Alle Farben sind ausgedehnt", aber „Nicht alles, was ausgedehnt ist, ist farbig", so stellt hier „Ausdehnung" nichts anderes dar als den *logischen Oberbegriff*, „Farbe" dagegen einen dazugehörigen *Unterbegriff*. Von diesem rein logischen Verhältnis geht nun Spinoza, wie schon vor ihm Descartes, ohne weiteres und auf eine ontologisch fragwürdige Weise zu einem schon mit Plato eingeleiteten und im Mittelalter teilweise dominierenden Universalien-Realismus über (vgl. Kapitel XIV, C), indem er den Oberbegriff auf ein für sich existierendes Attribut und den Unterbegriff auf einen für sich existierenden Modus bezieht.[184] So als ob es z.B. wie selbstverständlich *den* Menschen, *das* Tier, *die* Pflanze in Absehung ihrer individuellen und erkennbaren Erscheinung wirklich gäbe und es sich dabei nicht nur um Funktionen einer begrifflichen, zur Orientierung des Menschen unerläßlichen Ordnung handle.

Nun könnte man vielleicht einwenden, daß Spinozas Universalien-Realismus einem *ontologischen* Konzept über das Verhältnis von Allgemeinbegriff und Wirklichkeit entspreche, über das man verschiedener Meinung sein könne, wie ja auch der alte, sog. Universalienstreit noch heute nicht ganz ausgestanden zu sein scheine.[185] Doch wäre damit Spinoza kaum geholfen. Ging es ihm doch nicht darum, bloße begriffsontologische Hypothesen aufzustellen, sondern aus dem religiösen Glauben eine absolute Gewißheit zu machen. Und deswegen suchte er, „more geometrico" vorgehend, *zwingende, logische Beweise* und *unmit-*

---

[183] Wenn Spinoza an dieser Stelle nicht von der Substanz sondern von Substanzen spricht, so deswegen, weil es ihm hier um den generellen Begriff der Substanz geht.

[184] Spinoza benützt allerdings nicht das Wort „Universalien", sondern spricht von notiones communes. II, Prop. 38 Zusatz, Prop. XL, Anmerkung 2. Unter den Universalien wird meist einfach etwas Allgemeines vorgestellt, mit den notiones communes will dagegen Spinoza ausdrücklich in dem Verhältnis von Ober- und Unterbegriff auf das Gemeinsame von Ganzem und Teil, sofern im Teil das Ganze wirklich existiert, hinweisen.

[185] Vgl. Kapitel XVI, 6.

telbar evidente, notwendige Einsichten. Eben diese liegen hier aber auf keinen Fall vor und können auch für ontologische Verhältnisse als solche niemals vorliegen.[186]

Nachdem nun Spinoza die Universalien, welche die Attribute sind, und deren Unterbegriffe, welche die Modi sind, wie selbstverständlich und ohne hinreichende Begründung hypostasiert und zu etwas Wirklichem gemacht hat, versteht er auch das Verhältnis der Attribute zu den Modi wie selbstverständlich und ohne hinreichende Begründung als dasjenige der Ursache zu ihrer Wirkung. Dieser Grundfehler pflanzt sich dann durch das ganze System hin fort, so daß darin unversehens die Stringenz einer Kette von logischen Deduktionen (wenn diese Stringenz denn auch tatsächlich in jedem Schritt vorliegen sollte) in die Stringenz einer Kette von Kausalbeziehungen umgewandelt wird. *Der Spinozistische Pantheismus ist also nichts anderes als ein rationalistischer, metaphysischer Dogmatismus.* Er ist rationalistisch und metaphysisch, weil er den Anspruch erhebt, in jedem seiner Schritte lückenlos durch das Denken im Rahmen einer bestimmten Begriffsontologie gerechtfertigt zu sein, und er ist ein Dogmatismus, weil er durchgängig auf logische Hypostasierungen aufbaut, die, ohne in irgendeiner Weise zwingend einsichtig zu sein, für absolute Gewißheiten ausgegeben werden.

Wenden wir uns nun der hierauf gegründeten Ethik zu. Sie beruht auf einem absoluten, psychophysischen Parallelismus. Obgleich Denken und Ausdehnung streng voneinander getrennte Attribute sind, sollen sie doch beide Attribute Gottes und damit in ihm unlöslich miteinander verbunden sein. Daher könne in der Sphäre des Attributes „Ausdehnung" nichts geschehen, was nicht in der Sphäre des Attributes „Denken" seine Korrespondenz finde und umgekehrt. Schon hier treffen wir wieder auf logische Fehlschlüsse. Wenn Denken und Ausdehnung *begrifflich* scharf voneinander zu trennen sind, so sagt das überhaupt nichts über ihr wirkliches Verhältnis aus, über das uns vielleicht Erfahrung einiges lehren könnte, und so wird ja auch dieses wirkliche Verhältnis von Spinoza gar nicht über das rein logische gesucht, sondern auf dem Umwege über die göttliche Substanz, deren erkenntnistheoretisch mangelhafte Begründung (Vertauschung von Definition und Wirklichkeitsaussage) schon dargelegt worden ist.

Erweist sich so Spinozas psychophysischer Parallelismus als haltlos, so fällt aber damit nicht nur seine These, daß kein Körper letztlich ohne Geist sei, sondern auch seine ethische Lehre von der Überwindung der Affekte des Leidens und ihrer Ideen durch den Affekt der höchster Tätigkeit und ihrer Ideen, welche diejenigen der wahren und absoluten Erkenntnis sind. Denn alle Affekte sollen ja jeweils Korrelate einer physischen, körperlichen Wirklichkeit sein: Diejenigen des Leidens spiegeln die natürliche Ordnung nach den Prinzipien jeweils nur bedingter Kausalketten und damit alles Endlichen, Vergänglichen, diejenigen der höchsten Tätigkeit spiegeln die göttliche Ordnung, nach

---

[186] Vgl. Kapitel I.

welcher alles durch das ewige Wesen Gottes bestimmt ist. Da nun aber nicht nur der psychophysische Parallelismus Spinozas, sondern auch seine Beweise für die von ihm systematisch gezeichnete göttliche und ewige Ordnung haltlos sind, so gibt es auch nicht die auf angeblich intuitiv gewissen Grundlagen und daraus streng abgeleiteten Lehrsätzen beruhende, absolute Erkenntnis der göttlichen Ordnung. Nun beruht aber nach Spinoza allein auf der Macht dieser Erkenntnis der Sieg über die Begierden, damit die wahre Tugend; beruht darauf die verbürgte, partielle Unsterblichkeit und ewige Seligkeit des Menschen, die Liebe zu Gott als amor intellectualis. Also ist Spinozas Versuch gescheitert, durch seine theologiké epistéme fundamentale Gegenstände des christlichen Glaubens und der christlichen Offenbarung in rationale Gewißheit zu verwandeln, wobei er freilich in Kauf nahm, daß sich dabei deren Sinn weitgehend und keineswegs Gewinn bringend änderte.

Betrachen wir zunächst die intellektuelle Liebe zu Gott und folgen wir noch einmal Spinozas Argumentation. Die höchste der uns möglichen Erkenntnis ist diejenige Gottes. Diese Erkenntnis ist zugleich höchste Tätigkeit und übt daher Macht über die passiven Affekte und Begierden aus. In dieser Macht liegt die höchste Freude (laetitia, beatitudo). Die Ursache der Freude lieben wir. Also lieben wir Gott als die Ursache unserer höchsten Erkenntnis, also lieben wir ihn kraft unseres erkennenden Geistes: Amor Dei inellectualis. Wir aber dürfen nicht erwarten, daß Gott unsere Liebe erwidert, denn dieser Gott, den wir lieben, ist keine Person.[187] Wie anders sieht es das Christentum! Christlich hat die Liebe zu Gott gerade nichts mit einer vom Geiste geleisteten Erkenntnis zu tun, sondern beruht auf Offenbarung. Der Offenbarung aber gerade seiner Menschenliebe und seiner in ihrem Zeichen erfolgten Menschwerdung, also Gottes als Person. Und entsprechend beruht auch die Freude, die den Christen erfüllt, nicht auf dem Siege einer von ihm geleisteten Gotteserkenntnis als höchste Tätigkeit über seine leidenden Affekte, sondern auch sie wurzelt in der Offenbarung, der Offenbarung nämlich von der alles Böse überwindenden Kraft des gnädigen Gottes in ihm. So ist der spinozistische amor Dei inellectualis die *Liebe zu einem nicht personalen*, nur dem abstrakten Begriffe zugänglichen Gott, und die mit einer solchen Liebe verbundene Freude die Freude des *Philosophen* in seiner *entsagungsvollen Tugend;* die Liebe des Christen zu Gott dagegen ist eine *allen Menschen*, nicht nur den Philosophen erfahrbare Gnade in der *persönlichen Begegnung mit Gott* und die Freude des Christen die nur mit Hilfe Gottes mögliche *Überwindung des In-der-Welt-seins als des Orts der Gottferne.* Diese Gottferne ist ja nicht nur eine Frage der Tugend, sondern auch der Erfahrung des Nichts. So ist Spinozas Gott letztlich wie derjenige Descartes' auch nur der Gott der Philosophen, und es ist auch wieder nur des Philosophen Selbstherrlichkeit, wenn er die höchste Freude in der Macht jener vermeintlich höchsten Tätigkeit sehen zu können meint, welche die philosophische Erkenntnis vermittelt.

---

[187] Christus ist für Spinoza zwar ein Weiser, aber daß er Gottes Sohn sein soll, ist für ihn so abwegig als sagte jemand, der Kreis habe die Natur des Quadrates angenommen. Epist. LXXVIII.

Nun soll sich aber ja Gott, wie Spinoza behauptet, auch selbst lieben. Dieser Gedanke fußt auf Spinozas Pantheismus. Folgt doch aus diesem, daß Gott die Welt nicht geschaffen hat, sondern mit ihr identisch ist, so daß der Mensch als Modus der göttlichen Substanz und insofern als integraler Teil von ihr betrachtet werden muß. Also liebt sich Gott in der Menschenliebe zu ihm. Der Gott des Christentums aber ist der transzendente Gott, der die Welt geschaffen hat, die, als geschaffene, gerade nicht mit ihm identisch ist, sondern das Gottferne von vornherein in sich schließt. So haben die sich erbarmende Liebe Gottes zu den Menschen wie die sehnsüchtige Liebe des Menschen zu Gott eben diese Gottferne zur Voraussetzung und von einer Identität zwischen beiden, so daß Gott sich im Menschen selbst liebe, kann keine Rede sein. Aber hat das Christentum hier nicht menschliche Grunderfahrungen, nämlich diejenigen des status corruptionis auf seiner Seite, vor denen die Selbstliebe des Philosophen verblassen, der nun eigentlich, Spinoza beim Wort genommen, von sich sagen dürfte: Philosophus sive Deus?

Ein weiterer Grundbegriff, den Spinoza mit dem Christentum teilt, ist das ewige Leben. Worin das bei ihm bestehen soll, ist freilich unklar. Es soll sich um kein individuelles ewiges Leben handeln, denn es wurzelt ja in der allgemeinen und ewigen Erkenntnis Gottes. Dieser aber muß auf Grund des psychophysischen Parallelismus auch eine ewige Körperlichkeit korrespondieren. Bedeutet das dann nicht, daß der Mensch ein ewiges Leben hat, sofern er Teil Gottes ist, sofern er auf Grund seiner Erkenntnis mit Gott identisch wird? Und ist es nicht wieder nur der Philosoph, dem dies zuteil wird? Im Unterschied hierzu verheißt die christliche Offenbarung *jedem* das ewige Leben, und zwar eben deswegen, weil der christliche Gott im Gegensatz zu Spinozas Lehre den Menschen liebt, und zwar jeden Menschen. Auch von der ewigen Seligkeit spricht Spinoza wie die Offenbarung, aber es ist diejenige einer Erkenntnis von Gott, die auf der vollkommenen Selbstzufriedenheit einer abstrakten, begriffslogisch bestimmten, menschlichen Vernunft beruht, während die christliche Seligkeit *visio Dei*, *Anschauung Gottes* ist, deren Analoga wir in den Numina der Welt erfahren können, die gerade nicht begriffslogisch faßbar sind, sondern deren unendliche Mysterien und deren Zauber uns nur in der Sphäre des Mythos begegnen können.

Noch ein Letztes. Spinozistisch wie christlich betrachtet, gibt es keinen Zufall in der Welt. Aber diese durchgehende Determiniertheit bedeutet für Spinoza, daß alles mit logischer oder kausaler Gesetzlichkeit aus Gottes ewiger Substanz folgt, während sie christlich auf den Willen des lebendigen Gottes zurückgeführt wird. Nun schließt die spinozistische kausale Gesetzlichkeit als causa efficiens die causa finalis, die Zweckursache, aus. Aber von einem *Sinn* kann bei Ereignisabläufen nur dann gesprochen werden, wenn Zwecke im Spiele sind. Also ist Spinozas Natur, wenn auch der Voraussetzung nach in ihrer streng kausalen Ordnung durchgängig folgerichtig und der Vernunft einsichtig, im Grunde sinnlos. So hatte ja auch die Naturphilosophie von Spinozas Epoche endgültig die sog. Warum-Frage aus der Naturforschung verbannt und sich auf die exakte Bestimmung von Naturgesetzen – die Wie-Frage – beschränkt. Wieder tritt hier der hypothetische Charakter eines solchen Denkens hervor. Man begnügt sich mit der Formulierung eines Gesetzes als Wenn-Dann-Satz. Nun hat zwar Spinoza angenommen, daß alle diese Wenn-Dann-Beziehungen in der göttlichen Substanz ihren absoluten Ursprung haben. Aber auch in diesem kann ja keine Antwort auf die letzte Warum-Frage gefunden werden, weil Gott zugleich jedes Zwecke-Denken abgesprochen wird. Ist es aber nicht paradox, daß Spinoza in der höchsten Erkenntnis, nämlich derjenigen Gottes, die Freiheit von den blinden Zwängen leidender Affekte und Begierden sieht, dieser Gott aber identisch ist mit einer Natur, die zwar wie eine konsequent und folgerichtig wirkenden Maschine abläuft, dabei jedoch per definitionem vollständig sinnlos ist? Dagegen mag uns zwar das überall durchgängige Wirken des christlichen Gottes in vielem undurchsichtig sein, es handle sich um uns zufällig oder kausal dünkende Ereignissen; aber der Glaube daran, ist folgerichtiger Weise der Glaube an eine absolute Sinngarantie.

Man sieht: Die Umdeutung christlicher Grundbegriffe in Spinozas System ist diesen schlecht bekommen. Sein fein gesponnenes Netz löst sich bei kritischer Prüfung in Nichts auf. Dennoch kann seine geistesgeschichtliche Bedeutung gar nicht überschätzt werden. Diese soll, gleichsam als Anhang zu diesem Kapitel, und der später weiter verfolgten Geschichte der metaphysica specialis vorgreifend, an dem Beispiel des Verhältnisses Goethes zu Spinoza erläutert werden. Dabei will ich mich nicht darauf beschränken, daß Spinoza Goethe tiefgreifend beeinflußt hat, so daß Heine sagen konnte: Goethe war der Spinoza der Poesie;[188] vielmehr geht es darum, daß Spinozas Einfluß Goethe zu einer dichterischen Synthese von Pantheismus, Mythos, und Christentum führte, die im gegebenen Zusammenhang von höchstem Interesse ist.

7. Goethe und Spinoza[189]

Der Schlüssel zum Übergang von Spinoza zu Goethe liegt in der Art und Weise, wie Goethe dessen Lehre von den Attributen und Modi umdeutet. Am 5. Mai 1786 schreibt er an Jacobi: „Wenn du sagst, man könne an Gott nur *glauben*, sage ich dir, ich halte viel aufs *schauen*, und wenn Spinoza von Scientia intuitiva spricht, und sagt: Hoc cognoscendi genus procedit ab adaequatia idea essentiae formalis quorundam Dei attributorum ad adaequatam cognitionem, essentiae rerum[190]; so geben mir diese wenigen Worte Mut, mein ganzes Leben der Betrachtung der Dinge zu widmen, (…) von deren essentia formali ich mir eine adäquate Idee zu bilden hoffen kann (…)" Die entscheidende Wendung liegt hier im Worte „schauen", womit auch die spinozistischen Begriffe „intui-

---

[188] Zur Geschichte der Religion und Philosophie in Deutschland, 3. Buch. HA, 8/1, 101.
[189] Zu diesem Kapitel wurde ich angeregt durch M. Mommsens Essay „Spinoza und die deutsche Klassik", in: M. MOMMSEN, Lebendige Überlieferung, George- Hölderlin-Goethe, Bern 1999.

tive Erkenntnis" (hoc cognoscendi genus), „adäquate Idee des formalen Wesens einiger Attribute" und „adäquate Erkenntnis des Wesens der Dinge" einen veränderten Sinn erhalten. Die Attribute, die sich in die Modi entfalten, und die Modi, die sich in weitere Modi entfalten, das Wesen der Dinge, das bei allen diesen Modifikationen und Wandlungen erhalten bleibt, dies alles wird bei Goethe zu einem dynamischen Kosmos von „*Urphänomenen*" und ihren Gestaltungen und Umgestaltungen, die in Gott ihren Ursprung haben und in einer besonderen Art *Anschauung* erkannt werden. In dieser Anschauung, und nicht, wie bei Spinoza, in einer logischen, teils unmittelbar, teils aus dem Unmittelbaren durch Deduktion erfaßten Erkenntnis, besteht für Goethe die Scientia intuitiva, und in dieser Anschauung liegt also für ihn auch die adäquate Idee des formalen Wesens einiger Attribute und die adäquate Erkenntnis des Wesens der Dinge. Das Urphänomen im gegebenen Phänomen mittels der Anschauung zu erfassen, ist für Goethe der „prägende Punkt."[191] Von ihm aus enthüllen sich die in jedem einzelnen wirkenden Grundverhältnisse. Die Anschauung aber, von der Goethe spricht, ist *intellektuelle Anschauung*. Sie ist intellektuell, weil sie sich nicht im rein Visuellen erschöpft, sondern weil darin dessen innere Mannigfaltigkeit auf eine strukturelle Figur hin zusammengefaßt wird, die ihm zugrunde liegt. Das meint Goethe, wenn er in seiner Farbenlehre § 317 schreibt, „daß wir schon bei jedem aufmerksamen Blick in die Welt theoretisieren". In diesem Sinne vereint die intellektuelle Anschauung unmittelbar in sich *Denken und Anschauung*, Abstraktes und Konkretes.

Das Urphänomen aber steht, wie Goethe sagt, „unmittelbar an der Idee" und erkennt „nichts Irdisches über sich."[192] Daher spricht Goethe am 23.2. 1831 zu Eckermann „von der hohen Bedeutung der Urphänomene, hinter welchen man unmittelbar die Gottheit zu gewahren glaube." Es geht bei ihrer Erkenntnis also nicht um irgendeine Naturlehre, sondern um die Erfassung der Phänomene im Lichte eines nunmehr von intellektueller Anschaulichkeit gesättigten Pantheismus, der, im Gegensatz zu Spinozas abstrakten und begriffslogischen Abstraktionen, ein „lebendiges Anschaun der Natur"[193] gestattet. Denn mag auch Spinoza einen durchgängigen psychophysischen Parallelismus gelehrt haben, seine scharfe Trennung der Substanzen Ausdehnung und Denken führt dazu, daß die Natur, für sich betrachtet, rein mechanische, kausalgesetzliche Körperlichkeit und Materie ist. Das Anschauen der Urphänomene aber vermittelt uns eine transparente Idealität in der Realität, geprägte Formgestaltung, die als solche schon etwas Geistiges ist und ihren rätselhaften, weil aller

---

[190] „Diese Gattung der Erkenntnis" – gemeint ist die Scientia intuitiva – „schreitet von der adäquaten Idee des formalen Wesens einiger Attribute Gottes fort zur adäquaten Erkenntnis der Dinge."
[191] An Jacobi, 29. XII. 1794.
[192] HA, ³1960, 13, Farbenlehre § 741. Auch die Ideen sind ja, platonisch verstanden, göttliche *Urbilder* und jedes einzelne ist, was es ist, soferne es an ihnen in irgendeiner Weise teilhat.
[193] HA, Bd. 13, Morphologie, S. 56.

kausalgesetzlichen Erklärung unzugänglichen Ursprung für Goethe nur im Göttlichen haben kann. Die Betrachtung der Urphänomene ist daher für Goethe eine Form der Gottesverehrung, und so gibt es zwar auch für ihn wie für Spinoza einen amor Dei intellectualis, nur entspricht dieser dem bei Goethe veränderten Sinn der Scientia intuitiva und ist folglich vermittelt durch die intellektuelle Anschauung der Urphänomene, nicht durch metaphysische, begriffslogische Erkenntnis. Entsprechend meint Goethe in Wahrheit nicht dasselbe wie Spinoza, wenn er, wie dieser, fordert, die Natur sub specie aeternitatis zu betrachten.[194] Entsprechend unterscheidet er sich von Spinoza auch durch die Methode, nach welcher dies geschieht. „Ich suche das Göttliche in herbis und lapidibus", schreibt Goethe an Jacobi am 9.6.1785, und meint damit, durch vergleichendes Ordnen verwandte und übergreifende Phänomene als anschauliche Gestaltverhältnisse zu erkennen, und damit durch morphologische Untersuchungen zu göttlichen Ideen wie der Urpflanze, dem Urgestein, den Urfarben und deren unendliche Modifikationen vorzudringen. So formt sich schließlich nach seiner Auffassung eine Harmonia naturae, wie er nach seinem Fund des Zwischenkieferknochens an Herder im November 1784 schreibt. Wenn Spinoza meint, es geschähe alles durch „modificatio, quae et necessario et infinita existit"[195], so brauchte Goethe nur hinzufügen „und zwar aus den Urphänomenen" ja, er notiert in einem eigenhändigen Auszug zu Spinozas Ethik: „Die Metamorphose wodurch alles stufenweise hervorgebracht wird."[196] Sehr erhellend ist in diesem Zusammenhang auch Goethes Brief an Ch. von Stein vom 9.6.1787: „Mit dem Modell" (der Urpflanze) „(...) kann man alsdann noch Pflanzen ins Unendliche erfinden, die konsequent sein müssen, d.h.: die, wenn sie auch nicht existieren, so doch existieren könnten und (...) innerliche Wahrheit und Unendlichkeit haben." Wieder kann er sich hierbei auf Spinoza berufen, denn bei diesem heißt es, wie bereits zitiert, in fast wörtlicher Übereinstimmung: „Daher können wir auch wahre Ideen und Modifikationen haben, die nicht existieren, weil nämlich, obschon sie außerhalb des Geistes nicht wirklich existieren, ihr Wesen doch in einem andern so enthalten ist, daß sie durch dieses begriffen werden können."[197] Und doch liegen auch hier Welten zwischen Goethe und Spinoza, da bei diesem die Modifikationen allein auf den causae efficientes, den mechanischen Wirkursachen beruhen, während sie sich für Goethe allein aus der unmittelbar anschaulichen Evidenz von Urbildern ergeben, aus denen sie ebenfalls rein anschaulich, nicht logisch, nicht kausalgesetzlich, sondern nur rein morphologisch zu entwickeln sind.

Diese Entwicklung beruht auf zwei Prinzipien, „zwei großen Triebfedern der Natur", wie sie Goethe nennt[198]: *Polarität* und *Steigerung*. Betrachen wir zunächst die Polarität. Was darunter zu verstehen ist, hat Goethe in seiner

---

[194] Ethik, V, Prop XXII.
[195] Ethik, I, Prop XXII.
[196] HA, 13, Anmerkungen zu Studien nach Spinoza, S. 562.
[197] Ethik, I, Prop.VIII, Schol 2.
[198] HA, Bd. 13, Erläuterung zu dem aphoristischen Aufsatz ‚Die Natur', S. 48.

Farbenlehre folgendermaßen zusammengefaßt: „Es ist die ewige Formel des Lebens, die sich auch hier äußert." „So setzt das Einatmen schon das Ausatmen voraus und umgekehrt, so jede Systole ihre Diastole." „Wie dem Auge das Dunkle geboten wird, so fordert es das Helle; es fordert Dunkel, wenn man ihm Hell entgegenbringt, und zeigt eben dadurch seine Lebendigkeit, sein Recht, das Objekt zu fassen, indem es etwas, das dem Objekt entgegengesetzt ist, aus sich selbst sich selbst hervorbringt."[199] Und weiter: „Diese allgemeinen Bewegungen und Bestimmungen werden wir auf die verschiedenste Weise gewahr, bald als ein einfaches Abstoßen und Anziehen, bald als ein aufblickendes und verschwindendes Licht, als Bewegung der Luft, als Erschütterung des Körpers, als Säuerung und Entsäuerung, jedoch immer als verbindend oder trennend, das Dasein bewegend und irgendeine Art von Leben befördernd."[200] *Polarität in der Anschauung* – das entspricht Spinozas *Dialektik in der Begriffsbestimmung,* die in der Ausschließung des anderen, vornehmlich Entgegengesetzten besteht, also Verneinung: omnis determinatio est negatio; das sind hier wie dort die Prinzipien der Entfaltung in den sich fortsetzenden Modifikationen eines Ursprünglichen; hier wie dort zeigen sie an, daß eines ohne das andere, Entgegengesetzte, nicht sein kann, daß sie sich darum wechselseitig fordern, und so die Entfaltung der Welt, die unendliche Bewegung der Modifikationen entsteht – aber während auch hier von Spinoza diese Polarität und Dialektik als Wirkursache nach dem Muster der causae efficientes in der Mechanik verstanden wird, versucht Goethe gar keine, über den Bereich der phänomenalen Erscheinung hinausgehende Erklärung. Polarität, exakt in intellektueller Anschauung erfaßt, zeigt sich als ein *Vorgang in den Phänomenen* als gegenseitige Wechselwirkung, also Tätigsein und Leiden, weswegen Goethe auch von den Tätigkeiten der Farben spricht.[201]

Die vorangegangenen Zitate zeigen, daß Goethe bewußt keinen Unterschied zwischen den sog. „subjektiven" Erfahrungen und sog. „objektiven „Gegebenheiten machte. Denn für uns, die wir auf den Unterschied zwischen dem Subjektiven und dem Objektiven so sehr bedacht sind, ist z.B. der Gegensatz zwischen dem Hellen und dem Dunklen unmittelbar sichtbar, aber daß das *Auge* im Hellen das Dunkle, im Dunkeln das Helle „fordert", woraus sich bestimmte Lichteindrücke ergeben, scheint uns doch nur die Art und Weise zu reflektieren, wie wir solche Lichtverhältnisse in uns aufnehmen. Besonders deutlich wird dieser Sachverhalt bei solchen Erscheinungen, die sich überhaupt nur in unseren Augen abspielen wie z.B. Lichtreflexe, die wir nachwirkend sehen, obgleich es wieder dunkel geworden ist, oder überhaupt Sinnestäuschungen. Ja, Goethe ging sogar so weit, zu erklären, es sei „eine Gotteslästerung zu sagen, daß es einen optischen Betrug gebe."[202] Wie ist eine solche

---
[199] HA, 13, Farbenlehre, S. 337.
[200] HA, 13, a.a.O., S. 316.
[201] HA, 13, a.a.O., § 751.
[202] HA, Bd. 13, S. 617.

Aufhebung des Unterschiedes zwischen dem „Objektiven" und dem „Subjektiven", worauf ja letztlich der ganze Streit Goethes mit Newton hinausläuft, zu begründen?

Eben damit, daß Goethe die Urphänomene ausschließlich in die Sphäre der Anschauung verweist. Dies läßt sich besonders deutlich an Hand seiner Farbenlehre erkennen. In der Sprache der Subjekt und Objekt streng unterscheidenden Wissenschaft entstehen Farben dadurch, daß Licht mit einem Sinnesorgan, eben dem Auge, koinzidiert. Die Farbe ist also eine Art, wie Licht unter den Bedingungen dieser Koinzidenz erscheint. Aber diese Art ist selbst etwas „Objektives" – so und nicht anders erscheint Licht unter den Bedingungen des Auges. Ja, die ganze uns anschaulich gegebene Wirklichkeit ist dieser Art. Ohne den Menschen gibt es überhaupt kein Licht in dem gemeinhin verstandenen Sinne, gibt es keine Farben, kein Geräusch usw. Was die Erde, die Sonne, die Gestirne, das Meer, der Wind, was auch immer, ohne die sinnlich-anschauliche Art sein soll, läßt sich im Rahmen der Physik *denken* – das Licht, sagt man, besteht aus elektromagnetischen Wellen – aber *anschaulich vorstellen* läßt es sich nicht. Es ist also vollkommen legitim, wenn sich Goethe auf die objektive Sphäre der Koinzidenz zwischen rein physikalischen oder rein materiellen Vorgängen einerseits und der menschlichen Art, sie anschaulich aufzunehmen, beschränkt, um die Phänomene ausschließlich im Lichte dieser Koinzidenz, also in ihrer Anschauung, exakt zu beschreiben.

Eine solche Anschauung ist aber nicht ein bloßes, wenn auch noch so genaues Hinschauen, sondern, indem die Phänomene unter menschlichen Bedingungen sichtbar werden, zeigt sich in ihnen, in dieser Verschmelzung des Subjektiven mit dem Objektiven, das Ideelle im Materiellen: Die Polarität wird nicht nur mit dem Auge erfaßt (es fordert das Helle im Dunklen, das Dunkle im Hellen), sondern sie *zeigt* sich dem Auge auch als ein Gegensatz, er ist Gegenstand der Anschauung, ein Tätigsein und ein Leiden, eine Bedingung der Erscheinung des einen wie des andern. Die Natur, als Gegenstand menschlicher *Anschauung*, trägt auch die Züge menschlichen Anschauens und menschlichen Vorstellens, das Menschliche wird so aus der Natur nicht ausgeschaltet, wie es in den Naturwissenschaften gemeinhin geschieht, sie ist nicht das uns Fremde, sondern selbst ein Lebendiges. So wird z.B. das Spiel der Farben zu einem Vorgang, zu einem Ereignis, das einem menschlichen Schauspiel gleicht, in dem sich nach Goethe die Buntheit des Lebens spiegelt – „Am farbigen Abglanz haben wir das Leben".[203] Aber diese Buntheit, sagt er, ereigne sich nur im Medium des Trüben worauf Licht fällt, und auch das sei ein Gleichnis menschlichen Daseins.[204] Steigert sich die Anschauung zur intellektuellen, in welcher die Urphänomene erkennbar werden, so wirken sie auf uns „in ihrer

---

[203] Faust, V 4727.
[204] In einer Tagebuchnotiz vom 25. Mai 1807 bemerkt Goethe: „Chromatische Betrachtungen und Gleichnisse. Lieben und Hassen, Hoffen und Fürchten sind auch nur differente Zustände unsres trüben Innern, durch welches der Geist entweder nach der Licht- oder der Schattenseite hinsieht."

ewigen Ruhe und Herrlichkeit", sie werden, wie wir heute, der Sprache des Mythischen gewärtig, sagen können, zum Numen der Gottheit. Zum Numen, denn sie sind Zeichen, die zu uns sprechen, aber nicht in der Weise der Menschen, sondern des Göttlichen.

Nun zum Prinzip der Steigerung. Wenn Goethe wie gesagt unter der spinozistischen Modifikation, die notwendig und unendlich sei, die Metamorphose aus den Urphänomenen verstand, durch die alles stufenweise hervorgebracht wird, so liegt darin ein Aufsteigen zu Höherem, Vollendeterem (bzw. zum Abstieg von diesem), das sich mit dem Prozeß der Entstehung aus dem Gegenteil, der Polarität, zu einem Ganzen verbindet. Steigerung liegt im Wachstum der Pflanzen und ihrer entelechialen Entwicklung vor, Steigerung beobachten wir in der Verdünnung des Trüben und den daraus entspringenden Farben und Farbintensitäten usw. „Die Steigerung", schreibt Goethe[205], „erscheint uns als eine in sich selbst Drängung, Sättigung, Beschattung der Farben. So haben wir schon (...) bei farblosen Mitteln gesehen, daß wir durch Vermehrung der Trübe einen leuchtenden Gegenstand vom leisesten Gelb bis zum höchsten Rubinrot steigern können. Umgekehrt steigert sich das Blau in das schönste Violett, wenn wir eine erleuchtete Trübe vor der Finsternis verdünnen und vermindern (150.151)."

Wie die Polarität, so spiegelt die Steigerung das menschliche Leben, und auch ihre Anschauung ist also sowohl Anschauung eines inneren, „subjektiven" wie äußeren, objektiven Vorgangs. Dabei erfassen wir nach Goethe in der Anschauung der Polarität die Natur, sofern wir sie „materiell", die Anschauung der Steigerung, sofern wir sie „geistig" denken[206], wobei „materiell" und „geistig" nur zwei unauflöslich zusammengehörige Komponenten eines Ganzen sind, die ja auch den Menschen konstituieren. Wenn aber für Goethe insbesondere die Steigerung die Komponente des Geistigen repräsentiert, so deswegen, weil er die Steigerung geradezu für das Prinzip geistiger Lebendigkeit hält. Freilich nicht spinozisisch als Steigerung rationaler Erkenntnis verstanden, in der sich uns schließlich die pantheistische Göttlichkeit der Natur offenbaren soll, sondern als Steigerung der Anschauung zur intellektuellen, durch die uns die Urphänomene als Ideen Gottes erschlossen werden, in die sich die Natur entfaltet. Auch die sog. „sittliche Wirkung der Farben" ist also für Goethe, ganz anders als im heutigen Verständnis, nur ein Indiz für eine ideelle, geistige Verfassung der objektiven Wirklichkeit und insofern auch ein Indiz für eine prästabilierte Harmonie zwischen Mensch und Natur. „Weil aber die Materie nie ohne Geist, der Geist nie ohne Materie existiert und wirksam sein kann, so vermag auch die Materie sich zu steigern (...)"[207]

Wenn also „die Menschen im allgemeinen eine große Freude an der Farbe" empfinden[208], die Mannigfaltigkeit der Farberscheinungen auf ihren verschie-

---

[205] HA, Farbenlehre, § 517.
[206] HA, Bd. 13, Allgemeine Naturwissenschaft, S. 48.
[207] Ebenda.
[208] Farbenlehre § 759.

denen Stufen fixiert und nebeneinander betrachtet eine solche Totalität hervorbringen, daß sie Harmonie für das Auge ist[209], wenn Blau sehnsuchtsvoll stimmt und uns das Finstere darin anzieht, Gelb heiter wirkt, weil darin die Energie des Lichts spürbar wird, andererseits in Buntheit die Fülle des Lebens auf uns wirkt, in Purpur und Grün dessen höchste Steigerung sichtbar wird[210], wenn Farbe überhaupt „auf den Sinn des Auges, dem sie vorzüglich zugeeignet ist und durch dessen Vermittlung auf das Gemüt in ihren allgemeinsten elementaren Erscheinungen (…) einzeln eine spezifische, in Zusammenstellung eine teils harmonische, teils charakteristische, oft auch unharmonische, immer aber eine entschiedene und bedeutende Wirkung hervorbringt, die sich unmittelbar an das Sittliche anschließt,"[211] *so sind dies alles Zeichen (Numina) einer ebenso lebendigen, geistigen, ideellen wie materiellen Wirklichkeit, die sich im Akt der Anschauung ereignet, ja, so zeigt sich der Anschauung die Farbenwelt.* Urphänomene, sagt Goethe, bezaubern uns in ihrer „ewigen Ruhe und Herrlichkeit", aber sie können uns auch mit einer Art des „Entsetzens" erfüllen, weil wir „den eingewurzelten Begriff" in uns tragen, daß die Natur gar nichts Menschenähnliches habe.[212] Zeugen aber nicht ewige Ruhe und Herrlichkeit von jener majestas, jenem fascinans, Entsetzen von jenem tremendum, womit das Numinose geradezu gekennzeichnet ist?

Wo das angeschaute Phänomen und seine Wirkung auf den Menschen als Einheit erfaßt wird, wie es dem unmittelbar phänomenalen Tatbestand ja entspricht, da sind auch Geist und Seele im Angeschauten erkennbar, da ist das außen Erkannte auch in uns und das in uns Erkannte auch außen, und wir können das Angeschaute als ein geistiges Zeichen erfassen. „Wär' nicht das Auge sonnenhaft,/ die Sonne könnt' es nie erblicken,/ Läg' nicht in uns des Gottes eigne Kraft,/ Wie könnt' uns Göttliches entzücken?" Aber wenn die ontologische, begriffliche Reflexion einsetzt, wenn wir damit die objektive Koinzidenz von Subjekt und Objekt beiseite schieben und sie als etwas bloß Subjektives auf eine ihr zugrunde liegende, „reine Objektivität" zu reduzieren suchen, dann wird die „sittliche Wirkung der Farben" zu einer Art anthropomorpher Illusion, die mit der Wirklichkeit, wie sich „an sich" ist, nichts gemein hat. Eine solche Reflexion jedoch hat, wie sie schon im I. Kapitel gezeigt hat, keinerlei absolute Legitimation, sondern sie zeigt nur einen anderen Aspekt der Farbenwirklichkeit, etwa so, als wolle man die Haarfarbe eines Menschen nur physiologisch betrachten, ihre Bedeutung aber für sein Erscheinungsbild gänzlich außer Acht lassen.

Nun hat Goethe seine Naturbetrachtung eine Wissenschaft genannt. Wollte er damit, wie sein Kampf gegen die Newtonische Optik zeigt, die „wahre" gegen die „falsche" Wissenschaft setzen, so hat er damit angesichts des aspek-

---

[209] Ebenda § 706.
[210] Faust, V. 11706–709.
[211] Farbenlehre, § 758.
[212] HA, Bd. 10, Dichtung und Wahrheit, S. 79 f.

tischen Charakters der Wirklichkeit unrecht – sprechen doch beide von einer anderen Wirklichkeit. Andererseits aber ist gerade wegen dieses aspektischen Charakters die Legitimität seiner Naturbetrachtung gewährleistet.[213] Handelt es sich doch dabei um exakte Beobachtungen anschaulicher Phänomene, in welcher Anschaulichkeit das „Subjektive" mit dem „Objektiven" unlöslich verbunden und die wissenschaftliche Ontologie außer Kraft gesetzt ist.

Mit dieser Verbindung ist aber in Goethes Farbenlehre zugleich die Brücke zur Poesie und zur Kunst geschlagen. „Man vergaß", schreibt Goethe,„ daß Wissenschaft sich aus Poesie entwickelt habe, man bedachte nicht, daß, nach einem Umschwung von Zeiten, beide sich wieder freundlich, zu beiderseitigem Vorteil, auf höherer Stelle, gar wohl wieder begegnen könnten."[214] Die Wissenschaft, wie sie gemeinhin verstanden wird, trennt das Innere vom Äußeren[215], aber damit verfehlt sie jene Wirklichkeit, die beides miteinander vereint. Gerade dies soll nun die Naturwissenschaft leisten, wie sie Goethe versteht, und eben deshalb schöpft sie aus der gleichen Quelle wie die Poesie (alle Künste eingeschlossen), denn deren Wesen ist es ja, das „Subjektive" und das „Objektive" als eine Einheit zu sehen, das Sinnliche zu vergeistigen, das Geistige zu versinnlichen.

Erinnern wir uns noch einmal in Kürze an das im Vorangegangenen über Kunst, Musik und Dichtung Gesagte. (Vgl. das Kapitel IX, 4 und 5, sowie das Kapitel XII, 3) In der Kunst, so zeigte sich, tritt das Sichtbare als solches innerhalb eines umgreifenden, kognitiv faßbaren Wirklichkeitshorizontes einer geschichtlichen Epoche in Erscheinung; in der Musik werden substantielle Elemente epochaler, existentieller wie existentialer Gestimmtheiten in das musikalisch Hörbare als solches transponiert; in der Dichtung schließlich, deren Mittel das Wort ist, kommen jene epochalen Konnotationen und existentiellen oder existentialen Gestimmtheiten *ver-dichtet zur Sprache*, die zu den begrifflich faßbaren Entwürfen ontologisch-philosophischer und wissenschaftlicher Art gehören, oder zu denjenigen der erzählerischen Archaí des Mythos oder zum Wort der Offenbarung. Das „zur Sprache bringen" dieser Gestimmtheiten in der Dichtung erfolgt vornehmlich, um nur einiges zu nennen, mit Hilfe der Musikalität der Sprache, ihres Rhythmus, Tempos und Klanges und mit Hilfe der Transposition begrifflich faßbarer Zusammenhänge in die sinnliche Konkretheit bildhafter Geschichten, so daß die korrelierende Existenz oder Existentialität zur lebendigen Erfahrung wird.

Das dichterische zur Sprache Bringen ontologisch-philosophischer Entwürfe bedarf noch einer Erläuterung. Ich erinnere an den vierten Grundsatz der Allgemeinen Metatheorie[216]: Jeder Ontologie als ein Begriffssystem korreliert notwendig ein existentielles Verhalten des Menschen, eine eigentümliche Man-

---

[213] Vgl. das I. Kapitel.
[214] HA, Bd. 13, Morphologie, S. 107.
[215] HA, Bd. 14, Geschichte der Farbenlehre, S. 41.
[216] Vgl. Kapitel VII, 3.

nigfaltigkeit von Befindlichkeiten, die als zur Ontologie gehörige Existentialien zu bezeichnen sind. Daran liegt es z.B., daß sich die historische Bedeutung und die historische Wirkung einer Metaphysik keineswegs in ihrem rationalen, begriffsontologischen und begriffslogischen Teil erschöpft. Sie hat gleichsam einen Hof von Gestimmtheit um sich, und dieser vermag auch dann seine Kraft und Beharrung zu erweisen, wenn die rationalen Mängel nachweisbar sind. Deswegen ist das Studium großer Philosophen immer mehr als ein wie auch immer fesselnder und überzeugender Diskurs vernünftigen Denkens. Um dies zu erkennen, braucht man gar nicht an Platos dem Dichterischen so verwandte Dialoge zu denken, denn dieses zeigt sich selbst dort, wo die nüchternsten Deduktionen zum philosophischen Inhalt gehören, wie eben z.B. bei Spinoza, dessen Sprache allgemeine Bewunderung erregte. Und daher kommt es auch, daß die Philosophie oft eine starke Anziehungskraft auf die Kunst und die Musik ausübt. Ich erinnere nur an die kaum zu überschätzende Bedeutung des Neuplatonismus und Hermetismus auf die Kunst der Renaissance, den Einfluß Schopenhauers auf R. Wagner – und eben den tiefgreifenden Einfluß, den Spinoza auf Goethes Dichtung und seine mit ihr eng verbundene Naturbetrachtung hatte.

Goethesche Naturbetrachtung und Poesie (die Künste und die Musik eingeschlossen) haben also das gemein, daß in ihnen die Subjekt-Objekttrennung aufgehoben ist, alles Seiende ideell, alles Ideelle sinnlich-materiell, alles Abstrakt-Kognitive anschaulich in Erscheinung tritt; sie unterscheiden sich aber darin, daß sich die Naturbetrachtung unter Ausschaltung aller historischen Bedingtheiten allein auf die Phänomene der ewig-göttlichen Schöpfung bezieht, während sich die Poesie gerade an diesen historischen Bedingtheiten entfaltet. (Epochaler, kognitiver Wirklichkeitshorizont: das an ihm Sichtbare als solches in der Kunst, die mit diesem verknüpften, existentiellen oder existentialen Gestimmtheiten in Musik und Dichtung.) Gerade auf diesem Unterschied aber beruht andererseits die Bedeutung Goethescher Naturbetrachtung für die Poesie, wie es am deutlichsten an der Farbenlehre erläutert werden kann. Denn da diese die ewigen, göttlichen Urphänomene der Farben zum Gegenstand hat, bildet sie nach Goethes Auffassung die unveränderliche Grundlage für die Malerei, die im übrigen allen möglichen historischen Variationen unterworfen ist, und stellt so etwas wie eine *allgemeine Theorie der Kunst* dar. Die Farbe ist das ästhetische Mittel der Malerei, also muß die Malerei trotz ihrer historischen Bedingtheit die ewigen Gesetze der Farbenlehre beachten. „Wer zu den Sinnen nicht klar spricht, redet auch nicht rein zum Gemüt", schreibt Goethe in seiner Einleitung zu den „Propyläen".[217] Diese Klarheit aber finde man in den Gesetzen seiner Farbenlehre, weswegen u.a. auch von einer exakten Phantasie in der Kunst gesprochen werden könne, die im gegeben Fall nichts anderes ist als exakte Anschauung[218]: „So wird ein Mann, zu den sog. exakten Wissenschaften

---

[217] HA, Bd. 12, S. 46.
[218] Vgl. hierzu K. Hübner, „Die zweite Schöpfung", VII. Kapitel, 3b: Kunstlogik.

geboren und gebildet, auf der Höhe seiner Verstandesvernunft nicht leicht begreifen, daß es auch eine exakte sinnliche Phantasie geben könne, ohne welche doch eigentlich keine Kunst denkbar ist."[219] Damit hat schließlich Goethe zwei Gründe, seine eigentümliche Naturbetrachtung eine Natur*wissenschaft* zu nennen. Nämlich zum einen, weil sie die Idee der Exaktheit mit den Naturwissenschaften teilt, zum andern, weil sie wie diese den Anspruch erhebt, die Natur anders als die Poesie in ihren zeitenthobenen, ewigen Gesetzen zu erfassen.

Wie nun Goethes Naturwissenschaft in einem engen Zusammenhang zur Poesie steht, so auch zum Mythischen. Sind doch die der Goetheschen Naturwissenschaft zugeordneten Strukturen, die sie mit der Poesie gemein hat und in der Einheit von Subjekt und Objekt wurzeln, die gleichen wie in der mythischen Weltbetrachtung, und der Unterschied besteht nur darin, daß die Urphänomene Goethescher Naturwissenschaft *Numina des ewigen Gottes* sind, während die Numina, die zwangsläufig in der Poesie auftreten, ihr Inhalt mag im übrigen sein wie er wolle, entweder unbestimmt bleiben oder sich zu (ebenfalls historisch vermittelten) *Göttern*[220] verdichten können (Antike), von der rein mythischen Welt ganz abgesehen, für die das letztere selbstverständlich ist. Deswegen resümierte Goethe: „Wir sind naturforschend Pantheisten, dichtend Polytheisten."[221] Ähnlich äußerte er sich am 6.1.1813 zu F.H. Jacobi: „Als Dichter und Künstler bin ich Polytheist, Pantheist hingegen als Naturforscher (…)" Aber er fügt noch hinzu: „Bedarf ich Gottes für meine Persönlichkeit, als sittlicher Mensch, so ist dafür auch schon gesorgt." In dieser Hinsicht, so wird sich noch zeigen, glaubt er an einen persönlichen Gott und ist Monotheist. Damit werden wir uns später befassen. Jetzt müssen wir uns zunächst noch tiefer auf die existentialen Strukturen seines mit Spinoza in vielem so verwandten Pantheismus eingehen.

Wenn, wie gesagt, jede Ontologie, jede Metaphysik einen Hof von Gestimmtheit um sich hat, der auch dann seine Kraft und Beharrung zu erweisen

---

[219] HA, Bd. 13, Allgemeine Naturwissenschaft, S. 42.

[220] Zur historischen Bedingtheit mythischer Götter vgl. u.a. das V. Kapitel, 2 a und b. „Die Götter sind Elemente der Schöpfung und haben dort eine relative Transzendenz im Gegensatz zur absoluten Gottes. Indem die Mannigfaltigkeit der profanen Welt immer mythisch gespiegelt wird, erscheinen den Menschen die Götter auch unter verschiedenen Bedingungen der Umwelt und der historischen Kultur. Daraus erklärt sich die historische wie geographische Vielfalt der Mythen, also ihre *Relationalität*, die nicht mit Relativität verwechselt werden darf. Denn die Relation zwischen Mythos und profaner Bedingtheit wird ja als eine notwendige, nicht hypothetische erfahren; wird diese Relation aber in eine nur relative umgedeutet, so wird das Mythische ohne Legitimität in eine ihm fremde Ontologie transponiert und damit sein grundsätzlicher Offenbarungscharakter gesprengt. Es ist also kein Einwand gegen die Wahrheit und Wirklichkeit des Mythischen, daß z.B. die Griechen die Naturerscheinungen im Lichte ihres besonderen Mythos sahen und uns Europäern deren Mythos ein Vorbild ist unbeschadet dessen, daß uns heute mannigfaltige mythische Kulturen bekannt sind, die uns zwar auf der Grundlage unserer ganz anderen historischen Bedingungen innerlich fremd bleiben, deren Eigenwert und Eigenbedeutung wir aber zunehmend zu verstehen lernen."

[221] HA Bd. 12, Maximen und Reflexionen Nr. 49.

vermag, wenn rationale Mängel nachweisbar sind, so ist eben Goethes Verhältnis zu Spinoza dafür ein gutes Beispiel. Hat er sich doch um diese Mängel in Spinozas System wenig gekümmert. „Denke man aber nicht," schreibt er in „Dichtung und Wahrheit", „daß ich seine" – Spinozas – „Schriften hätte unterschreiben und mich dazu buchstäblich bekennen mögen. Denn daß niemand den andern versteht, daß keiner bei denselben Worten dasselbe was der andere denkt, daß ein Gespräch, eine Lektüre bei verschiedenen Personen verschiedene Gedankenfolgen aufregt, hatte ich schon allzu deutlich eingesehen."[222] Im übrigen sei es ihm gar nicht darum gegangen, „wie der Philosoph hätte denken sollen"[223], sondern was für ein *Leben* aus dem Gedachten entsprang: „An ihren Früchten sollt ihr sie erkennen!"[224] Es waren also nicht Spinozas rationale Deduktionen im einzelnen, die Goethe ergriffen und seine eigene Deutung des spinozistischen Pantheismus in Bewegung setzten, sondern es war die religiöse Gestimmtheit, denen sie entsprangen und die sie erweckten. Sie meinte er, wenn er sagte: „Mein Zutrauen zu Spinoza ruhte auf der friedlichen Wirkung, die er in mir hervorbrachte."[225] Diese Gestimmtheit hatte sich bereits zu Beginn des 18. Jahrhunderts in einem aufkommenden Naturgefühl angekündigt, das dem platten Rationalismus der Aufklärung ebenso wie dem damals in den Kirchen verbreiteten, naturfeindlichen Dogmatismus entgegenwirkte. Man denke an A.v. Haller, Rousseau, Hamann und Herder. Zu verweisen ist aber auch auf die neue Entdeckung der Antike und ihrer Weltverklärung durch Winckelmann. In dieser Zeit konnte Spinozas Werk wie eine Offenbarung wirken, und Hén kaí pán (Ein und alles) wurde zum Schlagwort eines sich mehr und mehr durchsetzenden Pantheismus.

Aber wie sich Goethe über das rationalistische Denken Spinozas mit seinen Deduktionen wenig kümmerte und sie im Lichte exakter Anschauung in morphologische Variationen und Modifikationen umdeutete, so ist auch die Ähnlichkeit der jeweils damit zusammenhängenden, existentiellen und existentialen Gestimmtheitsmannigfaltigkeiten letztlich eine doch nur mehr oder weniger oberflächliche. Zwar ist im gegebenen Zusammenhang die Grundgestimmtheit von Spinoza wie von Goethe eine religiöse Freude. Diese entspringt jedoch bei Spinoza der *rationalen, begriffslogischen Erkenntnis* göttlicher Attribute und ihrer Modifikationen, bei Goethe hingegen der *intellektuellen Anschauung* numinoser Urphänomene und ihren Modifikationen. Goethes intellektuelles Anschauen ist also eine Form der visio Dei und in ihrer Unmittelbarkeit eine Form der Offenbarung, was begriffslogische Erkenntnis niemals sein kann. Daher stellt sich auch die Freude bei Spinoza erst ein, wenn das ganze Werk studiert und verarbeitet wurde[226], während sie bei Goethe schon durch das Anschauen jedes

---

[222] HA Bd. 10, Dichtung und Wahrheit, Teil IV, 16. Buch. S. 78.
[223] A.a.O., S. 76.
[224] Ebenda.
[225] A.a.O., S. 78.
[226] Wie für Spinoza Freude als Gotteserkenntnis der höchste und vollkommenste Zustand des Menschen ist, so ist auch jede Art von unschuldiger Daseinsfreude an der von Gott durchwirkten

einzelnen Urphänomens für sich genommen hervorgerufen wird. Offenbart sich darin doch „ewige Ruhe und Herrlichkeit", wie er sagt, und wir fühlen uns vom Mysterium des Göttlichen durchdrungen. So ist auch die religiöse Freude bei Goethe eine unmittelbare, bei Spinoza aber eine nur vermittelte, nämlich durch ein überdies fragliches Denken.

Gemeinsamkeit zwischen beiden besteht wieder darin, daß für sie Seligkeit, beatitudo Versenkung in die alles umgreifende, ewige Weltordnung Gottes ist. In beider Pantheismus erweist sich die Welt als ein *unendliches, göttliches Gefüge*, in dem es keinen blinden Zufall gibt, an dem aber auch der Mensch teilhat, so daß er gerade darin sein Glück findet, sich als von ihm geführt zu verstehen und sich ihm einzuordnen. Denn auch das Stirb und Werde, in dem alles Leid wurzelt, ist ja nur ein Element der ewigen Modifikationen, in denen sich die Gottheit und auch alles einzelne entfaltet. Daher ist die beatitudo zugleich acquiescentia, die Stille des Gemüts.[227] Aber gerade diese entspringt der höchsten, weil von allen passiven Affekten und Begierden freien Tätigkeit, nämlich der philosophischen Erkenntnis Gottes bei Spinoza und der intellektuellen Anschauung des Göttlichen bei Goethe, die ja nicht in blindem Hinsehen besteht, sondern Ergebnis des Vergleichens, Suchens, Ordnens und konzentrierter Betrachtung ist.[228] Womit wir jedoch bereits wieder beim Unterschied zwischen beiden wären. Spinozas durchgehender Zusammenhang der Weltordnung von der Ursubstanz über die Attribute zu den Modifikationen ist ja, wie schon hervorgehoben, ein ausschließlich logisch-kausalgesetzlicher, er besteht aus einer Kette von Wirkursachen, causae efficientes, die zwar einsichtig sein sollen, dabei aber, für sich genommen, ebenso wenig einen „Sinn" haben können wie überhaupt Naturgesetze im Verständnis der Naturwissenschaften. *Denn wo die Warum-Frage methodisch von vornherein ausgeblendet ist, da gibt es keinen Sinn, sondern nur sog. Fakten.* Im Gegensatz dazu ist nach Goethe der durchgehende Zusammenhang der Weltordnung durch Gottes Ideen, die Urphänomene, gegeben, die ja, als Numina, schon ein in sich Geistiges und Sinnvolles sind, so daß sie als die gesetzten Zwecke erscheinen, causae finales, die sich in mannigfaltigen Modifikationen und Variationen verwirklichen. Nur in Goethes Pantheismus kann man also im eigentlichen, im gemeinten Sinne des Wortes von einem göttlichen Sinngefüge sprechen, dem sich einzuordnen und es still zu verehren acquiescentia, die Stille des menschlichen Gemüts und

---

Natur eine Stufe hierzu. „(…) Je mehr wir von Lust affiziert werden, zu desto höherer Vollkommenheit gehen wir über, d.h., desto mehr sind wir der göttlichen Natur notwendig teilhaftig. Die Dinge zu genießen und sich an ihnen so viel wie möglich zu erfreuen (…) ist darum eines weisen Mannes durchaus würdig. Des weisen Mannes, sage ich, ist es durchaus würdig, an angenehmen Speisen und Getränken mäßig sich zu erquicken und zu stärken, wie nicht minder an Wohlgerüchen, an der Schönheit der grünenden Pflanzenwelt, an Schmuck, Musik, Kampf und Schauspielen und anderen Dingen dieser Art (…)" Ethik, IV, Prop. XLV, Scholium.

[227] Das war bei Goethe, wie schon zitiert, „die friedliche Wirkung, die Spinoza in ihm hervorbrachte."

[228] Der Begriff der höchsten Tätigkeit ist, wie man sieht, ein qualitativer, und hat mit dem Maße der Anstrengung und des Leidens nichts zu tun.

beatitudo, Glückseligkeit hervorruft. Nur in einem solchen Pantheismus als durchwaltendes Sinngefüge ist aber auch die Frage menschlicher Freiheit ohne Bedeutung. Die Natur, sagt Goethe, wirkt zwar nach „ewigen, notwendigen, dergestalt göttlichen Gesetzen"[229], und man könne es deswegen jenen Denkern „nicht übelnehmen, welche die unendlich kunstreiche aber doch beschränkte Technik jener Geschöpfe" – der Tiere – „für ganz maschinenmäßig erklären."[230] Dennoch handelten die Tiere in vielem „vernunftähnlich", die Pflanzen zweckmäßig (Mimose), es sei ein sinnvolles Walten in ihnen, und eben ein solches kann auch dem Menschen zu gewisser Erfahrung werden. Goethe erläutert das am Beispiel dichterischer Inspiration. „Ich war dazu gelangt," schreibt er, das mir innewohnende dichterische Talent ganz als Natur zu betrachten." Ja, die Ausübung der Dichtergabe träte „am freudigsten und reichlichsten" „unwillkürlich, ja wider Willen hervor."[231] „Für solche Poesien hatte ich eine besondere Ehrfurcht, weil ich mich doch ohngefähr gegen dieselbe verhielt, wie die Henne gegen die Küchlein, die sie ausgebrütet um sich her piepsen sieht."[232] So ist die Erfahrung dichterischer Inspiration für Goethe der Prototyp eines sinnvollen Waltens im Menschen, eines Waltens „wider Willen", wie es der pantheistischen Weltsicht entspricht, und sie erzeugt, im Zusammenhang mit anderen, ähnlichen Erfahrungen, die es außerhalb des Dichterischen gibt, ein Grundvertrauen auch dort, wo der Sinn des Geschehens nicht unmittelbar einleuchtet.[233]

So haben wir viel Gemeinsames und Verschiedenes zwischen Spinoza und Goethe finden können.[234] Der wichtigste Unterschied zwischen beiden besteht aber darin, daß Goethe, wie bereits eingangs erwähnt, nicht nur eine dichterische Synthese zwischen Pantheismus und Mythos, sondern auch zwischen beiden und dem Christentum suchte.

Ich beginne mit dem Gedicht „Die Geheimnisse", das er um 1785 geschrieben hat. Ein Wanderer nähert sich einem Kloster, über dessen Pforte ein Kreuz, von Rosen umgeben, angebracht ist. Lesen wir die betreffenden Verse in etwas verkürzter Form: „Das Zeichen,"/ gemeint ist das Kreuz/ „Das aller Welt zu Trost und Hoffnung steht,/ (...) Zu dem viel tausend Herzen warm gefleht,/ Das die Gewalt des bittern Tods vernichtet,/ (...) Er", der Wanderer, „sieht das Kreuz, und schlägt die Augen nieder/ (...) Er fühlet neu, wie dort das Heil entsprungen,/ Den Glauben fühlt er einer halben Welt;/ Doch von ganz neuem

---

[229] HA, Bd. 10, Dichtung und Wahrheit, S. 79.
[230] Ebenda. Damit ist zwar wohl unmittelbar Descartes gemeint, aber doch auch Spinoza getroffen, denn dessen durchgehender psychophysischer Parallelismus hebt ja den strengen, mechanistischen Determinismus des Naturgeschehens keineswegs auf, sondern begleitet ihn nur mit Bewußtsein und mehr oder weniger dunkler Erkenntnis.
[231] A.a.O., S. 80.
[232] A.a.O., S 81.
[233] So gibt es eine innere Determiniertheit im „Egmont", im „Tasso" und den „Wahlverwandtschaften", eine äußere in der „Iphigenie" als Tantalidenfluch.
[234] Vgl. auch M. MOMMSEN, Spinoza und die deutsche Klassik, in: M. MOMMSEN, Lebendige Überlieferung, Bern 1999.

Sinn wird er durchdrungen,/ Wie sich das Bild ihm hier vor Augen stellt:/ Es steht das Kreuz mit Rosen dicht umschlungen/ (...) Es schwillt der Kranz, um recht von allen Seiten/ Das schroffe Holz mit Weichheit zu begleiten (...)/ Und aus der Mitte quillt ein heilig Leben/ Dreifacher Strahlen, die aus *einem* Punkte dringen;/ Von keinen Worten ist das Bild umgeben,/ Die dem Geheimnis Sinn und Klarheit bringen."[235]

Der christliche Bezug ist hier eindeutig, und zwar nicht nur in dem, was über das Kreuz gesagt wird, sondern er tritt auch im weiteren Verlauf des Gedichtes hervor. Lebt doch in dem Kloster, in das der Wanderer eintritt, eine Mönchsgemeinde von 12 Personen, die, wie die Apostel, von einem göttlichen Mann geführt wird. Und, wie einst Christus die Apostel, so hat auch dieser, der Humanus genannt wird, seine Jünger wieder verlassen. Von dessen Leben erfahren wir in weiterer Anknüpfung an das Christliche, daß ein Geist seiner Mutter die Empfängnis verkündet, und ein Stern bei seiner Geburt geleuchtet habe.

Und doch heißt es in den zitierten Versen, daß der Glaube an das Kreuz von einem „ganz neuen Sinn" durchdrungen sei, wofür die Rosen zeugten, die es umschlingen, denn mit ihnen werde „das schroffe Holz mit Weichheit begleitet". Was ist damit gemeint? Ein Hinweis liegt bereits darin, daß das von den Mönchen beschriebene Leben des Humanus nicht nur christliche, sondern auch alttestamentarische und antike, besonders an die Taten des Herakles erinnernde Elemente enthält. Ferner handelt es sich bei den Mönchen, wie Goethe in seinem späteren, nämlich erst 1816 veröffentlichten Kommentar zu diesem Gedicht schrieb, um eine Versammlung der „trefflichsten Männer von allen Enden der Erde, (...) wo jeder von ihnen Gott auf seine eigenste Weise im stillen verehre."[236] „(...) die verschiedensten Denk- und Empfindungsweisen, welche in dem Menschen durch Atmosphäre, Landstrich, Völkerschaft, Bedürfnis, Gewohnheit entwickelt oder ihm eingedrückt werden," seien hier berufen, sich in „ausgezeichneten Individuen darzustellen."[237] Doch solle dieses Zusammenleben die Einsicht in die Unvollkommenheit dieser einzelnen, geistigen Welten schärfen, und damit das Verlangen nach einer weiterführenden, höchsten Ausbildung geweckt werden. Aber dieses Ziel liegt nicht etwa in einem höheren, alle bisherigen Gottesvorstellungen und -Beziehungen unterwerfenden Prinzip oder in einer sie alle umgreifenden Doktrin, sondern es liegt darin, das in dieser Mannigfaltigkeit Gemeinsame, Zusammenhängende und Ähnliche zu erfassen und zu einem lebendigen Ganzen zu verweben, ohne dabei das Recht des darin einzelnen anzutasten. Goethe faßt dies mit folgenden Worten zusammen: „Hier würde sich denn gefunden haben, daß jede besondere Religion einen Moment ihrer höchsten Blüte und Frucht erreiche, worin sie jenem oberen Führer und Vermittler sich annahte," – gemeint ist der schon

---

[235] HA, Bd. 2, S. 272.
[236] HA, Bd. 2 „Die Geheimnisse. Fragment", Aufsatz Goethes in Cottas „Morgenblatt", S. 283.
[237] Ebenda.

erwähnte Humanus – „ja sich mit ihm vollkommen vereinigt."[238] So werde der Leser „durch alle Länder und Zeiten geführt, überall das Erfreulichste, was die Liebe Gottes und der Menschen unter so mancherlei Gestalt hervorbringt, erfahren", und so würden alle jene „Abweichungen, Mißbräuche und Entstellungen" vermieden, „wodurch jede Religion in gewissen Epochen verhaßt wird."[239]

Daß das „schroffe Holz" durch die Rosen von „Weichheit begleitet" wird, bedeutet also, daß die Gefahr christlicher Borniertheit gebannt werden solle, und dies geschähe eben dadurch, daß der mit dem Kreuz verbundene Glaube andere Religionen und Gottesbeziehungen nicht einfach zurückweise, sondern die ganz anderen Bedingungen und Umstände ihrer Entstehung und ihrer Weltsicht zu verstehen und brüderlich anzuerkennen suche. In allen Religionen ist Wahrheit, niemand hat die reine und ganze Wahrheit, und Gott ist in allen großen Religionen wirksam.[240] Worauf es also letztlich ankommt, ist, daß der Mensch im Umkreis der ihm historisch zugewachsenen Religiosität ein tätiges Leben führt. „Doch wenn ein Mann in allen Lebensproben/ Die sauerste besteht, sich selbst bezwingt;/ Dann kann man ihn mit Freuden andern zeigen/ und sagen: ‚Das ist er, das ist sein eigen!' (...) In diesem innern Sturm und äußeren Streite/ Vernimmt der Geist ein schwer verstanden Wort:/ ‚Von der Gewalt, die alle Wesen bindet,/ Befreit der Mensch sich, der sich überwindet.'"[241] Welchem Gott also auch immer man dienen, an welchen immer man glauben mag, lebendige Religiosität liegt darin, daß der Mensch seine Schwäche und Dürftigkeit mit Gottes höherem Geist durchdringt, und da dies auf mannigfaltige Weise geschehen kann, läßt es sich auch nicht in allgemeine Worte fassen, sondern ist gelebtes Geheimnis. „Von keinen Worten ist das Bild umgeben", stellt der Wanderer in der Betrachtung von Kreuz und Rose fest, und später heißt es noch: „Was hier verborgen, ist nicht zu erraten,/ Man zeige denn es dir vertraulich an"- also nur in der intimen Kenntnis der Lebensumstände jedes einzelnen.

Was in dem Gedicht „Die Geheimnisse" eher angedeutet wird, nimmt in den ersten Kapiteln des Zweiten Buches von „Wilhelm Meisters Wanderjahren" deutliche Gestalt an. Dem utopischen Kloster dort, entspricht nun die utopisch-pädagogische Provinz. Auch hier kommt ein Fremder zu Besuch, wird mit der religiösen Ideenwelt dieser Provinz vertraut gemacht, bleibt der „Obere" verborgen, wird vieles geheimnisvoll verschwiegen und gibt es weder Priester noch eine Kirche, wohl aber ein innerstes Heiligtum. Und doch gibt es hier einen entscheidenden Unterschied: Im innersten Heiligtum befindet sich eine Galerie, in der die Idee der Gleichberechtigung der verschiedenen Religionen durch Sinnbilder dargestellt ist. Im Durchschreiten dieser Galerie folgt man dem historischen Weg, so daß sie schließlich, nach Darstellungen griechi-

---

[238] Ebenda
[239] A.a.O., S. 284.
[240] Vgl. hierzu E. TRUNZ, Nachwort zu „Die Geheimnisse".
[241] A.a.O., S. 276.

scher und alttestamentarischer Stoffe, in die Geschichten des Neuen Testaments mündet und mit der Darstellung des letzten Abendmahls endet. Hier aber erfahren wir nun, und das ist das, verglichen mit dem „Geheimnissen" vor allem Neue, daß das Christentum sich letztlich doch vor den anderen Religionen auszeichnet, und zwar dadurch, daß es, als letzte von ihnen und sie gleichsam abschließend, die Heiligung des Schmerzes erkannt habe, die Heiligung auch der Niedrigkeit, der Armut, des Elends, des Leidens und des Todes. Verstehe doch das Christentum das Leiden als eine Prüfung, durch die allein der Mensch zu Gott finden kann. Denn der Mensch sei nur geboren, um sich von dem Irdischen zu entbinden, dies sei der einzige Weg zu Gott und diese Entbindung vom Irdischen führe allein über den Schmerz.[242]

Dies ist im gegebenen Zusammenhang eindeutig christliche Ethik, widerspricht aber nicht Goethes spinozistisch-pantheistischer Weltfreudigkeit. Entsteht doch diese erst in jener intuitiven Erkenntnis – wie verschieden sie auch von Spinoza und Goethe aufgefaßt worden sein mag –, in der sich dem Menschen der göttliche Aspekt der Natur erschließt und er damit deren ungöttlichen, in diesem Sinne „irdischen", überwindet. Diese Überwindung des „Irdischen" ist Schmerz und dieser daher die Vorbedingung der Freude. Nach Goethe behauptet der Pantheismus nichts anderes, als daß die Welt ein durchgängig von dem *einen Gott* (Monotheismus), seinen Ideen und Urphänomenen durchwirktes Ganzes ist, zu dem wir uns durch das Trübe und Finstere mit Hilfe einer höheren, begnadeten Anschauung emporzuheben vermögen – was könnte daran für den Christen anstößig sein? Darauf hat auch Goethe energisch hingewiesen, als er am 9.6.1785 an Jacobi schrieb: „Und wenn ihn" – Spinoza – „andere (…) Atheum schelten, so möchte ich ihn theissimum, ja christianissimum nennen". Recht verstanden gibt es also nicht nur keinen Widerspruch zwischen Goethes pantheistische Weltfreudigkeit und dem Christentum, sondern im Gegenteil, diese ist sogar Teil eines wohl verstandenen Christentums selbst, wie u.a. auch aus dem vorangegangenen XII. Kapitel „Natur aus christlicher Sicht" hervorgeht.

Im Hinblick auf die Heiligung des Schmerzes wird nun zwar das Christentum von den Weisen der Pädagogischen Provinz als „ein Letztes, wozu die Menschheit gelangen konnte und mußte" aufgefaßt, das, da es „nun einmal erschienen ist, nicht wieder verschwinden, (…) nicht wieder aufgelöst werden" könne[243], aber diese Heraushebung des Christentums kennzeichnet es eher nur als einen unwiderruflichen primus inter pares, ändert also nichts an der schon in den „Geheimnissen" vertretenen Idee der Gleichwertigkeit der großen Religionen. Auch in der pädagogischen Provinz der Wanderjahre kommt es nämlich am Ende wieder nur auf das im Umkreis einer konkreten, historischen Religion sich abspielende tätige Leben, das Streben zu Gott und die Überwindung irdischer Nichtigkeit und Schwäche an, während objektive Glaubens-

---

[242] Vgl. hierzu auch HA, Bd. 8, S 469.
[243] Bd. 8, S. 157.

inhalte und Dogmen gerade in der historischen Bedingtheit der menschlichen Natur zwar letztlich unvermeidlich sind, aber doch nur von sekundärer Bedeutung sein können.

Dies wird nun in den ersten Kapiteln des zweiten Buches von Wilhelm Meisters Wanderjahren vor allem an der Rolle deutlich, die Christus zugewiesen wird, ja, damit treffen wir auf den zentralen Punkt von Goethes Verhältnis zum Christentum überhaupt. Auf Wilhelm Meisters Frage, warum die Galerie mit dem letzten Abendmahl ende und nicht, wie es heißt, auch der „übrige Teil der Geschichte" gezeigt werde – man beachte diese Umschreibung, die offenbar vermeiden will, Kreuzigung und Auferstehung beim Namen zu nennen – da antwortet man ihm, man habe das mit Bewußtsein getan. Denn im Leben habe sich der „Meister" – auch der Name „Christus" wird, wie man sieht, vermieden – als ein „wahrer Philosoph" gezeigt, ein „Weiser im höchsten Sinne", der das „Niedere zu sich heraufzieht, indem er die Unwissenden, die Armen, die Kranken seiner Weisheit (...) teilhaftig werden läßt und sich deshalb ihnen gleichzustellen scheint"; andererseits aber verleugne er nicht seinen göttlichen Ursprung und er wage es sogar, „sich Gott gleichzustellen, ja sich für Gott zu erklären", womit er einen Teil für sich gewonnen, einen anderen jedoch gegen sich aufgebracht habe. Darin aber – es klingt wie eine Warnung – liege eine Lehre für alle, die nach Hohem streben. „Und so ist sein Wandel für den edlen Teil der Menschheit noch belehrender und fruchtbarer als sein Tod: Denn zu jenen Prüfungen ist jeder, zu diesem sind nur wenige berufen."[244] Aber damit nicht genug. Als Wilhelm Meister dennoch auf die Bedeutung von Leiden und Tod „dieses göttlichen Mannes" hinweist – wieder fällt Christi Name nicht –[245], da wird ihm geantwortet: „Hieraus machen wir kein Geheimnis; aber wir ziehen einen Schleier über diese Leiden, eben weil wir sie so hoch verehren. Wir halten es für eine verdammungswürdige Frechheit, jenes Martergerüst und den daran leidenden Heiligen dem Anblick der Sonne auszusetzen, die ihr Angesicht verbarg, als eine ruchlose Welt ihr dieses Schauspiel aufdrang, mit diesen tiefen Geheimnissen, in welchen die göttliche Tiefe des Leidens verborgen liegt, zu spielen, zu tändeln, zu verzieren und nicht eher zu ruhen, bis das Würdigste gemein und abgeschmackt erscheint."[246] Im gleichen Sinne, nur noch schroffer, hat sich später Goethe in einem Brief an Zelter geäußert[247], wo er vom dem „leidigen Marterholz spricht", welches „das Widerwärtigste unter der Sonne" sei, denn es verletze den Sinn für das Humane und Vernünftige, und kein Mensch solle es „auszugraben und aufzupflanzen bemüht sein."

Wir sehen also: Ob Christus sich zurecht „für Gott erklärt" hat, darüber, so erklärt man Wilhelm Meister, gab und gibt es Zweifel, wenn man aus ihnen auch, wie vorsichtig und somit unbestimmt hinzugefügt wird, seine Lehren

---
[244] A.a.O., S 163.
[245] A.a.O., S. 164.
[246] Ebenda.
[247] Am 1.6.1831.

ziehen könne. Fest stehe aber, daß er den Schmerz verklärt habe, indem er, der vorbildlich Weise, diesen an sich selbst auf furchtbarste Weise erlitt. Der unmittelbare Anblick seines Leidens selbst freilich, sei wider die Humanität, weil er gleichermaßen für die Vernunft wie für das Gefühl unerträglich sei. Um dies mit heutigen Worten zu verdeutlichen: Ein solcher Anblick ist, nicht anders als die Zurschaustellung des qualvollen Leidens irgendeines anderen Menschen, gleichsam ein Tabu: Denn er beleidigt ebenso die Vernunft wie das Gefühl, weil er gegen die Menschenwürde verstößt, und im gegebenen Fall auf die krasseste Weise, da doch der Gefolterte diese Würde in Person ist. Mit keinem Wort jedoch wird dabei des doch zentralen Gedankens des Christentums gedacht, daß Gott den Menschen durch die Kreuzigung seines Sohnes seine Solidarität mit ihnen bekundet hat, daß er sich in dem schrecklichsten aller möglichen Leiden ihnen gleichgestellt hat, daß er ihnen damit seine unendlich Liebe und Vergebung, in der Auferstehung aber die gnadenvolle Erlösung verhießen hat. Wenn im vorigen Zitat von dem Geheimnis und der Tiefe des göttlichen Leidens die Rede ist, vor dem die höchste Ehrfurcht geboten sei, so ist auch darin kein Hinweis auf dieses christliche Mysterium, also die eigentliche Bedeutung des christlichen Kreuzes zu erkennen, sondern nur auf das Mysterium verklärten Leidens überhaupt, wie es sich beispielhaft an einem höchsten Weisen vollzieht, um die Bezeichnung aus dem „Wilhelm Meister" zu gebrauchen. Es ist jenes Leiden, ohne das nach Goethe kein Weg zur Ablösung vom Irdischen führt – in dem gemeinten Doppelsinne – und damit zu Gott.

Goethes Deutung des Christentums erfolgt jedoch vor dem Hintergrund einer Religiosität, die, wie wir ebenfalls dem „Wilhelm Meister" entnehmen können, im Gefühl der Ehrfurcht wurzelt. Diese Ehrfurcht ist für Goethe eine unmittelbare Erfahrung des Menschen. Und zwar ist sie *erstens* die Ehrfurcht vor dem, was *über uns* ist, worin sich alle großen Religionen gleichen[248]; *zweitens* diejenige vor dem, was *neben uns* und uns gleich ist, nämlich dem Menschen, wie es alle Guten und Weisen und damit wieder alle große Religionen gelehrt haben[249]; und schließlich empfinden wir *drittes* Ehrfurcht vor dem, was *unter uns* ist, womit Goethe zum einen die Natur, zum andern das an das Irdische, Erdhafte gebundene, aber verklärte Leiden meint, dessen Erfahrung Goethes Meinung nach erst durch das Christentum im Menschen erweckt wurde.[250]

In diesen drei Formen der Ehrfurcht sieht Goethe die Wurzel der „eigentlich wahren Religion". Der Mensch aber, der diese Religion in sich fühlt, dürfe auch vor sich selbst Ehrfurcht empfinden, „ohne durch Dünkel und Selbstheit wieder ins Gemeine gezogen zu werden", denn nur Gott und die Natur selbst könnten dies in ihm hervorgebracht haben.[251] Daß aber das Christentum dem,

---

[248] A.a.O., S. 156.
[249] Ebenda.
[250] A.a.O., S. 157.
[251] Ebenda.

was hier die eigentlich wahre Religion genannt wurde, keineswegs widerspreche, das, so wird Wilhelm Meister belehrt, zeige sich an den drei Artikeln des Credo. Denn der erste enthalte doch das Bekenntnis zum allmächtigen Gott (Ehrfurcht vor dem, was oben ist), der zweite das Bekenntnis zu den im Leiden Verherrlichten (Ehrfurcht vor dem, was neben uns ist), und der dritte enthalte das Bekenntnis zur Gemeinschaft der im Leiden erprobten Heiligen, nämlich der im höchsten Grade Guten und Weisen (Ehrfurcht vor dem, was unter uns ist, nämlich das durch Prüfung geläuterte Erdhafte und Irdische.) Auch hier aber sieht man wieder, daß in Wahrheit das Zentrum des christlichen Glaubens umgangen wird. Denn der zweite Artikel des Credo bezieht sich dem Wortlaut seines Textes nach zwar auf das Leiden, aber doch auf dasjenige Christi als dem eingeborenen Sohn Gottes.

Um diesen Grundriß goethescher Religiosität, wie er sich im „Wilhelm Meister" findet, noch weiter zu erläutern, sei noch einmal auf Goethes Verhältnis zur Natur zurückgekommen. Die ehrfürchtige Erfahrung dessen, was oben ist, hat ihren konkreten Ausgangspunkt im Licht, und die ehrfürchtige Erfahrung dessen, was unter uns ist, hat ihren konkreten Ausgangspunkt in der Erde. „An und in dem Boden", lesen wir in den „Wanderjahren", „findet man für die höchsten irdischen Bedürfnisse das Material, eine Welt des Stoffes, den höchsten Fähigkeiten des Menschen zur Bearbeitung übergeben; aber auf jenem geistigen Wege werden immer Teilnahme, Liebe, geregelte freie Wirksamkeit gefunden. Diese beiden Welten gegeneinander zu bewegen, ihre beiderseitigen Eigenschaften in der vorübergehenden Lebenserscheinung zu manifestieren, das ist die höchste Gestalt, wozu sich der Mensch auszubilden hat."[252] Die Erde ist also für Goethe Sinnbild des Irdischen, Stofflichen, Materiellen, damit auch des Dunklen, Dichten, Schweren und des Schmerzes, kann aber und muß vom Geiste durchdrungen werden, so wie das Licht, gesehen durch das Dunkle und Dichte, als Farbe erscheint. Denn alles Licht, das wir sehen, ist für Goethe letzlich Abglanz des Urlichts. „Am farbigen Abglanz haben wir das Leben" (Faust, V. 4727). Der Mensch lebt in einem Zwischenbereich, und die verschiedenen Arten der Ehrfurcht, die ihn erfüllen, sind letztlich alle Erfahrung des Unendlichen im Endlichen. Hierzu kommentiert E. Trunz: „Da, wo im Irdischen das Überirdische durchscheint, wo die Welt zum Gleichnis wird und das Leben zum Abglanz göttlichen Lichts, da ist Ehrfurcht am Platze."[253] Wie aber eine solche Erfahrung in der Natur für Goethe in unmittelbarer Korrespondenz zur religiösen steht, das zeigt auch seine folgende Bemerkung: In den Evangelien, sagt er, ist „der Abglanz einer Hoheit wirksam, der von der Person Christi ausging und die so göttlicher Art, wie nur je auf Erden das Göttliche erschienen ist. Fragt man mich, ob es in meiner Natur sei, ihm anbetende Ehrfurcht zu erweisen, so sage ich: Durchaus! Ich beuge mich vor ihm als der göttlichen Offenbarung des höchsten Prinzips der Sittlichkeit. Fragt man mich,

---

[252] A.a.O., S. 444f.
[253] E. Trunz, Kommentar zu „Wanderjahre" II, 1, S. 652.

ob es in meiner Natur sei, die Sonne zu verehren, so sage ich abermals: Durchaus! Denn sie ist gleichfalls eine Offenbarung des Höchsten, und zwar die mächtigste, die uns Erdenkindern wahrzunehmen vergönnt ist. Ich anbete in ihr das Licht und die zeugende Kraft Gottes, wodurch allein wir leben, weben und sind, und alle Pflanzen und Tiere mit uns."[254]

Im neunten Buch des zweiten Teils von „Dichtung und Wahrheit" hat Goethe als Gedankenkreis seiner Jugend einen neuplatonisch-gnostischen Weltmythos dargestellt, der zwar keineswegs für eine ernst gemeinte, metaphyische Spekulation zu halten ist, gleichwohl in der Form einer Fabel und Dichtung Goethes religiöse Erfahrungswelt versinnbildlicht. Dort wird erzählt, Gott habe sich in seiner unendlichen Produktivität zunächst in seinen Sohn und dann in das beide verknüpfende Band, den Heiligen Geist entäußert, welche Trinität den Kreis der Gottheit abgeschlossen hätte. Da sich jedoch die Produktivität fortsetzte, sei ein Viertes entstanden, das den Widerspruch in sich enthielt, einerseits göttlicher Provenienz und damit unbedingt zu sein, andererseits aber doch nicht mehr dem in sich geschlossenen Kreis der göttlichen Trinität angehören zu können. Dieses Vierte war Luzifer, an den nun die Schöpfungskraft übertragen war, und von dem alles übrige Sein ausging. So schuf er zunächst die Engel. Aber dann vergaß er sein nur bedingtes Sein, und so ereignete sich das, was man als seinen Abfall bezeichnet, dem einige der Engel folgten, andere aber nicht. Das Produkt der aus diesem Abfall hervorgegangenen Schöpfung war nun die Materie, alles das also, was wir uns als schwer, fest und finster vorstellen. Diesem Zustand wirkten aber die Elohim entgegen, und dies war der Augenblick, den wir eigentlich als Schöpfung zu bezeichnen gewohnt sind: Es wurde Licht und es entstand der Mensch, der einerseits der Gottheit gleichen und damit unbedingt sein sollte, aber zugleich doch notwendig bedingt und beschränkt blieb wie die luziferische Welt, der er nun einmal trotz allem angehörte. „So war vorauszusehen, daß er zugleich das Vollkommenste und Unvollkommenste, das glücklichste und unglücklichste Geschöpf werden müsse."[255] Es währte daher nicht lange, und er spielte völlig die Rolle des Luzifer. Und doch war, wie die Absicht der Elohim zeigt, die Erlösung von Ewigkeit beschlossen. „Nichts ist in diesem Sinne natürlicher, als daß die Gottheit selbst die Gestalt des Menschen annimmt, (…) und daß sie die Schicksale desselben auf kurze Zeit teilt, um durch diese Verähnlichung das Erfreuliche zu erhöhen und das Schmerzliche zu lindern."[256]

Wie so oft bei Goethe, wird hier wieder die unmittelbare Nennung Christi vermieden, so daß mit der Gottheit in Menschengestalt auch einer jener großen Weisen und Heiligen gemeint sein kann, denen er ein substantielle Rolle für jede Art von Religion beimaß. Wie aber Goethe selbst den Wahrheitsgehalt seiner neuplatonisch-gnostischen Spekulation und auch den Glauben an diese

---

[254] ECKERMANN, 11. März 1832.
[255] Bd. 9, S. 352.
[256] A.a.O., S. 353.

oder jene bestimmte Inkarnation Gottes einschätzte, es sei derjenige an Christus oder an einen Weisen, das zeigen seine unmittelbar auf das vorige Zitat folgenden Worte: „Die Geschichte aller Religionen und Philosophie lehrt uns, daß diese große, den Menschen unentbehrliche Wahrheit" – diese nämlich, daß die Gottheit selbst die Gestalt des Menschen annimmt – „von verschiedenen Nationen in verschiedenen Zeiten auf mancherlei Weise, ja in seltsamen Fabeln und Bildern der Beschränktheit gemäß überliefert worden." All dies sind also nur den jeweiligen historischen Bedingtheiten und Zufällen entspringende Chiffren, die zwar im gegebenen Fall als unvermeidlich gelten können, gleichwohl aber als austauschbar zu betrachten sind. Worauf es aber Goethe über alle solche Chiffren, Symbole, Glaubenseinstellungen und Spekulationen hinaus vor allem ankam, das hat er im letzten Satz dieser gnostischen Fabel ausgedrückt, indem er sagte: „(...) genug, wenn nur anerkannt wird, daß wir uns in einem Zustande befinden, der, wenn er uns auch niederzuziehen und niederzudrücken scheint, dennoch Gelegenheit gibt, ja zur Pflicht macht, uns zu erheben und die Absichten der Gottheit dadurch zu erfüllen, daß wir, indem wir von einer Seite uns zu verselbsten genötiget sehen, von der anderen in regelmäßigen Pulsen uns zu entselbstigen nicht versäumen."[257] Hier ist noch einmal die Grundidee zusammengefaßt: Der Mensch lebt in dem Zwischenbereich, wo Endliches und Unendliches, Dunkel und Licht, Luziferisches und Göttliches miteinander ringen und des Menschen Schicksal und Aufgabe darin besteht, in seiner konkreten und historischen, je einzigartigen Situation, seiner Grunderfahrung von Ehrfurcht zu folgen und in fortschreitendem Bemühen sich vom Irdischen abzulösen und dem Überirdischen entgegenzustreben. Nur in diesem Streben zum Überirdischen wird der Mensch ein wahres Selbst, aber gerade indem er sich so „verselbstet", wie Goethe sagt, wächst er auch über sein Selbst hinaus, „entselbstet" er sich. „Wer immer strebend sich bemüht, den können wir erlösen" – so steht es in der Schlußszene des „Faust", und dieser, in der Goethes Religiosität ihre höchste Gestalt annimmt, wollen wir uns nun zuwenden.

Das aus der Ehrfurcht vor dem Göttlichen hervorgehende Streben ruft im Menschen eine Entwicklung hervor, eine sich in immer höheren Stufen vollziehende Metamorphose, ja, Goethe sieht im Menschen, wenn er seinem inneren Streben ungestört folgt, eine Entelechie, die sich nach einem inneren Gesetz entwickelt, so wie die Pflanze wächst und schließlich in ihrer Blüte ihr Lebensziel erreicht. „Geprägte Form, die lebend sich entwickelt"[258], die zu der beschriebenen Verselbstung und Entselbstung führt, zur Lösung vom Stofflichen, Mephistophelischen ins Lichthafte, Geisthafte und Göttliche. Faust ist eine solche Entelechie, und so hat ihn Goethe auch in einer Handschrift bezeichnet.[259] In immer neuen Varianten wird am Schluß des „Faust" die

---

[257] Ebenda.
[258] Im Gedicht „Urworte, Orphisch".
[259] Weimarer Ausgabe, 15,2, S. 165 zu Vers 1954.

Entfaltung dieser Entelechie zu Höherem und zum Höchsten gepriesen, wobei der Name Fausts nicht mehr erwähnt wird, weil es nur mehr auf das Beispielhafte dieses Vorgangs ankommt. Hier eine Auswahl der darauf bezogenen Zitate: „Freudig empfangen wir diesen im Puppenstand" (V. 11982), „Steigt hinan zu höherm Kreise" (V. 11918), „Wachset immer unvermerkt" (V. 11919), „Denn das ist der Geister Nahrung, (...) die zur Seligkeit entfaltet" (V. 11925), „Steigender Vollgewinn" (V. 11979), „schwebend nach oben" (V. 11992), „in die Ewigkeit steigend" (V. 12064), „hebe dich zu höhern Sphären" (V. 12094) usf. Hören wir noch den Chor der Engel: „Wendet zur Klarheit/ Euch, liebende Flammen!/ Die sich verdammen,/ Heile die Wahrheit;/ Daß sie vom Bösen/ froh sich erlösen,/ Um in dem Allverein/ Selig zu sein." (V. 11801 ff.) Und hier kehrt auch das Rosenmotiv wieder: Die Engel streuen sie auf dem Wege Fausts in die Verklärung. (V. 11699 ff.)

Die steigenden Stufen der Verklärung von den Regionen der Tiefe über die mittleren zu der höchsten Region werden folgendermaßen symbolisiert: Für die Regionen der Tiefe sprechen der Pater ecstaticus und der Pater profundus; für die mittlere Region der Pater Seraphicus und für die höchste der Doktor Marianus. Der Pater ecstaticus spricht: „Daß ja das Nichtige/ Alles verflüchtige,/ Glänze der Dauerstern." Der Pater profundus spricht: „O Gott! (...) Erleuchte mein bedürftig Herz!" Mit dem Pater Seraphicus aber, erst recht aber mit dem Doktor Marianus, tritt etwas Neues auf. Wieder gerät hier die Goethesche Religiosität in das Magnetfeld des Christlichen, und wieder geht sie nicht darin auf.

Christliche Elemente sind schon in den Bergschluchten erkennbar, in denen die Schlußszene des „Faust" spielt. In der Regieanweisung steht: „Heilige Anachoreten gebirgauf verteilt, gelagert zwischen den Klüften." In einem Gespräch mit Eckermann vom 6.6.1831 hat Goethe den Zusammenhang dieser Landschaft mit dem Montserrat und einem Fresko des Campo Santo in Pisa erwähnt. Es ist ausdrücklich eine christliche Landschaft, die Goethe hier vorschwebte, für welche die Dominanz der Vertikalen durch Berge, Bäume und schwebende Engel etwas Typisches ist. Dies ist also der geeignete Rahmen für das, was letztlich darin vorgeht, und was, wie schon angedeutet, mit den Worten des Pater Seraphicus anhebt. Denn wenn es bisher beinahe so erscheinen konnte, als wäre die Metamorphose der Ablösung vom Dunkeln, Stofflichen und Luziferischen zum Licht und zum Geist eine Art Naturvorgang oder gar ein Werk des Menschen, so zeigt sich jetzt, daß sie ein Werk der göttlichen Gnade ist. Pater Seraphicus spricht von „Ewigen Liebens Offenbarung" (V. 11924), ihm folgen die seligen Knaben mit den Worten: „Göttlich belehrt/ Dürft ihr vertrauen,/ Den ihr verehret,/ Werdet ihr schauen." (V. 11930 ff.) Die Engel aber sagen darauf: „Gerettet ist das edle Glied/ Der Geisterwelt vom Bösen,/ *Wer immer strebend sich bemüht, den können wir erlösen./* Und hat an ihm die Liebe gar/ von oben teilgenommen,/ Begegnet ihm die selige/ Schar mit herzlichem Willkommen." Ewige Offenbarung, die verheißene Gottesschau, die visio dei, die göttliche Liebe, die Rettung vor dem Bösen – dies alles zeigt in vollkommener Klarheit, daß für Goethe des Menschen Erlösung aus seiner „Zwienatur", wie er ihn auch kennzeichnet (V. 11962), nur durch die göttliche Liebe und Gnade möglich ist. So heißt es nicht: „den werden wir erlösen", sondern: „den *können* wir erlösen", und endgültig wird dies vom Doktor Marianus in seinem Gebet zur Heiligen Jungfrau, der mater gloriosa, ausgesprochen: „Blicket auf zum Retterblick,/ Alle reuig Zarten,/ Euch zu seligem Geschick/ Dankend umzuarten./ Werde jeder beßre Sinn/ Dir zum Dienst erbötig;/Jungfrau, Mutter, Königin,/ Göttin, bleibe gnädig!" (V. 12096ff.) Obgleich dieses Gebet von allgemeiner Bedeutung ist, wird es doch als Fürbitte für die Magna Peccatrix und die Mulier Samaritana, beide Sünderinnen aus dem Neuen Testament, für Maria Aegyptiaca, Sünderin aus den Acta Sanctorum und schließlich für Fausts Gretchen geleistet, wenn hier Gretchen auch, als eine für viele Namenlose stehend, schlicht Una Poenitentium, eine der Büßerinnen, genannt wird. Die Büßerinnen, sagt Doktor Marianus, umfangen die Knie der Jungfrau „Den Äther schlürfend,/ Gnade bedürfend." (V. 12018f.) Gretchen aber, als una Poenitentium, spricht, ihr einstiges Gebet der Verzweiflung in eines der Verklärung verwandelnd: „Neige, neige/ Du Ohnegleiche,/ Du Strahlenreiche,/ Dein Antlitz gnädig meinem Glück!" (V. 12069ff.) Und schließlich bittet Gretchen für Faust: „Sieh, wie er jedem Erdenbande/ Der alten Hülle sich entrafft/ Und aus ätherischem Gewande/ Hervortritt erste Jugendkraft./ Vergönne mir, ihn zu belehren,/ Noch blendet ihn der neue Tag!" (V. 12087ff.) Die mater Gloriosa aber antwortet ihr: „Komm, hebe dich zu höhern Sphären!/ Wenn er dich ahnet, folgt er nach." (V. 12094f.)

Angesichts der göttlichen Gnade erübrigt sich die immer wieder gestellte Frage, ob Faust sie überhaupt verdient habe. Auf die Erlösung kann der Mensch hoffen, als Verdienst kann er sie sich jedoch nach christlicher Auffassung nicht anrechnen. Auch zeigt sich die Unermeßlichkeit der Gnade gerade daran, daß selbst der größte Sünder noch nicht verloren sein muß. Eine andere Frage ist es, ob denn überhaupt im Faust etwas von jener, zum Schlusse mit solchem Pathos angesprochenen Entelechie zu erkennen ist, die, ihrem inneren Gesetz folgend, zu immer Höherem strebend sich entwickelt. Faust, daran hat Dieter Borchmeyer in seinem Buch „Weimarer Klassik" nachdrücklich erinnert, springt doch, scheinbar alles andere als zielstrebig, beständig von einer Existenzform in eine andere über. Zur Erinnerung einige Stichworte: Von der Wissenschaft enttäuscht, wendet er sich zur Magie, Gretchen verläßt er gerade in dem Augenblick, wo ihn tiefe Liebe zu ihr ergreift, von den antiken Phantasmagorien stürzt er sich in die Realitäten der Politik; in allem scheitert er, am Ende befällt ihn Blindheit, ein Zeichen seiner Lebensblindheit dafür, daß, wer das Leben in allen seinen Erscheinungen genießen will, es gerade dadurch nirgends wirklich findet. So heißt es auch im fünften Kapitel des achten Buches von Wilhelm Meisters Wanderjahren, daß der Mensch nicht eher glücklich sei, „als bis sein unbedingtes Streben sich selbst seine Begrenzung bestimmt." Man kann in Faustens umherschweifendem Wesen eine Vorahnung Goethes von jenem modernen Menschen sehen, der, aus den alten religiösen und metaphysischen Bindungen gelöst, in einer grenzenlosen Zerstreutheit zu existieren scheint. Und doch ist in Faust jene Entelechie wirksam, der die Engel Rosen auf den mühsamen Weg streuen. Denn sein Verlangen, das Leben in allen seinen Erscheinungen zu genießen, ist ja weder rein sinnlich, noch zielt es auf die Befriedigung einer nur intellektuellen Neugierde; vielmehr liegt in ihm das Streben, überall des den Erscheinungen zugrunde Liegenden, ihrer Wurzel im Absoluten inne zu werden, und es ist die stete Intervention durch das Mephistophelische, des an ihm haftenden status corruptionis also, wodurch er immer gerade dann von diesem Ziele abgetrieben wird, wenn er sich ihm bereits zu nähern beginnt – wie es vielleicht am deutlichsten in seinem Verrat an der Liebe zu Gretchen hervortritt. So wirkt also in Faust trotz allem die stets zum Höchsten, zum Licht strebende Entelechie, aber auch die luziferische Finsternis, der „Zwienatur" entsprechend, die nach Goethe der Mensch ist.

Hören wir jetzt noch den Schlußchor des Faust, wo in großer Sprachgewalt der Grundgedanke von Goethes religiösem Credo erklingt: „Alles Vergängliche/ Ist nur ein Gleichnis;/ Das Unzulängliche,/ Hier wird's Ereignis;/ Das Unbeschreibliche,/ Hier ist's getan;/ Das ewig Weibliche/ Zieht uns hinan." Wie die menschliche Erfahrung ehrfurchtsvoll des Unendlichen im Endlichen inne wird, offenbart sich ihr dieses Endliche als das bloß Vergängliche und als bloßes Gleichnis des Unendlichen; was hienieden nur das Unzulängliche sein kann, wird dort als das Vollkommene Ereignis; dieses ist mit den Worten des Irdischen nicht mehr zu fassen, es bleibt unbeschreiblich; da sein inneres Wesen die Liebe ist, nennt Goethe es „Das ewig Weibliche"; in ihr liegt die Kraft der Gnade, die uns hinanzieht. Und so ist es auch am Ende die Himmelskönigin, aus welcher die Gnade wirkt, während am Anfang des „Faust" Gott als der Vater der Schöpfung, und damit als Sinnbild göttlicher Zeugungskraft in Erscheinung tritt.

Bis hierher angelangt, scheint eine vollständige Übereinstimmung mit der christlichen Vorstellungswelt zu bestehen. Auch die etwas ungewohnte Symbolik im Unterschied von Gott-Vater und mater gloriosa scheint sich noch im Rahmen des Christlichen zu halten. Zwar wird heute besonders viel darüber spekuliert, ob Goethes entelechiale Idee der Steigerung zu einem Höchsten und das Stirb und Werde auch für den Zustand der letzten Verklärung noch gültig sei[260], so wie es im Goetheschen Gedicht „Eins und Alles" am Ende heißt: „Denn alles muß ins Nichts zerfallen,/ Wenn es im Sein beharren will"; doch sollten wir uns hüten, den Schluß des „Faust" mit solchen Überlegungen zu befrachten. Was der höchste Zustand letztlich ist, was die visio Dei bedeutet, selbst wenn man sie mit jener reinsten und höchsten, durch keine Schwäche der Hyle, der Materie mehr geschmälerten Tätigkeit verbände, die Aristoteles dem

---

[260] Für diese Frage werden zahlreiche Quellen der abendländischen Geistesgeschichte herangeholt von Heraklit zu Platon, von Giordano Bruno zu Leibniz, die dabei Goethe beeinflußt hätten. Vgl. hierzu die kritisch sichtende und erhellende Zusammenfassung von D. BREMER, „Wenn starke Geisteskraft..." Traditionsvermittlungen in der Schlußszene von Goethes ‚Faust', in: Goethe Jb. 112, 1995.

höchsten Gotte beimaß, dem actus purus, wie es später die Scholastik nannte, – es bliebe eben das Unbeschreibliche, von dem Goethe am Ende des „Faust" nur noch sagen kann: „Daß ja das Nichtige/ Alles veflüchtige,/ Glänze der Dauerstern,/ Ewiger Liebe Kern." (V 11862–65) Schließlich noch ein Letztes: Das Wort von der möglichen Gnade für den, der immer strebend sich bemüht, darf kaum mit dem theologisch umstrittenen Synergismus von Gnade und freiem, selbstgestaltendem Willen in Zusammenhang gebracht werden. Denn dieses Streben entspringt ja, ich sagte es schon, der Ehrfurcht vor dem Göttlichen, diese Ehrfurcht aber ist immer etwas Eingegebenes, Geschenktes, niemals etwas Gewolltes, so wie es auch die dichterische Inspiration ist, und überhaupt das höhere Walten in uns, wovon bereits die Rede war.

Und doch: Wie weit auch am Schluß des „Faust" die Übereinstimmung mit der christlichen Vorstellungswelt reichen mag, in dem einen, wie sich schon gezeigt hat, bei Goethe niemals veränderten Punkt, weicht er wieder in entscheidender Weise davon ab: denn für das Wirken der göttlichen Gnade und die Erlösung spielt in diesem Schluß Christus überhaupt keine Rolle. Zwar wird seiner gedacht, sofern die auftretenden Büßerinnen des Neuen Testaments ausnahmslos solche sind, die dem „Heiland", wie es wieder ausweichend unter Vermeidung seines Namens heißt, begegnet sind, aber mehr, als daß er ein göttlicher Weiser, Lehrer und Tröster gewesen war, geht daraus nicht hervor. Die Magna Peccatrix ist ja jene Sünderin, die Jesus gegen die Pharisäer in Schutz nahm, als sie ihm die Füße salbte, die Mulier Samaritana jene Unreine, der Jesus am Brunnen begegnete und ihr das allen Durst löschende Wasser des Glaubens verhieß, die Maria Aegyptiana aber jene, die ihrer Sünden wegen von seiner Grabstätte verwiesen, ihr restliches Leben büßend in der Wüste verbrachte.

Diese Darstellung goethescher Religiosiät sei abschließend noch ergänzt durch eine kurze Einnerung daran, daß er außerhalb der hier vorgestellten Werke viele einander widersprechende und damit verwirrende Bemerkungen zum Christentum geäußert hat. Es gibt Phasen seiner Entwicklung, in denen er ihm besonders fern stand, wie z.B. sein Gedicht „Prometheus" oder Abschnitte aus der „Italienischen Reise" zeigen, und bisweilen verfällt er in seiner Ablehung sogar in einen blasphemischen Ton. Meistens bezieht er sich dabei freilich, wie nach den bisherigen Ausführungen nicht anders zu erwarten, auf den Glauben an Christus als Fleischwerdung Gottes. Aber dem steht andererseits ein so anrührendes Gedicht wie das aus dem „Buch „Hafis" entgegen, wo es heißt: „Und so gleich' ich dir vollkommen, der ich unsrer heil'gen Bücher/ Herrlich Bild an mich genommen,/ Wie auf jenes Tuch der Tücher/" – gemeint ist das Schweißtuch der Veronika – „Sich des Herrn Bildnis drückte,/ Mich in stiller Brust erquickte,/ Trotz Verneinung, Hindrung, Raubens,/ mit dem heitern Blick des Glaubens." Im siebenten Buch des Zweiten Teils von „Dichtung und Wahrheit" lobt er sogar mit warmen Worten die Sakramente der katholischen Kirche, die, in Taufe, Abendmahl und letzter Ölung, den Zusammenhang christlichen Lebens in sinnlicher Symbolik zu erfassen vermöchten und damit der Kargheit des Protestantismus überlegen seien. Aus dem langen, diesem Thema gewidmeten Abschnitt kann ich hier nur die folgenden Sätze zitieren: „Die Sakramente sind das Höchste der Religion, das sinnliche Symbol einer außerordentlichen Gunst und Gnade. In dem Abendmahle sollen die irdischen Lippen ein göttliches Wesen verkörpert empfangen und unter der Form irdischer Nahrung einer himmlischen teilhaftig werden."[261] So kniee der Christ hin, „die Hostie zu empfangen; und daß ja das Geheimnis dieses hohen Aktes noch gesteigert werde, sieht er den Kelch nur in der Ferne, es ist kein gemeinsames Essen und Trinken, was befriedigt, es ist eine Himmelsspeise, die nach himmlischem Tranke durstig macht."[262]

Goethe nähert sich also dem Christentum bis zu einer letzten Grenze, die er aber nicht überschreitet. Man kann daher von einer Form *christlicher Religiosität* bei Goethe sprechen, nicht aber, daß er die christliche Religion vertreten hätte. Aber wie sein spinozistischer Pantheismus und mit ihm seine Idee von Naturwissenschaft letztlich dichterisch aufzufassen ist, so auch seine christliche Religiosität.

Dazu hat sich Goethe ausdrücklich in seinem schon erwähnten, späteren Kommentar zu seinem Gedicht „Die Geheimnisse" bekannt. Dort schreibt er: „Wäre dieses Gedicht vor dreißig Jahren, wo es ersonnen und angefangen worden, vollendet erschienen, so wäre es der Zeit einigermaßen vorgeeilt. Auch gegenwärtig, obgleich seit jener Epoche die Ideen sich erweitert, die Gefühle gereinigt, die Ansichten aufgeklärt haben, würde man das nun allgemein Anerkannte *im poetischen Kleide*[263] vielleicht gerne sehen und sich daran in den Gesinnungen befestigen, in welchen ganz allein der Mensch auf seinem eigenen Montserrat Glück und Ruhe finden kann."[264] Dieser Kommentar bestätigt aber auch, was hier bereits über die Poesie, im engeren Sinne über Dichtung anläßlich ihrer Beziehung zu Goethes Naturwissenschaft ausgeführt wurde. In der Dichtung kommen mit ihren Mitteln jene epochalen, existentiellen oder existentialen Gestimmtheiten ver-dichtet zur Sprache, die z.B. zu den notwendigen Konnotationen ontologisch-philosophischer oder wissenschaftlicher, mythischer, oder dem Glauben angehöriger Wirklichkeitsvorstellungen gehören. Was nun Goethe in dem erwähnten Kommentar zu seinem Gedicht „Die Geheimnisse" unter dem „allgemein Anerkannten" versteht,

---

[261] A.a.O., S. 289.
[262] A.a.O., S. 290. – Erwähnt sei hier auch Goethes frühe Schrift vom Jahre 1772 mit dem Titel „Brief des Pastors zu ***". (HA, Bd. 12) Dort sind bereits viele seiner religiösen Grundvorstellungen erkennbar. Gott sei Mensch geworden, aber man solle ihn nicht wieder zum Gotte machen (S. 231); Gottes Liebe habe sich in das Elend der Welt gemischt, damit es herrlich gemacht werde (S. 229); die Bibel könne man nicht beweisen, nur fühlen (S. 231); der Philosoph wisse nichts von der Süßigkeit des Evangeliums (S. 231); Gnade und Erlösung von der Sünde sind dem Begriffe ebenso unzugänglich wie die Hölle (S. 230) und die Sakramente (S. 234); in puncto Dogmatik ist Uneinigkeit unvermeidlich (S. 236), ja sogar wünschenswert, um Verengung zu vermeiden (S. 233); zur Liebe gehöre die Toleranz: „Denn wenn man's bei Licht besieht, so hat jeder seine eigene Religion, und Gott muß mit unserm armseligen Dienst zufrieden sein aus übergroßer Güte."
[263] Hervorhebung vom Verfasser.
[264] „Die Geheimnisse", a.a.O., S. 284.

sind nichts anderes als solche Wirklichkeitsvorstellungen. Dies zu erfassen genügt ein kurzer Hinweis auf den historisch gegebenen Hintergrund von Goethes religiöser Vorstellungswelt. Dazu gehören, um nur einiges zu nennen, die Geschichte der Rosenkreuzer von Johann Valentin Andreae[265], Grimmelshausens Utopie eines Parlaments weiser Männer, der Versuch der Verschmelzung aller Religionen bei den Freimaurern und bei Lessing, Herders Lehre von der Geistesgeschichte als einer Epopöe Gottes durch die Jahrtausende hindurch, der zufolge Gott in allen Kulturen und Religionen durch erwählte, göttliche Menschen wirke, ferner Elemente der Aufklärungsphilosophie und der Theosophie des Barock, und vor allem der spinozistische Pantheismus. In dieser geistigen Welt spielt das Christentum immer noch eine entscheidende Rolle, aber es hat seine absolute Gültigkeit und Verbindlichkeit verloren. Doch sind für Goethe die damit verbundenen Ideen und Begriffe nur die Kehrseite bestimmter sinnlicher und anschaulicher Erfahrungen, auf die es ihm vor allem ankommt. Diese Erfahrungen haben alle ihre Wurzel, wie er richtig erkannte, in den verschiedenen Weisen der Ehrfurcht, worin das Göttliche eben nicht nur begriffen, sondern auch erlebt und verinnerlicht wird. Wenn er also im soeben aufgeführten Zitat dem Sinne nach sagt, daß nunmehr einerseits die Idee (der Begriff) aufgeklärt und das ihr korrespondierende Gefühl gereinigt sei, so daß sich das Gedachte auch in der Gesinnung befestigen lasse, so verbirgt sich darin eben diese seine allgemeine Grundeinsicht. Die Form aber, in der das Gedachte zum Gefühl, zur inneren Erfahrung wird, womit es, fern allem bloß Abstrakten, überhaupt erst seine eigentliche Lebendigkeit und Wirklichkeit erreicht, diese Form ist für ihn die Poesie, und das ist auch der Grund, weshalb man nach Goethes Meinung das Gedachte gern „im poetischen Kleide" sähe – nicht als eine Art der Ausschmückung, sondern als Offenbarung menschlicher, religiöser Wirklichkeit. Die Dichtung hat demnach eine strenge, sinnliche Wahrheit auch dann, wenn sie, wie in Goethes Fall, konnotativ zu einer historisch gegebenen, begrifflich faßbaren Vorstellungswelt ist, deren Elemente keinerlei dogmatische Verbindlichkeit oder Gültigkeit für sich in Anspruch nehmen. Nicht die in diesem Lichte jeweils nur fragwürdige, religiöse Dogmatik ist ihr eigentlicher Gegenstand, sondern die als Ehrfurcht unbestreitbare, religiöse Erfahrung, die einer solchen korrespondiert.

Dies wird auch sehr deutlich in einem Brief, den Goethe am 17.3.1832 an W.v. Humboldt schrieb. Dort spricht er im Hinblick auf den „Faust" von „sehr ernsten Scherzen", aber damit will er nur darauf hinweisen, daß es sich dabei trotz allem nur um ein Spiel, ein Schau-Spiel eben, handelt, woran er ja auch in seinem „Vorspiel auf dem Theater" erinnert; daß also das in ihm Erschaute in der Sphäre des Dichterischen bleibt und nicht zu dogmatischen Zwecken irgendwelcher Art gepreßt oder mißbraucht werden darf. Das Wort von den „sehr ernsten Scherzen" in der bezeichneten Briefstelle ist nur eine scherzhaft-ironische Umschreibung von Goethes dichterischem Wirken überhaupt, näm-

---

[265] 1586–1654.

lich seiner strengen, sinnlichen Wahrheit einerseits und seiner dogmatischen Unverbindlichkeit andererseits.

So gilt auch in Goethes Fall, daß dichterische Religiosität kein bloßes Produkt der Phantasie ist, wie oft geglaubt wird; der Phantasie verdankt sie nur ihre Kraft, wahre religiöse Erfahrungen – sie mögen einer strengen Dogmatik korrelieren wie es z.B. in ausdrücklich christlicher Dichtung der Fall ist oder dogmatisch unverbindlich sein wie bei Goethe – in Bildern und Ereignissen zu verdichten und mit den ihr zu gebotenen Mitteln durch die Sprache zu erschließen. So beruht auch die Wahrheit von Goethes dichterischer Religiosität darauf, daß sie in der Ehrfurcht wurzelnde, religiöse Erfahrungen, sofern sie noch schlummern, zu erwecken, oder, wenn sie bereits empfunden werden, zu entfalten vermag. Und dies ist es ja auch, weswegen wir von Poesie sprechen, was vom griechischen poiéo, hervorbringen, kommt.

Goethe war sich des Gegensatzes seiner dichterischen Religiosität zur metaphysica specialis und zur Theologie voll bewußt. Was die metaphysica specialis betrifft, so habe ich schon darauf hingewiesen, daß er nicht alles „unterschrieb", was Spinoza sagte, womit er, denkt man an seine Einheit von Pantheismus und Poesie, wohl weit mehr als nur diese oder jene Meinungsverschiedenheit gemeint haben wird. Und mit besonderem Hinblick auf Hegel, in dem neben Schelling die abendländische metaphysica specialis ihren abschließenden Höhepunkt erreichte, schrieb er an Zelter am 1. Juni 1831, daß die Metaphysik einen Abgrund eröffne, den er bei seinem Fortschreiten ins ewige Leben – dies meinte er, wie wir einem Brief ebenfalls an Zelter vom 19.3.1827 entnehmen können, ganz wörtlich[266] – „immer links" gelassen habe. Goethe ehrte das Kreuz (Heiligung des Schmerzes) als Mensch und Dichter, aber daß man zu ihm über die menschliche Vernunft gelange, war ihm fremd. Damit hat er letztlich die ganze abendländische Metaphysik, soferne sie sich als theologiké epistéme, als Wissenschaft vom Gott versteht, verworfen – mit welchem tiefen Recht, davon handelt der ganze zweite Teil dieses Buches.

Wie aber verhält sich nun Goethes dichterische Religiosität zur Theologie? Der entscheidende Unterschied zu ihr liegt ja, wie wir gesehen haben, darin, daß er das Christentum, trotz weitgehender Nähe zu ihm, mit anderen Religionen gleichstellt, wenn er es dabei auch als primus inter pares ansieht, und daß Christus für ihn nicht der Schlüssel für die Erfahrung des Göttlichen in der Welt, das Streben zu ihm und vor allem für die endgültige Überwindung des Irdischen ist.[267] Nun hat aber die dabei gezeigte Toleranz zwei Seiten: Sie kann

---

[266] Dort schreibt er: „Wirken wir fort, bis wir, (…) vom Weltgeist berufen, in den Äther zurückkehren! … Die entelechische Monade muß sich nur in rastloser Tätigkeit erhalten; wird ihr diese zur anderen Natur, so kann es ihr in Ewigkeit nicht an Beschäftigung fehlen. Verzeih diese abstrusen Ausdrücke! Man hat sich aber von jeher in solche Regionen verloren, in solchen Sprecharten sich mitzuteilen versucht, da, wo die Vernunft nicht hinreichte und wo man doch die Unvernunft nicht wollte walten lassen." Zu Goethes Jenseitsvorstellungen sei auch auf das Gedicht „Höheres und Höchstes" aus dem letzten Buch des „Divan" hingewiesen.

[267] Es mag verwundern, daß Goethe im gegebenen Zusammenhang immer nur die griechische, die alttestamentarische und christliche Religiosität zu den großen Religionen zu zählen scheint,

darin bestehen, daß man Andersgläubige achtet und, mit Goethe zu reden, die Lauterkeit ihrer Ehrfurcht anerkennt; sie kann aber auch darin bestehen, daß man wie Goethe und die mit ihm Geistesverwandten die Anhängerschaft an eine der verschiedenen Religionen nur auf mehr oder weniger historisch bedingte Unterschiede und Zufälle zurückführt, so daß man sich auch, wie in der Pädagogischen Provinz im „Wilhelm Meister", von ihren einzelnen Ausgestaltungen befreien und in einem von Ehrfurcht geleiteten, tätigen Leben auf *eigene* Weise zu Gott hinstreben kann. Geschieht dies, so folgt man damit jener Idee eines Humanum, das, da es letztlich *aller* Religiosität zugrunde liegt, auch durch keine bestimmten einzelnen Dogmen mehr definiert, wenn auch in seiner existentiellen oder existentialen Verfassung dichterisch zur Sprache gebracht werden kann. Wie die auf dem Montserrat verstreut lebenden Mönche, muß aus dieser Sicht jeder auf seine Weise ein solches tätiges Leben führen, z.B. mit Goethe ein solches in dichterischer, christlicher Religiosität, und sein religiöses Erleben läßt sich daher nicht mehr allgemein in Worten vermitteln – etwa philosophisch oder dogmatisch –, sondern ist letztlich in gelebten „Geheimnissen" verborgen, worauf das gleichnamige Gedicht Goethes hinweist. So findet der Mensch, wie Goethe seinen Kommentar zu diesem Gedicht beschließt, „ganz allein auf seinem eigenen Montserrat Glück und Ruhe."

Daß nun eine solche religiöse Toleranz, die auf dem Gedanken der Gleichberechtigung der großen Religionen und einem je eigenen Weg zu Gott führt, mit der Offenbarung Christi als Gottes Sohn unvereinbar ist, liegt auf der Hand, und darin liegt auch der tiefere Grund für Goethes beharrlichen Versuch, gleichsam einen Bogen um ihn zu machen, indem er ihn entweder überhaupt verschweigt oder, darin zu seiner Zeit ja keineswegs allein stehend, zu einem höchsten menschlichen Weisen herabstuft. Aber hier zeigt sich, daß der gläubige Christ die Gleichheit der Religionen niemals anerkennen kann.

Betrachten wir jetzt abschließend noch einmal die Elemente, in die sich Goethes dichterische Religiosität entfaltet. Er hat sie selbst in die folgenden, bereits zitierten Worte gefaßt: „Als Dichter und Künstler bin ich Polytheist,

---

hat er sich doch eingehend mit dem Islam befaßt. Man muß jedoch bei aller hohen Wertschätzung für diese Religion durch Goethe beachten, daß das Christentum seiner Meinung nach durch die Verklärung des Schmerzes und des Leidens zu den ihm vorangegangenen Religionen ein Letztes, Höchstes und endgültig Abschließendes beigetragen hat, der Islam also trotz aller Verehrungswürdigkeit und Eigentümlichkeit im Hinblick auf sein Prinzip nichts Neues, sogar eher einen Rückfall bedeutet. In dem mit „Mahomet" überschriebenen Abschnitt der Noten und Abhandlungen zum Westöstlichen Divan schreibt Goethe: „Nähere Bestimmung des Gebotenen und Verbotenen, fabelhafte Geschichten jüdischer und christlicher Religion, Amplifikationen aller Art, grenzenlose ... Wiederholungen bilden den Körper dieses heiligen Buches, das uns, so oft wir auch daran gehen, immer von neuem anwidert, dann aber anzieht, in Erstaunen setzt und am Ende Verehrung abnötigt." (HA, Bd. 2, S. 143 f.) Zu Mahomet sagt er: „Man sehe, wie er die Überlieferungen des Alten Testaments und die Ereignisse patriarchalischer Familien, die freilich auch auf einem unbedingten Glauben an Gott, einem unwandelbaren Gehorsam und also gleichfalls auf einem Islam beruhen, in Legenden zu verwandeln weiß ... wobei er sich denn manches Märchenhafte ... zu erlauben pflegt. Bewunderungswürdig ist er, wenn man in diesem Sinne die Begebenheiten Noahs, Abrahams und Josephs betrachtet und beurteilt." (Ebenda, S. 146.)

Pantheist hingegen als Naturforscher. Bedarf ich Gottes für meine Persönlichkeit, als sittlicher Mensch, so ist auch dafür schon gesorgt." Daß er damit den einen, persönlichen Gott gemeint hat, geht vor allem unmißverständlich aus dem Ende des „Faust" hervor: „Den ihr verehret, werdet ihr schauen." Auch kann das Sittliche, das für Goethe in der Ehrfurcht vor dem besteht, was neben uns und unter uns ist, nicht von der Ehrfurcht vor dem, was über uns ist, getrennt werden, ja darin hat es, im Geiste jenes goethisch-spinoziostischen Pantheismus, wonach Gott in allem wirksam ist, seine eigentliche, tiefste Wurzel; aber in diesem sittlichen Bezug auf ein höchstes Wesen, dem der Mensch in ständigem Bemühen zustrebt und zustreben soll, liegt doch, daß es geradezu unwillkürlich als personifiziert vorgestellt wird, man mag mit Begriffen dagegen räsonnieren, so viel man wolle. (Welche Personifizierung selbstverständlich nur die Art betrifft, wie der Mensch sittlich mit Gott kommuniziert, nicht aber Gottes im übrigen unerforschliches und alle unsere Vorstellungskraft übersteigendes Wesen.) Es ist also der Monotheismus, und zwar im Sinne eines persönlichen Gottes, den Goethe in dem Schreiben an Jacobi in eine notwendige Verbindung mit dem Sittlichen gebracht hat. Auf Grund der vorangegangenen Betrachtungen läßt sich aber nun erkennen, in welchem *systematischen Zusammenhang* Pantheismus, Polytheismus und Monotheismus als Grundelemente von Goethes dichterischer Religiosität zu einander stehen.

Erinnern wir uns zunächst noch einmal der Beziehung zwischen Goethes Pantheismus und seinem Polytheismus. Der Pantheismus ist in seiner Berufung auf die göttlichen Urphänomene in der Natur insofern mit der Poesie (alle Künste eingeschlossen) verwandt, als er dabei wie diese auf der Einheit von Subjekt und Objekt, von Anschauung und Begriff, Materiellem und Ideellem usw. beruht, jedoch mit dem Unterschied, daß diese Einheit in der Poesie an konkreten, historischen Inhalten in Erscheinung tritt, in der pantheistischen Naturbetrachung dagegen an den ewig gleichen Naturerscheinungen. Andererseits werden an diesen die ewigen Gesetze erkennbar, auf denen bei allem ihrem historischen Wandel auch die Poesie beruht. (Beispiel: Rolle der Farbenlehre für die Malerei). Die pantheistische Naturbetrachtung schlägt aber in reine Poesie um, wenn die Einheit von Subjekt und Objekt, Anschauung und Begriff, Materiellem und Ideellem usw. zur vollkommenen Verdichtung als Personalisierung gelangt und die Gestalt von Göttern annimmt, womit zugleich der Übergang von der Poesie zum Mythos, zum Polytheismus, vollzogen ist. Wie ein göttliches Urphänomen in Poesie und schließlich mythisch in eine Gottheit verwandelt wird, dafür bietet der Regenbogen ein klassisches Beispiel: Für Homer zeigt sich darin die Göttin Iris, womit alle jene bereits mehrfach aufgezählten Strukturelemente in Erscheinung treten, die das Mythische kennzeichnen. Es ist also die Poesie als etwas ihrem Wesen nach Mythisches, die das Bindeglied, den systematischen Zusammenhang zwischen Goethes Pantheismus und seinem Polytheismus herstellt.

Was nun den Monotheismus betrifft, so steht er zum Pantheismus, wie Goethe sachlich richtig und darin auch in Übereinstimmung mit Spinoza betont hat, insofern in keinem Widerspruch, als es ja der eine Gott ist, der in den mannigfaltigen Numina der Urphänomene (Attribute) und ihren morphologischen Variationen (Modi) zur Erscheinung kommt. Nun ist zwar Goethe mit Spinoza auch darin einig, daß in dem Kosmos, in der Ordnung der Urphänomene, der Mensch jenes höchste Wesen ist, das Gott als aller Dinge Ursprung zu erkennen vermag und damit in ein ehrfurchtsvolles Verhältnis zu ihm tritt, ja, daß darin überhaupt das Prinzip des Sittlichen liege (amor Dei). Hier aber unterscheidet sich nun Goethe von Spinoza grundlegend, und zwar darin, daß er diesen ganzen Zusammenhang eben nicht im Medium des philosophischen Begriffs, sondern des Dichterischen, „im poetischen Kleide", erfaßt, womit freilich auch die Beziehung zu Gott, die ganze Sphäre des Religiösen bei ihm eine ganz andere wird. Denn damit tritt nun jene Personalisierung Gottes hervor, wie sie zur Verachtung Spinozas allen von Goethe ins Auge gefaßten Religionen eigentümlich ist, so daß diese, gerade in Goethes Pantheismus, ihr altes Recht zurückgewinnen. Welche Rolle dabei dennoch für Goethe das Christentum spielt und wie weitgehend er sich ihm dabei annähert, ohne sich vollends damit zu identifizieren, wurde bereits gezeigt. Damit ist Goethes dichterische Religiosität jenseits von Metaphysik und Theologie umrissen.

Die Vorbehalte, die der Christ wie gesagt gegen Goethes Religiosität haben muß, können ihn nicht daran hindern, in dieser eine Brücke zu sehen, die ihn zu seinem Glauben hinführt. Denn seine christliche Gestimmtheit und Befindlichkeit, soweit sie Goethes Anschauung der numinosen Natur (das was unter uns ist) und der Menschenwelt (das was neben uns ist) durchaus korrespondiert, wird ja von Goethes religiöser Dichtung *zur Sprache gebracht*, also in *ver-dichteter* Weise erfahrbar, worin zugleich die Wirklichkeit, Wahrheit und Erkenntnis dieser Gestimmheit und Befindlichkeit in ihm erweckt wird, und er sich damit, wie Goethe sagt, „in seinen Gesinnungen befestigt" sieht.[268] Die beschriebene Nähe von Goethes dichterische Religiosität zum Christentum bekommt damit erst ihre eigentliche Tiefe. Denn indem bei Goethe die Poesie und mit ihr der Mythos das Medium sind, das alle Elemente seiner Religiosität miteinander verbinden, bewegt sich diese in einer Sphäre des Denkens, die, wie sich gezeigt hat, dem Logos der Offenbarung in seinen nachweislich mythischen Elementen vertraut ist. (Vgl. das I. Kapitel,3)

Ich erinnerte daran, daß Goethe bei seinem Versuch, das Christentum mit einer neuen, insbesondere durch die Wiederentdeckung der Antike genährten, von Spinoza metaphysisch begründeten Weltzugewandtheit und Weltfrömmigkeit zu versöhnen, keineswegs alleine dastand. Daß er dies aber auf dichte-

---

[268] E. TRUNZ schreibt in dem Kapitel „Goethes religiöse Gedankenwelt" seines Buches „Weltbild und Dichtung im Zeitalter Goethes", Weimar 1993, S. 143: „Am Ende des Gedichts ‚Vermächtnis' (HA S. 370) stellt er den Philosophen und den Dichter nebeneinander (...) Der Philosoph ist vorbildlich im Denken. Der Dichter ist nicht weniger wichtig: ‚Denn edlen Seelen vorzufühlen/ Ist wünschenswerter Beruf.' ".

rische Weise unternahm, bewahrte ihn vor dem Irrweg, allen voran demjenigen Hegels, dasselbe mit den untauglichen Mitteln des Logos der Metaphysik zu erreichen. Denn dieser, als mit dem Logos der Offenbarung unvereinbar, konnte in Wahrheit, wie die folgenden Kapitel zeigen werden, nur zur vollständigen Aufhebung christlichen Denkens führen. Goethe genießt aber auch insofern eine herausragende Stellung vor anderen Dichtern mit ähnlichen Zielen, insbesondere vor dem ihm als Dichter ebenbürtigen Hölderlin, als sich der Geist der Versöhnung und Vermittlung, der Goethe beherrscht, in einer unvergleichlichen Fülle und beinahe alles umspannenden Weite entfaltet, ohne dabei im Geringsten an Tiefe zu verlieren.

Wir können jedoch auch die Grenzen nicht verschweigen, die ihm gesetzt waren. Die eine liegt darin, daß er das, was er die newtonische Naturwissenschaft nannte, gar nicht verstand und daher nicht in der Lage war, die ihr eigentümliche Gültigkeit einerseits und ihre durch die religiöse Weltsicht gesetzten Grenzen andererseits zu bestimmen, damit also überhaupt ihre wahre Stellung in einem Gesamtkonzept religiöser Wirklichkeit zu bestimmen. Es ist andererseits fraglich, ob seine Meinung, man könne das, was *er* die Urphänomene der Natur nannte, von den künstlerischen Phänomenen dadurch unterscheiden, daß man sie im Gegensatz zu den letzteren als jedem historischen Zusammenhang enthoben betrachte. Kommt es doch z.B. bei den Farben, wie wir inzwischen wissen, sehr wohl auf den kulturellen Kontext an, welche Gestimmtheit jeweils mit ihnen, ihren Polaritäten und Steigerungen verbunden werden. (Wobei wir außer acht lassen können, ob auch nur seine Beschreibung dieser Phänomene als solcher immer zu überzeugen vermag, denn darin läge kein prinzipieller Einwand.) Was schließlich sein Verhältnis zum Kreuz betrifft, so war es nicht sein Dichtertum als solches, das ihn daran hinderte, dessen dogmatische und kerygmatische Rolle anzuerkennen. Dies zeigt jene ausdrücklich christliche Poesie (wieder in ihrem umfassenden, also auch die Kunst und Musik einschließenden Sinne verstanden), von der, auch an Hand von vielen Beispielen, in den vorangegangenen Kapiteln die Rede war. Vielmehr handelt es sich dabei um ein bestimmtes Glaubens- oder vielleicht besser Unglaubens*bekenntnis*, und zwar ein solches, dessen Herkunft aus der aufklärerischen Philosophie nicht verleugnet werden kann. Damit bleibt, aus christlicher Sicht, Goethes religiöse Poesie trotz ihrer für jede echte Poesie kennzeichnenden und beschriebenen Einheit von Wahrheit, Wirklichkeit und Erkenntnis letztlich doch eine historisch kontingente, aspektische, weil in einem letzten, entscheidenden Punkt immer noch dem philosophischen, dem theoretischen Zweifel unterworfene. Aber wie sich im folgenden noch zeigen wird, verlor dadurch Goethes große Vision, Religion, Mythos, Poesie und Wissenschaft in ein umfassendes Sinngefüge einzuordnen, in dem jedes dieser Elemente sein eigentümliches Recht behält, nicht ihre für die Zukunft Richtung weisende Kraft, während sie durch die demselben Ziele zustrebenden Systeme Hegels und Schellings eher verdunkelt wurde. Denn das Dichterische ist ihrer Verwirklichung immer noch näher als der Logos der Metaphysik.

F. Die Metaphysik des Deutschen Idealismus

Im deutschen Idealismus erreichte die Metaphysik als theologiké epistéme ihren letzten, nur mit der Philosophie der Griechen vergleichbaren Höhepunkt, mit der sie freilich nicht allein den Glanz menschlicher Ingeniosität, sondern ebenso die Tragik eines am gesteckten Ziel gemessenen Scheiterns teilte. Daß ich auch hier nicht alle Denker des Deutschen Idealismus zur Sprache bringen kann, ohne den Rahmen dieses Kapitels zu sprengen, versteht sich von selbst. Die Diskussion Fichtes, die man dabei vielleicht besonders vermissen wird, soll aus noch zu erörternden Gründen einem späteren Abschnitt vorbehalten werden.

1. Leibnizens Monadologie und Theodizee

Es ist kennzeichnend für diesen letzten Höhepunkt in der Geschichte der Metaphysik als theologiké epistéme, daß er sie wie deren Summe spiegelt. Das läßt sich zunächst bei seinem Ursprung, nämlich Leibniz feststellen, ja, Leibniz verstand sich selbst auf mannigfaltige Weise als ein Denker der Synthese. Stets ging es ihm um die Überwindung von Widersprüchen, doch suchte er vor allem einen Ausgleich zwischen der überlieferten Philosophie der Zweckursachen des Aristoteles und der Wirkursachen Descartes', sowie zwischen der Philosophie der Vernunft und dem christlichen Glauben. Hier stand für ihn das Äußerste auf dem Spiel. Denn wäre die Welt nichts als eine nach Wirkursachen funktionierende Maschine, so könnten nach seiner Überzeugung auch die sittlichen Zwecke Gottes darin nicht wirksam werden; und würde sich folglich die Vernunft ausschließlich auf den Cartesianischen Mechanizismus stützen, dann gäbe es in Wahrheit keine Brücke mehr zum Glauben. So hing für Leibniz beides, der Zweifel an der Geltung der Endursachen und an der Vereinigung von Vernunft und Glaube, unlöslich miteinander zusammen und in beidem sah er auch die tiefste Wurzel für das Elend der religiösen, geistigen und politischen Zerrissenheit seiner Zeit.

Für Leibnizens Versuch, den Glauben zu retten, ist seine Lehre von den Monaden von grundsätzlicher Beutung.[269] Dabei geht er von den im Raume auftretenden Phänomenen, den Körpern aus. Wenn einerseits, so argumentiert er, die Körper in ihrer Räumlichkeit ins Unendliche teilbar sind, andererseits aber doch ihre Wirklichkeit nur von den Teilen haben können, aus denen sie sich zusammensetzen, so wären sie nichts als bloße Phänomene, bloße Erscheinungen. Das aber können wir nicht akzeptieren. Auch wenn sie nur Phänomene sind, so müssen sie doch auch eine Wirklichkeitsgrundlage haben, soll sich nicht alles in bloßen Schein auflösen. Diese daher nicht in der Erscheinung faßbaren, letzten und unteilbaren Teile des Zusammengesetzten, die Monaden, müssen also nach Leibniz als denknotwendig angenommen werden. In ihnen erst haben die räumlichen Erscheinungen ihre Grundlage, nur so sind sie *phaenomena bene fundata*.

---

[269] Für das Folgende vgl. die ausführliche Darstellung von K. Hübner, Der logische Aufbau der Monadologie, in: Studia Leibniziana, XII1/2, 1981.

Nun können Monaden durch nichts verändert oder gar zerstört werden, weil Veränderung oder Zerstörung in der Veränderung oder Auflösung ihrer Teile bestünde, die sie aber nicht haben; ja, nicht einmal Ortsveränderung kommt ihnen zu, da sie gar nicht im Raume, der sich als bloße Erscheinung enthüllt hat, definierbar sind. Also treten sie mit nichts anderem in Wechselwirkung und bedürfen daher auch keines anderen zu ihrer Existenz. Das bedeutet: Sie allein entsprechen nach Auffassung von Leibniz dem cartesianischen Begriff der Substanz.

Aber die Körper sind nicht nur durch ihre Teilbarkeit im Raum definiert, sondern auch durch die an ihnen wirkenden Kräfte. Diese sind teils tätige Kräfte (womit Leibniz die Bewegungsenergie meint), teils leidende (die wir physikalisch als Trägheitswiderstand bezeichnen). Nun gehören aber auch diese beiden Arten von physikalischen Kräften dem Reiche der bloßen Erscheinung an, denn sie beruhen auf Bewegungen im Raume und auf Wirkungen der Teile von Körpern aufeinander. Wenn also aus den schon angegebenen Gründen der Raum und die zusammengesetzten Körper zwar ein phaenomenon, aber doch ein phaenomenon bene fundatum sein müssen, so muß dies auch für die tätigen und leidenden Kräfte der Physik gelten. Sie alle sind daher, wie Leibniz sagt, nur *abgeleitete* Kräfte, denen *ursprüngliche* korrespondieren, und diese ursprünglichen Kräfte können nur von den Monaden selbst hervorgebracht werden. Freilich nicht durch eine äußere, sondern durch eine *innere* Tätigkeit, weil ja Monaden gar nichts räumliches sind. Eine solche innere Tätigkeit aber besteht in *Vorstellungen*.

Jedes Aggregat von Monaden, das einem in der Erscheinung ins Unendliche teilbaren Körper entspricht, stellt demnach geistig diejenigen tätigen und leidenden Kräfte vor, die an ihm im Bereiche der Erscheinung wirksam sind. Und da im Universum als Erscheinung alles mit allem zusammenhängt, so spiegeln sich in jeder Monade nicht nur die tätigen und leidende Kräfte an dem ihr zugeordneten Körper, sondern, von ihrem Standpunkt aus gesehen, auch diejenigen aller anderen, die es überhaupt gibt und daher auch mit ihm in Wechselwirkung treten. Es ist, sagt Leibniz, als wäre das Universum eine Stadt, und jede Monade brächte deren Gesamtansicht aus ihrem Blickwinkel, ihrem point de vue, hervor.

Indem nun die Monade in ihrer inneren Vorstellungswelt selbst produziert, was *für sie* insgesamt in der körperlichen Welt erscheint, bringt sie zugleich das *allgemeine Gesetz* hervor, nach dem die körperliche Welt *durchgehend* unter dem eigenen point de vue durch tätige wie leidende Kräfte bestimmt ist. Nach diesem für jede einzelne Monade verschiedenen Gesetz spielen sich die mannigfaltigen, einzelnen Wirkungs- und Wechselwirkungszusammenhänge ab, die in jedem Augenblick *synchron* den Gesamtzustand des Universums bestimmen und sich fortlaufend *diachron* im Laufe der Zeit entwickeln. Leibniz spricht daher von diesem allgemeinen Gesetz als der *lex seriei mutationum*.[270]

---

[270] Die philosophischen Schriften von G.W. Leibniz, hrsg. von C. I. GERHARDT, Berlin 1875, Bd.II, S. 171.

Nun besteht jede Vorstellung in der Einheit des Mannigfaltigen, und so auch dieses Gesetz, das ja das Ganze im allgemeinen Spiel der Kräfte unter einem besonderen point de vue regelt. Wo aber die Vorstellung des Ganzen dem Ablauf seiner einzelnen Erscheinungen vorausgeht, da entspricht dies dem Vorgang, den wir als von Zwecken verursacht bezeichnen. (Jede Phase im Herstellungsprozeß eines Tisches ist durch das Endziel bestimmt, auf das dieser zusteuert.) Also sind die Wirkursachen im Reiche der Erscheinung „wohl begründet" durch die von den Monaden gesetzten Zweckursachen: Die causae efficientes, welche die Mechanik bestimmen, hängen von den causae finales ab, denen sie entspringen. Und indem sich die Vorstellungswelt einer Monade, aus der sie besteht, nach der lex seriei mutationum entwickelt, nennt Leibniz die Monaden auch *Entelechien*.[271]

Darin besteht also die von Leibniz gesuchte Versöhnung zwischen der aristotelisch verstandenen, von Zwecken und Entelechien geleiteten Natur und jener Natur des cartesianischen Mechanizismus, der die Welt in eine Maschine verwandelt. Bei Leibniz ist im Grunde *alles* beseelt, bei Descartes ist es nur der Mensch – selbst Tiere sind für ihn bloße Automaten. (Animalia sunt automata.)

Die Monaden sind aber nicht nur durch deren point de vue unterschieden, sondern auch durch die Grade des Bewußtseins, mit denen ihre Vorstellungen begleitet sind. Nicht alles produzieren sie mit gleicher Klarheit und Deutlichkeit, was u.a. daher kommt, daß sie Vorgänge im Universum schwächer perzipieren, die von dem ihnen korrespondierenden Körper entfernt sind, teilweise aber auch einfach daher, daß sie in verschiedenem Maße von leidenden Kräften bestimmt werden, welche die Energie ihrer ursprünglich tätigen Kraft lähmen. Diese Energie zeigt sich in der Lebhaftigkeit des Strebens (Appetitus), das Mannigfaltige der Vorstellungen, das von der Monade je zu einer Einheit verbunden wird, im einzelnen zu durchdringen und seiner inne zu werden. Im äußersten Fall, wie z.B. bei einem in der Erscheinungswelt leblosen Gegenstand, besitzt das zugehörige Monadenaggregat ein Maximum an ursprünglich leidender Kraft und seine Perzeptionen sind daher ohne jedes Bewußtsein. Daß es Perzeptionen dieser Art gibt, hat Leibniz mit zahlreichen Beispielen aus der psychologischen Wahrnehmungslehre belegt. Entsprechend nimmt er eine Stufenleiter der vorstellenden Monaden an, die von dumpfer Verworrenheit zu jener höchsten Klarheit und Deutlichkeit führt, wie sie nur Gott zukommen kann.

In diesem Sinne ist *Gott* die *höchste Monade*. Da ihr aber überhaupt keine ursprünglich leidende Kraft zukommen kann, sie vielmehr pure, ursprünglich

---

[271] Unter einer Entelechie, dies sei hier noch einmal wiederholt, ist ein Wesen zu verstehen, das sein inneres Werdeziel in sich trägt und dessen zeitliche Entwicklung in allen seinen Phasen von diesem Ziel geprägt ist. Das klassische Beispiel hierfür ist ein Organismus, der aus einem Keim zu seiner vollen Blüte heranwächst. – Die einem Körper zugeordneten Monaden stellen eine Hierarchie dar, wobei eine von ihnen ihn als Ganzes, andere nur seine untergeordneten Teile vorstellen. Zu einer genaueren Erläuterung dieses Sachverhaltes vgl. K. HÜBNER, Der logische Aufbau der Monadologie, a.a.O., S. 274.

tätige Kraft ist (actus purus), so stellt sie auch keine Wechselwirkungen mit sich vor und versteht sich so überhaupt nicht als Teil der Welt. Ihr korrespondiert somit als einziger auch kein Körper, der immer nur Teil des Ganzen sein kann. Sie ist vielmehr der Schöpfer von allen Monaden und ihrer verschiedenen Vorstellungswelten: *Gott ist die Zentralmonade.*

Es sei dahingestellt, ob Leibniz aus der angenommenen, kontinuierlichen Stufenleiter der Bewußtseinsgrade von Monaden bereits einen Beweis für die Existenz Gottes gesehen hat, wie einige Interpreten meinen. Daß man diese Stufenleiter, die empirisch nur sehr lückenhaft feststellbar ist, auf Gott hin extrapolieren darf, dürfte mehr als zweifelhaft sein. Und doch sind wir jetzt in der Skizze der Monadologie zu dem Punkt gelangt, wo sich für Leibniz die Existenz Gottes geradezu zwingend zu ergeben scheint.[272] Dies zeigen die folgenden Überlegungen.

Wenn auch jede Monade in ihrer Vorstellungswelt den gesamten Inhalt der Erscheinungswelt von ihrem Standpunkt aus nach einem allgemeinen Gesetz, der lex seriei mutationum, produziert, so bleibt sie doch dabei völlig in sich eingeschlossen: Sie hat „keine Fenster".[273] Denn jede Wechselwirkung, durch die sie mit anderen Monaden in Verbindung treten könnte, müßte ja eine Veränderung ihrer Teile betreffen, die sie aber nicht besitzt. Folgt jedoch daraus nicht, daß die Monaden, diese zum Fundament der Erscheinungswelt erkorenen Wesen, selbst nur in einer Scheinwelt leben? Müßten dann nicht die Vorstellungen, die derart solipsistische Wesen hervorbringen, bloße Fiktionen sein? Hier gibt es für Leibniz in der Tat nur einen Ausweg: Gott ordnet die je eigenen Vorstellungswelten der einzelnen Monaden so an, daß sie sich zu einer *gemeinsamen Erscheinungswelt* zusammenfügen. Nur so kann das Universum als die Stadt, die jede Monade aus ihrem Blickwinkel vorstellt, synchron wie diachron für alle Monaden wirklich *dieselbe* sein. Es ist das, was Leibniz die *prästabilierte Harmonie* nennt.

Und doch dient Gott mit dieser Harmonisierung nach Leibniz keineswegs nur dem Erkenntniszweck, wie es ihm in anderem Zusammenhang Descartes unterstellt hat, vielmehr entspringt sie seiner unendlichen Güte, den Menschen als Monade mit Bewußtsein ein *sittliches* und damit sich ihm näherndes, zu ihm empor drängendes Leben führen zu können. Denn alles Sittliche betätigt sich am Mitmenschen, den es doch gar nicht geben könnte, wenn die einzelnen Monaden nicht in einer gemeinsamen Welt lebten.

Leibnizens Monadologie ist, so phantastisch sie auf den ersten Blick wirken mag, von einer überraschenden, inneren Logik. Ihre kritischen Punkte liegen daher vornehmlich an ihrem Anfang und an ihrem Ende – der Gotteslehre, zu der sie als theologiké epistéme notwendig hinführt. Betrachten wir also zunächst ihren Anfang.

---

[272] Die von Leibniz außerhalb seiner Monadologie versuchten Beweise Gottes wie den ontologischen, kosmologischen und physikotheologischen kann ich hier übergehen, weil sie in dem Kapitel über Kant, der sie zusammenfassend einer systematischen Kritik unterzogen hat, näher besprochen werden.

[273] Die philosophischen Schriften von Leibniz, a.a.O., Bd. VI, No. 9, S. 607.

Die Existenz der Monaden wird ausdrücklich von Leibniz nicht etwa bewiesen, sondern *postuliert*. Auf keine andere Weise nämlich lasse sich „ein Ausgang aus den Schwierigkeiten des Kontinuums", aus der unendlichen Teilbarkeit des Raumes finden.[274] Diese Behauptung ist freilich keineswegs so zwingend, wie es Leibniz scheint. Die Teilbarkeit der Materie ist ja nicht nur eine Frage des Raumkontinuums, sondern auch der physikalischen Gesetze, wie die heutige Lehre von den Elementarteilchen zeigt. Andererseits ist aber auch der Vorwurf fragwürdig, Leibniz habe mit seiner Monadenlehre die „Schwierigkeiten des Kontinuums" nur gegen diejenigen des sog. aktual Unendlichen ausgetauscht. Hängt dieser Vorwurf doch davon ab, wie man das Ganze jener unendlichen Stufenleiter von Monaden, die ein letztes Glied, nämlich Gott hat, definiert. Versteht man etwa mit Kant dieses Ganze *extensional*, wonach es prinzipiell möglich sein muß, seine unendlichen Teile sukzessive vorzuführen, so stieße man dabei in der Tat auf den Widerspruch, daß die *un*endliche Reihe schließlich in ihrem letzten Glied *endet*. (Und das ist es, was mit den Schwierigkeiten des aktual Unendlichen gemeint ist). Versteht man aber etwa mit Cantor dieses Ganze *intensional*, so daß prinzipiell ein mit endlichen Mitteln arbeitendes Abzählverfahren denkbar ist, wonach jedem seiner Teile eine bestimmte Zahl aus der Reihe der Kardinalzahlen zugeordnet werden kann, so ist es nach diesem Verfahren zwar möglich, jeden *einzelnen* Teil vorzuführen, aber daß es *alle* sein müssen, ist dabei nicht erforderlich. Als Beispiel hierfür kann die unendliche Reihe der negativen Zahlen dienen, die mit -1 endet. Diese Argumente, die für oder gegen Leibnizens Postulat einer unendlichen Menge von Monaden vorgebracht werden können, zeigen zur Genüge, daß es den absolut zwingenden Charakter nicht hat, den er ihm zuspricht. Damit beruht aber nicht nur die Monadenlehre auf einer fragwürdigen Hypothese, sondern auch die Gotteslehre, die ja, wie sich gezeigt hat, diejenige von den Monaden voraussetzt.

Dennoch folgt die Existenz Gottes nicht einfach aus den Prämissen der Monadologie, sondern erst dadurch, daß ein weiteres Postulat in sie eingeführt wird. Dabei besteht dieses aber nun bemerkenswerter Weise nicht einfach darin, daß allein Gott die Erkenntnis garantiere, weil er mit Hilfe der prästabilierten Harmonie die Monaden davor bewahre, in einer bloßen Scheinwelt zu leben, sondern dieses weitere Postulat beruft sich in christlichem Geiste auf *Gottes Güte*, die es den geistigen Wesen zugeordneten Monaden gestattet, in einer gemeinsamen *sittlichen*, und *damit gottnahen Wirklichkeit* zu existieren. Gott ist also für Leibniz *weder* bloßer Garant menschlicher Erkenntnis – so haben Descartes und Berkeley gedacht –, noch bloßer Garant menschlicher Sittlichkeit als solcher – wie ihn später Kant einführte; er steht überhaupt nicht zum Menschen in einer diesem *nur dienenden Funktion*, sondern in seiner Güte erhebt er den Menschen auf der Stufenleiter der Geister dadurch zu sich empor, daß er ihm erlaubt, als sittliches Wesen zu existieren. Es ist also die *Gottesnähe alles Sittlichen*, worauf hier das Schwergewicht liegt, nicht die darin sich äußern-

---

[274] Die philosophischen Schriften von Leibniz, a.a.O., Bd. II, S. 262.

de Würde menschlicher Freiheit. Freilich ändert das Postulat von Gottes Güte als das eigentlich bewegende Motiv für die prästabilierte Harmonie nichts an dem gescheiterten Versuch, sich der Existenz Gottes zwingend durch die Metaphysik der Monadologie zu vergewissern. Das Folgende soll aber nun zeigen, daß Leibniz doch einen Weg gefunden hat, das Denken der Aufklärung auf eine viel überzeugendere Weise mit der Offenbarung zu versöhnen, als das bisher versucht worden war.

Vorerst müssen wir jedoch auf seine Lehre von der besten aller möglichen Welten eingehen. Zwar bildet auch für Leibniz die Erscheinungswelt einen geschlossenen Kausalzusammenhang und als ein solcher wird sie daher entsprechend in der jeweiligen lex seriei mutationum der einzelnen Monaden vorgestellt, aber da die in der lex geordneten causae efficientes ihren Grund in den causae finales haben, so unterwarf Gott, der die Monaden geschaffen hat, deren nach der prästabilierten Harmonie geordnete Vorstellungswelten seinen übergeordneten und sittlichen Zwecken. Das bedeutet aber schließlich, daß er unter der unendlichen Menge von Welten, die er auf Grund seiner unendlich tätigen Kraft schaffen konnte, diejenige auswählte, welche unter diesen Zwecken *die beste aller möglichen Welten* ist. In dieser ist daher alles bis in alle Einzelheiten nach den notwendigen göttlichen Gesetzen der Wirk- und Zweckursachen geordnet, vorhergewußt und vorherbestimmt. Soweit die Schöpfung durch die Wirkursachen bestimmt wird, nennt sie Leibniz *das Reich der Natur*, soweit in ihr die göttlichen Zwecke herrschen, die den bewußten Wesen erlauben, in eine sittliche Gemeinschaft einzutreten, spricht er, wieder in bewußter Anlehnung an die geoffenbarte Religion, vom *Reich der Gnade*. Auch hier sehen wir Leibnizens Wille zur Synthese am Werk: Im Reich der Natur schafft Gott als jener *Überingenieur*, wie er bereits im Zuge des seit der Renaissance aufkommenden Mechaniszismus vorgestellt wurde; im Reich der Gnade ist er christlich der *allgütige König im Reiche der Geister*, wobei dieses Reich ja nicht nur die Menschen, sondern alle Wesen zu Bürgern hat, die auf der zu Gott emporsteigenden, unendlichen und kontinuierlichen Stufenleiter stehen. Daher haben, eine weitere Konzession an christliche Vorstellungen, auch Engel ihren Platz in der Metaphysik von Leibniz.

Wenn die Menschen nicht erkennen, daß sie in der besten aller möglichen Welten leben, und daher leicht an Gott zweifeln, so liegt das zum einen daran, daß sie alles nur aus ihrem point de vue zu erfassen vermögen, zum andern aber daran, daß sie infolge der in ihnen wirksamen, leidenden Kraft lediglich einen kleinen Teil der Erscheinungswelt in jener Klarheit und Deutlichkeit erkennen, die erforderlich wäre, um deren notwendigen Grund zu enthüllen. Daß es überhaupt Übel gibt, hat in der unvollkommenen Natur von Wesen seinen Grund. Als Geschaffene müssen sie in allen möglichen Graden von ihrem Schöpfer abweichen.[275] Daß aber diese Übel, im Gesamtzusammenhang der

---

[275] Dies hatte, wie bereits gezeigt, Bayle verkannt, mit dem sich Leibniz im übrigen mehrfach auseinandergesetzt hat.

göttlichen Weltordnung betrachtet, zugleich die Funktion haben, die beste aller möglichen Welten hervorzubringen, wird, wenn überhaupt, nur im Laufe längerer Entwicklungen für die Menschen erkennbar. Damit läuft Leibnizens Theodizee, die Rechtfertigung Gottes, darauf hinaus, der allgemeinen Redeweise von dem Ratschluß Gottes, der unerforschlich sei, einen präzisen Sinn zu geben.

So weit befinden wir uns freilich immer noch im Bereiche der natürlichen Religion. Aber es ist nun gerade die darin festgestellte, nur begrenzte Fähigkeit des Menschen, in Klarheit und Deutlichkeit die notwendigen Gründe der Erscheinungen zu erfassen, die, wie bereits angekündigt, einen neuen und überraschenden Zugang zur geoffenbarten ermöglicht. Diese Begrenzung hat ja nach Leibniz zur Folge, daß wir zwischen *Tatsachenwahrheiten,* wie sie z.B. die Physik vermittelt, und *notwendigen Wahrheiten*, wie wir sie aus der Logik und Mathematik kennen, unterscheiden müssen. Nur die notwendigen Wahrheiten können mit Gewißheit erfaßt werden, die Tatsachenwahrheiten aber sind immer nur hypothetisch gegeben. Nun stehen die geoffenbarten Wunder jedoch nur mit den Tatsachenwahrheiten der Physik im Widerspruch. Wir haben also gar kein Recht, sie a priori zurückzuweisen. Für Gott freilich sind sie in den notwendigen Gesamtzusammenhang der Wirk- und Zweckursachen eingeordnet, nach denen er die Erscheinungswelt zur besten aller möglichen Welten gemacht hat. Nach Leibniz steht demnach die geoffenbarten Religion nur mit der *menschlichen*, nicht *mit der göttlichen Vernunft* im Widerspruch. Dies wird auch darin deutlich, daß die *gesamte Vorstellungswelt einer Monade*, der prästabilierten Harmonie entsprechend, *notwendig mit ihrer Schöpfung gesetzt ist*, so daß sie als von Gott durchgehend determiniert betrachtet werden muß, während ihr selbst die meisten Vorgänge nur als kontingent gegeben erscheinen. Was also in Wahrheit ihrer je eigenen, von Gott verliehenen lex seriei mutationum entspringt, bestimmt notwendig ihre Identität im Vergleich mit allen anderen Monaden und folgt daher für Leibniz analytisch aus ihrer Substanz nach dem Satz der Identität A = A. Auch von dieser Seite her also zeigt sich die Unfähigkeit der menschlichen Vernunft, die göttlichen Zusammenhänge zu begreifen.

Hier wird der entscheidende Unterschied zwischen Locke und Leibniz im Verhältnis zur geoffenbarten Religion deutlich. Beide haben sie zwar gemeinsam, daß sie deren Recht anerkennen und sich nicht auf die natürliche Religion beschränken, wie die meisten Philosophen der Aufklärung. Sie unterscheiden sich aber darin, daß Locke den untauglichen Versuch unternimmt, das, was ihm der Kern der christlichen Offenbarung zu sein scheint, mit der Vernunft doch irgendwie zu vereinen, während Leibniz diese Offenbarung damit zu verteidigen vermag, daß er auf die Schwäche menschlicher Vernunft hinweist, nicht nur über logisch notwendige Wahrheiten zu verfügen, sondern weit mehr noch auf *nur hypothetisch geltende* Tatsachenwahrheiten angewiesen zu sein. Das ist auch vollkommen zutreffend, wie ich bereits im I. Kapitel gezeigt habe, und die Bedeutung von dieser Einsicht wird keineswegs dadurch geschmälert, daß es außer den logischen Wahrheiten und den Tatsachenwahrheiten noch jene ontologischen gibt, die den Tatsachenwahrheiten a priori und doch ebenfalls nur hypothetisch zugrunde gelegt werden. Die geistige Energie, mit welcher Leibniz versucht, die christliche Offenbarung mit dem in Einklang zu bringen, was seine Zeit die Vernunft nannte, (wie er ja auch, in anderem Zusammenhang, die verschiedenen christlichen Konfessionen miteinander versöhnen wollte), überragt bei weitem alles, was etwa Locke oder Berkeley in ähnlichem Zusammenhang versucht haben. Es bleiben aber noch zwei Fragen übrig, wenn man von jenen, bereits erörterten absieht, die sich bei der theoretischen Grundlage der Monadenlehre stellen. Die eine betrifft die Freiheit des Menschen, die andere seine in der geoffenbarten Religion gelehrte Unsterblichkeit.

Was die Frage der Freiheit betrifft, so ist die Monade vollständig determiniert, weil ihre Vorstellungswelt, die ja ihre Identität definiert, der von Gott vorherbestimmten prästabilierten Harmonie unterworfen ist. Auch wenn sie diese Vorstellungswelt selbst produziert, so ist ihr diese Produktion mit ihrer lex serei mutationum doch mit dem Schöpfungsakt zugleich mitgegeben. Aus göttlicher Sicht folgen also nach Leibniz alle Perzeptionen, die sie in ihrem ewigen Leben durchläuft, mit *Notwendigkeit* aufeinander, so wie sich in einem analytischen Urteil notwendig das Prädikat aus dem Subjekt ergibt. Auf der anderen Seite wird dadurch nach Auffassung von Leibniz die Freiheit nicht aufgehoben, weil der Mensch, der eine Monade (genauer ein Monadenaggregat) in der Erscheinung verkörpert, diese seine Identität gar nicht als einen äußeren Zwang verstehen kann, sondern eben als sein Selbstsein.[276] Aber steht nicht auch dies im Einklang mit der christlichen Offenbarung, in diesem Falle mit der ihr zu entnehmenden Prädestination, wie sie hier im X. Kapitel erläutert wurde?

Anders verhält es sich mit Leibnizens Lehre von der Unsterblichkeit. Einerseits sind die Monaden nach Leibniz unsterblich, weil sie keine Teile haben, in die sie zerfallen könnten, und es wird ihnen auch in ihrem ewigen Leben, mit Ausnahme derjenigen Gottes, immer ein Körper zugeordnet sein, weil ihr Erscheinungsbild ja stets ein teilbarer Körper ist. Andererseits sind diese den Monaden zugeordneten Körper einem ständigen Wandel unterworfen, wie ja auch aus der Keimzelle ein Mensch entsteht und dessen Leib wieder zu Staub wird. Zeugung ist daher für Leibniz in Wahrheit Entwicklung und Wachstum, der Tod aber nur Einziehung und Verminderung. Das bedeutet aber doch, daß das ewige Leben der den Menschen zugehörigen Monaden nur in der Ewigkeit der von ihnen selbst hervorgebrachten, perspektivischen Erscheinungswelt be-

---

[276] Leibniz erläutert dies noch näher an dem von Laurentius Valla (1407–1457) in seiner Schrift über die Willensfreiheit gegebenen Beispiel, wonach Sextus Tarquinius seine Verbrechen nicht vermieden habe, obgleich ihm Apollo vorhergesagt hatte, daß er durch sie Roms Königtum und sich selbst zerstören werde. Leibniz läßt nun ergänzend Sextus daraufhin von Delphi nach Dodona pilgern, um auch das Orakel des Jupiter, des Schicksalsgottes zu hören. Als dieser Apollo bestätigt und ihm sagt, er könne aber glücklich werden, wenn er Roms entsage, weigert er sich, weil er damit aufhörte, der zu sein, der er ist.

stehen kann, der sie also niemals entrinnen, mag diese Welt auch noch so sehr die beste aller möglichen repräsentieren. Der Tod eines Menschen zeigt nur an, daß seine Monade, wenn sie schon selbst dabei nicht stirbt, zumindest vorläufig einen niedrigeren Bewußtseinszustand besitzt, als sie vorher hatte, eben denjenigen, der dem körperlichen Zustand des Staubes entspricht, zu welchem der menschliche Leib geworden ist. Dies aber seht freilich mit der Unsterblichkeitslehre der geoffenbarten Religion in krassem Gegensatz. Ihr zufolge verläßt ja der Mensch im ewigen Leben auf immer die notwendig vom Leiden erfüllte Erscheinungswelt, und sein Tod ist nicht der Übergang in eine niedrigere, sondern im Gegenteil in die ihm höchst mögliche Bewußtseinsstufe.[277]

Der neue Zugang, den Leibniz der geoffenbarten Religion mit seiner Metaphysik eröffnet hat, bedeutet aber doch eine radikale Wende. Weder verliert sich Leibniz in die hybriden Visionen eines regnum hominis wie z.B. Descartes und Bacon, noch verlangt er für den Glauben ein sacrificium intellectus wie z.B. Bacon und Bayle, noch zieht er sich auf die natürliche Religion zurück wie die meisten Denker der Epoche vor und nach ihm, noch verirrt er sich in der bizarren Idee eines more geometrico konstruierten Pantheismus. Zwar will seine Metaphysik jenen Gottsucher zufriedenzustellen, der vom Zeitalter der Vernunft geprägt ist, aber mit ihr wird in keiner Weise beansprucht, den Glauben zu ersetzen oder zu verdrängen. Denn obgleich sie als theologiké epistéme einen rationalen Weg zu Gott zeigen will, liegt doch zugleich in ihr, daß dies nicht der einzig mögliche sein kann, weil er sich auf das beschränkt, was der Vernunft notwendig einleuchtet, während andererseits eben diese Vernunft *selbst*, nämlich in ihrer Unterscheidung notwendiger Einsichten von Tatsachenwahrheiten, der eigenen, menschlichen Schwäche inne wird. Folgt man also Leibniz, so darf man im Glauben gerade nicht ein sacrificium intellectus sehen, sondern muß im Gegenteil die *prinzipielle* Legitimität übervernünftiger Offenbarungen anerkennen.

Die Tragik von Leibniz liegt darin, daß sich nur diese seine Einsicht in die strukturelle Schwäche der Vernunft, nicht aber das grandiose Gebäude seiner Monadologie als wirklich tragfähig erweisen hat, das, wie sich zeigte, ebenso fragwürdig ist, wie es teilweise der von ihm doch andererseits verteidigten Offenbarung widerspricht. Man bedarf also dieser Metaphysik nicht, um auf rechte Weise zu glauben, und noch weniger bedarf man des Glückes, das sie seiner Meinung nach dem Menschen bietet, wenn man dasjenige des christlichen Glaubens hat.

---

[277] Zwar scheint es denkbar, daß die Monade im Laufe der Zeit wieder in einen höheren Bewußtseinszustand zurückkehrt, ja daß dieser sogar noch höher ist als derjenige, den sie vor dem Tode des ihr zugeordneten Leibes hatte, doch bleibt gerade diese für die christliche Unsterblichkeitslehre entscheidende Frage unbeantwortet. Zwar spricht Leibniz in seiner Abhandlung „Die Vernunftprinzipien der Natur und der Gnade" von „einem immerwährenden Fortschritt zu neuen Freuden und neuen Vollkommenheiten" (18), aber aus dieser Bemerkung geht nicht hervor, ob er damit auf die Wandlungen der ewig lebenden Monade anspielt oder nur die Steigerungsmöglichkeiten des einzelnen Menschen innerhalb seines Lebens meint.

Worin das Glück besteht, das die Erkenntnisse der Monadologie dem Menschen bereiten soll, hat Leibniz in seiner Schrift über „Die Vernunftprinzipien der Natur und der Gnade" ausführlich beschrieben. Das Wissen darum, in einer Welt zu leben, in der „kraft der vollkommenen, im Universum eingerichteten Ordnung alles in der bestmöglichen Weise eingerichtet" ist, „und zwar sowohl für das allgemeine Gute, als auch insbesondere zum Besten derer, die davon überzeugt und mit der göttlichen Regierung zufrieden sind"[278], verleihe uns, so sagt Leibniz, „eine vollkommene Ruhe des Geistes, die nicht, wie bei den Stoikern, aus einem gewaltsamen Zwange herrührt, den wir uns antun, sondern aus einer gegenwärtigen Zufriedenheit quillt, die uns auch eines zukünftigen Glückes versichert."[279] So erfülle uns die erkannte Herrschaft Gottes mit jener *höchsten Liebe*, die nur dem vollkommensten Wesen dargebracht werden kann, mit jener *höchsten Freude*, die eine solche Liebe vermittle[280], und mit der *höchsten Hoffnung*, die nur in seiner Güte und Gerechtigkeit gründen könne. Denn im Reich der Gnade „gibt es keine Verbrechen ohne Bestrafung, keine guten Handlungen ohne entsprechende Belohnung und schließlich so viel Tugend und Glück als nur möglich."[281]

Was Leibniz hier an Erfreulichem in Aussicht stellt, grenzt freilich, mit Plato zu reden, fast ebenso ans Komische wie die entsprechenden Einlassungen des Aristoteles zum Glücke des Philosophen, die uns bereits im Abschnitt B 2 dieses Kapitels beschäftigt haben. Der einzelne kann sich zwar durchaus damit trösten, daß dem Unheil, das ihm widerfährt, ein tieferer, im göttlichen Ratschluß verborgener Sinn innewohnt, doch hilft ihm das nur wenig, wenn er dennoch ewig, wie es die Monadologie lehrt, an diese Welt der mehr oder weniger verworrenen Erscheinung und Übel gefesselt bleibt. Der christliche Glaube aber verheißt ihm die endgültige Befreiung hiervon. Worauf soll der Mensch ferner im Rahmen dieser Philosophie seine Hoffnung stützen, die uns ein künftiges Glück versichert, ja ein gerechtes Gericht über das Gute und Böse? Denn selbst wenn die Göttliche Weltregierung am Ende doch wieder alles ins Lot bringt und das Übel auf längere Sicht das Gute hervorbringt, der einzelne wird davon keineswegs notwendig betroffen sein. So bleibt auch der unglückliche, von Gott abgefallene Adam, irdisch gesehen, der unglückliche Adam, mag sich selbst seine Schuld, auf lange Sicht gesehen, schließlich als felix culpa erweisen, weil sie schließlich zum Erscheinen des Erlösers in der Welt führte. Der christliche Glaube aber bietet jedem einzelnen Gerechtigkeit und Erlösung von seiner Schuld. Und schließlich – wie soll uns das Höchste mit Liebe und Freude erfüllen, wenn es nur ein *philosophischer Gedanke* ist, ein Gott der Philosophen, wie Pascal ganz richtig gesagt hat, und nicht der Gott Abrahams und Isaaks, der zum Menschen spricht und ihm erscheint?

---

[278] LEIBNIZ, Die Vernunftprinzipien der Natur und der Gnade, 18.
[279] Ebenda.
[280] A.a.O., 16.
[281] A.a.O., 15.

2. Kants Religionslehre innerhalb der Grenzen der bloßen Vernunft

Bei Kant liegen die historischen Wurzeln der hier im I. Kapitel vertretenen Lehre von den ontologischen, im Subjekt selbst gesetzten und somit apriorischen Voraussetzungen der Erfahrung. Diese Lehre unterscheidet sich jedoch von Kants Auffassung in Folgendem: *Erstens:* Während sie von einem *Pluralismus gleichberechtigter Ontologien* ausgeht, deren jeweilige Geltung nur *historischer Natur* sein kann, läßt Kant nur *eine* Ontologie zu (sie gliedert sich in die von ihm bezeichneten Kategorien und Anschauungsformen). *Zweitens:* Während sie im Hinblick auf den Ontologienpluralismus und die mit ihm verbundenen Toleranzprinzipien auch mythische und religiöse Ontologien anerkennt, die gar nicht auf der ontologischen Differenz zwischen Subjekt und Objekt beruhen und deswegen, in der Innenbetrachtung, *absolute Erfahrungen* gestatten, schließt Kant aus der Apriorität ontologischer Erfahrungsbedingungen darauf, daß uns *niemals* Gegenstände so gegeben werden können, wie sie *an sich* sind, sondern eben nur so, wie sie unter den durch das Subjekt gesetzten, apriorischen Voraussetzungen *erscheinen*. Im übrigen ist Kants Folgerung des Erscheinungscharakters der Erfahrungswelt aus ihren subjektiv-apriorischen Bedingungen keineswegs zwingend, könnte es doch sein, daß sie, obgleich vom Subjekt gesetzt, in einer Art prästabilierter Harmonie dennoch mit der Wirklichkeit an sich übereinstimmen. Deswegen versuchte er zu zeigen, daß sich die Vernunft *notwendig* in eine unauflösliche Dialektik verliert, wenn sie in den von ihm bezeichneten Anschauungsformen und Kategorien nicht nur die Art verstünde, in der das Subjekt zu seinem Gegenstande kommt, sondern, hiervon abgelöst, darin auch Bestimmungen der Gegenstände an sich sähe. Aber dieser Versuch scheitert alleine schon daran, daß die von Kant für unvermeidlich gehaltene Dialektik verschwindet, sobald man von seiner Ontologie, die von der Physik Newtons abgelesen war, zu derjenigen der Relativitätstheorie überwechselt.[282] Im Gegensatz hierzu folgt der bloße Erscheinungscharakter derjenigen Erfahrungsweisen, die auf die ontologische Differenz von Subjekt und Objekt gestützt sind, zwingend aus der im I. Kapitel nachgewiesenen, prinzipiellen Gleichberechtigung aller möglichen, sich teilweise widersprechenden Ontologien und ihrer nur historischen Geltung. Denn diese Gleichberechtigung gesetzt, kann es ja keine unter ihnen geben, welche die Auszeichnung besäße, der absoluten Wirklichkeit zu entsprechen, sondern sie alle stellen nur verschiedene, historisch bedingte Aspekte dar, unter denen das Subjekt die Wirklichkeit betrachtet.

Aller solcher Unterschiede ungeachtet, führt jedoch Kants Lehre von der Erscheinung zum gleichen Ziel wie das im I. Kapitel dargelegte. Dieses Ziel hat

---

[282] Dies hier näher auszuführen, würde zu weit führen. Ich verweise deswegen auf die ausführliche Diskussion und Kritik der Kantischen Dialektik in: K. HÜBNER, Kritik der wissenschaftlichen Vernunft, a.a.O., Kapitel X,6. Im übrigen entsteht z.B. die sich aus den Anschauungsformen des Raumes ergebende Dialektik auch nur dadurch, daß Kant diese Form mit den apriorischen Konstruktionsprinzipien der euklidischen Geometrie identifiziert, sie also bereits in dieser Weise deutet. Im Gegensatz hierzu ist aber das Raumverhältnis des Menschen historisch weitgehend schwankend, wofür wieder als Beispiel die mythische Raumerfahrung aufgeführt sei.

Kant in seinem Vorwort zur „Kritik der reinen Vernunft" so formuliert: „Ich mußte also das Wissen aufheben, um zum Glauben Platz zu kommen" (XXX), und in der „Methodenlehre" des gleichen Werkes schreibt er: „Denn es bleibt euch noch genug übrig, um die vor der schärfsten Vernunft gerechtfertigte Sprache eines festen *Glaubens* zu sprechen, wenn ihr gleich die des *Wissens* habt aufgeben müssen" (773). Diese Sätze könnten auch unverändert zum Fazit des I. Kapitels dienen, wenn man darin nur das Wort „Wissen" durch „wissenschaftliche Erkenntnis" ersetzte, die auf einer bestimmten Ontologie beruht, und das Wort „schärfste Vernunft" durch das Wort „streng rationale Metatheorie", womit jene in dieser Metatheorie erfolgte Selbstreflexion der Metaphysik gemeint ist, die zu den verschiedenen Toleranzprinzipien und damit zur prinzipiellen Rechtfertigung von Mythos und Glauben führt.

War also Kants oberstes Ziel die Rechtfertigung des Glaubens, so führte für ihn der Weg hierzu über die „Kritik der reinen Vernunft" und die „Kritik der praktischen Vernunft", um schließlich in seinem Werk „Die Religion innerhalb der Grenzen der bloßen Vernunft" seinen Abschluß zu finden. Die „Kritik der reinen Vernunft" will die *theoretische Möglichkeit* des Glaubens aufweisen, die „Kritik der praktischen Vernunft" seine *praktische, moralische Grundlage* enthüllen, und „Die Religion innerhalb der bloßen Vernunft" den auf dieser Grundlage beruhenden Glauben *im einzelnen und in seiner engen Beziehung zum Christentum* darlegen. *Insofern ist „Die Religion innerhalb der bloßen Vernunft" die eigentliche Krönung von Kants Philosophie*. Ich kann mich daher im gegebenen Zusammenhang auf dieses Werk beschränken, und das um so mehr, als über die „Kritik der reinen Vernunft" hier in ihrem Vergleich mit den Ausführungen im I. Kapitel das Nötige bereits gesagt wurde, die Grundgedanken der „Kritik der praktischen Vernunft" aber in der „Religion innerhalb der bloßen Vernunft" wiederholt werden.

Du kannst, denn du sollst: Das ist der Kernsatz von Kants Moralphilosophie und zugleich die Grundlage seiner aus ihr abgeleiteten Religionsphilosophie. Hier stellen sich aber bereits zwei unabweisbare Fragen: *Erstens*: Woher weiß man, *was* man moralisch soll, was also der Inhalt der an uns ergangenen Forderung ist? Und *zweitens*: Warum wird dieser Inhalt als ein „kategorischer Imperativ", als ein absolutes Sollen nicht nur verstanden, sondern auch angenommen? Oder kurz zusammengefaßt: *Was soll ich und warum soll ich es?* Erst dann, wenn diese beiden Fragen zweifelsfrei beantwortet sind, kann doch darüber geredet werden, ob man die moralischen Forderung auch zu erfüllen vermag, und ob diese Erfüllung ferner die Freiheit des Menschen voraussetzt, wie Kant behauptet.

Beginnen wir also mit der ersten Frage. Das Kriterium dafür, was man moralisch soll, hat Kant so formuliert: „Handle so, daß die Maxime" (allgemeine Bestimmung) „deines Willens jederzeit zugleich als Prinzip einer allgemeinen Gesetzgebung gelten könne."[283] Man brauche sich also nur zu überlegen, was geschähe, wenn die Maxime zu lügen oder zu unterschlagen eine allgemeine Gesetzge-

---

[283] Kritik der praktischen Vernunft, 1. Teil, 1. Buch, 1. Hauptstück.

bung wäre: Der Vorteil z.B., den man sich durch Lügen oder Unterschlagen erhoffte, würde zunichte, wenn jeder das täte. Das Kriterium dafür, was als der Inhalt des moralischen Sollens zu gelten habe, ist also ein *formales Prinzip*. Jedes einzelne, in einer bestimmten Situation erkannte Gebot muß aus diesem ableitbar sein.

Die Frage ist freilich, ob diese Ableitung in jedem Falle so eindeutig möglich ist, wie Kant dies behauptet. Es ist eine nicht zu bestreitende Tatsache, auf die ich bereits mehrfach hingewiesen habe (vgl. insbesondere das Kapitel VIII, h–j), daß die moralischen Wertvorstellungen historisch nicht nur sehr verschieden waren, sondern sich auch immer wieder tiefgreifend gewandelt haben und noch wandeln. Andererseits zeigt z.B. die griechische Tragödiendichtung, von den Unterschieden zwischen ihnen und den heutigen Vorstellungen von Sittlichkeit ganz abgesehen, daß in bestimmten Situationen eben *keine* eindeutig klare Entscheidung darüber möglich ist, worin die Pflicht besteht, nach der man handeln soll. Auch ist erst spät, besonders aber im Christentum, der Gedanke in die Welt getreten, daß das moralische Gesetz *alle* Menschen auf dieselbe Weise verpflichtet, während früher überhaupt so etwas wie eine derartige *Menschheitsidee*, wenn überhaupt, so nur andeutungsweise vorhanden war (z.B. im AT). Wenn Kant dies alles übersah, so liegt das vor allem an der historischen Blindheit, die für das Zeitalter der Aufklärung und seinen Glauben an absolut gültige Inhalte einer allgemeinen Vernunft so kennzeichnend ist.

Der Hinweis auf die unleugbare Historizität von Wertvorstellungen genügt aber, um Kants Formulierung des Sittengesetzes ins Wanken zu bringen. Denn nach den Regeln der Logik ist eine Prämisse falsch, wenn das aus ihr Gefolgerte falsch ist, weil Falsches niemals aus Wahrem folgen kann. Hier lautet die *Prämisse*: Es gibt ein allgemeines Kriterium für das moralisch Gute, nämlich das Sittengesetz. Die *Folgerung* lautet: Also kann in jedem einzelnen Fall nach diesem Kriterium eindeutig beurteilt werden, ob etwas als moralisch gut zu betrachten ist oder nicht. Nun ist diese Folgerung zweifelsfrei empirisch falsifiziert, also kann auch die Prämisse nicht jene apodiktisch allgemeine Geltung haben und das Moralische schlechthin definieren, wie Kant sich das gedacht hat – es sei denn, man versteige sich zu der absurden Behauptung, daß die Menschen in Epochen, die sich nicht in Kants Vorstellung von Ethik einfügen lassen, z.B. in denjenigen, wo überhaupt die Idee einer allgemeinen Menschenvernunft fehlte, entweder alle der Logik entbehren oder moralisch verwerflich waren. Diesem Einwand kann man auch nicht mit dem Hinweis auf die möglicher Weise gelegentlich undurchsichtigen Randbedingungen einzelner Situationen begegnen, die das Urteil erschweren mögen. Bezieht er sich doch auf die Beobachtung der *ganzen Menschheitsgeschichte*.

Nun zur zweiten der vorhin gestellten Fragen. Gesetzt, der Inhalt dessen, was unsere moralische Pflicht ist, wäre wie auch immer eindeutig bestimmt. Wie kommt es dann nach Kants Meinung dazu, daß wir dies nicht nur feststellen, sondern einen beinahe unüberwindlichen Appell in uns fühlen, eine „Triebfeder", wie er sich ausdrückt, der Pflicht zu gehorchen, so daß wir in Gewissensnöte geraten, wenn wir es nicht tun? Diese Triebfeder sei die „Achtung vor dem Sittengesetz", die uns gerade dadurch über uns selbst erhebe, daß sie unseren Eigendünkel niederschlage. Im Grunde handle es sich aber um etwas Unbegreifliches, ein „Faktum der Vernunft"[284], ein hölzernes Eisen also, da man es in seiner Absolutheit nicht weiter erklären oder ableiten könne. Damit gerät es jedoch in den Umkreis des Heiligen und Göttlichen, was Kant auch keineswegs leugnet und mit Emphase hervorhebt: „Pflicht!" ruft er aus, „du erhabener, großer Name, der du (...) Unterwerfung verlangst, doch auch nichts drohest, (...) sondern bloß ein Gesetz aufstellst, welches von selbst im Gemüte Eingang findet und doch sich selbst wider Willen Verehrung (wenngleich nicht immer Befolgung) erwirbt, vor dem alle Neigungen verstummen (...) welches ist der deiner würdige Ursprung und wo findet man die Wurzel deiner edlen Abkunft (...) und von welcher Wurzel abzustammen die unnachläßliche Bedingung desjenigen Wertes ist, den sich Menschen allein selbst geben können?" Dieses Gesetz zeige, daß wir einerseits der sinnlichen, andererseits aber auch der intelligiblen Welt angehören: „(...) da es denn nicht zu verwundern ist, wenn der Mensch, als zu beiden Welten gehörig, sein eigenes Wesen in Beziehung auf seine zweite und höchste Bestimmung nicht anders als mit Verehrung und die Gesetze derselben mit der höchsten Achtung betrachten muß."[285] *„Zwei Dinge erfüllen das Gemüt mit immer neuer und zunehmender Bewunderung und Ehrfurcht, je öfter und anhaltender sich das Nachdenken damit beschäftigt: der bestirnte Himmel über mir und das moralische Gesetz in mir."*[286]

Aber in welche Nähe auch Kant das Sittengesetz zum Heiligen und Göttlichen bringt, als unmittelbar von Gott empfangen will er es nicht verstehen. Denn *erstens* müsse man schon wissen, was das Gute ist, um beurteilen zu können, ob etwas mit dem Göttlichen Willen übereinstimmt, und *zweitens* könne man auch nur dann das Gute um seiner selbst willen tun und nicht etwa aus bloßer Furcht vor Gott, die nichts als das eigene Interesse verrate. Christlich betrachtet, ist dies jedoch eine absurde Argumentation. *Zum ersten*: Wenn der Mensch für sich befinden will, was das Gute sei, so mag er dies tun, aber gerade hierin wird ja gerade das Wesen der Sünde gesehen (Essen vom Baum der Erkenntnis). Damit wird die Behauptung, erst müsse man wissen, was das Gute sei, um überhaupt beurteilen zu können, was *Gottes Wille* sei, zu einem Widerspruch in sich selbst. *Zum zweiten*: Zwar hat Kant zurecht darauf hingewiesen, daß es ebenfalls ein Widerspruch in sich selbst ist, wenn jemand das Gute nur aus Furcht vor Gott, nicht aber um seiner selbst willen täte, denn dann handelte er ja nur im eigenen Interesse; der Widerspruch verschwindet jedoch, wenn man, anders als Kant, den eigentlich *christlichen* Sinn der Absicht erfaßt, das Gute um Gottes willen zu tun, – denn nicht von Furcht vor ihm, sondern von *Liebe* zu ihm ist sie geleitet, nämlich von jener Liebe, die zugleich vollkommenes,

---

[284] A.a.O., 1. Teil, 1. Buch, 3. Hauptstück.
[285] A.a.O., 1. Teil, 1. Buch, 3. Hauptstück.
[286] A.a.O., Methodenlehre der reinen praktischen Vernunft, Beschluß.

sich ihm hingebendes Vertrauen ist. „Wer das Reich Gottes nicht empfängt wie ein Kind, der wird nicht hineinkommen." (Mk 10,15) Alle „guten" Taten helfen nichts, wenn sie aus geheimem Eigennutz begangen werden: „(...) sie verrichten zum Schein lange Gebete. Die werden ein um so härteres Urteil empfangen." (Mk 12,40) Und zeigen nicht ausdrücklich die Gleichnisse in Mt 25,14 ff. und Lk 19,11 ff, daß der Herr Taten verwirft, die sein Knecht nur aus Furcht vor seiner Strenge begeht?

Kehren wir nun zum Grundsatz Kants zurück „Du kannst, denn du sollst", und formulieren wir ihn in einer logisch äquivalenten Weise um: Wenn du sollst, kannst du auch. (Das Sollen wäre sonst ein Widerspruch in sich selbst.) Wenn es aber nun, wie gezeigt, keineswegs apodiktisch feststeht, welches der Inhalt des moralischen Sollens ist, sobald man dabei Kants Formulierung des allgemeinen Sittengesetzes zugrunde legt, andererseits aber die innere Anerkennung dieses Gesetzes nach Kants eigenen Worten ein unerklärliches Faktum, ja beinahe ein heiliges Mysterium ist; wenn es also weder apodiktisch gewiß ist, *was* man soll, noch weiter begreiflich zu machen ist, *warum* man es soll, so dürfen wir auch, bei einer solchen Fragwürdigkeit der Prämissen, die Schlußfolgerung vom Sollen auf das Können nicht als allgemein verbindlich betrachten.

Nun ist ja diese Schlußfolgerung auf das Können nichts anderes als diejenige auf die menschliche *Freiheit*. Diese ist zwar nach Kant wegen der seiner Meinung nach durchgängigen Gültigkeit des Kausalgesetzes *theoretisch* nicht beweisbar; aber *praktisch* muß sie gefordert werden, weil sonst das moralisch apodiktische Sollen als unerfüllbar seinen Sinn verlöre. Auch widerspricht die praktische Forderung zumindest nicht der theoretischen Erkenntnis, ist diese doch nach Kant nur auf den Bereich der Erscheinung beschränkt. Das Postulat der Freiheit betrifft also den Menschen nicht, soweit er der Erscheinungswelt angehört, sondern es betrifft allein seine *intelligible Natur*. Was nützt aber diese theoretische Unwiderleglichkeit, wenn die Voraussetzung des Postulates der Freiheit, nämlich die apodiktische Gewißheit des moralischen Sollens in Wahrheit gar nicht gegeben ist! Kants Moralehre schrumpft so gleichsam auf den folgenden, windigen Bedingungssatz zusammen: *WENN jemand glaubte, eine apodiktische Gewißheit in dem, was er soll, zu haben und WENN er ferner an das bloße Faktum der Vernunft glaubte, DASS er dies soll, DANN müßte er auch an seine Freiheit glauben.*

Damit ist freilich keineswegs gesagt, daß es eine solche Gewißheit überhaupt nicht gibt, sondern nur, daß es nicht Kants allgemeines Sittengesetz sein kann, das sie uns vermittelt. Ganz anders ist es, wenn dieses Sittengesetz *ausdrücklich*, und nicht nur mit wolkigen Worten wie „heilig" oder „erhaben" umschrieben, als *Wille der Gottheit* verstanden wird, zumal sich ja Kants Einwand, daß dies die Möglichkeit zerstöre, das Gute um seiner selbst willen zu tun, als hinfällig erweisen hat.[287] Wollte man aber fragen, ob nicht ein mit dem Sittengesetz

---

[287] Es ist hier von der Gottheit die Rede, soweit ihre Gebote moralischer Natur sind. Daß es, besonders im Bereiche des Mythos, auch andere göttliche Gebote gibt und wie sie sich zu den im engeren Sinne moralischen verhalten, ist im gegebenen Zusammenhang nicht Gegenstand der Betrachtung.

verbundener Glaube an die Gottheit auf einer Illusion beruhe, so wäre dem zu entgegnen, daß man dann ebenso gut Kants Faktum der Vernunft als eine Zwangsvorstellung bezeichnen könnte, wie es ja auch oft genug, z.B. in der Psychoanalyse, geschehen ist.

Versteht man das Sittengesetz als eine apodiktische Gewißheit, so kann also diese so oder so immer nur auf einem Glauben beruhen, wobei, gleichsam phänomenologisch betrachtet, der Kantische lediglich *dem Scheine nach* vom religiösen abgelöst ist. Zwar meinte er, wie gezeigt, nur mit dieser Ablösung das aufklärerische Ideal der Freiheit retten zu können, aber daß es sich bei diesem Ideal bei Licht besehen um eine Chimäre handelt, und, christlich betrachtet, die Würde des Menschen gerade nicht in ihr, sondern nur darin bestehen kann, ein Ebenbild Gottes zu sein, ist bereits im X. Kapitel, 4 ausführlich erläutert worden. Auch der Christ spricht zwar von Freiheit, aber darunter versteht er die Freiheit vom Dasein zum Tode, vom Dasein in der Sünde, von jenem Dasein, dem es nur um es selbst geht und dessen Wesen die Sorge und die Angst ist. Ich erinnere an die folgenden Paulus-Zitate: „... das Gesetz des Geistes, der lebendig macht, hat dich frei gemacht von dem Gesetz der Sünde und des Todes." (Röm 8,2) „Der Herr ist der Geist; wo aber der Geist des Herrn ist, da ist die Freiheit." (2Kor 3,17)

Bis jetzt wurde nur gezeigt, daß, allen Verschleierungen oder Selbsttäuschungen zum Trotze, das Moralische in Wahrheit nur dann mit klarer Deutlichkeit als ein *absolutes Sollen* verstanden werden kann, wenn es zugleich mit dem Glauben verbunden wird, ein Gebot der Gottheit zu sein. Doch ist damit noch nicht die Frage gelöst, worin, unter dieser einzig möglichen Bedingung, der *Inhalt* dieses Gebotes besteht. Stoßen wir nicht auch hier auf die bereits Kant vorgehaltene historische Widersprüchlichkeit und Mannigfaltigkeit moralischer Gebote?

In Beantwortung dieser Frage stütze ich mich wieder auf das VIII. Kapitel, h–j. Religiöses wie auch mythisches Denken bewegt sich ja im Gegensatz zu Kants rationalistischer Lehre von der allgemeinen und für alle Zeiten gültigen Menschenvernunft immer schon und von Grund auf in einer *historischen Dimension*. Mythisch wird der Wandel der Wirklichkeit, wie überhaupt alles Wirkliche, als ein Götter-Geschehen verstanden, während christlich die Geschichte zugleich Heilsgeschichte ist, die ein Vor und Nach der zu einem bestimmten Zeitpunkt erfolgten Erlösung unterscheidet und damit eine vollkommene Umkehrung sittlicher Wertvorstellungen einschließt. Mythisch wie christlich ist daher auch die Mannigfaltigkeit der Inhalte im Bereich des Sittlichen keineswegs notwendig ein Kennzeichen menschlicher Unfähigkeit, das wahre Gute zu erkennen oder gar Ausdruck eines epochalen, aber doch vom einzelnen *verantwortbaren* Bösen, wie Kant dies aus seinen Voraussetzungen annehmen muß, sondern sie ist die Folge numinoser Ereignisse – z.B. im Mythos das Eindringen neuer Götter in einer völlig gewandelten Lebenserfahrung[288] oder im Christentum die Wende vom numinosen Verhängnis des Sündenfalls zur Erlösung durch Gottes Sohn.

---

[288] So sind z.B. die Mythen und Götter der Jäger und Nomaden andere als die der Bauern und

Dennoch kam mit dieser Erlösung so etwas wie ein hinfort *allgemein gültiges Kriterium des Sittlichen* in die Welt, wenn auch ganz anderer Art als das Kantische. Auf die Frage „was soll ich tun?" antwortet Jesus: „Du sollst den Herrn, deinen Gott, lieben von ganzem Herzen, von ganzer Seele, von ganzem Gemüt, und von allen deinen Kräften. Das andere ist: Du sollst deinen Nächsten lieben wie dich selbst." (Mk 12,29 ff.)[289] Dies, so sagt er ausdrücklich, seien die *höchsten Gebote*, und es seien keine anderen Gebote größer. Beide hängen aufs engste miteinander zusammen, denn in der Liebe zu Gott lieben wir zugleich das von ihm Geliebte: den Menschen, der uns je als Nächster begegnet. Deswegen kann es auch verkürzt bei Paulus heißen, im Gebot, seinen Nächsten zu lieben, sei das, „was sonst an Geboten ist", in einem Wort „zusammengefaßt." (Röm 12,9)[290]

Kant hat in diesem christlichen Kriterium des Sittlichen eine Art religiöse Einkleidung seines eigenen Sittengesetzes gesehen, besage es im Kerne doch dasselbe, nämlich die Überwindung der egozentrischen Triebkräfte.[291] Eine Verwandtschaft liegt ja auch insofern vor, als im christlichen Sittengesetz wie im Kantischen eine *Gesinnungsethik* zum Ausdruck kommt: Christlich ist, wie bereits gezeigt, jede sog. gute Tat Pharisäismus, wenn sie nicht der Gottes- und Nächstenliebe entspringt, während Kant die bloß äußere Befolgung des Sittengesetzes, bei welcher der eigensüchtige Vorteil bestimmend bleibt (Lügen haben kurze Beine), zwar *legales Handeln* nennt, es aber doch als dem wahrhaft Sittlichen entgegengestellt bezeichnet.[292]

Kritisch bemerkt zwar Kant zum christlichen Sittengesetz an, es könne überhaupt kein Gebot geben, Gott oder den Nächsten zu lieben, weil Liebe nicht in der Verfügung des Menschen stehe. Die Liebe, die christlich gefordert wird, hat jedoch nichts mit jener Sympathie und Neigung zu tun, die im profanen Bereich damit verbunden wird. Mit ihr ist vielmehr vollkommen zutreffend erfaßt, daß der gebotene Wille, sich Gott hinzugeben und in diesem Geiste auch mit dem Nächsten umzugehen, zugleich von einer allgemeinen und tiefen Gestimmtheit getragen ist, die das ganze Leben des Christen auf mannigfaltige Weise durchdringt.[293] Auch die nach Kantischer Auffassung geforderte Achtung vor dem Sittengesetz ist ja von einer allgemeinen Lebensgestimmtheit begleitet, die den seiner Pflicht bewußten Menschen erfüllt.

Trotz seiner Kritik hat Kant jedoch den eigentlichen und radikalen Unterschied zwischen dem christlichen Liebesgebot und seinem Sittengesetz eher

---

ebenso unterscheiden sich diejenigen der Eisen- von denjenigen der Bronzezeit. Vgl. K. HÜBNER, Die Wahrheit des Mythos, a.a.O., Kapitel XVII,4.

[289] Vgl. auch Lk, 10, 27.
[290] Vgl. auch Gal, 5,14.
[291] Kritik der praktischen Vernunft, 1. Teil, 2. Buch, 3. Hauptstück.
[292] Der heute häufig gemachte Unterschied zwischen Gesinnungs- und Verantwortungsethik kann hier vernachlässigt werden. Entstand er doch nur aus dem aktuellen, politischen Anlaß, die Berufung auf die Gesinnung genüge, um der Verantwortung vor dem Gesetze enthoben zu sein.
[293] Vgl. das IX. Kapitel.

nur verschleiert. Denn christlich handelt es sich um ein *inhaltliches* Gebot (Gottes- und Nächstenliebe), während es bei Kant um ein rein *formales* Prinzip geht (Übereinstimmung zwischen Willensbestimmung und allgemeiner Gesetzgebung). Mit diesem Formalismus wird aber die christliche Idee der Sittlichkeit geradezu auf den Kopf gestellt. Denn einerseits klammert er die Beziehung auf Gott als etwas *Inhaltliches* aus, womit jene Freiheit vor Gott gerettet werden soll, in der das Christentum geradezu den Quell der Sünde sieht; und andererseits soll er es dem Menschen erlauben, in jedem einzelnen Fall durch rein *logische Ableitung* aus ihm, und damit ebenfalls ohne Gott und *selbständig* zu beurteilen, wie er sich moralisch zu entscheiden hat.

Während aber, wie gezeigt, dieser Versuch Kants, die einzelnen sittlichen Inhalte zu rationalisieren, an der Lebenswirklichkeit scheitert, ist es gerade diese Wirklichkeit, die wir in der sittlichen Vorstellungswelt von Mythos und Christentum wiederfinden. Denn im Mythos spiegelt sich das beständige und oft tragische Ringen des Menschen in seiner Suche nach dem schwer zu fassenden Guten, und noch Plato trug dem sokratisch Rechnung, indem er nach immer neuen Anläufen, es zu rationalisieren, zu dem Schlusse kommt, daß die Tugend nichts Lehrbares sei, sondern „denen, welche sie besitzen, ohne Zutun ihrer Vernunft, durch ein göttliches Geschick zuteil wird."[294] Und ebenso ist es für das Christentum kennzeichnend, auf das wir uns hier beschränken, daß es uns niemals trügerisch aus der Spannung entläßt, die zwischen seinem allgemeinen Gebot der Gottes- und Nächstenliebe einerseits und den jeweils aus besonderen, konkreten und historischen Lebenszusammenhängen entspringenden Einzelgeboten andererseits besteht.

Die Schwierigkeit liegt daher christlich darin, daß einerseits die Befolgung der Gebote nichts absolut Sicheres über die ihnen zugrunde liegende Gesinnung verrät, auf die ja alles ankommt[295], andererseits aber, eben weil diese Gesinnung in ihrer Gestimmtheit als Gottes- und Nächstenliebe bemüht sein muß, den menschlich komplexen Zusammenhang, um den es jeweils geht, *fühlend* und *einfühlend* zu erkennen, nur selten mit Eindeutigkeit geurteilt werden kann, was moralisch getan werden soll. Wird nicht bisweilen die Nächstenliebe, in dem vorhin erläuterten, wohl verstandenen Sinne[296], zu Schwäche und Permissivität führen, womit dem Nächsten gerade *nicht* geholfen wäre? Können

---

[294] Menon, 99 B – 100 A.

[295] Dem widerspricht es auch nicht, wenn es heißt: „Denn jeder Baum wird an seiner eigenen Frucht erkannt (…) Ein guter Mensch bringt Gutes hervor aus dem guten Schatz seines Herzens, und ein böser bringt Böses hervor aus den bösen." (Lk 6. 44f.) Es ist der notwendige Folgezusammenhang zwischen Gesinnung und Tat, auf den hier hingewiesen werden soll. Über die Person seiner Erkenntnis wird dabei nichts näheres gesagt, aber da es Jesus ist, der diese Worte spricht, kann er nur Gott als denjenigen meinen, der mit letzter Sicherheit dem Menschen ins Herz zu sehen vermag.

[296] Womit zugleich gesagt ist, daß das Bemühen, sich in eine Situation menschlich einzufühlen, keineswegs als eine bloße Frage der Begabung oder Kultiviertheit anzusehen wäre, sondern daß es von jedem gefordert werden darf und zur Grundlage sittlicher Erziehung gerechnet werden muß.

nicht bisweilen gerade Strenge und Härte von dieser Liebe zeugen? Die Beispiele für solche Schwierigkeiten sind Legion, wie auch gerade heute die heftigen Meinungsverschiedenheiten im sozialen Bereich, selbst innerhalb der Kirchen, zeigen. Wie ich daher in dem schon erwähnten, vorangegangenen Abschnitt sagte, ist m*oralischer Rigorismus der christlichen Botschaft vollkommen wesensfremd*, obgleich ihm die Kirchen im Laufe der Zeiten bis in die Gegenwart immer wieder auf oft schreckliche Weise erlegen sind.

Das ständige Ringen des Christen um das Sittliche hat Paulus deutlich zum Ausdruck gebracht, als er schrieb: „Ein jeder prüfe sein eigenes Werk" (Gal 6,4) und suche durch Erneuerung seines Sinnes, „was Gottes Wille ist." (Röm 12,2) Indem die Liebe „immer noch reicher werde an Erkenntnis und Erfahrung", könnten wir dahin gelangen, zu wissen, „was das Beste sei", damit wir „lauter und unanstößig" seien und „erfüllt mit Frucht und Gerechtigkeit durch Jesus Christus und zum Lobe Gottes." (Phil, 1,9ff.) Der Inhalt des Sittlichen ist somit zwar kein Gegenstand rationaler Verfügbarkeit, doch beruht er auf jener *Weisheit*, die sich nur einer *durch Liebe und Glauben geleiteten Erkenntnis und Erfahrung des Menschen* erschließt. „Ist denn kein Weiser unter euch", ruft Paulus aus, „der zwischen Bruder und Bruder richten könnte?" (1Kor 6,5f.)

Es ist im status corruptionis begründet, daß die Spannung zwischen der Glaubensgewißheit des christlichen Liebesgebotes und den sich daraus ergebenden Einzelgeboten niemals zu beseitigen ist. Selbst im Glauben wird der Mensch als ein Sünder vor Gott immer nur ein den rechten Weg Suchender bleiben. Selten kann er dessen absolut sicher sein, was das Gute im einzelnen ist, oder daß er es wahrhaft gewollt hat. Aber wenn er darin auch immer ein Suchender bleiben wird, so muß er doch bei all seiner Fehlbarkeit nach bestem Wissen und Gewissen, ja gegebenenfalls mit Standhaftigkeit und Entschlossenheit handeln und darf dabei auf die Gnade Gottes hoffen.[297] Kant dagegen setzt einerseits für den eindeutig verstehbaren Glauben an das Sittengesetz als Gottes Gebot ein dunkles Faktum der Vernunft, während er andererseits durch die rein formale Definition dieses Gesetzes eine *durchgehende Rationalität* behauptet und so in aufklärerischer Verblendung die tief in der Lebenswirklichkeit wurzelnden Fragwürdigkeiten sittlicher Entscheidungen vollständig verkennt.[298]

Die bisherigen Ausführungen haben sich zunächst nur mit dem Grundstein von Kants Religionsphilosophie befaßt, denn diese wollte er ja gerade nicht auf den Glauben an Gott aufbauen, wie wir gesehen haben, sondern auf den in Freiheit das Sittengesetz erkennenden Menschen. Nur er kann, wie Kant

---

[297] Es ist diese *christliche Grundhaltung*, zu der sich Luther, wenn auch im Zusammenhang der Schriftauslegung, auf dem Wormser Reichstag bekannt hat.

[298] Wohin ein auf solch angemaßter Rationalität beruhendes Wissen führt, kann man Kants „Metaphysik der Sitten" entnehmen. Als besonders absurdes Beispiel unter den dort zu findenden Tugendvorschriften und Aufzählungen verschiedener Laster sei nur Kants Einlassung erwähnt, die Selbstbefriedigung bedeute eine „Verletzung der Menschheit in der eigenen Person" und sei noch verwerflicher als Selbstmord. (Erstes Buch, 2. Abschnitt, Von der wollüstigen Selbstschändung.)

glaubt, das Gute in reiner Selbstbestimmung und daher ohne Furcht vor Gott um seiner selbst willen tun, ja überhaupt erst beurteilen, worin der göttliche Wille besteht. Nun erkennen wir zwar trotzdem schon hier das christliche Modell, das Kant vorschwebt, nämlich in dem Range des Absoluten und Göttlichen, den er dem sittlichen Gebot beimißt und in dem Vorrang, den er der Gesinnung vor der Tat gibt. Was aber nun weiter darauf folgt, entwickelt sich geradezu am Leitfaden christlicher Begriffe wie Erbsünde, Gnade, Unsterblichkeit und Gottesgericht, wenn auch in dem beständigen Versuch, sie alle im Lichte der vorangegangenen Lehre vom Sittlichen umzudeuten.

Die Erbsünde. Auch Kant sieht im Menschen, wie die christliche Lehre, einen Hang zum Bösen und eine grundlegende Verderbtheit, wodurch die moralischen „Triebfedern" den unmoralischen untergeordnet würden.[299] Anders als die christliche Lehre versteht aber Kant unter diesem Hang nicht eine unaufhebbare *Natur* des Menschen, sondern eine allgemeine Bestimmung des Willens, ein Maxime also, die nur durch *Freiheit* möglich sei.[300] Gerade deswegen sei aber auch die allgemeine Entscheidung zum Bösen genauso ein *unerklärliches Faktum* wie diejenige zum Guten.[301] Sie muß als unmittelbar, als spontan aus dem Stande der Unschuld entsprungen gedacht werden.[302] Dies sei aber nur dadurch möglich, daß Handlungen der Freiheit nicht dem Reiche der Erscheinung angehörten und damit nicht den transzendentalen Bedingungen der Zeit unterlägen, wo ja alles kausal bestimmt und erklärbar bleibt, sondern daß sie als Vorgänge im Reiche des Intelligiblen anzusehen seien.

Die *Genesis* ist nun für Kant nichts anderes als eine *Veranschaulichung* dieser transzendentalen Überlegungen. Das moralische Gesetz, das bereits vor der Entscheidung zum Bösen im Menschen beschlossen liegen muß, wird darin zum göttlichen Gebot, der nicht-zeitliche Sprung in das Böse aus dem Zustande der Unschuld stellt sich als eine zeitliche Geschichte dar: Als Sündenfall im Paradiese. Das unerklärliche und unbegreifliche Faktum dieser Entscheidung versinnbildlicht sich in einem von außen kommenden Verführer und bösen Geist, die allgemeine Bestimmung des Willens als Abfall vom Gesetz und ihre beständige Wiederholung wird zur Natur des Menschen als Erbsünde.[303]

Gnade und Unsterblichkeit. Wie ist es aber nun denkbar, daß der Mensch, obgleich dem Bösen verfallen, zum Guten zurückfindet? Wie kann sich die „Triebfeder" im Menschen plötzlich umkehren, so daß aus der vorherigen allgemeinen Bestimmung des Willens zum Bösen eine solche zum Guten wird? Dies geschieht nach Kant in der Weise einer wahren inneren Revolution und

---

[299] Der Mensch „kann nach dem, wie man ihn durch Erfahrung kennt, nicht anders beurteilt werden, oder man kann es (…) in jedem, auch dem besten Menschen, voraussetzen." Religion innerhalb der Grenzen der bloßen Vernunft, 1. Stück, III.
[300] In diesem wohlverstandenen Sinne spricht allerdings Kant kurzer Hand auch von der verderbten Natur des Menschen.
[301] Religion innerhalb, 1. Stück, Allgemeine Anmerkung.
[302] Religion innerhalb, 1. Stück, IV.
[303] Religion innerhalb, 1. Stück, IV.

Wiedergeburt: Aus dem alten wird ein neuer Mensch.[304] Aber auch dies ist ja ein Akt der Freiheit, also ein unvermittelter, intelligibler Sprung aus dem Bösen ins Gute und damit für Kant ein ebenso unerklärliches Faktum wie der Sprung aus dem Stande der Unschuld ins Böse.[305] Diese vollkommene Sinneswandlung bedeutet freilich nicht, daß der Mensch damit bereits ein Heiliger geworden wäre. Zwischen Gesinnung, gutem Willen und Tat klaffe ein „großer Zwischenraum"[306], den der Mensch nur in Stufen, und angesichts seiner tiefen Verstrickung ins Böse bei Lebzeiten überhaupt niemals vollkommen überbrücken könne. Nur Gott als „Herzenskündiger", niemals der Mensch selbst, vermöge wahrhaft zu entscheiden, wie weit ein geläuterter Lebenswandel auch einem echten Gesinnungswandel entspreche.[307]

Dennoch stellen sich hier für Kant weitere, wieder von der christlichen Lehre inspirierte Fragen: Wie kann der Mensch, bei allem guten Willen, überhaupt an einen fortgesetzten moralischen Fortschritt aus eigener Kraft glauben, wo doch „der Hang zum Bösen unvertilgbar" ist?[308] „Wie kann man (...) erwarten, daß aus so krummem Holze etwas völlig Gerades gezimmert werde?"[309] Und wie kann man je das vorangegangene Böse wieder gut machen, da man doch seine Schulden nicht dadurch tilge, daß man aufhöre, neue zu machen?[310] Kant antwortet: Wenn der Mensch das Gute zur Maxime seines Willens gemacht hat, darf er hoffen, „was nicht in seinem Vermögen ist, werde durch höhere Mitwirkung ergänzt werden."[311] Allerdings sei es „nicht wesentlich, und also nicht jedermann notwendig zu wissen, was Gott zu seiner Seligkeit tut oder getan habe" und ein solches Wissen wäre ja nach Kant auch unmöglich, da es die Grenzen menschlicher Erkenntnis überschritte; entscheidend sei nur, daß jeder wisse, „was er selbst zu tun habe, um dieses Beistandes würdig zu werden."[312]

In diesem Zusammenhang diskutiert nun Kant die christliche Gnadenlehre. Nach ihr setze die Wendung zum Guten den Glauben an die göttliche Hilfe durch Christus voraus, während nach seiner, Kants, Auffassung die göttliche

---

[304] Religion innerhalb, 1. Stück, Allg. Anmerkung. Kant spricht an anderer Stelle in diesem Zusammenhang auch biblisch vom „Absterben des alten Menschen" und der „Kreuzigung des Fleisches". 2. Stück, 1. Abschnitt, c.
[305] Religion innerhalb, 1. Stück, Allg. Anmerkung.
[306] Religion innerhalb, 1. Stück, Allg. Anmerkung.
[307] Religion innerhalb, 1. Stück, Allg. Anmerkung und 2. Stück, 1. Abschnitt, c.
[308] Religion innerhalb, 1. Stück, Allg. Anmerkung.
[309] Religion innerhalb, 3. Stück, 1. Abteilung, IV.
[310] Religion innerhalb, 2. Stück, 1. Abschnitt, c.
[311] Religion innerhalb, 1. Stück, Allg. Anmerkung.
[312] Religion innerhalb, 1. Stück, Allg. Anmerkung. Im 4. Stück, Zweiter Teil, § 2 heißt es ferner: „Die Vernunft läßt uns in Ansehung des Mangels eigener Gerechtigkeit (...) nicht ohne Trost. Sie sagt, daß, wer in einer wahrhaften, der Pflicht ergebenen Gesinnung soviel, als in seinem Vermögen steht, tut, um (...) seiner Verbindlichkeit Genüge zu leisten, hoffen dürfe, was nicht in seinem Vermögen steht, das werde von der höchsten Weisheit auf *irgendeine* Weise (...) ergänzt werden, ohne daß sie" (die Vernunft) „sich doch anmaßt, die Art zu bestimmen, und zu wissen, worin sie bestehe (...)".

Hilfe nur dem zuteil werden könne, der sich vorher in Freiheit bereits dazu entschlossen hat, hinfort sein Leben unter das Sittengesetz zu stellen. Das erste stehe nicht in jedermanns Vermögen, zumal dazu die Botschaft davon vernommen worden sein muß; das zweite aber sei der menschlichen Vernunft allgemein innewohnend. Auch behaupte die christliche Lehre dogmatisch einen transzendenten Inhalt als Gegenstand des Glaubens (Gottes Gnadentätigkeit), während der rein auf dem Sittengesetz begründete Glauben an einen göttlichen Beistand nichts anderes sei, als sich die Wendung zum Guten „begreiflich" zu machen.[313] An anderer Stelle sagt Kant sogar, es könne in praktischer, und damit „in moralischer Absicht notwendig sein", eine göttliche Hilfe in der Wende zum Guten „anzunehmen", wenn dies auch theoretisch „ein unerreichbares Geheimnis" bleibe.[314]

Bei Licht besehen, ist also die Annahme göttlicher Hilfe ein *Postulat der Gnade*, obgleich Kant es im Gegensatz zum *Postulat der Unsterblichkeit*, auf das ich jetzt zu sprechen komme, nirgends ausdrücklich so bezeichnet hat. Dieses letztere Postulat ergibt sich aber für Kant aus der *gleichen Dialektik* der praktischen Vernunft wie das erstere: Auf der einen Seite wird die absolute Befolgung des Sittengesetzes und damit auch die Freiheit gefordert, dies zu können; auf der anderen Seite besteht die Unfähigkeit des Menschen, des radikal Bösen in sich auf eine empirisch feststellbare Weise Herr zu werden. Die Lösung aus diesem Widerstreit besteht nun nach Kant darin, daß die praktische Vernunft nicht nur, wie schon bemerkt, auf eine göttliche Beihilfe hoffen muß, die im übrigen für die theoretische zwar nicht beweisbar, aber auch nicht widerlegbar ist, sondern daß sie auch darüber hinaus und mit derselben theoretischen Rechtfertigung, die stufenweise, moralische Vervollkommnung als einen unendlichen Prozeß und damit im Verlaufe eines unsterblichen Lebens postulieren muß. Diese Unsterblichkeit hat freilich mit der christlichen nichts gemein, sondern erinnert eher an den Brahmaismus. Erfordert sie doch offenbar wie dieser eine ewige Wiedergeburt unter fortgesetzten irdischen Bedingungen mit ihrem beständigen und leidvollen Kampf zwischen Pflicht und Neigung.

Gottesgericht. Doch ist schließlich auch noch dieser ewige, leidvolle Kampf Anlaß für eine weitere und nun letzte Dialektik, in die sich die praktische Vernunft verwickelt sieht. Denn einerseits wird diesem Kampf gerade der um seine moralische Vervollkommnung Ringende in besonderem Maße ausgesetzt sein, während der Mensch andererseits zugleich darum bemüht sein soll, das offenbare Mißverhältnis in der Welt aufzuheben, das zwischen dem Glück und der sittlichen Würdigkeit, es zu besitzen, besteht. Sind es nicht gerade die Schurken, die auf Kosten der anderen ein Glück genießen, das sie nicht verdienen, und sind es nicht gerade die Guten, die sich auf Grund ihrer Gesinnung oft genug darum betrogen sehen? Wie aber soll der Mensch das Glück in der Welt für diejenigen, die es verdienen, befördern helfen, wenn dies nicht nur nicht in

---

[313] Religion innerhalb, 1. Stück, Allg. Anmerkung.
[314] Religion innerhalb, 1. Stück, Allg. Anmerkung.

seiner Macht steht, sondern er sogar oft genug gerade aus sittlichen Gründen das Gegenteil davon zu tun gezwungen ist?[315] Also muß die praktische Vernunft, will sie diesen Widerstreit in sich auflösen, ein höchstes Wesen, nämlich Gott, postulieren, der für den gerechten Ausgleich zwischen dem Glück und der Würdigkeit, es zu besitzen, sorgt, mag dies auch nicht in einer empirisch feststellbaren Weise, vielleicht überhaupt erst in einem zukünftigen Leben geschehen. In gewissem Sinne heißt das für Kant dennoch, schon jetzt in „moralischer Glückseligkeit" zu leben. Denn wenn der Mensch nur erst seiner moralischen „Gesinnung fest versichert wäre," würde er darauf vertrauen können, daß ihm „,das übrige alles (was physische Glückseligkeit betrifft) zufallen werde'".[316] Es ist „ein Blick in eine *unabsehliche*, aber gewünschte und glückliche Zukunft", in eine „selige *Ewigkeit*", während der Böse einem *unabsehlichen* Elend und einer unseligen *Ewigkeit* entgegensehe.[317]

Damit ist das, was Kant unter Religion innerhalb der bloßen Vernunft und damit unter *natürlicher Religion* versteht, abgeschlossen. Nun haben wir zwar bereits bemerkt, daß sich das Christentum als *Offenbarungsreligion* grundlegend von dieser unterscheidet, aber das hatte keineswegs zur Folge, daß Kant es etwa als schlechthin vernunftswidrig verwarf; vielmehr sah er in ihm ein geradezu unerläßliches Propädeutikum für die natürliche Religion, nämlich als deren *sinnliche Veranschaulichung*.[318]

Das zeigt schon seine bereits beschriebene Deutung der Genesis, das wird aber insbesondere auch an der Art und Weise erkennbar, wie er die Gestalt des Erlösers auffaßt. In Jesus, so versteht er es, *personalisiert* sich die rein moralische *Idee des Gott wohlgefälligen Menschen*.[319] Wenn es also von Jesus heißt, um seinetwillen sei alles gemacht,[320] in ihm habe Gott die Welt geliebt[321], so finde damit nur die absolute Bedeutung des Sittlichen innerhalb der Schöpfung ihren Ausdruck; und wenn gesagt wird, Jesus unterliege nicht dem Zeitlichen, sondern sei von Ewigkeit her[322], so entspreche das der transzendentalen Vorstellung, daß der Gott wohlgefällige Mensch in seiner Freiheit nur als ein intelligibles, nicht dem Bereich der Erscheinung entspringendes Wesen begreiflich zu machen ist,

---

[315] Das klassische Beispiel ist der Befehl des Leonidas, die Thermopylen zur Rettung des Vaterlandes bis zum letzten Mann zu verteidigen, dem nicht nur die Blüte der spartanischen Jugend, sondern auch er selbst zum Opfer fiel.
[316] Religion innerhalb, 2. Stück, 1. Abschnitt, c.
[317] Ebenda.
[318] „Hier ist nun eine vollständige Religion" (das Christentum), „die allen Menschen anschaulich gemacht worden (…)" Religion innerhalb, 4. Hauptstück, 1. Abschnitt. „Man sieht leicht: daß wenn man diese lebhafte, und wahrscheinlich für ihre Zeit auch einzige populäre Vorstellungsart von ihrer mystischen Hülle entkleidet, sie (ihr Geist und Vernunftsinn) für alle Welt, für alle Zeit praktisch gültig und verbindlich gewesen (…)" Religion innerhalb, 2. Stück, 1. Abschnitt.
[319] Religion innerhalb, 2. Stück, 1. und 2. Abschnitt.
[320] Religion innerhalb, 2. Stück, 1. Abschnitt.
[321] Ebenda.
[322] Ebenda.

und so erscheine uns Jesus auch in der Tat als wie „vom Himmel zu uns herabgekommen".[323] Jesu moralische Vollkommenheit aber zeige sich darin, daß er in der restlosen Aufgabe der Selbstliebe bei der Befolgung des sittlichen Gebotes das höchste Leiden hinnahm: schmachvolle Erniedrigung und qualvoller Tod.[324] Als Verkörperung der absoluten sittlichen Idee sei er zugleich das *Ideal*[325], dem wir nacheifern sollen. In diesem Sinne habe sein Leben und Leiden eine *stellvertretende Bedeutung*, er sei *Repräsentant der Menschheit*.[326] Er lehrte im Einklang mit dem Sittengesetz den moralischen Vorrang der inneren Gesinnung vor der Tat, er forderte zur Umkehr (der Maxime) auf, zur Überwindung des alten durch den neuen Menschen und ließ im Einklang mit den Postulaten der Unsterblichkeit und des göttlichen Weltrichters den Menschen auf ein künftiges Leben hoffen, wo die des Glückes würdigen mit ewiger Seligkeit belohnt, die anderen aber bestraft werden.[327] Zwar hat Jesus, bildlich gesprochen, den alten Fürsten der Welt nicht besiegt, so daß auch der neue Mensch immer noch mit sich zu ringen hat, aber er hat seine Macht gebrochen.[328] Gestärkt und erweckt durch die sichtbare Inkarnation des Sittengesetzes im Ideal Jesus verstehe der Mensch dessen stellvertretende Heilstat als Erlösung im Sinne der Hilfe zur Selbsterlösung und als eine sowohl befreiende wie auch fortwirkende Gnade.[329]

Nun ist es zwar nach Kant theoretisch nicht unmöglich, daß Jesus in der Tat Gottes Sohn war, wenn es auch, als etwas dem intelligiblen Bereich Zugehöriges, niemals ein Gegenstand der Erkenntnis sein könnte.[330] Aber die praktische Vernunft bedürfe *in der Sache* solcher Hypostasierungen im geoffenbarten Glauben an Jesus nicht, und ihr einziger Nutzen liege in der Belebung und Bekräftigung eines sittlichen Lebens.[331] Ja, insofern sei das Christentum in einer unter den Religionen einzigartigen Weise als ein Mittel anzusehen, den Menschen in die Religion praktischer Vernunft einzuführen[332], wozu auch die historische Vertrautheit mit seiner Symbolik gehöre[333]. So sei es vor allem auch dem am Gewohnten hängenden, gemeinen Manne hilfreich und so erfülle es auch dessen verständliches Bedürfnis nach Versinnlichung und gefühlsmäßigem Erfassen. Doch komme es entscheidend darauf an, die Schrift in einer Weise auszulegen, die nicht am Buchstaben hänge, sondern stets die bezeichnete

---

[323] Ebenda.
[324] Ebenda.
[325] Ebenda.
[326] Religion innerhalb, 2. Stück, 1. Abschnitt, c.
[327] Religion innerhalb, 4. Stück, 1. Teil, 1. Abschnitt.
[328] Religion innerhalb, 2. Stück, 2. Abschnitt.
[329] Religion innerhalb, 2. Stück, 1. Abschnit, c.
[330] Der Rationalist wird „weder die innere Möglichkeit der Offenbarung überhaupt, noch die Notwendigkeit einer Offenbarung als eines göttlichen Mittels zur Introduktion der wahren Religion bestreiten." Religion innerhalb, 4. Stück, 1. Teil.
[331] Religion innerhalb, 2. Stück, 1. Abschnitt, c.
[332] Religion innerhalb, 3. Stück, 1. Abteilung, V.
[333] Religion innerhalb, 2. Stück, 2. Abteilung.

moralische Idee, die sich darin verberge, hervortreten lasse. Entsprechend seien die Predigt aus dem Geiste des göttlichen Sittengesetzes, die Taufe als Initiationsritus des neuen Menschen und das Abendmahl als Sinnbild der im neuen Geiste lebenden Gemeinschaft zu gestalten. Dereinst aber werde diese Hülle fallen, deren Grenze auch ihre zeitliche Zufälligkeit sei. Nur ein Teil der Menschheit vernehme ja die christliche Botschaft, die im übrigen auch an die Existenz einer Schrift gebunden sei, während die Religion der Vernunft notwendig in *allen* Menschen und zu allen Zeiten beschlossen liege.[334]

Löst man aber die christliche Religion von ihrem durch die praktische Vernunft bestimmten Kern ab, betrachtet man sie nicht als nur veranschaulichende Hülle, sondern als die Sache selbst, dann wird sie nach Kant zum reinen Aberglauben. Dann werde das Faktum der allgemeinen Selbstbestimmung des Menschen zum Bösen zu einer unentrinnbaren Erbschuld, und die Aufforderung zum guten Lebenswandel weiche dem Glauben, dieser sei überhaupt nur durch Gottes Gnade möglich: sei es als Voraussetzung für eigenes Bemühen oder gänzlich – in welch letzterem Falle man von einem salto mortale der Vernunft sprechen müsse, weil damit unterstellt würde, daß Gott nach reiner Willkür verfahre.[335] Entsprechend veräußerliche sich der Kult in Kirchgang, Taufe, Abendmahl und Beten zur abergläubischen Ausübung statuarischer Gesetze, mit denen man schon für sich Rechtfertigung erhoffe, ohne sich gefragt zu haben, was man von sich aus für sie tun könne. Kant faßt seine Kritik an der Offenbarungsreligion, sofern sie nicht nur als Propädeutikum der Vernunftsreligion betrachtet werde, mit den folgenden Worten zusammen: „alles was, außer dem guten Lebenswandel, der Mensch noch tun zu können vermeint, um Gott wohlgefällig zu werden, ist bloßer Religionswahn und Afterdienst Gottes."[336]

Wenden wir uns nun der Kritik an Kants Religionsphilosophie zu und beginnen wir mit Kants Deutung des radikal Bösen im Menschen. Für Kant ist es ein unerklärliches Faktum, daß der Mensch das Böse *in Freiheit* wählt. Die christliche Lehre dagegen *erklärt* es, nämlich mit einem numinosen Ereignis mythischer Urschuld. Wollte man aber diese Erklärung wegen ihres mythischen Gehaltes nicht gelten lassen, so sei auf das I. Kapitel verwiesen, demzufolge dies theoretisch gar nicht zu rechtfertigen wäre, sondern einer bloßen Meinung Ausdruck gäbe. Auch ist es folgerichtig, wenn das Christentum, von der Tiefe der Schöpfung ausgehend, den status corruptionis als ein Mysterium versteht, schließt diese doch Gottferne notwendig ein; dagegen liegt ein eigentümlicher Bruch darin, wenn Kant, in ganz anderer Weise von einer Philosophie der Vernunft ausgehend, das radikal Böse im Menschen als für die Vernunft unbegreiflich beurteilt.

---

[334] Religion innerhalb, 4. Stück, 1. Teil.
[335] Religion innerhalb, 3. Stück, 1. Abteilung, 7. Kant spricht in diesem Zusammenhang auch vom „Wahn des Himmelsgünstlings". 4. Stück, Allg. Anmerkung, 4.
[336] Religion innerhalb, 4. Stück, 2. Teil, § 2.

Wie steht es mit Kants Postulat der Gnade? Wie wir gesehen haben, sieht er sie ganz analog zum Christentum auf zweifache Art wirksam: Zum ersten so, daß sie die vor der Abwendung des Menschen vom Bösen liegende Schuld tilgt (diejenige des „alten Menschen"), denn dies könne er nicht selbst dadurch bewirken, daß er hinfort keine Schuld mehr auf sich lädt; zum zweiten aber so, daß sie dem Menschen in seinem hinfälligen Ringen, das Gute zu tun, hilfreich zur Seite steht (Ringen um einen gottgefälligen Lebenswandel). Diese Gnade macht aber Kant abhängig von einer vorangegangenen, in Freiheit erfolgten Abwendung des Menschen vom Bösen und seiner für das künftige Leben beschlossenen Befolgung des Sittengesetzes (gleichsam zur Belohnung)[337], während umgekehrt im Christentum eine solche Wendung überhaupt erst durch die göttliche Gnade und Erlösung in Christus möglich werde.

Eine theoretische Entscheidung kann es nach Kant zwischen diesen gegensätzlichen Auffassungen nicht geben, sondern diese könne nur im Rahmen praktischer Vernunft, und damit zugunsten des Vorrangs der Freiheit vor der Gnade, gefällt werden. Stellt man sich nun aber auf die Seite des Christentums und verzichtet auf Kants metaphysischen Freiheitsbegriff – nur von diesem ist ja hier die Rede –[338], der entgegen Kants Meinung weder hinreichend begründet noch für das Sittliche die unerläßliche Bedingung ist, so fragt es sich, was der Mensch gerade in praktischer Hinsicht mit diesem Verzicht verliert? Welchen Verlust könnte es für ihn bedeuten, sich ganz Gott ausgeliefert zu sehen? Ist nicht die Freiheit geradezu ein Prinzip des Daseins zum Tode, der Sorge und Weltangst, in der ihm die Bodenlosigkeit seiner Existenz bewußt wird? So nämlich, daß er sich nicht einmal das Faktum erklären kann, weshalb er sich eigentlich in dieser Freiheit zunächst, vielleicht sogar für immer, zum Bösen entschlossen hat? Ist diese Freiheit nicht so etwas wie der Abgrund seiner Existenz, aus der ihn nur die Gnade Gottes und der Glaube an sie erretten kann?[339] Oder büßt er gar mit ihrem Verlust die Würde seines Menschseins ein, an der doch selbst christlich festgehalten wird, wenn sie dort auch darin besteht, daß der Mensch ein Kind Gottes ist und das höchste der Geschöpfe *in der Schöpfung*? Auch christlich wird, wie ich schon sagte, von Freiheit gesprochen (Röm 8,2 und 2Kor 3,17), aber es ist nicht die von der Aufklärung hybride verkündete selbstherrliche Freiheit des von Gott emanzipierten, seiner selbst gewissen Menschen, sondern es ist die Freiheit von dem In-der-Welt-sein durch die göttliche Heilstat. Deren göttlicher Träger kann daher nicht als eine

---

[337] Dabei geht Kant von dem Gedanken aus, daß Gott als „Herzenskündiger" mit Hilfe der ihm eigentümlichen „intellektuellen Anschauung" dem Menschen in die Seele blickend, entscheiden kann, ob dieser sich wirklich zum Guten gewendet hat, auch wenn dies in dem empirisch feststellbaren Prozeß seines zeitlichen Lebenswandels für den Menschen niemals mit Sicherheit feststellbar ist. Religion innerhalb 2. Stück, 1. Abschnitt c.

[338] Dieser Freiheitsbegriff ist vor allem nicht zu verwechseln mit dem politischen. Der letztere hängt keineswegs notwendig mit dem ersteren zusammen, auch wenn dies nicht immer klar erkannt wird. Vgl. hierzu K. HÜBNER, Die Wahrheit des Mythos, a.a.O., XXV. Kapitel, 3.

[339] Kierkegaard spricht von der Angst und dem Schwindel, die den Menschen angesichts seiner Freiheit erfasse. Kierkegaards sämtliche Werke, Kopenhagen 1901, Bd. IV, S. 331.

bloß veranschaulichende Menschheits*idee* oder ein Menschheits*ideal* verstanden werden, wodurch etwa die trügerische Freiheit in ihrem moralischen Streben bestärkt würde, sondern wie *die Kraft der Entsühnung und Gnade etwas Wirkliches sein muß, die den Menschen aus seiner Gottferne rettet und rechtfertigt, so auch die göttliche Person, von der allein sie ausgehen kann.*

Daher genügt es nicht, wie Kant die Gnade zwar als wie etwas Unvermeidliches zu postulieren, im übrigen aber jedes nähere Wissen über sie als schwärmerisch zurückzuweisen und dem Menschen anzuraten, sein Augenmerk nur auf ihre Bedingung, nämlich die in Freiheit vollzogene Wende zum Guten zu richten; sondern es ist gerade dieses Wissen um Gnade und Erlösung im Glauben, worauf alles ankommt. Der Vorwurf der Schwärmerei aber entspringt dem Kantischen Vorurteil, daß nur die in seiner Kategorienlehre entwickelte Ontologie Anspruch auf Geltung habe, nicht aber diejenige des mythischen und durch Offenbarung bestimmten Denkens, in deren Rahmen allein die christliche Gnade und Erlösung vorgestellt werden kann. Was schließlich Kants Einlassung betrifft, der christliche Vorrang der Gnade vor der Freiheit führe unausweichlich zu einem salto mortale der Vernunft, so sei auf das dazu bereits im X. Kapitel Gesagte verwiesen. Denn dort wurde zum einen gezeigt, daß, christlich gesehen, die Würde des Menschen gerade nicht in seiner Freiheit, sondern in seiner Geschöpflichkeit und Ebenbildlichkeit Gottes besteht, zum anderen aber seine damit notwendig zusammenhängende Prädestination ebenso ein göttliches, undurchdringliches Mysterium ist wie die unbestreitbare, vollständige Geworfenheit des Menschen in sein Sosein, ja schließlich, wie die Schöpfung selbst.

Betrachten wir jetzt noch Kants Postulat der Unsterblichkeit und des Gottesgerichts, wobei wir uns kurz fassen können. Das Postulat der Unsterblichkeit fußt darauf, daß der Mensch sein durch das Sittengesetz gefordertes Bestreben nach moralischer Vervollkommnung wegen seiner Schwäche und Fehlbarkeit nur in einem unendlichen Prozeß erfüllen kann. Das in unendlicher Ferne Liegende ist aber gerade praktisch das nie Erreichbare.[340] Daher ist auch die von Kant behauptete, vorweggenommene „moralische Glückseligkeit" des auf die Erreichung dieses Ziels in seinem moralischen Fortschritt hoffenden Menschen absurd, während die christliche Hoffnung auf das ewige Leben zwar nicht geteilt werden muß, in sich aber in einem logischen Zusammenhang mit der Heilsgeschichte steht. – Was nun Kants Postulat des Gottesgerichts betrifft, so hat es für die Lebenden keine Bedeutung, da die gerechte Proportionalität zwischen Glück und sittlicher Glückswürdigkeit für sie niemals empirisch feststellbar sein kann, ja eher beständig falsifiziert wird, so daß sie überhaupt nur in

---

[340] Aus Nachschriften von Kants Vorlesungen über Rationale Psychologie wissen wir zwar, daß er sich ausführlich über das Leben nach dem Tode geäußert hat, doch handelt es sich hierbei um Spekulationen, die er zwar nicht als im Gegensatz zu seiner veröffentlichten Metaphysik stehend betrachtete, die er aber doch als unverbindlich ansah. Sie können uns daher hier nicht beschäftigen. Vgl. hierzu das Buch von G. FLORSCHÜTZ, „Swedenborgs verborgene Wirkung auf Kant", Würzburg 1992.

the long run, also nur in einem späteren Leben erkennbar werden könnte. Das aber bedeutet, daß das Postulat des Gottesgerichts das bereits zurückgewiesene Postulat der Unsterblichkeit voraussetzt. Die christliche Lehre vom Gottesgericht anerkennt dagegen, daß es im Bereiche der empirischen Welt niemals die gesuchte Proportionalität geben kann und daß diese nur in einem ewigen Leben möglich ist, wo alle Bedingungen dieser Welt ausgelöscht sind.

Ob wir also Kants formales Sittengesetz gegen das inhaltlich bestimmte Gebot der Gottes- und Nächstenliebe setzen, die kantischen Begriffe des radikal Bösen und der Gnade gegen die christlichen, die kantischen Postulate von der Unsterblichkeit und vom Gottesgericht gegen das christliche ewige Leben und das Weltgericht – in allen Punkten hat sich Kants moralische Vernunftreligion der christlichen Offenbarung als unterlegen erwiesen. Diese Offenbarung ist daher nichts weniger als eine bloße Veranschaulichung der Vernunftreligion, die Vernunftreligion dagegen nur ihre mißglückte Umdeutung. Zwar ist es zutreffend, daß das gegenüber dem Kantischen abstrakten Begriffsformalismus anschauliche Element des Christentums immer wieder zu seiner Veräußerlichung, mit Kant zu reden zu „Religionswahn und Afterdienst Gottes" im Kult, in Taufe und Abendmahl usw. geführt hat, aber mit der Offenbarung selbst hat das nichts zu tun. Zum einen, weil sie nicht minder als Kant allen Wert auf die innere Gesinnung legt, zum andern, weil gerade in dieser Anschaulichkeit der Schlüssel zu jenen mythisch-religiösen Erfahrungen liegt, deren Rechtfertigung Kant entgeht, weil er sich ausschließlich auf eine metaphysische Ontologie stützt. (Vgl. hierzu das I. Kapitel)

Abschließend sei noch kurz auf Kants Diskussion aller möglichen *theoretischen* Gottesbeweise eingegangen, womit er ja zugleich den Weg für das Postulat der *praktischen* Vernunft vom Dasein Gottes freimachte. Man kann die Existenz Gottes, sagt Kant, erstens aus seinem bloßen Begriff als einem unendlichen Wesen zu beweisen suchen (ontologischer Beweis), zweitens aus der Rückführung aller Dinge auf eine letzte Ursache (kosmologischer Beweis) und drittens aus der wunderbaren Ordnung in der Natur (physikotheologischer Beweis). Zum ersten bemerkt Kant, daß aus dem Begriff einer Sache niemals deren Existenz folge; zum zweiten, daß die Kette der Ursachen entweder eine unendliche ist, so daß man niemals zu einer letzten gelangt, oder eine endliche, dann aber diese letzte Ursache wieder nur als ein Wesen zu denken ist, dessen Existenz notwendig aus ihm selbst entspringt, also aus seinem Begriffe folge. (Rückführung des kosmologischen auf den ontologischen Beweis.); zum dritten, daß einerseits die Ordnung in der Natur nicht so vollkommen sei, um den Schluß auf ein absolut vollkommenes Wesen zu rechtfertigen, andererseits aber doch jedenfalls auf eine göttliche Ursache zurückzuführen wäre, womit man wieder zunächst beim zweiten und folgerichtig dann beim ersten Beweis anlange (Rückführung des physikotheologischen auf den kosmologischen und schließlich ontologischen Beweis).

Diese Kritik Kants ist zutreffend; ob er allerdings mit den von ihm aufgezählten drei Typen von rationalen Gottesbeweisen erschöpfend und vollständig alle möglichen überhaupt getroffen hat, braucht hier nicht diskutiert zu werden. Kann man doch allgemein die fundamentale Untauglichkeit von Beweisen für die Existenz Gottes nachweisen, die mit den Mitteln der Metaphysik erbracht werden. Jeder dieser Beweise beruht ja notwendiger Weise auf einer bestimmten Ontologie. Z.B. der ontologische auf einer Ontologie des Begriffs, der kosmologische auf einer Ontologie der Kausalität und der physikotheologische auf dem einen wie dem andern. Wie im I. Kapitel gezeigt, sind aber Ontologien Erzeugnisse des Denkens und haben daher nur eine *hypothetische Geltung*; sie sind in Wahrheit hinsichtlich ihrer Geltung theoretische Aussagen wie irgendwelche andere auch und können akzeptiert oder abgelehnt werden. Insofern haben auf ihnen aufbauende Gottesbeweise auch nicht mehr oder weniger Gewicht als jene Beweise, welche die Existenz Gottes gerade zu widerlegen suchen. Für die Beantwortung der Frage nach Gott, mit der die gesamte Existenz des Menschen, nämlich sein grundlegendes Verhältnis zum In-der-Welt-sein auf dem Spiele steht, sind sie also insgesamt bedeutungslos. Die Beziehung zu Gott kann nur von Gott selbst ausgehen, und daher beruht sie auf seiner Offenbarung oder sie findet in Wahrheit überhaupt nicht statt. In einer solchen Offenbarung des Absoluten versinken aber alle subjektiven, hypothetischen und erdachten Bedingungen, unter denen das Denken hybride versuchen mag, sich Gottes zu vergewissern, und im Menschen ereignet sich *reine Empfängnis*. Die in rationalen Gottesbeweisen liegende Hybris verschüttet daher den Weg zu Gott, der doch gerade gesucht wird und verdrängt das der Metaphysik entgegengesetzte Offenbarungsdenken. So ist jeder Versuch, Gott vor der menschlichen Vernunft zu legitimieren und sich so über ihn eine, freilich trügerische, rationale Verfügbarkeit zu verschaffen, geradezu kennzeichnend für jenes besorgende Dasein, dem es nach Heidegger nur um es selbst geht, und das, christlich gesprochen, eben deswegen im Zustand der Sünde ist. Wer aber Zweifel an der grundsätzlichen Möglichkeit des Offenbarungsdenkens hat, der sei noch einmal an das Zweite Toleranzprinzip verwiesen (Vgl. das I. Kapitel): Ihm können wir entnehmen, daß ein solcher Zweifel schon das metaphysische Denken voraussetzt, ohne daß dieses eine absolute Geltung für sich in Anspruch nehmen könnte.

Hegel freilich würde dem in jedem Punkte widersprechen, ja man kann sagen, daß die der abendländischen Metaphysik zugrunde liegende Hybris nirgends eindeutiger, selbstbewußter und umfassender in Erscheinung getreten ist als bei ihm. So betrachtet darf er sich in der Tat als deren Vollender verstehen. Aber eben deswegen liegt auch die fundamentale Schwäche des metaphysischen Denkens nirgends klarer zutage als gerade bei ihm, an dem sich die Härte des hier im I. Kapitel Gesagten erweisen soll.

3. Hegels Religionsphilosophie

Wie für Kant ist auch für Hegel die Religionsphilosophie das eigentliche Zentrum seiner Metaphysik. „Der Philosophie ist der Vorwurf gemacht worden," schreibt er, „sie stelle sich *über die Religion*: Dies ist aber schon dem

Faktum nach falsch, denn sie hat *nur diesen* und keinen anderen Inhalt, aber sie gibt ihn in der Form des Denkens, sie stellt sich so nur über die *Form des Glaubens*, der Inhalt ist derselbe." „Das Denken ist der absolute Richter, vor dem der Inhalt sich bewähren und beglaubigen soll."[341] Wie freilich Hegel dies im einzelnen versteht, das ist von Kant vollständig verschieden.

Man muß bei Hegel die Religionsphilosophie im engeren von der im weiteren Sinne unterscheiden. Im weiteren Sinne umfaßt sie sein ganzes System: die Wissenschaft der Logik, die gleichsam die Gedanken Gottes vor der Schöpfung denkt, ferner die Naturphilosophie, die Philosophie des Geistes und der Geschichte, in denen die stufenweise Verwirklichung und Entfaltung von Gottes Geist in der Schöpfung als ein denknotwendiger Prozeß entwickelt wird mit dem Ziel, in der Philosophie als Erkenntnis der Einheit von Gott und Welt und als vollendete Selbsterkenntnis Gottes zum Anfang wieder zurückzukehren. Hegels Religionsphilosophie im engeren Sinne besteht dagegen darin, dieses umgreifende System zusammenfassend als ein im Denken endgültig bewältigtes und gerechtfertigtes Christentum erscheinen zu lassen. Ich kann mich daher im folgenden auf sie beschränken, zumal in ihr ja auch die Quintessenz des Hegelschen Denkens hervortritt. Denn dieses ist in einem unvergleichlich radikalen Sinne theologiké epistémé. Dennoch werde ich zum besseren Verständnis die folgende Darstellung seiner Religionsphilosophie im engeren Sinne – nunmehr kurz „Religionsphilosophie" genannt – da und dort durch jene Teile seines Systems ergänzen, die in ihr vorausgesetzt werden.

Gott ist für Hegel die *ewige Idee*, die ewige Idee ist für ihn Gott. Was ist darunter zu verstehen? Gott als das Absolute, Unbedingte und Unendliche ist Geist, denn nur im Geiste ist das Unbedingte und Unendliche faßbar. Aber der Geist ist Denken, und Denken ist eine fortlaufende Bewegung im Urteilen und Unterscheiden. Gott denkt sich jedoch selbst, denn gäbe es etwas anderes als er selbst, das er dächte, so wäre er kein absolutes Wesen, denn das andere verhielte sich zu ihm als eine Grenze.

Nun ist zwar alles Urteilen und Unterscheiden im Denken die Herstellung von Beziehungen zwischen einem und einem anderen. Dies zeigt schon die fundamentale Urteilsform, in der ein Subjekt als dem einen, mit einem Prädikat als dem anderen verbunden wird, und insofern ist Denken für Hegel ein Ur-Teilen, das dann wieder diese ursprüngliche Trennung in eine Beziehung verwandelt. Aber indem Gott sich selbst denkt, setzt er doch alles Unterscheiden und Urteilen in sich selbst, sein Denken ist daher nichts anderes als die Entfaltung seines eigenen, unendlichen Inhalts. Es ist ein Ur-Teilen, worin das Ur-Geteilte am Ende wieder zur Versöhnung gelangt und in Gottes Identität verwandelt wird. Die Philosophie aber ist der Nachvollzug dieses sich selbst denkenden Denkens Gottes.

---

[341] G.W.F. HEGEL, Vorlesungen über die Philosophie der Religion, Hrsg.: H. GLOCKNER, Stuttgart 1959, Bd. 16, S. 353. Auch alle weiteren Zitate sind dieser Ausgabe entnommen. – Da Hegel hier nicht in philosophiegeschichtlicher, sondern systematischer Absicht zitiert wird, bediene ich mich dabei wegen der leichteren Lesbarkeit der heute gewohnten Rechtschreibung.

Verfolgen wir zur besseren Verdeutlichung die ersten Schritte dieses Nachvollzugs, die in Hegels „Wissenschaft der Logik" ausgeführt sind und uns zugleich als Modell für dessen weiteren Verlauf dienen können. Der Ausgangspunkt ist das *reine Sein*, da alles bestimmte Sein immer schon etwas Abgeleitetes und damit Vermitteltes wäre. Nur das reine Sein ist das gänzlich Unbestimmte. „Es liegt also *in der Natur des Anfangs selbst*", schreibt Hegel, „daß er das Sein sei, und sonst nichts. Es bedarf daher keiner sonstigen Vorbereitungen, um in die Philosophie hineinzukommen, noch anderweitiger Reflexionen und Anknüpfungspunkte."[342] Aber das Denken des reinen Seins ist zugleich, als das Denken des absolut Unbestimmten, das Denken des *Nichts*. Daraus zieht Hegel den folgenden Schluß: „Was die Wahrheit ist, ist weder das Sein, noch das Nichts, sondern daß das Sein in Nichts, und das Nichts in Sein (...) übergegangen ist (...) Ihre Wahrheit ist also diese *Bewegung* des unmittelbaren Verschwindens des einen in dem anderen."[343] Das aber ist nach Hegel das *Werden*, das sowohl ein Vergehen (Übergang von Sein ins Nichts) wie ein Entstehen ist (Übergang vom Nichts in Sein).

In einer solchen dialektischen Weise fortfahrend wird nun der *kategoriale Aufbau* der Wirklichkeit gewonnen, wobei teilweise die Analogie zu Kants Kategorientafel erkennbar ist. Zunächst schreitet das Denken fort zum *Dasein*, das ja in der Dimension des Werdens, des Entstehens und Vergehens angesiedelt ist, um dann zu den Grundbegriffen „*Qualität*", „*Quantität*" und das „*Maß*" überzugehen. Alle diese Stufen werden nun ihrerseits wieder reflektiert, so daß sie als das *Wesen* und der *Grund aller Erscheinung und Wirklichkeit* erkennbar werden (gleichsam deren allgemeinstes Baugerüst). Schließlich erkennt das Denken auf einer noch höheren Stufe der Selbstreflexion, daß das Mittel, in dem alles Bisherige gedacht wurde, der *Begriff* ist. Dieser steht zwar zunächst dem zu Begreifenden als seinem *Objekt* gegenüber, aber auch diese letzte Trennung muß im Denken aufgehoben werden: Das Begreifen ist erst dann *vollendet*, wenn das Begriffene, als Objekt, ganz *im Begriffe aufgelöst* und von ihm erhellt ist. Dies aber geschieht, indem der gesamte Inhalt von Welt und Wirklichkeit dem Geiste nicht mehr als ein Fremdes gegenübersteht, sondern mit ihm als ein Identisches versöhnt wird. *Und diese Identität von Geist und Wirklichkeit ist es nun, was unter der ewigen Idee und Gott zu verstehen ist.*

Doch ist damit zunächst nur der *Grundgedanke der Idee* erfaßt, sie ist hier nur als *reine*, und insofern *abstrakte Idee* erkannt. Diese reine und abstrakte Idee bezeichnet Hegel religionsphilosophisch als das *Reich des Vaters*. Gott ist hier noch ganz in seinem An-sich-Sein beschlossen, es handelt sich um seine Gedanken vor der Schöpfung, man könnte auch sagen, hier ist zunächst deren Entwurf und Konzept vorhanden. Aber nur indem die Idee aus diesem ihren abstrakten An-sich-Sein *heraustritt*, kann sie überhaupt dieses ihr noch abstrakte An-sich Sein als ein solches erfassen. Sich als abstraktes An-sich-Sein verstehen, und sich dessen bewußt werden, heißt also nach Hegel zugleich, über diesen

---

[342] G.W.F. HEGEL, Wissenschaft der Logik, Bd. 4, S. 76 f.

Zustand hinausgehen und sich damit seiner zu *entäußern*. Die Idee muß auch Wirklichkeit werden, sie muß „Gestalt" annehmen, und wie sie in ihrer Abstraktheit nur das *Allgemeine* ist, so erscheint sie nun in dieser Gestaltannahme als die *Besonderung*. Die allgemeine Idee entäußert sich in die partikulare, aus Individuen bestehende Welt der Natur. Diese ist, als die Sphäre der Mannigfaltigkeit des Besonderen, zunächst geistlos, denn der Geist besteht ja darin, im Besonderen das allgemein Gültige zu erkennen. Die ewige Idee kann also als solche nur im Widerspruch gegen das zunächst Geistlose, welches die Natur ist, begriffen werden. Dieses denknotwendige Heraustreten der abstrakten Idee in die Wirklichkeit der Natur ist für Hegel die *Wahrheit der Schöpfung*. Die Schöpfung ist demnach nicht ein einmaliger, gar zeitlicher Akt, sondern die ewige Art, wie sich die ewige Idee durch ihre notwendige Entäußerung und Verwirklichung ihrer selbst bewußt wird.[344]

Es ist diese Methode des notwendigen und dialektischen Denkens, durch die nun in der *Naturphilosophie* die Natur als ein System immer höherer Stufen erscheint, wobei zunächst die erste, eben diejenige der geistlosen Materie, zu derjenigen des Zweckmäßigen, Organischen und Lebendigen, und diese schließlich zum Geiste hinführt, dessen Träger der Mensch als die höchste Form des Organischen ist. Im Geiste des Menschen tritt in Erscheinung, daß auch die Natur in Wahrheit Geist und ein Spiegel Gottes ist.[345] Damit ist die Schöpfung vollendet, die Hegel religionsphilosophisch als *das Reich des Sohnes* bezeichnet.[346]

Es folgt nun die *Philosophie des menschlichen Geistes*, die wieder dialektisch die ihm innewohnenden drei Stufen der *äußeren Anschauung*, der *inneren Vorstellung* und schließlich des *begrifflichen Denkens* durchläuft. Dieser fortschreitende Prozeß vollzieht sich aber in der *Dimension der Zeit*, die nach Hegel mit der Schöpfung mitgesetzt ist, und damit in der *Geschichte*.[347] Auf der ersten Stufe, derjenigen der äußeren Anschauung, wird die Idee zunächst in der *Kunst* erfaßt, wie es in der Antike der Fall war; auf der zweiten wird sie innerlich vorgestellt in der Gestalt des Vaters und des Sohnes, wie dies unter allen *Religio-*

---

[343] A.a.O., S. 88f.
[344] „Aber Gott ist als Geist wesentlich dies sich Offenbaren, er erschafft nicht ein Mal die Welt, sondern ist der ewige Schöpfer, dies ewige sich Offenbaren, dieser Aktus." „Der Geist ist dies, sich selbst zu erscheinen, dies ist seine Tat und seine Lebendigkeit, es ist seine *einzige Tat* und *er selbst ist* nur *seine Tat*." Vorlesungen über die Philosophie der Religion, Bd. 16, S. 198.
[345] A.a.O., S. 209. „Gott schaut in dem Unterschiedenen sich an, ist in seinem Anschaun nur mit sich selbst verbunden, ist darin nur bei sich selbst, nur mit sich selbst zusammengeschlossen, er schaut *sich* in seinem anderen an." A.a.O., 233.
[346] „Wir haben überhaupt die Idee zu betrachten als *göttliche Selbstoffenbarung* und diese Offenbarung" ist in verschiedenen Stufen bestimmt. „Auf *der* ersten ist Gott (…) gedacht (…) unmittelbar bei sich selbst", wo er „noch nicht zur Äußerlichkeit kommt (…) Dies ist das Reich des Vaters. – Die *zweite* Bestimmung ist das *Reich des Sohnes*, worin Gott (…) aus der reinen Idealität des Denkens" „in die Vorstellung" hinübergetreten ist. A.a.O., S. 221f.
[347] „(…) indem das Göttliche in dieser Geschichte hervortritt, so wird sie göttliche Geschichte, die Geschichte der Manifestation Gottes selbst." A.a.O., S. 222.

nen nur das Christentum vermocht hat; aber erst auf der dritten und höchsten, nämlich der *Metaphysik*, wird die ewige Idee endgültig begriffen als das, was sie wahrhaft ist, nämlich das sich selbst denkende Denken Gottes, in dem die Schöpfung entspringt und wieder zur Identität mit ihm zurückführt. In dieser Metaphysik erkennt der Mensch Gott, aber gleichzeitig wird sich in ihr Gott selbst endgültig offenbar. Es ist die göttliche Vernunft selbst, die so im Menschen, dem Ebenbilde Gottes, denkt. Aus dem abstrakten An-sich-Sein Gottes, wie es die Logik zeigt, und aus dem ebenso nur abstrakten Für-sich-Sein der zunächst von Gott getrennten Welt, ist so das *An-und-für-sich-Sein* Gottes geworden.[348] Doch ist die *absolute Notwendigkeit*, mit der dies geschieht, zugleich die *absolute Freiheit*. Denn die absolute Notwendigkeit, welche diejenige der absoluten Vernunft ist, nämlich jener, in der sich alles restlos im Begriffe aufgelöst hat, ist zugleich diejenige der absoluten, durch nichts mehr getrübten *Einsicht*. In ihr ist die Vernunft vollkommen bei sich selbst und damit ohne jeden äußeren Zwang, also frei. Die Welt aber, die sich so im Zustande der absoluten Versöhnung mit Gott befindet, nennt Hegel religionsphilosophisch diejenige des *Heiligen Geistes*. In ihm sind das Reich des Vaters und des Sohnes miteinander vereint, zeigt sich Gott in seiner *Dreifaltigkeit*.

Allerdings bewegt sich nach Hegel die Religion, wenn sie von der Dreifaltigkeit spricht, noch im Bereiche der *Vorstellung*, nicht schon des Denkens.[349] In der Religion ist der Inhalt Gottes zunächst nur ein Vor-Gestelltes, ein dem subjektiven Vorstellen objektiv Gegenüberstehendes, Gegen-Ständliches, also eben noch nicht vollständig im Geiste Erfaßtes und Vermitteltes, der solche Fremdheit schließlich ganz im Begreifen auflöst. Verglichen mit dem Erfassen der ewigen Idee in ihrer denknotwendigen Entfaltung und Entäußerung ist für Hegel die Dreieinigkeit ein „kindliches Verhältnis, eine kindliche, natürliche Form."[350] Die christliche Religion erscheint so als das noch naive Bewußtsein der ewigen Idee, und wir müssen uns nun fragen, wie sie sich unter einer solchen Auffassung im einzelnen darstellt.

Beginnen wir mit dem *Sündenfall*, von dem sie ja ihren Ausgang nimmt. Wenn mit dem Essen vom Baum der Erkenntnis das Böse in die Welt gekommen ist, so deutet das Hegel so, daß zunächst mit dem Bewußtsein als Denken der Unterschied gesetzt wird zwischen dem Allgemeinen des Begriffs und dem Besonderen der natürlichen Erscheinung, zwischen Geist und Sinnlichkeit. Der Mensch spaltet sich damit in den das Allgemeine erfassenden Geist und den seiner Vereinzelung, seinem Ego entspringenden Trieb. Als geistiges Wesen versteht er, daß er nicht nur ein natürliches ist und sein darf, und so erscheint

---

[348] „Die Wahrheit der Welt ist nur (...) ein *Ideelles*, (...) nicht ein Ewiges an sich selbst, sondern ein Erschaffenes, ihr Sein ist ein *gesetztes*. – Das Sein der Welt ist (...) zurückzukehren in ihren Ursprung, in das Verhältnis des Geistes (...) zu treten." A.a.O., S. 250.

[349] In der Religion, also im Bereiche der Vorstellung, wird die Dreifaltigkeit als *Dogma* aufgefaßt, was nichts anderes heißt, als daß sie noch nicht im Denken endgültig vermittelt, noch nicht vollends begriffen ist. A.a.O., S. 228.

[350] A.a.O., S. 240.

ihm nun das bloß sinnliche Für-sich-Sein und sein vernunftloser Willen als das Böse, das in den vernünftigen, das Allgemeine von Gesetzen des Geistes fordernden Willen (Recht, Sitte, Moral) verwandelt werden soll. Mit dem Aufgehen des erkennenden Bewußtseins ist daher einerseits das Böse als das Vernunftlose und damit der Abfall von Gott als absolute Vernunft gesetzt; aber ebenso liegt darin die Aufgabe des Menschen, diese Trennung zu überwinden. In diesem Sinne *repräsentiert nach Hegel Adam die Menschheit*, für die das Böse in Wahrheit nicht ein unbegreifliches Faktum, sondern *integraler Bestandteil* ihres Bewußtseins und damit der Arbeit ihrer Geistwerdung ist. *Der Eintritt des Bösen in die Welt ist die notwendige Voraussetzung für die Geistwerdung des Menschen.* In diesem Sinne steht für Hegel „die Arbeit im Schweiße des Angesichts", wie sie in der Bibel als Strafe für die Sünde gefordert wird, mit der Erkenntnis des Guten und Bösen „in unmittelbarem Zusammenhang."[351] „*Der Mensch als solcher ist Bewußtsein*", lesen wir in der Religionsphilosophie, „eben damit tritt er in diese Entzweiung – das Bewußtsein, das in seiner weiteren Bestimmung Erkennen ist."[352]

Wie stellt sich nun im Lichte der Hegelschen Philosophie die *Erlösung aus der Sünde durch Christus* dar? Die ewige Idee als Versöhnung von Gott und Welt darf nicht nur metaphysisch im Gedanken erfaßt und vollzogen werden. Sie bliebe sonst etwas Abstraktes, das zwar einen Teil des menschlichen Geistes, ihn aber nicht in seiner konkreten Totalität erfaßte, zu der neben dem Denken auch Anschauung, Vorstellung und Empfindung gehören. Der Geist darf also nicht in dem Sinne mißverstanden werden, daß er diese „niederen Vermögen" vernichte; sondern wie das Allgemeine leer ist ohne das Besondere und sogar ohne dieses als sein Gegenteil *in seiner Allgemeinheit* auch gar nicht erfaßt werden kann, so darf auch die Idee in der allgemein zugänglichen und „naiven" Weise der Vorstellung nicht als etwas im Grunde Überflüssiges, Verzichtbares betrachtet werden, sondern solches Vorstellen, wie es die Religion bietet, ist ebenso ein *konstitutives Element* der ewigen Idee wie überhaupt alles Endliche, worin sie sich entläßt. Der absolute Geist ist zwar reines Denken, aber dieses setzt notwendig in sich auch den Unterschied des Endlichen, Natürlichen, Sinnlichen, Anschaulichen und Vorstellens, und nur dadurch wir aus seiner bloßen Abstraktheit jene alles umfassende, *konkreten Totalität*, deren Inhalt die ganze Unendlichkeit der Welt ist. Die Religion ist also auch für das metaphysische Denken unverzichtbar, eine Stufe hierzu, gewiß, aber eben eine solche inniger Empfindung, der sich auch der Philosoph hingeben kann und hingeben soll, ohne etwas von seinem Selbstverständnis zu verlieren. Vor allem aber: Nur so kann die ewige Idee zur Gewißheit *aller* und damit die *allgemeine Bestimmung der Menschheit*, Gottes Geist in Erscheinung treten zu lassen, erfüllt werden.[353] Die

---

[351] A.a.O., S. 267.
[352] A.a.O., S. 266.
[353] „Das Bewußtsein der absoluten Idee, die wir im Denken haben, soll also nicht nur für den Standpunkt philosophischer Spekulation (…) hervorgebracht werden, sondern in der Form der *Gewißheit* für die Menschen überhaupt; nicht daß sie es denken, die Notwendigkeit dieser Idee

Religion als vor-gestellte Idee ist daher selbst ein konstitutives Element der Idee, ist eine notwendige Weise ihrer *Erscheinung* und hat darin ihre Wahrheit und ihre Wirklichkeit.[354]

In diesem Sinne wird die ewige Idee im Christentum *unmittelbarer Gegenstand des Bewußtseins und jener unverzichtbaren Gewißheit*, die im Sinnlichen wurzelt. Das Christentum zeigt die ewige Idee in ihrer *Personifikation*, und da diese Idee nur *eine* ist, so kann die Personifikation von ihr auch nur in einem und einzelnen hervortreten: *Durch Christus ist die Einheit der göttlichen und menschlichen Natur dem Menschen zum Bewußtsein, zur sinnlichen Gewißheit geworden.*[355] Darin liegt nach Hegel „der schönste Punkt der christlichen Religion und die absolute Verklärung der Endlichkeit ist in ihr zur Anschauung gebracht."[356] Wie die absolute Idee sich in die Endlichkeit entäußert, so entäußert sich der ewige Vater in seinen sterblichen Sohn. Der Tod, ja der schlimmste und schändlichste, „ist der höchste Beweis seiner Menschlichkeit."[357] Und wie die Endlichkeit in der ewigen Idee verklärt ist, weil sie sich schließlich als ein integrales Element ihrer Selbstwerdung erweist, so steht der Menschengott vom Tode wieder auf. In seinem Tod wird der Tod aufgehoben.[358] Christi Tod ist so die zur Anschauung gewordene Versöhnung Gottes mit der Welt. Diese hat aber ihre letzte Tiefe darin, daß Christus als Gottes Sohn mit dem ihm Fremden, die Sterblichkeit, auch das der Menschheit in der gezeigten Weise notwendig innewohnende Böse auf sich nimmt. *In Christus wird also nicht nur die Verklärung der Menschheit angeschaut, sondern auch ihre Entsühnung und Rechtfertigung.* Und schließlich wird damit die im Geiste vermittelte Versöhnung der Idee mit der Welt unmit-

---

einsehen und erkennen, sondern darum ist es zu tun, daß sie ihnen gewiß wird (...), daß sie für sie die Form *unmittelbarer sinnlicher Anschauung, äußerlichen Daseins* erhalte, kurz, daß diese Idee als in der Welt *gesehen* und *erfahren* erscheine. A.a.O., S. 282.

[354] „Der Glaube drückt die Innerlichkeit der Gewißheit aus, und zwar die tiefste, konzentrierteste, (...) jene Innerlichkeit aber enthält als die tiefste zugleich unmittelbar die abstrakteste, das Denken selbst." A.a.O., S. 362. „Insofern muß die Religion auch gefühlt werden, doch kommt es auf „die Bestimmtheit an, welche das Gefühl hat (...)", auf das sich ja schließlich alle Religionen, selbst die falschesten, berufen. Diese seine Bestimmtheit aber ist das, „was *Inhalt* des Bewußtseins ist, was aber (...) Gedanke heißt." A.a.O., S. 386.

[355] So muß sich die Einheit der Idee „in ganz zeitlicher, vollkommen gemeiner Erscheinung der Wirklichkeit, in einem *diesen* Menschen für das Bewußtsein zeigen, in einem *Diesen*, der zugleich gewußt werde (...) als die absolute Idee, als Gottessohn." A.a.O., S. 283.

[356] A.a.O., S. 285.

[357] A.a.O., S. 298

[358] A.a.O., S. 227. Nur wenn die geistige Bedeutung des Wunders der Auferstehung erfaßt ist, kann es als Zeugnis für den Glauben gelten. Als ein rein äußerliches Ereignis wäre es wertlos, der darin liegende Geist, die darin anschaulich werdende Vernunft, auf die es alleine ankommt, würden dabei nicht erfaßt. (A.a.O., S. 201) Das ist nach Hegel auch der Grund, warum sich Christus nach der Auferstehung nur seinen Freunden und nicht aller Welt zeigte. Hätte er das getan, so hätte man ihn zwar für einen Gott gehalten, aber die geistige Botschaft, die darin liegt, die Versöhnung Gottes mit der Welt nämlich, hätte man nicht nur nicht verstanden, sondern sie wäre durch ein solches, alles niederschlagendes Ereignis gerade verdunkelt worden. Daher sagt Hegel: Die Auferstehung „ist nicht äußerliche Geschichte für den Unglauben, sondern für den Glauben." (A.a.O., S. 300) Vgl. hierzu Kapitel XII, 5.

telbar als Heiliger Geist und *die Liebe Gottes* zur Welt erfaßt. „In der Weise der Empfindung ausgedrückt (...) Der Heilige Geist ist die ewige Liebe."[359]
Wie Hegel hier das Denken im Sinnlichen, das Sinnliche im Denken aufweist, zeigt die folgende Stelle aus seiner Religionsphilosophie: „Denn die Liebe ist ein Unterscheiden zweier, die doch füreinander schlechthin nicht unterschieden sind. Das Gefühl und Bewußtsein dieser Identität ist die Liebe, dieses außer mir zu sein; ich habe mein Selbstbewußtsein nicht in mir, sondern im andern, aber dieses andere, in dem ich nur befriedigt bin, meinen Frieden mit mir habe (...), dieses andere, indem es ebenso außer mir gesetzt ist, hat sein Selbstbewußtsein nur in mir und beide sind nur dieses Bewußtsein ihres Außersichseins und ihrer Identität, dies Anschaun, dies Fühlen, dies Wissen der Einheit – das ist die Liebe. – Gott ist die Liebe, d.i. dies Unterscheiden" – er und die Welt – „und die Nichtigkeit dieses Unterschieds," – er *ist* die Welt und sie *ist* er – „ein Spiel dieses Unterscheidens, mit dem es kein Ernst ist, das eben so als aufgehoben gesetzt ist, d.h. die ewige, einfache Idee."

In Christus wird das Reich des Vaters und des Sohnes, in der christlichen Gemeinde und in ihrem Kult (Taufe, Eucharistie usf.) wird der Heilige Geist manifest. „Die Sphäre der Gemeinde ist (...) die eigentümliche Region des Geistes. Der Heilige Geist ist über die Jünger ausgegossen, er ist ihr immanentes Leben, von da an sind sie als Gemeinde und freudig in die Welt ausgegangen, um sie zur *allgemeinen Gemeinde* zu erheben und das Reich Gottes auszubreiten."[360] „Der Prozeß der Versöhnung selbst ist im Kult vorhanden."[361] Wenden wir uns nun der kritischen Betrachtung zu.

Man kann diese so führen, daß man die mangelnde Folgerichtigkeit in jenem logischen Prozeß aufzeigt, der mit dem Sein und dem Nichts beginnend Gottes Gedanken vor der Schöpfung entwickelt[362] oder indem man anhand der Tatsachen aufweist, wie fragwürdig Hegels Deutungen von Natur und Geschichte als Manifestationen der ewigen Idee sind. Beides erforderte jedoch zahlreiche Einzeluntersuchungen und würde den Rahmen dieses Kapitels sprengen. Ich kann mich aber auf die folgende Frage beschränken: Gesetzt selbst, die Art und Weise wie Hegel das Sich-selbst-denkende-Denken Gottes als streng logischen, dialektischen Prozeß nachvollzieht, wäre nicht zu beanstanden – ist denn dann mit dieser *immanenten Folgerichtigkeit* schon etwas über die *Wirklichkeit* Gottes ausgesagt? Das allerdings ist Hegels tiefste Überzeugung. Denn es ist der tragende Grund seiner Metaphysik, wie immer es im einzelnen mit ihren Ausführungen in ihrer Wissenschaft von der Logik, in ihrer Natur- und Religionsphilosophie stehen mag, daß der Gedanke Gottes *als Gedanke* die Wirklichkeit schon in sich enthalte oder in die Wirklichkeit umschlage, und somit die Logik des Systems dessen eigene Wirklichkeit hervorbringe. Zwar ist letztlich auch die von Hegel behauptete Identität von Begriff und Wirklichkeit eine Frage

---
[359] A.a.O., S. 227.
[360] A.a.O., S. 316.
[361] A.a.O., S. 223.
[362] Vgl. hierzu H. LENK, Kritik der logischen Konstanten, Berlin 1968, S. 324ff.

der Folgerichtigkeit, weil er sie ja in rein logischem Denken zu beweisen sucht, aber hier handelt es sich doch sozusagen um den eigentlichen *nervus probandi*, mit dem das ganze System Hegels steht und fällt.

„(...) der Geist," schreibt Hegel, „die absolute Idee ist dieses, nur als Einheit des Begriffs und der Realität zu sein."[363] „Die *abstrakte* Bestimmung (...) dieser *Idee* ist die *Einheit des Begriffs mit der Realität.*"[364] Diese Einheit aber soll aus dem Begriff selbst hervorgehen: „Daß der Begriff *sich an sich* bestimme, sich objektiviere, sich selbst realisiere, ist eine weitere Einsicht, die erst aus der Natur des Begriffs hervorkommen ist (...) dies ist die Einsicht, inwiefern der Begriff selbst seine Einseitigkeit aufhebt."[365] „Es ist das Logische, in welchem es sich zeigt, daß aller bestimmte Begriff dies ist, sich selbst aufzuheben, als Widerspruch seiner zu sein, damit das Unterschiedene seiner zu werden, und als solches zu setzen, und so ist der Begriff selbst noch mit dieser Einseitigkeit, Endlichkeit behaftet, daß er ein Subjektives ist, die Bestimmungen des Begriffs, die Unterschiede nur als ideell, nicht in der Tat als Unterschiede gesetzt sind. Das ist der Begriff, der sich objektiviert."[366] Das bedeutet: Die Objektivation des Begriffs liegt darin, daß er zunächst verstanden wird als ein *subjektiv Gedachtes*, als etwas zunächst nur *Ideelles*; aber indem er so notwendiger Weise den Unterschied zum Wirklichen *in sich* setzt, wird dieser Unterschied zu einem konstitutiven Moment des Begriffes selbst; und indem dies der Fall ist, hebt sich nun nach Hegel der Unterschied wieder auf: Das dem Begriff, dem Ideellen Entgegengesetzte, nämlich das *Reelle*, wird, *als konstitutives Element des Begriffs*, zum Teil des Begriffes selbst. Im Bereiche des endlichen, menschlichen Denkens gelingt dies freilich niemals vollkommen, und die Aufhebung des Unterschiedes von Begriff und Realität bleibt nur ein unvermeidlicher Trieb der Vernunft. In Gott jedoch ist sie absolut vollzogen. Auch Gott objektiviert seine abstrakte und ideelle Allgemeinheit, objektiviert sich als Begriff, *indem* er den Unterschied, den Widerspruch seiner selbst setzt (die partikulare, reale Natur); aber gerade indem dieses von ihm Setzen seines Unterschiedes zu seiner Selbstkonstitution gehört, wird er erst wahrhaft Wirklichkeit und Wahrheit.[367]

Das also ist der schwankende Boden, auf dem Hegels System der sich selbst explizierenden ewigen Idee, des zu sich selbst kommenden und sich selbst realisierenden Gottes beruht. Daß mit dem Begriff der Unterschied, die Trennung *notwendig gesetzt* sei zwischen dem Allgemeinen und Besonderen, dem Subjektiven und Objektiven, dem Ideellen und Reellem, ist bereits ein ontologisches Vor-urteil, das geschichtlich mit der griechischen Metaphysik in die Welt kam und sich im wissenschaftlichen Denken des Abendlandes fortsetzte. (Vgl. das I. Kapitel) Dem mythischen Denken war es, wie gezeigt, fremd. Akzeptiert man nun aber jene kontingente und nur geschichtlich allgemein

---

[363] A.a.O., S. 209.
[364] A.a.O., S. 210.
[365] A.a.O., S. 216.
[366] A.a.O., S. 232.
[367] Ebenda.

geltenden Ontologie dieses Unterschiedes und dieser Trennung, so ist dieser Unterschied zwar ein konstitutives Element des Begriffs, aber daraus folgt keineswegs, daß er eben *deswegen* im Begriffe aufgehoben ist. Es ist dieser *Unterschied*, der konstitutiv zu ihm gehört, gerade *nicht* dessen Aufhebung. Und selbst wenn es Gott ist, der den Begriff denkt, so daß der Trieb der Vernunft zur Einheit mit der Wirklichkeit darin zum Ziele kommt, also die *vollkommene Übereinstimmung von Begriff und Wirklichkeit* erreicht ist, so zeigt doch die Rede von der *Übereinstimmung*, daß der Unterschied zwischen dem nur Gedachten und dem Wirklichen auch hier bestehen bleibt. Hegel verkennt, daß die an sich richtige Behauptung, das Denken Gottes sei für sich schon Wirklichkeit und produziere die Wirklichkeit der Natur allein aus sich selbst, eben mit jener ontologischen Deutung des Begriffs unvereinbar ist, den er doch mit der Wissenschaft ausdrücklich teilt, so daß sein ganzes metaphyisches Unternehmen an Münchhausens berühmten Versuch erinnert, sich am eigenen Zopf aus dem Sumpf zu ziehen. *Das Ziel Hegels, die Aufhebung des Unterschieds zwischen dem Allgemeinen und Besonderen wissenschaftlich nachzuweisen, ist ein Widerspruch in sich selbst. Eine solche Aufhebung kann nur gelingen, wenn man sich in die Sphäre eines ganz andern, dem Logos der Metaphysik fremden und hier bereits ausführlich dargelegten Denkens begibt, nämlich dem Denken des Logos der Offenbarung.*

Abgesehen nun davon, daß Hegels System insofern ein einziger Gottesbeweis sein will, als es zeigen soll, *wie die Idee des notwendigen Sich-selbst-Denken Gottes die Wirklichkeit Gottes bereits einschließt*, verweist Hegel auch auf die Art, wie der Mensch sich begrifflich der Wirklichkeit Gottes versichert. Dies geschieht vornehmlich in der Form jener Gottesbeweise, von denen im vorangegangenen Kapitel die Rede war. Es würde aber zu weit führen, wollte ich Hegels weitschweifige Polemik gegen Kants bereits erwähnte Kritik dieser Beweise im einzelnen vorführen. Es genügt, den Grundgedanken hervorzuheben, den Hegel hierbei vertritt.

Der Mensch, sagt er, erfasse zunächst das „beschränkte Sein, als Endlichkeit, Zufälligkeit usf. Von solchem Ausgangspunkt aus erhebt sich der Geist zu Gott (...) er entflieht in die Region eines anderen, schrankenlosen Seins, welche das Wesen sei, gegen jenes unwesentliche, äußerliche Sein. Die Welt der Endlichkeit, Zeitlichkeit, Veränderlichkeit, Vergänglichkeit ist nicht das Wahre, sondern das Unendliche, Ewige, Unveränderliche (...) die Erhebung geschieht also wenigstens zu diesen göttlichen Prädikaten (...) Diese Erhebung, welche Bewußtsein ist, ist somit in sich selbst vermitteltes Wissen."[368] Erhebe sich aber der menschliche Geist folgerichtig im Gedanken aus dem Endlichen und Zufälligen zum Unendlichen, so erhebe er sich aus dem Schein zum Wesen, zu jenem Notwendigen, das doch der Grund des Endlichen und Zufälligen sei.[369] „(...) die Wirklichkeit ist in sich das Verhältnis überhaupt von Zufälligkeit und Notwendigkeit, das in der absoluten Notwendigkeit seine vollkommene Be-

---

[368] A.a.O., S. 427 f.
[369] A.a.O., S. 432.

stimmung hat. Die Endlichkeit in dieser Denkbestimmung aufgenommen, gewährt den Vorteil, so zu sagen, so weit herauspräpariert zu sein, daß sie auf den Übergang in ihre Wahrheit, die Notwendigkeit, an ihr selbst hinweist; schon der Namen *der Zufälligkeit*, Akzidenz, drückt das Dasein als ein solches aus, dessen Bestimmtheit dies ist, zu *fallen.*"[370]

Ich weise zunächst wieder darauf hin, daß die abstrakte und allgemeine Rede von Endlichkeit, Unendlichkeit, Notwendigkeit, Zufälligkeit ebenso wie diejenige damit zusammenhängende von Kausalität, Substanz usw. jener keineswegs denknotwendigen kategorialen Begriffsontologie entspringt, die metaphysischem und wissenschaftlichem Denken eigentümlich ist. Im Bereiche des Mythos tauchen sie gar nicht oder nur in einer analogen Weise auf und sind dann unlösbar mit konkreten Wesen, mit numinosen Mächten und ihren Geschichten (Archaí) verbunden: Man spricht dort nicht allgemein von Endlichkeit, sondern von der Welt der Sterblichen, nicht vom Unendlichen, das dem Endlichen entgegenstehe, sondern von den unsterblichen Göttern, nicht von der Notwendigkeit oder Kausalität schlechthin, sondern vom Walten der Moira oder der heiligen Archaí, und das Zufällige wird a priori als das uns von den Göttern Zu-Fallende, das gefallene Los, verstanden, das wieder mit dem unerforschlichen Willen der Moira und der Arché des jeweiligen Gottes in Zusammenhang steht. Die Substanz schließlich ist mythisch das allgemeine Wesen einer Gottheit, das in allen individuellen und besonderen Erscheinungen ihres Zuständigkeitsbereiches anwest. Die christliche Offenbarung unterscheidet sich hierin von der mythischen Erfahrungsweise nur dadurch, daß die Welt der Sterblichen letztlich dem *einen* ewigen Gott entgegensteht, der auch das Geschick und den Zufall in Händen hält und in seinem einzigen Sohn die Substanz seiner erlösten Schöpfung ist.

Es ist aber nicht nur ein Widerspruch in sich selbst, wie Hegel zu versuchen, die Ontologie eines solchen konkreten Denkens, in dem das Allgemeine des Begriffs und das Besondere der sinnlichen Erscheinung unlösbar verbunden sind, ausgerechnet mit den Mitteln der Ontologie des metaphysischen und wissenschaftlichen Begriffs gewissermaßen auf einer höheren, geläuterten Stufe zu *begründen* und wiederzufinden, sondern ein solcher Versuch geht schon von der bereits im I. Kapitel und im dort abgeleiteten Ersten und Zweiten Toleranzprinzip zurückgewiesenen Anmaßung des absoluten Vorrangs der metaphysischen und wissenschaftlichen Begriffsontologie vor der mythischen und religiösen aus. Somit ist schon der erste Schritt zurückzuweisen, mit dem Hegel in seinen Gottesbeweis eintritt, wenn er wie selbstverständlich unterstellt, daß überhaupt der abstrakte Widerspruch zwischen dem Endlichen und Unendlichen ein solcher der absoluten Vernunft sei und daher *notwendig* gedacht werden müsse.

Aber selbst wenn wir jene Begriffsontologie voraussetzen, auf der Hegels Metaphysik beruht, so läßt sich doch keineswegs aus der *gedachten Notwendigkeit*

---

[370] A.a.O., S. 435.

des Widerspruchs zwischen dem Endlichen und Unendlichen, dem nur bedingten und dem absoluten Sein, um in Hegels Sprache zu bleiben, auf die *Wirklichkeit des Unendlichen* schließen. Ich erinnere hier an das bereits im Zusammenhang mit Descartes und Spinoza Gesagte. Ein logischer Widerspruch wie überhaupt logische Verhältnisse sagen für sich nicht das Geringste darüber aus, daß ihnen etwas in der Wirklichkeit entspricht. Zwar ist das Endliche logisch nur als Gegensatz gegen das Nicht-Endliche zu *denken* (omnis determinatio est negatio), aber das Endliche ist eine Tatsache, sein Widerspruch dagegen nur ein *Gedanke* im negativen Verstande, um Kants Ausdrucksweise zu gebrauchen, d.h. es ist ein rein logisch begründeter *Abgrenzungsbegriff*, mit dem keinerlei Existenzerfahrung verbunden werden kann. Der Irrtum Hegels, der schon seinem System der ewigen Idee zugrunde lag, daß, falls etwas nur im Widerspruch zu etwas anderem *gedacht* werden kann, dieses andere ebenso *existieren* müsse wie dasjenige, dem es widerspricht, findet sich also als Prinzip auch in seiner Art, Gott zu beweisen. Hier wie dort erkennen wir die Wirksamkeit des *ontologischen Gottesbeweises*, aus bloßen Begriffen auf die Existenz einer Sache zu schließen und hier wie dort wird damit die Grundlage jener wissenschaftlichen Begriffsontologie in die Luft gesprengt, in der sich doch andererseits Hegel mit seinen Abstraktionen a priori bewegt. Zwar glaubt er diese Begriffsontologie, welche er diejenige des *Verstandes* nennt, durch eine sog. spekulative, die der *absoluten und dialektischen Vernunft* eigentümlich sein soll, ersetzt zu haben, doch ist dies nichts anderes als ein falsches Etikett, hinter dem sich der unaufhebbare Widerspruch seines Systems und seiner Gottesbeweise verbirgt.

Bleibt noch die hier allerdings vor allem interessierende Frage, wie Hegels Deutung des Christentums im Lichte der ewigen Idee zu beurteilen ist. Schon sein Verständnis des Sündenfalls ist eine völlige Umdeutung des biblischen Textes. Dort bedeutet ja das Essen vom Baum der Erkenntnis, daß der Mensch sich selbst zum Gotte gemacht hat – „Adam ist geworden wie unser einer" – indem er selbst „weiß, was gut und böse ist." Es handelt sich also um die Erkenntnis des Menschen als Hybris, Selbstherrlichkeit und Abfall von Gott und nicht, wie es Hegel darstellt, um Erkenntnis im Sinne des bloßen menschlichen Bewußtseins überhaupt, in dem a priori der Unterschied zwischen dem Allgemeinen des Geistes und dem Besonderen seiner Natur (Trieb) in Erscheinung tritt. Biblisch tritt Adams Schuld erst dadurch in die Welt, daß er von jener Erkenntnis speisen will, die *Gottes und nicht des Menschen* ist, während sie für Hegel schon durch das Bewußtsein des Menschen und dessen nähere Bestimmung, welche die Erkenntnis ist, gesetzt wird. Biblisch handelt es sich daher beim Sündenfall um einen Abfall von Gott, während Hegel von einem Abfall des Menschen „von seiner" eigenen „Unmittelbarkeit, seinem An-sich-Sein" spricht.[371] Ferner: Biblisch ist der Sündenfall ein unerklärliches Mysterium, das mit dem Mysterium der Weltschöpfung in der hier bereits mehrfach

---

[371] A.a.O., S. 259.

erläuterten Weise zusammenhängt und deswegen auch nicht durch des Menschen eigene Kraft wieder aufgehoben werden kann: der Mensch *ist* böse. Für Hegel dagegen ist der Sündenfall nicht nur „erklärt", nämlich als durch das bloße Bewußtsein des Menschen gesetzt, sondern mit dieser Erklärung ist er zugleich auch als notwendige Voraussetzung für die Geistwerdung des Menschen enthüllt, die Hegel mit dem Guten identifiziert (vernünftiger, nach Gesetzen und allgemeinen Bestimmungen handelnder Wille).[372] Und wie schließlich biblisch der Mensch von der Verdammnis zu mühsamer und sorgender Arbeit nur durch Gott erlöst werden kann, ist für Hegel die Arbeit nur jener Vorgang, in dem der Mensch zur Geistwerdung finden und die Trennung in sich aufheben kann: „Daß der Mensch sich zu dem machen muß, was er ist, daß er im Schweiße seines Angesichts (…) hervorbringen muß, was er ist, das gehört zum Wesentlichen, zum Ausgezeichneten des Menschen und hängt notwendig zusammen mit der Erkenntnis des Guten und Bösen."[373]

Wie der Sündenfall, so wird auch die christliche Erlösungsidee in Hegels Religionsphilosophie vollkommen umgewandelt. Christi Opfertod wird zu einem bloßen *Gleichnis* für die Versöhnung des unendlichen Gottes mit der Welt und allen ihren Endlichkeiten (wozu u.a. auch das Böse gehört), mag dieses Gleichnis auch dem Bedürfnis nach Anschaulichkeit, Empfindung und Gefühl entsprechen, das selbst ein integraler Bestandteil des menschlichen Geistes ist. Zwar ist nach Hegel der christliche Glaube ebenso eine historische Tatsache wie die Kreuzigung Christi und unerläßlich für die Verinnerlichung der ewigen Idee, aber er verhält sich zur ewigen Idee, die sich seiner bedient, doch nur wie der Schein zum Wesen.[374] In Wahrheit schaut sich also der Mensch in jener religiösen Vorstellung, die das Christentum ist, nur selbst an. Denn es spiegelt ja nur sein tiefstes Wesen, welches die absolute Vernunft ist, die in ihm arbeitet und zur endgültigen Selbsterkenntnis drängt, in der schließlich die Einheit von Gott und Welt und damit auch die Einheit von Gott und Mensch endgültig in Erscheinung tritt. In diesem Sinne ist schließlich auch die

---

[372] Mit dem Sündenfall ist das Aufgehen des Bewußtseins gesetzt, „zugleich aber ist es vorzustellen als ein Standpunkt, bei dem nicht geblieben werden darf, der *aufzuheben* ist, denn in der Entzweiung des Fürsichseins soll nicht stehen geblieben werden." A.a.O., S. 265. In diesem Sinne gibt es dann bei Hegel nicht nur, wie schon erwähnt, einen Abfall des Menschen von seiner eigenen Unmittelbarkeit, worin für ihn der Sündenfall eigentlich und ursprünglich besteht, sondern auch eine „Entzweiung zu Gott", wenn nämlich der Mensch nicht seinem Geiste, sondern dem Trieb folgt. (A.a.O., S. 271.) Da aber Hegel unter Geist letztlich immer ein Element der ewigen Idee versteht, so handelt es sich hier also wieder nur um denjenigen Geist, der sich im metaphysischen, selbstherrlichen Denken aus eigener Kraft zu Gott glaubt erheben zu können. So ist der Abfall, von dem hier die Rede ist, ebenso ein Abfall des Menschen von sich selbst wie von Gott. Mit dem biblischen Sinn des Abfalls von Gott im Sündenfall hat also auch dies nichts zu tun.

[373] A.a.O., S. 267.

[374] Insofern erinnert Hegels Lehre vom Christentum an die Erscheinung des Doketismus in der Geschichte der Theologie, demzufolge Christus nur scheinbar geopfert wurde, in Wahrheit aber niemals das Reich Gottes verlassen hat.

Erlösung und Rechtfertigung des Menschen, die in Christus offenbar wurde, des Menschen *eigene* Erlösung und Rechtfertigung, wie er sie als Philosoph denkend erreicht.[375] Wie in Hegels Lehre vom Sündenfall finden wir also auch in seiner Erlösungslehre diesen fundamentalen Gegensatz zum Christentum, daß bei ihm nicht der Mensch in seiner verhängnisvollen Neigung zum Bösen als Abkehr von Gott nur durch Gott in seiner Liebe und Gnade wieder gerechtfertigt und mit ihm versöhnt werden kann, sondern daß der Mensch allein durch sein eigenes Denken seine zunächst verborgene Identität mit Gott erkennt und sich ihm die gesamte Wirklichkeit als eine vollständig geistige, im Geiste vollkommen begriffene und gerechtfertigte enthüllt.

Die Umdeutung des Christentums durch Hegels Metaphysik ist aber nicht nur an ihren unhaltbaren logischen Grundlagen gescheitert, sondern ihr abstraktes und überanstrengtes Denken vermag auch in keiner Weise die Kraft zu ersetzen, mit der das Christentum die Lebensnot und Lebensfülle des Menschen durchdringt. Diese Metaphysik, die alles enthüllt, alles zu wissen, alles erkannt zu haben vorgibt, hinterläßt am Ende eine eigentümlich Leere und Langeweile. Man weiß nun alles, aber alles, was man nun weiß, lohnt letztlich nicht zu wissen, denn es ist doch nur der Mensch selbst, der sich darin findet, der sich, in Gottes Spiegel schauend, darin nur wieder selbst erblickt. Alles ist entzaubert, alles ist enthüllt – aber damit gibt es auch keine Zukunft mehr, und da sich die Vergangenheit mit der Zukunft ständig wandelt, auch keine Vergangenheit. Alles steht still. Es ist eine Ewigkeit ohne das unergründliche Mysterium, die Majestät, die Glorie und das Fascinans des Göttlichen, es ist letztlich doch nichts anderes als die begrenzte Endlichkeit, die sich als Unendlichkeit definiert hat. Ich schließe mit Hegels Lehre von der Unsterblichkeit.

Nach seiner Auffassung ist die Lehre von der Unsterblichkeit des einzelnen nur für jenes Denken von Bedeutung, das in der Weise der Vor-stellung, also der Religion denkt. Denn in der Vor-stellung sind ja das Vorstellende und das Vorgestellte, sind Subjekt und Objekt, und entsprechend das Endliche und Unendliche noch einander entgegengestellt, noch nicht mit einander versöhnt und vermittelt, so daß das Subjekt, das Ich, noch für sich besteht, noch in seinem „unendlichen Fürsichsein" befangen ist.[376] Dies meint Hegel, wenn er zusammenfassend sagt: „Es ist in der Religion, weil ihr Gegensatz unendlich ist, daß die Unsterblichkeit der Seele Hauptmoment ist."[377] Habe man sich aber über das Vorstellen hinaus auf die Höhe des Begriffs, des spekulativen Begriffs der Metaphysik erhoben, so müsse „bei der Unsterblichkeit der Seele nicht vorgestellt werden, daß sie erst späterhin in Wirklichkeit träte, es ist gegenwärtige Qualität, der Geist ist ewig, also deshalb schon gegenwärtig."[378] Und

---

[375] Nicht nur hier ist Hegel der Gnosis verpflichtet, wie ja überhaupt sein ganzes Denken ganz bewußt aus der ganzen abendländischen Geschichte der Philosophie schöpft. Denn sie ist ihm zugleich eine, ja die wichtigste Weise der göttlichen Selbsterkenntnis und Selbstwerdung.
[376] A.a.O., S. 268.
[377] A.a.O., S. 268.
[378] Ebenda.

schließlich: „Die Sache ist überhaupt diese: daß der Mensch durch das Erkennen unsterblich ist, denn nur denkend ist er keine sterbliche, tierische Seele, ist er die freie, reine Seele. Das Erkennen, Denken, ist die Wurzel seines Lebens, seine Unsterblichkeit, als Totalität in sich selbst. Die tierische Seele ist in die Körperlichkeit versenkt," – und damit Endlichkeit, Sterblichkeit – „dagegen der Geist ist Totalität in sich selbst" – in sich ruhende Unendlichkeit.[379] Nicht in seiner individuellen Gestalt, nicht als Individuum ist also der einzelne unsterblich, sondern es ist nur das Allgemeine in ihm, der Geist der ewigen Vernunft, an der er teilhat. Nur diese ist ewig und unsterblich.[380] Ein schwacher Trost, wenn man auch noch bedenkt, als wie enttäuschend sich das Anschauen der ewige Idee erweist, das dem spekulativen Geist als Lohn seiner abstrakten Anstrengungen und Mühen am Ende verheißen wird.

Die christliche Verklärung des Individuums im ewigen Leben ist dagegen der stärkste Trost, den es geben kann, und so beneiden auch jene, die nicht daran glauben können, alle, die es tun. Dies ist eine nicht zu leugnende Erfahrung des Lebens, die sich vor allem in jenem größten Schmerz einstellt, welcher der Abschied von den geliebten Verstorbenen ist. Wenn Christus den qualvollen und schmählichen Kreuzestod erlitten hat und wieder auferstanden ist, so hat Gott damit *jedem einzelnen* Menschen als seinem ebenbildlichen Geschöpf seine Liebe gezeigt und ihm Erlösung, Rechtfertigung und ein ewiges Leben verheißen. Nicht daß der Mensch seine Individualität, sein bloßes Fürsichsein, um mit Hegel zu reden, falsch einschätzt und übertrieben wichtig nimmt, ist hier das Maßgebende, sondern das Maßgebende ist, daß *Gott* dem Menschen, *seinem Geschöpf*, diese unendliche Wichtigkeit gibt und durch den Tod des Gottessohnes bezeugt hat. Nicht wir haben darüber zu entscheiden, sondern er. Glaubt man an den *wirklichen, blutigen Tod des Gottessohnes und an seine Auferstehung*, so ist der Glaube an die Unsterblichkeit des einzelnen Menschen seine notwendige Folge. Aber Hegel ist es nicht gelungen, diesen logischen Zusammenhang dadurch aufzusprengen, daß er Christi Tod und Auferstehung (und ja nicht nur er) für ein bloßes Gleichnis erklärt. Denn die absolute Vernunft, in deren Namen er dabei zu sprechen vorgibt, widerlegt sich durch die Ontologie selbst, wie sich gezeigt hat, auf die sie sich stützt, während der christliche Glaube, der dem Logos der Offenbarung und nicht der Metaphysik angehört, jenseits jener Sphäre liegt, in der überhaupt etwas bewiesen oder widerlegt werden kann.

Die Größe Hegels wird dadurch nicht geschmälert. Die abendländische Idee der theologiké epistéme hat in seiner Metaphysik ihre reinste und höchste Ausprägung gefunden. Nirgends ist die ihr zugrunde liegende Hybris und Gottesferne klarer zu fassen als bei ihm, nirgends aber auch ihr unvermeidliches und tragisches Scheitern.

---

[379] A.a.O., S. 269.
[380] Wie vorhin die Einflüsse der Gnosis, so sind hier diejenigen Spinozas erkennbar.

4. Schellings Philosophie der Offenbarung

Mit Schelling beginnt nun etwas absolut Neues, und ein Abgrund trennt ihn von allen bisher betrachteten Denkern. Steht doch für ihn die abendländische Metaphysik als theologiké epistéme, die allein auf dem Boden streng deduzierenden Denkens Gotteserkenntnis und Gottesgewißheit erlangen wollte, vor der christlichen Offenbarung wie vor einer verschlossenen Pforte. „Jeder (...) ist von Natur getrieben," schreibt er in seiner Schrift „Philosophie und Religion", „ein Absolutes zu suchen, aber indem er es für die Reflexion fixieren will, verschwindet es ihm. Es umschwebt ihn ewig, aber es ist (...) nur da, inwiefern man es nicht hat, und indem man es hat, verschwindet es (...)"[381]. Entspricht dies nicht ganz dem hier immer wieder über den Logos der Metaphysik und den Logos der Offenbarung Gesagten? Daß nämlich Gott nicht durch reflektierendes, gleichsam vom Baum der Erkenntnis gewonnenes Denken verfügbar gemacht werden kann, ja, daß er sich von vornherein jedem solchen Versuch entzieht? Dieses Denken geht doch notwendig von subjektiven Erkenntnisbedingungen aus, die dem Absoluten nicht angemessen sind, mit denen es sich also gerade *nicht* erfassen läßt, weil sie alle letztlich immer nur fragwürdig und hypothetisch sein können. Gottes Wort spricht zu uns absolut oder gar nicht; wo es aber zu uns spricht, kann dies nur in einer absoluten Erfahrung sein, also einer solchen, die nicht unter subjektiven Bedingungen stattfindet, wie notwendig diese im übrigen in anderen Fällen sein mögen, um eine Brücke vom Subjekt zum Objekt, zum Erkenntnisgegenstand zu schlagen. Und weil die göttliche Offenbarung nicht den Bedingungen der denkenden Reflexion unterworfen werden kann, so kann sie auch nicht „gemacht" werden, sondern muß auf Gnade beruhen. Wurde hier nicht ferner immer wieder bemerkt, daß andererseits gegen eine absolute Erfahrung im Sinne der Offenbarung auch kein *prinzipieller* theoretischer Zweifel geäußert werden kann, weil dieser wieder nur auf der Grundlage des reflektierenden, hypothetischen Denkens erfolgen könnte, das damit den inneren Widerspruch enthielte, sich selbst für absolut zu erklären und jede andere Erkenntnisart auszuschließen? Weiter in voller Übereinstimmung damit schreibt Schelling: „Das einzig einem solchen Gegenstande, als das Absolute, angemessene Organ ist eine ebenso absolute Erkenntnis, die nicht erst in die Seele hineinkommt durch Anleitung, Unterricht usw., sondern ihre" (der Seele) „wahre Substanz und das Ewige von ihr ist. Denn wie das Wesen Gottes in absoluter, nur unmittelbar zu erkennender Idealität besteht, die als solche absolute Realität ist, so das Wesen der Seele in Erkenntnis, welche mit dem schlechthin Realen, also Gott eins ist."[382]

Einerseits kommt somit nach Schelling nur eine unmittelbare Erkenntnis des Absoluten in Frage, andererseits ist gerade eine solche in der Metaphysik unmöglich, da dort das „An-sich", das ja das Absolute und daher von nichts

---
[381] Schellings Werke 1857, Philosophie und Religion, VI, S. 19. Sagt nicht im mythischen Gewande die Geschichte von Amor und Psyche dasselbe?
[382] A.a.O., S. 26.

Abhängige sein muß, da dort dieses „An-sich" „durch das Erkennen selbst wieder ein Produkt des Selbst, demnach ein bloßes Noumen" wäre und somit aufhörte, „ein An-sich zu sein."[383] Zwar versuche die Metaphysik, das Sein aus der Ureinheit entspringen zu lassen; aber dabei komme sie von jener Egozentrizität und „Selbstheit" nicht los, der sie ihre Existenz verdankt – ich würde sagen: von jenem Dasein, dem es um es selbst geht – und bliebe somit in ihrer „Notwendigkeit" verhaftet – ich würde sagen: in der notwendigen Endlichkeit des hypothetischen Denkens. „Nur durch die Ablegung der Selbstheit" vermöge die Seele in ihre ideale Einheit mit Gott zurückzukehren, „Göttliches anzuschauen und Absolutes zu produzieren."[384]

Damit sind aber auch zugleich Schellings eigene großen metaphysischen Systeme, die er früher entworfen hatte, in ihre Schranken gewiesen: seine Transzendentalphilosophie, welche die ganze Welt als Produkt des Ich ableitete wie seine Naturphilosophie, welche das Ich aus der Produktivität der Natur erklärte und schließlich seine Identitätsphilosophie, die beides aus der absoluten Indifferenz des Subjektiven und Objektiven, des Ideellen und Reellen zu entfalten suchte. Die Philosophie der Offenbarung ist Schellings Spätwerk, gleichsam seine späte und in seiner Sicht *abschließende Erkenntnis* (mit der sich die Forschung vergleichsweise nur wenig beschäftigt hat). Zwar zeigt das vorangegangene Zitat, welche beinahe unvermeidliche Rolle er der Metaphysik immer noch zubilligt, deren Begriffe er sich, wie noch weiter ersichtlich werden wird, wie eines Steinbruchs für seine Philosophie der Offenbarung bedient. Aber mit jener Gottsuche, die von den anderen Philosophen des Deutschen Idealismus auf dem Boden der Metaphysik erfolgte, hat dies nichts mehr zu tun. In diesem Sinne kann man sagen: Mit Schelling, ursprünglich einem der bedeutendsten Vertreter der spekulativen Metaphysik, endete zugleich deren weltgeschichtliche Phase.

Die bisher wiedergegebenen, allgemeinen und durchaus zutreffenden Einsichten Schellings zum Offenbarungsdenken im Gegensatz zu demjenigen der Metaphysik konkretisiert er nun am besonderen *Inhalt der christlichen Offenbarung*. Dieser Inhalt betrifft nach Schellings Auffassung Handlungen des *freien Willens* wie die Schöpfung, wie der Sündenfall des ursprünglichen Menschen[385], und wie das Opfer des Erlösers, womit er die durch den Sündenfall gestörte Einheit mit Gott wieder herstellte.[386] Nun lasse sich aber eine freie Tathandlung nicht rational begründen, weil selbst dann, wenn ihr Motiv einsichtig ist, zwischen diesem und der vollzogenen Tat eine unüberbrückbare Kluft liegt. („Denn das Gute, das ich will, das tue ich nicht; sondern das Böse, das ich nicht will, das tue ich." Röm 7,19) Daraus folgert Schelling: Von den Heilsereignissen können wir nicht durch metaphysische, apriorische und begründende Vernunft-

---

[383] A.a.O., S. 27.
[384] A.a.O., S. 44.
[385] A.a.O., S. 7.
[386] A.a.O., S. 60.

einsicht und schon gar nicht durch gemeine Erfahrung etwas wissen, sondern nur durch Offenbarung.[387] Dies alles faßt er mit den Worten zusammen: „Die Offenbarung ist die Folge eines absolut freien Wollens."[388] Und insofern ist also das Christentum für Schelling überhaupt keine Lehre, sondern es beruht auf einer Folge von Tatsachen, nämlich von Christi göttlicher Tat-Geschichte.[389]

Woher wissen wir aber überhaupt von der *Tat-Sache* der aufgeführten reinen Willensakte? Die Antwort Schellings lautet: Durch die auf Offenbarung gestützte Erfahrung[390]. Von ihr wüßten wir vom Willen Gottes zur Schöpfung durch die *Wirkung* seiner Tat, eben das Universum, von Adams Willensentscheidung durch den *Erfolg*, den Zustand, „in dem wir das menschliche Bewußtsein erfahrungsgemäß finden"; dieses „zeigt uns, *was* geschehen ist (...)"[391] Denn wenn es sich hier auch um Erfahrungen handelt, so sind es doch solche, die bereits *im Lichte der Offenbarung gedeutet* sind. Die Welt *sehen* ist eines; sie als Schöpfung Gottes verstehen, ein anderes; und ebenso kann man den status corruptionis des Menschen auch empirisch feststellen, ohne ihn auf die Entscheidung Adams zurückzuführen. Nun ist eine im Lichte der Offenbarung gedeutete Erfahrung zwar in der Tat auch eine Erfahrung, selbst wenn sie sich fundamental von der gemeinen unterscheidet. Aber es ist *Gottes Wort*, das sie uns vermittelt, nicht das irgendeines Philosophen, jenes Wort, das Moses und die Propheten und die Jünger Christi gehört haben, und das wir aus der Schrift kennen. *Diese*, auf Gottes Wort beruhende, absolute Erfahrung ist es, um die es hier geht, sie alleine ist dem Absoluten angemessen.

Dennoch bedarf für Schelling die Sphäre der Offenbarung einer Ergänzung, und diese ist nach seiner Auffassung die Philosophie. Freilich nicht im Sinne des alles systematisch entwickelnden und als vernunftsnotwendig hinstellenden metaphysischen Denkens (wie es Schelling vor allem bei Hegel vor Augen stand), sondern so, daß sie zum einen den im Heilsgeschehen waltenden, freien Willen ausdrücklich als solchen erfaßt und damit ihre eigene Grenze sieht, zum anderen so, daß sie ihn, „*nachdem* er da ist" – der Wille – „teils überhaupt, teils in seiner Ausführung begreiflich" macht.[392] Man kann das so ausdrücken: Sind die Schöpfung, der Sündenfall, Christi Opfer und Erlösungstat als Akte des freien Willens und damit nicht als durch irgendeine metaphysische Logik deduzierbar gesetzt, so sind das gleichsam nur die *offenbarten Grund-Tat-Sachen*; die genaueren Zusammenhänge aber, in denen sie miteinander stehen, können, wie das folgende noch ausführlich zeigen wird, nur interpoliert werden, und

---

[387] Schellings Werke 1857, Philosophie der Offenbarung, XIV, S. 4. Dort heißt es auch: „Es zwingt mich niemand, von Offenbarung zu reden; wenn aber einmal davon geredet wird, so geziemt es sich, aufrichtig und in *dem* Sinne davon zu reden, wie sie allein genommen werden kann."

[388] A.a.O., S. 4.
[389] A.a.O., S. 28, 228.
[390] A.a.O., S. 6.
[391] A.a.O., S. 6–8.
[392] A.a.O., S. 12, 28f.

darin sieht Schelling die zwar nicht metaphysische, aber doch notwendige Ergänzung des Glaubens durch die Philosophie.

Man möchte nun meinen, daß für Schelling die Philosophie als Wissenschaft, da sie doch die notwendige *Ergänzung* des Glaubens sein soll, diesen, nämlich in den aufgezählten Grund-Tat-Sachen, zunächst voraussetzt. Doch ist für ihn gerade das Gegenteil der Fall. „Der Glaube", schreibt er, „darf (…) nicht als ein unbegründetes Wissen vorgestellt werden, man müßte vielmehr sagen, er sei das allerbegründetste, weil er allein das hat, worin *aller* Zweifel besiegt ist (…) Eben daraus erhellt aber zugleich, (…) daß man die Wissenschaft nicht mit dem Glauben *anfangen* kann, wie so viele lehren und predigen. Denn die allen Zweifel aufhebende Gewißheit (und nur diese ist Glauben zu nennen) ist nur das *Ende* der Wissenschaft (…) so muß die strenge Zucht der Wissenschaft dem Glauben vorangehen, ob wir gleich erst durch den Glauben, d.h. durch den Besitz der *allen* Zweifel aufhebenden Gewißheit, *gerecht*, d.h. eigentlich vollendet werden (…) Der Glaube hebt also das Suchen nicht auf, sondern fordert es, eben weil er das Ende des Suchens ist. Ein *Ende* des Suchens aber muß es geben."[393]

Wie ist das zu verstehen? Wenn die Offenbarung – und das betrifft die durch Gottes Wort verkündeten Grund-Tat-Sachen – eine absolute und damit ja eben nicht philosophische, der menschlichen Vernunft folgende Erkenntnis und Erfahrung ist, wie kann es dann sein, daß der Glaube einerseits die „Zucht" der philosophischen Arbeit voraussetzt, andererseits erst der sie krönende Abschluß ist, worin ihr „Suchen" zum Ende kommt? Der Schlüssel zur Beantwortung dieser Frage scheint mir in dem hier schon öfters zitierten Wort des Paulus zu liegen: „Ich will beten mit dem Geist und will auch beten mit dem Verstand; ich will Psalmen singen mit dem Geist und auch Psalmen singen mit dem Verstand. Wenn du Gott lobst im Geist, wie soll der, der als Unkundiger dabeisteht, das Amen sagen auf dein Dankgebet, da er doch nicht weiß, was du sagst?" (1Kor 14,15) Die Offenbarung kann nicht einfach blind empfangen werden, sondern sie muß auch *verstanden* und damit durchdacht werden, so wie ja auch das, was man hört, im Denken aufgefaßt werden muß. Dennoch ist Schellings Berufung auf das philosophische Denken im gegebenen Zusammenhang unbefriedigend.

Das Begreifen der göttlichen Botschaft versteht er nämlich doch wieder nur in der Weise spekulativen, metaphysischen Denkens. So verrät es schon seine Herkunft aus der Metaphysik des Deutschen Idealismus, wenn er es für eine ausgemachte Sache hält, die er gar nicht weiter diskutiert, daß die Grund-Tat-Sachen der Offenbarung einem freien Willen entspringen; und auch die philosophische Art, wie er die Zusammenhänge zwischen diesen Grund-Tat-Sachen interpoliert, geschieht in teilweise von Hegel und seinen eigenen früheren Werken in keiner Weise unterschiedenen, apriorischen und als in sich systematisch notwendig hingestellten Deduktionen. Deswegen behauptet er auch, sei-

---

[393] A.a.O., S. 15.

ne Philosophie der Offenbarung sei eine „objektive Erklärung des Christentums."[394] Wenn er also ein solches systematisches Begreifen als die Voraussetzung für den Glauben ansieht, so offenbar deshalb, weil die Offenbarung erst mit ihm in ihrer ganzen Fülle dem menschlichen Geist gegeben sein kann; und erst wenn dies alles klar ist, kann der Glaube und damit die allen Zweifel aufhebende Gewißheit eintreten.

Allein die Gewißheit liegt doch allein in Gottes Wort, nicht in der dieses Wort interpolierenden, philosophischen Auslegung durch den Menschen. Freilich ist schon das Vernehmen von Gottes Wort erkennendes Denken und dieses genügt auch dem einfachen Christenmenschen. Insofern ist also der Glaube, der in der verstehenden Annahme von Gottes Wort besteht, die Voraussetzung seiner weiteren Auslegung und nicht umgekehrt. Wäre diese weitere, philosophische Auslegung unverzichtbarer Teil des verkündeten Glaubensinhaltes, so daß sie notwendig zum Glauben gehörte, so würde die Philosophie doch wieder durch die Hintertür als ein eigenständiges und für sich absolut gültiges Produkt des metaphysischen Denkens eingeführt und ihre gegenüber dem Offenbarungsdenken von Schelling selbst gezogene Grenze wieder aufgehoben. Es bleibt auch unbegreiflich, warum eine solche philosophische Auslegung überhaupt noch des Glaubens bedürfte, um zur endgültigen Gewißheit zu werden. Und gesetzt selbst, es handle sich hier nur um die in sich schlüssige Aufbereitung des Glaubensinhalts in seiner umfassenden Gänze – warum soll ich sie glauben, da sie doch nur erdachtes Menschenwerk ist? Daß aber die göttliche Botschaft nur durch sie erst vollkommen begreiflich wäre, das ist, abgesehen von dem schon geäußerten Einwand, daß ihrer der schlichte Christenmensch nicht bedarf, schon dadurch widerlegt, daß die in Rede stehende, durch das philosophische Denken erweiterte Auslegung selbstverständlich der Kritik unterliegt. Noch einmal verweise ich auf das im I. Kapitel, 3 Gesagte. Der Drang zum tieferen Begreifen und zur weiteren Auslegung des in der Heiligen Schrift verkündeten Wortes ist für den geistigen Menschen unausweichlich und legitim. Aber der Glaubende muß darauf achten, daß er dabei nicht aus dem Geiste der ihrer selbst gewissen, sich selbst als autonom verstehenden Vernunft denkt, sondern daß er im Umkreis des Offenbarungsdenkens verbleibt. Wenn sich aber das erweiterte Auslegungsdenken der begrifflichen Mittel und Begriffe der Metaphysik bedient, so bezieht es sich von vornherein auf einen ganz anderen Wirklichkeitsbereich als dieser: nämlich auf den vom Menschen, nicht von Gott beherrschten.

Gehen wir nun im einzelnen darauf ein, wie Schelling zwischen die geoffenbarten Grund-Tat-Sachen des Heilsgeschehens, die als Taten des freien Willens seiner Meinung nach keiner weiteren Erklärung mehr fähig sind, deren Zusammenhänge, Folgen und Wirkungen systematisch interpoliert und damit philosophisch ihrer weiteren Auslegung zuführt. Am Anfang steht die Tathandlung der Schöpfung.

---
[394] A.a.O., S. 229.

Die Schöpfung. Dieser geht das Absolute voraus, dessen Tathandlung sie ja ist. Die Art und Weise, wie Schelling das Absolute bestimmt, unterscheidet sich zunächst nicht von der Art, wie das bei Hegel der Fall ist. Auch für Schelling ist das Absolute dasjenige, in dessen *Begriff* es liege, zu sein.[395] Das Ideale ist das Erste schreibt er. „So gewiß es aber das *Erste* ist, so gewiß ist die *Form der Bestimmtheit des Realen durch das Ideale* das *Zweite,* so wie das Reale selbst das *Dritte.*"[396] Diese unauflösliche Dialektik zwischen Idealität und Realität im Absoluten, und das heißt nichts anderes als in Gott, ist aber zugleich (wieder wie bei Hegel) *Selbsterkenntnis Gottes:* „Das selbständige sich-selbst-Erkennen des schlechthin Idealen ist eine ewige Umwandlung der reinen Idealität in Realität."[397] Diese Selbsterkenntnis Gottes ist zugleich Selbstobjektivation, also die Schaffung eines „Gegenbildes", in dem sich Gottes absolutes Selbstsein, seine Freiheit spiegelt und das somit selbst nur ein anderes, in sich selbständiges Absolutes und Freies ist: „Das Absolute wird (…) sich selbst objektiv (…) in einem Gegenbilde, das zugleich es selbst, ein *anderes Absolutes* ist."[398] Das selbständige Produzieren Gottes „ist ein Hineinbilden, Hineinschauen seiner selbst in das Reale, wodurch dieses selbständig und gleich dem Absoluten in sich selbst ist."[399] Und doch ist dieses andere Absolute trotz seiner Realität, göttlichen Gegenbildlichkeit und damit Selbständigkeit nur dadurch das, was es ist, daß es dem Absoluten entspringt, daß es trotz allem *in* ihm, seines Geistes ist – „und dies ist seine andere, ideale und subjektive Seite."[400]

Zur Selbstobjektivierung des Absoluten gehört aber nicht nur die Selbständigkeit seines Gegenbildes, sondern mit dieser hat es diesem auch „die Macht verliehen, gleich ihm seine Idealität in Realität umzuwandeln und sie in besonderen Formen zu objektivieren. Dieses zweite Produzieren ist das der Ideen."[401] Damit erst, daß sich das Gegenbild nun seinerseits objektiviert und damit Realität produziert, zeigt es, als das andere Absolute, seine göttliche Abstammung. Die produzierten Ideen aber sind die Prinzipien, Potenzen und Mächte, nach denen die Schöpfung, die Natur- und Menschenwelt geordnet ist.[402] Was jedoch für das Gegenbild gilt, das trifft auch auf die Ideen zu: „Auch die Ideen sind relativ auf ihre Ureinheit *in sich selbst,* (…) aber sie sind in sich selbst oder real nur, sofern sie zugleich *in der Ureinheit, also ideal sind."*[403] Und weiter: „Auch die Ideen sind notwendig wieder auf gleiche Weise produktiv; auch sie produzieren nur Absolutes, nur Ideen, und die Einheiten, die aus ihnen

---

[395] Es ist die Form des Absoluten, daß es „*unmittelbar* als solches, *ohne also aus seiner Idelität herauszugehen,* auch als ein *Reales* sei" Philosophie und Religion. a.a.O., S. 30.
[396] Ebenda.
[397] A.a.O., S. 24.
[398] Ebenda.
[399] Ebenda.
[400] Ebenda.
[401] A.a.O., S. 25.
[402] Philosophie der Offenbarung, S. 115, 238.
[403] Philosophie und Religion, A.a.O., S. 25.

hervorgehen, verhalten sich zu ihnen ebenso, wie sie sich selbst zur Ureinheit verhalten. Dieses ist die wahre transzendentale Theogonie: Ein anderes Verhältnis als ein absolutes gibt es in dieser Region nicht." So sei, bildlich ausgedrückt, „das Gezeugte von dem Zeugenden abhängig und nichtsdestoweniger selbständig."[404] „Das ganze Resultat dieser fortgesetzten Subjekt-Objektivierung, welche (...) ins Unendliche geht, ist: daß sich die ganze, absolute Welt mit allen Abstufungen der Wesen auf die absolute Einheit Gottes reduziert, (...) und bisher nichts ist, das nicht absolut, ideal, ganz Seele, reine natura naturans wäre."[405]

Die Schöpfung, die wie geschildert, aus der Selbstobjektivierung Gottes hervorgeht, darf also nicht mit jener Schöpfung verwechselt werden, die gemeinhin darunter verstanden wird: nämlich das *sinnlich wahrnehmbare* Universum mit den in ihm wohnenden Lebewesen. Im Gegensatz zu diesem handelt es sich hier vielmehr ausschließlich um eine in der Einheit mit Gott existierende, ideale, transzendente „Region" absoluter Wesenheiten.

Man könnte vielleicht fragen, warum diese aus dem geschilderten Prozeß von Gottes Selbsterkenntnis und Selbstobjektivierung hervorgehende, transzendente Schöpfung in der von Schelling behaupteten Weise als Tat seines freien Willens verstanden werden muß? Könnte sich eine solche Selbstobjektivierung Gottes nicht auch aus dem *Wesen Gottes* ergeben, etwa so, wie ja durch seinen Begriff bereits die Umwandlung von Idealität in Realität gesetzt sein soll? Wollte er darauf dieselbe Antwort geben wie Hegel, daß nämlich eine solche Umwandlung in ihrer Denknotwendigkeit schon selbst ein Akt der Freiheit ist, so wäre dem entgegenzuhalten, daß die Freiheit, von der er im gegebenen Zusammenhang spricht, dazu in klarem Widerspruch steht, denn diese hat er doch im Gegensatz hierzu gerade als einen nicht rationalisierbaren Akt bezeichnet. Eine andere, ebenso naheliegende Frage lautet: Wie verhält sich jene absolute Sphäre der Schöpfung, von der bisher die Rede war, zu jener endlichen, wie wir sie durch sinnlichen Augenschein erkennen können? Um dies zu klären, muß zunächst Schellings Lehre vom Sündenfall erörtert werden.

Der Sündenfall. Dieser ist, wie schon erwähnt, die nach der Schöpfung zweite Grund-Tat-Sache, aus welcher die Offenbarung besteht und damit die darin zweite, unerklärliche Handlung des freien Willens: „Der Abfall kann auch nicht (...) erklärt werden."[406] In der Schöpfung der absoluten, aus der Hierarchie der Ideen und Potenzen bestehenden Welt ist dieser Fall zunächst nur eine *Möglichkeit*, keine Wirklichkeit. Eine Möglichkeit, weil ja die Ideen und Potenzen innere Selbständigkeit und damit auch die Freiheit zu einem Abfall besitzen; nicht als Wirklichkeit, weil diese erst eintreten kann, wenn sie von dieser Möglichkeit in der nicht erklärbaren Tat-Handlung Gebrauch machten und

---

[404] Ebenda.
[405] Ebenda. Wenn Schelling hier zusammenfassend von einer „idealen Region" spricht, so schließt das nicht jene Realität aus, die, wie gezeigt, sogar ein integraler Teil des transzendenten Bereichs ist, aber von jener, uns vertrauten, sinnlichen zu unterscheiden ist.
[406] Philosophie und Religion, a.a.O., S. 42.

sich so von der Ureinheit losrissen, also realisierten, was vorher nur als Möglichkeit gegeben war.[407] Da dies nun im Menschen, der ja ebenfalls Teil der Ideenhierarchie ist, geschah, fiel er aus der absoluten Region der Schöpfung heraus: Jetzt erst entsteht ihm jene sinnliche Welt, die wir gemeinhin mit der Schöpfung identifizieren. Was wir sehen, ist bereits *die durch den Fall bewirkte Sicht der Schöpfung*. Das sinnliche Universum ist nach Schelling erst „die Folge" des Abfalls, der daher selbst nicht in der diesem Universum eigentümlichen, ebenfalls sinnlichen Zeitlichkeit stattgefunden haben kann und damit zu den Ereignissen der zeittranszendenten Region gehört.[408]

An sich hat schon das ursprüngliche Gegenbild des Absoluten, aus dem sich dann wie gezeigt die anderen Ideen systematisch entwickeln, ein „doppeltes Leben", nämlich eines in sich selbst, das, wenn es sich vom absoluten trennt, ein Scheinleben ist, wie es eben die sinnliche Welt vermittelt, und eines in der absoluten Welt, welches sein wahres Leben ist.[409] Aber dieses „für-sich-selbst-Sein des Gegenbildes drückt sich, (…) in seiner höchsten Potenz als *Ichheit* aus (…) Die Ichheit ist das allgemeine Prinzip der Endlichkeit."[410] So ist nach dem Fall „der gegenwärtige Zustand des Menschen (…) dadurch gegeben, daß er von dem universellen Leben, in das er geschaffen war, sich abgebrochen und in das *besondere* sich versenkt hat."[411] Nun erst ist die Seele „produktiv von besonderen und endlichen Dingen", die insgesamt „Scheinbilder sind".[412] Das Abgefallene, das in seinem Selbstsein den einzigen Grund seines Abfalls hat, produziert fortan „durch und für sich selbst das Nichts der sinnlichen Dinge."[413] Zu ihnen gehören fundamental der sinnliche Raum und die sinnliche Zeit[414], worin die Ordnung der Erscheinungen nach den Gesetzen der Notwendigkeit bestimmt sind. So verwickelt sich das aus dem Reich der Freiheit herausgefallene egozentrische Selbstsein ins Reich der Notwendigkeit, einer Notwendigkeit, die sich „(…) in die *natura naturata*, den allgemeinen Schauplatz der Geburt der endlichen und sinnlichen Dinge ausbreitet."[415] Nun schaut die Seele „in allen Dingen den Abdruck ihres Prinzips an. Am unorganischen Körper drückt sich das in-sich-selbst-Sein als Starrheit (…) aus", und „an den Weltkörpern, den unmittelbaren Scheinbildern der Idee, ist die Zentrifugalkraft ihre Ichheit" usw.[416] Betrachtet man die Seele „von der Seite ihrer Selbstheit oder Endlichkeit", so sieht sie die ideale, transzendente Welt, der sie als Idee ja an sich selbst zugehört, nur noch „wie durch einen getrübten Spiegel",

---

[407] Der Grund des Abfalls liegt „nur in der Idee von der Seite ihrer Selbstheit." A.a.O., S. 31.
[408] „Dieser Abfall ist übrigens so (…) außer aller Zeit als die Absolutheit selbst und die Ideenwelt." A.a.O., S. 41.
[409] A.a.O., S. 41.
[410] A.a.O., S. 42.
[411] Philosophie der Offenbarung, a.a.O., S. 214.
[412] Philosophie und Religion, a.a.O., S. 44.
[413] A.a.O., S. 40.
[414] A.a.O., S. 45.
[415] A.a.O., S. 44.
[416] A.a.O., S. 42.

und insofern ist „alles endliche Erkennen notwendig ein irrationales, das zu den Gegenständen an sich nur noch ein indirektes, durch keine Gleichung aufzulösendes Verhältnis hat."[417]

Schelling spricht also von der Schöpfung in *zweierlei Hinsicht*: Einmal meint er damit die transzendente, dem Absoluten und Zeitlosen zugehörige Region der Ideen und Potenzen, dann wieder die sinnlich gegebene Welt der besonderen, durch Zeit und Raum bestimmten Dinge. Diese unterliegen den Gesetzen der Notwendigkeit und sind *geschöpflicher Natur*. Sie entstehen und vergehen, leben und sterben. Zwischen der transzendenten, absoluten Region und der endlichen, sinnlichen, gibt es aber für Schelling keine Vermittlung, sie sind durch den Abgrund einer Willensentscheidung, eben des Falls, voneinander getrennt: „Daher der Ursprung keines endlichen Dinges unmittelbar auf das Unendliche zurückgeführt, sondern nur durch die Reihe der Ursachen und Wirkungen begriffen werden kann, die aber selbst endlos ist, deren Gesetz daher keine positive, sondern bloß negative Bedeutung hat, daß nämlich kein Endliches unmittelbar aus dem Absoluten entstehen und auf dieses zurückgeführt werden kann."[418] Unschwer erkennt man hier den gnostischen Einfluß. (Vgl. Kapitel XIV, B 3) Auch die Gnosis sah ja in der sinnlich-sichtbaren Welt einen Bruch im theogonischen Prozeß der Entfaltung einer intelligiblen Welt, des Pleromas, aus dem Absoluten; einen Bruch freilich, den sie im Gegensatz zu Schelling unmittelbar auf einen bösen Demiurgen und nicht den Menschen zurückführte.

Hier drängt sich jedoch sogleich wieder eine Reihe von Fragen auf. Dafür, daß der Sündenfall die Folge einer freien, nicht erklärbaren Willensentscheidung ist, gibt es keinen Beweis, schon gar nicht eine unmittelbare Einsicht, und ebenso wenig gibt es einen solchen dafür, daß er die sinnlich sichtbare Welt hervorgebracht hat. In der Genesis betrifft im Gegenteil der Fall nur die Verfassung des Menschen *in seinem Verhältnis zu der von Gott bereits geschaffenen Welt und seine Stellung darin*, nicht aber die Schöpfung als solche. Das ist auch der Grund, weswegen Schelling den biblischen Mythos des Sündenfalls als in der Sprache der einst herrschenden Mythen geschrieben abtut.[419] Der Sündenfall als selbstsüchtige Trennung von Gott bewirkt aber nach Schelling nicht nur die Entstehung der sinnlich-endlichen Welt, sondern er zieht auch rückwirkend die transzendente Sphäre der absoluten Welt in Mitleidenschaft. Bisher war diese lediglich als die „aus der unmittelbaren Wirkung Gottes herfließende" Folge von Ideen und Potenzen in ihrer Selbstheit dargestellt worden, wobei diese Ideen und Potenzen ihrerseits in hierarchischer Ordnung wieder selbstseiende Ideen und Potenzen hervorrufen.[420] Nun bezeichnet Schelling Gott, das

---

[417] A.a.O., S. 47.
[418] A.a.O., S. 41.
[419] „Der ganze *Zustand* des menschlichen Bewußtseins, aus welchem diese Erzählung sich herschreibt, der ganze Zustand des damaligen Bewußtseins *erlaubte* keine andere Darstellung" als eine „mythologische", wie Schelling sie von der eigentlichen Offenbarung unterscheidet. Philosophie der Offenbarung, a.a.O., S. 264.
[420] A.a.O., S. 63.

Ur-Absolute, als *erste Potenz* oder den *Vater*, sein unmittelbares Gegenbild aber, die höchste der Ideen, als *zweite Potenz* oder den *Sohn*. Die Einheit von abstrakter Bestimmung (Potenz) und Personalisierung (Sohn) ergibt sich für Schelling daraus, daß diese höchste Idee eine Wiederspiegelung von Gottes eigenem *Geist*, damit seiner eigenen Idealität und *Selbstheit* ist, die nur einer *Person* zukommen kann. Nun ist durch den Fall des Menschen, also den Mißbrauch seiner Selbständigkeit und Freiheit, die er ja ebenfalls als Idee und Potenz wie ein göttliches Siegel trägt, die Einheit der absoluten Schöpfung zerrissen. Dadurch gerät aber nun der Sohn, die zweite Potenz, die über diese Einheit als höchste Potenz gesetzt war, in den „Zustand der Negation und des Leidens".[421] Der Negation, weil er nun im Menschen ein feindliches Prinzip erkennt, des Leidens, weil damit das Reich des Seins, über das er gesetzt ist, im Zwiespalt zerbrochen ist. Nach Schelling bewirkt jedoch die zweite Potenz auf eine ganz unwillkürliche und natürlich Weise, nämlich durch ihre bloße Existenz, daß die Menschheit in ihrem Abfall von Gott nicht umkommt und sich in ihrer Egozentrik, ihren damit freigesetzten Leidenschaften und Trieben nicht selbst zerfleischt. Diese natürliche Wirkung der zweiten Potenz oder des Sohnes als Folge des Falls, der sie ja auslöst, glaubt Schelling im Polytheismus des Mythos zu erkennen.[422] Um dies verständlich zu machen, ist es zweckmäßig, sein Werk „Einleitung in die Philosophie der Mythologie" heranzuziehen. Dort versucht er zu zeigen, daß jeder Polytheismus im Grunde ein verkappter Monotheismus sei. Stets spiele doch in ihm einer der Götter die Rolle des primus inter pares, möge er auch meistens irgendwann von einem anderen Gott abgelöst oder gestürzt werden. (Uranos-Kronos-Zeus) Ursprünglich, so bei Adam und Eva, hätte es noch ein Bewußtsein von dem einen und absoluten Gott gegeben, doch wäre dies später verloren gegangen, so daß eine allgemeine Verwirrung und ein beständiger Krieg unter den Göttern und ihren jeweiligen Anhängern, unter den verschiedenen Völkern und ihren Mythen ausgebrochen sei. Dies zeige insbesondere die Sage vom Turmbau zu Babel.

Damit ist nun aus der Sicht Schellings das Verhältnis zwischen dem Sündenfall und der ihm mit Hilfe des Mythos entgegenwirkenden zweiten Potenz geklärt. Einerseits wird in der „Philosophie der Offenbarung" der für den Polytheismus und damit den Mythos allgemein kennzeichnende Zustand als Folge des Sündenfalls gedeutet: war es doch der Sündenfall, der den Zerfall der

---

[421] Philosophie der Offenarung, a.a.O., S. 36.
[422] Der durch den Fall bewirkte Polytheismus und damit das Heidentum hat nach Schellings Meinung auch die Juden erfaßt. Zwar seien sie „dem Gesetz nach, in der Theorie, Monotheisten", in Wahrheit aber „sind die Kinder Israel in der Praxis fast ohne Unterbrechung Polytheisten" gewesen. „Die Substanz ihres Bewußtseins ist durchaus Heidentum, die wahre Religion nur das Akzidentelle (...)" Philosophie der Offenbarung, a.a.O., S. 143. – Schelling, dies sei hier angemerkt, spricht von „Mythologie", nicht von „Mythos", doch meint er damit eben das Phänomen, das hier stets als „Mythos" bezeichnet wurde. Um im Kontext der Ausführungen dieses Buches zu bleiben und Verwirrungen zu vermeiden, bleibe ich daher, mit Ausnahme der wörtlichen Zitate versteht sich, bei dieser Bezeichnung. Der Sinn der schellingschen Ausführungen hierzu wird dadurch in keiner Weise verändert.

ursprünglichen, universalen Gotteinheit in die Mannigfaltigkeit des Besonderen und Endlichen zur Folge hatte. Andererseits aber ist der Polytheismus für Schelling zugleich die natürliche Gegenwirkung durch die zweite Potenz[423], weil er doch jedenfalls auch eine von Göttern gesetzte Sittlichkeit und Ordnung gebracht und so die Menschheit trotz allem vor dem Schlimmsten bewahrt hat.[424] Das sei der Grund, weswegen die Heiden die Götter Soteres, Heilande genannt haben[425], und niemals waren die Menschen „ohne allen Bezug zu demjenigen Prinzip (…), in dem allein das Heil ist."[426]

Sofern der Mythos das Ergebnis des Falls und der natürlichen Einwirkung der zweiten Potenz ist, entspringt er nach Schelling dem Bewußtsein mit Notwendigkeit. Deswegen sei er auch nicht etwa nur allegorisch zu verstehen, wie so oft geglaubt wurde, sondern müsse als *„tautegorisch"* begriffen werden[427], nämlich als die Weise, wie sich eben dem Menschen in einer bestimmten Phase der Heilsgeschichte die *Wirklichkeit* darstellt. Erst später, in der durch Christus erfolgten Offenbarung, enthüllte sich dann der Mythos als ein Wahn, in den sich der Mensch durch die Sünde verstrickt hat. Zusammenfassend schreibt Schelling: Nach Christus „war alles, was die Heiden von Göttern in menschlicher Gestalt (…) geglaubt hatten, als Wahn erklärt. Wenn die Sachen selbst kommen" – die zweite Potenz im Sohne sichtbar wird und erscheint – „verschwinden die bloßen Schatten derselben. Gegen ein so *objektives*, unter den Augen der entzauberten Welt vorgegangenes Faktum verschwand alles früher Geglaubte und *wurde* zur Fabel, wenn es gleich anfänglich nicht bloße Dichtung, sondern allerdings in einer gewissen subjektiven Notwendigkeit gegründet war."[428]

---

[423] „Die Heiden waren vom Angesicht des Vaters gleichsam verwiesen, aber eben ihnen gab er Christum zum Herrn," – den Sohn – „wenn dieser gleich unter ihnen nur als natürliche Potenz wirkte." A.a.O., S. 78. Vgl. auch S. 74, 76, und 88.

[424] Hierzu gehören vor allem die heidnischen Bräuche, und es ist für Schelling eine Bestätigung für die heidnische Verfassung auch der Juden, daß sie, z.B. in den Opfern, der Beschneidung, den Reinheitsgeboten, dem Kult des Sündenbocks usw. ebenfalls solche übten. Andererseits zeigten besonders die Opferriten, wie mythisch Greuel der Selbstzerstörung und göttliche Rettung nahe beieinander in Erscheinung treten. Als herausragendes Beispiel erwähnt Schelling in diesem Zusammenhang das von Jehovah verlangte Opfer von Isaak, Abrahams Sohn. Und wenn auch hier der Mythos wieder seine rettende Kraft zeige, weil Jehovah Abraham schließlich das Opfer erspart, während ansonsten Menschenopfer durchaus vollzogen wurden, so finde man doch vieles von solcher Greuel im AT, und vieles darin erscheine „teils als Gottes unwürdig, teils als geradezu heidnisch (…)" A.a.O., S. 128. Zwar gäbe es im jüdischen Prophetentum schon eine Vorahnung der kommenden Offenbarung, aber deren Durchbruch komme eben erst durch Christus. Im übrigen sei der veräußerlichte, weil mit Zwang verknüpfte Monothesimus des Judentums (A.a.O., S. 57) für dessen Annahme des Christentums besonders hinderlich gewesen, da er dem Verständnis des Sohnes als eine zweite Potenz und Gottheit entgegengestanden habe. (A.a.O., 149).

[425] Philosophie der Offenbarung, a.a.O., S. 75.

[426] A.a.O., S. 77.

[427] Einleitung in die Philosophie der Mythologie, a.a.O., S. 195 f.

[428] A.a.O., S. 175.

Der Gegensatz zu der Auffassung vom Mythos, wie sie hier in den vorangegangenen Kapiteln vorgetragen wurde, tritt damit freilich klar zutage. Dort war der christliche Glaube gerade in seiner mythischen Verfassung Gegenstand der Betrachtung gewesen, und überhaupt der Mythos als unwiderleglicher Aspekt von Wirklichkeit hervorgehoben worden. Der Glaube kann daher den Mythos genauso wenig aufheben wie er etwa den wissenschaftlichen Aspekt von Wirklichkeit aufheben kann. Den mythischen nicht, weil er sich wie gezeigt teilweise mit ihm überschneidet, den wissenschaftlichen nicht, weil er sich auf eine ganz andere Wirklichkeit bezieht als dieser. Es ist eine Grundthese des vorliegenden Buches, daß derjenige, der in einer Welt des Mythos oder der Wissenschaft lebt, sich ohne Widerspruch zum Glauben bekennen kann, wenn er auch diesem einen absolut höheren Rang als jenen einräumen wird.

Aus den bisherigen Ausführungen über den Logos der Metaphysik geht außerdem hervor, daß, christlich gesehen, der Sündenfall erst mit *diesem* und nicht, wie Schelling es sieht, mit dem vorchristlichen Mythos am unverhülltesten in Erscheinung getreten ist, so daß auch erst durch ihn die Zeit endgültig gekommen war, in welcher der Sohn Mensch wurde. Im vorchristlichen Mythos war ja noch ein ursprüngliches Verhältnis zum Göttlichen lebendig, wenn auch die paradiesische Einheit mit dem Absoluten und damit die alles bergende Liebe Gottes den Lebenden und den Toten verloren gegangen war. So ist zwar Schelling recht zu geben, wenn er auf den Zwiespalt im Mythos hinweist, daß der Zauber und das Rettende der Götter die eine, die von ihnen ausgehende Hoffnungslosigkeit im grausamen Schicksal die andere Seite ist. Aber am Ende war es nicht der Mythos, sondern erst der Logos der Metaphysik, der in einem lange währenden Prozeß zu jener fast vollständig herrschenden Gottferne führte, in der wir heute leben. Die Grausamkeiten und die Greuel des status corruptionis sind in ihrer rationalen Perfektion noch umfassender und schrecklicher geworden, wie die Millionen-Opfer von Tyrannei und Krieg des vergangenen Jahrhunderts bezeugen, während die unleugbaren Wohltaten des technischen wie sozialen Fortschritts die vollständige Ratlosigkeit in jenen letzten Dingen nicht verdecken kann, vor die sich der Mensch am Ende unvermeidlich gestellt sieht. Und obgleich alles gerade darauf ankommt, in welchem Verhältnis er zu ihnen steht, findet er ein solches nicht, sondern ist jenem hoffnungslosen Grauen ausgeliefert, das den Menschen erfaßt, wenn er in seiner vergänglichen Nichtigkeit und Hilflosigkeit sich absolut selbst überlassen bleibt.

Die Erlösung. Nach der Tat-Sache der Schöpfung und der Tat-Sache des Sündenfalls folgt nun aus Schellings Sicht eine dritte für die Offenbarung grundlegende Tat-Sache: Es ist die ebenfalls in Freiheit erfolgte Entscheidung der zweiten Potenz oder des Sohnes, die von Gott abgefallene Welt mit ihm wieder zu versöhnen. Dies wird im einzelnen folgendermaßen dargestellt:

„Der Sohn", schreibt Schelling, „*konnte* unabhängig vom Vater in *eigener* Herrlichkeit existieren (…)"[429]. Diese Freiheit hatte er, weil er als zweite Potenz

---
[429] Philosophie der Offenbarung, S. 37.

ein „anderes Absolutes" war und damit die göttlichen Insignien des aboluten In-sich-Seins und der Unabhängigkeit hatte. Unter seiner Herrlichkeit ist aber seine Herrschaft über die gesamte absolute Region, damit über das ganze *wahre Sein* außer Gott selbst zu verstehen. Nun war jedoch dieses sein Reich durch den Sündenfall in seiner Gotteinheit zerbrochen. Als freier Wille hätte der Sohn der *Möglichkeit* nach ebenfalls abfallen können. Aber die *eigene* Herrlichkeit, die er unabhängig vom Vater hätte haben können, „verschmähte der Sohn, und darin ist er Christus. *Das ist die Grundidee des Christentums.*"[430] Denn sein freier Entschluß, die eigene Herrlichkeit zu verschmähen und nicht selbst von Gott abzufallen, sondern ihm die Treue zu halten, war zugleich der Entschluß, durch seine Menschwerdung die Welt wieder mit Gott zu versöhnen und die Einheit der absoluten, intelligiblen Region wieder herzustellen.

Schelling versucht nun, diese zunächst rein spekulativ anmutende Deutung der Erlösung an der Heiligen Schrift zu erhärten. Darf doch nach seiner Auffassung das Offenbarungsdenken, wie wir gesehen haben, nicht mit dem a priori konstruierenden und reflektierenden Verfahren der Metaphysik verwechselt werden und muß sich auf eine freilich nach Schelling unvermeidbare *philosophische Auslegung* der Offenbarung beschränken.

Da ist nun als erstes zu fragen, was die Heilige Schrift zur Präexistenz Christi und seiner Rolle als zweite Potenz zu sagen hat. Die Antwort findet Schelling naheliegender Weise zunächst am Anfang des Johannesevangeliums, den auch ich bereits im selben Zusammenhang zitiert habe. (Vgl. das V. Kapitel, 2) Dort heißt es: „Im Anfang war der Logos" (1)[431] „Alle Dinge sind durch diesen gemacht." (3) „Und der Logos ward Fleisch." (14) Da sich nun diese Fleischwerdung auf Christus bezieht, so war es, wie Schelling zurecht argumentiert, Christus, der *vorher* Logos war und *dann* Fleisch wurde, womit die Präexistenz Christi durch das NT bezeugt werde.

Kehren wir aber noch einmal zu Vers 1 zurück, der in voller Länge lautet: „Im Anfang war der Logos, und der Logos war bei Gott und Gott war der Logos." Schelling sieht darin *drei aufeinanderfolgende Schritte im Schöpfungsgeschehen*: *Zuerst*, im Anfang (en arché), noch *vor* der Schöpfung, war der Logos nur ideell „in der Vorstellung Gottes."[432] *Dann aber, in* der Schöpfung, wird diese Vorstellung reell: „(...) und der Logos war bei Gott," (prós tón theón), nämlich als zweite Potenz, die einerseits, als aus der ersten entstanden, reines Gegenbild Gottes war, und andererseits, als von dieser verschiedene Potenz (*bei* der ersten), etwas in sich Selbständiges darstellte: es ist die Einheit und Verschiedenheit, die zwischen Vater und Sohn besteht. *Schließlich* aber heißt es: „(...) und Gott war der Logos (theós en hó lógos)." Damit ist nach Schelling nun der *Abschluß* der Schöpfung bezeichnet: Der Sohn ist jetzt ebenso Herr des Seins wie zuvor nur der Vater, denn es heißt doch auch, Joh 1,3, daß durch *ihn*, den

---

[430] Ebenda.
[431] In der hier stets benützten Übersetzung des NT steht an dieser Stelle „das Wort" für das ich jedoch, im gegebenen Zusammenhang, das im griechischen Text stehende Wort „Logos" setze.
[432] A.a.O., S. 105.

Sohn also, alle Dinge gemacht sind und er über das gesamte Sein als Herr gesetzt ist. Daß mit „Gott war der Logos" die zweite Potenz, Christus, der Sohn gemeint ist und nicht der Vater, dem er entsprungen ist, sieht Schelling auch darin begründet, daß der Text nur sagt „Gott war der Logos" und nicht *der* Gott war der Logos (*hó theós*), nämlich der eigentliche, wahre und höchste.[433]

Schelling führt aber noch weitere Beweise für die selbständige Präexistenz Christi an. So heißt es Phil 2,6–8: „Er, der in göttlicher Gestalt war," (*en morphé thoú hyparchón*)" hielt es nicht für einen Raub Gott gleich zu sein" (*uch harpagnón hegésato tó eínei ísa theó*), „aber[434] entäußerte sich selbst und nahm Knechtsgestalt an," (*allá heautón ekénosen morphén doúlou labón*), „ward den Menschen gleich und der Erscheinung nach als Mensch erkannt. Er erniedrigt sich selbst und war gehorsam bis zum Tode." Schelling deutet diese Textstelle folgendermaßen: Christus war einerseits *vor* der Menschwerdung schon existent, nämlich in göttlicher Gestalt (morphé), aber eben nur in göttlicher *Gestalt*, also nicht Gott selbst[435]; wenn es andererseits heißt, „er hielt es nicht für einen Raub, Gott gleich zu sein", so verweist Schelling darauf, daß diese Gleichstellung nicht mit *íson tón theón*, sondern ísa theó ausgedrückt wird, womit eben nicht die völlige Gleichstellung, sondern so etwas wie „auf gleichem Fusse" gemeint sei.[436] Daß er dies aber nicht für einen Raub hielt, sage nichts anderes, als daß er, da er in Gestalt Gottes war, sie sich nicht anmaßte, also auch nicht zu rauben brauchte, was er doch hatte.[437] Schließlich verweist Schelling noch auf Joh 17,5: „Und

---

[433] Schelling faßt seine Deutung von Joh 1 so zusammen: „Es ist derselbe und doch gewissermaßen schon ein anderer Logos, der *en arché* war und der *prós tón theón*, bei Gott, schon von Gott unterschieden, besondere Potenz ist. – Ho theós, der bestimmte, mit Unterscheidung genannte Gott, bei dem der Logos ist, ist eben der, in dessen Gewalt das andere von seinem ewigen Sein verschiedene Sein steht, *ho theós* also ist der, welcher in der Folge der Vater heißt. – *Das Subjekt (ho lógos) ist bei Gott*, zunächst in der Vorstellung Gottes, noch *vor* der Schöpfung, also noch nicht reell – aber doch ideell – in der göttlichen Vorstellung – unterschiedene, besondere Potenz, sodann aber auch *in* der Schöpfung, wo es schon als besondere (und zwar als demiurgische Potenz), wirkt, und nicht mehr bloß in der Vorstellung Gottes, sondern reell von Gott unterschieden, obwohl noch *bei* ihm (nicht selbständig) ist. Diese beiden Momente sind in den Worten ‚das Subjekt (der Logos) war bei Gott' zusammengefaßt. – Nun rückt der Apostel wieder um einen Moment weiter, indem er sagt: *kai theós en ho lógos, und dasselbe Subjekt war Gott*, nämlich am Ende der Schöpfung, wo es ebenso Herr des Seins ist, als es zuerst nur der Vater war, im Besitz der Gottheit, die er jedoch vorerst nicht als eine besondere, nicht für sich, nicht außer dem Vater (vom Vater unabhängig), sondern nur in dem Vater hat, daher es auch nur theos ist, nicht *ho theós*, *Gott selbst*, welches nur der Vater ist." (A.a.O., S. 105f.)

[434] In der hier zitierten Textausgabe steht an dieser Stelle „sondern", doch scheint mir das „aber" deutlicher den Sinn hervortreten zu lassen.

[435] „(…) er war oder befand sich *en morphé theú*, d.h. er war zwar nicht wahrhaftig und dem Wesen nach Gott, (…) aber doch specie, actu, er hatte wenigstens das Äußere Gottes, welches eben in der Herrlichkeit, in der Herrschaft über das Sein besteht." (A.a.O., S. 41.) Damit stimme auch überein, wenn es heißt „*en morphé theú hyparchón*", denn „hyparchón" betreffe einen aktuellen, nicht das Wesen betreffenden Zustand, wie ja auch Christus in der Gestalt Gottes nur in einem Zwischenzustand war, in dem er sich vor der Menschwerdung befand. A.a.O., S. 41f.

[436] A.a.O., S. 43.

[437] A.a.O., S. 40.

nun, Vater, verherrliche du mich bei dir mit der Herrlichkeit, die ich bei dir hatte, ehe die Welt war." Noch einmal auf den Anfang des Johannesevangeliums verweisend schreibt Schelling zusammenfassend: „Ich habe mich so lange bei der Stelle aufgehalten, weil sie die eigentlich entscheidende ist, indem sie sich durchaus nicht verstehen läßt, ohne vorauszusetzen, daß Christus *vor* seiner Menschwerdung ein anderer von Gott, also selbst nicht Gott, obwohl auch nicht Mensch, daß er also in einem mittleren Zustand sich befand, wo er *instar Dei* war (so läßt sich das en morphé theú lateinisch übersetzen), ohne Gott selbst zu sein. Er war instar Dei, weil Er allein noch Herr des Gott oder dem Vater entfremdeten Seins war."[438]

Sieht man von Schellings Versuch ab, Christi Präexistenz in der Sprache der spekulativen Metaphysik, also im Rahmen eines Potenz-Verhältnisses zwischen Vater und Sohn zu erläutern, so ist sie im Kern kaum zu widerlegen. Denn selbst wenn man daran festhalten wollte, daß in Vers 1 des Johannisevangeliums Gott selbst das einheitliche Subjekt sei, sich also darin nicht das Verhältnis des Vaters zum Sohn spiegle, und folglich auch der Hinweis auf die Schöpfung („alle Dinge sind durch ihn gemacht") auf den Vater bezöge, so wäre doch nicht zu bestreiten, daß sich Vers 10 („Er war in der Welt und die Welt ist durch ihn gemacht") ebenso wie Vers 14 („Und der Logos ward Fleisch") nur auf Christus beziehen können. Damit aber erscheint doch auch wieder Vers 1 in anderem, eben Schelling bestätigendem Licht. Noch einmal erwähne ich das von mir zur Präexistenz Christi bereits im V. Kapitel, 2 Gesagte. Dort verwies ich darauf, daß hier noch weitere Stellen aus dem NT heranzuziehen sind, die Schelling merkwürdiger Weise nicht in diesem Zusammenhang aufführt. Ich erinnerte an 1Kor 8,6, wo es heißt: „(…) so haben wir doch nur *einen* Gott, den Vater, von (ex) dem alle Dinge sind (…) und *einen* Herrn, Jesus Christus, durch (diá, per) den alle Dinge sind und wir durch ihn." Gott der Vater, so ist also diesem Text zu entnehmen, ist derjenige, *aus* (ex) dem alles ist, Christus aber derjenige, *durch* (diá, per) den alles ist. Wenn daher in Joh 1,3 steht, *durch* den Logos sind alle Dinge gemacht, so festigt dies entscheidend die Auslegung, daß mit dem Logos Christus gemeint ist. Alles stammt von Gott *her*, aber *durch* Christus wird im Namen Gottes, des Vaters, alles beherrscht und durchdrungen. Diese Herrschaft wird noch deutlicher ausgeführt in Mt 28,18, wo Christus spricht: „Mir ist gegeben alle Gewalt im Himmel und auf Erden." Und schließlich heißt es Eph 1,20-22: Gott hat ihn auferweckt von den Toten „und eingesetzt zu seiner Rechten im Himmel über alle Reiche, Gewalt, Macht, Herrschaft und alles, was sonst einen Namen hat, nicht allein in dieser Welt, sondern auch in der zukünftigen. Und alles hat er unter seine Füße getan (…)".

Nachdem sich nun gezeigt hat, wie Schelling seine Lehre von der Präexistenz Christi durch die Heilige Schrift begründete, ist jetzt des weiteren zu prüfen, wie er dort seine Auffassung von der inneren Selbständigkeit, damit dem *freien*

---
[438] A.a.O., S. 45.

Willen Christi, die abgefallene Welt zu erlösen, gestützt sieht. Vielleicht am deutlichsten wird dies bei Christi Versuchung durch Satan.

Auch Satan ist für Schelling *eine Potenz der absoluten Region*, ein kosmisches Prinzip[439] und als „Fürst der Welt" Herrscher des Todes[440]. „(...) dem Satan wird ein *Reich* zugeschrieben gerade wie Christo, und zwar beherrscht er ein dem Reich Christi entgegengesetztes und widerstehendes Reich." Er wird „also gewissermaßen auf gleiche Linie mit Christo, wenngleich als der Widersacher, gestellt, als der, dessen Reich und dessen Werke zu zerstören Christus gekommen ist."[441] Aber eben als Potenz der absoluten Region sei Satan *nicht eigentlich ein böses Prinzip*. So zeige das Buch Hiob Satan „als eine Macht, welche geneigt ist, die Gesinnung des Menschen in Zweifel und also auf die Probe zu stellen, eine Macht also, die gleichsam notwendig ist, damit das Ungewisse gewiß werde, das Unentschiedene sich entscheide, die Gesinnung sich bewähre." Er ist die Macht, „die, ohne selbst böse zu sein, dennoch das verborgene Böse hervor- und an den Tag bringt, damit es nicht unter dem Guten verborgen bleibe, die eben darum auch an dem hervor- oder an den Tag gebrachten Bösen sich erfreut, weil es die Bestätigung ihres Zweifels (...) ist."[442] So ist die Funktion Satans *die Versuchung*. Sollte er also nicht auch beim Sündenfall, „nicht eigentlich als *selbst* Böses, wohl aber als das Böse *ahnendes* und an dessen Hervorziehung sich erfreuendes Wesen gewirkt haben? Sollte er nicht auch dort, wie (...) bei Hiob, *insofern* Werkzeug Gottes selbst gewesen sein, als Gott selbst will, daß nichts verborgen bleibe?"[443] So zeigt er sich „als ein zur göttlichen Ökonomie selbst gehöriges, und insofern von Gott anerkanntes Prinzip"[444], ja, er sei mit der Aura jener unantastbaren Majestät umgeben, die allen Potenzen der absoluten Region eigentümlich ist. Schelling belegt dies u.a. durch zwei Textstellen des NT.

Die erste findet sich in 2Petr 2,9–12 und lautet: „Der Herr weiß (...) die Ungerechten (...) festzuhalten für den Tag des Gerichts, um sie zu strafen, am meisten aber die, die (...) jegliche Herrschaft verachten. Frech und eigensinnig schrecken sie nicht davor zurück, himmlische Mächte zu lästern, wo doch die Engel, die größere Stärke und Macht haben, kein Verdammungsurteil gegen sie vor den Herrn bringen (...) sie lästern das, wovon sie nichts verstehen, und werden auch in ihrem verdorbenen Wesen umkommen (...)" Was damit gemeint ist, wird erst durch die zweite von Schelling herangezogene Textstelle verdeutlicht, nämlich Jud 6f. Dort heißt es: „Auch die Engel, die ihren himmlischen Rang nicht bewahrten, sondern ihre Behausung verließen, hat er für das Gericht des großen Tages festgehalten mit ewigen Banden in der Finsternis (...) ebenso sind auch diese Träumer, die ihr Fleisch beflecken, jede Herrschaft

---

[439] A.a.O., S. 169.
[440] A.a.O., S. 246.
[441] Ebenda.
[442] A.a.O., S. 248.
[443] A.a.O., S. 249.
[444] A.a.O., S. 639.

verachten und die himmlischen Mächte lästern. Als aber Michael, der Erzengel, mit dem Teufel stritt und mit ihm rechtete um den Leichnam des Mose, wagte er nicht, über ihn sein Verdammungsurteil zu fällen, sondern sprach: Der Herr strafe dich! Diese aber lästern alles, wovon sie nichts verstehen (...)" Schelling zitiert ferner aus dem kabbalistischen Werk Sohar: Non licet homini, ignominiose conviciari genus adversum. (Es ist nicht erlaubt, das Geschlecht der Geister des Widersachers schimpflich zu lästern). Auch erinnert er an das apokryphe Buch Sirach, wo es heißt, daß derjenige ein Gottloser sei, der Satan fluche, und daß dieser zugleich seine eigene Seele verfluche.[445] So paradox es klingen mag: Der Versucher wird hier gleichsam als Gottes Anwalt verstanden, er sorgt dafür, daß quidquid latet, apparebit, das Verborgene also hervortritt, und der Fluch, der ihn trifft, fällt daher nur auf denjenigen zurück, welcher der Versuchung unterlag. Hätte Gott sonst, wie aus dem Buch Hiob hervorgeht, mit dem Satan verkehrt und ihm gestattet, seinen treuen Knecht Hiob zu prüfen? Auch Goethe schöpfte aus dieser Quelle, wenn er im Prolog des „Faust" den Teufel die gleiche Rolle spielen läßt. Dort spricht Gott: „Des Menschen Tätigkeit kann allzu leicht erschlaffen,/ Er liebt sich bald die unbedingte Ruh;/ Drum geb ich gern ihm den Gesellen zu,/ Der reizt und wirkt und muß als Teufel schaffen."

Schelling beruft sich aber auch auf Eph 6,12[446], wo es mit Hinblick auf Satan und seine Geister heißt: „Denn wir haben nicht mit Fleisch und Blut zu kämpfen, sondern mit Mächtigen (*prós tás archás*) und Gewaltigen (*prós tás exusías*), nämlich mit den Herrn der Welt, die in dieser Finsternis herrschen (*prós toús kosmokrátoras toús skótus*), mit den bösen Geistern (*prós tá pneumatiká tes ponerías*) unter dem Himmel (*en toís epúraníois*)." Die hinter den deutschen Text gesetzten griechischen Ausdrücke vermitteln erst das ganze Ausmaß des Gesagten; denn Arché bezieht sich stets auf etwas Ursprüngliches, zur Schöpfung Gehöriges, exusia weist auf eine Macht hin, kosmokrator bedeutet Weltherrscher und en toís epúraníois bedeutet „unter den Himmlischen", in diesem Falle also nach Schellings Deutung zur transzendenten, absoluten Region Gehörigen, obgleich, wie aus den vorangegangenen Ausführungen hervorging, damit auch die relative, die mythische Transzendenz gemeint sein kann, der ja alle mythischen Götter angehören.

Satan als Versucher und dem Absoluten zugehörige Potenz war aber für Schelling zunächst nur eine ideelle Macht; eine bloße Möglichkeit nämlich, die erst durch den Fall des Menschen zu einer reellen Macht wurde. Nun erst, allein durch den Willen des Menschen selbst, kam das Böse in die Welt, nun erst wurde es zur beherrschenden Wirklichkeit und Satan zum Fürsten der Welt, wo er seine Triumphe der Verführung feierte und so den Menschen beherrschte. Darum hat Satan ein „nie ersättigtes Bedürfnis, das, was in ihm als bloße Möglichkeit ist, durch den menschlichen Willen zu verwirklichen. Darum ist

---

[445] A.a.O., S. 253.
[446] A.a.O., S. 255.

der Wille des Menschen gleichsam beständig von ihm umlagert; stets auf der Lauer, ist er jeden Augenblick bereit, jede Blöße, jede offene Stelle zu benutzen, durch welcher der menschliche Wille ihm Eingang in sich verstattet."[447]

Nun aber fragt sich Schelling: Wenn Satan einerseits „der beständige Widersprecher, Hervorrufer des Widerspruchs, Stifter aller Zwietracht und Uneinigkeit, Hervorbringer des Bösen usw." ist, andererseits aber „ein gelittenes, wenigstens als Mittel gewolltes Prinzip" im göttlichen Heilsplan, wie kommt es dann, „daß zumal in den Reden Christi von dieser Ironie, dieser doppelten Vorstellung, so gar keine Spur ist, daß Christus in ihm nur den bösen, den hassenswerten, den un- ja widergöttlichen Geist überall erkennt und zeichnet?"[448] Schelling antwortet: Satan, obgleich nicht selbst böse, sondern nur der im göttlichen Heilsplan wirkende Versucher, war doch die eigentliche Wurzel der Sünde in der Welt, und indem Christus diese zum Zwecke der Erlösung des Menschen ausrotten mußte, war Satan auch sein eigentlicher Feind und Gegner. „(…) Christus, (…), im Namen der ganzen Menschheit fühlend, *kann* in dem ihm Entgegenstehenden nichts als den *Feind* Gottes und der Menschheit erkennen; er ist nicht da, den Satan zu erklären, seine Aufgabe ist die praktische, in ihm nur den Feind zu sehen, den er zur Erlösung der Menschheit zu besiegen hat, so daß jeder, der *ihn* anzöge, dadurch auf immer aus seiner objektiven Gewalt errettet wäre."[449] Dies bezeugt für Schelling auch die folgende Rede Jesu[450]: „Ihr habt den Teufel zum Vater und nach eures Vaters Gelüste wollt ihr tun. Der ist ein Mörder von Anfang an (*ap archés*) und steht nicht in der Wahrheit (*en té aletheía ouk ésteken*), denn die Wahrheit ist nicht in ihm. Wenn er Lügen redet, so spricht er aus dem Eigenen (*ek tón idíon*), denn er ist ein Lügner und der Vater der Lüge." (Joh 8,44) Mörder sei Satan, weil er den Menschen um sein wahres Leben bringe, und er habe keine Wahrheit, weil seine Versuchung ja nur darin bestehen könne, den Menschen über sein wahres Verhältnis zu Gott zu täuschen und ihm vorzugaukeln, er werde Herr über andere und anderes werden, wenn er ihm folge. Daß aber Satan trotzdem kein an sich böses Prinzip sei, erhelle aus dem *ap arches*, von Anfang an und *ek tón idíon*, aus Eigenem, also aus seinem Wesen handelnd. Auch an anderen Stellen des NT werde derselbe Ausdruck in bezug auf Satan gebraucht, nämlich 1Joh 3,8 wo es heißt: „(…) der Teufel sündigt von Anfang an" (*ap archés hamartánei*). Er *sündigt*, und nicht: er sündig*te*. Es komme also aus also seiner *Natur*, seinem eigenen Wesen (*ek tón ídion*) zu sündigen. Aber was heißt hier sündigen? Im Griechischen steht für „sündigt" „hamartánei", was soviel wie abirren bedeutet. Wovon irrte er ab? Sein Prinzip, so Schelling, sei die bloß ideelle *Möglichkeit* des Nicht-Sein-Sollenden, und erst durch den Menschen werde es, werde er Wirk-

---

[447] A.a.O., S. 271.
[448] A.a.O., S. 275.
[449] A.a.O., S. 278. Wenn Luther den Teufel leibhaftig sah, so erklärt dies Schelling damit, daß er diesen mit „seiner eigensten und innersten Kraft" bekämpft habe, weil er ganz aus dem Geiste Christi lebte. (Ebenda.).
[450] A.a.O., S. 268.

lichkeit. Zusammengefaßt: *Es sei also Satans Natur, von der bloßen Möglichkeit, die er ist, durch des Menschen Fall abzuirren in die (böse) Wirklichkeit, die er an sich nicht ist.*[451] Da aber so Satan nach seiner Natur getrieben handle, also nicht durch seinen freien Willen, könne er auch kein gefallener Engel sein[452] – er war von Anfang an, *ap archés,* der von seiner Natur getriebene Versucher.[453] Und schließlich: als reine Möglichkeit, die sich nur durch den Menschen, nicht durch sich selbst verwirklichen kann, sei er so wenig geschaffenes Geschöpf, wie die im Staate gegebene Möglichkeit der Gesetzesbrechung durch diese Gesetzgebung selbst geschaffen wurde.[454]

Diese Deutung Satans entschlüsselt nach Schelling auch jene bereits zitierte Stelle im Briefe Judas, die den Theologen so große Schwierigkeiten bereitet: „Auch die Engel, die ihren Ursprung (*tén heuatón archén*) nicht bewahrten[455], sondern ihre Behausung verließen, hat er für das Gericht des großen Tages festgehalten mit ewigen Banden der Finsternis." Damit ist nach Schelling nicht gemeint, daß die bösen Engel einst von Gott abgefallen sind, was ja seiner Auslegung, sie seien an sich gar nicht böse Potenzen, widerspräche; sondern darin liegt seiner Meinung nach, daß sie ihre ursprüngliche Potenz als reine Möglichkeiten aufgehoben haben, also *diesen* ihren Ort in der Schöpfung verließen und mit Hilfe des Menschen Wirklichkeit wurden: Daß sie aber in den ewigen Banden der Finsternis bis zum Jüngsten Gericht festgehalten würden, bedeute nichts anderes, als daß sie nur aus der Region des nicht Seienden, eben der Finsternis, herauswirken könnten.[456] Nun heißt es allerdings im 2. Petrus-Brief 2,4: „Denn Gott hat selbst die Engel, die gesündigt haben, nicht verschont, sondern hat sie mit Ketten der Finsternis in den Tartarus gestoßen und übergeben, damit sie für das Gericht festgehalten werden."[457] Es werden also die bösen Engel im Gegensatz zu Schellings These ausdrücklich als Sünder, die

---

[451] A.a.O., S. 266.
[452] A.a.O., S. 267.
[453] „(...) es ist seine Natur, das Verbotene, das nicht sein Sollende in Möglichkeit zu stellen, damit das eigentlich Böse, das nur in der Gesinnung liegt, offenbar werde." A.a.O., S. 261.
[454] „Mit der wirklichen Schöpfung also, sowie diese gesetzt ist, ist eine Unzahl von Möglichkeiten, von Potenzen gegeben." Auch „Mit der Existenz eines Staates ist eine Unzahl ihm entgegengesetzter Möglichkeiten, d.h. eine Unzahl von Verbrechen, von Möglichkeiten gesetzt (...) Ebenso, wenn die Schöpfung in die Wirklichkeit tritt, sind alle Gegensätze derselben als Möglichkeiten, als Potenzen, zugelassen, die aber nicht zur Herrschaft (...) kommen, wenn alles unter seinem Haupte beschlossen bleibt (...) indem aber durch Schuld des Menschen die göttlich gesetzte Einheit, in der alles unter einem Haupte (dem Menschen) beschlossen sein sollte, auseinandergeht (...), jetzt treten sie" (die Potenzen) „hervor, und zwar mit einer Macht und Gewalt, die ihnen nicht bestimmt war, die sie nicht haben sollten, und erscheinen als böse Geister (...)" A.a.O., S. 282.
[455] Ich übersetze abweichend von dem hier stets verwendeten Text „ihren Ursprung" (dieser spricht von „ihrem Rang"), weil dies den Sinn des griechischen Wortes Arché genau trifft.
[456] A.a.O., S. 289.
[457] Auch hier weiche ich von der hier gebrauchten Übersetzung ab, die „Hölle" für Tartarus setzt, obgleich sich sowohl der griechische wie der lateinische Text des im griechischen Mythos geläufigen Ausdrucks bedient.

ihre Strafe erhalten, bezeichnet. Diesen Widerspruch versucht Schelling dadurch zu beseitigen, daß er hier einen Rückfall in die mythologische Ausdrucksweise erkennen zu können meint, wie ja überhaupt die Apostel „auf der Grenze des blinden wie befreiten Bewußtseins" gestanden seien. Als mythologisch sei aber diese Ausdrucksweise deshalb zu bezeichnen, weil sie wörtlich auch in Hesiods Theogonie zu finden sei, und zwar eben dort, wo Zeus die Titanen im Reich der Finsternis gefesselt hält.[458]

Kehren wir zu der Frage zurück, wie Schelling seine These, die Erlösung der Welt durch Christus entspringe dessen freier Entscheidung, seinem *freien Willen*, mit der Heiligen Schrift begründet. Wir können jetzt sehen, daß die Antwort in der Tat Schellings Reflexionen über Satan zu entnehmen ist. Ihnen zufolge steht ja zunächst fest, daß Satan eine der absoluten Region angehörige Potenz ist und ein im Heilsplan vorgesehenes kosmisches Prinzip. Deswegen besitzt er eine der zweiten Potenz, dem Sohne gegenüber gewissermaßen ebenbürtige Stellung. Nur so aber ist er überhaupt in der Lage, seine Rolle als Versucher selbst Christus gegenüber zu spielen. Daß dies der Fall ist, zeigt nach Schelling Mat 4,1: „Da wurde Jesus vom Geist in die Wüste geführt, damit er von dem Teufel versucht würde." Es ist aber nicht nur die Versuchung überhaupt, in der Satans Ebenbürtigkeit mit Christus biblisch belegt ist, sondern vor allem das, worin sie besteht. Denn nichts Geringeres bietet Satan Christus an, als die Herrschaft über die Welt, wofern er vor ihm niederfalle und ihn anbete. Daher kann Schelling schreiben: „Haben wir (…) uns erst von dieser Würde des Satan überzeugt, so wird uns (…) die (…) Versuchungsgeschichte Christi begreiflicher. Heißt es nicht Christum tief herabsetzen, wenn man für möglich annimmt, daß er der Versuchung durch ein Geschöpf ausgesetzt war? Dagegen ist uns ganz begreiflich, daß Christus den Sollicitationen dieses Prinzips, dessen Werke aufzulösen er gekommen war, daß er die Sollicitationen dieses Prinzips, und zwar direkter und unmittelbarer als irgendein Mensch es sein konnte, ausgesetzt war (…)"[459] Diese vom NT bezeugte Versuchung Christi durch Satan und deren Zurückweisung ist also für Schelling die Bestätigung dafür, daß der Abfall Christi überhaupt im Bereiche der *Möglichkeit* lag, und daß folglich dessen Entscheidung, Satan zurückzuweisen und die Welt vom Fluche ihres Abfalls zu erlösen, seinem eigenen, auch von Gott unabhängigen Willen entsprang.

Halten wir hier zunächst ein. Es ist Schelling zweifellos gelungen, gestützt auf die Heilige Schrift nachzuweisen, daß Satan einen „kosmischen Rang" hat und eine *transzendente* Macht ist. Andererseits ist die genauere Auslegung von Satan als Potenz und seine Zugehörigkeit zur absoluten Region, wie sie Schelling versteht, ebenso fragwürdig wie die bereits kritisch untersuchte, genauere Auslegung von Christi Präexistenz. Denn in beiden Fällen haben wir es mit einer spekulativen Metaphysik zu tun, die, als solche, weder durch den Glauben

---

[458] Hesiod, Theogonie, 729f., 717f.
[459] A.a.O., S. 245f.

gestützt wird, noch durch irgendeine Erfahrung. Nicht durch den Glauben, denn sie will ja erklärter Weise gerade die Lücken der Offenbarung durch eine von ihr unabhängige, autonome Evidenz der Vernunft ausfüllen, und nicht durch Erfahrung, denn sie entspringt ja einem rein apriorischen und autonomen Denken.

Die Fragwürdigkeiten von Schellings metaphysischer Deutung verschwinden indessen, wenn Satan *im Rahmen des Mythos* betrachtet wird, so wie dies bereits im III. Kapitel geschehen ist. Denn dann erscheint er als *mythischer Gott* (wenn er auch nicht soter, Retter, sondern Versucher und Widersacher genannt werden muß) und wird damit, wie alle mythischen Götter, zu einem integralen Teil mythischer *Welterfahrung*. Es ist nun aber diese Eingebundenheit Satans in eine solche Erfahrung, die im Gegensatz zu Schellings rein spekulativer Deutung überhaupt erst Evidenz zu vermitteln vermag. So paradox es klingt: *Gott ist Gegenstand der Glaubens, der Teufel aber ebenso wie der status corruptionis Gegenstand der Erfahrung, mag es auch eine mythische sein.* Denn in der Erfahrung des status corruptionis stellt sich ganz unwillkürlich, besonders im Bereiche schwerer Kapitalverbrechen, der Eindruck einer fundamental dämonischen Besessenheit des Menschen ein, und große Werke der Weltliteratur haben, wie im VII. Kapitel, 10 dargelegt, solche Zustände auf erschütternde und eindrucksvolle Weise beschrieben. Ich erinnere noch einmal an Dostojewskis „Die Brüder Karamasow", an Thomas Manns „Dr. Faustus", an Bernanos' „Die Sonne Satans" usw. Es kann gar kein Zweifel darüber bestehen, daß so betroffene Menschen wie unter einem unwiderstehlichen Zwang stehen, der sie mit furchtbarer Angst erfüllt, und daß sie auf eine als teuflisch empfundene Weise ebenso Lust wie schreckliche Seelenqualen erleiden, wo sie ihm erliegen. Ersetzen wir aber die spekulative durch die mythische Betrachtung, so scheint allerdings Schellings These erschüttert zu werden, Satan sei an sich nicht böse und könne sich alleine nur durch des Menschen Wille verwirklichen. Der *empirisch-phänomenologische Tatbestand* ist ja dann eher der, daß sich der teuflische Dämon mit *unwiderstehlicher Macht* in den Menschen *hineindrängt*, so daß der gläubige Christ das Kreuzeszeichen macht, also die *andere* transzendente Macht, eben Christus, zuhilfe ruft. So wird hier der Mensch in typisch mythischer Vorstellung eher zum *Kampfplatz zwischen Gut und Böse*, als daß er selbst, allein aus der Kraft seines eigenen und freien Willens, tätig werden könnte.

Dennoch ist das nur die eine Seite des Phänomens Satan, so daß, auch aus mythischer Sicht, Schellings These, er sei an sich kein eigenes böses Prinzip, ihr relatives Recht behält. Auch im Buche Hiob ist ja Satans Macht, Unheil selbst zu bewirken, von Gott zum Zwecke der Prüfung nur gestattet, und dort, wo er nicht als zwanghaft beherrschender Dämon, sondern nur als einflüsternder Versucher auftritt, besitzt er in der Tat keine eigene Wirklichkeit, sondern gewinnt sie nur durch den, der ihm erliegt. Auch besteht er dabei einzig aus List, Täuschung und Lüge, also lauter Nicht-Seiendem (Wirklichem) also, wie es Schelling sieht. Selbst diese seine Rolle als Verführer wird aber in mythischer Erfahrung vermittelt, wie uns die Redeweise „die innere Stimme des Bösen" zeigt. So ist Satan mythisch ein Zwitterwesen, dunkel und rätselhaft wie alles Böse, ein Teil jenes unauflöslichen Urrätsels, warum Gott die Welt und damit notwendig auch das in ihr Gottferne geschaffen hat. Aber selbst wenn man das zugibt, kann doch *Schellings Versuch einer Theodizee, nämlich alles Böse allein dem freien Willen des Menschen aufzubürden,* nicht überzeugen, weil es unmöglich ist, Satan einseitig als ein an sich nicht böses Prinzip hinzustellen, ohne jener Evidenz zu widersprechen, die uns doch andererseits in mythischer Erfahrung unmittelbar eben dieser seiner bösen Existenz versichert.

Erinnern wir uns jetzt noch einmal daran, was eigentlich *mythisch* Transzendenz Satans bedeutet. (Vgl. Kapitel VII, 10) Sie besteht zum einen darin daß er, wie überhaupt Götter, nicht der Sphäre der Sterblichen, sondern dem schon gekennzeichneten mythischen Raum und der mythischen Zeit angehört, daß er unsterblich ist, überall sein kann und doch stets dasselbe verkörpert. Zum anderen ist die mythische Transzendenz von Göttern und damit Satans *integraler Teil der sinnlich-sichtbaren Welt,* weil sie im Sinne der Ursprungsgeschichten und Archaí die Verfassung der Natur- und Menschenwelt prägen und *unlösbar* mit diesen verbunden sind. Eben dort sind sie auch für die Menschen unmittelbar erfahrbar, und wie Iris der Regenbogen selbst, Aphrodite die Liebe selbst, Apollo die Weisheit selbst ist, Satan das Böse oder die Versuchung selbst ist, so *sind* sie auch die von ihnen geprägten Erscheinungen. Wohingegen die Transzedenz Gottes, der als *Schöpfer der Welt* dieser doch *vorausgeht,* gerade *nicht* ein notwendig integrales Ganzes mit dieser bildet, und sein präexistenter Sohn dort auch nur *einmal* unmittelbar in Erscheinung tritt. Eben deswegen ist die mit Gott und dem Sohn verbundene Transzendenz nur teilweise mythischer Natur; sie ist es nicht, wo unter ihr die absolute Region und absolute Weltferne zu verstehen ist; aber sie nimmt diese Natur immer dann an, wenn ihr Abglanz *innerhalb der sinnlich wahrnehmbaren Welt* erfahrbar wird. Der Unterschied zwischen *absoluter* und *mythischer* Transzendenz tritt auch hier wieder klar hervor.

Damit stehen aber nun auch jene bereits zitierten Textstellen 2Petr 2,4 und Jud 4,6 im Einklang, deren Unvereinbarkeit mit der These, daß Satan als der bloße Versucher nicht von sich aus böse sei, Schelling in keineswegs überzeugender Weise zu widerlegen sucht. Die Verfasser der beiden Briefe dürften kaum eine Vorstellung von metaphysischen Potenzen und dem subtilen Unterschied zwischen Möglichkeit und Wirklichkeit gehabt haben, wie ihnen Schelling im gegebenen Fall unterstellt, und andererseits deutet er ja die bestehenden Widersprüche selbst mit der Befangenheit der Apostel im mythischen Denken. Versteht man aber Satan als einen Gott von mythischer Transzendenz und eben damit zugleich als integraler Teil der sinnlich-sichtbaren Welt, so steht er, wie bereits aus dem III. Kapitel, 1 hervorging, in einem unlöslichen Zusammenhang mit dem status corruptionis des Menschen. Ist er doch nichts anderes als dessen mythische Personalisierung. Wenn eine mythische Welt immer schon aus Menschen *und* Göttern besteht, so wird eine solche, wenn sie durch die Ferne von der *absoluten Transzendenz* Gottes gekennzeichnet ist, auch von bösen Dämonen bevölkert sein, welche diese Ferne verkörpern. Die *Wirklichkeit*, in der sich der adamitische Mensch versteht und welche diejenige des status corruptionis ist, schließt daher solche Dämonen notwendig ein. Betrachtet man also mythisch die Welt als ein Ganzes von Göttern und Menschen, so ist der Fall des Menschen unlöslich mit demjenigen der Götter verbunden, und die mythische Ursprungsgeschichte, die ihn erzählt, bringt dies ja auch zum Ausdruck, wie bereits im III. Kapitel, A hervorgehoben, indem ihre dramatis personae nicht nur aus Adam und Eva, sondern ebenso aus der Schlange bestehen.

Der mythische Sinn der Zitate von 2Petr 2,4 und Jud 4,6 ist damit eindeutig erkennbar. Die sündigen Engel, von denen der Petrusbrief spricht, sind jene mythischen Götter, die als integraler Teil des mythischen Weltganzen ebenso dem status corruptionis angehören wie der Mensch und damit das Jüngste Gericht zu erwarten haben, sich aber wie alle Götter an einem mythisch transzendenten Ort aufhalten, der im gegebenen Fall der Tartarus und die Finsternis ist. Der Brief des Judas ergänzt den Petrusbrief dahingehend, daß er die bösen Engel ausdrücklich als von Gott *abgefallen* und damit als diejenigen bezeichnet, die, *wie ja der Mensch auch*, ihren ursprünglichen, ihnen eigentümlichen Ort verließen. Und wie der Mensch seinen Abfall von Gott mit dem Sein zum Tode büßte, so die bösen Engel mit dem transzendenten Ort des Tartarus und der Finsternis. Was Schelling also mit Hinblick auf Hesiod für eine bloß mythische Einkleidung hält, ist hier der eigentliche Sinn.

Es ist nun gerade die erwähnte Versuchungsgeschichte Christi Mat 4,1, welche die mythische Transzendenz Satans bestätigt. Sie zeigt aber, daß die für diese Geschichte von Schelling zurecht verlangte Voraussetzung, nämlich die Ebenbürtigkeit Christi mit Satan, erst in dem Augenblick gegeben ist, wo Christus die sinnliche Welt betritt. Als Gottmensch hat er seine absolute Transzendenz verlassen und die Grenze zum Territorium des Fürsten der Welt überschritten; und hier erst tritt ihm nun Satan ebenbürtig in seiner mythischen Gottheit und Transzendenz entgegen.

Die Versuchung Christi selbst setzt jedoch im Gegensatz zu Schellings Behauptung weder notwendig voraus, daß Christus ihr erliegen konnte, noch seinen freien Willen, darüber zu entscheiden. Denn obgleich Satan sich seinem größten Widersacher in der ihm eigenen Weise stellen *mußte*, als dieser sein Reich betrat, eben indem er ihn in Versuchung führte, so stand er doch dabei von vornherein auf verlorenem Posten: Christus *war* der Sohn Gottes und wirkte daher *seiner göttlichen Natur entsprechend*. Denn diese besteht ja darin, daß sein Denken nicht von seinem Tun zu trennen ist, also seiner Entscheidung nicht nach Menschenweise eine (schwankende) Überlegung vorhergehen muß; sondern sein Denken ist sein Wort, wie hier schon gezeigt wurde, und sein Wort ist bereits seine Tat. (Vgl. das I. Kapitel, 3)

Folgen wir nun dem Weg weiter, wie der nach Schelling freie Wille des Sohnes die Wiederherstellung der Einheit mit Gott und die Überwindung des Falls ins Werk setzt. Dies geschieht, indem er Mensch wird. So gibt er seine Gottesgestalt auf (morphé theu) und nimmt diejenige des Knechts an (*morphé* doúlou).⁴⁶⁰ „Indem er dieses Verhältnis zu dem Gott Entfremdeten einging, hatte er also diesem freiwillig sich gleich gestellt; indem er ihn gegen Gott vertrat, sich an unsere Stelle setzte, hat er unsere *Schuld* auf sich genommen, und also auch die *Verbindlichkeit*, die Folge, die Strafe dieser Schuld zu tragen. Er, der von keiner Schuld wußte, hat durch seine Liebe selbst zum Schuldigen sich gemacht. ,Er lud auf *sich* unsere Schuld, die Strafe liegt auf ihm, auf daß *wir* Friede hätten.' Wer die Schuld eines anderen auf sich nimmt, macht sich eben damit selbst zum Schuldigen, und muß leiden, was der Schuldige eigentlich leiden sollte. Der Bürge, wie Christus auch genannt wird, ist der, welcher für einen anderen einsteht, ihn gegen das Recht und die dringenden Forderungen des Gläubigers schützt, er ist nicht der selbst Schuldige und doch der Schuldige."⁴⁶¹ In dieser Bürgschaft, übernommen von Gottes eigenem Sohn, als der sich der Auferstandene offenbart hat, vermag der an sie glaubende Mensch das Mitleid, die Liebe und die Vergebung durch Gottes Stellvertreter zu erkennen, und hinfort das Vertrauen zu finden, des status corruptionis ledig zu werden, aus dem er sich mit eigener Kraft nicht zu befreien vermag. „Dadurch, daß Christus auferstanden ist – dadurch ist uns die Gabe der Rechtfertigung (...) geworden, und also auch unser gegenwärtiger von Gott getrennter Zustand ein von Gott anerkannter, in dem wir ruhig, ja *freudig* uns bewegen können (...)"⁴⁶²

Sobald Christus erschienen ist, beginnt das Heidentum abzusterben. Im Heidentum hatte der Sohn, wie schon gesagt, nur als „Natur" gewirkt, durch seine reine Existenz, wodurch die Menschen des Göttlichen wenigstens gebrochen, wenigstens im Lichte des Mythos und des Polytheismus innewurden. Nun aber hat er sich zur Offenbarung entschieden und ist selbst in Erscheinung getreten. Erneut weist daher Schelling darauf hin, daß sich damit der Mythos als eine, wenn auch unvermeidliche Fabel enthüllt hat, als ein, wenn auch notwendiger Wahn. So ist sein Untergang besiegelt: „In Christo starb die ganze kosmische Religion."⁴⁶³ Die neue, tief gegründete Zuversicht, die durch Christi Opfertod in das Leben des Menschen gekommen ist, gipfelt aber in der Hoffnung, aus dem Reich der Sünde und des Todes erlöst zu werden und in das durch den Fall verlorene, ewige Reich Gottes zurückzukehren. Daß diese Hoffnung nicht trügt, hat Christus vorgezeigt. Mit ihm ereignet sich, was auch den im Glauben gerechtfertigten Menschen erwartet: Nach dem Tode die Auferstehung und das ewige Leben in Gott. Nun lehrt zwar das Christentum,

---

⁴⁶⁰ A.a.O., S. 163.
⁴⁶¹ A.a.O., S. 196 f.
⁴⁶² A.a.O., S. 218.
⁴⁶³ Schelling erinnert hier an Plutarchs „de defectu oraculorum", wo berichtet wird, dem Steuermann eines römischen Schiffes habe in der Nähe zweier bekannter Inseln des Jonischen Meeres eine mächtige Stimme verkündet, der große Pan sei tot. Diese Nachricht solle er nun bei einer anderen Insel in der Nähe des Palodes ausrufen. Kaum aber sei dort am Lande sein Ruf vernommen worden, da sei „ein großes Seufzen nicht wie von einem, sondern von vielen dort gehört worden." Diese Geschichte, von zahlreichen Mitreisenden bezeugt, sei auch dem Kaiser Tiberius zu Ohren gekommen, der daraufhin Nachforschungen anstellte. Tiberius aber herrschte zur Zeit, da Christus erschienen war. A.a.O., S. 239 f.

daß die Auferstehung nicht nur dem Gerechten, sondern *jedem* Menschen widerfährt, doch gibt es nach Schelling dafür eine zwingende philosophische Erklärung. Es gehöre nämlich, philosophisch betrachtet, die Unsterblichkeit überhaupt zu des Menschen *absoluter und notwendiger Bestimmung*, woran der nur faktische, kontingente, durch den freien Willen erfolgte Fall letztlich nichts zu ändern vermöge. Doch werde dem im Glauben Gerechten das ewige Leben zur ewigen Freude, dem andern zur ewigen Qual.

Schellings philosophische Unsterblichkeitslehre geht vom Menschen als *Idee* und Potenz der Schöpfung vor dem Fall aus. In der Idee oder Natur des Menschen sind die beiden Zustände – der natürliche und der geistige – „als eins und ungetrennt gesetzt. Wenn sie daher als getrennt erscheinen, so kann dies nicht vermöge seiner bloßen Natur oder Idee, es kann nur die Folge eines *besonderen Ereignisses* gewesen sein", und dieses ist der Sündenfall.[464] Der Sündenfall aber ist nach Schelling „die Folge einer bloß zufälligen Tat oder der bloß zufälligen Abweichung des Menschen von seinem wahren Ziel, wodurch „das wahre, einmal durch die Schöpfung gesetzte Wesen des Menschen" nicht aufgehoben werden könne.[465] So sei einerseits die Wiederherstellung der verlorenen Einheit kraft der Idee des Menschen *notwendig*; aber andererseits könne sie doch nach Lage der Dinge nur dadurch zustande kommen, daß sie *sukzessive erfolgt*: Im gegenwärtigen Leben befindet sich der Mensch kraft des Falls in einem einseitig natürlichen, dem unrechten Zustand; das Geistige ist zwar vorhanden, aber der Natur unterworfen (schon die Angewiesenheit auf Schlaf und Wachen, Speise und Trank zeigen das.)[466] Der Tod ist nun für Schelling die Schwelle des Übergangs, wo sein gegenwärtiger Zustand untergegangen ist; das Geistige ist damit zwar seiner Gefangenschaft durch das Natürliche ledig, besitzt aber keine Gestaltungsmöglichkeit mehr und ist nur noch erstarrte, fortdauernde Identität des Gestorbenen und Gewesenen. (So wie nach bestimmten Auffassungen des griechischen Mythos, wie man Schelling ergänzen könnte, die Toten das bleiben, was sie waren, und nur die Dimension der Zukunft erloschen ist.) In der darauf folgenden Auferstehung gelangt aber der Mensch endlich in den *seiner Idee gemäßen, den rechten Zustand*, falls er ein im Glauben gerechtfertigter ist. In diesem Zustand beherrscht der Geist das Natürliche, ohne die ihm zugehörige Leiblichkeit zu verlieren. „Die zwei Prinzipien, das natürliche, *aus* dem, das geistige, *in* das der Mensch geschaffen ist, haben sich in *sukzessive* (einander ausschließende) Potenzen des menschlichen Lebens verwandelt, so daß derselbe ganze und übrigens unzertrennliche Mensch zuerst unter der Potenz oder dem Exponenten des bloß natürlichen Lebens, *hierauf* unter dem des geistigen gesetzt ist. Das künftige Leben verhält sich also nur als eine *höhere Potenz* des gegenwärtigen, aber eben darum ist es so notwendig gesetzt, als das gegenwärtige gesetzt ist. Es ist insofern eine dem Menschen

---

[464] A.a.O., S. 211.
[465] A.a.O., S. 212.
[466] A.a.O., S. 211.

durch sein in der Schöpfung gesetztes Wesen auferlegte Notwendigkeit, daß, *wenn* er unmittelbar und zuerst das natürliche Leben lebt, er hierauf ebenso einseitig das geistige Leben, das Leben unter der Herrschaft der geistigen Potenz lebe, um erst in einer dritten Stufe natürliches und geistiges Leben, wie sie es ursprünglich sein sollten, wieder in eins zu bringen."[467] Freilich bekennt Schelling: „Diese Zukunft liegt (…) in solcher Ferne von unserem *gegenwärtigen* Sein, daß wir wenigstens die ganze Folge der dazwischen liegenden Entwicklung durchlaufen haben müßten, um von diesem letzten Zustand einen bestimmteren als den eben angegebenen Begriff aufzustellen."[468] Dieses Mysterium habe auch Paulus angesprochen, wenn er Phil 3,21 schrieb: „Unser Bürgerrecht aber ist im Himmel; woher wir auch erwarten den Heiland, den Herrn Jesus Christus, der unseren nichtigen Leib verwandeln wird, daß er gleich werde seinem verherrlichten Leibe nach der Kraft, mit der er sich alle Dinge untertan machen kann."

Nun ist zwar für beide, die im Glauben Gerechtfertigten und damit Gerechten ebenso wie die im Unglauben Lebenden, der Tod eine Beraubung, nämlich des gegenwärtigen Lebens. „(…) aber das Leiden beider ist ein sehr verschiedenes. Denn denjenigen, welche hier (…) dieses materielle Leben als eine *Privation* empfunden und so viel wie möglich geistig zu leben gesucht haben, denen wird das, was *an sich* allerdings eine Beraubung ist, keine Beraubung sein, sie werden sie nicht als solche, sie werden vielmehr diesen Zustand nur als einen ihnen vollkommen zusagenden, als ein Ruhen im Herrn empfinden. Diejenigen dagegen, welche sich hier mit Lust in das materielle Leben versenkt haben. werden auch dort, um (…) den Ausdruck des sterbenden Sokrates zu anzuwenden, im Schlamme liegen, d.h., sie werden eigentlich nicht leben können, ihre Qual wird eben darin bestehen, daß ihnen ein Leben angemutet wird, dessen sie völlig unfähig sind (…)"[469] Ihnen „kann die Wiederauferweckung nicht zum ewigen Leben, sondern, da sie leben, ohne wahrhaft leben zu können, nur zum ewigen Sterben gereichen, so daß der Moment des Todes für sie ein bleibender ist, sich zur Ewigkeit ausdehnt."[470]

---

[467] Ebenda.
[468] A.a.O., S. 215. Aus diesem Zitat geht klar hervor, daß die in der mir zugänglichen Sekundärlitertur allgemein vertretene Meinung, Schelling habe ein individuelles Leben nach dem Tode abgelehnt, nur teilweise wahr ist. Wie seiner Meinung nach im Jenseits auch das „Natürliche" nicht einfach verschwindet, aber vom „Geiste" beherrscht wird, so verschwindet dort auch nicht das Individuelle, sondern wird nur vom Universellen erfüllt – obgleich wir uns verständlicher Weise davon keinen „Begriff" machen können. Aber, so könnte man kritisch ergänzen: Können wir uns nicht umgekehrt ebenso wenig einen Begriff davon machen, wie das Individuelle durch den Fall aus dem Universellen, der in der absoluten Region seienden Idee des Menschen entsteht, wie also aus der Idee und Potenz Mensch der einzelne Mensch wird?
[469] A.a.O., S. 214. Den Tod bezeichnet Schelling als eine „Essentifikation". Darin gehe das Zufällige unter, „aber das *Wesen*, das was eigentlich der Mensch ist", werde bewahrt. „Denn kein Mensch erscheint in seinem Leben, ganz als der er IST. Nach dem Tode ist er bloß noch *Er selbst*." A.a.O., S. 207.
[470] A.a.O., S. 219.

Schellings Jenseitslehre ist philosophischer Art und will es sein. Dabei zeigt sich aber wieder der fundamentale Unterschied zum mythischen Denken: Während Schellings Beweisversuche für die allgemeine Unsterblichkeit seine spekulative und damit fragwürdige Ideen- und Potenzenlehre zur Voraussetzung haben, wird mythisch das Fortleben nach dem Tode durch eine *Erfahrung* vermittelt und zwar diejenige, die sich im *Gedenken an die Toten* einstellt.[471] Zum einen ist ja dieses Gedenken wegen der mythischen Einheit des Subjektiven und Objektiven zugleich das Hervorrufen der Toten und die Kommunikation mit ihnen, wovon zahllose Rituale der verschiedensten Art in allen mythischen Kulturen zeugen; zum andern entspricht es der mythischen Zeitvorstellung, daß das Vergangene, hier die Gestorbenen, im Gegenwärtigen fortlebt. Die Lebenden sind dort so wirklich wie die Toten. Die Legitimität einer solchen Totenerfahrung braucht aber hier nicht noch einmal geprüft zu werden und es ist auch noch nicht lange her, daß diese Erfahrung den Menschen, von ihrer christlichen Prägung ganz abgesehen, geradezu selbstverständlich war. Ja sie stellt sich auch heute noch bei den meisten, selbst ungläubigen Menschen wie von selbst ein, soweit sie, sei es innerlich, sei es im Traum oder Gräberkult, die Nähe der Toten zu spüren meinen und Umgang mit ihnen pflegen. Gerade in diesem Bereich zeigt sich die moderne Bewußtseinsspaltung besonders deutlich. Denn die Unwillkürlichkeit, mit der die Toten, vor allem die geliebten, weiterhin das Leben begleiten, mit der man ihr Gedächtnis pflegt und ihnen die Treue hält; die Unwillkürlichkeit, mit der man versucht, sie nicht zu enttäuschen oder mit der man annimmt, daß sie irgendetwas erfreuen oder betrüben könnte, diese Unwillkürlichkeit, man kann es drehen und wenden wie man will, setzt doch stillschweigend den Glauben an ihre Existenz voraus; während man andererseits eben diese Existenz auf unmittelbares Befragen hin meist leugnet und sich in psychologische Erklärungen flüchtet, die aus einer so ernsten, Trost- und Lebenskraft spendenden Sache nichts als Wahn- und Zwangsvorstellungen macht.

Wir müssen aber nicht nur die *allgemeine* Unsterblichkeitslehre Schellings mit dem mythischen Aspekt vergleichen, sondern auch deren *besonderen christlichen Inhalt*. In mancherlei Hinsicht gibt es ja Ähnlichkeiten zwischen verschiedenen Mythen, die sich auf die näheren Umstände des Lebens nach dem Tode beziehen und entsprechenden christlichen Vorstellungen. So erzählen auch Mythen

---

[471] „Die Vorstellungen der Griechen über den Zustand nach dem Tode beruhten nicht auf Theologien, sondern auf Erfahrungen durch Träume und ähnliche Offenbarungen" V. GRONBECH, Hellas, Hamburg 1965, S. 78. – „Wenn somit (…) auf der Stufe der Metaphysik der Gedanke sich abmühen muß, ‚Beweise' für die Fortdauer der Seele nach dem Tode zu erbringen," schreibt E. Cassirer, „so gilt im natürlichen Fortgang der menschlichen Geistesgeschichte vielmehr das umgekehrte Verhältnis. Nicht die Unsterblichkeit, sondern die Sterblichkeit ist dasjenige, was hier ‚bewiesen', d.h. theoretisch erkannt, was erst allmählich durch Trennungslinien, die die fortdauernde Reflexion in den Inhalt der unmittelbaren Erfahrung hineinlegt, herausgestellt und sichergestellt werden muß." (Philosophie der symbolischen Formen, Darmstadt 1956, S. 50) – Zur mythischen Totenerfahrung vgl. ferner K. HÜBNER, Die Wahrheit des Mythos, a.a.O., Kapitel XIII.

von ewigen und qualvollen Strafen für begangene Verbrechen (Tantalos im Hades), von den Gefilden ewiger Seligkeit (Menelaos im Elysium) und von Richtern der Toten (Rhadamantys). Dabei gehen solche inhaltliche Vorstellungen vom Nachleben keineswegs über die mythische Totenerfahrung hinaus, so daß sie eher der phantastischen, unverbindlichen Mythologie angehörten als dem Wirklichkeit aussprechenden Mythos. Denn nicht nur das Bewußtsein, daß die Toten dem Leben entrückt sind und der Zukunft ermangeln, prägt mythisch die Erfahrung im Umgang mit den Toten oder die Überzeugung von ihrer teilnehmenden Gegenwart, sondern ebenso, daß, wenn jemand der ewigen Verdammnis der Götter anheimgefallen oder von ihnen verklärt worden ist, dies als die Arché zu verstehen ist, die im Schicksal bedeutender Familien und der von ihnen beherrschten Polis weiterwirkt und damit das apriorische Interpretationsmittel für damit zusammenhängende Ereignisse darstellt. Sind es doch die Ursprungsgeschichten der Ahnen, der maiores, wie sie die Römer als „die Größeren" treffend kennzeichneten, die von grundauf die *gelebte Ordnung des Staates* im Bewußtsein der Herrscher wie der Beherrschten prägen. Noch im späteren Kunstmythos Vergils wirkt das nach, wenn Aeneas in den Elysischen Gefilden seinen Vater Anchises antrifft, der ihm die künftige Gründung Roms weissagt.

Trotz solcher Ähnlichkeiten bestehen freilich fundamentale Unterschiede zwischen mythischen und christlichen Vorstellungen über das Leben nach dem Tode. So sind die Maßstäbe des mythischen Totengerichts, das über die Qualen des Hades oder die Seligkeit des Elysiums entscheidet, vollständig andere als die christlichen. Der Mythos kennt den christlichen Sündenbegriff nicht und weiß daher auch weder etwas von der Art der Verdammnis, die christlich den Sünder erwartet, noch von der Art der Erlösung, welche das ewige Leben bedeutet. Christlich büßt der Verdammte nicht, wie es im Mythos der Fall ist, eine bestimmte, begangene Tat, sondern die allgemeine Gesinnung der Verfallenheit an ein Dasein, das sich von Gott überhaupt abgekehrt hat; wenn andererseits mythisch erwählte Tote in den elysischen Gefilden an dem seligen Glanze der Götter teilhaben und an ihren Tischen speisen, so verbleiben sie doch damit immer noch im Bereiche jener mit dem Irdischen unlösbar verbundenen Transzendenz, die für die Götter, ich sagte es schon, kennzeichnend ist; während die christliche Idee vom ewigen Leben als Vereinigung mit Gott auch diesen Erdenrest hinter sich läßt und auch nur so dem status corruptionis endgültig entrinnt, welcher der Schöpfung ungeachtet ihres andererseits göttlichen Glanzes notwendig innewohnt. Eben deswegen geht christlich das ewige Leben mit dem Mysterium einer Verklärung nicht nur des Geistes, sondern auch des Körpers einher, die schon deswegen dem mythischen Denken fremd bleiben muß, *weil* es nur die Göttlichkeit *dieser Welt* kennt und eben deswegen auch ihre dunklen Seiten, selbst die der Götter, hinnimmt. Und schließlich: Für das Christentum sind die Vorstellungen von einem Totengericht von *allgemeiner und fundamentaler Bedeutung*, mit ihnen steht und fällt das Christentum insgesamt; abstrahierte man hingegen solche Vorstellungen aus der geistigen Welt des

Mythos, so erlitte er damit keinen substantiellen Verlust, was man schon daran ersehen kann, daß Rhadamantys für den griechischen Mythos, um bei diesem Modell zu bleiben, in keiner Weise eine zentrale Figur darstellt.

Dennoch erweisen sich Mythen über das Leben nach dem Tode, die in einem gegebenen mythischen Kulturkreis keineswegs als reine Phantasiegebilde angesehen werden, sondern in der geschilderten Weise zu dessen Erfahrungswirklichkeit gehören, auch durch die Offenbarung keineswegs als Wahn, wie das Schelling behauptet, sondern nur als begrenzt gültig. So gehört zwar das Totengericht des Rhadamantys jener Welt an, wo Götter in der ihnen eigentümlichen, mythischen Transzendenz leben und zeigt in einem besonderen Fall den Umgang der Götter mit Menschen, aber die mythische Ordnung steht aus der Sicht der Offenbarung unter einem noch höheren Gesetz, wobei sie teils *unter* diesem fortexistiert, teils dadurch aufgehoben wird. In keinem von beiden Fällen wird ihr indessen der Wirklichkeitscharakter abgesprochen, also auch im zweiten nicht, denn dann *war* sie eine Wirklichkeit, während sie es jetzt nicht mehr ist. So ist nach der Offenbarung das mythische Totengericht, juristisch ausgedrückt, zugunsten eines „höheren" abgeschafft oder an ein „höheres" verwiesen.

Hier ist an Dante zu erinnern, der im 31. Gesang des Ganges durch die Hölle die Bestrafung der Giganten schildert, die sich gegen Jupiter aufgelehnt haben und nun also auch vom höchsten Richter verworfen werden. Im 25. Gesang des Fegefeuers wird Diana als Göttin der Keuschheit angerufen, und im 12. Gesang desselben Teils erscheinen Phöbus und Minerva, wie sie, bewaffnet neben Jupiter stehend, den schmählichen Sturz der Titanen beobachten. Auch Ariadne trifft Vergil im Fegefeuer an, die es gewagt hat, sich mit Minerva im Weben zu messen und deswegen in eine Spinne verwandelt wurde. Im 1. Gesang des Paradieses fleht Dante Phöbus an, ihm seine Töne, seine Götterkraft zum letzten und höchsten Werk, zur Schilderung des „sel'gen Reiches" zu leihen und anerkennt somit, daß der mythische Musengott *hienieden* seinen Zauber für den Dichter auch nach der Offenbarung nicht verloren hat. Und ist es nicht schließlich der heidnische Dichter Vergil, der Dante durch Hölle und Fegefeuer begleitet und Vernunft und Humanität verkörpert, *soweit* sie sich noch nicht über den Mythos hinaus der höheren Wirklichkeit der Offenbarung geöffnet haben?

Auf solche Weise kann man nun, mit Schelling zu reden, auch jenen „Zwischenbereich" verstehen, in dem die vor Christi Erscheinen Gestorbenen sich gleichsam in einem „Gefängnis" aufhalten, um nun erst ihren höchsten Richter zu erkennen. Die Stelle des NT, auf die sich Schelling hierbei beruft, finden wir in 1Petr 3, 18–21. Dort heißt es, Christus sei auch hingegangen „und hat gepredigt den Geistern im Gefängnis (*en phylakê*), die einst ungehorsam waren, als Gott harrte und Geduld hatte zur Zeit Noahs." Die erwähnte Stelle aus dem NT ist zweifellos ein wichtiger und für die innere Logik der Offenbarung aus drei Gründen ein sehr aufschlußreicher Text. *Erstens* klärt er wie gezeigt das Verhältnis zwischen Mythos und Offenbarung; *zweitens* wird damit die Frage nach dem Schicksal all derer beantwortet, die vor der Offenbarung gestorben waren, also vor jenem Zeitpunkt der Geschichte, der für die Geburt des Mensch gewordenen Christus bestimmt war[472]; und *drittens* entspricht die Textstelle der Einlassung des Paulus, daß die Menschen auch ohne Offenbarung ein Gottesbewußtsein und Wissen um die Sünde haben, so daß sie ebenso wenig dem Gericht entgehen wie diejenigen, welche die Offenbarung vernehmen konnten. Röm 2,14 heißt es: „(...) wenn Heiden, die das Gesetz nicht haben, doch von Natur tun, was das Gesetz fordert, so sind sie, obwohl sie das Gesetz nicht haben, sich selbst Gesetz", nämlich in dem Sinne, daß „in ihr Herz geschrieben ist, was das Gesetz fordert, zumal ihr Gewissen es ihnen bezeugt" (Röm 2,15) und „alle, die ohne das Gesetz gesündigt haben, werden durchs Gesetz verurteilt werden" (Röm 2,12). Dies alles ist also der Fall, obgleich die Betroffenen von der Erlösung noch nichts wissen und Ihnen damit auch der status corruptionis, aus dem sie erlöst werden sollen, eher nur instinktiv, nicht aber wirklich bewußt ist. Wenn nun Schelling im Hinblick auf die zitierte Stelle aus 1Petr 3 bemerkt, es sei sinnwidrig, an dieser Stelle *„en phylaké"* als „im Gefängnis" auszulegen, denn damit sei ein „Zwischenbereich" gemeint, in dem diejenigen nach dem Tode sich aufhalten, denen das göttliche Wort noch nicht verkündigt worden war, und wenn also Christus diesen, z.B. den Menschen die vor der Sintflut gelebt hätten, erschienen ist, damit auch ihnen die Offenbarung zuteil werde, so hat er damit zwar zweifellos recht.[473] Aber abgesehen davon, daß er das Verhältnis zwischen Mythos und Offenbarung anders bestimmt, als es hier geschehen ist, muß ihm doch widersprochen werden, wenn er Christi Hingang zu den Abgeschiedenen als Folge von Christi *freiem Willen* deutet, den Abfall von Gott zu überwinden. Denn, ich wiederhole noch einmal, die Offenbarung kennt keine nach Menschenart erfolgende Trennung von Willensentscheidung und sich anschließende Tat, sondern Wille und Tat sind für sie in der göttlichen Substanz miteinander verschmolzen, so daß auch die Erlösung der Schöpfung von Anfang an feststand und nur aus der Sicht der profanen Zeit als ein sukzessiver Prozeß erscheint.

Das Reich Gottes. Beginnen wir mit einigen schon im Zusammenhang mit Christi Präexistenz herangezogenen Zitaten aus dem NT, auf die sich Schelling im folgenden stützt. 1Kor 8f. heißt es: „Und obgleich es solche gibt, die Götter genannt werden, es sei im Himmel oder auf Erden, wie es ja viele Götter und viele Herren gibt, so haben *wir* doch nur *einen* Gott, den Vater, von dem alle Dinge sind und wir zu ihm, und *einen* Herrn (kýrios), Jesus Christus, durch den

---

[472] Es würde dem Geiste der neutestamentlichen Rede nicht gerecht, wollte man sich darauf versteifen, daß in 1Petr 3,20 nicht allgemein von den vor Christus Gestorbenen, sondern nur von den Menschen „zur Zeit Noahs" die Rede ist. Solche Allgemeinheit entspräche zwar einem theoretisch abhandelnden, lehrhaften Stil, nicht aber demjenigen des NTs. Anschaulich, plastisch und appelativ wie seine Sprache ist, bewegt es sich beständig in Gleichnissen und so soll auch hier das Allgemeine an einem unmittelbar geläufigen und herausragenden Beispiel dem Hörer oder Leser lebendig vor Augen geführt werden.

[473] A.a.O., S. 208f.

alle Dinge sind und wir durch ihn." Mt 28,18 spricht Christus: „Mir ist gegeben alle Gewalt im Himmel und auf Erden." Und schließlich steht in Eph 1,20–23: Gott hat Christus „eingesetzt zu seiner Rechten im Himmel, über alle Reiche (páses archés), Gewalt (exusías), Macht (dynámeos), Herrschaft (kyriótetos) und alles, was sonst einen Namen hat, nicht allein in dieser Welt (aióni), sondern auch in der zukünftigen (méllonti). Und alles hat er unter seine Füße getan (…)".

Für Schelling sind unter den archai, exusiai usw. die Prinzipien und Potenzen der absoluten Region zu verstehen, aber auch „jene Unzahl Herrscher, die an irgendeinem Punkt oder in irgendeinem Moment des Bewußtseins sich geltend machen können. Die archaí und exusíai sind also die Mächte, die sich für das Bewußtsein wirklich erzeugt haben, und die Paulus ganz im Widerspruch mit den gewöhnlichen Erklärungen der Mythologie als *reelle* Mächte ansieht, die eine *wirkliche* Gewalt über das Bewußtsein erlangt haben."[474] Freilich, von Prinzipien und Potenzen ist weder in 1Kor 6f. noch in Eph 1,20–29 etwas zu finden, wohl aber spricht Paulus ausdrücklich von *Göttern, deren es viele gäbe*. Und auch davon ist nirgends die Rede, daß sie Gewalt über das „Bewußtsein" hätten, womit Schelling an seine Lehre anknüpfen will, daß der Mythos zwar eine *notwendige Erscheinung des Bewußtseins*, in Wahrheit aber nur ein Wahn sei. Versetzen wir uns dagegen in die, wie ich meine, damals durchaus vertraute, mythische Denkweise des Paulus, so leugnet er die *wirkliche Existenz* von Göttern ebenso wenig wie Christus in den Evangelien diejenige von Dämonen leugnet. Christus, der Weltherrscher (kýrios) herrscht über sie alle wie auch sonst über alle Mächte, weil ihm „alle Gewalt im Himmel und auf Erden gegeben ist." Die aufgeführten Zitate erschließen sich also restlos einer mythischen Deutung, was man von der spekulativen Schellings nicht behaupten kann.

Aber warum hat Gott seinem Sohn in der beschriebenen Weise alle Macht übertragen? Diese Einsetzung, so antwortet Schelling, ist der Lohn dafür, daß Christus sich freiwillig erniedrigt hat, Mensch geworden und das Opfer der Kreuzigung erbracht hat, ja Schelling spricht sogar davon, daß Christus nun ein „*Recht* hat, außer Gott in eigner Gestalt zu sein"[475], nämlich als Herrscher über alles. Aber dieser Deutung liegt wieder Schellings in der Luft hängender Behauptung von Christi freiem Willensentschluß zugrunde, womit zwischen Vater und Sohn ein Verhältnis von Recht und Schuldigkeit konstruiert wird.

In Wahrheit gab aber Paulus eine ganz andere Antwort auf die Frage, warum Gott seinem Sohn alle Macht übertragen hat. Röm 1,4 heißt es nämlich, Jesus Christus sei „der in die Herrschaft (*en dýnamei*) eingesetzte Sohn Gottes im Geiste der Heiligung (*katá pneúma hagiosýnes*) durch die Auferstehung von den Toten."[476] Der Sohn ist also zur Herrschaft eingesetzt *als* der durch die Aufer-

---

[474] A.a.O., S. 238 f.
[475] A.a.O., S. 224.
[476] Übers. vom Verfasser.

stehung im Geiste Heiligende. Er, der im Geiste Gottes Heiligende, weil von der Sünde Erlösende, vereinigt das Irdische mit dem Himmlischen und bestimmt daher durch diese Vereinigung *beides*. Zum Himmlischen aber gehören die durch sein Gericht zum ewigen Leben Berufenen, und seine ihm dienenden Boten und Engel. So ist er also der Herrscher des Seins im Ganzen und hat – als der Erlösende – „alle Gewalt im Himmel und auf Erden." Diese das ganze des Seins umfassende Heiligung und Versöhnung ist sein Werk, ist seine Herrschaft. *Dieses Werk und seine Herrschaft sind dasselbe*, weswegen ihm Gott *kraft seines Amtes* zu seinem Erbe eingesetzt hat.[477]

Bis jetzt wurde immer nur vom Vater und dem Sohn, nicht aber vom Heiligen Geist gesprochen. Daß der Heilige Geist von Christus als etwas Selbständiges unterschieden werden muß, ergibt sich für Schelling daraus, daß Christus sich nach dem Fall mit *freiem Willen* zum *Geiste* des Vaters bekannte. Der Heilige Geist muß also nach Schellings Auffassung als eine *dritte Potenz* verstanden werden, nämlich als diejenige, durch welche der Vater mit dem Sohne – eben im Geiste – miteinander verbunden sind. „Auch die zweite Potenz muß, solange bis das Unprinzip überwunden ist, sich in ihrer Besonderheit, und demnach in der Spannung mit der dritten Potenz halten. Hieraus, daß die zweite Potenz als solche auch die dritte ausschließt, erklärt sich, warum Christus, als er das Werk des Neuen Testaments anfing, den Heiligen Geist *anziehen*, mit diesem gesalbt werden, ihn empfangen mußte, was nicht möglich war, wenn er nicht zuvor *außer* ihm, jede Potenz als eine besondere war."[478] Diese Salbung vollzog sich durch Christi Taufe, wo durch eine Stimme vom Himmel der Mensch Jesus zum Sohn Gottes erklärt wurde und der Geist sichtbar auf ihn herabkam. (Mt 3,13 ff., Joh 1,29 ff.) „Diese Anziehung des Geistes ist (...) ein (...) Beweis für die Spannung, in welche auch Christus gesetzt war, und sich selbst löst, wie er als Christus erscheint."[479] Wenn aber der Heilige Geist nach Schelling als dritte, den Vater mit dem Sohn vermittelnde Potenz aufzufassen ist, dann muß auch er eine eigenständige Persönlichkeit sein. „(...) so entsteht uns hier nun jene gesteigerte Dreieinheit, welche eigentlich erst die christliche Dreieinigkeits-Idee ist. Nämlich nun sind es nicht bloß drei Personen überhaupt, Gott ist nicht *in* drei Persönlichkeiten, sondern es sind drei Personen, deren *jede* Gott ist."[480] Hieraus ergibt sich weiter, daß der Heilige Geist einst wie Christus präexistent war, und daß auch er nach dem Fall während der Zeit des Mythos als *natürliche, kosmische Macht* gewirkt haben muß. Diese zeigte sich z.B., als er aus den Propheten des AT sprach. Jedoch erst mit Christus trat er dann offen in Erscheinung. Der Geist geht also vom Vater aus, aber erst „durch Vermittlung des Sohnes", erst wenn „das ganze Werk Christi getan und in seinem Tod vollbracht

---

[477] Es ist gewiß zutreffend, wenn Schelling die im NT berichtete Wundertätigkeit Christi als Zeichen seiner demiurgischen Herrschaft versteht. A.a.O., S. 196.
[478] A.a.O., S. 83 f.
[479] Ebenda.
[480] A.a.O., S. 65.
[481] A.a.O., S. 83.

ist"[481], kommt er „*allgemein*".[482] Deswegen sagt Jesus zu den Jüngern, es sei gut für sie, wenn er scheide, denn dann werde der „Tröster", der Paraklet, nämlich der Heilige Geist zu ihnen kommen, „und wenn er kommt, wird er der Welt die Augen auftun" (Joh 16,7), denn er ist der „Geist der Wahrheit, der vom Vater ausgeht." (Joh 15,26) „Er ist es, der zur Wiederherstellung der göttlichen Geburt in sich auch den *einzelnen* antreibt."[483] Noch ist jedoch durch Christi Erscheinen und Auferstehung zunächst nur das *Unüberwindliche* der durch den Fall Wirklichkeit gewordenen Mächte, ist nur ihr Bann gebrochen, ihr Dasein aber noch nicht aufgehoben, so daß der Mensch immer wieder unter ihr Joch geraten kann. Erst dann wird Christus dem Vater das Reich übergeben und eben damit zu seinem absoluten Herrscher werden, wenn „*alle außergöttliche Macht völlig aufhört.*"[484] Dann aber wird auch jeder einzelne vom Heiligen Geist durchdrungen sein. Schelling unterscheidet entsprechend drei Äonen: *erstens* die Zeit des Vaters, die *Tautusie*, wo eines alles und der Vater das dominierende Sein ist; *zweitens* die Zeit des Sohnes, die *Heterusie*, nämlich die Zeit der Entfremdung durch den Fall bis zur Versöhnung durch Christus; und *drittens* die Zeit des Heiligen Geistes, die *Homusie*, wo alles eines ist, alles durch Christus vom Heiligen Geiste beherrscht, und *damit* Gott unterworfen ist. Das ist die Endzeit, die Wiederherstellung der Einheit der Schöpfung, das Walten des Weltgerichts und der endgültige Triumph des Reiches Gottes.

So also begründet Schelling die christliche Trinitätsidee. Die ganze Schöpfung gehe vom Vater durch den Sohn in den Geist. In der endgültigen Verklärung der Welt durch die Versöhnung mit Gott komme die Herrlichkeit des Geistes zu der des Vaters und des Sohnes hinzu.[485] „Eigentlich (...) ist diese letzte Einheit nur der gesteigerte, sublimste Monotheismus."[486] Schellings Deutung der Trinität stimmt weitgehend mit dem überein, was hier in dem mit dem gleichen Namen betitelten Kapitel gesagt wurde. Versteht doch auch er die Dreieinigkeit so, daß sie bei näherem Zusehen mit allen ihren klassischen Auslegungen in Übereinstimmung zu bringen ist: Die *Subordinationsthese* findet sich in der Unterwerfung des Sohnes unter den Willen des Vaters; die These der *Gleichstellung* tritt in der Übertragung der Weltherrschaft auf den Sohn hervor; der *Modalismus* wird im Begriff der Homusie zusammengefaßt; der *Ökonomismus* zeigt sich in der heilsgeschichtlichen Aufeinanderfolge vom Vater über den Sohn zum Heiligen Geist. Die mythische Verfassung des Heiligen Geistes als *Pneuma*, die ich in dem erwähnten Kapitel besonders hervorgehoben habe, steht dazu in keinem unmittelbaren Widerspruch.

Anders liegt die Sache freilich, wenn Schelling den Heiligen Geist als Potenz bezeichnet und damit ein weiteres christliches Grundelement auf seine fragwürdige, spekulative Metaphysik überträgt. Denn wenn nach Schelling der

---
[482] A.a.O., S. 84f.
[483] A.a.O., S. 82.
[484] A.a.O., S,239.
[485] A.a.o., S. 73.
[486] A.a.O., S. 66.

Heilige Geist eine Potenz ist und *folglich* das Siegel seines göttlichen Ursprungs, nämlich Eigenständigkeit und Freiheit, besitzt, so fragt es sich doch, welches nun die freie Willenstat ist, die *ihn* kennzeichnet und wie sie sich von der bereits erläuterten des Sohnes unterscheidet? Dazu aber bemerkt Schelling nur folgendes: „Erst im Tode überwand Christus den letzten Widerstand – da war die Einheit mit dem Vater wiederhergestellt, und nun erst konnte der Geist kommen (wie er denn nun nach der Himmelfahrt über die Jünger ausgegossen wird) in locum Christi quasi succedens. Denn immer, wenn Eine Potenz ihr Werk getan hat, folgt ihr die andere, es zu vollenden. Das sind Verhältnisse, die keine Philosophie erklären kann, (...) die bloß logische Verhältnisse kennt (...)"[487] Ist denn aber damit schon gesagt, daß hier eine *freie Willenstat* vorliegt wie sie im Falle Christi von Schelling so ausdrücklich beschrieben und diskutiert wird? Von einer solchen ist hier nirgends die Rede, dagegen von einer unerklärlichen Faktizität der Nachfolge. In diese Schwierigkeiten verwickelt sich dagegen das mythische Verständnis des Heiligen Geistes nicht. Nach diesem Verständnis ist der Heilige Geist Pneuma, jene Substantialität also, von der Jesus erfüllt wird (Taufe), durch die er Christus, Gottes Sohn ist. Dieses von Christus ausgehende Pnéuma überträgt sich auf die Apostel; es ist das Bleibende, nachdem er die Welt wieder verlassen hat, es breitet sich nach seinem Tode aus, durchdringt die Menschen, die im Glauben an Christus leben, es ist das Reinigende und bricht die Macht der adamitischen Existenz, wenn es sie auch noch nicht vollständig aufheben kann. Während also Schellings metaphysisch-spekulative Deutung des Heiligen Geistes unverständlich bleibt, wird die Empfängnis des Glaubens, wenn sie den Menschen wahrhaft in ihrer Tiefe ergreift, unstrittig und phänomenologisch vollkommen exakt als eine *pneumatische* (und damit mythische) *Erfahrung beschrieben* und strittig kann nur sein, ob es sich dabei um eine subjektive Einbildung oder um ein „objektives" Ereignis handelt. Daß ein solcher Streit aber in Wahrheit nichtig ist, weil er von einander unvereinbaren ontologischen Positionen aus geführt wird, darüber ist hier schon hinreichend gesprochen worden.

In der von Schelling geschilderten Heilsgeschichte spielen aber auch noch die Engel eine wichtige Rolle. „Engel" heißt „Bote", und es gibt böse wie gute Engel – davon handelte schon das Kapitel VII, 10 und 11. Durch den Fall, sagt Schelling, wurde der Mensch von seiner Idee geschieden, er verliert das ihr eigentümliche universelle Leben und spaltet sich daraus ab in die Verlorenheit seines besonderen, individuellen Ego. Dadurch verhelfe er wie gesagt Satan, der als bloßer Versucher eine transzendente, von sich aus nicht böse Potenz sei, zur bösen Wirklichkeit. Aber darin liegt für Schelling zugleich, daß sich Satan in eine Mannigfaltigkeit besonderer Dämonen aufspaltet, von denen jeder einem einzelnen Ego als Bote Satans, als Versucher, beigesellt wird.[488] Wie die bösen, so sind auch die guten Engel für Schelling Potenzen. Im Gegensatz zu den

---

[487] A.a.O., S. 85f.
[488] A.a.O., S. 283f.

bösen sind sie jedoch solche, die durch den Fall gerade *nicht* erst vom Menschen zur Wirklichkeit gebracht werden.[489] „Durch den Fall *schied* sich der Mensch von seinem Engel" und damit von dessen universellen Leben, und setzte das, „was er eigentlich sein sollte, außer sich als Potenz."[490], oder anders ausgedrückt, er erlitt eine „Metastase (...) und (...) hat also seine Idee außer sich."[491] Aber so wie der Sohn und der Heilige Geist auch nach dem Fall in der bereits geschilderten Weise auf eine natürliche Weise im Menschen dennoch weiterwirken, so erlischt auch nicht gänzlich der Zusammenhang des Menschen mit der durch ihn selbst gespaltenen, transzendenten Region. „Der Bezug, den der Mensch zu seinem guten Engel behält, ist noch der einzige Zusammenhang, der ihm auch in der Entfernung von Gott bleibt. Darum heißen die guten Engel *Boten* Gottes."[492] Wenn also einerseits der Verlust des universellen Lebens und der Zerfall der Menschheit in lauter individuelle Egos dazu führt, daß Satan jedem einzelnen einen Boten und Dämon sendet, so wirkt andererseits eine „Unzahl der guten Engel" auf die Menschen, wie ja „auch Christus von Legionen Engeln spricht, die sein Vater ihm senden könnte."[493] Der Mensch ist „zwischen seinen guten und bösen Engel gestellt." Aber „der gute Engel läßt nicht von dem Menschen und ist so sehr an den Menschen gebunden, daß er ihm auch in die Abziehung von Gott mit seiner Teilnahme – gleichsam mit den Augen folgt."[494]

So wird von Schelling die Vielzahl der Engel – der guten wie bösen – mit der durch den Fall hervorgerufenen Individuation, mit der Aufspaltung des transzendent Universellen in die Mannigfaltigkeit der Egos erklärt und folglich mit der vielleicht am wenigstens einsichtigen Spekulation seiner Metaphysik. Mythisch aber drückt sich darin ganz zwanglos nichts anderes aus als die Eigenschaft von Göttern, ein Besonderes mit Allgemeinheitsbedeutung zu sein, so daß sie, als *dieselbe Substanz*, überall dort anwesen, wo wir den ihnen sinnlich korrespondierende Erscheinungen begegnen. Das göttliche Individuum Iris ist überall, wo sich der Regenbogen spannt, weswegen ihr Name zugleich als Allgemeinbegriff für alle Erscheinungen des Regenbogens verwendet wird. Aber eben deswegen kann auch dieselbe göttliche Erscheinung mannigfaltige Gestalten annehmen, und Satan kann ebenso in vielen Dämonen sein wie der Heilige Geist in vielen Engeln.

Mit Schelling schließe ich nun das Kapitel über die Metaphysik als theologiké epistéme, deren Geschichte ihren Ursprung in den Anstrengungen der griechischen Philosophie hatte, die Wirklichkeit nicht mehr im Lichte des Mythos,

---

[489] Im Falle der bösen wie der guten Engel ist hier unter Wirklichkeit nicht die transzendente, universelle verstanden, die den Ideen eigentümlich ist, sondern die immer nur *konkrete* der endlichen Dinge. Vgl. a.a.O, 285.
[490] A.a.O., S. 284.
[491] A.a.O., S. 284.
[492] A.a.O., S. 286.
[493] A.a.O., S. 285.
[494] Ebenda.

sondern im Lichte des Logos der Metaphysik zu sehen, und die sich dann nach dem Erscheinen des christlichen Glaubens in den immer wieder neuen Versuchen fortsetzte, nunmehr auch diesen Glauben demselben Logos zu unterwerfen. Wenn ich eingangs sagte, daß diese Geschichte eine solche des sich ständig wiederholenden Scheiterns gewesen ist, eines Scheiterns allerdings, in dem sich gerade der Triumph der Offenbarung und des ihr eigentümlichen Logos enthüllt und erhärtet hat, so hoffe ich nun, dies durch die vorangegangene, kritische Darstellung einiger ihrer wichtigsten Stationen bestätigt zu haben. Mit Schelling endet das epochale Wirken der Metaphysik als theologiké epistéme, weil er, der ja selbst vom Logos der Metaphysik herkommt, dessen absolute Grenze im Logos der Offenbarung erkennt. Und doch kann er das radikal Neue, das ihn von der langen Kette seiner Vorgänger trennt, noch nicht ganz von den Verstrickungen mit dem Vergangenen befreien. Wohl erfaßt er, daß das Christentum keine deduzierbare Lehre ist, sondern die Offenbarung der Heilsgeschichte; aber indem er diese Geschichte zu einer Geschichte der Freiheit göttlicher und menschlicher Tathandlungen macht, unterschiebt er dieser doch unversehens wieder ein fundamentales Stück idealistischer Metaphysik; als einer der ersten erkennt er zwar das tautegorische und eben nicht nur allegorische Wesen des Mythos, aber indem er diesen zu einem wenn auch notwendigen, wenn auch epochalen, aber doch nur historisch-begrenzten Zustand menschlichen Bewußtseins macht, nähert er sich doch wieder der Sichtweise, die Hegel davon hat. Und schließlich: Bei den Interpolationen und Extrapolationen, mit denen er die Heilstatsachen der Offenbarung glaubt ergänzen zu müssen, bedient er sich wieder nur des Begriffsarsenals der spekulativen Metaphysik, in der die Philosophie des Deutschen Idealismus, ja, die Geschichte der Metaphysik als theologiké epistéme überhaupt kulminierte.

Schelling ist eine jener großen Gestalten der Geschichte, mit denen etwas Neues beginnt, aber im Sinne eines Übergangs, worin sich das Neue noch nicht vollständig vom Alten gelöst hat. Doch kam das Neue, für das Schelling steht, zu früh. Bis heute ist sein Spätwerk, von dem hier alleine die Rede war, kaum verstanden und gewürdigt worden und eher ein Gegenstand philosophiehistorischer Spezialisten geblieben, als daß es ins allgemeine Bewußtsein gedrungen wäre. Zwar ist im Zuge eines neu erwachten Interesses für den Mythos seine Philosophie der Kunst wieder stärker beachtet worden, aber der besondere Zusammenhang, den Schelling zwischen dem Mythos und der christlichen Heilsgeschichte herzustellen suchte, blieb weiterhin unbeachtet – gar nicht zu reden von seiner Philosophie der Offenbarung. Erschien sie doch in einer Zeit, die sich zunehmend vom Christentum abwandte, ja, in der sich dieses auf die eine oder andere Weise seiner selbst entfremdete, gerade weil man es unter dem zunehmenden Druck entweder durch starre Abgrenzung oder haltlose Nachgiebigkeit „retten" wollte.

Die Ursachen hierfür waren letztlich bis heute die gleichen, die es bewirkten, daß, trotz aller Bewunderung und Wertschätzung, nicht nur Schellings Werk, sondern auch dasjenige Hegels und die große, dichterisch erfaßte Sicht Goethes für die Gestaltung der Gegenwart weitgehend ungenutzt geblieben sind. Dabei hatten doch die Genannten, und mit ihnen ihr ganzes, geradezu unerschöpfliches geistiges Umfeld (man denke nur an Hölderlin![495]) *gemeinsam* das geistige Grundproblem des modernen Menschen vollständig erfaßt, den Zusammenhang zwischen Wissenschaft, Poesie, Mythos und Religion, und, damit verbunden, zwischen Weltzu- und Weltabgewandtheit verloren zu haben, auch wenn ihre Versuche, dieses Grundproblem zu lösen, in vielem unbefriedigend waren. Reißt man eines dieser Elemente aus dem Zusammenhang mit den anderen, erleidet man einen Realitätsverlust, der, je nach der getroffenen Wahl, auf eine eigene Weise schmerzlich empfunden wird. Ein Leben ohne Transzendenz stößt unvermeidlich auf die ungelöste Sinnfrage; ein dem mythischen oder religiösen zugewandtes Leben steht unter der ständigen Bedrohung des wissenschaftlich-theoretischen Zweifels, wobei ein nur mythisches an die Grenzen seiner Weltzugewandtheit stößt (Transzendieren des In-der-Welt-seins im Ganzen), ein nur religiöses aber Gefahr läuft, mit schwerwiegenden Verdrängungsfolgen die unausrottbare Verwurzelung des Menschen in der Welt unberücksichtigt zu lassen; Poesie schließlich (im weitesten Sinne des Wortes genommen) bleibt dem Vorwurf ausgesetzt, als im Reich der Phantasie angesiedelt, auf luxuriöse Weise der Realität fern zu sein. So ist die Sehnsucht der Epoche, die hier im gegebenen Zusammenhang an Hegel, Goethe und Schelling gleichsam exponiert wurde, nicht nur ungestillt geblieben, sondern, weit schlimmer, beinahe erloschen. Mitte des vorigen Jahrhunderts hat sich der Logos der Metaphysik unter dem unwiderstehlichen Siegeszug der Wissenschaften, denen er, wie hier gezeigt, zur notwendigen Grundlage dient, ebenso einseitig durchgesetzt wie verselbständigt, worunter zu verstehen ist, daß seine inneren Antriebskräfte nicht mehr in der Suche nach dem Reich Gottes oder einem letzten, absoluten Seienden zu finden sind, sondern nur noch darin, das Reich der ihn bestimmenden, autonomen Vernunft, christlich gesprochen das regnum hominis, das Reich des Menschen aufzurichten. Niemals in der Geschichte der Menschheit hat sich der Mensch so weit und so umfassend vom Göttlichen und von Gott abgewandt – dies ist, was immer man sonst damit verbinden mag, eine ganz nüchterne und überdies geradezu triviale Feststellung.

---

[495] Vgl. K. HÜBNER, Die Wahrheit des Mythos, a.a.O., Kapitel I, XXVII und XXIX.

XV. Kapitel
Die Metaphysik der Gottlosigkeit

1. Einführende Betrachtungen

Die geistige Situation der Gegenwart, wie ich sie soeben skizziert habe, ist das Ergebnis einer langen Geschichte, an deren hauptsächliche Phasen aus heilsgeschichtlicher Sicht jetzt noch einmal rückblickend und zusammenfassend erinnert werden soll. *Die erste Phase* ist *die Welt des Mythos*, in der die unmittelbare Beziehung zum transzendenten, *einen* Gott als Folge des Sündenfalls verlorengegangen war. (Arché der Genesis) Hier wurde einerseits immer noch das göttliche Numen der Schöpfung substantiell durch die Götter erkennbar, welche die sinnliche Welt verklärten, während andererseits der Sündenfall an den bösen Seiten von Göttern und Dämonen (Schlange) in Erscheinung trat. In der *zweiten Phase* wiederholte sich der Sündenfall in verschärfter Weise durch *das Auftreten der griechischen Metaphysik*. (Die Wiederholung in historisch variabler Form gehört zum Wesen jeder mythischen Arché und der Sündenfall ist nichts anderes als eine solche.) Die Verschärfung bestand darin, daß das metaphysische Denken mit dem ihm eigentümlichen Logos in seiner selbstherrlichen Berufung auf die Autonomie der Vernunft (für alles muß es einen Logos, eine Erklärung geben) den Mythos und die ihm eigentümliche, numinose Erfahrung von Göttern aufhob. In der *dritten Phase* tritt die *Offenbarung durch Christus* in Erscheinung. Wie der Logos der Metaphysik den Mythos, hebt nun der Logos der Offenbarung den Logos der Metaphysik und damit überhaupt die unentrinnbare Wirkung des Sündenfalls, wenn auch nicht diesen selbst auf. (Daß dies dennoch unter den Juden und nicht etwa unter den Griechen seinen Anfang nahm, ist naheliegend, weil ihnen wenigstens formal der Monotheismus vertraut geblieben war, obgleich sie ihn vor allem mit ihrem Gesetzesdenken und ihrer Werkgerechtigkeit in jenes Dasein transformiert hatten, dem es nur um es selbst geht und nach christlicher Auffassung der Urquell der Sünde ist.) Die *vierte Phase* ist diejenige *des weltweit gewordenen Christentums*. Sie ist dadurch gekennzeichnet, daß zwar der Mythos mehr oder weniger ins Dämonische abgedrängt, aber als eine doch ebenfalls numinose Erfahrung nicht vollends aufgehoben wurde, so daß er, wenn auch gleichsam auf einer niederen Seinsebene, weiterexistierte, während andererseits die hier geschilderte, lange Geschichte der Versuche ihren Lauf nimmt, den Logos der Offenbarung in den Logos der Metaphysik zu überführen. (Mittelalter bis zur ersten Hälfte des 19. Jahrhunderts) In der *fünften Phase*, die bis in die Gegenwart reicht und anschließend untersucht werden soll, wiederholt sich der Sündenfall erneut und diesmal in seiner radikalsten Form: *Der Logos der Metaphysik emanzipiert sich nun endgültig* und vollständig vom Logos der Offenbarung mit der Folge, daß Mythos und Religion als ein sacrificium intellectus betrachtet werden, das in keiner Weise mehr durch ontologisches und wissenschaftliches Denken kompensiert werden kann und damit endgültig zurückzuweisen ist. Dabei sind, grob gesprochen, zwei verschiedene Wege eingeschlagen worden. Im Zuge der ontologischen Trennung des Subjektiven vom Objektiven entwickelte sich die Metaphysik einerseits zu einer *Metaphysik der Subjektivität*, andererseits zu einer *Metaphysik der empirischen Wissenschaften*. Beide Zweige aber verband in zahlreichen, einander auch widersprechenden Varianten die Intention, den Menschen aus allen seinen mythischen oder religiösen Bindungen herauszulösen. Damit kündigte sich bereits eine *sechste Phase* an, die sich nicht mehr nur kritisch gegen Mythos und Religion, sonder auch gegen die Wissenschaft selbst richtet. Die epochalen Folgen dieser sich gegenwärtig vollziehenden Entwicklung werden uns am Schluß beschäftigen.

Bevor wir uns nun der fünften und sechsten Phase zuwenden, müssen wir uns zunächst noch einmal der erkenntnistheoretischen Grundlagen einer solchen Geschichtsdeutung vergewissern. Enthält sie nicht auch wissenschaftliche Elemente außer denjenigen des Mythos und der Offenbarung, und gerät sie damit nicht vielleicht in den Verdacht, in den Sog hypothetisch-wissenschaftlichen Denkens zu geraten, so daß die Heilsgeschichte dem Glauben entzogen und Gegenstand des theoretischen Zweifels werden könnte?

Betrachten wir noch einmal die aufgeführten Phasen der Reihe nach. *Erste Phase*: Alles was dort über den Sündenfall gesagt wird, hat seine Quelle in der Offenbarung und ihren mythischen Implikationen, wovon der ganze erste Teil gehandelt hat. Nur daß es überhaupt eine Epoche des Mythos gegeben hat, ist eine auf dem Boden der profanen, wissenschaftlichen Geschichtsschreibung erkannte Tatsache. Die Wirklichkeitsdimension der Offenbarung wird dabei jedoch nicht durchbrochen. Denn diese ist ja, es sei noch einmal daran erinnert, durch *drei Schichten* gekennzeichnet: eine profane, insbesondere erkennbar daran, daß Christus als Mensch gewordener Gott eine geschichtlich datierbare Gestalt ist, eine mythische (Erbsünde und Erlösung) und eine transzendente (Trinität). In dieser Dreiheit ist aber das Profan-Geschichtliche so sehr integraler Teil des Glaubens, daß sein hypothetischer Charakter darin gleichsam aufgelöst wird. (Der Glaube ist: Es war *Gottes Sohn*, der an dem und dem Zeitpunkt geboren wurde und dann und dann am Kreuze starb; und so ist der Glaube auch, daß der Mythos, der ja dem Sündenfall nachfolgte, wie alles andere *dessen Folge* gewesen sein muß.) *Zweite Phase*: Das Auftreten der griechischen Metaphysik ist ein historisches Faktum der profanen Geschichtsschreibung, ihre Deutung als verschärfter Sündenfall entspringt aber wieder der Offenbarung. *Dritte Phase*: Deren Deutung beruht auf der Offenbarung (Erscheinen Christi), aber auch auf der logischen Analyse von deren Logos einerseits und dem Logos der Metaphysik andererseits sowie dem logischen Vergleich zwischen beiden.

(vgl. das I. Kapitel) Wirklichkeitsaussagen der profanen Geschichtsschreibung sind also damit nicht verbunden. *Vierte Phase*: Diese dagegen ist ausschließlich Gegenstand der profanen Geschichtsschreibung, nämlich der Geschichte der Metaphysik als metaphysica specialis und ihre auf der Grundlage der Metaphysik selbst geübte, immanente Kritik. Daß diese Geschichte schließlich auch im Lichte der Offenbarung *beurteilt* wird (Scheitern der Metaphysik eben an dieser), hat auf die Darstellung dieser Geschichte als solche keinen Einfluß. Gleiches wird schließlich im Hinblick auf die *fünfte und sechste Phase* der Fall sein.

Das bedeutet: So weit die angegebenen Quellen in der vorliegenden Darstellung der Heilsgeschichte die Offenbarung, mythische Erfahrung und rein logische Analysen sind, liegen sie außerhalb des wissenschaftlich-hypothetischen Denkens, und sind also dem theoretischen Zweifel nicht ausgesetzt, auch wenn man nicht an sie glauben muß; so weit sie aber der profanen Geschichtsschreibung angehören, sind sie entweder in der geschilderten Weise unauflöslich mit dem Mythos und der Offenbarung zu einem Ganzen verbunden, womit ihr wissenschaftlich hypothetischer Charakter wieder aufgehoben ist (erste, zweite und dritte Phase), oder sie bleiben zwar im Bereiche des Wissenschaftlich-Hypothetischen und damit der kritischen Diskussion (übrige Phasen), sind aber dann in ihren geschichtlichen Abläufen auch nur solche der profanen Wirklichkeit. Was also hier im Bereiche rein profaner Geschichtsschreibung gesagt wurde, unterliegt, bei aller Überzeugskraft, die es, wie ich hoffe, haben mag, dem *theoretischen Zweifel* und kann damit Gegenstand wissenschaftlicher Kontroversen werden; was aber seine Quelle im Mythos oder der Offenbarung hat, unterliegt, falls es nicht unmittelbarer Gegenstand des Glaubens ist (Sündenfall, Erbsünde und Erlösung, Trinität), nur dem Auslegungszweifel, der ja etwas ganz anderes ist (vgl. das I. Kapitel). Denn dieser hat einerseits den Glauben zur Voraussetzung, andererseits ist er ein Zeichen von dessen unvermeidlicher, lebendiger Betätigung in einer jeweils gegebenen, geschichtlichen Situation.

Ich wende mich nun der bezeichneten fünften Phase der Geschichte in heilsgeschichtlicher Betrachtung zu, also derjenigen in der sich der Logos der Metaphysik endgültig und vollständig vom Logos der Offenbarung emanzipiert hat. Dabei muß ich mich wieder beschränken und wähle aus dem überreichen Stoff zwei herausragende Beispiele aus der Metaphysik der Subjektivität aus, nämlich die Philosophie Nietzsches und Sartres. Dafür gibt es zwei Gründe. Erstens wird, wie angekündigt, die Metaphysik der empirischen Wissenschaften, die besonders als materialistische Philosophie das allgemeine Bewußtsein weitgehend geprägt hat, in ihrer jüngsten Phase, nämlich als Selbstreflexion der Wissenschaften, noch ausführlich behandelt werden. (Ich erinnere daran, daß nach Marx der Wissenschaftler der endgültig erlöste Mensch ist und den „general intellect" verkörpert.)[1] Und zweitens tritt gerade in der Metaphysik der Subjektivität Nietzsches und Sartres jene äußerste Gottferne zutage, die nicht nur

---

[1] K. MARX, Grundskizze der Kritik der politischen Ökonomie, Berlin 1953, S. 594.

die Offenbarung gleichsam ersatzlos zurückweist (Religion ist Opium fürs Volk), sondern in welcher der Mensch selbst zum Gotte wird.

2. Nietzsche: „Dionysos wider den Gekreuzigten"

In seinem Buch „Morgenröte" schreibt Nietzsche: „Zu der Demut, welche spricht: credo quia absurdum est, und ihre Vernunft zum Opfer bietet, brachte es wohl schon mancher: aber keiner, so viel ich weiß, bis zu jener Demut, die doch nur einen Schritt weit davon entfernt ist und welche spricht: credo quia absurdus sum." (417) Und in seinem „Antichrist" lesen wir: „Der ‚Glaube' als Imperativ ist das *Veto* gegen die Wissenschaft – *in praxi* die Lüge um jeden Preis." (47) Aber woher nimmt Nietzsche die Sicherheit, daß man diesen Satz nicht umdrehen und sagen könnte: „Die Wissenschaft als Imperativ ist das Veto gegen den Glauben – in praxi die Lüge um jeden Preis"? Könnte es nicht „in praxi die Lüge um jeden Preis" gewesen sein, mit der das wissenschaftliche Zeitalter die Selbstgewißheit „seiner" Vernunft gegen die ihm unheimlichen, sog. „Irrationalismen" des Glaubens und des Mythos zu verteidigen suchte? Und was für Möglichkeiten eröffneten sich da, dies alles mit der gleichen hintergründigen Psychologie zu „erklären", wie Nietzsche die Verdrängung wissenschaftlicher Wahrheiten zu erklären suchte!

Die Wissenschaft, an der Nietzsche den Gegensatz zum Gauben vor allem demonstrieren zu können meint, ist zunächst naheliegender Weise diejenige seines eigenen Faches, die Philologie. So bestünden, wie er meint, die Beweise der Theologen darin, daß sie sagten: „Es steht geschrieben ...", während sie in Wahrheit das Geschriebene mit „unverschämter Willkür" auslegten.[2] Als Beispiel wählt er die Deutung des AT, derzufolge dieses bereits auf das NT hinweise. Aber wie so oft, genügt ihm auch hier das geistreiche, zugleich grob verallgemeinernde Apercu. Denn die Frage, ob biblische Auslegung allein am Maßstab der Philologie oder irgendeiner anderen Wissenschaft gemessen werden kann, stellt sich ihm gar nicht. Es ist ein Klischee, dem er hier blind folgt, und zu diesem Klischee gehört ja auch die simplifizierende Rede vom Veto des Glaubens gegen die Wissenschaft. (Das erste nährte die Aufklärung, das zweite eine mißverständliche Theologie.) Denn in Wahrheit gibt es kein Veto gegen die Wissenschaft, wie die vorangegangenen Untersuchungen gezeigt haben, sondern nur ein Veto gegen deren Anspruch, den alleinigen Zugang zur Wirklichkeit zu besitzen.

Setzt man aber wie Nietzsche Wissenschaft und Glaube so simpel gegeneinander, daß dort die Wahrheit, hier die Lüge steht, dann bleibt freilich die Frage unwiderstehlich, warum so gelogen wird. Aber auch die Antwort Nietzsches darauf folgt den üblichen Klischees: „Das Bedürfnis nach Glauben, nach irgend etwas Unbedingtem von Ja und Nein (...) ist ein Bedürfnis der Schwäche. Der Mensch des Glaubens (...) ist notwendig ein abhängiger Mensch – ein solcher,

---

[2] Morgenröte, 84.

der *sich* nicht als Zweck (...) ansetzen kann. Der ‚Gläubige' gehört *sich* nicht, er kann nur Mittel sein, er muß *verbraucht* werden, er hat Jemand nötig, der ihn verbraucht. Sein Instinkt gibt einer Moral der Entselbstung die höchste Ehre (...) Jede Art Glaube ist selbst ein Ausdruck von Entselbstung, von Selbst-Entfremdung ..."[3] Der Glaube wird hier so ohne weiteres zur Folge des *Bedürfnisses* nach Glauben. Aber wer glaubt, weil er ein Bedürfnis nach Glauben hat, glaubt in Wahrheit gar nicht; schon deswegen wird christlich der Glaube als *Gnade* verstanden. Damit erledigt sich auch die weitere Einlassung Nietzsches, der Glaube sei ein Bedürfnis der Schwäche. Und was soll man dazu sagen, daß Nietzsche den Menschen des Glaubens als „abhängig", als „entselbstet", als „selbst-entfremdet" denunziert, als einen, der „Jemand nötig" hat und sich nicht selbst Zweck sei? Nietzsche verschweigt hier die Bezugsperson, von welcher diese Abhängigkeit doch ausgesagt wird, nämlich daß jener „Jemand" niemand anders als Gott ist. Ist aber er gemeint, so bekommen doch alle diese von Nietzsche aufgezählten Prädikate einen vollständig entgegengesetzten Sinn! Ist denn nicht zu unterscheiden zwischen einem „jemand", den man nötig hat, und Gott, den man nötig hat? Wird dem Menschen im Lichte des Glaubens nicht von Gott gerade die Freiheit geschenkt, nämlich die Freiheit von seinem in der Tat knechtischen, weil in allen Belangen endlichen, begrenzten Leben? Bedeutet dann nicht „Entselbstung" und „Selbstentfremdung" die Erlösung von jenem Dasein, dem es nur um es selbst geht, das in der Tat sich selbst in seiner am Ende hoffnungslosen Nichtigkeit zum alleinigen – sinnlosen – Zwecke macht? In der Begegnung mit dem Göttlichen, seiner majestas, seinem fascinans und seinem tremendum, es sei im Glauben oder einer Epiphanie, erlischt zwar in der Tat jedes Selbstsein, aber nicht, weil es dabei zerstört wird, sondern weil ihm damit die Gnade widerfährt, am Göttlichen teilzuhaben.

Letztlich, so Nietzsche, gleiche der Glaube den Überzeugungen. Überzeugungen seien aber nichts anderes als ein „*Nicht*-sehen-wollen, was man sieht" und ein „Nicht-*so*-sehen-wollen, wie man es sieht." Dies sei „beinahe die erste Bedingung, für Alle, die *Partei* sind in irgendwelchem Sinne: Der Parteimensch wird mit Notwendigkeit Lügner." Welcher Unterschied bestehe zwischen einer Überzeugung und einer Lüge?[4] Ja, Überzeugung im Sinne der Parteilichkeit, auch der Lüge gibt es; aber ist Glaube eine solche blinde Überzeugung wie Nietzsche es behauptet? Was ist es denn, was der Glaubende nach Nietzsches Meinung nicht sieht, nicht sehen will? Doch wohl die Wahrheit – will sagen die Wahrheit der Wissenschaft, gegen die er angeblich sein Veto eingelegt hat. Aber *will* er sie nicht sehen, weder überhaupt noch so, wie sie ist, oder sieht er sie wohl, aber hat *Gründe* ihr nicht blindlings zu vertrauen? Ja, er hat Gründe, ihr nicht blindlings zu vertrauen, und es bedarf nicht erst der gelehrten Selbstreflexion von Wissenschaft, wie sie hier im I. Kapitel aufgeführt wurden, um sie zu erkennen, sondern es genügen schon jene Grunderfahrungen, in denen sich

---

[3] Der Antichrist, 54.
[4] Der Antichrist, 55.

dem Menschen der status corruptionis, mit Heidegger zu reden: die Fragwürdigkeit des In-der-Welt-seins im Ganzen enthüllt, womit also alles, auch die Wissenschaft einbezogen ist. Es ist ja gerade ein Übermaß an Realismus, jenes in die Tiefe dringenden Durchschauen der Fragwürdigkeit aller menschlicher Bemühungen, alles, jawohl, alles „Menschlichen, Allzumenschlichen", wie man Nietzsche, seinen eigenen Buchtitel verwendend, entgegenhalten kann, das den Christen zu einem Veto, nicht gegen die Wissenschaft schlechthin, sondern gegen ihren anmaßenden Geltungsanspruch führt.

Aber lesen wir bei Nietzsche noch weiter. Damit dem Glaubenden nicht doch etwa Skrupel kommen, wenn er einfach die Augen schließt, also *blind* glaubt, hätten sich die schlauen Priester und knechtische Philosophen ausgedacht, von den „Grenzen der Vernunft" zu reden. „Es gibt Fragen," sagen sie, „wo über Wahrheit und Unwahrheit dem Menschen die Entscheidung *nicht* zusteht; alle obersten Fragen, alle obersten Wert-Probleme sind jenseits der Vernunft. (...) Der Mensch *kann* von sich nicht selber wissen, was gut und böse ist, darum lehrt ihn Gott seinen Willen (...) der Priester lügt nicht – die Frage ‚wahr' und ‚unwahr' *gibt* es nicht in solchen Dingen, von denen Priester reden; diese Dinge erlauben gar nicht zu lügen. Denn um zu lügen, müßte man entscheiden können, *was* hier wahr ist. Aber das *kann* eben der Mensch nicht; der Priester ist das Mundstück Gottes." Schließlich meint Nietzsche den tieferen Hintergrund eines solchen „Priester-Syllogismus" enthüllen zu können: „Das ‚Gesetz' der ‚Wille Gottes', das ‚heilige Buch', die ‚Inspiration' – alles nur Worte für die Bedingungen, *unter* denen der Priester zur Macht kommt, *mit* denen er seine Macht aufrecht erhält."[5]

Der Kern von Nietzsches Argumentation ist also die Rede vom „Jenseits der Vernunft". Aber was versteht er darunter? Nietzsches Beleg für die Unterstellung, die Priester redeten dem Menschen ein, daß es Dinge gäbe, die er aus Vernunft, will sagen theoretisch, nicht entscheiden könne, ist die Frage nach Gut und Böse. Aber christlich geht es ja gar nicht darum, *ob* er sie durch Vernunft entscheiden kann, sondern *daß* er sie nicht allein unter Berufung auf eine absolut gesetzte Vernunft entscheiden *soll*, daß er nämlich dabei die religio, die Rückbesinnung auf Gott nicht vergessen dürfe. Eben dieses Verhältnis von Glaube und Vernunft spricht ja auch aus den schon öfter zitierten Worten des Paulus: „Ich will beten mit Geist und will auch beten mit dem Verstand." Versteht man aber unter dem „Jenseits der Vernunft" den Logos der Offenbarung im Unterschied zum Logos der Metaphysik als Grundlage wissenschaftlichen Denkens (vgl. das I. Kapitel 3), so ist zwar in der Tat damit gemeint, daß sich das, was er verkündet, der Vernunft entzieht, aber doch nur deshalb, weil er nachweislich von einer ganz anderen Wirklichkeitssphäre handelt, als die Vernunft, einer Wirklichkeitssphäre also, die *jenseits* derer liegt, die der Gegenstand der Vernunft ist. So ist zwar in diesem Falle die Rede von einem „Jenseits der Vernunft" korrekt, doch hat sie einen ganz anderen Sinn als den, welchen

---

[5] Dieses wie alle unmittelbar vorangegangenen Zitate ebenda.

Nietzsche, im Klischee der Aufklärung befangen, damit verbindet. Mit all dem fällt aber auch Nietzsches „Enthüllung" in sich zusammen, es seien nur die „schlauen" Priester, die sich des Schlagworts „Jenseits der Vernunft" als Mittel bedienten, ihre Macht zu befestigen, ganz zu schweigen davon, daß nicht recht einleuchtet, welche Macht außer dem noch „knechtische" Philosophen dabei im Auge haben könnten, die sich derselben Rede zu bedienen – man denke nur an Kant, der ja darunter den intelligiblen Bereich verstanden hat.

Es wäre nun aber freilich ein grobes Mißverständnis, wollte man Nietzsche unterstellen, mit der absoluten Geltung des wissenschaftlichen Denkens habe er die absolute Geltung von *Inhalten* verstanden, die es hervorbringt. Es sei ja im Gegenteil gerade dadurch ausgezeichnet, daß es sich gleichsam nichts vormache, daß es beständig unter dem Vorbehalt des Irrtums stehe. „Hätte man uns (…) nur die *Ehrfurcht* vor" den „Wissenschaften gelehrt, hätte man uns mit dem Ringen und Unterliegen und Wieder-Weiterkämpfen der Großen, von dem Martyrium, welche die Geschichte der *strengen* Wissenschaften ist, auch nur einmal die Seele erzittern lassen!"[6] Sei es doch „gerade der Wille der Erkennenden, unverzagt sich jederzeit gegen seine bisherige Meinung zu erklären und überhaupt in Bezug auf alles, was in uns fest werden will, mißtrauisch zu sein (…)."[7] „Große Geister sind Skeptiker"[8], Skepsis ist die Seele wahrhaftiger Erkenntnis und Wissenschaft. „Die Freiheit von jeder Art Überzeugung *gehört* zur Stärke." Zwar fehle dem starken Geist nicht die Leidenschaft, „sie *gönnt* ihm unter Umständen Überzeugungen", aber nur als Mittel. Denn seine Leidenschaft „unterwirft sich ihnen nicht – sie weiß sich souverän."[9] So hätten also Überzeugungen an sich kein „Bürgerrecht" in der Wissenschaft, sondern „erst wenn sie sich entschließen, zur Bescheidenheit der Hypothese, eines vorläufigen Versuchs-Standpunktes, einer regulativen Fiktion herabzusteigen, darf ihnen Zutritt und sogar ein gewisser Wert innerhalb des Reiches der Erkenntnis zugestanden werden, – immerhin mit der Beschränkung, unter polizeiliche Aufsicht gestellt zu bleiben, unter die Polizei des Mißtrauens. – Heißt das aber nicht (…) erst wenn die Überzeugung *aufhört*, Überzeugung zu sein, darf sie Eintritt in die Wissenschaften erlangen?"[10]

Die absolute Geltung der Wissenschaften besteht also nach Nietzsche nicht in ihren Inhalten – die werden immer umstritten bleiben –, sondern in ihrer absoluten Redlichkeit, und darin liegt für Nietzsche schließlich der eigentliche Sinn und das eigentliche Recht des ungeheuren Anspruchs, daß nur sie den wahren Zugang zur Wahrheit hätten. Aber dann schlägt er plötzlich eine überraschende Volte: Im unmittelbaren Anschluß an das soeben aufgeführte Zitat fragt er nämlich. „Finge nicht die Zucht des wissenschaftlichen Geistes damit an, sich keine Überzeugung mehr zu gestatten? (…) so steht es wahrscheinlich:

---

[6] Morgenröte, 195.
[7] Die Fröhliche Wissenschaft, 296.
[8] Der Antichrist, 54.
[9] Ebenda.
[10] Die fröhliche Wissenschaft, 344.

nur bleibt übrig zu fragen, ob nicht, *damit diese Zucht anfangen könne*, schon eine Überzeugung da sein müsse, und zwar eine so gebieterische und bedingungslose, daß sie alle anderen Überzeugungen sich zum Opfer bringt. Man sieht, auch die Wissenschaft ruht auf einem Glauben, es gibt keine ‚voraussetzungslose' Wissenschaft." Ja, diese Überzeugung gibt es nach Nietzsche, es ist diese, daß überhaupt „Wahrheit not tue" und dies müsse nicht schon vorher bejaht, sondern auch in dem Grade bejaht sein, „daß der Satz, der Glaube, die Überzeugung darin zum Ausdruck kommt, ‚es tut nichts mehr not' als die Wahrheit, und im Verhältnis zu ihr hat alles Übrige nur einen Wert zweiten Ranges."

Damit stellt sich für Nietzsche aber sogleich die Frage, warum das so sei. Der Grund kann, sagt er, nicht darin liegen, daß die Wahrheit etwa den größeren Vorteil biete, da sich doch oft genug die Unwahrheit als ebenso nützlich, wenn nicht nützlicher erweise. „Also – kann der Glaube an die Wissenschaft, der nun einmal unbestreitbar da ist, nicht aus einem solchen Nützlichkeits-Kalkül seinen Ursprung genommen haben, sondern vielmehr *trotzdem*, daß ihm die Unnützlichkeit und Gefährlichkeit des ‚Willens zur Wahrheit', der ‚Wahrheit um jeden Preis' fortwährend bewiesen wird."[11] Und Nietzsche bekräftigt sogar noch: „(...) unser *Trieb zur Erkenntnis* ist zu stark, als daß wir noch das Glück ohne Erkenntnis oder das Glück eines starken festen Wahnes zu schätzen vermöchten; (...) ja vielleicht sind wir *unglücklich* Liebende! Die Erkenntnis hat sich uns zur Leidenschaft verwandelt, die vor keinem Opfer zurückschrickt und im Grunde nichts fürchtet, als ihr eigenes Erlöschen (...) Vielleicht selbst, daß die Menschheit an dieser Leidenschaft zugrunde geht! – auch dieser Gedanke vermag nichts über uns! (...) Wir wollen lieber den Untergang der Menschheit als den Rückgang der Erkenntnis!"[12] Und unter der Überschrift „Ein Tragödien-Ausgang der Erkenntnis" schreibt Nietzsche: „Inzwischen ist das Problem noch nie aufgestellt worden, inwiefern der Menschheit, als einem Ganzen, Schritte möglich sind, die Erkenntnis zu fördern; geschweige denn, welcher Erkenntnistrieb die Menschheit so weit treiben könnte, sich selber darzubringen, um mit dem Leuchten einer vorwegnehmenden Weisheit im Auge zu sterben."[13] Prophetische Worte, apokalyptische Visionen, die in der Tat heute erst wahrhaft aktuell geworden sind, seit sich der Mensch an den Zellkern und den Atomkern gewagt hat. Woher aber denn dieser rätselhafte, sogar den Selbstmord der Menschheit in Kauf nehmende Erkenntnistrieb? Für Nietzsche besteht darüber kein Zweifel. Er schreibt: „(...) man wird es begriffen haben, worauf ich hinaus will, nämlich daß es immer noch ein *metaphysischer Glaube* ist, auf dem unser Glaube an die Wissenschaft ruht, – daß auch wir Erkennenden heute, wir Gottlosen und Antimetaphysiker, auch *unser* Feuer noch von dem Brande nehmen, den ein Jahrtausende alter Glaube entzündet hat, jener Christen-Glaube (...), daß Gott die Wahrheit ist, daß Wahrheit göttlich ist ..."[14]

[11] Ebenda.
[12] Morgenröte, 429.
[13] Ebenda, 45.
[14] Fröhliche Wissenschaft, 344.

Und so wird nun verständlich, warum Nietzsche diesen Abschnitt mit den Worten überschrieben hat: „*Inwiefern auch wir noch fromm sind.*" Gleichwohl ist im gegebenen Zusammenhang Nietzsches Hinweis auf die Wurzel des Glaubens an die Wahrheit als absoluter Wert nur historisch gemeint. Denn er schließt den zitierten Absatz mit folgenden Worten: „Aber wie, wenn dies gerade immer mehr unglaubwürdig wird, nichts sich mehr als göttlich erweist, es sei denn der Irrtum, die Blindheit, die Lüge, wenn Gott selbst sich als unsre *längste Lüge* erweist?" Was aber bedeutet dann noch der in Rede stehende metaphysische Glaube, wie kann er dann noch begründet werden?

Die Antwort findet man in Nietzsches Buch „Jenseits von Gut und Böse", 39. Auch dort weist er zunächst darauf hin, daß der Wille zur Wahrheit „im höchsten Grade schädlich und gefährlich" sein könnte, ja daß es vielleicht zur Grundbeschaffenheit des Daseins gehöre, an ihm zugrunde zu gehen. Aber dem folgt nun der Satz: „(…) so daß sich die Stärke des Geistes danach bemäße, wieviel er von der ‚Wahrheit' gerade noch aushielte, deutlicher, bis zu welchem Grade er sie verdünnt, verhüllt, versüßt, verdumpft, verfälscht *nötig hätte*." Daß solchen starken Geistes gerade der Philosoph sein sollte, habe Stendhal erkannt, indem er sagte: „Pour être bon philosophe il faut être sec, clair, sans illusion. Un banquier, qui a fait fortune, a une partie de caractère requis pour faire des découvertes en philosophie, c'est-à- dire pour voir clair dans ce qui est. (Um ein großer Philosoph zu sein, muß man trocken, klar und ohne Illusion sein. Ein Banquier, der ein Vermögen gemacht hat, hat eine Form des Charakters, die erforderlich ist, um Entdeckungen in der Philosophie zu machen, nämlich eine klare Einsicht in das zu haben, was ist.) Der Wille zur Wahrheit, das ist also Nietzsches Antwort, mag er auch früher mit dem Göttlichen verbunden gewesen sein, ist letztlich nichts anderes als der *Wille zur Stärke*, dieser aber ist zugleich der *Wille zur Macht*. Und Nietzsche scheut sich nicht, um dies in aller nur wünschenswerten, groben Deutlichkeit zu sagen, dafür als Beispiel das Wesen eines Banquiers anzuführen.

Ist dies aber eine überzeugende Antwort auf die Frage nach dem Grunde des Erkenntnistriebes und dem absoluten Streben nach Wahrheit? Zunächst müssen wir uns noch einmal vor Augen halten, daß Nietzsche den Willen zur Wahrheit einmal *historisch* deutet, einmal *systematisch*. Beginnen wir mit dem historischen Aspekt.

Historisch betrachtet, also im Sinne der von ihm zitierten „göttlichen Wahrheit", der „Wahrheit Gottes", beruht dieser Wille, wie er meint, zwar auch auf dem Willen zur Macht, aber zunächst auf dem Willen zur Macht aus Schwäche. Denn die Schwachen, so behauptet er, erfanden gegen die Starken den Geist, womit es ihnen gelang, ihren ohnmächtigen Willen zur Macht in einen mächtigen über die in naivem Selbstbewußtsein und unbedenklicher Egozentrik lebenden Starken zu verwandeln. Die Reflexion, wie sie insbesondere mit Sokrates begann, habe auf Dauer das unbedenkliche, kraftvolle, Instinkt geleitete Leben zerstört und es durch die Schranken der Tugend gebändigt, deren höchster Wert der Wille zu Wahrheit und Redlichkeit sei. Das Ergebnis dieses

Prozesses sei das Christentum gewesen, die Religion der Schwachen. (Christentum nennt Nietzsche Platonismus fürs Volk').[15] Nun sei zwar der höchste und endgültige Triumph des Geistes die Erfindung der Wissenschaft, aber am Ende sei gerade sie es gewesen, welche die Dogmen des Christentums erschütterte. So sei der Atheismus „die Ehrfurcht gebietende *Katastrophe* einer zweitausendjährigen Zucht zur Wahrheit, welche am Schlusse sich die Lüge im Glauben an Gott verbietet."[16] „*Was*, in aller Strenge gefragt, hat eigentlich über den christlichen Gott *gesiegt*? (...) Die christliche Moralität selbst, der immer strenger genommene Begriff der Wahrhaftigkeit, die Beichtväter-Feinheit des christlichen Gewissens, übersetzt und sublimiert zum wissenschaftlichen Gewissen, zur intellektuellen Sauberkeit um jeden Preis. Die Natur ansehen, als ob sie ein Beweis für die Güte und Obhut eines Gottes sei; die Geschichte interpretieren zu Ehren einer göttlichen Vernunft, als beständiges Zeugnis einer sittlichen Weltordnung und sittlicher Schlußabsichten; die eigenen Erlebnisse auslegen, wie sie fromme Menschen lange genug ausgelegt haben, wie als ob alles Fügung, alles Wink, alles dem Heil der Seele zu Liebe ausgedacht und geschickt sei: das ist nunmehr *vorbei*, das hat das Gewissen *gegen* sich, das gilt allen feineren Gewissen als unanständig, unehrlich, als Lügnerei, Feminismus, Schwachheit, Feigheit (...) Dergestalt ging das Christentum *als Dogma* zugrunde, an seiner eigenen Moral (...)"[17]

Es erübrigt sich, nach allem was hier im I. Kapitel, 3 über die Wahrheitsfrage der christlichen Offenbarung gesagt wurde, auf Nietzsches krude Behauptung einzugehen, die Wissenschaft habe die Dogmatik des Christentums in der von ihm beschrieben Weise als ein Phantasma „entlarvt". Es bleibt aber noch nachzutragen, was man von seiner psychologisch-historischen Erklärung für dieses angebliche Phantasma zu halten hat. Denn unabhängig davon, ob durch die Wissenschaft der Untergang christlicher Dogmatik definitiv besiegelt worden ist, bleibt doch die Frage, worauf sich eigentlich Nietzsches Behauptung stützt, daß die Entstehung dieser Dogmatik einem ohnmächtigen Willen zur Macht entsprungen sei. Mit anderen Worten: Ist diese Behauptung ebenfalls das Ergebnis wissenschaftlicher Erkenntnis? Das aber ist nicht mehr eine historische, sondern eine *systematische* Frage.

Nun hat doch Nietzsche wie schon gezeigt unter wissenschaftlicher Erkenntnis vornehmlich die empirische, hypothetische, stets der skeptischen Kritik und Widerlegung ausgesetzte verstanden. Die Lehre aber, daß hinter allem ein alles bewegendes Prinzip steht, nämlich der Wille zur Macht, wird von Nietzsche schon deswegen gar nicht empirisch zur Disposition gestellt, weil sie für ihn das Kriterium seiner fundamentalen, alle empirischen, geschichtlichen Prozesse betreffenden Kritik darstellt. Sie ist das *A priori seines ganzen Denkens*, sein ontologischer Entwurf, auf den er alles gründet. Damit aber gibt sie sich als

---

[15] Jenseits von Gut und Böse, Vorrede.
[16] Zur Genealogie der Moral, III, 27.
[17] Ebenda.

das zu erkennen, was sie in Wahrheit ist: nämlich als eine *Metaphysik*, und zwar im klassischen Sinne eine *dogmatische Metaphysik*. Denn einerseits umfaßt sie die gesamte Historie und andererseits wird sie nicht selbst in ihrer historischen Bedingtheit, in ihrem nur aspektischen Charakter reflektiert oder skeptisch relativiert, worin Nietzsche doch gerade das Kennzeichen einer wissenschaftlichen Erkenntnis zu sehen behauptet. In dieser Hinsicht gibt es keinen Unterschied zwischen Nietzsches Lehre vom Willen zur Macht und Schopenhauers Lehre von einem umfassenden Weltwillen.

Wie aber läßt sich das damit in Einklang bringen, daß Nietzsche doch die Metaphysik mit solchem Nachdruck verachtet hat? Wirft er ihr nicht vor, daß sie, schon seit Plato, „Hinterwelten" ersonnen habe, Hinterwelten, wo das Absolute, Schöne, Wahre, und Gute zuhause sei? Daß sie eine transzendente Sphäre erfunden habe, in die sich der ohnmächtige Wille zur Macht, der Geist der Schwachen vor den Unbillen der Wirklichkeit und der Herrschaft der Starken flüchten konnte, so daß sie letztlich gar nichts anderes war als ein Christentum mit andern Mitteln? (Wie man sieht, versteht auch er sie wesentlich als theologiké epistitéme) Wenn aber die klassische Metaphysik solchermaßen Lüge ist aus Motiven der Schwäche, des ohnmächtigen Willens zur Macht, ist dann nicht Nietzsches Metaphysik vom Willen zur Macht ebenfalls Lüge, wenn auch aus anderen Motiven, nämlich des Willens zur Macht aus Stärke und kann sie dann nicht ebenso wie die klassische Metaphysik durch empirische, hypothetische, skeptische Erkenntnis entlarvt werden? Und wie soll nun ein Wille zur Wahrheit und Redlichkeit darüber befinden, für welche Form von Lüge man sich da entscheiden soll? So fängt sich Nietzsche selbst in jenem Netz, mit dem er die Metaphysik und mit ihr das Christentum glaubte gefangen zu haben.

Aber war sich Nietzsche dessen bewußt? Dazu sind die Worte sehr aufschlußreich, die er in unmittelbarem Anschluß an seine vorhin zitierte Behauptung geschrieben hat, das Christentum sei als Dogma an seiner eigenen Moral zugrunde gegangen („Genealogie der Moral" III,27). Denn dort setzt er hinzu: „dergestalt muß nun auch das Christentum *als Moral* noch zugrunde gehen. Nachdem die christliche Wahrhaftigkeit einen Schluß nach dem andern gezogen hat, zieht sie am Ende ihren *stärksten Schluß*, ihren Schluß *gegen* sich selbst; dies aber geschieht, wenn sie die Frage stellt ‚*was bedeutet aller Wille zur Wahrheit?*'... Und hier rühre ich wieder an mein Problem, an unser Problem (...) welchen Sinn hätte *unser* ganzes Sein, wenn nicht den, daß uns jener Wille zur Wahrheit sich selbst als *Problem* zum Bewußtsein gekommen wäre? ... An diesem Sich-bewußt-werden des Willens zur Wahrheit geht von nun an – daran ist kein Zweifel – die Moral *zugrunde*: jenes große Schauspiel in hundert Akten, das den nächsten Jahrhunderten Europas aufgespart bleibt, das furchtbarste, fragwürdigste und vielleicht auch hoffnungsreichste aller Schauspiele ..." Die Moral geht zugrunde, der Wille zur Wahrheit geht zugrunde – was kann das für Nietzsche anderes bedeuten, als daß allein der Wille zur Macht auf dem europäischen Schlachtfeld triumphierend übrig bleibt? Daß dieser sich nicht, wie das Christentum und die Metaphysik, durch Redlichkeit, Wahrheitsstreben, also wissenschaftliche Erkenntnis legitimieren, also auch nicht mehr, wie diese, am Ende daran zugrunde gehen muß? Was aber soll man sich unter einem solchen absoluten Diktat der Weltgestaltung durch den Willen zur Macht vorstellen?

Das alles bleibt dunkel und wird auch nicht durch Zitate aus dem Nachlaß aufgehellt, die zu deuten den Nietzsche-Monographien überlassen sein mag. Ich begnüge mich daher mit einigen zusammenfassenden Worten, die hierzu G.-G. Grau in seinem gerade dieses Thema aufgreifenden Nietzsche-Buch geäußert hat. Er spricht dort von dem lebenslangen Ringen Nietzsches „um das Problem der *Wahrheit* und die Problematik der *Wissenschaft*".[18] Nietzsche habe die Möglichkeit der Wahrheit geleugnet, aber intellektuelle Redlichkeit gefordert, er habe das „Veto gegen die Wissenschaft verachtet", aber es selbst vollzogen. Ihm habe ein neuer Begriff der Wahrheit vorgeschwebt, „demzufolge sie an der Stringenz der alten teilhabe sollte, ohne an deren Bedingungen und Grenzen gebunden zu sein, und er bezweifelte die ‚Voraussetzungslosigkeit' der Wissenschaft, wenn sie dem Menschen die Bestätigung der Sinngebung verweigert, auf die er angewiesen ist. Immerhin war er dann redlich genug, ‚die Lüge als Supplement der Macht' einzugestehen und eine Preisgabe des ‚Willens zur Wahrheit' zu fordern, um den absoluten Anspruch der vom Willen zur Macht für ihn ‚geschaffenen' Wahrheit zu sichern – deren geschichtsphilosophische Begründung er freilich wieder mit den Methoden und Ergebnissen eben der Wissenschaft erbringen wollte, die er verwarf."[19] Nietzsche, so Grau weiter, beharrte also auf der „Unerläßlichkeit eines absoluten Anspruchs, dessen Wahrheit aber nur und erst durch den Willen zu Macht *schaffen* ist: ‚Wahrheit ist (...) etwas, das zu schaffen ist.'"[20] Womit er auf Nietzsches Bemerkung aus dem Nachlaß hinweist: „Ihr ‚Erkennen'" – gemeint ist das der „Philosophen der Zukunft" – „ist *Schaffen*, ihr Schaffen ist eine Gesetzgebung, ihr Wille zur Wahrheit ist – *Wille zur Macht*. – Gibt es heute solche Philosophen? Gab es schon solche Philosophen? *Muß* es nicht solche Philosophen geben?"[21]

Aber man versuche einmal, sich solche Philosophen vorzustellen: Sie wollen an der Stringenz des alten Wahrheitsbegriffes festhalten, aber sie wollen zugleich die Lüge als Supplement einbeziehen und auch noch einen absoluten Anspruch mit der *für* den Willen zur Macht geschaffenen „Wahrheit" verbinden. Da aber das alles im wahrsten Sinne des Wortes absurd ist, weil die Stringenz von Wahrheit nicht auf Machtansprüchen beruhen kann, wollen sie etwas, was sie zwar möchten, aber niemals erreichen können. Verwandelt sich da nicht der so großspurig auftretende Wille zur Macht seinerseits in einen

---

[18] G.-G. GRAU, Ideologie und Wille zur Macht. Zeitgemäße Betrachtungen über Nietzsche, Berlin 1984., S. 7.
[19] Ebenda.
[20] A.a.O., S. 252.
[21] Jenseits von Gut und Böse, 211.

ohnmächtigen Willen zur Macht, wenn auch mit umgekehrten Vorzeichen? Mit anderen Worten: Wenn sich einst der Wille zur Macht der Schwachen das Gute und Gott *erfand* und dem Bösen entgegensetzte, so *erfindet* sich jetzt der Wille zur Macht der Starken eine Welt, die jenseits von Gut und Böse ist und jenseits von Gott. Wenn aber nach Nietzsches eigener Meinung der ohnmächtige Wille der Schwachen zunächst zur Macht gelangte, weil vor seiner angeblichen Entlarvung durch die Wissenschaft wenigstens der Schein, ja sogar der Schein von Rationalität auf seiner Seite war (Metaphysik und Glaube), ist nicht einmal ein solcher Schein auf der Seite des Willens der Starken; alles was sie können, ist, ihre Werte-Welt zu *dekretieren* – und so ist, in diesem Sinne, auch ihr Wille nur ein ohnmächtigerer Wille zur Macht, und zwar ein noch viel ohnmächtigerer als es derjenige der sog. Schwachen je gewesen ist. Denn das Absurde wollen, heißt ja im Grunde gar nichts wollen. So ist es Nietzsche also nicht gelungen, den gordischen Knoten zu durchhauen und sich gleichsam mit einem Gewaltstreich aus dem Netz zu befreien, in das er sich mit seiner Verknüpfung von „Wahrheit" und „Wille zur Macht" selbst gefangen hat.

Dabei können wir es jedoch nicht bewenden lassen. Bisher ging es ja zunächst hauptsächlich nur um die Wahrheitsfrage von Nietzsches Philosophie überhaupt; wir müssen uns aber im gegebenen Zusammenhang auch noch im einzelnen mit seiner Kritik am Christentum und dem, was er an dessen Stelle zu setzen hat, beschäftigen.

Nietzsche unterscheidet scharf zwischen der historischen Gestalt Jesu und dem Christentum, worin eben diese Gestalt durch die Apostel und Paulus von Grund auf teils mißverstanden, teils verfälscht worden sei. Was nach Nietzsches Meinung Jesus wirklich lehrte, hat er in „Der Antichrist" (34) so zusammengefaßt: „Das Reich Gottes ist nichts, was uns erwartet; es hat kein Gestern und kein Übermorgen, es kommt nicht in ‚tausend Jahren' – es ist eine Erfahrung an einem Herzen; es ist überall da, es ist nirgends da." „Dieser ‚frohen Botschaft' starb wie er lebte, wie er *lehrte* – *nicht* um die „Menschen zu erlösen", sondern um zu zeigen, wie man zu leben hat. „Die *Praktik* ist es, welche er der Menschheit hinterließ: sein Verhalten vor den Richtern, vor den Häschern, vor den Anklägern und aller Art Verleumdung und Hohn – sein Verhalten am *Kreuz*. Er widersteht nicht, er verteidigt nicht sein Recht, er tut keinen Schritt, der das Äußerste von ihm abwehrt, mehr noch, *er fordert es heraus* ... Und er bittet, er leidet, er liebt *mit* denen, *in* denen, die ihm Böses tun." Dies alles hätten die Worte zum *Schächer* am Kreuz zusammengefaßt, ja, in ihnen sei das ganze Evangelium enthalten – allerdings nur dann, wenn man wie Nietzsche den entsprechenden Text von Lk 23,39–43 ändert, nämlich so: „‚Das ist wahrlich ein *göttlicher* Mensch gewesen, ein Kind Gottes!' sagt der Schächer. ‚Wenn du dies fühlst' – antwortet der Erlöser –, *so bist du im Paradiese, so bist du ein Kind Gottes*.' *Nicht* sich wehren, *nicht* zürnen, *nicht* verantwortlich-machen ... Sondern auch nicht dem Bösen widerstehen – ihn *lieben*."[22] Und Nietzsche erläu-

---

[22] A.a.O.,35.

tert dies näher so: „(...) der Gegensatz zu allem Ringen, zu allem Sich-im-Kampf-fühlen ist hier Instinkt geworden: Die Unfähigkeit zum Widerstand wird hier Moral (...), die Seligkeit im Frieden, in der Sanftmut, im Nichtfeind-sein-können. Was heißt ‚frohe Botschaft'? Das wahre Leben, das ewige Leben ist gefunden – es wird nicht verheißen, es ist *in euch*: Das Leben in der Liebe, in der Liebe ohne Abzug und Ausschluß, ohne Distanz. Jeder ist ein Kind Gottes (...)"[23] Im Gegensatz dazu ist aber im Text des Lukas gerade von der *Verheißung* des ewigen Lebens die Rede. Sagt doch der Schächer: „gedenke an mich, wenn du in dein Reich kommst! Und Jesus antwortet ihm: Wahrlich, ich sage dir: Heute wirst du mit mir im Paradiese sein."

Obgleich nun Nietzsche von Jesu eigentlicher Botschaft redet, um sie von dem zu unterscheiden, was später daraus gemacht wurde, so will er damit in keiner Weise sagen, daß sie irgendeine Zustimmung verdiente. Ja, es ist überhaupt nicht ihr Inhalt, der ihn interessiert, sondern die *Psychologie des Menschentyps*, die aus ihm spricht. „Was *mich* angeht, ist der psychologische Typus des Erlösers."[24] Ihn bewege „nicht die Wahrheit darüber, was er getan, was er gesagt, wie er eigentlich gestorben ist: sondern die Frage, ob sein Typus überhaupt noch vorstellbar, ob er ‚überliefert' ist?"[25] „Mit der Strenge des Physiologen gesprochen" sei da für ihn die Kennzeichnung „Idiot" „am Platze". Er beschreibt ihn so: „Wir kennen einen Zustand krankhafter Reizbarkeit des *Tastsinns*, der dann vor jeder Berührung, vor jedem Anfassen eines festen Gegenstandes zurückschaudert. Man übersetze sich einen solchen physiologischen *habitus* in seine letzte Logik – als Instinkt-Haß gegen *jede* Realität, als Flucht ins ‚Unfaßliche', ‚Unbegreifliche', als Widerwille gegen jede Formel, jeden Zeit- und Raumbegriff, gegen alles, was fest, Sitte, Institution, Kirche ist, als Zu-Haus-sein in einer Welt, an die keine Art Realität mehr rührt, einer bloß noch ‚inneren' Welt, einer ‚wahren' Welt, einer ‚ewigen Welt ...'. Das Reich Gottes *ist in euch.*'..."[26] Offenbar hat Nietzsche bei all dem an Dostojewskis Roman „Der Idiot" gedacht[27], ja, er erwähnt in einem späteren Abschnitt den Dichter auch namentlich[28]: Dort spricht er von der „seltsamen und kranken Welt, in die uns die Evangelien führen", und daß es zu bedauern sei, „daß nicht ein Dostojewski in der Nähe dieses interessanten décadent" – eben des von Nietzsche hier ins Auge gefaßten Typus – „gelebt hat, ich meine, jemand, der gerade den ergreifenden Reiz einer solchen Mischung von Sublimem, Krankem und Kindlichem zu empfinden wußte."[29] Überhaupt sei die gute Botschaft, daß es keine Gegensätze gibt, daß das Himmelreich den Kindern gehöre, „eine ins Geistige zurücktretende Kindlichkeit. Der Fall der verzögerten und im Organismus

---

[23] Ebenda.
[24] A.a.O., 29.
[25] Ebenda.
[26] A.a.O., 29.
[27] Vgl. hierzu auch W. KAUFMANN, Nietzsche, S. 396 ff, Darmstadt 1982.
[28] A.a.O., 31.
[29] Ebenda.

ausgebildeten Pubertät, als Folgeerscheinung der Degenereszenz", wie sie „wenigstens den Physiologen vertraut" sei.[30] Wäre er doch nur erwachsen geworden! „Glaubt es mir, meine Brüder!" ruft Zarathustra aus, „Er starb zu früh; er selber hätte seine Lehre widerrufen, wäre er bis zu meinem Alter gekommen! Edel genug war er zum Widerrufen! Aber ungereift war er noch. Unreif liebt der Jüngling (...).[31]

Nun, wenn Jesu Botschaft wirklich diejenige gewesen wäre, die Nietzsche ihm unterstellt, so wäre er in der Tat ein „Schwärmer" gewesen, wie Luthers zwar einfachere, deswegen aber nicht weniger treffende Kennzeichnung für solche Fälle lautet. Denn wie ich im VIII. Kapitel gezeigt habe, verkennt die völlige Verweigerung der gesellschaftlichen Ordnung – Nietzsche nennt es alles Feste, Sitte, Institution –, daß diese die Bedingung menschlichen Lebens überhaupt ist und damit ebenso diejenige göttlichen Lebens. Auch über das Unheil, das Schwärmer dieser Art über die Menschheit gebracht haben, ist in dem erwähnten Kapitel gesprochen worden. Aber wenn Nietzsche unterstellt, Jesus hätte, wenn er alt genug geworden und seiner Pubertät entwachsen gewesen wäre, widerrufen und sich zu seiner, Nietzsches Lehre, bekannt – anders kann man ja wohl die betreffende Stelle aus dem Zarathustra nicht verstehen – wäre er dann weniger ein Schwärmer gewesen? Ginge eine gesellschaftliche Ordnung nicht ebenso zugrunde, in der sich Nietzsches Hoffnung erfüllte, daß die Moral zugrunde ginge, indem ihr Prinzip, der Wille zur Wahrheit zugrunde ginge? Von all dem aber abgesehen – woher weiß Nietzsche so genau, was Jesus „in Wahrheit", will sagen: im Gegensatz zur Überlieferung gelehrt habe? Wo findet man bei ihm dafür auch nur den Hauch eines Beweises, wenigstens eines Beweisversuches?

Gehen wir jetzt zu jener angeblichen Verfälschung von Jesu Lehre über, die Nietzsche das Christentum genannt hat. Diese sei vornehmlich das Werk des Paulus gewesen. „Der ‚frohen Botschaft'", schreibt Nietzsche, „folgte auf dem Fuße die *allerschlimmste*: die des Paulus. In Paulus verkörpert sich der Gegensatz-Typus zum ‚frohen Botschafter', das Genie im Haß, in der Vision des Hasses, in der unerbittlichen Logik des Hasses. *Was* hat dieser Dysangelist alles dem Hasse zum Opfer gebracht! Vor allem den Erlöser: er schlug ihn an *sein* Kreuz. Das Leben, das Beispiel, die Lehre, den Tod, der Sinn und das Recht des ganzen Evangeliums – nichts war mehr vorhanden, als dieser Falschmünzer aus Haß begriff, was allein er brauchen konnte (...) *er erfand sich eine Geschichte des ersten Christentums*. (...) Was er selbst nicht glaubte, die Idioten, unter die er *seine* Lehre warf, glaubten es ... – Sein Bedürfnis war die Macht (...)"[32] Paulus habe an einer „fixen Idee" gelitten, nämlich an der Frage, wie es mit der *Erfüllung des Gesetzes* stehe? An sich habe er erfahren, „daß er – hitzig, sinnlich, melancholisch, bösartig im Haß wie er war – das Gesetz selber nicht erfüllen

---

[30] A.a.O., 32.
[31] Also sprach Zarathustra, I, 21.
[32] Der Antichrist, 42.

konnte, ja, (...) daß seine ausschweifende Herrschsucht fortwährend gereizt wurde, es zu übertreten, und daß er diesem Stachel nachgeben *mußte.*"³³ Das Gesetz selbst erschien ihm unerfüllbar. „Und endlich leuchtete ihm der rettende Gedanke auf, zugleich mit einer Vision, wie es bei diesem Epileptiker nicht anders zugehen konnte."³⁴ Als ihm Christus erschien, sei ihm klar geworden, daß dessen Tod nötig war, um das Gesetz „abzutun!" Gott hätte den Tod Christi nie beschließen können, wenn überhaupt ohne diesen Tod eine Erfüllung des Gesetzes möglich gewesen wäre; jetzt ist nicht nur alle Schuld abgetragen, sondern die Schuld an sich vernichtet; jetzt ist das Gesetz tot, jetzt ist die Fleischlichkeit, in der es wohnt, tot – oder wenigstens in fortwährendem Absterben, gleichsam verwesend. Noch kurze Zeit inmitten dieser Verwesung! – das ist das Los des Christen, bevor er, einsgeworden mit Christus, aufersteht mit Christus, an der göttlichen Herrlichkeit teilnimmt mit Christus." So ist Paulus „der *erste Christ,* der Erfinder der Christlichkeit!"³⁵ „Jesus hatte den Begriff ‚Schuld' selbst abgeschafft – er hat jede Kluft zwischen Gott und Mensch geleugnet, er *lebte* diese Einheit von Gott und Mensch als *seine* ‚frohe Botschaft' (...) Von nun an tritt schrittweise in den Typus des Erlösers hinein: die Lehre vom Gericht und von der Wiederkunft, die Lehre vom Tod als einem Opfertode, die Lehre von der *Auferstehung,* mit welcher der ganze Begriff ‚Seligkeit', die ganze und einzige Realität des Evangeliums, eskamotiert ist – zugunsten des Zustandes *nach* dem Tode!"³⁶ Und schließlich: Mit der Idee von Schuld, Auferstehung und Gericht, kam das „am meisten unevangelische Gefühl", die Rache, die Strafe, die Vergeltung und der Lohn wieder „obenauf".³⁷ „Denn so ihr liebet, die euch lieben, *was werdet ihr für Lohn haben?* Tun nicht dasselbe auch die Zöllner? Und so ihr nur zu euern Brüdern freundlich tut, *was tut ihr Sonderliches?* Tun nicht die Zöllner also? (Matthäus 5,46) – Prinzip der ‚christlichen Liebe': sie will zuletzt gut *bezahlt* sein ..."³⁸

Wie man sieht, leitet Nietzsche die Botschaft des Paulus gleichsam tiefenpsychologisch aus dessen Seele ab, über die er alles Wissenswerte zu wissen meint – was braucht er sich noch näher mit der Botschaft selbst zu beschäftigen? Paulus soll mit dem Gesetz nicht zurecht gekommen sein – das beleidigte sein Selbstbewußtsein, seine Herrschsucht, also haßte er es; also mußte sich sein Ressentiment dagegen etwas erfinden, was ihm Luft verschaffte. Liest man aber, was Paulus schreibt, *bevor* man seine Seele zu analysieren versucht, so kommt man zu einem ganz anderen Ergebnis. Weder haßte Paulus das Gesetz, noch glaubte er, daß es seit Christus tot sei. Sondern er sagte ausdrücklich, das Gesetz sei „heilig, gerecht und gut".³⁹ Was er erkannte, war doch nur, daß das Gesetz

---
[33] Morgenröte, 68.
[34] Ebenda.
[35] Ebenda.
[36] Der Antichrist 41.
[37] A.a.O., 40.
[38] A.a.O., 45.
[39] Röm 7,12.

zwar dem Buchstaben, nicht aber dem Geiste nach zu erfüllen ist, und dieser Geist ist die Liebe; daß aber andererseits eben diese Erkenntnis die Menschen für die Empfängnis der Offenbarung durch Christus bereit gemacht hat: „So ist das Gesetz unser Zuchtmeister gewesen auf Christus hin (...)"[40], der uns von der Unerfüllbarkeit des Gesetzes durch Gnade befreit hat. Ist es aber der Geist der Liebe, den Paulus gepredigt hat, der Liebe zu Gott und den nächsten – welcher Haß und welche Herrschsucht soll ihn dazu gebracht haben?

Noch ein Wort zu Nietzsches freilich durch nichts bewiesenen Hinweis, Paulus sei ein Epileptiker gewesen. Man wird dabei an Hume erinnert, der gefragt hat, was wunderbarer sei, nämlich ob das Wunder wirklich stattgefunden habe, das mit den bekannten Naturgesetzen nicht vereinbar sei, oder ob derjenige, der davon berichtet, sich getäuscht hat oder getäuscht wurde. Kein Zweifel, so Hume, daß man nach Lage der Dinge immer nur das letzte anzunehmen genötigt sein werde. Aber ich habe schon im XIV. Kapitel, E 5 darauf hingewiesen, daß Hume wenig Grund hatte, so zu urteilen. Hatte er es doch selber auf eine nur durch lange Erfahrung eingetretene *Gewohnheit* zurückgeführt, ja, auf einen, wenn auch tief verankerten *Glauben*, wenn man sich auf Naturgesetze berief, und zwar deswegen, weil der Induktionsschluß von der Vergangenheit auf die Zukunft auf keine Weise theoretisch zu begründen sei. Hätte also Nietzsche, indem er sich im Hinblick auf Paulus so selbstverständlich auf eine medizinische Erfahrung wider den Glauben berief, nicht von Hume gewarnt sein sollen, er, der doch ansonsten, wie wir gesehen haben, mit seiner Skepsis auch vor dem wissenschaftlichen Denken keineswegs zurückwich, wenn er schon von der Allgemeinen Metatheorie nichts wissen konnte, die den rein hypothetischen Charakter wissenschaftlichen Denkens durch logische (also weder empirische noch metaphysische) Analyse zwingend enthüllt hat?

Merkwürdiger Weise wiederholt Nietzsche in seinem Angriff auf Paulus nicht, daß er an anderer Stelle in der Tat selbst der christlichen Predigt der Liebe einen hintergründigen, wenn auch nicht unmittelbar mit Paulus zusammenhängenden Haß unterstellt hat. Ich zitiere aus der „Genealogie der Moral". Dort schreibt er: „Aus dem Stamme jenes Baumes der Rache und des Hasses, des jüdischen Hasses – des tiefsten und sublimsten, nämlich Ideale schaffenden, Werte umschaffenden Hasses, dessengleichen nie auf Erden dagewesen ist – wuchs etwas ebenso Unvergleichliches heraus, eine *neue Liebe*, die tiefste und sublimste aller Arten Liebe – (...) Daß man aber ja nicht vermeine, sie sei etwa als die eigentliche Verneinung jenes Durstes nach Rache, als der Gegensatz des jüdischen Hasses emporgewachsen! Nein, das Umgekehrte ist die Wahrheit! Die Liebe wuchs aus ihm heraus, als seine Krone, als die triumphierende (...) Krone, welche (...) auf die Ziele jenes Hasses, auf Sieg, auf Beute, auf Verführung aus war (...) Dieser Jesus von Nazareth, als das leibhaftige Evangelium der Liebe, dieser den Armen, den Kranken, den Sündern die Seligkeit und den Sieg bringende ‚Erlöser' – war er nicht gerade die Verführung in ihrer unheim-

---

[40] Gal 3,24.

lichsten und unwiderstehlichsten Form, die Verführung und der Umweg zu eben jenen *jüdischen* Werten und Neuerungen des Ideals? Hat Israel nicht gerade auf dem Umwege dieses ‚Erlösers', dieses scheinbaren Widersachers und Auflösers Israels, das letzte Ziel seiner sublimen Rachlust erreicht? Gehört es nicht in die geheime schwarze Kunst einer wahrhaft *großen* Politik der Rache, einer weitsichtigen, unterirdischen, langsam-greifenden und vorausberechnenden Rache, daß Israel selbst das eigentliche Werkzeug seiner Rache vor aller Welt wie etwas Todfeindliches verleugnen und ans Kreuz schlagen mußte, damit ‚alle Welt', nämlich alle Gegner Israels unbedenklich gerade an diesem Köder anbeißen konnten? (…) Gewiß ist wenigstens, daß sub hoc signo" – des Kreuzes nämlich – „Israel mit seiner Rache und Umwertung aller Werte bisher über alle anderen Ideale, über alle *vornehmen* Ideale immer wieder triumphiert hat."[41]

Das Christentum als Instrument „großer Politik", einer langfristig angelegten Rache gegen Israels Feinde – wer anders kann damit gemeint sein als die Römer und die Idee ihres Imperiums, das auf dem Willen zur Macht beruhte? Und folglich auch alle jene „Tugenden", die sie in die Lage versetzten, sich zum Herrn über die ganze Welt aufzuwerfen? Wenn die Juden sich als Gottes auserwähltes Volk betrachteten, so mußten sie, wie Nietzsche offenbar folgert, unter allen Völkern den tiefsten und „sublimsten Haß" gegen ihre Unterdrücker empfinden, nämlich keinen blinden, sondern einen mit *Geist* gepaarten, also einen solchen, der am Ende dazu führte, daß alle „vornehmen Ideale" der Römer in ihr Gegenteil verkehrt wurden und an die Stelle der Werte des Willens zur Macht diejenigen der Liebe traten. Konnte auf eine gründlichere, tiefgreifendere Weise Rom, Israels Todfeind, innerlich ausgehöhlt, geschwächt und damit für seinen Untergang reif gemacht werden? War das nicht weitsichtige, „große Politik"? Wurde damit nicht wieder offenbar, daß das Christentum nichts anderes ist, als ein Produkt des Ressentiments, also ohnmächtiger Wille zur Macht?

Wieder macht Nietzsche, der selbsternannte Philosoph der Redlichkeit wider die Ideologen des Ressentiments, also vor allem die Christen, nicht den geringsten Versuch, seinen Unterstellungen auch nur den Anschein seriös begründeter Historie zu geben. Aber gesetzt selbst, er hätte wirklich die Hintergründe der Verbreiter des Christentums „entlarvt" – was bewiese es gegen die Religion der Liebe, was könnte es überhaupt gegen sie beweisen? Beweist der weit verbreitete, heuchlerische Mißbrauch moralischer Tugenden irgend etwas gegen deren Gültigkeit? Klagt eine „Tartufferie" der Worte oder Taten, wie es Nietzsche nennt, auch nur im geringsten die Idee christlicher Liebe an?[42] Welch eine sonderbare Logik, aus der Empörung gegen eine heuchlerische Christenheit das Recht ableiten zu wollen, damit zugleich diejenigen Werte zu diskreditieren, die eine solche Christenheit sich zunutze macht. Aber es kommt

---

[41] Genalogie der Moral, 8.
[42] A.a.O., III, 19.

auch vor, daß Nietzsche in einem solchen Zusammenhang christliche Werte gegen die verlogene „Christenheit" beinahe verteidigt: „Ein junger Fürst an der Spitze seiner Regimenter," schreibt er, „prachtvoll als Ausdruck der Selbstsucht und Selbstüberhebung seines Volks – aber, *ohne* jede Scham, sich als Christ bekennend! (...) Jede Praktik jedes Augenblicks, jeder Instinkt, jede zur *Tat* werdende Wertschätzung ist heute antichristlich: Was für eine *Mißgeburt von Falschheit* muß der moderne Mensch sein, daß er sich trotzdem *nicht schämt*, Christ noch zu heißen!"[43] So wird also das Christentum diskreditiert durch seine Heuchelei, seine Heuchelei durch das Christentum. Welche politischen Motive aber auch immer mit der Geschichte des Christentums verbunden gewesen sein mögen – ob man den Übergang des römische Reiches in ein christliches (übrigens ja keineswegs jüdisches) begrüßt oder bedauert, das kann doch nur davon abhängen, wie man zum Christentum selbst *steht*; darüber aber entscheidet allein der Inhalt seiner Botschaft und nicht, welche politischen Motive einst bei seiner Verbreitung eine Rolle gespielt haben mögen.

Wie sehr dieser Inhalt durch Nietzsches „Motivsuche" verdunkelt wird, zeigt auch seine Verwerfung des christlichen Schuld- und Sühnebegriffs, der christlichen Vorstellungen von der Auferstehung, vom Gericht, von Sühne, Lohn und Strafe. Da er in allen diesen Vorstellungen nur Ausgeburten des Ressentiments und der Rache sieht, entgeht es ihm, daß sie ganz im Gegenteil in einem unlöslichen, komplementären Zusammenhang mit der göttlichen Liebe stehen, so etwa, wie das Unendliche gar nicht ohne das Endliche zu denken ist. Denn man kann von Gottes gnadenhafter Liebe nur sprechen, wo es eine menschliche Gottferne gibt, wo also eine solche Gnade benötigt wird, wo aber entsprechend die ständige Gefahr besteht, diese Gnade zu verspielen. Das letzte Gericht ist nur die endgültige Entscheidung darüber und es ist zugleich das Gericht über das In-der-Welt-sein als Ganzes. So entspricht auch notwendig der endgültigen Gnade am Ende die endgültige Verwerfung am Ende. Und schließlich: Weit entfernt davon, daß mit der Botschaft vom Jenseits die Realität zugunsten des Zustandes *nach* dem Tode „eskamotiert" ist, wie es Nietzsche behauptet, der ja alles Gewicht auf die Realität legen will, beruht diese Botschaft ganz im Gegenteil auf einem nichts beschönigenden Realismus: nämlich dieser, daß das In-der-Welt-sein in seiner Nichtigkeit keinen Trost bereithält – müßte das nicht Nietzsches Beifall finden? – daß allerdings eben diese Erkenntnis als solche schon die *Beziehung auf Transzendenz* notwendig einschließt, ohne daß dabei irgendwelche Ressentiments oder Hintergedanken eine Rolle spielen – was Nietzsche übersehen hat. (Vgl. das VII. Kapitel, 8)

Mit Nietzsches Blindheit für die entscheidende Rolle der Liebe im Christentum hängt es schließlich auch zusammen, daß er Luthers Lehre angreift, es komme nur auf den Glauben an, „und daß die Werke notwendig folgen müssen." Dies sei „schlechterdings nicht wahr", und schon „der Augenschein aller Erfahrungen aller Tage" spreche dagegen. Denn: „Das zuversichtliche Wissen

---

[43] Der Antichrist, 38.

oder Glauben kann nicht die Kraft zur Tat, noch die Gewandtheit zur Tat geben, es kann nicht die Übung jenes feinen, vielteiligen Mechanismus ersetzen, welche vorangegangen sein muß, damit irgend etwas aus einer Vorstellung sich in Aktion verwandeln könne. Vor allem und zuerst die Werke! Das heißt Übung, Übung, Übung! Der dazugehörige ‚Glaube' wird sich schon einstellen, – dessen seid versichert!"[44] Nun ist es zwar deutlich, daß Nietzsche hier auf den aus Instinkt eher als aus intellektueller Reflexion handelnden Macht-Menschen anspielt, aber selbst wenn man den Ursprung der Tat auf solche Weise sieht – was besagt das gegen Luthers Meinung, daß alles auf den Glauben ankomme und erst durch diesen wahrhaft christliche Werke möglich sind? Denn der Glaube ist ja nicht irgendein intellektuelles Für-wahr-halten, sondern ein Erfülltsein von der göttlichen Liebe! *Diese* ist der „Instinkt" des Christen und eben dieser Instinkt drängt doch den Christen zur Betätigung allenthalben in seinem Umfeld. Nietzsches Vorwurf an das Christentum, es hätte an die Stelle von Jesu rein *praktischer,* nur innerweltlicher Lehre eine solche des Glaubens an bestimmte außerweltliche Dinge gesetzt, ist also so grundlegend falsch, daß vielmehr umgekehrt der christliche Glaube nicht nur die Wurzel des Praktischen ist, sondern ohne dieses Hervortreiben des Praktischen gar nicht gedacht werden kann.[45]

Damit kommen wir aber zu Nietzsches Verwerfung der christlichen Moral. Diese sieht er vor allem im Mitleiden, also, wie er es versteht, einer Moral aus Schwäche, der er die Moral aus Stärke entgegenstellt. Die „größten Wunder der antiken Sittlichkeit", schreibt er in der „Morgenröte" (131), „zum Beispiel Epiktet, wußten nichts von der jetzt üblichen Verherrlichung des Denkens an andere, des Lebens für andere; man würde sie nach unserer moralischen Mode geradezu unmoralisch nennen müssen, denn sie haben sich mit allen Kräften *für* ihr *ego* und *gegen* die Mitempfindung mit anderen (namentlich mit deren Leiden und sittlichen Gebrechen) gewehrt. Vielleicht daß sie uns antworten würden: ‚habt ihr an euch selber einen so langweiligen oder häßlichen Gegenstand, so denkt doch an andere mehr als an euch! Ihr tut gut daran!'" Was aber Nietzsche mit diesem „Egoismus" meint, ist vor allem dem „Zarathustra" zu entnehmen, wo wir lesen: „Liebt immerhin euern Nächsten gleich euch, – aber seid mir erst solche, die *sich selber lieben* – ..." (III, 5,3). Offenbar soll also die Selbstliebe keineswegs lediglich darauf hinauslaufen, sich nur mit sich selbst zu beschäftigen, doch die Beziehung zum andern muß im eigenen, kraftvollen Selbstbewußtsein ihre Grundlage haben. Dies ist nach Nietzsche vor allem in der Freundschaft der Fall. „Nicht den Nächsten lehre ich euch, sondern den Freund."[46] Überhaupt ist Freundschaft für ihn im Gegensatz zur Geschlechter-

---

[44] Morgenröte, I, 22.
[45] Darin zeigt sich die Fragwürdigkeit extremer Formen des Mönch- oder Eremitenseins, womit aber gegen die Idee des Klosterlebens als solche nichts gesagt ist, das ja in der Regel ein tätiges, sich auch keineswegs in barmherziger Mitmenschlichkeit erschöpfendes Leben einschließt.
[46] Zarathustra, I, 16.

liebe der Zustand eigentlicher und wahrer Selbstlosigkeit, denn, gefestigt in seinem Ego mit seinen Idealen, gefestigt in einer so und recht verstandenen Selbstliebe, sucht der Freund dem Freunde diese Ideale zu vermitteln, während die Geschlechterliebe „gerade der unbefangenste Ausdruck des Egoismus" sei. „Es gibt wohl hier und da auf Erden eine Art Fortsetzung der Liebe, bei der jenes habsüchtige Verlangen zweier Personen nach einander einer neuen Begierde und Habsucht, einem *gemeinsamen* Durste nach einem über ihnen stehenden Ideale gewichen ist: aber wer kennt diese Liebe? Ihr rechter Name ist *Freundschaft*."[47] „Das Altertum hat die Freundschaft tief und stark ausgelebt (...) Dies ist ein Vorsprung vor uns: Dagegen haben wir die idealisierte Geschlechterliebe aufzuweisen."[48] Was aber Nietzsche mit dem Durste der Freunde nach einem höheren Ideal meint, auch das hat er in seinem „Zarathustra" besonders deutlich gesagt: „Der Freund sei euch das Fest der Erde und ein Vorgefühl des Übermenschen (...) in deinem Freunde sollst du den Übermenschen als deine Ursache lieben. Meine Brüder, zur Nächstenliebe rate ich euch nicht: ich rate euch zur Fernsten-Liebe." (I, 16) Eine solche Liebe habe nichts mit Mitleiden und seiner Weichheit zu tun, sondern sie sei im Gegenteil gezeichnet von Härte und Überwindung. „In seinem Freunde soll man seinen besten Feind haben. Du sollst ihm am nächsten mit dem Herzen sein, wenn du ihm widerstrebst."[49] Die Liebe zum Freunde ist hart und mitleidslos, denn sie führt auf den gemeinsamen Pfad der Überwindung zum Übermenschen, zur höchsten Form und Vervollkommnung des Selbst. „Hast du aber einen leidenden Freund, so sei seinem Leiden eine Ruhestätte, doch gleichsam ein hartes Bett, ein Feldbett: so wirst du ihm am besten nützen (...) Merket aber auch dies Wort: Alle große Liebe ist noch über all ihrem Mitleiden: denn sie will das Geliebte noch – schaffen! ‚Mich selber bringe ich meiner Liebe dar, und meinen Nächsten gleich mir'- so geht die Rede allen Schaffenden. Alle Schaffenden aber sind hart."[50]

Das alles schließt für Nietzsche Mitleid, Güte und Toleranz nicht aus, aber eben unter anderen Vorzeichen als es seiner Meinung nach im Christentum der Fall ist. *Zum Mitleid*: „Im Menschen ist *Geschöpf* und *Schöpfer* vereint (...) – versteht ihr diesen Gegensatz? Und daß *euer* Mitleid dem ‚Geschöpf im Menschen' gilt, dem, was geformt, gebrochen, geschmiedet, gerissen, gebrannt, (...) geläutert werden muß, – dem was notwendig *leiden* muß und leiden *soll*? Und *unser* Mitleid – begreift ihr's nicht, wem unser umgekehrtes Mitleid gilt; wenn es sich gegen euer Mitleid wehrt, als gegen die schlimmste aller Verzärtelungen und Schwächen? – Mitleid also *gegen* Mitleid!"[51] *Zur Güte*: Nur bei den auserwähltesten, geistigsten Menschen und Stärksten, die nicht vor sich fliehen, „ist Güte nicht Schwäche."[52] *Zur Toleranz*: Zu diesen auserwähltesten,

---

[47] Fröhliche Wissenschaft, 14.
[48] Morgenröte 503.
[49] Zarathustra, I, 14.
[50] A.a.O., II, 3.
[51] Jenseits von Gut und Böse, 225.
[52] Der Antichrist, 57.

geistigsten, stärksten Menschen gehörte für Nietzsche Goethe. „Was er wollte, das war *Totalität*; er bekämpfte das Auseinander von Vernunft, Sinnlichkeit, Gefühl, Wille (...); er disziplinierte sich zur Ganzheit, er *schuf* sich ... Goethe war, inmitten eines unreal gesinnten Zeitalters, ein überzeugter Realist: Er sagte Ja zu allem, was ihm hierin verwandt war (...) Goethe konzipierte einen starken, hochgebildeten, in allen Leiblichkeiten geschickten, sich selbst im Zaume habenden, vor sich selber ehrfürchtigen Menschen (...), der stark genug zu dieser Freiheit ist; den Menschen der Toleranz, nicht aus Schwäche, sondern aus Stärke (...)"[53]

Alle aufgeführten Angriffe Nietzsches auf die christliche Moral stoßen jedoch ins Leere. Im VIII. Kapitel, 2 i, j habe ich darauf hingewiesen, daß christlich die Menschenliebe kein sentimentalisches oder weichliches Gefühl ist, sondern eine Haltung, welche die *rationalen Zusammenhänge* beachtet, so wie der Arzt durch sein Mitgefühl sich nicht daran hindern lassen darf, den notwendigen, schmerzlichen Eingriff vorzunehmen. So kann auch christlich – ganz im Einklang mit Nietzsche! – wahres Mitleid mit Härte verbunden sein, ja, Härte gerade aus Mitleid entspringen wie Strenge aus wahrer Liebe. Und wenn Nietzsche verlangt, daß der Beziehung zum andern am meisten gedient ist, wenn sie in einem eigenen, kraftvollen Selbstbewußtsein wurzelt, ja, wenn er darin sogar die wahre Selbstliebe sieht, welcher Christ wollte ihm darin widersprechen? Ist doch sogar die Selbstliebe dem Menschen christlich geboten, da es heißt, er soll den nächsten lieben wie sich selbst, nämlich als Geschöpf Gottes. Auch was Nietzsche über die Freundschaft sagt, steht nicht im geringsten Widerspruch zur christlichen Moral, soweit er darin die Anforderung an den Freund sieht, zur Entwicklung des Freundes beizutragen und ihm das Leiden dabei nicht zu ersparen. Und ist es etwa ein unchristliche Einsicht, wenn Nietzsche feststellt, daß sich wahre Güte und Toleranz gerade der geistig Überlegene leisten kann und leisten soll, während es eine Gutmütigkeit aus Dummheit gibt, die den andern nur in Versuchung führt, sie auszunützen, Intoleranz aber immer ein Zeichen geistiger Schwäche ist? Wenn freilich Nietzsche in der Geschlechterliebe mehr oder weniger unverhüllt nur ein „habsüchtiges Verlangen" glaubt sehen zu müssen, so ist dies genauso einseitig wie seine Meinung, christliches Mitleiden könne immer nur ein solches aus Schwäche und eine Flucht vor sich selbst sein. Dennoch gibt es einen entscheidenden Unterschied zwischen der christlichen und Nietzsches Moral, und dieser liegt in seiner Lehre vom Übermenschen. Ich zitiere noch einmal: „Der Freund sei euch das Fest der Erde und ein Vorgefühl des Übermenschen (...) In deinem Freunde sollst du den Übermenschen als deine Ursache lieben." Erst in ihm vollende sich nach Nietzsche das Ego und das kraftvolle Selbstbewußtsein als Voraussetzung jenes wohlverstanden Mitleidens und jener wohlverstandenen Liebe, denen zugleich die gebotene Härte innewohnt, und Güte wie Toleranz sind nicht von den geistreichsten und stärksten mehr als von anderen gefordert, sondern es

---

[53] Götzen-Dämmerung, 49.

sind die Geistreichsten und Stärksten, die zu fordern das Gebot der neuen, dem Christentum nun in der Tat entgegengesetzten Tugend ist. Denn Gottes Barmherzigkeit macht keinen Unterschied unter den Menschen. Aber was ist dieser Übermensch, auf den Nietzsches ganze Philosophie hinausläuft?

So viel ist schon aus dem Vorangegangenen ersichtlich, daß er die furchtbare Wahrheit über das Dasein aushält, daß er sich nicht in irgendwelche transzendente „Hinterwelten" flüchtet, daß er ein Nihilist ist aus Stärke. Und wenn sich in ihm der Wille zur Macht verkörpert, so ist mit „Macht" nicht gemeint, daß er irgendeine besondere Macht ausübt, z.B. über Menschen, sondern daß er dem *Dasein als solchen gegenüber mächtig ist*, daß er es, wie es auch sei, wie es auch kommen mag, bejahend annimmt. „Ich lehre euch den Übermenschen. Der Mensch ist etwas, das überwunden werden soll."[54] „Meine Formel für die Größe am Menschen ist *amor fati*: daß man nichts anders haben will, vorwärts nicht, rückwärts nicht, in alle Ewigkeit nicht. Das Notwendige nicht bloß ertragen, noch weniger verhehlen – aller Idealismus ist Verlogenheit vor dem Notwendigen –, sondern es lieben ..."[55]

Nun sagt zwar Nietzsche: „Niemals noch gab es einen Übermenschen."[56] Aber damit meint er offenbar nur seine pure Inkarnation. Denn anderseits behauptet er, dieser „höherwertige Typus" sei „oft genug schon dagewesen: aber als ein Glücksfall, als eine Ausnahme, niemals als *gewollt*."[57] Eben deswegen gibt es für Nietzsche auch weder eine Art evolutionären Fortschritts zu ihm, noch sei er das Ende der Geschichte, und nur „gelehrtes Hornvieh" könne ihn, Nietzsche, „verdächtigen", solches zu meinen.[58] „Die Menschheit stellt nicht eine Entwicklung zum Besseren oder Stärkeren oder Höheren dar (...) Der Fortschritt ist eine bloß moderne Idee, das heißt eine falsche Idee. Der Europäer von heute bleibt in seinem Werte tief unter dem Europäer der Renaissance.' (...)"[59] Dagegen hat man nach Nietzsche den höchsten Typus Mensch immer „dort zu suchen, wo beständig der höchste Widerstand überwunden wird: fünf Schritte weit von der Tyrannei, dicht an der Schwelle der Gefahr der Knechtschaft (...) wenn man hier unter den ‚Tyrannen' unerbittliche und furchtbare Instinkte begreift, die das Maximum von Autorität und Zucht gegen sich herausfordern – schönster Typus Julius Cäsar."[60] Aber dazu gehören nach Nietzsche z.B. auch Kaiser Friedrich II, Alkibiades, Leonardo da Vinci[61] und, wie schon erwähnt, Goethe.

Wie diese Beispiele zeigen, kann zwar die Daseinsüberwindung im Willen zur Macht, die den Übermenschen auszeichnet, auf historisch verschiedene

---

[54] Zarathustra, Vorrede, 3.
[55] Ecce Homo, II, 10.
[56] A.a.O., II, 4.
[57] Der Antichrist, 3.
[58] Ecce Homo, III, 1.
[59] Der Antichrist, 4.
[60] Götzen-Dämmerung, 38.
[61] Jenseits von Gut und Böse, 200.

Weise Gestalt annehmen, aber ihr Sinn bleibt dennoch immer der gleiche: nämlich *der Triumph der inneren Freiheit trotz aller nur denkbaren Widerstände, das unbedingte Ja, die absolute Liebe zum Leben und die absolute Versöhnung mit ihm* – das ist nach Nietzsche das höchste, weil durch nichts trübbare Glück. „Ich beschwöre euch, meine Brüder, bleibt der Erde treu und glaubt denen nicht, welche euch von überirdischen Hoffnung reden."[62] „Der Übermensch ist der Sinn der Erde"[63], denn nur in ihm reflektiert sich ihre unantastbare Herrlichkeit. Das Glück, von dem die Rede ist, versagt keinen Augenblick, er bringe „Gutes" oder „Böses." „Schmerz ist auch eine Lust, Fluch ist auch ein Segen, Nacht ist auch eine Sonne (...) Sagtet ihr jemals ja zu einer Lust? Oh, meine Freunde, so sagtet ihr auch ja zu *allem* Wehe. Alle Dinge sind verkettet, verfädelt, verliebt, – wolltet ihr jemals einmal, zweimal, spracht ihr jemals ‚du gefällst mir Glück! Husch! Augenblick!' so wolltet ihr alles zurück! (...) Zum Weh sprecht ihr: vergeh, aber komm zurück! Denn alle Lust will Ewigkeit!"[64] – „Will tiefe, tiefe Ewigkeit!"[65] So schwindet der Unterschied von Lust und Weh, weil sich beide gegenseitig bedingen, beide ineinander verschlungen sind, weil Lust wie Glück gerade am stärksten dort sind, wo sie dem Leiden und seiner Überwindung entspringen.

Der Übermensch bejaht also nicht nur das Ganze des Lebens im Sinne eines „alles in allem war es doch lustvoll", sondern er bejaht *jeden Augenblick*, und so will er auch, daß jeder Augenblick wie das Ganze des Lebens von Ewigkeit sei. Also will der Übermensch die ewige Wiederkehr des Gleichen, ein Gedanke, an dem der Schwache zerbrechen müßte. Er würde sich „niederwerfen (...) und den Dämon verfluchen, der so redete."[66] Aber der Übermensch würde sagen: „(...) nie hörte ich Göttlicheres! (...) die Frage bei allem und jedem: ‚willst du dies noch einmal und noch unzählige Male?' würde als das größte Schwergewicht auf deinem Handeln liegen! Oder wie müßtest du dir selber und dem Leben gut werden, um nach nichts *mehr zu verlangen* als nach dieser letzten ewigen Bestätigung und Besiegelung?"[67] Aber für Nietzsche war das nicht nur ein Gedanke, an dem der Mensch geprüft würde, ob er ihn ertrüge, sondern Nietzsche war auch davon überzeugt, daß eine ewige Wiederkehr des Gleichen *wissenschaftlich* bewiesen werden könnte. Denn er vermutete, daß die Kombination der Ereignisverteilungen im All zu jedem Zeitpunkt eine endliche Menge darstellen, so daß sich jede solche Verteilung irgendeinmal wiederholt.

Nirgends ist Nietzsches Sprache so gewaltig, von solcher dithyrambischer Verführung, als wenn er von der tiefsten Lust, dem tiefsten Glück des Übermenschen als Inbegriff der Lebensbejahung spricht. Aber wird eigentlich erkennbar, *worauf* letztlich all dies Glück und diese Bejahung beruhen? Manch-

---

[62] Zarathustra, Vorrede, 3.
[63] Ebenda.
[64] A.a.O., IV, 10.
[65] A.a.O., IV, 12.
[66] Die Fröhliche Wissenschaft, 341.
[67] Ebenda.

mal kann man den Eindruck haben, als lägen diese einfach in dem Genuß der eigenen Kraft, Stärke und Macht, kurz in einem triumphalen Selbstwertgefühl das in der Überwindung liegt. Aber in der Überwindung *wozu, wohin*? Das Problem, das damit angesprochen ist, ist zugleich das Problem des *Dionysischen*, jenes Geistes also, den Nietzsche in der Lebensfülle des Übermenschen walten sieht, jener in seinen Augen entschiedenste Widerspruch zum Christentum: „Dionysos wider den Gekreuzigten ..."[68] Was ist das Dionysische? Doch müssen wir genauer fragen: Was war sein ursprünglich mythischer Sinn und was hat Nietzsche daraus gemacht? Zunächst also zum ersten.

Das Dionysische im Mythos der Griechen war ein Element des chthonischen Mythos, der im Gegensatz zum olympischen stand. Der chthonische, oder, wie das Wort sagt, der Erd-Mythos, steht für die Mächte der Erde, also auch für ein rauschhaftes Daseinsgefühl, das sich vor allem im Geschlechtlichen, in der Zeugung äußert, und dennoch vor dem Tod nicht zurückweicht, der als Übergang zur ewigen Erneuerung verstanden wird. Daher erleidet Dionysos, der trunkene Wein-Gott, in dem dieses Daseinsgefühls personifiziert wird, einen grausamen Tod, um aber, zum Zeichen des ewigen Lebens, wieder aufzuerstehen. Sein Gefolge, Bacchantinnen und Satyrn, durchschweifen in enthemmter Raserei die Wälder und feiern ihn in solcher Lebens-, Todes- und Erdtrunkenheit. Über allen chthonischen Göttern aber steht Gaia, die Erd- Mutter, wie das Wort sagt, denn sie ist der Urschoß, dem alles Irdische entspringt und in den alles wieder zurückkehrt. Aus ihr kommen die lebensspendenden Quellen, die fruchtbaren Länder, aber sie ist auch die „heilige Nacht", die dunkle Wurzel des Entborgenen und wieder Geborgenen. Was das bedeutet, wird jedoch nur durch den olympischen Mythos erkennbar, der dem chthonischen entgegengesetzt ist. Die Olympier sind die Götter der Ordnung, der herrschenden Vernunft, des Staates und der Helle des Tages, und sie erfüllen die Welt mit ihrem Glanz und ihrem Licht. Aber sie können auch trügerisch und grausam sein, den Menschen verblenden und ins Unglück stürzen. Da wendet man sich an „die Töchter der Erde", die „uralten", der „chthonischen Nacht"[69]. So wird der Tod als „Helfer", als „Vollender" betrachtet[70], und am Ende öffnet sich voll Güte das dunkle Haus der Erde.[71] „Endet die Klage," ruft Theseus im „Ödipus auf Kolonos" von Sophokles aus, als Ödipus in der Tiefe entschwunden ist, „denn nicht soll man trauern über jene, denen die Gnade der chthonischen Nacht gewiß ist."[72] Die wundersamen Umstände von Ödipus' Tod zeigen zugleich, daß es sich um eine Verklärung handelt. So feiert der olympische Mythos das göttliche Leben, der chthonische des Dionysos und der Gaia aber feiert das Mysterium des Verschlungenseins von Leben und Tod.

---

[68] Ecce Homo, XVI, 9.
[69] Sophokles, Ödipus auf Kolonos V. 40,106,1751, übersetzt von W.E. WILLIGE.
[70] Ebenda, 1220 ff.
[71] Ebenda.
[72] A.a.O., V 1751 f.

Von diesem griechischen Urbild des Dionysos- Mythos weicht Nietzsche nicht nur von Anfang an ab, sondern er hat sich davon auch immer weiter entfernt. Die Abweichung ist schon in seinem Erstlingswerk, „Die Geburt der Tragödie aus dem Geiste der Musik", zu erkennen, denn dort deutet er diesen Mythos auf eine ihm ganz fremde Weise: nämlich teils *metaphysisch*, teils *ästhetisch*. Metaphysisch, weil er in ihm den Ausdruck des Schopenhauerschen Weltwillens sieht, den zwar die bunte Welt der Erscheinungen wie der Schleier der Maja verhüllt, der sich aber auf unendlich mannigfaltige Weise in jeder von ihnen verkörpert. Nie erlöschend, bringe er in seiner ewigen Begierde endloses Leiden aber auch tiefste Lebenslust. Kampf, Vernichtung und Grauen seien daher nur die eine Seite der Wirklichkeit, die andere ein Übermaß „von unzähligen, sich ins Leben drängenden und stoßenden Daseinsformen" und „die überschwengliche Fruchtbarkeit des Weltwillens."[73] Zwar gehe der einzelne darin unter, aber eben in diesem Untergang des einzelnen und damit dem Zerbrechen des principium individuationis (ebenfalls ein Begriff der Schopenhauerschen Philosophie) triumphiere das ewige, alleinige Leben. Daher die Selbstvergessenheit in den Verzückungen des dionysischen Dithyrambus und des dionysischen Rausches. Alle fühlten sich darin miteinander vereinigt im Urgrund, im Urwillen und „geheimnisvollen Ureinen."[74] Diese dionysische Lust, dieser dem metaphysischen Urgrund des Lebens entspringende schäumende Daseinswille, der nichts als sich selber will, ist aber nun für Nietzsche ein rein „*ästhetisches Phänomen*"[75] und durch dieses allein sei die Welt letztlich gerechtfertigt. Folgt man Nietzsche, so ist dagegen der apollinische Mythos, wie er den olympischen nennt, nur ein *psychologisches Phänomen*. Sei er doch nur ein schöner Schein, ein Traum, den die Griechen träumten, um sich vor dem andringenden Urwillen in die Illusion von Ordnung, Maß und klaren Formen zu retten, wie sie die ewig in sich ruhenden, lichtvollen Göttergestalten verkörperten. So ist der olympische Mythos für Nietzsche nur die Sublimation einer seelischen Not – Wirklichkeit hat er nicht.

Später hat sich Nietzsche nicht nur von der Schopenhauerschen Metaphysik getrennt, wie er sich ja überhaupt von jeder Art Metaphysik als Erfindung von „Hinterwelten" distanzierte, sondern er entfernte sich schließlich auch noch vom Mythos, also nicht nur vom olympischen, sondern auch vom dionysischen. Führte doch seiner Meinung nach das redliche, wissenschaftliche Denken zur vollkommenen Entgötterung der Welt, also nicht nur zur Zerstörung des christlichen Glaubens, sondern auch des Mythos. Am Ende fällt bei ihm dieser einer *vollkommenen Entmythologisierung* zum Opfer. Was aber kann „dionysisch" dann überhaupt noch bedeuten? Nietzsche läßt es nun zur Bezeichnung der „höchsten Exemplare" zusammenschrumpfen, z.B. Goethes, dessen vertrauenden Glauben an das All er „auf den Namen des Dionysos getauft"

---

[73] F. Nietzsche, Werke, hrsg. von K. Schlechta, München o.J., I, Geburt der Tragödie, S. 93.
[74] A.a.O., S. 25.
[75] A.a.O., S 14, 40, 133.

habe[76] – vor allem aber zur Bezeichnung des Übermenschen. Dionysisch – das heißt jetzt für ihn einfach: kraftvolle, durch Leid und Überwindung geprägte, durch nichts zu schwächende, unbedingte Lebensbejahung, das heißt jetzt Lebenskraft und ein schaffendes Wirken, das eine eigene Lebenssphäre hervorbringt. Dazu gehört nach Nietzsche ein „Überschuß für Schönheit, Tapferkeit, Kultur, Manier bis ins Geistigste"; eine Haltung, die „sich jeden Luxus gönnen darf, – stark genug, reich genug, um die Sparsamkeit und Pedanterie nicht nötig zu haben, jenseits von Gut und Böse; ein Treibhaus für sonderbare und ausgesuchte Pflanzen."[77]

Kehren wir jetzt zu der Frage zurück: Worauf beruht eigentlich die überschwengliche Lebensfreude des Übermenschen? Die Antwort schien zunächst zu lauten: In der Daseinsüberwindung. Dann aber fragte es sich, wie ich schon sagte: Überwindung wozu? wohin? Hier lautete die Antwort: zum Dionysischen. Nun ist im klassischen Dionysos-Mythos der *Gegenstand* der tiefen Daseinsfreude in der von Göttern bewohnten Erscheinungswelt begründet: des Lebens rauschhafte Fülle und Ewigkeit wird in dem Gotte Dionysos angeschaut, der nicht zu trennen ist von der in der wunderbaren Erde waltenden Gaia, aber auch nicht von den in den Ordnungen der Menschen wirkenden Olympiern, ohne die das Leben in bewußtloses Chaos versänke. Das Glück des Mythos, *wo es erlaubt ist, von einem solchen Glück zu sprechen*, beruht also auf einer *Weltverklärung*, welche die überall in Erscheinung tretenden Göttern verbreiten, auf dem alles verzaubernden *fascinans*, das von ihrer dem Profanen entrückten Erscheinung ausgeht, auf ihrer *majestas*, die uns in ihrer Herrlichkeit und Ewigkeit niederwirft, auf dem *tremendum*, in dem auch das Furchtbare noch als ein Göttliches aufgefaßt wird. So ist die mythische Daseins- und Lebensfreude mit einer ungeheuren Fülle und Tiefe beglückender *mythischer Welterfahrung* verknüpft, wovon insbesondere die Kunst und die Dichtung, selbst diejenige der Tragödie, zeugen. Man muß sie studiert, man muß sich in sie versenkt haben, um jene trotz allem Leiden, aller Grausamkeit sich einstellende, unerschöpfliche Weltbeglücktheit zu erfassen, die sich darin äußert. Aber schon als Nietzsche das Dionysische der Anschauung eines Gottes und seines Mysteriums beraubt und aus ihm ein metaphysisches, abstraktes Prinzip gemacht hat – Urwille, Urgrund, Zerbrechen des principium individuationis – wurde aus dem mythischen Glück, das auf der Epiphanie von Göttern beruhte, das Glück des Philosophen. Worin aber soll der Gegenstand der von Nietzsche so emphatisch gefeierten, Ewigkeit fördernde Lust noch bestehen, nachdem Nietzsche auch dieses Prinzip noch aufgegeben hat? Wie aus dem vorangegangenen Zitat ersichtlich, erkennt auch er, daß dazu der reine Genuß, der die Selbstüberwindung bringt, der Triumph des Willens zur Macht über die Unbilden des Daseins in seiner blanken Inhaltslosigkeit nicht genügen kann; also zählt er einiges auf, woran sich diese Tugenden der Stärke entfalten könnten. Aber sind seine

---

[76] Götzen-Dämmerung, 49.
[77] Aus dem Nachlaß, in: F. NIETZSCHE, Werke, Hrsg. K. SCHLECHTA, III, S. 521 f.

Hinweise auf eine „eigene Lebenssphäre", ein „Übermaß an Schönheit, Tapferkeit, Kultur", großer kultivierter Luxus und dergleichen nicht von geradezu lächerlicher Banalität? Kann irgend etwas von diesem Aufgezählten ein so übermäßiges Glück hervorrufen, daß es sich lohnte, sein Leben in alle Ewigkeit zu wiederholen? Und was bleibt eigentlich, da doch der neue Mensch, der Übermensch die Dekadenz der europäische Kultur zerstören soll, gerade sie, die in ihrem beständigen Kampf zwischen Dekadenz und ihrer Überwindung die von Nietzsche selbst aufgezählten „höchsten Exemplare" überhaupt erst zu ihren ungeheuren Leistungen in der Kunst, der Philosophie und Politik befähigt hat? Welche geistigen Inhalte soll der Übermensch noch finden, wenn er, anders als diese seine Ahnen, in einer entschleierten Welt öder Häßlichkeit hausen muß, ja gerade daran gemessen werden soll, ob er nicht nur diese Häßlichkeit erträgt, sondern sogar „liebt" und sogar noch ihre ewige Wiederkehr will? Welche „sublimen Gedanken" sollen sich jetzt noch, nach der vollständigen „Entzauberung" der Welt, mit seinem Willen zur Macht verbinden?

Der tiefe Widerspruch zwischen Nietzsches Nihilismus einer vollkommen entgötterten Welt einerseits und glückstrunkener Weltzuwendung andererseits verrät sich am deutlichste durch das Beste, das Nietzsche zu bieten hat: Die Gewalt seiner dithyrambischen, also dem kultischen Weihelied auf Dionysos entnommenen Sprache. In solcher Sprache feiert man den Gott, in solcher Sprache, ihrer Wortwahl, ihrem Rhythmus, ihrer Dynamik und ihrem Tempo schwingt göttliche Begeisterung. Erinnern wir uns noch einmal an das in den Kapiteln IX, 4a, XII, 3 und XIV, E über die Sprache Gesagte: Sie hat eine kognitive und eine konnotative Seite, deren tragendes Element die Gestimmtheit ist. So führt auch jede Philosophie als Ontologie eine unverwechselbare Gestimmtheit mit sich, in der sich ihre existentiale und existentielle Seite spiegelt, also die Art der Befindlichkeiten, in denen einerseits eine solche ontologische Bestimmung der Welt ihre Wurzel hat, und die sie andererseits hervorruft. Dies ist der Grund, warum alle großen Philosophen ihre unverwechselbare, eigene Sprache hatten, auch wenn, ihrer Philosophie entsprechend, bei manchen das Element konnotativer Gestimmtheit stärker, bei manchen schwächer in Erscheinung trat. Man denke nur an Plato im Unterschied zu Aristoteles, an Plotin, Giordano Bruno und Spinoza im Unterschied zu Descartes, Leibniz und Kant, an Heidegger im Unterschied zu Carnap, um nur einige Beispiele ganz willkürlich aufzuführen. Bei Nietzsche tritt nun das Element der in der Sprache zur Erscheinung kommenden Gestimmtheit so unmittelbar hervor, daß seine Philosophie in ihrem innersten Kern Dichtung ist und an das Mythische grenzt.

Lesen wir in diesem Zusammenhang den Hymnus am Ende des „Zarathustra", den er „Das trunkene Lied" überschrieben hat: „Die Welt ist tief,/ Und tiefer als der Tag gedacht./ Tief ist ihr Weh –,/ Lust – tiefer noch als Herzeleid:/ Weh spricht Vergeh!/ Doch alle Lust will Ewigkeit –, / – will tiefe, tiefe Ewigkeit!" Von welcher Welt spricht er? Von derjenigen des von ihm so gerühmten wissenschaftlichen Skeptikers und Zynikers? Von jener, von der er gesagt hat, sie sei häßlich? Von jener, aus der alle „Hinterwelten" und „Idealitäten" beseitigt wurden, auch die Götter des Mythos? Nein: Die „Tiefe" der Welt, die Nietzsche meint, das ist die leidende, *also personalisierte* Welt, aber noch tiefer ist die Lust, die sie allenthalben durchbebt. Die Welt im Ganzen ist hier ein *Wesen*, dessen Sinn in seiner Ewigkeit liegt, nach der sie sich sehnt und die sie in Wahrheit auch ist. Ist nicht auch die Sonne ein Wesen, wenn sie Zarathustra gleich zu Beginn mit den Worten anspricht: „Du großes Gestirn! Was wäre dein Glück, wenn du nicht hättest, welchen du leuchtest!"? Oder wenn der „Zarathustra" mit den Worten endet: „Also sprach Zarathustra und verließ seine Höhle, glühend und stark, wie eine Morgensonne, die aus dunklen Bergen kommt."? Man würde dem alle Kraft nehmen und es aus dem Zusammenhang reißen, wollte man darin ein *bloßes Gleichnis* sehen. Oder wählen wir Nietzsches Gedicht „Nach neuen Meeren": „Dorthin – will ich; und ich traue/ mir fortan und meinem Griff./ Offen liegt das Meer, ins Blaue/ treibt mein Genueser Schiff./ – /Alles glänzt mir neu und neuer,/ Mittag schläft auf Raum und Zeit –:/ Nur *dein* Auge – ungeheuer/ blickt mich's an, Unendlichkeit!" Hier ist die Rede von dem Aufbruch in jene ungeschützte Freiheit, die das Meer ist, der frische, hinaustreibende Wind, die unendliche Bläue, aber auch hier ist dies nicht ein bloßes Gleichnis, sondern die Wirklichkeit, mit der sich frohlockend der eine gleiche Wirklichkeit in sich tragende, neu erwachte Mensch vereint (alles glänzt mir neu und neuer). Das Vergängliche, Begrenzte von Zeit und Raum versinkt und wird zu einem ewigen Mittag in der unbegrenzten Fülle und Dichte des in diesem Augenblick eintretenden Glücks (Mittag schläft auf Raum und Zeit). Er hat in sich das unendliche Schwergewicht des Seins, es wird in ihm offenbar, ungeheuer „schaut" es in ihm den neuen Menschen an, der es zugleich selbst in sich trägt.

Damit wird schließlich noch der letzte aus der Kette der Widersprüche enthüllt, aus denen Nietzsches Philosophie besteht. Rekapitulieren wir sie zusammenfassend: Unter Berufung auf die Wahrheitsliebe und Redlichkeit der Vernunft, die er vornehmlich als die wissenschaftliche versteht, verwirft er das Christentum, die Metaphysik und schließlich auch noch den Mythos. Da er aber andererseits diese Wahrheitsliebe und Redlichkeit als eine Erfindung des ohnmächtigen Willens zur Macht denunziert, läßt er sie für den von der Ohnmacht freien Willen zur Macht nicht gelten. Dieser schaffe sich seine Wahrheit selbst. Damit enthüllt sich aber die Lehre vom Willen zur Macht als eine dogmatische Metaphysik: eine Metaphysik, weil sie als allgemeines Erklärungsprinzip für alle Erscheinungen des Lebens herhalten muß, eine dogmatische Metaphysik, weil sie dekretiert, was als wahr zu gelten hat. Man könnte also den Spieß einfach umdrehen und sagen: Wenn das Christentum und die traditionelle Metaphysik mit allen ihre moralischen Implikationen (Wahrheitsliebe, christliche Moral) Erfindungen des Willens zur Macht der Schwachen sind, so ist Nietzsches Metaphysik eine Erfindung des Willens zur Macht der Starken. So beruft sich also Nietzsche zunächst auf die Wissenschaft um mit dieser die Metaphysik zu „entlarven" (Erfindung von Hinterwelten), aber nur, um dann eine eigene Metaphysik zu erfinden, für die wissenschaftliche Kritik außer Kraft gesetzt wird. Das hindert ihn nicht, die wissenschaftliche Kritik dann doch wieder beizubehalten, um die Wirklichkeit von allen Illusionen des Christentums, der traditionellen Metaphysik und des Mythos zu befreien, und mit der so vollständig „entzauberten" Welt den äußersten Maßstab für den Willen zur Macht aus Stärke, für den Übermenschen und seine Kraft aufzustellen. Denn der Übermensch soll ja nicht nur ein solches Dasein ertragen, sondern er soll es sogar zu lieben und seine ewige Wiederholung wünschen! Aber da Lebenskraft zugleich Lebensfreude und Lebenslust ist, diese Freude und Lust jedoch schwerlich in der trotzigen Überwindung allein liegen kann, sondern dazu doch auch dieses Leben selbst als herrlich erfahrbar sein muß, offenbart sich die Welt für Nietzsche schließlich doch wieder, und gegen seine Voraussetzung, als etwas Göttliches. Am Ende scheint sich wieder alles ins Mythische zu verwandeln, das ja, wie schon mehrfach betont, auch ohne die Nennung von Göttern in Erscheinung treten kann, und allein an einer besonderen Struktur der Wahrnehmung erkennbar wird. (Personalisierung, Aufhebung der wissenschaftlichen Subjekt-Objekt-Trennung usw.) Wo aber bleibt dann noch die Wissenschaft, mit der doch der Weg zur Verwerfung aller Illusionen, auch der mythischen, frei gemacht werden sollte? Da kommt zu allerletzt noch Nietzsche die rettende Idee: Man müßte am Ende die ewige Wiederkehr, worin doch das Mythische in des Übermenschen Weltverklärung kulminiert, *wissenschaftlich* beweisen können! Aber damit ist es nichts. Gesetzt selbst, die Menge der Ereignisse in der Welt sei eine endliche, so müßte es doch eine von diesen unabhängige, ewige Weltzeit geben, wenn es etwas identisch Wiederkehrendes geben soll. Denn da es sich bei einer solchen Wiederkehr um zwei *identische Ereignisse* handelt, ließen sie sich von einander nur dadurch unterscheiden, daß wenigstens das eine von ihnen als das frühere, das andere aber als das spätere erkennbar wäre. Dieser Unterschied setzt aber voraus, daß die Zeit von den Ereignissen gelöst werden kann, denn nur dann wären sie ja durch den Zeitpunkt, an dem sie stattfinden, voneinander verschieden. Nun ging zwar die klassische Physik von einer solchen ereignisunabhängigen, in sich fortlaufenden Zeit aus, die heutige Physik nimmt darin jedoch seit der Relativitätstheorie einen ganz anderen Standpunkt ein. Selbst wenn man aber den notwendig hypothetischen Charakter *beider* in Rechnung stellt, wäre damit für Nietzsche nichts gewonnen: Das „Trunkene Lied" des Übermenschen Zarathustra weiß von keiner Hypothese, aus ihm spricht höchste Lebenslust in der überwältigend gewissen, scheinbar mythischen Erkenntnis der göttlichen Welt.

Scheinbar – bei Licht besehen enthüllt sich nämlich Nietzsches Mythos als ein *Pseudomythos*. Denn obgleich sich in ihm wie gesagt wichtige Strukturelemente des Mythischen finden – Personalisierung, Aufhebung der Subjekt-Objekt-Trennung, Verklärung durch Vergöttlichung der Welt –, und obgleich, wie schon mehrfach bemerkt, für die Kennzeichnung des Mythischen nicht die ausdrückliche Verwendung von Götternamen erforderlich ist, weicht doch Nietzsches „Mythos" in zwei entscheiden Punkt von allen genuinen Mythen ab: nämlich *erstens* darin, daß bei ihm nicht das Göttliche den Menschen in seiner majestas, seinem fascinans und tremendum zur Anbetung und in die Knie zwingt, sondern daß dieses Göttliche ein Mensch selbst ist, nämlich der Übermensch. Schon im „trunkenen Lied" des Zarathustra ist ja in Wahrheit das Göttliche der Welt nur auf ihn selbst bezogen, auf *seine* Ewigkeit fordernde Daseinslust, und das Glück der Sonne, heißt es ausdrücklich, wäre nichts, gäbe es nicht ihn, dem sie leuchtet. Ebenso ist dem Gedicht „Nach neuen Meeren" zu entnehmen, daß er in der Bläue des unendlichen Himmels, des zeitvergessenen Augenblicks nur *seine* Freiheit und Ewigkeit erfährt, es ist immer nur *seine*, des Übermenschen Göttlichkeit, die er in der Welt gespiegelt sieht. Das aber ist nach genuin mythischer Auffassung *Hybris*, die schwerste aller menschlichen Sünden. Und *zweitens*: Der Übermensch-Mythos ist mit seinem Welt-Mythos kein den Menschen von einem Gotte gegebener, ihnen durch Erfahrung zugewachsener und überlieferter, er entspringt nicht den Mysterien der Arché, wie es für alle genuinen Mythen und mythischen Kulturen der Fall ist, sondern er ist ein von einem Philosophen, und auch noch in einer Kette von Widersprüchen *erdachter*.[78]

Betrachten wir abschließend Nietzsches herausragende Bedeutung für die beschriebene fünfte Phase der Geschichte in heilsgeschichtlicher Sicht. Der für diese kennzeichnende Bruch mit der christlichen Offenbarung und der traditionellen Metaphysik als theologiké epistéme wird von ihm nicht nur einfach vollzogen, sondern in einer hochgespannten Sprache triumphierend verkündet. Und doch feiert er diesen Triumph letzlich nicht im Namen der empirischen Wissenschaften, wie es zu seiner Zeit üblich wurde, oder gar im Namen der mit ihnen verknüpften, technischen Errungenschaften. Auch die Wissenschaften und ihr Wahrheitsbegriff erscheinen ihm letztlich fragwürdig, und vom Fortschritt fürchtet er sogar, daß wir daran zugrunde gehen könnten. Steht nicht bei ihm die Renaissance turmhoch über der Gegenwart? Nietzsche triumphiert über das Christentum und die traditionelle Metaphysik vielmehr im Namen einer neuen, ekstatischen Weltzugewandtheit, nämlich im Namen des Übermenschen und einer in der Tiefe – tiefer als der Tag mit seiner Entgötterung gedacht – göttlichen Welt. Die Wissenschaft dient Nietzsche nur dazu, den Weg zu dieser göttlichen, obgleich von Gott und Göttern gänzlich befreiten Welt vorzudringen; sie dient nur als ein notwendiger Übergang, um durch eine fragwürdige, häßliche und entzauberte Welt zu einer in ewigem Glanze vorzudringen (ewige Wiederkehr). Die Wissenschaft ist wie das Schiff, das zu neuen Ufern führt und dann verbrannt werden muß. Aber diese neuen Ufer erweisen sich als eine Phantasmagorie, die Verquickung von Übermensch und göttlich-entgötterter Welt als ein Pseudomythos, eine ebenso hybride wie hohle Idee, die sich bei näherem Zusehen in lauter Widersprüche und damit ein Nichts auflöst.

---

[78] Zu einer ausführlichen Behandlung des Themas „Pseudomythen" vergleiche K. HÜBNER, Die Wahrheit des Mythos, a.a.O., Kapitel XXV, 4.

Ist also Nietzsches Philosophie nicht gerade dies, was er beständig dem Christentum und der Metaphysik vorwirft, nämlich eine Flucht aus der häßlichen Realität in ein wissenschaftlich durch nichts begründetes Absolutes, eben dadurch, daß er Gott durch den Übermenschen und den Weltmythos durch einen Pseudomythos ersetzt? Die Faszination, die dennoch von Nietzsches Philosophie ausging und immer noch ausgeht, liegt daher nicht in ihrem kognitiven Gehalt, obgleich sie viele treffliche, einzelne Analysen enthält, auf die ich hier aber nicht eingehen kann.[79] Sie liegt vielmehr in dem durch seine Sprache und die erborgten mythischen Bilder erweckten, trügerischen Schein, für die moderne Selbstherrlichkeit des Menschen nicht mit dem Preise einer vollständig ernüchterten, glanzlosen Welt bezahlen zu müssen, und zwar eben dadurch, daß man den Menschen selbst zum Gotte macht. Doch lauert darin der Wahnsinn, an dem am Ende Nietzsche selbst zugrunde ging, von seinen nachweislichen Folgen in der „großen Politik" gar nicht zu reden. Dem Grundproblem des modernen europäischen Menschen, wie man Wissenschaft, Mythos und Christentum miteinander versöhnen kann, mit dem sich noch Hegel, Goethe und Schelling redlich abmühten, glaubt Nietzsche mit dem Rauschtrank seines Pseudomythos vom Übermenschen lösen zu können, der doch nichts anderes als jene Hybris ist, welche die Götter bestrafen.

3. Sartre und Fichte.
Atheismus als Metaphysik der absoluten Subjektivität

Gemeinhin ordnet man Fichte dem Deutschen Idealismus zu. Wenn ich ihn hier nicht in dessen Rahmen behandelt habe, sondern erst jetzt diskutiere, und zwar im Zusammenhang mit Sartre, einem herausragenden Denker der jüngsten Vergangenheit, so hat das seinen Grund nicht nur darin, daß beide aufs engste miteinander zusammenhängen, sondern es soll damit auch deutlich werden, wie kurz der Schritt bereits innerhalb des deutschen Idealismus in die Radikalität eines absoluten Subjektivismus gewesen ist, der alle Brücken zu Gott abgebrochen hat. Ich kann hier nicht im einzelnen darauf eingehen, daß Fichte allerdings den ihm gemachten Vorwurf des Atheismus zurückgewiesen hat; aber im Gegensatz zu ihm, der noch innerhalb einer starken christlichen Tradition stand, konnte es sich Sartre leisten, den Atheismus als unausweichlich logische Konsequenz seiner Metaphysik der absoluten Subjektivität darzulegen, womit im vollen Umfange auch Fichtes gleichartige Metaphysik getroffen ist, ob er dies nun wahrhaben wollte oder nicht. Daß Sartre allerdings Fichte mit keinem Wort erwähnte, ist um so verwunderlicher, als seine für die Metaphysik

---

[79] Vgl. hierzu K. HÜBNER, Das Nationale. Verdrängtes, Unvermeidliches, Erstrebenswertes, Graz 1991, S. 172–178, und K. HÜBNER, Vom theoretischen Nachteil und praktischen Nutzen der Historie. Unzeitgemäßes über Nietzsches unzeitgemäße Betrachtungen, in: D. BORCHMEYER, Vom Nutzen und Nachteil der Historie für das Leben, Frankfurt/M., 1996.

der absoluten Subjektivität grundlegenden Gedanken sogar fast wörtlich, wie das Folgende zeigen wird, mit den entsprechenden Fichtes übereinstimmen.[80] Beginnen wir mit einem Zitat Fichtes, von dem er selbst sagt, darauf beruhe seine ganze Lehre. „Du bist Dir Deiner bewußt (...), Du unterschiedest sonach notwendig ein denkendes Ich von dem im Denken desselben gedachten Ich. Aber damit Du dies könntest, muß abermals das Denkende in jenem Denken Objekt eines höheren Denkens sein, um Objekt des Bewußtseins werden zu können; und Du erhältst sogleich ein neues Subjekt, welches dessen, das vorhin Dein Selbstbewußtsein war, sich wieder bewußt sei. Hier argumentiere ich nun abermals, wie vorher; und nachdem wir einmal nach diesem Gesetz fortzuschließen angefangen haben, kannst Du mir nirgends eine Stelle zuweisen, wo wir aufhören sollten; wir werden sonach ins Unendliche fort für jedes Bewußtsein ein neues Bewußtsein bedürfen, dessen Objekt das erstere sei und sonach nie dazu kommen, ein wirkliches Bewußtsein annehmen zu können. − (...) Nun ist aber doch Bewußtsein; mithin muß jene Behauptung falsch sein. Sie ist falsch, heißt, ihr Gegenteil gilt; sonach folgender Satz gilt: Es gibt ein Bewußtsein, in welchem das Subjektive und das Objektive gar nicht zu trennen, sondern absolut Eins und dasselbe ist."[81] Dies nennt Fichte dann das *unmittelbare Bewußtsein*. − Ganz ähnlich argumentiert Sartre. Er schreibt: „In der Tat beinhaltet die Zurückführung des Bewußtseins auf die Erkenntnis, daß man in das Bewußtsein die Dualität Subjekt − Objekt einführt, die für die Erkenntnis typisch ist. Aber (...) dann wäre doch ein drittes Glied nötig, damit der Erkennende seinerseits zu etwas Erkanntem wird, und wir würden vor folgendem Dilemma stehen: entweder haltmachen bei irgendeinem Ausdruck der Reihe: Erkannter − erkennender Erkannter − erkennender Erkannter des Erkennenden usw. Dann fällt die Ganzheit des Phänomens ins Unbekannte, d.h. wir treffen immer auf ein seiner selbst nichtbewußtes Nachdenken als letztes Glied − oder aber wir geben die Notwendigkeit einer Regression ins Unendliche (...) zu, was unsinnig ist (...) Heißt das nicht, daß man das Gesetz des Paares Erkennender-Erkanntes nicht in das Bewußtsein einführen darf? Das Bewußtsein von sich ist nicht paarig (...) es muß unmittelbarer Bezug sein."[82] Diesem von Fichte *unmittelbar* genannten Bewußtsein, gibt Sartre nur einen anderen Namen, indem er es *präreflexives* Bewußtsein nennt (cogito préréflexiv) oder conscience (de) soi, wobei er das „de" in Klammern setzt um zu vermeiden, daß durch das „de" immer noch die Vorstellung von Erkenntnis mitschwingt. Hieraus sucht nun Sartre das Bewußtsein als etwas Absolutes darzustellen: „Das

---

[80] Auf diese Übereinstimmung habe ich bereits in der im Jahre 1956 erschienen Abhandlung „Fichte, Sartre und der Nihilismus" hingewiesen. (In: Zeitschrift für Philosophische Forschung, 10, und wieder abgedruckt in: Hrsg. D. ARENDT, Der Nihilismus als Phänomen der Geistesgeschichte in der wissenschaftlichen Diskussion unseres Jahrhunderts, Darmstadt 1974).

[81] FICHTE, Versuch einer neuen Darstellung der Wissenschaftslehre, Ed. FRITZ MEDICUS, I, S. 526 ff. Die Einheit von Subjekt und Objekt, von der Fichte hier spricht, hat mit der entsprechenden mythischen Einheit nichts zu tun, weil sie ja gerade nur im *Subjekt* stattfindet.

[82] SARTRE, Das Sein und das Nichts, übers. v. J. STRELLER, Hamburg, S. 31.

Bewußtsein existiert durch sich selbst." „Es ist unmöglich, einem Bewußtsein eine andere Begründung als sich selbst zuzuschreiben. Andernfalls müßte man der Auffassung sein, das Bewußtsein sei in dem Maße, indem es eine Wirkung ist, seiner selbst nicht bewußt."[83] Und wieder ähnlich schreibt Fichte: „Die Natur der Intelligenz überhaupt und ihre besonderen Bestimmungen will der Dogmatismus durch den Satz der Kausalität erklären: Sie soll Bewirktes, sie soll zweites Glied in der Reihe sein (...) Aber die Intelligenz erhaltet ihr nicht, wenn ihr sie nicht als ein Erstes, Absolutes hinzudenkt, deren Verbindung mit jenem von ihr unabhängigen Sein zu erklären euch schwer ankommen möchte." Gemeint ist auch hier eine Wirkung von Bewußtlosem auf Bewußtes.

Es folgt nun sowohl bei Sartre wie bei Fichte eine Analyse dieses primär unmittelbaren, nicht erkennenden Bewußtseins von sich als ein in sich dialektisch gespaltenes. Beide nennen es Für-sich-sein. Beginnen wir mit Fichte: „Die Intelligenz, als solche, sieht sich selbst zu; und dieses sich selbst Sehen geht unmittelbar auf alles, was sie ist, und in dieser unmittelbaren Vereinigung des Seins und des Sehens besteht die Natur der Intelligenz. Was in ihr ist, und was sie überhaupt ist, ist sie für sich selbst."[84] „Die erste Frage sonach wäre die: Wie ist das Ich für sich selbst?"[85] Nun wieder Sartre: „Das Für-sich-sein (L'être pour soi) bringt also ursprünglich diesen auflockernden Charakter mit sich, für einen Zeugen zu existieren, obgleich der Zeuge, für den das Bewußtsein existiert, es selbst ist." „Das Sich stellt also in der Immanenz des Subjektes eine ideale Distanz auf sich selbst dar, eine Weise des Seine-Koinzidenz-nicht-Seins (...) das werden wir die Anwesenheit bei sich nennen."[86]

Das Subjekt, so führt es Sartre weiter aus, ist in seiner notwendigen Selbstreflexion in sich gespalten, weil es sich immer zuschaut, weil es, indem es in bestimmter Weise ist, als sich dabei zusehend doch mit diesem so Seienden nicht schlechthin identifiziert werden kann. Eben deswegen ist das Bewußtsein als Reflexion Ursprung aller Negation. Das Nicht als Negation kommt dadurch in die Welt, daß das Subjekt von sich selbst geschieden ist. Dieses Nicht offenbart sich in der Nichtung des Identischen, die das Für-sich-sein mit sich bringt. Sich seiner bewußt sein heißt nichts anderes als wissen, daß man der nicht ist, der man ist, und umgekehrt, daß man der ist, der man nicht ist. Aber wenn das Für-sich-sein die Struktur des Reflektierend-Reflektierten hat, so muß doch das Reflektierende irgendeine Sache reflektieren, sonst wäre es nichts. Also ist das Für-sich anwesend bei sich in der Weise des abwesend bei einer Sache zu sein. Immer ist man sich seiner bewußt als dies oder jenes tuend, sehend, fühlend, bei diesem oder jenem seiend. Immer ist Bewußtsein notwendig Bewußtsein von etwas. „(...) was (...) alle Erfahrung möglich macht, ist das apriorische Hervortreten des Objektes für das Subjekt oder, da das Hervortre-

---

[83] SARTRE, a.a.O., S. 35.
[84] FICHTE, a.a.O., I, S. 435.
[85] FICHTE, a.a.O., I, S. 458.
[86] SARTRE, a.a.O., S. 119.

ten die ursprüngliche Tat des Für-sich ist, ein ursprüngliches Hervortreten des Für-sich als Anwesenheit bei einem Objekt, welches es nicht ist."[87] – Auch Fichte konstituiert das Objekt, das Nicht-Ich aus dem reflektierenden Für-sichsein des Subjektes: „Das Ich soll sich nicht nur selbst setzen (...), sondern es soll sich für sich selbst setzen (...) Demnach muß das Ich, so gewiß es ein Ich ist, unbedingt (...) das Prinzip in sich haben, über sich selbst zu reflektieren; und so haben wir ursprünglich das Ich in zweierlei Rücksicht, teils, inwiefern es reflektierend ist, und insofern ist die Richtung seiner Tätigkeit centripetal; teils, inwiefern es dasjenige ist, worauf reflektiert wird, und insofern ist die Richtung seiner Tätigkeit centrifugal (...)" Die zentripetale, reflektierende Tätigkeit des Ich aber ist etwas Hemmendes, Fremdartiges, und eben darin zeigt sich nach Fichte der Widerstand des Nicht-Ich, des Objekts, womit das Ich in dauernder Auseinandersetzung steht. So ist für Fichte das Ich *reine Tätigkeit*, und darin sieht er das Grundgesetz des Bewußtseins. – Ganz derselben Meinung ist wieder Sartre: Wenn wir z.B. traurig sind, sind wir nicht diese Traurigkeit so wie die Wand weiß ist, sondern wir ergreifen sie, wir sind nicht mit ihr identisch, wir können wählen, ob wir uns ihr überlassen oder nicht. Alles sind wir nur als *Möglichkeit*. So muß sich der Mensch stets selbst bestimmen, auf Möglichkeiten hin entwerfen, er muß sich stets *ex nihilo* selbst erschaffen. Alles ist seine Schöpfung und seine Tat. Auch wenn er nichts tut, *hält* er sich im Nichtstun. Er ist in jedem Augenblick ein anderer als er ist, er ist von Grund auf ein Schauspieler.

Dies illustriert er an einem Kaffeehauskellner. „Er hat rasche und sichere Bewegungen, ein wenig allzu bestimmte und allzu schnelle, er kommt ein wenig rasch auf die Gäste zu, er verbeugt sich mit ein wenig zu viel Beflissenheit (...) Dort kommt er zurück und versucht durch seine Art, zu gehen, die unbeugsame Härte eines Automaten nachzumachen, während er gleichzeitig ein Tablett mit einer Art Seiltänzerkühnheit trägt, wobei er es in einem fortwährend labilen und fortwährend gestörten Gleichgewicht hält, das er mit einer leichten Bewegung des Armes oder der Hand fortwährend wieder herstellt. Seine ganze Verhaltensweise sieht wie ein Spiel aus. Aber wem spielt er etwas vor? Er spielt, Kaffeehauskellner zu sein (...) Der Kaffeehauskellner spielt seine Stellung, um sie real zu setzen. Das ist für ihn ebenso notwendig wie für jeden Kaufmann: Ihre Stellung ist ganz Zeremonie (...) es gibt den Tanz des Kolonialwarenhändlers, des Schneiders, des Auktionärs, durch den sie ihre Kundschaft davon zu überzeugen sich bemühen, daß sie weiter nichts sind als ein Kolonialwarenhändler, ein Auktionär, ein Schneider (...)" Aber „es nützt mir nichts, die Funktionen eines Kaffeehauskellners auszuüben, Kellner kann ich nur in einer gleichsam neutralen Weise sein, so wie der Schauspieler Hamlet ist (...) Was ich zu realisieren trachte ist ein In-sich-sein des Kaffeehaukellners, so als ob es nicht in meiner Macht stünde, (...) jeden Morgen um 5 Uhr aufzustehen oder im Bett zu bleiben, auf die Gefahr hin, mich dafür raus-

---

[87] SARTRE, a.a.O., S. 224.

schmeißen zu lassen. Als ob ich nicht gerade dadurch, daß ich diese Rolle im Dasein erhalte, sie nach allen Richtungen hin transzendierte, mich nicht als ein ‚Jenseits' meiner Stellung konstituierte (...) wenn ich Kellner bin, dann kann das nicht in der Weise des In-sich-seins der Fall sein. Ich bin er in der Weise das zu sein, was ich nicht bin."[88]

Was aber ist genauer mit „In-sich-sein" (En-soi) gemeint? Im Gegensatz zum Bewußtsein als Für-sich-sein, worin sich das Ich zu allem Gegebenen und so auch zu sich selbst *verhält*, haben alle Dinge außerhalb des Für-sich-seins ein In-sich-sein, sie *sind* nämlich das, was sie sind, sie haben ein festgelegtes Wesen. Zum einen werden sie ja durch *Allgemein*begriffe definiert wie „dies *ist* ein Löwe", „eine Buche", „ein Haus", „eine Wurzel", „ein Stein" usw., zum andern sind sie aber immer etwas *Individuelles*, das im Allgemeinbegriff nicht aufgeht und eben deswegen auch nicht erklärt werden kann. Unbegreiflich und unableitbar, weil einzigartig, sind daher die Dinge außerhalb des Bewußtseins als Für-sich-sein reine *Kontingenz* und Zufälligkeit. In ihrem In-sich-sein koinzidieren sie zugleich mit sich selbst, sie sind also reine Identität ohne Negation. Im dem „sich" des Für-sich-seins liegt dagegen eine Distanz zu sich selbst, eine Weise des nicht seine eigene Koinzidenz zu sein. Dies enthüllt sich insbesondere in der Struktur der *Zeitlichkeit*.

Insofern ich *war*, zeige ich die Faktizität reinen In-sich-seins, eines Wesens (war ist *gewesen* sein). Und doch *bin* ich nicht meine *Vergangenheit*, ich *war* sie nur, und übernehme sie nun in die Gegenwart als Möglichkeit, nämlich als etwas, zudem ich mich so oder so *verhalten* kann. Dies geschieht in der *Gegenwart*, in die das Verhältnis zur Vergangenheit hineingenommen wird. In der Gegenwart wird das In-sich-sein der Vergangenheit verwandelt in ein Für-sich-sein. Aber die Gegenwart verschwindet immer schon wieder im *Zukünftigen*. In ihr entwirft sich nun das Für-sich-sein mit seiner im Gegenwärtigen verwandelten Vergangenheit auf jenes Mögliche, welches das noch nicht Wirkliche ist. „Die Zukunft ist die dauernde *Ermöglichung des Möglichen* als der *Sinn* des gegenwärtigen Für-sich-seins, insofern dieser Sinn problematisch ist, und insofern er als solcher im Für-sich-sein radikal verschwindet." Das Für-sich-sein zeigt sich so als ständiger Entwurf, als „immerwährender Schöpfer." Es ist „thetisches Bewußtsein". Insofern es immer für sich ist, ist es daher immer seine Nichtung und Setzung zugleich. Erst im Tode wird es ein Wesen, wird es In-sich-sein.

Dieser ständige Entwurf seiner selbst im Für-sich-sein setzt als einziges das reine Da, reine Kontingenz, die blanke *Existenz* voraus. Als der Urgrund des Ich ist sie das einzige Unbewußt-Identische in ihm. Das Ich ist ein Nichts, das erst mit seinem Entwurf in das Nichts sein eigenes Sein erschafft. *Die Existenz geht also der Essenz voraus, der Mensch schafft sein Wesen selbst.* Er ist es auch, der bewirkt, daß eine Welt und er als Teil der Welt existiert. Zwischen dem Nichts im Schoße des Ich und dem Entwurf in dieses Nichts liegt das Bewußtsein *von* sich, jenes Ich-Bewußtsein, in dem sich das Ich selbst als Wesen versteht bzw.

---

[88] SARTRE, a.a.O., S. 129 ff.

mißversteht: Ich *bin* der und der. Aber: „Das Für-sich-sein ist das Sein, das nicht mit sich selbst koinzidieren kann." Es ist insofern ein substantieller Mangel, als es stets seiner Identität ermangelt.

Was hier beschrieben wurde, ist *das transzendentale Schema des Bewußtseins* oder einfach *das transzendentale Bewußtsein*. Das Nichts ist in ihm dialektisch mit dem Sein verknüpft. Es ist im Schoße des Seins wie ein Wurm. Das aber ist nichts anderes als die Verfassung der *absoluten Freiheit*. Der Mensch ist zu dieser Freiheit verdammt. Sie ist das Offensein für den umfassenden Horizont von Möglichkeiten, die das Für-sich-sein ergreifen oder nicht ergreifen kann, es ist *mögliches Sein*, es hat die Fähigkeit des Nein-Sagens.

Hören wir jetzt wieder Fichte. Auch für ihn ist „die Intelligenz (…) ein Tun und absolut nichts weiter"[89] und auch für ihn geht die Existenz der Essenz voraus. „Ich selbst", schreibt er, „(…) bin mir ein Objekt, dessen Beschaffenheit" (Essenz) „lediglich von der Intelligenz abhängt, dessen Dasein aber" (Existenz) „immer vorauszusetzen ist." Das Ich als zentrifugale, reine Tätigkeit, die noch nicht durch die Negation des zentripetalen, reflektierenden Ich eingeschränkt ist, nennt Fichte das *unendliche Ich*, das eingeschränkte, durch die Reflexion zustande gekommene dagegen, das *endliche Ich*. Das unendliche Ich ist noch ungespalten, absolute Einheit und Identität, es ist daher unbewußt; das endliche, in der Reflexion durch Negation gespaltene, ist erst das bewußte Ich. – In der Sprache Sartres ist das von Fichte unendliche, ungehemmte Tätigkeit genannte Ich ein In-sich-sein. Es ist dies in seiner bloßen Existenz als der unbewußte Ursprung, aus dem jeden Augenblick alles aus dem Nichts, ex nihilo[90] geschaffen wird. Geschaffen wieder nicht in seinem bloßen Dasein, sondern in seinem Für-das-Ich-sein. Bei dieser Schöpfung handelt es sich um ein absolutes, weil auf nichts weiter zurückführbares Geschehen. Diese notwendige Wendung des Ich aus dem Nichts, dem In-sich-sein seiner bloßen Existenz zur Welt nennt Sartre seine *Transzendenz*. Transzendenz und Nichts sind unlöslich miteinander verbunden. Da das Ich nicht In-sich-sein bleiben kann, wendet es sich außer sich, aber indem es außer sich ist, wendet es sich wieder auf sich zurück, ist es für sich. Indessen transzendiert der Mensch nach Sartre nicht nur sein In-sich-sein, sondern auch das In-sich-sein der Gegenstände der Welt, die er sich so erschließt. Denn indem er in der Wahrnehmung der Gegenstände in der Welt sein In-sich-sein zum Für-sich-sein transzendiert, transzendiert er zugleich auch die Gegenstände in ihrem bloßen In-sich-sein auf ein Für-sich-sein hin, was nichts anderes bedeutet, als daß er sie auf einen Sinn hin, den sie nur *für ein Bewußtsein* haben können, überschreitet. Ganz dem Phänomen hingegeben, ganz bei der Sache, wenden wir uns schon auf uns selbst zurück, indem wir die Sache transzendieren und einen ihr zugrunde liegenden Sinn *für uns* konstituieren. Erst durch das Für-sich-sein gibt es so etwas wie eine *Bedeutung* der Dinge. So schafft sich das Für-sich-sein „seine" Welt.

---

[89] FICHTE, a.a.O., I, S. 440.
[90] SARTRE, Transzendence de l'Ego, in: Recherches philosophiques, VI. 1937, S. 120.

Warum aber bricht das Bewußtsein aus seiner bloßen Existenz auf, um sich in der Welt seiner Möglichkeiten zu realisieren? Die Antwort darauf lautet für Sartre: Das Bewußtsein *ist* dieser unentwegte Prozeß seiner in Freiheit erfolgten, immer wieder erneuerten Selbstverwirklichung und permanenten Schöpfung, die den Menschen gleichsam „überwuchert" und in der „Schicksalhaftigkeit ihrer Spontaneität"[91] gleichsam überfällt. Andererseits ist bei Sartre das In-sich-sein des Ichs nicht nur im Ursprung des Ich, sondern auch das vom Bewußtsein immer Erstrebte, aber niemals Erreichte. Denn ununterbrochen sucht das Für-sich-sein im In-sich-sein aufzugehen, aus dem ständigen Schwebezustand seiner Freiheit herauszukommen und ein Wesen zu werden, was ihm jedoch nur um den Preis des Todes möglich ist.

Halten wir an dieser Stelle ein und betrachten wir das Bisherige kritisch. Das Ich, sagen Fichte und Sartre, sei immer Selbst-Bewußtsein und damit ein Für-sich-sein. Andererseits ist aber nach Sartre die Existenz des Ich, das reine Da, ein bloßes Nichts, von ihr lasse sich nichts prädizieren, dies sei erst durch das Für-sich-sein möglich, und deswegen nennt er das Ich hinsichtlich seiner bloßen Existenz In-sich-sein, nämlich unbewußte Identität mit sich selbst. Nun existiert das Ich zwar in der Tat *als* ein seiner selbst bewußtes Für-sich-sein, und in diesem Für-sich-sein soll nun das Ganze seiner Vorstellungswelt liegen; doch ist es Sartre entgangen, daß die Existenz des Ich von all dem, was von ihm ausgesagt, prädiziert werden kann, genauso getrennt ist, wie die Existenz *jedes* Dings von den Prädikaten getrennt ist, durch die es definiert ist und die seinen Inhalt ausmachen. Selbst wenn daher Sartre und Fichte meinen, das Ich *habe* kein Wesen, sondern *schaffe* ein solches in einem sich stets zu erneuernden Prozeß – was noch zu prüfen sein wird –, so hat es doch zumindest *dieses* Wesen, dieses Prädikat, ein Für-sich-sein zu sein, das von seiner bloßen Existenz, also davon, *als ein solches Für-sich-seiendes zu existieren*, streng zu trennen ist. Existenz, dies haben schon der heilige Thomas und Kant gelehrt, ist kein Prädikat, es fügt dem Sosein von etwas nichts hinzu und nimmt davon nichts weg – es sagt nur, daß etwas, was soundso ist, z.B. ein Für-sich-sein, auch existiert. Damit erweist sich aber die Behauptung Fichtes und Sartres als unhaltbar, das Ich trete schaffend aus seinem bloßen Das, aus dem Nichts seiner Existenz hervor oder seine Existenz gehe seiner Essenz voran – denn damit würde ja seine Existenz hypostasiert, zu etwas Seiendem an sich gemacht, während sie doch immer nur von etwas, was schon prädiziert, was so und so ist, ausgesagt werden kann.

Andererseits sucht Sartre das Für-sich-sein in seiner absoluten Freiheit auch ohne solche ontologische, und logisch falsche Spekulationen rein phänomenologisch zu erfassen, wie das Beispiel mit dem Kaffeehauskellner und Sartres Analyse der Zeitlichkeit des Für-sich-seins zeigen. Folgt aber wirklich aus solchen rein phänomenologischen Untersuchungen, wie Sartre behauptet, daß es unmöglich sei, einem Bewußtsein eine andere Begründung als sich selbst zuzuschreiben? Oder hat andererseits Fichte recht, wenn er einfach behauptet,

---

[91] SARTRE, a.a.O., S. 121.

das Bewußtsein könnte durch nichts anderes bewirkt sein, als durch sich selbst, denn andernfalls bliebe nur die in sich widerspruchsvolle Annahme möglich, daß Bewußtes aus Bewußtlosem entstehen könne?

Zunächst müssen wir festhalten: Der Mensch mag nach Sartre ein Schauspieler sein, aber daß er, der Schauspieler, existiert, das hat er nicht gemacht. Und der Mensch mag sich zu irgendeiner Situation und Lage so oder so in Freiheit verhalten, aber daß diese Lage existiert, das hat er auch nicht gemacht. Diese Ohnmacht des Für-sich-seins gegenüber dem Existierenden in seiner empirischen Faktizität wird im übrigen gerade durch Sartres Enthüllung individueller Gegenstände in ihrem kontingenten und unerklärlichen In-sich-sein bestätigt. Denn dieses setzt ihrer Anverwandlung in das Für-sich-sein, also seiner Deutung, Bewertung, sowie den Urteilen darüber einen harten Kern entgegen, etwas Widerständiges, das seinem Verhalten dazu eine unübersteigbare Grenze setzt.[92] An solch blanker Faktizität kommt das Ich nicht vorbei, es kann sich nur auf seine Weise mit ihr arrangieren.

Erinnern wir uns ferner an das im Kapitel X, 3 Gesagte. Gibt es nicht einen genetischen Code, dem jeder Mensch unterliegt, und der ihm ein *Wesen* verleiht? Findet sich der Mensch nicht schon immer in einem bestimmten Körper vor, den er sich nicht ausgesucht hat? Sind andererseits des Menschen Gene nicht physikalisch-chemischer Natur, so daß hier, entgegen Fichtes Behauptung, sehr wohl „Bewußtloses" auf „Bewußtes" einwirkt? Und selbst wenn man in dieser physikalisch-chemischen Bewußtlosigkeit latentes Bewußtsein vermutete, wäre das dann auf irgendeine mysteriöse Weise auch wieder nur eine Schöpfung des Für-sich-seins? Oder denken wir an des Menschen Einbettung in eine Kultur und Epoche, die ihm eine bestimmte Vorstellung von der Wirklichkeit vermittelt, den damit verbundenen Stil des Denkens, des Fühlens, der Gestimmtheiten, des Gewollten, des Beurteilens usw. Auch dies alles gehört zu jener Faktizität von allem möglichen Existierenden, worüber das Ich keine Macht hat.

Nun kann sich zwar der Mensch zu all dem in seinem Für-sich-sein so oder so verhalten; er kann sich in seinem genetischen Sosein übernehmen oder es ablehnen, er kann seinem Zeitgeist folgen oder gegen ihn revoltieren, er kann das Faktische so oder so deuten – aber wenn er sich nun zu dem einen oder anderen entscheidet, dem anderen aber nicht – folgt daraus, daß er es in Freiheit tat? Die bloß phänomenologische Beschreibung seines Verhaltens sagt nur, *daß* er sich so oder so verhält, und daß er sich immer irgendwie dazu verhalten kann

---

[92] In der Tat haben sowohl Fichte wie Sartre versucht, alle näheren Bestimmungen der Gegenstände wie Qualität, Quantität, Raum, Zeit usw. aus dem Bewußtsein als das Reflektierend-Reflektierte abzuleiten. Aber abgesehen von der Fragwürdigkeit dieses Versuches, auf den ich hier nicht eingehen kann, handelt es sich doch dabei nur um das ontologische, kategoriale Gerüst der Wirklichkeit; das Singuläre, Individuelle, das doch überhaupt erst die *eigentliche* Wirklichkeit des Ich und seine Welt kennzeichnet, eben seine Faktizität, oder, mit Heidegger zu reden, seine Geworfenheit, läßt sich nicht aus dem, was Fichte und Sartre das transzendentale Ich nennen, ableiten.

– aber ob dies alles in Freiheit geschah, darüber kann sie uns nicht das Geringste sagen. Wie steht es ferner mit dem Unbewußten? Zu ihm kann sich doch das Bewußtsein schon deswegen nicht verhalten und mit ihm in Freiheit so oder so umgehen, weil es ja davon gar nichts weiß, weil es davon doch ohne sein Wissen gesteuert wird! In dem erwähnten Kapitel wurde ferner darauf hingewiesen, daß sich, gerade phänomenologisch gesehen, das Denken gleichsam ohne unser Zutun abspielt, weswegen man anstatt „Ich denke" besser „Es denkt" sagen könnte, so wie man sagt „Es blitzt". Und schließlich: Wie soll die Sprache als Selbstschöpfung des menschlichen Bewußtseins denkbar sein, da es doch immer schon Sprache voraussetzt? Da entschlüpft aber doch Sartre selbst ein verräterisches Wort, wenn er, wie zitiert, davon spricht, daß der Mensch von seiner permanenten Schöpfung gleichsam „überwuchert" und von der „Schicksalhaftigkeit ihrer Spontaneiät" überfallen werde.

Wenden wir uns nun unter Berufung auf den Vierten Grundsatz der Allgemeinen Metatheorie den dieser Metaphysik zugeordneten Existentialien zu. (Vgl. das VII. Kapitel 3 und 4). In der Tat haben sowohl Sartre wie Fichte diese ausdrücklich zu erfassen gesucht und insofern haben sie sich dabei auch zwangsläufig der phänomenologischen Methode bedient. (Vgl. wieder die genannten Kapitel.) Daß beide den Ausdruck „Existentialien" nicht gebrauchten, und Fichte auch im Gegensatz zu Sartre aus historischen Gründen die Nutzung der phänomenologischen Methode nicht bewußt sein konnte, ändert daran nichts. Sartre aber machte zu seinem Vorteil weitläufigen und bewußten Gebrauch von ihr, wovon das Beispiel mit dem Kaffeehauskellner bereits als Kostprobe gelten kann. Ausführlich ist er den Gestimmtheiten nachgegangen, in denen sich die für die menschlichen Existenz kennzeichnende Grundverfassung des Mangels äußert: des Mangels, der in der ihr eigentümlichen Bodenlosigkeit liegt; in der Not, sich selbst begründen zu müssen und dabei doch immer wieder zu scheitern; in der keinen Augenblick ruhenden Sisyphus-Arbeit einer unaufhörlichen Schöpfung ex nihilo des In-der-Welt-seins; und schließlich des Mangels, das Nichts in sich zu haben wie einen Wurm. Von den Gestimmtheiten (Existentialien), welche diesen Mangel-Erfahrungen entspringen oder sie offenbar werden lassen, nennt Sartre u.a. diejenigen, die mit der *Abwesenheit* von etwas (absence), dem *Abstand* (distance), der *Änderung* (altération), der *Zurückweisung* (répulsion), dem *Bedauern* (regret) und der *Zerstreuung* (distraction) verbunden sind. Eine wichtige Rolle spielt aber in diesem Zusammenhang auch die *Faszination des Magischen*, die das blanke In-sich-sein der Dinge als das dem Für-sich-sein absolut Fremde hervorruft; jene Fremdheit und Unbegreiflichkeit des Besonderen, Individuellen und rein Kontingenten, die als etwas Absurdes empfunden wird, und nach Sartre auch zum *Ekel* (nausée) führen kann. Als Beispiel u.a. betrachtet Sartre eine Wurzel: „Vor dieser großen, runzlichen Klaue schrumpften Wissen und Nichtwissen zu einem unbedeutenden Nichts zusammen; die Welt der Erklärungen und Gründe war nicht die Welt der „(nackten)" Existenz, des Seins. Ein Kreis ist nicht absurd, er erklärt sich sehr wohl durch die Rotation eines Kreisabschnittes nach rechts um seinen äußersten Punkt. Aber ein Kreis existiert nicht. Diese Wurzel dagegen existierte in dem Maße, daß ich diese nicht erklären konnte. Sie war knotig, unbeweglich, namenlos. Sie faszinierte mich, quoll mir in die Augen, drängte mich unaufhaltsam zu ihrem eigenen Sein. Ich hatte gut wiederholen: das ist eine Wurzel – das verfing nicht mehr. Ich sah sehr wohl, daß man nicht von ihrer Funktion als Wurzel und Saugpumpe zu diesem dauerhaften und kompakten Robbenfell überspringen konnte, zu dieser öligen Schwarte, zu diesem runden Ganzen. Die Funktion dagegen besagte gar nichts. Sie besagte nur ganz allgemein, daß es eine Wurzel war, aber niemals gerade *diese* Wurzel (...)"[93] Unter allen diesen aufgezählten Existenzialien hebt aber Sartre insbesondere die Angst (angoisse) als die *menschliche Grundbefindlichkeit* hervor. In der Angst enthülle sich der Abgrund, für alles selbst verantwortlich zu sein und einer letzten, tiefen Einsamkeit niemals entrinnen zu können.

Es ist nach Sartre letztlich auch diese Angst, die den Menschen dazu verführt, sich zu verschleiern, daß er frei, daß er zu einem hoffnungslosen, weil nie endenden Streben und Tun verdammt ist. Fichte denkt darüber nicht anders. Wenn jemand seine Freiheitslehre ablehne, sagt er, dann deshalb, „weil er sie schlechthin nicht ertragen kann."[94] Und wenn Sartre demjenigen, der an die Wahrheit nicht glaubt, daß der Mensch frei sei, eine *mauvaise foi* vorwirft, daß er also unwahrhaftig sei und sich selbst belüge, so bezichtigt ihn Fichte, „ein von Natur schlaffer oder durch Geistesknechtschaft, gelehrten Luxus und Eitelkeit erschlaffter und gekrümmter Charakter" zu sein.[95] Daher waren Sartre wie Fichte von einem leidenschaftlichen Willen besessen, durch rhetorische Wucht ihre Leser und Zuhörerschaft für die Idee der Freiheit zu begeistern. War Fichte dabei mehr Prediger und Redner, so Sartre vor allem Dramatiker. Schon darin liegt aber, daß der Vorwurf der Unwahrhaftigkeit und der Feigheit in der Flucht vor der Wahrheit nicht als ein den Menschen ein für allemal festlegender Wesenszug (Essenz) mißverstanden werden darf – was ja im Widerspruch zu seiner absoluten Freiheit und Selbstbestimmung stünde –, sondern nur als eine unter anderen Möglichkeiten, die ergriffen oder vermieden werden können; denn welchen Sinn könnte dann der rhetorische Eifer Fichtes wie Sartres überhaupt haben? Zur Möglichkeit der mauvaise foi gehört daher auch diejenige der *bonne foi*, also die Wahrhaftigkeit (sincerité). *Beide* gehören zum Für-sich-sein, und keine von beiden steht daher auch der anderen an Intensität nach.

Welche Rolle die mauvaise foi und die bonne foi im Leben des Menschen spielen, hat Sartre an dessen Entwicklung vom Kind zum Erwachsenen zu zeigen versucht. In der Kindheit ist dem Menschen seine Freiheit noch verborgen, es existiert zunächst in der elterlichen Geborgenheit, die den Charakter

---

[93] SARTRE, La nausée, übers. von E. VIETTA, „Versuch über die menschliche Existenz in der französischen Philosophie", Hamburg 1948, S. 38f. Vgl. dazu das im IX. Kapitel, 5a über den Dadaismus Gesagte.
[94] FICHTE, a.a.O., I, S. 435.
[95] FICHTE, a.a.O., I, S. 434.

des In-sich-seins hat und insofern nach Sartre, wie bereits gesagt, eine magische Beziehung darstellt, ja numinoser Art ist: „Das Kind hält seine Eltern für Götter. Ihre Handlungen und Urteile sind absolut; sie verkörpern die universelle Vernunft, auch den Universalgrund, auch das Gesetz, den Sinn und das Ziel der Welt (...)"[96] In diesem Zusammenhang ist alles gerechtfertigt. Aber „das Drama beginnt, wenn das Kind heranwächst (...) indem es über die Eltern herauswächst (...) macht es die Erfahrung seiner eigenen Transzendenz (...) das Kind verliert sein Wesen und seine Wahrheit (...) Ungerechtfertigt und nicht zu rechtfertigen macht es die Erfahrung seiner schrecklichen Freiheit. (...) Es findet sich plötzlich in seiner Einsamkeit und im Nichts"[97], es fühlt seine Verlassenheit (délaissament) und seine Absonderung (séparation). Der Mensch beginnt also im paradiesischen Zustande der *Rechtfertigung* (justification): er ist scheinbar getragen von einem unmittelbar gegebenen, numinosen Sinnzusammenhang, der sein Wesen bestimmt. Aber in Wahrheit ist das nur eine mauvaise foi. Eines Tages erwacht er zu seinem Eigensein, zu seinem Für-sich-sein, zur Freiheit, was sich zunächst in einem pubertären Hochmut (orgueil) äußert. Damit ist jedoch seine Rechtfertigung unwiderbringlich dahin, es öffnet sich ihm die *Grundlosigkeit* (gratutité) seiner Existenz und ihre sinnlose Zufälligkeit (Kontingenz). Nun erst lernt er den Ekel, die Langweile des Sinnlosen kennen und die Angst; nun erst enthüllt sich ihm die metaphysische Wahrheit und die auf sie bezogene bonne foi als Wahrhaftigkeit.

Hier aber stellt sich nun die Frage, ob sich nicht doch auf dem Umwege über die Sartreschen Existentialien und entgegen der Sartreschen Behauptung ein *dauerndes Wesen* im Für-sich-sein geltend macht, das *nicht* seiner absoluten Selbstschöpfung und Freiheit entspringt. Überlegen wir: Das Ich existiert nach Sartre als absolutes Für-sich-sein, also in absoluter Freiheit. Nun kann es sich aber in seinem Für-sich-sein hierzu *verhalten*, es hat nämlich die Wahl, diesem „Schicksal" ins Auge zu sehen — bonne foi — oder es sich zu verschleiern — maivause foi. Wählt es nun die mauvaise foi, so stellt sich ein trügerisches, vorübergehendes, zerbrechliches Glück ein; wählt es aber die bonne foi, so wird es unvermeidlich von Angst heimgesucht, die sich aber letztlich als seine dauernde Grundstimmung durchsetzen wird. Das Existential Angst bezeichnet also keine Selbstschöpfung des Ich, keine Tätigkeit, sondern einen *Zustand*, der die Tätigkeit des Ich in seiner absoluten Freiheit begleitet, ob das Ich dies nun will oder nicht. Und das Gleiche gilt für alle anderen, von Sartre aufgeführten Existentialien, denn ihnen allen liegt, wie gesagt, die Angst zugrunde, welche die Freiheit notwendig begleitet. Nun soll sich ja aber in der bonne foi die Wahrheit enthüllen. Folglich ist der *existentiale Zustand*, der ihr korreliert, zugleich der *substantielle*, der *essentielle* Zustand des Für-sich-seins, also sein *Wesen*, also hat das Ich entgegen Sartres Behauptung doch ein *unabänderliches Wesen,* nämlich den Charakter, in unentrinnbarer Angst zu leben. So wird dem

---

[96] SARTRE, Baudelaire, Paris 1947, S. 59.
[97] SARTRE, Baudelaire, a.a.O., S. 18f.

Scheinwesen des Menschen, an das in der mauvaise foi geglaubt wird, sein wahres Wesen gegenübergestellt, das die bonne foi enthüllt.

Nichts zeigt dies übrigens deutlicher als die von Sartre selbst geschilderte Unwillkürlichkeit, mit der in der Entwicklung des Menschen von der Kindheit zur Pubertät aus der mauvaise foi mit ihren Existentialien schließlich die bonne foi mit ihren so ganz anderen Existentialien hervorgeht. Als Kind hat der Mensch noch nicht einmal die Wahl, sich seine Freiheit zu verschleiern, er lebt *zwangsläufig* in der Scheinwelt der durch die mauvaise foi hervorgerufenen Gestimmtheiten, die durch eine naive Geborgenheit und Rechtfertigung (justification) und dem damit verbundenen Glück gekennzeichnet ist. Wenn ihm dann später seine absolute Freiheit bewußt wird, wenn ihm bewußt wird, daß er durch nichts gerechtfertigt werden kann als durch sich selbst, und eben dieses niemals endgültig gelingen kann, dann *befällt* ihn auch jene Schwermut und Angst, die mit der Entdeckung seiner Freiheit und ihrer Grund-losigkeit (gratuité) unlöslich verbunden ist. Wie immer also der Mensch sein Wesen sonst in Freiheit gestalten mag, so daß es niemals ein Identisches, ein In-sich-sein sein wird, weil er es stets widerrufen kann – an diesem, durch die Existentialien definierten und der absoluten Freiheit korrelierenden Wesen wird sich nie etwas ändern.

So weit habe ich die theoretische Philosophie Sartres erörtert und gehe nun zu seiner praktischen, nämlich seiner Ethik über. Damit beende ich auch die zahlreichen Hinweise auf die Übereinstimmungen zwischen Sartre und Fichte, die hier zu weit führen würden und beschränke mich im folgenden ausschließlich auf Sartre. Fragen wir uns also: Wie ist auf der Grundlage von Sartres theoretischer Philosophie eine Ethik möglich?

Anknüpfend an die traditionelle Auffassung, daß die Würde des Menschen allein in seiner Sittlichkeit liege, diese aber Freiheit voraussetze, erklärt Sartre, seine Theorie sei „die einzige, die dem Menschen eine Würde verleiht, weil sie ihn nicht zum Gegenstande macht"[98], sondern seine absolute Freiheit lehrt. Wenn aber in der Freiheit die Würde des Menschen liege, so sei es auch seine *Pflicht*, daß er die totale Verantwortung für seine Existenz übernehme. Nun besitzen alle Menschen diese Würde, also dürfen wir nach Sartre niemals einen Menschen zur Sache machen, sondern müssen ihn in seiner eigenen Existenz und Freiheit zu würdigen wissen. Das aber setze voraus, daß sich das Ich in bezug auf ein anderes Ich einschränkt. Allerdings gibt es aber nach Sartre keine allgemeinen sittlichen Regeln dafür, wie dies zu geschehen habe. Der Mensch schaffe sich seine sittlichen Werte selbst, wie er ja überhaupt auf Grund seiner absoluten Freiheit in einer fortgesetzten Schöpfung begriffen sei (création continue, humanism de la création), und letztlich sei es immer eine konkrete Situation, vor der er je steht und in der er sich je so oder so sittlich entscheidet. Dennoch ist nach Sartre jede solche Entscheidung *paradigmatisch*. Indem der Mensch sich selbst wähle, wähle er jeden mit, wähle er alle Menschen. In allen

---

[98] Sartre, Ist der Existentialismus ein Humanismus?, Zürich 1947, S. 191.

Handlungen, die der Mensch schaffe, schaffe er gleichzeitig ein Bild des Menschen, der wir sein wollen und so wie wir meinen, daß er sein soll. Wenn wir etwas wählten, dann bejahten wir dessen Wert, er erscheine uns gut und wir betrachteten ihn zugleich als allgemein gültig. Jeder Mensch in der bonne foi gleicht damit jenen, hinter denen alle Brücken in ein gesichertes Land abgebrochen sind, auch in ein solches von Gesetzestafeln. Ohne alle Illusionen der mauvaise foi erfaßt er sein Ausgesetztsein in der absoluten Freiheit und trifft entschlossen und paradigmatisch seine Entscheidung in der konkreten Situation. Dies nennt Sartre das *engagement*. Es seien aber vor allem die Grenzsituationen, in denen das engagement zutage tritt, Situationen also, wo es, in welchem Zusammenhang auch immer, um alles oder nichts geht. Und so müsse auch der Mensch darin zu seiner Tat stehen und dürfe sich ihr nicht durch Reue entziehen, denn das bedeutete, die Unausweichlichkeit seiner absoluten Freiheit zu leugnen.[99]

Das ist, in ihren Grundzügen, Sartres Lehre von der Sittlichkeit. Der Mensch ist frei, hören wir, und deshalb hat er Würde, und deshalb ist es unsere Pflicht, die totale Verantwortung für unsere Existenz zu übernehmen, und auch die anderen Menschen nicht zur Sache zu machen, sondern sie ebenfalls in ihrer Existenz und Freiheit zu würdigen. Aber warum soll in der von Sartre gemeinten absoluten Freiheit des Für-sich-seins, nämlich sich zu allem so oder so verhalten zu können und sich seine eigene Essenz zu geben, die Würde des Menschen bestehen? Wenn Sartre – wie Kant – in der Würde einen sittlichen Wert sieht, was doch offenbar der Fall ist, da er sie unmittelbar mit einer Pflicht verknüpft, so kann doch diese Würde nicht in der Freiheit *als solcher* bestehen, sondern nur darin, daß er in seiner Freiheit ein *sittliches Wesen* ist: Du kannst, denn du sollst, und du sollst, denn du kannst. Dazu muß aber der freie Mensch, wie Kant folgerichtig erkannt hat, schon wissen, *was* das Sittliche ist, und nur dann kann er auch wissen, wo seine Pflicht liegt und wofür er sich sittlich zu verantworten hat. Und wenn es nach Sartre geboten ist, keinen Menschen zu einer Sache zu machen, so ist auch dies nicht allein dadurch begründet, daß er eine absolute Freiheit besitzt, sondern wieder nur dadurch, daß der Mensch in seiner Freiheit ein sittliches Wesen ist. Wie aber soll er wissen, was das Sittliche ist, wenn es nach Sartre keine allgemeinen, sittlichen Prinzipien gibt, sondern der Mensch das Sittliche in seiner absoluten Freiheit, seiner création continue, und ohne sich dabei ein für allemal festzulegen, selbst schafft (humanism de la création)? Und wie verträgt sich wieder dieses mit Sartres Behauptung, daß, wann immer solches geschieht, der Mensch eine *exemplarische Entscheidung* trifft, daß er damit das Bild eines Menschen schafft, der wir sein wollen, sein sollen, daß er damit etwas wählt, was ihm als gut und damit allgemein gültig erscheint? Wie will der Mensch so etwas ohne allgemeine Kriterien, also ohne allgemeine sittliche Prinzipien beurteilen? Zwar trifft es zu, wenn Sartre darauf hinweist, daß man immer nur in einer konkreten Situation seine sittlichen

---

[99] Die falsche Reue ist das Thema von Sartres Theaterstück „Die Fliegen."

Entscheidungen treffen kann, und diese daher, auch geschichtlich gesehen, sehr unterschiedlich ausfallen können (Vgl. das VIII. Kapitel 2 i,j); aber solche Unterschiede können doch immer nur den Randbedingungen entspringen, unter denen das Allgemeine je in Erscheinung tritt. Im übrigen soll nicht bestritten werden, daß es so etwas gibt wie das, was Sartre engagement nennt, und besonders in Grenzsituationen in Erscheinung tritt, wo es um alles oder nichts geht, ja gar das Leben in die Wagschale geworfen wird. Dies kann etwas Sittliches sein, muß es aber nicht. Auch bei jedem mehr oder weniger großen Abenteurer kann man solches beobachten, den nur das Abenteuer und sonst nichts lockt. Und schließlich: Aus der Sicht Sartres ist es zwar folgerichtig, wenn er die Reue ablehnt, weil sie die Unausweichlichkeit der absoluten Freiheit verschleiere, womit derjenige, der bereut, der mauvaise foi verfalle. (Es wäre so, als wollte man Reue darüber empfinden, überhaupt ein Für-sich-sein zu sein.) Aber die sittliche Reue hat mit der Reue, von der Sartre spricht, gar nichts zu tun. Es mag widersinnig sein, die Tat einer absoluten Freiheit zu bereuen, aber sittlich wird im eigentlichen Sinne des Wortes nur bereut, wenn ein freies und damit verantwortliches Wesen in irgendeiner Weise gegen das Sittengesetz verstoßen hat. Hebt man ein solches Prinzip in der absoluten Freiheit auf, und will trotzdem von Sittlichkeit reden, so verfängt man sich in eben jenen Paradoxien, die schon dargelegt worden sind.

Die hier vorgetragene Kritik an Sartres Versuch, das Sittliche aus seiner Metaphysik der absoluten Subjektivität abzuleiten, ist freilich nur eine immanente, wenn man davon absieht, daß sich Sartre dabei letztlich auf dem Boden von Kants Moralphilosophie bewegt, wobei diese sich zwar trotz Sartres Neuerungsversuche als die dabei überlegene erwiesen hat, keineswegs aber selbst zu überzeugen vermag. (Vgl. das XIV. Kapitel 6, F, 2). Was jedoch das Sittliche eigentlich sei, ist eine Frage, die bereits im VIII. Kapitel, 2 untersucht wurde.

Ich beende die Darstellung von Sartres Metaphysik mit der Antwort, die er auf die Frage nach Gott gibt und die sich von derjenigen Fichtes durch entschiedene Folgerichtigkeit unterscheidet. Nach Sartre existiert der Mensch, weil Gott nicht existiert. Widerspräche doch seine Existenz der Existenz Gottes als Schöpfer und Wirker. Wäre Gott der Schöpfer, argumentiert Sartre, so hätte der Mensch eine Essenz. Gott wäre der Handwerker, der den Menschen nach seinem Plan erzeugte. Nun aber schaffe sich der Mensch in seiner absoluten Freiheit seine Essenz selbst. So sei die Funktion des Schöpfers ganz auf diejenige des Menschen übergegangen. Zwar habe man heute Gott gestrichen, aber an der Essenz des Menschen habe man dennoch festgehalten. Damit werde der Mensch jedoch zur Sache, er habe keine Würde. Erst die Streichung Gottes rehabilitiere den Menschen. „Wenn (…) Gott nicht existiert", schreibt Sartre, „so finden wir uns keinen Werten, keinen Geboten gegenüber, die unser Betragen rechtfertigen. So haben wir weder hinter uns noch vor uns, im Lichtkreis der Werte, Rechtfertigungen oder Entschuldigungen. Wir sind allein."[100] „Der

---

[100] SARTRE, Ist der Existentialismus ein Humanismus?, a.a.O., S. 25.

Existentialismus ist nichts anderes als eine Bemühung, alle Folgerungen aus einer zusammenhängenden, atheistischen Einstellung zu ziehen."[101]

Wir sind allein. Keiner als Sartre hat das Ende der mehr als zweitausend Jahre währenden, immer wieder neu unternommenen Versuche, den Logos der Offenbarung in Mythos und christlicher Religion durch den Logos der Metaphysik als theologiké epistéme in ein der autonomen Vernunft einsichtiges System zu verwandeln, auf so radikale Weise ausgesprochen. Denn damit meint er ja nicht nur, daß Gott nicht existiert – wie schon Nietzsche und viele andere –, sondern damit meint er auch, daß der Mensch, indem er Gott verliert, auch aller Entschädigungen verlustig geht, die man immer wieder dafür glaubte finden zu können. Diese Entschädigungen konnten ja nun nur noch aus dem In-der-Welt-sein erhofft werden, wofür einerseits die Idee eines hedonistischen regnum hominis, andererseits das Pathos des sittlichen Menschen als Beispiele dienen können. Nun aber trat bei Sartre der Mensch buchstäblich an die Stelle Gottes. In seiner creatio ex nihilo, in seiner alles schaffenden, absoluten Freiheit, wurde er selbst der Schöpfer seiner selbst und seiner Welt und trug für alles die Verantwortung. Aber dafür zahlt er einen furchtbaren Preis: Er ist allein – und zwar in dem radikalen und absoluten Sinne, daß es nicht nur nichts gibt, was ihn von außen stützen oder rechtfertigen könnte, sondern daß er auch nichts in sich trägt, das ihn rechtfertigen oder stützen könnte. Denn alles, was er baut, baut er auf der grundlosen Nichtigkeit seiner Existenz. Der Logos der Metaphysik, der im Gegensatz zum Logos der Offenbarung, das Subjekt vom Objekt trennte, so daß er immer vor der Aufgabe stand, auf eine hypothetische Weise das Objekt vom Subjekt aus zu konstruieren – darin bestand ja das ontologische Denken –, führte schließlich historisch bei Sartre im radikalen Endergebnis dazu, daß das Objekt ganz im Subjekt verschwand, indem es zu dessen Schöpfung aus dem Nichts wurde. Christlich gesehen ist dies die äußerste Gottferne und die äußerste Grenze des Sündenfalls. Der Mensch selbst ist das Absolute, der Mensch selbst ist Gott – wenn auch im Zustand der Verzweiflung, wie die Existentialen, vor allem die Grundbefindlichkeit der Angst, zeigen, die einer solchen radikalen Ontologie der Subjektivität korrelieren. Doch steht es auf einem anderen Blatt, ob es wirklich Anlaß zu solcher Verzweiflung gibt. Denn in Sartres Grundsatz, der Gott überflüssig machen soll, daß nämlich die Existenz des Ich seiner Essenz vorausgehe, ist, wie sich gezeigt hat, weder wahr, daß das Ich seine Existenz „bewirke", noch, daß es seine Essenz hervorbringe.

---

[101] SARTRE, a.a.O., S. 66.

XVI. Kapitel
Der Zerfall der Metaphysik in der Philosophie der Gegenwart

In den bisherigen Kapiteln zur Geschichte der Philosophie ist keines dem Werk Heideggers gewidmet. Dies hat seinen Grund ausschließlich darin, daß seine herausragende Bedeutung bereits im ersten Teil ausführlich gewürdigt worden ist, und deswegen kann er bei den folgenden kritischen Untersuchungen zur Philosophie der Gegenwart (die jüngere Vergangenheit eingeschlossen) fehlen. Auch wird er heute wegen seiner Nähe zum Offenbarungsdenken weitgehend übergangen. Denn die Philosophie der Gegenwart ist unverändert Metaphysik, selbst wenn sie das teilweise sogar ausdrücklich leugnet. Dies ist daran zu erkennen, daß sie auf den hier schon mehrfach erörterten ontologischen Voraussetzungen beruht, die wissenschaftlichem Denken insgesamt a priori zugrunde liegen. Ich erinnere nur an die Deutung des Begriffs als das dem Einzelnen der Wahrnehmung entgegengestellte Allgemeine, so wie die damit zusammenhängende Vorstellung, daß das Subjekt vom Objekt getrennt sei und daher nur mit Hilfe von theoretischen Entwürfen eine Brücke zu diesem zu bauen vermöchte. Einerseits also hält man mehr oder weniger bewußt am metaphysischen Denken fest; andererseits, enttäuscht von dem Scheitern der großen, umfassenden metaphysischen Systeme und fasziniert von dem Modell der empirischen Wissenschaften, die sich auf mannigfaltigen Einzelgebieten bewährten und universale Zusammenfassungen als ihrer Methode zuwiderlaufend weitgehend vermieden, sucht man philosophische Untersuchungen auf metaphysischer Grundlage ebenfalls auf Einzelgebieten vorzunehmen. Man wandte sich also u.a. der Sprachphilosophie, der Philosophie des Denkens, des Handelns, des Sittlichen und besonderer aktueller Fragen wie z.B. den Eingriffen des Menschen in die Natur zu. Auch hier werde ich mich wieder nur auf das Wichtigste beschränken und möchte das Folgende eher als einen Essay über die Philosophie der Gegenwart und jüngeren Vergangenheit verstanden wissen, einen Essay, der, ohne Vollständigkeit zu beanspruchen, einen kurzen Überblick erlaubt, dessen kritische Zielrichtung sich aber aus dem Zusammenhang dieses Buches ergibt. Ich beginne mit der gegenwärtigen Philosophie der Sprache und der sog. Philosophie des Geistes (Theorie mentaler Prozesse.)

1. Zur gegenwärtigen Philosophie der Sprache und des Geistes (Theorie mentaler Prozesse)

Indem man heute allgemein von der metaphysisch-ontologischen Trennung des Subjekts vom Objekt ausgeht, stellen sich sprachphilosophisch die folgenden Fragen: Wie kommt das Subjekt zur Sprache und wie ist dabei eine intersubjektive Sprachverständigung möglich? Wie bezieht es Wörter als sinnliche Zeichen auf Gegenstände, wie erfolgt diese Zuordnung und welches sind die allgemeinen Bedingungen einer Grammatik zur Bildung von Sätzen? Diese Fragen ziehen nun aber weitere nach sich, die heute eine mit der Sprachphilosophie eng verbundene Philosophie des Geistes beschäftigen. Es sind die folgenden: Welche *geistigen Akte* muß das Subjekt vollziehen, um zur Sprache zu kommen, um Worte intersubjektiv auf Gegenstände zu beziehen und Sätze auf der Grundlage eines grammatischen Regelwerks zu bilden? Wie hängen ferner diese geistigen Akte mit den physiologischen Prozessen zusammen, die mit ihnen untrennbar verbunden sind und gleichzeitig immer besser und immer tiefer erforscht werden konnten? Oder läßt sich der Geist funktional, nämlich nach Analogie eines Computers verstehen, gleichsam als software, wobei seine materielle Substanz, die hardware zwar unerläßlich, gleichwohl aber austauschbar ist?[1]

Es ist nicht nötig, darauf einzugehen, wie man auf verschiedene Weise diese Fragen zu beantworten suchte. Es genügt, diese Fragen in Frage zu stellen und damit den metaphysischen Ansatz, auf dem sie beruhen. Dies aber hat bereits Wittgenstein getan und man wundert sich, wie wenig die moderne Philosophie von ihm gelernt zu haben scheint. Dennoch meine ich, daß die volle Tragweite seiner „Philosophischen Untersuchungen" erst erkennbar wird, wenn man sie u.a. im Lichte der sprachphilosophischen Betrachtungen sieht, die in den Kapiteln IX, 4a, XII, 3 und XIV, E zu finden sind.

Für Wittgenstein ist die Suche nach geistigen Akten, durch welche die Sprache auf Gegenstände bezogen würde, so etwas wie die Suche nach Gespenstern. Man meint z.B., die Verbindung zwischen einem Wort und den dadurch bezeichneten Gegenstand komme u.a. durch einen Hinweis zustande, etwa wenn man auf ein Schachspiel zeigt und sagt: Das ist der König. Überhaupt erlaubten erst Akte dieser und ähnlicher Art eine eindeutige Beziehung zwischen einem Wort und dem damit gemeinten Gegenstand herzustellen. Aber zum einen ist, um bei dem Beispiel zu bleiben, der Hinweis auf den König „nur dann eine Worterklärung, wenn der Lernende schon ‚weiß, was eine Spielfigur ist'. Wenn er also etwa schon andere Spiele gespielt hat, oder den Spielen Anderer ‚mit Verständnis' zugesehen hat (...)"[2] „Die hinweisende Definition erklärt den Gebrauch – die Bedeutung – des Wortes, nur dann, wenn es

---

[1] Es würde zu weit führen, sollte hier näher untersucht werden, ob und wie sich der hier skizzierte Problembereich mit entsprechenden in der Psychologie und Neurologie überschneidet.
[2] WITTGENSTEIN, Philosophische Untersuchungen, § 31.

schon klar ist, welche Rolle das Wort in der Sprache überhaupt spielen soll (...) Man muß schon etwas wissen (oder können), um nach der Benennung fragen zu können."[3] Dazu kommt, daß Worte als Begriffe oft für sehr vieles verwendet werden, was untereinander nur eine Art Familienähnlichkeit besitzt, so daß einerseits viele bedeutungsbildende, geistige Akte hierzu gedacht werden müßten und andererseits wieder ein weiterer Akt, der es erlaubte, sie in irgendeiner Weise in Beziehung zu setzen, obgleich diese Beziehung gerade nicht darin bestehen könnte, daß sie irgend etwas allen Gemeinsames haben. Oder fassen wir die Annahme ins Auge, es gäbe bestimmte Akte des Meinens, nämlich solche, denen es zu verdanken ist, daß mit einem Wort, einem Satz dieser oder jener Gegenstand gemeint ist. Wenn man sich überlege, sagt dazu Wittgenstein, „was dabei in uns vorgeht, wenn wir Worte *meinen* (und nicht nur sagen), so ist es uns, als wäre dann etwas mit diesen Worten gekuppelt, während sie sonst leerliefen."[4] Das wäre so, als müßte man neben der Wortreihe a b c d meinen können, „das Wetter ist schön", um ihr einen Sinn zu verleihen.[5] Oder ein anderes Beispiel: „Mach diesen Versuch: Sag ‚Hier ist es kalt' und *meine* ‚Hier ist es warm.' Kannst du das?" Und ferner: Ist das Meinen ein den sprachlichen Zeichen sinnverleihender Akt, so müßte man doch etwas meinen können, ohne es auszusprechen, es müßte im Innern des Menschen einen vor-sprachlichen Zustand geben, dem Sprachliches entspringt. Man fragt sich also: „Ist es nicht eigentümlich, daß ich nicht soll denken können, es werde bald aufhören zu regnen, – auch ohne die Institution der Sprache (...)?"[6] Aber worin kann überhaupt ein Denken vor dem sprachlichen Ausdruck bestehen? Nein: Das Denken ist nicht ein „ungreifbares Etwas"[7], sondern „die Sprache selbst ist das Vehikel des Denkens."[8]

Wenn ich vorhin sagte, die hier von Wittgenstein kritisierte Philosophie der Sprache und des Geistes (mentale Akte) beruhe mit ihren in die Irre führenden Fragen auf metaphysisch-ontologischen Voraussetzungen, so ist das auch Wittgensteins Meinung, obgleich er das nicht in der Weise näher präzisiert, wie es hier geschehen ist. Doch muß jetzt gefragt werden, ob der Weg, den er einschlägt, um zu einer besseren Philosophie der Sprache zu gelangen, zum Ziele führt. Sein „Programm" hat er nämlich in dem folgenden Satz zusammengefaßt: „*Wir* führen die Wörter von ihrer metaphysischen, wieder auf ihre *alltägliche Verwendung zurück.*"[9] Wie aber geschieht das?

„Die Bedeutung eines Wortes", schreibt Wittgenstein,[10] „ist sein Gebrauch in der Sprache." Es gibt keine dem Worte Bedeutung verleihende Akte, wo-

---

[3] A.a.O., § 30.
[4] A.a.O., § 507.
[5] A.a.O., § 508 f.
[6] A.a.O., § 540.
[7] A.a.O., § 358.
[8] A.a.O., § 329.
[9] A.a.O., § 116. Hervorhebung vom Verf.
[10] A.a.O., § 43.

durch wir es dann dem Gegenstand „anheften", sondern wir lernen, wie es situationsbezogen, richtig verwandt wird. Dabei spielen nicht nur das Gesprochene, sondern auch es begleitende Tätigkeiten wie Gestik, Mimik, Tonfall u.a. eine entscheidende Rolle. Es kommt also nicht nur auf die grammatischen Regeln an, die „Oberflächengrammatik", wie sie Wittgenstein bezeichnet, sondern auch auf jene Regeln, die den bezeichneten Begleiterscheinungen des Gesprochenen zugrunde liegen und von Wittgenstein „Tiefengrammatik" genannt werden. Doch sind auch diese Regeln genauso wenig wie die Wortbedeutungen eindeutig und ein für allemal festgelegt, sondern sie sind für Wittgenstein eher nur „Wegweiser", die den Zweifel über ihre Rolle nie ganz beseitigen.[11] Auch sie sind teilweise ebenfalls kontextgebunden und immer wieder Wandlungen unterworfen. „Unsere Sprache", schreibt daher Wittgenstein, „kann man ansehen als eine alte Stadt: Ein Gewinkel von Gäßchen und Plätzen, alten und neuen Häusern, und Häusern mit Zubauten aus verschiedenen Zeiten; und dies umgeben von einer Menge neuer Vororte mit geraden und regelmäßigen Straßen und mit einförmigen Häusern."[12]

Alles zusammenfassend nennt schließlich Wittgenstein die Sprache ein „*Sprachspiel*" (§ 7). Wer sie spricht, macht Gebrauch von den Regeln dieses Spiels, doch so, daß es je auf einen bestimmten Zusammenhang ankommt, in dem es gespielt wird, und daß sich das Spiel auch mit der Zeit ändert. Wenn es also immer auf den *Gebrauch* von sprachlichen Ausdrücken ankommt, so heißt das nichts anderes, als daß man das Sprachspiel kennt und beherrscht, das jeweils vorliegt. Oder anders ausgedrückt: „(...) eine Sprache vorstellen heißt, sich eine *Lebensform* vorstellen."[13]. Jeder Versuch, *die* Wortbedeutungen, *die* Regeln oder gar die sie jeweils hervorbringenden geistigen Akte als für die Sprache konstitutiv anzusehen, gehört der metaphysischen Spekulation an, die vor der Sprachwirklichkeit versagt. Eine solche Spekulation liegt aber auch zugrunde, wenn man üblicher Weise definiert: Ein Satz ist alles, was wahr oder falsch sein kann. Denn es gibt keinen allgemeinen Wahrheitsbegriff, sondern es ist auch wieder nur das Sprachspiel, das darüber entscheidet, wie das Wort „Wahrheit" gebraucht wird. Unser Fehler ist daher, „dort nach einer Erklärung zu suchen, wo wir die Tatsachen als ‚Urphänomene' sehen sollten. D.h., wo wir sagen sollten: *dieses Sprachspiel wird* gespielt."[14]

Betrachten wir nun Wittgensteins Sprachphilosophie kritisch. Zwar verwirft er zurecht die metaphysische Spekulation über geistige Akte, die der Sprache voraus liegen sollen, aber damit bleibt doch das Rätsel ungelöst, wie Sprache eigentlich entspringt. Da nützt es nichts, wenn man, wie Wittgenstein, dieses Rätsel einfach unbeachtet läßt und sich auf den Gebrauch von Sprache beschränkt. Denn damit kann man es ja nicht zum Verschwinden bringen und das

---

[11] A.a.O., § 85.
[12] A.a.O., § 18.
[13] A.a.O., § 19. Hervorhebung vom Verf.
[14] A.a.O., § 654.

um so weniger, je stärker es sich tatsächlich als ein *strikt phänomenologischer Tatbestand* geradezu aufdrängt. Ich erinnere noch einmal an Lichtenbergs Beobachtung, daß es nicht zutreffend sei zu sagen „Ich denke", sondern daß es heißen müsse: „Es denkt, so wie man sagt: es blitzt." Dies aber bedeutet, falls man mit Wittgenstein Denken und Reden identifiziert, daß das Reden uns gleichsam im Verlauf der Rede zufließt, und daß sich uns die Verwunderung darüber unvermeidlich aufdrängt, sobald wir dessen inne werden. Und was für die einzelne Rede gilt, das gilt auch für die Entstehung der Sprache im allgemeinen. Schon W. von Humboldt hat darauf hingewiesen, daß die Sprache spontan als Ganzes entsprungen sein muß, daß sie weder erfunden, noch aus einzelnen, isolierten Elementen aufgebaut werden konnte. Sie konnte immer nur mit einem Schlage entstanden sein, wenn sie sich auch als Typus erst nach und nach ausdifferenzierte, anreicherte und entwickelte. Doch konnte dies nur so erfolgen, daß, wie Humboldt bemerkt, „ihr Organismus (...) als Gesetz die Funktionen der Denkkraft bedingt und mithin das erste Wort schon die ganze Sprache antönt und voraussetzt."[15] Sprache kann also niemals ein Werk des Menschen sein, etwa durch Übereinkunft oder verabredete Zeichen hervorgebracht, und in diesem Sinne darf sie ein unerklärliches Wunder genannt werden.

Wenn nun die Griechen und die Christen zu einer Rede sagen: „Es spricht der Gott aus ihm", oder die Metaphysik die Sprache durch die Wirksamkeit irgendeines Absoluten zu erklären versucht, dann kann dies auf der Grundlage der Wittgensteinschen Sprachphilosophie deswegen nicht zurückgewiesen werden, weil sie, indem sie sich ausschließlich dem Gebrauch der Sprache zuwendet, das beschriebene Rätsel einfach ignoriert. Dies darf jedoch nicht als ein Vorwurf verstanden werden, denn Wittgensteins Sprachphilosophie beschränkt sich ausschließlich auf die Sprache als „Urphänomen", während die mythische, christliche oder metaphysische Deutung der Sprache, die in der angezeigten Weise hinter diesen Urphänomen noch zurückgeht, gar nicht sein Thema ist.

Wenden wir uns nun Wittgesteins Unterscheidung zwischen einer Oberflächengrammatik und einer Tiefengrammatik zu. Was er unter Tiefengrammatik versteht, stimmt weitgehend mit jenen Phänomenen überein, die ich unter dem Begriff der „konnotativen Seite der Sprache" in den erwähnten Kapiteln zusammengefaßt habe. Die von Wittgenstein aufgeführten Elemente der Tiefengrammatik sind von ihm jedoch lückenhaft oder nur unbefriedigend erkannt. So erfaßt er weder die Sprachmusikalität (sein Hinweis auf den Tonfall ist unzureichend), noch die Gestimmtheit, obgleich doch, wie gezeigt, beide die Sprache keineswegs nur mehr oder weniger zufällig begleiten, sondern sogar von fundamentaler Bedeutung für sie sind. Was aber das konnotative Element der Assoziationen betrifft, so hat er diese zwar nicht geleugnet, ihre eigentliche Rolle aber ist ihm entgangen. Dies zeigt sich besonders an seiner

---

[15] W. VON HUMBOLDT, Über den Nationalcharakter der Sprachen, in: Werke, Bd. 4, Darmstadt 1987, S. 14 ff.

Analyse der das Denken begleitenden anschaulichen Bilder. Wittgenstein leugnet nicht, daß solche Bilder das Denken und Sprechen begleiten, etwa, um bei meinem eigenen Beispiel zu bleiben (vgl. Kapitel XII, 3), wenn ein Grieche mit dem Wort Ehre die Vorstellung eines Schwertes, ein Bürgerlicher im 19. Jahrhundert mit derjenigen einer Duellpistole verbände. Nun bestätigt zwar dieses Beispiel Wittgensteins Feststellung, daß ein solches Bild nicht *der* Wortbedeutung entspricht, denn die gibt es in der Tat nicht. Aber wenn deswegen solche assoziative, anschauliche Bilder auch keine konstitutive Bedeutung für *die* Wortbedeutung haben, so können sie doch eine konstitutive Bedeutung für eine Wortbedeutung *in einem gegebenen Kontext* haben, er sei eine bestimmte Situation oder, wie unser Beispiel zeigt, die geschichtlich-kulturelle Welt, in der sie auftreten. Wobei hier „konstitutiv" nicht bedeutet, daß nur dieses und kein anderes Bild dem entsprechenden kognitiv erfaßten Begriff korreliert – das Schwert, die Pistole –, sondern so, daß sich erst mit einer solchen Assoziation der eher leere oder vage kognitive Gehalt des Begriffs mit tieferem Sinn erfüllt. Obgleich auch eine Fülle anderer solcher anschaulicher Assoziationen dasselbe zu leisten vermöchte, die weder aufgezählt werden können, noch aufgezählt werden müssen, so besitzt doch jede von ihnen einen eigentümlichen Symbolgehalt, mit dem sie auch für alle anderen steht. Alle zusammen bilden das *Potential tieferer Sinngebung* im gegebenen situativen oder geschichtlich-kulturellen Kontext. Insbesondere dieses Kontextes wegen haben die konnotativen Assoziationen eine *intersubjektive Bedeutung* und sind nicht nur mehr oder weniger willkürliche Begleiterscheinungen der Sprache oder, wie Wittgenstein meint, „nur wie eine Illustration".[16] Das ist es ja, was sich auch die Dichtung zunutze macht, um die sinnlich-anschauliche und symbolträchtige Seite der Sprache in ihrem spezifischen, und dennoch epochalen Bedeutungsgehalt hervortreten zu lassen. Daß es sich dabei aber nicht um jene sog. geistigen Akte handelt, die von Wittgenstein mit Recht zurückgewiesen wurden, geht schon daraus hervor, daß sie nicht wie diese etwas sind, was außer- oder vorsprachlich die Verbindung zwischen der Sprache und dem Gemeinten herstellen soll, sondern daß sie, *als* Konnotationen, von der Sprache und ihrem Gebrauch gar nicht zu lösen sind.

---

[16] § 663. An Stelle des Schwertes konnte bei den Griechen als Konnotation für Ehre (Timé) auch das Zepter stehen, das Zeus einst einem Urahnen verliehen hat, und das nun weiter auf die Nachkommen vererbt wurde, ebenso die Rüstung und anderes. Zur Ehre gehörten also auch die mythischen Geschichten, die sie begründen. Sie wird hier als eine numinose Substanz verstanden, aus deren Kraft ein Geschlecht lebte und deren Verlust schlimmer war als der Tod. Dies alles schwingt auch mit, wenn von Timé die Rede ist, ja, es gibt dem Wort erst seinen vollen Sinn, ist also für ihn konstitutiv, wobei es gleichgültig ist, welches oder mit welchem Grade des Bewußtseins eines der aufgezählten Elemente unmittelbar als Konnotation auftritt, da jedes von ihnen alle anderen repräsentiert. Ebenso könnte man weitere anschauliche Assoziationen als die Duellpistole für das Wort „Ehre" im bürgerlichen Bewußtsein des 19. Jahrhunderts aufführen, deren konstitutive Bedeutung schon daran zu erkennen ist, daß jemand, der nichts dergleichen im gegebenen Zusammenhang aufzuführen fähig wäre, in ihm das Wort „Ehre" auch nicht gebrauchen könnte.

Aber wenn man auch jene geistigen Akte, denen Wittgensteins Kritik gilt, für Chimären halten darf, so wird man doch nicht leugnen können, daß es einen vorsprachlichen Bereich für das menschliche Bewußtsein gibt. Dazu gehören zum einen die gleichsam automatisch gesteuerten Handlungen, wofür der Autofahrer oder Tennisspieler als einfache Beispiele gelten können, die ja die Situation im Handlungsvollzug keineswegs sprachlich erfassen müssen. (Hierhin muß ich jetzt steuern, dorthin den Ball schlagen). Zum andern gehören dazu die Gestimmtheiten, die oft auch ohne jede Verkoppelung mit sprachlichen Äußerungen (sie seien innerlich oder äußerlich) auftreten können. Dennoch kann dies alles *zur Sprache* kommen, im Selbstgespräch ebenso wie in der Mitteilung an einen anderen. Dann allerdings, auch darauf habe ich bereits in den genannten Kapiteln hingewiesen, nimmt das Vor-sprachliche eine andere Qualität an: Die automatisch erfaßte Handlungssituation verliert ihre schlafwandlerische Sicherheit, die Gestimmtheit, die man ausspricht, wandelt sich in dem Augenblick, wo dies geschieht usw. Ich faßte dies zusammen, indem ich sagte: *Was in der Sprache erscheint, das gibt es nur in der Sprache und sonst nirgends.* Auch dies macht sich die Dichtung auf ihre Weise zunutze, indem ihre Sprache der *alleinige Ort* jener Wirklichkeit ist, welche diejenige der Poesie genannt wird. (Vgl. wieder die genannten Kapitel.) Wittgensteins Einlassung, die Sprache sei das Vehikel des Denkens und nicht umgekehrt, muß daher folgendermaßen präzisiert werden: Sobald das Denken zur Sprache wird, ist es nicht eine Art „Abbild" seines vor-sprachlichen Ursprungs, sondern dann gewinnt es eine neue Dimension, nämlich einen neuen Wirklichkeitsgehalt.

Betrachten wir nun Wittgensteins Lehre von der Sprache als Sprachspiel und Lebensform. Merkwürdiger Weise hat Wittgenstein, trotz seines Vergleichs der Sprache mit einer wachsenden Stadt, nirgends ausdrücklich den *historisch-kulturellen Kontext* angesprochen, in dem jedes Sprachspiel als Lebensform steht. Bei diesem Kontext handelt es sich, wie ich im VIII. Kapitel, 2g und ausführlich in meinem Buch „Kritik der wissenschaftlichen Vernunft", Kapitel VIII, näher dargelegt habe, um eine historische Systemmenge von Regelsystemen, die weder widerspruchsfrei ist, noch in einem durchgehenden, logischen Zusammenhang steht und auch nicht erschöpfend in allen ihren Elementen aufgezählt werden kann. Insofern ist sie eine *Idee*, aber in Kants Sinne ist sie eine regulative Idee, womit gemeint ist, daß wir, von welcher Stelle in ihr auch immer anfangend, dem Netz ihrer Zusammenhänge oder Brüche folgen können, ohne dabei zu einem abschließenden Ende zu kommen. Diese Systemmenge ist der *apriorische Rahmen*, worin sich das ganze Leben in allen seine Formen abspielt, aber sie ist in einer ständigen Wandlung begriffen, die man teils als *Explikation* bezeichnen kann (immanente Entwicklung), teils als *Mutation* (Übergang zu einer in den Grundlagen veränderten Systemmenge).[17] Dafür liefert Wittgen-

---

[17] Damit ist eine präzise Bestimmung des von TH. KUHN eher vage eingeführten Begriffs „Paradigmenwechsel" angedeutet, der heute in die Alltagssprache eingedrungen ist und damit noch weiter verdunkelt wurde. Vgl. Hierzu ausführlich: K. HÜBNER, Kritik der wissenschaftlichen Vernunft, a.a.O., Kap. XII, 3.

steins Begriff des Sprachspiels als Lebensform eine wichtige Ergänzung. Denn die Sprache ist einerseits Teil einer geschichtlichen Systemmenge, andererseits darin aus leicht einsehbaren Gründen von grundlegender Bedeutung.

In dieser allgemeinen Weise betrachtet ist die Sprache in der Tat im Sinne Wittgensteins ein *Urphänomen.* Aber nun nimmt sie ja im jeweiligen kulturhistorischen Kontext eine *bestimmte Gestalt an,* also z.B. als Sprache der Wissenschaft, als Sprache der Metaphysik, des Mythos oder der Offenbarung. Nichts ändert sich an Wittgensteins Phänomenologie der Sprache, ob nun das eine oder das andere dieser Sprachspiele gespielt wird. In jedem dieser Fälle gilt allgemein: Die Bedeutung eines Wortes ist sein Gebrauch, die Sprache hat eine Oberflächen- und Tiefengrammatik usf. Was sich unterscheidet, sind nur die durch die jeweilige Systemmenge, das jeweilige Sprachspiel und die jeweiligen Lebensformen bestimmten Inhalte. Diese Unterscheidung zwischen der Sprache als „Urphänomen" und den mannigfaltigen Gestalten, die gleichsam dem Schoße dieses Urphänomens entspringen, hat aber Wittgenstein verdunkelt, als er sein Ziel darin sah, die Wörter aus ihrer metaphysischen auf ihre „alltägliche" Verwendung zurückzuführen, weswegen ich ja auch eingangs schon fragte, ob er damit den richtigen Weg aus bestimmten Verirrungen einer metaphysischen Sprachphilosophie gefunden habe. In der Tat wurde er auch von seinen Nachfolgern auf diese Bemerkung festgenagelt und man behauptete, es müsse die Alltagssprache – ordinary language – zur Grundlage der Sprachphilosophie überhaupt gemacht werden.[18] Dabei vergaß man aber, daß die Alltagssprache, weil auch sie sich innerhalb einer historisch gegebenen Systemmenge bewegt, je nach Lage u.a. wissenschaftliche, metaphysische, mythische, religiöse oder auch magische Elemente in sich aufnimmt. So weist z.B. Wittgenstein selbst daraufhin, daß die Bedeutung der Worte Wahrheit oder Wirklichkeit, weil nur durch ihren Gebrauch im jeweiligen Sprachspiel gegeben, eine sehr mannigfaltige sein kann. Wie, wenn wir nun z.B. die Alltagssprache von in einer mythischen Welt lebenden Menschen untersuchten? Wenn sich dabei zeigte, daß deren Wortgebrauch die Beziehung von Wort und Wirklichkeit, wie schon mehrfach gezeigt, ganz anders zum Ausdruck bringt als es in *unserer* ordinary language der Fall ist? Man kann von der ordinary language so wenig über *die* Sprache erfahren wie von irgendeiner anderen.

Wir müssen also unterscheiden zwischen der Sprache als „Urphänomen" und einer bestimmten, historischen Sprache. Als Urphänomen ist sie zum einen etwas Wirkliches, das wir metaphysisch, mythisch oder religiös deuten können, unbeschadet Wittgensteins Kritik an der spekulativen Metaphysik der sog. geistigen Akte. Ich erinnere an die von Wittgenstein keineswegs ausgeschaltete Diskussion der Frage vom Ursprung der Sprache und des Redens. Zum andern ist die Sprache als Urphänomen nur die Folie, in der jede bestimmte, historische Sprache auftritt, und wenn diese also metaphysische, my-

---

[18] Ich nenne als herausragende Vertreter dieser Auffassung G. Ryle, J.L. Austin und L. Heath, R.M. Chisholm und N. Malcolm.

thische oder religiöse Inhalte hat, so gibt die Analyse dieses Urphänomens für eine Kritik an *solchen* Inhalten gar nichts her, wie jene glaubten, welche die ordinary language zum Maßstab eines korrekten Verständnisses von Sprache und einer in ihrem Lichte erscheinenden Wirklichkeit machten. Lehrt uns das Urphänomen Sprache, daß es auf den Gebrauch von Wörtern in einem Sprachspiel ankommt, so kann dieser doch z.B. darin bestehen, daß man bestimmte Wörter wie einen Allgemeinbegriff gebraucht, der jeweils auf einen einzelnen, darunter zu subsumierenden Fall angewandt wird; oder so, daß sie wie Eigennamen gebraucht werden, die auf vieles angewandt werden können. Ich erinnere noch einmal an die Redewendung „Jetzt kommt der Frühling". Diese entspricht einem heute eigentlich „veralteten" mythischen Wortgebrauch, wo in jedem Allgemeinen ein bestimmter Gott oder eine Mannigfaltigkeit von Göttern gesehen wird, während wir heute damit in Wahrheit einen von vielen Frühlingen meinen und damit, ohne daß uns dies meist bewußt wäre, einem metaphysisch-ontologischen Begriffsverständnis folgen.

Ich schließe, indem ich noch einmal auf die Unschärferelation zwischen der kognitiven und der konnotativen Seite der Sprache zurückkomme, die ich im Kapitel XII, 3 behandelt habe, und die Wittgenstein entging, weil er die konstitutive Bedeutung der konnotativen Seite nicht erkannte. Diese Unschärferelation besagt ja, daß im Sprachgebrauch die konnotative Seite mehr oder weniger verdrängt und undeutlich wird, wenn die kognitive in den Vordergrund rückt und umgekehrt. Im ersten Fall liegt ein wissenschaftlich-technischer Sprachgebrauch vor (Extremfall Computer- oder Robotersprache) im zweiten derjenige von Dichtung, Mythos und Offenbarungsrede (Extremfall die in Musik übergehende Sprache.) Wenn aber der Sprache als Urphänomen die Unschärferelation zwischen ihrer kognitiven und konnotativen Seite zugrunde liegt, so bedeutet das nichts anderes, als daß metaphysisch-ontologische und wissenschaftliche, mythische, dichterische oder religiöse Sprachspiele in irgendeiner Form zu ihren immerwährenden Potentialen gehören, und daß es daher immer nur eine Frage der geschichtlichen Situation sein kann, welche von ihnen in den Vordergrund und welche in den Hintergrund innerhalb der je gegebenen, historischen Systemmenge rücken werden. Damit erweist sich der Versuch jener Sprachphilosophen von Wittgenstein bis heute schon im Ansatz als gescheitert, auf dem Wege der Sprachanalyse zu einer endgültigen wissenschaftlichen Reinigung des Denkens von allen seinen angeblichen Verdunkelungen durch Metaphysik, Mythos oder Religion gelangen zu können.

2. Zur gegenwärtigen Philosophie des Handelns

Nach den Themen der Sprache und des Denkens hat sich die gegenwärtige Philosophie auch dem Handeln zugewandt. Ich erläutere dies wieder an einem herausragenden Beispiel, der Handlungstheorie von G.H von Wright.[19] Auch

---

[19] Zu einer ausführlichen Darstellung und Diskussion der Handlungstheorie im allgemeinen

hier ist von vornherein der Wille erkennbar, diese Theorie von allen metaphysischen, religiösen oder mythischen Elementen freizuhalten, was zur Folge hat, daß man sich ausschließlich mit den *formalen, rationalen* und *logischen Seiten* des Handelns befaßt. Dies sei zunächst durch eine Skizze dieser Theorie dargestellt und an Hand einiger verdeutlichender Beispiele erläutert.

Zunächst werden die formalen Elemente von Handlungen betrachtet. Dazu gehören die einer Handlung zugrunde liegende *Intention* (Maxime, Absicht usw.), *Normen*, denen diese folgt (Werte), *Handlungsziele* (Güter, Wertträger usw.), die mit den Normen zusammenhängen und die *Mittel*, sie zu erreichen. Die *Intention* ist das meist den ganzen Handlungsvorgang Leitende und Übergreifende, obgleich es auch ein unabsichtliches, z.B. fahrlässiges Handeln gibt. Die eine Handlung leitende *Norm* oder der mit ihr verbundene *Wert* wird als *faktisch akzeptierte Begründung* für die Handlung angesehen, womit gesagt ist, daß sie im Handlungsvorgang nicht ihrerseits weiter begründet wird. *Normen sind Regeln oder praktische Notwendigkeiten für das Handeln.* So kann die Norm ein sittliches Gebot sein, oder eine praktische Notwendigkeit wie z.B. eine physisches Reinheitsgebot. Normen sind also Pflichten, Gebote, Verbote irgendwelcher Art (sittlicher oder nicht-sittlicher), praktische Notwendigkeiten sind kausal bestimmt (z.B. Naturgesetze). Normen können in sog. deontischen Sätzen formuliert werden, also solchen, die in irgendeiner Art ein Sollen, Müssen, Dürfen usw. ausdrücken (von griechisch *deí*, man soll, man muß.) Der *Zusammenhang schließlich zwischen Norm und Handlungsziel* kann mannigfaltig sein. Es kann sein, daß sich das Handlungsziel aus der Norm ergibt (Hilfsbereitschaft aus sittlicher Verpflichtung) oder die Norm aus dem Handlungsziel (weil man Geld verdienen will, muß man arbeiten.) Was schließlich die *Mittel* betrifft, das Handlungsziel zu erreichen, so hängen sie mit einem Normbereich zusammen, der nicht mit demjenigen, der die Handlung übergreifend bestimmt, identisch sein muß. Das verdeutlicht der bekannte Leitsatz, der Zweck heilige nicht die Mittel. Die Handlung, die alle die aufgeführten Elemente enthält, läßt sich schließlich als Ganzes durch drei Stadien ihres Fortganges beschreiben: *erstens* den Anfangszustand, der vor der Handlung herrschte, wozu insbesondere die Handlungssituation und die Gelegenheit zur Handlung gehört, *zweitens* den Endzustand nach der Handlung und *drittens* den Endzustand, der ohne die Handlung herrschen würde. (Denn zur Handlung gehört auch das Bedenken ihrer Folgen oder ihrer Unterlassung.) Auf solchen rein formalen, analytischen Grundlagen aufbauend, entwickelt nun die Handlungstheorie eine deontische Logik. Als Modell dient hierzu die Logik von Sätzen (Satzlogik) und die Logik der Modalitäten (Möglichkeit, Notwendigkeit, Wirklichkeit), wobei aber auch die Unterschiede erkennbar werden. Die Luzidität und exakte Klarheit dieser verschiedenen Arten von Logik hängt, wie ja auch diejenige der allgemein bekannten Logik, an einer formalen Sprache aus Zeichen und Symbolen, nicht

---

vgl. H. LENK, Pragmatische Philosophie, Plädoyers und Beispiele für eine praxisnahe Philosophie und Wissenschaftslehre, Hamburg 1975.

anders als die Mathematik. Da es zu weit führen würde, den Leser damit vertraut zu machen, und es ja hier nur darum gehen kann, ihm die *Idee* der Handlungstheorie und daher auch der deontischen Logik nahe zu bringen, kann ich hier auf die umständliche Einführung in die formale Sprache der Handlungstheorie verzichten und beschränke mich auf einige erläuternde Beispiele. Zunächst einige Erklärungen *zu den Unterschieden zwischen der Satzlogik und der deontischen Logik*. In der *Satzlogik* gilt: Ist der Satz „A" und auch der Satz „B" wahr, so ist auch der Satz „A und B" wahr. Anders im analogen Fall der *deontischen Logik*: Ist die Handlung „A" erlaubt und auch die Handlung „B", so folgt daraus nicht, daß also auch die Handlung „A und B" erlaubt ist. Es kann z.B. erlaubt sein, bei der Institution I einen Antrag zu stellen (Handlung „A"), und auch, einen gleichen Antrag bei der Institution I' (Handlung „B"). Aber daraus folgt nicht, daß dieser Antrag sowohl bei I wie bei I' gestellten werden darf. (Handlung „A und B"; man denke an einen Antrag auf Beihilfe.) – Wieder ein Beispiel zeige nun einen *Unterschied zwischen der Modallogik und der deontischen Logik*. In der *Modallogik* gilt: Wenn etwas notwendig geschieht, dann geschieht es. Aber in der *deontischen Logik* gilt nicht, daß, wenn eine Handlung geboten ist, diese auch geschieht.

Der allgemeine Eindruck, welchen der Leser aus dieser kurzen Skizze gewinnen muß, änderte sich nicht, wenn er sich in den mehr oder weniger reichen, mehr oder weniger komplizierten Formalismus der Handlungstheorie vertiefte. R. Poser faßt diesen Eindruck zusammen, wenn er schreibt: „Es wird nichts Neues, bislang Unbekanntes gesagt, sondern lediglich etwas klar dargelegt, dessen man sich explizit so nicht bewußt ist" – nun, genauso, wie es ja auch in der klassischen, formalen Logik geschieht.[20] Daran ändert sich auch nichts, wenn sich die Handlungstheorie mit dem „praktischen Schließen" beschäftigt, wodurch der Eindruck entstehen könnte, als trete sie aus ihrer rein theoretischen Sphäre heraus und wende sich dem Bereiche ihrer Anwendung zu. Betrachten wir ein Beispiel auch aus diesem Teil von ihr, der schon unter dem Stichwort Mittel und Zweck angedeutet wurde. Der Handlungszweck, heißt es da, werde *gewünscht*. Wer den Zweck wolle, wolle aber auch die Mittel, ihn zu erreichen. Aber vielleicht wünscht er das Mittel nicht für sich genommen, oder gar nur widerwillig? Vielleicht bedient er sich also des Mittels nur halbherzig, mit „geschwächtem Willen" (Akrasie), so daß schließlich seine Handlung mißlingt? Vielleicht erlangt sein Widerwille die Oberhand, so daß er auch nicht mehr den Zweck wünscht, dem es dienen sollte? Dann, so von Wright, bricht der praktische Schluß mit den Prämissen „Zweck und Mittel" und mit der Konklusio auf eine bestimmte Handlung zusammen.[21] Aber der Wille, den Zweck zu erreichen, kann auch den Widerwillen gegen das Mittel besiegen. Dann zwingt sich das Subjekt zum Handeln, es erfolgt ein „autonomer Be-

---

[20] R. POSER in der Einleitung zu: G.H. VON WRIGHT, Handlung, Norm und Intention, Untersuchungen zur deontischen Logik, Berlin 1977, S. XIII.

[21] A.a.O., S. 52.

fehl."[22] Der Befehl drückt nicht die praktische Notwendigkeit des Handeln aus, sondern die praktische Notwendigkeit, sich selbst zum Handeln zu zwingen.

Die Antwort auf die naheliegende Frage, welchen Nutzen solche und viele andere rein formale Überlegungen der Handlungstheorie bringen sollen, ist aber nicht darin erschöpft, daß damit etwas exakt klar wird, dessen man sich vorher nicht voll bewußt war, sondern sie liegt noch in etwas anderem, das von Wright folgendermaßen formuliert hat: „Aus der Vertrautheit mit dem Sprachgebrauch gewinnen wir unsere Intuitionen; die Intuitionen explizierten wir in Regeln; vermittels der Regeln beurteilen wir die Korrektheit des Sprachgebrauchs."[23] Die Handlungstheorie soll also nicht nur dazu dienen, uns etwas zum vollen Bewußtsein zu bringen, was wir mehr oder weniger unbewußt tun, sondern sie soll dabei auch Irrtümern vorbeugen, die ihren Ursprung im mehr oder weniger Vagen der Gebrauchssprache haben – und auch hier spielt die klassische, formale Logik eine gleiche Rolle. Wie immer man aber auch den Nutzen der Handlungstheorie einschätzen mag – je mehr man sich mit ihr beschäftigt, desto stärker wird schließlich das Verlangen, sich gerade jenen Fragen zuzuwenden, die sie einerseits sorgsam ausklammert, andererseits aber in ihrer durchsichtigen Klarheit und Rationalität nur um so deutlicher hervortreten läßt.

In der ihr eigentümlichen, rein *beschreibenden Art* spricht sie von *Normen* oder mit ihnen verbundenen Werten, die eine Handlung leiten und auch als *faktisch* akzeptierte Begründungen für sie gelten; was uns aber brennend interessiert, ist doch die *Begründung eben dieses Faktums*, z.B. die Begründung sittlicher Normen. Sind es göttliche Befehle? Ergeben sie sich notwendig aus dem Wesen der menschlichen Freiheit? Oder sind sie die Bedingungen, ohne die eine gedeihliche menschliche Gemeinschaft nicht zu existieren vermöchte usw.? Die Handlungstheorie verweist weiter auf die *Intention* als das den Handlungsvorgang Leitende und Übergreifende; aber wie verwandelt sich die Kenntnis einer Norm oder eines Wertes in eine Intention, mit anderen Worten, wie kommt es dazu, daß sie auch *internalisiert* wird? Das ist es doch, was wir vor allem wissen wollen. Die Beantwortung dieser Frage hängt wieder davon ab, wie die Normen und Werte, die als Intention vom Handelnden übernommen werden, begründet sind. So könnte z.B. die Intention als die Folge einer göttlichen Eingebung betrachtet werden oder als ein Akt menschlicher Freiheit oder des menschlichen Erhaltungswillen oder überhaupt als der Willen, sich rationaler Einsicht zu beugen. Die Handlungstheorie spricht ferner wieder rein beschreibend (analytisch) davon, daß der Intention die Handlung *folgen oder nicht folgen* kann, wobei es z.B. im praktische Schließen wie gezeigt darauf ankommt, wie die bei der Handlung anzuwendenden *Mittel* ihrerseits normativ zu bewerten sind. Aber abgesehen davon, daß sich dabei jene Fragen über das Normative wiederholen, welche die Handlungstheorie bewußt ausklammert, treten hier

---

[22] Ebenda.
[23] G.H. VON WRIGHT, An Intellectual Autobiography, zitiert nach R. POSER, a.a.O., S. XVIII.

neue, nicht weniger gewichtige auf. Ist es denn selbstverständlich, daß die Internalisierung der Norm als Intention *zwingend zur Handlung führt*, sobald weder die hierzu nötigen Mittel fragwürdig sind, noch unüberwindbare Hindernisse physischer wie psychischer Natur dem entgegenstehen? Klagt nicht Paulus, „Das Gute, das ich will, das tue ich nicht; sondern das Böse, das ich nicht will, tue ich!" (Röm 7, 19). Die Frage, warum das so ist, drängt sich unabweisbar auf, gerade wenn in der Handlungstheorie die rein formal-logische Beziehung zwischen Norm, Intention und Handlung abgehandelt wird. Wieder kann man ihre Beantwortung im religiösen Bereich suchen, indem man an den Sündenfall erinnert; oder man kann moralphilosophisch auf die menschliche Freiheit verweisen, die, als spontaner Akt, keiner kausalen Erklärung zugänglich sei, weswegen die allgemeine, der eigentlichen Überzeugung der Menschen entgegengesetzte Neigung zum Bösen als ein bloßes Faktum zur Kenntnis genommen werden müsse; oder man könnte, nun im Rahmen einer utilitaristischen Moralphilosophie, an die Neigung der Menschen zum Irrationalen, ja, zu psychischen Erkrankungen erinnern, die sich selbst gegen den Erhaltungstrieb oder die Regeln, auf denen jede menschliche Gesellschaft beruhen muß, zu wenden vermögen. Aber wenn das so ist, ist es dann nicht andererseits ebensowenig selbstverständlich, wenn Menschen wirklich nach den Normen und Werten handeln, die sie in ihren Intentionen bereits internalisiert haben? Man könnte versucht sein, dieser Schwierigkeit dadurch zu entrinnen, daß man sagt: Wer Normen und Werte internalisiert hat, der wird auch nach ihnen *handeln*, wenn er sich nur von seiner Rationalität und der ihr eigentümlichen, logischen Konsequenz leiten läßt, es sei denn höchstens, daß er daran in irgendeiner Weise psychisch oder physisch gehindert wird, oder daß dem Probleme hinsichtlich der dazu notwendigen Mittel entgegenstehen. Dabei wird aber übersehen, daß in diesem Fall nicht nur Normen und Werte auf eine ja schon keineswegs selbstverständliche Weise internalisiert worden sein müssen, sondern daß der Entschluß, sich überhaupt im *Handeln* von Rationalität leiten zu lassen, seinerseits die Internalisierung eines Wertes, nämlich den *Willen zur Rationalität* selbst voraussetzt. (Unbeschadet der Frage, ob ein solcher Wille zur Rationalität auch schon bei der Internalisierung der Normen und Werte irgendeine Rolle gespielt hat: Ich akzeptiere diese Norm, diesen Wert, weil es dafür eine rationale Begründung gibt – was immer eine solche Behauptung bedeuten möge.)

Es sei in diesem Zusammenhang an das XI. Kapitel erinnert. Dort wurde auf eines der Grundprobleme der Geschichtswissenschaft hingewiesen, Handlungsabläufe zu erklären, indem man deren rationale Zusammenhänge entweder aufweist oder rekonstruiert. Aber nicht immer lag ein Wille zur Rationalität vor, und selbst, wo dies der Fall zu sein scheint, kann durchaus auch das „Vernünftige" aus dem „Unvernünftigen" hervorgegangen sein, wie es ja auch geschichtlich oft geschieht, daß am Ende etwas ganz anderes aus einer Sache geworden ist, als man eigentlich gewollt hat. Ein für den vorliegenden Zusammenhang besonders interessantes Beispiel liefert die weit verbreitete Behauptung, die Entstehung des wissenschaftlichen Zeitalters sei auf die unwiderstehliche Anziehungskraft zurückzuführen, welche die der Wissenschaft eigentümliche Rationalität auf die Menschen ausgeübt habe[24]. Nun, diese Rationalität vorausgesetzt, was immer darunter genauer verstanden werden mag, stellt sich aber doch in der Tat die Frage: *Warum wurde sie überhaupt gewollt?* Diese Frage ließe sich befriedigend nur beantworten, wenn der Wille zur wissenschaftlichen Rationalität einer allgemeinen Neigung des Menschen, also seinem Wesen entspricht, und dies ist es ja auch, was, gemäß der klassischen Fortschrittsidee, weithin noch geglaubt wird. Ihr zufolge ist dieser Wille immer schon latent vorhanden gewesen und wurde durch das Auftreten der Wissenschaft nur aus seinen Fesseln befreit. Das heißt aber doch nichts anderes, als daß die Behauptung dieses Willens zur Rationalität auf einer *empirischen Hypothese* beruht, der Hypothese nämlich, es handle sich hier um ein psychologisch-anthropologisches Naturgesetz. Diese Hypothese ist aber nicht zu rechtfertigen, wie die Geschichte anderer, vergangener wie gegenwärtiger, mythischer oder religiöser Kulturen beweist, denen ja wissenschaftliches Denken fremd war und die sich, wie wir gesehen haben, allen Versuchen sperren, ihnen auch nur eine Art noch unbeholfenes, quasi vorwissenschaftliches Denken zu unterstellen. Und dies gilt ausdrücklich nicht nur im Hinblick auf die Erkenntnisprozesse, sondern auch auf die mit ihnen verbundenen, praktischen Zwecke, wurden doch die im wissenschaftlich-technischen Zeitalter gesetzten Zwecke in vorangegangenen oder anderen Kulturen entweder gar nicht oder in einem ganz anderen Sinnzusammenhang gewollt.[25] So führte denn auch die Diskussion jenes Grundproblems der Geschichtswissenschaften in dem erwähnten Kapitel, Handlungsvorgänge in der Geschichte nicht als eine bloße Aufeinanderfolge von Ereignissen zu erzählen, sondern aus ihren Zusammenhängen zu erklären, zu der Einsicht, daß dieses Erklären selbst dort seine Grenzen findet, wo sich diese Zusammenhänge als rational begründbar darstellen lassen. Denn so merkwürdig das klingen mag: Selbst dort, wo eine solche Erklärung möglich zu sein scheint, bleibt die Frage unbeantwortet, warum sich die Akteure überhaupt für die Rationalität entschieden haben. Ich fragte: Warum gibt es ein wissenschaftlich-technisches Zeitalter? Aber man könnte ebenso fragen: Warum gab es das mittelalterliche Feudalsystem, warum die Neuzeit oder die Renaissance? Auch für das Entstehen dieser Epochen haben ja die Historiker mannigfache und rational mehr oder weniger einleuchtenden Begründungen gegeben. *Und doch ist Geschichte letztlich ein Geschehen, das einfach geschieht.* Aber wie immer man nun dazu stehen mag, wie dieses Rätsel im Lichte der Offenbarung oder der Metaphysik gesehen werden mag, der Versuch, Handlung zum Gegenstand rein analytisch-logischer und damit rein rationaler Betrachtung zu machen, bringt uns davon nicht los, ja führt uns erst recht dazu hin. Der gegenwärtige Drang, nicht nur die Philosophie der Sprache und des Denkens,

---

[24] Vgl. für das Folgende K. HÜBNER, Warum gibt es ein wissenschaftliches Zeitalter?, Hamburg 1984.

sondern auch des Handelns in einer dem Modell der empirischen wie nichtempirischen Wissenschaften verpflichteten Weise von allem religiösen oder metaphysischen „Ballast" zu befreien, kann nicht gelingen und führt nur zu einer eigentümlichen Blindheit für die Grundfragen menschlicher Existenz.[26]

3. Zur gegenwärtigen Philosophie der Ethik

Wir stoßen auf dasselbe Grundproblem der gegenwärtigen Philosophie, wenn wir uns nun ihren Versuchen auf dem Gebiete der Ethik zuwenden. Dies sei wieder an zwei weithin bekannten Beispielen verdeutlicht: an den sittlichen Grundlagen von J. Rawls Staatstheorie und an der sog. Diskursethik von J. Habermas.

Rawls beginnt mit der Fiktion einer Gruppe von Individuen, die über die sittlichen Grundlagen eines noch zu gründenden Gemeinwesens beraten, ohne einander zu kennen und ohne schon in einer realen Gesellschaft zu leben. So von einem Schleier des Nichtwissens, dem *veil of ignorance* umgeben, werden sie einerseits, wie Rawls meint, ihre Argumente vollkommen unparteiisch und ohne jedes Eigeninteresse vorbringen und sich andererseits, da sie ja dabei auf keine schon gemachten Erfahrungen zurückgreifen können, reiner Vernunftgründe bedienen, also *rein rational* vorgehen. Das Ergebnis wird nach Rawls darin bestehen, daß diese anonyme und geschichtslose Gruppe zwei leitende Prinzipien aufstellen wird, die er das *Prinzip der Gleichheit und Gerechtigkeit in den Grundrechten* und das sog. *Differenzprinzip* nennt. Das letztere, worauf wir uns hier beschränken können, besagt folgendes: Ungleichheiten (soziale, ökonomische usw.) sind nur so weit gestattet, als sie am Ende von größtem Vorteil für die am schlechtesten Weggekommenen sind.[27] Aber, so wird man gleich fragen, wie steht es mit jenen Ungleichheiten, die auf den Unterschieden an natürlichen Gaben und daher nicht auf menschlichem Verschulden beruhen? Wäre es nicht sogar verwerflich, ihren Ausgleich zum Prinzip zu machen, wodurch ja die mit größeren Fähigkeiten Ausgestatteten gehindert würden, ihre Fähigkeiten zu entfalten und damit auch die gesellschaftlichen Vorteile zu nutzen, die dadurch erreicht werden können? Und wie steht es mit jenen Unterschieden, die man als auf Glück oder Zufall beruhend versteht? Sollte z.B. jemand im Wohlstand aufgewachsen sein oder das große Los gezogen haben, mit welchem Recht wollte man a priori solche Unterschiede auf Grund

---

[25] Vgl. dazu ausführlich K. Hübner, Kritik der wissenschaftlichen Vernunft, a.a.O., Kapitel XIV, 6, und Die Wahrheit des Mythos, Kapitel XX.

[26] So hat mir einmal ein namhafter Vertreter der modernen analytischen Philosophie erklärt, wer sich mit solchen Fragen beschäftige, solle einen Psychiater aufsuchen.

[27] J. Rawls, Theory of Justice, Cambridge, Mass. 1971, S. 302. Man kann Rawls Differenzprinzip auch rein utilitaristisch interpretieren, d.h. nach seiner bloßen Zweckmäßigkeit, doch ist dies hier ohne Interesse. Nur soviel sei bemerkt, daß es dann ebenso einer einschneidenden Kritik unterworfen werden kann wie in seiner moralischen Auffassung. Vgl. K. Hübner, Das Nationale. A.a.O., S. 207 f.

des Rawlschen Prinzips beseitigen, da man ja damit doch dem einen nähme, was er nicht zu Unrecht erworben hat und dem andern gäbe, was ihm nicht gehört? Wenn nun Rawls allen solchen möglichen Einwände zum Trotze sogar so weit geht zu verlangen, daß Ungleichheit, wenn schon unvermeidlich, so doch nur so weit zu dulden sei, als sie zum größten Vorteil für die am schlechtesten Weggekommenen ist, so kann das nur bedeuten: Die in Rede stehende Gleichheit unter den Menschen ist für ihn ein *absoluter, sittlicher Wert*, dem sich die Gesellschaft, wenn er schon nach Lage der Dinge nicht immer erreichbar ist, auf die höchst mögliche Weise anzunähern habe. Wenn aber diese Gleichheit zwischen den Menschen ein absoluter Wert ist, so setzt das doch voraus, daß auch jeder einzelne einen absoluten Wert hat. Denn nur im Hinblick auf in ihrem Werte Gleiche kann doch absolute Gleichheit zwischen ihnen gefordert werden.[28] Zu diesem Punkte folgerichtig gekommen, stellt sich aber die entscheidende Frage: Worauf läßt sich die Behauptung gründen, daß jeder Mensch einen absoluten Wert hat? Da der Mensch voller unleugbarer Mängel ist, muß eine Bedingung vorliegen, die ihm diese Würde verleiht. Man kann z.B. sagen: Der Mensch hat eine absolute Würde, weil er ein sittliches Wesen ist oder weil er ein Geschöpf Gottes und dessen Ebenbild ist. Dabei kommt es nicht darauf an, wie er sich wirklich verhält. Er ist ein sittliches Wesen heißt, er ist in der Verantwortung, was immer er tut; und er ist ein Geschöpf Gottes heißt, er darf auf dessen Gnade und Liebe hoffen, was immer er tut. Behauptet man die sittliche Würde des Menschen, dann argumentiert man metaphysisch, denn damit ist unlösbar die Frage der Freiheit verbunden; beruft man sich auf die Ebenbildlichkeit Gottes, dann stützt man sich auf die Offenbarung. Darüber aber hören wir von Rawls nichts, weswegen wir auch bei ihm keine überzeugende Antwort auf die Frage finden können, warum die Gleichheit unter den Menschen, die das allen seinen Ausführungen zugrunde liegende Differenzprinzip fordert, einen absoluten Wert haben soll. Wenn also Rawls glaubt, seine Lehre von den sittlichen Grundlagen der Gesellschaft mit dem veil of ignorance beginnen zu können, um damit unter Umgehung aller metaphysischen oder religiösen Voraussetzungen mit reinen Vernunftgründen und damit rein rational eine sittliche Gesellschaftsordnung zu konstruieren, dann ist das jene Art von Selbsttäuschung, die wir auf ähnliche Weise schon in den vorangegangenen Erörterungen zur modernen Philosophie der Sprache, des Geistes und des Handelns beobachten konnten.

Einen anderen, heute nicht minder beachteten Versuch zur Philosophie des sittlichen Zusammenlebens hat Habermas in seiner Theorie des *kommunikativen Handelns* vorgelegt. Dieses setzt er dem instrumentellen Handeln des industriellen Zeitalters entgegen, das in zunehmendem und besorgniserregendem Maße

---

[28] Der Umkehrschluß gilt freilich nicht. Denn wenn auch absolute, soziale Gleichstellung unter Menschen nur gefordert werden kann, wenn sie in ihrem Werte absolut gleich sind, so folgt doch daraus, daß sie einen absoluten Wert haben nicht, daß sie auch sozial absolut gleichgestellt sein müssen, wie die soeben geäußerten Fragen zeigen.

vornehmlich durch das technologisch-ökonomische, allein von Zweckrationalität bestimmte Denken bestimmt werde. Das kommunikative Handeln diene nicht allein dem praktischen Erfolg, sondern vor allem dem gedeihlichen, „freundlichen Zusammenleben" der Menschen untereinander.[29] Dies erläutert er mit folgenden Worten: „Ich habe ein Gedankenmotiv und eine grundlegende Intuition. Diese geht übrigens auf religiöse Tendenzen, etwa der protestantischen oder jüdischen Mystiker zurück, auch auf Schelling. Der motivierende Gedanke ist die Versöhnung der mit sich selbst zerfallenen Moderne, die Vorstellung also, daß man ohne Preisgabe der Differenzierungen, die die Moderne sowohl im kulturellen wie im sozialen Bereich möglich gemacht haben, Formen des Zusammenlebens findet, in denen wirklich Autonomie und Abhängigkeit in ein befriedigtes Verhältnis treten (...) Wo immer diese Vorstellungen auftauchen, ob bei Adorno, wenn er Eichendorff zitiert, beim Schelling der ‚Weltalter', beim jungen Hegel, ob bei Jakob Böhme, es sind immer Vorstellungen geglückter Interaktionen. Gegenseitigkeit und Distanz, Entfernung und gelingende, nicht verfehlte Nähe, Verletzbarkeiten und komplementäre Behutsamkeiten – alle diese Bilder von Schutz, Exponiertheit und Mitleid, von Hingabe und Widerstand steigen aus einem Erfahrungshorizont des (...) freundlichen Zusammenlebens auf. Diese Freundlichkeit schließt nicht etwa den Konflikt aus, sondern was sie meint, sind die humanen Formen, in denen man Konflikte überleben kann."[30] Mit anderen Worten: Es soll in das heute vorwiegend instrumentelle Handeln wieder eine sittliche Kultur als kommunikatives Handeln eingeführt werden, wie sie früher in religiösen Epochen geherrscht hat oder von Dichtern und Denkern vermittelt wurde. Dies aber kann nach Habermas nicht mehr auf religiöser, metaphysischer oder poetischer Grundlage geschehen, sondern es muß im Zeichen jener Aufklärung und Rationalität erfolgen, wovon unser Zeitalter beherrscht wird. Die errungene Mündigkeit und Autonomie des freien, von transzendenten Mächten unabhängigen Menschen darf nicht wieder aufgegeben werden. Wie aber kann denn das so gesteckte Ziel einer Versöhnung zwischen dem instrumentellen und dem kommunikativen Verhalten erreicht werden?

Wenn ein menschenfreundliches, also kommunikatives Verhalten möglich sein soll, so müssen die Menschen in ein Gespräch miteinander eintreten, das am Ende zu einem Einverständnis zwischen ihnen führt. Dies aber kann nach Habermas nur unter den folgenden Bedingungen gelingen: *Erstens*, jeder muß sich dabei verständlich ausdrücken (Beachtung gemeinsamer Sprachregeln). *Zweitens*, geht es um einen Sachverhalt, so muß sich dabei der Sprechende auf die Wahrheit des Sachverhaltes beziehen. *Drittens*, dies muß mit dem Willen zur Wahrhaftigkeit verbunden sein. *Viertens*, falls es sich nicht um einen Sachverhalt, sondern um eine Norm handelt, so muß der Sprechende von der Richtigkeit dieser Norm ausgehen. „Einverständnis", faßt daher Habermas

---
[29] J. HABERMAS, Theorie des kommunikativen Handelns, Frankfurt/Main 1981, S. 151.
[30] A.a.O., S. 151 f.

zusammen, „beruht auf der Basis der Anerkennung der vier korrespondierenden Geltungsansprüche: Verständlichkeit, Wahrheit, Wahrhaftigkeit und Richtigkeit."[31]

Damit sind aber nach Habermas nur die notwendigen, nicht auch die hinreichenden Bedingungen für eine kommunikative Verständigung auf rationaler Grundlage gegeben. Denn um diese wirklich zu erreichen, bedarf es noch, wie er es nennt, der „idealen Sprechsituation". Für diese sei es erforderlich, daß „für alle Beteiligten eine systematische Verteilung von Chancen, Sprechakte zu wählen und auszuüben, gegeben ist."[32] In einem solchen „herrschaftsfreien Dialog" könne auf der Basis der genannten vier Voraussetzungen *diskursiv*, also mit den Mitteln argumentierender Rede, ein „echtes Einverständnis" erzielt werden. Damit sind die konstitutiven Bedingungen „vernünftigen Redens", also die Bedingungen der Möglichkeit kommunikativer Rationalität und Vernunft aufgezählt.

Betrachten wir aber nun diese Bedingungen der Reihe nach und beginnen wir mit der ersten von ihnen, daß sich nämlich jeder der Sprechenden verständlich ausdrücken, also die gemeinsamen Sprachregeln beachten muß. Die Frage ist aber doch: Darf man diese gemeinsamen Sprachregeln einfach voraussetzen? Liegt nicht gerade darin eine der großen Schwierigkeiten, zu einem Einvernehmen zu gelangen, daß es diese gemeinsamen Regeln so oft gerade nicht gibt, ja gar nicht geben kann? Wählen wir ein Beispiel, das hier von zentralem Interesse ist, stellen wir uns ein Streitgespräch vor zwischen einem, der die Sprache der Metaphysik oder der Wissenschaft und einem, der die Sprache der Offenbarung spricht (vgl. das I. Kapitel), und fassen wir dabei wieder die kognitive und die konnotative Seite der Sprache ins Auge. Die Worte werden die gleichen sein, die sie wechseln, denn sie werden sich ja einer Umgangssprache bedienen, und doch werden sie damit kognitiv ganz andere Begriffe oder konnotativ ganz andere Vorstellungen verbinden, ja dies gilt wie gezeigt sogar für die Verwendung des Wortes „Wort" oder „Begriff". Sie spielen, mit Wittgenstein zu reden, ganz verschiedene Sprachspiele. Nun könnte man vielleicht meinen, es genüge, diese Unterschiede einvernehmlich festzustellen, doch wäre das ja nur die einvernehmliche Feststellung, daß man zu keinem Einvernehmen gelangen kann, es sei denn, daß der eine von beiden Gesprächspartnern das Sprachspiel des anderen übernimmt. Wenn dies aber geschieht, so ist dies keine unmittelbare Folge des „rationalen Diskurses", sondern es geschieht in der Weise der Bekehrung, sei es zum Glauben, sei es zum Abfall vom Glauben, die sich letztlich jeder rationalen Begründung entzieht. Man kann die Offenbarung noch so anziehend finden – an sie zu glauben ist etwas ganz anderes und kann für den Bekehrten nur als Akt der Gnade empfunden werden; lehnt man aber

---

[31] J. HABERMAS, Was heißt Universalpragmatik?, in: K.O. APEL (Hrsg.), Sprachgrammatik und Philosophie, Frankfurt/ M., 1976, S. 176.
[32] J. HABERMAS, Vorbereitende Bemerkungen zu einer Theorie kommunikativer Kompetenz, in: DERS. und N. LUHMANN, Theorie der Gesellschaft oder Soziallehre, Frankfurt/M., S. 137.

die Offenbarung ausdrücklich ab und wendet sich der Metaphysik oder Wissenschaft zu, so gibt es, wie ich hier immer wieder ausführlich gezeigt habe, keine rationale Begründung dafür, weil das Denken, in dem sich Metaphysik und Wissenschaft vollziehen, allem häufigen Anschein zum Trotz ein substantiell hypothetisches ist, und es paradox wäre, von einem substantiell Hypothetischen zu behaupten, es habe eine absolute Geltung. Endet nun aber das Gespräch mit keiner Bekehrung, sondern bleibt es bei der einvernehmlichen Feststellung, daß zu keinem Einvernehmen gelangt werden kann, so kann der Konflikt dennoch dadurch entschärft werden, daß man das Sprachspiel des anderen, um bei Wittgensteins Formulierung zu bleiben, *toleriert* und das „freundliche Zusammenleben" auf diese Weise möglich wird. Nun könnte diese Toleranz als Norm ihrerseits das Ergebnis eines rationalen Diskurses sein. Wollte man dabei deren „Richtigkeit" begründen, so könnte man wieder z.B., wie die vorangegangenen Betrachtungen über Rawls Philosophie gezeigt haben, metaphysisch, nämlich im Rückgriff auf die menschliche Freiheit, oder religiös argumentieren, nämlich im Rückgriff auf die Geschöpflichkeit des Menschen und seine Ebenbildlichkeit mit Gott. Womit sich, formal gesehen, dieselbe Gesprächslage ergebe wie vorhin. Man spräche von getrennten Ufern aus, über die es keine Brücke gibt. – Gehen wir nun zu den weiteren, von Habermas genannten Bedingungen für ein kommunikatives Handeln über, nämlich die Wahrheit der im Gespräch behaupteten Aussagen und die Richtigkeit der darin verwendeten Normen. Das aber setzt doch voraus, daß Einigkeit darüber besteht, was hier unter Wahrheit und Richtigkeit zu verstehen ist, d.h. es muß Einverständnis über die *Rahmenbedingungen* bestehen, innerhalb welcher überhaupt über Wahrheit und Richtigkeit gesprochen werden kann. Bleiben wir erneut bei dem uns hier besonders interessierenden Unterschied zwischen den Rahmenbedingungen der Metaphysik auf der einen Seite – die ja, wie gezeigt, die ontologischen Rahmenbedingungen der Wissenschaft einschließt – und den Rahmenbedingungen der Offenbarung auf der anderen. Die Behauptung der Wahrheit von Sätzen wird sich also im gegebenen Fall entweder auf die Geltung bestimmter metaphysischer oder ontologischer Voraussetzungen oder auf diejenige der Offenbarung stützen. Was nun die Richtigkeit von Normen betrifft, so kann wie gesagt auch diese nur in einem umfassenden Rahmen, z.B. einer Metaphysik der Sittlichkeit oder geoffenbarter Gebote akzeptiert werden. Dies alles läßt sich verallgemeinern: Jede beliebige theoretische Aussage hat ihre axiomatischen Voraussetzungen, jede beliebige normative Behauptung, sie gelte der Sitte, den Gebräuchen, Wertschätzungen usw., entspringt der Systemmenge einer bestimmten Kultur. Und der entscheidende Punkt ist nun dieser, *daß für alle diese über Wahrheit und Falschheit, Richtigkeit und Unrichtigkeit mitentscheidenden Voraussetzungen selbst keine <u>rationalen</u> Fundamentalbegründungen möglich sind.* Hinter sie kann nicht weiter zurückgegangen werden, man kann sie nur höchstens durch andere ersetzen. Daher werden sie, wie im Falle vom Metaphysik und Wissenschaft, *hypothetisch gesetzt* oder, wie im Falle der Offenbarung, *absolut geglaubt*. Genauso wenig also, wie ein Gespräch zu einem einvernehmlichen

Ende *in der Sache* führen kann, wenn man von verschiedenen Sprachregeln (nicht der Umgangssprache sondern des „Sprachspiels") ausgeht, genauso wenig kann es zu einem einvernehmlichen Ende führen, wenn man von verschiedenen, die Wahrheit von Sätzen oder die Richtigkeit von Normen begründenden Rahmensystemen ausgeht. Auch ein trotz solcher unvereinbarer Gegensätze mögliches „kommunikatives Handeln" als „freundliches Zusammenleben" kann nicht durch einen „rationalen Diskurs" zustande gekommen sein, wenn selbst die „Richtigkeit" der Norm „Toleranz" auf einander ausschließenden Begründungszusammenhängen beruht, so daß zwischen dem hier und dort verwendeten Begriff „Toleranz" im Sinne Wittgesteins nicht mehr als eine Familienähnlichkeit besteht und sich der kognitive wie konnotative Gehalt beider trotz oberflächlicher Ähnlichkeit voneinander unterscheidet.[33]

Damit soll nicht bezweifelt werden, daß ein rationaler Diskurs das notwendige Mittel dafür ist, ungelöste oder unlösbare Fragen von Wahrheits- oder Normenaussagen aufzudecken, die *innerhalb* eines bestimmten Rahmensystems gemacht werden, und solches geschah ja auch z.B. in den vorangegangenen, kritischen Ausführungen zur Geschichte der einzelnen metaphysischen Systeme. Was aber das Rahmensystem selbst betrifft – es sei z.B. dasjenige der Metaphysik oder dasjenige der Offenbarung – so ist dem auf diese Weise nicht beizukommen, eben weil es keiner rationalen Fundamentalbegründung mehr zugänglich und folglich auch jeder Kritik entzogen ist.[34] Eben deswegen kann aber der rationale Diskurs gerade nicht das ihm von Habermas gesetzte Ziel erreichen, „die Versöhnung der mit sich zerfallenen Moderne" herzustellen, denn nicht um diesen oder jenen theoretischen oder normativen Mangel geht es ja dabei, sondern darum, daß das Rahmensystem des Abendlandes *insgesamt* aus den Fugen geraten ist und sich in einen von scheinbar kaum überbrückbaren Gegensätzen gezeichneten Pluralismus aufgelöst hat.

So ergibt sich schließlich, daß der rationale Diskurs als solcher keine konstitutive Bedeutung für das „kommunikative Handeln" im Sinne eines „freundlichen Zusammenlebens" hat, kann er doch sogar erst recht zur Einsicht in die Unvereinbarkeit der Standpunkte führen. Die von Habermas gewünschte Rolle des rationalen Diskurses vermag dieser daher überhaupt nur dann zu spielen, wenn schon *vor seinem Beginn* die Norm der Toleranz bereits akzeptiert, und ihm auch der Wille, ihr zu folgen, vorangegangen ist.[35] Was diese Norm betrifft, so können aber wie gezeigt die verschiedenen, miteinander nicht vereinbarten Fundamente ihrer Begründung (z.B. metaphysische oder religiöse) kein Gegenstand eines

---

[33] Ist doch die Qualität des Verhältnisses der Menschen zueinander ein ganz anderes, je nachdem ob einer den Mitmenschen und sich selbst als ein Geschöpf Gottes versteht, oder ob er in ihm die Würde seiner von keiner Transzendenz abhängigen, absoluten Freiheit und Autonomie achtet. Das Prinzip des ersten ist die Liebe, das Prinzip des zweiten die Achtung.

[34] Der triviale Fall, daß ein Rahmensystem in sich selbst widersprüchlich wäre, kann hier vernachlässigt werden.

[35] Da die Norm „Toleranz" die von Habermas gekennzeichnete „ideale Sprechsituation" einschließt, ist es nicht notwendig, auf diese eigens einzugehen.

rationalen Diskurses sein, und was den Willen anbelangt, der im übrigen auch den ganzen, kognitiv-argumentierendem Verlauf des Diskurses konnotativ ständig begleiten muß, so war schon den vorangegangenen Ausführungen zur Handlungstheorie zu entnehmen, daß auch er keiner rationalen Begründung zugänglich ist, sei es, er werde z.b. metaphysisch (durch Freiheit) oder religiös (durch Offenbarung) gedeutet. So ist schließlich der Versuch von Habermas genauso wie derjenige von Rawls gescheitert, eine rationale Begründung des Sittlichen unter Umgehung etwa metaphysischer oder religiöser Voraussetzungen zustande zu bringen.[36] Dabei scheint die Frage nach dem Sittlichen heute gerade deswegen so dringlich, weil einerseits die allgemeinen, metaphysischen und religiösen Grundlagen unserer Kultur mehr und mehr verloren gegangen sind, auf denen es ruhte, andererseits aber ein neuer Humanismus entstanden ist, dem, weil er im Zuge des allgemeinen Transzendenzverlustes von Grund auf hedonistisch ist, jedes Recht abgesprochen werden muß, sich, wie er es beständig tut, auf die Menschenwürde zu berufen. Denn Menschenwürde und Hedonismus sind, wie schon Kant unwiderleglich gezeigt hat, nicht miteinander vereinbar. Dazu kommt, daß das wissenschaftlich- technische Zeitalter insbesondere durch seinen Zugriff auf den Zellkern und das Atom auf nur schwer lösbare ethische Schwierigkeiten auf allen möglichen Gebieten gestoßen ist. Ich erinnere nur an die Medizin, die Biologie und die Atomindustrie. Vergeblich versucht man, hierzu sog. Ethik-Kommissionen zu berufen, denn wo sind die normativen Prinzipien, auf denen sie aufbauen könnten, wenn dabei doch von vornherein alles Metaphysische und Religiöse als durch aufgeklärte Rationalität überholt und überwunden vermieden werden soll?

4. Zur Philosophie der sog. Postmoderne

Das Thema dieses Kapitels ist die Philosophie der Gegenwart. Deswegen kann ich hier nicht auf jene starken Strömungen eingehen, die gerade als Protest gegen die heutige metaphysikfeindliche und religionsfeindliche Haltung ver-

---

[36] Wenn ich hier den freilich nicht neuen, aber auch heute immer wieder erneuerten Versuch übergangen habe, sittliche Normen allein auf reine *Zweckrationalität*, also auf bloße Nützlichkeitserwägungen zurückzuführen, womit man ja auch glaubte, metaphysische oder religiöse Begründungen vermeiden zu können, so liegt dies nur an der hier gebotenen Kürze. Daher sei nur auf folgendes hingewiesen: Über eine solche, rein utilitaristische Ethik könnte im Streitfalle durch einen rationalen Diskurs genauso wenig ein Einvernehmen erzielt werden, wie über eine Begründung des Sittlichen durch Offenbarung oder eine Metaphysik der Freiheit. Denn da der Utilitarismus das Sittliche nur auf das wohlverstandene Selbstinteresse, Kant würde sagen auf Neigung, gründet, so kann er sich dabei nicht, wie es ja geschieht, auf eine empirisch-wissenschaftliche Wahrheit stützen (so sei nun einmal die menschliche Natur), denn dies hätte ja zur Voraussetzung, daß die auf der Grundlage der Metaphysik der Freiheit gemachten Erfahrungen (Pflicht, Du erhabener Name, ruft Kant aus) oder die sich auf der Grundlage des Glaubens einstellenden (im Einklang mit Gottes Geboten und seiner Liebe leben) auf einer Selbsttäuschung beruhten und daher falsch seien, die auf der Metaphysik der empirischen Wissenschaften aber wahr.

standen werden können und z.B. in der zunehmenden Verbreitung eines irrationalen Sektenwesens oder fernöstlicher Mystik, teilweise jedoch auch, wie das IX. Kapitel, 4 und 5 und das XII. Kapitel, 3 gezeigt hat, in der heutigen Kunst, Musik und Literatur erkennbar sind. Dabei wurde auch die sog. Kunst der Postmoderne erwähnt. Aber mit dieser steht nun doch wieder eine philosophische Richtung in einem unmittelbaren Zusammenhang, und diese wird als Philosophie der Postmoderne bezeichnet.

Erinnern wir uns noch einmal an das zur Kunst der Postmoderne Gesagte (Kapitel IX, 5a). In dieser ist zwar auch eine gewisse Rückkehr zu metaphysischen, mythischen und religiösen Überlieferungen erkennbar, doch nicht, ohne zugleich zu ihnen eine gewisse Distanz zu wahren. Wie gesagt ist das Stilmittel hierfür das sog. double-coding, eine ironisch-verfremdete Zitierung von Bildelementen vergangener Epochen. Dahinter verbirgt sich jener heute neben Rationalismus und Fortschrittsgläubigkeit aufkommende skeptische Pluralismus, der an nichts mehr recht zu glauben vermag, auch nicht an das sog. „wissenschaftliche Weltbild" – das ja in der Tat nur eine hypothetische Bedeutung hat – und der daher die verschiedenen, in Erscheinung getretenen und noch tretenden Wirklichkeitsauffassungen als mehr oder weniger gleichberechtigt betrachtet. Mit der Folge, daß entweder nichts mehr wahrhaft ernst genommen wird oder man in nostalgischer Verzweiflung den scheinbar hoffnungslos aporetischen und paradoxen Charakter der Wirklichkeit beklagt. Solche Vorstellungen gehen nun auch in die sog. Philosophie der Postmoderne ein, als deren führender Kopf J.-F. Lyotard betrachtet wird.[37]

Lyotard knüpft an Wittgensteins Begriff der Sprachspiele an, in denen sich die Mannigfaltigkeit von Wirklichkeitsvorstellungen spiegeln. Darin zeige sich einerseits die Schwäche aller Sprachspiele – denn sonst gäbe es ja nur eines –, andererseits aber auch deren unaufhebbare, agonale Konkurrenz. Dieser, in der Moderne erst voll in Erscheinung getretene Zustand sei im Gödelschen Unentscheidbarkeitstheorem, in der Heisenbergschen Unschärferelation, der Relativitätstheorie und der Chaos-Forschung auf exakte Weise erkennbar geworden. So weit Lyotards Versuch einer philosophischen Formulierung jenes auch in der postmodernen Kunst in Erscheinung tretenden Pluralismus. Dabei übersieht er jedoch, daß von einer agonalen Konkurrenz nur zwischen denjenigen Sprachspielen geredet werden kann, die sich ontologisch auf dasselbe Feld beziehen, es sei z.B. dasjenige der Wissenschaft, des Mythos oder der Offenbarung. Tatsächlich entstammen ja auch seine aufgeführten Beispiele und Modelle der Wissenschaft oder dem auf ihrer ontologischen Basis beruhenden Denken. Dadurch wird aber die eigentliche Frage verdeckt, die uns hier durch das ganze Buch hindurch begleitet hat, die Frage nämlich, in welchem Verhältnis Wirklichkeitsvorstellungen zueinander stehen, die sich eben *nicht* auf das gleiche ontologische Feld beziehen? Die Zerrissenheit der Moderne, die zu dem

---

[37] J.-F. LYOTARD, „La Condition Postmoderne. Rapport sur le Savoir", 1979, deutsch unter dem Titel „Das postmoderne Wissen, Bremen 1982. Aber auch „Le différand", Paris 1983.

erwähnten Pluralismus geführt hat, ist also nicht darin begründet, wie die Postmoderne glaubt, daß sich der Konflikt zwischen den genannten Elementen unserer Kultur als unaufhebbar erwiesen hat, sondern sie ist die Folge des epochalen Irrtums, daß es überhaupt einen solchen, unaufhebbaren Konflikt gäbe. Wieder erinnere ich an das I. Kapitel. Denn dem dort entwickelten Ersten allgemeinen Toleranzprinzip zufolge kann ja in der Hinsicht, daß alle Ontologien kontingent sind, und daher keine eine notwendige Geltung besitzt oder irgendeine einer anderen vorgezogen werden kann, auch kein Widerstreit zwischen ihnen bestehen. Bedeutete das aber nun andererseits, daß verschiedene Ontologien wie Wissenschaft, Mythos und Religion beziehungslos und unverbunden nebeneinander bestehen[38], so wäre das zwar auch eine die Moderne kennzeichnende Zerrissenheit, aber doch eine ganz andere als die Postmoderne glaubt. Wie es sich aber damit verhält, soll im folgenden Schlußkapitel gezeigt werden.

5. Zur gegenwärtigen Theorie der empirischen Wissenschaften und der ihnen zugrunde liegenden Metaphysik. Vertiefung und Ergänzung des I. Kapitels

Wenden wir uns nun der heutigen philosophischen Reflexion der empirischen Wissenschaften zu, womit auch das I. Kapitel, das ja eher zur Einführung diente, in einigen wichtigen Punkten vertieft und ergänzt werden soll.[39]

Diese Reflexion hat zwar eine lange Geschichte, aber sie führte erst in der zweiten Hälfte des 20. Jahrhunderts zu einer Krise in der Selbstgewißheit der Wissenschaften, als sich herausstellte, daß die Überprüfung von deren Theorien, Gesetzen und Regeln durch Erfahrung keine absolute Entscheidung über deren Wahrheit oder Falschheit herbeiführen kann. Erinnern wir uns: Diese Überprüfung erfolgt nach folgendem Schema: Es werden Einzeltatsachen mit Hilfe sog. Basissätze beschrieben. Dann wird die Aufeinanderfolge der Einzeltatsachen daraufhin untersucht, ob sie sich so verhält, wie es nach den in einer wissenschaftlichen Theorie aufgestellten Gesetzen und Regeln zu erwarten ist.[40] Aber es zeigte sich, daß, entgegen der ursprünglichen, neopositivistischen Auffassung[41], der so im Grundriß skizzierte Prozeß wissenschaftlicher Erfahrung viel komplizierter ist als es dieses Schema unmittelbar erkennen läßt. In kurzer Zusammenfassung kann man es so beschreiben: Es sind nicht nur die Gesetze und Regeln Teile von mehr oder weniger a priori vorausgesetzten, axiomatisch auf-

---

[38] Wenn die letzteren auch nur in der Außenbetrachtung als Ontologien bezeichnet werden können, wie ebenfalls dem I. Kapitel zu entnehmen ist.

[39] Für eine ausführliche Darlegung des Folgenden mit dazu auch herangezogenen zahlreichen Beispielen aus den Natur- wie Geschichtswissenschaften vgl. K. HÜBNER, Kritik der wissenschaftlichen Vernunft, a.a.O., Kap. III, IV, X, XIII.

[40] Ich verstehe hier wieder unter „Gesetze" die Grundkategorie der Naturwissenschaften und unter „Regeln" die Grundkategorie der Geschichtswissenschaften (Geisteswissenschaften).

[41] Vertreten vor allem im sog. Wiener Kreis, zu dem u.a. O. NEURATH, R. CARNAP und M. SCHLICK gehörten.

gebauten Theorien (sie seien naturwissenschaftliche oder geschichtswissenschaftliche), sondern es beruhen auch die Basissätze selbst nicht auf „reinen" Erfahrungen, sondern auf Deutungen des „Gegebenen" durch ebenfalls mehr oder weniger axiomatisch aufgebaute und a priori vorausgesetzte Theorien. Damit führt aber wiederum die durch Basissätze erfolgte empirische Überprüfung zu keinem so eindeutigen Ergebnis wie oft geglaubt. Kann doch jede Verifikation wie Falsifikation dadurch in Frage gestellt werden, daß man auf die ihnen zugrunde liegenden, theoretischen Annahmen und dabei a priori gemachten Voraussetzungen verweist, die nun ihrerseits empirisch überprüft werden müßten usw.[42] Manche meinen, am Ende werde sich jene theoretisch-wissenschaftliche Erklärung als die wahre herausstellen, die sich in praktische Erfolge umsetzen lasse. Aber nach den Gesetzen der Logik ist der empirische Erfolg einer Theorie kein Garant für ihre Wahrheit. Denn einerseits kann es sein, daß mehrere, einander widersprechende Theorien zum gleichen Erfolg führen (wie es sehr oft der Fall ist), zum andern aber ist aus der Wahrheit von Basissätzen, die einen solchen Erfolg vermelden, nichts über die Wahrheit der sie erklärenden Theorie zu entnehmen, denn diese Erklärung folgt zwar aus der Theorie, aber wenn ein Satz wahr ist, der aus einem anderen folgt, so besagt das nach den Regeln der Logik nichts über die Wahrheit des Satzes (hier der Theorie), aus dem er folgt.

Auf der einen Seite trägt somit die in Basissätzen formulierte Erfahrung nur bedingt etwas zur Entscheidung über Wahrheit oder Falschheit wissenschaftlicher Theorien bei, auf der anderen Seite wird aber über solche Theorien noch durch eine Reihe von ganz anderen Kriterien entschieden. Diese sind oft Bereichen entnommen, die mit der betroffenen Wissenschaft gar nicht unmittelbar zusammenhängen, z.B. solchen der allgemeinen Kultur als Elemente der die bestimmte geschichtliche Epoche synchron bestimmenden Systemmenge.[43] So wird bisweilen eine Theorie wegen ihrer „Einfachheit" vorgezogen, indem man z.B. sagt, um nur dieses zu erwähnen, Gottes Schöpfung dulde keine unnötigen Schnörkel, oder indem man darin etwa, gerade Transzendentes vermeiden wollend, einen ästhetischen Wert, eine Art theoretischer Eleganz begrüßt. Folgt man der Geschichte der Wissenschaften bis in die Gegenwart hinein, dann wird man erstaunt sein festzustellen, wie stark der Einfluß außerwissenschaftlicher Bereiche darin war, und daß dabei auch die Rolle theologischer oder metaphysischer Vorstellungen ebenso wenig unterschätzt werden darf wie diejenige der Kunst oder der Literatur.[44]

Eine Theorie mit ihren Basisaussagen bildet so den Kern eines sie umfassenden und der jeweiligen historischen Systemmenge zugeordneten Geflechtes weiterer Theorien und anderer darin mitspielender apriorischer Voraussetzungen mannigfaltiger Art. Gleich-

---

[42] Damit erwies sich auch K. POPPERS Meinung als unzutreffend, daß zwar keine eindeutige Verifikation, wohl aber Falsifikation wissenschaftlicher Theorien und Sätze möglich sei.
[43] Zum Begriff „Systemmenge" vgl. Kapitel VIII, g.
[44] Vgl. zahlreiche dafür aufgeführte Beispiele in: K. HÜBNER, Kritik der wissenschaftlichen Vernunft, a.a.O., Kap. VIII.

wohl geht das Moment der Erfahrung dabei keineswegs unter, tritt darin aber ganz anders in Erscheinung, als es gemeinhin vorgestellt wird. Betrachten wir ein Beispiel aus den Naturwissenschaften, wo sich der Zusammenhang am leichtesten darstellen läßt, obgleich er in den Geschichtswissenschaften genauso aufgezeigt werden kann[45]: *Wenn* a priori die theoretische Voraussetzung gemacht wird, daß der Weltraum euklidisch ist, *dann* ergeben die unter weiteren apriorischen und theoretischen Voraussetzungen gemachten Meßergebnisse, daß im Weltraum Gravitationskräfte wirksam sind. Und *wenn* a priori die theoretische Voraussetzung gemacht wird, daß der Weltraum gekrümmt ist, *dann* ergeben die unter weiteren apriorischen und theoretischen Voraussetzungen gemachten Meßergebnisse, daß im Weltraum keine Gravitationskräfte wirksam sind, sondern sich die entsprechenden Erscheinungen aus den Krümmungen des Raumes ergeben. Strikt empirisch sind also nur die aufgeführten *Wenn-Dann- Beziehungen* gegeben, nicht die Sätze, aus denen ihre Prämissen, und nicht die Sätze, aus denen ihre Konklusionen bestehen.

Wenn nun wie gesagt eine wissenschaftliche Theorie mit ihren Basisaussagen den Kern eines sie umfassenden, und der jeweiligen historischen Systemmenge zugeordneten Geflechtes weiterer Theorien und anderer darin mitspielender apriorischer Voraussetzungen mannigfaltiger Art bildet, so wird darunter auch jene Ontologie sein, welche die allgemeinsten Kriterien wissenschaftlichen Denkens zu einer bestimmten, geschichtlichen Zeit überhaupt betrifft. Dazu werden z.B. wie schon gezeigt Vorstellungen über das Verhältnis von Allgemeinbegriff zum einzelnen Fall gehören, allgemeine Festsetzungen und kategoriale Vorstellungen über Raum und Zeit, Kausalität, Substanz usw., kurz eine sei es den Naturwissenschaften, sei es den Geschichtswissenschaften gemeinsame Ontologie, die wir zusammenfassend Ontologie der Wissenschaften nennen können, zumal sie sich teilweise auch überschneiden, wie der Allgemeinen Metatheorie zu entnehmen ist. (Vgl. das I. Kapitel)[46] Daß es eine solche Ontologie gibt, geht schon daraus hervor, daß wir Texte ganz verschiedenen Inhalts sogleich als wissenschaftliche von anderen, die nicht dieser Art sind, unterscheiden können.

Im I. Kapitel habe ich nun im Anschluß an das Erste Allgemeine Toleranzprinzip die Frage gestellt – ohne sie dort bereits beantworten zu können – ob Ontologien, wenn sie schon nicht empirisch begründet werden können, wenigstens historisch erklärbar seien. Hier ist nun die Stelle, wo ich näher darauf eingehen kann. Betrachten wir die Ontologie der Wissenschaft einerseits und die (in der Außenbetrachtung gegebenen) Ontologien des Mythos und der Offenbarung andererseits in ihrem historischen Umfeld. Wie soll man die Entstehung der einen oder anderen Ontologie historisch „erklären", ohne

---

[45] Vgl. K. Hübner, Kritik der wissenschaftlichen Vernunft, a.a.O., Kap. XIII.
[46] Diese eine allgemeine Ontologie der Wissenschaften bestimmenden Festsetzungen und kategorialen Vorstellungen habe ich u.a. in meinem Buch „Die Wahrheit des Mythos", a.a.O., Kapitel IV,4 zusammenfassend dargestellt.

dabei bereits eine Vorstellung von empirischer Erklärung zu verwenden, die durch die eine oder andere dieser Ontologien definiert wird? Mit welchem theoretischen Recht versucht man z.B. das Auftreten von Mythos oder Offenbarung wissenschaftlich (meist psychologisch) zu erklären (besser den Mythos damit wegzuerklären), obgleich sich der wissenschaftliche Erklärungsbegriff weder auf empirische noch auf Gründe einer absoluten Vernunft stützen kann? *Innerhalb* einer gegebenen Ontologie kann das „Spiel der Erfahrung" auf eine ihr eigene Weise gespielt werden, und zwar nicht nur innerhalb der Wissenschaft, sondern auch innerhalb des Mythos und der Offenbarung, wie die Mannigfaltigkeit und geschichtliche Wandlung von Mythen und die Mannigfaltigkeit und geschichtliche Wandlung christlicher Existentialität zeigen; aber es gibt weder ein „Spiel der Erfahrung" noch gibt es Entscheidungen einer Vernunft, die für das Bestehen oder Entstehen der genannten Ontologien selbst, oder der Rolle, die sie jeweils im Umkreis einer historischen Systemmenge spielen, irgendeine Bedeutung haben könnten.

Was bedeutet aber genauer das „Spiel der Erfahrung" *innerhalb* einer gegebenen Ontologie, wobei ich mich hier im gegebenen Zusammenhang auf diejenige der Wissenschaften beschränke. Denken wir an die wissenschaftsgeschichtlichen Wandlungen *einzelner*, der allumfassenden, wissenschaftlichen Ontologie untergeordneter Theorien und Theoriensysteme. Wenn man im Hinblick auf diese Wandlungen historische Erklärungen zu geben versucht, wie es ja beständig geschieht, so muß man sich dabei des genauen, das heißt sehr eingeschränkten Sinns des Spiels der Erfahrung bewußt sein, worauf ja eine historische Erklärung hinauszulaufen scheint. Denn bei diesem Spiel handelt es sich ja nicht um jenes, das z.B. *innerhalb einer einzelnen* Theorie stattfindet, sondern es handelt sich wie gezeigt um ein solches Spiel der Erfahrung, das *innerhalb der ganzen, sich ständig in Bewegung befindlichen Systemmenge* gespielt wird. Diese Erfahrung setzt also zum einen diese Systemmenge als das Gegebene voraus, und sie besteht zum andern, wie bereits gezeigt, in der Erkenntnis der Verhältnisse, in denen die einzelnen Elemente dieser Menge, die betroffene Theorie eingeschlossen, zueinander stehen. Diese empirisch gegebenen Verhältnisse – sie mögen rein logischer oder faktischer Natur sein – sind aber doch nur das Material, *an dem* sich die unvermeidlich a priori getroffenen Entscheidungen und Theoriekonstruktionen betätigen.[47] Man kann sagen, sie entspringen zwar immer einer empirisch gegebenen, historischen Situation, in dieser aber sind sie dennoch spontane Schöpfungen.

Wir können also *drei Stufen* unterscheiden: Auf der *ersten*, welche die umfassende Ontologie der Wissenschaft betrifft (umfassend, wie es auch diejenige des Mythos und der Offenbarung ist), gibt es überhaupt keine historische Erklärung. Auf der *zweiten*, bei der es sich um die Wandlung (einschließlich des Entstehens und Vergehens) einzelner Theorien *im Rahmen dieser allgemeinen*

---

[47] Zu einer ausführlichen Darstellung dieser Zusammenhänge vgl. K. HÜBNER, Kritik der wissenschaftlichen Vernunft, a.a.O., Kap. VIII.

Ontologie handelt, gibt es eine *begrenzte historische Erklärung* dadurch, daß diese Theorien zwar auf die geschichtlich-empirische Situation einer Systemmenge bezogen sind, gleichwohl durch diese als spontane Schöpfungen nicht hinreichend erklärt werden können. Auf der *dritten* erst wird schließlich uneingeschränkt das Spiel der Erfahrung gespielt, nämlich jenes, das durch jede einzelne Theorie spezifisch definiert ist. Das Erste Toleranzprinzip (vgl. das I. Kapitel), wonach eine Ontologie weder durch eine absolute Vernunft noch durch eine absolute Erfahrung begründet und gerechtfertigt werden kann, und es deswegen keinen Maßstab gibt, an dem gemessen eine Ontologie vor einer anderen vorzuziehen wäre, wird aber auch durch die zweite Stufe, wo in eingeschränkter Weise die Erfahrung ins Spiel kommt, nicht angetastet. Handelt es sich hier doch nur um spezifische, weil auf eine bestimmte historische Situation bezogene *Anwendungen* der umfassenden Ontologie der Wissenschaften, also der Verengung der Spielräume, in denen die a priori entworfene Konstruktionen von Theorien und Theoriensystemen auftreten können. Aber innerhalb der so durch Anwendungen bestimmten Spielräume, gilt wieder das Toleranzprinzip, was ja im Grunde gar nichts anderes ist als der Ausdruck des ontologischen oder ontologieabhängigen und damit hypothetischen Denkens. Was schließlich die dritte Stufe betrifft, so findet das Erste Toleranzprinzip dort nur keine Anwendung, denn auf ihr handelt es sich ja gar nicht um mögliche Theoriealternativen, sondern um jenes Spiel der Erfahrung, das eben durch eine bestimmte Theorie definiert ist.

Noch ein Wort zum Prinzip vom aspektischen Charakter der Wirklichkeit (vgl. das I. Kapitel): Dieser geht auch dann nicht verloren, wenn Theorien historisch längst vergangen sind, genauso wenig wie der Aspekt, unter den ich einen Gegenstand betrachte, dadurch aufgehoben würde, daß ich meinen Standpunkt inzwischen gewechselt habe. Zwar können im Unterschied hierzu historisch vergangene Aspekte nicht wiederholt werden, doch liegt das daran, daß dann auch die ganze Systemmenge wiederholt werden müßte, deren integraler Teil sie doch sind, was unmöglich ist. Es wäre, als wollte man sein ganzes Leben wiederholen, während doch das Erlöschen dieses Lebens nichts an der Wirklichkeit änderte, in der es sich abgespielt hat. Nun gibt es allerdings Fälle, wo eine spätere Theorie eindeutig bestimmte Aspekte einer früheren empirisch korrigiert, wie es z.B. in der Kosmologie der Fall ist – man erinnere sich an Heraklits Vorstellung, Sterne seien Schalen. Aber das bedeutet nur, daß in dieser Hinsicht Aspekte in Betracht gezogen wurden, die einem späteren theoretischen Zusammenhang vorbehalten waren, dem gegenwärtigen aber gar nicht sinngemäß eingeordnet werden konnten, weswegen man im gegebenen Fall von einem vorwissenschaftlichen Zustand sprechen kann.

Ich weise wieder darauf hin, daß mit dem bisher erfolgten, kurzen Rundblick über die Philosophie der Gegenwart kein Anspruch auf Vollständigkeit erhoben wird, und zwar nicht nur der gebotenen Kürze wegen, sondern auch, weil dies entweder für die an ihr geübte, fundamentale Kritik, alle metaphysischen oder religiösen Quellen und Voraussetzungen der von ihr behandelten

Gegenstände in einer Art rationalistischer Verblendung verschleiert zu haben, nichts Neues brächte, oder weil dann auch weit ausholend auf die einzelnen, wie immer bedeutenden Versuche eingegangen werden müßte, Metaphysik doch noch in jenem „alten Stil" fortzusetzen, der bereits in vorangegangenen Kapiteln ausführlich Gegenstand der kritischen Prüfung war. Es sei nur an M. Scheler, N. Hartmann und A.N. Whitehead erinnert, um anzuzeigen, was damit gemeint ist. Die vorangegangene Vertiefung des Ersten Toleranzprinzips und des Grundsatzes vom aspektischen oder mehrdimensionalen Charakter der Wirklichkeit erlaubt uns aber nun, noch eine Ergänzung zur Gegenwartsphilosophie nachzutragen: nämlich die Behauptung ins rechte Licht zu rücken, entgegen dem Anschein gegenwärtiger Metaphysik- und Ontologienfeindlichkeit habe in gewisser Hinsicht doch auch eine Art „Wiedereinsetzung ontologischer Fragen" stattgefunden. Damit ist zum einen die Wiederentdeckung des sog. Universalienproblems gemeint, zum anderen die Frage, ob es die sog. synthetischen Urteile a priori gibt, die nach Kants Meinung einer begründeten, von Spekulationen freien Metaphysik zugrunde lägen. Mit beidem haben sich R. Carnap, W.V. Quine, H. Putnam, W. Stegmüller und andere in einschlägigen Arbeiten beschäftigt.

6. Weitere Ergänzungen zum I. Kapitel in der Diskussion zum Universalienproblem heute

Über das Universalienproblem ist bereits im XIV. Kapitel, C gesprochen worden. Ich erinnere noch einmal: Es geht dabei um die Frage, ob das in Begriffen faßbare Allgemeine eine eigene Wirklichkeit ausdrückt (Platonismus) oder ob das Begriffs-Wort nur eine Bezeichnung, ein bloßer Name für das mehreren Individuen Gemeinsame sei (Nominalismus), während Wirklichkeit nur diesen Individuen zukomme; oder ob damit schließlich alle Möglichkeiten erschöpft seien, das Verhältnis von Begriff und Wirklichkeit zu bestimmen. Zu welchem Ergebnis man dabei aber auch immer kommen mag: Alle Versuche, das Universalienproblem zu lösen, setzen die schon vorher getroffene, wissenschaftliches Denken überhaupt begründende Unterscheidung zwischen dem abstrakten, allgemeinen Begriff und dem darunter fallenden Individuum als *apriorische Setzung* und ontologische Deutung voraus, so daß das Ringen um das sog. Universalienproblem nun darin besteht, in einem *zweiten Schritt* zu versuchen, diese Deutung metaphysisch tiefer zu durchdringen. Es ist also von vornherein klar, daß nicht diese ontologische Vorausentscheidung selbst zur Debatte steht, sondern nur eine *Spezifikation* dieser Entscheidung, die nun wieder mit dem historischen Umfeld zusammenhängt, in dem sie erfolgt.

Dazu sei zunächst noch einmal daran erinnert, daß Platos Deutung der Universalien von seinem Ringen mit dem griechischen Mythos nicht zu lösen ist (die Ideen als die neuen Götter), daß im Mittelalter der Universalienrealismus ebenso wie der Nominalismus mit dem Ringen um das rechte Verständnis der Trinität zusammenhing, während die erwähnten modernen Versuche zunächst in der Metaphysikfeindlichkeit des sog. logischen Empirismus ihre Wurzeln hatten (Carnap), sich damit aber gerade der formalen Kritik des neuen Instrumentariums moderner Logik und Wissenschaftstheorie aussetzten (Quine und Putnam). Was damit gemeint ist, mag durch Quines Behauptung angedeutet werden: „Sein bedeutet, Wert einer gebundenen Variablen sein."[48] In allen diesen Fällen handelt es sich also in der Tat um eine Spezifikation der allgemeinen Ontologie wissenschaftlichen Denkens, und zwar so, daß damit versucht wird, diese Ontologie auf ein bestimmtes historisches Umfeld (Systemmenge) *anzuwenden* und es ihm zu *adjustieren*. Somit haben wir es hier in der Tat mit dem zu tun, was vorhin im Zusammenhang mit der Frage historischer Erklärungen von Ontologien als Stufe zwei bezeichnet wurde. In diesem Lichte betrachtet, erweist es sich aber nun als mißverständlich, von einer Wiederentdeckung ontologischer und damit metaphysischer Fragen im Zusammenhang mit der gegenwärtigen Behandlung des Universalienproblems zu sprechen. Denn die Ontologie und Metaphysik, welche die genannten Autoren dabei im Auge haben, ist die metaphysica generalis wissenschaftlichen Denkens in einer weitgehend von den Wissenschaften bestimmten Epoche, während die im selben Zusammenhang in Erscheinung tretende Ontologie und Metaphysik der Antike oder des Mittelalters der Ontologie und Metaphysik als Theologiké epistéme zuzuordnen ist.

Nun noch kurz zur gegenwärtig wieder aufgerollten Frage, ob es ein apriorisches, metaphysisches Wissen gibt oder genauer, ob es wahre synthetische Sätze a priori gibt. Dabei gingen die bereits erwähnten Autoren von Kants Unterscheidung zwischen analytisch wahren und synthetisch wahren Sätzen aus. In für den gegebenen Zusammenhang unerheblicher Abweichung von Kants Definitionen betrachteten sie dabei analytisch wahre Sätze als rein logische, synthetische Sätze aber als solche, die entweder durch Erfahrung oder a priori durch eine Art metaphysischer Erkenntnis zustande kommen. Nur wenn es sich bei den letzteren um eine Erkenntnis handelt, können sie ja gerechtfertigt und von solchen, die auf bloßen metaphysischen Spekulationen beruhen, unterschieden werden. Da nun Kant glaubte, nachweisen zu können, daß es solche synthetische Sätze a priori gibt, mußte die Erkenntnis, auf der sie beruhten, eine notwendig wahre, vom schwankenden Boden empirischer Erkenntnis unterschiedene sein. Daraus folgte für ihn, daß eine (seine) Metaphysik, die sich auf sie stützte, eine absolute Geltung hat. Das Problem des metaphysischen Wissens, zu dem die genannten, gegenwärtigen Autoren von wissenschaftstheoretischen und logischen Überlegungen geleitet, hingeführt wurden, stellt sich jedoch gar nicht, wenn man, wie es hier geschehen ist, unter der

---

[48] Zitiert nach W. STEGMÜLLER, Hauptströmungen der Philosophie der Gegenwart, Bd. II, Stuttgart 1975, S. 491. Unter gebundenen Variablen versteht man solche, die in Sätzen der folgenden Art erscheinen: Für *alle* x gilt, wenn x ein Mensch ist, dann ist x ein Säugetier. Oder: *Es gibt* ein x derart, daß, wenn x ein Planet ist, x sich um die Sonne dreht. Die Bindung erfolgt also durch Operatoren wie „alle" oder „es gibt".

Metaphysik als Ontologie *kein Wissen* von der Wirklichkeit versteht, sondern nur bestimmte, *a priori entworfene Deutungsschemata*, die den Zugang zu bestimmten Aspekten der Wirklichkeit liefern; so nämlich, daß auch ganz andere, nichtmetaphysische Deutungsschemata möglich sind. Wenn man also in Bezug auf das metaphysische Wissen die falsche Frage gestellt hat, eben diejenige nach einem in synthetischen Sätze a priori ausgedrückten Wissen, so ist auch nur noch von Interesse, daß man – wie allerdings nicht anders zu erwarten – zu dem allgemeinen Ergebnis kam: Es gibt offenbar kein solches Wissen. Die Metaphysik als Ontologie hat man damit freilich nicht erledigt.

Blicken wir zurück: Dem Scheitern der Metaphysik als Wissenschaft von Gott (theologiké epistéme) folgte das Scheitern einer Metaphysik der Gottlosigkeit. Schließlich zerfiel die Philosophie nach dem Muster der empirischen und logischen Wissenschaften in mannigfaltige Einzeldisziplinen und wurde so deren Magd, wie sie einst die Magd der Theologie gewesen war (ancilla theologiae). Dabei gab sie sich der Täuschung hin, dem metaphysischen und ontologischen Denken als unwissenschaftlich entsagt zu haben. Als aber schließlich zum Ende des 20. Jahrhunderts die philosophische Reflexion auf das wissenschaftliche Denken selbst einsetzte, trat, obgleich heute immer noch weitgehend unbemerkt, der ontologische Kern dieses Denkens als die ihm zugrunde liegende metaphysica generalis hervor. Damit jedoch nicht genug. Zugleich zeigte sich, daß diese metaphysica generalis der Wissenschaften im Gegensatz zu den Vorstellungen, die man früher mit der Metaphysik verband, keinerlei absolute Bedeutung besitzt, weil in ihr keine absolute Wahrheit erkannt wird. Ja, das Ergebnis ist, wie gezeigt, daß im Zeichen des wissenschaftlichen Zeitalters längst für erledigt gehaltene andere Formen der Wirklichkeitsbetrachtung wie diejenige des Mythos oder der Offenbarung von ihr nur praktisch, niemals aber theoretisch verdrängt werden konnten. So wird, worauf ich schon hinwies, in jener schon sprichwörtlichen Zerrissenheit der Moderne ein Pluralismus erkennbar, den man, in der Außenbetrachtung, als einen solchen miteinander nicht vereinbarer, ontologischer Wirklichkeitsbetrachtungen bezeichnen kann. Und zwar so, daß diese Unvereinbarkeit scheinbar jede Vermittlung ausschließt, wie sie, vor dem Einbruch der alles mitreißenden und eben nicht nur theoretisch-wissenschaftlichen, sondern auch technisch-praktischen Revolutionen seit der Mitte des 19. Jahrhunderts, vor allem in der Zeit Goethes, vergeblich von vielen noch immer erhofft wurde. Und doch ist damit noch nicht das letzte Wort gesprochen. Im folgenden und letzten Kapitel werde ich wieder zum Anfang zurückkehren und die Zerrissenheit der Moderne, wie sie sich nun darstellt, im Lichte des Logos der Offenbarung betrachten.

XVII. Kapitel
Moderner Pluralismus und seine Einheit in der Ordnung der Offenbarung oder der Zusammenhang zwischen dem Logos der Offenbarung und dem Logos der Metaphysik

Die weitläufigen Untersuchungen der vorangegangenen Kapitel haben gezeigt, daß der Pluralismus und damit das, was man die Zerrissenheit der Moderne nennt, seine Wurzel in der heutigen, fast alle Gebiete des Lebens beherrschenden Rolle des wissenschaftlichen Denkens hat. Daher nach Maßgabe dieses Denkens jene „agonale Konkurrenz" im Sinne von Lyotards postmoderner Analyse der Gegenwart, also jene Mannigfaltigkeiten, jene Widersprüche und Meinungsverschiedenheiten im theoretischen wie praktischen Bereich, jenes ständige zur Diskussion stellen von allem und jedem. (Wettstreit wissenschaftlicher Theorien, Wettstreit der Ideologien, Wettstreit im Fortschritt neuer Zweck- und Wertsetzungen, nicht zuletzt innerhalb der ebenfalls wissenschaftlich betriebenen Technik[1] usw.) Doch ist das nur die eine Seite moderner Zerrissenheit. Die andere tritt dadurch in Erscheinung, daß sich die wissenschaftlich-technische Welt, wie hier an zahlreichen und keineswegs nur sporadisch, sondern gerade systematisch aufgeführten Beispielen gezeigt wurde, in einem ständigen Konflikt mit überkommenen Vorstellungen aus dem Bereiche des Mythos, der Poesie (im weitesten Sinne des Wortes) und der Religion befindet. Daran zeigt sich, daß solche Vorstellungen, so sehr sie auch von den unsere Epoche bestimmenden Kräften zurückgedrängt worden sind, keineswegs aufgehört haben, in der Phantasie und im Denken der Menschen weiterzuleben. Insbesondere ist dies in jüngster Zeit auch an der sog. Umweltbewegung zu erkennen. Es geht in dieser doch keineswegs nur um die Sorge, der wissenschaftlich-technische Fortschritt könnte am Ende zur Selbstzerstörung der Menschheit führen, sondern es geht darin zweifellos auch darum, die „Schöpfung" zu hüten, was immer des näheren darunter verstanden werden mag.[2] Weit mehr als die ständigen, agonalen Konflikte und der Pluralismus *innerhalb* der wissenschaftlich-technischen Sphäre sind es vor allem *diese* Gegensätze zwischen der wissenschaftlich-technischen Sphäre einerseits und den

---

[1] Zur Philosophie der modernen Technik vgl. K. HÜBNER, Kritik der wissenschaftlichen Vernunft, a.a.O., Kap. XIV.
[2] Eine Übersicht über die gegenwärtigen, philosophischen Bemühungen in dieser Richtung gibt W. THEOBALD, Hrsg., Integrative Umweltbewertung, Berlin 1998.

Sphären des Mythos und der Offenbarung andererseits, die tief in das tägliche Leben jedes einzelnen hineinwirken. Denn obgleich er im Denken und Handeln wie selbstverständlich weitgehend den Attitüden einer vermeintlich wissenschaftlich-technischen, also sog. aufgeklärten Welt folgt, stößt er doch an deren Grenzen in den sein Dasein im tiefsten Grunde betreffenden, existentiellen und existenialen Erfahrungen: nämlich in denjenigen seiner konnotativen Gestimmtheiten³, im rätselvollen Geschick seines Daseins, in der Begegnung mit dem Zauber der Natur, mit der Poesie und im Mysterium des Todes. Welch' sonderbarer Kontrast, wenn er aus seiner „modernen Welt" in eine ganz andere überwechselt, sobald er eine Gemäldegalerie, ein Konzert besucht, sich mit Dichtkunst beschäftigt (wie „zeitgemäß" dies alles oft vordergründig sein mag) oder wenn er eine Kirche betritt! Es ist der meist unbewußte Übergang von einer Wirklichkeitsdimension in eine ganz andere.

Eine solche Erfahrung blieb den Menschen früher fremd. Denn obgleich sie zwei Wirklichkeitsdimensionen kannten, die profane und die numinose oder heilige, so waren diese doch unmittelbar aufeinander bezogen: teils spiegelte sich ja die heilige auf die beschriebene Weise in der profanen, teils wirkte sie in diese hinein. Ferner gab es eine Vermittlung zwischen der Dimension des Mythischen und der Offenbarung, sofern es das Mythische ohne die Offenbarung, nicht aber die Offenbarung ohne das Mythische gibt. Dagegen steht die Dimension wissenschaftlicher Wirklichkeit heute in einem scheinbar so schroffem und unversöhnlichen Gegensatz zu diesen beiden, daß schon jeder Versuch, sie aufzuheben, in den Verdacht intellektueller Unredlichkeit gerät. Man machte es sich freilich zu leicht, wollte man, wie es oft geschieht, im modernen Pluralismus nur den Ausdruck eines agonalen und eben damit vitalen, grenzenlosen, freien, also letztlich doch zu bejahenden Zustand sehen, denn damit versuchte man, das Denken des Mythischen und der Offenbarung mit ihren absoluten, weil numinosen Bindungen, in die hypothetische Unverbindlichkeit des wissenschaftlichen Denkens zu transponieren, also den Gegensatz gerade nicht zu überwinden, sondern nur zu verschleiern. Man könnte andererseits den gordischen Knoten gleichsam zerschlagen wollen, indem man sich entweder für die eine oder die andere Seite entscheidet und damit entweder das Denken innerhalb des Mythos und der Offenbarung schlechthin als ein Vergehen wider die Vernunft verwirft, wie es heute weit verbreitet ist, oder das heutige wissenschaftliche Denken schlechthin als Sünde zurückweist. Nun fällt zwar in dieser Alternative das erste heraus, wie hier bereits hinreichend dargelegt wurde, weil es in Wahrheit unmöglich ist, ein Denken innerhalb von Mythos oder Offenbarung als ein sacrificium intellectus hinzustellen; was aber das zweite betrifft, so ist es damit nicht getan, daß man christlich einfach von Sünde spricht. Auch der Logos der Metaphysik als theologiké epistéme entsprang ja schon dem wissenschaftlichen Denken, wenngleich noch nicht in seiner späteren, vor allem dem Empirischen verpflichteten Form, und insofern

---

³ Vgl. das VII. Kapitel, 3.

sind zwar in der Tat beide, neuzeitliche Wissenschaft einerseits und Metaphysik als theologiké epistéme andererseits, aus der Sicht der Offenbarung ein Essen vom Baum der Erkenntnis und damit Sünde – aber Sünde nicht in dem mißverständlichen Sinn, wie das Wort heute meistens gebraucht wird, sondern so, wie es im Kapitel über die Erbsünde erläutert wurde, nämlich als Anmaßung des Menschen, von sich aus, ohne Gottes Botschaft, wissen zu wollen, was das Gute und Böse, nämlich das Heil oder Unheil Bringende ist (womit keineswegs nur etwas Moralisches verstanden werden darf). Die Frage, die uns hier interessiert lautet also: Wie geht man christlich mit solcher Sünde um? Wie soll sich der Christ zu einer Welt verhalten, die vielleicht weit mehr als es je der Fall war, in Gottferne lebt, vom Baum der Erkenntnis speist und doch von säkularer Mächtigkeit ist? Oder verwandelt sich im Lichte der Offenbarung dieses Speisen vom Baum der Erkenntnis in ein Speisen vom Baum des Lebens? Ich werde versuchen, diese Frage zu beantworten, indem ich in diesem Zusammenhang exemplarisch zunächst noch einmal auf jene beiden Gebiete der empirischen Wissenschaft eingehe, die unmittelbar mit der Offenbarung zusammenhängen: Die Evolutionstheorie und die Kosmologie. (Vgl. Kapitel II)

Beginnen wir mit der Evolutionstheorie (ET). Ich fasse noch einmal kurz zusammen: In dem ihr gewidmeten Kapitel zeigte sich, daß man zwischen den Tatsachen, auf die sie sich stützt und deren theoretischen Erklärungen unterscheiden muß. Was die Tatsachen betrifft, so ist die Lehre von einem phylogenetischen Stammbaum aufgegeben worden. Stattdessen spricht man heute eher von Büscheln und Zweigen, und selbst da kann man weder innerhalb dieser noch zwischen ihnen von einem zwingenden Zusammenhang sprechen. Auf nicht geringere Probleme stößt man bei dem Versuch, phylogenetische Entwicklungen wissenschaftlich zu erklären. Denn während wir im Mikrobereich (Mensch, Hund usw.) Familienähnlichkeiten auf Grund der Erfahrung auf gemeinsame Eltern und Verwandte zurückführen können, lassen sich ähnliche Verhältnisse in Bezug auf den phylogenetischen Makrobereich (Wirbeltiere, Säugetiere usw.) nur durch Analogieschlüsse behaupten. Insofern ist die ET zunächst nichts anderes als eine bloße Plausibilitätshypothese. Damit aus ihr eine wissenschaftliche Theorie werde, müßte man Gesetze aufstellen, nach welchen die Phylogenese verlaufen ist. Solche glaubte man wieder dem Mikrobereich entnehmen zu können, wo tiefgreifende Wandlungen teils auf Mutation, teils auf Selektion zurückgeführt werden. Da sich jedoch Mutationen auf statistische Verteilungsmengen stützen müssen, um Gesetzescharakter zu haben, solche aber für den Makrobereich unbekannt sind, bestünde im gegebenen Zusammenhang zwischen dem Begriff Mutation und dem Begriff Zufall logische Äquivalenz. „Zufall", so wurde schon gezeigt, ist jedoch seinerseits wieder logisch äquivalent mit „wissenschaftlich nicht erklärbar." Der Versuch, im Makrobereich über eine bloße Plausibilitätshypothese hinaus durch einen Rückgriff auf den im biologischen Mikrobereich sinnvoll verwendeten Begriff Mutation Elemente einer wissenschaftlichen Theorie einzuführen, sind also zum Scheitern verurteilt. Ähnlich steht es mit den für Entwicklungen im

Mikrobereich bekannten Selektionsgesetzen. Obgleich solche gewiß im Makrobereich eine, wenn auch nur bedingt nachweisbare Rolle gespielt haben, lassen sich mit ihnen das für die Evolution wichtigste Element, nämlich die *Richtung* vom Niederen zum Höheren nicht erklären, weil sie nur unter schon wie auch immer Geschaffenem auswählen, dieses selbst aber nicht gestalten können. Schließlich wurde noch auf die Erkenntnisse in der Mikrobiologie verweisen, die gerade dadurch, daß sie die chemischen Prozesse enthüllten, auf denen phylogenetische Prozesse beruhen, deren Zustandekommen als etwas derart Unwahrscheinliches erscheinen lassen, daß die Entwicklung der Erde, falls sie noch einmal stattfände, mit praktischer Sicherheit nicht noch einmal zur Erschaffung von Leben, geschweige denn zu dessen uns bekannter Evolution führen würde.

Es ist also das wissenschaftliche Denken selbst, das uns in der Evolutionstheorie undurchdringliche Mysterien der Natur zu enthüllen scheint. Doch drängen sich hier diese Mysterien nur deswegen so deutlich auf, weil sie in einem Bereich zur Erscheinung kommen, der in besonderer Nähe zum Schöpfungsgedanken der Offenbarung steht. In Wahrheit aber ist die *gesamte* Naturwissenschaft der Dialektik ausgesetzt, daß ihr Prinzip der Erklärung, gerade indem es der Natur ihre Geheimnisse entreißen soll, diese nur um so sichtbarer werden läßt. Ich meine aber jetzt mit dieser Verschlossenheit der Natur nicht, daß sie nur Antworten auf wissenschaftliche Fragen gibt, ihre Antworten also davon abhängig sind, was wir sie fragen – das habe ich schon ausführlich erörtert; sondern ich meine damit, daß sie auch mit ihren Antworten niemals ihr An-sich-sein preisgibt. Das aber liegt eben am Prinzip der naturwissenschaftlichen Erklärung, denn diese ist immer auf eine Wenn-Dann-Beziehung zurückzuführen (Naturgesetze), die nur die *faktische* Folge von Ereignissen erfaßt, nicht aber, *warum* sie erfolgt. Gewiß, nicht zu unrecht war die Wissenschaft auf ihre Methode stolz, Warum-Fragen aus ihrem Feld verbannt zu haben, aber doch nur deshalb, weil sie erkannte, daß unter ihren Bedingungen solche Fragen unbeantwortbar sind. Wollte man nun aber behaupten, solche Fragen seien nicht nur unbeantwortbar, sondern auch unstatthaft, weil sie voraussetzten, daß die Wenn-Dann-Beziehungen, aus denen wissenschaftliche Erklärungen bestehen, gleichsam nur eine Außenseite der Natur zeigten, hinter der sich ihr eigentliches Wesen verberge, eine solche Voraussetzung aber unbegründet sei, so ist dem entgegenzuhalten: Welche Begründung kann man denn dafür anführen, daß dem nicht so sei? Es gibt keinen möglichen Beweis dafür, daß die *methodische Festsetzung*, auf Warum-Fragen in den Naturwissenschaften zu verzichten, zugleich eine *ontologische Wahrheit* ausdrücke. Nun gibt es freilich auch keinen Beweis für das Gegenteil, aber wer wollte leugnen, daß uns immer wieder ein tiefes Staunen vor der Natur ergreift, wobei sich in besonderen Fällen, wie die Evolutionstheorie zeigt, der Eindruck verdichtet, vor einem undurchdringlichen Mysterium zu stehen? Davon waren auch keine Geringeren als Newton und Einstein ergriffen, die beteuerten, sie wüßten nach wie vor nicht, was Gravitation sei, als man sie dafür bewundern wollte, deren Rätsel gelöst zu haben. Sie sahen, beide tief religiöse Naturen, die Natur in einem Licht, welches dasjenige des Glaubens ist, und so war auch des Paulus Bekenntnis, Gottes unsichtbares Wesen werde seit der Schöpfung der Welt ersehen aus seinen Werken, wenn man sie wahrnimmt (Röm 1, 20), kein Versuch eines *Gottesbeweises*, wie später die Metaphysiker behaupteten, sondern es war die ihm widerfahrene *Offenbarung*, die ihn die Natur so sehen und ihn so über sie reden ließ.

Wie stark wir dennoch unverändert der Suggestion wissenschaftlichen Denkens und dem mit ihm verbundenen wissenschaftlichen Pathos erliegen, zeigt gegenwärtig die sog. Entschleierung des menschlichen Genoms, die, wie schon ein einfacher Blick in deren Vermittlung durch die Medien zeigt, von vielen sogleich als Beweis für die Fähigkeit des Menschen gehalten wird, alles erklären und damit über alles verfügen zu können. Aber was hat man da eigentlich „entschleiert"? Es ist, als ob der erste Europäer, der Chinesisch lernte, von einer Entschleierung geredet hätte, als es ihm gelungen war, alle Zeichen der chinesischen Schrift zu identifizieren, obgleich er sie noch weder verstand, noch ihre komplizierten Funktionen in der Bildung chinesischer Texte begriff. (Nur daß das menschliche Genom Millionen mal mehr Elemente besitzt.) Was man also bisher weiß, ist höchstens der Anfang eines Anfangs. Nun verbindet sich zwar damit die gewiß nicht unberechtigte Hoffnung, es könne dabei Bedeutungsvolles für die Medizin herausschauen, doch entbehrt es jeder wissenschaftlichen Seriosität, dies zum Anlaß zu nehmen, sei es sorgenvoll oder triumphierend, über die Möglichkeiten einer künftigen Eugenik zu spekulieren, also über die physische Gesundheit hinaus eine geistige oder charakterliche Züchtung der Menschheit auf diesem Wege zu erwarten, wie es bereits heute ständig versucht wird. Denn abgesehen von den Grenzen, auf welche die Erforschung des psychophysischen Parallelismus stößt, sobald es um die Feinstruktur geht – welche genauen physischen Prozesse begleiten z.B. die geistigen Prozesse, aus denen die Schöpfung einer Symphonie hervorgeht? – abgesehen also von diesen Grenzen ist doch die Entwicklung alles Geistigen vor allem das Ergebnis einer *Biographie*, also einer unauflöslichen *Verflechtung zwischen der in einem Menschen wirksamen individuellen Erbsubstanz* einerseits und dem *historischen wie individuellen Umfeld* andererseits, dem er ausgesetzt ist. Gesetzt also, es wäre überhaupt möglich, ein bestimmtes, gewolltes Genom herzustellen – man bliebe dabei immer noch unendlich weit von dem gesetzten Ziele einer Züchtung entfernt. Was wäre aus einem Menschen mit Mozarts Genom geworden, hätte er im 12. Jahrhundert gelebt? Und selbst wenn es einem wenigstens gelänge, physisch gesunde Menschen zu züchten, was hülfe selbst das? Wissen wir nicht, daß oft gerade Krankheit eine große Rolle bei geistigen Leistungen gespielt hat?[4]

Gehen wir jetzt zur wissenschaftlichen Kosmologie über, deren Vergleich mit dem Schöpfungsbericht der Genesis im II. Kapitel, 3 a und b noch nicht

---

[4] Vgl. K. HÜBNER, Arzt und Patient als Schicksalsgemeinschaft, in: Natur und Medizin 6, 1991.

vollständig dargelegt werden konnte. Ich fasse zunächst noch einmal den Unterschied zwischen beiden, wie er dort dargelegt wurde, zusammen: Der Schöpfungsbericht beschreibt den Kosmos als Ordnung der Offenbarung. Das bedeutet: erst durch das göttliche Licht entsteht diese Ordnung und außerhalb ihrer ist Finsternis. Diese Ordnung aber ist diejenige, durch die der Mensch als Ziel der Schöpfung in Gemeinschaft mit Gott leben kann. Die Schöpfung ist daher ur-sprünglich das Haus des Menschen. In diesem Sinne ist sie eine mythische Wirklichkeit, also eine (allerdings unwiederholbare) Arché mit der für eine solche unlöslichen Einheit des Materiellen und Ideellen. Daher haben wie gezeigt die Schöpfungstage der Genesis nichts mit den uns geläufigen Tagen innerhalb einer profanen Zeitmetrik gemein, und der Fortgang der Schöpfung vom Himmel zur Erde bis schließlich zu den Gestirnen ist ausschließlich von jener Ordnung geleitet, die das Haus des Menschen als den Ort seiner Gemeinschaft mit Gott bestimmt. Insofern war die Schöpfung zunächst das Paradies. Was nun in dem genannten II. Kapitel noch nicht zur Sprache gebracht werden konnte, war die im gegebenen Zusammenhang entscheidende Rolle, die der Sündenfall dabei spielte. Brachte er doch die Zerstörung des Paradieses, seit der die Natur nun das uns bekannte Bild bietet. Dasselbe Feld, einst Teil des Garten Edens, wo Gott wandelte und mit dem Menschen Zwiesprache führte, wurde zum gottverlassenen, steinigen Acker. So wurde selbst die Natur vom status corruptionis ergriffen und sehnt sich, mythisch als ideelles Wesen betrachtet, nach Erlösung. (Vgl. das XII. Kapitel, 4) Des weiteren sei daran erinnert, daß, wie die Offenbarung des Johannes verkündet, am Ende der Zeiten dieser Himmel und diese Erde, also der Kosmos der Schöpfung *nach dem Fall,* einem „neuen Himmel" und einer „neuen Erde" weichen werden, womit die einst zerrissene Einheit mit Gott wieder hergestellt wird. So würde „das Erste" (die Schöpfung, die den Fall einschließt) vergehen (21,4), und Christus würde „alles neu" machen (21,5). Wie sich also durch den Fall das Paradies in ein neues Universum des status corruptionis verwandelte, so nunmehr dieses korrumpierte Universum in ein wieder neues und endgültiges, das von den beiden früheren ganz verschieden ist. (Vgl. das VI. Kapitel)

Nun enthält die Heilige Schrift keine Prognosen über den Verlauf der künftigen Heilsgeschichte im einzelnen, und so auch nichts über die gegenwärtige Epoche, in der man begann, das korrumpierte Universum, das an die Stelle des Paradieses trat, im Lichte der Kosmologie als Wissenschaft zu betrachten. Dieser Aspekt aber zeigt das Universum unter der „subjektiven" Perspektive des Menschen, also unter seinen apriorischen Voraussetzungen, wozu auch seine profane, von der mythischen abweichende Zeit- und Raumvorstellung gehört. So betrachtet erscheint das Universum nun als entmythisierte, weil rein materielle Wirklichkeit, und bietet daher nicht mehr den Anblick jener göttlichen Ordnung, die dem Universum als Arché innewohnte. Damit ändert sich auch sowohl deren innere Zeitfolge wie ihre Raumgestalt: die Entstehung der Gestirne scheint derjenigen der Erde vorauszugehen und die Mittelpunktstellung der Erde wird zumindest fragwürdig. Dennoch ist aber bereits im Kapitel II, 3a darauf hingewiesen worden, daß die physikalischen Zeit- und Raumbegriffe nicht einfach mit denjenigen unseres Alltags gleichgesetzt werden können, und ihre Grenze zur Zeit- und Raumwelt der Offenbarung verschwommen ist. Was zunächst die Frage der Mittelpunktsstellung der Erde betrifft, so sei daran erinnert, daß die heutige, von der Relativitätstheorie bestimmte Kosmologie die Stellung der Erde im Universum insofern offen läßt, als sie überhaupt keine Aussage über die „wahre" Stellung der Erde im Universum macht. Was aber die physikalischen Zeitvorstellungen betrifft, so ist in dem Kapitel II, 3 ja gezeigt worden, daß sie nicht mit denjenigen unserer Alltagszeitvorstellung übereinstimmen, so daß weder die Irreversibilität der Zeit noch die Aufhebung eines ausgezeichneten Jetzt als Kennzeichen des Unterschiedes zwischen Vergangenheit und Gegenwart oder der Kontinuität des Zeitflusses als undenkbar ausgeschlossen werde können. Betrachtet man also das Universum physikalisch als Ganzes, so wird es fragwürdig, was die Zeitordnung in Beziehung hierauf eigentlich bedeuten soll.

Wenn also der Zustand des Universums im Lichte der Heilsgeschichte radikalen Veränderungen unterliegt, so nämlich, daß auf seine ursprünglich paradiesische, dem profanen Raum und der profanen Zeit entrückte Arché durch den Fall die Zerstörung seiner Arché und schließlich die Zerstörung dieser Zerstörung zum Weltenende folgt, so steht der Kosmos der Offenbarung nicht nur in keinem Widerspruch zur wissenschaftlichen Kosmologie, sondern die Offenbarung schließt diese sogar ausdrücklich ein. Denn dann handelt ja diese Kosmologie mit ihrem schon im II. Kapitel, 3 ausführlich zur Sprache gekommenen, notwendig hypothetischen Charakter und ihren Fragwürdigkeiten *als* Wissenschaft, eben von jener Erscheinung der Wirklichkeit, die sich durch den Fall vor dem Hintergrund einer absoluten Wirklichkeit gebildet hat, nämlich derjenigen, von der die Genesis und das Weltgericht berichten. Man braucht das nicht zu glauben, aber auch hier gibt es aus den wiederholt aufgeführten Gründen keine theoretische Widerlegung eines solchen kosmischen Zusammenhanges.

Schließlich stößt man, dies alles gesetzt, auch in der Kosmologie auf eine Fülle von Mysterien, die nicht nur die bereits beschriebenen und so leicht übersehenen der Naturwissenschaft als solcher sind, sondern sich wie in der Evolutionstheorie geradezu aufdrängen, und dies wieder um so mehr, je tiefer man in den Gegenstand eindringt. Es mag genügen, wenn ich nur an das Folgende erinnere: Ob das Weltall der Zeit und dem Raume nach unendlich oder endlich ist, ob es sich nach einem „Urknall" ständig ausdehnt oder sich irgendeinmal wieder zusammenzieht oder oszilliert (was nicht mit einer Wiederkehr des Gleichen verwechselt werden darf, die wie gezeigt logisch unmöglich ist) – dies alles enthält schon Rätsel genug, aber das Unbegreiflichste besteht doch gerade darin, daß es sich hier um das ganze Universum betreffenden Prozesse handelt, die wir zeitlich interpretieren, obgleich sich letztlich deren zeitliche Verfassung jeder Vorstellung entzieht.

Wir kommen also zu folgendem Ergebnis: Wenn auch die Naturwissenschaft aus christlicher Sicht ein Essen vom Baume der Erkenntnis und somit Sünde ist, somit Teil des adamitischen Daseins und des status corruptionis wie letztlich alles Irdische, augustinisch gesagt: wie überhaupt die ganze civitas terrena, deren Teil sie ja ist, so wird sie doch im Lichte der Offenbarung in ein Essen vom Baum des Lebens verwandelt. Und zwar nicht nur, weil dieses Licht die ihr zugrunde liegenden, notwendig unlösbaren Rätsel als Numina jener transzendenten Wirklichkeit erscheinen läßt, welche diejenige des Schöpfers ist, sonder auch deswegen, weil diejenigen ihrer Gebiete, die unmittelbar die Frage der Schöpfung betreffen wie die Evolutionstheorie und die Kosmologie in keinem Widerspruch zur Genesis stehen, ja die Kosmologie sich sogar als integraler Teil der Heilsgeschichte erweist. Damit ist die Frage für die Naturwissenschaft beantwortet, die ich vorhin gestellt habe, wie sich der Christ zu ihr zu stellen hat, aber auch, aus welchem tieferen, wenn auch oft eher nur ahnungsvollen Verständnis die größten Naturforscher bis in die jüngste Vergangenheit meist religiöse Naturen waren, während sie sich heute, einem unreflektierten Wissenschaftsdogmatismus verfallen, im Zustand einer Art Blindheit befinden. Was aber die Geschichtswissenschaften betrifft, so bieten sie im gegebenen Zusammenhang kaum Probleme. Das Verhältnis des Christen zu ihnen ist bereits in dem XI. Kapitel ausführlich behandelt worden. Nur zur Erinnerung begnüge ich mich damit, darauf hinzuweisen, daß die *Geschichtswissenschaften* sowohl in Bezug auf die Tatsachen, die sie ermitteln sowie bei den Erklärungen, die sie dafür geben, auf eine letzte Frage stoßen: Zufall oder Schicksal? Da nun die Rede vom Zufall wie gesagt nur eine façon de parler ist, bleibt allein der Verweis auf das Schicksal, was für den Christen dasselbe bedeutet wie Gottes Wille.

Damit beschließe ich das Panorama des modernen Pluralismus und der Zerrissenheit der Moderne. Es zeigte sich, daß die Metaphysik, zwar nicht als theologiké epistéme, als Lehre von Gott, wohl aber als metaphysica generalis, genauer als Ontologie, entgegen einem verbreiteten Anschein unverändert die Grundlage des philosophischen wie des heute alles beherrschenden, sich in der Sphäre der empirischen Wissenschaften bewegenden Denkens ist; daß aber in Wahrheit nicht jene in dieser Sphäre unvermeidliche, rege Mannigfaltigkeit und mit ihr der andauernde Konflikt des geistigen Lebens die eigentliche Ursache moderner Zerrissenheit ist, sondern der schroffe Gegensatz, in den sich das metaphyisch-wissenschaftliche Denken zu den aus der Tiefe unserer Geschichte überkommenen Vorstellungen des Mythos und der Offenbarung gesetzt hat. Und hierin liegt auch der genaue Sinn dessen, was heute unbestimmt landauf, landab als Verlust der Werte beklagt oder von anderen für einen fortschrittlichen Prozeß der Geschichte gehalten wird. Vergeblich waren die Versuche am Vorabend dieses Zerfalls, ihn in einer umfassenden Synthese aufzuhalten. Derjenige Goethes, um nur an diesen zu erinnern, mochte noch so sehr beeindrucken, aber es war ja gerade der Begriff, der ihm als dichterischen fehlte, und eben dieser wurde gefordert; Hegel dagegen erkannte das, aber sein Logos der Metaphysik erwies sich als ungeeignet, sich an die Stelle des Logos der Offenbarung zu setzen. Zwar entschärfte die aus der Selbstreflexion der Wissenschaften gegen Ende des 20. Jahrhunderts sich ergebende Metatheorie die Grundfrage der Moderne, aber doch nur in dem Sinne, daß sie das tolerante Nebeneinander der Gegensätze theoretisch zu rechtfertigen mochte. Das unverbundene Nebeneinander der verschiedenen Wirklichkeitssphären wurde damit nicht aufgehoben. So lebt der heutige Mensch entweder im Zustande einer Art ruheloser Schizophrenie und unbefriedigender Zusammenhangslosigkeit, oder er erliegt auf die eine oder andere Weise den Täuschungen einer unreflektierten Borniertheit.

Demgegenüber stellt der Logos der Offenbarung, dessen theoretisches Recht unanfechtbar ist, eine wahrhaft vermittelte Einheit und Ordnung im heutigen Pluralismus und seiner Mannigfaltigkeit her. Ich fasse zusammen:

Im Recht des Logos der Offenbarung ist auch das Recht des Mythischen beschlossen, sofern es zwar anders als früher keine Selbständigkeit mehr besitzt, aber nunmehr als integraler Teil der Offenbarung erkannt werden kann; das gleiche gilt für die Poesie im umfassenden Sinne (also auch die Künste und die Musik eingeschlossen). Im Lichte des Logos der Offenbarung werden schließlich auch die empirischen Wissenschaften und ihre ontologischen Grundlagen (metaphysica generalis), obgleich christlich eine Weise des Essens vom Baum der Erkenntnis, in die Heilsgeschichte eingeordnet. Sie betreffen die zwischen der Schöpfung und dem Weltende sich zeigende Erscheinungswelt. Der Christ aber, der sich je im Umkreis dieser von der Erbsünde gezeichneten Welt, aber geleitet von den göttlichen Geboten, arbeitend betätigen und damit auch versuchen muß, dabei auftretende Probleme rational zu lösen[5], wird durch dieses Essen vom Baum der Erkenntnis, welches die Wissenschaft ist, zu jenen Mysterien hingeführt, die vom Baume des Lebens zeugen. Es ist also das Denken, das so die einzelnen Elemente des geistigen Lebens wie Scherben wieder in einen sie wechselseitig erhellenden, umfassenden, und in seiner Erkenntnis beglückenden Zusammenhang bringt; aber es ist ein Denken, das seine Quelle im Glauben und damit im Logos der Offenbarung hat. Dies alles zu erfassen, ist selbst nichts anderes als eine Feststellung im Denken, und folglich handelt es sich dabei auch, den Ausführungen im I. Kapitel entsprechend, um eine Feststellung in der *Außenbetrachtung* des Glaubens. Nun kann man von ihr nicht durch einen Akt des Willens zum Glauben übergehen, denn der Glaube ist ein Geschenk der Gnade. Aber für uns, die wir heute unsere Sache so ganz auf das Denken gestellt haben, liegt in dieser Feststellung des Denkens der einzige Weg, aus der vollständigen Verwirrung herauszufinden, jener Taraché wie Thukydides in ähnlicher Lage gesagt hat, in die uns der Verlust des Glaubens geführt hat.

---

[5] Vgl. das Kapitel VIII, 2 j.

Personenregister

Adorno Th. W. 230, 402f., 592
Agrippa v. Nettesheim 377, 380f.
Aischylos 75
Alberti 236, 379
Alexander VI 385
Albrecht der Große 305
Alkibiades 552
Anaximander 31
Andreae, J. V. 444
Anselm v. Canterburry 373
Apel, K. O. 593
Aquin, Thomas von 93, 129, 178, 244, 255, 324, 373, 376, 567
Archey R. 403
Arendt, D. 562
Aristophanes 326
Aristoteles 179, 219, 281, 342, 344, 350–356, 373f., 450, 557
Augustinus 94, 97, 261, 280f., 283, 285, 305, 335, 337, 379
Austin, J. L. 583
Autrecourt, Nikolaus v. 374
Avila, Teresa von 338

Bach, J. S. 227–229
Bacon 393–397, 398
Barlach, E. 248
Basilides 356
Basilius v. Caesarea 244f.
Baudelaire Ch. P. 337
Bauernfeind, O. 188
Bayles, P. 396, 455
Becker, J. 17
Beethoven, Ludwig van 210, 216, 219, 227f.
Beierwaltes, B. 378
Berg, A. 217
Berger, K. 306, 309
Berger, P. L. 150, 336
Bergmann, H. 43

Bergson, H. 339
Berkeley, G. 400, 457
Berlioz, H. 216, 228
Bernadotte, G. D. 256, 313
Bernanos, G. 140–143
Bernhard v. Clairveaux 337
Beuys, J. 249
Bingen, Hildegard v. 202f.
Birkhoff 45
Blum, P. R. 378
Blumenberg, H. 402f.
Boethius 230
Bonhoeffer, D. 150
Bonnet, C. H. 52
Borchmeyer, D. 271, 296, 337, 440, 561
Boucher, F. 237
Boulez, P. 217
Böhme, J. 593
Böhr, E. 87, 308
Böttgers, A 216
Brahms, J. 210, 228
Bremer, D. 441
Bremmer, J. 431
Brömse, A. 248
Bruckner, A. 210, 228
Bruno, G. 377–388, 441, 557
Buber, M. 370
Bultmann, R. 66, 118
Burkert, W. 403f.
Burschell, F. 140

Caesar, J. 552
Cage, J. 217
Calvin 245
Cantor, G. 454
Carnap, R. 557, 598, 603f.
Casel, O. 99
Casaubon, J. 377
Carter, B 44
Cassirer, E. 50

Catharina v. Medici 377
Chagall, M. 150, 248
Chisholm, R. M. 583
Chrysostomos, J. 337
Cicero 331, 335
Clemens v. Alexandrien 369
Cocteau, J. 150
Collonna, Vittoria 246

Damsch-Wiehagen, R. 250
Dante 112, 285, 337, 521
Darwin, C. 52
Deppert, W. 46
Descartes, R. 13, 266, 310, 388–393, 450, 557
De Sitter 44
DeVore, I. 403
Dionysos v. Areopagita 202, 204
Dix, Otto 247
Dohm, E. 18
Dostojewski, F. M. 144f.
Döblin, A. 318
Duchamp, M. 238
Dyck, A. van 386

Eckart, Meister 202
Eckermann, J. P. 419, 437
Eichendorff, Joseph von 37, 592
Eigen, M. 56, 58
Einstein, A. 43
Eliade, M. 295
Engelbert v. Admont 285
Epiktet 549
Erasmus 337
Esslin, M. 330
Evola, J. 107

Fabricius, G. 18
Faye, de 369
Feynman, R. P. 43
Fichte, J. G. 561–572
Ficino, M. 377, 380f.
Florschütz, G. F. 476
Fludd 386
Fontaines, La 18
Franck, C. 228
Freising, Otto von 285
Friedrich II 552
Friedrich, C. D. 237

Galilei 385
Gäbe, L. 392
Gerhardt, C. I. 451
Girard, R. 403
Glockner, H. 479
Goethe, J. W. 418–449, 549, 551f., 555, 605, 613
Gödel, K. 563
Gombrich, E. H. 236
Görgemans, H 360
Grau, G.- G. 541
Green, G. 99, 111, 116, 196
Grimmelshausen, J. J. Ch. von 444
Gronbech, V. 519
Grünbaum, A. 42, 44

Habermas, J. 591–596
Haeckel, E. 50, 52
Haller, A. von 428
Hamann, J. G. 428
Hameyer, U. 246
Hanslick, E. 214
Händel, G. F. 229
Hartley, D. 397
Hartmann, N. 503
Haydn, J. 210, 216, 227.
Heath, L. 551
Heckel, E. 57
Hegel, G. W. F. 95, 118–136, 214, 445, 449, 478–492, 528f., 557, 592, 613
Heidegger, M. 66, 118–133, 143, 157, 186, 270, 535, 557, 576
Hennig, W. 51
Henrich, D. 7
Heraklit 23f., 31, 441, 602
Herder, J. G. 215, 444
Hermes Trismegistos 377, 385
Herodot 72, 308
Hesiod 28, 35f., 40, 512, 515
Hieronymus 241
Hindemith, P. 228
Hippolytos 358
Hoehme, G. 248f.
Hoffmann, E. T. A. 144
Hofmann-Igl, E. 248
Hohenburg, Herwart v. 374
Holbach, P. H. von 397
Hölderlin, F. 59, 63, 71, 144, 154f., 287f., 302, 382, 449, 529

Homer 17, 274, 308, 336
Horaz 231
Horkheimer, M. 402
Horstmann, R.-P. 7
Hrdlicka, A. 337
Hugo v. St. Victor 337
Humboldt, W. von 212, 444, 580
Hume, D. 11, 310, 400–404, 546
Husserl, E. 120, 123
Hyppolitos 358

Illies, J. 51f.
Ionesco, E. 329–325, 331

Jacobi, F. H. 419
Jean Paul 331, 333
Jendorf, B. 24
Jens, W. 264
Johannes v. Osnabrück 285
Johannes XXII 225
Jordanus Saxo 379
Joyce, J. 266
Junker, H. 38

Kant, I. 4f., 41, 51, 59, 109, 119, 147, 259, 274, 293, 310, 331, 342, 398–478, 413, 460–478, 557, 567, 574, 596, 604
Kapune, T. 246
Karl der Große 285
Karpp, H. 360, 369
Karpps, H. 350
Katz, D. 248
Kaufmann, W. 543
Kemper, P. 31
Kepler, J. 386
Kierkegaard, S. 200, 270, 309, 332–339, 475
Kippenberg, K. 155
Klee, P. 234
Knoll, A. K. 180
Kock, H. 249f.
Kollwitz, K. 247
Kopernikus, N. 381, 385
Kues, N. von 202
Kulenbeck, L. 381
Kuhn, Th. 582

Lagerlöf, S. 150
Lamarck, J.-B. 52

Lamettrie, J. O. de 397
Lancaster, C. S. 403
Langgässer, E. 196–201, 302–364
Lee, R. B. 403
Lehmann, W. 298f.
Leisegang, H. 358
Lenk, H. 48, 171, 333, 485, 585
Leibniz G. W. 441, 450–459
Leisegang, H. 358
Leonardo da Vinci 246, 249, 379, 552,
Leonidas 472
Lessing, G. E.. 444
Lévy-Strauss, C. 175
Lichtenberg, G. Chr. 266, 390
Liebermann, M. 247
Lieske, A. 371
Lietzmann, H. 371
Limbeck, M. 78, 158f.
Liszt, F. 216
Locke, J. 397–400, 456f.
Locker, A. 51
Loerke, O. 298ff., 302
Lorenz, K. 403
Luhmann, N. 593
Luther, M. 102, 159, 165–169, 174, 189, 244, 255, 261, 544–546
Lyotard J.-F. 597, 606

Mahler, G. 213
Malcolm, N. 583
Mann, Th. 63, 138–140, 281
Markos 356
Martini, W. 87, 308
Marx, Karl 532
Maupertuis 397
Mauss, M. 403
Medicus, F. 562
Mechthild v. Magdeburg 202f., 243
Melanchthon 165, 169
Mendelssohn, F. 216, 228
Mendelssohn, M. 125
Mennemeier, F. N. 337
Messiaen, O. 217, 228
Michelangelo 113, 241, 246
Mommsen, M. 418, 430
Morris, D. 403
Möser, J. 337
Mozart, W. A. 210, 216, 223, 227–229

Nell Breuning, O. von 178
Nettesheim, Agrippa von 377
Neurath, O. 598
Newton, I. 460
Nietzsche, F. 237, 271, 320, 533–561
Nolde, E. 248
Nostradamus 377, 381

Ockham, W. von 25
Oresme 379
Orff, C. 228
Origines 359–369
Osiander 385

Pallas, P.S. 52
Paracelsus 377, 380f.
Pascal, B. 203–206, 339, 396
Paulus 12, 16, 21, 54, 65, 77–81, 86, 89f., 94ff., 98, 117, 162f., 190, 205, 262f., 269, 274, 290f., 307, 316, 328, 344f., 357, 376, 465f., 468, 496, 518, 522f., 535, 544ff., 588, 610
Pépin, J. 315
Philipp, W. 307
Pico della Mirandola 377, 380–382
Pinturrichio 385
Plato 61, 218, 227, 320f., 323, 325, 335, 348–350, 353, 557
Plotin 320, 324, 327, 356, 360, 370, 373, 459
Plutarch 516
Popper, K. 599
Portman, A. 51
Poser, R. 586
Priesemann, G. 298, 300–302
Priestley J. 397
Ptolemäus 385
Puchwein, W. 112
Putnam, H. 603

Quine, W.V. 603

Rad, G. von 67
Raffael 246, 256
Rainer, A. 249f.
Rashin, E.K. 145
Rawls, J. 590, 596
Redepenning, E.R. 369

Reger, M. 228
Rehfeld, K. 51
Reichenbach, H. 42f.
Rembrandt 246
Rilke, R.M. 150–156
Ritter, J. 339
Roodenburg, H. 338
Roscellin von Compiène 373
Rousseau, J.-J. 428
Rubens P.P. 316
Rudolph II 377
Rupert v. Deutz 285
Ryle, G. 583

Sartori, G. 243
Sartori, Th. 243
Sartre, J.-P. 561–575
Savonarola 221
Schauenburg, K. 114
Scheler, M. 603
Schelling, F.W.J. von 148, 292, 445, 449, 493–529, 592
Schlechta, K. 555, f.
Schleiermacher, F. 192, 314
Schlick, M. 598
Schmidt, W.H. 159, 242
Schondorf, J. 329
Schopenhauer, A. 122, 331, 426, 540
Schubart, D. 215
Schubert, F. 213, 216
Schumann, R. 216
Schütz, H. 227–229
Sense, H. 202
Shakespeare 327–329
Sokrates 314, 320f., 324, 332
Sophokles 76, 554
Spinoza, B. de 405–418, 445, 448, 557
Spohr, L. 216
Stegmüller, W. 603f.
Stein, Ch. von 420
Stern, J. 406
Stockhausen, K. 217
Strauss, R. 210, 216
Strawinsky, I. 228
Streller, J. 562
Stückelberg, E. 43
Sudhaus, W. 51

Tartaglia 379
Taub A. H. 44
Tertullian 93, 373, 396,
Thales 31
Theiler, W. 244, 352
Theobald, W. 317, 339, 353, 606
Theresa von Avila 338
Thielicke, H. 168, 328, 339
Tizian 246
Toland, J. 397
Trunz, E. 432, 436, 448

Uhde, Fritz von 247

Valentinus 356, 359
Valla, Laurentius 457
Vietta, E. 525
Vischer, T. H. 331
Vollmert, B. 56 ff.
Völker, W. 369
Volp, R. 249
Voltaire 397

Wagner, R. 122, 210, 213, 426,
Wallenstein 377
Washburn, S. L. 403
Watteau, A. 237
Weidemann, V. 48
Werfel, F. 313
Werner, O. 75
Weyl, H. 44
Whitehead, A. N. 603
Willige, W. 76, 554
Willikens, B. 249
Winckelmann, J. J. 428
Wright, G. H. von 584–586
Wittgenstein, L. 576–584

Xenophon 61

Yates, F. A. 246, 377

Zenger, E. 38, 40
Zelter, C. F. 445
Zwingli 245

Sachregister

Abendmahl (Eucharistie) 97–102, 195f.
Adoptianismus 103
Affekte 409f.
Affirmation 220
Amor Dei intellectualis 411, 416, 420
Akte, geistige 577, 582
Allgemeinbegriff 2f., 30
Allgemeines und Besonderes 2f., 23, 29, 85f., 217, 220, 228, 239, 253
Allegorien 18, 114, 503
Allgüte Gottes 25, 59
Allmacht Gottes 25, 59
Alltagskomik 222
Alltagssprache 583
Alltagszeithypothese 41, 45
Analogieschlüsse 53
Angst 66
Anschauung, intellektuelle 419f., 428f.
Anthropologie, mythische 96
Apokatastasis 115, 292, 357
Arché 33f., 40, 45, 71–73, 78, 82, 101, 106, 108f., 195, 205–207, 218f., 242f., 280f., 343, 488, 611
Arianismus 103
Attribute, metaphysische 406ff., 414f., 418f.
Auferstehung 87f., 90
Averroisten 374

Basissätze 1, 598
Bewußtsein, unmittelbares 562
–, transzendentales 566
Billigungsformel 32, 40
Bild 242–245, 255
bonne foi 570–573

Chaos 34
Chaos-Theorie 314
Character indelebilis 97

christologia crucis 88
christologia gloriae 89

Dasein zum Tode 65–67, 74, 87, 187
Deismus 396
Demiurg 356
Denken, wesentliches 130f.
Determinismus 265, 312
Dichtung 425f., 445
Dionysische, das 554–557
Dionysos-Kult 325
Divinum, christliches 224, 227, 231 f., 252,
DNS-Ketten 57
Doketismus 110
double coding 238, 597

Ebenbildlichkeit Gottes 39, 104
Ehrfurcht 435
Eigennamen, numinose 3
Eigentlichkeit, existentiale 126, 235, 346
–, moralische 135f.,
Einheit von Materiellem und Ideellem 29, 87, 90, 92, 96, 239
Ekstase 203, 205, 370f.
engagement 573f.
Engel 148–156
Entelechie 351, 452
Entmythologisierung XII, 118
Entropie 41f.
Entsühnung, mythische 82–88
Erbsünde 60–74
Erfahrung, absolute 22, 460
–, hypotaktische 287
–, mythische 11f.
–, parataktische 287
–, pneumatische 526
–, Spiel der 663
–, synthetische 287
Erfahrungsbegriff, apriorischer 5

Erkenntnis, absolute 416
–, empirische 121
–, hypothetische 410
–, intuitive 410, 418 f.
–, rationale 410
Erklärung, wissenschaftliche 1 f., 601, 609
Erlösung 82–88, 94, 181, 504–522
Eschaton 113
Ethik 157–181
Evolutionsrichtung 56
Evolutionstheorie, biologische 49–58, 608
Existentialanalyse 66, 118 f.
Existentialien 118 f., 123, 157, 281, 318,
Existentialität, christliche 118–156
Existenz, ästhetische 200.
–, ethische 200

Fabel 16
Falsifkation 599
Fleisch, biblisch 78 f., 123 f.
Freiheit 193, 258–270, 570–573, 575
Fundamentalontologie 118–120
Für-sich-sein 563–566

Ganzes und Teil 82, 86, 90, 279, 288, 383
Gebet 188–195
Gebote, die zehn 173–176
Gefühle 121 f., 211
Geist, heiliger 91–98, 104, 106, 208 f., 306, 524–526
Gemeinschaft der Gläubigen 93, 224
Gemeinschaftserlebnis 215 , 220
Gene 57
Genom, menschliches 610
Geographie, heilige 107, 113, 116
Geschichte
–, Geschichtswissenschaften 271–178, 589, 613
–, Theorien der 272, 277
Geschichtlichkeit als Existential 281
Gesellschaftslehre, katholische 178
Gesetz der Evangelien, das ewige 160–164, 171–178,
Gesetz, jüdisches 76–79, 157–160, 181 f.
Gesinnungsethik 466
Gestimmtheit (Befindlichkeit) 121 f., 172 f., 176, 187, 211–231
Gewissen, existentiales 125–128, 186

–, moralisches 133–136
Gewissensangst 127, 134
Geworfenheit 157
Gnade 91–102, 111, 186 f., 258–264
–, Postulat der 471, 475
Gnosis 356–359
Gottesbeweis, ontologischer 489
Gottesbeweise, theoretische 477 f., 610
Gottesgericht 111–117
Götter 20, 68, 76, 290, 307, 343
Grundsatz der Metatheorie, vierter 120, 425

Hades 115
Hamartía 61, 75, 124
Harmonie, prästabilierte 453
Heidentum, Heiden 79, 516
Heilsgeschichte 109 f., 193, 229, 279–288, 612 f.
Heilsgeschichte, Phasen der 530–533
Hermetismus 377 f., 382
Homologien, biologische 50
Höllenfahrt 116
Humanismus, moderner 269
Humanum, christliches 224, 227, 231, 252 f.
Humor, christlicher 320–339
Hybris 61, 66, 77, 112, 560 f.
Hyle 351 f
Hypolepsis 353

Ich, endliches 566
–, unendliches 566
Idee, platonische 348 f.
Identität einer Nation 170, 173
Imperative, hypothetische 158
–, kategorische 158
Impetustheorie 379
Indeterminismus 312
Induktionsschluß 310
Instrumentalmusik 213
In-sich-sein 565–571
Ironie 324
Irrationalität 172, 176

Kappadozier 104
Kategorien, kantische 119, 460
Katharsis 219, 230
Kausalprinzip 41

Kladismus 51
Kirche 93f.
Koinzidenz, objektive 29
Komödie, die 325–331
Konnotationen 210f., 425, 580f.
Kontingenz 5
Kosmologie, physikalische 46–49, 610
–, relativistische 45f.
Kosmologisches Prinzip 46
Kosmos, mythische Animation des 36
Kultbild 38
Kultur
–, christliche 173
–, nationale 169–171, 278f.
Kunst 232–257
–, apriorische Bedingungen der 234
–, Intentionalität der 233

Letztbegründungen 4
Logik, deontische 585
Logos der griechischen Philosophie 30, 35, 343
Logos der Metaphysik 15–24, 345, 528
Logos der Offenbarung 15–24, 345, 203, 528

Magie 294, 379–388
Makro- und Mikrobereich, biologischer 50
Makro- und Mikrokosmos 380
mauvaise foi 570–574
Mechanik, klassische 41
Messe, katholische 97f., 101
Metaphorik, mythische 27
Metaphysik 341–347
Metaphysica generalis 341, 349, 605
– specialis 341, 349, 614
Metaphysik der empirischen Wissenschaften 531
– der Subjektivität 531
–, dogmatische 540, 558
Metasprachliche Außenbetrachtung 7
Metatheorie, allgemeine 1–8
–, vierter Grundsatz der 120
Methode der Wissenschaft 609
Methode, phänomenologische 120, 123
Modalität 342

Modallogik 586
Modus 407f., 414f.
Molekularbiologie 56f.
Monaden 450–459
Monotheismus 25–27
musica divina 230
Musik 209–232
–, apriorische Voraussetzungen der 210
–, christliche 223–228
Mutation, biologische 54f.
Mysten 206.
Mysterienkult 205
Mystik 202–207
Mythologie (mythologisch) 114, 308
Mythos (mythisch) 2–5, 7–9, 11f., 17, 24, 28, 31ff., 35, 38, 49, 61–64, 69, 73f., 82ff., 91ff., 106, 127, 134, 194, 208, 217–221, 228–231, 251–254, 277, 279, 281, 284, 287ff., 293–295, 308, 315, 317, 382–384, 393, 504, 519–521, 528f., 607, 614
Mythos, Ontologie des 4
Mythoskritik 401–404

Naturgesetz 295
Naturrecht 178–181
Naturwunder 87, 305–314
Nichts, das 129–131, 480, 565f.
Nominalismus 373
Noumena 109

Oberflächen- und Tiefengrammatik 580
Objektsprachliche Innenbetrachtung 7, 9
Offenbarung 15–22, 131, 202–207, 493–497, 607–614
Offenbarung Johannis 114f.
Ontologie 2–8, 341, 392
Ontologie der empirischen Wissenschaften 2f., 600f.
Ontologie des Mythos 3f.
Ontologie der Wissenschaft 2, 6
ontologische Außenbetrachtung 9
Ontologischer Grundsatz 6, 603
Ontogenese 50
Opfer 83, 100f.
Opferlamm 85f.
Opfermahl 62, 99f.
Orakel zu Delphi 61, 350

Sachregister

Pantheisms 415, 417, 427–430, 433, 447
Paradies, Garten Eden 69f., 291
Paraklet 91f.
Parallelismus, psycho-physischer 409, 415
Patripassionismus 105
peccatum actuale 67, 135, 137
peccatum, originale 74, 135
Pentateuch 77
Phasen der Weltgeschichte 530f.
Phylogenie 51
Pleroma 356, 359
Pluralismus 606
Pneuma 91–96, 102, 186, 208f., 267, 306, 525f.
Poesie 425–427, 444, 447
Polarität 420–423
Politik 183f.
Polytheismus 26, 502
Polyzyklus 45
Postulat des Weltsubstrates 46
Potenzen, metaphysische 498f., 501f., 503, 506f., 508, 512, 514, 517, 523f., 526
Prädestination, doppelte 261
Präexistenz Christi 106, 505
Predigt 207–209
Prozeß, theogonischer 356
Prinzip, anthropisches 47
– des Weltsubstrates 46f.
–, kosmologisches 46f.
Pseudomythos 559

Quantenmchanik 41, 44f., 265, 312

Rationalität 171, 175, 182, 274,
–, Nicht- 171, 176
–, Wille zur 588
Raum, metrischer 106f.
–, mythischer (heiliger) 106, 108
–, profaner 71, 106, 239, 253
–, topologischer 106f.
–, transzendenter 106–108
Realismus, radikaler 177, 267
–, Universalien- 373, 414
Rechtfertigungslehre, protestantische 259
Reduktionismus 26
Regeln, christliche 181–185
Regelsystem einer nationalen Kultur 169f., 173, 277f., 283

Regelsysteme, historische 271, 276, 283
Relativitätstheorie, allgemeine 47, 460
Relativitätstheorie, spezielle 43
Religion 7, 9, 12, 32
–, geoffenbarte 396, 399f., 456, 474
–, natürliche 396, 399f., 456, 472
–, dichterische 445–448

Sakramente 93–102
Satan 67, 136–148, 508–515
Satzlogik 586
Sätze, analytische 604
–, Basis- 1, 599
–, synthetische 604
Schicksal 176, 276, 284, 571
Schöpfung 25–58, 289, 291, 302, 614
Schuld, existentielle 135
–, moralische 135, 126–128
Schuldbegriff, individualistischer 74
–, mythischer und christlicher 70–76
–, ökonomischer 75
Schuldgefühle 75f.
Selektion, biologische 54f.
Sein 129–133, 480
–, Geschichtlichkeit von 132
Sklaverei 178f.
Sohn Gottes 84f.
Sorge, existentiale 125
Sprache 210–212, 214f.
–, Musikalität der 212–215, 296, 584
–, Unschärferelation der 296, 584
–, Urphänomen der 583
Sprachspiel 579
Stammbäume der Evolution 52
Stil, allgemeiner und besonderer 210, 233,
Subjekt-Objekt-Beziehung 22f., 219f., 224, 229, 288, 302
Substanz, metaphysische 398–400, 405ff., 413, 451
–, mythische 29, 38, 82f., 90, 94, 99, 280, 287
Sünde 123–125, 182f.
Sündenbock 85f., 403
Sündenfall 60–73, 343, 499–504
Systemmenge, historische 181, 582, 599
–, Explikation der 582
–, Mutation der 582

Talisman 380
Tartaros 107, 113
Tatsachen, singuläre 2
Tatsachenwahrheiten 456
Taufe 93–95, 100, 195–201
tautegorisch 503
Technik 183, 606
Témenos 63, 71, 107
Theodizee 456
Theogonie 36
Theologie, mystische 202
–, negative 109
Theorien, empirische 1
–, geschichtswissenschaftliche 272
Theoxenie 62, 99 f.
Thermodynamik, zweiter Hauptsatz der 41, 44 f.
Thora 76
Toleranz 446, 550, 594 f.
Toleranzprinip, erstes 5, 375, 488, 600, 602 f.
Toleranzprinip, zweites 7, 23, 488
Totengericht, mythisches 113
Totenreich 107, 116
Transzendenz, absolute 116, 514.
–, des Ich 566
–, immanente 68, 150
–, mythische 116, 150, 514
–, existentiale 129 f., 132, 135
Transzendentalphilosophie 494
Trinität
– als Adoptianismus 103
– als Arianismus 103
–, ökonomische 104 f., 110, 525
– als Modalismus 104–106, 525
– als Monarchismus 103
– als Subordinatianismus 104–106, 525
– als Unitarismus 103

Übermensch 550–554, 556–560
Überperson, geschichtliche 215, 297
Umweltbewegung 317
Uneigentlichkeit, existentiale 136
Unendliches, extensional 454
–, intensional 454
Unentscheidbarkeitstheorem, Gödelsches 597
unio mystica 206
Universum, wissenschaftlich 41–49

Universalienproblem 373, 603 f.
Universalmathematik 389
Unschärferelation, Heisenbergsche 597
Urknall 45
Urphänomen 419 f.,
Usia 351
usus legis civilis 165, 181.
usus legis theologicus 165, 181
usus tertius renatis 165

veil of ignorance 590 f.
Verantwortungsethik 466
Verdammnis 258–264
Verifikation 599
Vorsokratiker 31 f., 35

Wahrheit 22, 208 f., 221–223, 231–240, 254–256, 298, 375–377, 609
–, absolute 204, 375 f.
–, der Wissenschaft 541
–, doppelte 374–377
–, notwendige 456
Wahrscheinlichkeitsmetrik, Maxwell-Boltzmannsche 42, 45
Weltangst 124 f., 128–130
Weltschöpfer 27–40
Weltschöpfungsmythen 34 f.
Wesensschau 123
Wilson-Nebelkammer 43
Wirklichkeit 2, 3, 5–7, 10, 21, 31, 48, 221–223, 231 f., 241, 254–256, 298, 603, 614
Wissenschaft, empirische 1 f., 183, 608, 614
Wissenschaft, Ontologie der 2
Witz, der 323
Wort, mythisches 16–24, 208 f.
Würde des Menschen 268 ff.

Zeit, Fluß der 34, 41, 43
–, heilige, mythische 33 f., 45, 59, 108–110, 218, 280
–, monozyklische 45
–, offene 41
–, physikalische 41–46
–, polyzyklische 45
–, profane 33 f., 45 f., 71, 218, 239, 253
–, transzendente 108–110, 192, 281
–, zyklische 34, 45

–, Irreversibilität der 41
–, Richtung der 41, 45
Zeitgeist 215, 297
Zeitgestalt 34
Zeitparadoxien 42

Zufall 55, 275
Zweifel, Auslegungs- 12f., 345
–, existentieller 14f.
–, fundamentaler 11–13
–, theoretischer 8–11

Kurt Hübner

Das Christentum im Wettstreit der Weltreligionen
Zur Frage der Toleranz

Als Folge eines sich heute in der westlichen Welt abschwächenden Christentums beginnen andere Religionen in dieses Vakuum einzudringen. Ein besonderes Beispiel dafür bieten heute fundamentalistisch-aggressive Strömungen, die innerhalb des Islam in Erscheinung treten. Allgemein wird bereits von einem »Kampf der Kulturen« gesprochen. Entsprechend wird dieser Kampf zwar teilweise politisch ausgefochten, doch ist für ihn aus der Sicht der westlichen Welt eine geistige Auseinandersetzung zwischen dem Christentum und den anderen sogenannten Weltreligionen unverzichtbar.

Kurt Hübner läßt sich auf diese Auseinandersetzung ein. Er hebt den aus seiner Sicht epochalen Irrtum auf, daß Religion in der modernen Welt ihre Daseinsberechtigung bereits eingebüßt habe, und vergleicht das Christentum in einer zusammenfassenden, der Orientierung dienenden Studie kritisch mit den anderen Weltreligionen. Als Ergebnis lehnt er den heute gängigen Relativismus und Pluralismus im Bereich der Religionen ab und zeigt worin eine Toleranz des Christentums gegenüber anderen Religionen besteht, die dennoch seinen dogmatischen Gehalt unangetastet läßt.

2003. X, 153 Seiten.
ISBN 3-16-147996-3 Broschur;
ISBN 3-16-147995-5 Leinen

Mohr Siebeck
Postfach 2040
D-72010 Tübingen
Fax 07071 / 51104
e-mail: info@mohr.de
www.mohr.de

Religion in Geschichte und Gegenwart
4., völlig neu bearbeitete Auflage
Herausgegeben von Hans Dieter Betz, Don S. Browning, Bernd Janowski und Eberhard Jüngel

Die RGG^4 bietet in lexikalischer Form einen fundierten Überblick über Religion und Religionen, wie sie gelebt und gedacht wurden und werden. Sie bietet den neuesten Forschungsstand, dargestellt von ausgewiesenen Kennern der jeweiligen Materie. Die RGG^4 ist durch die Artikelvielfalt und die detailgenaue Darstellung ein Nachschlagewerk und zugleich eine Lehr- und Repetitionsbibliothek.

»Ohne Zweifel wird das editorisch vorzüglich gearbeitete und typographisch ausgezeichnet ausgestattete Werk zum unentbehrlichen Hilfsmittel sowohl für alle akademischen Theologen und Pfarrer als auch für alle Kulturwissenschaftler – und darüber hinaus für jeden geistig Interessierten werden. Auf die weiteren Bände dieses modernsten theologischen Nachschlagewerkes darf man gespannt sein.«
Dirk Fleischer in *Kirchliches Amtsblatt der Evangelischen Kirche von Westfalen* 5 (30.5.2003) S. 179

»Bei einem zweimaligen Durchgang des zuletzt erschienenen 4. Bandes verstärkte sich mein positiver Eindruck noch mehr. Ohne Übertreibung erlangt ein aufmerksamer Leser in einer Art philosophischen, biblischen, dogmatischen, kirchengeschichtlichen und religionswissenschaftlichen Weiterbildungskurses Anschluss an die heutige Forschung. Man erwartet mit unverminderter Spannung die kommenden Bände, damit sich dieser Bildungshorizont schließt.«
Oktavian Schmucki in *Collectanea Franciscana* 12/3-4 (2002), S. 681-684

**Das Werk umfaßt 8 Bände
und 1 Registerband.**

Mohr Siebeck
Postfach 2040
D-72010 Tübingen
Fax 07071 / 51104
e-mail: info@mohr.de
www.mohr.de